DIE GROSSE
BERTELSMANN
LEXIKOTHEK

DAS REICH
DER
PFLANZEN

DIE GROSSE BERTELSMANN
LEXIKOTHEK

DAS REICH DER PFLANZEN

VON HELGA MENZEL-TETTENBORN

MIT EINEM VORWORT VON
H. F. NEUBAUER

BERTELSMANN
LEXIKOTHEK VERLAG

Mit Beiträgen von
Hans-Harald Herrmann und Dr. Volker Wunsch

Wissenschaftliche Beratung:
Prof. Dr. H. F. Neubauer

Großgrafiken:
Hermann Schäfer

Chefredakteur: Dr. Gert Richter
Redaktion: Dr. Helga Menzel-Tettenborn und Reela Veit
Bilddokumentation: Max Oberdorfer
Herstellung: Gerhard Richter und Martin Kramer
Layout: Raimund Post

Landkarten vom Kartographischen Institut Bertelsmann, Gütersloh
Transgraphic-Transparentdarstellungen Gloatz, Hille & Co. KG., Berlin (West)
Papier Gardapat 13 N, 115 g/m², Cartiere del Garda, Riva
Einband Cabra-Lederfaser,
Peyer & Co. GmbH, Leonberg, Chemische Werke Salamander GmbH, Türkheim
Gesamtherstellung
Mohndruck Graphische Betriebe GmbH, Gütersloh
Printed in Germany
ISBN 3-570-03900-5

Hinweise für den Leser

Dieses Buch ist für den an Botanik interessierten Laien geschrieben, nicht für den Fachwissenschaftler. Es möchte die Vorzüge eines modernen Sachbuches und eines Nachschlagewerkes in sich vereinigen. Sein oberstes Ziel ist es, Zusammenhänge deutlich zu machen – es wird daher am besten verstanden werden, wenn es im Zusammenhang gelesen wird.

Dieser Themaband »Das Reich der Pflanzen« ist als ein Bestandteil der LEXIKOTHEK konzipiert und kann zweifellos im Zusammenhang mit der Informationsfülle des AZ-Lexikons der LEXIKOTHEK optimal genutzt werden – doch ist er ebenso darauf angelegt, ein *eigenständiges* Leben als modernes Sach- und Handbuch zu führen.

Auch dieser Themaband folgt der grundlegenden Konzeption aller anderen Themabände der LEXIKOTHEK: *Er präsentiert Wissen im Zusammenhang* – und zwar *exemplarisches Wissen*, er informiert über das Wesentliche durch das Beispielhafte. Daneben kann und soll der Band selbstverständlich auch als Nachschlagewerk benutzt werden – die Fülle der Einzelinformationen über wichtige Pflanzen und über Detailgebiete der Botanik erschließt sich durch das reichhaltige *Register*. Dem gleichen Zweck dient die dem Band in Form eines ausführlichen, bebilderten Anhangs beigegebene *Systematik*, die dem interessierten Leser einen raschen Zugriff zu grundsätzlichen Informationen ermöglicht.

Wir finden in diesem Band zwei Kapiteltypen, die sich nicht nur äußerlich – durch Zwei- bzw. Dreispaltigkeit – sondern auch inhaltlich ganz entscheidend voneinander abheben:

Die zweispaltig gesetzten Kapitel sind die sog. »Überblickskapitel«, die in erster Linie *Grundlagenwissen* bieten – sie beschäftigen sich mit der Anatomie, der Physiologie, der Stammesgeschichte der Pflanzen.

Querschnitt

Kapitel mit diesem Zeichen sind »Querschnitt-Kapitel«. Sie dienen dazu, verschiedene Teilgebiete der Botanik miteinander zu verknüpfen, Exkursionen in Randgebiete zu unternehmen oder Betrachtungen anzustellen, die wichtige Grundlagen des ökologischen Gesamtsystems deutlich machen.

Zusammen mit dem Register und den übrigen Hinweisen ermöglicht die Anordnung des Stoffes in diesen Kapiteln dem Leser eine optimale Nutzung. Eine Reihe von optischen und didaktischen Hilfsmitteln soll dem Leser die Lektüre des Bandes erleichtern und die Nachschlagefunktion verstärken:

▷ **Literaturhinweise** sind in die Überblick-Kapitel integriert und bieten eine ausführliche Auswahl weiterführender Literatur an;

▷ **Informationskästchen** verschiedener Art erklären wichtige Fachwörter und Sachbegriffe, nehmen in der Mehrzahl aber die Beschreibung einzelner, symptomatischer Pflanzen auf, berichten über ihre Herkunft und Geschichte, über ihre Rolle im Altertum und ihre Bedeutung in der Jetztzeit, z. B. als Wirtschafts- und Exportartikel usw.

▷ Die **Großgrafiken** bilden überwiegend abgeschlossene Kleinkapitel, auf denen durch eine bewußt angestrebte Bild-Text-Integration und die Anwendung moderner grafischer Mittel eine optimale Anschaulichkeit besonders wichtiger und besonders schwieriger Themen angestrebt wird. Die zahlreichen, von bedeutenden Fotografen aus der ganzen Welt stammenden Fotos sind nicht als optisch opulente Illustration, sondern als informationshaltige Kommentierung des Textes gedacht, wobei ausführliche Bildlegenden entsprechende Unterstützung bieten. Auch der diesem Band beigegebene *Transparentdruck* »Samenbildung in der Tulpenblüte« dient dem Zweck optimaler Veranschaulichung auf moderne Weise.

Zu besonderem Dank sind Autorin und der Verlag Herrn Prof. Dr. H. F. Neubauer vom Botanischen Institut der Justus-Liebig-Universität in Gießen verpflichtet, der die Arbeit an diesem Buch durch intensive wissenschaftliche Beratung unterstützte und damit die wissenschaftliche Fundiertheit des Textes und der Abbildungen nach dem neuesten Stand der Forschung absicherte.

Autorin und Verlag

Inhalt

Ein [B] kennzeichnet Bilddoppelseiten bzw. Großgrafiken, [K] bedeutet Informationskästchen

H. F. NEUBAUER

Das Wunder, das sich Pflanze nennt

Selbstbehauptung und das Streben, sein Dasein über alle Räume auszuweiten, sind die ursprünglichen Kennzeichen allen Lebens. Schon der einfachste einzellige Organismus, der erst unter dem Mikroskop dem menschlichen Auge sichtbar gemacht werden kann, zeichnet sich durch diese Eigenschaften aus. Unaufhörlich schmilzt er Stoffe seiner Umgebung in sich ein und vervielfältigt sich gleichsam durch Wachstum über die individuellen Grenzen hinaus. Dieser elementare Daseinsdrang hat in jeder organischen Gestalt eine jeweils andere Verkörperung gefunden. Aus dem Wirken aller Kräfte, die Leben in sich tragen, erwächst der Kampf um Leben und Raum, entsteht der Kampf ums Dasein überhaupt. Zugleich aber führt das Ringen um Selbstbehauptung verschiedenartige Lebensformen zusammen; sie werden zu Schicksalsgefährten, die unlösliche Gemeinschaften bilden, in denen – ähnlich wie in einem vielzelligen Organismus – jedes Glied auf alle anderen Glieder angewiesen und von diesen abhängig ist.

Auf seinem Eroberungszug über die Erde hat das Leben das Antlitz unseres Planeten völlig verwandelt. Die erste lebende Materie, die sich zu formen begann und in unendlich langen Zeiträumen über komplizierte Entwicklungsprozesse schließlich zu pflanzlichen Organismen führte, zu sehr primitiven Pflanzen, die diesen Namen noch kaum verdienten, belebte die Meere, die die Erdoberfläche bedeckten. Kalkpanzer abgestorbener Meeresorganismen bauten im Verlauf der Jahrhunderttausende hohe Gebirge auf. Pflanzen der Brackwasserzone, der Seen und Flüsse erfuhren eine höhere Organisation, differenzierten sich, breiteten sich aus, starben dahin – und ihre Überreste verwandelten weite Wasserflächen zu Land.

Reste üppiger Küsten und Sumpfwälder, die in fernen Erdzeitaltern riesige Flächen bedeckten, sind uns allgegenwärtig geblieben in Form gewaltiger Lager von Kohle und Erdöl. Ihre Roh-, Halb- und Fertigprodukte bilden die Grundlage unserer modernen hochtechnisierten Welt.

Stoffwechsel und Atmung aller Lebewesen haben seit Urzeiten Beschaffenheit und Zusammensetzung des Bodens sowie der Atmosphäre verändert. Damit wurde den chemisch-physikalisch-biologischen Abläufen, die sich bis heute vollzogen haben und immer noch vollziehen, die Richtung gewiesen.

Als einst aus einem Urmeer völlig nackte Festlandsflächen emportauchten und ihre erste Besiedelung durch lebende Organismen einsetzte, war dies ein völliger Umbruch, ein Vorstoß »in eine neue Welt«. Indem sie sich innerhalb von Jahrmillionen verwandelten und nach und nach von unserer gesamten Erde Besitz ergriffen, wurde ein Gleichgewicht geschaffen, in dem jede Art den ihr gemäßen Platz erhielt. Nicht nur die Lebewesen selbst, auch die Verwandlung ihrer Nahrung in arteigene Substanz, ihr Wachstum und ihre Fortpflanzung gehören zu dem, was wir unter »Leben« verstehen. Lebensprozesse können aber nur dann ablaufen, wenn ihre Träger den Einwirkungen der Umwelt geöffnet, das heißt reizempfänglich sind und die Fähigkeit besitzen, die auf sie zukommenden Einwirkungen der Umwelt sinngemäß und ungestört zu beantworten. Hierbei spielen die Pflanzen eine vorrangige und alles überragende Rolle.

Was sie zu Beginn des Lebens auf unserem Planeten schon waren, sind sie bis heute geblieben: die Voraussetzung allen Daseins auf dieser Erde überhaupt. Die Existenz von Mensch und Tier ist so abhängig von ihrer Anwesenheit, daß unser aller Leben erlöschen müßte, würden sie durch eine unvorstellbare Katastrophe eines Tages von unserem Stern hinweggetilgt werden. Keine noch so großartige Erfindung des Menschen vermag das nachzuvollziehen, was die Pflanzenwelt in aller Stille über Jahrmillionen hinweg vollbracht hat und noch täglich aufs neue vollbringt.

Mehr als einmal wird in diesem Werk aufgezeigt, warum dies so ist. In vielen Zusammenhängen wird beschrieben, wie die hochkomplizierten Laboratorien arbeiten, die eine jede Grünpflanze in sich darstellt, und was sie bewirken.

Das Ringen um Selbstbehauptung, so sagten wir, der Kampf ums nackte Dasein macht die verschiedensten Lebensformen zu Schicksalsgefährten, die eine unlösliche Gemeinschaft bilden und aufeinander angewiesen sind. Stellt sich ein Glied diesem Vorgang entgegen, sind alle anderen mitbedroht. Seltsamerweise ist es aber gerade der Mensch, der, obwohl er sich als Krone der Schöpfung dünkt, als das vollkommenste Wesen dieser Erde, hier ausschert und nun im Begriffe ist, sich selbst und allen Lebewesen neben sich den Erstickungstod zu bereiten. Immer mehr Wälder werden abgeholzt, Grünflächen zum Verschwinden gebracht, und sogar die bisher unberührt gebliebenen Urwaldgebiete werden angegriffen. Mehr als zwei Drittel des lebensnotwendigen Sauerstoffs, der uns am Leben erhält, entstehen im Meer, erzeugt von Algen, die gleich riesigen schwimmenden Wiesen im Ozean treiben. Und auch sie werden in zunehmendem Maße gefährdet.

Unser Buch will den Leser nicht nur mit diesen Gefahren bekanntmachen, die uns allen drohen, es will vor allem das »Wunder Pflanze« in allen seinen Einzelheiten darstellen, soweit sie bis heute erforscht und geklärt sind. Es will weiter zeigen, wie eng das Leben der Pflanze mit dem des Menschen verbunden ist, und es wird, so hoffen wir, dazu beitragen, daß der Leser Zusammenhänge erkennt und Verantwortlichkeiten sieht, über die er sich bisher keine Gedanken gemacht hat. Es will nicht belehrend, sondern bereichernd wirken, ihm einen Reichtum schenken, den er nie mehr verlieren wird.

Die Vegetationszonen der Erde

Wenn man beginnt, sich mit den Florenreichen und Vegetationszonen unserer Erde zu befassen, wird man bald feststellen, daß sie in ihrer heutigen Form nicht nur das Ergebnis einer langen Entwicklung sind, sondern auch von vielen Faktoren abhängig waren, die sowohl in der Vergangenheit als auch heute noch ständig fortwirken. Zu keiner Zeit gab es Stillstand.

Allein die Tatsache, daß die Kontinente nicht immer die Gestalt hatten, die wir heute kennen, sondern daß auch ihre Lage zueinander und zu den Polen sich mehrfach geändert hat, ist eine Erklärung dafür, daß die Ausbildung der Florenreiche in verschiedene Richtungen ging und ihre Entwicklung immer mehr eigenständige Formen annahm. Hinzu kommen zahlreiche Umweltfaktoren, aber auch Kultivierung oder ähnliche Eingriffe seitens des Menschen, wozu die in neuester Zeit oft verheerenden Folgen durch Luftverpestung, Abgase, Abwässer und andere Arten der Umweltverschmutzung ebenfalls zu rechnen sind, sowie Änderungen des Klimas. Trotzdem sind viele Vegetationszonen unserer Erde auch heute noch recht einheitlich, einige in ihrem größten Teil sogar fast unberührt, z.B. der Amazonas-Urwald.

Unter Floren versteht man Pflanzenfamilien, -gattungen, in Sonderfällen auch -arten, die für die Ausbildung von Pflanzengesellschaften von maßgeblicher Bedeutung sind.

Als sich im Pleistozän Nordamerika mit Grönland von Eurasien trennte, traf dies zwar auf die Landmassen zu, weniger dagegen auf die Pflanzenwelt. Die floristischen Unterschiede der Alten und Neuen Welt sind so unerheblich, daß man beide Kontinente zu einem Florenreich, der *Holarktis*, zusammenfaßt. Sie ist besonders umfangreich und erstreckt sich über die ganze nördliche Halbkugel bis zum Polarkreis.

In den tropischen Gebieten sind die Divergenzen erheblich stärker. Die Florenreiche Südamerikas unterscheiden sich sehr erheblich von denen der entsprechenden Breitengrade Afrikas und Südasiens. Man bezeichnet die Tropen der Neuen Welt als *Neotropis*, die der Alten Welt als *Paläotropis*.

Fast gar keine Ähnlichkeit mehr weist der äußerste Süden von Südamerika, verglichen mit dem von Südafrika, auf. Und noch weniger will eine Suche nach Übereinstimmung gelingen, wenn man das nicht nur isolierte, sondern in vieler Hinsicht auch archaische Australien mit einbezieht. Man unterscheidet neben den schon genannten Florenreichen deshalb noch drei weitere: die *Antarktis* (Südspitze Südamerikas, subantarktische Inseln und ein Teil Neuseelands), die *Australis* (Australien) und die *Capensis* (äußerste Südwestecke Afrikas), auch kapländisches Florenreich genannt. Es ist zwar das kleinste der sechs Gebiete, dafür aber besonders artenreich.

Von sehr erheblicher Bedeutung für die Florenreiche der Erde ist das Klima. Auch hier lassen sich Hauptzonen unter-

scheiden. Im allgemeinen nimmt die Temperatur vom Äquator, wo sie am höchsten ist, nach den Polen zu ab. Dabei werden die Schwankungen zwischen den Jahreszeiten immer größer. Im Tropenbereich fallen sogenannte *Zenitalregen*, nach der Jahreszeit benannt, in der die Sonne am höchsten, also im Zenit, steht. In den Zonen mit gemäßigtem Klima dagegen werden die Niederschläge durch Tiefdruckgebiete verursacht, die sich von Westen nach Osten bewegen und auf der nördlichen Halbkugel der Erde von Island bzw. von den Aleuten ihren Ausgang nehmen. Man bezeichnet solche Niederschläge als *zyklonale Regen.*

Auch die großen Florenreiche werden in kleinere Einheiten gegliedert, die man Florengebiete nennt. Wenn wir später den Schwerpunkt auch auf die Holarktis legen wollen, weil zu diesem Bereich unsere engere Heimat und darüber hinaus ganz

Wüstenlandschaften zeichnen sich durch große Trockenheit aus, durch geringe Wasserzufuhr und starke Verdunstung. Der brennenden Sonnenglut des Tages folgen kalte Nächte. Nur eine kärgliche Trockenflora weiß sich zu behaupten. Eine weiträumige Vegetation ist nicht möglich.

Europa gehört, so soll zunächst eine Übersicht über alle Vegetationszonen der Erde gegeben werden. Vom Äquator ausgehend, wo eine üppige Vegetation herrscht, lassen sich nach Süd und Nord folgende Zonen unterscheiden:

- Wälder der trop. und subtrop. Zonen
  - Immergrüne Regenwälder
  - Gebirgswälder (Nebelwälder)
  - Regengrüne Wälder
- Steppen und Prärien
- Subtropische Halbwüsten und Wüsten
- Mediterrane Vegetation (Hartlaubgehölze)
- Sommergrüne Laubwälder
- Boreale Nadelwälder
- Arktische Tundra
- Alpine Gebirgsvegetation

Immergrüne Regenwälder

Ein immergrüner Regenwald (Urwald) könnte nicht besser charakterisiert werden als durch den Begriff »Grüne Hölle«, der als einstmaliges Schlagwort längst Eingang in die Literatur gefunden hat. Er umschreibt eine fiebergeschwängerte, feuchtigkeitstriefende Luft mit ganzjährigen Mittelwerten zwischen 80–90%, einer Durchschnittstemperatur von 28 °C und Höchstwerten von mehr als 42 °C, einem unvorstellbar üppigen Pflanzenwuchs, der bei seinem erbarmungslosen Kampf um Licht keine Gnade kennt und keine Hemmungen, und einer Vegetation, in der ständig lautlos gemordet und lautlos gestorben wird, um neue Heere von schnellwüchsigen Pflanzen nachrücken zu lassen, die auch ihrerseits wieder morden und ihrerseits wieder sterben. Die etwa 30 Baumarten, die aus der ständigen Dämmerung in die Höhe streben und sich der tödlichen Umklammerung durch Lianen und Epiphyten zu entziehen suchen, sind dünnrindig, weil sie keine Zeit haben, eine dickere Borke zu bilden. Sie scheinen nie das Laub zu wechseln, jedenfalls nicht plötzlich, nicht allesamt und nicht zu bestimmten Jahreszeiten. Sie verlieren die Blätter astweise oder einzeln, aber die, die nachwachsen, kommen so schnell und in einer solchen Fülle, daß nie eine Lücke entsteht, nirgendwo ein Spalt, durch den die Sonnenstrahlen bis auf den Urwaldboden dringen könnten, und nirgendwo ein Atemholen zu verspüren ist.

Regenwälder sind das Reich der Insekten und Schlangen. Myriaden von Mücken hängen wie Wolken in der Schwüle und peinigen alles, was ihnen unter den Stechrüssel kommt, verbreiten Lähmungen, Geschwüre, Fieber und tödliche Krankheiten. Schlangen lassen sich von den Bäumen herab, versetzen ihrem Opfer ein Gift, das ihm den Tod bringt oder erdrosseln es lautlos mit ihrer gewaltigen Muskelkraft. Affen jagen sich kreischend im Gezweig und bereiten sich aus Ästen und Zweigen ihr Schlafnest. Zauberhafte Falter mit schillernden Flügeln taumeln durch Blättergewirr, und Kolibris stehen schwirrend vor den Blüten und tauchen ihren dünnen, gebogenen Schnabel tief in die Kelche bis zum Honiggrund. Der Leopard schleppt seinen Riß auf einen starken Ast, um sich in aller Ruhe dem Fraße hinzugeben, und der Tiger streicht beutelüstern durch den Dschungel.

Die Regengüsse, die plötzlich, scheinbar ohne Ankündigung, herniederprasseln, lassen in Minutenschnelle die ohnehin unerträgliche Nässe und Schwüle und den Dampf, der allenthalben zwischen Stämmen und Schlingpflanzen hängt, auf ein Maximum ansteigen. Im Amazonasbecken z. B. hat kein Monat weniger Niederschläge als 200 mm; weiter nach Süden steigen sie auf 3500 mm an. In Bogor (Buitenzorg) auf Java, wo ein extremes Regenwaldklima herrscht, beträgt der Jahresniederschlag 4370 mm. Im regenreichsten Monat werden 450 mm registriert, im regenärmsten 230 mm.

In Java – um bei diesem Beispiel zu bleiben – fallen die Regen meist nachmittags. Als kurze, überaus heftige Güsse prasseln sie hernieder, als öffnete der Himmel alle seine Schleusen. Kurz darauf scheint die Sonne wieder. Steht sie im Zenit, ist ihre Strahlung so stark, daß die Blätter, die ihr direkt ausgesetzt sind, sich um bis 10 °C über die schon sehr hohe Lufttemperatur hinaus erhitzen. Selbst bei der hohen Luftfeuchtigkeit treten daher an der Blattoberfläche hohe Sättigungsverluste auf. Sinkt die Luftfeuchtigkeit an klaren Tagen z. B. um 50% und steigt die Temperatur auf 30 °C, erhöht sich das Sättigungsdefizit bei um 10 °C überhitzten Blättern auf fast 40%. Das bedeutet, daß die Blätter selbst in dieser überaus feuchten Vegetationszone der Tropen stundenweise einer extremen Trockenheit ausgesetzt sind (Walter).

Wollen die Pflanzen in einem derartigen »Streß« überleben, müssen sie mit besonders gut ausgebildeten Transpirationseinrichtungen ausgerüstet sein. So haben der Gummibaum und Philodendron zum Beispiel, die in solchen Wäldern zu Hause sind, Blätter mit einer besonders dicken, lederartigen Kutikula (Oberhaut). Zudem sind sie in der Lage, ihre Stomata (Spaltöffnungen) zu schließen, wodurch die Transpiration zusätzlich stark eingeschränkt wird.

Pflanzen, die im Waldesinneren wachsen, sind solchen extremen Temperaturschwankungen nicht ausgesetzt. Die Luft ist ständig dampfgesättigt, der Tau fällt selbst bei der geringsten nächtlichen Abkühlung auf die Baumkronen nieder und tropft von dort auf den undurchdringlichen Unterwuchs. Die Lichtintensität ist sehr gering. Je nach der Zusammensetzung der Vegetation beträgt sie am Boden zum Teil nur 0,1% des Tageslichtes.

Immergrüne Regenwälder sind in drei Kontinenten zu finden: In Asien breiten sie sich an der Westküste Vorderindiens aus, in Malaysia, Indonesien und Neuguinea; in Afrika im Kongogebiet, an der Goldküste und im Osten Madagaskars; in Süd- und Mittelamerika bedecken sie das Amazonasgebiet – die »Grüne Hölle« –, ziehen sich an der Ostküste Brasiliens entlang und weiter an der Ostküste Mittelamerikas bis südlich von Mexiko.

Die Frage nach der Zusammensetzung der Vegetation tropischer Regenwälder ist bedeutend schwieriger zu beantworten und verlangt eine größere Weitschweifigkeit. Allein die Struktur der Baumschicht überrascht durch ihre Vielseitigkeit. Nicht selten sind vierzig, zuweilen hundert Arten auf einem Hektar zu finden, die den verschiedensten Familien angehören. Auch sind die floristischen Unterschiede zwischen den Wäldern der drei genannten Kontinente sehr groß. Wir wollen uns daher nur auf diejenigen Baumarten beschränken, die allen tropischen Regenwäldern gemeinsam sind oder als Charakteristikum zu gelten haben.

Eine erste Gemeinsamkeit besteht darin, daß die meisten Bäume Höhen von 50–60 m erreichen. Daß sie schlank, schnellwüchsig und dünnrindig sind, wurde weiter oben schon angemerkt. Die hoch ansetzenden Kronen haben einen nur geringen Umfang; die Nähe und Bedrängnis durch den Nachbarn erlaubt keine größere Ausdehnung. Nur wenigen gelingt es, über die Masse der übrigen hinauszuragen und ihre Wipfel frei über dem Blätterdach der anderen zu entfalten. Da die Wurzeln bei allen nur wenig tief in den stets nassen Boden hineinreichen, bilden die Riesen gewaltige Brettwurzeln aus, die den Stamm gleich hochreichenden Pfeilern allseitig abstützen. Wie alt solche Bäume, aber auch die der mittleren und unteren Schicht, werden können, ist nur zu schätzen, da Jahresringe fehlen. Man gesteht ihnen 200–250 Jahre zu, was um so respektabler ist, als das Dasein, das sie in der allseitigen Enge zu führen haben, keineswegs leicht ist.

Auch ihre Blätter sind ganz auf das Leben der Extreme eingestellt. Sie werden um so größer, je feuchter die Luft und je wärmer das Klima ist. Diejenigen aber, die dem Licht ausgesetzt sind, bleiben bei ein und derselben Baumart stets kleiner.

Laubwechsel und Blütezeit sind im immerfeuchten Tropenklima nicht periodisch und auch nicht an bestimmte Jahreszeiten gebunden. Zeiten der Knospung, des Austreibens, der Blüte und des Fruchtens gehen ineinander über, ohne daß eine Gesetzmäßigkeit zu erkennen wäre. Es kann geschehen, daß belaubte oder unbelaubte Bäume nebeneinander stehen, oder daß an einem einzigen Baum der ganze Gang des Jahres abzulesen ist: Äste, die das Laub abgeworfen haben, befinden sich neben knospenbesetzten und solchen, deren Blätter sich gerade entfalten. Blüten zeigen sich neben Früchten. Die ständig gleichbleibenden klimatischen Bedingungen verwischen alle Grenzen.

Eine Besonderheit der tropischen Baumarten ist die besonders häufige sogenannte Kauliflorie. Man versteht darunter ein Austreiben von Blütenzweigen direkt am Stamm, eine Erscheinung, die hauptsächlich bei Baumarten der unteren Schicht anzutreffen ist. Aber damit nicht genug der Eigenwilligkeiten: Die Blütenbestäubung wird durch Fledermäuse und Flughunde vorgenommen, die später auch für die Verbreitung der Samen sorgen. Grzimek bemerkt hierzu, daß echter Blütenbesuch mit Bestäubung am häufigsten bei dem kleinen Spitzmaus-Langzüngler *(Glossophaga soricina)* festgestellt wurde. Die Blüten, die er besucht, sind nachts geöffnet, sondern reichlich Nektar ab und haben große, festgebaute Blütenkronen. Mit seiner langen, an der Spitze mit dünnen, langen Haarpapillen besetzten Zunge kann er weit in die Blütenröhre hineinlangen. Man hat beobachtet, daß die Tiere sich für einen kurzen Augenblick an der Blüte niederlassen und an den Blütenblättern festkrallen. Sie können aber auch im Rüttelflug, wie es die Kolibris zu tun pflegen, vor der Blüte »stehen«. Andere Fledermausarten wiederum sind auf ganz bestimmte Früchte und Samen spezialisiert und haben ein ausgesprochenes Fruchtfressergebiß.

Urwälder, deren Bestände so wachsen, wie die Natur es will, haben auch für ihre Verjüngung selbst Sorge zu tragen, da die helfende und planende Hand des Menschen nicht eingreift. Sterbende Baumriesen, die fallen, werden nicht weggeräumt; andere Arten drängen nach und füllen die Lücken. Zuerst sind es raschwüchsige Bäume, die den plötzlichen Lichteinfall begrüßen und aus dem freigewordenen Raum Nutzen zu ihrem Vorteil zu ziehen wissen. Das währt so lange, bis sich aufs neue Vertreter der oberen Baumschicht über ihnen erheben und den Schatten ihrer Kronen über alles werfen, was sich unter ihnen befindet. So ergibt sich eine Vielschichtigkeit, die ihresgleichen sucht und in keinem anderen Wald zu finden ist.

In der Pflanzengesellschaft eines tropischen Regenwaldes nehmen die Bäume die bei weitem dominierende Stellung ein (etwa 70%). Luftaufnahmen vom Urwald des Amazonasgebietes z. B. zeigen nichts weiter als ein grünes, schier grenzenloses Meer, so weit das Auge reicht. Die Bäume stehen so dicht und wirken so atemberaubend und beklemmend, daß sich die Angst vor der »Grünen Hölle« ganz zwangsläufig ergibt, Angst vor der Dunkelheit in ihrem Innern, vor der triefenden Nässe und den tausendfältigen Gefahren, die unablässig denjenigen bedrohen, der in sie einzudringen wagt.

Im Baummosaik solcher Regenwälder sind für den Europäer die bekanntesten der Gummibaum *(Hevea brasiliensis)*, der Balsabaum *(Ochroma lagopus)* und der Ameisenbaum *(Cecropia)* neben vielen anderen Arten, deren wissenschaftliche Namen ihm nicht viel sagen.

Die Gewinnung des Kautschuks

Der Kautschukbaum erreicht eine Höhe von 30 m bei einem Stammdurchmesser von rund 1 m. Das Anzapfen der Bäume zur Gewinnung des Milchsaftes *(Latex)* geschieht erstmalig im Alter von 5 bis 7 Jahren. Die Schnittflächen werden je nach der Schnittführung jeden zweiten oder jeden vierten Tag neu angelegt. Eine Beschädigung des Kambiums muß dabei vermieden werden, um die natürliche Wiederherstellung der Rinde nicht zu gefährden. Der in den Auffanggefäßen gesammelte Milchsaft enthält 30 bis 36% Kautschuk. Nach Abschluß der täglichen Zapfarbeit, die in den Plantagen gegen 9 Uhr beendet ist, wird der Milchsaft sofort zur Fabrik transportiert. Dort wird er entweder weiterverarbeitet oder durch Zusatz von Chemikalien, die das Gerinnen des Milchsaftes verhindern, für die Verschiffung nach Europa oder Amerika präpariert.

In den Fabriken wird der Milchsaft durch Zusatz von Säuren (1%ige Essigsäure oder 0,5%ige Ameisensäure) zum Gerinnen gebracht. Der ausgefällte Rohkautschuk läuft über Walzwerke, wird anschließend gedrocknet und dann entweder in Form dickerer oder dünnerer Bänder verpackt und der Weiterverarbeitung zugeführt.

Haupterzeuger für Naturkautschuk sind heute die Länder Asiens, die etwa 90% der Welternte produzieren. Der Rest entfällt im wesentlichen auf einige afrikanische Staaten, während Südamerika als Kautschukerzeuger keine Rolle mehr spielt. Die Gesamternte an Naturkautschuk betrug 1980 rund 3,8 Mio. Tonnen.

Der Gummibaum heißt eigentlich richtiger Parakautschukbaum, denn er liefert den Naturkautschuk. Der Baum ist in Südamerika beheimatet, gehört zu den Wolfsmilchgewächsen und kann sehr alt werden. Seine lebhaft grünen, länglichen Blätter sind langgestielt und stehen in Dreizahl; das mittlere ist größer als die beiden seitlichen. Die Früchte bestehen aus holzigen, fast runden Kapseln mit drei Kammern. Der Name des Baumes wird von »Hevé« abgeleitet, wie die karaibischen Indianer den Kautschukbaum bezeichneten. 1876 gelang es dem Engländer Wickham trotz des Ausfuhrverbotes der brasilianischen Regierung, 70000 Samen des Parakautschukbaumes nach England zu bringen. In den Gewächshäusern gelangte jedoch nur der zehnte Teil zur Keimung, und nur 1600 der jungen Pflanzen erreichten Indien, wo die ersten Plantagen angelegt wurden. Auf diese Weise kam also der Baum vom Amazonas nach Asien, später auch nach Afrika, wo er in den tropischen Gebieten in großen Plantagen angepflanzt wird.

Schon lange, bevor die Europäer ins Land kamen und Plantagen anlegten, wußten die Indianer des Amazonasgebietes den Milchsaft zu gewinnen, um ihn als Tauschmittel zu benutzen. Am frühen Morgen begaben sie sich in den Urwald, suchten die in weitem Umkreis verstreut stehenden Bäume der *Hevea brasiliensis* auf und schnitten Kerben in ihre Rinde. Den ausfließenden Latex fingen sie mit Behältern auf, leerten diese sodann in einen Eimer aus und trugen das kostbare Gut nach Hause. In ihren Hütten entzündeten sie ein Feuer aus Palmnüssen, deren Rauch das Gerinnen des Latex begünstigte. Mit Hilfe eines Stockes, den sie in den Milchsaft tauchten und über dem Feuer drehten, verfestigten sie den Saft langsam, und nach tage- und nächtelanger Arbeit erhielten sie schließlich eine bis 50 kg schwere Kautschukkugel, die sie zur Sammelstelle brachten und gegen Salz, Waffen oder andere lebenswichtige Güter eintauschten.

Der Gummibaum aber, der sich besonders in Deutschland

Florenreiche und Pflanzenzonen

nördlicher Polarkreis
nördlicher Wendekreis
Palaeotropis
Äquator
südlicher Wendekreis
Capensis
Australis
Antarktis

als Zimmerpflanze äußerster Beliebtheit erfreut, hat mit dem Parakautschukbaum wenig zu tun. Er heißt *Ficus elastica* und ist ein indisches Maulbeerbaumgewächs. Früher lieferte er den Assamkautschuk.

Nicht minder wichtig, wenn auch in ganz anderer Hinsicht, ist der schon genannte Balsabaum *(Ochroma lagopus)*; er ist in Süd- und Mittelamerika beheimatet. Sein Holz ist extrem leicht und wird deshalb zu den sogenannten Korkhölzern gerechnet. Es hat ein spezifisches Gewicht von etwas über 0,2, besteht aus fast reiner Zellulose und ist bei aller Leichtigkeit sehr weich, elastisch und von relativ großer Festigkeit. Das seidig schimmernde Holz übertrifft die Schwimmfähigkeit des Korkes bei weitem. Da es zudem gut zu bearbeiten ist, wird es von allen Modellbauern geschätzt, die aus ihm Flugzeuge und Boote herstellen. Balsaholz-Platten sind überall in den einschlägigen Fachgeschäften im Handel erhältlich.

Die Ameisenbäume *(Cecropia)*, die in den tropischen Zonen Südamerikas heimisch sind, bilden eigenartige Symbiosen mit bestimmten Ameisenarten, die in ihnen hausen und sie gegen andere Ameisen schützen.

Ebenfalls in Südamerika beheimatet, aber auch in Afrika zu finden, ist der bis 30 m hohe Kapokbaum *(Ceiba petandra)*, ein Wollbaumgewächs. Aus seinen weißen Blüten gehen Kapselfrüchte hervor, deren Samen in eine dicke Wollschicht eingebettet sind: die Kapokfasern. Da diese nicht sehr widerstandsfähig sind, können sie nicht versponnen oder zu Geweben verwendet werden. Dafür sind sie leicht, elastisch und immun gegen Insektenbefall und Wärme. Der Kapokbaum, den die Brasilianer »*paina impa*« nennen, wird nicht nur wildwachsend genutzt, sondern auch in Plantagen kultiviert, zumal er sehr schnell wächst. Hauptproduzent ist Java, gefolgt von Neuguinea, Indien, Ceylon und den Philippinen.

Der Echte Mahagonibaum *(Swietenia mahagoni)* ist in Westindien beheimatet. Sein wertvolles Holz, das Mahagoni, wird bereits seit undenklichen Zeiten genutzt. Man verwendet es für Luxusmöbel und Innenausstattungen. Wird es lackiert, geht seine helle, rotbraune Färbung in ein tiefes Kupferrot über. Es ist sehr schwer, homogen, läßt sich leicht bearbeiten und weist nur wenige Knoten auf. Neben dem echten Mahagoni werden auch Hölzer gehandelt, die von Arten der gleichen Familie stammen, so u. a. von dem Surenbaum *(Toona serrata)* aus Indien und dem Afrikanischen Mahagonibaum *(Khaja senegalensis)* aus dem Senegal.

In den warmen Zonen der Alten und Neuen Welt wächst der Bambus *(Bambusa)*, dessen Name auf ein indisches oder malaiisches Wort zurückgeführt wird. Obwohl mit Bambus eine besondere Unterfamilie von Gräsern bezeichnet wird, müßte man hier schon eher von einem Baumgras oder Bambusbaum sprechen, denn einige Arten werden höher als 30 m. Die Pflanze hat eine besondere Geschichte:

Wenn wir das Indische Pfahlrohr, die *Arundo indica* des Plinius, als Bambus interpretieren können, müssen wir daraus schließen, daß der Bambus den Griechen und Römern wenigstens aus Berichten bekannt war, wie sie auch vom Hörensagen den Reis, die Baumwolle und den Zucker kannten. Wahrscheinlich waren die Beziehungen zu den asiatischen Ländern und Indien über den mittleren Orient und das Rote Meer nicht so selten, wie es scheint, gelangte doch auf diesem Wege auch der Pfirsichbaum aus China nach Europa.

Den europäischen Botanikern und Pflanzenzüchtern war jedoch diese verbreitete und auffällige Art durch Jahrhunderte hindurch unbekannt, sogar noch im Jahre 1753, als Linnés Werk »*Species Plantarum*« erschien. Erst zu Beginn des 19. Jahrhunderts werden verschiedene Arten beschrieben, und erst nach weiteren Jahrzehnten gelangten einige Bambusarten nach Europa.

Heute kennen wir 33 Gattungen und nicht weniger als 500 Arten, die in den warmen Zonen der Alten und Neuen Welt verbreitet sind. Die meisten stammen aus Süd- und Ostasien von Ceylon bis Indien, Malaysia, Indonesien, China und Japan. Einige Arten bilden in den asiatischen Hochgebirgen von Tibet bis Yunnan und Szetschuan dichte Wälder, in denen der berühmte Bambusbär *(Ailuropoda melanoleucus)* lebt, der sich ausschließlich von zarten Bambuskeimen ernährt. Einige Dutzend Arten wachsen in Ostafrika *(Oxytenanthera)* und Westafrika *(Guaduella)*; einige andere Dutzend sind auf dem amerikanischen Kontinent, in Brasilien und in den Anden beheimatet *(Chusquea)*, aber auch in Mexiko und in angrenzenden Gebieten der Vereinigten Staaten. Die kräftigeren Formen finden wir in der Nähe des Äquators. Sie bilden teils Büsche, teils Waldbäume, oder sie wachsen aus einem dichten Gewirr kriechender, kräftiger Rhizome, wo sich in der Regenzeit wie beim Spargel dicke Triebe bilden, die von einer membranartigen Scheide, die in einen Blattfortsatz ausläuft, umschlossen werden. Die Merkmale dieser Scheide, also Konsistenz, Farbe, Form und Behaarung, sind sehr wichtig für die Unterscheidung der verschiedenen Arten.

Die Triebe wachsen sehr schnell, oft bis zu 50 cm an einem Tag. Die Stengel, die aus den Trieben kommen, sind gegliederte, meist hohle, röhrenförmige Halme, von deren Knoten ein oder mehrere Zweige ausgehen. Die Wände dieser glatten, glänzenden Röhren sind verholzt und haben einen hohen Gehalt an Silicium, so daß man sie nur schwer durchschneiden kann. In den Höhlungen der Halme können große Kieselansammlungen auftreten, »*tabashir*« genannt, denen die Orientalen besondere Heilwirkungen zuschreiben.

Das Phänomen der Bambusblüte ist immer noch voller Geheimnis:

Verschiedene Bambusarten blühen regelmäßig, andere nur selten. Wieder andere Arten blühen unregelmäßig in Zwischenräumen von mehreren Jahrzehnten bis zu einem Jahrhundert, und wenn, dann auf der ganzen Erde alle gleichzeitig. Die Gründe dieser Verhaltensweise sind nicht klar und konnten trotz verschiedener Theorien bisher auch nicht gedeutet werden.

Zu den Unterholzpflanzen immergrüner Regenwälder zählt auch der Kakaobaum *(Theobroma cacao)*, eine der wichtigsten tropischen Wirtschaftspflanzen; er wurde in Europa erst nach der Entdeckung Amerikas bekannt und wächst heute noch wild im Amazonas-Orinoco-Becken und in Zentralamerika. Je nach den örtlichen Lichtverhältnissen erreicht er eine Höhe von 6–10 m und hat große, bis zu 30 cm lange und 10 cm breite, ovale, weiche Blätter. Bekannt ist seine Stammblütigkeit (Kauliflorie). Ein ausgewachsener Kakaobaum bringt jährlich einige tausend Blüten hervor, von denen aber nur 5% bestäubt werden. Die Zahl der reif werdenden Früchte ist noch viel geringer. Sie sind rund bis gurkenförmig; ihre Färbung variiert zwischen Grün und Violett. Je nach der Sorte erreichen sie recht unterschiedliche Größen, sind etwa 10–20 cm lang und halb so breit. An ihrem kleinen Stil sitzen sie unmittelbar dem Stamm oder dickeren Ästen an, was dem Baum ein eigenartiges Aussehen gibt.

Im Innern der Früchte sitzen die etwa 30–50 Samen, die »Kakaobohnen«, aus denen nach mehreren komplizierten Verfahren Kakaobutter, Kakaopulver und schließlich Schokolade hergestellt wird.

In Amerika gab es bereits in der vorkolumbianischen Zeit neben der wildwachsenden Pflanze Kulturformen, die in Zen-

Tropischer Regenwald bei Apahapsili im Hochland von Westindien, Indonesien. Sein dämmeriges, feuchtigkeitsgesättigtes, fiebergeschwängertes Innere, von zahllosen Schlingpflanzen überwuchert, ist das, was man als »Grüne Hölle« bezeichnet.

tralamerika und auf der Yucatan-Halbinsel angebaut wurden, der Heimat der Maya, von wo aus sie wahrscheinlich nach Mexiko gelangten.

Bei der Eroberung Mexikos entdeckten die Spanier neben den anderen »Wundern«, wie Kartoffel, Tabak, Mais und Tomate, auch den Kakao. Die Azteken nannten ihn »*Cacahutl*«. Die Kakaonüsse dienten ihnen nicht nur als Speise, sondern auch als Zahlungsmittel. Es gab sogar zwei Sorten von diesen: »*Soconusco*«, mit dem die Krieger für ihre Strapazen entlohnt wurden, und »*Patlex*« für die Normalbürger.

Die Azteken, wie auch ihre Vorgänger, die Tolteken, rösteten die Kakaobohnen, zerstampften sie und bereiteten daraus ein warmes, schäumendes Getränk; oder sie mischten das Kakaopulver mit Mais- oder Maniokmehl, Honig, Vanille und anderen Aromastoffen zu einer Art Paste, »Chocolatl«. Als erster sandte der Eroberer Fernando Cortez Kakaobohnen mit dem Rezept zur Zubereitung der Schokolade an den Hof Karls V. von Spanien, wo sie sich bald großer Beliebtheit erfreuten und von den Mönchen, die am Hof lebten, weiter verbreitet wurden.

Auch für die Gelehrten, unter ihnen Girolamo Benzoni (1556), wurden die Kakobohnen Gegenstand ihrer Forschung. Allerdings beurteilten sie sie verschieden. Die Kirche sprach ihr Urteil über den Kakao, und Papst Pius V. erklärte, daß durch ihn »die Nüchternheit nicht gebrochen« werde (23. März 1569).

Die Haupterzeugungsländer sind heute Westafrika, Mittelamerika, Brasilien, Ecuador, Kolumbien, Papua-Neuguinea, Malaysia. Die Länder mit der höchsten Produktion sind derzeit Elfenbeinküste, Ghana, Brasilien und Kamerun mit Ernten von rund einer bis vier Millionen Tonnen.

Anfangs wurde gesagt, daß etwa 70% aller im Regenwald vorkommenden Arten Bäume sind. Der Unterwuchs, der aus Sträuchern und Kräutern besteht, fehlt entweder ganz oder nimmt Formen an, die mit europäischen Maßstäben nicht gemessen werden können, denn sie werden oft mehrere Meter hoch. Ein typisches Beispiel dafür ist die Banane *(Musa spec.)*. Obwohl einzelne Bananenstauden bis 8 m hoch werden, sind sie doch nicht als Baum oder Strauch anzusprechen. Die Pflanze bildet vielmehr durch die einander umhüllenden, dichten Blattscheiden einen sogenannten Scheinstamm, aus dessen Mitte jeweils das neue Blatt herauswächst und aus dem später der Blütenschaft emporstrebt. Der Scheinstamm kann sehr hoch und tragfest werden. Bei einer Dicke von 20–30 cm beträgt die Stammhöhe über 5 m. Das Gewebe der Bananenstaude ist außerordentlich wasserreich. Der Zellsaft enthält sehr viel Gerbstoff. Die Blätter der Bananen gehören zu den größten in der Pflanzenwelt. Sie erreichen Längen bis 3,50 m bei Breiten von 0,5 m. Außer der kräftigen Mittelrippe sind sie aber sehr weich, schlaff und werden daher vom Wind leicht eingerissen. Bis zu einem gewissen Grad können sie ihre Stellung mit dem Sonnenstand verändern. Bei Trockenheit und starker Sonne klappen die beiden Blatthälften seitlich der Mittelrippe herunter, um die Verdunstung herabzusetzen.

Am Ende des vegetativen Wachstums, etwa nach 9 bis 12 Monaten, tritt aus dem Scheinstamm der Blütenstand, nachdem er die volle Länge des Stammes durchwachsen hat. Jede Pflanze erzeugt nur einen einzigen. Nach dem Ausreifen der Früchte stirbt die Staude ab. Am Blütenstand bilden sich Gruppen, die spiralförmig um die Blütenachse angeordnet sind. Sie wechseln in der Zahl; im Mittel blühen etwa 20 gleichzeitig. Hier bilden sich später die Früchte. (Was wir beim Fruchthändler in der Auslage sehen, sind gewöhnlich einzelne Blütengruppen, sogenannte Hände.)

Das Blühen und Fruchten der Bananen ist ohne Einfluß auf die Vermehrung, da die Früchte keine Samen aufweisen. Die Vermehrung erfolgt ausschließlich vegetativ durch Wurzelsprosse.

Die Hauptanbaugebiete für Bananen liegen heute in Zentralamerika und Westindien. Andere bedeutende Anpflanzungen für den Welthandel gibt es auf den Kanarischen Inseln, ferner in Liberia, in Kamerun, in Ecuador, Kolumbien und in Südbrasilien, kleinere Gebiete auf den Fidschi-Inseln. Für den örtlichen Verbrauch werden Bananen überall in den Tropen gezogen. Neben den klassichen Exportgebieten (Honduras, Nicaragua, Costa Rica, Panama und Jamaica) haben sich die Pflanzer infolge des Auftretens von Bananenkrankheiten bald nach neuen Gebieten umsehen müssen. Der Anbau wurde daraufhin in Kolumbien und, besonders nach dem zweiten Weltkrieg, auf Ecuador ausgeweitet (R. Schröder).

Neben den Bananenpflanzen und einigen Verwandten *(Scitamineae)*, die wir hier nur als Beispiele für die höheren Kräuter nennen können, müssen die niedrigen mit bedeutend weniger Licht auskommen, ja häufig im ständigen Schatten wachsen. Einige von ihnen gehören zu unseren beliebtesten Zimmerpflanzen, die deshalb auch in der Wohnung schattige Standorte verlangen, so die Schildblume *(Aspidistra)*, die in ihrer chinesischen Heimat ihre bräunlichen Blüten unmittelbar über dem Boden öffnet und von Schnecken bestäubt wird (malakophile Bestäubung), die Grünlilie *(Chlorophytum)*, die aus Südafrika stammt und mit ihren grünweiß gestreiften Blättern, ihren weißen Blütchen und den sich auf vegetativem Wege an langen Ausläufern bildenden Jungpflanzen ein sehr dekorativer Ampelschmuck ist, sowie das violett, rosa und weiß blühende Usambaraveilchen *(Saintpaulia)*, ein zartes, anmutiges, aus Ostafrika (Usambara) stammendes Pflänzchen. Es hat fleischige, samtige, leicht brüchige Blätter. Auch viele andere Pflanzen des Bodenwuchses haben auffallend samtig-weiche Blätter von grüner, bronzefarbener oder auch ausgeprägter Buntfärbung, wobei weiße und rote Flächen sowie metallischer Glanz dominieren.

Was den tropischen Urwald aber so undurchdringlich macht, ist sein ungeheurer Reichtum an Lianen und Epiphyten (Überpflanzen).

Das Leben aller Urwaldpflanzen ist ein unaufhörlicher, gnadenloser und mörderischer Kampf um Licht und Luft. Je schneller eine Pflanze in die Höhe kommt, desto größer ist ihre Aussicht, ihr Leben zu verlängern. Während Bäume aber trotz aller Schnellwüchsigkeit Jahre brauchen, um ans Ziel zu gelangen, haben Lianen und Epiphyten eine viel raffiniertere Taktik: Erstere bilden keinen festen Stamm aus, sondern benutzen den Baum als Stütze und klimmen an ihm mit langen, biegsamen Sprossen empor, während die Epiphyten nach einem noch ausgeklügelteren System verfahren und ihren Keimungsort gleich in die Baumwipfel verlegen.

Das Festklammern der Lianen an ihren Kletterbäumen geschieht auf verschiedene Art: Manche spreizen weit ihre Zweige und wachsen in das Ast- und Zweigsystem der Bäume hinein (Spreizklimmer). Dabei bilden sie Dornen oder Stacheln aus, die sie wie Steigeisen benutzen. So verfahren z.B. Rotangpalmen *(Calamus)* aus der Gruppe der Kletterpalmen, deren stachelbewehrte Stämme außerordentlich lang werden können und sich nicht scheuen, gleich mehrere Bäume als Stütze zu benutzen, indem sie von dem einen auf den anderen übergehen. Sie sind in den Wäldern Indiens und der Äquatorzone zu Hause. Manche Brombeerarten *(Rubus)* haben ähnliche Methoden entwickelt. Sie können armdick werden und mit Leichtigkeit die Baumkronen erreichen.

Andere Lianen, die als Wurzelkletterer bezeichnet werden, heften sich mit wurzelähnlichen Gebilden in Rissen und Spalten der Baumrinde fest oder umschlingen den Stamm und klimmen auf diese Weise in die Höhe. Ein Wurzelkletterer unserer Heimat ist der Efeu *(Hedera helix)*. In den Tropen sind es vor allem Aronstabgewächse *(Araceae)*. Zu ihnen zählen auch die bei uns als Zimmerpflanzen beliebten Philodendronarten, z.B. das Fenster- oder Gitterblatt *(Monstera deliciosa)*, die sich mit ihren langen, dicken, sproßbürtigen Wurzeln an alle erreichbaren Stützen klammern, um mit ihrer Hilfe in die Höhe zu klettern.

Wieder andere Pflanzen winden sich mit ihren rasch wachsenden Sprossen um Stamm und Äste ihrer Stützbäume (Windepflanzen) und brauchen für die Schnelligkeit, mit der sie in die Höhe streben, so viel Kraft, daß ihre Astspitzen zunächst gar keine Blätter entwickeln.

Rankende Pflanzen wiederum, die es auch in unseren Wäldern und Gärten gibt, z.B. die Erbse und Weinrebe, haben ihre Blätter und Seitensprosse zu Greiforganen umgewandelt. Sie haben die Fähigkeit, auf Berührungsreize zu reagieren und sich festzuklammern, sobald sich nur Gelegenheit dazu bietet (s. auch Kap. »Das Bewegungsvermögen der Pflanzen«).

Alle Lianen haben eines gemeinsam: Sie bevorzugen die Lichtungen und streben mit großer Schnelligkeit zu den Baumwipfeln empor. Sterben die Bäume, die ihnen Stütze boten, ab,

Brasilien wird zu 40% von Urwald bedeckt. Tropische Gluthitze wechselt mit prasselnden Regengüssen. Mitunter fällt in einem Monat soviel Niederschlag wie in Hamburg in einem Jahr!

bleiben sie zunächst an dem toten Stamm, und vermodert dieser oder stürzt um, haben sie längst Verbindung mit der Krone benachbarter Bäume aufgenommen, und die Lianenstämme hängen wie Seile und Stränge frei herunter. Rutschen sie aber ab, so bleiben sie als undurchdringliches Gewirr am Boden liegen.

Noch weitaus interessanter als die Lianen sind die Epiphyten. Wie schon erwähnt, verlegen sie ihren Keimort hoch auf die Bäume, wo die Lichtverhältnisse für sie optimal sind. Allerdings ist dafür die Wasserversorgung um so schwieriger, denn sie haben keine Verbindung zur Bodenfeuchtigkeit. Also sind sie auf Regen und Regenwasseransammlungen an ihrem Standort angewiesen. Da es in den tropischen Urwäldern aber sehr häufig kurze, heftige Güsse gibt, besonders an den Gebirgshängen, und die Luft ständig feuchtigkeitsgesättigt ist, sind sie eigentlich nur selten lebensbedrohlichen Situationen ausgesetzt. Im übrigen verfügen sie über die Fähigkeit, entweder Wasser in ihren Organen zu speichern, oder vorübergehend austrocknen zu können, ohne Schaden zu nehmen.

Viele Orchideenarten haben Sproßknollen als Wasserspeicher ausgebildet, andere verfügen über Luftwurzeln, die ergrünen, der CO_2-Assimilation dienen und auch zur oberirdischen Wasseraufnahme befähigt sind. Bei der Vanille werden die Luftwurzeln zu Wurzelranken, mit deren Hilfe die Pflanze an Stützen emporklettert.

Die Vanille

Die Vanille *(Vanilla planifolia)* ist eine Liane mit zylindrischem, fleischigem, grünem, biegsamem Stengel, der sich mit Hilfe von rankenden Wurzeln an andere Pflanzen klammert, die ihm als Stütze dienen. Die Blätter sind länglich und parallelnervig, die grünlichen Blüten in Rispen angeordnet. Ihre Blütenkronen öffnen sich an der Spitze eines Fruchtknotens, der eine Länge von 5 cm erreichen kann.
In der freien Natur kann die Vanilleblüte nur von einem bestimmten Hautflügler bestäubt werden. Nach der Befruchtung wächst der schotenähnliche Fruchtknoten weiter und erreicht eine Länge von 12–25 cm. Er liefert eines der feinsten und beliebtesten Gewürze: die Vanille.
Die antiken Völker Mexikos benutzten die Pflanze, die in ihrem Land wild wächst, um ihrem beliebten Getränk, dem »flixochitl«, d. h. der Schokolade, Vanillegeschmack zu verleihen. Auch die spanischen Eroberer fanden Geschmack an der Vanille und brachten sie bereits zu Beginn des 16. Jh. nach Europa. Schon hundert Jahre später mußte sie in großen Mengen eingeführt werden.
Der Name Vanille kommt vom spanischen »vanilla« (Hülse oder Schote). 90% der Weltproduktion stammen heute aus Madagaskar und von den Komoren. Lange Zeit hindurch blieb die Vanille in den Tropenzonen, wo man sie anbaute, eine Zierpflanze, da sie außerhalb ihres Ursprungslandes keine Früchte ausbildete. Erst um die Mitte des vorigen Jahrhunderts erkannte man, daß das Insekt, das die Vanille in Mexiko bestäubt, fehlt, und ging zur künstlichen Bestäubung über. Sie wird von eingeborenen Frauen und Kindern durchgeführt. Sie benutzen dabei Bambusstäbchen oder Blattrippen von Palmblättern. Eine geschickte Frau kann an einem Tag mehrere hundert Blüten bestäuben. Die Früchte gelangen in acht bis zehn Monaten zur Reife.
Bei guter Pflege kann man Erträge von 65–200 kg pro ha erzielen. 150 Pflanzen liefern ungefähr 7 kg grüne Vanille. Bei der nachfolgenden Verarbeitung entsteht jedoch ein Gewichtsverlust von 70–75%. In der Reifephase wird von besonderen Fermenten, die in der Frucht enthalten sind, das Vanillin entwickelt, das den Früchten ihren charakteristischen Duft verleiht. Werden diese erst bei vollständiger Reife geerntet, so verlieren sie an Handelswert, da sie austrocknen und aufspringen. Man erntet sie deshalb vorher und unterzieht sie einer künstlichen Gärung. In Mexiko läßt man sie zu diesem Zweck den ganzen Tag in der Sonne, am Abend wickelt man sie in Wolldecken und bringt sie in die Häuser, um sie vor der Nachtkälte zu schützen. Während der Nacht scheiden die Früchte das noch in ihnen enthaltene Wasser aus. Durch diese Behandlung, die mehrmals wiederholt wird, begünstigt man die Entwicklung des Aromas.
Auf Madagaskar und den Komoren setzt man die Früchte einem Hitzeschock aus, indem man sie für wenige Sekunden in sehr heißes Wasser taucht und dann in die Sonne legt. Man wiederholt diese Behandlung so lange, bis sich auf der Oberfläche der Früchte die weißen Vanillinkristalle bilden, und die Vanille auf den Markt gebracht werden kann.

Viele Ananasgewächse *(Bromeliaceae)* bilden mit ihren Blattbasen Trichter, in denen sich Regenwasser sammelt, das sie mit Hilfe von Saugschuppen aufnehmen können. Da in solchen Wasseransammlungen häufig Insekten und anderes Kleingetier ertrinken und sich dann zersetzen, gewinnen die Pflanzen dadurch zusätzliche Nährstoffe. Nicht selten haben sogar Laub- oder Baumfrösche die Wassertrichter dazu ausersehen, ihren Laich dort abzusetzen. Nur wenige Bromeliaceen haben Erdwurzeln. Die meisten wachsen auf Felsen oder Baumstämmen. Dann sind die Wurzeln zu Haftorganen geworden wie bei dem Louisiana-Moos *(Tillandsia usneoides)*. Mit Moos hat die Pflanze gar nichts zu tun; eher ähnelt sie Bartflechten. Sie ist von Brasilien bis Texas, Florida und Virginia verbreitet. Die Fasern werden als Matratzenfüllung verwendet. Andere Bromelienarten bilden Höhlungen, die von Ameisen bewohnt werden.

Epiphytische Farne, die ein Austrocknen nicht überleben würden, bilden sich, auf den Ästen sitzend, ihren eigenen Boden, indem sie zwischen ihren wie Trichter angeordneten Blättern nicht nur Wasser, sondern auch Streu, Staub und andere organische Reste sammeln. Auf diese Weise schaffen sich besonders der Tüpfelfarn *(Aspenium nidus)* und die Geweihfarne *(Platycerium)* ein eigenes Reich, ein feuchtes, humushaltiges Substrat über dem eigentlichen Erdboden, in das nun die Wurzeln hineinwachsen können. Findet eine größere Epiphytenansammlung in dichtgedrängtem Nebeneinander statt, kann sich ein zusammenhängender Nährboden über dem eigentlichen Erdreich bilden, der – nach Walter – mehrere Tonnen pro Hektar beträgt. Stickstoff und Nährstoffe werden durch abtropfendes Wasser und Staub zugeführt. Ameisen können sich ansiedeln und ihre Nester bauen. Sie schleppen Samen herbei, die keimen und zu blühenden Pflanzen auswachsen. Solche »Blumengärten« werden aus Südamerika geschildert. Sie beherbergen auch eine besondere Fauna und Mikroflora; Moskitolarven, Wasserinsekten und Protisten leben in den Trichtern der Bromeliaceen, die oft erhebliche Dimensionen erreichen.

Verbreitet werden die Epiphyten durch Sporen (Farnpflanzen), staubförmige Samen (Orchideen) oder Beerenfrüchte (Kakteen, Bromeliaceen), die von Vögeln gefressen werden, so daß die Samen mit den Exkrementen leicht auf die Äste der Bäume gelangen.

Gebirgswälder (Nebelwälder)

Auch die Wälder der Subtropen haben vielfach noch Urwaldcharakter, doch erreichen ihre Bestände nicht mehr die Dichte des immergrünen Regenwaldes. Die Temperaturgegensätze werden spürbarer, die Entfernung vom Äquator ist größer, die Höhenlage nimmt zu. An den Hängen der Gebirgswälder mehren sich die Niederschläge in Form von Steigungsregen. Infolge der Steilheit der Hänge fließt das Wasser schnell zu Tal, und der Boden weist nicht die Versumpfung auf wie der der Niederungswälder. Ähnlich europäischen Gebirgen nimmt der Baumbestand nach oben zu ab; die Bäume selbst werden niedriger, die Blätter sind kleiner und vertragen größere Trockenheit. Auch der Epiphytenreichtum der Gebirgswälder, bedingt durch Nebel und tiefhängende Wolken, wird geringer, je weiter es in die Höhe hinaufgeht. Dort ist das Reich der Farne und Bärlappgewächse, und geradezu üppig ist das Wachstum von Hautfarnen *(Hymenophyllaceae)* und Moosen. Da die beiden letztgenannten ständige Feuchtigkeit verlangen, sind sie die typischen Epiphyten der Nebelwälder. Die Hautfarne überziehen Stämme und Äste mit einem dichten, leuchtendgrünen Belag; die Moose hängen wie engmaschige Schleier von den Bäumen und füllen alle Lücken und Nischen mit einem dichten, von Wassertröpfchen durchwirkten Gewebe. Baumfarne, die ein kühleres, dabei immerfeuchtes Klima verlangen, sind in vielen Arten anzutreffen. Der Boden ist bedeckt mit einem üppigen Teppich von Moosfarnen *(Selaginella)*. Von den zartgrünen, aber auch andersfarbenen Pflänzchen werden etwa 15 Arten bei uns als Zierfarne und Zimmerpflanzen kultiviert. Alle Moosfarne ertragen große und lang anhaltende Trockenheit nur schlecht. Sehr feuchte Gebirgslagen zeichnen sich durch einen dichten Bewuchs von Bambus und sogar Palmen aus.

Von den vielen Baumarten mit immergrünen Blättern soll hier nur der Chinarindenbaum *(Cinchona)* beschrieben werden, der in den Anden Perus und Boliviens in 2500 bis 3000 m Höhe heimisch und in der Malariabekämpfung von größter Bedeutung ist. Seine Rinde enthält 22 Alkaloide; das bedeutendste davon ist das Chinin, auch heute noch wichtigster Bestandteil einer Reihe von Medikamenten, die als fiebersenkende Mittel angewendet werden. Dies gilt vor allem für die Malariabekämpfung.

Im Jahre 1822 gelang es Pelletier und Caventou, das Alkaloid Chinin zu isolieren (Morphin 1806). Die Geschichte der heilkräftigen Rinde, die übrigens mit China nichts zu tun hat, ist jedoch viel älter:

Lange bevor die spanischen Eroberer ins Land kamen, hatten die peruanischen und bolivianischen Eingeborenen entdeckt, daß die bittere Rinde, wenn sie sie kauten, auf wunderbare Weise Fieberkrankheiten zu heilen imstande war. Der Name der Rinde in der Eingeborenensprache wurde im Spanischen zu »Quina-Quina«. Die Jesuiten, die im Gefolge Pizarros nach Südamerika kamen, erfuhren von den Eingeborenen das Geheimnis und schickten das Wunderpulver nach Rom, wo es als »Jesuiten-Pulver« oder »Pulvis jesuiticum«, berühmt wurde.

Mit der Chinarinde wurde u. a. die Frau des Grafen von Cinchon, des Vizekönigs von Peru, geheilt, was eine derartige Beachtung fand, daß man das Pulver »Polvo de la Condesa« nannte, und Linné hundert Jahre später zu Ehren dieser Gräfin, die nur das Verdienst hatte, wieder gesund geworden zu sein, der Gattung den Namen *Cinchona* gab.

Der Engländer Talbot heilte mit dem Fiebermittel, das er wie ein großes Geheimnis hütete und nicht preisgab, die größten Persönlichkeiten seiner Zeit. Ludwig XIV. mußte ihm, um es kennenzulernen, 2000 Louisdor und 2000 Lire an Rente zahlen. Erst nach dem Tod Talbots im Jahre 1681 wurde das Chinin bekannt.

In einem abenteuerlichen, gefahrvollen Unternehmen, an dem auch ein Deutscher beteiligt war, wurden Mitte des vorigen Jahrhunderts etwa 5000 Schößlinge des Chinarindenbaumes nach Java geschmuggelt, um dort in Plantagen angebaut zu werden. Nur 75 Pflanzen überlebten die Reise, immerhin genug, um aus ihnen mehrere Millionen Bäume heranzuziehen und Java zum Hauptanbaugebiet zu machen. Das weiße Pulver aber, das aus ihrer Rinde gewonnen wird, hat seither Millionen von Menschen das Leben gerettet. Vorher aber waren Tausende dem Fiebertod erlegen: Im 4. Jh. v. Chr. starb Alexander d. Gr. an Malaria, ebenso der Westgotenkönig Alarich, und Mohammeds Leben erlosch auf die gleiche Weise. Als die Kreuzritter ins Morgenland aufbrachen, wütete das Fieber ärger unter ihnen als das Schwert der Türken.

Je weiter die tropischen Gebirgswälder in die Höhe wandern und sich der Baumgrenze nähern, desto stärker nehmen die Moose ab. An ihre Stelle treten Bartflechten. Sie sind die Charakterpflanzen der Nebelregionen fast aller Bergwälder der Erde. Zusammen mit ihnen erscheinen Nadelhölzer, in den tropischen Gebirgen vor allem Steineibengewächse der Familie *Podocarpaceae*, die in etwa hundert Arten besonders in Südamerika, Afrika, Asien und Indonesien verbreitet sind. Sie besitzen keine echten Nadeln; ihre Blätter sind vielmehr schmal und hart, ihre Samen sitzen auf einem fleischigen Stiel.

Ist die Baumgrenze erreicht, schließt sich eine Region niedrigen Gebüsches an (in den Anden etwa oberhalb von 3000 m). Die letzten niederliegenden Sträucher drücken sich noch bei etwa 3600 m in den Schutz der Felsen. Unter ihnen befinden sich Arten, die auch in ähnlichen Höhenlagen der Holarktis anzutreffen sind, nämlich Erikagewächse *(Ericaceae)*, Johanniskräuter *(Hypericum)* und Johannisbeerarten *(Ribes)*. In Europa kann man ihnen in den Alpen und im Apennin begegnen. Etwa 125 johannisbeerartige Steinbrechgewächse sind aus Nordasien, Nordamerika und der Andenregion bekannt.

Oberhalb von 3600 m verschwindet bei immer weiterem Temperaturrückgang auch die Vegetation, bis sich unterhalb der Region des ewigen Schnees die sogenannte Kältewüste ausbreitet. Sie ist für die tropischen Gebirge besonders charakteristisch.

Subtropische Ur- bzw. Regenwälder bedeckten den Südosten Brasiliens und den Gran Chaco – eine weite südamerikanische Landschaft zwischen dem oberen Paraguay und den Anden, nach Süden in die Pampa, nach Norden ins Bolivianische Tiefland übergehend –, weiterhin die östlichen Teile der Nordanden; in Afrika das Hochland von Äthiopien, in Asien Teile Chinas und Südjapans. Schließlich nehmen sie einen Randstreifen Südostaustraliens ein.

Der Übergang von den immerfeuchten zu trockenen Zonen ist vielfach durch sogenannte Galeriewälder gekennzeichnet, die sich an den Flußläufen, z. B. Mittelafrikas, entlangziehen. Sie sind an das Grundwasser oder an das aus steilen Hängen austretende Sickerwasser gebunden und bilden Waldstreifen in den Savannen und Steppengebieten des tropisch-subtropischen Grenzbereichs.

Regengrüne Wälder

In tropischen Zonen, in denen die Regenmengen bei der starken Verdunstung nicht ausreichen, um den Boden in immerfeuchtem Zustande zu erhalten, und mehrmonatige Trockenperioden auftreten, kommt es zu zahlreichen Übergangserscheinungen zwischen den immergrünen Regenwäldern und den Wüsten. Je nach ihrer Formation und den klimatischen Gegebenheiten spricht man von Monsunwäldern, Trockenwäldern, Dornwäldern, Baumsavannen, Steppen und Prärien sowie Halbwüsten. Schimper (Pflanzengeographie, 1898) sagte u. a.: Bei mindestens 180 cm Regen hat der Hochwald Alleinherrschaft, bei 90–150 cm Regen kämpfen xerophiles (die Trockenheit liebendes) Gehölz und Grasflur, unter 90 cm Regen herrscht xerophiles Niederholz, namentlich Dornwald und Dorngebüsch, beide bei noch geringeren Niederschlägen in Halbwüsten und Wüsten übergehend. Diese Charakteristik nach der jährlichen Niederschlagsmenge ist natürlich sehr schematisch, weil es auch auf Exaporation (Verdunstung) und Verteilung der Niederschläge über das Jahr hin ankommt, in der Hauptsache mag sie aber richtig sein.

Herrscht Regenzeit, ergrünen die Wälder; bei Trockenheit werfen die Bäume ihre Blätter ab. Es ist beobachtet worden, daß dies auf andere Weise geschieht, als wir es von unseren Laubbäumen her gewohnt sind: Vor dem Laubfall vertrocknen die Blätter nicht, sondern sie vergilben.

Als weiteres Phänomen muß auch die Tatsache gelten, daß der Laubfall fakultativ zu sein scheint. Viele Bäume verlieren die Blätter, andere wieder nicht. Versuche in einem botanischen Garten haben ergeben, daß z. B. der Sandbüchsenbaum *(Hura crepitans)* aus der Familie der Wolfsmilchgewächse *(Euphorbiaceae)*, der in Mittelamerika und auf den Antillen wächst, die Trockenzeitperiode hindurch, als ihm regelmäßig Wasser zugeführt wurde, immergrün blieb, blühte und fruchtete, während er in der freien Natur bei echter Trockenheit die Blätter verlor und drei bis vier Monate lang ohne Laub war. Übrigens macht gerade dieser Baum auch in anderer Hinsicht noch von sich reden: Seine Früchte platzen nach der Reife mit

einem Knall, der sich wie ein Pistolenschuß anhört *(crepitans!)*. Sein Latex (Milchsaft) ist giftig, der eines nahen Verwandten, des Mancinella-Baumes *(Hippomane mancinella)*, der ebenfalls auf den Antillen beheimatet ist, sogar in einem Maße, daß ein einziger Tropfen auf der Haut bereits eine schwere Entzündung hervorrufen kann, und die Eingeborenen den Saft gern als Pfeilgift benutzen.

Andere Bäume suchen sich über die Trockenzeit zu retten, indem sie kleine, harte, xeromorphe (gegen Austrocknung geschützte) Blätter ausbilden, die während der Dürre erhalten bleiben.

Da in der Regel nicht nur der Laubabfall periodisch erfolgt, sondern auch das Dickenwachstum der Bäume, bilden sich an den Stämmen Jahresringe, was an den schnellwüchsigen und ständig zum Licht strebenden Urwaldbäumen nicht der Fall ist. Ihre Stämme sind niedriger und kräftiger als die des Regenwaldes und verfügen zum Teil über Wasserspeicher (Tonnenbäume).

Doch wenden wir uns jetzt den Übergangsformen zu:

Monsunwälder sind dem Urwald noch am ähnlichsten. Sie treten in tropischen Gebieten mit ausgeprägtem Wechsel von

Schirmakazien sind Charakterbäume der Steppe. Bei Sonnenuntergang filtert der Feinststaubgehalt der Luft das rotglühende Sonnenlicht und überzieht die Landschaft mit einem Schleier unwirklichen Leuchtens (oben links). – Antilopen, die die weiten Steppen und Savannen Afrikas bevölkern, stellen häufig Wachen auf, wenn sie äsen. Hier eine Landschaft in Kenia (oben). –

Arizona in den USA zählt zu den Wüstenstaaten mit der geringsten Niederschlagsmenge (links). Trotzdem nahm die Rinderzucht bereits um 1876 beachtliche Ausmaße an. Der Begriff »Cowboy« wurde geboren.

Regen- und Trockenzeiten auf und bestehen vorwiegend aus Bäumen, die, wie oben geschildert, während der Trockenzeit ihr Laub abwerfen. Sie können aber auch in unterschiedlichem Maße immergrüne Arten enthalten, darüber hinaus viele Lianen und Epiphyten. Hauptverbreitungsgebiet der Monsunwälder sind Vorder- und ein Teil Hinterindiens, der Malaiische Archipel, Ostafrika beiderseits des Äquators, Ostbrasilien und Mittelamerika.

Unter Monsun versteht man einen durch die jahreszeitlich verschiedene Lage der innertropischen Konvergenzzone und die dadurch bestimmte wechselnde geographische Temperatur- und Luftdruckverteilung bedingten Wind im Grenzgebiet zwischen ausgedehnten Land- und Wasserflächen, besonders in Süd- und Ostasien. Wenn sich im Sommer während der Erwärmung der asiatischen Festlandsmasse über ihr ein Tiefdruckgebiet bildet, entsteht der Südwest-Monsun (über Südasien) bzw. Südost-Monsun (über Ostasien). Wenn umgekehrt im Winter über Asien Hochdruck herrscht, strömen die Luftmassen als Nordost-Monsun (über Südasien) bzw. Nordwest-Monsum (über Ostasien) zum Ozean ab (Wintermonsun). Der mit Feuchtigkeit beladene Sommermonsun bringt in Südasien überwiegend die für die Landwirtschaft nötigen Niederschläge und entscheidet damit über Wohlstand oder Hungersnot dieser dichtbevölkerten Gebiete. In Ostasien ist seine Rolle als Regenbringer bescheidener.

Ein wichtiger Baum der Monsunwälder ist der Teakbaum *(Tectona grandis)* aus der Familie der Eisenkrautgewächse *(Verbenaceae)*, ein Gigant, der bis 40 m hoch werden kann und in Vorder- und Hinterindien sowie im Malaiischen Archipel reiche Bestände bildet. Zur industriellen Nutzung werden nur die Bäume ausgesondert, die über 120 Jahre alt sind und einen Umfang von mehr als 2 m erreicht haben. Zu diesem Zweck wird der Stamm rundum tief eingeschnitten, damit er abstirbt. Erst nach zwei Jahren, wenn er vollkommen trocken ist, wird er gefällt. Das Teakholz, das heute in vielen Verwendungsbereichen mit Eichen-, Buchen- und Nadelhölzern konkurriert, ist ockerbraun, nicht sehr hart und auch nicht sehr schwer, aber elastisch und sehr haltbar, auch im Wasser und im Kontakt mit Eisenteilen. Zudem ist es termitenfest. Es wird zur Herstellung wertvoller Möbel verwendet.

Der Trockenwald (Savannenwald) ist eine lichte Waldformation der Tropen und Subtropen, in der die Bäume während der Trockenzeit für fünf bis sieben Monate das Laub abwerfen; er ist charakteristisch vor allem für Ost- und Südafrika (Miombo) und Brasilien (Caatinga).

Mit Caatinga, einem Wort indianisch-portugiesischer Herkunft, wird ein Dornwald südlich des tropischen Regenwaldes im trockenen Binnenland Nordost-Brasiliens bezeichnet. Weiter südlich geht er in die Baumsavanne über (Campos). Im Trockenwald herrschen Dornbüsche und Sukkulenten vor. Er ist oft schwer zu durchdringen und von halbwüstenhaftem Charakter. Gelegentlich breitet er sich auf feuchteren Standorten aus sowie an Gebirgshängen, bildet aber auch sogenannte Fiederblatt-Trockenwälder in Gestalt von Galeriewäldern. Die Eingeborenen holen sich aus der Caatinga ihr Brennholz, benutzen sie als Viehweide und betreiben im übrigen Sammelwirtschaft. Eine besondere Rolle spielen dabei die Carnaubapalme *(Copernicia cerifera)*, von der Wachs gewonnen wird, und die *Orbignya martiana*, deren Samen, die Babassu-Nüsse, ein Öl enthalten. Verwandte Arten liefern die Picaba-Fasern oder Brasilianische Piassave (Blattscheiden). Die Steinkerne der *Orbignya cohune*, die von Panama bis Honduras ausgedehnte Wälder bildet, finden bei Drechslerarbeiten Verwendung. Ihre Samen enthalten 65–71 % Fett, sind eßbar und dienen der Ölgewinnung.

Die Carnaubapalme ist schlank, wird bis zu 30 m hoch und hat einen glatten Stamm mit fächerförmigen Blattwedeln. Das Carnaubawachs stammt von einer Absonderung, die wie eine feine Haut die Blattunterseite, weniger stark die Oberseite, überzieht. Man gewinnt es, indem man die abgeschnittenen Palmwedel abkratzt oder sie in kochendes Wasser taucht. Es wurde früher vornehmlich zur Herstellung von Grammophonplatten verwendet.

Die Carnauba- oder Wachspalme liefert außer Palmfett auch Sago. Die Beerenfrüchte sind süß, haben einen hohen Gehalt an Zucker und dienen als Viehfutter. Aus einem Saft, den die Pflanze abscheidet, bereitet man Palmwein und Schnaps. Die Wurzeln enthalten Harze und Alkaloide.

Andere Arten und auch solche der ihr nahestehenden Gattung *Sabal* liefern dünne, sehr kräftige Fasern, aus denen man Hüte herstellt, die als »Panamahüte« bekannt geworden sind. Die Spanier nennen den Baum *Sabal causianum* »palma de sombrero«, zu deutsch »Hutpalme«. Sie ist für Puerto Rico typisch, wo man die Blattwedel ausfasert, weißt und dann verarbeitet. Aus den Fasern werden Körbe angefertigt.

Mit Campos (span., port. = Felder) werden in Brasilien weite, offene Grasflächen (Savannen) bezeichnet, die physiognomisch und floristisch ein sehr verschiedenartiges Aussehen zeigen: Die Campos cerrados z.B. nehmen als halboffene Gehölzgrasfluren mit krüppelhaften Bäumen 1,5 bis 2 Mio. qkm ein; die Campos limpos stellen baum- und buschlose Hartgrasflächen auf trockenem Boden dar; die Campos sujos sind mit Buschgruppen, Palmen und Einzelbäumen bestanden.

Die Baumsavannen Kolumbiens und Venezuelas werden Llanos genannt. Die Llanos des Orinoco waren in der Tertiärzeit ein Meeresbecken. Im Pleistozän, als die Flüsse von den umliegenden Gebirgen herabgestürzt kamen, wurde das Bekken mit alluvialen Ablagerungen aufgefüllt, wodurch eine riesige Ebene von 1000 km Länge und 400 km Breite entstand, die sich auf dem linken Orinoco-Ufer durch Venezuela und weit nach Kolumbien hinzieht. Wälder kommen nur in kleinen Beständen vor, meist sogar nur in Form weit verstreuter Baumgruppen, den sogenannten »Matas«. Ansonsten ist die Ebene von halbmeterhohen Gräsern bedeckt, aus denen sich kleine Bäume erheben, so die *Curatella americana*, eine Charakterpflanze Südamerikas mit sehr rauhen, reichlich Kieselsäure enthaltenden Blättern (»Sandpaper Tree«), die im Norden bis nach Mexiko zu finden ist, weiter die *Byrsonima*, von der einige Arten eßbare Steinfrüchte haben, und andere. Die Curatella bleibt auch während der Trockenzeit grün.

Ein Baum besonders des afrikanischen Savannenwaldes ist der bekannte Affenbrotbaum oder Baobab *(Adansonia digitata)*, der in vielen Reiseberichten und Abenteuerbüchern erwähnt wird und sogar in Daudet's Tartarin eine Rolle spielt. Der Baum ist zwar nicht einer der größten der Welt – er wird nur etwa 20 m hoch –, wohl aber einer der dicksten. Er kann einen Umfang von 40 m erreichen und ist in Zentralafrika, Madagaskar und Nordaustralien beheimatet. In Afrika beherrscht er den doppelten Savannengürtel, die Zone der äquatorialen Regenwälder ausgenommen, und dringt nach Norden bis Kordofan im oberen Niltal vor, wo ihn auch die ersten Europäer zu Gesicht bekamen. Der erste, der ihn beschrieb, war wohl Prospero Alpino in seinem Werk *»De Plantis Aegypti«* (1623).

Der Affenbrotbaum ist für das Savannenklima mit seinem Wechsel von Hitze und Regen wie geschaffen; der gedrungene Stamm besteht aus schwammigem, leichtem Holz, das ungeheure Wasserreserven speichern kann. Von diesen zehrt er in den 4–5 Monaten der Trockenperioden und wächst sogar dabei. Allerdings fallen in dieser Zeit seine Blätter ab. Zu Beginn der Regenzeit knospen die Blüten; sie sind weiß, fünfteilig, und ihre Staubblätter sind an der Basis zu einem Tubus vereint; der Außenkelch fehlt. Die dicken, hängenden Früchte sind holzig und öffnen sich nicht von selbst. Die eßbaren Samen sind von einer schleimigen Substanz umschlossen, aus der man durch Gärung ein alkoholisches Getränk herstellen kann. Aus dem leichten, weichen Holz bauen sich die Eingeborenen ihre Kanus. Ursprünglich wurde der Terminus Savanne für bestimmte Vegetationsformen Südamerikas gebraucht. Später übertrug man ihn auch auf ähnliche Vegetationsformen in Afrika.

Bäume der afrikanischen Savanne sind außer dem Affenbrotbaum auch die Schirmakazien *(Acacia)* und der Sheabutterbaum *(Butyrospermum parkii)*, ein Sapotengewächs aus Zentralafrika, aus dessen Samen sich Fett gewinnen läßt (»Sheabutter«). Die Schirmakazien, das nationale Emblem Australiens, sind auf weiten Strecken dominierend, teils als Dornbuschdickichte, teils aber auch einzeln stehend und dann schirmförmige Baumkronen bildend, die ihnen ihren Namen gaben. Die zahlreichen Akazienarten (700–800) sind in den

Tropen und Subtropen fast der ganzen Welt vertreten, besonders häufig in den trockensten Teilen Zentralaustraliens (über 50%). Viele von ihnen werden in wärmeren Gegenden und in Gewächshäusern als Ziergehölze kultiviert (»Mimosen«).

Die bedeutendsten Charakterbäume Australiens und Tasmaniens aber und im Landschaftsbild absolut tonangebend, sind die zahlreichen (über 600) Arten der Gattung *Eucalyptus*. Die meisten von ihnen sind immergrün, einige auch laubabwerfend. Eucalyptus-Arten treten auch in Neuguinea und Malaysia auf, knapp hundert werden in Kalifornien kultiviert, eine Art wurde in Florida eingebürgert (Engler). Eukalyptusbäume gibt es ferner angepflanzt in Nord- und Ostafrika (Wälder um Addis Abeba) und im Orient. 1810 kamen die ersten Exemplare nach Frankreich; bereits 1803 wurde im Park des Königsschlosses von Caserta der *Eucalyptus robusta* und im Garten der Grafen von Camaldoli (Neapel) der *Eucalyptus camaldulensis* gepflanzt. Ehe man wußte, wodurch die Malaria entsteht, glaubte man lange Zeit, daß man durch Anpflanzung von Eukalyptusbäumen die Malaria bekämpfen könne. Aus diesem Grunde legten die Trappistenmönche der Abtei »Zu den drei Quellen« bei Rom ausgedehnte Plantagen des Fieberbaumes an, aus dessen Früchten sie einen Likör herstellten.

Der Blaugummi- oder Fieberbaum *(Eucalyptus globulus)*, in Australien auch »Blue Gum« genannt, wird etwa 60 m hoch und kommt angepflanzt in allen subtropischen Gebieten vor. Er hat eine glatte, helle Rinde, die sich in Streifen abschält. Die wechselständigen, dicken, bläulichgrünen Blätter sind lanzettförmig und ein wenig sichelartig gebogen. Am Tage stellen sich die Blattflächen parallel zu den einfallenden Sonnenstrahlen, so daß die Bäume nur wenig Schatten werfen, und die Eukalyptuswälder demzufolge sehr hell sind. Die haselnußgroße Knospe ist runzelig, gerippt und sieht wegen des wachsartigen Überzugs wie eine Frucht aus. Auf der Knospe sitzt ein Deckel; es sind die zu einer Scheibe verwachsenen Kronblätter, nach deren Abfall sich die zahlreichen Staubblätter erst entfalten können.

Auch andere Arten zeichnen sich durch Besonderheiten aus: *Eucalyptus resinifera, E. corymbosa, E. citriodora* u.a. liefern das Gummiharz Kino australe, Botanybay-Kino; *E. amygdalina* (»Peppermint Gum«) in Südaustralien wird über 150 m hoch, 10 m dick und ist der höchste bekannte Baum der Welt. Er soll mit diesen Maßen sogar die kalifornische *Sequoia* übertreffen. *E. marginata*, in Südwest-Australien vielfach in Reinbeständen (Jarra-Wald) auftretend, liefert das rote und sehr widerstandsfähige Jarra-Holz, *E. microcorys* in Ostaustralien das ölhaltige, besonders zu Pflasterungen verwendete Tallow-Holz, *E. occidentalis* die geschätzte, sehr gerbstoffreiche Malletrinde. *E. gunnii* steigt in Tasmanien bis zur Baumgrenze auf und bildet fast undurchdringliche Dickichte. Von allen Arten aber wird aus den Blättern das bekannte, stark riechende ätherische Eukalyptusöl *(Oleum eucalypti)* gewonnen, das in der Technik und in der Heilkunde Verwendung findet.

Die erste zusammenfassende Beschreibung der Eukalyptusbäume stammt von Dr. W. Anderson, der als Chirurg an der 3. Expedition des Kapitän Cook teilnahm; der Name Eukalyptus wurde jedoch nicht von ihm, sondern von Héritier geprägt. Linné lernte niemals einen Eukalyptusbaum kennen.

Steppen und Prärien

Fehlt das Grundwasser in für Bäume erreichbarer Tiefe, und werden die Niederschläge in der oberen Bodenschicht festgehalten, gehen die Bäume ein, die Landschaft wird zur Steppe.

Steppen entstehen vor allem in Klimazonen, in denen die Sommer trocken sind, und die Böden bereits im Frühjahr bis auf 10% und weniger Feuchtigkeitsgehalt ausdörren. Niederschläge von beispielsweise 10 mm durchdringen nur die oberste Bodenschicht in etwa 5–7 cm Tiefe (Lundegårdh) und unterliegen leicht der Verdunstung. Also kann sich nur eine Vegetation ausbilden, die sich rasch entwickelt, und deren Wurzeln sich mit der Feuchtigkeit begnügen, die sie der obersten Bodenschicht entziehen. Die Pflanzen, die sich meist durch große Üppigkeit und Buntheit auszeichnen, müssen also schnell wachsen, schnell blühen und schnell fruchten können, denn bereits im Spätsommer erscheinen die Steppen häufig wie verbrannt, und unter der Einwirkung starker, trockener Winde ist aller Pflanzenwuchs verdorrt. In manchen Gegenden der Erde, zum Beispiel in Südrußland, kommt aber auch eine Steppenvegetation vor, die sich bis in den Herbst hält.

In den nordamerikanischen Steppen, den Prärien, reichen die Pflanzenwurzeln etwas tiefer, der Boden ist feuchter, aber für Baumwuchs immer noch unzureichend. Gräser und Kakteen sind hier die Charakterpflanzen.

Über die amerikanische Prärie schreibt H. J. Stammel als genauer Kenner des Wilden Westens und Westernexperte u.a.:

»Die gesamte Mitte des amerikanischen Kontinents wird – etwa zwischen der Mississippi/Missouri Linie im Osten und dem Felsengebirge im Westen – von einem unermeßlich weiten, nahezu baumlosen Grasland eingenommen. Ob man diesen Steppengürtel nun in den USA wechselweise ›Prairie‹ oder ›Plains‹ (Flachland) nennt, es ist immer dasselbe: die hochgelegenen ›High Plains‹ im Norden, die etwas niedrigeren ›Plains‹ in den heutigen Weizenstaaten Nebraska und Kansas und die tiefen ›Staked Plains‹ im Süden. Von Westen nach Osten unterscheidet man drei Zonen: die erste erstreckt sich über die größeren Anhöhen vor dem Ostfuß der Rocky Mountains; an sie schließt sich die eigentliche Prärie in niedrigen Höhenlagen auf Sand- und Lößböden an, dann folgt die dritte Zone auf den wiederum höhergelegenen Plateaus und den dazwischenliegenden Tälern. Der Himmel wölbt sich wie eine gewaltige Kuppel über diesem Ozean aus Gras mit seinen weiten Hügelketten und Wellentälern. Den Westwanderern und auch den nordwärts strebenden Treibherdenmannschaften dienten als Orientierung – wie auf dem Meer – Kompaß und Sterne. Das ständige Auf und Ab des Bodens, die grenzenlose Weite und Einsamkeit und eine unerhört klare Fernsicht riefen bei den Westwanderern seekrankheitsähnliche Symptome hervor.«

Eine äußerst geringe Jahresniederschlagsmenge sorgt für durchschnittlich trockenes Klima, so daß im Sommer und Hochsommer die Gräser regelrecht verdorren und eine braune Färbung annehmen. Deshalb spricht man auch allgemein vom sogenannten »verbrannten Land«, das besonders für die südlichen Prärieregionen typisch ist. Im Herbst setzen dann schlagartig wolkenbruchartige Tropenregen ein.

Donald T. McIntosh, 1867: »Ich bin 30 Jahre zur See gefahren und zähle meine zehn Jahre, die ich in der Prärie zugebracht habe, dazu. Man kann nur mit Sextant und Kompaß feststellen, wo man ist. Derselbe steife Nordwest wie auf See, dieselbe Unendlichkeit von Horizont zu Horizont, dasselbe Wogen der Graswellen vor dem Winde, dieselbe absolute Stille.«

Außer in Nordamerika gibt es Grassteppen im südlichen Brasilien und nördlichen Argentinien (die Pampa), dazu im südlichen Argentinien eine Kakteensteppe. In Afrika bilden die Steppen vielfach den Übergang zu Wüsten, so im Westen und Norden; sie bedecken weite Teile Äthiopiens und bilden Einlagerungen im nördlichen Sudan, in der Sahara und in So-

Agaven, Lieferanten von Fasern und alkoholischen Getränken

Die etwa 300 Agave-Arten sind hauptsächlich in Mexiko und in den angrenzenden Staaten bis nach Kalifornien, den Antillen, Bahamas und Venezuela beheimatet. Viele von ihnen können als Faserpflanzen genutzt werden, z.B. die Sisalagave *(Agave sisalana)*, die in Mexiko und anderen angrenzenden Gebieten in großen Plantagen angebaut wird. Ihre fleischigen und gut entwickelten Blätter werden an der Basis abgeschnitten, um aus ihnen die Fasern zu gewinnen, die das Blatt in seiner ganzen Länge durchziehen. Man trennt die Fäden von dem fleischigen Teil des Blattes, reinigt sie durch wiederholtes Waschen und erhält so bis zu 1,5 m lange weißliche oder gelbliche, ziemlich kräftige Fasern, die man zu groben Geweben, Matten, Säcken oder Seilerwerk verarbeitet.

Die Bezeichnung Sisal leitet sich von dem gleichnamigen Hafen der Yukatan-Halbinsel ab, von wo aus die Fasern in andere Länder verfrachtet werden.

Zahlreiche Agave-Arten, so die Schwarzgrüne Agave *(Agave atrovirens)*, werden in den lateinamerikanischen Ländern auch auf andere Weise genutzt: die Mittelknospe der Pflanze wird aufgeschnitten, und aus ihr quillt eine zuckerhaltige Flüssigkeit, »aguamiel«, Honigwasser, das man entweder sofort trinkt oder aus dem man durch eine mehr oder weniger lange Gärung alkoholische Getränke gewinnt, z.B. den »süßen« Pulque, ein süßliches und schäumendes Getränk, und den »starken« Pulque, der 5% und mehr Alkohol enthält. Eine Agave kann in drei oder vier Monaten 1000 Liter dieses »aguamiel« liefern. Der Pulque oder Agavenwein ist das Nationalgetränk der Mexikaner und ersetzt Wein und Bier. Durch Destillation gewinnt man aus ihm einen besonderen Schnaps, die Tequila, die auch »Aguardiente de Maguey« genannt wird und die man bis vor nicht allzu langer Zeit für Mescal hielt. Der Mescal wird jedoch aus dem Saft der »Peyotl« oder »Pellote« *(Lophophora williamsii)* gewonnen und hat betäubende Wirkung.

Die Langlebigkeit der Agaven ist nur ein Märchen. Man erzählt sich, daß sie erst in ihrem 100. Lebensjahr blühten und dann sofort abstürben. Es stimmt zwar, daß sie nach der Blüte absterben, aber sie leben nur acht bis zehn Jahre, in einigen Fällen auch etwas länger.

maliland, ebenso im Südwesten in der Kalahari, einer Wüstensteppe.

In Europa gibt es sogenannte »Kultursteppen« nur im Osten, vor allem in Rußland und Ungarn. In Asien sind die Steppen mit Dorngestrüpp und Salzpflanzen bestanden, beispielsweise im Irak, Iran und in Afghanistan. Darüber hinaus befinden sich Steppengebiete in Kleinasien (Grassteppe), Arabien (Wüstensteppe), ebenso im Hochland von Tibet und in Teilen der chinesischen Wüste Gobi. Der mittlere und südwestliche Teil Australiens wird von den sogenannten »Scrubs« eingenommen, einer Dornbuschsteppe, der Osten von einer Grassteppe. In diesen Gebieten ist sogar Schafzucht möglich.

Subtropische Halbwüsten und Wüsten

Auch in der Wüste ist der Wasserfaktor von ausschlaggebender Bedeutung. Er beherrscht die Vegetation wie kein anderer. Vielfach wird der Wassermangel noch durch hohen Salzgehalt des Bodens verschärft.

Der Übergang von einem Gebiet mit mäßigem zu einem solchen mit spärlichem Regen, von der Savanne oder Steppe zur Wüste, ist zwar allmählich, aber die Vegetation hört in dem Augenblick auf, den Boden zusammenhängend zu bedecken, in dem die Verdunstung von Wasser, das nicht die Pflanzen zu durchlaufen hat, zu steigen beginnt. Es ist eine bekannte Tatsache, daß die Bedeckung des Bodens mit Pflanzen die Erwärmung durch Sonnenstrahlung und die freie Verdunstung herabsetzt. Dieser Zusammenhang ist besonders im Wald festgestellt worden. Hier kann z. B. die Bedeckung des Bodens mit einer Moosschicht den Wassergehalt um 30–40% erhöhen. In tropischen Klimazonen wird der Unterschied noch viel größer, und so liegt der Schluß nahe, daß in der Wüste das meiste Regenwasser wieder verdunstet, ohne daß es den wenigen Pflanzen zugute kommt. Besonders stark werden die Verluste bei gewellter Oberfläche. Ist diese von rauher und lockerer Beschaffenheit, bildet sie dagegen eine isolierende Schicht. Also ist auch die topographische und physikalische Beschaffenheit des Bodens ein Faktor bei der Wüstenbildung (Lundegårdh).

Die Wüstenvegetation hat von jeher das Interesse der Wissenschaft erregt, geht dort die Anpassung an Wärme und Trokkenheit doch außerordentlich weit. Wüstenpflanzen sind ausgesprochene Extremformen, und ihr Anpassungsvermögen zur Verbesserung der Wasserbilanz selbst unter den hier vorzufindenden ungünstigsten Niederschlagsbedingungen grenzt ans Wunderbare.

In Amerika haben die südlichen Teile Argentiniens westlich der Anden wüstenhaften Charakter. Dies gilt auch für den Llano Estacado in den Vereinigten Staaten und Gebiete um das Colorado-Plateau.

Besonders häufig in den genannten Gebieten sind Kandelaber-, Peitschen- und andere Kakteen, Agaven und sogenannte »Lebende Steine« *(Lithops litoralis)*. Diese sind kieselähnliche Sukkulenten mit zu festen Körpern verwachsenen Blattpaaren; ihre weißen oder gelben Blüten sind groß.

Die beherrschende Wüste in Afrika ist die Sahara, die nicht überall den gleichen Charakter hat. Sie kann als Fels-, Stein- oder Salzwüste in Erscheinung treten, während die Kalahari im Südwesten Afrikas, wie schon erwähnt, in erster Linie eine Hartstrauch- oder Wüstensteppe ist.

In den Oasen der Sahara ist die Dattelpalme *(Phoenix dactylifera)* heimisch. Sie ist eine der ältesten und wichtigsten Kul-

Die Dattel

Die Dattelpalme ist ein fiederblättriger, schlankwüchsiger, bis 30 m hoher Baum mit einer aus 3–4 m langen Fiederblättern gebildeten Krone. Am unteren Ende treibt der Stamm Schößlinge, die der vegetativen Vermehrung dienen. Die Dattelpalme ist zweihäusig. Die rispenartigen, verzweigten Blütenstände sprießen aus den Blattachseln. Die Blütenrispen der männlichen Bäume sind etwa halb so lang wie die der weiblichen. Aus den drei Fruchtblättern jeder Samenanlage entwickelt sich nur eine Frucht, die die rund 5 cm lange, außerordentlich zuckerhaltige Dattel liefert. Der Baum trägt etwa vom fünften Jahre ab.

Die Bestäubung wird von den Eingeborenen häufig künstlich vorgenommen, indem sie eine männliche Blütenrispe über den weiblichen Blüten ausschwenken oder sie auch nur einfach zwischen die weiblichen Blüten hängen.

Für den örtlichen Frischverbrauch werden die Früchte reif geerntet; die für den Export bestimmten Sorten werden dagegen unreif gepflückt und müssen bei großer Wärme sowie hoher Luftfeuchte gleichmäßig künstlich nachreifen. Dann werden sie entweder an der Sonne oder im Trockenofen gedörrt, wobei der Zuckergehalt noch zunimmt. Zum Versand werden sie stark zusammengepreßt und verpackt, wobei die hohe Zuckerkonzentration konservierend wirkt.

Die Hauptausfuhrgebiete sind der Irak, Tunesien und Algerien. Einer der Haupthandelsplätze ist Bagdad.

Die Steineiche

Die Steineiche *(Quercus ilex)* ist ein typisch mediterraner Baum, obwohl sie weniger Wärme verlangt als andere Pflanzen. In Nordafrika wächst sie nur oberhalb der 500-m-Grenze und erreicht im Atlasgebirge 2900 m. Bezüglich des Bodens ist sie nicht wählerisch. Sie ist zwar im ganzen Mittelmeerbecken verbreitet, zieht aber den westlichen Raum vor und wandert bis zur französischen Atlantikküste. Steineichenwälder sind so dicht, daß die Unterholzvegetation wegen des Lichtmangels nur schwach ausgebildet ist. Sie wird in Hochwäldern, aber auch in Schlagwäldern geforstet.

Im Altertum gab es in Italien noch große Steineichenwälder; heute dehnt sich an ihrer Stelle nur noch eine unfruchtbare Macchie aus. Berühmt war die Silva Ciminia an den Grenzen Etruriens, in der sich die Abgesandten der zwölf etruskischen Stämme versammelten. Dieser Wald muß so dicht gewesen sein, daß Livius noch annahm, er sei niemals von Menschen betreten worden. Auch Sardinien hatte große Steineichenwälder, die jedoch von den Karthagern zerstört wurden. Sie waren sogar den Göttern geweiht: »nigra ilicibus crebra sacra nemus succubet umbra« (Verg., Georg. III).

Das Holz der Steineiche ist sehr hart und sehr schwer, eignet sich aber nicht gut zur Verarbeitung. Als noch mehr Holzkohle verwendet wurde, war die aus Steineichenholz gewonnene sehr geschätzt. Vergil berichtet, daß die Hirten Wasserrinnen aus Steineichenholz anfertigten, »ilignis canalibus« (Georg. III), ähnlich den Wasserrinnen, die man heute noch in den Alpen sieht.

turpflanzen der Menschheit, denn ihre Früchte bedeuten für die Wüstenbewohner nicht nur der Sahara, sondern auch Arabiens, Libyens und Vorderasiens ein wertvolles Nahrungsmittel und wichtiges Handelsgut.

Die Urheimat der Dattelpalme wird im nördlichen Indien vermutet. Von hier aus wurde die Pflanze bis nach Westafrika verbreitet. Schon im Mittelalter tauchte sie an der afrikanischen Mittelmeerküste auf. In Europa hat sie in Spanien Fuß fassen können. Heute erstreckt sich ihr Verbreitungsgebiet über eine Zone zwischen dem 20. und 30. nördl. Breitengrad. Ende vorigen Jahrhunderts wurde sie an einigen Stellen in Kalifornien, Peru und in den Wüstengebieten Chiles angepflanzt. Sie bevorzugt trockenes, warmes Klima und kann sogar kühle Nächte überstehen, während jüngere Pflanzen stärkeren Kältegraden zum Opfer fallen. Auch länger anhaltende Regenfälle wirken sich schädlich aus. Die lebensnotwendige Feuchtigkeit nimmt der Baum mit seinen viele Meter langen Wurzeln aus dem Grundwasser auf.

Außer der Dattelpalme sind in der Sahara Dornbüsche in vielerlei Arten anzutreffen und zahlreiche Wolfsmilchgewächse *(Euphorbiaceae)*. In der Kalahari wächst die Welwitschia, ein Mantelsamer von außergewöhnlichem Aussehen. Der Stamm kann einen Durchmesser von mehreren Zentimetern bis zu einem Meter erreichen (so wird behauptet!), wird aber nur einige Fingerbreit hoch. Von diesem Kurzstamm gehen zwei sehr breite, lederartige bandförmige Blätter aus, die sich nach einer kurzen Erhebung auf den Boden legen und sich über 2 oder 3 m hinziehen. An der Spitze sind sie ausgefasert, und im gleichen Maße, wie sie absterben, wachsen sie an der Basis nach; die Blätter leben also genauso lange wie die Pflanze, die bis hundert Jahre alt werden kann. Zwischen den Blättern wachsen in ährenförmigen Blütenständen die zweihäusigen roten Blüten (auch die fertilen Ähren sind rot).

Die Welwitschia wächst außer in der Kalahari in Wüstenzonen, die von dichten Nebeln bedeckt sind, wie an der Westküste Afrikas vom Rio Bero bis zur Hopmine, wo sie im Jahre 1861 entdeckt wurde.

Die Wüsten Asiens breiten sich in weiten Teilen Arabiens aus (Sandwüste), im Iran (Kewir), im sowjetischen Mittelasien die Karakum (»Schwarze Wüste«), die den größten Teil Turkmeniens einnimmt, in China die Wüste Gobi (chines. Schamo = »Sandmeer«), eine riesige innerasiatische Beckenlandschaft, die rund 2 Mio. qkm groß ist und im Süden zahlreiche Oasen aufweist, in Tibet Takla Makan, eine Sandwüste im südlichen Tarimbecken von 500 000 qkm Größe, die Steppenwüste Thar östlich der Indusebene (120 000 qkm) und schließlich die große Sandwüste, die die Mitte Australiens einnimmt.

Mediterrane Vegetation (Hartlaubgehölze)

Wo am Rande der Wüsten infolge der zunehmenden Winterregen die Vegetation weitläufiger wird, befindet sich der Übergang von der eigentlichen Wüste zur Halbwüste. Besonders bezeichnend für die warmtemperierten Zonen sind die Gebiete mit Winterregen und trockenen Sommern, das sogenannte Mittelmeerklima. Da die Bodenbeschaffenheit es meist nicht zuläßt, daß die im Winter fallenden Niederschläge zurückgehalten werden, gelangt ein hoher Baumwuchs auch nicht zur Ausbildung. Vielmehr herrschen ausgesprochen sklerophylle Holzpflanzen vor wie die Steineiche *(Quercus ilex)*, der Olivenbaum *(Olea europaea)* und die Pinie *(Pinus pinea)*.

Obwohl Hartlaubgehölze über den Mittelmeerraum hinaus auch in Amerika, Afrika, Asien und Australien vorkommen – in Amerika in der Küstengegend um San Francisco, in Afrika an den Nord- und kapländischen Küsten, ferner in Kleinasien und am größten Teil der australischen Südküste – soll hier nur das mediterrane Florengebiet eingehender behandelt werden.

Es zeichnet sich durch milde, aber verhältnismäßig regenreiche Winter und sehr warme, trockene Sommer aus, die die

Die Korkeiche

Die Korkeiche *(Quercus suber)* ist im wesentlichen im westlichen Mittelmeerraum heimisch: Italien, Südfrankreich, Iberische Halbinsel, Marokko, Algerien. Sie liebt also ein Klima mit mildem Winter, heißem Sommer und mit Niederschlägen, die jährlich nicht unter 600 mm liegen.

Zur wirtschaftlichen Nutzung forstet man den Baum in reinen Korkeichenwäldern oder zusammen mit anderen Kulturen. Früher war Korsika das klassische Land der Korkeiche, heute ist es Sardinien. Man sollte erst 30 Jahre nach der Pflanzung mit der Nutzung beginnen, und auch erst dann, wenn der Stamm eine Dicke von 45 bis 50 cm erreicht hat (gemessen in Mannshöhe). Man bringt oben und unten zwei Kreisschnitte an, verbindet diese durch Längsschnitte und löst mit besonderen Messern die Jungfernrinde, auch männlicher Kork genannt, der noch keine besondere Qualität hat.

Der Kork regeneriert mit der Zeit, und nach zehn bis zwölf Jahren kann man erneut die Schicht lösen, die jetzt als weiblicher Kork bezeichnet wird und von besserer Qualität ist. Zwischen Mitte Mai und Mitte August läßt er sich am besten lösen, auch ohne daß das Kambium beschädigt wird. In weiteren zehn bis zwölf Jahren ist der Kork wieder nachgewachsen. Dieser Zyklus wiederholt sich bis ins hohe Alter der Eiche.

Der abgeschälte Kork wird getrocknet und in Tafeln auf den Markt gebracht. Er ist von einem mehr oder weniger hellen Braun, porös, elastisch und leicht. Seine Verwendung ist allgemein bekannt.

Interessant ist, daß der Brauch, die Flaschen mit Korkpfropfen zu verschließen, relativ jung ist und wahrscheinlich aus dem 15. Jahrhundert stammt. In Griechenland und im Orient ist die Korkeiche unbekannt; die römischen Wein-Amphoren wurden mit Wachs versiegelt.

Ausbildung einer immergrünen Hartlaubvegetation begünstigen. Ursprünglich war das Mittelmeergebiet größtenteils von immergrünen Eichenwäldern, bestehend aus Stein- und Korkeichen *(Quercus suber)*, bedeckt. Nachdem der Mensch für ihr Verschwinden gesorgt hat, ist an ihre Stelle jetzt die unfruchtbare Macchie bzw. Garigue getreten.

Die Macchie ist ein immergrünes Gebüsch, das sich vornehmlich aus der Steineiche *(Quercus ilex)*, der Kermeseiche *(Qu. coccifera)* und dem Erdbeerstrauch (*Arbutus*-Arten) zusammensetzt, ferner aus der Baumheide *(Erica arborea)*, der Myrte *(Myrtus communis)*, dem Johannisbrotbaum *(Ceratonia siliqua)*, der Pistacie *(Pistacea lentiscus)*, dem Mittelmeerginster *(Spartium junceum)* sowie Wacholderarten. Als Baumarten treten vor allem die Pinie *(Pinus pinae)* und die Aleppo-Kiefer *(Pinus halepensis)* auf. Unter den Kräutern spielen Lippenblütler, Orchideen und Liliengewächse eine große Rolle.

Durch Beweidung und Brand sind auf weiten Strecken häufig auch die Macchien in ihrer ursprünglichen Zusammensetzung vernichtet worden. An ihre Stelle sind dann entweder fast reine Zistrosenbestände (*Cistus*-Garigue) getreten, oder es hat sich eine Garigue aus mediterranen Zwergsträuchern, wie Rosmarin *(Rosmarinus officinalis)*, Lavendel (*Lavandula*-Arten), Thymian *(Thymus vulgaris)* oder Salbei *(Salvia officinalis)* u. a. gebildet.

Typische Pflanzen des mediterranen Florengebietes sind u. a. auch der Oleander *(Nerium oleander)*, der Granatapfelbaum *(Punica granatum)* und der Olivenbaum *(Olea europaea)*. Einstrahlungen aus dem nordafrikanischen Florengebiet treten in Südspanien in Form der Zwergpalme *(Chamaerops humilis)* sowie des Federgrases *(Stipa pennata)* und des Espartograses *(stipa tenacissima)* auf. Als Kulturpflanzen angebaut werden u. a. die Dattelpalme *(Phoenix dactylifera)*, das Zuckerrohr *(Saccharum officinarum)*, der Reis *(Oryza sativa)*, die Banane *(Musa spec.)*, die Melone *(Cucumis melo)* sowie verschiedene *Citrus*-Arten.

Das mediterrane Florengebiet im engeren Sinne ist im allgemeinen auf die Küstenregionen und die Inseln beschränkt, nur in Spanien greift es auf küstenfernere Gebiete über. Die höheren Lagen des Mittelmeerraumes gehören daher im allgemeinen zum submediterranen Florengebiet, das im Gegensatz zum mediterranen Florengebiet vornehmlich sommergrüne Gehölze aufweist. Diese sind u. a. die Flaumeiche *(Quercus pubescens)*, die Tozza-Eiche *(Quercus tozza)*, die Zerreiche *(Quercus cerris)*, die Blumenesche *(Fraxinus ornus)*, die Hopfenbuche *(Ostrya carpinifolia)*, der Zürgelbaum *(Celtis australis)*, die Elsbeere *(Sorbus torminalis)*, die Silberlinde *(Tilia tomentosa)* sowie die Edelkastanie *(Castanea sativa)*.

Sommergrüne Laubwälder

Sommergrüne Laubwälder sind ausschließlich auf die nördliche Halbkugel der Erde beschränkt, will man von einigen Gebirgslagen der Südanden und Neuseelands absehen. Während es, wie weiter oben ausgeführt, in den Tropen ebenfalls Baumarten gibt, die ihre Blätter fakultativ abwerfen, um sich gegen anhaltende Dürre und Vertrocknen zu schützen, ist der Laubfall in der Nordhemisphäre obligat, das heißt, er findet mit Einbruch der kalten Jahreszeit sogar dann statt, wenn die Bäume in Gewächshäusern kultiviert werden.

Der Laubfall nimmt mit dem Vergilben und Buntfärben der Blätter seinen Anfang, mit Ausbildung einer dünnen Korkschicht an der Blattbasis seinen Fortgang, wonach das Blatt schließlich braun wird, verdorrt und abfällt. Die Buntfärbung vollzieht sich verhältnismäßig rasch und liegt in der Zeit um die Oktobermitte.

Pflanzen mit immergrünen Blättern, die bei uns teils eingebürgert, teils heimisch sind, meiden entweder Klimazonen mit lang anhaltenden Wintern, oder sie erfrieren, wenn sie nicht von einer schützenden Schneedecke umhüllt sind. Zu diesen Pflanzen gehören der Kirschlorbeer *(Prunus laurocerasus)*, die Stechpalme *(Ilex aquifolium)*, Efeu *(Hedera helix)*, Ginsterarten der Gattungen *Ulex* und *Sarothamnus* und die Preiselbeere *(Vaccinium vitis-idaea)*.

Laubabwerfende Bäume mit dünnen, sommergrünen Blättern verlangen eine warme Klimaperiode von vier bis sechs Monaten im Jahr mit ausreichenden Niederschlägen und eine nicht zu kalte Jahreszeit von drei bis vier Monaten. Derartige Verhältnisse finden sich außer in Mittel- und Nordeuropa einschließlich des zentralrussischen Laubwaldgürtels noch in Amerika in den westlichen chilenischen Anden, in einer Zone von Florida bis etwa 45° nördl. Breite und in Kalifornien. Sie fehlen in Afrika, sind aber in Asien im westlichen China, in Korea, Südjapan und Sachalin anzutreffen.

Sommergrüner Laubwald in Japan. Die Färbung der Bäume und ihr Laubfall ist hier obligat wie in unseren Wäldern auch. Mit dem Vergilben und Buntwerden der Blätter nimmt der Laubfall seinen Anfang.

Vergleicht man die sommergrünen Laubwälder mit den Wäldern der tropischen und subtropischen Zonen, fällt die große Artenarmut auf, die zudem in den genannten Verbreitungsgebieten auch noch unterschiedlich ist. Während in Europa Buchen, Eichen, Birken und Erlen dominieren, und andere Arten wie Ahorn, Ebereschen, Weiden und Pappeln nur verstreut oder in kleinen Beständen vorhanden sind, werden die amerikanischen Wälder noch durch den Zuckerahorn, die Hainbuchen, Linden und Eschen ergänzt.

Der Zuckerahorn *(Acer saccharum)* liefert den sogenannten Ahornsirup (Maple-Sirup). Zu seiner Gewinnung werden Einschnitte am Stamm angebracht, aus denen eine Flüssigkeit quillt, die 1–4% Saccharose enthält und eingedickt wird. Das Holz des Baumes ist kompakt und hart, dabei aber elastisch. Es wird hauptsächlich für die Herstellung von Eisenbahnwaggons und Schiffsinnenausbauten verwendet.

In Nordamerika wachsen neben mehreren Eschenarten auch rund 20 Hickory-Nuß-Arten der Gattung *Carya*, Walnußgewächse der Familie *Juglandaceae*. Ihr hartes und widerstandsfähiges Holz diente früher der Herstellung von Skiern.

In Asien ist außer bei uns nicht heimischen Arten der Götterbaum *(Ailanthus)* zu Hause, ferner die Kakipflaume *(Diospyros kaki)*. Obwohl sie üppig blüht und reichlich Frucht trägt, entsprechen Duft und Geschmack nicht den Erwartungen.

Die Kakipflaume gehört zu den Ebenholzgewächsen *(Ebenaceae)*, die sich durch ihr schweres, sehr hartes schwarzes Holz auszeichnen und deshalb auch Schwarzholzbäume genannt werden. In Japan, wo die Kakipflaume in den Wäldern wild wächst, wird sie auch seit langer Zeit angebaut. Wann sie in Europa eingeführt wurde, ist ungewiß. Man glaubt aber, für England das Jahr 1789 und für Italien 1815 annehmen zu können. Verbreitet wurde sie aber erst zu Beginn dieses Jahrhunderts. Der Name Kaki ist japanischen Ursprungs; die chinesische Bezeichnung lautet Schi-Tse. Das helle Holz der Wildformen hat wenig Wert, während die Kulturvarietäten ein dunkles liefern, das Kourukaki, das für Kunsttischlerarbeiten, aber auch sonst von Bedeutung ist.

Boreale Nadelwälder

Die immergrünen Nadelwälder sind ausschließlich auf die Nordhalbkugel der Erde beschränkt. Als boreale (= kalt gemäßigte) Nadelwaldzone erstrecken sie sich im nördlichen Eurasien und Nordamerika über weite Gebiete. Nach Süden zu gehen sie im Bereich des ozeanischen Klimas ohne scharfe Abgrenzung in die Region der Laubwälder über. Wo kontinentales Klima herrscht, verläuft ihre Grenze in den ariden (= dürren, trockenen) Steppen und Halbwüsten.

Das Laub (Nadeln) fällt nicht periodisch und nicht im ganzen ab, sondern die Bäume verlieren ihre Nadeln einzeln. Dabei ist deren Lebensdauer verschieden lang. Im allgemeinen wächst sie mit der Ungunst der Lebensverhältnisse. Je größer die Unbilden der Umwelt sind, mit der ein Baum zu kämpfen hat (z.B. große Höhe, Stürme, Kälte, lange Winter), um so länger lebt auch die einzelne Nadel. Bei Fichten kann ihre Lebensdauer über zehn Jahre betragen.

Vom Norden Europas ausgehend (Finnland, Norwegen und Schweden), erstrecken sich die borealen Nadelwälder über die mitteldeutschen Gebirge bis in die Karpaten und bedecken weite Teile des Balkans und der Alpen. In Westeuropa beherrschen sie die Pyrenäen und dringen bis zur Biskaya vor. Charakterbäume sind Fichte, Weißtanne, Kiefern und mehrere weitere Arten, so z.B. die Schwarzkiefer *(Pinus nigra)*. Das nördliche Rußland ist hauptsächlich mit dichten, dunklen Fichtenwäldern bestanden (Taiga).

In Nordamerika zeichnet sich besonders Kanada durch großen Waldreichtum aus; er dürfte allgemein bekannt sein. Neben zahlreichen Fichtenarten, Kiefern, Lärchen und Wacholder ist dort auch die Weymouthskiefer *(Pinus strobus)* heimisch, so nach Lord Weymouth benannt, der sie 1705 nach England einführte. Seitdem hat sie in Europa eine zweite Heimat gefunden. In Amerika wächst sie auf kargen Böden zwischen dem 40. und 50. nördl. Breitengrad. Sie hat etwa 10 cm lange, sehr dünne Nadeln und lange, hängende Zapfen. Ihre wirtschaftliche Bedeutung ist groß.

Zahlreiche Fichtenarten sind auch in dem Gebiet zwischen den Rocky Mountains und Mexiko beheimatet, außerdem die Schierlings- oder Hemlocktanne *(Tsuga)*. Ihr deutscher Name ist irreführend, denn sie hat nichts mit dem giftigen Schierling zu tun. Ihre wissenschaftliche Bezeichnung ist japanischen Ursprungs, denn außer in Nordamerika ist sie auch in China und Japan zu finden. Ihr Holz hat nicht die beste Qualität, da es sich leicht verzieht und bei der Bearbeitung splittert, doch wird es trotzdem zur Herstellung von Möbeln verwendet, weil es nicht gebeizt und poliert zu werden braucht. Es liefert außerdem Zellulose zur Papierherstellung. In Kanada wird die Rinde wegen ihres hohen Tanningehaltes zum Gerben von Fellen und Häuten verwendet.

Einer der wichtigsten Nadelbäume der Vereinigten Staaten ist die Douglasie *(Pseudotsuga)*, die auch bei uns heimisch geworden ist und häufig Douglas-Tanne genannt wird, obwohl sie mit Tannen *(Abies)* nichts gemein hat. Ihre weichen, langen Nadeln verströmen einen köstlichen Duft, der mit dem des Rosmarins verglichen wird.

In den USA liefert die Pseudotsuga ein Viertel der Holzproduktion, von Kanada ganz abgesehen. Sie dominiert unter den immergrünen Bäumen der Pazifikküste von Britisch-Kolumbien bis zu den Staaten Washington, Oregon, Kalifornien, Utah, Nevada und den Rocky Mountains. In diesem ausgedehnten Gebiet gibt es mindestens zwei Hauptunterarten: die grüne Unterart *viridis* mit grünen Nadeln und 6–8 cm langen Zapfen, aus denen die Deckblätter gerade hervortreten, und die blaugrüne Unterart *glauca* mit nur halb so langen Zapfen und Deckblättern, die nach rückwärts gebogen sind. Diese Unterart ist typisch für die Rocky Mountains.

In unseren Parks und Wäldern wird die Douglasie immer häufiger angepflanzt. Sie gehört zu den bedeutendsten ausländischen Bäumen unserer Forstwirtschaft, nicht nur wegen der guten Qualität ihres Holzes, sondern auch wegen ihrer Anpassungsfähigkeit und ihres außerordentlich schnellen Wachstums, worin sie alle anderen Nadelbäume übertrifft.

Ebenfalls in Nordamerika ist der Mammutbaum *(Sequoia)* beheimatet, einer der berühmtesten Bäume der Welt, ein übriggebliebener Riese, der im Tertiär auf der ganzen Erde zu finden war (s. auch S. 355f.).
Auch in Asien (Mandschurei, Himalajagebiet) gibt es ausgedehnte Nadelwälder, bestehend aus Edeltannen, Fichten, Lärchen und der Arve oder Zirbelkiefer *(Pinus cembra)* sowie der Sibirischen Kiefer *(Pinus sibirica)*.

Die Zirbelkiefer ist auch in den Alpen zu finden und soll tausend Jahre alt werden können. Die untere Grenze ihres Verbreitungsgebietes liegt bei 1200 m (sehr selten darunter), die obere wie bei der Lärche an der Baumgrenze, also ungefähr 2000 m hoch; in der Adamello-Gruppe bei 2300 m und im Saas-Tal, südlich von Saas Fé, sogar bei 2855 m. Das Klima in diesen Höhen ist feucht und kalt, so daß sich die Arve mit drei frostfreien Monaten im Jahr begnügen muß. Gäbe es in den großen Höhen, die zu ihrem Verbreitungsgebiet gehören, keinen Frost, keine Stürme und keinen Nebel, wiese sie wahrscheinlich die typische Pyramidenform anderer Nadelbäume auf. So aber verkrüppelt sie häufig und verliert einen großen Teil ihrer Äste.

Die Nadeln der Zirbelkiefer sind 5–7 cm lang, grün mit einem leichten Blaustich, dabei ziemlich dünn und steif. Ihre Zapfen, die erst nach zwei Jahren reifen, sind eiförmig, 7–8 cm lang und haben breite, lederartige Schuppen mit einem kleinen Schild, der an den Seiten schwielig aufgeworfen ist. Die flügellosen Samen sind schwärzlich und dick. Ihre Schale birgt eine süße, ölhaltige Mandel, die gern von Eichhörnchen, Siebenschläfern und Nußhähern verzehrt wird. Einerseits verhindern diese Tiere natürlich eine größere Fortpflanzung der Zirbelkiefer, andererseits sorgen sie aber auch für die Verbreitung der Samen, indem sie sie an Plätze verschleppen, wo sie sonst niemals hinkommen würden. Auch der Mensch verschmäht sie nicht; mancherorts werden die Samen auf den Märkten als »Zirbelnüsse« angeboten.

Arvenholz ist von ausgezeichneter Qualität, hellgelb, homogen, feinfaserig, leicht und splittert nicht bei der Bearbeitung. Daher wird es besonders gern zu Schnitzarbeiten verwendet. Die berühmten Holzfiguren Südtirols, wo die Zirbelkiefer sehr häufig ist (Val Gardena), sind aus ihrem Holz geschnitzt. Es hat einen würzigen Geruch und verbreitet, wenn man es verbrennt, sogar einen nelkenähnlichen Duft. Anstelle der Arve tritt in Asien die *Sibirische Kiefer* auf; sie hat größere Zapfen.

Arktische Tundra

Die Nordgrenze der Nadelwaldzone fällt mit der südlichen Grenze der eigentlichen Polgebiete zusammen. An dieser Vegetationsscheide ist der Boden fast ununterbrochen gefroren. Lediglich im Sommer tauen wenige Zentimeter der obersten Eisschichten auf. Hier ist das Reich der Moostundra, und sie scheint sich bis ins Unendliche zu erstrecken. Baumsamen, die hierher geweht werden, fallen zumeist den Tieren zum Opfer,

Im Sommer bietet die Tundra eine für sibirische Verhältnisse reiche Blumenpracht. Die Vegetationszeit beginnt im Juni und endet bereits im September. Da die Sommerwärme nur gering ist, verbraucht sie sich im Abtauen des Schnees und im Auftauen weniger Zentimeter Bodenoberfläche. Das Wasser kann nicht in den gefrorenen Boden einsickern, was sich durch eine starke Versumpfung bemerkbar macht. Moose und Flechten herrschen auch jetzt vor.

Das arktische Florengebiet umfaßt die nördlichsten, noch von Pflanzen besiedelten Gebiete. Unser Bild zeigt die Tundra im Winter. Sie ist waldlos und liegt am Nordpol. Ihre Durchschnittstemperatur beträgt – 16° C. Ihre Vegetation ist kärglich; Moose und Flechten fristen ein kümmerliches Dasein. Sie bilden für die Lappen den Lebensunterhalt. Ein Bild grenzenloser Öde.

und bleiben sie zwischen Moos und Flechten hängen, ist ihr Keimbett denkbar ungünstig. In der Fachliteratur wird gesagt, daß sie nur dann zu einem Sämling werden und sich als solcher einigermaßen behaupten können, wenn mindestens zwei Jahre hintereinander besonders günstige Temperaturverhältnisse geherrscht haben. Ihr jährliches Höhenwachstum beträgt nur ein bis zwei Zentimeter. Nach 20–25 Jahren sind sie günstigstenfalls zu Bäumchen geworden, die sich kaum aus der Krautschicht des Bodens hervorwagen. Für Mensch und Tier sind sie eine stets willkommene Beute: für den Menschen, der das Holz nutzt, und sei es auch nur, um es zu verbrennen; für die Tiere, um an ihnen ihren Hunger zu stillen. Vor allem das Ren, erstmals durch Carl v. Linné in seinem berühmt gewordenen Werk »Die Pflanzenwelt Lapplands« (1732) beschrieben und als »Wüstenschiff des Nordens« nicht nur Reichtum, sondern Lebensnotwendigkeit der arktischen Völker, insbesondere der Lappen, bestreitet von der Tundravegetation seinen Lebensunterhalt.

Das größte waldlose Tundragebiet dehnt sich in Nordsibirien über eine Fläche von 3 Mio. qkm aus. Die Tage, an denen die Temperatur im Mittel über 0 °C liegt, bewegen sich zwischen 188 bis 55. Die geringe Sommerwärme verbraucht sich im Abtauen des Schnees und im Auftauen weniger Zentimeter Bodenoberfläche. Die Winter im ozeanischen Bereich sind verhältnismäßig mild, im kontinentalen extrem kalt. Der Kältepol liegt bei Verchojansk-Oimejkon und beträgt –16,1 °C als mittlere Jahrestemperatur (Walter).

In der südlichen Tundra beginnt die Vegetationszeit im Juni und endet bereits nach einem Vierteljahr im September. Die Winterstürme erreichen Orkanstärke. Die Niederschläge sind gering und liegen oft unter 200 mm. Da das Wasser nicht in den gefrorenen Boden einsickern kann, ist eine starke Versump-

Die Blaue Schwertlilie (IRIS XIPHIOIDES) *gehört zu den vollständig geschützten Pflanzen. Ihre großen blauvioletten Blüten auf den steif aufgerichteten Stengeln, ihr zarter und zugleich intensiver Duft machen sie zu einem der schönsten Gewächse auf der nördlichen Halbkugel unserer Erde.*

fung die Folge. Torf, wie er unter ähnlichen Umständen andernorts entstehen würde, kann sich hier nicht bilden, da der Pflanzenwuchs zu kümmerlich ist.

Die Schneehöhe beträgt zwischen 20–50 cm, doch werden Erhebungen durch die Stürme freigefegt und von glattgeschliffenem Eis überzogen.

Im Sommer kann es geschehen, daß Südhänge, die zudem steinig sind, verhältnismäßig stark erwärmt werden. Nicht nur diese, sondern auch die Ufer von Bach- und Flußläufen können dann eine für sibirische Verhältnisse reiche Blumenpracht aufweisen: Wollgras- *(Eriophorum)* und Seggenarten *(Carex)*, Zwergbirken *(Betula nana)* und Zwergweiden, die man als die kleinsten Bäume überhaupt bezeichnen könnte; sie werden nur wenige Zentimeter hoch, kriechen am Boden dahin und bilden kaum Samen aus, da die kurzen Sommermonate dazu nicht ausreichen. Deshalb werden, so sagt Walter, z. B. auf Grönland, bei der Hälfte aller Arten die Blüten im Jahr vorher angelegt, so daß das Aufblühen sehr früh erfolgen kann. Die Knospen und die grünen Laubblätter überwintern meist unter dem Schnee, obwohl sie Temperaturen von $-30\,^{\circ}C$ ausgesetzt sind. Pflanzenteile, die nicht vom Schnee bedeckt sind, sterben ab. Angaben von anderen Autoren, daß Pflanzen sogar während der Blütezeit unter dem Schnee überwintern könnten, haben sich als nicht zutreffend erwiesen.

Im ewigen Eis der Antarktis und auf den antarktischen Inseln herrschen Moose, Flechten und Algen vor. Sie besiedeln lediglich die Stellen, die zeitweise frei von Eis sind, sowie aufragende Felsen oder hängige Geröllflächen. Ein Nelkengewächs aus der Familie *Caryophyllaceae* und die Antarktische Schmiele *(Deschampsia antarctica)* sind die einzigen Blütenpflanzen (Walter). Allerdings bleiben sie auf die Randgebiete des antarktischen Kontinents beschränkt.

Alpine Gebirgsvegetation

Die Bezeichnung alpine Gebirgsvegetation rührt daher, daß die Alpen das am besten und weitestgehend untersuchte Gebirge hinsichtlich ihrer Vegetation darstellen. In Europa und in anderen Kontinenten gibt es aber noch zahlreiche weitere Florengebiete, die dem der Alpen stark ähneln.

In Europa sind es vor allem Westirland, Schottland, Island und Teile Norwegens und Schwedens. Weite Flächen werden von Heidearten, strauchigen Weiden, Birken, Ebereschen und Moosen überzogen. Die Formen der Wald- und Baumgrenze sind verschieden und weichen mehr oder weniger stark voneinander ab. In Asien gibt es im Hochland des Hindukusch, in Tibet und am Himalaja Wälder, die bis in Höhen von 4000 m hinaufwandern. Auch herrscht dort ein größerer Artenreichtum als in den Alpen. Es gibt z. B. über 600 Rhododendron-Arten, in den Alpen nur zwei. Auf dem Mount Everest wächst in 5500 m Höhe noch Enzian, wie die Bergketten Asiens (Himalaja, Pamir, Karakorum- und Altaigebirge) überhaupt das eigentliche Enzianparadies sind. Einige Arten finden sich auch in den Alpen Neuseelands. Drei Edelweißarten *(Leontopodium)* sind im Himalaja zwischen 3000 und 5400 m Höhe beheimatet, ja sie wurden in Asien sogar noch über 6000 m hoch gesichtet. In Afghanistan blühte Enzian bei 4200 m zwischen den Felsspalten. Sandkraut *(Arenaria)* war in Asien noch in 6200 m Höhe anzutreffen.

Die alpinen Vegetationszonen Afrikas erstrecken sich als Hochweiden am Kilimandscharo, an der ostafrikanischen Seenplatte, in Äthiopien und im Atlasgebirge.

In Amerika befindet sich im Andenhochland die sogenannte Puna. Man versteht darunter Hochflächen in Argentinien, Nordchile und Peru zwischen 3500 und 4500 m Höhe, die mit Heidearten, Zwergweiden und -birken bestanden und mit Moosen überzogen sind. Im nördlichen Kanada und Labrador dehnen sich die Barren Grounds aus, unfruchtbare, sumpf- und seenreiche, den größten Teil des Jahres vereiste Gebiete, in denen fast ausschließlich Flechten und Moose zu finden sind und sich nur in günstigen Lagen Zwergbirken halten können. Die Barren Grounds entsprechen den Tundren Sibiriens.

Die Zwergweide, der kleinste Baum der Erde

Unter Weiden stellt man sich im allgemeinen Bäume oder Sträucher vor, wie wir sie von unseren Flußläufen oder Auwäldern her kennen. Im Hochgebirge gibt es aber Arten, die ausgesprochene Zwerge sind, sich nur wenige Zentimeter über dem Erdboden erheben und mit Weiden gar keine Ähnlichkeit haben. Es sind uralte Glazialpflanzen, die während der Eiszeit offenbar in die europäischen Hochgebirge eingedrungen sind.

Die Krautige Weide *(Salix herbacea)* wird kaum 2–3 cm hoch, kriecht mit ihren dünnen Zweigen über den Erdboden hin, und erst beim näheren Zusehen erkennt man, daß sie gar nicht krautig ist, sondern holzige Triebe besitzt. Sie wächst bevorzugt in den Schneetälchen, wo sie regelrechte Teppiche bildet. Linné nannte sie den kleinsten Baum der Erde. Die Netzblättrige Weide *(Salix reticulata)* ist ein knorriger Zwerg von selten mehr als 5 cm Höhe. Nur im Schatten von Alpenrosenbüschen *(Rhododendron)* wird er etwas größer. Die Quendelblättrige Weide schließlich *(Salix serpyllifolia)* gilt als die merkwürdigste Art. Hier glaubt man wirklich nicht, noch eine Weide vor sich zu haben. Ihre Blättchen sind winzig klein und ähneln denen des Quendels *(Thymus serpyllum)*. Oft bildet sie große Polster in feinem Kalkschutt. Alle Arten sind Hochgebirgspflanzen und selten in Höhen unter 1500 m anzutreffen.

Lehrbücher für Hochschulen, Lehrende und Studierende, aber auch hervorragend als Nachschlagewerke geeignet; unentbehrliche Grundlagenliteratur für alle Botaniker und Biologen, Mediziner und Pharmazeuten. Für Laien oft schwer verständlich, da umfassende Vorkenntnisse verlangt werden.

J. Braun-Blanquet: Pflanzensoziologie. Grundzüge der Vegetationskunde. Berlin-Wien 1964
Th. Butterfass: Wachstums- und Entwicklungsphysiologie der Pflanzen. Eine Einführung. Heidelberg 1970
P. Corsin: Die Flora. Die Enzyklopädie der Natur, Bd. 5. Editions Rencontre, Lausanne 1971
D. v. Denffer, W. Schumacher, K. Mägdefrau und F. Firbas: Lehrbuch der Botanik für Hochschulen. 29. Auflage., Stuttgart 1966
Dobzhansky: Die genetischen Grundlagen der Artbildung. Jena 1939
H. Drabert und W. Matthes: Botanik. Ein Lehrbuch der Biologie. Berlin 1950
A. Engler's: Syllabus der Pflanzenfamilien. Berlin 1964
K. Esau: Pflanzenanatomie. Stuttgart 1969
A. W. Galston: Physiologie der grünen Zelle. Stuttgart 1964
W. Gothan: Lehrbuch der Paläobotanik. Berlin 1921
H. v. Guttenberg: Lehrbuch der Allgemeinen Botanik. 6. Aufl., Berlin 1963
F. Jacob: Bewegungsphysiologie der Pflanzen. Berlin 1966
B. Huber: Die Saftströme der Pflanzen. Berlin 1956
J. Hutchinson: The Families of Flowering Plants. 2nd Ed., Oxford, Clarendon Press, 1959. 2 Bände
R. Knapp: Einführung in die Pflanzensoziologie. Stuttgart 1971
Lundegårdh: Klima und Boden in ihrer Wirkung auf das Pflanzenleben. Jena 1949
R. C. McLean u. W. R. Ivimey-Cook: Textbook of Theoretical Botany. Longmans, Green and Co., London. New York, Toronto, 1956, 2 Bände
H. Metzner: Die Zelle. Struktur und Funktion. Stuttgart 1966
H. Mohr: Lehrbuch der Pflanzenphysiologie. Berlin 1971
H. Mohr u. Theodor Butterfass: Lehrbuch der Botanik, begründet von E. Straßburger, F. Noll, H. Schenck, A. F. W. Schünper. 28. Auflage. Stuttgart 1962
W. Nultsch: Allgemeine Botanik. 4. Aufl., Stuttgart 1971
G. Richter: Stoffwechselphysiologie der Pflanzen. Stuttgart 1969
Ruhland: Handbuch der Pflanzenphysiologie, Bd. 1–18. Berlin 1955–1967
K. Schmalfuß: Pflanzenernährung und Bodenkunde. Leipzig 1958
Schmeil-Seybold: Lehrbuch der Botanik. 2 Bände. Heidelberg
E. Strasburger und Mitarb.: Lehrbuch der Botanik für Hochschulen. 30. Aufl., Neubearb. von D. v. Denffer, Fr. Ehrendorfer, K. Mägdefrau und W. Schumacher. Stuttgart 1971
W. Studt: Heutige und frühere Verbreitung der Koniferen und Geschichte ihrer Arealgestaltung. In Mitt. des Instituts für Allg. Botanik, Hamburg 1926
W. Troll: Allgemeine Botanik. Ein Lehrbuch auf vergleichend-biologischer Grundlage. Stuttgart 1959
H. Walter: Einführung in die Phytologie. I. Grundlagen des Pflanzenlebens. Stuttgart 1962
H. Walter: Die Vegetation der Erde in öko-physiologischer Betrachtung. 2 Bände. Jena 1964 und 1968
H. Weber: Botanik. Eine Einführung für Pharmazeuten und Mediziner. 3. Auflage. Stuttgart 1972
R. v. Wettstein: Handbuch der systematischen Botanik. 4. Aufl., Wien 1935
Zander-Encke-Buchheim: Handwörterbuch der Pflanzennamen. Stuttgart 1964
W. Zimmermann: Die Phylogenie der Pflanzen. Stuttgart 1959

Querschnitt

Pilze sind allgegenwärtig

Ein leckeres Pilzgericht auf dem Teller gibt Anlaß zu vielerlei Überlegungen. Wir essen erstens keine Pilze, sondern genaugenommen nur die Fruchtkörper von Pilzen (Pilze nämlich bestehen aus einem Geflecht, dem Mycelium, fadenförmigen ein- oder mehrzelligen Elementen, den Hyphen, die ein Lager, den Thallus, bilden; s. auch S. 89); zweitens sind nur die wenigsten auch Speisepilze, sog. Echte oder Höhere Pilze *(Eumycetes)*, ja wir können die meisten überhaupt nicht sehen. Drittens sind wir ständig von Pilzsporen, das sind die »Samenzellen der Pilzpflanzen«, umgeben. Wir leben mit ihnen, wir atmen sie ein, sie leben auf uns und in uns und das auf allen Lebewesen dieser Welt; sie machen uns krank (oder auch nicht), sie helfen uns im Haushalt (oder auch nicht), in der Medizin (oder auch nicht), sie sind im Wasser, in der Erde, in der Luft – kurz, sie sind allgegenwärtig.

Vorsichtig geschätzt, kennen wir heute über 100 000 Pilzarten. So viele sind uns bereits bekannt, aber wir können annehmen, daß es noch viel mehr sind. Die Zahl der noch nicht entdeckten oder beschriebenen Arten scheint weitaus höher zu sein.

Die Herkunft der Pilze ist ungeklärt. Wahrscheinlich hatten sie mit den Einzellern gemeinsame Vorfahren, haben sich aber während der Evolution abgespalten und sind eigene, sehr komplizierte Wege gegangen. Als Fossilien sind die wenigsten bekannt. Die ältesten stammen aus dem Devon; sie sind also etwa 360 Millionen Jahre alt.

Ihre Verbreitung auf der Erde

Der Großteil der Pilze entfällt auf die niederen Arten, die im biologischen Zyklus unserer Erde eine bedeutende Rolle spielen. Sie tragen dazu bei, die Fruchtbarkeit des Bodens zu erhalten, indem sie ebenso wie Bakterien tierische und pflanzliche Organismen zersetzen. Ohne ihr Wirken würde der Erdboden von ungezählten Tier- und Pflanzenleichen bedeckt sein und alles Leben wäre längst erloschen. Allerdings findet man unter ihnen auch viele Schädlinge, die z. B. der Landwirtschaft große Verluste zufügen, wie der Getreiderost *(Puccinia graminis;* vgl. »Gefährliche Berberitze« S. 314), der Mutterkornpilz (s. S. 169), Mehltaupilze (s. S. 44), »Der Brandpilz, ein gefürchteter Getreideschädling« (s. S. 42).

Die Sporen der Pilze entwickeln sich auf dem Brot, im Käse und im Most, auf der Haut und auf Gewebefasern, in lebenden und abgestorbenen Pflanzen und Tieren wie auch im

Porlinge wachsen oft in konsolartigen Formen. Die Schmetterlings-Trameta (TRAMETES VERSICOLOR) *ist in langen Reihen dachziegelartig übereinandergeschichtet. Sie ist graubraun, an den Rändern hell gezont.*

Menschen. Sie befinden sich in stehenden Gewässern, im Dünger, im Meer und in der Luft, wo sie, von den Strömungen getrieben, umherirren, bis sie sich in einer für sie günstigen Umgebung festsetzen können.

Niedere Pilze sind die Erreger vieler Krankheiten des Menschen, sowohl von Haut- als auch Infektionskrankheiten, die zum Teil schwer zu behandeln sind. In diesem Zusammenhang sollen die Antibiotika nicht unerwähnt bleiben, die wir den Pilzen verdanken und die in neuerer Zeit in der Medizin große Bedeutung erlangt haben (vgl. »Die Entdekkung des Penicillins«, S. 45). Es handelt sich hierbei um chemisch nicht einheitliche Stoffwechselprodukte lebender Bakterien, Pilze und anderer Organismen. Sie hemmen u.a. das Wachstum bzw. die Vitalität verschiedener Mikrobenarten. In einem späteren Abschnitt wird noch mehr darüber zu sagen sein.

Um sich die oft sehr unterschätzte Bedeutung der niederen Pilze besser vorstellen zu können, soll nur an die Kartoffelfäule, die von dem Pilz *Phytophthora infestans* bewirkt wird, erinnert werden: Als die Routen zwischen Amerika und Europa nach dem Aufkommen der Dampfschiffahrt kürzer wurden, konnte besagter Pilz Europa lebend erreichen. 1843–1847 breitete er sich, begünstigt durch feuchtes Wetter, auf den riesigen Kartoffelfeldern Irlands aus und richtete ungeheuren Schaden an. Durch die Kartoffelfäule werden nämlich nicht nur die Blätter zum Absterben gebracht, wodurch das Wachstum zum Stillstand kommt, sondern auch die Knollen selbst werden befallen. Die Kartoffeln faulen in kürzester Zeit, sowohl auf freiem Feld als auch bei der Lagerung. Da aber die Knollen in Irland als Hauptnahrungsmittel gelten, rief die rasche Verbreitung der Fäulnis eine katastrophale Hungersnot hervor; mehr als 250000 Menschen verhungerten. Über eine Million Iren emigrierte in die Vereinigten Staaten. Diese Menschen wurden u.a. zu bedeutenden Vorfahren heute lebender Amerikaner. Das englische Empire aber wurde durch die Hungerkatastrophe gezwungen, seine Handelspolitik zu revidieren, so daß der Herzog von Remington einmal sagen konnte, daß »die Liberalisierung der englischen Handelspolitik einer faulen Kartoffel« zu verdanken sei (s. Abb. S. 331).

Hexenringe

Auf Waldschneisen und auf Wiesen findet man manchmal Pilze, die in ihrem Wachstum einen großen Kreis bilden; man nennt sie im Volksmund »Hexenringe«. Früher verband sich mit ihnen mancher Aberglaube. Außerhalb dieser Ringe wächst das Gras sehr üppig, im Innern aber scheint es abzusterben, ja in unmittelbarer Nähe der Pilze fast ganz zu verschwinden. Es handelt sich bei dieser Erscheinung um ein Mycelium, das von einem Mittelpunkt aus kreisförmig nach außen wächst. Das Gras wird von dem Mycel, das reich an Nährstoffen ist, begünstigt, am Standort des Pilzes selbst kann es sich aber nicht halten. Schuld daran sind wahrscheinlich der vorhandene Ammoniak oder vom Pilz abgesonderte Antibiotika. Der nur spärliche Graswuchs im Innern des Ringes wird dadurch erklärt, daß das Mycel bei seiner Ausbreitung den Boden auslaugt.

Die bekanntesten heimischen Ringbildner sind der Nelkenschwindling *(Marasmius oreades)*, der Mönchskopf *(Clitocybe geotropa)*, der Maipilz *(Tricholoma georgii)*, Schirmlinge (Gattung *Lepiota*), Egerlinge (Gattung *Psalliota*) und andere.

Wenn die Pilze verschiedenen Arten angehören, verschmelzen ihre Ringe nicht miteinander. Ihre Mycelien setzen den Weg fort, ohne daß sich ihre Hyphen (fadenförmige Grundstrukturen der Pilze) vermischen. Durch diese Erkenntnis gelang es, zwei eng verwandte und verwechselbare Arten voneinander zu trennen, nämlich die Milchlinge Edelreizker *(Lactarius deliciosus)* und Blutreizker *(L. sanguifluus)*, was bis dahin nicht möglich war.

Wenn die jährliche Wachstumsrate und der Durchmesser eines Mycels bekannt sind, ist auch sein Alter zu bestimmen. Pro Jahr wächst es um einige Zentimeter bis zu einem Meter. So konnte man mit großer Wahrscheinlichkeit errechnen, daß es beispielsweise in Colorado (Bundesstaat der USA) 400–600 Jahre alte Hexenringe gibt; auch in Frankreich sind solche bekannt, die über hundert Jahre alt sind.

Schmarotzer- und Moderpflanzen, Parasiten und Symbionten

Allen Pilzen fehlt das Chlorophyll und deshalb sind sie im Gegensatz zu den Grünpflanzen *heterotroph*, das heißt, sie verschaffen sich ihre Nahrung auf Kosten anderer Lebewesen, Tiere oder Pflanzen, oder sie sind Saprophyten, das heißt, sie ernähren sich von nicht lebenden organischen Substanzen, z.B. Papier, abgestorbenem Holz, Stroh oder Dünger. Sie können auch Symbionten sein, die ihre Nahrung grünen Pflanzen entziehen, denen sie zum Ausgleich Wasser, Vitamine, Hormone oder andere lebenswichtige Substanzen liefern. Die meisten großen Pilze leben in Symbiose mit Bäumen, wie z.B. der Steinpilz *(Boletus edulis)*, der Milchling (Gattung *Lactarius*) u.a., indem ihre Hyphen mit den Wurzeln der Wirtspflanze *Micorrhizen* eingehen (s. auch Kap. »Sonderformen pflanzlichen Lebens« S. 172ff.).

Ganz besondere Lebewesen sind die Flechten, doch wird hierüber an anderer Stelle berichtet (s. S. 180ff.).

Der Birnengitterrost (GYMNOSPORANGIUM SABINAE) *benötigt zwei verschiedene Wirtspflanzen. Auf den Blättern des Birnbaumes bildet er »Becher«, auf einer Wacholderart macht er seine übrige Entwicklung durch.*

Pilze sind allgegenwärtig

Jede Pilzart hat ihre eigenen Umweltbedingungen. Einige Arten ziehen das südliche Klima vor, weil sie die Wärme lieben, andere stellen wiederum keine besonderen Ansprüche. Sie leben als Symbionten und sind als solche an die Nähe der Bäume gebunden, wie z. B. die Röhrlinge *Boletus tridentus*, der Goldröhrling *(B. elegans)* und *Boletus viscidus*. Aber das wurde bereits erwähnt. Zudem werden solche, die mit »ihren« Bäumen zusammenleben, diesen untreu und gehen an andere über, wenn sie zufällig in ihrer Nähe sind.

Verschiedene Insekten sind eine Symbiose mit Pilzen eingegangen, die sie regelrecht anbauen. Dies geschieht entweder auf besonderen Nährböden (Pilzgärten der Blattschneiderameisen – sie legen auf zerkauten Blättern Pilzzuchten an, die ihnen als Nahrung dienen – und bestimmter Termiten) oder in den Bohrgängen holzbewohnender Käfer (z. B. in denen der holzbrütenden Borkenkäfer). Andere beherbergen in ihrem Körper, möglicherweise als Vitaminspender ihrer sonst einseitigen Ernährungsweise, Mikroorganismen (Bakterien, Hefepilze, Algen). Bei holz- und pflanzenfressenden Insekten sind es Bakterien und Hefepilze. Vielfach sind dafür besondere Organe ausgebildet (sogenannte Mycetome).

Der Echte Pfifferling (CANTHARELLUS CIBARIUS), *auch Rehling oder Eierschwamm genannt, erhebt sich im Juni–Oktober aus dem Waldboden. Er ist ein hervorragender Speisepilz und kann nicht mit Giftpilzen verwechselt werden. Seine Farbe ist gelb.*

Der Genuß des Roten Fliegenpilzes (AMANITA MUSCARIA) *führt zu Myco-Atropin-Vergiftung, die sich in Nervenstörungen äußert. In einigen Gegenden der Sowjetunion scheint er gerade deswegen gegessen zu werden (rechts).*

König unter seinesgleichen ist der Steinpilz oder Herrenpilz (BOLETUS EDULIS). *Im Juli–August zeigt er sich sowohl im Nadelwald als auch in hellen Birkenwäldern. Oft wächst er in Riesenexemplaren. Er ist von ausgezeichnetem Geschmack.*

Viele Pilze gedeihen sowohl an sonnigen, als auch an dunkleren Plätzen. Nur im Licht wächst ein Großteil der Wiesenpilze, z. B. der Nelkenschwindling *(Marasmius oreades)* und viele Stäublinge. Auch der Schwarz- oder Dunkelhütige Steinpilz *(Boletus aereus)* liebt helle Orte, während der Kiefernsteinpilz *(Boletus pinicola)* mehr schattige und geschützte Stellen vorzieht.

Besondere Standorte, z. B. feuchte Torfmoore und sandige Stellen, werden von vielen Arten bevorzugt, während abgebrannte Waldgebiete nur eine ihnen eigene Pilzvegetation haben.

Andere wachsen in menschlichen Ansiedlungen und leben in Parks, Gärten, auf Düngerhaufen und Kompost, aber auch auf den Ausscheidungen pflanzenfressender Tiere sowie auf Dungplätzen.

Auf Sägemehl der Sägemühlen findet man einen sehr schönen Pilz, den Scheidling (Gattung *Volvaria*). Sogar der salzige Meeresstrand hat eine besondere, wenn auch nicht sehr ausgedehnte Pilzflora.

Viele Pilze leben als Parasiten auf anderen Pilzen, wie *Volvaria coreina*, die sich auf der Nebelkappe *(Clitocybe clavipes)* ansiedelt, der Zwitterling (Gattung *Nyctalis*), der auf dem Dickblättrigen Schwarztäubling *(Russula nigricans)* lebt, und der Parasitische oder Schmarotzerröhrling *(Boletus parasiticus)* auf dem Kartoffelbovist *(Scleroderma vulgare)*.

Manche Pilze wachsen auf abgefallenen Nadeln, auf den am Boden liegenden Zapfen, zwischen den Heidekrautgewächsen, den Heidelbeersträuchern und auf Bäumen, besonders wenn sie abgestorben oder krank sind. Der gesunde Baum kann sich gegen die Pilze verteidigen, aber wenn er durch Windbruch oder Blitzschlag seine Widerstandskraft verloren hat, gelingt es dem Pilz, sich auf ihm festzusetzen, und er kann ihn sogar zum völligen Absterben bringen. Auf dem abgestorbenen Baum siedeln sich neue Pilzarten an, die ihn so weit auslaugen können, daß er umstürzt, worauf sie ihn dann im Verein mit niederen Pilzen und Bakterien völlig zerstören können.

Morphologie der Pilze

Der Körper der Pilze besteht entweder aus einem einzelligen, meist jedoch aus einem mehrzelligen *Thallus* (Lager; vgl. »Was sind Lagerpflanzen?« S. 88). Seine Zellen können durch Querwände voneinander abgetrennt sein, doch ist dies nicht die Regel. Beim Fehlen dieser Trennwände steht jede Zelle in direktem Kontakt zu ihren Nachbarzellen. Wenn der Thallus mehrzellig ist, besteht er meist aus langen Fäden, die *Hyphen* genannt werden und das Mycelium bilden. Die Hyphen können mehr oder weniger verzweigt sein, und ihr Durchmesser variiert zwischen einem, zwei und zehn bis zwanzigtausendstel Millimeter mit Spitzen, die ungefähr 1/1000 bzw. über 1/2000 mm liegen. Die Länge kann nur wenige Millimeter, aber auch mehrere Meter betragen. Die Hyphen durchdringen die verschiedensten Unterlagen, den Humus des Waldbodens, moderndes Holz oder auch

verschiedene lebende Organe von Tieren bei den Parasitpilzen. Aus diesem organischen Material entnimmt der Pilz seine Nahrung.

Die Zellen der Hyphen haben alle einen Zellkern, der sich normal teilt, aber dieser Kernteilung folgt nicht immer unmittelbar die Zellteilung, weshalb wir auch Zellen mit zwei oder mehr Kernen finden können. Die Zellwand des Myceliums kann sehr verschiedener Natur sein. In einigen Fällen enthält sie Zellulose wie die Zellwände der höheren Pflanzen. Meist ist sie jedoch reich an stickstoffhaltigen Substanzen und hat eine ähnliche Zusammensetzung wie das Chitin der Insektenpanzer. Sehr oft sind die verschiedensten Bestandteile miteinander vermischt, und die Zellwand kann darüber hinaus auch anorganische Stoffe enthalten.

Das Mycelium führt die allgemein vegetativen Aufgaben der Zellen durch wie Nahrungsaufnahme, Assimilation, Atmung und Ausscheidung. Da die Zellen in den meisten Fällen Trennwände haben, geschieht die Nahrungsaufnahme durch diese Wände, so daß die Nahrung aufgelöst werden muß. Diese Aufgabe übernehmen besondere, vom Mycelium ausgeschiedene Enzyme (vgl. »Was sind Enzyme?« S. 46), die sogar sehr hartes Holz auflösen können, indem sie die das Holz bildenden Substanzen in Zucker umwandeln.

Die Hyphen können in bestimmten Fällen besondere Saugorgane, die *Haustorien*, ausbilden, die in die Zellen anderer Lebewesen eindringen und ihnen Nahrung entziehen. Da die Ernährung der Pilze eine der Hauptfunktionen des Myceliums ist, findet es sich meist in sehr enger Verbindung mit der Nahrungsquelle. Es ist am Baum selbst verankert oder in einem Blatt, in einem Stück Holz, im Käse oder im Dünger oder eben in jeder anderen Umgebung, der es organische Substanzen entziehen kann, die ihm als Nahrung dient.

Die Hyphen des Myceliums sind entweder isoliert oder sie vereinigen sich zu Strängen oder bilden mehr oder weniger feste Gewebe. In letzterem Falle können sie sogar zu sehr widerstandsfähigen Körpern zusammenwachsen, wie z. B. dem Sklerotium des Mutterkornpilzes, dem sogar ungünstige Umweltbedingungen nichts anhaben können. Aus dem Sklerotium bilden sich manchmal Fruchtkörper, wie z. B. bei einigen Scheibenpilzen der Familie *Sclerotiniaceae.* Nebenfruchtformen sind nur bei etwa 14 Gattungen bekannt.

Aus dem Mycelium entwickeln sich zur »Blütezeit« der Pilze die Fruchtkörper. Diese sind aus unechtem Geflecht gebildet, dem Plectenchym; es setzt sich aus Pilzfäden zusammen. Die Fruchtkörper haben mannigfache Größe: von mikroskopischen Ausmaßen (einige zehn Mikron) bis zu mehreren Dezimetern. Sie sind die Träger der Fortpflanzungsorgane.

Das Wachstum der Fruchtkörper hängt von verschiedenen inneren und äußeren Faktoren ab. Auch die Geschwindigkeit des Wachstums ist verschieden. Am schnellsten entwikkeln sich die meisten Tintenpilze (Gattung *Coprinus*). Einige brauchen nur wenige Stunden dazu. Dafür sind sie aber auch nicht haltbar und zerfallen sehr schnell. Am langsamsten geht das Wachstum bei einigen Porlingen (Familie *Polyporaceae*) vor sich. Auf ihrem Fruchtkörper bildet sich jedes Jahr eine Fruchtschicht neu. Porlinge mit einem Alter von mehreren Jahrzehnten sind deshalb keine Seltenheit.

Der Fruchtkörper ist untergliedert in Stiel (Fuß) und Hut. Der walzenförmige Stiel verbreitert sich am oberen Ende zu dem Hut, dessen Unterseite bei den Blätter- und Röhrenpilzen mit den Trägern der Fruchtschicht (Hymenophoren) überzogen ist. Sie hat die Form von Lamellen oder Röhren, bei den Stachelpilzen von Nadeln oder Stacheln. Die Hymenophoren sind mit einer besonderen Schicht, dem Hymenium (Sporenlager), überzogen, das bei den Ständerpilzen die Sporenständer (Basidien) enthält.

Bei den Schlauchpilzen ist das Hymenium in einen mehr oder weniger kugeligen Fruchtkörper eingeschlossen, der sich bei der Reife der Sporen mit einem kleinen Loch öffnet oder – seltener – unregelmäßig platzt (Kernpilze).

Bei den Scheibenpilzen füllt das Hymenium den inneren Teil des Fruchtkörpers aus; er kann wie ein Napf, eine Scheibe oder auch wie ein Kelch aussehen. Bei den nichtblättrigen Ständerpilzen ist der Fruchtkörper sehr vielgestaltig, meist jedoch flächig ausgebreitet. Seine Oberfläche ist glatt oder mit Stacheln besetzt.

Besonders geformte Fruchtkörper haben die Bauchpilze *(Gastromycetales)*, die Gattungen der Stäublinge *(Lycoperdon)*, der Stielboviste *(Tylostoma)*, der Stinkmorcheln *(Phallus)*, der Erdsterne *(Geastrum)* und der Tiegelteuerlinge *(Crucibulum)*. Der sporenbildende Teil ist aber immer innerhalb des kugelförmigen Fruchtkörpers eingebettet, der sich auf verschiedene Weise öffnet und die Sporen freigibt.

Wenn die Fruchtkörper der Blätter- und Röhrenpilze noch sehr jung und kugel- oder eiförmig sind, werden sie gewöhnlich vollständig von einer besonderen Umhüllung eingeschlossen. Bei weiterem Wachstum und fortschreitender Entwicklung der Fruchtkörper platzt diese Hülle auf, und sowohl am Stiel als auch auf der Hutoberfläche bleiben Reste zurück. Diese Hülle ist das Häutchen oder der Schleier. Für die Wulstlinge (Gattung *Amanita*) ist es typisch. Beim Grünen Knollenblätterpilz bleibt es am Stielboden als eine freie Scheide zurück, bei anderen Arten bildet es am oberen Rand des verdickten Stielteils eine Manschette oder einen Ring. Manchmal kann die Scheide an den Stiel anwachsen. Bei verstärktem Wachstum entstehen ein oder mehrere Ringe bis zur Hälfte der Stiellänge. In diesem Fall spricht man von einer »gestiefelten« Scheide.

Die Hülle kann aber auch faserig oder schleimig sein. Bei allmählichem Wachstum des Hutes spannt sie sich zwischen Hutrand und Stiel und wird Schleier genannt (Gattung Schleierlinge, *Cortinarius*). Oft ist der Schleier jedoch nur dürftig entwickelt und auch nur zu sehen, wenn die Fruchtkörper noch sehr jung sind. Seine Reste verschwinden bald. Bei anderen Pilzen hat sich ein innerer Schleier entwickelt; er ist dünn wie eine Membrane und verbindet die Stielspitze mit dem Hutrand. Sein Rest bleibt bei stärkerem Wachstum am Stielrand als Ring hängen oder bildet am Hutrand Fetzen. Bei der Gattung *Amanita* z.B. kennen wir einen äußeren wie auch inneren Schleier; bei anderen Pilzen ist der innere nur unscheinbar entwickelt.

Die Vermehrung der Pilze

Bei den Pilzen ist die ungeschlechtliche Vermehrung viel häufiger als die geschlechtliche Fortpflanzung. Bei ersterer werden verschiedene Arten von Sporen gebildet. Sie werden *Zoosporen* genannt, die nackt oder begeißelt sein können; *Endosporen*, das sind Keimzellen, die endogen, also im Innern eines einzelligen Sporenbehälters, gebildet werden, oder *Konidien* (exogen entstanden). Die Konidien sind ungeschlechtliche Keimzellen, die durch Abschnürung oder Sprossung direkt seitlich und an der Spitze von Hyphen sowie auf mehr oder weniger verzweigten Konidienträgern gebildet werden. Sie entstehen gewöhnlich in großen Mengen und werden vom Wind, vom Wasser oder von Tieren verbreitet und gewähren so die Vermehrung der Pilze. Manchmal sind sie auch mit einer Art Wimper versehen, so daß sie auf dem Wasser schwimmen können. Ferner können sich einzelne Zellen, Zellverbände oder das gesamte Mycel in Dauerzustände umwandeln, die man entweder als *Oidien* (einfache Zellen) bezeichnet, als *Chlamydosporen* (dickwandige Zellen) oder als *Sklerotien* (knollige Mycelverbände).

Die geschlechtliche Fortpflanzung ist bei den Pilzen sehr vielfältig. Es können sowohl gleichgroße, bewegliche *(Isogamie)* als auch verschieden große, bewegliche *(Anisogamie)* und unbewegliche *(Oogamie)* Geschlechtszellen (Gameten) miteinander verschmelzen. Bei den höheren Formen vereinigen sich die gesamten Geschlechtsorgane, ohne daß Gameten ausgebildet werden *(Gametangiogamie)*. Dabei geht der eigentlichen Kernverschmelzung *(Karyogamie)* eine mehr oder minder lange Phase voraus, in der die beiden Kerne nebeneinander in der Zelle liegen und sich unabhängig voneinander teilen. Diese Paarkernphase *(Dikaryophase)*, die der Plasmaverschmelzung *(Plasmogamie)* folgt, kommt nur bei Pilzen vor. Der Kernphasenwechsel der Pilze ist einem Generationswechsel gleichzusetzen, wobei die Einkernphase den Gametophyten, die Paarkernphase den Sporophyten darstellt. Je fortgeschrittener die Entwicklungshöhe der Pilze ist, desto mehr wird der Gametophyt zugunsten des Sporophyten zurückgedrängt.

Betrachten wir die Sporen (die »Samenzellen« der Pilze) unter dem Mikroskop, so stellen wir fest, daß es sich um rundliche oder ellipsenförmige Gebilde handelt, deren Oberfläche entweder glatt ist oder reliefartige Erhebungen zeigt. Ihre Größe schwankt zwischen $^{3}/_{1000}$ und $^{21}/_{1000}$ mm. Auch ein Pilz von nur mittlerer Größe erzeugt eine ungeheure Anzahl von Sporen. Ein Feldchampignon bringt in jeder Minute eine Million Sporen zur Reife, eine Milliarde in einem halben Tag. Ein einziger Fruchtkörper des Schuppigen Porlings *(Polyporus squamosus)* produziert elf Milliarden Sporen und der des Riesenstäublings *(Langermannia gigantea)*, der im Durchmesser bis zu 50 cm betragen kann, einige Billionen bis Trillionen Sporen. Trotzdem ist nur eine kleine Anzahl fähig, die Grundlage für neue Mycelien zu bilden.

Uns interessieren hier nur zwei große Gruppen von Pilzen: die Schlauchpilze *(Ascomycetes)* und die Ständerpilze *(Basidiomycetes*; in Wirklichkeit ist die Einteilung der Pilze viel komplizierter. Man kennt insgesamt viele Klassen, Unterklassen, Reihen, Familien usw. Es würde aber zu weit führen, näher hierauf einzugehen. Wir verweisen deshalb auf die einschlägige Fachliteratur).

Bei den Schlauchpilzen werden die Sporen (meist acht) in einem Schlauch *(Ascus)* gebildet. Sind sie reif, so werden sie vom Ascus ausgeschleudert. Bei den Ständerpilzen werden die Sporen (meist vier) auf kleinen Stielchen an der Spitze meist keulenförmiger Zellen, der *Basidien*, gebildet. Die Sporen schnüren sich bei der Reife ab.

Zur Gruppe der Ascomycetes rechnen wir unter vielen anderen die Mehltau- und die Hefepilze, während die Schimmelpilze zu den *Phycomycetes* gehören.

Als Basidiomycetes, die uns hier besonders interessieren, weil unter ihnen die meisten Speisepilze sind, nennen wir die Blätter- oder Lamellenpilze *(Agaricinales)*, die Röhrenpilze oder Porlinge *(Polyporinales)*, die Stachelpilze *(Hydninales)* und die Keulen- und Korallenpilze *(Clavariinales)*. Boviste, Stäublinge und Stinkmorcheln rechnen zu den Bauchpilzen *(Gastromycetales)*.

Doch wenden wir uns jetzt dem Nutzen – oder auch Schaden – zu, den viele Pilze für uns haben.

Die Champignon- und Trüffelzucht

Die Champignonzucht ist die einzige, die sowohl in Europa als auch in Nordamerika eine bedeutende industrielle Entwicklung erfahren hat. Die Aufzucht dieses Pilzes ist seit langem bekannt, in Frankreich sogar schon seit der Zeit Ludwigs XIV., und J. P. de Tournefort beschreibt schon zu Beginn des Jahres 1700 die Methode. Damals verfügte man jedoch nicht über die biologischen Kenntnisse wie heute, konnte also das Mycel noch nicht durch künstliche Keimung der Sporen erhalten. So mußte man sich mit zufällig in der Natur aufgefundenen Mycelien begnügen. Man züchtete deshalb auch verschiedene Arten nebeneinander.

Am schwierigsten ist die Aufzucht reiner Mycelien. Die Pilzzüchter beziehen das benötigte Fadengeflecht von biologischen Laboratorien, die das Mycel in Reinkultur züchten. Es wird auf einem mageren Nährboden erzeugt und dann auf einen angereicherten Nährboden verpflanzt. Nach verschiedenen weiteren Verfahren kommt das Mycel zuletzt wieder in Behälter mit mageren Nährböden, die an den Innenwänden angebracht sind, so daß noch ein Hohlraum verbleibt. Nach der Sterilisierung dieser Behälter wird das Mycel aseptisch auf die Nährböden verpflanzt, um mögliche Parasiten auszuschalten. Dann werden die Behälter luftdicht verschlossen und in besonderen Bruträumen gelagert, in denen die Temperatur immer konstant ist. Nach wenigen Tagen, wenn der Nährboden ganz vom Fadengeflecht durchzogen ist, werden die Behälter in Kühlräume gebracht (4°C). In diesen Räumen bleibt das Wachstum des Mycels gleichmäßig, und der Pilz kann zum Verkauf konserviert werden. In den ersten Phasen kann das Mycel leicht von Parasiten befallen werden; seine Widerstandskraft wird jedoch mit fortschreitendem Wachstum größer.

Bei der Trüffelzucht wird in Frankreich, besonders in der Gegend von Périgord, die Schwarze Trüffel *(Tuber melanosporum)* gezüchtet. Das Mycel dieses Pilzes bildet Mikorrhizen mit den Wurzeln der Eichen. Man hat also in geeignetem Terrain Eichenplantagen angelegt und dadurch natürliche Trüffelkulturen erhalten.

Nach entsprechender Vorbereitung werden in teilweise mergel-tonigem Kalkboden Eicheln gesetzt oder junge Eichen gepflanzt.

Auch der Pantherpilz (AMANITA PANTHERINA) *ist sehr giftig und ein Verwandter des Fliegenpilzes. Vor seinem Genuß muß dringend gewarnt werden. Er wächst in sandigen Nadel- und Buchenwäldern (links).*

Der Hallimasch (ARMILLARIELLA MELLEA) *ist eßbar, aber nicht wertvoll. Er ist ein gefährlicher Forstschädling (rechts oben).*

Der ziegelrote Rißpilz (INOCYBE PATOUILLARDII) *hat einen parfümiert-herben Geruch. Er ist tödlich giftig und wird verschiedentlich mit weißen Egerlingsarten verwechselt. Er wächst in Wäldern und Parks auf Kalkboden (Mitte rechts).*

Der Birkenpilz (BOLETUS SCABER) *ist häufig unter Birken anzutreffen (Name!). Er ist jung eßbar und gut. In Birkenmooren wächst eine reinweiße Form (unten).*

Um diese herum streut man Erde, die gerade tragenden Trüffelkulturen entnommen wird. (Dies scheint jedoch nicht unbedingt nötig zu sein.) Die ersten Trüffeln wachsen nach ungefähr fünf Jahren, und zwar dort, wo nur wenig oder gar kein Gras vorhanden ist. Eine Steigerung der Erträge läßt sich aber erst nach etwa zehn Jahren erreichen. Am größten sind sie nach 15-36 Jahren.

Trüffeln, die bekanntlich unter der Erdoberfläche wachsen, sucht man mit Hilfe von Schweinen oder dazu abgerichteten Hunden. In Frankreich ist auch die sog. »Mückensuche« verbreitet. Auf den Plätzen der Trüffelkulturen halten sich dichte Schwärme kleiner Zweiflügler (*Dipteren* der Gattung *Helomyza*) auf, die ihre Eier in den Trüffeln ablegen. Man braucht also nur dort zu graben, wo sich die Insekten niederlassen.

In Italien benutzt man zur Trüffelsuche hauptsächlich Hunde. Die beruflichen Pilzsammler arbeiten fast nur nachts; sie sagen, daß die Hunde dann nicht abgelenkt würden. Der Hauptgrund ist aber wohl darin zu suchen, daß sie ihre guten Plätze nicht verraten wollen, um nicht ihren guten Verdienst zu gefährden oder gar einzubüßen.

Hefepilze und Bier

Die Hefepilze gehören zur Familie *Saccharomycetaceae*, Klasse *Ascomycetes*. Nur sehr selten haben sie ein Mycel. Ihre vegetativen Zellen sind meist isoliert, rundlich, oval, ellipsenförmig oder länglich. Sie vermehren sich durch Sprossung. Manchmal bleiben die Tochter- an den Mutterzellen haften, so daß sie kurze Ketten bilden. Bei der geschlechtlichen Fortpflanzung – die selten vorkommt – verschmelzen zwei Zellen und verwandeln sich in einen Ascus. Man findet jedoch auch die Parthenogenese: eine Zelle verwandelt sich sofort in einen Ascus.

Die große Bedeutung der Saccharomycetes liegt darin, daß zu ihnen auch die Enzyme der alkoholischen Gärung gehören (Wein, Bier usw.). Sie spielen auch eine Rolle beim Brotbacken (Bierhefe).

Hefepilze erhalten die notwendige Energie durch die Atmung, daß heißt, durch Verbrennung der Nahrung. Allgemein handelt es sich dabei um große Moleküle, die durch Verbrennung in kleinere und einfachere umgewandelt werden und so Energie freisetzen: Wasser, Kohlendioxid und Ammoniak. Wenn die Hefepilze genug Luftsauerstoff zur Verfügung haben, atmen sie ganz normal, das heißt, sie benutzen diesen Sauerstoff, um die großen Moleküle zu verbrennen. Wenn jedoch die Luft fehlt oder nur spärlich vorhanden ist, verwenden sie den in anderen Molekülen enthaltenen Sauerstoff. Die aus der Verbrennung gewonnene Energie ist natürlich geringer, und daraus zieht der Mensch seinen Nutzen. Wenn man nämlich Hefepilze in große Bottiche mit Zuckerlösung bringt (z.B. in den Most, der eine Lösung aus Zucker und anderen Substanzen ist), dann fehlt der Sauerstoff. Die Hefepilze benutzen daher den Sauerstoff der Zuckermoleküle, und es entsteht eine Gärung. Anstatt die großen Zuckermoleküle gänzlich abzubauen bis zu Wasser und Kohlendioxid, zersetzen sie sie nur bis zu einem gewissen Grade; das Endprodukt dieser Reaktionen ist Äthylalkohol. Wir nennen diesen Vorgang »alkoholische Gärung«.

Nicht nur bei den Hefen steht als Endprodukt des Abbauweges Alkohol. Auch bei einigen Bakterien kennt man diese Art der Energiegewinnung. So ist z.B. das Bacterium *Zymomonas mobilis* verantwortlich für die Gärung des Agavensaftes. Die Art und Weise des Abbaues unterscheidet sich nur sehr wenig von der der Hefepilze. Offenbar wurde die Fähigkeit, Äthylalkohol zu produzieren, in der Natur mehrmals »erfunden«.

Die Bierhefen sind kultivierte Heferassen. Sie beeinflussen entscheidend die Qualität des Bieres. Bekanntere Brauhefen sind die Arten *Saccharomyces cerevisiae* und *S. carlsbergensis*. Der Zuchtansatz beginnt mit einer einzigen, gut entwickelten und besonders ausgewählten Hefezelle. Diese läßt man sich in einer Nährlösung vermehren. Die Hefekultivierung und -vermehrung ist vornehmlich eine Beschäftigung der chemischen Labors in den Brauereien und wird mit viel Sorgfalt betrieben.

Auf Hopfenanbau, Braugerste, Brauwasser und Brauvorgang kann hier leider nicht näher eingegangen werden, nur soviel: Dunkle Biere vom Münchner, Nürnberger und Kulmbacher Typus sowie die hellen Dortmunder und Pilsener Sorten, das Exportbier, das Märzen- und das Bockbier sind »untergärig«. »Übergärige« Biere sind die Süßbiere, wie Kraft-, Malz- und Weißbier, ebenfalls die säuerlichen Biere, z. B. die Berliner Weiße, die alkoholarm (2–3%) und kohlensäurereich ist.

»Untergärig« bedeutet, die Hefen sinken beim Brauvorgang und setzen sich auf dem Boden des Gärbottichs ab. Die anfallende Hefe wird für weitere Gäransätze (Anstellhefen) genutzt oder als Hefeextrakt verwertet.

Ist der Brauvorgang beendet, wird das Bier maschinell durch Abfüllanlagen in die Fässer gefüllt.

Den »obergärigen« Hefen ist eine stürmische Gärung eigen, die bei Temperaturen von 10–25°C stattfindet. Eine starke Schaumbildung ist die Folge. Von dem heftig aufwallenden Kohlendioxid werden die Hefezellen mitgerissen (obergärig) und schwimmen im Schaum, der in einer mächtigen Schicht den Gärbottich bedeckt. Die Hefemassen nehmen um ein Vielfaches zu und müssen zusammen mit dem Schaum entfernt werden.

Die Weinbereitung und die Geschichte der Weinrebe

Die Kultur des Weines dürfte seit rund 6000 Jahren bekannt sein. Die Weinrebe gehört zu den ältesten Kulturpflanzen der Menschheit überhaupt.

Grundlage jeder Weinbereitung ist der zuckersüße Saft der Trauben, den man durch Auspressen ganzer oder zerkleinerter Beeren gewinnt. Dieser Saft wird als Most bezeichnet. Um diesen zu erhalten, werden die Trauben mit Scheren von den Sträuchern geschnitten. Die Beeren werden sofort gemahlen und als Weißweinmaische anschließend gekeltert, so daß der Most (der flüssige Bestandteil) vom Treber (dem festen Bestandteil) getrennt wird. Bereits jetzt ist der Most reich an Hefepilzen, die sich in ihm entwickeln. Durch die bei der Gärung entstehenden Gase (Kohlendioxid) »kocht« der Most. Der Alkoholgehalt steigt so lange, bis die Hefepilze alle Zuckermoleküle abgebaut haben (der Wein enthält also um so mehr Alkohol, je höher der Zukkergehalt der Trauben war) oder bis der Alkoholgehalt so hoch ist (17–18%), daß die Hefepilze absterben. Wenn bei der Abfüllung die Gärung noch nicht abgeschlossen ist, erhalten wir die moussierenden Weine (in anderen Fällen wird das Kohlendioxid auch künstlich zugesetzt).

Um eine gleichmäßige Gärung des Weines zu erreichen, entfernt man manchmal vor dem Keltern die Hefepilze und setzt anschließend Reinhefe zu. Bei einem Ansatz mit gezüchteten reinen Weinhefen gibt man auf einen Liter Most rund eine Milliarde Zellen der Zuchthefe und läßt sie bei 15–20°C gären. Die Hauptgärung dauert eine Woche. Dann muß der Wein über 5% Alkohol enthalten, um Zersetzungen zu verhindern.

Den Verlauf der Gärung beobachtet der Kellermeister am Gärspund. In dem mit Wasser gefüllten Glasrohr kann man an den aufperlenden Kohlendioxidbläschen die Heftigkeit der im Faß ablaufenden Gärung erkennen.

Der Hauptgärung folgt die über mehrere Monate währende Nachgärung. Die Hefezellen sterben und sinken auf den Boden des Fasses hinab. Nun kann der Wein in andere Fässer umgelagert oder sofort in Flaschen abgefüllt werden.

Die edlen Weine erhalten erst im letzten Drittel eines Jahrzehnts ihrer Lagerung die hervorragende Qualität. Durch das Zusammenwirken von Standortqualität, Heferassen und die gebietsunterschiedliche Behandlung erhält jeder Wein sein eigenes Bouquet, so daß der Kenner sein Herkunftsgebiet am Geschmack erkennen kann (Weinproben!).

Es erscheint angebracht, an dieser Stelle auch etwas über die Geschichte der Weinrebe zu sagen. Sie ist sehr alt. Wie lange der Mensch sie kennt, ist nicht genau anzugeben. Wir können nur sagen, daß sie bereits in ältester Zeit erwähnt wird. Homer erzählt, daß Achill eines Tages bei Vulkan einen außergewöhnlichen Schild in Auftrag gab: in Gold und Silber gearbeitet und mit so vielen Reliefs geschmückt, daß er ungewöhnlich groß gewesen sein muß. Unter anderem sagt Homer von diesem Schild: »Es folgt dann ein Weingarten, krumm und gebogen unter der Last der Trauben. Die Ranke ist golden, schwarz die Traube und eine weite Reihe silberner Pfähle stützt die Reben« (Ilias XXVIII/782).

Homer berichtet vor mehr als zweitausend Jahren Ereignisse aus der Zeit vor dem Fall Trojas, den man gewöhnlich 1184 v. Chr. ansetzt. Das homerische Troja, die Stadt des Priamos, ist die letzte, die auf dem Hügel von Hissarlik entstand, wo neuere Ausgrabungen die Reste anderer und früherer Städte aus der altminoischen Zeit (um 3500 v. Chr.) ans Licht gebracht haben; bei diesen Ausgrabungen wurden auch Samen der Weinrebe gefunden.

Bei der Belagerung Trojas verteilt Hektor, Führer und tapferster Held der Trojaner, ältester Sohn des Königs Priamos, an die Soldaten Brot und Wein. Die Zauberin Kalypso gab Odysseus, der die Insel Ogygia verlassen wollte, Kleider, Brot und Wein: Brot und Wein waren die Hauptnahrungsmittel.

»Noah aber fing an und ward ein Ackersmann und pflanzte Weinberge, und da er den Wein trank, ward er trunken ...« (Genesis 9,18–28).

Phönizier, Semiten und Hebräer kannten die Weinrebe und den Wein schon seit Jahrhunderten. Im Canticum canticorum (Hoheslied) steht, daß die Weingärten Salomos blühten und dufteten, und daß der Befehl zur Jagd auf die »Vulpes parvulas« gegeben wurde, die die Weinberge verwüsteten. Noah pflanzte seine Weingärten nach der Sintflut. Die Erzählungen der Bibel und des berühmten mesopotamischen Gilgamesch-Epos wurden durch Funde in den alluvialen Tonablagerungen in den archäologischen Schichten unter den Trümmern der berühmten Stadt Ur, der Vorläuferin Babylons, bestätigt. Diese Funde werden auf 4000 v. Chr. datiert.

Auch in der ägäischen Kultur war der Wein wohlbekannt. Die Pithoi, die großen Krüge des Palastes von Knossos (Kreta) – 2700 oder 3000 v. Chr. –, waren Weinkrüge. In Ägypten war der Wein zweifellos bereits seit 3500 v. Chr. bekannt, wie die Weinkelche, in denen man den Wein den Göttern darbot, und die zahlreichen Darstellungen der Weinrebe auf Fresken beweisen. Eines dieser Fresken (Theben) zeigt zwei Sklaven, die in der gleichen Art, wie man sie heute noch bei unseren Winzern sieht, die Trauben von der Rebe lösen. Die Behauptung Herodots, daß die Ägypter

Erst im letzten Drittel eines Jahrzehnts erhalten edle Weine während der Lagerung ihre hervorragende Qualität. Durch das Zusammenwirken mehrerer Faktoren (Herkunftsland der Trauben, Heferassen und unterschiedliche Behandlung) erhält jeder Wein ein eigenes Bouquet.

Sektherstellung nach der »méthode champenoise«: Geeignete Weine werden nach Zugabe von Zucker und Hefe in Flaschen gefüllt. Nach mehrmonatiger Gärung werden die Hefe entfernt, der Sekt geschmacklich aufgebessert und die Flaschen wieder verkorkt.

seinerzeit keinen Wein getrunken hätten, ist also mindestens verwunderlich.

Im vorchristlichen Persien, so verraten alte Quellen, pflegte man wichtige Angelegenheiten trunken zu beraten. Fanden die Ergebnisse solcher Beratungen auch nüchtern Zustimmung, so waren sie in Ordnung. Wenn nicht, strich man sie schnell wieder aus dem Gedächtnis. Was aber nüchtern vorgeschlagen wurde, so haben die Chronisten überliefert, wurde dann im trunkenen Zustande noch einmal erörtert.

Rebkulturen sind schon um 3500 v. Chr. am Euphrat und Tigris nachgewiesen worden. Über Syrien und Persien kam der Weinbau später nach Griechenland. Dort erlangte die Rebe zwischen 1700 und 1500 v. Chr. Bedeutung und damit auch eine hervorragende Stellung in der Mythologie: Bacchus oder Dionysos ist der Gott des Weines. Die Weinrebe war aber auch anderen Gottheiten, darunter Aphrodite, Apollo und den Erdgottheiten Hera und Kybele, geweiht.

Es ist möglich, daß die Griechen glaubten, der Wein fördere die Sehergabe, da es auf den Bergen Thrakiens ein Dionysos-Orakel gab. Eine Tochter des Dromos hieß Stephylos (die Traube); eine Amadryade hieß Ampelos (Weinrebe) und eine Bacchantin hatte den Beinamen »oinopion«, die Weintrinkerin.

Das wichtigste Zeugnis in Italien ist das Trinkgefäß von Cozzo Pantano (Sizilien), das in die spätminoische Zeit gerechnet wird, also 4000 Jahre alt ist. Von Sizilien aus führten römische Legionäre den Weinbau schließlich nach Gallien und Germanien ein. Der Beweis, daß zunächst griechische Rebkultur die Weinbauern an Rhein und Mosel entscheidend beeinflußte, findet sich im Speyrer Weinmuseum: ein Steinrelief des altrömischen Wald- und Weingottes Silvanus. Die Form seines Winzermessers weist eindeutig in Richtung Hellas.

Herodot berichtet, daß man die Weingärten sorgfältig pflegte und die Reben mit Pfählen stützte. Im republikanischen Rom trank man den Wein mit Wasser vermischt. Der nicht vermischte Wein hieß »merum«, und der alte Puritaner Cato griff jeden an, der reinen Wein trank. Es gab bereits zahlreiche Traubensorten und verschiedene Weine. Horaz liebte den Falerner Wein (Falernum) ganz besonders. Der Name des italienischen Weins Lambrusco geht wahrscheinlich auf »labrusca«, den Namen einer Rebsorte, zurück.

Doch noch einmal zurück nach Germanien: In den klimatisch begünstigten Tälern an Rhein und Mosel fand der Weinbau schnelle Verbreitung. Die gebürtige Rheinländerin und römische Kaiserin Agrippina schwärmte sogar am Tiber für germanische und gallische Rebensäfte. Das aber erregte den Zorn des konservativen Kaisers Domitian. Gegen Ende des 1. Jh. n. Chr. ließ er die Rebkulturen Galliens und Germaniens vernichten und jede Neuanpflanzung verbieten.

Schließlich aber fand der Wein neue Freunde – so in Karl dem Großen, der sich rund um seine Ingelheimer Residenz Reben setzen ließ. Benedikt von Nursia (530) bestimmt in einer Ordensregel, daß jeder Mönch täglich einen viertel Liter Wein bekommen sollte. Zur Hochzeit des pfälzischen Kurfürsten Karl Theodor mit Elisabeth Auguste wurde ein goldenes Renommierfaß gefertigt. Fassungsvermögen: 5666 Liter. Ludwig II. ließ sich zur Verlobung ein eigenes Wappenfaß schenken. Und Bayern-König Max erhielt ein aufklappbares Zier- und Tischweinfäßchen zum Geschenk.

Während die Griechen ihrem Wein noch Honig, Käse oder Gewürze beigaben und den Rebensaft mit Meerwasser vermischten, um die starke Verdunstung während der Lagerung und auf dem Transport wettzumachen, änderten sich auch die Tisch- und Trinksitten. »Uns Teutschen«, so stellten Zeitgenossen fest, »kann man die Trinkgeschirr nicht allein nicht groß genug, sondern auch nicht schön und nicht seltsam genug machen.« An den Trinkgefäßen erkannte man, ob es sich um Arme oder Reiche handelte: Die Armen tranken aus einfachen Holzbechern, die Wohlhabenden aus Zinn, die Reichen aus Silber oder kostbaren Gläsern oder Pokalen.

Durch Zufall entdeckte man sogar die Spätlese: Als im Jahre 1783 auf den Weinbergen des Schlosses Johannisberg, zur Abtei Fulda gehörig, die Genehmigung zum Beginn der Weinlese versehentlich zu spät eintraf, waren die Trauben, als die Ernte beginnen sollte, verfault. Die Überraschung war dennoch groß: Die Beeren ergaben einen feurig-süßen Wein.

Daß auch in der christlichen Religion der Weinstock zum Symbol gottgefälligen Lebens wurde, ist keineswegs verwunderlich. Maria wird mit einem Weinstock verglichen, der der Menschheit eine Frucht, die Vitis vera, schenkte. Weinstock und Rebe sind auch ein häufiges Motiv in der sakralen Kunst (Tabernakel, Kapitelle, usw.). Wein wird auch heute noch in weiten Gebieten Mittel- und Südeuropas angebaut, in Deutschland besonders an Mosel und Rhein. Aber auch Pfälzer-, Ahr- und Naheweine haben ihre Freunde.

Hefepilze in der Küche

Mit den Hefepilzen haben Milchsäurebakterien nur gemeinsam, daß sie auf Kohlenhydrate angewiesen sind, also zu den kohlenstoffheterotrophen Lebewesen gehören und so wie die Pilze Zersetzer organischer Stoffe sind. Sauerkrautherstellung, Sauermilchzubereitung, Quark und Käse sowie Joghurt u. a. gehen auf das Konto von Milchsäurebakterien. Eine Ausnahme machen nur Kefir und die Sauerteigherstellung.

Das Sauermilchgetränk der Kaukasier ist der Kefir. Er wird aus Kuhmilch, im Ursprungsland aus Stutenmilch, mit Hilfe von Kefirknollen hergestellt. Die Kefirknollen enthalten in großer Menge die für die Gärung notwendigen Mikroorganismen, wie Hefen (z. B. *Saccheromyces fragilis*), Bakterien der Milchsäure- und Buttersäuregärung *(Bacterium caucasicum, Bacillus esterificans, Bacillus kefir)*. Die Kefirknollen sind in Tablettenform im Handel erhältlich. Kefir ist für Kranke und Rekonvaleszenten gut verträglich. Die Mikroorganismen vergären den Milchzucker zu Milchsäure, Alkohol und CO_2. Das Kefirgetränk besteht u. a. aus 88,8% Wasser, 3,1% Eiweiß, 3% Fett, 2,7% Milchzukker, 0,87% Milchsäure, 0,66% Mineralsubstanz, 0,7% Alkohol. Das rahmartige Getränk hat einen säuerlichen und prickelnden Geschmack.

Der Pilz *Saccharomyces cereviciae* wird nicht nur beim Bierbrauen verwendet, er wird auch auf Nährböden unter ausreichender Luftzufuhr gezüchtet. Da der Pilz unter diesen Bedingungen genügend Sauerstoff zur Verfügung hat, vermehrt er sich sehr schnell, wobei er Kohlendioxid und Wasser freisetzt. Er wird in größeren Massen zu Würfeln zusammengepreßt und bei der Brotherstellung verwendet. Gibt man die Bierhefe in den Brot- oder Kuchenteig, bauen die sich bildenden Fermente einen Teil der Kohlenhydrate ab, wodurch Kohlendioxid freigesetzt wird, das den Teig treibt. Man schiebt ihn in den Ofen, und die Kohlendioxidbläschen, die sich ausdehnen, lockern das Brot auf.

Pilze, die Krankheiten erregen und bekämpfen

Bestimmte *Saccharomycetes,* die zu einer Gruppe gehören, die im allgemeinen keine Asci bilden, können bei Mensch und Tier Krankheiten erregen. Pilze der Gattung *Candida* setzen sich auf den Mandeln, in der Lunge und anderen Organen fest, wo sie mit erheblichen Funktionsstörungen verbundene Mycosen (durch niedere Pilze hervorgerufene Infektionskrankheiten) bewirken. Die Organe sind gerade nach längerer Antibiotikabehandlung sehr empfindlich. Es sterben zwar sämtliche Bakterien ab, doch mußten gegen die Pilze neue Antibiotika entwickelt werden.

Über das Penicillin wird an anderer Stelle berichtet (s. S. 44f.). Doch liefern auch noch weitere Schimmelpilze (»Schimmel« ist ein Sammelbegriff für oberflächlich wachsende Pilzmycelien), z. B. *Aspergillus fumigatus,* sehr wirksame Antibiotika, so das *Fumigatin* und *Fumigacin.* Heute werden Dutzende von Antibiotika aus den Stoffwechselprodukten von *Penicillium, Aspergillus* und dem Strahlenpilz *(Streptomyces* – früher *Actinomyces griseus)* gewonnen. Andere wiederum stellt man synthetisch her.

Der Brandpilz, ein gefürchteter Getreideschädling

Wie die Rostpilze, so verursachen auch die Brandpilze *(Ustilaginales)* große Schäden. Es sind 25 Gattungen mit über 700 Arten bekannt. Alle leben als Parasiten auf höheren Pflanzen, meist auf Bedecktsamern *(Angiospermae)* und hier wieder auf Gräsern und Getreidearten. Ihr Zyklus ist dem der Rostpilze ähnlich (s. unten und Abb. S. 333), aber er ist einfacher und vollzieht sich auf einer einzigen Wirtspflanze. Ihr Mycel bildet in Blüten, Stengeln und anderen Pflanzenteilen schwarze, jahrelang lebende Dauersporen, sogenannte Brandsporen, die im nächsten Frühjahr auf dem Boden zu einer Basidie (Sporenständer) mit vier Basidiosporen (Basidiosporen: jede Basidie gliedert vier auf feinen Stielchen sitzende Sporen ab) heranwächst. Einige Arten füllen die Fruchtknoten von Hafer, Gerste und Weizen mit schwarzem, verstäubendem Brandsporenpulver: Flug- oder Staubbrand *(Ustilago).* Andere bilden in Weizenkörnern schwarze, nach Heringslake riechende, schmierige Massen von Sporen: Stink- oder Steinbrand *(Tilletia).*

Ein einziges befallenes Weizenkorn enthält Millionen von Brandsporen, die beim Dreschen das Saatgut durchsetzen. Wird es ausgesät, so kann die ganze Ernte gefährdet werden. Darum ist die Bekämpfung von Brandkrankheiten von vorrangiger Bedeutung. Zu diesem Zweck wird das Saatgut gebeizt. Dabei wird es vor allem mit chemischen Präparaten behandelt, damit die anhaftenden Sporen der Schmarotzer abgetötet werden.

Durch die Saatgutbeize sind gefährliche Getreidekrankheiten, wie Weizenstein- und Haferflugbrand, die bis vor wenigen Jahrzehnten noch verheerende Schäden anrichteten, weitgehend eingedämmt worden.

Der bekannteste Brandpilz und auch der augenscheinlichste ist der Erreger des Maisbrandes *(Ustilago zeae).* Auf den Maispflanzen, hauptsächlich auf den Fruchtständen, den jungen Kolben, kann man sehr leicht fleischige Geschwülste sehen, die mehr als faustgroß werden. Zuerst sind sie weiß, später nehmen sie eine immer stärkere Violettfärbung an, bis sie gänzlich schwarz sind. Dann platzen sie und schütten eine große Menge schwarzer, einzelliger und dickwandiger Sporen aus, die sogenannten Ustilagosporen, die sich mit den Wintersporen der Rostpilze vergleichen lassen. Wie diese überwintern sie im Boden und keimen im Frühjahr, wobei sie eine Basidie mit vier Zellen hervorbringen, die alle eine Basidiospore tragen. Diese Basidiosporen können sich durch Knospung vermehren, und wenn sie auf eine junge Maispflanze treffen, setzen sie sich auf ihr fest. Das Mycel verbreitet sich über die ganze Pflanze, indem es den Schaft hinaufsteigt, sich zwischen seinen Zellen fortbewegt und ihm mit Hilfe der Haustorien seine Nahrung entnimmt. In den Fruchtständen entwickelt sich das Mycel im allgemeinen sehr schnell und bildet Geschwülste und neue Ustilagosporen, wodurch der Zyklus von vorn beginnt. Im Gegensatz zu den Rostpilzen kann die Basidie nach dem Ausstoß der ersten vier Basidiosporen weitere Serien von Sporen bilden, so daß sie also nicht vier sind, sondern ein Vielfaches davon.

Der Butterpilz (BOLETUS LUTEUS) *ist farbenprächtig anzusehen. Er ist von einer dicken Schleimschicht bedeckt, recht häufig, eßbar und gut. Er wächst im Nadelwald, oft auf grasigen Flecken (oben).*

Die düster wirkende Totentrompete (CRATERELLUS CORNUCOPIOIDES) *ist eine nahe Verwandte des Pfifferlings und eignet sich, ihres delikaten Geschmackes wegen, besonders gut zum Würzen von Fleischspeisen. Sie wächst im Laubwald, oft in Büscheln.*

Auch die von den Brandpilzen verursachten Schäden können sehr große Ausmaße annehmen, hauptsächlich dann, wenn die Zahl der befallenen Fruchtstände sehr groß ist, da die jungen Maiskolben nicht regenerieren.

Brandpilze lassen sich auch auf künstlichen Nährböden kultivieren und bilden dort Sproßverbände wie Hefepilze.

Rostpilze sind sehr spezialisiert

Die Reihe der Rostpilze *(Uredinales)* gliedert sich in mehr als 100 Gattungen mit über 7000 Arten. Sie alle sind Parasiten und gleichzeitig Erreger der Rostkrankheiten auf unseren Getreidearten, so genannt wegen der Farbe der Flecken, die sie auf den Wirtspflanzen hervorrufen. Gegen diese verheerenden Krankheiten gibt es noch kein wirksames Gegenmittel, vom Anbau widerstandsfähiger Getreiderassen abgesehen (s. auch »Die Fungizide« S. 330f).

Die Rostpilze sind sehr spezialisiert, das heißt, sie befallen meist nur eine einzige Pflanzenart. Der Echte Getreiderost oder Schwarzrost *(Puccinia graminis)* z. B. lebt am häufigsten auf dem Roggen (s. Abb. S. 333). Er befällt dort Stengel und Blattscheiden, seltener auch die Ähren, und erzeugt auf ihnen rostbraune Pusteln, hervorgerufen durch Millionen von sog. Sommersporen, die der Wind

Ein blumenkohlähnliches Aussehen hat die Krause Glucke (SPARASSIS CRISPA). *Sie gehört zu den Korallenpilzen. Ihr Fleisch ist knusprig, ihr Geschmack mild. Sie ist nur selten, aber eßbar und gut.*

Schimmel auf Früchten, wie man ihn auf Orangen (links), Marmelade (Mitte) oder auf Brot (rechts) beobachten kann, ist höchst gefährlich. Die Pilze sondern ein Gift ab, das, so hat man kürzlich herausgefunden, sogar krebserregend sein kann. Es genügt also nicht, die schimmeligen Stellen herauszuschneiden, da die Pilze unsichtbar für das menschliche Auge das ganze Substrat durchziehen. Die Pilze bilden ein Fadengeflecht, aus dem sich zu gegebener Zeit zahlreiche Zweige erheben (Pinselschimmel), an deren Ende sich blaugrüne Sporen abschnüren. Sie werden leicht durch einen Luftzug verweht und bilden regelrechte Schimmelrasen, die unsere Lebensmittel vergiften und so ungenießbar machen.

verweht und auf andere Felder trägt. Auf diese Weise verbreitet sich die Krankheit sehr schnell. Der Roggen verkümmert, und es kommt kaum noch zur Fruchtbildung. Geht es dann auf die Getreidereife zu und drohen für den Rostpilz die Nahrungsquellen zu versiegen, so bildet er an den gleichen Stellen schwarze strichförmige Flecke (Schwarzrost!). In ihnen entstehen die sog. Wintersporen, die ziemlich dick sind, dunkel und zweizellig. Sie fallen auf den Boden und überwintern dort. Gleichzeitig vollzieht sich in ihnen die Verschmelzung zwischen den beiden Zellkernen. Im Frühjahr teilt sich dieser eine Kern in den Zellen der Wintersporen zweimal zu vier haploiden Zellkernen.

Die Sporen keimen und bilden einen kurzen Faden, der einige farblose »Frühjahrssporen« hervorbringt, die sich nur auf den Blättern der Berberitze weiterentwickeln können, eines Strauches, der in Wäldern und Wiesen, angefangen von der Hügelregion bis hinauf in die Alpen, sehr häufig ist und oft auch zur Heckenbildung angepflanzt wird (s. auch »Gefährliche Berberitze« S. 314). Die Frühjahrssporen erzeugen auf der Blattunterseite kleine rote Pusteln mit zahlreichen becherförmigen Organen. In ihnen bilden sich die sog. Bechersporen, die nach der Reife wiederum vom Wind auf Getreidepflanzen übertragen werden, wo sie ihre Entwicklung von neuem beginnen. Der Schwarzrost braucht also zwei Wirtspflanzen. Ohne den Wirtswechsel an einem bestimmten Punkt seines Lebenszyklus kann er nicht existieren.

Der Schaden, der der Landwirtschaft durch den Rostpilz entsteht, ist außerordentlich groß. (Schon die Römer opferten übrigens der Göttin der Rostkrankheit Robigo, damit sie ihre Felder verschonen möge!) Man hatte gehofft, durch Ausrottung der Berberitze dem Ausbreiten des Schädlings Einhalt gebieten zu können, eine Anordnung, die sogar gesetzlich erfolgte, aber der Rostpilz wich auf neue Zwischenwirte aus, und damit gelang es ihm, auch dieses Hindernis zu überwinden.

Andere Rostpilze benötigen zu ihrer Entwicklung ebenfalls zwei verschiedene Wirtspflanzen, zum Beispiel der Birnengitterrost *(Gymnosporangium sabinae)*, der auf den Blättern des Birnbaums »Becher« bildet, und auf einer Wacholderart, dem Sadebaum, seine übrige Entwicklung durchmacht.

Andere Rostpilze hingegen verbleiben während ihres ganzen Lebens auf ein und derselben Wirtspflanze, wie der Mangoldrostpilz, der Pflaumenrostpilz, der Pfefferminzrostpilz u. a. Einige Rostpilze haben, im Vergleich zum Getreiderostpilz, einen verkürzten Zyklus, da ihnen entweder die erste oder zweite Phase fehlt.

»Nebel« oder »Weiße Krankheit« – die Mehltaupilze

»Nebel«, »Weiße Krankheit«, »Mehltau« – diese Namen beziehen sich auf das Aussehen der befallenen Organe, die wie von einer Mehlschicht bedeckt erscheinen und eine weißliche Farbe annehmen. Die Hyphen der Mehltaupilze bewegen sich meist nur auf der Außenfläche der Blätter, Blüten und Früchte, wo sie sich zu einem weißen, mehr oder weniger dichten Gewebe zusammenschließen. Nur die Haustorien dringen in die Zellen ein, denen sie die Nahrung entziehen. In der günstigen Jahreszeit vermehren sich diese Pilze durch eiförmige Konidien, die durch Sprossung der Hyphen entstehen und wegen ihrer Form die Bezeichnung *Oidien* (kleine Eier) erhielten. Bei feuchter Witterung verbreitet sich diese Pilzkrankheit sehr rasch und führt zu großen Schäden. Bei Herbstbeginn setzt die geschlechtliche Fortpflanzung ein: es werden die Fruchtkörper gebildet, die durch kugelige Form und wurmartige Fortsätze gekennzeichnet sind.

Zu den größten Schädlingen gehört der Rebenmehltau *(Uncinula necator)*, besser bekannt unter dem Namen der ungeschlechtlichen Form *(Oidium tuckeri)*, der Blätter, Blüten und Früchte des Weinstocks befällt und die Trauben zum Faulen bringt, die dann einen sehr unangenehmen Ammoniakgeruch ausströmen.

Des weiteren erwähnen wir den Rosen- und Pfirsichmehltau *(Sphaerotheca pannosa)*, den Hopfenmehltau *(Sphaerotheca humuli)* und den Getreidemehltau *(Erysiphe graminis)*. Das einzige Gegenmittel gegen diese Schädlinge ist die Behandlung mit Schwefelpräparaten, besonders Schwefelbrühe und Schwefelpulver, die mit Hilfe von Spritzen verstäubt werden und so die Parasiten vernichten (s. auch »Die Fungizide« S. 330f.).

Schimmelpilze im Haushalt

Zu der Reihe *Aspergillales* oder *Plectascales* gehören u. a. die bekannten Grün- oder Blauschimmel *(Penicillium crustaceum)*, deren Entwicklungsstand man leicht auf Zitronen, Orangen, Äpfeln oder Marmelade beobachten kann. Sie besitzen ein Fadengeflecht, aus dem sich zu gegebener Zeit zahlreiche Zweige erheben. An ihren Enden teilen sie sich wiederholt (Pinselschimmel!) und schnüren blaugrüne Fadensporen ab. Da die Sporen leicht verweht werden und der Pilz so gut wie überall einen geeigneten Nährboden findet, ist er über die ganze Erde verbreitet.

Die beiden Hauptgattungen dieser Reihe sind das *Penicillium* und der *Aspergillus*. Nicht alle der zu diesen Gattungen gehörigen Schimmelpilze können Fruchtkörper bilden. Von vielen ist nur die Konidienform bekannt. Ihre Konidiophoren sind sehr charakteristisch. Die des Penicilliums zum Beispiel haben das Aussehen kleiner oder weniger dichter Pinselchen, ähnlich denen des Blauschimmels. Die Borsten dieser »Pinselchen«, deren Länge von wenigen tausendstel Millimetern bis zu mehreren $^{10}/_{1000}$ mm geht, bestehen aus flaschenförmigen Zellen mit einem langen Hals, die Ketten von sphärischen, ovalen oder auch länglichen Konidien tragen mit einem Durchmesser von meist $^{1}/_{1000}$ bis $^{5}/_{1000}$ mm. Penicillium bedeutet nichts anderes als Pinselchen. Die Konidiophoren des Aspergillus (»kleiner Weihwedel«, Gießkannenschimmel) tragen am oberen Ende ein kleines, rundliches Bläschen (Durchmesser $^{20}/_{1000}$ bis $^{100}/_{1000}$ mm). Auf diesem Bläschen sind flaschenförmige Zellen verteilt, an denen die Konidienketten haften. Das Ganze erinnert ein wenig an einen ganz kleinen Kopf mit einer unordentlich gekämmten Frisur. Zu beiden Gattungen gehören auch Schimmelpilze, deren Konidien sich in der Luft verbreiten; dadurch erklärt es sich, daß Schimmel überall zu finden ist.

Auf der anderen Seite aber sind Schimmelpilze auch nützlich. Einige Arten des Penicilliums bringen den Käse zur Reife und verleihen ihm seinen charakteristischen Geschmack. Die grünen Flecken im Gorgonzola sind nichts anderes als Grünschimmelpilze (sie werden oft künstlich mit langen, feinen Nadeln dem Käse zugeführt, um eine schnellere und gleichmäßige Reife zu erzielen). Der typische Geschmack des Roqueforts und des Camemberts sind ebenfalls auf einen Schimmelpilz zurückzuführen. Was das Penicillium aber so bekannt gemacht hat, ist ein ganz anderer Umstand: Aus dem *Penicillium notatum* wurde das erste Antibiotikum in der Geschichte der Medizin gewonnen, das Penicillin, das noch heute eine sehr große Bedeutung hat (s. auch nebenstehendes Kästchen »Die Entdeckung des Penicillins«).

Zu seiner Gewinnung züchtet man in großen Behältern mit Nährflüssigkeiten besonders die Pilze *Penicillium notatum* und *P. chrysogenum*. Sobald der Schimmelpilz einen bestimmten Reifegrad erreicht hat, unterzieht man die Nährflüssigkeit besonderen Extraktions- und Reinigungsverfahren, wodurch man das Penicillin gewinnt, das der Pilz produziert und in den Dissimilationsprozessen an die Nährflüssigkeit abgegeben hat. Auf ähnliche Weise werden die Antibiotika aus anderen Pilzarten gewonnen.

Vor dem Verzehr verschimmelter Lebensmittel wird nicht erst in neuester Zeit gewarnt. Sie können gefährliche Pilzgifte, so z. B. das stark krebserregende Aflatoxin, enthalten. Es genügt auch nicht, die verschimmelten Stellen zu entfernen, da die Gifte meist viel weiter verbreitet sind, als es durch den Schimmelpilz sichtbar wird. Bei frischem Obst werden oft braune Faulstellen von einem giftigen Schimmelpilz verursacht. Die Früchte sollten deshalb weggeworfen werden. Sie eignen sich auch nicht zur Herstellung von Saft, Kompott, Marmelade oder Gelee, da die Schimmelpilzgifte hitzestabil sind und beim Kochen nicht zerstört werden.

Die Schimmelpilze PENICILLIUM NOTATUM *und* PENICILLIUM CHRYSOGENUM, *die uns das Penicillin liefern, wurden durch Zufall entdeckt. Aus ihnen wurde das erste Antibiotikum in der Geschichte der Medizin gewonnen, ohne das derzeit eine wirksame Behandlung von Infektionen nicht denkbar ist.*

Die Entdeckung des Penicillins

Im Jahre 1929 setzte der englische Bakteriologe Sir Alexander Fleming, Professor in London, auf einem Agar-Agar-Nährboden eine Kultur von Eitererregern an, um deren Entwicklung und Verhalten zu studieren. (Agar-Agar ist ein gelatineähnliches Produkt, das aus ozeanischen Rotalgen gewonnen wird.)
Trotz aller Sorgfalt und Vorsichtsmaßnahmen, die ein Eindringen fremder Keime verhindern sollten, war die Kultur aber doch mit Sporen des Schimmelpilzes *Penicillium notatum* infiziert worden. Sie hatten sich auf der heranwachsenden Bakterienkultur niedergelassen und begannen sich zu entwickeln, indem der Pilz sie vom Rande her mit seinem Fadengeflecht und mit Fruchtkörpern überzog.
Als der verärgerte Forscher die »verunreinigte« Kultur beseitigen wollte, bemerkte er, daß überall dort, wo *Penicillium notatum* mit den Eiterbakterien in Berührung gekommen war, sie ihre Weiterentwicklung eingestellt und aufgehört hatten, sich zu vermehren. Woran lag das? Bei genauerer Untersuchung konnte Fleming feststellen, daß nicht der Pilz selbst es war, der sich bakterienfeindlich verhielt, sondern offenbar ein Wirkstoff, der von diesem abgesondert wurde.
Diese Entdeckung war die Geburtsstunde des Penicillins, das als Stoffwechselprodukt von verschiedenen Arten von Penicillium gewonnen wird. Es wird heute von der pharmazeutischen Industrie hergestellt und als wirkungsvolles Antibiotikum gegen vielerlei Krankheitserreger wie Kokken, Syphilisspirochäten u. a. angewandt. 1945 erhielt Alexander Fleming zusammen mit seinen Mitarbeitern Sir Howard Florey und Boris Chain den Nobelpreis für Medizin.

Hat sich während der Lagerung auf Kompott, Apfelmus oder Fruchtsaft Schimmel gebildet, so sind diese Nahrungsmittel ebenfalls verdorben und sollten nicht mehr verzehrt werden. Selbst Trockenfrüchte bleiben nicht immer von Schimmelpilzen verschont. Befallene Früchte kann man aber bei sorgfältiger Kontrolle erkennen und aussortieren.

Pilzgericht im Frühling

Die weitverbreitete Vorstellung, wonach man Pilze nur im Herbst sammeln könne, weil sie da nämlich wachsen, ist eine irrige Vorstellung. Zweifelsohne haben die Speisepilze um diese Jahreszeit »Konjunktur«, weil man die meisten von ihnen ernten kann. Aber einige, und nicht gerade die schlechtesten, findet man im Frühling.

So strecken die Morcheln, die zu den ausgesprochenen Frühjahrspilzen gehören, Ende März bis Anfang Mai ihre Fruchtkörper aus

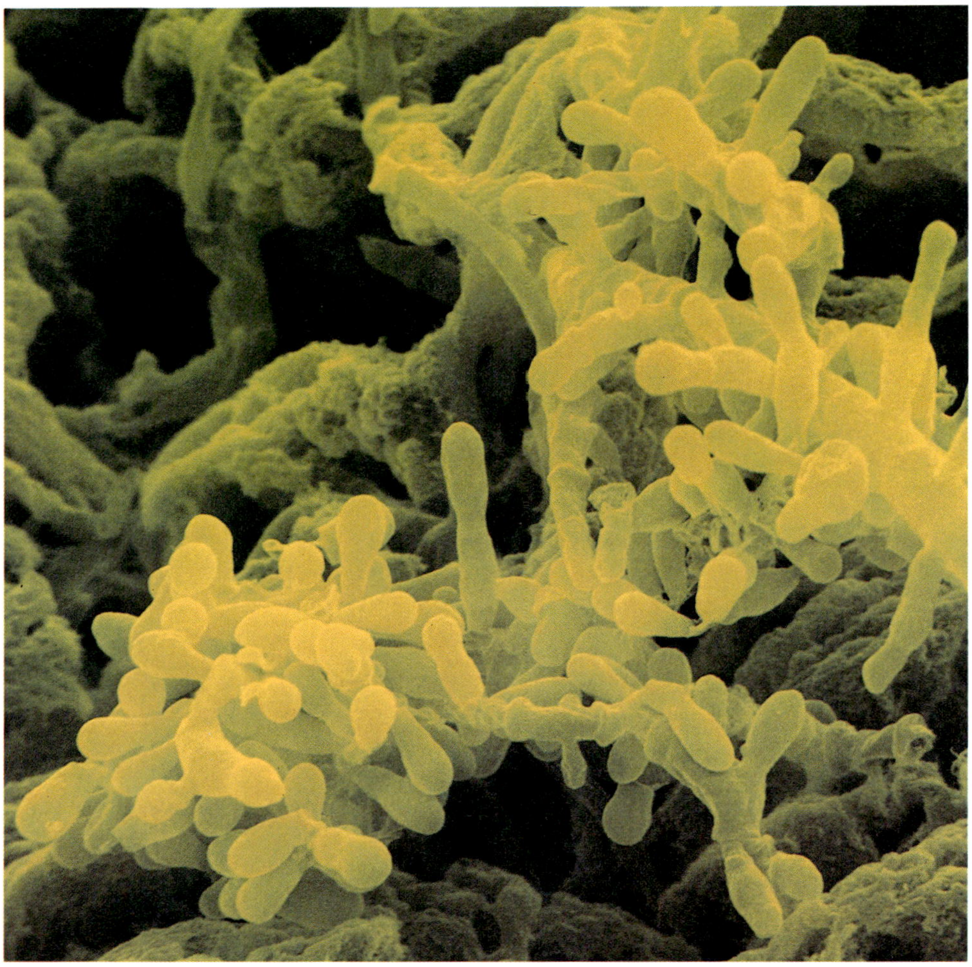

Der Fußpilz, eine Hautpilzerkrankung, wird durch den Schlauchpilz EPIDERMOPHYTON *hervorgerufen, der feuchte Hautstellen, wie schweißnasse Füße, bevorzugt. Er führt zu schmerzhaften Mykosen (stark vergr. Aufnahme).*

dem Boden. Sie sind eine begehrte Delikatesse. Man kann auch die Spitzmorchel *(Morchella conica)* finden; sie wächst auf lockerem, sandigem Boden, an Weg- oder Waldrändern, wo keine Laub- oder Nadelschicht ihr Wachstum hindert. Sobald das Gras zu grünen anfängt, schiebt die Morchel ihr spitzes Hütchen durch das lockere Erdreich. Anfangs ist es in seiner Färbung dem graubraunen Boden angepaßt, doch nach einigen Tagen ist der Pilz ausgewachsen und erreicht eine Höhe von 8–10 cm. Am Hut treten die wulstigen Wände der längs verlaufenden »Waben« deutlich hervor, die bei jungen Morcheln noch dicht beieinanderstehen.

Wohlschmeckend ist auch die Köstliche Morchel *(Morchella deliciosa)*. Sie hat einen mehr walzenförmigen Hut und bevorzugt kalkhaltigen Boden. Sie wächst ebenfalls im Wald, wo Gras, Fallaub oder Nadelstreu ihr Platz lassen.

Im Mai erscheint die der Spitzmorchel sehr ähnliche, aber wesentlich größere Hohe Morchel *(Morchella elata)*. Sie ist weniger schmackhaft als ihre vorerwähnten Anverwandten, aber wird ebenso wie die Speisemorchel *(Morchella esculenta)* gern gesammelt. Letztere hat einen runden Hut von gelber bis braungelber Färbung. Man findet sie bevorzugt unter Eschen und Pappeln, aber auch hier auf kalkhaltigem, lockerem Boden.

Die Speisemorchel kann mit der ebenfalls im Frühjahr erscheinenden Frühlorchel (auch Stockmorchel, *Gyromitra esculenta*) verwechselt werden, obwohl sie von dem Bild der Morcheln charakteristisch abweicht. Die Lorchel hat rotbraune Hutlappen. Sie gilt zwar als Speisepilz, ist aber mit Vorsicht zu genießen. Die in ihr enthaltene Helvellasäure ist lebensgefährlich, wenn die Pilze roh oder halbgar genossen werden und kein kochendes Wasser die Säure zerstört. Man sollte daher lieber von ihrem Verzehr abraten. Eine Verwandte der Frühlorchel ist die seltenere Riesenlorchel *(Gyromitra gigas)*. Sie hat einen größeren Hut von dunkelgelber bis olivbrauner Färbung. Auch sie darf nur nach Abschütten des Kochwassers genossen werden.

Ein sehr früh (März), aber leider nur selten auftretender und ausgezeichnet schmeckender Pilz ist der Märzschneckling *(Hygrophorus marzuolus)*, ein Nadelwaldbewohner, aber auch unter Eichen, Kastanien und abgestorbenem Laub mit grauem Hut, dicken hellgrauen Lamellen und weißem Stiel. Der kräftige gelblichweiße Mairitterling *(Tricholoma georgii)* wächst auf Weiden und Grasplätzen, sehr oft in Hexenringen, und ist ein guter Speisepilz.

Was sind Enzyme?

Enzyme sind *Biokatalysatoren*, d. h., sie ermöglichen oder beschleunigen das Einsetzen biochemischer Reaktionen. Sie werden nur in lebenden Zellen synthetisiert (hergestellt), behalten aber auch außerhalb des Zellraumes ihre Wirksamkeit.
Bisher wurde für den Begriff Enzym (von griech. zyme = Sauerteig) der im Sinn gleiche Begriff Ferment (lat. fermentum = Sauerteig) gebraucht. Das hat entdekkungsgeschichtliche Gründe. Man unterscheidet im 19. Jahrhundert geformte Substanzen, die nur innerhalb der lebenden Zellen katalytische Wirkung hatten (Katalyse: Herbeiführung, Beschleunigung oder Verlangsamung einer chemischen Reaktion), von den Enzymen, die gestaltlos waren und außerhalb der Zelle wirkten. Nach der Entdeckung Buchners (1887), daß auch der Hefepreßsaft im Reagenzglas Gärung zeigte, sind die Begriffe inhaltsidentisch.
Die Bedeutung der Enzyme besteht darin, daß sie in der Lage sind, chemische Reaktionen in Gang zu setzen oder die Geschwindigkeit chemischer Reaktionen zu erhöhen. Dieses ist besonders in den Zellen des lebenden Organismus notwendig, weil in ihnen nicht, wie z. B. in der chemischen Technik, die Möglichkeit besteht, chemische Reaktionen durch Temperatursteigerung oder höhere Drucke zu beschleunigen.
Enzyme bestehen aus Teilenzymen. Der eine Teil ist immer ein Eiweißkörper, der höchstwahrscheinlich bei jedem Enzym anders aufgebaut ist. Der andere Teil ist meist ein verhältnismäßig einfacher Stoff, z. B. ein Vitamin. Eiweißkörper sind empfindliche organische Verbindungen. Sie werden bei Temperaturen oberhalb von 40° C in ihrer Struktur verändert oder gar völlig zerstört. Ohne Katalysatoren würden sich jedoch die chemischen Stoffwechselvorgänge bei diesen niedrigen Temperaturen im Organismus zu langsam vollziehen. Die Enzyme ermöglichen somit Reaktionen bei niedrigen Temperaturen, bei denen sie ohne Katalysatoren nicht ablaufen würden.
Ein Enzym ist in der Lage, nur ein bestimmtes Substrat zu beeinflussen (Substratspezifität). Nach diesem Substrat richtet sich der Name des Enzyms. An den Substratsnamen wird die Endsilbe -ase angehängt. Der Malzzucker z. B. Maltose, wird durch das Enzym Maltase zu Traubenzucker abgebaut. Das Enzym Maltase kann nichts anderes bewirken als diesen Malzzuckerabbau (Wirkungsspezifität).
Enzymmängel und Enzymfehlsteuerungen sind für bestimmte Krankheiten so charakteristisch, daß sie diagnostisch verwertet werden können (Enzymdiagnostik).
Die Zahl der Enzyme muß sehr groß sein. Eine Zelle enthält 1000 verschiedene Enzyme. Bekannt sind heute über 1000.

Zu den frühen Pilzen zählt auch der giftige Aprilrötling *(Rhodophyllus placenta)* mit dunkelbraunem kegeligen Hut und graurötlichen Lamellen. Er bewohnt Fichtenbestände; der ebenfalls giftige Tranige Rötling *(Rhodophyllus staurosporus)* und der Zimtgelbe Rötling *(R. cetratus)* wachsen im Frühjahr an moosigen Stellen im Walde; der ausgezeichnete Speisepilz Schildrötling (»Geflammter Rötling«, *R. clypeatus*) dagegen in Obstgärten.

Unter den Tintlingen erscheint der kleine Glimmertintling *(Coprinus micaceus)* mit seinem gelb- bis rotbraunen, mit Körnchen besetzten Hütchen, ringlosem Stiel und bald von Sporen geschwärzten Lamellen schon Anfang April. Er hält sich auf Laubholzstubben bis in den Herbst. Der Schopftintling *(Coprinus comatus)* wird gegessen, bevor sich seine Lamellen verfärben und zerfließen. Er kommt im Mai vor.

Auf Laubholzstubben macht sich, ebenfalls im Mai, das Stockschwämmchen *(Pholiota mutabilis)* mit vielzähligen Pilzbüscheln breit. Die würzig schmeckenden Hüte werden gern gesammelt, wogegen man die zähen, mit Schüppchen besetzten Stiele zurückläßt.

Neben den genannten Arten gibt es noch eine große Zahl weiterer, die aber zu unauffällig sind, um im sogenannten »Pilzfrühling« von sich reden zu machen. Wenden wir uns daher jetzt den Speisepilzen zu, die sich in der Regel den Herbst zu ihrer »Blütezeit« erkoren haben.

Speisepilze

Von der großen Anzahl der Speisepilze, die mehr oder weniger wertvoll sind, können wir nur die bekanntesten vorstellen. (Die Alphabetisierung der Arten ist hier, ihrer Zusammengehörigkeit nach Gattungen zufolge, nach den botanischen Namen erfolgt).

Wiesenchampignon, auch **»Wiesen- oder Feldegerling** *(Agaricus campestris):* Weiß, junge Lamellen rosa, später schokoladenbraun werdend; Hut 4–8 cm, gewölbt, dann ausgebreitet, Fleisch weiß und fest; ausgezeichneter und leicht erkennbarer Speisepilz, oft in Hexenringen vorkommend; auf Weidewiesen, besonders auf Pferdeweiden, häufig (s. Abbildung oben).

Perlpilz *(Amanita rubescens):* Bräunlichfleischrot, innen weiß, das Fleisch nimmt nach Bruch oder Schnitt rasch eine rötliche Farbe an; Hut 6–15 cm, anfangs halbkugelig gewölbt, dann ausgebreitet, trocken, matt, mit grauen oder rotgrauen Schuppen; Lamellen weiß, später mit rotbraunen Flecken; Stiel anfangs blaß sandfarben mit hautartiger, breiter Manschette; sehr häufig, besonders im Laubwald; eßbar, aber leicht zu verwechseln mit giftigen Amanita-Arten; daher Vorsicht!

Hallimasch *(Armillariella mellea):* Braungelbschuppig, Ring hautartig, büschelig; Hut 3–10 cm, dicht faserig bis krummschuppig; Fasern gelbbraun, junge Schuppen honiggelb; Lamellen herablaufend, anfangs weiß, später blaß braungrau; Stiel nach unten etwas knollenförmig; Fleisch blaß, fest, Stiel faserig-zäh; in Büscheln wachsend, seltener einzeln, mit langen schwarzen Mycelsträngen im Waldboden oder unter der Rinde auf Laub- und Nadelbäumen, die vom Pilz getötet werden können; eßbar, aber nicht wertvoll; gefährlicher Schadpilz im Forst (s. Abb. S. 39).

Maronenröhrling *(Boletus badius):* Kastanienbraun, Röhren grünblauend; Hut 5–12 cm, gewölbt, trocken bis schwach klebrig; Stiel nußbraun, heller als der Hut, oft etwas gerieft; Fleisch im Stiel fest, im Hut mehr schwammig, weißlich-blaßgelb; weit verbreitet, besonders im Nadelwald; eßbar und gut (s. zweite Abb. von oben).

Herren- oder Steinpilz *(Boletus edulis):* Braun, Fleisch weiß, Stiel mit blassem Netz; Hut 6–20 cm, halbkugelig gewölbt, trocken, im feuchten Zustand und im Alter klebrig; Röhren anfangs weißlich, später olivgelb, vom Stiel abstehend, nicht blauend; Stiel keulenförmig oder in der Mitte angeschwollen; Fleisch weiß, unter der Oberhaut schwach rostbraun, anfangs fest und hart, später etwas schwammig werdend, mit angenehm nußartigem Geschmack; allgemein verbreitet, sowohl im Nadelwald als auch in hellen Buchenwäldern; eßbar und ausgezeichnet (s. Abb. S. 36).

Goldröhrling *(Boletus grevillei):* Gelb, schleimig, mit Ring; Hut 5–12 cm, gewölbt, später abgeflacht; stark schleimig, anfangs bräunlichorange, später eigelbzitronengelb mit etwas dunklerer Mitte; Röhren schwefel-

Der Wiesenchampignon (AGARICUS CAMPESTRIS) *gehört zu den beliebtesten und bekanntesten Speisepilzen. Oft wächst er in Hexenringen. Champignons sind – neben der Trüffel – die einzigen Pilze, bei denen bisher eine Zucht gelang (oben). Er bildet eine Beilage zu vielen Gerichten.*

Der schwach klebrige Maronenröhrling (BOLETUS BADIUS) *ist ein Verwandter unseres Steinpilzes. Er ist ein Bewohner des Nadelwaldes, kann von Juli–November gesammelt werden und wird wegen seines guten Geschmacks sehr geschätzt (zweite Abb. von oben).*

Der giftigste aller Pilze ist der Grüne Knollenblätterpilz (AMANITA PHALLOIDES). *Gelegentlich (selten) kann er mit dem Wiesenchampignon verwechselt werden, da sich die Standorte beider häufig decken. Ein einziger Pilz genügt, um eine ganze Familie auszulöschen (zweite Abb. von unten).*

Der Riesenschirmpilz oder Parasol (LEPIOTA PROCERA) *wächst von Juli bis November in lichten Wäldern und unter Kiefern. Er ist jung eßbar, wird aber gelegentlich mit dem stark giftigen, sehr ähnlichen Pantherpilz verwechselt (unten).*

gelb, allmählich schmutziggelb werdend; Stiel meist lang und schlank mit hautartigem, weißlichgelbem Ring; Fleisch rötlichgelb, in der Stielbasis schmutziggrün; häufig; immer unter Lärchen; eßbar.

Butterpilz *(Boletus luteus):* Schleimig, braun-braungelb, mit Ring; Hut 5–10 cm, gewölbt-ausgebreitet mit dicker Schleimschicht; Röhren anfangs von weißem Hautschleier bedeckt, blaßgelb, allmählich gelblicholiv; Stiel schmutziggelb, nach unten bräunlich; Fleisch blaßgelb, weich; im Nadelwald, oft im Gras; eßbar und gut (s. Abb. S. 42).

Espenrotkappe *(Boletus rufescens):* Ziegelorange, Stiel schwarzschuppig; Hut 8–25 cm, halbkugelförmig, später gewölbt, lederartigmatt, alt verblassend; Röhren anfangs hell rauchfarben, später schmutziggelb; Stiel lang und dick; Schuppen auf blassem Grund; besonders unter Nadelbäumen, selten Birke, stellenweise häufig; eßbar und gut.

Birkenpilz *(Boletus scaber):* Haut grau, braun, Stiel schuppig; Hut 6–20 cm, gewölbt, filzig glatt; im Alter und in feuchtem Zustand klebrig, mattgraubraun, lederbraun bis dunkelnußbraun; Röhren anfangs blaßgrau, später braun-grau-oliv; Stiel lang und etwas gefurcht mit weißgrauen oder blaßbraunen Schuppen; Fleisch fest, aber bald weich und schwammig; in Birkenmooren reinweiße Form; häufig unter der Birke, selten auch im Nadelwald zu treffen; eßbar und jung gut (s. Abb. S. 39).

Ziegenlippe *(Boletus subtomentosus):* Oliv-lederbraun, Röhren grob, chromgelb; Hut 4–10 cm, flach gewölbt, fein filzig, alt etwas rissig; Röhren am Stiel herablaufend; Stiel kurz, oben mit grobem Netz und gelb, nach unten verjüngt und matt; Fleisch weißgelb, schwach blauend, weich; recht häufig in Nadel- und Laubwäldern; eßbar.

Pfifferling, Eierschwamm oder **Rehling** *(Cantharellus cibarius):* Gelb mit schmalen, lamelligen Adern; Hut 3–8 cm breit, zuerst gewölbt, bald ausgebreitet, trichterig niedergedrückt mit gebuckeltem oder gekräuseltem Rand; weiß- bis eigelb, die Unterseite mit schmalen, gegabelten Adern; in Laubwäldern besonders große, blasse, dickfleischige Formen, in Nadelwäldern und im Heidegebüsch mehr dünnfleischige eigelbe Formen; oft in Hexenringen oder großen Scharen; eßbar, hervorragend und leicht erkennbar (s. Abb. S. 36).

Nebelgrauer Trichterling, Herbstblattel *(Clitocybe nebularis):* Dickfleischig, gebukkelt, blaßgrau, keulig gestielt; Hut 6–16 cm, gewölbt, zuletzt etwas niedergedrückt; Lamellen gedrängt, kurz herablaufend, blaß gelblichgrau; Stiel kräftig, unten am dicksten und etwas haarig; Fleisch dick und weich, meist weiß mit würzigem Geruch; sehr häufig, besonders im Laubwald, oft in Scharen oder Ringen; eßbar (mag aber nicht jeder wegen des starken Geruchs).

Totentrompete *(Craterellus cornucopioides):* Trichterförmig, schwarzbraun-grau; 5–12 cm hoch mit mehr oder weniger ausgebreitetem Kragen; Oberfläche schwarzbraun, faserig-schuppig, Unterseite schwarzgrau, bereift, schwach faltig-runzelig; Fleisch ziemlich zäh, Geschmack würzig; in Laubwald, oft in Büscheln; recht häufig; wertvoller Speisepilz, besonders zum Trocknen geeignet (s. Abb. S. 43).

Kupferroter Schmierling, Gelbfuß *(Gomphidius rutilus):* Klebrig feinschuppig; Hut 4–10 cm, ausgebreitet gebuckelt, jung klebrig, braunrot; Lamellen breit und dick, entfernt, bräunlich-safran, alt rötlich-rußfarben; Stiel blasser als der Hut, oben mit Schleierresten; Fleisch safrangelb, weinrot anlaufend; in trockenen Kiefernwäldern, meist häufig; eßbar.

Milchbrätling *(Lactarius volemus):* Prächtig orangebraun, Haut trocken und rissig; Hut 7–11 cm, gewölbt eingebogen bis etwas trichterförmig; Lamellen sahnefarben, oft von eingetrockneten Milchtropfen braungefleckt, bei Berührung rotbraun, kurz herablaufend; Stiel glatt, hell orangebraun, unten am dunkelsten, oben weiß bereift; Fleisch fest, weißlichgelb, Milch weiß, reichlich; Geschmack mild; in Nadel- und Laubwäldern, oft in großen Gruppen; stellenweise häufig; eßbar.

Parasol, Riesenschirmpilz *(Lepiota procera):* Graubraun mit großen, dunklen Schuppen; Hut 10–20 cm, eiförmig und graubraun, später ausgebreitet-gebuckelt mit groben, filzigen hell- bis kastanienbraunen Schuppen; Lamellen breit und weiß; Stiel sehr lang und schlank, unten knollenförmig erweitert mit abstehendem, doppelgerandetem Ring; wächst häufig in lichten Wäldern und in den Dünen, besonders unter Kiefern; jung eßbar, kann aber leicht mit dem sehr giftigen Pantherpilz verwechselt werden (s. Abb. S. 47).

Nelken- oder Feldschwindling *(Marasmius oreades):* Lederbraun, gerunzelt-furchig; Hut 2–6 cm, gewölbt bis ausgebreitet gebuckelt, blaß bis dunkellederbraun; Lamellen gleichfarben oder etwas heller, breit und entfernt; Stiel blaß lederfarben, weißfilzig; Geruch schwach angenehm; in Gras, sehr oft in Hexenringen; meist häufig; eßbar.

Austernseitling *(Pleurotus ostreatus):* Graublau-fettglänzend, oft dachziegelig; Hut 3–15 cm, muschelförmig mit eingerolltem Rand, glatt, leicht klebrig, jung meist schön taubenblau; Lamellen herablaufend, weißlich; Stiel randständig und kurz oder seitenständig und etwas länger, weißlich; Fleisch weich und zäh, weißlich; auf Stämmen, seltener auf frischgefälltem Holz, oft in dachziegelartigen Haufen; meist häufig; jung eßbar und gut.

Frauentäubling *(Russula cyanoxantha):* Blaugrün-rotviolett, Lamellen weiß, mild; Hut 5–12 cm, gewölbt-abgeflacht, später niedergedrückt, glatt oder leicht rissig-schuppig, fast trocken, sehr variabel in der Farbe; Stiel weiß, meist ziemlich kurz und dick; Fleisch fest, unter der Oberhaut rötlich, sonst weiß mit mildem, nußartigem Geschmack; sehr häufig, besonders im Laubwald; eßbar und wohlschmeckend.

Apfeltäubling *(Russula paludosa):* Blutrot-glänzend, Stiel rötlich, mild; Hut 8–12 cm, gewölbt-abgeflacht, etwas glänzend, am Rand schwach furchig; Lamellen ziemlich breit und entfernt, anfangs weiß, später sahnefarben, oft mit rötlichen Rändern; Stiel lang und kräftig, mehr oder weniger rosa anlaufend; Fleisch weiß, schwach scharf oder mild; in Torfmooren unter Kiefern und Birke und in sauren Kiefern- und Fichtenwäldern, besonders mit Heidelbeeren; mancherorts selten; eßbar.

Speisetäubling *(Russula vesca):* Rosaviolett, Lamellen vorstehend, Fleisch fest; Hut 4–8 cm, gewölbt-abgeflacht; Oberhaut etwas verkürzt, so daß die Lamellen am Hutrand hervorschauen; Lamellen gedrängt, weiß, alt oft braungefleckt; Stiel weiß oder etwas bräunlich angelaufen; Geschmack mild und nußartig; sehr häufig, besonders im Laubwald, auch Nadelwald; eßbar und gut.

Habichtspilz, Hirschling *(Sarcodon imbricatum):* Graubraun, grobschuppig, Stacheln grau; Hut 5–15 cm, niedrig gewölbt bis leicht niedergedrückt mit groben, hervorstehenden Schuppen bekleidet, graubraun; Stacheln dicht und gebrechlich; Stiel bräunlich; Fleisch dürr, recht spröde; in sandigen Nadelwäldern; nicht selten; eßbar.

Krause Glucke *(Sparassis crispa):* Gelblich, blumenkohlähnlich, Zweige flach; 10–25 cm hoch, bis 35 cm breit, krumme Zweige, anfangs sahnefarben, später blaß lederbraun; in Nadelwäldern, oft am Fuße der Bäume; selten, eßbar und gut (s. Abb. S. 43).

Schwarzfaseriger Ritterling, Rußkopf *(Tricholoma portentosum):* Klebrig, dunkelfaserig, die Mitte schwarz; Hut 6–10 cm, abgeflacht, blaß, aber von dunkelgraubraunen Fasern bedeckt, nach der Mitte zu fast schwarz; Lamellen breit, schwach schwefelgelb; Stiel dick, weiß mit schwefelgelbem Schein, oft etwas wurzelnd; Fleisch fest, kompakt; Geruch und Geschmack schwach; verbreitet, besonders in Kieferwäldern; eßbar.

Giftpilze

Fliegenpilz *(Amanita muscaria):* Scharlach-orangerot mit weißen Hautschuppen; Hut 6–15 cm, halbkugelförmig, dann ausgebreitet; Lamellen gedrängt, weiß; Stiel weiß mit hautartiger, herabhängender Manschette, unten mit rübenförmiger Knolle; Fleisch weiß, unter der Oberhaut gelblich, mit fadem Geruch; Birkenwald, junger Nadelwald, seltener unter Buche; giftig, aber kaum lebensgefährlich (s. Abb. S. 37).

Pantherpilz *(Amanita pantherina):* Rußbraun, Schuppen klein, weiß, Knolle mit Wulstkante; Hut 5–8 cm, gewölbt, bald abgeflacht, Rand gerieft-gefurcht, mit eckigen, kleinen reinweißen Schuppen; Lamellen weiß; Stiel meist kurz mit schmalem, glattem Ring und runder Knolle, die oben eine wulstartige Kante hat; Fleisch weiß; mancherorts nicht selten, in sandigen Nadel- und Buchenwäldern; sehr giftig (s. Abb. S. 38).

Grüner Knollenblätterpilz *(Amanita phalloides):* Olivgrün, oft mit Hautlappen, Stiel mit Ring und Scheide; Hut 7–12 cm, leicht klebrig, meist etwas gestreift; Lamellen weiß oder mit etwas Hutfarbe; Stiel heller als der Hut bis fast weiß, mit großem, weißlichem, fem Ring; Knolle groß und weiß, weich, mit hautartiger Scheide, die außen etwas grünlich ist; Fleisch weich, weiß, unter der Oberhaut grünlich; Geruch süßlich-honigartig bis widerlich ammoniakartig; stellenweise in Laubwald, meist auf Humusboden; tödlich giftig (s. Abb. S. 47)!

Weißer Knollenblätterpilz *(Amanita virosa):* Schneeweiß, klebrig, mit Ring und faserigem Stiel; Hut 5–9 cm, gewölbt bis stumpf kegelig, etwas fettig-glänzend-klebrig, oft ohne Schleierreste; Lamellen weiß, gedrängt; Stiel schlank, gerade oder schwach gebogen, faserig-schuppig mit etwas ausgefranstem Ring; Scheide schlaff-hautartig, weiß; Fleisch recht brüchig mit schwachem, fadem Geruch; in Nadel- und Laubwald, meist auf saurem Boden, selten; tödlich giftig!

Schleimpilze (MYXOPHYTA) *gehören zu den umstrittensten Lebewesen der Pflanzenwelt. Als fleischrote, gelbe oder weiße Plasmamassen überziehen sie Baumstümpfe, Waldboden und abgefallenes Laub. Sie können bis zu 30 cm im Durchmesser erreichen und sind zur Fortbewegung fähig.*

Grünblättriger Schwefelkopf *(Hypholoma fasciculare):* Schwefelgelb, Hut 3–7 cm, gewölbt-ausgebreitet, gebuckelt, braungelbe Mitte, oft Rand mit Schleierresten: Lamellen gedrängt, schmal, anfangs schwefelgelb, später olivgrün, zuletzt schokoladenbraun; Stiel schlank mit Schleierresten, nach unten schmutzigbraun; Fleisch blaß lehmgelb, bitter; in Büscheln auf Laub- und Nadelholz; sehr häufig; ungenießbar.

Ziegelroter Rißpilz *(Inocybe patouillardii):* Jung weiß, später schmutzigbraun, an Verletzungen und Druckstellen fleischfarben; Hut 4–7 cm, glockenförmig, später ausgebreitet gebuckelt, am Rand gespalten, fein seidigfaserig; Stiel ziemlich dick, fast glatt, weiß mit etwas Hutfarbe; Lamellen weiß, später lehmgrau, zuletzt olivgelblich; Fleisch weißlich, von parfümiert-herbem Geruch; in Wäldern und Parks auf Kalkboden, mancherorts selten; tödlich giftig! Wurde verschiedentlich mit dem Maipilz oder weißen Egerlingsarten verwechselt (s. Abb. S. 39).

Kahler Krempling *(Paxillus involutus):* Olivbraun, Rand eingerollt; Hut 5–12 cm, ausgebreitet-trichterförmig oder gebuckelt; Rand oft gekerbt, hautartig, trocken, in feuchtem Zustand schwach schleimig; Lamellen schmal, herablaufend, unten in ein Netz auslaufend, anfangs gelblich, später olivgelb bis dunkellehmbraun; Stiel kurz, oft schief, Farbe wie Hut, jung mit gelblichem Reif; Fleisch zäh, hell, gelblich, an Druckstellen schmutzigbraun; häufig bei Bäumen; eßbar, roh giftig, von Genuß abzuraten, besonders schädlich für Kinder und ältere Menschen.

Riesenrötling *(Rhodophyllus sinuatus, lividus):* Perlgrau, ausgebreitet-gebuckelt, Lamellen anfangs gelblich, später rosa; Hut 7–12 cm, flach gewölbt, bald ausgebreitet und meist ausgeprägt geschweift-verbogen, glatt, schwach klebrig; Lamellen breit, ziemlich entfernt, anfangs sahnefarben, später rosa-lachsfarben; Stiel meist ziemlich kurz und krumm, glatt, oben etwas weißflockig, seidigweiß; Fleisch recht dick, weiß, fest mit schwachem, gurkenartigem Geruch; in hellen, trockenen Buchenwäldern; selten; giftig!

Kartoffelbovist *(Scleroderma aurantium):* Schmutzig weißgelb, schuppig-rissig; 4–8 cm breit, unregelmäßig-knollenförmig mit oder ohne schwachen Stielansatz, rautenförmig-rissig, fest und hart, bei Reife mit unregelmäßig rissiger, recht großer Mündung; im Schnitt mit dicker, blasser Außenschicht und anfangs weißlich-rosa Fleisch, das über schiefergrau-weißadrig bis grauschwarz und pulverartig reift; Geruch metallisch, beim Durchschneiden stechend, widerlich; häufig, besonders auf Torfboden unter Birke; giftig!

Die Pflanzenzelle

Die Kenntnis von der Zelle ist aufs engste mit der Erfindung und Entwicklung des Mikroskops verknüpft. In der zweiten Hälfte des 17. Jh. entdeckte der englische Physiker Robert Hooke (1667) in einer hauchdünnen Scheibe Flaschenkork, die er unter sein primitives, von ihm selbst konstruiertes Mikroskop gelegt hatte, welches nicht viel mehr als ein etwas weiter entwickeltes Vergrößerungsglas war, daß sich das Korkgewebe aus kleinen Kammern zusammensetzte. Er nannte die wabenartigen Kämmerchen Zellen (cellae, cellulae). Unabhängig von Hooke machten auch zwei andere Forscher ähnliche Entdekkungen an feinen Schnitten durch Pflanzenteile: der italienische Arzt Marcello Malpighi (1675) und der englische Arzt Nehemiah Grew (1682). Außer den Zellen fanden sie auch noch röhrenartige Gebilde, sogenannte Gefäße *(vasa)*. Wie sich später herausstellen sollte, waren diese gleichfalls aus Zellen entstanden. Mit ihren Forschungen waren die Gelehrten ihrer Zeit weit voraus, und es mußten erst fast 150 Jahre vergehen, bis ihre Beobachtungen bestätigt wurden, und die Zellforschung sich weiter entwickelte.

Im Jahre 1838 nämlich erkannte der Jenaer Botaniker Matthias Jakob Schleiden, daß die Zelle der Grundbaustein aller Organismen ist. Damit wurde er und mit ihm etwas später der deutsche Zoologe Theodor Schwann (1839) zum Begründer der Zellenlehre. Sie geht von der Grundtatsache aus, daß jeder Pflanzenkörper in allen seinen Teilen aus Zellen besteht.

Zu jenen Zeiten, als die Zellen als »Bausteine« der Pflanzen erkannt wurden, war der Zellbegriff ein rein morphologischer. Als die ersten Wissenschaftler jene merkwürdigen und gleichmäßig geformten »cellulae« unter dem Mikroskop sahen, fiel ihnen zwar auf, daß sie mit einer Flüssigkeit erfüllt waren. Sie ahnten jedoch nicht, daß diese Substanz der Lebensträger der Organismen war; man hielt sie daher auch zunächst für unbedeutend.

Im Jahre 1772 stellte Bonaventura Corti fest, daß jene schleimige Flüssigkeit, mit der die Zellen angefüllt waren, sich langsam und aus eigenem Antrieb bewegte. Und wieder etwa 50 Jahre später, in der ersten Hälfte des 19. Jh., entdeckte man, daß Zellen in der Lage waren, sich zu vergrößern, also zu wachsen, und noch später, daß sie sich vermehrten, indem sie sich teilten. Damit aber war bewiesen, daß sie keine tote Materie waren, sondern lebten. Sie lebten, indem sie eine Eigenbewegung in ihrem Innern aufwiesen, wuchsen und sich vermehrten. Und diese Erkenntnis war revolutionierend. Hugo v. Mohl war es, der 1846 für den zähflüssigen Inhalt der Pflanzenzelle den Namen Protoplasma prägte, häufig auch kurz Plasma genannt. Johannes v. Hanstein nannte 1880 das Plasma einer Zelle ihren Protoplasten.

Als sich die Erkenntnis durchgesetzt hatte, daß die Zelle nicht nur eine leere Kammer, sondern von Leben erfüllt war, dauerte es nicht lange, bis in der träge fließenden Substanz auch ein Kern entdeckt wurde. Als erster sah ihn Robert Brown (1831). Somit war die Bedeutung des Protoplasmas als Lebensträger noch klarer als zuvor und ebenso bedeutungsvoll die Erkenntnis, daß die Zelle die funktionelle Einheit der Organismen und somit ein Elementarorgan darstellt. Die Rolle des Kerns bei der Zellteilung und die dabei auftretenden Veränderungen (Mitose und Meiose) wurden erst viel später beobachtet. Die weitere Zellforschung erfolgte nun unter zwei Gesichtspunkten: Die morphologischen Untersuchungen erstreckten sich auf die Zellformen und deren sichtbaren Inhalt, die physiologischen Studien konzentrierten sich auf das Protoplasma, seine Zusammensetzung, Lebensfunktion und Aufgaben.

Wie anfangs schon gesagt, waren die Fortschritte in der Zellforschung eng mit der Weiterentwicklung des Mikroskops verbunden. Aber erst mit Hilfe des Elektronenmikroskops gelang es, Zusammenhänge aufzudecken und Vorgänge sichtbar zu machen, die bis dahin mehr oder weniger hypothetisch waren.

Wenn man davon ausgeht, daß die Zellen die elementaren Bausteine aller Pflanzen – und darüber hinaus aller Lebewesen überhaupt – sind, erhebt sich die Frage, ob sie als selbständig existierende Einheiten aufzufassen sind oder nur als Teile eines Ganzen. Schleiden und Schwann waren der Auffassung, jeder Organismus sei ein »Zellenstaat«, d.h. die Zellen seien mehr oder weniger unabhängig voneinander und bildeten in ihrer Gesamtheit den Organismus.

Inzwischen hat diese Zelltheorie eine Korrektur erfahren insofern, als man heute weiß, daß der Körper aller Lebewesen aus unzähligen, nach einem einheitlichen Plan gebauten, zwar miteinander arbeitenden, aber doch verschiedenartig spezialisierten und mit einer gewissen physiologischen Selbständigkeit ausgestatteten Elementarteilchen, eben den Zellen, besteht, die – so bei den Pflanzen – durch feinste Plasmafäden (Plasmodesmen) miteinander verbunden sind.

Bei den niedersten Pflanzen findet eine Spezialisierung der Zellen mit besonderer Aufgabenstellung allerdings noch nicht statt. Sehr häufig bestehen sie überhaupt nur aus einer einzigen Zelle, die alle Lebenstätigkeiten, also Wachstum, Bewegung und Vermehrung, selbständig verrichtet.

Bei höheren Pflanzen dagegen bestehen durch eine physiologische »Arbeitsteilung« mit verschiedener Aufgabenstellung im Rahmen des Gesamtorganismus Unterabteilungen, deren Zellverbände, je nach der Aufgabe, die sie zu verrichten haben, entsprechend ausgerüstet sind.

Die Pflanzenzelle ist verschieden gestaltet; sie kann rundlich, vieleckig oder gestreckt sein. Der Zellraum ist mit einer schleimigen Flüssigkeit erfüllt, in deren Plasmasubstanz der Zellkern (Nukleus) liegt. Sie wird meist von einer festen Hülle, der Zellwand, umgeben, so daß sie förmlich in einer Zellulosekammer eingeschlossen liegt.

Die Zellwand kann fehlen, wie z. B. bei allen Gameten und den Schwärmsporen vieler Algen und Pilze. Hier wird sie erst später vom Protoplasma aus gebildet. Anderen Zellen, vor allem den meristematischen, fehlt der Zellsaft. Es sind solche, die sich noch im Jugendstadium befinden. Im Laufe ihrer Entwicklung können sie den Saft in den genannten Vakuolen abscheiden. In anderen Zellen ist das Plasma abgestorben, nachdem sie ihre Entwicklung beendet haben. Sie sind tote Membrangehäuse und dienen hauptsächlich der Festigung und der Wasserleitung. Die Ausbildung von Leitungs- und Festigungsgeweben hängt aufs engste mit dem Übergang vom Wasser zum Leben auf dem (relativ trockenen) Festlande zusammen, oder anders ausgedrückt: Sie wurden im Verlauf der pflanzlichen Stammesgeschichte in jenen Erdepochen ausgebildet, als die Pflanzen zum Landleben übergingen und ein Stützgerüst brauchten, um dem Wind und anderen Umwelteinflüssen erfolgreich Widerstand leisten zu können.

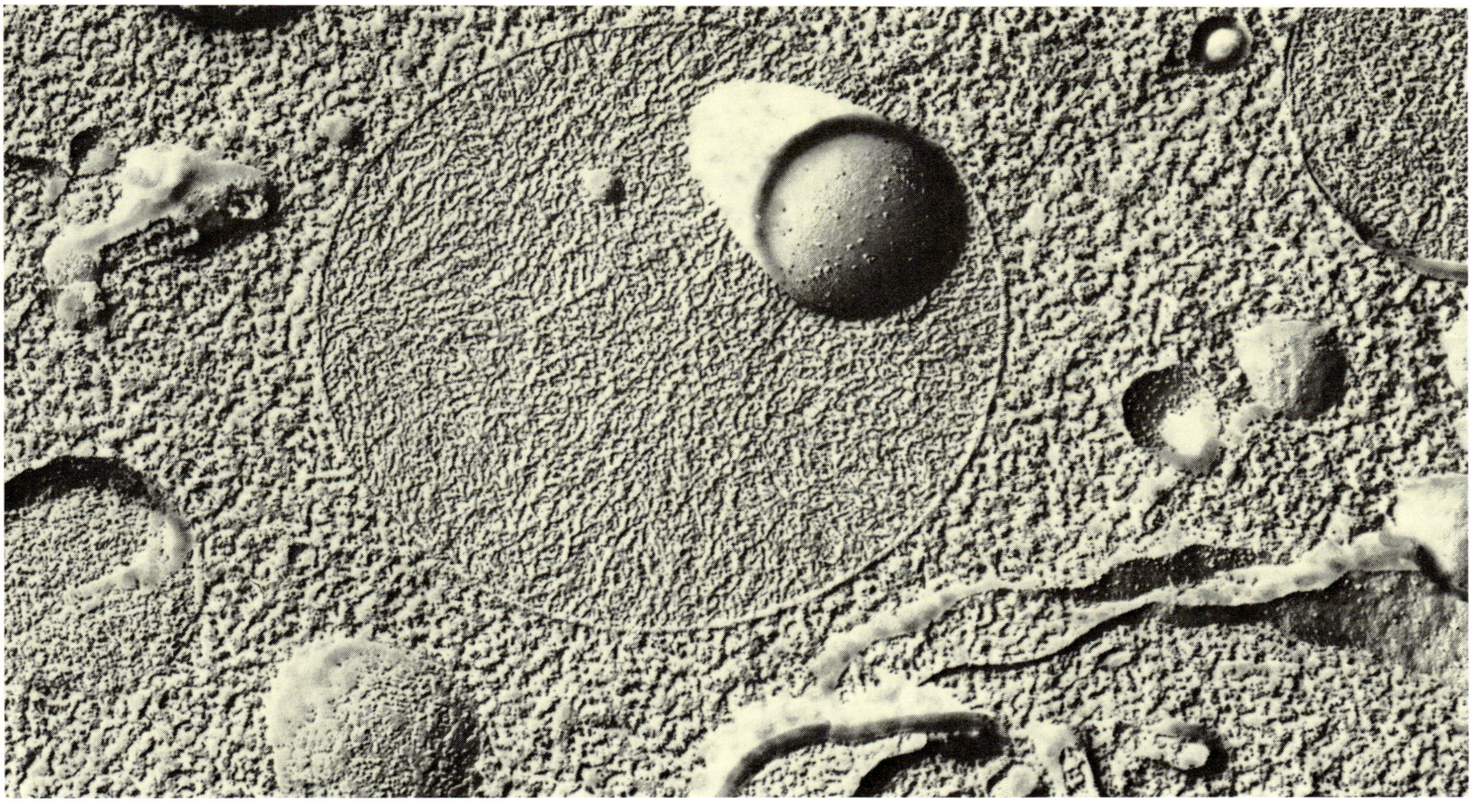

Elektronenmikroskopischer Ausschnitt (40000fach vergrößert) aus einer meristematischen Zelle einer Wurzelspitze

Gestalt und Größe der Zelle

Pflanzenzellen sind von sehr verschiedener Größe und ebenso wechselnd in ihrer Gestalt. Besonders letztere steht in engem Zusammenhang mit der Aufgabe, die die Zelle zu erfüllen hat. Ist sie von einer festen Zellwand umgeben, wird ihre Form weitgehend von dieser bestimmt. Im einfachsten Fall, vornehmlich bei einzelligen pflanzlichen Lebewesen, sind die Zellen von kugeliger Gestalt. Sobald sie sich zu Geweben verbinden, sind sie, bedingt durch die enge Nachbarschaft zu den anderen, in ihrer Ausdehnung beschränkt und nehmen eine mehr oder weniger vieleckige Form an. Ist eine rundliche Grundform zu erkennen, bezeichnet man solche Zellen als polyedrische Zellen und das von ihnen gebildete Gewebe als parenchymatisches Gewebe. Sind sie langgestreckt und wird eine Ausdehnungsrichtung deutlich bevorzugt, so daß sie zugespitzt oder faserähnlich erscheinen, so nennt man sie Prosenchymzellen, das Gewebe entsprechend Prosenchym. Idioblasten schließlich werden Einzelzellen genannt, die inmitten eines andersartigen pflanzlichen Gewebeverbandes besondere Aufgaben zu erfüllen haben (wie die Zellen mit Kristalldrusen).

Manche Zellen können eine außerordentliche (bis mehrere Meter) Länge erreichen, so die Milchsaftzellen der Wolfsmilchgewächse *(Euphorbiaceae)* und einiger anderer Familien. Sie haben die Gestalt von Röhren, die ungegliedert oder verzweigt sein können und alle Teile der Pflanze durchziehen. Ihr Zytoplasma enthält zahlreiche Kerne; der Milchsaft stellt eine Emulsion von Harzen, Kautschuk, Gummi und Fetten dar und liefert z. B. beim Gummibaum *(Hevea brasiliensis)* den Rohkautschuk.

Baumwollhaare und Leinfasern können bis 5 cm lang werden, Ramiefasern eine Länge von 22 cm erreichen, im Höchstfall sogar bis 40 cm.

Die kleinsten Zellen finden sich bei den Bakterien. Die Kugelbakterien oder Kokken z. B. mit einem Zelldurchmesser von 0,2 μm (= Mikrometer, früher μ-Mikron = $^1/_{1000}$ mm) können mit einem normalen Mikroskop kaum noch wahrgenommen werden. Zwischen diesem Maß und den bis 40 cm langen Zellen bei den Ramiepflanzen sind die Grenzen gesetzt, innerhalb derer sich die Zellgrößen bewegen. Sie können aber auch bei ein und derselben Pflanzenart erheblich schwanken, da sich Umwelteinflüsse nicht nur auf die gesamte Pflanze, sondern auch auf die Größe ihrer Zellen auswirken.

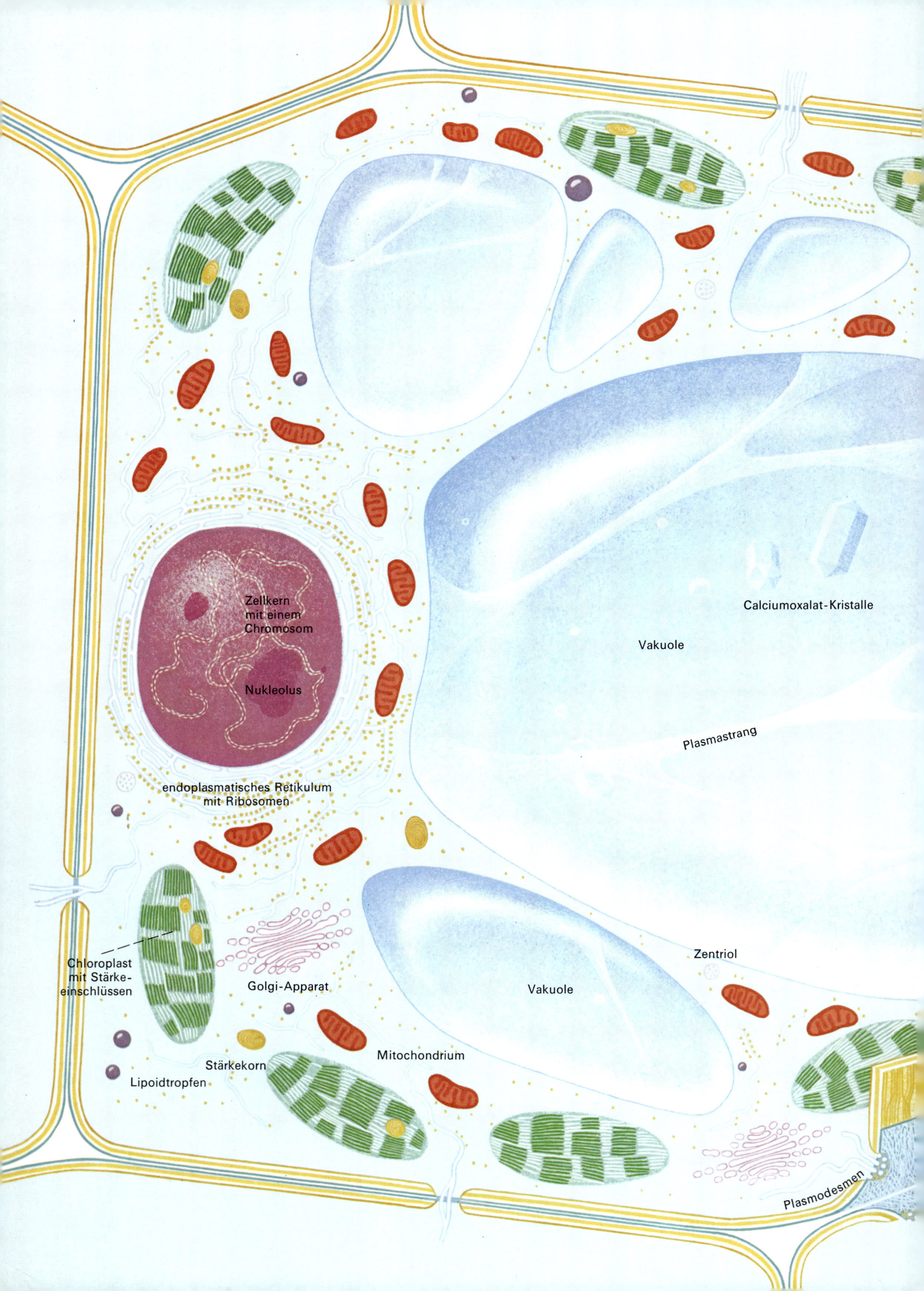

Calciumoxalat-Kristalle
Zellkern
mit einem
Chromosom
Nukleolus
Vakuole
Plasmastrang
endoplasmatisches Retikulum
mit Ribosomen
Zentriol
Chloroplast
mit Stärke-
einschlüssen
Golgi-Apparat
Vakuole
Mitochondrium
Stärkekorn
Lipoidtropfen
Plasmodesmen

Die Pflanzenzelle

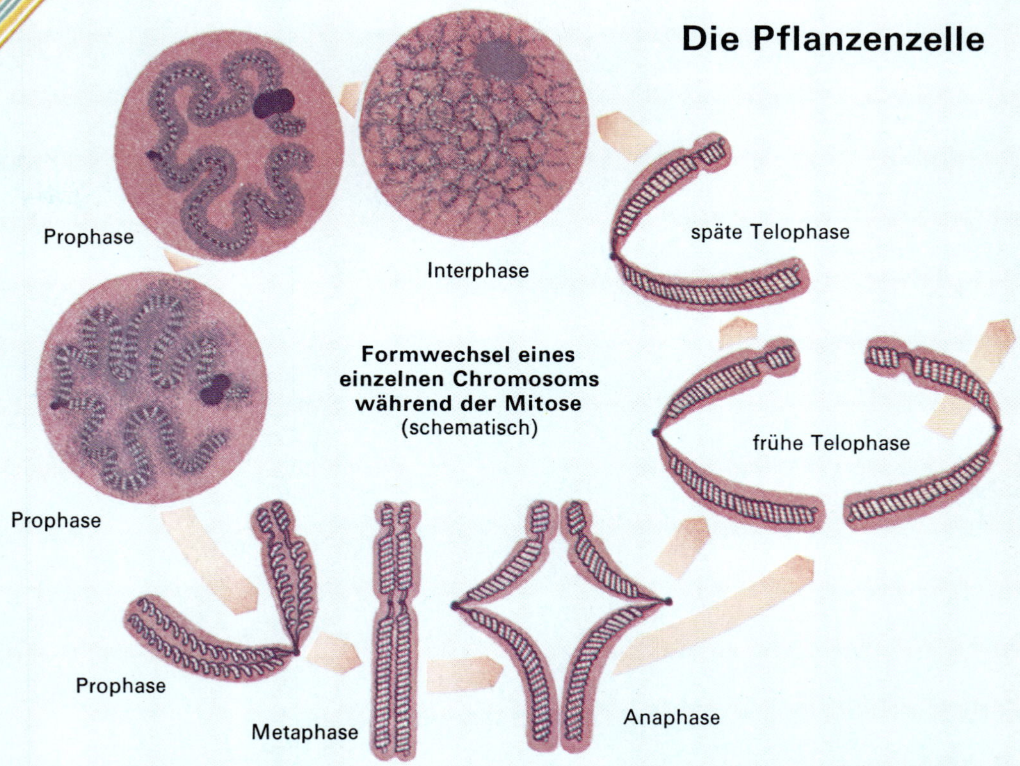

Die Grafik zeigt den schematischen Aufbau einer Zelle bei höheren Pflanzen. Eine feste Zellwand schließt das Zytoplasma ein, das den Zellkern, Plastiden, Vakuolen, Mitochondrien, Ribosomen u. a. enthält. Verbindung haben die Zellen untereinander über Plasmafäden (Plasmodesmen), die durch Aussparungen in der Zellwand (Tüpfel) ziehen.

Die Chromosomen im Zellkern (Nukleolus) enthalten das Erbmaterial in Form von langen DNS-(Desoxyribonukleinsäure-)Strängen. Bei der Zellteilung machen sie verschiedene Änderungen (Phasen) durch und zeigen ihre spezifische Gestalt; in den Dauerzellen sind sie entspiralisiert und im einzelnen mikroskopisch nicht erkennbar.

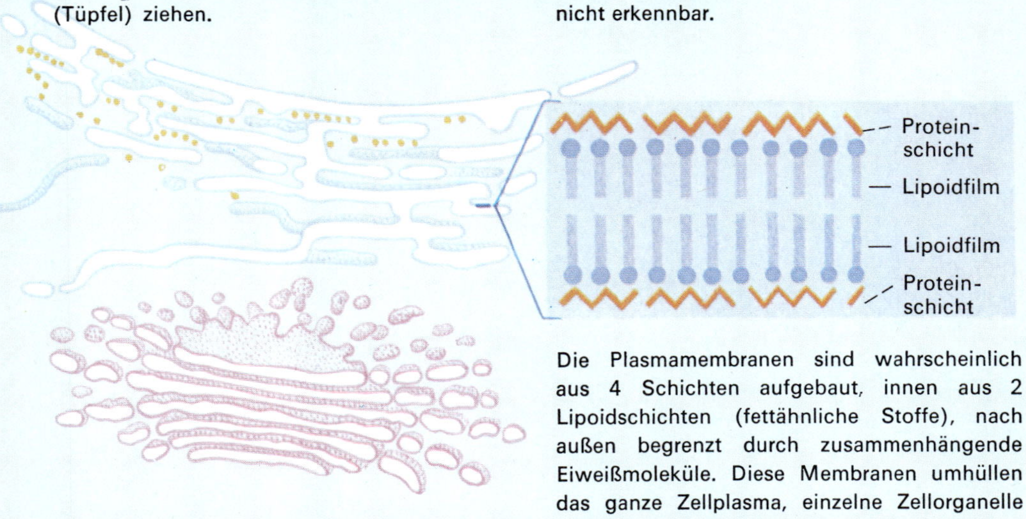

Die Plasmamembranen sind wahrscheinlich aus 4 Schichten aufgebaut, innen aus 2 Lipoidschichten (fettähnliche Stoffe), nach außen begrenzt durch zusammenhängende Eiweißmoleküle. Diese Membranen umhüllen das ganze Zellplasma, einzelne Zellorganelle oder bauen Membransysteme auf.

Die Zellwand schließt das Zellplasma ein und gibt der Zelle Festigkeit. Sie kann durch Einlagerung von Lignin (Verholzung), Mineralien (Mineralisierung), Auflagerung von Suberin und Wachs (Verkorkung) verändert sein.

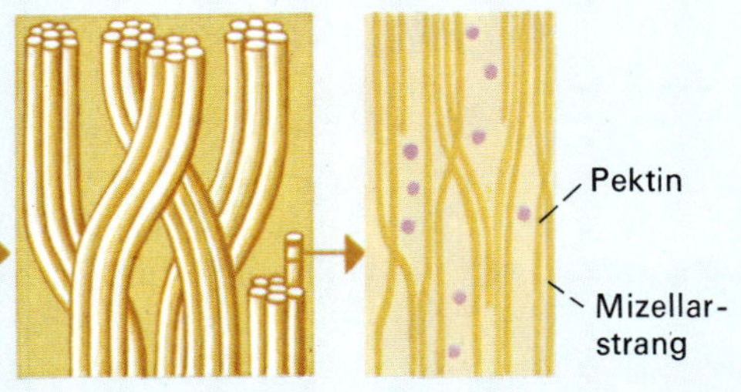

Paralleltextur der Fibrillenbündel

Fibrille

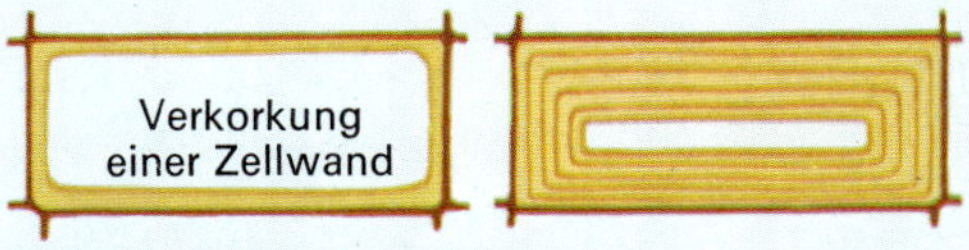

Entwicklung eines Zystolithen in einer Blattepidermis

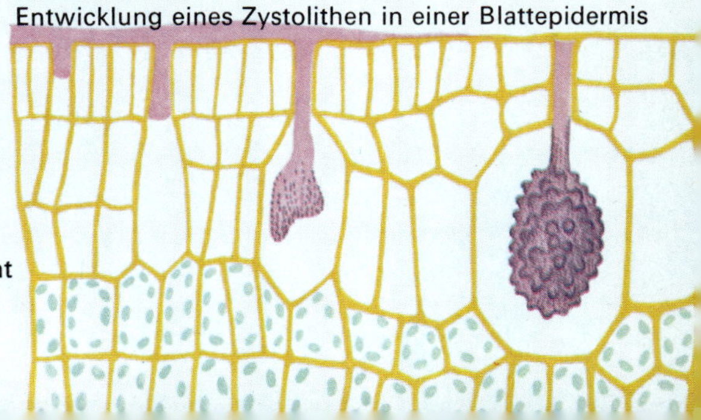

Die Primärwand (blau) ist vorwiegend aus Pektinen und Hemizellulose in regelloser Streutextur aufgebaut. Die Sekundärwand besteht aus mehreren Schichten, in denen sich die Richtung der Zellulosefibrillen von Schicht zu Schicht ändert.

Wollte man die Zellgrößen in einer Tabelle zusammenfassen, so ergäbe sich (nach Baumeister) folgende Übersicht:

Pflanzen bzw. Pflanzenteile	Größe der Zellen in μm Länge	Durchmesser bzw. Breite
Bakterien (kugelig)	–	0,2– 1,0
Bakterien (Stäbchen)	1–100	0,3– 3,5
Hefezellen	–	6,0– 8,0
Kieselalgen (gestreckt)	180	25,0
Kieselalgen (rund)	–	35,0
Blattoberhaut (Eiche)	–	28,0
Blattoberhaut (Narzisse)	200	22,0
Markgewebe (Holunder)	–	200,0
Faserzelle (Lein)	50 mm	–
Faserzelle (Ramiepflanze)	400 mm	–

Die Zellwand

Die Zellwand, die die Zelle umhüllt, besteht aus Zellstoff (Zellulose) als dem Hauptbaustoff. Er wird ergänzt durch Pektinverbindungen als Aufbaustoffe der Mittellamelle. Pilze besitzen als Bauelement hauptsächlich Chitin; bei Bakterien beteiligen sich neben Eiweißstoffen auch Kohlenhydrate am Aufbau der Zellwände. Nur selten fehlen diese ganz, z. B. bei den nackten Plasmamassen der Schleim- und niedrig organisierten Algenpilze sowie bei verschiedenen Geißelalgen.

Wenn sich eine Zelle teilt – und die Zellteilung beginnt immer mit der Kernteilung – schnürt sich die Mutterzelle ein und bildet als erste Trennwand eine hauchdünne Mittellamelle aus, die zunächst beiden Tochterzellen gemeinsam ist. Ihr wird eine ebenso feine, elastische Haut aufgelagert, die Primärwand. Beim Flächenwachstum erfolgt eine Dehnung dieser Wandschichten, wobei gleichzeitig neue Baustoffe eingefügt werden. Ist die Zelle voll erwachsen, setzt das Dickenwachstum der Wand ein. Dabei bilden sich weitere Schichten, die als Sekundärwand bezeichnet werden. Den Abschluß nach dem Innern des Zellraums zu bildet schließlich eine weitere dünne Haut, die Tertiärwand (Baumeister).

Bei den vielzelligen Pflanzen stehen alle lebenden Zellen miteinander in Verbindung. Bei jungen Zellen geschieht dies, indem Plasmastränge die noch dünnen Wände durchziehen. Je älter die Zellen werden, um so fester und widerstandsfähiger werden auch ihre Wände. Es sind also neue Einrichtungen vonnöten, um den Plasmasträngen den Durchtritt zur Nachbarzelle zu ermöglichen. Dies geschieht durch die sogenannten Tüpfel, d. h., an bestimmten Stellen der Zellwände bleiben Stellen unverdickt, so daß sich Vertiefungen bilden, die Tüpfel genannt werden. Diese sind in der Aufsicht meist rundlich, elliptisch oder spaltförmig. Sie durchziehen als kurze oder längere, zuweilen auch verzweigte Kanäle die Zellwand, wobei sich die Kanäle der banachbarten Zellen an der Mittellamelle treffen. Hier bleibt eine feine Membran erhalten, die Schließhaut.

Verlaufen die Kanäle zylindrisch, spricht man von einfachen Tüpfeln; werden sie nach der Schließhaut zu konisch verbreitert, so entstehen sogenannte Hoftüpfel.

Die Schließhaut ist mit Poren ausgestattet, durch die die Plasmastränge als sogenannte Plasmodesmen hindurchtreten und die Verbindung zu den Nachbarzellen herstellen, wodurch der Stoff- und Wassertransport erleichtert wird.

Oft werden auf den Zellwänden sekundär besondere Verdickungen abgelagert. Sie können verschieden stark sein, örtlich begrenzt, allseitig oder auch nur einseitig.

Haben die Zellen allseitig stark verdickte Wände, werden sie als Sklereïden bezeichnet. Man nennt sie Steinzellen, wenn sie von mehr oder weniger rundlicher Gestalt sind (z. B. Steinkerne der Steinfrüchte, in Nußschalen usw.). Sie können aber auch stab- und säulenförmig oder sogar sternförmig verzweigt sein. Solche Zellen finden sich in der Rinde von Tanne und Lärche, aber auch im Blattparenchym von Tee und Kamelie.

Tsubakki, die Kamelie

Eigentlich müßte die Kamelie *(Camellia)* Tsubakki heißen, denn als erster beschrieb Kämpfer den »Tsubakki montanus, sive sylvestris, flore roseo simplici« und »Tsubakki hortensis« mit seinen gefüllten Blüten; im Jahre 1739 brachte er die erste Pflanze nach London. »Tsubakki« ist der japanische Name der Kamelie und hätte auch die offizielle botanische Bezeichnung werden können, wenn Linné sie nicht zu Ehren des Abtes Kamell oder Camellius von Brünn (heute Brno) »Camellia« genannt hätte. Dieser Abt hatte Asien bereist und sich mit der Naturgeschichte der Philippinen befaßt; er hat jedoch nichts mit der Kamelie zu tun, ebensowenig wie ein Florentiner namens Camelli.
Später kamen aus Japan und China zahlreiche Varietäten der Kamelie nach Europa, wo auch verschiedene neue gezüchtet wurden.
Im Freien benötigen die Kamelien ein gemäßigtes Klima und gedeihen unter den gleichen Bedingungen wie der Olivenbaum. Als Zimmerpflanzen sind sie nicht ganz leicht zu behandeln.

Steinzellen sind auch die sogenannten Interzellularhaare in den Blattflächen und Stielen der Weißen Seerose. Langgestreckte Zellen mit allseits verdickten Wänden werden, wenn sie in der sekundären Rinde vorkommen, Bastfasern genannt. Befinden sie sich im Holz, heißen sie entsprechend Holzfasern. Sind die Steinzellen ausgewachsen, enthalten sie keine Protoplasten mehr; sie werden zu leeren Zellgehäusen. Verdickt sich die Sekundärwand an bestimmten Stellen besonders stark, während andere unverdickt bleiben, entstehen Kollenchymzellen. Sind die Verdickungen nur in den Zellecken bzw. -kanten angelegt, spricht man von Ecken- oder Kantenkollenchym. Wechseln dagegen in einer Zelle verdickte mit unverdickten Wänden ab, bezeichnet man dies als Plattenkollenchym. Anders als die Sklerenchymzellen sind die Kollenchymzellen stets lebend und daher in der Lage, weiterzuwachsen. Aber beide Zellarten dienen vornehmlich der Festigung.

Zu den Baueigentümlichkeiten der Zellwände zählen auch die Verdickungsleisten in den Wasserleitungsbahnen der Leitbündel oder in den Wasserspeichergeweben der Torfmoose. Die Wandleisten können ring-, spiral- oder netzförmig sein (so in den Leitelementen des Holzes) und sind immer als Aussteifungsvorrichtungen anzusehen.

Nicht unerwähnt bleiben sollen die sogenannten Zystolithen in den Oberhautzellen der Blätter von Feigen- und Maulbeerbäumen, die wulstig-traubig von der oberen Zellwand aus in den Zellraum hineinragen. Örtliche Wandverdickungen, gebildet durch Auflagerung neuer Schichten, gibt es in den Rhizoiden des Lebermooses *(Marchantia)*; sie haben ein höcker- oder geweihartiges Aussehen.

Alle diese Beispiele betreffen Wandverdickungen, die in den Zellinnenraum gerichtet sind. Treten die Wandauswüchse nach außen hin in Erscheinung, so haben sie einen besonderen Sinn und eine entsprechende Aufgabe zu erfüllen: bei Sporen und Pollenkörnern erleichtern sie die Verbreitung und das Festhalten am Erdboden oder auf anderen Substraten; bei im Wasser lebenden Einzellern begünstigen sie die Fortbewegung oder vergrößern die Schwebefähigkeit.

Durch die Entwicklung des Elektronenmikroskops ist es möglich geworden, auch den Feinbau der Zellwand genau zu untersuchen. Sie läßt eine strukturlose Grundsubstanz erkennen, an deren Bildung Pektinstoffe beteiligt sind, und eine Gerüstsubstanz mit Zellulosemolekülen als Bausteinen. Die Zellulosemoleküle bilden lange Ketten, die zu Baueinheiten höherer Ordnungen zusammengefaßt werden. Je nach der Molekülzahl werden sie Elementar- (100), Mikro- (2000) und Makrofibrillen (500000 Zellulosemoleküle) genannt.

Während die Mittellamelle von der Grundsubstanz gebildet wird und elastisch ist, sind in die Primärwand bereits Mikrofibrillen als Gerüstsubstanz eingelagert. In der Sekundärwand hat die Gerüstsubstanz dann eindeutig die Vorherrschaft (Baumeister).

Da die Bauelemente in der Zellwand nur lose eingelagert sind, bilden sich untereinander verbundene Hohlraumsysteme. Sie sind mit Wasser erfüllt und spielen eine Rolle bei der Verholzung und bei der Verkieselung.

Die Verholzung kommt zustande, indem in die gröberen Hohlräume der Zellwände Lignin (Holzstoff) eingelagert wird. Ältere, also zumeist die inneren Teile des Holzkörpers der Bäume sind häufig verkernt, das heißt, das Holz wird durch Einlagerung von Gerb- und Farbstoffen noch haltbarer gemacht. Häufig werden auch die Innenräume toter Zellen mit derartigen Stoffen ausgefüllt. Chemisch verändern sich infolge der Verkernung die Zellwände einiger Laub- und Nadelhölzer, so der Eiche, Kastanie, Lärche und Kiefer.

Durch Auflagerung von Korksubstanz (Suberin) auf die Zelluloseschichten der Zellwände findet eine Verkorkung statt. Die Wand einer Korkzelle weist hauptsächlich drei Schichten auf: die äußere besteht aus verholzter Zellulose, die innerste aus holzfreier Zellulose, die dazwischenliegende aus Suberin. Die Bedeutung der Verkorkung besteht darin, daß durch sie die Zellwände wasserundurchlässig werden und einen wirksamen Schutz vor Wasserverlust bilden.

Eine dem Suberin verwandte Substanz, das Kutin, befindet sich in der Kutikula. Sie bedeckt als äußerste Schicht die Außenwand der Epidermiszellen mit einem dünnen, wachsartigen Häutchen und dient dazu, die Wasserverdunstung herabzusetzen. Dafür würde auch sprechen, daß sie den im Wasser lebenden Pflanzen fehlt. Die Kutikula wird häufig noch durch eine darunterliegende Kutikulaschicht ergänzt, die außer Kutin auch Pektinstoffe und zelluloseartige Bestandteile enthält.

Schließlich seien an dieser Stelle noch die Schleimsubstanzen erwähnt, durch die die Außenwände der Epidermis vieler Samen stark aufquellen, so bei Salbeiarten *(Salvia)*, dem Lein *(Linum)* und der Leimsaat *(Collomia)*.

Bei dem Gummifluß *(Gummosis)* des Kirschbaumes und anderer Bäume werden die Zellwände der Holzkörper in Gummi verwandelt.

Alte Zellwände können sich durch Gerbstoffderivate braun färben, bei den sogenannten Farbhölzern aber auch andere Tönungen annehmen.

Ramiepflanzen

Unter Ramie versteht man die Bastfaser einer Nesselpflanze. Sie ist in Ostasien heimisch, wird aber auch angebaut. Die Weiße Ramie *(Boehmeria nivea)* hat einen strauchigen Wuchs, wechselständige, herzförmige, gezähnte Blätter und in dünnen Ähren angeordnete Blüten. Bei der chinesischen Unterart *(chinensis)* ist die Blattunterseite weißflaumig behaart, bei der indischen Unterart *(indica)* ist sie grün. Obwohl sie ein Brennesselgewächs ist, brennt die Pflanze nicht.

Aus der rohen Ramie erhält man durch mechanische und chemische Verfahren die reine Ramie, die nun versponnen werden kann. In Bündeln oder Platten aus langen (bis 22 cm), zähen Fasern, die widerstandsfähiger sind als die des Hanfs, kommen sie auf den Markt. Nach der Bearbeitung nehmen sie einen seidigen Glanz an. Man stellt aus ihnen hauptsächlich Seile und grobe Gewebe her, nicht jedoch Kleider- oder Wäschestoffe, da sie nach dem Waschen rauh werden.

Früher dienten Ramiefasern auch zur Herstellung von Glühstrümpfen für die Gasbeleuchtung (Auerlicht).

Die Bedeutung des Milchsaftes für die Pflanze

Über die Bedeutung des Milchsaftes für die Pflanze herrscht keine einhellige Meinung. Einerseits enthält er Stoffwechselendprodukte, sogenannte Exkrete, zu denen vor allem der Kautschuk gehört, andererseits aber auch Stoffe, die für die Pflanze von Bedeutung sind, wie Kohlenhydrate, Eiweiß und andere. Versuche, die mit Pflanzen in verdunkelten Räumen vorgenommen wurden, haben erwiesen, daß sie dem Milchsaft offensichtlich Stoffe entziehen und weiterverarbeiten.

Da bei einer Verletzung der austretende Milchsaft rasch gerinnt, eignet er sich gut als zuverlässiger Wundverschluß. Außerdem schmeckt er bitter und ist infolge der in ihm enthaltenen Alkaloide oft giftig. Daher bildet er für die Pflanze einen wirksamen Schutz gegen Tierfraß.

Das Protoplasma und seine Einschlüsse

Wie weiter oben schon gesagt wurde, ist das Protoplasma der Träger allen Lebens. Dies gilt nicht nur für die Zellen der Pflanzen, sondern in gleicher Weise für alle Organismen. Chemische Untersuchungen haben ergeben, daß das Protoplasma ein Gemisch aus festen und gelösten Stoffen darstellt, das sich nicht nur in einer ständigen strömenden Bewegung befindet, sondern auch einer strengen und komplizierten Ordnung unterliegt. Sie sorgt dafür, daß in einer gesunden Zelle die auf- und abbauenden Stoffwechselvorgänge einander nicht überwiegen, sondern beide im Gleichgewichtszustand gehalten werden. Wird dieses gestört, verliert die Zelle die Kontrolle über sich selbst oder stirbt ab.

Das Protoplasma besteht aus einer Grundsubstanz, dem Zytoplasma, in dem der Zellkern und zahlreiche Plastiden eingebettet liegen. Bei letzteren handelt es sich um gefärbte oder ungefärbte Gebilde, die von einer Membran umgeben sind.

Zellkern und Plastiden werden, da sie besondere Funktionen auszuüben haben, als Plasmaorgane (»Organellen«) bezeichnet. Zu ihnen rechnen auch die Zilien oder Geißeln, mit deren Hilfe sich freilebende Einzeller bewegen.

Als weitere Plasmaeinschlüsse haben die Mitochondrien zu gelten sowie kleine Tröpfchen oder Substanzen nur schwer feststellbarer Natur (Mikrosomen). Wahrscheinlich sind es Stoffwechselprodukte, die im Wasser nur schwer oder gar nicht löslich sind. Außerdem sind noch kleine, mit Flüssigkeit erfüllte Räume vorhanden, die später, wenn die Zelle ausgewachsen ist, zusammenfließen und die Zellsafträume (Vakuolen) darstellen.

Die Mitochondrien sind zumeist langgestreckte, fädige Gebilde, können aber auch kurz und rundlich sein. Ihre Länge be-

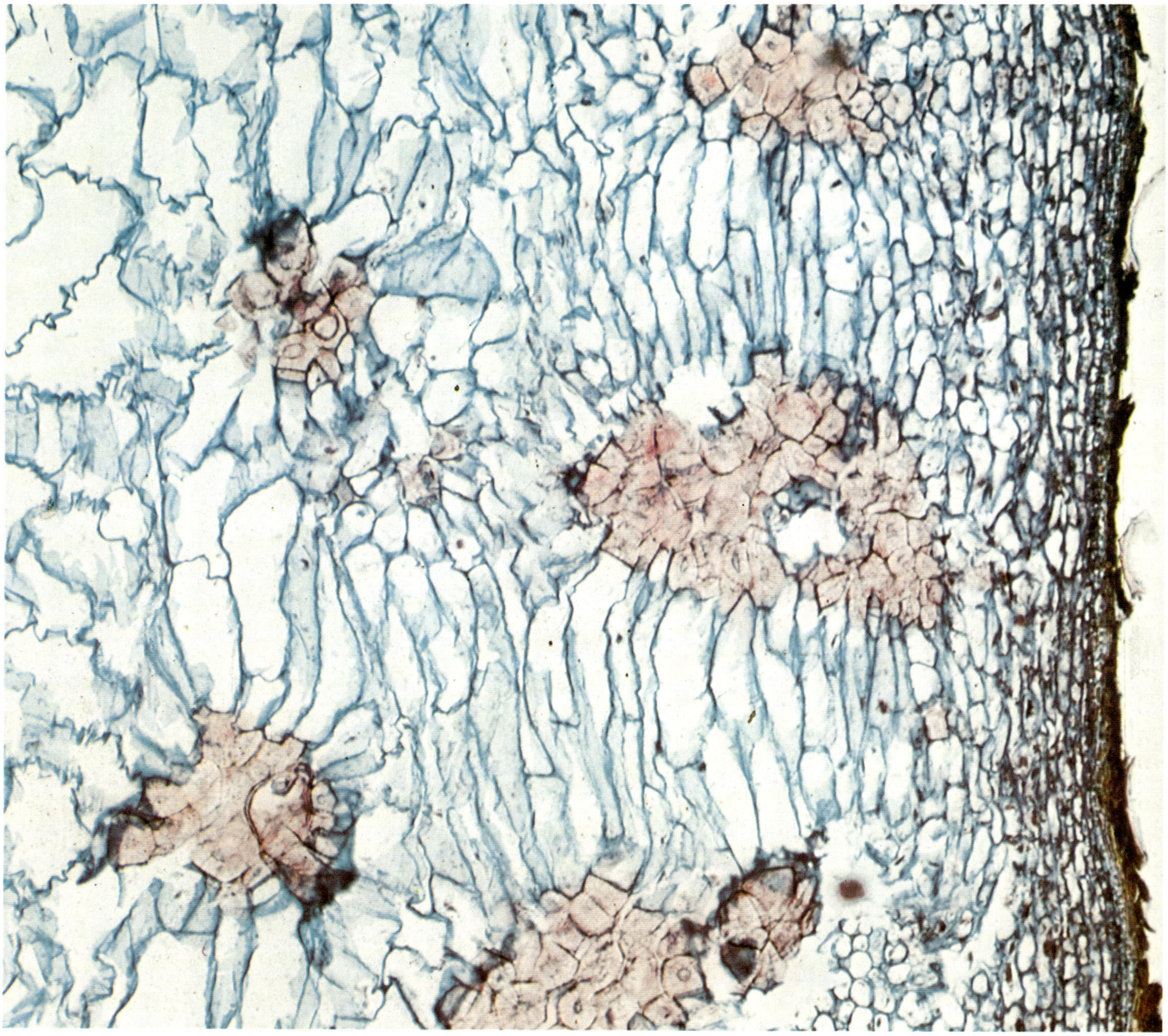

trägt zwischen ein bis mehrere μm, ihr Durchmesser zwischen 0,5 bis 1,5 μm. Sie sind von einer doppelten Membran umgeben. Ihre Grundsubstanz besteht hauptsächlich aus Proteinen und Lipiden, enthält aber auch Ribosomen. Außerdem weisen die Mitochondrien feine DNS-Stränge auf, doch ist deren DNS-Gehalt geringer als beim Zellkern. Nach W. Nultsch macht der gesamte DNS-Gehalt von 1000 Mitochondrien noch nicht einmal 1% der Zellkern-DNS einer Zelle aus.

Die Mitochondrien sind Träger der Atmungsenzyme und zwar in erster Linie der Enzyme des Zitronensäurezyklus und des Fettsäureabbaues. Zudem sind sie zu einer selbständigen Proteinsynthese befähigt. In Abwesenheit von Sauerstoff, d. h. unter anaëroben Bedingungen, können sie bei manchen Organismen, z. B. Hefen, ganz fehlen.

Ribosomen sind außer in den Mitochondrien auch im Zellkern und in den Plastiden vorhanden. In ihnen findet die Proteinsynthese statt.

Wie sich die Mitochondrien vermehren, darüber gehen die Ansichten noch auseinander.

R.F.M. und M.E. van Steweninck veröffentlichten 1969 elektronenmikroskopische Aufnahmen von Mitochondrien aus Speichergeweben der Kartoffeln, Karotte und Steckrübe, die diese Frage einer Lösung nähergebracht haben. Danach enthält ein Mitochondrion zahlreiche kugelige Körper, die durch Aufreißen der äußeren Membran in das Zytoplasma gelangen. Sie entsprechen den »Promitochondrien« in der Zelle. Die Wissenschaftler nehmen an, daß bei dem Speichergewebe die Vermehrung der Mitochondrien jedesmal dann ausgelöst wird, wenn das Speichergewebe seine Ruheperiode beendet hat und im Frühjahr Reservematerial für das schnelle Wachstum der Pflanze und die Blütenbildung benötigt wird (Umschau 1969, Heft 20).

Nultsch sagt (1971), daß sich die Mitochondrien senkrecht zur Längsrichtung durchschnüren könnten und bei der Zellteilung offenbar passiv auf die beiden Tochterzellen verteilt würden.

Das Zytoplasma verfügt über alle Fähigkeiten und Möglichkeiten einer lebenden Substanz. Dazu gehören: Aufnahme körperfremder Stoffe und Verarbeitung zu körpereigenen (Assimilation, Ernährung), Wachstum und Vermehrung. Es kann die für die Durchführung aller Lebensfunktionen erforderliche Energie produzieren (Dissimilation, Atmung) und besitzt die Fähigkeit, sich zu bewegen sowie auf Reize und Um-

Mikroskopische Wachstumsformen von Mentholkristallen, aufgenommen im polarisierten Licht. Menthol ist als ätherisches Öl in fast allen Minzearten (MENTHA) *enthalten.*

Viele Birnen enthalten in ihrem reifen Fruchtfleisch Anhäufungen von Steinzellen (hier rötlich angefärbt), die als harte Körnchen deutlich beim Essen auf der Zunge zu spüren sind (links).

welteinflüsse zu reagieren. Gleich dem tierischen Plasma besitzt also auch das pflanzliche eine Reizbarkeit.

Die Verteilung des Zytoplasmas in der Zelle ist sehr verschieden. Während die jungen Zellen noch ganz mit Plasma gefüllt sind, bilden sich später kleine Vakuolen, die sich nach und nach vergrößern. Meist geschieht dies in der Weise, daß sich die vielen kleinen zu wenigen größeren Vakuolen vereinigen, oder es entsteht durch den Zusammenfluß aller ein zentraler Zellsaftraum. In diesem Fall besitzt die ausgewachsene Zelle nur einen mehr oder weniger wandständigen, oft sehr zarten Protoplasten. Es kann aber auch geschehen, daß feine Plasmafäden den Zellsaftraum durchziehen und dieser dadurch scheinbar in einzelne größere Vakuolen unterteilt wird.

Das Plasma ist, wie schon mehrfach erwähnt, in ständiger strömender Bewegung. Findet diese entlang der Wände statt, spricht man von Rotation. Sind dagegen Plasmafäden und -brücken vorhanden, wird die Zirkulation eine sehr komplizierte. Dann strömt das Plasma nach der Mitte zu und von dieser weg, wobei sich die Fäden verschieben können, und die Plasmaverteilung eine Veränderung erfährt. Mit der Strömung werden die Mikrosomen mitgeführt, oft aber auch die Plastiden und zuweilen sogar der Zellkern. Lediglich die Plasmaschicht, die an der Zellwand anschließt, bleibt von der Bewegung frei.

Doch wenden wir uns jetzt der näheren Untersuchung der Plastiden zu:

Wie schon gesagt, versteht man darunter gefärbte oder farblose, von Membranen umhüllte Einschlüsse, die im Grundplasma eingebettet sind.

Aus ihrer gemeinsamen Vorstufe, den Proplastiden in den jungen, noch teilungsfähigen Zellen, gehen später drei verschiedene Formen hervor, denen jeweils besondere Aufgaben zugewiesen sind: die grünen Chloroplasten, die für die Assimilation (Photosynthese) verantwortlich sind, die farblosen Leukoplasten, die in ihrem Aufbau den Chloroplasten ähneln, und die rot oder gelb gefärbten Chromoplasten, die die entsprechende Färbung vieler Pflanzenteile verursachen.

Die Chloroplasten und Chromoplasten werden auch als Chromatophoren (Farbstoffträger) zusammengefaßt, unabhängig davon, ob sie an der Photosynthese beteiligt sind oder nicht. Bekannte Chromoplasten sind z. B. das rote Lycopsin der Tomatenfrüchte, das Capsanthin der Paprikafrucht und das gelbe Violaxanthin der Stiefmütterchenblüten.

Die Zelle und ihre Bestandteile
Pflanzliche Einzeller

Nur in Pflanzenzellen finden sich die Plastiden. Chloroplasten, Chromoplasten und Leukoplasten. In den grünen Chloroplasten wird mit Hilfe des Chlorophylls Traubenzucker aus H_2O, CO_2 und Sonnenenergie aufgebaut. Das Chlorophyll ist in Membranen (Thylakoiden) der Grana angeordnet.

Die Mitochondrien sind winzige Zellorganelle von meist gestreckt zylindrischer Form. Ihr Feinbau zeigt eine Doppelmembran, von der die innere sich mit Falten (Cristae) in den Binnenraum einstülpt, und auf der viele Enzyme angeordnet sind, die besonders Atmungsprozesse katalysieren.

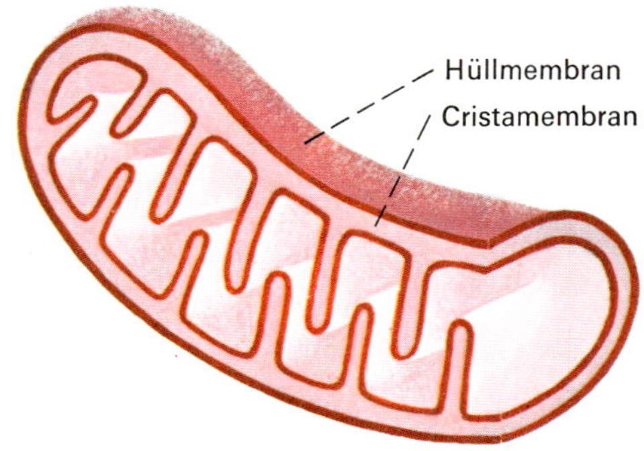

Mitochondrium

Chloroplast

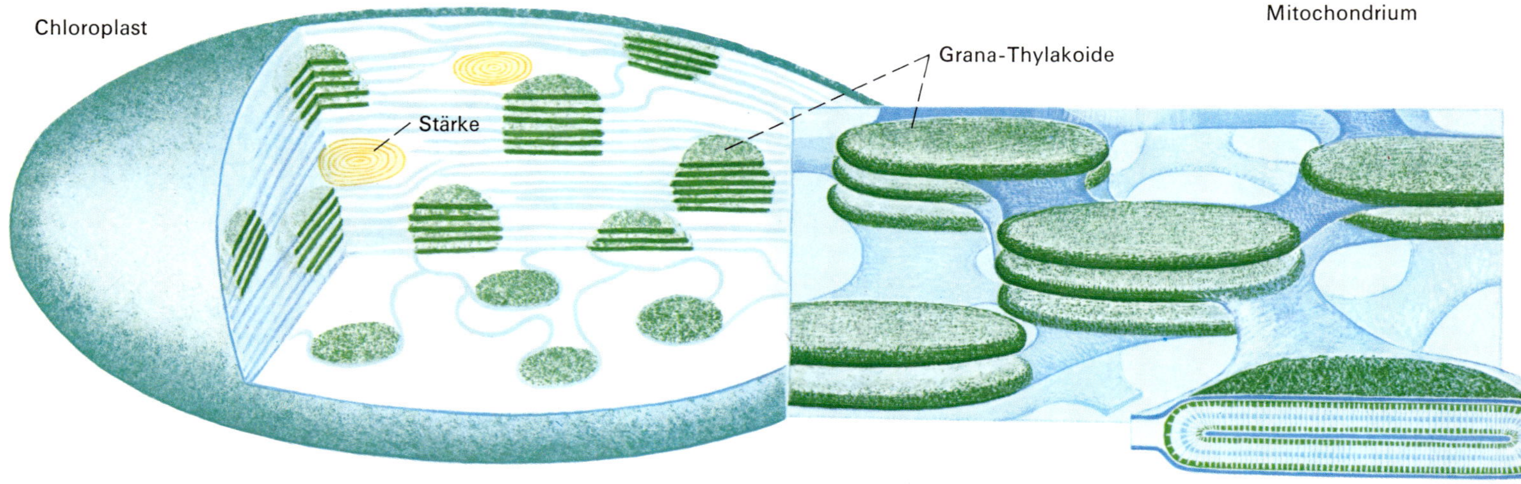

Thylakoide im Querschnitt mit Anordnung der Chlorophyllmoleküle

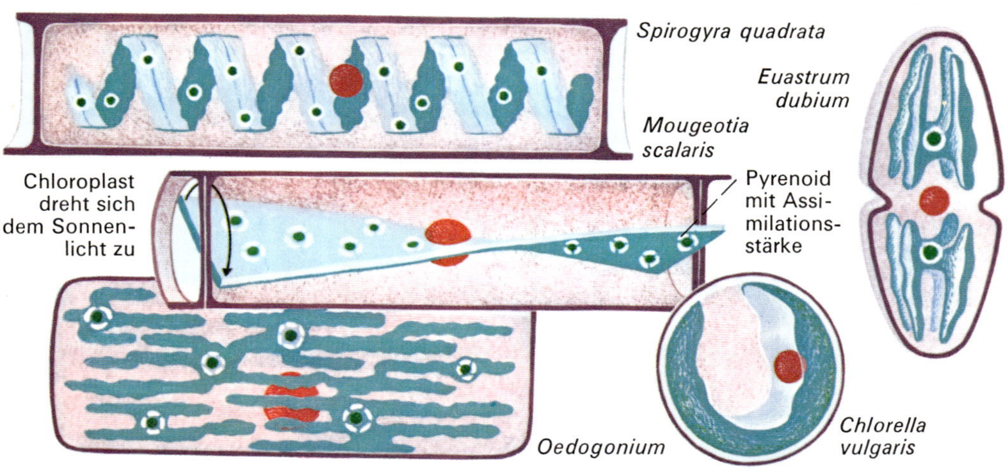

Chloroplastenformen

Die Chloroplasten können eine mannigfache Form zeigen: Bei den höheren Pflanzen sind sie vorwiegend linsenförmig, bei den Algen plattenförmig (*Mougeotia*), bandförmig schraubig (*Spirogyra*), netzartig (*Oedogonium*) usw. In den Pyreneoiden (nur bei Algen) werden die Assimilationsprodukte abgelagert.

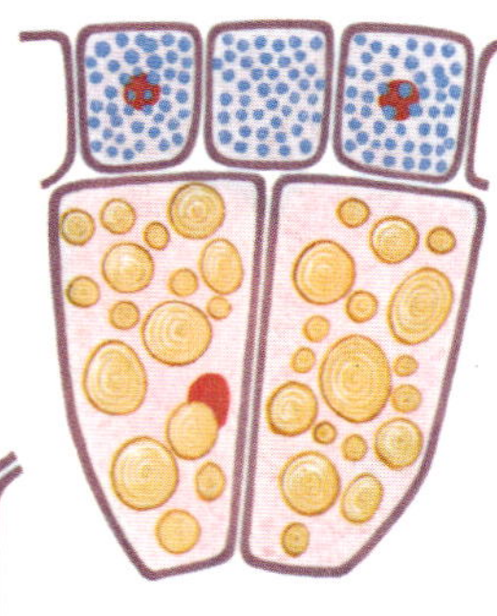

wandnahe Schicht eines Weizenkorns mit Stärkekörnern (gelb) und Aleuronkörnern (blau)

Stärkekörner in der Zelle einer Kartoffelknolle

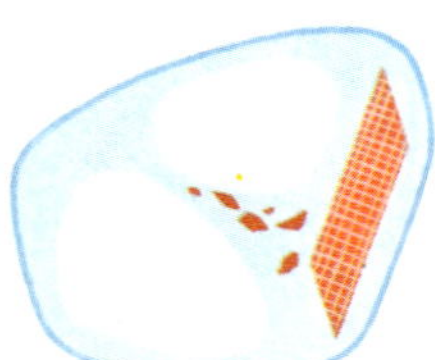

Chromoplast einer Karotte mit eingeschlossenem Karotin-Kristall

Auflösung eines Gerste-Stärkekorns

Im Zellsaft der Vakuolen sind häufig Kohlenhydrate, Fett und Eiweiße als Reservestoffe enthalten. Die Eiweißvakuolen erstarren bei Wasserentzug und bilden z. B. in der Kleberschicht der Getreidesamen die Aleuronkörner. Neben löslichen Salzen finden sich im Zellsaft auch verschieden geformte Kristalle schwerlöslicher Salze (z. B. Calciumoxalat) sowie Farbstoffe (Anthocyane), Gerbstoffe (z. B. Tannin bei der Eiche), Glykoside (z. B. Digitalin beim Fingerhut) und Alkaloide (z. B. Nikotin in der Tabakpflanze). Die Leukoplasten (ohne Farbstoffe) sind besonders in Speicherorganen (Knollen, Wurzelstöcken, Mark, Nährgewebe der Samen) anzutreffen und dienen dem Aufbau von Reservestärke (Stärkekorn).

Die gelb bis rot gefärbten Chromoplasten sind meist linsenförmige Organellen, die Karotin enthalten und keine Stoffwechselfunktionen erfüllen. Sie finden sich in gelben Blütenblättern (z. B. Stiefmütterchen), im Fruchtfleisch vieler Früchte (z. B. Tomate) und in den Wurzeln von Karotten.

Einzelkristall

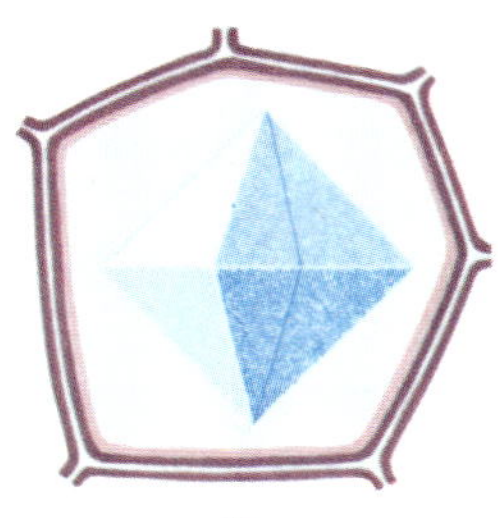

Kristalldruse

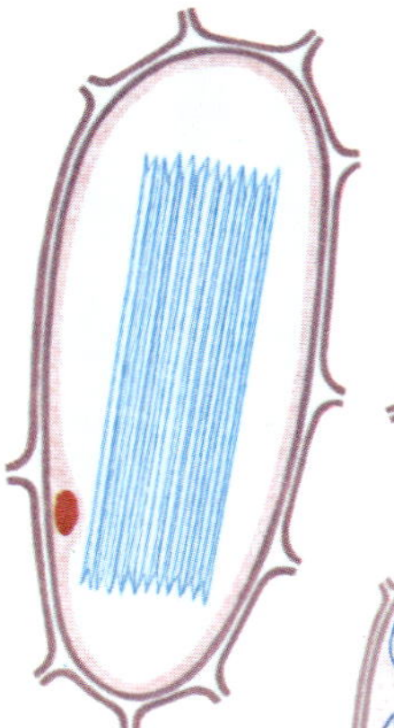

Raphidenbündel

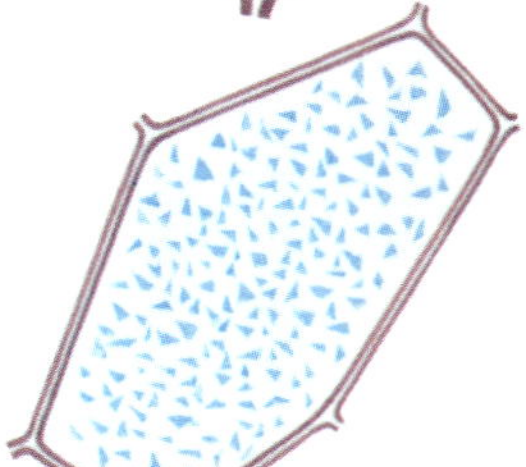

Kristallsand

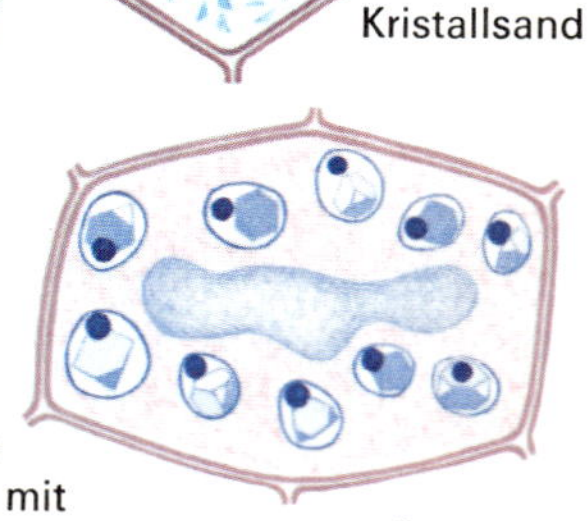

Speicherzelle aus Ricinus-Samen mit vielen Eiweißkristallen und einer Ölvakuole

Wachstum der Zelle

Die Vielzelligkeit erlaubt den Lebewesen, nach einem einheitlichen Prinzip den Bauplan der einzelnen Zelle so zu ändern, daß durch diese strukturelle Differenzierung eine funktionelle Spezialisierung ermöglicht wird. Zunächst entstehen überall durch wiederholte Teilungen aus einer Zelle viele neue, die sich zumindest äußerlich nicht wesentlich voneinander unterscheiden. Später differenzieren sie sich; die ursprünglich totipotenten Embryonalzellen werden zu Dauerzellen mit bestimmten Aufgaben (Arbeitsteilung) des Gesamtorganismus (Zellstaat). Die typischen Vorgänge einer Entwicklung der Meristemzelle zur Dauerzelle sind an der Bildung der Vakuole zu verfolgen. Am Ende der embryonalen Phasen entmischen sich durch vermehrte Wasseraufnahme Zytoplasma und Zellsaft. Letzterer sammelt sich unter Bildung einer Grenzschicht (Tonoplast) in Dauervakuolen. Häufig bildet sich eine einzige große Zentralvakuole, wobei das Plasma auf einen dünnen Wandbelag zurückgedrängt wird.

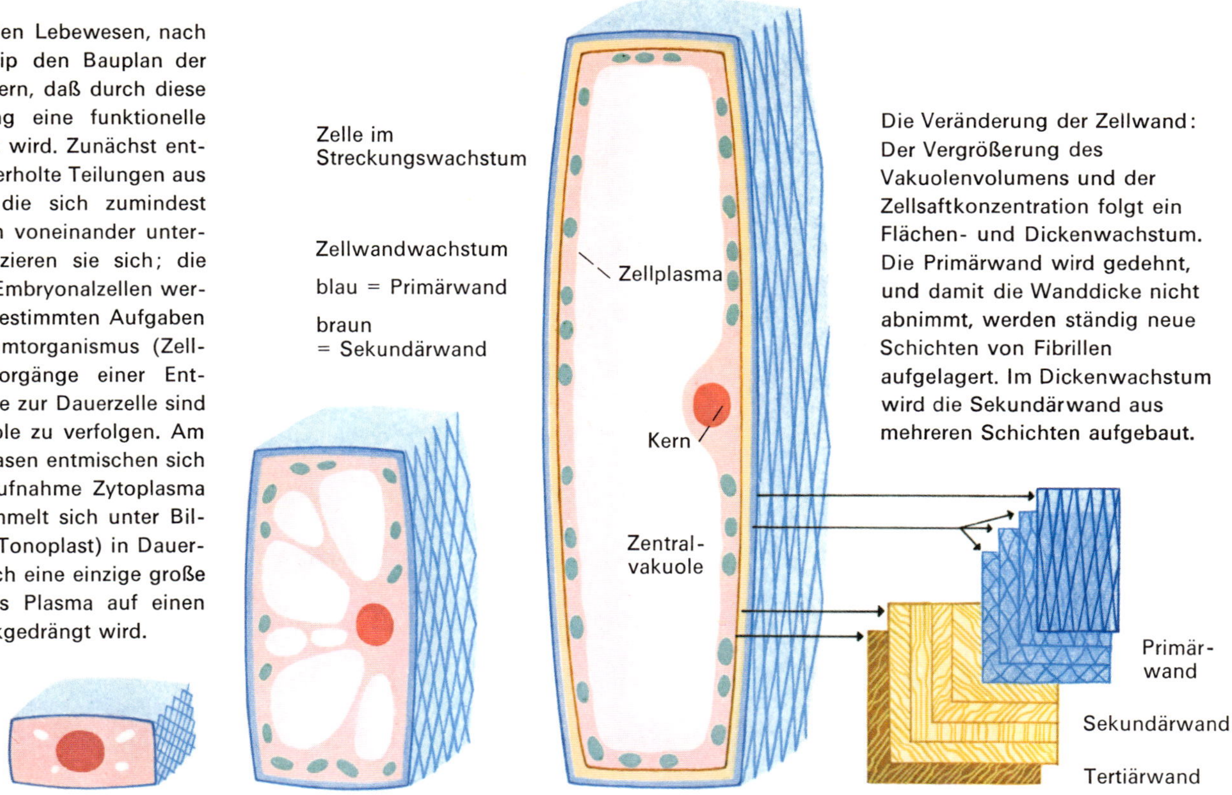

Die Veränderung der Zellwand: Der Vergrößerung des Vakuolenvolumens und der Zellsaftkonzentration folgt ein Flächen- und Dickenwachstum. Die Primärwand wird gedehnt, und damit die Wanddicke nicht abnimmt, werden ständig neue Schichten von Fibrillen aufgelagert. Im Dickenwachstum wird die Sekundärwand aus mehreren Schichten aufgebaut.

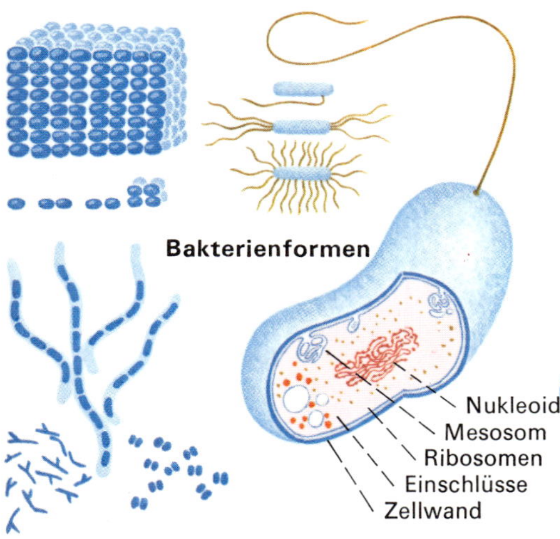

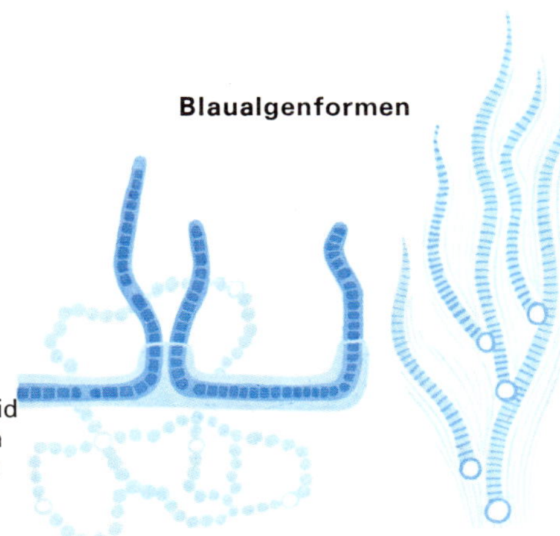

Zellteilung der Blaualge *Gloeocapsa*

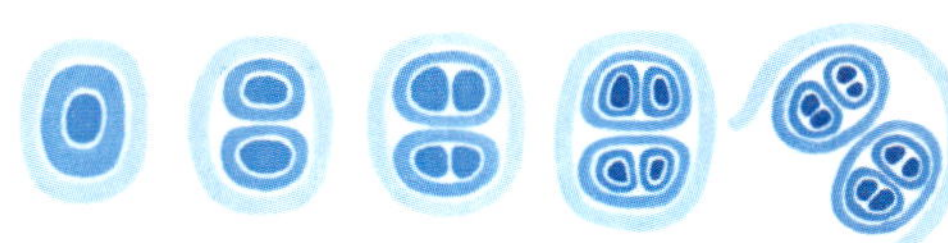

Die Zelle als selbständiger Organismus (Einzeller)

Bei den Einzellern erfüllt die Zelle alle Aufgaben eines ganzen, selbständigen Organismus. In ihrer Gestalt und Organisation können sie erhebliche Unterschiede zeigen. Die Bakterien und Blaualgen haben keine Membranen, die einen Kern oder einen Photosyntheseapparat einschließen. Ihr Erbmaterial (in den Nukleoiden) verteilen sie durch Spaltung und nicht durch Mitose. Die Einzelzellen bleiben vielfach zu Kolonien und Zellfäden (Blaualgen) miteinander verbunden. Ihre äußere Form erhalten die Algen durch die Zellwand, die durch Zelluloseplatten oder Kieselpanzer verstärkt sein kann.

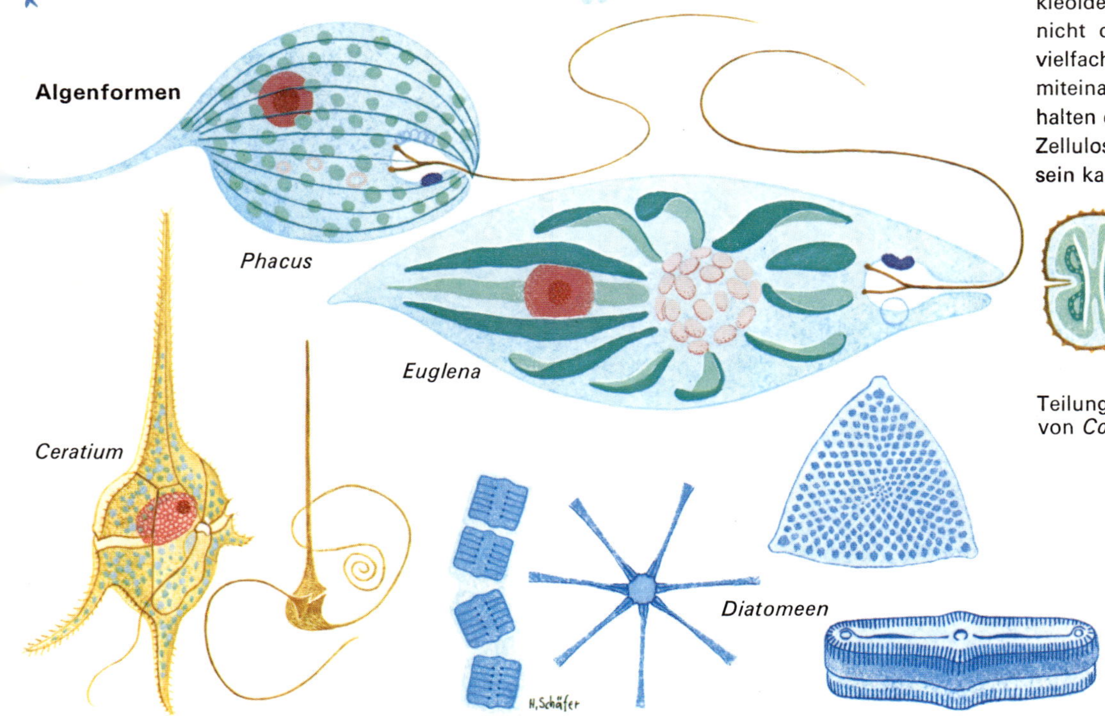

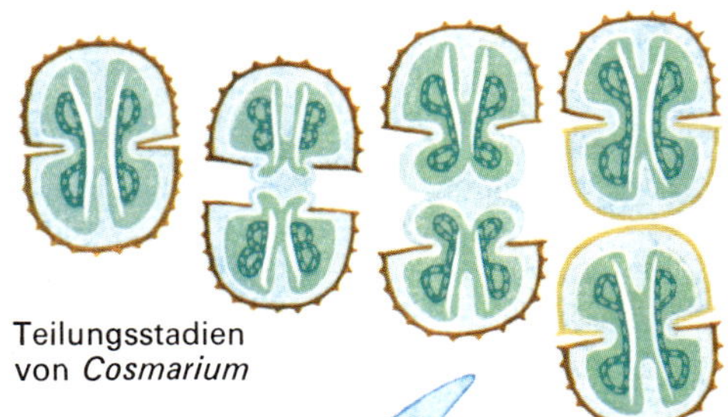

Teilungsstadien von *Cosmarium*

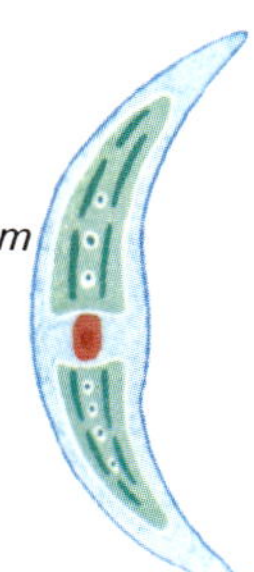

Closterium

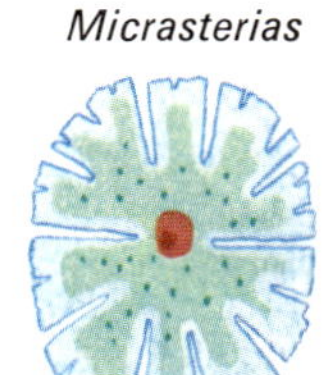

Micrasterias

Mikroskopische Aufnahme einer Orangenschale. In zahlreichen drüsigen Vertiefungen bilden sich Aromastoffe und ätherische Öle von köstlichem Duft und charakteristischem Geschmack. Die Orange ist deshalb für Marmelade, Konfitüre und kandierte Früchte sehr beliebt. Ihre Schale dient als Aromazusatz zu Süßspeisen (links).

Orangenbäume, wie sie Ferienreisende in den Mittelmeerländern allgemein vertraut und bekannt sind. Aus den großen weißen Blüten bilden sich die kugeligen Früchte von typischem Orangerot, die zu den glänzendgrünen lederartigen Blättern einen lebhaften Kontrast bilden. Sie schmecken nirgendwo so gut wie direkt vom Baum. Orangen sind reich an Vitamin C (rechts).

Die Chloroplasten sind reich an Chlorophyll (Blattgrün) und haben meist linsen- oder scheibenförmige Gestalt (Chlorophyllkörner). Ihr Durchmesser beträgt etwa 5–6μm. Sie sind in den Zellen aller höheren Pflanzen vorhanden, und zwar vorwiegend in den Laubblättern und den noch jugendlichen Stengeln, kommen aber auch in jungen Früchten vor. Stets befinden sie sich in den Pflanzenteilen, die dem Licht ausgesetzt sind, was mit ihrer Aufgabe der Assimilation des Kohlendioxids (Kohlensäure) zusammenhängt. Sie ist nur unter Zuhilfenahme und Mitwirkung des Sonnenlichtes möglich.

Nicht bei allen Pflanzen haben die Chloroplasten eine rundliche Gestalt. Bei zahlreichen Algen z. B. sind sie plattenförmig wie bei *Mougeotia*, sternförmig bei *Zygnema*, spiralig bei *Spirogyra*, netzförmig gegittert bei *Cladophora*, gerippt bei *Closterium* usw. Bei höheren Pflanzen allerdings sind solche Abweichungen sehr selten.

Elektronenmikroskopische Untersuchungen haben ergeben, daß die Chloroplasten von einer doppelten Membran umgeben sind und daß sie ein dichtes System von sogenannten Membranzisternen (Thylakoide) aufweisen, die flach und in der Regel parallel angeordnet sind. Sie durchziehen die Grundsubstanz (Stroma) des Chloroplasten und bilden, wenn sie dicht übereinandergeschichtet sind, die sogenannten Grana. In diesen ist das Blattgrün konzentriert, und hier befinden sich auch die eigentlichen Laboratorien der Assimilation.

Im allgemeinen bestehen die Farbstoffe der Chloroplasten aus dem blaugrünen Chlorophyll a und dem gelbgrünen Chlorophyll b sowie den gelben Karotinoiden Karotin und Xanthophyll. Das Verhältnis der grünen zu den anderen Farbstoffen beträgt in der Regel 3:1.

Baumeister weist darauf hin, daß die normalen Verhältnisse in bezug auf die Ausstattung der Chlorophyllkörner mit Farb-

Chlorophyll und Sonnenlicht

In den Pflanzen mit Blattgrün gleicht jedes Chlorophyllkörnchen einem winzigen Laboratorium; es ist das wunderbarste der Welt. In diesem mikroskopisch kleinen Gebilde löst die Strahlungsenergie der Sonne chemische Reaktionen aus, deren Endergebnis verschiedene Zuckerarten, aber auch Fette sein können. Versuche haben gezeigt, daß die Chloroplasten dabei vor allem die Wellenlängen des sichtbaren Lichtes zwischen 400 und 720 nm ausnutzen. Nur wenige biochemische Reaktionen verwerten das unsichtbare Ultrarot und Ultraviolett.

Innerhalb des Lichtbereichs scheinen die roten Strahlen den grünen Pflanzenteilen besonders »zu liegen«. Daraus ließe sich auch die grüne Farbe des Chlorophylls erklären, indem es eine Anpassungserscheinung sein könnte.

Bekanntlich wird farbiges Licht am stärksten von der jeweiligen Komplementärfarbe absorbiert. Die Landpflanzen nutzen also durch das Grün ihrer Chloroplasten das Rot des Sonnenspektrums am besten aus und reflektieren dafür die Komplementärfarbe Grün. Bei den Meeresalgen, die in größeren Wassertiefen leben (20–30 m) ist es umgekehrt: Sie sind vielfach tiefrot gefärbt (Rotalgen) und müssen mit dem blaugrünen Rest des Sonnenlichtes auskommen, der ihren Lebensraum noch spärlich erhellt, denn das Meereswasser filtert von oben nach unten nacheinander erst die roten, dann die orangefarbenen, später die gelben und schließlich auch die grünen Farbanteile aus. Grüne Algen können daher nur an der Meeresoberfläche gedeihen.

stoffen gestört sein können. Sind die Blätter einer Pflanze z. B. tiefgrün, so kann dies auf eine übermäßige Versorgung mit Eisen oder Stickstoff hindeuten, aber auch einen Phosphormangel anzeigen. Gelbgrüne Blätter treten in Erscheinung, wenn mehr gelbe als grüne Farbstoffe vorhanden sind. Diese Beobachtung ist auch zu machen, wenn im Herbst das Chlorophyll in den Blättern abgebaut wird und die vorher überdeckten gelben Farbstoffe voll zur Wirkung kommen. Geht die Gelbfärbung der Blätter neben den erwähnten Gründen allerdings auf eine mangelhafte Chlorophyllausbildung überhaupt zurück, so nennt man diese Erscheinung Chlorose. Ursachen für diesen Ernährungsfehler sind Mangel an Eisen, Magnesium, Mangan, Zink, Molybdän u. a. Doch können auch Viren für diese »Krankheit« verantwortlich sein, oder es kann eine erbliche Störung in der Chlorophyllbildung vorliegen. An Blättern, die voll dem Licht ausgesetzt sind, kann bisweilen eine weißliche oder gelbliche Fleckung auftreten; man bezeichnet solche Blätter als panaschiert.

Die Grana, mikroskopisch eben noch zu erkennende runde Plättchen, haben eine Grundsubstanz, das Stroma, das aus feinsten Eiweißlamellen aufgebaut ist, zwischen denen die grünen Plättchen wie Geldrollen aufeinandergetürmt sind. Dadurch wird eine enorme Oberflächenvergrößerung erreicht, was für die höchstmögliche Ausnutzung des Lichtes bei der Photosynthese von entscheidender Bedeutung ist.

Blattgrün bildet sich im allgemeinen nur im Licht, doch ist schon im Dunkeln eine farblose Vorstufe vorhanden (Prochlorophyll). Höhere Pflanzen, die ohne Licht auskommen müssen, bleiben gelblich. Als Beispiel sei das Vergeilen der Kartoffelaustriebe im Keller angeführt.

Allerdings können sich Chlorophyllkörner auch in Chromoplasten verwandeln, wie zahlreiche Blüten und Früchte erkennen lassen, die zuerst grün gefärbt sind, später aber eine gelbe oder orangefarbene Tönung annehmen (Tomate).

Vor Jahren wurde von Versuchen berichtet, aus Pflanzen die grünen Organellen zu isolieren, die für die Photosynthese verantwortlich sind. Bereits im Jahre 1967 waren von Walker Chloroplasten-Präparationen gewonnen worden, die bei Belichtung ebensoviel Sauerstoff entwickeln konnten wie die lebenden, unverletzten Pflanzenblätter. Die weiteren Arbeiten ergaben Chloroplasten, die Kohlendioxid fixierten. Die Folgeprodukte dieser CO_2-Fixierung entsprachen aber nicht den Zwischenprodukten einer normalen Photosynthese.

1969 wurde von Shephard, Levin und Bidwell von der Case Western Reserve University in Cleveland (Ohio) eine Präparationsmethode für intakte Chloroplasten veröffentlicht, deren Leistung an photosynthetischer Sauerstoffentwicklung und aus Dunkelreaktionen resultierenden Primärprodukten der von intakten Blättern entspricht. Die Chloroplasten wurden aus der Riesenmeeresalge *Acetabularia mediterranea* gewonnen (Naturwissenschaftliche Rundschau 1969, Heft 6).

Die Chromoplasten erhalten ihre gelbe oder orangefarbene Tönung durch Farbstoffe, die unter der Bezeichnung Karotinoide oder Lipochromfarbstoffe zusammengefaßt werden; sie besitzen keine grünen Pigmente. Daher sind sie auch nicht an der Photosynthese beteiligt.

Chromoplasten entstehen entweder direkt aus den Proplastiden oder durch Umwandlung aus grünen Chloroplasten, haben zunächst auch deren Form und treten hauptsächlich in Blütenblättern und Früchten in Erscheinung, zuweilen auch in Wurzeln und Speicherorganen, wie in Möhren, Kohlrüben u. a., bei denen das Karotin die gelbe Farbe hervorruft. Tomaten und Hagebutten werden durch Lycopin rot gefärbt, in Stiefmütterchenblüten tritt das gelbe Violaxanthin auf, in Paprikafrüchten das rote Capsanthin und im Safran das gelbe Crocetin.

Die gelben Farbstoffe kommen in gelöster Form oder als allerfeinste Tröpfchen (Grana) vor. Zunächst verändert sich die Form des Chromoplasten nicht. Kristallisieren aber die Farbstoffe, erzwingen sie eine Formveränderung, und im Lichtmikroskop erkennt man dann nur den scharfkantigen, zackigen, sichel-, nadel- oder tafelförmigen Kristall des im Chromoplasten enthaltenen Farbstoffes.

Chemische Untersuchungen haben ergeben, daß die Karotine kettenförmig gebaute, ungesättigte Kohlenwasserstoffe

Die »Palma Christi«

Der Rizinusbaum *(Ricinus)*, auch Wunderbaum oder »Palma Christi« genannt, ist ein Wolfsmilchgewächs, das vor mehr als 4000 Jahren den Ägyptern bereits als Ölpflanze bekannt war. Im Ebers-Papyrus steht geschrieben, daß das Öl als Abführmittel und als Haaröl verwendet wurde, und Herodot (5. Jh. v. Chr.) bezeugt, daß der Rizinusbaum in Ägypten angebaut wurde. Dioskurides (1. Jh. n. Chr.) erwähnt ihn ebenfalls. Im Mittelalter wird er bereits in Europa angepflanzt, und im 16. Jh. war er sehr bekannt. Das Samenöl diente als Arzneimittel, aber auch Beleuchtungszwecken.

Die Samen enthalten Giftstoffe, die eine ähnliche Wirkung hervorrufen wie das Gift der Amanita-Pilze, also die roten Blutkörperchen beim Menschen und bei warmblütigen Wirbeltieren angreifen bzw. zerstören. Ungefähr 12 g Rizinussamen können einen Menschen töten. Bei einem Kind tritt der Tod bereits nach dem Genuß von drei oder vier Samenkörnern ein.

Bei der Verarbeitung gelangt das Gift nicht in das Öl, sondern verbleibt in den Preßkuchen. Das Abführmittel – als solches war das Öl besonders in der Vergangenheit weitgehend in Gebrauch – kann trotzdem bei zu großer Dosis Störungen und sehr schmerzhafte Darmkoliken hervorrufen. Äußerlich wurde es zu Einreibungen und zur Bekämpfung von Haarausfall angewendet.

Die Technik, mit der die Chinesen das Rizinusöl als Speiseöl aufbereiteten, ist nicht bekannt. In Asien züchtete man auf der Pflanze eine bestimmte Seidenraupe *(Bombyx arrindia)*. Die Blätter enthalten einen türkisblauen Farbstoff.

sind. Xanthophylle haben eine ähnliche Struktur wie die Karotine, aber noch zusätzlich zwei oder mehrere Sauerstoffatome, so z.B. auch das im Eigelb enthaltene Lutein.

Über die Bedeutung der Chromoplasten für den Stoffwechsel der Pflanzen ist noch nicht viel bekannt. Fest steht, daß sie durch die auffällige Färbung von Blütenorganen und Früchten zur Ausbildung von farbleuchtenden Schauapparaten beitragen, wodurch z.B. Insekten angelockt werden, die die Bestäubung vornehmen, oder Vögel, die die Früchte verzehren und damit für die Samenverbreitung sorgen.

Weiterhin werden durch die Karotinoide große Teile der blauen und violetten Strahlen des Sonnenlichtes absorbiert, eine Tatsache, die beim Phototropismus der Pflanzen (Hinwendung zum Licht) eine Rolle zu spielen scheint.

Die Braun- und Rotalgen erhalten ihre Färbung durch sogenannte Phaeoplasten und Rhodoplasten. Diese haben entweder die Form von Chlorophyllkörnern oder sind größer und von gelappter, platten- oder sternförmiger Gestalt. Das in ihnen enthaltene Chlorophyll a wird bei den Braunalgen von Phycoxanthin, Karotin und Xanthophyll überdeckt, bei den Rotalgen von Phycoerythrin; daneben kann noch das blaue Phycocyan auftreten.

Die Blaualgen *(Cyanophyceae)* haben eine ähnliche Farbstoffzusammensetzung wie die Rotalgen, doch sind bei diesen keine Plastiden vorhanden. Vielmehr ist das periphere Plasma selbst gefärbt.

Manche Algen und Algenschwärmer, die frei beweglich sind, weisen einen roten »Augenfleck« auf, der als primitives Lichtsinnesorgan gedeutet wurde. Das karotinhaltige Körperchen entspricht wahrscheinlich einem umgewandelten Plastid.

Bisher ist es gelungen, 35 verschiedene Blütenkarotinoide zu isolieren. Sogar Bakterien sind imstande, Karotinoide zu erzeugen, z.B. Sarcinin, Leprotin und Rhodopin; jedoch unterscheiden sich diese von denen der höheren Pflanzen.

Karotin ist das Provitamin (Vorstufe) des lebenswichtigen Vitamin A. Es ist besonders reichlich in Möhren vorhanden und wird sofort nach seiner Resorption und bereits innerhalb der Darmwand des Menschen und der meisten Tiere in aktives Vitamin A umgewandelt. An der Intensität der gelblichen bzw. rötlichen Färbung ist der Karotingehalt bereits von außen zu erkennen.

Die Leukoplasten sind meist kugelige, ei- oder spindelförmige, farblose Zelleinschlüsse und wie die Chromoplasten nicht an der Photosynthese beteiligt. In ihrem Aufbau entsprechen sie, wie schon erwähnt, den grünen Chloroplasten und können sogar ergrünen, wenn sie dem Licht ausgesetzt werden. Bei unsachgemäß gelagerten Kartoffelknollen kann man dies sehr gut beobachten. Zum Teil geht ihnen diese Fähigkeit aber auch gänzlich ab, so den sehr kleinen Leukoplasten der Epidermis und vieler Wurzelzellen sowie der meisten panaschierten Gewebe.

Die große Bedeutung der Leukoplasten liegt darin, daß sie wichtige Stärkebildner sind, indem sie diese aus Zuckern aufbauen und speichern können. Wir finden sie daher in allen farblosen Organen höherer Pflanzen, vor allem jedoch in stärkehaltigen Samen, aber auch im Mark, in Knollen, Rhizomen und sonstigen unterirdischen Speicherorganen und Erdsprossen. Werden die Stärkekörner sehr groß, wie es z.B. in der Kartoffelknolle der Fall ist, so überzieht der Leukoplast die Körner nur noch wie eine sehr feine Haut. Nach Auflösung der Stärkekörner ist sie deutlich sichtbar.

Als weitere leblose Zelleinschlüsse treten, häufig als Inhaltsstoffe von Vakuolen, Aleuron- oder Proteinkörner auf. Ohne auf besondere Bildner angewiesen zu sein, werden sie im

Weiterführende Literatur zu den Kapiteln Pilze – Heilpflanzen – Kakteen und Sukkulenten – Orchideen – Gewürzkräuter

Pilze: *(S. 34–49)*

E. Gäumann: Die Pilze. Grundzüge ihrer Entwicklungsgeschichte und Morphologie. Basel 1949
Jakob E. Lange u. Morten Lange: 600 Pilze in Farben. München 1964
H. Lohwag: Anatomie der Asco- und Basidiomyceten. Berlin 1941
E. Michael und B. Hennig: Führer für Pilzfreunde. 5 Bände, Jena 1958, 1960, 1964, 1967, 1970
M. Moser: Basidiomyceten. II. Röhrlinge und Blätterpilze Agaricales. Stuttgart 1967
A. Ricken: Die Blätterpilze (Agaricaceae) Deutschlands und der angrenzenden Länder. Leipzig 1910–1915

Heilpflanzen: *(S. 158–171)*

F. Dörfler und G. Roselt: Unsere Heilpflanzen. Leipzig, Jena und Berlin 1962
G. Dragendorf: Die Heilpflanzen der verschiedenen Völker und Zeiten. Stuttgart 1888
E. F. Heeger: Handbuch des Arznei- und Gewürzpflanzenanbaues. Berlin 1956
G. Madaus: Lehrbuch der biologischen Heilmittel. Leipzig 1938
Oertel-Bauer: Lexikon der Naturheilkunde. Freiburg o.J.

Kakteen und Sukkulenten: *(S. 192–203)*

C. Backeberg: Das Kakteenlexikon. Jena 1978
M. Cullmann: Kakteen. Stuttgart 1977
K. Endler und F. Buxbaum: Die Pflanzenfamilie der Kakteen. Minden 1975
W. Haage: Das praktische Kakteenbuch in Farbe. Radebeul 1962
E. Haustein: Kakteen. Minden 1978
E. Haustein: Sukkulenten. Minden 1978
D. Herbel: Alles über Kakteen und andere Sukkulenten. Stuttgart 1978
H. Jacobsen: Handbuch der sukkulenten Pflanzen (1.–3. Bd.). Jena 1954
H. Jacobsen: Das Sukkulentenlexikon. Jena 1967
B. und E. Lamb: 100 Kakteen in Farbe. München 1977
W. Rauh: Die großartige Welt der Sukkulenten. Berlin–Hamburg 1979

Orchideen: *(S. 268–275)*

O. und E. Danisch: Orchideen Europas. Mitteleuropa. Bern–Stuttgart 1962
Georg Ederle: Die Orchideen der deutschen Heimat. Frankfurt 1963
Wolfgang Haber: Orchideen im Haus. Gütersloh 1966
Karl Matho: Orchideen der Tropen und Subtropen. Heidelberg 1956
Gerhard Nicolai: Das Orchideenbuch. Hannover 1954
Walter Richter: ... die schönsten aber sind die Orchideen. Radebeul 1962
Rudolf Schlechter: Die Orchideen. 3. Aufl. Berlin 1967

Gewürzkräuter: *(S. 276–291)*

Georg Fischer: Heilkräuter und Arzneipflanzen. Berlin 1947
Heinz Görz: Gesundheit durch Kräuter. Das große Buch der Kräuter und Gewürze. Mannheim 1974
Adamud Loniverus: Kreutterbuch. Frankfurt 1679
Ferdinand Müller: Das große Kräuterbuch. 1937

Plasma abgelagert, vornehmlich in Samen. Sie bestehen aus Eiweißstoffen, haben eine kristalline Form und finden sich beispielsweise im Nährgewebe des Rizinusbaumes *(Ricinus)*, in den brasilianischen Paranüssen oder »Brasil nuts« *(Bertholletia excelsa)*, die außerdem 50–60% reichlich fettes Öl enthalten und ein wichtiges Handelsprodukt darstellen, sowie in der Kartoffel.

Kleine Aleuronkörner sind in den peripheren Zellen des Endosperms (Nährgewebe in Pflanzensamen) der verschiedenen Getreidearten enthalten, wo sie die sogenannte Kleberschicht bilden, und neben der Stärke in den Kotyledonen (Keimblättern) der Bohnen *(Phaseolus)*, Erbsen *(Pisum)* und Linsen *(Lens)*. Ohne Stärke treten sie in den Samen der Lupine *(Lupinus)* und Sojabohne *(Soja)* auf.

Fette (Glyzerinester von Fettsäuren) sind in Gestalt stark lichtbrechender, weicher Massen oder als kleine Tröpfchen vorhanden, so beim Rizinusbaum, dem Lein *(Linum)* und der Sonnenblume *(Helianthus)*. Die Pflanze wird vor allem in Osteuropa (Rußland, Ungarn) in großem Maßstab zur Ölgewinnung angebaut. Ihre eigentliche Heimat ist Nordamerika. Von dort wurde sie 1596 nach Europa eingeführt.

In Form von Kristallnadeln sind die Fette in der Kokos- *(Cocos)* und Muskatnuß *(Myristica)* enthalten. Auch in den Samen von Raps *(Brassica napus ssp. arvensis)*, Mohn *(Papaver)* und Sesam *(Sesamum)* sind Fette als energiereiche Reservestoffe vorhanden, ferner im Fruchtfleisch der Olive *(Olea)* und der Ölpalme *(Elaëis)*.

Ätherische Öle können sich als kleine Tröpfchen im Plasma von Sekretzellen bilden, so beim Kampferbaum *(Cinnamomum)*, oder sie sammeln sich in besonderen Sekretbehältern wie in den Fruchtschalen der Citrusfrüchte. Sie können aber auch durch Drüsenhaare ausgeschieden werden wie bei den Primelgewächsen *(Primulaceae)* oder den Lippenblütlern *(Labiatae)*. Bei den Doldengewächsen *(Umbelliferae)* befinden sie sich in besonderen Ölgängen.

Die ätherischen Öle locken durch ihre mehr oder weniger starken Düfte von weit her die Insekten an, die, indem sie vom Honig naschen, gleichzeitig die Bestäubung vornehmen.

Auch die Harze werden in besonderen Behältern (Harzkanälen) ausgeschieden, nachdem sie sich als feine Tröpfchen in den Harzzellen gebildet haben. In den Zellen der Rinden vieler Bäume bilden sich Gerbstoffe. Sie sind gelöst in stärker lichtbrechenden Vakuolen, färben die Zellwände braun und machen die Borke widerstandsfähig.

Der Lein – älteste Textilfaserpflanze mit heilkräftigen Samen

Der Lein, der aus dem Orient zu stammen scheint, wird heute noch in zahlreichen Ländern angebaut, z.B. in Argentinien, Indien, Rußland und Italien. Er ist wahrscheinlich die älteste Textilfaserpflanze der Welt, da er, wie angenommen wird, bereits in der Jungsteinzeit bekannt war und später im Mittelmeerraum angebaut wurde.
Die Leinfasern bestehen aus fast reiner Zellulose und werden heute nur noch für besondere Stoffe verwandt. Deshalb geht der Anbau dieser Pflanze immer mehr zurück.
Eine zweite Varietät, der sogenannte Samenlein *(Linum usiatissimum var. humile)*, wird wegen seiner Samen kultiviert. Ihr leicht trocknendes Öl findet in der Farben- und Lackindustrie sowie in der Malerei Verwendung. Da die Samen zudem einen hohen Gehalt an Pflanzenschleim aufweisen, werden sie auch bei der Behandlung von Erkältungskrankheiten und Entzündungen in Form von Aufgüssen und Umschlägen angewandt.

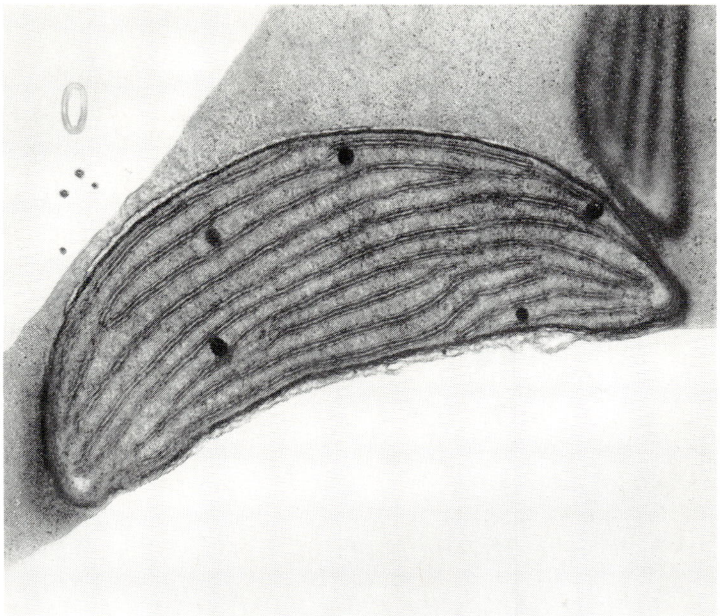

Geißelalgen, die im Licht gehalten werden (bei diesem Versuch EUGLENA*), entwickeln Blattgrün und assimilieren wie Pflanzen. Im Dunklen leben sie wie Tiere heterotroph (links), weil das Blattgrün fehlt. Die Geißeln dienen der Fortbewegung und zählen zu den Plasmaorganen.*

Chloroplasten (oben) sind Träger des Blattgrüns (Chlorophyll) und bei allen höheren Pflanzen in den Zellen enthalten, die dem Licht ausgesetzt sind. Ihre Aufgabe besteht in der Assimilation des Kohlenstoffs. Sie arbeiten wie winzige Laboratorien. (Vergr.: 31 500:1).

Die Bedeutung der Sojabohne

In China, wo ihr alter Name »Shu« von dem neuen Namen »Ta-tou« verdrängt wurde, und in Japan, hier »Daidsu« genannt, gibt es Dutzende von Varietäten der Sojabohne. Sie wird bereits in einem 5000 Jahre alten chinesischen Lehrbuch der Medizin erwähnt, und unter der Herrschaft des Kaisers Tschen-Nung (2800 v. Chr.) war ihr Anbau Pflicht.

Nach Europa gelangte sie in den ersten Jahren des 18. Jahrhunderts und ist bereits für das Jahr 1701 in verschiedenen Botanischen Gärten belegt. In Deutschland baut man sie als Zwischenfrucht an, und zwar als Viehfutter oder zur Düngung des Bodens.

Allgemein wird aus der Sojabohne das Sojaöl gewonnen. Im Fernen Osten stellt sie ein Nahrungsmittel ersten Ranges dar. Die Samen enthalten mehr Nährsubstanzen als jede andere Hülsenfrucht, zwar keine Stärke, aber im Durchschnitt ungefähr 30% Eiweiße (reich an essentiellen Aminosäuren), ungefähr 17% Fette in der Form von Palmitin, Olein und Linolein, darüber hinaus Saccharose, Maltose und Pektine. Die Asche enthält 30% Phosphor.

Aus den Samen stellt man das Sojamehl her, das man zu Suppen und, mit anderen Mehlen vermischt, auch zur Brotherstellung verwenden kann. Die Japaner mischen das Sojamehl mit Gerste oder Reis und lassen es zwei Jahre oder noch länger fermentieren (die Gärung beruht auf der Wirkung des Schlauchpilzes *Aspergillus oryzae*) und stellen so eine Soße, Shogu genannt, her: die berühmte Worcester-Sauce. Werden die Samen zerstoßen, mit Zucker und Kalisalzen vermischt und mit dem Schlauchpilz *Eurotium oryzae* fermentiert, so entsteht die Sojabutter oder Miso. Aus zerstoßenen und mit Chlormagnesium koagulierten Samen, die man austropfen läßt, bäckt man kleine Kuchen, den sogenannten Sojakäse oder Tofu, der wie frisches Gemüse schmeckt, aber nicht konserviert werden kann.

Als Zellsaft, der ebenfalls zu den Zelleinschlüssen zu rechnen ist, bezeichnet man den wäßrigen Inhalt, der die große zentrale Vakuole ausfüllt. Er setzt sich aus sehr verschiedenen Stoffen zusammen und stellt für gewöhnlich eine sauer reagierende Lösung dar. Neben organischen Säuren, anorganischen und organischen Salzen, Amiden und Aminosäuren finden sich noch verschiedene Zuckerarten, ferner je nach Pflanzen- und Zellart wechselnde Bestandteile wie Alkaloide, Glykoside, Zuckeralkohol sowie Farbstoffe, durch die der Zellsaft sehr intensiv gefärbt sein kann. Typische Beispiele dafür sind Rotkohl und Rote Bete sowie die Blutbuche. Auch die blaue Farbe reifer Früchte (Anthozyane), z.B. von Heidelbeeren, Liguster, Holunder oder Schlehen, wird durch solche Farbstoffe hervorgerufen.

Sehr oft sind im großen Zellsaftraum bzw. in den Vakuolen auch Calcium-Oxalatkristalle zu finden. Sie können als Einzel- oder Doppelkristalle auftreten, Bündel langgestreckter Nadeln bilden (Raphiden) oder als »Kristallsand« massiert in Form winzig kleiner Kriställchen eingelagert sein. Sogenannte Kristallschläuche kommen in den Erdsprossen der Schwertlilie *(Iris)* vor, Raphidenzellen in den Erdsprossen mancher Liliengewächse *(Liliaceae)*.

Auch die Zilien (Wimpern) und Flagellen (Geißeln) zählen zu den Plasmaorganen. Man nennt sie alloplasmatische (andersgeartete) Gebilde. Sie sind fadenförmige Zellorgane, die Einzellern und Geschlechtszellen die Fortbewegung in Flüssigkeiten gestatten, und treten in Ein-, Zwei- und Vielzahl auf.

Langgestreckte Zellen tragen meist an ihren Polen Geißeln (z.B. viele Bakterien). Bei rundlichen Formen sind die Zilien häufig zu Paaren angeordnet, bei den Spermatozoiden der Farne und bestimmter Nacktsamer in Spiralen, oder sie sind seitlich angesetzt. Alle sind so außerordentlich fein, daß ihre Struktur kaum zu erkennen ist, doch haben sie sich als längsfaserig erwiesen.

Die Geißeln sind mit einem Achsenfaden ausgestattet. Sind sie teilweise oder ganz verbreitert und durch einen Plasmasaum mit dem Zellkörper verbunden, spricht man – wie bei den Trypanosomen – von undulierenden Membranen.

Zilien dagegen können bei niederen Organismen innerhalb gewisser Entwicklungsperioden von Fall zu Fall gebildet und wieder abgeworfen werden. Vielleicht werden sie bei manchen Arten auch eingezogen.

Schleimpilze und andere amöboid bewegliche Organismen strecken an den Enden lappige Fortsätze aus, sogenannte Pseudopodien (Scheinfüßchen), und ziehen das Plasma am anderen Ende ein. Dadurch entsteht eine kriechende Fortbewegung. Voraussetzung ist allerdings auch hier ein feuchtes Subtrat; organische Substanzen auf ihrem Weg kapseln sie ein.

Der Kampfer

Der Kampferbaum *(Cinnamomum camphora)* ist in China, Japan und auf Formosa heimisch, wo er auch kultiviert wird. Aus dem Holz des Stammes gewinnt man durch Wasserdampfdestillation den Rohkampfer, der dann raffiniert wird. Im Handel ist er in durchscheinend weißen Tafeln erhältlich, die sich speckig anfühlen, eine unregelmäßige Bruchfläche aufweisen und einen besonderen durchdringenden Geruch ausströmen.

In Alkohol gelöst oder zusammen mit anderen Substanzen wird der Kampfer als Salbe in der Medizin äußerlich als Hautreizmittel, innerlich zu intramuskulären Injektionen verwendet, weil er die Herztätigkeit fördert. Es waren die Araber, die ihn im 11. Jahrhundert zuerst benutzten. Er blieb jedoch für lange Zeit ein seltenes und sehr teures Heilmittel und fand erst im 17. Jh. weitere Verbreitung.

Der Zellkern und die Zellteilung

Der Zellkern oder Nukleus ist zumeist von kugeliger oder eiförmiger, seltener von linsen- oder spindelförmiger Gestalt, noch seltener von gewundener oder gelappter Form. Er ist von gallertiger, dickflüssiger Beschaffenheit, stärker lichtbrechend als das Plasma, in das er eingebettet liegt, und von diesem durch eine feine Haut (Kernmembran) getrennt. Während diese im Lichtmikroskop kaum sichtbar ist, kann sie im Elektronenmikroskop deutlich wahrgenommen werden. Sie ist von winzigen Poren durchsetzt, durch die der Stoffaustausch zwischen Kern und Zytoplasma ermöglicht wird, und besteht aus zwei Schichten.

Bei noch ganz jungen Zellen liegt der Kern im Zentrum der Zelle, eingebettet im Plasma. Bei älteren rückt er mehr an den Rand, in die Nähe der Zellwand. In besonderen Fällen kann er aber auch im inneren Zellraum verbleiben und ist durch Plasmastränge mit dem wandständigen Plasma verbunden.

Die Größe des Nukleus differiert stark und schwankt in den Grenzen zwischen 0,5–1,0 μm (bei Pilzen) und der Riesengröße bis 600 μm in den Eizellen der Palmfarne *(Cycadaceae)*. Im Normalfall bewegt sie sich zwischen Werten von 5–25μ. Blaualgen und Bakterien haben überhaupt keinen Kern im Sinne der höheren Zellen, d.h. kein einziges wohlgeformtes und organisiertes, kugeliges Körperchen, das von einer Membran umgeben ist, und an dem eine Mitose oder Meiose zu beobachten wäre. Wohl aber zeigt das elektronenmikroskopische Bild kleine, im Plasma eingebettete Kernsubstanzteilchen, die als genetische Steuerungszentren anzusprechen sind und als Kernäquivalente bezeichnet werden.

Das Kernplasma, auch Karyoplasma genannt, besteht aus einem Gerüst, das leicht färbbar ist und deshalb als Chromatin (griech. chroma = Farbe) bezeichnet wird. Außerdem ist im Nukleus noch eine Flüssigkeit vorhanden, der Kernsaft oder die Karyolymphe. Ins Chromatin eingebettet sind außerdem mehrere kleine Kernkörperchen oder Nukleolen. Auch sie sind leicht färbbar, allerdings abweichend vom Gerüst, woraus sich auf einen anderen chemischen Aufbau schließen läßt.

In den Zellen der höheren Pflanzen ist meist nur ein Kern vorhanden. Sind sie aber besonders langgestreckt, wie z.B. bei den Milchsaft- und Bastzellen, enthalten sie meist mehrere Kerne. Bei Pflanzen mit nichtzelligem Bau (einige Pilze und Algen) finden sich viele Kerne in einer gemeinsamen Plasmamasse; sie ist nicht in Zellen gekammert (sogenannte polyenergide Zellen). Auch bei höheren Pflanzen gibt es vorübergehend Stadien, wo zahlreiche Kerne in einer gemeinsamen Plasmamasse ruhen (z.B. bei der nuklearen Endospermbildung).

Das Chromatingerüst des Zellkerns besteht aus den Kernschleifen oder Chromosomen. Sie zeichnen sich durch den Besitz von Desoxyribonukleinsäure (DNS) aus und werden als Sitz der genetischen Substanz (Erbsubstanz) der Zellkerne angesehen.

Die Größe und Form der Chromosomen ist sehr unterschiedlich. Die Gesamtheit der Kernschleifen nennt man einen Chromosomensatz oder ein Genom.

Während jeder Zellkern einer Körperzelle bei höheren Pflanzen und Tieren einen doppelten Chromosomensatz (zwei Genome enthält und dadurch diploid ist, zeichnet sich der Kern der Keim- oder Geschlechtszellen durch einen einfachen Satz aus; er ist haploid. Wenn bei der Befruchtung Ei- und Samenzelle miteinander verschmelzen, enthält der Kern der so entstandenen Zelle (Zygote) in zwei Chromosomensätzen jedes einzelne Chromosom zweimal, oder anders ausgedrückt: die eine Hälfte des doppelten Chromosomensatzes stammt vom Kern der mütterlichen Eizelle, die andere von dem der väterlichen Samenzelle.

Die Chromosomenzahl je Genom ist artkonstant. Damit ist auch der Bestand an Erbfaktoren (Genen) je Zelle genau festgelegt. Erbse und Gerste haben z.B. 14 Chromosomen je Genom, Mohrrüben 18, Mais 20, Weizen 21, Bohnen 22, Tomaten 24, die Natternzunge sogar über 600. Die Zellvermehrung beginnt mit der Zellteilung und diese beginnt jeweils mit der Kernteilung.

Nur ausnahmsweise erfolgt die Teilung des Zellkerns auf dem Wege der einfachen Durchschnürung (amitotische Teilung). Normalerweise stellt sie einen sehr komplizierten Vorgang dar, die sogenannte Mitose, die auch indirekte Kernteilung oder Karyokinesis genannt wird. Sie geht in verschiedenen Phasen vor sich, die man als Prophase, Metaphase, Anaphase und Telophase bezeichnet.

Bei der Prophase entstehen aus dem Gerüstwerk des Kerns lange, verknäuelte Fäden (Spirem-Stadium), die schließlich eine bestimmte Anzahl von langgestreckten oder abgewinkelten Chromosomen bilden.

In der Metaphase wird die Grenze zwischen Kern und Plasma undeutlich und verschwindet; die Nukleolen lösen sich auf. Zugleich erscheinen feine Plasmafäden, die in zwei Polen zusammenlaufen und eine sogenannte Kernspindel bilden. Die Chromosomen lassen einen feinen Längsspalt erkennen und ordnen sich schließlich quer zur Spindel in einer Ebene, der Äquatorialplatte an (Aster-Stadium). Während der Anaphase trennen sich die Spalthälften voneinander und wandern den Polen zu (Diaster). In der Telophase endlich bilden sie wieder ein verknäueltes Gerüstwerk (Dispirem) und treten zu zwei neuen Zellkernen zusammen. Quer durch das Zellplasma bildet sich eine neue Zellwand. Jede durch Teilung entstandene Tochterzelle ist zunächst halb so groß wie die Mutterzelle. Durch das Wachstum des Plasmas nimmt ihre Größe aber bald zu. Aus den Nährstoffen der Pflanze wird ein für jede Art spezifisches Protoplasma aufgebaut; die Nährstoffe werden assimiliert, d. h. der körpereigenen Substanz eingefügt.

Was wir als das Wachstum der Pflanzen bezeichnen, ist zum großen Teil nichts anderes als das Streckenwachstum der einzelnen Zellen. Es beruht im wesentlichen auf einer Wassereinlagerung in der Zelle, wodurch im Protoplasma mit Zellsaft gefüllte Vakuolen auftreten. Bei diesem Vorgang dehnen sich die Zellwände und werden durch ein Flächen- sowie Dickenwachstum verstärkt. Ein Apfel z.B. hat seine Zellteilungen schon abgeschlossen, wenn er noch die Größe einer Kirsche hat. Das weitere Wachstum vollzieht sich hauptsächlich durch Zellstrekkung und Zellvergrößerung.

Die gleiche Erscheinung ist zu beobachten, wenn sich im Frühling die Blütenknospen vieler Bäume in kürzester Zeit entfalten. Waren heute noch beispielsweise die Kastanienbäume unansehnlich, sind sie am nächsten Tag schon mit vollerblühten weißen oder roten Kerzen besteckt. Bei unseren Obstbäumen ist es ähnlich: Plötzlich stehen die Kirschbäume in voller Blüte, die Apfelbäume entfalten ihre rosafarbene Pracht, die weißen Blütenbüschel der Birnbäume zeigen ihre roten Antheren. Das Geheimnis? Alle Zellen samt ihrem Plasma sind bereits im vorhergehenden Sommer entstanden und erfahren nun lediglich eine beträchtliche Volumenvergrößerung. Aus demselben Grunde »schießen« nach einem warmen Regen auch die Pilze so schnell aus dem Boden.

Die Chlorophyllkörner entstehen nicht aus dem Zellplasma, sondern vermehren sich selbständig durch Teilung der schon in der Zelle vorhandenen Blattgrünkörner.

Vom Einzeller über Zellkolonien zur vielzelligen Pflanze

Von den zur Zeit etwa 400000 bekannten Pflanzenarten sind nur etwa 10000 Einzeller; alle anderen setzen sich aus mehreren bis zu einer Vielzahl von Zellen zusammen. Diese trennen sich nach der Teilung nicht, sondern bleiben miteinander verbunden. Auf diese Weise entstehen mehrzellige Organismen in einer außerordentlichen Formenfülle.

Die einfachste Form der einzelligen Pflanze besteht aus einer Kugel. Kugelformen sind sowohl unter den Blaualgen *(Cyanophyceae)* als auch unter den Spaltpilzen oder Bakterien anzutreffen. Bei den genannten Gruppen handelt es sich mit großer Wahrscheinlichkeit um die ältesten Organismen des Pflanzenreiches.

Unter den Bakterien finden wir außerdem die kleinsten aller bisher bekanntgewordenen Lebewesen. Neben der einfachsten kugeligen Form treten unter ihnen aber auch schon solche auf, die eine Längsachse ausgebildet haben. Wieder andere zeigen eine ovale, zylindrische oder schraubenförmige Gestalt. Da diese primitivsten aller Pflanzen die Nährstoffe noch mit der ganzen Oberfläche aufnehmen, bedeutet deren Vergrößerung praktisch eine verbesserte Ernährung. Zudem sind zahlreiche Bakterien mit Flagellen ausgestattet, mit deren Hilfe sie sich in den Flüssigkeiten, in denen sie leben, fortbewegen, um die für ihre Ernährung günstigsten Stellen aufsuchen zu können.

Bei den Algen ist die einzellige, begeißelte *Chlamydomonas* der mögliche Ausgangspunkt einer Entwicklungsreihe. Geißelalgen sind außerordentlich formenreiche kleine Planktonlebewesen, die oft in großen Massen alle Gewässer von der kleinsten Regenpfütze bis zu den Ozeanen bevölkern. Sie bewegen sich mit Hilfe einer oder zweier Geißeln fort. Manche Arten sind farblos und nehmen feste organische Nahrung auf. Die meisten aber sind grün gefärbt und vermögen von anorganischen Stoffen zu leben. Da sie somit auf der Grenze zwischen dem Tier- und Pflanzenreich stehen, werden einige Arten sowohl in der Zoologie als auch in der Botanik behandelt. Es wird angenommen, daß die Vorfahren der Geißelalgen die gemeinsame Wurzel des Tier- und Pflanzenreiches gebildet haben.

In der Systematik wird Chlamydomonas zu den Kugelalgen *(Volvocaceae)* gerechnet und gilt einerseits als die am höchsten entwickelte Geißelalge, ist andererseits aber schon zu den niederen Grünalgen zu zählen. Sie wird daher als Übergangsform zwischen beiden angesehen.

Die Gattung Chlamydomonas umfaßt etwa 300 Arten, die weit verbreitet in Tümpeln und fauligem Wasser anzutreffen sind. Zwei Geißeln an ihrem vorderen Ende machen sie beweglich und ermöglichen ihnen jede beliebige Ortsveränderung. Ihr Zytoplasma enthält einen großen Farbstoffträger von becherförmiger Gestalt, dem zahlreiche Stärkekörnchen angelagert sind. Inmitten des Farbstoffträgers liegt auch der Zellkern. Im vorderen Abschnitt der Zelle ist ein roter Pigmentfleck (»Augenfleck«) vorhanden, der auf Lichtreize anspricht. Zwei kleine Vakuolen unterhalb der Befestigungsstelle der Geißeln vervollständigen die »Innenausstattung« der Zelle.

Chlamydomonas vermehrt sich ungeschlechtlich durch mehrmalige Längsteilung des Inhaltes einer Mutterzelle, so daß zwei bis sechzehn Tochterzellen entstehen. Zum Teil findet aber auch eine geschlechtliche Fortpflanzung statt in der Weise, daß zwei Zellen miteinander verschmelzen. Die so entstandene Zygote (Verschmelzungszelle, stets diploid) macht zunächst ein Stadium der Ruhe durch und entwickelt sich erst nach erfolgter Reduktionsteilung weiter. Dabei entstehen vier oder mehr neue haploide Chlamydomonaszellen.

Aus dem Bau, der Lebensweise und Vermehrung dieses winzigen Einzellers ist ersichtlich, wie hochkompliziert und weitgehend differenziert er bereits ist, obwohl er an der Wurzel des Pflanzenreiches steht. Die Aufgaben, die hier von einer einzigen Zelle verrichtet werden, gehen weit über diejenigen hinaus, die den Zellen höher organisierter, vielzelliger Organismen bei der Arbeitsteilung zufallen.

Zellkolonien (d. h. eine Ansammlung von Zellen, deren jede einzelne prinzipiell selbständig ist) kommen bereits bei der Gattung *Gonium* vor, deren vier oder sechzehn Zellen sich zu kleinen Täfelchen oder Scheiben vereinigen. Das ganze Gebilde ist in eine Gallertschicht eingeschlossen, die von den Geißeln einer jeden Zelle nach außen durchbrochen wird.

Noch einen Schritt weiter in der Entwicklungsreihe geht die Gattung *Pandorina.* Sie stellt Kugeln von sechzehn gleichartigen, in eine farblose Gallerte eingebetteten Zellen dar. Jede Zelle entspricht in ihrem Bau der von Chlamydomonas. Mit Hilfe der Geißeln bewegt sich die ganze Kolonie schwimmend fort. Die Fortpflanzung erfolgt im einfachsten Fall ungeschlechtlich, indem aus jeder Zelle durch Teilung eine neue Tochterkolonie von sechzehn Zellen entsteht. Daraus geht hervor, daß jede Pandorinazelle für sich lebensfähig ist und die Art zu erhalten vermag. Die Kolonie kann sich aber auch geschlechtlich fortpflanzen, indem jede Zelle befähigt ist, eine Anzahl kleiner, eiförmiger Keimzellen (Gameten) zu bilden.

Da Pandorina zweihäusig ist, können auch nur zwei von verschiedenen Kolonien stammende Gameten miteinander verschmelzen. Aus den so entstandenen Zygoten bilden sich nach einer bestimmten Ruhezeit neue Kolonien.

Wieder eine Entwicklungsstufe höher steht die Gattung *Eudorina.* Hier hat sich die Anzahl der Zellen bis auf 32 erhöht. Sie bilden eine Hohlkugel, die innen mit Gallerte ausgefüllt ist. Die Zellen sind in fünf Kränzen angeordnet; der obere und untere besteht aus je vier Zellen, die drei mittleren werden aus je acht Zellen gebildet. Meist sind alle 32 Zellen untereinander gleichwertig, doch deuten sich bei einer Art bereits die ersten Anfänge einer Arbeitsteilung an, indem die vier Zellen des vorderen Kranzes nicht mehr teilungsfähig sind. Dadurch weist die Kolonie bereits zwei Pole auf.

Sehr deutlich wird die Polarität bei den Zellverbänden der Gattung *Pleodorina.* Hier sind es bereits 128 Zellen, die eine Kolonie bilden. Die Zellen am vorderen Pol sind kleiner als die am hinteren. Nur die letzteren sind für die Vermehrung zuständig.

Die letzte und noch wesentlich höhere Entwicklungsstufe wird durch die berühmte, von Leeuwenhoek im Jahre 1698 entdeckte Kugelalge *(Volvox)* verkörpert. Ihre Wand besteht aus Hunderten bis Tausenden (22000) kleiner, durch Protoplasmabrücken verbundener Geißelzellen, die der Ernährung und Fortbewegung dienen, und einer kleineren Anzahl von Fortpflanzungszellen. Bei ungeschlechtlicher Vermehrung wachsen sie unmittelbar zu einer neuen Kugelalge aus. Bei der geschlechtlichen entstehen in den Fortpflanzungszellen teils Bündel winziger, mit Geißeln versehener männlicher Keimzellen, teils große grüne, unbewegliche Eizellen. Aus der befruchteten Eizelle (Zygote) entwickelt sich ebenfalls nach Reduktion eine neue Tochterkolonie.

Zusammenfassend können wir also folgendes sagen: Bei Volvox ist im Gegensatz zu Pandorina eine echte Arbeitsteilung der Zellen in Körper- und Keimzellen eingetreten. Die Funktion der ersteren ist es, die Kolonie zu ernähren und fortzubewegen, die der letzteren, für die Vermehrung zu sorgen. Auf dieser Arbeitsteilung aber beruht im wesentlichen der Übergang vom Einzeller zum Vielzeller.

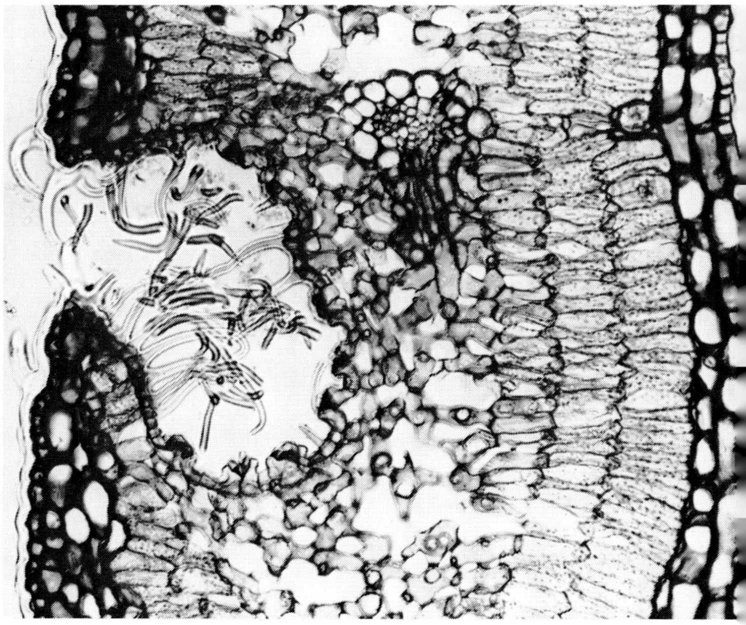

Als Vielzeller bezeichnet man Lebewesen, die aus vielen Zellen bestehen, die sich gegenseitig ergänzen und aufeinander angewiesen sind. Die Zellkolonien nehmen eine Zwischenstellung zwischen Ein- und Vielzellern ein. Sie zeigen noch heute den Weg an, auf dem sich wahrscheinlich der Übergang vollzogen hat.

Jede höhere morphologische Gliederung ist meist mit einer echten Vielzelligkeit verbunden. Dabei ergibt sich die Anordnung der Zellen im Zellverband aus der Orientierung der bei der Teilung auftretenden Zellwände.

Man unterscheidet Zellfäden, Zellflächen (einschichtige, dünne Lamellen, z. B. Grünalge *Monostroma*) und Zellkörper (mehrschichtige, dickere Körper von verschiedener Gestalt, z. B. Grünalge *Ulva*, Braunalge *Chorda*). Diese Grundformen können durch Verzweigung und Lappung gegliedert werden, wobei es gleichzeitig zwischen den einzelnen Teilen des Pflanzenkörpers zur Arbeitsteilung kommen kann. Besonders ausgeprägt ist diese Erscheinung bei manchen Braunalgen, die dadurch rein äußerlich sogar an höhere Pflanzen erinnern. Bei vielen Rotalgen und Pilzen wiederum können durch enge Verflechtung verzweigter Fäden (Pseudoparenchym oder Plectenchym) ziemlich derbe und massige Körper entstehen, mit anderen Worten: Pseudoparenchym ist ein Scheingewebe, d. h. ein unechter pflanzlicher Gewebeverband, der sich durch Verwachsung von Hyphen bildet.

Alle die genannten Pflanzen leben im Wasser. Unter den grünen Landpflanzen sind solche wenig gegliederten Formen nur bei Lebermoosen zu finden, z. B. bei *Marchantia*. Sie weisen die Gestalt eines mehrschichtigen, verzweigten Bandes auf, während die Laubmoose schon zylindrische, verzweigte Achsen mit ausgeprägt blattartigen Anhängseln bilden. Am Substrat sind sie mit einfachen, langen Zellschläuchen oder -fäden (Rhizoiden) angeheftet.

Pflanzen mit nichtzelligem Bau

Ein anderer Weg vom einzelligen zum vielzelligen Lebewesen kann bei den Pflanzen auch über die Zwischenstufe nichtzellig gebauter Organismen führen. Meist stellen diese einen einzigen großen Zellraum dar, der zudem vielfältig verzweigt sein kann, keine Querwände aufweist und von einer gemeinsamen vielkernigen Plasmamasse erfüllt ist.

Das auffälligste Beispiel eines solchen »Zönozytismus« bietet die Kriechsproß-Schlauchalge *(Caulerpa)* aus der Ordnung der Schlauchalgen *(Siphonales)*. Sie lebt in tropischen und subtropischen Meeren. Der ansehnliche Algenkörper ist in blatt-, sproß- und wurzelähnliche Triebe gegliedert, die ungekammert sind und ein vielkerniges Gesamtplasma enthalten. Auch sind zahlreiche kleine, linsenförmige Chromatophoren (Farbstoffträger) vorhanden. Um die Form zu erhalten, sind die Wände innen durch Zellulosestränge miteinander verbunden. Hätte die Caulerpa Querwände, könnte sie ohne weiteres als echte vielzellige Pflanze gelten.

v. Guttenberg weist darauf hin, daß auch bei höheren Pflanzen zönozytische Stadien vorkommen können. So besitzen die jungen Embryonen der Palmfarne *(Cycadaceae)* zunächst ein vielkerniges Gesamtplasma, das erst später Zellwände erhält und gekammert wird. Die gleiche Beobachtung ist bei der Bildung des Endosperms (Nährgewebe im Pflanzensamen) zu machen. Dies läßt den Schluß zu, daß der zellige Bau auch das Ergebnis einer sekundären Differenzierung sein könnte.

Hand- und Bestimmungsbücher sowie Nachschlagewerke, systematisch geordnet oder lexikalisch aufgebaut, knapp in der Formulierung und gewisse Vorkenntnisse voraussetzend. Unentbehrlich zur Pflanzenbestimmung und Einordnung.

D. Aichele und **H. W. Schwegler:** Unsere Moos- und Farnpflanzen. Einführung in die Lebensweise, den Bau und das Erkennen heimischer Moose, Farne, Bärlappe und Schachtelhalme. Kosmos-Naturführer, Stuttgart 1963
J. Anders: Die Strauch- und Laubflechten Mitteleuropas. Jena 1928
L. Bauer: Landschaftspflege und Naturschutz. Jena 1964
W. Baumeister: Die Welt der Pflanzen. Eine allgemeine Botanik. Das Große Ill. Pflanzenbuch. Gütersloh 1969
de Beer: Bildatlas der Evolution. München 1969
G. Boros: Lexikon der Botanik. Mit besonderer Berücksichtigung der Vererbungslehre. Stuttgart 1958
H. Buhr: Bestimmungstabellen der Gallen (Zoo- und Phytocecidien) an Pflanzen Mittel- und Nordeuropas. Jena 1964
dtv-Atlas zur Biologie, Band 1 und 2. München 1967
H. Ecke: Die in Deutschland geschützten Pflanzenarten. Hrsg. von der Bundesanstalt für Naturschutz und Landschaftspflege. Gießen o. J.
A. Engler's Syllabus der Pflanzenfamilien, Band 1 und 2. Berlin 1954
H. v. Guttenberg: Lehrbuch der Allgemeinen Botanik. Berlin 1963
Hegi: Illustrierte Flora Europas. 13 Bände. München 1906–1931
Knaurs Pflanzenreich in Farben, Bd. I und II. München 1964
G. Krüssmann: Handbuch der Laubgehölze. Berlin-Hamburg 1960–1962
O. Löhr: Deutschlands geschützte Pflanzen. Winters Naturw. Taschenbücher Band 18, 2. Aufl. Heidelberg 1953
Meyers Handbuch über Mensch, Tier und Pflanze. Mannheim 1964
H. Miehe: Taschenbuch der Botanik. 12. Aufl., Stuttgart 1958
W. Nultsch: Allgemeine Botanik. Kurzes Lehrbuch für Mediziner und Naturwissenschaftler. 4. Aufl., Stuttgart 1971
Pflanzenbuch, Das Große Illustrierte. Gütersloh 1969
Schmeil-Fitschen: Flora von Deutschland. Heidelberg 1962
Schmeil-Seybold: Lehrbuch der Botanik. 2 Bände. Heidelberg
Zander-Encke-Buchheim: Handwörterbuch der Pflanzennamen. Stuttgart 1964

Schnitt durch ein Oleanderblatt. Deutlich sichtbar sind die verdickte Oberhaut und die Spaltöffnungen. Sie befinden sich in behaarten Gruben, wodurch ein zu starker Wasserverlust bei der Verdunstung verhindert wird (links).

Blattskelett aus der untersten Laubschicht des Waldbodens. Die Blattspreite wurde von den Bodenorganismen bereits weitgehend zersetzt. Nur das Gefäßbündelnetz (»Adernetz«) ist noch übriggeblieben. Auch dieses wird eines Tages zu Humus geworden sein.

Ein anderes Beispiel für Pflanzen mit nichtzelligem Bau liefern die Schleimpilze *(Myxophyta)*. Es handelt sich hier um sehr niedere Lebewesen, deren ungewöhnliches Verhalten im Pflanzenreich seinesgleichen sucht. Es gibt etwa 60 Gattungen mit mehr als 1000 Arten. Ihre Beziehungen zu anderen Pflanzengruppen sind noch sehr umstritten; ihre amöbenähnliche Fortbewegungsweise wurde dagegen genau untersucht (vgl. auch Kap. »Das Bewegungsvermögen der Pflanzen«).

Als fleischrote, gelbe oder weiße schleimige Massen bewohnen die Schleimpilze Baumstümpfe feuchter Wälder, den Waldboden, abgefallenes Laub und moderndes Holz. Die »Lohblüte« der Gerberlohe *(Fuligo septica)*, eine fingernagelbis handtellergroße Schleimpilzmasse, kann sogar eine Ausdehnung bis 30 Zentimeter im Durchmesser erreichen. Unter ständiger Formveränderung und Verzweigung kriecht sie langsam umher, umfließt organische Stoffe, nimmt sie auf, verdaut sie und scheidet Unverdauliches wieder aus. Diese als Plasmodium bezeichnete Plasmamasse ist zwar vielkernig, aber nicht in Zellen gegliedert.

Wenn man sie genau beobachtet, kann man feststellen, daß sie nach einiger Zeit dem Licht entgegenkriecht, sich stark zusammenzieht und sich danach in viele, meist einige Millimeter große, lebhaft gefärbte und zierlich geformte Fruchtkörper umwandelt. Ihre zahlreichen kleinen Sporen werden vom Wind verbreitet und keimen, wenn sie auf ein feuchtes Substrat gelangen, zu begeißelten Schwärmern aus. Diese verlieren die Geißel kurz darauf, nehmen die Gestalt einer Amöbe an und kriechen wie eine solche umher. Die Amöbenformen vermehren sich durch Teilung und verschmelzen dann paarweise zu einer Zygote. Diese behält ihre Beweglichkeit und vereinigt sich mit anderen zu kleineren Plasmamassen, die nach einiger Zeit zu größeren zusammenfließen und ein Plasmodium bilden.

Querschnitt

Die wichtigsten Kulturpflanzen der Menschheit

Pflanzenzucht schon nach der letzten Eiszeit?

Der Beginn des Pflanzenbaues und der planmäßigen Pflanzenzucht ist ein Meilenstein in der Menschheitsgeschichte, denn er zeigt den Beginn des Seßhaftwerdens an. Die Zeit des reinen Nomadentums ging zu Ende.
So berichtete Kwang Chih-chang von der Yale-Universität (USA), daß im Nordwesten Thailands Pflanzenreste aus einer Kultur gefunden worden seien, die 8000 bis 12000 Jahre alt sind und Beweise dafür liefern, daß sie von Gewächsen stammten, die intensiv genutzt, wenn nicht bereits kultiviert worden waren. Es handelt sich um Mandeln, Betelnüsse, Schmetterlingsblütler ähnlich unseren Hülsenfrüchten, chinesische Wasserkastanien und Pfeffer. Auch im Westen Thailands konnte durch eine Pollenanalyse nachgewiesen werden, daß dort schon vor 12000 Jahren Pflanzen genutzt worden waren. In Japan baute man bereits vor mehr als 10000 Jahren die ersten Pflanzen an und etwa zur gleichen Zeit auch in Teilen Nordchinas.
Wenn man sich klarmacht, daß in jener Zeitepoche das Pleistozän gerade zu Ende ging und die Nacheiszeit begann, wirken diese Entdeckungen fast sensationell. Zumindest würden damit die Anfänge des Akkerbaues um einige tausend Jahre früher datiert werden müssen, als aufgrund der Funde und Untersuchungsergebnisse in der Alten Welt bisher angenommen wurde.

Die Kulturpflanzen unserer Erde haben eine lange Geschichte. Nur in wenigen Fällen sind ihre Ausgangsformen bekannt, und dies um so weniger, je früher sich der Mensch mit ihrem Anbau befaßt hat. Offensichtlich begann es damit, daß er ganze Wildpflanzen oder Teile von ihnen sammelte. So hat er auch sicherlich die Samenkörner mancher Wildgräser als wertvolle Nahrung schätzengelernt. Er hat sie in der Nähe seiner Behausung ausgesät, um nicht nur eine größere Ausbeute zu erzielen, sondern um sie auch immer zu seiner Verfügung zu haben. Dabei wird er Sorten bevorzugt haben, deren Ährenachsen zäh waren und beim Reifen nicht in die einzelnen Ährchen zerfielen. Dies aber war die Geburtsstunde der Pflanzenzucht.

Im Verlauf langer Zeiträume verwandelten sich bei planmäßigem Anbau die reinen Wildpflanzen allmählich zu Kulturpflanzen. Zunächst bildeten sich sogenannte Landsorten heraus, die sich zwar nicht durch hervorragende Ernten auszeichneten, aber anspruchslos waren und sich den Gegebenheiten des Bodens und des Klimas besonders gut anpaßten. Sie waren das Ausgangsmaterial für die Auslesezüchtung, die im 19. Jahrhundert ihren Anfang nahm.

Wildgetreidearten sind weit verbreitet, namentlich in den tropischen und subtropischen Hochländern der Alten Welt. Wildweizen finden wir in Vorderasien, Wildgerste von Nordafrika bis nach Tibet und den wilden Bergroggen im Mittelmeergebiet bis weit nach Asien hinein. In den Gebirgsgegenden mit isolierten Tälern weisen bestimmte Arten durch viele Mutationen (sprunghafte Erbänderungen) eine große Mannigfaltigkeit auf. Der sowjetische Vererbungsforscher Vavilov bezeichnete diese Gebiete nach eingehenden Studien als »Genzentren«.

Weizen und Gerste sind die beiden ältesten Kulturgetreidearten. Sie werden seit mindestens sechs Jahrtausenden angebaut. Da sie aber, wie schon erwähnt, ursprünglich brüchige Ährenspindeln hatten, zerfielen die Ähren zum größten Teil vor und während der Ernte, so daß viele Körner verlorengingen. Unter den Getreidepflanzen traten jedoch auch Mutationen mit fester Spindel auf, bei denen die Körner leichter geerntet und eingebracht werden konnten. Sie lieferten das bevorzugte Saatgut. Durch die Aussaat von Körnern aus den größeren Ähren erzielte man wiederum großährige Pflanzen. So entstand durch fortgesetzte Auslese allmählich das »Kulturgetreide«.

Vom Weizen traten schon früh verschiedene Kulturformen auf. Das anspruchslose Einkorn war der Weizen der Pfahlbauern in der Steinzeit. Die Babylonier und Ägypter bauten den Emmer an. Heute wird vor allem der Saat- oder Gemeine Weizen, der vom Spelt abstammt, kultiviert.

Alle Weizenarten haben als Grundzahl 7 Chromosomen. Das Einkorn ist diploid (2 mal 7 = 14 Chromosomen), der Emmer tetraploid (4 mal 7 = 28), der Saatweizen hexaploid (6 mal 7 = 42). Vermutlich ist der Kulturweizen herangezüchtet worden, indem man verschiedene Arten kreuzte und anschließend polyploide Pflanzen (Pflanzen mit Vervielfachung des Chromosomensatzes) mit reicherem Ertrag auslas.

Die Polyploidie kann künstlich hervorgerufen werden, indem man das Gift der Herbstzeitlose, das Alkaloid Colchicin, auf die Zellen einwirken läßt. Dieses erlaubt in den Anfangsstadien der Kernteilung zwar die Verdoppelung der Chromosomen, verhindert aber deren Auseinanderweichen und damit die endgültige Kern- und Zellteilung. Auf diese Weise entsteht in einem ungeteilten Zellkern die doppelte Chromosomenzahl. Eine Folge der Polyploidie ist eine der höheren Chromosomenzahl entsprechende Vergrößerung des Zellkerns. Da zwischen Zell- und Kerngröße ein nahezu gleichbleibendes Verhältnis besteht, nimmt auch die Zellgröße zu. Auf diese Weise entstehen besonders üppige Pflanzen.

Kulturpflanzen sind in vielen Fällen Polyploide wilder Stammformen. Wildtomaten zum Beispiel haben nur Kirschgröße, während es Kulturformen von der Größe eines Kinderkopfes gibt.

Weizen, das wichtigste Brotgetreide der Welt

Weizen ist ein 1,70 m hohes einjähriges Süßgras. Man unterscheidet Winter- und Sommerweizen. Letzterer wird besonders wegen seiner guten Backfähigkeit geschätzt, weil er neben der Stärke sehr viel Kleber enthält, ein Gemisch aus verschiedenen Eiweißstoffen. Ferner unterscheidet man den bespelzten Weizen, bei dem die Körner nach der Reife von Spelzen umhüllt bleiben, und den nackten Weizen, dessen Körner nach der Reife aus den Spelzen herausfallen. Nach der Anzahl der Chromosomen wurden die Weizenarten in drei Verwandtschaftsreihen gegliedert, aus denen jeweils mehrere Sorten und Formen hervorgegangen sind.

Aus der Einkornreihe entstand auf dem Balkan wahrscheinlich die Kulturform *Triticum monococcum*, ein Spelzweizen mit Grannen, dessen Körner glasig und bisweilen rötlich gefärbt sind. Diese Art, die bereits den Trojanern als Nahrung diente, wurde noch bis zum Zweiten Weltkrieg in Südwestdeutschland angebaut.

Weitaus älter ist *Triticum dicoccum* aus der Emmerreihe, eine Form, die in vorgeschichtlicher Zeit in Westeuropa entstanden sein muß. Sie gelangte aus Mesopotamien, wo sie schon um 5000 v. Chr. auf den Feldern zu finden war, um 4000 v. Chr. nach Ägypten. Von dort nahm sie ihren Weg über Nordafrika nach Spanien, Italien und wurde um 3000 v. Chr. auch in Mitteleuropa kultiviert. Sie war das wichtigste Getreide der Bronzezeit und ist heute fast verschwunden. Eine Nacktform der Emmerreihe, *Triticum durum*, der sogenannte Hartweizen, ein Sommerweizen, wird hauptsächlich in Ägypten und in Vorderasien angebaut.

Am Nordrand der Alpen wurden Kulturformen aus der Dinkelreihe gefunden, die aus der Eisenzeit stammen. In der Schweiz und in Süddeutschland war während der Bronzezeit ein bespelzter Weizen, *Triticum spelta,* ein sehr wichtiges Brotgetreide. Ihm ähnelt eine Wildform, die vor nicht allzu langer Zeit in Persien entdeckt worden ist. *Triticum spelta* existiert heute noch auf Äckern in Südwestdeutschland, in der Schweiz, in den Ardennen, in Spanien und in Tirol. Dieser Weizen liefert ein gutes Mehl; er wird zu Grieß verarbeitet. Die noch nicht ganz reifen Körner sind als Grünkern bekannt.

Ebenfalls aus der Dinkelreihe ging ein Nacktweizen hervor, *Triticum aestivum,* der heute die Anbauflächen der Erde beherrscht. Er war schon in der Bronzezeit bekannt und wird um 500 v. Chr. in Babylon bezeugt. Aus dieser Kulturform, allgemein Saatweizen genannt, wurden durch weitere Auslese und Kreuzung die heutigen Hochleistungsrassen gezüchtet. So kreuzte man in Schweden den Landweizen, der sehr widerstandsfähig gegen Kälte ist, aber nur geringe Erträge liefert, mit dem englischen Dickkopfweizen, der sich durch große Kälteempfindlichkeit und hohe Erträge auszeichnet. Die Bastarde, so der schwedische Panzerweizen, vereinigen in sich die Kältefestigkeit des Landweizens und die Ertragsfähigkeit des Dickkopfweizens.

Ein weiteres Zuchtziel ist die Resistenz (Widerstandsfähigkeit) gegen zahlreiche Schädlinge. So sind die heute angebauten Weizen-

Einst war die Ananas eine Luxusfrucht, die erst nach langen Seereisen auf die europäischen Märkte kam. Heute ist sie zwar nicht mehr eine der teuersten, aber noch immer eine der köstlichsten Früchte der warmen Länder. Bei den kultivierten Formen gelangen die Samen nicht zur Reife. Hier eine Plantage in Kenia.

Hülsenfrüchtler mit Vergangenheit

Schon seit uralten Zeiten gehören die Hülsenfrüchte zum »Küchenzettel« des Menschen. Die Geschichte einiger von ihnen soll hier erzählt werden.

Die Kichererbse zum Beispiel wird in allen Mittelmeerländern angebaut, hauptsächlich in Spanien und im Orient. In Italien findet man sie in Kalabrien, Apulien und auf den Inseln. Sie begnügt sich mit Kalkböden und verträgt Trockenheit, verlangt aber sehr viel Wärme.

Die heutige Kichererbse ist keine wildwachsende Pflanze mehr. Man nimmt an, daß sie aus Vorderasien stammt, wo es noch verschiedene wildwachsende Arten gibt. Nichts deutet darauf hin, daß die Ägypter und Hebräer sie verwandten. Bei den Griechen war sie jedoch wohlbekannt; sie hieß »erebinthos« oder »brios«. Der Name »erebinthos« findet sich bei Aristophanes und bei Homer, der im 13. Gesang der Ilias die Pfeile, die vom Schild des Menelaos abprallten, mit den Kichererbsen vergleicht, die auf der Tenne herumhüpfen, wenn man sie ausschüttet. Bei Theophrast und Dioskurides heißen sie »brios«, was Widder bedeutet, da man mit einiger Phantasie in den Samen mit ihren Vorsprüngen einen Widderkopf erkennen kann. Der lateinische Name der wirtschaftlich wichtigsten Art der Kichererbse, *Cicer arietinum,* hat die gleiche Bedeutung (arietinum = widderartig).

Cicer läßt sich nicht erklären. Vielleicht hat dieser Terminus eine vorindoeuropäische Wurzel. Wir finden ihn bei Columella, Plinius und Horaz. An der Stelle in den Satiren (Sat. 1/6), an der er sein freies und einfaches Leben rühmt, erzählt uns Horaz, wie er abends nach Hause geht, um sein Abendessen einzunehmen: Lauch, Kichererbsen und Pfannkuchen, »ad porris et ciceris . . . laganique catinam«.

Die Kichererbse war ansonsten nicht sehr geschätzt. Vielleicht ist der Name Ciceros ein Spottname, der sich von *cicer* ableitet.

In Italien herrscht noch heute der Brauch, an Allerseelen Kichererbsen zu essen als Sühnemahl, das vielleicht auf den alten Brauch zurückgeht, die Linsen den Toten zu weihen. Die Römer benutzten bei ihren Blumenfesten die Kirchererbse wie wir heute das Konfetti.

Die Verbreitung der Linsen könnte vermuten lassen, daß sie im Mittelmeerraum heimisch seien; die großsamigen Formen, die nicht mehr wild wachsen, sollten jedoch im Altertum aus Kleinasien gekommen sein.

In den Ablagerungen der Jungsteinzeit Europas und Asiens und in den vorhomerischen Schichten von Hissarlik, also Troja, hat man Samen der Linsen gefunden. In Ägypten wurden sie bereits 3000 Jahre v. Chr. angebaut. Sie sind auf Gemälden des Grabes Ramses II. in Theben dargestellt (etwa 1200 v. Chr.). Auch im Sanskrit und im Altpersischen gab es schon Namen für die Linse. Alle Leser erinnern sich wahrscheinlich an die biblische Geschichte von Esaus Linsengericht. Es handelte sich wahrscheinlich um rote Linsen von orientalischen Rassen. Linsen wurden auch David in der Wüste angeboten. Die Bibel nennt sie »adaschim«, ein Wort, das mit einigen Veränderungen in die arabische Sprache übergegangen ist.

Für die Griechen war die Linse »phakos«, wie sie Aristophanes in seinen Komödien nennt. Die Römer aßen Linsen beim Totenmahl; Cato lehrte, wie man sie anbauen und mit Essig zubereiten sollte.

Von der echten Bohne sind in Europa weder in vorgeschichtlicher noch in geschichtlicher Zeit Reste entdeckt worden. Ihr Nährwert ist sehr hoch und läßt sich mit dem von Fleisch vergleichen. Trotzdem wird die Bohne als wenig feines und schlecht verdauliches Nahrungsmittel angesehen, das »schreckliche Träume erregt, den Leib dick werden läßt und zu Blähungen führt« (Pietro Andrea Mattioli, 1500–1577).

Die Geschichte der Erbse ist ziemlich unklar: In den Ablagerungen der Jungsteinzeit konnten nur wenige Früchte von kleinsamigen Pflanzen entdeckt werden; reichlichere Funde stammen aus den Schichten der Bronzezeit (darunter in Troja). Nichts deutet darauf hin, daß die Erbse bereits in Ägypten und im biblischen Palästina vorhanden gewesen wäre. Der heutige arabische Name der Erbse, »basilla«, kommt aus dem Italienischen.

Man nimmt an, daß die edlen Rassen, die vielleicht durch Mutation aus der Art *Pisum elatius* entstanden sind, mit den indoeuropäischen Völker- bzw. Kulturwanderungen nach dem Westen gelangten. Die griechischen Schriftsteller sprechen von »pisos« oder von »pison«, das im Lateinischen zu »pisum« wird. Es ist jedoch nicht sicher, ob es sich um echte Erbsen oder um andere Hülsenfrüchte handelt, da solche Bezeichnungen im Altertum sehr ungenau waren.

Auf der anderen Seite ist der angenommene indoeuropäische und wahrscheinlich vorderasiatische Ursprung der Erbse nicht sehr gut mit der Behauptung einiger Autoren in Einklang zu bringen, daß sie bereits im Altertum an den Küsten des Schwarzen Meeres und in Hindustan angebaut worden sei.

Abgesehen vom Deutschen, übernehmen die westeuropäischen Sprachen das lateinische »pisum« als Bezeichnung der Erbse: italienisch »pisello«, französisch »pios« und englisch »pea«. Das deutsche Wort »Erbse« kommt offensichtlich vom lateinischen »ervum« bzw. »ervilia«, das man mit dem griechischen »erebinthos« in Verbindung bringt.

Die als Hülsenfrüchte bekannten Samen dieser Pflanzen enthalten verhältnismäßig viel Eiweiß und bilden daher ernährungsphysiologisch eine ideale Ergänzung zum Getreide. Einige Leguminosen der Tropen und Subtropen bilden Samen aus, die neben Eiweiß und Kohlenhydraten auch noch einen hohen Fettgehalt besitzen, so die Sojabohne, die ein ausgezeichnetes Speiseöl liefert.

sorten weitgehend immun gegen die Erreger des Mehltaus und des Steinbrands sowie einige der gefürchteten Rostpilzarten. Zahlen aus den USA lassen allerdings erkennen, daß dieses züchterische Ziel noch lange nicht erreicht ist: 16,5% der jährlichen Weizenernte werden dort noch immer durch Krankheiten und Schädlinge vernichtet.

Ein anderes Zuchtziel verbesserte die Standfestigkeit des Weizens; das Stroh wurde kürzer und fester, so daß die Felder nun mit dem Mähdrescher abgeerntet werden können.

Hart- und Weichweizen liefern verschiedene Mehlsorten. Die stark glutinhaltigen Mehle des Hartweizens, die man besser als Grieß bezeichnet, bestehen aus Fragmenten mit genauen Umrissen und bilden mit Wasser einen zähen, elastischen Teig, der beim Kochen seine Form behält, weshalb sich diese Mehle gut zur Herstellung von Teigwaren und zu Suppengrieß eignen. Die Mehle des Weichweizens bestehen aus Fragmenten mit weniger genauen Umrissen und ergeben einen dunklen, leimartigen Teig, der sich gut zum Brotbacken eignet.

Die ersten Menschen, die sich den Weizen zunutze machten, haben die Weizenkörner wohl nur roh gegessen. Man kann jedoch nicht ausschließen, daß die Körner auch mit Steinen zerkleinert und ein Brei aus ihnen bereitet wurde, den man möglicherweise auf heißen Steinen buk, wie man es heute noch bei primitiven Völkern sehen kann.

Die Erfinder des Brotes waren die Ägypter. Zeugnisse hierfür finden wir in den Wandmalereien der Gräber, zum Beispiel auf jenem Wandbild, auf dem die königliche Bäckerei des Ramses dargestellt ist. Das Museum in Kairo besitzt eine jener Holzfiguren, die den Bäcker darstellen. Die Phönizier haben dann das Brot und seine Zubereitung, das Gären und Backen im übrigen Mittelmeerraum bekanntgemacht.

Die Römer des ersten Jahrhunderts aßen Weizen, den sie in den Zeiten des Numa Pompilius bereits rösteten. Für das Jahr 168 v. Chr. sind öffentliche Bäckereien belegt, die von den Behörden kontrolliert wurden. Bevor die Römer das Brot kennenlernten, aßen sie »puls«, eine Art Polenta, die sie aus Weizen, Hirse und anderen Getreidearten zubereiteten. Diese römische Bezeichnung hat sich heute noch im »pult« der lombardischen Dialekte erhalten, mit dem die Polenta aus Weizenmehl bezeichnet wird.

Im Backofen werden durch die Hitze die oberen Teigschichten, die die Kruste bilden, zu Stärkezucker und Dextrin umgebaut, während die Brotkrume als Stärke erhalten bleibt. Das Brot ist aufgrund seiner Kohlenhydrate und Stickstoffsubstanzen fast eine Vollnahrung, aber auch wie andere Backwaren, z. B. Kuchen, ein gutes Nahrungsmittel.

Weizen gedeiht im gemäßigten Klima, in Europa noch bis zum 66. Grad nördl. Breite, in Amerika bis zum 50. Grad. Außerdem wird er im nördlichen Afrika, im nördlichen Indien und in China angebaut. Auf der Südhalbkugel der Erde findet er sich in Argentinien und im südlichen Australien.

Weizen stellt hohe Ansprüche an den Boden: Sandböden, basenarme und saure Böden scheiden aus. Am günstigsten für sein Gedeihen sind Löß und Schwarzerde, aber auch auf schwerem Verwitterungslehm wächst er gut. Versuchsweise wurde er mit Roggen gekreuzt. Diese Weizen-Roggen-Bastarde, *Triticale* genannt, sollen auch auf leichteren Böden gedeihen; sie sind jedoch unfruchtbar.

Eine hohe Widerstandfestigkeit gegen Unkräuter und Krankheiten hofft man durch Kreuzung des Weizens mit Quecke zu erreichen. Bisher erwiesen sich allerdings bei den Weizen-Quecken-Bastarden die Eigenschaften der Quecke als vorherrschend.

Die wichtigsten Erzeugerländer für Weizen sind (ihrer Rangordnung nach) die UdSSR, China, USA, Indien, Frankreich, Türkei und Kanada, die bedeutendsten Ausfuhrländer die USA, Kanada, Australien und Frankreich. Den meisten Weizen müssen China, die Sowjetunion, Japan und Brasilien einführen. Die Bundesrepublik Deutschland, deren nutzbare Anbaufläche für Getreide zu gut einem Fünftel mit Weizen bestanden ist, führt jährlich über eine Million Tonnen ein.

Roggen bauten schon die Germanen an

Der Roggen wurde erst zwischen der Bronze- und Eisenzeit bekannt und wird zum erstenmal im Jahr 301 n. Chr. in der Regierungszeit des Kaisers Diokletian erwähnt. Unsere germanischen Vorfahren haben ihn wohl schon um 100 v. Chr. angebaut.

Da der Roggen *(Secale cereale)* rauhes Klima verträgt, wird er heute im Norden und in den Alpen in großem Maßstab kultiviert, wo er als »Brotgetreide« das Grundnahrungsmittel für die Bevölkerung darstellt. Wie beim Weizen gibt es auch hier Sorten, die sowohl im Herbst (Winterroggen), als auch im Frühling (Sommerroggen) gesät werden und im kurzen Sommer der nordischen Länder zur Reife gelangen. Mit seinem weitverzweigten Wurzelsystem holt er sich auch noch aus den Sandböden die nötigen Nährstoffe. Im Winter verträgt er, ohne durch eine Schneedecke geschützt zu sein, bis $-30°C$. Auch gegen Krankheiten und Schädlinge hat er mehr Widerstandskraft als andere Getreidesorten. Die Ertragsverluste liegen beim Weizen in der Bundesrepublik um 20% pro Jahr, bei Hafer sogar um 26%, bei Roggen jedoch nur bei 14%.

Die Ähren des Roggens sind dünner und schlanker als die Weizenähren. Die zweiblütigen Ährchen haben Grannen; die ziemlich langen, dünnen Körner sind hellbräunlich, an einer Seite gerillt, an der gegenüberliegenden quer gerunzelt. Der Roggenhalm wird höher als beim Weizen (bis 2 m), die Blätter tendieren zu einer blaugrünen Färbung.

Wildarten sind: *Secale fragile,* Ungarn, *Secale vavilovii,* Afghanistan, und *Secale montanum,* Mittelmeerraum; sie sind als Stammeltern der Kulturformen zu betrachten. Das Roggenmehl ergibt sowohl rein als auch mit Weizen vermischt ein sehr gutes Brot. Aus den Körnern wird außerdem Grütze, Stärke und Kleister gewonnen, schließlich auch der in allen nördlichen Ländern beliebte »Korn« gebrannt.

Die UdSSR, Polen, die Bundesrepublik Deutschland und die DDR sind die wichtigsten Erzeugerländer. Der Welthandel mit Roggen ist relativ unbedeutend. Hauptexporteure sind die Sowjetunion, Kanada und die USA. Die Bundesrepublik Deutschland importiert, trotz ihres dritten Platzes auf der Rangliste der Erzeugerländer, jährlich etwa 60000 t.

Von der Wild- zur Kulturpflanze: die Lupine

Neben vielen anderen Kulturpflanzen ist auch bei der Lupine die Umwandlung von der Wildform in eine echte Kulturpflanze gelungen.

Für den Anbau in unserem Klimagebiet kommen drei Lupinenarten in Frage, die sämtlich im Mittelmeergebiet heimisch sind: die Weiße Lupine *(Lupinus albus),* die Gelbe Lupine *(Lupinus luteus)* und die Blaue Lupine *(Lupinus angustifolius).* Ihr Anbau wurde zunächst nur zur Gründüngung vorgenommen. Die Pflanzen wurden also nach Ausbildung einer genügenden Pflanzenmasse zur Anreicherung organischer Substanz im Boden untergepflügt. Die für die Gründüngung angebauten Lupinen unterschieden sich von den Wildformen aber bereits durch größere Samen und dementsprechend höheren Wuchs.

Lupinensamen sind sehr reich an wertvollen Eiweißstoffen, die aber früher für die Tierernährung nicht ausgenutzt werden konnten, weil sie durch ihren hohen Gehalt an Alkaloiden bitter schmeckten und zudem giftig waren. Das erste züchterische Ziel mußte die Auslese von Pflanzen mit alkaloidarmen Samen sein. Diese Arbeit wurde von R. von Sengebusch erfolgreich durchgeführt. Er fand bei der Untersuchung unzähliger Einzelpflanzen bei der Gelben Lupine drei, bei der Blauen Lupine zwei und bei der Weißen Lupine eine Pflanze mit alkaloidarmen Samen. Die daraus vermehrten Pflanzen wurden von den Tieren gern und ohne Nachteile gefressen.

Nachdem dieser entscheidende Fortschritt erzielt war, mußten in stetiger Arbeit nach und nach die weiteren Wildpflanzenmerkmale der Lupine ausgemerzt werden. Es galt, Pflanzen zu finden, deren Hülsen nicht aufplatzten und die auch nicht als Ganzes abgeworfen wurden. Für die Vermehrung als Kulturpflanzen hinderlich waren weiter die Hartschaligkeit und die Behaarung der Samen, sowie die zu starke Verzweigung der Pflanzen. Diese Eigenschaften beeinträchtigten die Samenkeimung bzw. die gleichmäßige Reife aller Samen. Die Empfindlichkeit der Pflanze gegen höheren Wasser- und Kalkgehalt des Bodens war ein weiteres Hindernis für den allgemeinen Anbau. Auch diese nachteiligen Eigenschaften wurden beseitigt.

Schließlich war es noch Züchtungsziel, Pflanzen mit weißen Samen aufzufinden. Man berücksichtigte dabei die menschliche Abneigung gegen eine dunkle Samenfarbe und stellte bei der Lösung dieses Problems zudem fest, daß sich die weißen Samen durch einen höheren biologischen Wert des Sameneiweißes auszeichneten.

Nachdem endlich auch noch die Widerstandsfähigkeit der Lupine gegenüber Krankheiten und Schädlingen verbessert werden konnte, war es gelungen, in rund 30 Jahren aus einer Pflanze mit den vielen Eigenschaften einer Wildpflanze eine wertvolle Kulturpflanze zu machen.

Hirse, das Brotgetreide der frühen Jahre

Jahrtausendelang bildete die Hirse für den Menschen ein wichtiges Nahrungsmittel, besonders die Echte und die Kolbenhirse.

Beide stammen aus Südostasien und wurden bereits 2700 v. Chr. in China angebaut. In Europa sind sie seit Beginn der Jungsteinzeit bekannt; man fand Samen in den Schweizer und den italienischen Pfahlbauten. Sie kamen wahrscheinlich auf dem Landwege aus dem Orient nach Europa, da der Verkehr im frühesten Altertum wohl größer war, als wir es uns vorstellen können. Auf diese Weise ließe sich auch erklären, warum diese Pflanzen, die, wie Herodot bezeugt, zur Zeit der Perserkriege in Persien angebaut wurden, aber in Syrien und Ägypten nicht in Erscheinung traten. Den Griechen und Römern waren sie wohlbekannt und stellten die tägliche Nahrung der Gallier und Germanen dar. Im ganzen Mittelalter diente die Hirse zur Brotherstellung, und noch in den ersten Jahrhunderten der Neuzeit war sie für die Armen, die kein Getreide kaufen konnten, zusammen mit Wicken und Kichererbsen die tägliche Nahrung, bevor die Kartoffel und der Mais eingeführt wurden.

In der Gegend von Mailand feiert man heute noch das Georgsfest mit Fladen, die man mit Holunderblüten süßt und mit Sahne ißt. Man bäckt sie zwar heute aus Maismehl, sie heißen aber immer noch Hirsebrot (»pan de mejin«), da man sie früher aus Hirsemehl herstellte.

Die Echte Hirse *(Panicum miliaceum)* hat breite und gespreizte Rippen; die Früchte sind meistens hell, manchmal aber auch rötlich oder schwarz.

Die Bluthirse *(Panicum sanguinale),* deren Ähren wie Weihwedel aussehen, lieferte früher ebenfalls Brotgetreide, ist heute aber nur noch eine Wucherpflanze. Sie ist der Quecke ähnlich, aber viel größer. Im Jahre 1959 wurde sie nach Nordamerika eingeschleppt, wo sie seitdem große Schäden anrichtet.

Die Ährchen der Kolbenhirse *(Setaria italica)* sind von langen Borsten umgeben. Die langen, zylindrischen Blütenstände sind daumendick, hängen nach unten, oder sie stehen,

Teff, ein hirseähnliches Getreide, wird in Äthiopien angebaut und auf primitive Weise im Freien gedroschen.

wie bei der Varietät *moharia,* aufrecht. Die Blaugrüne Kolbenhirse *(Setaria glauca)* hat behaarte, ährenförmige Blütenstände, die wie eine zylindrische Bürste aussehen und in der Sonne glänzen. Sie wächst auf Stoppelfeldern.

Heute dient die Kolbenhirse nur noch als Vogelfutter.

Hafer – eine hochwertige Kraftnahrung

Während Weizen, Gerste und Roggen zu den Ährengräsern gehören, finden wir beim Hafer Rispen, d. h., die Ährchen sitzen auf langen, dünnen Stielchen und sind oft auch geneigt, so daß der Blütenstand ein völlig verändertes Aussehen erlangt.

Der Saathafer *(Avena sativa)* ist ein hohes, einjähriges Gras. Die Ährchen haben zwei Spelzen, die die zwei fruchtbaren und eine endständige unfruchtbare Blüte umschließen und ebenso lang sind wie diese. Sie haben außerdem lange Grannen, die vom Rücken der Außenspelzen ausgehen und knieartig gebogen sind.

Der Hafer wird vom 45. bis zum 65. Breitengrad angebaut. Er eignet sich gut für Bergregionen und kann in den Alpen noch bis zu einer Höhe von 1800 m kultiviert werden. Die Haferkörner sind, von einigen Ausnahmen abgesehen, eng von den Vorspelzen umschlossen, von denen sie sich nur schwer lösen lassen. Sie enthalten Stärke in Form von vieleckigen Körnchen, dagegen fehlt ihnen Glutin, weshalb sich der Hafer nur wenig oder überhaupt nicht zur Brotherstellung eignet. Andererseits enthalten die Samen große Mengen an Vitamin B_1, Vitamin B_6, verschiedene Aminosäuren und Inosit (Vitamin B-Komplex), die den Hafer zu einer hochwertigen Kraftnahrung machen. Die Körner dienen als Pferdefutter. Enthülst und geschrotet sind sie als Hafergrütze und Haferflocken sowie fein gemahlen als Hafermehl ein unentbehrlicher Bestandteil der Kindernahrung und Krankendiätkost. Die Beliebtheit und weite Verbreitung des englischen »porridge« braucht nicht besonders unterstrichen zu werden.

Der Zuchthafer stammt wahrscheinlich von mehreren Wildarten, an erster Stelle wohl vom Flughafer *(Avena fatua),* deren Samen bereits in der Jungsteinzeit gesammelt wurden. Haferkörner sind auch in den Pfahlbauten der Bronzezeit gefunden worden. In den Kulturen Mesopotamiens, in Ägypten, Griechenland und Rom war der Echte Hafer jedoch unbekannt; in China wurde er nicht vor 1000 v. Chr. angebaut.

Der Flughafer wächst häufig auf Brachland und gilt als Ackerunkraut. Er unterscheidet sich vom Saathafer, mit dem er sich kreuzt, durch seine behaarten Vorspelzen und die Blüten, die sich bei der Reife von den Ähren lösen. Andere Gruppen sind mediterran, so *Avena sterilis, Avena byzantina* und die afrikanischen Arten.

Mais – die Getreidepflanze der vorkolumbianischen Indianer Mittel- und Südamerikas

In der Vita des Kolumbus, die sein Sohn verfaßt hat, werden unter dem Datum des 5. November 1492 ausgedehnte Plantagen »einer Art Weizen« erwähnt, »Mahiz« genannt, der sehr schmackhaft ist, wenn er gemahlen oder gebacken wird. Der große Genuese hatte die Plantagen in den Ländern gesehen, in die er nach seiner Landung gelangt war.

Zur Zeit der Eroberung Amerikas durch die Europäer bauten bereits alle mittel- und südamerikanischen Völker den Mais an. Die Azteken in Mexiko bereiteten aus dem Maismehl, dem sie auch zermahlene Kakaonüsse beigaben, Fladen, auf die die heutigen mexikanischen »tortillas« zurückführen. Der Mais war auch den Chibcha, den Bewohnern der kolumbianischen Hochebene, bekannt, ebenso den Inkas, die von Pizarro unterworfen wurden. Es sind uns Gefäße erhalten geblieben, auf denen der Mais dargestellt ist. Bereits vor den Inkas, die nicht die ersten Bewohner Perus waren, war der Mais den Nazca bekannt, so daß wir seinen Anbau also um die Zeit 200–100 v. Chr. ansetzen können. Schon vor ungefähr 3000 Jahren sollen jedoch die »Basket Makers« (Korbmacher), die Vorfahren der Puebloindianer, und die »Cliff Dwellers« in Utah, Neumexiko, Arizona und Colorado, den Mais gekannt und kultiviert haben.

Trotz allem ist die Stammpflanze des Mais noch völlig unbekannt; man glaubte, sie in der Teosinte *(Euchlaena mexicana)* gefunden zu haben, da unleugbare Ähnlichkeiten zwischen beiden Pflanzen bestehen, sie auch miteinander Hybriden bilden sowie von den gleichen Parasiten befallen werden. Diese Theorie kann jedoch nicht völlig bewiesen werden; es ist auch möglich, daß die Teosinte vom Mais abstammt und nicht umgekehrt.

Christoph Kolumbus brachte den Mais nach Spanien; 1498 wurde er bereits in Kastilien angebaut und 1526 in Andalusien. Von Spanien gelangte er dann nach Italien, wo ihn Ramusio 1554 als erster beschrieb. Die Pflanze wurde jedoch zuerst als exotische Merkwürdigkeit und nicht als Nutzpflanze betrachtet.

Der Mais *(Zea mays),* auch Welschkorn, Kukuruz und Türkischer Weizen genannt, ist ein einjähriges Gras, das 2–3 m hoch werden kann. Der Halm ist ganz mit Mark gefüllt, er ist knotig und trägt vier Finger breite und mehrere Dezimeter lange, papierartige, nach unten hängende Blätter. Der nicht sehr kräftige Wurzelapparat wird von Sekundärwurzeln verstärkt, die an der Basis des Halmes wachsen (mit Erde bedecken!). Die Blüten-

Maisernte in Südamerika. Der Eiweißgehalt des Maiskorns ist dem des Weizens ähnlich.

stände sind nach Geschlechtern getrennt, der Mais ist also eine einhäusige Pflanze. An der Stengelspitze bildet sich der männliche Blütenstand, eine Rispe mit langen Ähren, deren zweiblütige Ährchen paarig stehen; die Blüten haben drei Staubbehälter. In den Blattachseln wachsen die weiblichen Blütenstände, dicke Kolben, die von Hüllblättern umschlossen sind. Innen finden wir die weibliche Ähre, deren Blüten auf einer verdickten Achse sitzen. Aus der schützenden Hülle treten sehr lange Narben ins Freie, die wie ein Bart aussehen. Sie werden zu harntreibenden Aufgüssen verwendet. Die weibliche Ähre ist in dieser Phase noch zart und milchig, die Fäden sind feucht und klebrig. Der Blütenstaub, der sich in den Antheren der männlichen Blüten befindet, wird vom Wind auf die Narben der weiblichen Blüte getragen. Danach verwelken die Staubblüten, während der weibliche Blütenstand einen dicken, zylindrisch-konischen Körper hervorbringt, der allgemein als Kolben bezeichnet wird. Die großen, konkaven, papierartigen und trockenen Hüllblätter, über die die Reste der vertrockneten Griffel hinausragen, schließen die Ähre ab. Löst man sie, so kann man die wohlgeordneten Kryopsen sehen: glänzende, weiße, gelbe, purpurfarbene oder graue Körper, die in regelmäßigen Reihen der verdickten Achse, der sogenannten Spindel, aufsitzen. Die Körner, deren Form je nach Varietät verschieden ist, lassen mit Schnitt in der Mitte der Basis den Keimling sehen. Der restliche Teil besteht aus dem von Hüllen umschlossenen Endosperm (Nährgewebe, das den pflanzlichen Embryo umgibt) mit einer festen, glasigen Außenschicht und einer mehligen, mattfarbenen Innenschicht. Der Keim ist reich an Fettsubstanzen, die glasige Schicht enthält sehr viel Glutamin – eine Eiweißsubstanz, die der des Weizens ähnlich ist, aber weniger Gliadin (5%) enthält –, 25% Glutamin und 41% Zein, darüber hinaus Globulin. Die mehlige Schicht besteht fast ausschließlich aus Stärke, die sich in vieleckigen Körnchen zeigt.

Durch gezielte Kultivierung sind hinsichtlich der Größe und Gestalt der Maispflanze, besonders aber auch in bezug auf die Zahl der Körner, ihre Form und ihre Inhaltsstoffe, zahlreiche Varietäten entstanden, vor allem in den USA.

Die wichtigsten Erzeuger der 127 Länder, die heute Mais anbauen, sind die USA, Brasilien und Mexiko. Die USA, die auf riesigen Ländereien am oberen Mississippi, im sogenannten Corn Belt, Mais kultivieren, beliefern den Weltmarkt allein mit der Hälfte der zum Export zur Verfügung stehenden Menge.

In der Bundesrepublik war die Maisanbaufläche in den 50er Jahren ständig verringert worden. Seit Mitte der 60er Jahre wird Mais wieder vermehrt besonders als Futtermittel angebaut. Er ist im Vergleich mit Weizen »pflegeleicht« zu nennen, da er weder an den Boden noch an die Niederschlagsmenge große Ansprüche stellt.

Die Hälfte der Menschheit ernährt sich von Reis

Woher stammt der Reis? Zweifelsohne aus Südasien, Indien, Indochina und den Philippinen, wo wir die Wildarten vorfinden, die seine Ahnen sind. In China ist er bereits seit unendlich langer Zeit bekannt. Schon im Jahre 288 v. Chr. gab der Kaiser Ching-Nong Vorschriften über seinen Anbau und die damit verbundenen Riten heraus. In Indien kennt man ihn seit dem Einfall der Arier. Auch wenn die Indoeuropäer ihn bereits als Kulturpflanze vorfanden, geht doch sein Name über das griechische und lateinische *»Oryza«* auf den Sanskritnamen »Vrihi« oder »Arunga« zurück. Den Ägyptern war er nicht bekannt; er wird auch in der Bibel nicht erwähnt, wurde aber bereits im 4. Jahrhundert v. Chr. im Tal des Euphrat angebaut. In den westlichen Ländern wurde er durch den Feldzug Alexanders bekannt, der im Jahre 326 v. Chr. bis zum Indus gelangte.

Theophrast und Galenos kannten ihn aus Berichten. Die Araber brachten ihn zwischen 500 und 600 n. Chr. in der Blütezeit ihrer Kultur nach Spanien, wie zu lesen steht, was allerdings nicht der Wirklichkeit entspricht. In Italien wurde der Reis zuerst in der Lombardei angebaut, und die ersten Reisfelder sind für das Jahr 1470 in der Gegend von Mailand belegt. Galeazzo Maria Sforza gab 1494 ein Edikt über den Reisanbau heraus, und im Jahre 1500 requirierten die Franzosen Reis für ihre Armeen. In der ersten Hälfte des 16. Jahrhunderts wird er in Venetien, in der Gegend von Mantua und in Piemont verbreitet; er wurde zu dieser Zeit auch bereits in andere europäische Länder ausgeführt.

Die Vertreter der Gattung *Oryza* sind in den warmen Gebieten beider Halbkugeln verbreitet. Die einzig wichtige Art ist der Reis *(Oryza sativa)*. Er ist einjährig, hat bis zu 2 cm breite, mehrere Dezimeter lange Blätter und breite Rispen. Die Ährchen, die von zwei sehr kurzen Spelzen umschlossen werden, haben nur eine Blüte mit sehr großen Vorspelzen, die stark geädert, mehr oder wenig kräftig behaart oder punktiert sind. Ihre Farbe ist strohgelb bis dunkelrötlichbraun. Die untere Spelze kann eine Granne haben, diese kann aber auch fehlen. Die Blüten haben sechs Staubblätter. Sie bestäuben sich im Gegensatz zum größten Teil anderer Gräser, wenn sie noch geschlossen sind (kleistogame Blüten).

Die Frucht ist eine Karyopse, bei der die Frucht- und Samenhüllen eng miteinander verbunden sind. Unter diesen befinden sich die Reservesubstanzen, die hauptsächlich aus Stärke bestehen und das Reiskorn bilden. Die äußere Schicht hat einen hohen Gehalt an Aleuron, einer Eiweißsubstanz. An der Basis des Reiskorns ist der Keimling im Stärke speichernden Gewebe (Endosperm) eingebettet. Hierüber wurde schon berichtet.

Reisernte in Thailand (rechts) und in Indien (oben). Wenn sich die Reisgräser bei der Reife unter ihrer schweren Körnerlast nach unten neigen, wird das Wasser von den Feldern abgelassen. Vom gemähten Reis werden die Ähren gelöst und schnell getrocknet. Der Rohreis wird maschinell weiterverarbeitet.

Der Reis ist eine Sumpfpflanze und liebt die Wärme. Die Samen keimen bei 12° C, die beste Wachstumstemperatur liegt zwischen 25–30° C. Es handelt sich also um eine tropische Pflanze. Da der Reis aber einjährig ist, gedeiht er auch außerhalb der tropischen Zonen, vorausgesetzt, daß er genügend Wasser vorfindet und daß die Sommer lang und warm sind, wie zum Beispiel in der Poebene.

In den Tropen können zwei Ernten eingebracht werden: im Frühjahr und im Herbst. Es gibt jedoch besondere Sorten, die nicht sechs wie die »normalen« Sorten sondern nur drei Monate bis zur Reife benötigen.

Der mittlere Hektarertrag liegt beim Reis fünf- bis zehnmal höher als beim Weizen, weshalb er auch noch die Ärmsten in den übervölkerten Ländern Asiens, falls nicht Mißernten eintreten, vor dem Hungertode bewahrt.

Der Reisanbau ist typisch für Gebiete mit Monsumklima, also für jene ausgedehnten Zonen Indiens, Indochinas und Indonesiens,

Reisterrassen in Taiwan.
Die Felder sind von Dämmen umgeben und leicht abfallend.

wo lange Regenzeiten mit Trockenperioden im Wechsel stehen.

Das Reiskorn besteht aus 83% Stärke, 8% Proteinen und 0,3% Fetten. Es enthält nur wenige Mineralsalze und Vitamine, da diese bei der industriellen Verarbeitung verlorengehen, indem die Samenhüllen, der Keim und die Aleuronschicht entfernt werden. Bei einseitigem Reiskonsum führt dieser Vitaminmangel (hauptsächlich Vitamin B_1) zu der Beriberikrankheit, die unter den Völkern auftritt, die sich hauptsächlich von poliertem oder geschältem Reis ernähren.

Die Reisfelder sind von Dämmen umgeben und leicht abfallend; sie müssen gut durchgearbeitet werden, da der Boden bis zu einem bestimmten Grad undurchlässig sein soll. Wo kein fließendes Wasser zur Verfügung steht, wird wöchentlich in einem bestimmten Turnus Wasser in die Felder eingelassen (geschlossene Reisfelder). Wo hingegen fließendes Wasser vorhanden ist, wird dieses durch die Felder geleitet (offene Reisfelder).

Die Aussaat wird im April durchgeführt, wobei die Samen in ungefähr 20 cm tiefes Wasser kommen. Sobald sie gekeimt haben, wird das Wasser abgelassen, damit möglichst wenig Unkräuter wachsen können, dann wieder zugeleitet bis zur Trockenlegung in der Reifeperiode, wenn sich die dicken Fruchtstände unter der Last nach unten neigen.

Heute läßt man wie auch früher schon in Südostasien den Reis zuerst in besonderen Saatbeeten vorkeimen und setzt die Pflänzchen dann auf die Reisfelder um. Das Unkraut wird entweder manuell gejätet oder durch Unkrautvertilgungsmittel vernichtet.

Der Reis leidet unter zahlreichen Krankheiten und Parasiten. Erwähnt sei nur der Pilz *Pyrularia oryzae*, der die Ähren welken läßt, worauf die Samen abfallen.

Vom gemähten Reis löst man die Ähren und läßt sie schnell trocknen. Der Rohreis wird anschließend in verschiedenen Phasen industriell weiterverarbeitet, Spelzen und Keimling werden von den Reiskörnern gelöst, wodurch man einerseits die Spreu und andererseits den Reis und die Keime erhält, aus denen der wertvolle Reisgrieß hergestellt wird. Anschließend werden die oberen Schichten des Perikarps, die nicht verwendet werden, entfernt und der Reis maschinell poliert. Man gewinnt so das Reisfuttermehl und sondert gleichzeitig den Bruchreis aus. Die Reiskleie und das Mehl werden zu Futtermitteln verarbeitet. Aus der Kleie werden auch Platten hergestellt, die in der Bauindustrie der Schallisolierung dienen.

Die Reisstärke wird besonders zur Herstellung von Hautpudern verwendet, und zwar schon seit 1590. Durch Destillation von vergorenem Reis gewinnt man in China einen Reisschnaps, den Arrak. Das Reispapier wird jedoch nicht aus Reisstroh hergestellt, sondern aus Bambus und dem Reispapierbaum.

Den meisten Reis produziert China mit rund 140 Mio. t im Jahr. In der Weltrangliste der ausführenden Länder liegt es mit 1,6 Mio. t jährlich an dritter Stelle hinter den USA (über 2 Mio. t) und Thailand. Die Bundesrepublik Deutschland hat in den letzten Jahren mehr als 160000 t Reis eingeführt.

Die erste Zuckerrübenfabrik der Welt stand in Deutschland

Eine Verwandte der Runkel- oder Futterrübe, der Roten Bete und des Mangolds, hat Anfang vorigen Jahrhunderts dem Zuckerrohr als dem bis dahin wichtigsten Zuckerlieferanten den Rang abgelaufen: die Zuckerrübe. Sie ist eine der jüngsten Kulturpflanzen und stammt aus dem Mittelmeergebiet. Über ihren Sieg steht in einem Lehrbuch aus dem Jahre 1840 zu lesen:

»A. S. Markgraf, ein preußischer Chemiker, entdeckte schon im Jahre 1747 den Zukkerstoff der Runkelrübe, und Franz Karl Achard wiederholte 40 Jahre später die Versuche jenes Mannes und ließ sich durch die Aussichten, welche ihm seine Arbeiten eröffneten, dermaßen hinreißen, daß er die Runkelrübe für eines der köstlichsten Geschenke der göttlichen Vorsehung erklärte, ja daß er sogar behauptete, aus ihr nicht nur Sirup und Zucker, sondern auch Tabak, Kaffee, Essig, Bier usw. bereiten zu können.«

Eine neue Periode in der Geschichte des Rübenzuckers begann um das Jahr 1800, als König Friedrich Wilhelm III. dem deutschen Chemiker Achard ein Darlehen von 50000 Thalern zur Verfügung stellte, womit dieser ein Gut mit bestem Rübenboden ankaufen und dort die erste Rübenzuckerfabrik der Welt errichten konnte. Es war das Rittergut Kunern im Kreis Wohlau/Niederschlesien rechts der Oder. Im Jahre 1804 nahm das Werk seinen Betrieb auf. Achard aber konnte nur einen Bruchteil des in der Rübe enthaltenen, an sich schon geringen Zuckergehalts als Kristallzucker gewinnen. Die technische Einrichtung seiner Fabrik war zu bescheiden. Was er an süßem Ertrag der Rübe abgewann, glich noch keineswegs dem schönen weißen Zucker, wie wir ihn kennen, sondern den braunen, unregelmäßig geformten, großen Stücken des Kandiszuckers. Aber es war immerhin ein Anfang. Kaum war Achard, auf diesen ersten Ergebnissen aufbauend, zu neuen wertvollen Erkenntnissen gelangt, als die Fabrik im Krieg von 1806/07 völlig zerstört wurde.

Die erste Zuckerrübensorte der Welt, die Achard gezüchtet hatte, war die »Weiße Schlesische Rübe«. Sie enthielt nur etwa 8% Zucker, wurde aber zur Stammform aller europäischen Zuckerrübensorten. Im Laufe der Zeit gelang es, den Zuckergehalt der Rübe auf 27% zu steigern, so daß heute aus einem Hektar Land 500 dz Zucker gewonnen werden können.

Die wichtigsten Anbaugebiete liegen im gemäßigten Klima. Die Hauptproduzenten des Rübenzuckers sind die UdSSR und die USA.

Deutschland folgt, wenn man die Produktionszahlen von Bundesrepublik und DDR zusammenzählt, auf dem dritten Platz der Weltrangliste. Das bekannteste Anbaugebiet Deutschlands ist die Magdeburger Börde. Jeder Bundesbürger verbraucht heute etwa 30 kg Zucker pro Jahr.

Die frischen Zuckerrüben enthalten zwischen 16 und 18% Saccharose. Man schneidet die Rübe in dünne Streifen und entzieht ihr maschinell den zuckerhaltigen Saft, den Sirup. Die ausgelaugten »Schnitzel« dienen als Viehfutter. Der Saft wird gereinigt und in Vakuumbehältern eingedickt, so daß sich in dem entstehenden Konzentrat die Zuckerkristalle absetzen können. Dieses Zwischenprodukt wird dann in verschiedenen Verfahren zu Rohzucker, rotem Zucker, Kandiszucker, körnigem Zucker, Raffinade- oder Würfelzucker verarbeitet.

Volksnahrungsmittel aus den Hochanden: die Kartoffel

Über die Geschichte der Kartoffel wird andernorts schon ausführlich berichtet. Es gilt jetzt nur noch, etwas über ihren Anbau, ihre Verbreitung und ihre Bedeutung zu sagen:

Die Kartoffel stammt aus den Hochanden. Da sie also eine Bergpflanze ist, verlangt sie gemäßigtes oder gemäßigt-kaltes Klima mit einer ziemlich hohen Niederschlagsmenge. Da sie hinsichtlich des Bodens nicht sehr wählerisch ist und nur gegen Schatten empfindlich, hat sie sich überall in der Welt akklimatisiert. Auf der nördlichen Halbkugel geht ihr Verbreitungsgebiet über den 70. Breitengrad hinaus, und in den Alpen erreicht sie eine Höhe von 2000 m. In warmen Ländern wird sie nur in den Bergen angebaut, hier jedoch in unterschiedlicher Höhe. Aus praktischen Gründen werden die äußerst zahlreichen Kultursorten in Speise-, Futter- und Stärkekartoffeln eingeteilt. Die Speisekartoffeln sind in Festigkeit, Farbe des Fleisches und Reifezeit sehr unterschiedlich. Die Futterkartoffeln enthalten mehr Wasser, während die industriell verwerteten Kartoffeln einen höheren Stärkegehalt aufweisen. Die frischen Kartoffeln enthalten ungefähr 78% Wasser; in der Trockensubstanz findet sich im Durchschnitt 66% Stärke, 4% Zucker, 9% Eiweiß, 0,5% Fette und Mineralsalze, hauptsächlich Kali und Phosphor. Die Stärkekörner sind ziemlich dick (durchschnittlich 0,9 mm) und zeigen sich unter dem Mikroskop rundlich bis birnenförmig mit exzentrischem Nabel und helleren Zonen.

Die ganze Pflanze, hauptsächlich die Früchte und die »Keime«, die die Knolle im Keller treibt, enthält Solanin, ein sehr giftiges Glykoalkaloid; die Vergiftungen äußern sich durch Brennen im Halse, Kopfschmerzen, Benommenheit, Fieber, bisweilen Seh- und Hörstörungen sowie in Krämpfen. Todesfälle sind nicht bekanntgeworden.

Die Kartoffel ist, von ihrer Bedeutung als Nahrungs- und Futtermittel abgesehen, auch industriell von Wichtigkeit, da man sie zu Kartoffelstärke oder Kartoffelmehl verarbeitet. Sie dient außerdem zur Gewinnung von Dextrin, nach Gärung und Destillation von Alkohol.

Das Zuckerrohr (SACCHARUM OFFICINARUM) *wird in den Tropen und Subtropen kultiviert. Den Zuckersaft gewinnt man aus den zerschnittenen Stengeln. Die Abfälle der Halme dienen zur Papierherstellung und als Brennmaterial.*

Blühendes Zuckerrohr (ganz oben); darunter: brennendes Zuckerrohr; rechts: Arbeitsverteilung im Zuckerrohrfeld (El Salvador); ganz rechts oben: Zuckerrohrernte; Mitte: Kesselanlage einer Zuckerfabrik in São Paulo; unten: frisch gewonnener Kristallzucker

Die Kartoffelpflanze wird von zahlreichen Krankheiten befallen, z. B. der Kartoffelperonospora. Sie wird durch einen niederen Pilz *(Phytophthora infestans)* verursacht (s. auch S. 331), der auf der ganzen Pflanze braune Flecke hervorruft, wodurch die oberirdischen Teile frühzeitig absterben und die Knollen klein bleiben. Noch größere Verheerungen kann der Kartoffelkrebs anrichten, der durch den Urpilz *Synchitrium endobioticum* hervorgerufen wird und sich heute immer mehr ausbreitet. Viren lassen die Blätter schrumpfen, wonach die Pflanzen verkümmern. Von den schädlichen Insekten ist der gefräßige Colorado- oder Kartoffelkäfer *(Leptinotarsa decemlineata)* am gefährlichsten, der an Kartoffelpflanzungen großen Schaden anrichten kann.

Die Weltjahresproduktion an Kartoffeln übersteigt bei weitem 2 Mrd. Doppelzentner. In Europa sind die osteuropäischen Länder die Haupterzeuger.

Pflanzliche Öle und Fette

Pflanzliche Öle und Fette sind für unsere Ernährung wegen ihres Gehaltes an ungesättigten Fettsäuren eine notwendige Ergänzung zu den tierischen Fetten. In den letzten Jahrzehnten hat ihre Produktion ständig zugenommen. Pro Jahr wurden auf der Welt rd. 15,5 Mio. Tonnen Pflanzenfette produziert, tierische Fette aber gleichbleibend nur in einer Menge von 11,5 Mio. Tonnen.

Rund 50 Pfanzenfamilien liefern heute etwa 300 verschiedene Sorten Öl, das meist als Reservestoff in den Zellen der Samen oder des Fruchtfleisches gespeichert ist. Es wird durch Erhitzen auf 100°C und gleichzeitiges Pressen der abgeschälten Samen oder zerkleinerten Früchte in hydraulisch arbeitenden Schrauben- oder Schneckenpressen gewonnen. Außer dem Öl haben auch die Rückstände, wie beispielsweise Raps- oder Erdnußpreßkuchen, wegen ihres hohen Eiweißgehaltes als Viehfutter eine große wirtschaftliche Bedeutung.

Öle für die Pharaonen, Griechen und Römer

Vor rund 4000 Jahren schätzten nicht nur die Pharaonen Nuß-, Oliven- oder Sesamöl zur Verfeinerung ihrer Speisen. Nach alten Dokumenten, so wird uns berichtet, gehörte es auch bei den einfachen Arbeitern des alten Ägyptens zur täglichen Kost.

Wer im alten Ägypten auf seine Schönheit bedacht war, pflegte sich mit Lilienöl oder ließ sich kostbares Zedernöl aus dem Libanon kommen. Für die ganz Anspruchsvollen – und Zahlungskräftigen – brachten reisende Händler das Öl der Weihrauchsykomore von der südlichen Somaliküste.

Ein Beweis dafür, daß Öl bei den alten Ägyptern nicht nur in hohem Ansehen, sondern auch auf ihrer Tafel und in ihrer Küche stand, ist eine ägyptische Wandmalerei. Sie stammt aus der Zeit um etwa 1400 v. Chr. und zeigt einen vornehm gekleideten ägyptischen Beamten, der Öl über ein schmackhaft zubereitetes Gericht träufelt. Auf Binsenmatten stehen weitere Ölgefäße in der für jene Zeit typischen Form.

Neben den pflanzlichen Ölen, für deren Gewinnung man bereits mehrere Verfahren anwandte, kannten und verbrauchten die Ägypter auch tierische Fette, jedoch hatten diese den Nachteil, im heißen Klima Ägyptens nicht immer haltbar zu sein.

Dem griechischen Geschichtsschreiber Herodot verdanken wir nicht nur eine anschauliche Darstellung der Meinungsverschiedenheiten zwischen Griechen und Persern. Er war es auch, der seine Zeitgenossen erstmalig auf die fetthaltigen Samenkerne der Baumwolle aufmerksam machte. Er konnte damals freilich noch nicht ahnen, welche Bedeutung seine Entdeckung 2300 Jahre später für die Speisefettgewinnung bekommen sollte. Danach waren es die Griechen Theophrastos, der 320 v. Chr. Ägypten bereiste, und Dioskurides, ein Arzt im ersten christlichen Jahrhundert, die Beobachtungen über die Verwendung von Sesamöl für Speisezwecke zu Papyrus brachten. Funde auf der Insel Kalliste im Ägäischen Meer und auf Kreta, wo man Reste von Ölpressen aus der Zeit um 2200 v. Chr. zutage förderte, lassen auf eine sehr frühe gewerbliche Aufbereitung des Öls im griechischen Lebensraum schließen. Die Ölkrüge, Ölhörner und Vasen, die heute die Museen vieler Länder schmücken, lassen kaum ahnen, wie alt sie sind. Ihre Form, Färbung und Ornamentik haben sich durch die Jahrtausende gut erhalten.

Auch im alten Rom stand das Öl in hohem Ansehen. Ein Sarkophag-Relief aus dem Palazzo Rondini in Rom veranschaulicht die damalige Ölgewinnung. Von sogenannten Eroten – den kleinen Liebesgöttern jener Zeit – werden die Oliven geerntet, aufbereitet und ausgepreßt. Die Mahlsteine erinnern an die noch heute gebräuchlichen Steine der Kollergänge (Mahlwerke) bei manchen Mittelmeervölkern.

Eine dargestellte Szene zeigt einen Ölhändler vor einem römischen Öltankwagen. Er füllt gerade Öl in Amphoren ab. Der Tank, aus einem großen, von metallenen Reifen umschlossenen Rinderbalg bestehend, wurde auf ein Fahrgestell montiert und so in die zahlreichen Provinzen des Landes entsandt. Auch starkwandige Bleigefäße sind für diesen Zweck beliebt gewesen. Diese durchaus modern anmutenden Transportmethoden finden ihre Erklärung in dem lebhaften Ölhandel, der im alten Rom betrieben wurde. Öl war ja nicht nur Energiespender – wie bei den alten Ägyptern –, sondern es wurde auch als Heil- und Schönheitsmittel gleichermaßen geschätzt. Nicht selten fand man nämlich auf Ölgefäßen als »Schutzmarke« das Abbild der Göttin Minerva, der römischen Göttin für Kunst und Wissenschaft.

Öl aus der Wikingerzeit; Raps und Rübsen

Spärlicher als bei den anderen Kulturvölkern des Altertums sind die Beweise für die Verwendung von Öl bei den Germanen. Dennoch, es gibt sie. In den Pfahlbauten der Schweiz und in Süddeutschland fanden Archäologen Reste von Mohnkuchen und Mohnsamen. Böse römische Zungen behaupteten zwar, die Kelten rauchten den Mohn seines Opiumgehaltes wegen in ihren Tonpfeifen. Die Funde in den Pfahlbauten beweisen jedoch eindeutig, daß die Germanen die Ölsaat schon 2500 Jahre v. Chr. für ihre Ernährung auswerteten.

Neben dem Mohn wurden vor allem Rübsen und Raps genutzt. In norddeutschen Museen stehen stumme Zeugen frühgermanischer Ölkultur aus dem 2. und 3. Jahrhundert n. Chr. Die Gefäße und Öllampen sind auf alten Warften, den Vorläufern der Nordseedeiche, ausgegraben worden.

Aber auch fremdes Öl gelangte auf Handelswegen aus den südlichen Ländern nach Norddeutschland. Im Zuge der Christianisierung lernten die Germanen das Olivenöl kennen und führten es fortan für kultische Zwecke ein. Drei Öllampen aus dem 8. bis 11. Jahrhundert sind Zeugen der Wikingerzeit in Haithabu, dem frühgeschichtlichen Handelsplatz bei Schleswig.

Andere Fundstätten in frühgeschichtlichen Wohnstätten auf germanischem Boden lassen vermuten, daß unsere Vorfahren auch die ölhaltigen Bucheckern für ihre Ernährung schätzten. Auch verstand man es damals sogar schon, Raps- und Leinsaat auf ausgehöhlten Steinen mit Holz- und Steinstampfern zu zerquetschen und den Brei in Tüchern aus Hanfleinen zwischen Steinplatten auszupressen.

Genaugenommen handelt es sich bei Raps und Rübsen um zwei verschiedene Pflanzen, die sich allerdings nur durch Farbe und Größe voneinander unterscheiden. Da das aus Rübsen gewonnene Öl dem Rapsöl sehr ähnlich ist, bezeichnet man im allgemeinen beide Öle als Rüböl.

Der durchschnittliche Ölgehalt von Raps *(Brassica napus var. oleifera)* liegt zwischen 35% und 45%, der von Rübsen *(Brassica rapa ssp. campestris* oder *silvestris)* zwischen 30% und 40%. Raps und Rübsen sind die einzigen Ölpflanzen, die im gemäßigten Klima Europas und Ostasiens in nennenswerten Mengen angebaut werden können. Haupterzeugerländer sind China, Indien, Pakistan und Japan. Das zweite größere Erzeugergebiet ist Kanada. In Westeuropa werden Raps und Rübsen vorwiegend in Frankreich und Schweden angebaut.

Der Raps ist ein krautiges, 1–1,5 m hohes Gewächs mit dunkelgrünen, glatten und mehrfach gelappten Blättern. Er blüht zitronengelb bis orangefarben. Auch bei uns findet man vom Frühsommer an großflächig angelegte gelbe Felder von blühendem Raps.

Wann und wo Raps zum ersten Mal kultiviert wurde, weiß man nicht genau. Es wird angenommen, daß sich der Anbau vom Gebiet des heutigen Belgien aus über die umliegenden Länder ausgebreitet hat. Die größte Verbreitung erreichte der Raps in den siebziger Jahren des vorigen Jahrhunderts. Damals wurde das Rapsöl hauptsächlich als Brennstoff für Öllampen verwendet. Nachdem man jedoch für Leuchtzwecke mehr und mehr auf die Erdölprodukte überging, verringerten sich die Anbauflächen. Nur während der beiden Weltkriege erlangte das Rüböl als Speisefett wieder größere Bedeutung.

Die Preßrückstände – sogenannte Rapskuchen – werden besonders im Winter als Kraftfutter für das Vieh verwendet. Sie besitzen einen hohen Eiweißgehalt und zeichnen sich durch besonders gute Verdaulichkeit aus.

ALOCASIA ESCULENTA, *ein Aronstabgewächs, hat eßbare Wurzelknollen. Die junge Pflanzung wurde mit Palmblättern bedeckt.*

Raps (BRASSICA NAPUS VAR. OLEIFERA), *eine wichtige Ölpflanze, gedeiht nur auf fruchtbarem Boden (oben). – Der Fruchtstand der Dattelpalme* (PHOENIX DACTYLIFERA) *wird 40–60 cm lang (rechts oben). – Der Melonenbaum* (CARICA PAPAYA) *ist in tropischen Ländern beheimatet. Das gelbe reife Fruchtfleisch schmeckt aprikosenähnlich (rechts Mitte). – Aus dem stärkereichen Fruchtfleisch des Brotfruchtbaumes* (ARTOCARPUS INCISA) *wird Handelsstärke gewonnen; die gerösteten Samen sind ein wichtiges Nahrungsmittel (rechts unten). – In jedem Fruchtstand einer Ölpalme* (ELAEIS GUINEENSIS) *stehen 500–2000 Steinfrüchte dicht gedrängt beieinander (rechts nebenstehend).*

STREUFRÜCHTE
Balg
Rittersporn
Hülse
Goldregen
Schote
Schöllkraut
Spaltkapsel
Schwertlilie
Deckel-
kapsel
Gauch-
heil
Porenkapsel
Mohn
SCHLIESSFRÜCHTE
Nüsse:
Haselnuß
Buchecker
Cupula mit zwei Nüssen
Ulme
Ahorn
geflügelte
Nußfrüchte
Achäne
Karyopse
Beeren:
Stachel-
beere
Tollkirsche
Gurke
Apfelsine
Tomate
Johannisbeere
Heidelbeere
Kirsche
Steinfrüchte:
Walnuß
Pfirsich
Olive
Kokos

SAMMELFRÜCHTE

Himbeere

Erdbeere

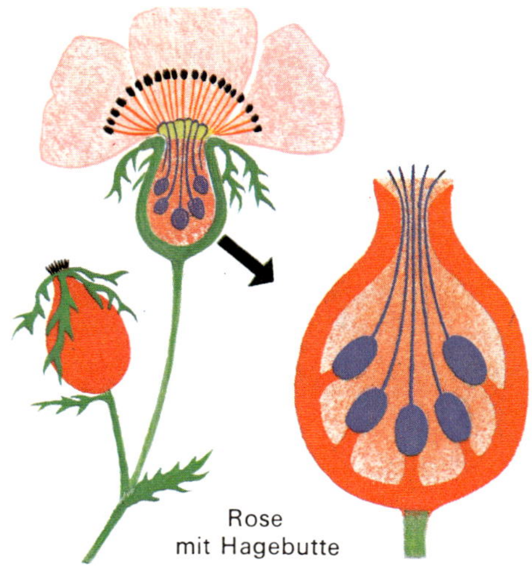

Rose
mit Hagebutte

die Apfelfrucht ist
ein Übergang zwischen
Stein- und Beerenfrucht

Fruchttypen und Vergleich verschiedener Fruchtarten

Die **Frucht** ist ein Organ der höheren Pflanzen, das den Samen umschließt und meist zu dessen Verbreitung dient.

Einzelfrüchte. Sie gehen aus einem einzigen Fruchtknoten hervor. Nach der Art der Samenverbreitung kann man unterscheiden:

Streufrüchte: Die Samen sind von einer Schale umgeben, die sich bei der Reife öffnet, so daß die Samen herausfallen. Dazu gehören: Der *Balg* besteht aus einem Fruchtblatt und öffnet sich nur an einer Stelle, der Verwachsungsnaht (z. B. Pfingstrose, Hahnenfuß).

Die *Hülse* besteht ebenfalls nur aus einem Fruchtblatt, das sich aber an zwei Seiten, und zwar an der Verwachsungsnaht und der Mittelrippe öffnet, z. B. Schmetterlingsblütler.

Die *Schote* besteht aus zwei Fruchtblättern und ist in manchen Fällen durch eine Längsscheidewand in zwei Fächer geteilt (viele Kreuzblütler).

Die *Kapsel* besteht aus mehreren verwachsenen Fruchtblättern, an deren Nähten die Samen sitzen. (Mohn, Tabak, Tulpe).

Bei den **Schließfrüchten** sind die Samen von einer Fruchtwand umschlossen, die sich bei ihrer Reife nicht öffnet.

Trockene Schließfrüchte sind: *Nüsse*; die meist in der Einzahl vorhandenen Samen sind von einer holzigen, ledrigen oder häutigen Fruchtwand umschlossen (Haselnuß, Eichel, Buchecker, Ulme, Hahnenfuß, Birke, Erle). Nüsse, bei denen Samenschale und Fruchtwand verwachsen sind, heißen Karyopsen, wenn es sich um Grasfrüchte, Achänen, wenn es sich um die Früchte der Korbblütler handelt.

Spaltfrüchte und **Bruchfrüchte** sind mehrsamige Früchte, die in einsamige Teilfrüchte zerfallen (Ahorn und Doldengewächse).

Saftige Schließfrüchte mit einer fleischigen, saftigen Fruchtwand sind:

Beeren: hier umschließt das saftige Fruchtfleisch völlig die meist zahlreichen Samen (z. B. Weinbeere, Tomate, Gurke, Kürbis).

Bei den **Steinfrüchten** wird nur der äußere Teil der Fruchtwand fleischig, der innere dagegen bildet den Stein (z. B. Kirsche, Pfirsich, Walnuß).

Die **zusammengesetzten Früchte** gehen aus mehreren Fruchtknoten hervor, die durch ihre Fruchtwände oder durch besondere Achsengewebe zu einer Verbreitungseinheit verbunden sind. Sind die Blütenstandsachse und andere außerhalb der Fruchtknoten liegende Blütenteile verdickt und fleischig (Erdbeere, Apfel, Feige, Ananas), spricht man auch von **Scheinfrüchten.**

Bei den **Sammelfrüchten** sind stets mehrere Früchte durch ihre Fruchtwände oder Gewebe der Blütenachse untereinander verwachsen (Himbeere, Brombeere, Hagebutte).

Die **Fruchtstände** sind Früchte, die aus einem Blütenstand hervorgegangen sind und durch fleischiges Achsengewebe oder durch Blütenteile miteinander verbunden werden, so daß sie teilweise wie eine Frucht aussehen.

FRUCHTSTÄNDE

Ananas
Beerenfruchtstand

Feige
Steinfruchtstand

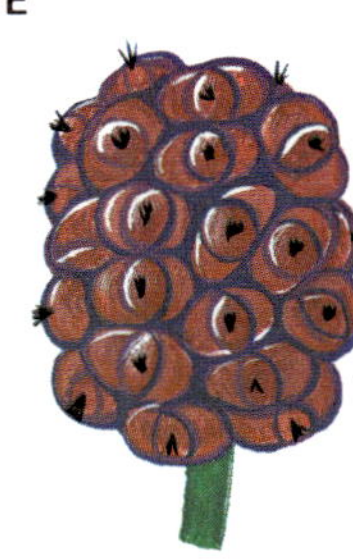

Maulbeere
Nüßchenfruchtstand

Die Geschichte der Feige

Die Feige ist keine Einzelfrucht, sondern ein Sammelfruchtstand: Die Unterseite des Blütenbodens umwächst den Blütenstand, so daß ein Krug (Achsenbecher) entsteht, in dem innen die kleinen Nußfrüchte, sogenannte Kerne (vormals Blüten) sitzen. Die Feigen sind typisch für den Mittelmeerraum und besonders für Italien, das die meisten frischen Feigen produziert.

Der Stamm der Eßfeige oder des Echten Feigenbaumes *(Ficus carica)* ist nicht sehr hoch, glatt, grau und wegen seines weichen biegsamen Holzes nicht sehr widerstandsfähig. Horaz sprach fast mit Verachtung von »trunculus ficulnus«.

Es gibt zahlreiche Zuchtsorten, die sich durch ihre Form unterscheiden, aber auch durch die Farbe ihres Achsenbechers, die gelb, grün oder violett sein kann. Man kann nur sehr schwer die eigentliche Heimat der Feige bestimmen, da sie bereits seit Urzeiten kultiviert wird und auch sehr leicht wild wächst. Gewöhnlich betrachtet man Westasien als ihre Heimat. Es wird aber auch die Meinung vertreten, daß sie aus Arabien stamme, wo es verwandte Feigen gibt, die als Vorfahren von hybridenbildenden Rassen in Betracht kämen, wodurch auch ihre Verschiedenheit voneinander erklärt werden könnte.

In Griechenland wurde die Feige in der nachhomerischen Zeit eingeführt. Die Stellen der Odyssee, wo der Feigenbaum genannt wird, hält man für spätere Einschübe. Die erste sichere Erwähnung stammt von Archilochos von Paros und datiert vom Jahre 700 v. Chr. Wein und Feigen wurden sozusagen zur Lebensgrundlage der Griechen; sie hatten eine solche Bedeutung, daß die Sage entstehen konnte (die allerdings nicht belegt werden kann), daß ein Erlaß mit dem Verbot, Feigen aus Athen zu exportieren, ergangen sei. Die Folge war, daß Schmuggler und Schwarzhändler den verbotenen Handel gewerbsmäßig betrieben. Man nannte sie Sykophanten. Sogar der Philosoph Plato schätzte die Feigen sehr, die für die Griechen göttlichen Ursprungs waren, da Demeter sie hatte wachsen lassen, um Phytalos für die Gastfreundschaft zu danken.

Die Ägypter nannten die Feige »Teb«, und die Bibel bezeichnet sie mit »Teenah«. Jesaias spricht davon, daß man die Feigen für Wundumschläge benutzte.

Nach Rom kam der Feigenbaum wahrscheinlich nicht aus Griechenland, sondern wurde von phönizischen Seefahrern dorthin gebracht. Romulus und Remus wurden von der Wölfin unter einem Feigenbaum gesäugt. Um dem Senat zu beweisen, wie nahe die Karthager Rom bereits standen, und um die schwere Gefahr zu verdeutlichen, zeigte Cato Feigen, die frisch aus Karthago gekommen waren.

Der Olivenbaum wird schon in der Bibel erwähnt

Das älteste schriftliche Zeugnis, das uns vom Olivenbaum berichtet, ist die Genesis (1. Buch Mosis). Die Taube verkündet Noah mit einem Ölzweig im Schnabel das Ende der Sintflut und des göttlichen Zorns. Seit dieser Zeit ist der Ölbaum Symbol für Frieden und Licht mit der »Beere, die Speise ist, die Licht gibt«.

Die Frage nach Herkunft und Abstammung des Olivenbaumes ist nicht völlig geklärt. Es wird die Meinung vertreten, daß die Kulturolive *(Olea europaea)* von der »Wildolive« *(Olea europaea ssp. sativa)* abstammt, die aber nur ein verwilderter Kulturölbaum ist. Eine solche Umbildung läßt sich jedoch in der Natur nicht mehr nachweisen. Der gezüchtete Oleaster liefert bestenfalls größere Früchte. Wieder andere Autoren meinen, der Oleaster sei nur eine verbildete Form des Ölbaumes, was ebenfalls nicht durch die Natur zu beweisen ist.

In Europa war die Gattung *Olea* schon im Tertiär vertreten, wie die Ablagerungen des Pliozäns bei Montgardino (Bologna) beweisen; sie hat jedoch die Eiszeiten nicht überlebt. Das heutige Verbreitungsgebiet der verschiedenen Arten ist sehr groß. Wir finden den Olivenbaum *Olea cuspidata* in Indien, *Olea capensis* in Südafrika, *Olea chrysophylla* in Äthiopien, *Olea laperrinii* in den Oasen der Sahara.

Die Steinfrüchte des bis 12 m hohen Baumes gelten, in Salz und Essig eingelegt, als Delikatesse; sie enthalten in ihrem Fruchtfleisch bis zu 25% Öl. Nach der Ernte werden die gereinigten Oliven zerquetscht, anschließend kommen sie in die Ölpresse. Nach dem Jungfernöl – dem Öl der ersten Presse – folgt ein wäßriges und dann wieder ein dickeres Öl. Es wird gefiltert und gereinigt. Aus den Kelterrückständen, die verschieden verwendet werden, kann man mit Hilfe eines Lösemittels, Schwefelkohlenstoff, noch ein minderwertiges Öl gewinnen. Diese Ölgewinnung ist das klassische System. Heute werden andere Methoden angewandt, beispielsweise durch Zentrifugieren.

Das Olivenöl besteht aus einer Mischung von Glyzerinestern der Fettsäure, die alle flüssig sind und die festen Ester Stearin und Palmitin in Lösung enthalten. Die Farbe beruht auf Karotinen und Xanthophyll. Durch die Behandlung mit Ätzsoda oder Kohlenstoffen spalten sich diese Ester in Glyzerin und Alkalisalze der Fettsäure, also in Seife.

Ehe ein Ölbaum Früchte trägt, muß er mindestens 20 Jahre alt sein. Sie werden Anfang Dezember mit der Hand geerntet, wenn eine gute Qualität gewährleistet werden soll. Wo diese Arbeit wegen Mangels an Arbeitskräften nicht möglich ist, werden die Bäume geschüttelt und die Oliven dann eingesammelt. Durchschnittlich erbringt ein Ölbaum im Jahr eine Ernte von 30–50 kg.

70% allen Olivenöls werden von Griechenland, Italien und Spanien produziert. Diese Länder exportieren aber nur sehr wenig, da sie den größten Teil der Ernte für sich selbst verbrauchen. Ölbaumpflanzungen gibt es auch in Südamerika, Mexiko und in den USA; der Baum wurde von den Spaniern in die Neue Welt gebracht.

Die Sonnenblume – Öllieferant des Ostens

Die Sonnenblume *(Helianthus annuus)* stammt aus Nordamerika und wurde im Jahre 1569 von den Spaniern nach Europa gebracht. Hier galt sie zuerst als beliebte Zierpflanze. Mitte des 19. Jahrhunderts jedoch wurde sie in Rußland zur Kulturpflanze und dort auf mehreren Millionen Hektar Ackerland zur Ölgewinnung angebaut. Fast zwei Drittel der gesamten Erntemenge stammen aus der UdSSR. Der Gattungsname *Helianthus* bezieht sich auf ihre großen gelben Blütenköpfe (Blütenstände!), die das Aussehen von Sonnen haben. Die Blütenköpfe sind auf der Mittelscheibe bräunlich und haben goldgelbe Zungen. Sie erreichen einen Durchmesser von 30 cm, können aber auch doppelt so groß werden. Die Pflanze wird in verschiedenen Varietäten kultiviert, ebenso in mehreren Arten der gleichen Gattung.

Ihre Früchte (Sonnenblumenkerne) dienen der Ölgewinnung und als Viehfutter. Sie sind elfenbeinweiß bis violettschwarz und sitzen in großer Zahl an den scheibenförmigen Fruchtständen. Die schalenfreien Kerne enthalten bis zu 50% Öl. Es rechnet zu den stark trockenen Ölen, die wegen des hohen Anteils an ungesättigten Fettsäuren bei Luftzutritt aus dem flüssigen in den festen Zustand übergehen. Als kaltgepreßtes Öl gehört es zu den wertvollsten Speiseölen überhaupt. Vor allem in der Margarineherstellung spielt es eine Rolle.

Das teuerste Speiseöl auf dem Markt: Sesam

Die Samen des Sesams lieferten schon den Babyloniern Öl – so steht es jedenfalls auf einer Keilschrifttafel um 2350 v. Chr. vermerkt. Aus dem Zweistromland wurde das angenehm duftende, milde und sehr haltbare Öl dann nach Indien und China gebracht.

Sesam *(Sesamum)* ist ein bis 1 m hohes, einjähriges tropisches Kraut mit einfachen, oval-lanzettförmigen, ganzrandigen und langgestielten Blättern; die Einzelblüten stehen in den Achseln der oberen Blätter. Die Frucht ist eine vierkammerige Kapselfrucht, die sich von selbst öffnet und zahlreiche kleine Samen enthält. Diese sind abgeflacht, eiförmig und von unterschiedlicher Farbe: weiß bis schwarz und rötlich. Die Keimblätter enthalten 45–50% Öl, ein sehr gutes Speiseöl, das aber auch Verwendung in vielen Industriezweigen findet. Die Preßkuchen dienen als Viehfutter. In Afrika und Asien werden die Samen roh oder wie Erdnüsse geröstet gegessen oder zu Mehl verarbeitet.

Von den zwanzig Arten der in Afrika und Asien wildwachsenden Gattung Sesam hat allein *Sesamum indicum* wirtschaftliche Bedeutung erlangt. Daher wird die Pflanze heute vor allem in Indien zur Ölgewinnung angebaut, aber auch in China und Mexiko.

Bei der Ernte werden die Sesampflanzen in der Regel vom Feld geschnitten, sobald die Blätter welken. Am Verarbeitungsplatz trennt man entweder die Kapseln ab, um sie zu öffnen, oder man schüttelt die Kräuter so lange über ausgespannten Tüchern, bis die Kapseln sich von selbst öffnen und die Samen gesammelt werden können.

Königin aller: die Kokospalme

Die Kokospalme *(Cocos nucifera)* wird etwa 200 Jahre alt. Sie hat viele Namen. Linné gab ihr den botanischen. »Grüne Kuh« oder »Königin der Palmen« wird sie liebevoll von den Eingeborenen genannt. Der Stamm ist meist durch die Einwirkung des Windes leicht geneigt. Er kann 50–60 cm Durchmesser erreichen und wird 20–30 m lang. Ihre gefiederten Blätter sind etwa einen Meter breit und werden bis zu 6 m lang. Sie ist zweifellos eine der wirtschaftlich wichtigsten Pflanzen der Tropen; fast alle ihre Teile werden genutzt.

Sie liefert oft mehr als 200 Kokosnüsse im Jahr, liebt die heiße Tropensonne und den feuchten Wind der Meeresküsten. Deshalb findet man sie vornehmlich an sonnigen Meeresufern und den Flußmündungen zwischen den Wendekreisen der Sonne.

Die Früchte der Wassermelone (CUCUMIS ANGURIA) *haben ein kräftigrotes Fleisch und schwarze Samen (rechts).*

Die Wassermelone stammt aus dem tropischen Afrika; sie gedeiht deshalb nur in warmen Ländern, auch im westlichen Mittelmeerraum. Die dicken Früchte sind grün und weiß gemasert, doch gibt es auch verschiedene andersfarbige Zuchtformen (unten).

Aus den langen, fleischigen Blättern der Agave (Agave americana), die vor allem in Südamerika beheimat ist, werden kräftige Fasern, aus dem Saft durch Destillation die »Tequila« (Schnaps) gewonnen.

Oben: Mexikaner bei der Ernte

Rechts oben: Sisalplantage in Mexiko

Rechts Mitte: Bei der Verarbeitung werden die Blätter maschinell geschlagen und vom Fleisch befreit.

Rechts unten: Die Rohfasern werden zu den Fabriken gefahren und dort zu groben Geweben verarbeitet.

Links: Die Sisalagave, die mehrere Meter hoch werden kann, stammt aus Amerika. Mitte des 16. Jh. gelangte sie nach Europa.

Wo ihre eigentliche Urheimat ist, läßt sich nicht mit Sicherheit sagen. Wahrscheinlich ist sie auf dem Malaiischen Archipel heimisch. Lange bevor der Mensch mit der Kultivierung dieser ertragreichen und vielseitigen Palme begann, sorgte sie seit Jahrtausenden selbst für ihre Verbreitung. Weil die schwimmfähigen Kokosnüsse nämlich lange ihre Keimfähigkeit behalten, können sie viele tausend Kilometer Seereisen überstehen.

Seither dient die Kokospalme den Eingeborenen auf mannigfache Weise. Eines ihrer Sprichwörter lautet: »Die Kokosnuß hat 99 Verwendungsmöglichkeiten, und die hundertste wartet auf ihren Entdecker«, oder: »Aus einer einzigen Kokospalme kann man ein ganzes Schiff bauen und es dazu noch voll beladen«.

Hütten und Boote werden aus den Stämmen der Palme, Stricke, Taue und Matten aus den faserigen Basthüllen der Nüsse gefertigt. Die harten Schalen werden zu Trinkgefäßen und Schmuck verarbeitet. Mit den Blättern decken die Eingeborenen ihre Hütten und fertigen aus ihnen allerhand Flechtwerk. Auch dienen sie als Sonnenschirme. Aus Palmblättern wird in manchen Gegenden eine Art von Papier hergestellt. Auf ihm schreibt man mit Spänen aus den langen Blattstielen. Die Rinde wird zum Gerben und für zahlreiche Haus- und Heilmittel verwendet. Aus den jungen Trieben wird Palmkohl bereitet, ein von Kennern geschätztes Gemüsegericht. Beim Abschneiden der Blütenstände quillt aus dem Stamm ein Saft, aus dem durch Gärung Palmwein gewonnen wird (z. B. von der Brennpalme, der Kokospalme, der Palmyrapalme und der Raphiapalme). Der Palmwein ist die Grundlage von Palmschnaps und -essig.

Die unscheinbaren Blüten stehen in langen, verzweigten Blütenständen; sie werden vom Wind bestäubt. Die Kokosnuß hat eine dünne gelbbraune Außenschicht, eine dicke, faserige Mittel- und eine steinharte Innenschicht. Bei Sprengen der Innenschicht stößt man auf einen weißen Kern, den Samen, der von der braunen Samenhaut umhüllt ist. Er bildet eine fleischige Hohlkugel, die den Keimling umschließt und mit einer süßlich-säuerlichen Flüssigkeit gefüllt ist, der Kokosmilch. Sie hat einen zarten Mandelgeschmack und ist ein ausgezeichnetes durstlöschendes Getränk.

Das Fleisch liefert Kokosöl. Wenn es an der Sonne oder am Feuer getrocknet wird, erhält man die »Kopra« des Handels, aus der ein weiteres, hauptsächlich für die Seifenindustrie verwertbares Öl gewonnen wird. Das gelblichweiße Kokosfett ist ein Rohstoff für Margarine und die Basis der härteren oder weichen Kokosfette für die Küche. Aus weniger wertvollem Kokosfett kann man Kerzen und Seifen herstellen. Die beim Auspressen übrigbleibenden Preßkuchen dienen als Viehfutter oder Dünger.

Fast die Hälfte der Kopra-Weltproduktion kommt von den Philippinen. Auch Indonesien, Mexiko, Neuguinea und Sri Lanka (Ceylon) sind bedeutende Produzenten von Kopra. In allen diesen Ländern wird die Kokospalme im Plantagenbau kultiviert.

Die Erdnuß, eine Ölfrucht mit vielen Möglichkeiten

Der spanische Minendirektor Oviedo, der von 1513–1524 auf Kuba tätig war, berichtete als erster Europäer über eine wunderliche Pflanze und ihre Früchte: Er meinte die Erdnuß *(Arachis hypogaea)*.

Bevor sie »klappern« kann, macht sie, die eine Verwandte der Erbsen und Bohnen ist, eine etwas eigenwillige botanische Entwicklung durch: Nach dem Verblühen krümmen sich die Blütenstiele abwärts und drücken die junge Frucht 5–8 cm in den Erdboden. Hier erst erlangt die Erdnuß ihre endgültige Reife – und auch die Berechtigung für ihren Namen.

Sie ist eine vielseitig verwendbare Ölfrucht: Die gerösteten Samen dienen als Kaffee-Ersatz. Fein gemahlen sind sie die Grundsubstanz der sogenannten »Erdnußbutter«, die in den Vereinigten Staaten allgemein bekannt ist. In der Schweiz, in Spanien und in Italien wird Erdnußfett zur Herstellung der »weißen Schokolade« verwendet. Leicht geröstet und gesalzen werden sie wie richtige Nüsse (Kamerun-Nüsse) verzehrt. Das Erdnußöl (Arachis- oder Katjanöl), wird nicht nur für die Herstellung von Margarine verwendet. Auch als Tafelöl oder rein streichfähiges Fett kann man es kaufen. Weniger gutes Öl wird für Seifen und Kosmetika verwendet.

Die eigentliche Heimat der Erdnuß ist Brasilien, wo noch andere Arten dieser Gattung wachsen. Sklavenhändler müssen sie nach Afrika gebracht haben, von wo aus sich der Erdnußanbau bis nach Ostasien ausdehnte, was sogar zu der Ansicht geführt hat, die Erdnuß sei in Afrika oder China heimisch. Aber schon die Eingeborenen Perus machten sich die »klappernde Nuß« zunutze. Sie nannten sie »Mani-Frucht«. Steinmörser, die man als Grabbeigaben fand, lassen vermuten, daß die alten Peruaner bereits Öl aus den Früchten der Erdnußpflanze zu gewinnen verstanden. Im Jahre 1772 kam sie nach Italien.

Heute ist ihr Lebensraum der ganze Tropengürtel der Erde. Ihre Hauptanbaugebiete sind Indien, China, Senegal, Nigeria und der Süden der USA, daneben aber auch Indonesien, Südafrika, Argentinien und Burma, Uganda, das Kongogebiet, Brasilien und der Sudan. Das einzige europäische Land, das die Erdnuß in exportfähigen Mengen anbaut, ist Spanien.

Obgleich die Erdnuß ursprünglich eine amerikanische Pflanze ist, haben Asien mit etwa 60% und Afrika mit rd. 30% heute die größten Anteile am Weltertrag. Nach der Sojabohne ist sie die Ölfrucht mit dem zweitgrößten Ertrag. Rund ein Viertel der Welternte wird übrigens in den Erzeugerländern selbst verbraucht.

Erdnüsse werden geschält oder ungeschält gehandelt. Vor ihrer Verschiffung werden sie an der Luft vorgetrocknet. Die Nüsse werden dadurch haltbarer und die Samen lassen sich leichter freilegen.

Die ersten Baumwollkulturen – Monopol der Inder

4500 Jahre hindurch wurde die Baumwollpflanze *(Gossypium arboreum)* nur ihrer spinnbaren Samenhaare wegen angebaut. Erst seit rund 100 Jahren wird das Öl der Baumwollsaat planmäßig für die menschliche Ernährung genutzt.

Die ersten Baumwollkulturen wurden von den Indern angelegt. Sie nannten die Baumwollgewebe poetisch »Gewobener Wind«. 1500 Jahre hindurch verteidigten sie ihre Kenntnisse im Anbau und Spinnen gegen ihre Nachbarn. Etwa 600 Jahre v. Chr. zerbrach dieses erste Monopol.

Auch den Inkas und Azteken war die Baumwolle schon vor der Entdeckung Amerikas durch Kolumbus im Jahre 1492 bekannt. Als man darauf die Möglichkeit erkannte, die der neuentdeckte Kontinent für den Baumwollanbau bot, fehlte es an geeigneten Arbeitskräften. Um diesem Mangel abzuhelfen, betraten höchst unfreiwillig um 1520 die ersten schwarzen Sklaven amerikanischen Boden. Wenige Jahrzehnte später arbeiteten bereits 150000 Neger auf den Baumwollfeldern Nord- und Südamerikas.

Über die fetthaltigen Samenkerne erfahren wir erstmalig von den Griechen Herodot und Theophrastos. Heute ist die Baumwollsaat eine der wichtigsten Öllieferanten der menschlichen Ernährung. Rund ein Drittel der Welterzeugung entfällt auf die Vereinigten Staaten von Nordamerika. Weitere wichtige Anbaugebiete sind die Sowjetunion, China und Indien, daneben Brasilien, Mexiko, Pakistan und Ägypten. Die Baumwollpflanze ist der drittgrößte Fettlieferant unter den Ölpflanzen.

Die Baumwolle ist eine der Hauptlieferanten der Zellulose. Aus wirtschaftlichen Gründen beschränkt man sich jedoch nur auf die Linters (kurze Baumwollfäden). Man stellt daraus u. a. Schießbaumwolle her.

Ein einziger Baumwollstrauch liefert etwa 1 kg Rohbaumwolle. Während die weißen Fasern in die Textilindustrie wandern, treten die etwa 6–8 mm langen, schwarzbraunen Samenkörner ihre Reise in die europäischen Ölmühlen an. Hier erst wird aus den fetthaltigen Samen das Öl gewonnen. Ungeschälte Baumwollsaat enthält etwa 30–40% Öl, geschälte etwa 18–25%.

Baumwollsaatöl, auch Cottonöl genannt, ist ein ausgezeichnetes Speiseöl, das nicht nur für Margarine verwendet wird, sondern auch als Tafelöl im Handel ist.

Wenn man so will, waren es italienische Kaufleute, die als erste den hohen Wert des »Cottonöls« erkannten. Vor rund hundert Jahren kauften sie billig aus Amerika importiertes Baumwollsaatöl, füllten es um, versahen es mit der Aufschrift »Reines Olivenöl« und verkauften es mit beträchtlichem Gewinn – an die Amerikaner. Es dauerte geraume Zeit, bis diese ihr Cottonöl wiedererkannt hatten.

Die Organe der Pflanzen und ihre Aufgaben

Zieht man in Betracht, daß das Pflanzenreich rund 400 000 verschiedene Arten umfaßt, so ergibt sich hieraus eine Formenfülle, die verwirrend ist. Versucht man dann, bei der Vielfalt der inneren Organisation und dem Reichtum an äußeren Differenzierungen die Pflanzen nach ihrem Aufbau zu ordnen, so läßt sich deutlich eine Stufenleiter der Organisationsformen erkennen, die in einem langen Weg von den relativ einfach gebauten Einzellern über vielerlei Zwischenformen zu den reichgegliederten Vegetationskörpern der höheren Pflanzen führt.

Das pflanzliche Gewebe

Im Zusammenhang mit der Betrachtung der Pflanzenzelle und ihren Aufgaben wurde bereits gesagt, daß die einfachen Pflanzen aus nur einer Zelle bestehen. Auf die in diesem Zusammenhang oft gebrauchte Bezeichnung »primitiv« sollte aber verzichtet werden. Ein Einzeller ist keineswegs primitiv, im Gegenteil. Da er in zellphysiologischer Hinsicht alle Fähigkeiten in sich vereinigt, ist er im Grunde genommen komplizierter gebaut als eine Zelle höherer Pflanzen, die nach einer bestimmten Seite hin differenziert ist und deshalb nur eine begrenzte Funktion zu erfüllen hat. Mit der Differenzierung der Zellen aber geht eine Arbeitsteilung einher. Erfolgt bei den Vielzellern die Zellteilung nur nach einer Richtung im Raum, und zwar quer zur Längsachse, so entsteht als einfachste Form ein Zellfaden. Teilen sich die Zellen nach zwei Richtungen, so entsteht eine Zellfläche, bei Teilungen nach drei Richtungen ein Zellkörper.

Was sind Lagerpflanzen?

Zu den Lagerpflanzen werden Algen, Pilze und als Sonderform auch die Flechten gerechnet. Ihr Pflanzenkörper gliedert sich nicht in Wurzel, Stengel und Blätter; vielmehr stellt der Zellfaden das vorherrschende Element dar. Durch Verkleben oder Verflechten der Zellfäden entstehen lappen- oder bandförmige Gebilde, die als »Lager« oder »Thallus« (griech.: *thallos* = Lager, Laub) bezeichnet werden, die Pflanzen selbst als Lagerpflanzen.
Ihre Fortpflanzung geschieht auf sehr mannigfache Weise. Viele Lagerpflanzen sind Einzeller. Bei anderen wieder ist jede Zelle des Fadens teilungsfähig. Sie bleiben nach der Zellteilung zusammen und bilden Kolonien, verzweigte oder endlose Fäden, wodurch sich besonders die Algen auszeichnen. Neben der einfachen Zellteilung spielen aber auch auf ungeschlechtlichem Wege erzeugte Sporen eine wichtige Rolle.
Alle Lagerpflanzen sind ausnahmslos sehr niedrig organisiert.

Zellflächen oder Zellkörper können auch durch Verklebungen oder Verflechtungen entstehen. Bei den am höchsten entwickelten Formen sind sogar schon echte Gewebe am Aufbau des Pflanzenkörpers beteiligt. Niemals ist bei niederen Pflanzen aber schon eine Gliederung in Sproß, Blätter und Wurzel vorhanden. Ihr Vegetationskörper wird daher allgemein als Lager oder Thallus, die Pflanzen selbst als Lager- oder thallöse Pflanzen *(Thallophyta)* bezeichnet.

Eine Mittelstellung zwischen den Einzellern und dem Zellkörper der Vielzeller nehmen die koloniebildenden niederen Pflanzen ein. In einer Kolonie hängen die Zellen meist nur lokker aneinander, und jede Zelle behält bis zu einem gewissen Grade ihre Selbständigkeit.

In einem Zellverband bleiben in den Zellwänden, die zwei benachbarte Zellen voneinander trennen, rundliche oder ovale dünne Stellen ausgespart, die als Tüpfel bezeichnet werden. In dickeren Zellen werden diese Tüpfel als Kanäle sichtbar. Durch die dünnen Stellen wird ein Stoffaustausch von Zelle zu Zelle erleichtert, indem durch feinste Poren der Tüpfelschließhaut das Plasma zweier benachbarter Zellen in Verbindung steht (Plasmabrücken). Während ihr Nachweis im Lichtmikroskop nicht gelingen konnte, sind sie im Elektronenmikroskop sichtbar gemacht worden.

Viele Algen und Pilze sind aus Zellfäden aufgebaut. Diese können entweder einfach oder verzweigt sein oder sogar ver-

Die großen, rosa angehauchten Magnolienblüten wirken wie dünnes, kostbares Porzellan. Sie verströmen einen ätherischen Duft. In Europa entfalten sie im Frühling ihre volle Blütenpracht.

flochtene Büschel bilden. Die Schraubenalge *(Spirogyra)* z.B. besteht aus einem einfachen Zellfaden, bei dem sich alle Zellen teilen können. Bei anderen wieder ist nur die Spitze (Scheitelzelle) teilungsfähig. In diesem Fall verlängert sich der Faden aufgrund eines Spitzenwachstums.

Zwischen den teilungsfähigen jungen und den nicht mehr teilungsfähigen alten Zellen findet eine Arbeitsteilung statt. Die alten Zellen dienen ausschließlich der Ernährung. Bei einem Funktionswechsel können sie aber wieder teilungsfähig werden, z.B. im Dienste der Fortpflanzung. Bei manchen Algen und Pilzen unterbleibt nach der Kernteilung die Bildung von Querwänden, so daß ein einzelliger, aber vielkerniger Schlauch entsteht, wie es beispielsweise bei der Schlauchalge *(Vaucheria)* der Fall ist.

Wie bereits erwähnt, erfolgt das Wachstum bei vielen Algen mittels einer sogenannten Scheitelzelle. Meist ist es die oberste Zelle, die diese Aufgabe übernimmt. Als Beispiel sei die grüne Fadenalge *Cladophora* angeführt. Sie ist stark büschelig verzweigt, wobei jeder Ast mit einer Scheitelzelle ausgestattet ist. Die Scheitelzellen der Algen sind meist einschneidig. Man versteht darunter, daß bei gleichbleibender Teilungsebene jeweils im Anschluß an eine Kernteilung eine Querwand eingezogen wird. Von den beiden neu entstandenen Zellen behält die obere jeweils den Charakter der Scheitelzelle, während die untere sich streckt und den Zellfaden verlängert. Nicht immer wächst der Algenfaden mit einer einschneidigen Scheitelzelle und bleibt in seiner ganzen Länge einreihig. In einiger Entfernung von der Spitze können auch Längsteilungen in den Fadenzellen auftreten, wodurch mehrreihige Fäden entstehen oder Verzweigungen. Beim Netztang *(Dictyota)* z.B. folgt auf eine Reihe von Querteilungen durch Drehung der Teilungsebene eine Längsteilung der Scheitelzelle, und mit ihr entstehen zwei gleichwertige Scheitelzellen, die nun selbständig den Aufbau eines Zweiges übernehmen. Man nennt eine derartige Erscheinung gabelige oder dichotome Verzweigung (Gabelung oder Dichotomie).

Bei höheren Pflanzen befinden sich an allen Sproß- und Wurzelspitzen Wachstums- oder Vegetationskegel, auch Vegetationspunkte genannt. Sie bestehen aus vielen undifferenzierten, ganz mit Plasma erfüllten, teilungsfähigen Zellen. Man bezeichnet diesen Zellkomplex als das Bildungsgewebe oder Meristem. An den Sproßspitzen ist es durch junge Blätter, an den Wurzelspitzen durch die sogenannte Wurzelhaube geschützt.

Dicht unterhalb des Wachstumskegel beginnt die Differenzierung der Gewebe. Dort wölben sich auch in Form kleiner seitlicher Auswüchse die Anlagen neuer Blätter und in den Blattwinkeln neue Wachstumskegel der zukünftigen Seitensprosse vor. Aber schon dicht unterhalb des Wachstumskegels werden die Zellteilungen seltener. Die Zellen hier strecken und erweitern sich: das Bildungsgewebe geht in Dauergewebe über.

Die Schlauchalge

Als dunkelgrüner Anflug ist die Schlauchalge *(Vaucheria)* fast überall auf stehenden Gewässern und nasser Erde zu finden. Ihre Fäden sind unregelmäßig verzweigt und mit farblosen Fortsätzen (Rhizoiden) angeheftet. Bei der ungeschlechtlichen Vermehrung schwellen einzelne Schlauchenden an und grenzen sich durch eine Zellwand zu einem besonderen Sporangium ab. Dann tritt der gesamte Inhalt als große, mit bloßem Auge sichtbare, vielkernige, mit zahllosen Geißeln versehene Schwärmspore durch einen Riß der Zellwand ins Freie. Nach kurzer Zeit werden die Geißeln eingezogen, die Spore umgibt sich mit einer Zellwand und wächst zu einem neuen Schlauch heran.
Die Organe der geschlechtlichen Fortpflanzung entstehen als seitliche Ausstülpungen der Thallusfäden und werden durch eine Querwand abgegrenzt. In der weiblichen Anlage, dem Oogonium, sondert sich ein großes, rundes Ei ab. Das Antheridium ist hornartig gekrümmt, öffnet sich bei der Reife an der Spitze und gibt viele winzig kleine, zweigeißelige männliche Keimzellen frei, die durch eine Öffnung des Oogoniums zur Eizelle schwimmen. Die Zygote umgibt sich mit einer festen Membran und wird so zur Dauerzygote. Bei günstigen Umweltbedingungen keimt sie aus.

Zellfäden der Schraubenalge (SPIROGYRA) *mit spiraligen Blattgrünkörpern (ganz oben).*

Phytoplankton im Mikroskop: RHIZOSOLENIA STOLTERFORTHII *und* GAINARDIA FLACCIDA *(unten).*

Dabei erfahren die Zellen vielerlei Veränderungen, anders ausgedrückt: Die einheitlichen Zellen des Bildungsgewebes werden beim Aufbau der Organe in die sehr verschiedenartig gestalteten Zellen der Dauergewebe umgewandelt. Verhältnismäßig gleichförmig bleiben noch die Zellen des Grundgewebes, während die Zellen des Abschluß-, Aufnahme-, Leit-, Festigungs- und Ausscheidungsgewebes sehr stark abgewandelt sein können.

Weisen die aus dem Bildungsgewebe hervorgegangenen Zellen keine besondere Differenzierung auf, spricht man von einem Grundgewebe oder Parenchym. Es besteht aus dünnwandigen lebenden Zellen und stellt bei den krautigen Pflanzen den Hauptanteil des Pflanzenkörpers dar, während es bei Holzgewächsen verständlicherweise in den Hintergrund tritt. Betrachtet man Zellen des Grundgewebes im Mikroskop, so erscheinen sie als gleichmäßig gebaute, rundliche bis vieleckige, polyedrische Gebilde, die auch mehr oder weniger in die Länge gestreckt sein können. Während der Entwicklung des Grundgewebes bilden sich Zwischenräume bzw. luftgefüllte Spalträume zwischen den Wänden benachbarter Zellen, besonders entlang den Kanten, die als Interzellularen (Zwischenzellräume) bezeichnet werden und den ganzen Pflanzenkörper als Durchlüftungssystem durchziehen. Dabei stehen sie sowohl untereinander, als auch durch feine Öffnungen (Stomata) mit der Außenluft in Verbindung und ermöglichen so den für die Lebenstätigkeit der Pflanze notwendigen Gasaustausch.

In der Regel besitzen die Zellen des Grundgewebes einen großen Zellsaftraum. Wenn der Zellsaft viele Nährstoffe enthält, wird das Grundgewebe zum Speichergewebe, wie z. B. in Zwiebeln oder Rüben. Knollen, wie die der Kartoffel oder Kassave, enthalten vornehmlich Stärke als Reservestoffe in fester Form (Stärkekörner; Amyloplasten). Auch in den Rhizomen von Ingwer, *Iris, Canna* u. a. sowie in den Wurzelknollen der Dahlie ist Stärke enthalten.

Zum Schutz gegen übermäßige Wasserverdunstung und gegen das Eindringen von Krankheitserregern ist der Pflanzenkörper von einem (primären bzw. sekundären) Haut- oder Abschlußgewebe umgeben. Primär ist die Epidermis, welche alle jugendlichen Organe bedeckt und meist nicht länger als eine Vegetationsperiode besteht. Nur wenige Pflanzen haben eine länger intakte Epidermis (z. B. die Mistel). Sie ist meist einschichtig, wird bei bestimmten Pflanzen an den Blättern aber mehrschichtig und dann als Hypodermis bezeichnet. Häufig stellt sie ein Wasserspeichergewebe dar (bestimmte Begonienarten, *Gesnerien, Ficus*). Setzt bei Stammorganen ein sekundäres (Dicken-)Wachstum ein, wird die Epidermis durch das Periderm ersetzt. Es kommt zur Bildung des Korkkambiums (meist in der ersten Zellschicht unter der Epidermis).

Das Hautgewebe, das vom Vegetationskegel aus als äußerste Schicht entsteht, schützt die empfindlichen inneren Pflanzenteile vor Verletzungen und vermittelt den Gasaustausch. Er vollzieht sich durch die schon genannten Spaltöffnungen (Stomata) in der Epidermis. Bei diesen sind zwei meist nierenförmige Schließzellen so aneinandergelagert, daß sie einen Spalt zwischen sich freilassen; sie sind von Nebenzellen umgeben. Die Schließzellen, der Spalt und die Nebenzellen bilden zusammen den Spaltöffnungsapparat. Im Periderm übernehmen die sogenannten Lentizellen (Rindenporen, auch Korkwarzen) die Funktion der Stomata.

Die Zahl der Spaltöffnungen, die sich in der Regel auf der Blattunterseite befinden, bei Schwimmblättern (z. B. der Seerose) oberseits, ist außerordentlich groß und kann pro Quadratmillimeter 100 bis 300, ja sogar bis 700 betragen (Baumeister). Bei ihrer großen Anzahl ergibt sich zwangsläufig, daß sie winzig klein sein müssen. Für den eigentlichen Spalt wurden beim Weizen Werte von 0,038 mm in der Länge und 0,007 mm in der Breite gemessen. Bei der Sonnenblume hat man für ein Blatt 13 Mio. Spaltöffnungen berechnet.

Im Gegensatz zu den meist chlorophyllfreien Epidermiszellen enthalten die Schließzellen etliche Blattgrünkörner. Häufig sind die Oberhautzellen so eng miteinander verzahnt, daß die Epidermis gegen Zerrungen besonders widerstandsfähig wird. Ihre äußeren Zellwände sind durch eine eingelagerte wachsartige Masse und einen dünnen, wachsartigen Überzug, die Kutikula, verstärkt; sie schützt die Pflanze vor zu starker Verdunstung. Besonders bei manchen Früchten, z. B. Äpfeln, und Blättern, wie bei der Fetthenne, ist diese Wachsschicht gut ausgebildet. Sie verhindert zugleich eine Benetzung und Verstopfung der Spaltöffnungen mit Wasser.

Auch Haarbildungen als Ausstülpungen der Oberhautzellen dienen zum Teil als Verdunstungsschutz und bewahren die Pflanze außerdem vor Schädigungen durch zu starke Sonneneinstrahlung, in manchen Fällen auch vor Verletzungen und Verbiß durch Tiere. Hierzu gehören vor allem Brenn- und Drüsenhaare.

Die Brennhaare der Brennessel sind mit einem angeschwollenen Fußteil in einen grünen becherförmigen Auswuchs der Oberhaut eingelassen. Der Hauptteil stellt eine lange, fein ausgezogene Röhre dar, deren Wand im oberen Teil durch Einlagerung von Kieselsäure hart und spröde wie Glas ist. Die Spitze des Haares wird von einem seitlich gerichteten Köpfchen gebildet, unter dem die Wand der Röhre eine dünne Stelle aufweist. Deshalb bricht das Köpfchen schon bei der leisesten Berührung ab. Da die dünne Stelle einen schrägen Verlauf zeigt, entsteht eine scharfe Spitze, die leicht in die Haut von Tier und Mensch eindringt. Der unter Druck stehende giftige Inhalt des Haares ergießt sich in die Wunde, wodurch ein heftiges Brennen oder sogar eine Entzündung entsteht.

Während es sich bei der Brennessel um eine Sonderform einzelliger Haare handelt, können auch mehrzellige Haare entstehen, und zwar dadurch, daß die ursprüngliche Haarzelle durch Querteilungen in mehrere Zellen zerlegt wird. Beispiele hierfür liefern die Blätter der Pfefferminze, der Kartoffel oder der Tollkirsche.

Ingwergewächse

Der Ingwer *(Zingiber officinale)* stammt aus Asien und enthält Wirkstoffe mit magenanregender Wirkung, die aber auch als Aromastoffe und zur Herstellung von Parfüms verwendet werden. Das kräftige, leicht kampferähnliche, aber angenehme Aroma und der pikante Geschmack beruhen auf Harzen und ätherischen Ölen.

Sein Rhizom, aus dem man diese Stoffe gewinnt, wird, wenn es nur gesäubert wurde, als grauer Ingwer, und nach Entfernung der äußeren Korkschicht, als weißer Ingwer gehandelt. Die Pflanze wird heute in allen tropischen Zonen angebaut. Sie ist seit dem Altertum bekannt und wird von griechischen und lateinischen Autoren erwähnt.

Die Kardamompflanze *(Elettaria cardamomum)* liefert die Kardamomsamen. Dieses krautige Ingwergewächs ist in Malabar und auf Sri Lanka (Ceylon) beheimatet. Die Kardamomsamen und die Früchte werden wegen ihrer magen- und nervenanregenden Wirkung als Heilmittel verwandt, dienen aber auch als Aromastoffe.

Das Rhizom der Gelbwurzel oder Kurkuma *(Curcuma longa)*, Südasien, enthält eine gelbe Substanz, das aromatische Curcumin und ein Öl, die als Bitterstoffe bzw. Farbstoffe für Kosmetika und Butter Verwendung finden.

Die wollig-filzigen Überzüge, die sich auf der Ober- und Unterseite der Königskerze und anderer Pflanzen befinden, bestehen aus mehrzelligen, verzweigten Haaren, zwischen deren einzelnen Verzweigungsebenen jeweils eine langgestreckte Zelle liegt. Sie werden als Etagenhaare bezeichnet.

Eine andere Haarform entsteht dadurch, daß die Verzweigung meist auf nur eine, und zwar auf die obere Zelle beschränkt bleibt. Solche Schild- oder Schuppenhaare finden sich z. B. beim Sanddorn und bei der Ölweide.

Besondere Aufgaben haben die Drüsenhaare zu verrichten. Sie produzieren verschiedene Sekrete, die nach außen abgeschieden werden. Zumeist sind es ätherische Öle, aber auch klebrige oder harzige Stoffe. Ätherische Öle werden oft durch die Wand der sezernierenden Köpfchenzelle hindurch unter die Kutikula abgegeben, die sie offenbar nicht so rasch durchdringen können. Sie sammeln sich daher unter dieser an und heben sie empor. Im Mikroskop zeigen sich solche Sekreträume als Kappen, in der Seitenansicht als halbmondförmige, stark lichtbrechende Gebilde. Bei starker Sonne können die ätherischen Öle durch die Kutikula hindurch verdunsten. Plätze, die dicht mit bestimmten Lippenblütlern *(Labiatae)* bestanden sind, so besonders in Steppenländern, haben dann einen typischen Geruch.

Der Hopfen – Heilmittel, Bierwürze und Gemüse

Die Drüsen der Infloreszenzschuppen des Hopfens *(Humulus lupulus)*, der in Westasien, Mittel- und Südeuropa heimisch ist, sondern in Form goldglänzender Tröpfchen ein Sekret ab, das ein ätherisches Öl enthält und Hopfenbitter (Lupulin) genannt wird.

Das Lupulin liefert in der Medizin wertvolle Heilmittel und wird besonders als Zusatz zu Beruhigungs- und Schlafmitteln verwendet.

Sein Hauptverwendungszweck liegt jedoch bei der Bierherstellung. Es wird der Würze zugesetzt, wodurch das Bier einen leicht bitteren Geschmack erhält und auch besser gelagert werden kann; ferner wird eine Vermehrung der Milchsäurebazillen verhindert. Das größte Verbreitungsgebiet des Hopfens in Deutschland liegt in Bayern und Württemberg, wo er in sogenannten Hopfenkulturen angepflanzt wird. Aus einem verzweigten unterirdischen und ausdauernden Wurzelstock oder Rhizom bilden sich sehr schnell lange, schnellwüchsige, einjährige Stengel. Man vermehrt ihn deshalb bei der Hopfenkultur durch Teile des unterirdischen Sprosses, sogenannte Fechser.

Im Hochsommer legt man die oberirdischen Teile des Hopfens nieder, pflückt die Zapfen ab und trocknet sie sorgfältig. Da die Früchtchen dem Bier einen strengen Geschmack verleihen, zieht man besonders Varietäten, die fruchtlose, aber drüsenreiche Zapfen hervorbringen.

Die jungen Sprosse der Pflanze werden wie Spargel gegessen.

Klebrige oder harzige Sekrete treten meist durch die ganze Köpfchenwand, also auch durch ihre Kutikula, nach außen und sammeln sich dort an, so daß die Zellwand ganz durch sie verdeckt wird. Will man sie im Mikroskop beobachten, muß man erst das Sekret auflösen und entfernen. Bisweilen fließt dieses auch an der Köpfchenwand herab und bedeckt die Stielzellen an der Außenseite. Unsere Pelargonien weisen auf den Blättern und Stielen beide Typen von Drüsenhaaren auf.

Manche Sekrete pflanzlicher Drüsenhaare sind giftig und verursachen bei vielen Menschen allergische Erkrankungen bzw. Hautausschläge, so z. B. einige Sorten der in den Gewächshäusern häufig gezogenen chinesischen Primel.

Auch die Drüsenschuppen auf den Blättern von Lippenblütlern oder den Infloreszenzschuppen des Hopfens sind als Haare zu bezeichnen. Sie sind kurzgestielt, und ihre Sekretzellen bilden eine schüsselförmig vertiefte Fläche.

Mit derartigen Drüsenschuppen sind viele unserer bekanntesten Heilpflanzen ausgestattet, unter ihnen die Pfefferminze. Die Bitterstoffe in den Drüsenschuppen des Hopfens spielen eine große Rolle bei der Bierbrauerei.

Bei Stengeln, Ästen und Stämmen wird die Oberhaut durch ein vielschichtiges Korkgewebe (Periderm) ersetzt. Weiter oben wurde es bereits kurz erwähnt. In den toten, lufthaltigen Zellen ist kein Protoplasma mehr enthalten. Bei der Kartoffelknolle, aber auch bei allen anderen mehrjährigen oder länger ausdauernden Pflanzenteilen, ersetzt das Korkgewebe die ursprüngliche Oberhaut (Epidermis), da diese nicht in der Lage wäre, dem Dickenwachstum des betreffenden Organs zu folgen. Da sich die Zellen des Korkgewebes lückenlos aneinanderschließen, und die Zellwand wachsartige Korksubstanz ent-

Die Korkeiche, ein Baum des westlichen Mittelmeerraumes (links oben), läßt sich erst im Alter von 30 Jahren nutzen. Zuerst wird der Kork mit besonderen Messern abgeschält, sodann werden die Platten gestapelt und getrocknet (von oben nach unten), um schließlich u. a. zu Flaschenkorken verarbeitet zu werden (links).

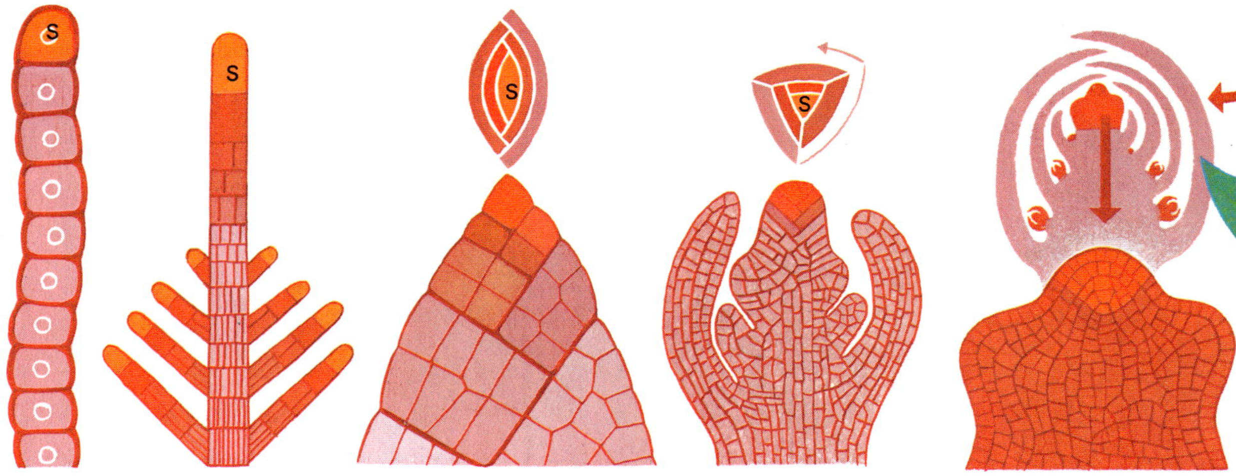

Ulothrix — *Sphacelaria* einschneidige Scheitelzelle — Laubmoos-Blättchen zweischneidige Scheitelzelle — Schachtelhalm dreischneidige Scheitelzelle — Knospe einer dikotylen Pflanze Vegetationskegel

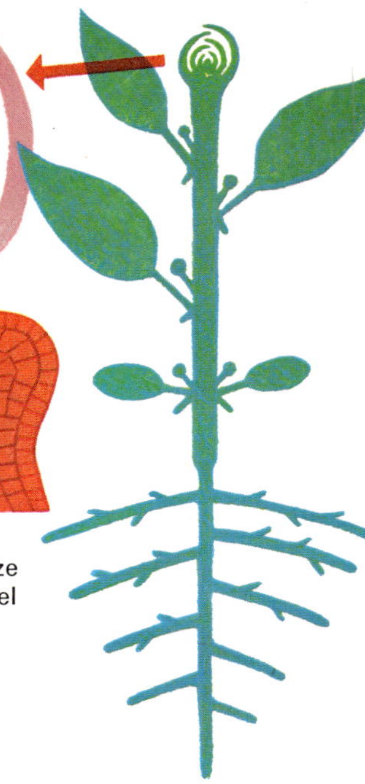

Bildungsgewebe (Meristeme)
Teilt sich eine Scheitelzelle (S) ständig durch Querwände, so entwickelt sich ein fädiges Gewebe *(Ulothrix)*. In den älteren Tochterzellen können auch bei einigen Algen Längswände und Verzweigungen auftreten *(Sphacelaria)*. Flächiges Gewebe (z. B. Moosblättchen) entsteht, wenn die Scheitelzelle nach 2 Seiten, und körperhaftes Gewebe (z. B. Schachtelhalm), wenn sie nach 3 Seiten Segmente abgibt. Auch mehrere Zellen (Initialzellen) können die Zellvermehrung übernehmen (Vegetationskegel, rechts).

Bildungsgewebe, Dauergewebe, Abschlußgewebe, Leitgewebe

Grundgewebe (Parenchym)
Den embryonalen Zellen stehen die aus Dauerzellen bestehenden Dauergewebe gegenüber. Sie bestehen aus wenig differenzierten Parenchymzellen, die viele Funktionen erfüllen (rechts). Daneben können mehrere Typen des Grundgewebes unterschieden werden, die eine bestimmte Aufgabe bevorzugen: Speichergewebe (z. B. rechts unten, Weizenkorn), Durchlüftungsgewebe bei Sumpf- und Wasserpflanzen, Abschlußgewebe, Festigungsgewebe, Assimilationsgewebe usw.

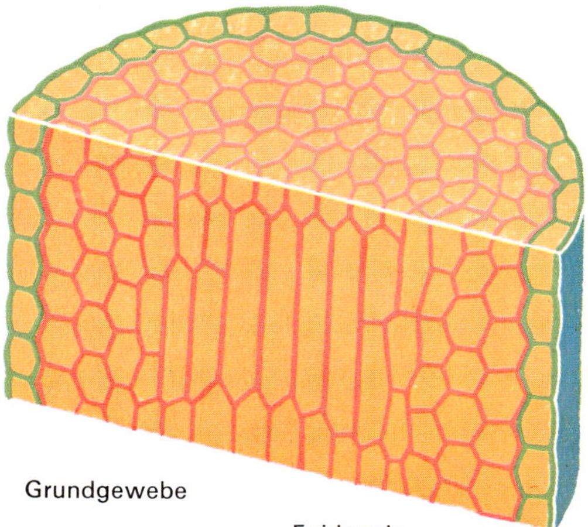

Grundgewebe

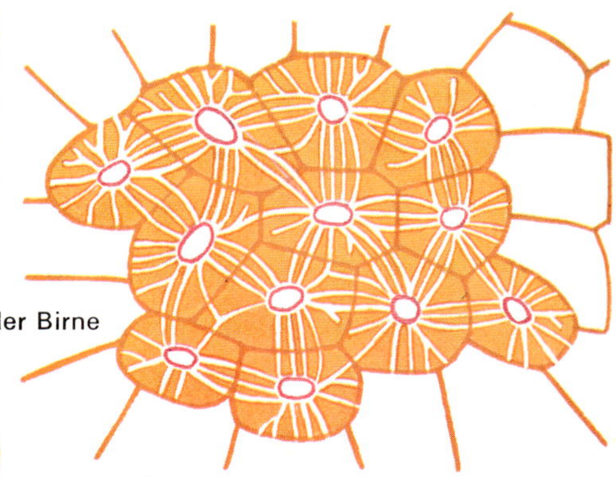

Steinzellen in der Birne

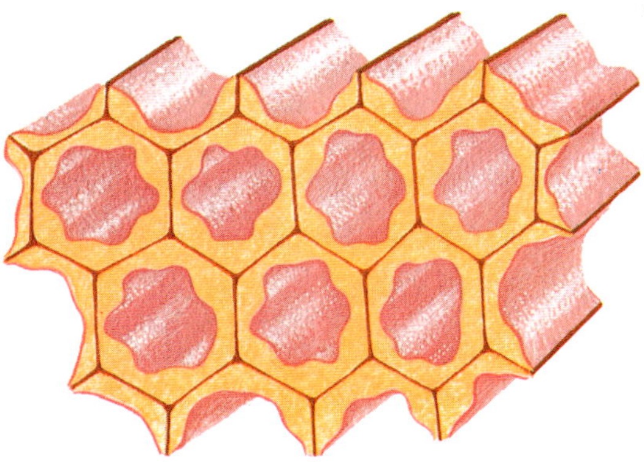

Kantenkollenchym im Blattstiel der Salbei

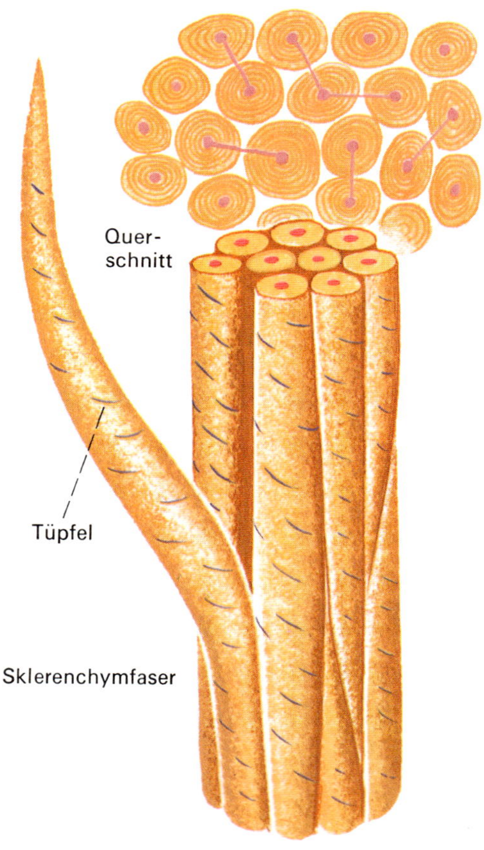

Sklerenchymfaser

Festigungsgewebe
In den harten Schalen von Nuß- und Steinfrüchten entstehen durch gleichmäßiges Dickenwachstum, bei dem nur Tüpfel ausgespart bleiben, die Steinzellen (oben). Sie haben eine große Druckfestigkeit; Zug- und Biegungsfestigkeit verleihen die langgestreckten, englumigen Sklerenchymfasern (Mitte) und in jüngeren Pflanzenteilen die lebens- und wachstumsfähigen Kollenchymzellen. Diese sind durch Zellulose- oder Pektinlagen entweder an den Kanten (links oben) oder an ganzen Seiten (links unten) verdickt.

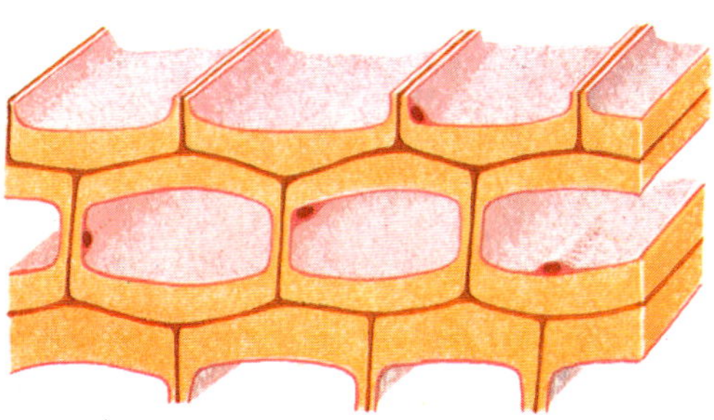

Plattenkollenchym im Blattstiel der Sterndolde

Tüpfel im Endosperm der Elfenbeinpalme

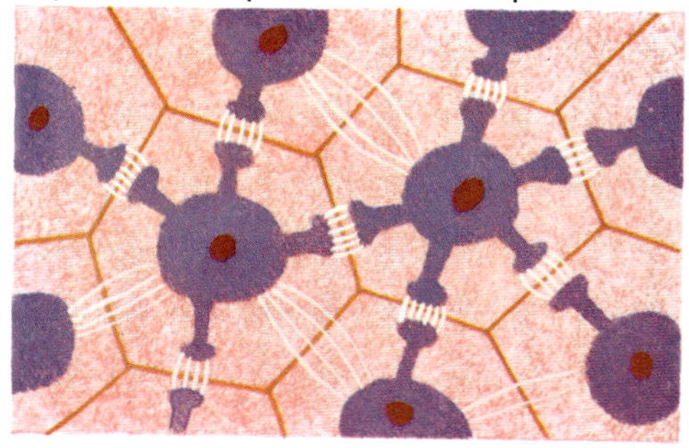

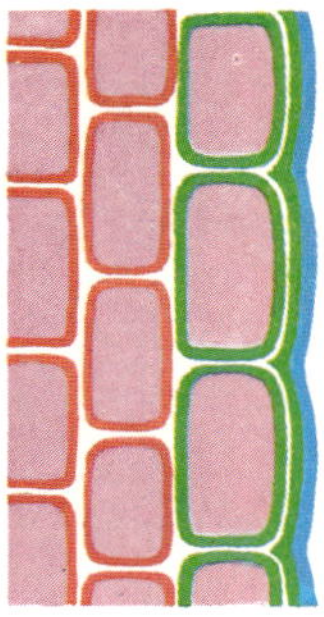

Epidermis
mit Kutikula

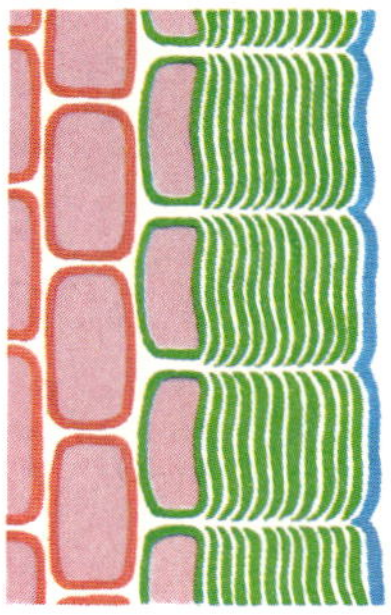

Epidermis
des Rippenkaktus

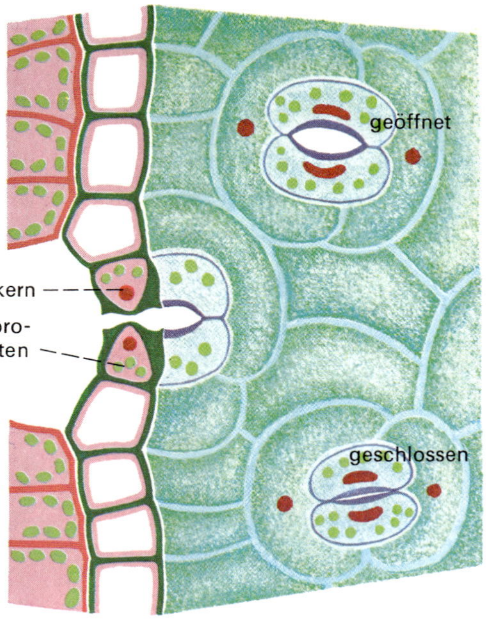

Abschlußgewebe
Zum Schutz gegen Beschädigung, Infektion und Wasserverlust durch Verdunstung dient die einschichtige Oberhaut (Epidermis) mit einer Kutikula, die noch durch Wachsablage-

Korkgewebe von der Traubenkirsche

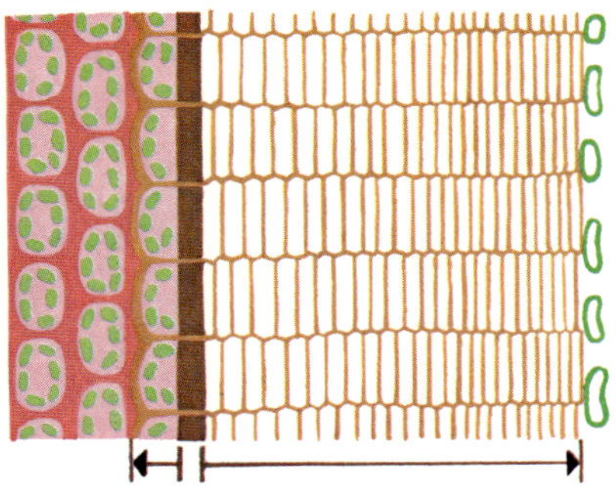

Spaltöffnungen
oben bei
Laubblättern,
rechts bei
Gräsern

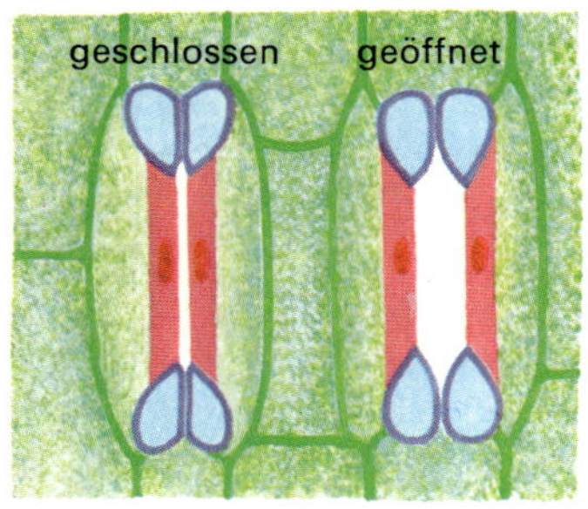

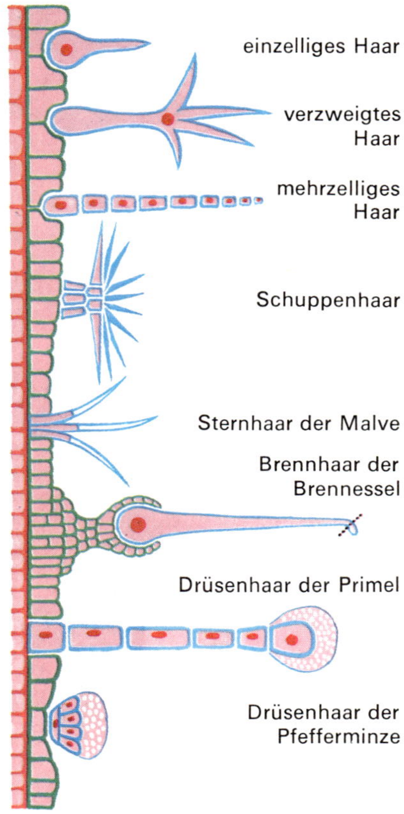

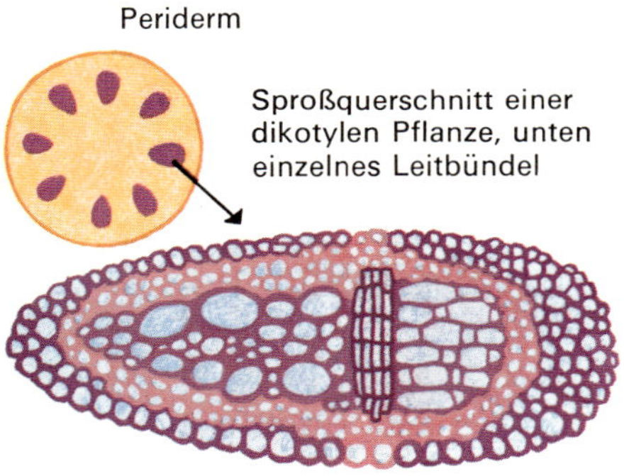

Sproßquerschnitt einer
dikotylen Pflanze, unten
einzelnes Leitbündel

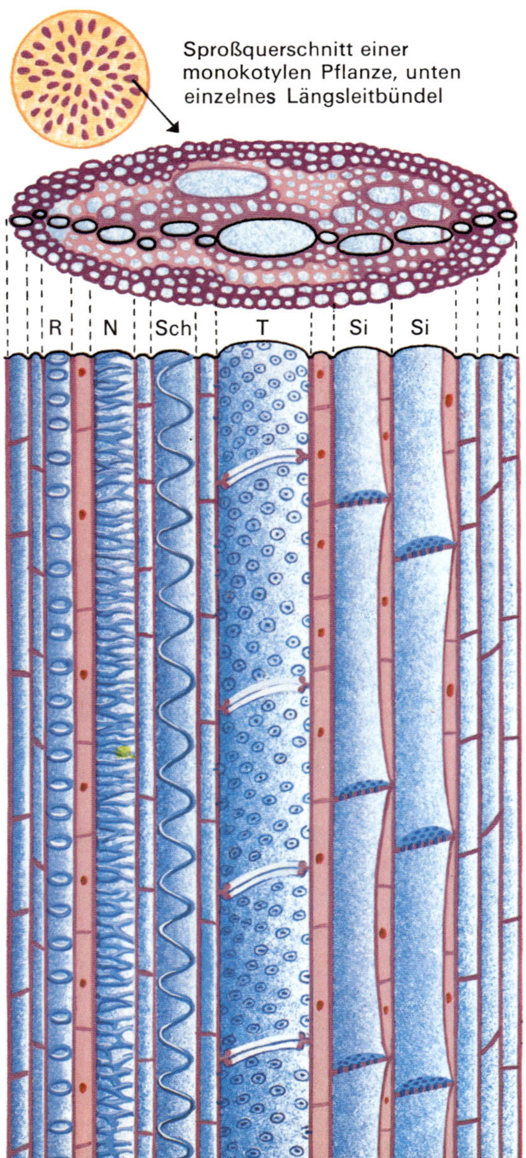

Sproßquerschnitt einer
monokotylen Pflanze, unten
einzelnes Längsleitbündel

rung verstärkt sein kann (rechts oben, z. B. Pflaume), oder ein mehrzelliges Korkgewebe (Periderm), dessen Zellen durch ein Korkkambium gebildet werden.

Siebteil des Leitstrangs (Phloem)
Si Siebröhren-Zelle mit Begleitzellen

Zellen des Holzteils (Xylem)
R Ringgefäß
N Netzgefäß
Sch Schraubengefäß
T Tüpfelgefäß

Die **Spaltöffnungen** (Stomata) der Epidermis vermitteln bei oberirdischen Pflanzenteilen den Gasaustausch und regeln die Transpiration. Es gibt mehrere Typen, z. B. der Amaryllideentyp (oben in Aufsicht und Querschnitt) und der Gramineentyp (darunter).
Sonderbildungen auf der Epidermis sind verschieden geformte Haare (oben).

Die **Leitbündel** dienen zum Stofftransport oder zur Festigung des Sprosses. Sklerenchymatische Zellen umschließen als Scheide das Bündel fast völlig. Geteilt werden sie bei den Dikotylen (links oben) durch einen Streifen meristematischen Gewebes, das Kambium. In dem rindenwärts gelegenen Siebteil (Phloem) mit lebenden Siebröhren werden organische Stoffe (Eiweiß und Zucker) transportiert, Wasser und darin enthaltene Nährsalze dagegen im markwärtsgelegenen Bündelteil, dem Holzteil oder Xylem. Das Xylem besteht aus toten Zellen von hoher Leitfähigkeit, den Tracheiden, und den durch Zellfusion entstandenen Gefäßen oder Tracheen mit unterschiedlichen Wandverdickungen (Mitte).

Die **Gefäße** (Tracheen) sind lange Röhren, die durch Verschmelzung vieler Zellen entstehen. Tracheen fehlen dem Coniferenholz. Es enthält typische Hoftüpfel, die den Wassertransport von Zelle zu Zelle erleichtern und die unter Unterdruck stehenden Zellen vor Eindringen von Luft schützen.

hält, ist diese für Wasser nur schwer durchlässig, leitet die Wärme schlecht und mildert schroffen Temperaturwechsel. Porenkanäle (Lentizellen), die den Kork durchziehen, ermöglichen dennoch einen gewissen Gasaustausch. An nicht zu alten Zweigen sind sie als warzenartige oder strichförmige Höckerchen (»Korkwarzen«) gut zu erkennen.

Von besonderer Bedeutung aber ist das Korkgewebe für die Bäume mit sekundärem Dickenwachstum. Durch ein besonderes Bildungsgewebe, das als Korkkambium bezeichnet wird, kann sich der Kork ständig verdicken, wie es bei der Korkeiche der Fall ist.

Die von Korkgewebe durchsetzten, abgetrennten und deshalb abgestorbenen Teile der Rinde älterer Baumstämme werden Borke genannt. Beim Dickenwachstum der Stämme dehnt sich dieser Teil der Rinde stark, reißt ein (Beispiel: Eiche und Ulme) und wird abgestoßen, entweder in Schuppenform, in dünnen Schüppchen oder in Bändern. Die erstgenannte Form findet sich als dicke Schuppenborke bei Kiefern und Platanen, als dünne Schüppchen bei Rotbuche und Haselnuß, als Ringelborke in Bändern bei Birke und Kirsche, als Faserborke bei Wein u. a.

Unter Aufnahmegewebe (Absorptionsgewebe) versteht man alle Einrichtungen, die dazu dienen, die für die Pflanze notwendigen Stoffe aufzunehmen, aber auch auszuscheiden (Drüsengewebe).

Für die Wasseraufnahme und die in ihnen gelösten Nährsalze sind in erster Linie die Wurzelhaare der Pflanzen zuständig. Da aber auch die Oberhautgewebe von Blättern und Sprossen hierzu befähigt sind, müssen auch sie als Aufnahmeorgane angesehen werden. Dies trifft besonders für die Kohlensäureassimilation zu, die durch oberirdische Pflanzenteile erfolgt.

Sondereinrichtungen – ihre nachstehend geschilderten Funktionen sind noch nicht restlos geklärt – sind die Schuppenhaare tropischer baumbewohnender Farne und Ananasgewächse, die in die Oberhaut eingesenkt sind. Bei Trockenheit liegen die Schildzellen eng an, so daß die unter ihnen befindlichen Eintrittsstellen für Wasser verschlossen werden. Bei Regenfällen heben sich dagegen die Schilder leicht an, so daß auf oberirdischem Wege eine Wasseraufnahme erfolgen kann. Ähnliches gilt für die Luftwurzeln baumbewohnender Orchideen, die von einem Mantelgewebe von toten Zellen umgeben sind. Diese sind häufig mit aussteifenden Wandverdickungen versehen, die sich in den Zellwänden befinden, und stehen sowohl untereinander als auch mit der Außenluft in Verbindung. Bei Regen saugen sich die toten Zellen wie ein Schwamm voll Wasser und stellen somit ein Wasserspeichergewebe dar.

Von ganz anderer Art wiederum sind die Stütz- und Festigungsgewebe. Jede Pflanze und jeder Pflanzenteil müssen eine gewisse Festigkeit besitzen, wollen sie den Umwelteinflüssen – Regen, Schnee, Wind, Hagel usw. – standhalten. Ein Stamm z. B. muß tragfest sein, ein Halm biegungsfest, die Wurzel zugfest, ein Blatt reißfest. Samen, sowie auch eine Reihe bestimmter Fruchtformen müssen druckfest sein. Die Festigkeit von krautigen Pflanzen hängt weitgehend von der durch osmotischen Druck im Zellinnern verursachten Wandspannung (Turgor) ab. Um dies an einem Beispiel zu erläutern: Wie die Festigkeit eines Fußballes auf dem Luftdruck beruht, der in seinem Innern herrscht, so sind Festigkeit und Formbeständigkeit der pflanzlichen Zelle auf den Turgor zurückzuführen. Gibt die Zelle Wasser ab, dann sinkt ihr Turgor und damit auch ihre Festigkeit: an heißen und trockenen Tagen wird die Pflanze welk, weil sie mehr Wasser verdunstet, als sie mit den Wurzeln aufnehmen kann. Ist sie aber in der Lage, wieder

Wasser aufzusaugen, steigt ihr Turgor, und sie wird wieder »frisch«.

Bei größeren Landpflanzen hat sich mit fortschreitender Arbeitsteilung ein Teil des Innengewebes in Festigungsgewebe umgewandelt. Die Zellwände sind verdickt, die Zellformen haben sich der jeweiligen Beanspruchung angepaßt. Demzufolge werden Kollenchym- und Sklerenchymzellen unterschieden.

Bei den Kollenchymzellen sind entweder nur einzelne Wände verdickt, was man als Plattenkollenchym bezeichnet, oder alle Zellwände sind nur an den Kanten verstärkt (Kantenkollenchym). Stets handelt es sich bei Kollenchymzellen um lebende Zellen.

Bei den Sklerenchymzellen sind alle Wände einer Zelle in ihrer ganzen Ausdehnung verdickt; der Zellinhalt stirbt ab. Sind sie ihrer Gestalt nach mehr oder weniger würfelig, spricht man von Steinzellen. Solche finden sich z. B. in harten Fruchtschalen. Sind die Zellen dagegen langgestreckt (prosenchymatisch), spricht man von Sklerenchymfasern und meint damit Bast- und Holzfasern.

Wie schon erwähnt, bleiben kleine, rundliche Stellen von der Verdickung ausgespart (Tüpfel bzw. Tüpfelkanäle), um auch bei stark verdickten Zellwänden durch die Poren der Tüpfelschließhaut noch einen Stoffaustausch zu ermöglichen.

Die Zellen des Festigungsgewebes bilden das Skelett der Pflanze. Die größte Bedeutung haben hierbei die Bast- und Holzfasern. Besonders die Zugfestigkeit ersterer ist außerordentlich groß.

Die Eroberung des Landes durch die Pflanzen ist neben der Ausbildung von Stütz- und Festigungsgewebe eng mit dem Vorhandensein leistungsfähiger Leitungs- und Transportbahnen für Wasser, Mineral- und organische Stoffe verknüpft. Während sich bei vielen kleinen Pflanzen, die sich kaum über den Erdboden erheben, z. B. Flechten und Moosen, der Stoffaustausch noch von Zelle zu Zelle vollzieht, müssen größere Pflanzen im Laufe ihres Wachstums ein besonderes Leitgewebe entwickeln.

Die Weiterleitung der Stoffe in einer Pflanze geht um so schneller vor sich, je länger die Leitzellen in Richtung des Transportweges gestreckt sind, und je weniger Querwände hindernd im Wege stehen. Höhere Pflanzen haben zu diesem Zweck Röhren ausgebildet, die als Gefäße oder Tracheen bezeichnet werden. Sie entstehen dadurch, daß sich hintereinanderliegende Binnengewebszellen stark in die Länge strecken, dabei erweitern und ihre Querwände auflösen. Die Gefäße haben keinen lebenden Inhalt mehr. Sie sind im Durchschnitt etwa 10 cm lang und erreichen bei der Eiche 2 m, bei tropischen Lianen sogar 5 m Länge; die lichte Weite beträgt bis zu 0,7 mm. Die stark verholzten Zellwände der Tracheen weisen unterschiedliche Wandverdickungen auf, die ein Zusammenpressen bzw. ein Verengen der Wasserleitungsbahnen verhindern sollen. Man unterscheidet Ring-, Schrauben-, Netz-, Leiter-(Treppen-) und Tüpfelgefäße.

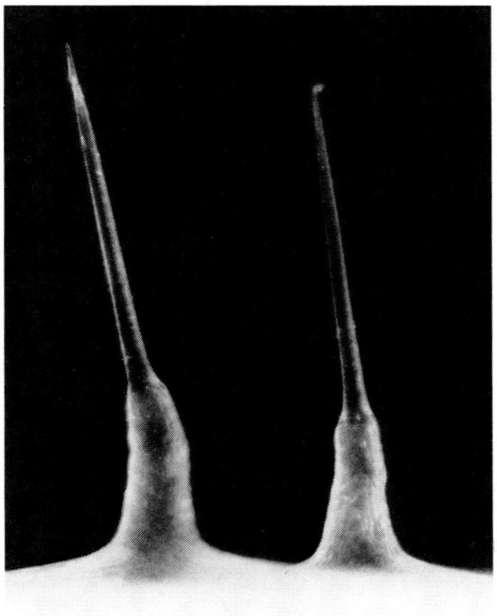

Brennesseln sind zum Schutz gegen Tierfraß mit unzähligen giftigen Brennhaaren überzogen (links). Jedes Haar besteht aus einer feinen, glasartig spröden Röhre, deren Köpfchen bei der leisesten Berührung abbricht und ihren giftigen Inhalt ausfließen läßt (rechts).

Außer den Tracheen besitzen die höheren Pflanzen zur Weiterleitung der Stoffe auch noch die sogenannten Tracheiden. Hierbei handelt es sich um stark verlängerte, meist schmale und im Querschnitt viereckige, vieleckige oder rundliche tote Zellen mit zugespitzten oder abgerundeten Enden. Die Zellwände sind mit zahlreichen Tüpfeln versehen, weisen unterschiedliche Wandverdickungen auf und sind stark verholzt. Die Wasserleitung erfolgt durch die Tüpfel in den Berührungswänden der übereinanderstehenden Tracheiden. Daneben ist aber auch eine Wasserleitung in seitlicher Richtung möglich.

In den Gefäßen und Tracheiden steigt der Strom des Wassers mit den darin gelösten Nährsalzen von unten nach oben, also von den Wurzeln zu den Blättern. Außer diesen besitzt die Pflanze auch noch Leitungsbahnen für die in den Blättern gebildeten Stoffe, die Siebröhren, in denen sich der Saftstrom meist von oben nach unten bewegt, also in umgekehrter Richtung.

Die Siebröhren der höheren Pflanzen werden von Siebröhrengliedern gebildet, die in Längsreihen übereinanderliegen. Im Querschnitt sind die Zellen rundlich bis vieleckig und von lebendem Protoplasma erfüllt. Die Verbindung der übereinanderstehenden Glieder erfolgt durch Siebplatten oder Siebfelder. Erstere finden sich in Querwänden, die nicht oder nur wenig schräg gestellt sind. Sie sind von Poren durchsetzt, die im Durchmesser 1–14 μm betragen (Baumeister).

Siebfelder treten an steil gestellten Endwänden in treppenförmiger Anordnung auf; sie sind durch starke Wandbrücken voneinander getrennt. Die Poren der Siebfelder sind wesentlich kleiner als bei den Siebplatten; häufig werden sie sogar durch Tüpfelbildungen ersetzt.

Bei Farnen und Gymnospermen sind die Siebröhren einfacher gebaut. Statt von Siebröhrengliedern spricht man hier von Siebzellen. Ihre Verbindung untereinander wird durch Siebfelder hergestellt.

Die Leitungsbahnen kommen im Pflanzenkörper nicht vereinzelt vor, sondern sind zu Leitsträngen oder Leitbündeln zusammengefaßt. Diese bestehen mit Ausnahme der sogenannten unvollständigen Leitbündel stets aus zwei funktionell verschiedenen Komplexen: dem Xylem (Holzteil) und dem Phloem (Siebteil). Beide sind durch das Kambium voneinander getrennt.

Im Xylem befinden sich die Elemente der Wasserleitung, d. h., die Tracheen, Tracheiden sowie die Holz(oder Libriform-)fasern und Holzparenchymzellen. Zum Phloem gehören die Siebröhren mit ihren Geleitzellen (bei den Angiospermen), die Phloemparenchymzellen und die Bastfasern. Im Holz der Koniferen fehlen die Tracheen; ihre Tracheiden weisen Hoftüpfel auf.

Im übrigen kann die Anordnung der eben genannten Elemente bei den einzelnen Pflanzen ganz verschieden sein. Man unterscheidet zwischen konzentrischen, kollateralen, bikollateralen und radiären Leitbündeln.

Bei den konzentrischen Leitbündeln mit Außenxylem, die bei den Sprossen und Erdsprossen einiger einkeimblättriger Pflanzen zu finden sind, umgibt das Xylem ringförmig einen Phloemkern; bei den konzentrischen Leitbündeln mit Innenxylem, wie sie für die meisten Farne charakteristisch sind, ist es gerade umgekehrt.

In den kollateralen Leitbündeln, die weit verbreitet bei Nackt- und Bedecktsamigen vorkommen, liegen Xylem und Phloem einander gegenüber. Dabei ist ersteres stets dem Sproßmittelpunkt, letzteres der Peripherie zugekehrt.

Die bikollateralen Leitbündel kommen nur bei Kürbisgewächsen vor; hier ist das Xylem zwischen zwei Phloemsträngen eingebettet.

Durch radiäre Leitbündel schließlich zeichnen sich die Wurzeln im Primärzustand aus. Hier ist das Xylem in strahlig vom Zentrum zur Peripherie verlaufenden Leisten angeordnet. Die Phloemgruppen befinden sich dazwischen. Die Anzahl der Strahlen ist von Art zu Art verschieden.

In der Regel ist jedes Leitbündel von einer Scheide umschlossen, die aus parenchymatischen Zellen, Festigungselementen oder (in Wurzeln) einer Endodermis besteht. Die erstgenannten können Stärke enthalten und werden dann als Stärkescheiden bezeichnet. Bei kollateralen Bündeln befinden sich an den Stellen, wo Xylem und Phloem einander berühren, sog. Durchlaßstreifen aus unverdickten Zellen, die einen Stoffaustausch mit dem umliegenden Gewebe ermöglichen.

Manche Pflanzen besitzen in ihrem Innern mit Drüsengewebe ausgekleidete gang- oder röhrenförmige Höhlräume, in die die Drüsenzellen Sekrete absondern: Harze in den Harzgängen unserer Nadelbäume, ätherische Öle in den Ölgängen der Doldengewächse. Andere Pflanzen führen Sekrete im Innern von Zellen oder in Röhren, die aus Zellen hervorgegangen sind. So enthalten die Milchröhren der Wolfsmilch- und Mohngewächse sowie zahlreicher Korbblütler (u. a. Salat, Löwenzahn) weißen Milchsaft. Auch der Gummibaum *(Hevea brasi-*

Chlamydomonas

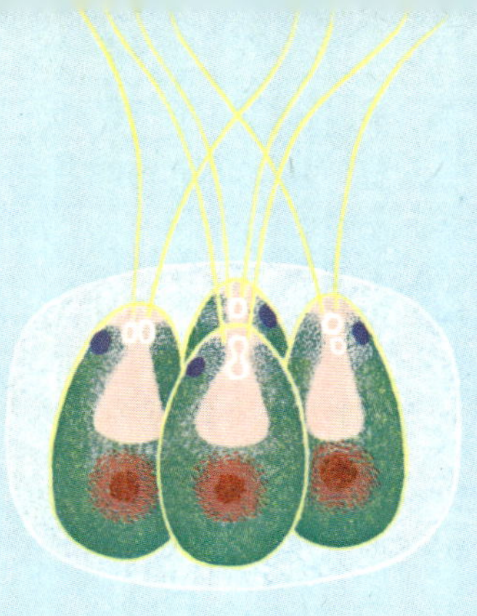

Gonium

Pandorina

Vom Einzeller über Kolonien zu den echten Geweben

Übergang vom freien Einzeller über die Zellkolonien zur vielzelligen Pflanze (bei *Volvocales*)

Während *Chlamydomonas* einzeln lebt, sind bei *Gonium* 4 chlamydomonasähnliche Zellen durch eine Gallerthülle zu einer Kolonie vereinigt. Die Einzelzellen sind völlig gleichberechtigt und können auch voneinander getrennt existieren. Die aus 16 Zellen bestehende *Pandorina* bewegt sich immer in Richtung ihrer Längsachse, und die Zellen am Vorderende haben größere Augenflecken.

Bei *Eudorina* liegen 32 Zellen in einer Gallerthohlkugel und bei der 128zelligen *Pleodorina* sind nur die Zellen der hinteren Halbkugel vermehrungsfähig. Die jeweils 2 Geißeln der bis zu 20000 Zellen zählenden Hohlkugel von *Volvox* schlagen im gleichen Rhythmus. Dies wird ermöglicht durch Plasmabrücken zwischen den einzelnen Zellen. Bei der ungeschlechtlichen Vermehrung bilden sich in der hinteren Hälfte der Kolonie aus je einer Zelle Tochterkugeln, die erst nach Zerfall der Mutterkugel frei werden. Volvox steht mit der Arbeitsteilung, Polarität und plasmatischen Verbindung der Zellen an der Grenze zwischen Zellkolonie und einem vielzelligen Individuum.

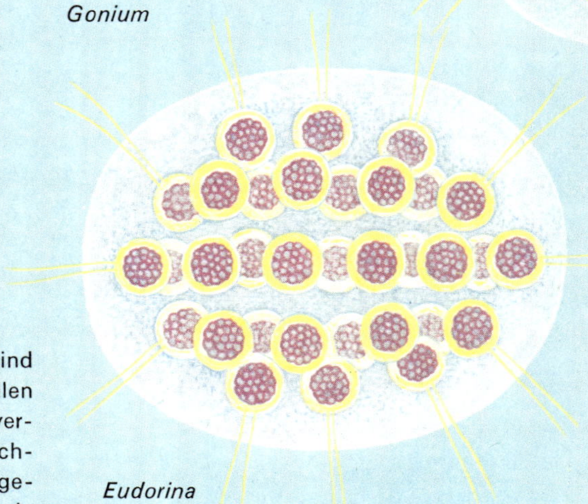

Eudorina

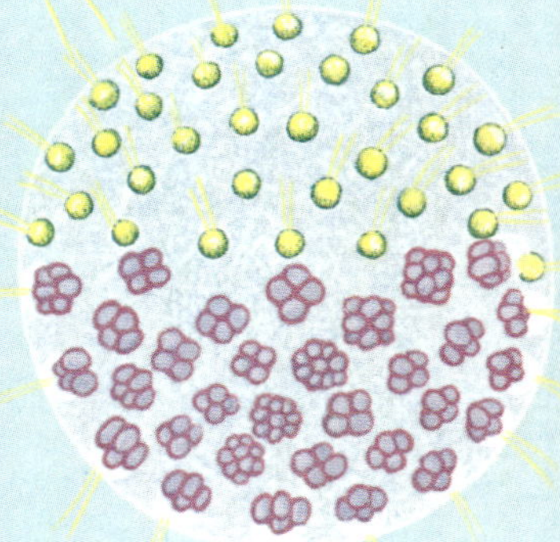

Pleodorina

Volvox

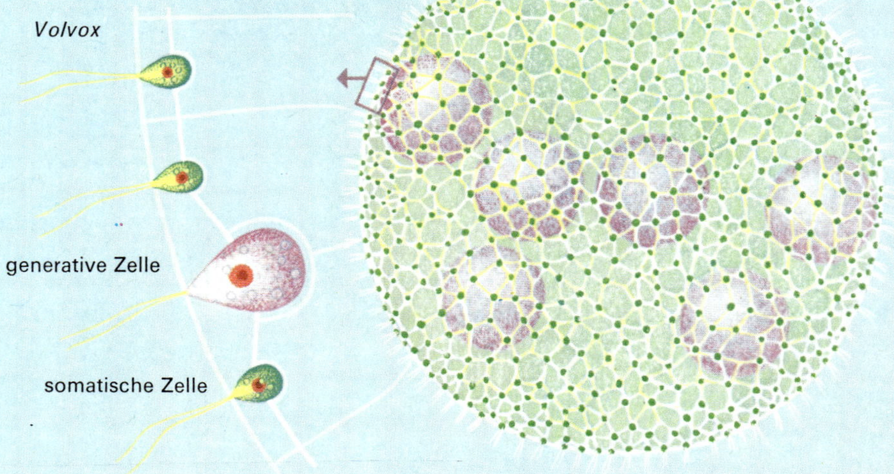

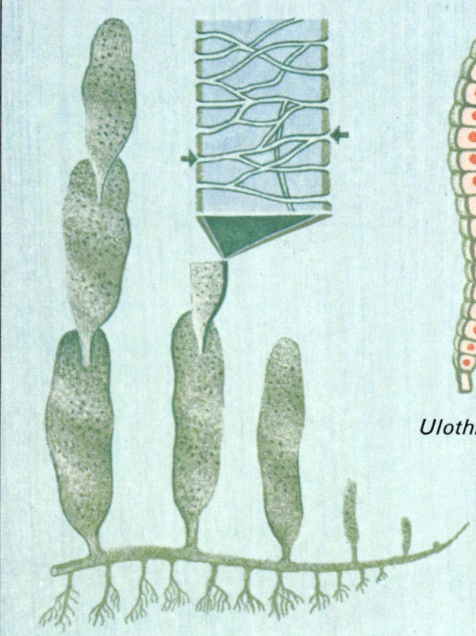

Caulerpa prolifera
Thallus mit auswachsenden Phylloiden in Blattform (oben im Querschnitt)

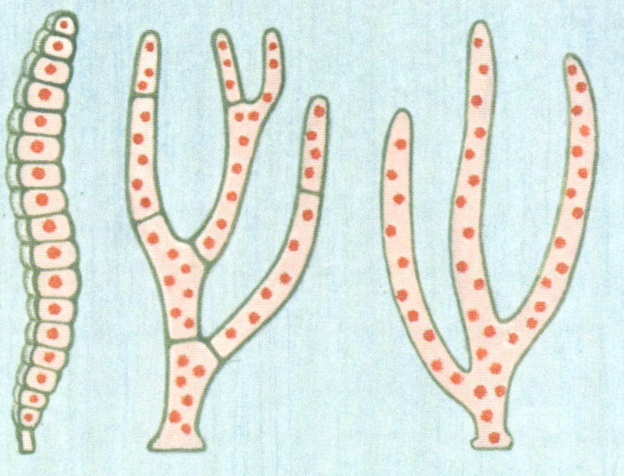

Polyenergide Zellen

Ulothrix besteht aus vielen Zellen mit je einem Kern (monoenergid). *Chladophora* ist eine mehrzellige, fädig-verzweigte Grünalge, deren Zellen aber mehrere Kerne enthalten. Die Schlauchalge (*Vaucheria*) hat keinen zelligen Bau, und die Zellwand umschließt eine einzige Plasmamasse mit vielen Kernen (polyenergid). Gegenüber diesem fädigen Thallus der Schlauchalge ist *Caulerpa* reich gegliedert und erinnert an vielzellige Gewebepflanzen, obwohl sie nur aus einer polyenergiden Zelle besteht. Polyenergider Aufbau ist auch bei anderen Algen und Pilzen verbreitet.

Thallus

Für Algen und Pilze ist ein Fadenthallus weitgehend charakteristisch. Er entsteht durch zahlreiche Teilungen quer zur Längsrichtung. Neben den einfachen der verzweigten Zellfäden (z. B. *Ulothrix*) treten bei manchen Formen (s. Beispiele der Grafik) auch Verbände vieler solcher Fäden auf, die an echte Gewebe erinnern. Die Fäden sind dann (z. B. bei Rotalgen) durch Gallerte, die durch Verquellung der Wandsubstanz entsteht, zusammengeklebt. Der feste, gewebeartige Zusammenhalt des Flechtthallus (Plectenchym, z. B. Pilze) kommt dadurch zustande, daß die Zellfäden sich zu einem filzartigen Geflecht verbinden.

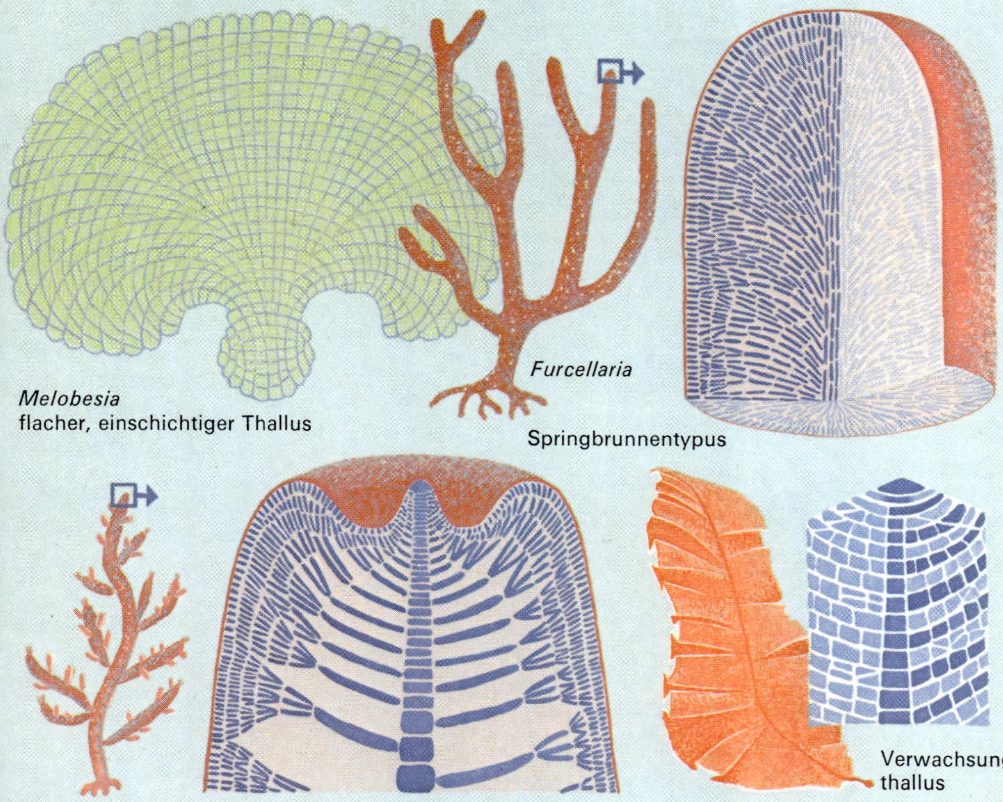

Melobesia
flacher, einschichtiger Thallus

Furcellaria

Springbrunnentypus

Chondria

Zentralfadentypus

Grinellia

Verwachsungs-thallus

Flechtgewebe eines Ständerpilzes

Echte Gewebe nennt man im Gegensatz zu Gewebe-Vorstufen Verbände von gleichartigen Zellen, die schon im Augenblick ihrer Entstehung in unmittelbarer Verbindung stehen und diesen Zustand auch später beibehalten. Gewebe entstehen also aus Zellen oder Zellgruppen, wobei sich die Tochterzellen nach Teilungen nicht voneinander trennen (z. B. höhere Pflanzen).

liensis), der den Rohkautschuk liefert, ist ein Wolfsmilchgewächs.

Die Hauptaufgaben der pflanzlichen Organe bestehen in der Ernährung und Fortpflanzung. Sie dienen letztlich damit nicht nur der eigenen Erhaltung, sondern auch der Erhaltung der Art.

Während thallöse Pflanzen (Bakterien, Algen, Pilze und Flechten) das Wasser noch mit ihrer ganzen Oberfläche aufnehmen, und Wurzeln sowie ein ausgesprochenes Leitgewebe fehlen, sind höhere Algen und die Moose schon weiter differenziert. Zur Wasseraufnahme besitzen sie besondere Zellfäden (Rhizoiden), die zugleich als Haftorgane fungieren. Sind die Vegetationsorgane der Pflanze in Wurzel, Stengel und Laubblätter gegliedert – wobei Stengel und Blätter zusammen als Sproß bezeichnet werden –, spricht man von einem Kormus, analog dazu von Sproßpflanzen oder von Kormophyten. Sproßpflanzen sind Farnpflanzen und alle Samenpflanzen. Bei letzteren zeigt der Keimling schon die Dreiteilung in Keimwurzel (Radicula), Sproßknospe (Plumula) und Keimblätter (Kotyledonen).

Wachstum und Bildung der Organe setzen bei den Samenpflanzen mit der Keimung des Samens ein. Sind die äußeren Bedingungen günstig, beginnt sich der Keimling zu strecken. Das Würzelchen durchbricht die Samenschale und wächst in die Erde. Wenn sich das zwischen Wurzel und Keimblättern liegende Stengelstück stark streckt, werden die Keimblätter aus der Samenschale herausgezogen, wie es an der Bohne gut zu beobachten ist, oft auch mitsamt der Samenschale emporgehoben, z.B. bei der Mohrrübe. Bleibt dieses Stengelstück aber kurz, so wächst die Sproßspitze zwischen den von der Samenschale umschlossenen Keimblättern nach oben (Erbse). Stets sind die Keimblätter anders geformt als die späteren Laubblätter.

Das weitere Wachstum der Pflanze geht dann von den Wachstumskegeln der Wurzel- und Sproßspitze aus.

Die Wurzel

Schon im Keimling des Samens ist die Stelle fixiert, an der sich die Wurzel entwickeln wird: es ist das Ende der Keimachse. In der Ausbildung des Wurzelsystems zeigen sich jedoch Unterschiede zwischen den ein- und zweikeimblättrigen Pflanzen. Bei den Zweikeimblättrigen und den Nadelhölzern wächst die Keimwurzel senkrecht in die Erde und wird zur Haupt- oder Pfahlwurzel mit untergeordneten Seitenwurzeln. Bei den Einkeimblättrigen wird die Keimwurzel zwar angelegt, stellt aber bald ihr Wachstum ein. Dafür bilden sich aus dem unteren Teil der Sproßachse viele sogenannte sproßbürtige oder Adventivwurzeln, wie sie z.B. gut an einer ausgerissenen Maispflanze zu erkennen sind. Ein Salatkopf oder Löwenzahn dagegen verfügt über eine kräftige Pfahlwurzel, von der zarte Seitenwürzelchen abzweigen. In Ausnahmefällen allerdings können auch bei höheren Pflanzen die Wurzeln völlig fehlen. Entweder handelt es sich dann um Wasserpflanzen oder um Parasiten, die aus den Wurzeln von Wirtspflanzen ihren Lebensunterhalt bestreiten müssen.

Hauptaufgabe aller Wurzeln ist es, den Sproß im Boden zu verankern und aus diesem Wasser und Nährsalze aufzunehmen. Während die erste Funktion hauptsächlich den älteren Wurzeln obliegt, dienen die jüngeren wie auch die Seitenwurzeln der Wasser- und Mineralstoffaufnahme. Bei ihrem Wachstum bohren sie sich in das Erdreich ein. Um dabei nicht verletzt zu werden, sind die zarten Zellen des Vegetationskegels durch die sogenannte Wurzelhaube oder Kalyptra geschützt. Da die Wände ihrer Außenzellen zudem verschleimen, wird das Eindringen in den Erdboden erleichtert.

Hinter dem Vegetationskegel liegt eine Streckungszone, die nur wenige Millimeter lang ist. An dieser Stelle strecken sich die neugebildeten Zellen, wodurch die Wurzeln verlängert werden. Das Tempo der Streckung ist erst langsam, wird dann immer schneller, verzögert sich wieder und kommt schließlich zum Stillstand.

Der auf die Streckungszone folgende Abschnitt ist reich mit Wurzelhaaren besetzt; sie sind einzellige Ausstülpungen der Oberhautzellen. Meist sind sie nur sehr kurzlebig. Nach der Spitze zu entstehen aber ständig neue, so daß die Wurzelhaarzone entsprechend dem Längenwachstum der Wurzel immer »weiterwandert«, d.h. stets im gleichen Abstand von der Spitze zu finden ist.

Ein Querschnitt durch die Wurzelhaarzone gibt Aufschluß über die innere Gliederung der Wurzel in die Oberhaut oder Rhizodermis, die Rinde und den Zentralzylinder. Die Wurzeloberhaut besteht aus dünnwandigen Zellen; sie ist spaltöffnungsfrei und besitzt keine Kutikula über den Außenwänden. Teilweise sind die Zellen der Wurzeloberhaut, wie schon erwähnt, zu Wurzelhaaren ausgewachsen. Es gibt jedoch auch Pflanzen, bei denen sämtliche Oberhautzellen der Wurzel zu Wurzelhaaren werden können.

Die dicke Wurzelrinde wird aus Grundgewebe aufgebaut. Sie ist besonders mächtig entwickelt, wenn die Wurzeln zu Speicherorganen umgebildet werden. Alles Parenchym-(Grund-)gewebe, das sich zwischen der unter der Oberhaut (Wurzelepidermis, Rhizodermis) befindlichen Exodermis bis zur Endodermis erstreckt, wird der primären Wurzelrinde zu-

Zuchtformen der Weißen Seerose (NYMPHAEA ALBA) sind mit ihren schwefelgelben, rosafarbenen oder roten Blüten ein Schmuck unserer Gartenteiche. Teilweise können die Pflanzen sogar in Niedrigwasserbecken gehalten werden.

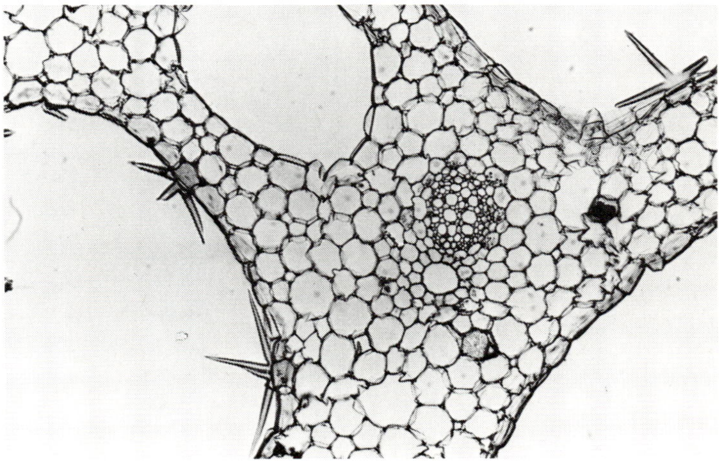

Querschnitt durch den Blattstiel einer Seerose. In den lufthaltigen Kanälen sitzen eigenartige stachelige Sternhaare, die durch eingelagerte Kalksalze hart und spröde sind. Ihre Bedeutung ist nicht bekannt.

gerechnet. Sehr häufig sind die Zellen radial angeordnet, d.h. sie ziehen von der Endodermis aus wie die Speichen eines Rades nach außen. In der Exodermis bilden sich zuweilen sogenannte Durchlaßzellen, die denen in der Endodermis sehr ähnlich sind.

Bei den zweikeimblättrigen Pflanzen kann, ähnlich wie in den oberirdischen Stammorganen, in der Wurzelrinde sekundär ein Korkgewebe ausgebildet werden, dessen Entstehung bei den langlebigen Wurzeln im Zusammenhang mit dem sekundären Dickenwachstum gesehen werden muß.

Bei den Einkeimblättrigen sind die Endodermiszellen durch Zelluloseschichten mechanisch verfestigt. Stirbt die Rinde frühzeitig ab, kann die Endodermis immer noch als sekundäre Abschlußhaut der Wurzel in Funktion treten.

Die Endodermis wird als die innerste Zellschicht der (primären) Wurzelrinde betrachtet. Alles Gewebe, das sich innerhalb der Endodermis befindet, bildet den Zentralzylinder der Wurzel. In diesem befindet sich, in Grundgewebe eingebettet, das sogenannte radiäre Leitbündel, das sich dadurch auszeichnet, daß die Xylem- und Phloemstränge abwechselnd an verschiedenen Radien (wie Speichen eines Rades) angeordnet sind. Die Xylemgruppen sind invers, d.h. die ältesten, zuerst voll ausdifferenzierten Elemente liegen nahe der Endodermis, die jüngeren, später differenzierten mehr nach dem Zentrum zu. Je nach der Anzahl der in einer Wurzel vorhandenen Xylem- bzw. Phloemgruppen (zwei, drei oder viele) nennt man die Wurzel di-, tri- bzw. poly-arch.

Eine solche Anordnung ist der mechanischen Beanspruchung der Wurzel aufs beste angepaßt. Der Bau aller auf Zugfestigkeit eingestellten Pflanzenteile (Wurzeln, flutende Stengel, Fruchtstiele, Ranken u.a.) kann auf das Prinzip des zugfesten Seiles zurückgeführt werden. Aus diesem Grunde ist das Festigungsgewebe in der Wurzel zentral angeordnet, hängt doch die Größe der Zugfestigkeit von der Querschnittfläche des Gewebes ab.

Ein Dickenwachstum weisen nur die Wurzeln von Nadelhölzern und der (mehrjährigen) zweikeimblättrigen Pflanzen auf. Auch hier handelt es sich wie bei der Sproßachse um ein sekundäres Dickenwachstum, das oft erst im zweiten Jahr einsetzt. Hierfür ist die Bildung eines Meristems notwendig, das die gleiche Aufgabe hat wie im Stamm und auch hier als Kambium bezeichnet wird. Es tritt zuerst innerwärts der Phloemgruppen in Erscheinung, wo es die ersten Elemente des sekundären Xylems bildet. Während hier weitere Leitelemente entstehen, wodurch die einzelnen Phloemgruppen nach außen abgedrängt werden, greift seine Bildung nach den Seiten aus, bis es schließlich einen ring- oder kreisförmigen Umriß annimmt, nachdem sich außen vor den primären Xylemgruppen Brücken quer

Seltsame Pflanze Kürbis

Die Familie der Kürbisgewächse, die einzige ihrer Ordnung, zeichnet sich durch Mannigfaltigkeit und Formenreichtum aus, und ihre Vertreter weisen oftmals große Eigentümlichkeiten auf.
Die Kürbissamen sind weiß, ungefähr 2 cm lang, flach, an einem Pol abgerundet, am anderen spitz und haben einen aufgebogenen Rand. Wenn man sie im Frühjahr in gute Gartenerde bringt, keinem sie sehr schnell und bringen im Laufe eines Sommers Stengel von mehreren Metern Länge hervor. Die Internodien (Stengelabschnitte zwischen zwei Blättern) sind rauh, behaart, im Schnitt zeigt sich ein Hohlraum, und in dem holzigen Teil kann man mit bloßem Auge die Wassergefäße (Tracheen) erkennen. Diese müssen so groß sein, weil die breiten, weichen Blätter eine ungewöhnlich große Wassermenge verdunsten. Sie sind behaart, wechselständig, ganzrandig oder mehr oder weniger stark gelappt und sitzen auf einem langen Stiel. Der Stengel kriecht und kann auch mit Hilfe verzweigter, gekräuselter Ranken klettern. Sobald eine Ranke eine Stütze berührt, beginnt sie sich zu krümmen (Berührungsempfindlichkeit). Die gelben Blüten werden ungefähr 10 cm breit, sind trichterförmig und einhäusig. Die fünf Staubblätter der männlichen Blüten, die unterhalb der weiblichen sitzen, vereinen sich zu zwei Zweiergruppen, das fünfte Staubblatt bleibt frei. Die weiblichen Blüten haben einen kugeligen, unterständigen Fruchtknoten. Er trägt einen langen Griffel, der in einer drei- bis fünflappigen Narbe endigt. Da im Blütengrund von einer gelben fleischigen Masse reichlich Nektar abgeschieden wird, werden die Blüten von Insekten, insbesondere Honigbienen, bestäubt; die Frucht muß als Beere bezeichnet werden. Die Oberhaut ist verhärtet und das Fleisch faserig; es umgibt einen Hohlraum.
Die zahlreichen Zuchtformen der Kürbisfrucht unterscheiden sich voneinander durch Farben, Gestaltung der Oberfläche, Form und Größe. Der Kürbis kann mehrere Dezimeter dick werden und ein Gewicht von etlichen Kilogramm, sogar von einem Doppelzentner, erreichen. Er enthält zu 90% Wasser, 0,73% Holzsubstanz und 1,22% Zucker. Ein solches Gewicht könnte natürlich von keinem Stengel getragen werden; daher müssen die Früchte auf dem Erdboden liegen.
Eine weitere Besonderheit besteht darin, daß gegen Ende des Sommers aus den Hüllen eines nichtbefruchteten Fruchtknotens Früchte mit nicht keimfähigen Samen oder Früchte ohne Samen entstehen können. Diese Erscheinung heißt Parthenokarpie, und die samenlosen Früchte könnte man, da keine Bestäubung stattgefunden hat, als rein vegetative Früchte bezeichnen.
Von dem Gartenkürbis *(Cucurbita pepo)* und dem Riesenkürbis *(Cucurbita maxima)* gibt es zahlreiche Kulturvarietäten, die in den meisten Katalogen ohne Artunterscheidung aufgeführt werden, während andere einen regulären botanischen Namen haben. Die einzelnen Sorten unterscheiden sich sehr stark in Form und Farben, die von Orangerot bis Gelb, von Grün bis Weißgefleckt reicht, und durch die Oberflächengestaltung. Die Kennzeichen sind nicht immer typisch, da sie sehr oft ineinander übergehen.
Kürbisse sind nicht nur ein gutes Viehfutter, sie können auch als Kompott oder Gemüse zubereitet werden. In Italien ißt man sogar die Blüten, die mit Ei und Weckmehl verquirlt und gebraten werden. Die Samen sollen, in Mengen von mehreren hundert Gramm gegessen, ein bandwurmtreibendes Mittel sein.
Der Flaschenkürbis (*Lagenaria siceraria* oder *Lagenaria vulgaris*) ist mit den echten Kürbissen nah verwandt. Er wird zwar nicht gegessen, wurde aber seit undenklichen Zeiten, von den primitiven Völkern auch heute noch, zur Anfertigung von Töpfen, Flaschen, Wassergefäßen und Pulverfläschchen verwendet (Kalebassen). Dies ist um so leichter möglich, als das dünne Perikarp verholzt ist, und die trockene, ausgehöhlte Frucht fast von Natur aus eine Flasche darstellt. Die Pilger früherer Zeiten zogen sich die Kutten über, nahmen ihren Wanderstab und versahen sich mit einem Flaschenkürbis voll Wasser, um auf der langen Reise den Durst stillen zu können.
Ist das bisher Gesagte schon ungewöhnlich genug, so ist es die Geschichte der Pflanze nicht minder. Es werden Kallimachos, Vergil und Aristoteles zitiert, um zu beweisen, daß die Kürbisse im Altertum bekannt gewesen seien und aus Asien oder Afrika stammen. Amerikanische Botaniker, die sich auf botanische Kriterien stützen, vertreten jedoch die Meinung, daß die Kürbisse amerikanischer Herkunft seien und daß der Riesenkürbis *(Cucurbita maxima)* aus Brasilien und der Gartenkürbis *(Cucurbita pepo)* aus Mexiko komme. Bei den griechischen und lateinischen Schriftstellern gibt es allerdings oft ungenaue Angaben. Man braucht nur das entsprechende Kapitel in dem berühmten Buch des Philologen Hehn zu lesen, um festzustellen, daß die Kürbisgewächse im Altertum mit den verschiedensten Namen belegt wurden, die viel eher als Melonen, Wassermelonen und Gurken, aber nicht als Kürbisse zu interpretieren sind. Im Klagegesang der Juden (4. Buch Mosis) handelt es sich ebenfalls um Melonen und Gurken. Bei den Angaben aus dem Altertum kann es sich bestenfalls um Flaschenkürbisse handeln, die in China bereits im letzten Jahrhundert vor Christus bekannt waren und später in Asien und Afrika verbreitet wurden. Die Flaschenkürbisse, die in den Inka-Gräbern der vorkolumbianischen Zeit gefunden wurden, sollen darauf hindeuten, daß im Altertum zwischen Asien und Amerika Verbindungen bestanden, stellen aber keinen Beweis dar. Man hat auch die Ansicht vertreten, daß die Kürbisse vom Wasser des Ozeans bis nach Amerika getragen worden seien, eine Hypothese, die man auch für die Kokosnüsse aufgestellt hat, doch wurden diese in Brasilien und nicht in Peru angeschwemmt. Oder sollten wir etwa annehmen, daß die Kürbisse von Asien nach Amerika gegen die Meeresströmungen geschwommen seien oder daß sie von Amerika nach Polynesien bzw. Asien mit dem Strom gelangt seien auf dem gleichen Weg wie die Süßkartoffeln?
Russische Wissenschaftler, die sich in ihren Untersuchungen hauptsächlich mit der Zellstruktur der Kürbisse befaßt haben, sprechen von einem doppelten Entstehungszentrum. Da wir uns nicht auf die legendäre Atlantis berufen können, und da die denkbare Erklärung durch die Verschiebungstheorie der Kontinente von, Wegener wegen zeitlicher Gesichtspunkte für die junge Familie der Kürbisgewächse ebenfalls auszuschalten ist, bleibt das Rätsel ihrer Herkunft ungelöst.

durch die primären Markstrahlen gebildet hatten. Diese primären Xylemgruppen bleiben in der Wurzel unverändert erhalten. Auf diese Weise werden auch in der Wurzel kollaterale Leitbündel gebildet, deren weiteres sekundäres Wachstum sich nicht wesentlich von dem in den Stammorganen unterscheidet.

Angesichts der Tatsache, daß sich die zahlreichen Seitenwurzeln mit dem Erdreich zu einem sogenannten Wurzelballen verbinden, erlangt die Pflanze eine hohe Standfestigkeit. Durch die starke Verzweigung wird die Oberfläche des Wurzelsystems vergrößert und die Wasser- und Stoffaufnahme erleichtert. Zählt man die Länge aller Würzelchen beispielsweise einer einzigen Getreidepflanze zusammen, so kann diese mehrere hundert Meter betragen. Eine große Kürbispflanze verfügt sogar über eine Gesamtwurzellänge von 2,5 Kilometern!

Umbildungen von Wurzeln, die eine besondere Aufgabe zu erfüllen haben, werden Wurzelmetamorphosen genannt. Zu diesen rechnen z.B. die Zugwurzeln (kontraktile Wurzeln), durch die die Tiefenlage der Zwiebel-, Rhizom- oder Rosettenpflanzen im Boden geregelt wird. Sie wachsen zunächst in den Boden hinein, verankern sich dort, verkürzen sich und ziehen die Pflanze tiefer in die Erde. Beobachtungen dieser Art lassen sich beim Aronstab und beim Krokus machen.

Von den verschiedensten Pflanzen werden Luftwurzeln ausgebildet. Die Stelzwurzeln verhelfen den Mangroven zu einem festen Halt im Schlammboden. Solche Pflanzen finden sich in der Gezeitenzone tropischer Küsten.

Stützwurzeln wachsen von den Seitenästen aus senkrecht in den Boden. Dabei nehmen die oberirdischen Teile durch sekundäres Dickenwachstum das Aussehen mächtiger Stämme an. Der Bengalische Banyanbaum (wie auch andere *Ficus*-Arten) z.B. kann mit seinen säulenförmigen Luftwurzeln die unvorstellbar große Fläche von zwei Hektar bedecken. Die Vanille, eine Orchidee, bildet lange Luftwurzeln aus, die entweder frei herabhängen oder an der Baumrinde entlang dem Erdboden zukriechen, wobei sie sich mit Haaren an dieser anheften. Haben sie den Boden erreicht, dringen sie ein, verzweigen sich, und nehmen aus diesem wie die Wurzeln anderer Pflanzen auch Wasser und Salze auf. Außerdem bildet die Vanille neben jedem Blatt und neben dem Ansatz einer jeden Luftwurzel eine kleine Kurzwurzel aus, die schräg nach oben wächst und sich fest an die Unterlage (Rinde oder Fels) anschmiegt. Mit ihrer Hilfe wird der Sproß nicht nur befestigt, sondern kann sogar klettern. Man bezeichnet solche Bildungen als Haftwurzeln. Wickeln sie sich um Zweige oder gar um den eigenen Stamm, werden sie Rankenwurzeln genannt.

Auch der Efeu bildet sproßbürtige Haftwurzeln aus, mit denen er an Mauern und Bäumen emporklimmt. Sie entstehen stets auf der vom Licht abgewandten Seite.

Oben: Stelzwurzeln des tropischen Schraubenbaumes (Pandanus)

Ganz oben: Mangrovepflanzen, die im Schlick stehen, decken ihren Sauerstoffbedarf durch Atemwurzeln, die mit besonderen Einrichtungen zur Luftaufnahme ausgestattet sind. Hier die sog. »Spargelwurzeln« von Xylocarpus moluccensis

Links: Verschiedene Formen von Wurzelmetamorphosen: Viele Tropenbäume bilden an ihrem Stammgrunde sogenannte Brett- oder Schildwurzeln aus, die Mannshöhe erreichen können und große Nischen zwischen sich entstehen lassen. Sie hindern die mächtigen Bäume am Umfallen.

Die Wurzel (Metamorphosen)

Die Wurzeln verankern die Pflanze im Boden, nehmen Wasser mit Nährsalzen auf und leiten es weiter, und schließlich dienen sie oft als Speicherorgan für Reservestoffe. Sie sind stets blattlos. Das Leitgewebe ist in einem zentralen Strang zusammengefaßt. Durch diese Bauart widerstehen die Wurzeln optimal Zugkräften, denen sie besonders ausgesetzt sind.

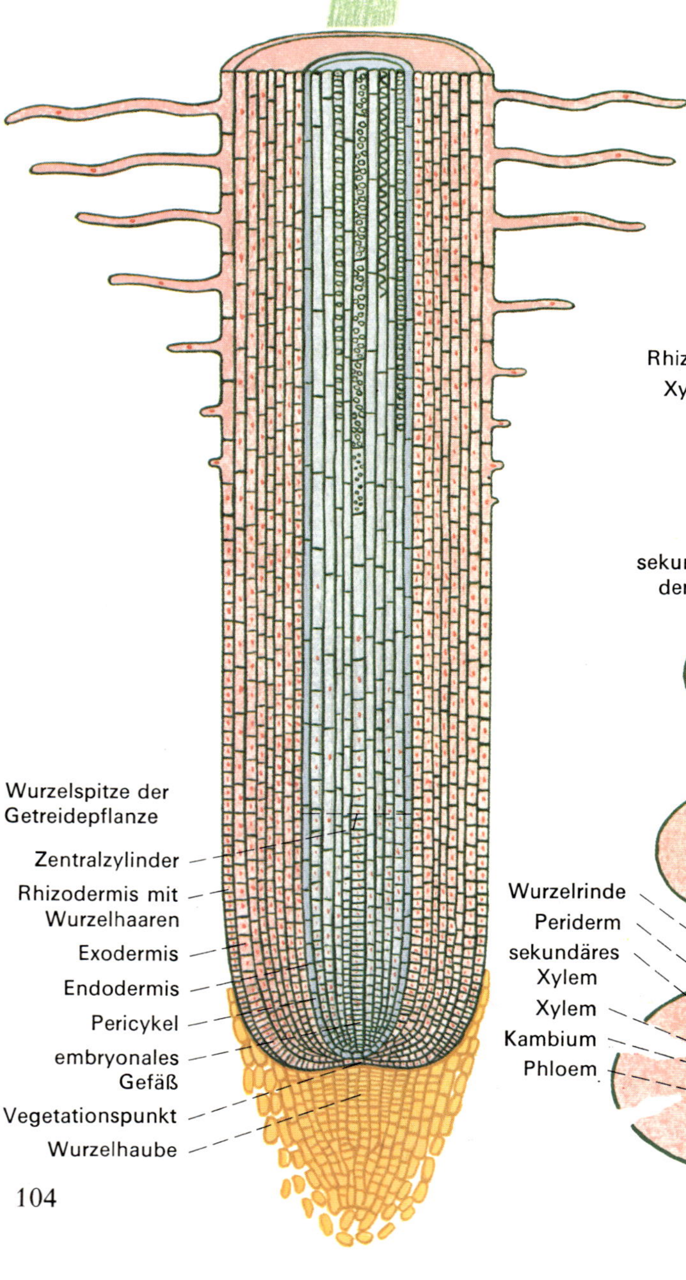

sekundäres Dickenwachstum der Wurzel bei Dikotylen

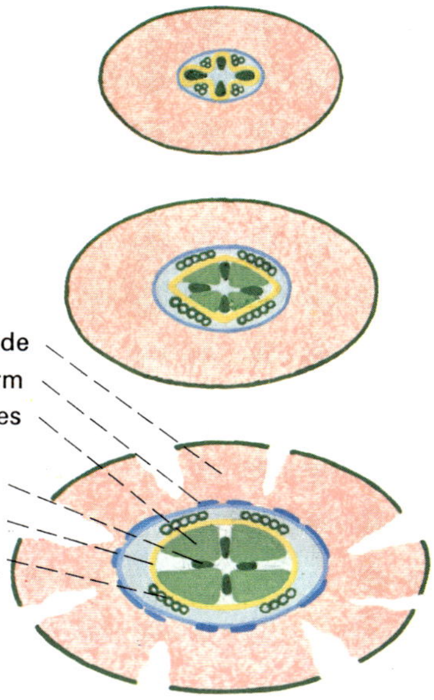

Durch den zentralen Strang des Leitgewebes wird die Wurzel in Zentralzylinder und Wurzelrinde gegliedert.

Die Wurzelrinde besteht aus dem primären Abschlußgewebe, der Rhizodermis, die auch die Wurzelhaare hervorbringt und bald durch verkorkte Zellschichten, der Exodermis, ersetzt wird. Das darunterliegende Rindengewebe ist parenchymatisch und kann als Speichergewebe stark entwickelt sein. Die innerste Schicht, die Endodermis, ist oft teilweise verkorkt und verholzt.

Die äußere, meist parenchymatische Zone des Zentralzylinders, der Pericykel, kann Korkgewebe und Seitenwurzeln hervorbringen oder als sekundäres Kambium beim Dickenwachstum der Wurzel dienen. Die innen liegenden Leitgewebe sind keine Leitbündel, sondern selbständige Stränge, wobei Xylem- und Phloemstränge abwechseln. Die zarten und empfindlichen Meristemzellen werden durch eine Wurzelhaube, die Kalyptra, geschützt, die laufend von innen her erneuert wird und deren äußere Zellen verschleimen.

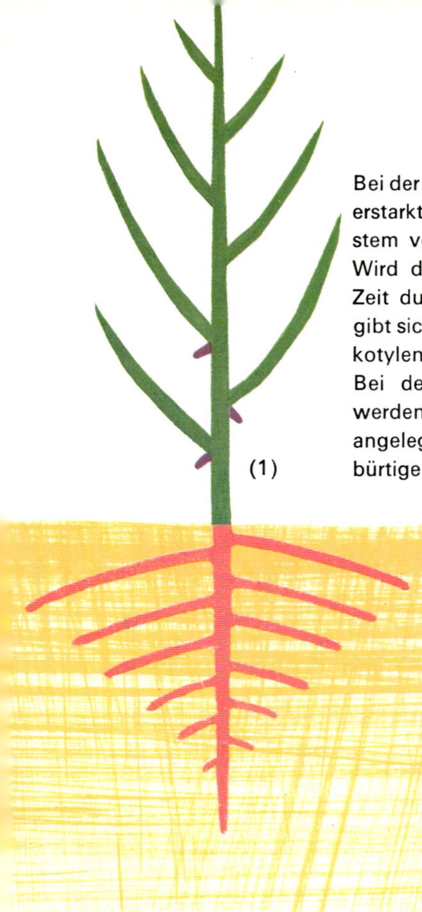

Bei der Allorrhizie bleibt die Keimwurzel erhalten, erstarkt und erzeugt als Hauptwurzel ein System von Nebenwurzeln (bei den Dikotylen). Wird das allorrhize Wurzelsystem nach kurzer Zeit durch sproßbürtige Wurzeln abgelöst, ergibt sich die sekundäre Homorrhizie (bei Monokotylen).
Bei der primären Homorrhizie (bei Farnen) werden beim Keimling keine Hauptwurzeln angelegt, sondern schon von Anfang an sproßbürtige Wurzeln gebildet.

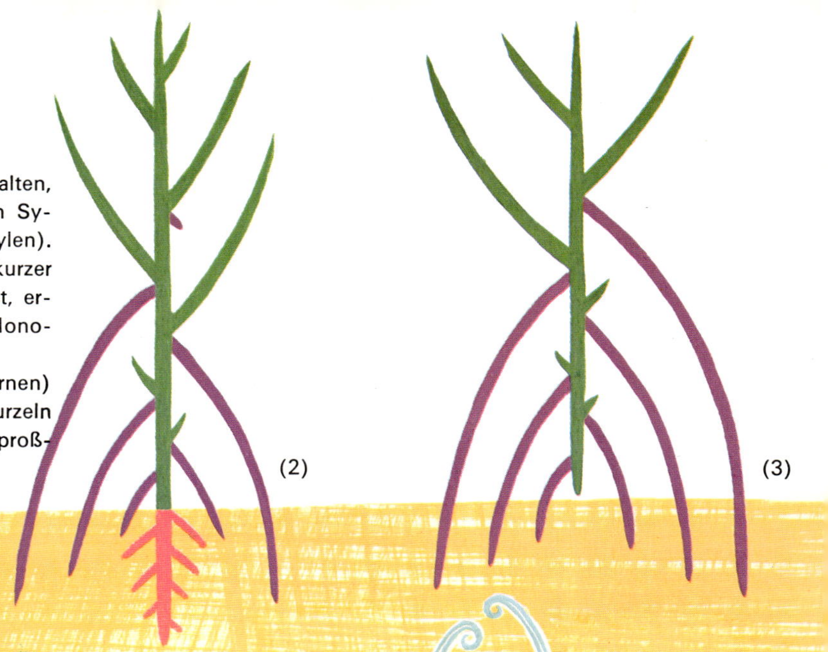

Sproßbürstige Wurzeln
Sie unterstützen die Aufgaben des von einer Hauptwurzel abstammenden Wurzelsystems und können es sogar ersetzen. Sie entstehen direkt aus Wurzelanlagen am Sproß.

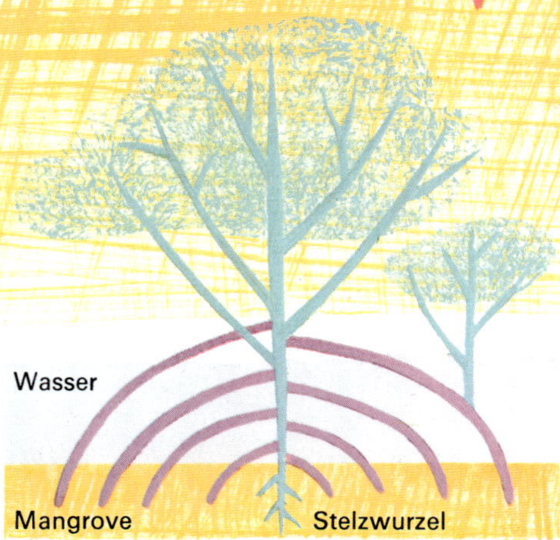

Bauplan der Farnpflanze

Luftwurzel von *Monstera deliciosa*

bandartige Luftwurzeln der Orchidee *Taeniophyllum sp.*, die als Assimilationsorgane dienen

Zugwurzeln senken die Wurzelknolle vom Aronstab in den Erdboden

sproßbürtige Wurzelranken bei *Vanilla planifolia*

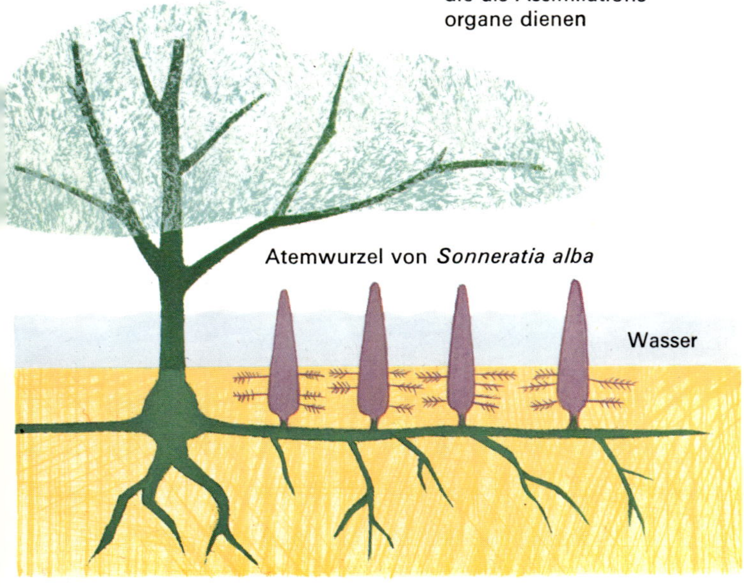

Wurzelknollen der Dahlie

Speicherwurzel der Möhre

Die umgebildeten Wurzeln der Halb- und Vollschmarotzer sind befähigt, ihrem Wirt Wasser und Nährstoffe zu entziehen; die Mistel bildet Senker aus, die in den Holzkörper ihrer Nährpflanze eindringen. Die Haustorien der Seide ergreifen sowohl vom Holz- als auch vom Siebteil der Leitbündel ihres Wirtes Besitz. Sie ist ein Vollschmarotzer.

Die Sproßachse

Die zylindrische, stabförmige Sproßachse wird allgemein als Stengel bezeichnet. Sie bleibt bei ein- und zweijährigen Kräutern mehr oder weniger saftig. Bei langlebigen Bäumen und Sträuchern verholzt sie zu Stämmen und Ästen.

Auch hier geht das Spitzenwachstum wie bei der Wurzel vom Vegetationspunkt aus. Oft ist der Stengel an den Ansatzstellen der Blätter, den Knoten, angeschwollen, wie z. B. bei den Lippenblütlern. Die zwischen zwei Knoten liegenden langen Zwischenknotenstücke werden als Internodien bezeichnet; sie haben ein starkes Streckungswachstum. Der zuerst angelegte Knoten trägt die Keimblätter, der darunterliegende Sproßabschnitt wird Hypokotyl genannt, der nächstfolgende Sproßabschnitt über den Keimblättern als Epikotyl bezeichnet.

Grundsätzlich wird jedes Blatt an einem Knoten angelegt, niemals an einem Internodium. Die Zahl der Blätter an jedem Knoten ist verschieden und unterliegt bestimmten Gesetzmäßigkeiten. Die Anordnung kann wirtelig, gegenständig oder zerstreut sein. Um nur ein Beispiel zu nennen und bei den eben schon zitierten Lippenblütlern zu bleiben: Die Blätter der

Taubnessel, die an den Stengelknoten entspringen, sind kurzgestielt und stehen einander paarweise gegenüber. Je zwei Blattpaare bilden ein Kreuz. Eine solche Stellung nennt man kreuzweise-gegenständig. Sie hat den Vorteil, daß sich die Blätter gegenseitig nicht das Licht rauben.

Bei vielen einkeimblättrigen Pflanzen herrschen dreizählige Blattkreise vor. Bei der zweizeiligen Blattstellung trägt jeder Knoten nur ein Blatt. Das nächsthöhere ist dann um 180° verschoben und sitzt genau entgegengesetzt.

Auch bei der zerstreuten Blattstellung hat jeder Knoten nur ein Blatt, doch macht die Verschiebung beim nächsthöheren keinen halben Kreisumfang, sondern nur den Bruchteil eines solchen aus.

Im einfachsten Fall besitzt die Pflanze nur eine Achse, d.h., bereits nach Ausbildung der Blüte an der Spitze ist ihre Entwicklung abgeschlossen. Als Beispiel sei der Mohn oder die Tulpe genannt. Meist sind die Sproßachsen jedoch verzweigt und lassen eine Haupt- und Nebenachse erkennen. Die Verzweigung kann monopodial oder sympodial sein.

Bei der monopodialen ist eine durchlaufende Hauptachse vorhanden, von der Seitenachsen ausgehen, die aber weniger entwickelt sind als erstere. Typisch für ein solches Verzweigungssystem ist eine junge, freistehende Fichte. Bei der sympodialen Verzweigung stellt die Hauptachse ihre Entwicklung nach einem gewissen Zeitpunkt ein. Die weitere Verzweigung wird dann von einer oder mehreren Seitenachsen übernommen.

Die sogenannte echte gabelige Verzweigung (Dichotomie), wie sie für die Bärlappe *(Lycopodium)* charakteristisch ist, aber auch für die Moosfarne *(Selaginella)* und verschiedene Algen (Braunalgen), kommt nur bei niederen, nie bei höheren Pflanzen vor, obwohl sie zuweilen simuliert wird (Pseudodichotomie).

Das Sproßsystem der Holzgewächse baut sich aus Lang- und Kurztrieben auf. Sie unterscheiden sich u.a. dadurch, daß die Langtriebe ein meist unbegrenztes Wachstum haben, während die Kurztriebe dieses nach einer gewissen Zeit einstellen, in vielen Fällen jedoch nicht endgültig. Bei manchen Bäumen vermögen die Kurztriebe im nächsten Frühjahr wie die Langtriebe weiterzuwachsen. Dies gilt z.B. für unsere Rotbuche. Bei den Obstbäumen sind die Langtriebe für den Kronenaufbau verantwortlich, während die Kurztriebe, die man in diesem Falle als Fruchtholz bezeichnet, die Blüten und Früchte tragen. Bei den Kiefern und anderen Nadelbäumen stellen die Kurztriebe ihr Wachstum völlig ein. Jeder von ihnen trägt bei der Kiefer zwei, drei oder fünf nadelförmige Blätter.

Doch kehren wir noch einmal zum jungen Stengel zurück. Nach außen hin wird er von einer einschichtigen Oberhaut abgeschlossen. Darunter liegt, wie man im Querschnitt erkennen kann, ein mehrschichtiger Gewebemantel, die primäre Rinde. Sie umgibt den in der Mitte gelegenen, von Leitbündeln durchzogenen Zentralzylinder. Während in den Stengeln der Einkeimblättrigen die Leitbündel über den ganzen Querschnitt des Zentralzylinders verstreut liegen, sind sie bei den Zweikeimblättrigen ringförmig angeordnet. Sie umgeben dort das Mark, das aus unveränderten, manchmal auch leicht verholzten Parenchymzellen besteht. Seitlich sind die Leitbündel durch Markstrahlen voneinander getrennt, die ebenfalls aus Grundgewebe aufgebaut sind.

Im Zuge der Entwicklung vom Keimling zur ausgewachsenen Pflanze nimmt die Sproßachse erheblich an Dicke zu. Dieses Dickenwachstum erfolgt bei den Ein- und Zweikeimblättrigen in unterschiedlicher Weise:

Die Einkeimblättrigen zeigen ein einmaliges, anfängliches oder primäres Dickenwachstum der Sproßachse, die Zweikeimblättrigen außer diesem noch ein nachträgliches, dafür aber andauerndes sekundäres Wachstum. Dieses geht vom sogenannten Kambium aus, einem Streifen teilungsfähigen Bildungsgewebes, der zwischen dem Holzteil und dem Sieb- oder Bastteil der Leitbündel liegt. Es kann jederzeit und immer aufs neue in Tätigkeit treten.

Das Kambium, das einen geschlossenen Ring bildet, entsteht, indem die Zellen des faszikularen oder Bündelkambiums (lat.: *fasciculus* = Bündelchen) sich zu teilen beginnen, auf die

Ein Epiphyt, der sich mit seinem Wurzelwerk selbständig machte, beginnt seinen Wirtsbaum zu erwürgen (links).

Die Rinde des Kapokbaumes ist mit spitzen Stacheln besetzt (oben). – Sproßdornen an POTERIUM SPINOSUM *(unten).*

Der Sproß

Der Sproß wird in seiner Länge gegliedert durch Knoten oder Nodien, an denen die Blätter sitzen, und den dazwischen liegenden Abschnitten, den Internodien. Bei Halb- und Ganzrosettenpflanzen sind die Internodien gestaucht.

Sproßscheitel von *Hippuris vulgaris*

Tausendgüldenkraut
Halbrosettenpflanze

Seerose

die Blüte ist ein Sproß mit begrenztem Wachstum

Blattrosette

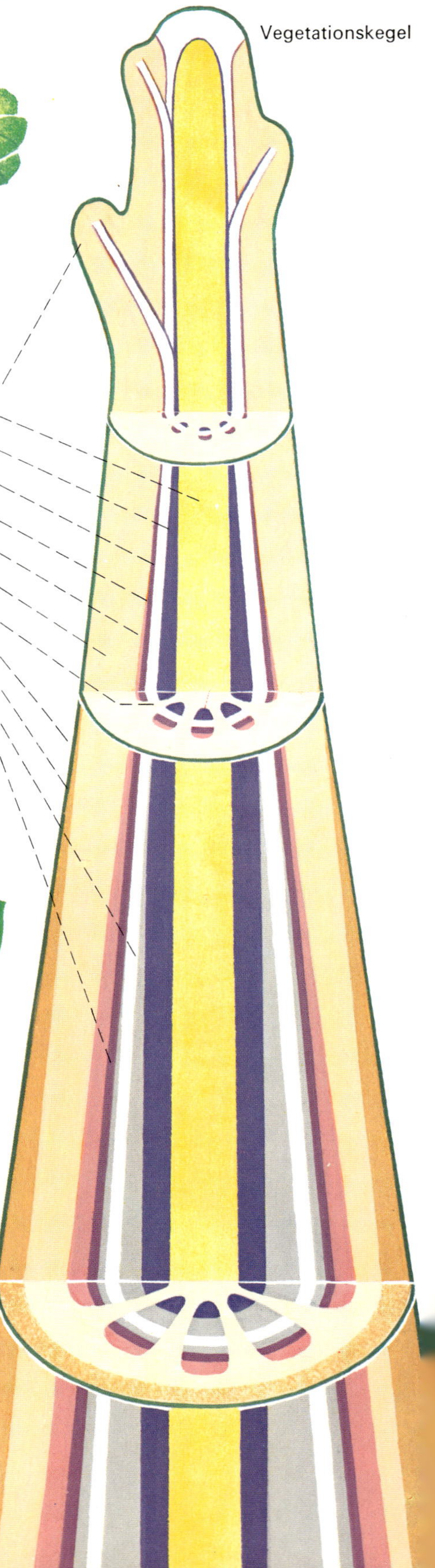

Sproßaufbau einer Dikotylen (schematisch)

Distichie (zweizeilige Blattstellung)

Dekussation (wirtelige Blattstellung)

Dispersion (zerstreute Blattstellung)

Die Blattstellung am Sproß
Bei der wirteligen Blattstellung befinden sich an einem Knoten zwei oder mehrere Blätter. Ist ein Blattpaar zum folgenden rechtwinklig versetzt, spricht man von Dekussation (kreuzgegenständig). Bei der distichen (zweizeiligen) Blattstellung sind die Blätter entlang der Sproßachse einzeln an den Knoten in zwei entgegengesetzten Längszeilen, bei der Dispersion allseitig angebracht (wechselständig).

Aufbau des Sprosses
In der nebenstehenden Zeichnung werden schematisch Aufbau und Gliederung des Sprosses gezeigt in Längs- und Querschnitten. An der Spitze des Vegetationskegels sind die hinfälligen Leitelemente zu erkennen, weiter unten die Zone des Erstarkungs- und Dickenwachstums mit den neugebildeten Elementen des Kambiums und ganz unten das Korkgewebe.

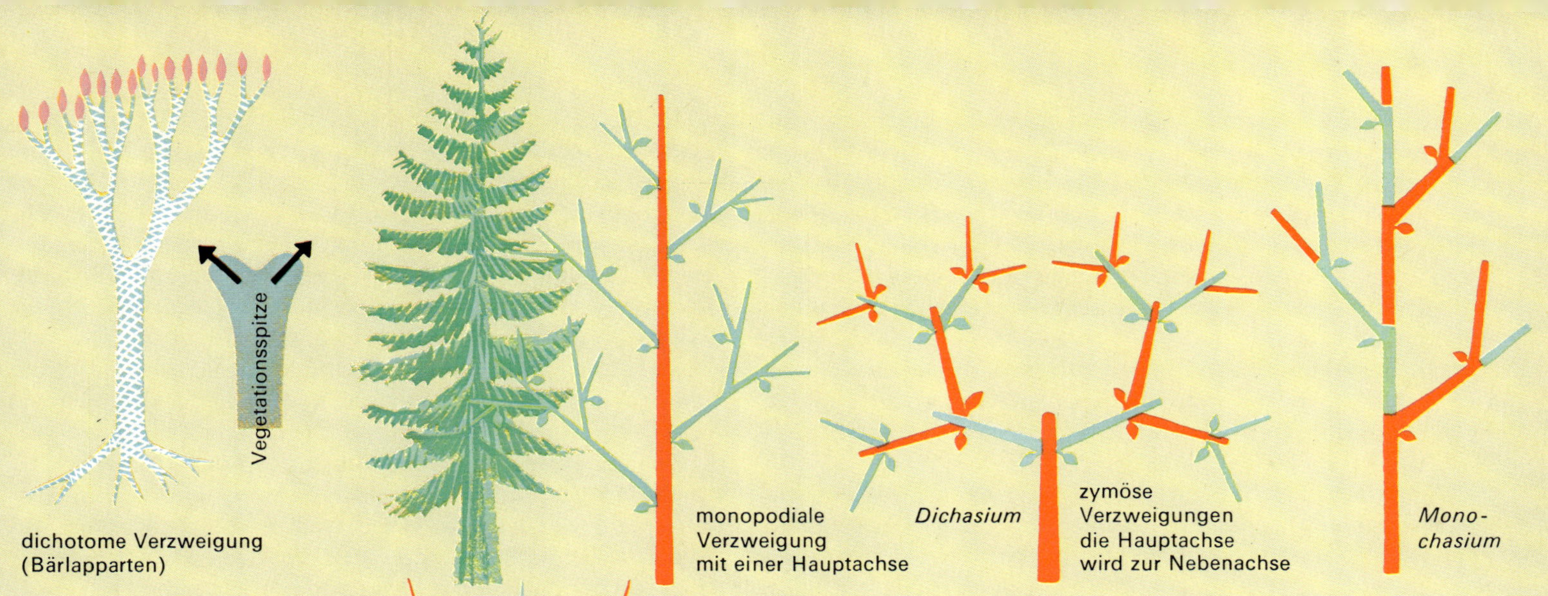

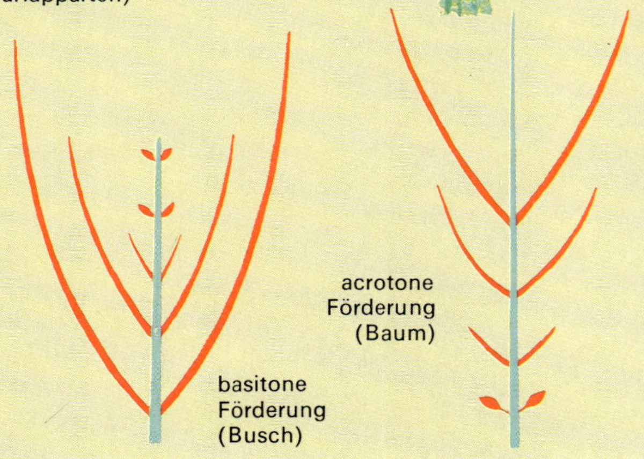

Verzweigung des Sprosses

In der Entwicklung der Pflanze verzweigt sich der Primärsproß besonders bei den Holzpflanzen zu einem Sproßsystem. Geht die Verzweigung von der Teilung des Vegetationskegels aus, spricht man von Dichotomie. Bei den Samenpflanzen und Farnen erfolgt die Verzweigung hinter dem Vegetationskegel. Verfügt das Sproßsystem über eine durchgehende Hauptachse, liegt eine monopodiale Verzweigung vor, sonst eine sympodiale. Der Habitus von Büschen entsteht durch Seitentriebe an der Basis, der von Bäumen im Gipfel.

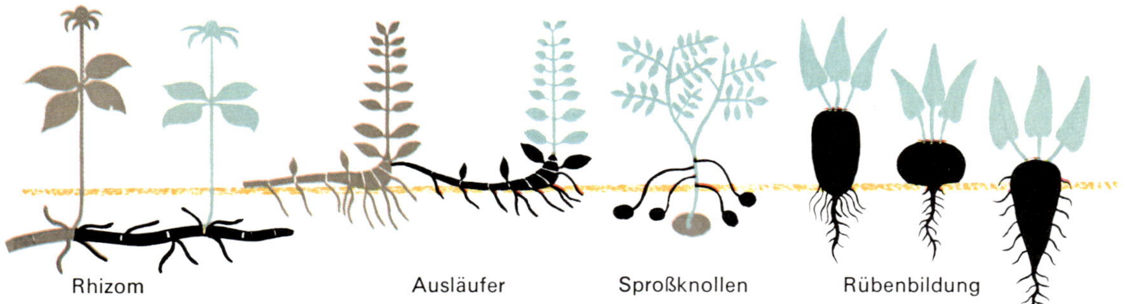

Die Sproßachse ist verschieden angepaßt wie der Erdstamm der Einbeere. Zur Vermehrung dienen oberirdische Ausläufer oder unterirdische Sproßknollen der Kartoffel. Eine oberirdische verdickte Sproßachse zeigen die Runkelrübe (Stammrübe), die Rote Beete am Hypokotyl und die Zuckerrübe am Wurzelhals.

Die nachträgliche Verdickung der Sproßachse geht auf das Kambium zurück. Es gibt bei Nadelbäumen nach innen nur Tracheiden, bei Laubbäumen auch Tracheen und Parenchym ab, nach außen in beiden Fällen Siebzellen, Bastfasern und Parenchym. Jahresringe sind Grenzen vom engporigen Spätholz (im Herbst) zum weitporigen Frühholz (im Frühjahr).

Die Zwiebeln sind unterirdische verdickte Sprosse. Die Achse bildet die Zwiebelscheibe, die fleischige Zwiebelschuppen trägt.

Nadelholz

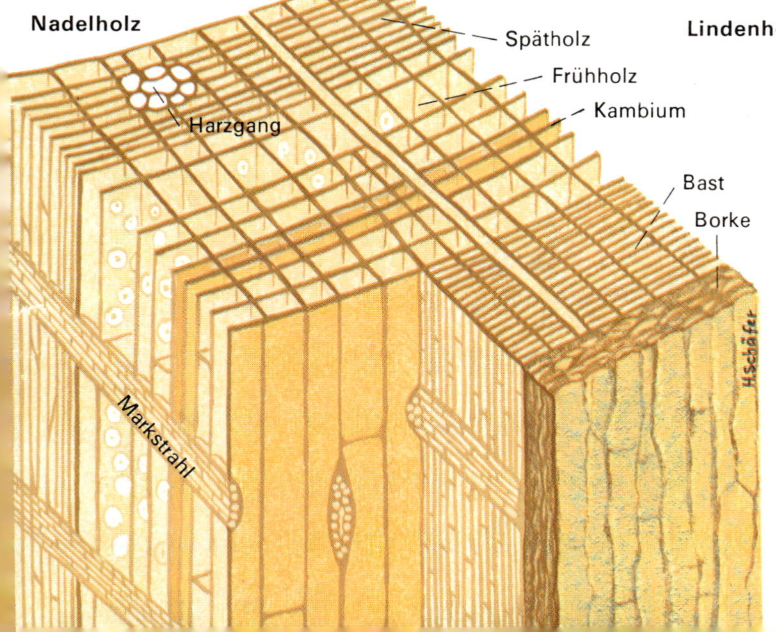

Lindenholz

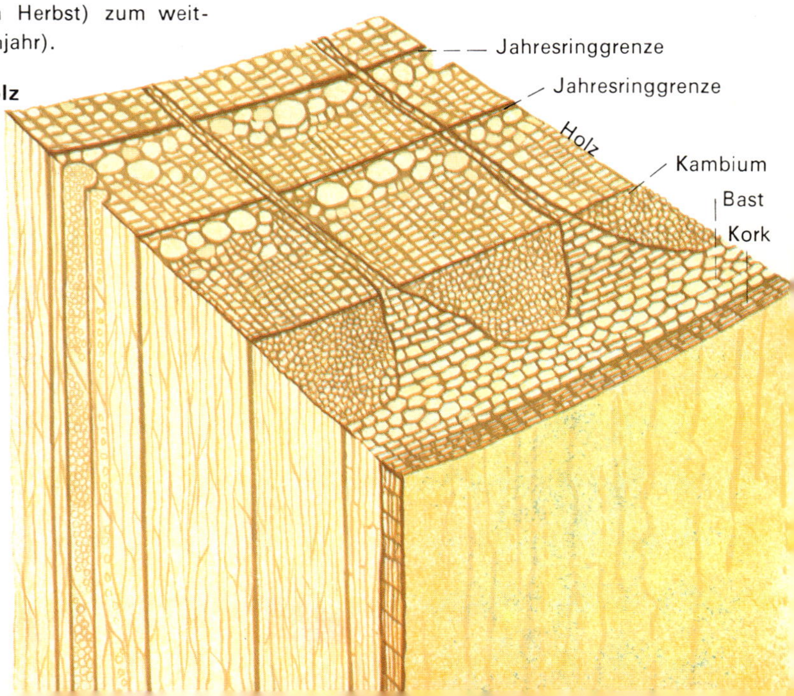

Markstrahlen übergreifen und sich über das interfaszikulare Kambium zu einem geschlossenen Kambiumring vereinigen. Mit seinem Vorhandensein am Ende der Wachstumsperiode des ersten Jahres ist das primäre Dickenwachstum beendet, und es kann im darauffolgenden Frühjahr das sekundäre Dickenwachstum einsetzen. Es äußert sich in der schnellen, abwechselnden Aufeinanderfolge der Bildung neuer Zellen nach innen und außen.

Die Kambiumzellen erweisen sich im Längsschnitt je nach der Schnittrichtung als langgestreckte Rechtecke oder flache, oben und unten spitz zulaufende Prismen. Im Querschnitt zeigen sie sich als kleine, flache Rechtecke.

Alles Gewebe, das mit Beginn des sekundären Dickenwachstums vom Kambium nach innen abgegeben wird, verstärkt den Holzteil zu einem kompakten Holzkörper; das nach außen abgegebene ergibt den Sieb- oder Bastteil (sekundäre Rinde). Da sich die Xyleme bei anhaltendem sekundärem Dickenwachstum breit auffächern, werden jährlich einige weitere sekundäre Markstrahlen angelegt, die nicht den Zentralmarkraum erreichen. Dadurch wird ein ungefähr gleicher Abstand zwischen den Markstrahlen im Xylem erreicht.

Ein Charakteristikum des Holzkörpers mehrjähriger Holzgewächse ist das Auftreten von Jahresringen; eine Besonderheit der Rinde die Ausbildung einer Borke.

Jahresringe, nach denen man das Alter eines Baumes bestimmen kann, entstehen dadurch, daß das Kambium im Frühjahr zunächst mit der Bildung ziemlich weiter Gefäße beginnt (weitporiges Frühholz), während die Gefäße, die im Sommer entstehen, immer enger werden (engporiges Spätholz), und die Bildung schließlich ganz eingestellt wird. Bei Eichen, Ulmen und Eschen sind beide Zellarten scharf gegeneinander abgesetzt (ringporiges Holz); bei Buchen, Linden, Ahorn und Nußbaum vollzieht sich der Übergang allmählich (zerstreutporiges Holz).

Nur die jüngsten Jahresringe, das Splintholz, sind funktionsfähig und dienen der Wasserleitung; in den älteren, dem Kernholz, sind die Leitungsbahnen verstopft. Bei der Robinie, Eiche und Erle ist der Kern dunkler als der helle Splint. Eine gleiche Färbung zeigen beide bei der Tanne, Fichte und Buche. Das Kernholz dient nur noch der Festigung und ist durch Einlagerung verschiedener Substanzen gegen das Eindringen und die zerstörerische Wirkung von Pilzen und Bakterien mehr oder weniger gut geschützt.

Die Jahresringe sind auch für die Maserung des Holzes verantwortlich. Durch Unregelmäßigkeiten im Wachstum und Bildung von Seitenästen und -wurzeln nehmen sie den welligen Verlauf, der bei Möbel- und Kunsttischlerarbeiten besonders geschätzt und gefragt ist.

Die Erstarkung der Sproßachse durch sekundäres Dickenwachstum führt zwangsläufig zu Spannungen, die sich um so stärker bemerkbar machen, je weiter außen die Gewebe sich befinden. Die Spannungen beginnen bereits beim Kambiumring, der dadurch genötigt wird, Querteilungen der Kambiumzellen einzuschalten, um sich in seitlicher Richtung zu erweitern. Dabei nehmen die Teilungswände einen radialen Verlauf oder, mit anderen Worten ausgedrückt, einen senkrechten Verlauf zur Oberfläche der Sproßachse.

Auch die Oberhaut ist bestrebt, durch ähnliche Teilungen den Zugspannungen entgegenzuwirken. Da sie aber nur in seltenen Ausnahmefällen dauernd teilungsfähig bleibt, kommt der Zeitpunkt, an dem sie zerreißt. Bevor dies geschieht, wird jedoch ein Korkgewebe als neuer Abschluß angelegt. Alles Gewebe, welches außerhalb dieser Zone liegt, stirbt ab und wird zur Borke.

Der Holzteil der Laub- und Nadelbäume hat mehrere Funktionen zu erfüllen, und entsprechend ist auch sein Bau. Die eine Aufgabe ist eine statische: Der Stamm muß gegenüber der Last der Krone druckfest und gegen Einwirkungen des Windes biegungsfest sein. Die übrigen Funktionen sind physiologischer Art: den Blättern und Blüten müssen Wasser und Nährsalze zugeleitet, ferner über den Winter hinaus organische Stoffe für die neue Wachstumsperiode gespeichert werden.

Die Leitung der Säfte vollzieht sich in den längsverlaufenden Gefäßen, den Tracheen – sie fehlen im Holz der Nadelbäume – und in den längsgestreckten, gefäßähnlichen Zellen, den Tracheiden. Ebenfalls in Längsrichtung des Stammes erstrecken sich die Holzfasern; sie dienen seiner Festigung. Auf ihrer Anordnung und der der Gefäße beruht die leichte Spaltbarkeit des Holzes in der Längsrichtung. Die Härte des Holzes dagegen hängt von der Anzahl der Holzfasern im Querschnitt ab. Weiches Holz haben Nadelbäume, Linden, Pappeln und Birken; hartes Holz dagegen Birnen-, Pflaumen-, Kirsch- und Walnußbäume, Ulmen, Rotbuchen, Eschen, Eichen, Weißbuchen und Robinien. Eines sehr harten Holzes dürfen sich Kornelkirsche, Weiß- und Schwarzdorn rühmen, Buchsbaum, Teak- und Eisenholz.

Die genannten Holzbestandteile haben im ausgebildeten Zustand kein lebendes Plasma mehr; sie sind also tot. Lebend dagegen sind die längs im Holz verlaufenden Holzparenchymzellen und die Markstrahlzellen. Letztere erscheinen im Holzquerschnitt als radiäre Streifen, im radialen Längsschnitt als breitere Bänder, im Tangentialschnitt als elliptische, von längsgestreckten Gefäßen oder Holzfasern umgebene Ansammlungen. Die Markstrahlzellen leiten organische Stoffe aus der Rinde radial in den Holzkörper hinein und geben sie an die Holzparenchymzellen ab. In beiden Zellarten werden Reservestoffe (Stärke, Öl u.a.) gespeichert, mit deren Hilfe die Pflanze im Frühjahr austreibt.

Die Blätter

Die Blätter werden am Vegetationskegel der Sproßachse als rundliche Höckerchen oder Querwülste angelegt. Dabei befinden sich die jüngsten Blätter stets in unmittelbarer Nähe des Sproßscheitels. Während sie anfangs noch ein geringes Spitzenwachstum zeigen (z.B. die Farnblätter), wird dieses bei allen anderen Pflanzen sehr bald eingestellt und durch ein tiefer am Blatt gelegenes basales Wachstum ersetzt. Wenn die Blattspitze also bereits ausgewachsen ist, wachsen die unteren Teile erst allmählich heran, doch ist im allgemeinen die Blattgröße begrenzt. Lediglich die Welwitschia, die in den Wüsten Südwestafrikas beheimatet ist, macht hiervon eine Ausnahme.

Der Reihenfolge ihrer Entstehung nach unterscheidet man Keimblätter, Niederblätter, Laub- und Hochblätter.

Die ersten Blattbildungen der Sproßachse sind stets die Keimblätter (Kotyledonen). Die *Monokotylen* (Einkeimblättrige, z.B. Gräser) haben nur ein Keimblatt, die *Dikotylen* (Zweikeimblättrige, z.B. alle Laubbäume) haben zwei, die Nadelhölzer häufig mehrere Keimblätter. Sie sind bereits im Embryo angelegt, haben nur eine sehr kurze Lebensdauer und ein ganz anderes Aussehen als die späteren Laubblätter. Erfolgt die Keimung epigäisch, dann entfalten sie sich erst oberhalb des Bodens und widmen sich, da sie mit Blattgrün ausgestattet sind, alsbald der Photosynthese als ihrer Hauptaufgabe. Dienen sie dagegen als Speicherorgane, sind sie reich mit Nährstoffen gefüllt und verbleiben zumeist bei der Keimung im Boden.

Seltsame Pflanze Welwitschia

Einen außergewöhnlichen Anblick bietet die *Welwitschia bainesii* oder *Welwitschia mirabilis*. Der Stamm kann einen Durchmesser von mehreren Zentimetern bis zu einem Meter erreichen (so wird behauptet!), wird aber nur einige Fingerbreit hoch (die Wurzel soll bis zu 20 m lang werden). Von diesem Kurzstamm gehen zwei sehr breite, lederartige und bandförmige Blätter aus, die sich nach einer kurzen Erhebung auf den Boden legen und sich über zwei oder drei Meter hinziehen. An der Spitze sind sie ausgefasert, und im gleichen Maße, wie sie absterben, wachsen sie an der Basis nach. Zwischen den Blättern wachsen in ährenförmigen Blütenständen die zweihäusigen roten Blüten (auch die fertilen Ähren sind rot).
Die Welwitschia (nach dem österreichischen Botaniker F. Welwitsch) wächst in Wüstenzonen, die von dichten Nebeln bedeckt sind, und in der Namib, der subtropischen Wüste an der Küste Südwestafrikas.

Bei den Laubblättern unterscheidet man die flache Blattspreite, den Blattstiel und den Blattgrund.

Die Blattspreite zeigt sehr verschiedene Formen und ist ihrem Umriß nach linealisch (wie das Gras), lanzettlich (Weidenröschen), spatelförmig (Gänseblümchen), eiförmig (Brennessel), rund (Zitterpappel) oder oval (Kirsche); bei den Nadelhölzern ist sie, wie der Name schon sagt, nadelförmig. Auch der Blattrand kann sehr unterschiedlich gestaltet sein: ganzrandig, gezähnt, gesägt, gekerbt, gebuchtet, fein zerteilt (fiederteilig), handförmig geteilt oder gelappt.

Neben einfachen Blättern treten auch zusammengesetzte auf. Hier wird die Blattspreite durch tiefe Einschnitte, die bis zur Mittelrippe reichen, in mehrere Blättchen oder Fiedern zerlegt. Bei den paarig gefiederten sitzen die Blättchen jeweils paarweise einander gegenüber (Robinie); bei den unpaarig gefiederten ist an der Spitze ein einzelnes Endblättchen vorhanden (Platterbse).

Sehr verschieden ist auch die Blattstellung. Entwickelt sich an jedem Knoten nur ein einziges Blatt, das mit dem des nachfolgenden Knotens in der Richtung wechselt, so spricht man von einer wechselständigen Blattstellung. Befinden sich an einem Knoten zwei oder mehr Blätter, so sind sie quirlständig. Am häufigsten davon ist die kreuzweise-gegenständige Anordnung, wie weiter oben schon bei der Taubnessel beschrieben. Sie findet sich aber auch bei anderen Lippenblütlern und bei den Nelkengewächsen. Indem in einem Wirtel immer nur zwei Blätter einander gegenüberstehen, die mit den beiden des nächsten ein Kreuz bilden, erhalten alle ausreichend Licht.

Die ein- und zweikeimblättrigen Pflanzen unterscheiden sich nicht nur durch das Aussehen ihrer Keimblätter voneinander, auch der Verlauf ihrer Leitbündel ist sehr verschieden. Bei ersteren verlaufen sie parallel bzw. bogig, d.h., mehrere gleichstarke Leitbündel durchziehen eng nebeneinander die Blattspreite und vereinigen sich an der Spitze.

Bei den Zweikeimblättrigen verläuft in der Mitte des Blattes ein Hauptleitbündel, das auch die Mittelrippe bildet. Von diesem gehen die Seitenrippen oder -leitbündel aus, die sich immer stärker verzweigen, so daß schließlich ein enges Netzwerk entsteht. Wieder andere Verhältnisse liegen bei den zu Nadeln gewordenen Blättern der Nadelhölzer vor.

Die Aufgabe des Blattstieles besteht darin, das Blatt zu tragen. Während er bei »sitzenden« Blättern nur ganz kurz oder kaum entwickelt ist, erreicht er bei den Schwimmblättern von Wasserpflanzen eine bedeutende Länge. Die Blattstiele der Seerose können sogar bis 5 m messen.

Den Teil, mit dem das Blatt an der Sproßachse angeheftet ist, bezeichnet man als Blattgrund. Er kann die Form einer stengelumfassenden Scheide haben und Nebenblätter tragen. Diese sind entweder klein und priemförmig, können in Ausnahmefällen aber auch laubblattähnlich ausgebildet sein, so beim Stiefmütterchen und beim Waldmeister.

In der Achsel eines jeden Blattes befindet sich eine Knospe, d.h. ein ruhender Vegetationskegel, der austreiben und zu einem Seitenzweig werden kann. Außer den eigentlichen Laubblättern besitzt die Pflanze aber auch noch andere: die Nieder- und die Hochblätter.

Die Niederblätter sind ein besonderes Kennzeichen unterirdischer Wurzelstöcke. Sie liegen diesen dicht an, sind klein, farblos oder braun und nur von kurzer Lebensdauer. Bei Holzgewächsen können sie als Knospenschuppen auftreten und sind häufig fest miteinander verklebt (Roßkastanie).

Die Hochblätter befinden sich in der Blütenregion. Sie stehen über den Laubblättern an der Sproßachse, entwickeln sich also erst nach diesen. Sehr häufig sind sie von leuchtender Farbe und dienen dazu, die Insekten anzulocken. Bei den Aronstabgewächsen wird das Hochblatt zu einem Scheidenblatt umgebildet. Als Hochblätter müssen ebenfalls die Tragblätter (Brakteen) vieler Blüten- und Blütenstände angesehen werden, z.B. auch das mit dem Blütenstandstiel verwachsene Tragblatt der »Lindenblüten«.

Ein Querschnitt durch das Blatt läßt seinen inneren Bau erkennen: Die Blattspreite wird von der chlorophyllfreien oberen und unteren Epidermis überzogen. Zwischen beiden eingeschlossen liegt das Grund- oder Mesophyllgewebe, und in dieses eingebettet befinden sich die mit bloßem Auge zu erkennenden Leitbündel des Blattes. Die Mittel- und die Seitenrippen heben sich von der Blattunterseite meist als vorspringende Bahnen ab. Unter der oberseitigen Epidermis erstrecken sich senkrecht zur Blattoberfläche in ein oder mehreren Reihen die Zellen der Palisadenschicht; sie enthalten reichlich Chlorophyllkörner. Zwischen diese Schicht und die untere Epidermis schiebt sich das Schwammgewebe ein. Seine Zellen sind meist sternförmig, auch sind sie weniger reich an Blattgrün. Durch die Palisaden-, aber vor allem durch das Schwammparenchym ziehen sich Interzellularen, die durch Spaltöffnungen mit der Außenluft in Verbindung stehen.

Die Blüte und ihre Bestandteile

Die Blüte als Ganzes ist ein umgewandelter Sproß. Auf der stark verkürzten Sproßachse, die als Blütenboden bezeichnet wird, sitzen in schraubiger oder wirteliger Anordnung die Blütenteile; sie bestehen aus den Blättern der Blütenhülle (grüne Kelchblätter, buntfarbene Kron- oder Blumenblätter), den Staub- und den Fruchtblättern. An vielen Beispielen ist zu beweisen, daß die Kelch-, Blumen- und Staubblätter auf die Laubblätter zurückgeführt werden können. Auch Mißbildungen, bei denen die Blütenblätter grün werden, zielen in diese Richtung. Schon Goethe hat einen solchen Nachweis zu führen versucht und seine Gedanken in der Schrift »Versuch, die Metamorphose der Pflanzen zu erklären« (1790), niedergelegt. Bei der Weißen Seerose *(Nymphae alba)* läßt sich gut beobachten, wie die zahlreichen schneeweißen Blumenblätter nach innen zu immer kleiner werden und allmählich in Staubblätter übergehen.

Bei einem Fehlen der Blütenhüllblätter spricht man von nackten Blüten (Weide, Pappel). Die Blütenhülle wird Pe-

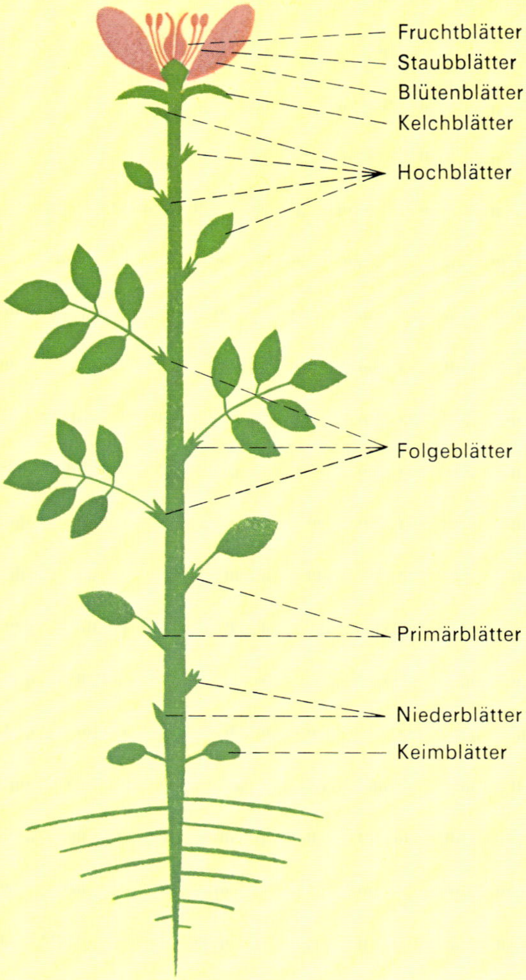

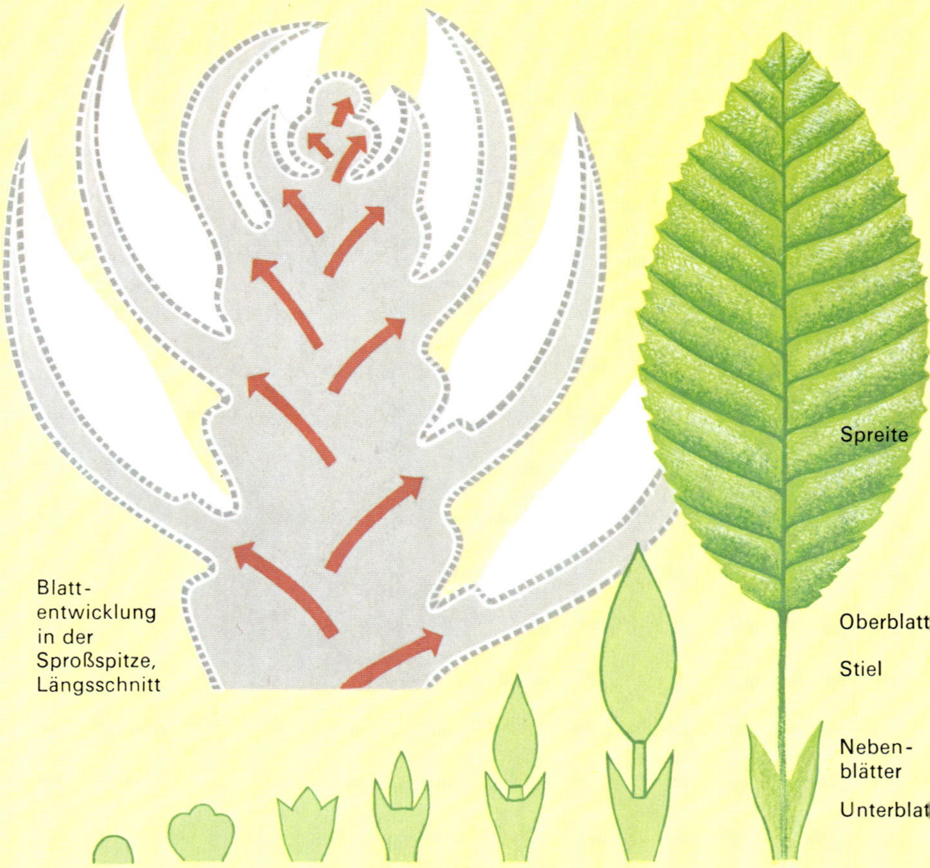

Blattentwicklung

Blatt

Man unterscheidet in der Folge der Entstehung folgende Blattarten: Die Keimblätter sind einfach gestaltet und werden schon im Samen angelegt. Die Niederblätter sind schuppenförmig und haben Hüllenfunktion, besonders an unterirdischen Sproßteilen und Knospen. Die Laubblätter sind die assimilierenden und ausdauernden Blätter. Sie werden unterschieden in die oft einfacher gebauten Primärblätter und die typisch geformten Folgeblätter. In der Blütenregion finden sich stark vereinfachte Hochblätter und verschiedene Typen von Blütenblättern.

Bei der Blattentwicklung wächst zuerst das Unterblatt heran, das aus Blattgrund und aus oft vorhandenen Nebenblättern besteht, dann erst das Oberblatt mit Spreite und Stiel. Neben den genannten, regelmäßig auftretenden Blatttypen gibt es auch Anpassungen an bestimmte Aufgaben, von denen die Grafik einige Beispiele zeigt.

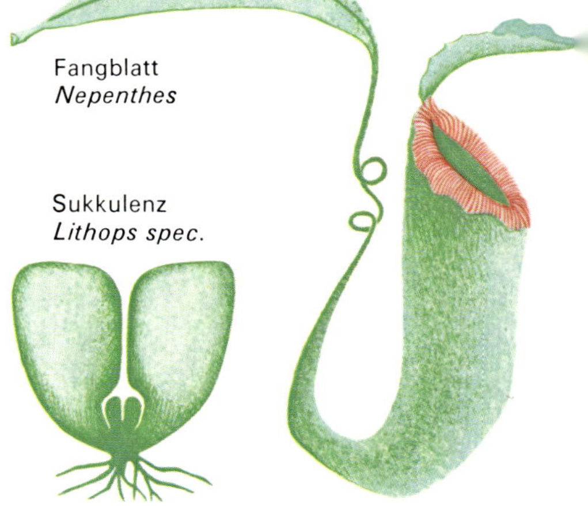

Fangblatt
Nepenthes

Sukkulenz
Lithops spec.

Blattranke
der Erbse

Blattdornen
der Berberitze

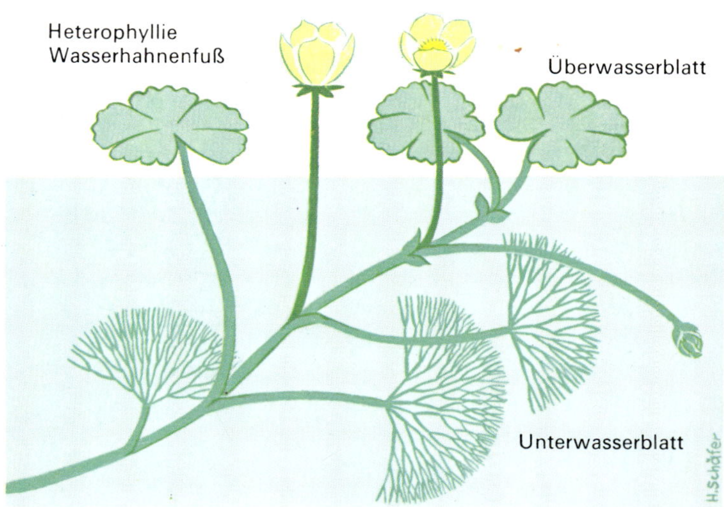

Heterophyllie
Wasserhahnenfuß

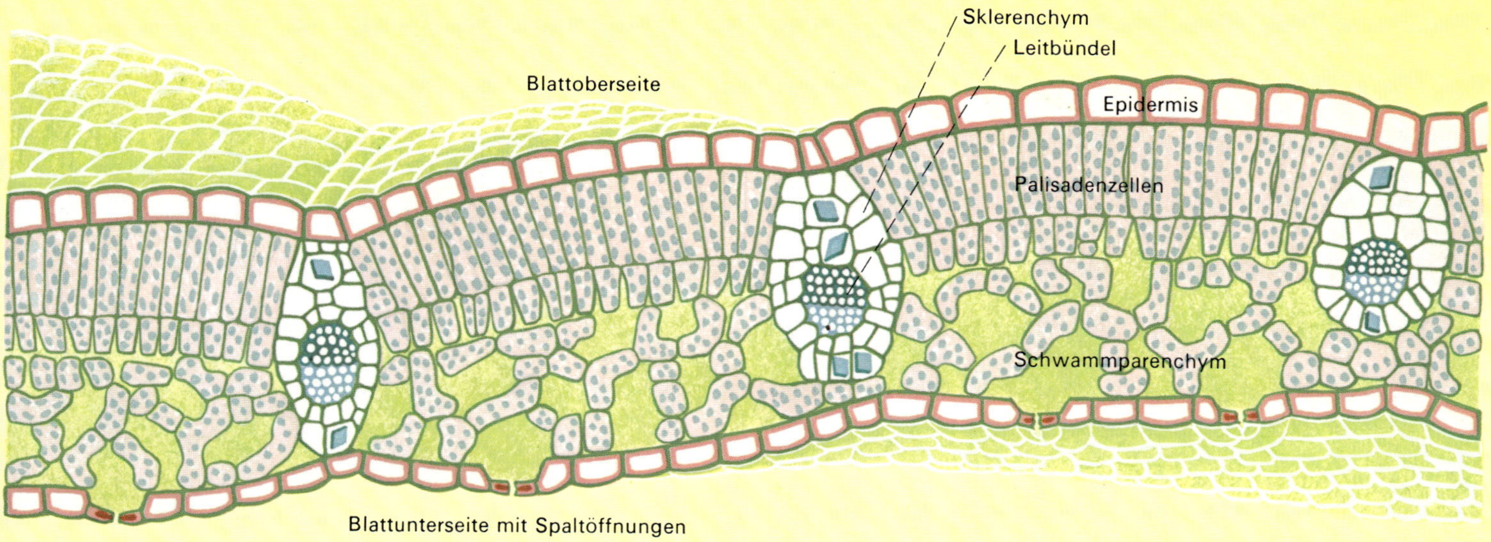

Laubblatt

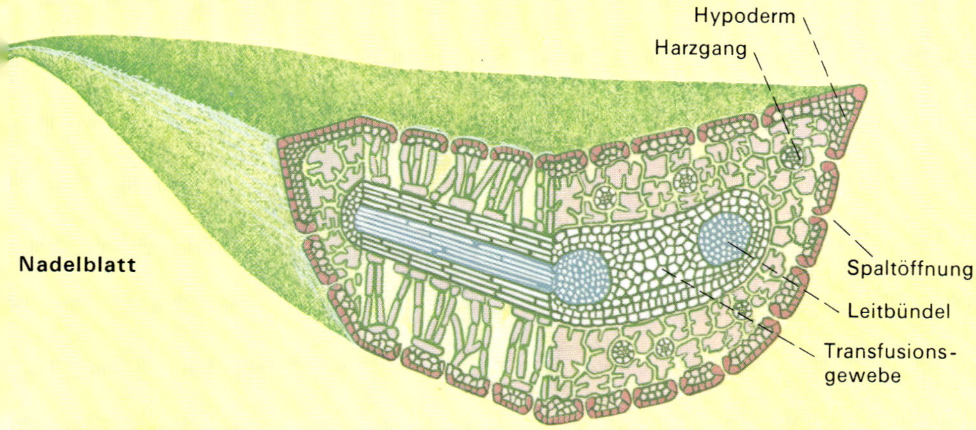

Nadelblatt

Laubblatt

Die obere Epidermis überzieht lückenlos das Blatt, während sie auf der Blattunterseite Spaltöffnungen enthält.

Der Blattoberseite zugewandt liegt das Palisadengewebe. Es besteht aus einer oder mehreren Schichten gestreckter Zellen, die sehr viele Chloroplasten enthalten (Assimilationsgewebe).

Im Schwammgewebe mit großen Interzellularen an der Blattunterseite sind die Zellen unregelmäßig gebaut und enthalten wenig Chloroplasten. Das Blattinnere wird von Leitbündeln durchzogen, die von Sklerenchym umgeben sind.

Leitbündel, sog. Nerven, durchziehen die Blattspreite in verschiedener Anordnung, die für bestimmte Pflanzengruppen charakteristisch sind: netz- und fiedernervig zeigen sie sich bei den Dikotylen, parallel- oder streifennervig bei den Monokotylen.

Die Blattspreite kann ungeteilt oder geteilt sein (z. B. gefiedert, gefingert usw.).

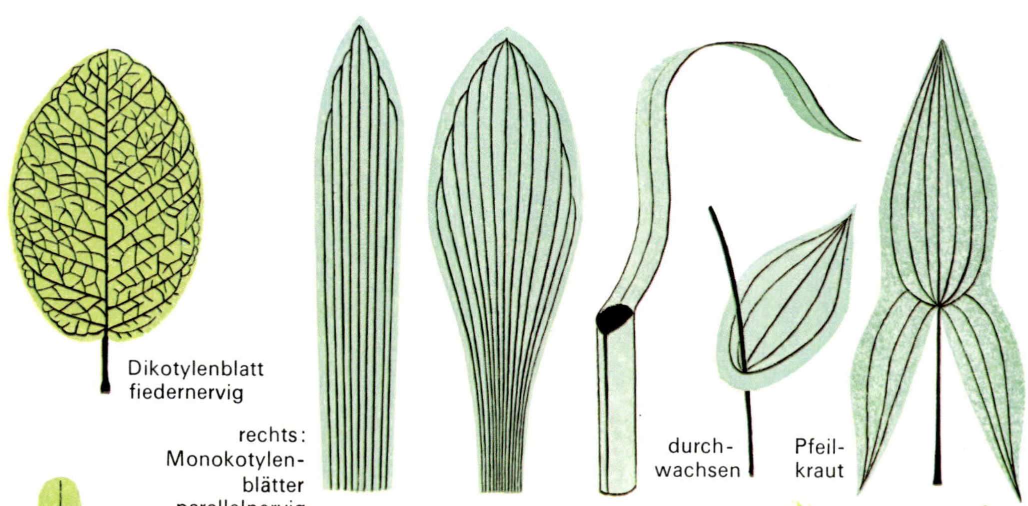

rianth genannt. Sind alle ihre Blätter gleichgestaltet, so wird von einem Perigon gesprochen. Sind sie dagegen in Form und Aussehen deutlich voneinander unterschieden, so bildet der äußere Kreis von Hüllblättern den zumeist grünen Kelch, der innere die in der Regel leuchtend gefärbte Blütenkrone. Alle genannten Blätter, d.h. Perigon-, Kelch- und Kronblätter, können frei, aber auch miteinander verwachsen sein. Zum Unterschied von den Freikronblättrigen *(Choripetalae)* bezeichnet man die Dikotylen mit verwachsenen Blumenblättern als Verwachsenkronblättrige oder *Sympetalae.*

Die auf die Blumenblätter folgenden Staubblätter werden in ihrer Gesamtheit als Androezeum bezeichnet. Jedes einzelne Staubblatt setzt sich aus dem Staubfaden (Filament) und dem verbreiterten Ende (Anthere) zusammen. Die Anthere besteht aus zwei Theken, die durch das Konnektiv miteinander verbunden werden. In jeder Theke sind zwei Pollensäcke vorhanden. Die mehrschichtige Wandung der Pollensäcke umschließt, wie später noch näher erläutert wird, das Archesporgewebe mit den Pollenmutterzellen, die unter Reduktionsteilung in je vier Pollenkörner zerfallen. Tritt die Trennung jedoch nicht ein und

bleiben die Pollenkörner der Mutterzelle zusammen, spricht man von Pollentetraden, wie es zum Beispiel bei den Heidekrautgewächsen der Fall ist.

Die Pollenkörner besitzen eine zweischichtige Wand, eine äußere, die derb und widerstandsfähig ist, und eine zarte innere, die später den Pollenschlauch umgibt. Die äußere Schicht ist mit Keimporen versehen, um die spätere Pollenkeimung zu erleichtern, und ist zudem häufig mit kleinen Auswüchsen, Stacheln, Runzeln oder Leisten ausgestattet, um bei der Bestäubung auf der Narbe besser haften zu können.

Windblütler zeichnen sich dadurch aus, daß ihre Pollenkörner außerordentlich leicht, staubfein und gut voneinander löslich sind, um der Verbreitung durch den Wind Vorschub zu leisten. Bei Insektenblütlern dagegen, wo es darauf ankommt, am Körper der Tiere haften zu bleiben, um sicher zur nächsten Blüte zu gelangen, sind mehrere Pollenkörner miteinander verklebt. Sie bleiben dadurch besser an Pelz, Kopf oder Beinen der Insekten hängen.

Den innersten und letzten Kreis einer Blüte bilden die Fruchtblätter (Karpelle), die in ihrer Gesamtheit Gynaezeum genannt werden. Ist nur ein Fruchtknotenblatt vorhanden, aus dem die Frucht hervorgeht, spricht man von einem selbständigen oder freien Fruchtknoten; sind mehrere verwachsene vorhanden, ist der Fruchtknoten synkarp.

Die Samenanlagen liegen im unteren Teil des Fruchtknotens; der obere bildet die Narbe. Diese kann sehr mannigfaltig gestaltet sein, aber fast immer ist sie von einer schleimigen oder klebrigen Beschaffenheit, um die an ihr während der Bestäubung abgestreiften Pollenkörner besser festhalten zu können. Auf der Narbe beginnt auch deren Keimung. Zwischen dem Fruchtknoten und der Narbe liegt meist ein verengtes Mittelstück, das als Griffel bezeichnet wird.

Der Blütenbau ist für die Einfügung einer Pflanze in das System von großer Bedeutung. Dem Blütenbau der Zweikeimblättrigen liegt eine Blüte aus fünf Blattkreisen zugrunde (Wiesenstorchschnabel). Dort sind vorhanden: ein Kreis von Kelchblättern, ein Kreis Blumenblätter, beide zusammen auch als Blütenhülle bezeichnet, zwei Staubblattkreise, ein Fruchtblattkreis. Da die einzelnen Kreise je fünf Blätter haben, ist die Blüte fünfzählig.

Der Fruchtknoten kann ober- oder unterständig sein, d.h. entweder auf der meist etwas vorgewölbten Blütenachse stehen (Kreuz-, Lippen- und Rachenblütler), oder er befindet sich unterhalb der Ansatzstelle aller übrigen Blütenblattkreise; in diesem Falle ist er unterständig (Doldengewächse und Korbblütler). Zwischen beiden Formen gibt es mehr oder weniger ausgeprägte Übergänge. Man spricht dann von mittelständigen Fruchtknoten. Sie sind u.a. bei vielen Rosengewächsen zu finden.

Von der Normalform des Blütengrundrisses, wie sie oben geschildert wurde, gibt es viele Abweichungen, wobei einzelne Kreise wegfallen, vermehrt auftreten oder miteinander verwachsen sein können. So herrscht im Blütendiagramm der Kreuzblütler die Zwei- bzw. Vierzahl vor; der äußere Kreis der Staubblätter und der Kreis der Fruchtblätter haben nur je zwei Glieder.

Bei den einkeimblättrigen Pflanzen sind die beiden äußeren Blütenblattkreise meist nicht in Kelch und Krone gegliedert, sondern stimmen in Gestalt und Farbe überein. Wie oben schon erwähnt, werden beide Kreise zusammen dann als Perigon bezeichnet. Außerdem herrscht bei den Blüten meist Dreizähligkeit vor, d.h. jeder Kreis besteht nur aus drei Gliedern.

Sind in einer Blüte Staub- und Fruchtblätter gleichzeitig vorhanden, wie es meist der Fall ist, spricht man von zwittrigen Blüten. Befinden sie sich jedoch getrennt in je einer Blüte, bezeichnet man die männlichen als Staub-, die weiblichen als Stempelblüten und nennt sie eingeschlechtig. Birken- und Buchengewächse haben beispielsweise eingeschlechtige Blüten.

Die Trennung kann aber noch weiter gehen: Befinden sich nämlich die Blüten beiderlei Geschlechts auf ein und derselben Pflanze, bezeichnet man diese als einhäusig (Haselstrauch). Bei zweihäusigen Pflanzen dagegen (wie bei der Weide) trägt die eine Pflanze nur männliche, die andere nur weibliche Blüten.

Beim einhäusigen Haselstrauch geben sich die männlichen Blütenstände als »Kätzchen« zu erkennen, die aus vielen Einzelblüten mit schuppenförmigen Blättern bestehen und unter jeder Kätzchenschuppe je zwei Blättchen mit je acht Staubblättern tragen. Bei der Blütezeit strecken sie sich in die Länge, werden weich und locker, und wenn nur ein Lufthauch die schwankenden Troddeln leicht berührt, beginnen sie zu stäuben. Der Wind führt die in großen Mengen erzeugten Pollenkörner mit sich und setzt sie auf den weiblichen Blüten ab.

Fichtenstämme haben eine rötliche Rinde, die in unregelmäßigen Schuppen abblättert (Rottanne); die Rinde der Weißtanne ist hellgrau und bedeutend glatter. Tannennadeln sind flach, sitzen gescheitelt am Zweig und zeigen unterseits je zwei weiße Streifen. Fichtenzapfen hängen und fallen im ganzen ab; Tannenzapfen stehen aufrecht; die Schuppen lösen sich einzeln von der Achse, die noch lange am Baum erhalten bleibt (von links nach rechts).

Diese haben das Aussehen unscheinbarer Knospen, aus denen je zwei karminrote Fäden herausragen: es sind Griffel, die an ihrem oberen Ende die Narben tragen. Der Haselstrauch ist also ein getrenngeschlechtig-einhäusiger Windblütler.

Weiden und Pappeln dagegen sind getrenngeschlechtig-zweihäusige Insektenblütler. Während im Vorfrühling beide Geschlechter noch nicht zu unterscheiden sind, da ihre Blüten zum Schutz gegen die Fröste in ein silberweißes, seidenartiges Haarkleid gehüllt sind, weichen sie später in ihrem Aussehen voneinander ab. Die männlichen Pflanzen tragen eiförmige Staubkätzchen, deren jede einzelne Blüte aus zwei goldgelben Staubblättern und einer stäbchenförmigen Nektardrüse besteht. Sie wird von einem schuppenförmigen Blatt überdeckt.

Die teils braune, teils grüne Schuppe ist dicht mit jenen Seidenhaaren besetzt, die dem jungen Kätzchen im Vorfrühling sein silbriges Aussehen verleihen.

In den langgestreckten weiblichen Stempelkätzchen befindet sich dicht unter den grünen, gleichfalls behaarten Schuppen außer einer Nektardrüse ein Stempel, der aus einem flaschenförmigen grünen Fruchtknoten und einer gelben Narbe besteht. Beide Kätzchenarten sind während der Blütezeit steif aufgerichtet, verströmen einen herrlichen Duft und sind reich an Nektar. Sie haben deshalb über zu wenig Insektenbesuch nicht zu klagen, zumal sie im Frühling die erste Bienenweide darstellen. Der klebrige Blütenstaub bleibt am Pelz der Gäste haften und wird auf diese Weise leicht von Blüte zu Blüte getragen.

Die Blütenblattkreise, die bei den Zweikeimblättrigen in der Regel in Fünfzahl vorkommen, haben bei azyklischen Blüten eine schraubige Anordnung ihrer einzelnen Glieder, bei den zyklischen eine wirtelige. Es kommt aber auch vor, daß die Stellung der Blätter innerhalb einer Blüte wechselt. Man bezeichnet diese dann als hemizyklisch.

Ist es möglich, eine Blüte durch mindestens eine Symmetrie-Ebene in zwei gleiche Hälften zu zerlegen, spricht man von einem symmetrischen Bau; andernfalls gilt die Blüte als asymmetrisch. Weiterhin werden strahlige Blüten mit mindestens zwei Symmetrie-Ebenen unterschieden (aktinomorph) und dorsiventrale Blüten, die nur eine aufweisen.

Nicht an jeder Pflanze steht nur eine einzige Blüte am Ende eines Sprosses. Sehr häufig trägt der Stengel viele Blüten, die zu sogenannten Blütenständen oder Infloreszenzen vereinigt sind. Wie bei den vegetativen Sprossen unterscheidet man auch hier monopodiale oder sympodiale Verzweigungen. Zu den monopodialen Blütenständen zählen Traube, Rispe, Ähre, Kolben, Dolde und zusammengesetzte Dolde.

Bei der Traube ist eine deutlich erkennbare Hauptachse vorhanden, an der gestielte Einzelblütchen sitzen. Als Beispiele nennen wir die Kreuzblütler (unter ihnen Goldlack, Levkojen, Kresse, Rettich, Zahnwurz, Senf, die Kohlarten und das Hirtentäschelkraut) sowie die Träubelhyazinthe.

Bei der Rispe sitzen anstelle der Einzelblüten traubige Blütenstände. Beispiele: Hafer, Flieder und Weinrebe. (Wir kaufen also keine Wein»trauben«, sondern Wein»rispen«!)

Bei der Ähre besteht eine dominierende Hauptachse, die gestauchte Seitenachsen aufweist. Die Einzelblütchen sind sitzend. Beispiel: Weizen, Roggen und Wegerich.

Beim Kolben liegt ein Sonderfall der Ähre vor, indem die Hauptachse kolbig verdickt erscheint. Beispiele hierfür sind Aronstab und Kalmus.

Gehen vom Ende der Hauptachse mehrere gleichlange Seitenachsen aus (Blütenstiele), spricht man von einer Dolde. Beispiele: Primeln, Sterndolde.

Bei der zusammengesetzten Dolde werden verschiedene Formen unterschieden: Die Enden der Doldenstrahlen enden wiederum in einer kleinen Dolde oder einem Döldchen, wie es bei der Mohrrübe als Vertreter der Doldenblütler der Fall ist.

Es können aber auch Köpfchen oder Körbchen entstehen, indem sich die Hauptachse kegelförmig aufwölbt oder scheibenförmig verbreitert; die Einzelblüten sind sitzend. Beispiele: Korbblütler und Kardengewächse.

Die sympodialen Blütenstände sind wesentlich schwieriger zu beschreiben. Indem die Hauptachse ihr Wachstum einstellt und mit einer Blüte abschließt, kann die Verzweigung entweder durch nur eine Seitenachse fortgesetzt werden (Monochasium), oder zwei Seitenachsen übernehmen die Verzweigung (Dichasium). Letztere Form wird auch Trugdolde genannt; Beispiele: Holunder und Kartoffel. Die einzelnen Doldenstrahlen entspringen hier an verschiedenen Stellen des Schaftes.

Für das Monochasium sind Beispiele die Schwertlilie, wo man von einem Fächel spricht, die Binse (Sichel), das Johanniskraut (Schraubel) sowie Braunwurz und Tollkirsche (Wickel).

Setzen aber mehr als zwei Seitenachsen die Verzweigung fort, dann wird ein solcher Blütenstand als Pleiochasium bezeichnet. Beispiel: Zypressen-Wolfsmilch und Fetthenne (Baumeister).

Bestäubungsmechanismen

Bei der Blütenbestäubung kommt es darauf an, daß die männlichen Pollenkörner auf die weibliche Narbe gelangen. Bei Zwitterblüten kann dies bereits innerhalb ein und derselben Blüte geschehen. Man spricht dann von Selbstbestäubung. Für

Unerschöpflich ist die Farben- und Formenvielfalt der Natur, verschwenderisch ihre Blütenfülle: Glockenblume, Osterglocke, Calla und Tulpe, einmal anders gesehen und von fast ätherischer Zartheit (links außen von oben nach unten). Überwältigend ist der Zauber einer blühenden Margeritenwiese (links). Stark vergrößerte Oberfläche eines Rosenblattes; die samtigen Höckerchen der Oberhaut fangen das einfallende Licht ein und werfen es zurück (oben).

mer nackt und die Narben der Windblütler relativ groß sind. Da es sich bei den windblütigen Pflanzen zudem fast ausnahmslos um Frühlingsblüher handelt, bei denen die Belaubung erst nach der Blüte einsetzt, ist die Bestäubung bereits vollzogen, ehe die Blätter dem freien Zugang des Windes hindernd im Wege stehen könnten.

Windblütler sind neben dem schon ausführlich beschriebenen Haselstrauch auch Birken, Erlen, Buchen, Hainbuchen, Eichen u.a., aber auch alle Gräser und Getreidearten. Wenn das Getreide blüht, was bei uns meist im Juni der Fall ist, kann man oft beobachten, wie der Wind an trockenen, sonnigen Tagen den Pollen in ganzen Wolken über die Felder weht.

Wird die Bestäubung durch Tiere vollzogen – meist sind es Insekten, es können aber auch Vögel und sogar Fledermäuse sein –, so fliegen sie die Blüte gezielt an. Lockende Farben und süße Düfte machen es ihnen leicht, den Weg dorthin zu finden. Die Menge der Pollenkörner kann also bei Insektenblütlern weitaus geringer sein als bei den Windblütigen. Der Sicherheitsfaktor für das Gelingen der Bestäubung ist dennoch mindestens ebenso groß.

Von Lockfarben und Reklameblüten

Lockfarben und Reklameblüten haben nur einen Zweck: geflügelte Gäste zum Mahl einzuladen und sie gleichzeitig zur Bestäubung zu veranlassen. Nur das ist der tiefere Sinn von leuchtenden Blumenblättern, grellen Saftmalen und wirkungsvollen Farbkompositionen. Man hat herausgefunden, daß Tagschmetterlinge Rot in allen Schattierungen bevorzugen, Bienen Violett, Gelb und Weiß, Hummeln ein dunkles Gold. Das keusche Weiß ist es auch – außer einem betörenden Duft –, mit dem die Schwärmerblüten ihre Gäste anlokken, so Zaunwinde, Pfeifenstrauch, Jelängerjelieber und Waldgeißblatt. Roßkastanien haben einen deutlich sichtbaren gelben Fleck, der sich später rot färbt. Viele von ihnen sind unfruchtbar, d.h. sie besitzen keinen Stempel und sind daher für die Samenbildung wertlos. Aber sie machen den Blütenstand auffälliger und winken wie mit einer Fahne. Ebenso verhält sich der Gemeine Schneeball, dessen Trugdolden aus kleinen, unscheinbaren Blütchen bestehen, während der auffällige Kranz der sie umgebenden weißen Schaublüten für die nötige Reklame sorgt. Die kugeligen Blütenstände des Gartenschneeballs bestehen übrigens fast nur aus Schaublüten. Und was wäre die Königin unserer Gärten, die Sonnenblume, ohne ihren goldenen Strahlenkranz? Die Zungenblüten, die ihn bilden, sind unfruchtbar: Die allbekannten Sonnenblumenkerne werden einzig und allein von den Röhrenblüten in der Mitte erzeugt. Aber obwohl die weitaus wichtigeren des Blütenstandes, wären sie viel zu unscheinbar, um die Insekten anlocken zu können.

Blüten, die sich gar nicht öffnen, ist sie überhaupt die einzige Möglichkeit der Bestäubung.

Sind zwei Blüten beteiligt, wobei die eine den Pollen liefert, die andere die Narbe zur Verfügung stellt, und gehören beide Blüten ein und derselben Pflanze an, spricht man von Nachbarbestäubung. Sind dagegen verschiedene Pflanzen an dem Bestäubungsvorgang beteiligt, liegt Fremdbestäubung vor.

Übernimmt der Wind die Aufgabe, die Pollenkörner auf die Narbe zu tragen, so ist Voraussetzung, daß riesige Mengen trockenen Blütenstaubes zur Verfügung stehen, damit die Gewähr gegeben ist, daß wenigstens ein geringer Teil davon die Narbe des Fruchtknotens erreicht. Daß dies tatsächlich geschieht, beweist die jährliche Frucht- und Samenbildung, wenn auch die weitaus größere Pollenmenge verlorengeht.

Eine weitere Sicherheit für das Funktionieren der Blütenbestäubung durch den Wind besteht darin, daß die Blüten fast im-

Nun ist es aber nicht so, daß alle Insekten wahllos jede Blüte anfliegen würden, sondern sie suchen sich immer nur ganz bestimmte Pflanzenarten aus. Dies hängt zum einen damit zusammen, daß sie Nahrungsspezialisten sind, zum andern aber auch mit der Länge ihres Rüssels, der auf wunderbare Weise den jeweiligen Blütenverhältnissen angepaßt ist.

Einige Beispiele sollen dies näher erläutern: Die Blüten der schon mehrfach erwähnten Weißen Taubnessel *(Lamium album)*, die zur Familie der Lippenblütler zählt, haben eine etwa 10 mm lange Blütenröhre, die aus den zusammengewachsenen Blütenblättern gebildet wird. Die beiden oberen Teile bilden die große Oberlippe, die drei unteren die Unterlippe. An der Innenwand der Röhre sind zwei längere und zwei kürzere Staubblätter angewachsen; der Fruchtknoten ist vierteilig. Sein gebogener Griffel ragt bis unter die Oberlippe und endet in einer zweizipfeligen Narbe. Durch den Duft des Nektars, der am

Fruchtknoten abgeschieden wird, werden die Insekten herbeigelockt. Aber nicht alle Besucher sind in der Lage, den Honig zu erreichen: Bienen, deren Rüssel nur 6 mm mißt, ziehen ungesättigt von dannen. Schmetterlinge wiederum, deren Rüssel zwar lang genug wäre, können sich nicht an den Blüten festhalten. Also können sich nur langrüsselige Hummeln ungehindert am Nektar laben und gleichzeitig die Bestäubung vornehmen. Diese geht folgendermaßen vor sich:

Die ankommende Hummel hält sich an der Unterlippe fest und drückt diese durch ihr Gewicht nach unten. Dann senkt sie ihren 14–16 mm langen Saugrüssel tief in die Blütenröhre, bis sie an den Nektar heranreichen kann. Während ihr Körper die Öffnung zwischen Ober- und Unterlippe ganz ausfüllt, berührt ihr Rücken zunächst die Narbe und streift die von anderen Blüten mitgebrachten Pollenkörner ab. Damit ist die Bestäubung vollzogen. Beim Herauskriechen kommt ihr Rücken mit den Antheren in Berührung, und einige Pollenkörner bleiben an ihrem Pelz haften. Mit diesen fliegt sie davon zur nächsten Blüte, und der Vorgang wiederholt sich.

Erdhummeln und Bienen, deren Rüssel nicht lang genug ist, beißen in den Grund der Blütenröhre von außen kleine Löcher, so daß sie auf »illegalem Wege« den Honig erreichen können. Auf diese Weise stillen sie zwar ihren Hunger, fallen als Blütenbestäuber aber aus.

Über ein Schlagwerk verfügt der ebenfalls zu den Lippenblütlern zählende Wiesensalbei *(Salvia pratensis)*. Die Staubfäden sind in der Blütenröhre unter der Oberlippe so angebracht, daß sie am Befestigungspunkt drehbar sind. Nach hinten zu laufen sie in eine kleine Platte aus, die den Eingang zum Blütengrund abschließt. Kommt nun ein Insekt beim Bemühen, seinen Rüssel möglichst tief in die Blütenröhre zu senken, mit der Sperrplatte in Berührung, schlagen die Staubfäden mit den Antheren wie Hämmerchen auf den bepelzten Rücken des Gastes und laden den Pollen auf ihm ab. Er nimmt ihn mit, und besucht er darauf eine nur wenige Tage ältere Blüte, so bestäubt er deren Narbe auf dem gekrümmten Griffel.

Die großen, leuchtenden Sonnen der zu den Korbblütlern zählenden Sonnenblume *(Helianthus annuus)* sind keine Einzelblüten, wie der Laie meinen könnte, sondern Blütenstände. Wenn der Sproß herangewachsen ist, verbreitert er sich an seinem oberen Ende und trägt einen dichtgefüllten Blütenkorb, in dem eng nebeneinander viele kleine Blütchen sitzen. An den Seiten des Korbes bzw. an seinem Rand bilden viele rauhe, borstige, fest übereinandergeschichtete Blättchen den Hüllkelch.

Die Einzelblütchen der Sonnenblume treten in zwei verschiedenen Formen auf: Am Rande des Hüllkelchs steht ein Kranz großer gelber Rand- oder Zungenblüten; nach der Mitte zu folgen unscheinbare Scheiben- oder Röhrenblüten. Die Zungenblüten sind unfruchtbar und dienen lediglich dazu, durch ihre leuchtende Farbe die Insekten anzulocken. Sie blühen als erste auf und verwelken als letzte, um möglichst lange ihrer Aufgabe gerecht werden zu können.

Die Röhrenblüten haben eine kurze, gelbe, fünfzipfelige Blumenkrone, die sich nach unten zu kugelig erweitert. In ihrem Innern befinden sich fünf Staubblätter, die mit ihren Antheren ebenfalls eine Röhre bilden. Am unteren Teil der Blütenröhre sind zwei verkümmerte Kelchblätter zu erkennen. Der Fruchtknoten ist unterständig.

Die Scheibenblüten blühen nacheinander von außen nach innen auf. Zwischen den Staubblättern schiebt sich der Griffel in die Höhe und dabei den Blütenstaub vor sich her. Nun öffnen sich die Blütenzipfel. Der Griffel wächst weiter und drückt den Pollen heraus, den die Insekten sammeln. Danach öffnet sich am oberen Ende des Griffels die Narbe in zwei Ästen, und jetzt erst kann sie mit dem Pollen anderer, d. h. jüngerer Blüten bestäubt werden. Die Bestäubung wird sowohl von Hummeln als auch von Bienen und Fliegen vollzogen. Eine Selbstbestäubung der einzelnen Blüten kann, da diese zuerst immer männlich, dann weiblich sind, nicht eintreten.

Der Blütenkorb einer Sonnenblume enthält daher immer Einzelblütchen verschiedenen Alters und Aussehens: Während in der Mitte die Knospen noch geschlossen sind, folgen ihnen, von innen nach außen fortschreitend, zunächst Blütenkreise mit Pollen, dann solche mit Narben und schließlich am äußeren Blütenrand die ältesten, deren Fruchtknoten schon zu kleinen Früchten herangewachsen sind. Während so das Aufblühen, Verblühen und Reifen von außen nach innen über die Blütenscheibe wandert, bleiben die Randblüten unverändert.

Ganz anders liegen die Verhältnisse bei den Schmetterlingsblütlern *(Leguminosae)*. Die Erbsenblüten z. B., die zweiseitig-symmetrisch sind und das Aussehen eines Schmetterlings haben, weisen einen becherförmigen Kelch auf, der in fünf Zipfeln endet. Das große obere Blumenblatt wird Fahne genannt, die kleineren seitlichen heißen Flügel, die beiden unteren sind zu einem kahnförmigen Schiffchen verwachsen. Dieses umschließt den Stempel und die Staubblätter. Der langgestreckte Fruchtknoten setzt sich in einen langen, knieförmig gebogenen Griffel fort. Am Griffelende unter der Narbe befindet sich die sogenannte Griffelbürste, ein einseitiger Haarbesatz. Von den zehn Fäden der Staubblätter sind neun zu einer oben offenen Röhre verwachsen; sie umgibt den Fruchtknoten. Der Spalt dieser Scheide wird von dem zehnten, dem freien Staubblatt überdeckt. Am Grunde der Röhre befinden sich die Nektardrüsen.

Von den genannten Blumenblättern hat jedes einzelne eine besondere Aufgabe zu erfüllen: Die Fahne macht die Blüte besonders auffällig und winkt das Insekt herbei. Bei seinem Anflug läßt es sich auf den beiden seitlichen Flügeln wie auf einem Sitzbrett nieder, wobei jeder mit einer Ausbuchtung in eine Vertiefung des Schiffchens eingreift und so eine feste Verankerung schafft. Das Gewicht des Insekts, das sich mit Kopf und Rüssel in den Blütengrund zwängt, senkt das Schiffchen herab. Aus dessen Spitze tritt nun der vordere Teil des Griffels hervor und streift die Bauchseite des Insekts. Ist diese mit Pollen von einer anderen Erbsenblüte behaftet, so bleiben einige Körnchen an der Narbe hängen. Gleichzeitig belädt sich der Besucher mit neuem Blütenstaub, denn die Staubbeutel haben ihren Inhalt inzwischen auf der Griffelbürste abgestrichen. Das Insekt aber, nichts ahnend von dem komplizierten Mechanismus, der zur Erfüllung seiner Bestäubertätigkeit nötig ist, kann nun durch den Schlitz der Staubfadenröhre an den Nektar gelangen und sich endlich seinen verdienten Lohn holen.

Da die Verbindung von Flügeln und Schiffchen bei der Erbsenblüte sehr fest ist, sind nur schwere, kräftige Insekten in der Lage, die Blüte zu öffnen. Daher sucht die Pflanze meist in der Selbstbestäubung einen Ausweg.

Am Rande sei noch angemerkt, daß sich wie bei der Erbse in allen honighaltigen Schmetterlingsblütlern ein freies Staubblatt findet. In honiglosen dagegen sind alle zehn miteinander verwachsen; die Staubfadenröhre ist also geschlossen.

Da eine Fremdbestäubung meist zu besseren und kräftigeren Früchten führt als eine Selbstbestäubung, hat die Wohlriechende Schlüsselblume *(Primula veris)* eine besondere Methode entwickelt, um letztere zu verhindern: Entweder haben alle Blüten einer Pflanze lange oder alle kurze Griffel. Bei den langgriffeligen Formen stehen die Antheren über der Mitte, bei den kurzgriffeligen am oberen Ende der Blütenröhre.

Eine Dreifarbige Prunkwinde (IPOMOEA TRICOLOR) *blüht auf und verwelkt: In der Knospe noch rosafarben, färbt sich die weitgeöffnete Trichterblüte blauviolett, ehe sie stirbt. Die Pflanze stammt aus den tropischen Zonen Amerikas, erfreut sich bei uns aber immer größerer Beliebtheit.*

Die Bedeutung dieser Verschiedengriffeligkeit (Heterostylie) liegt auf der Hand und ist in ihrer Einfachheit verblüffend. Saugt nämlich eine Biene oder Hummel an einer langgriffeligen Blüte, so berürt sie mit dem Kopf die Narbe und mit der Mitte des Rüssels die Staubbeutel. Kehrt die Hummel kurz darauf bei einer kurzgriffeligen Blüte ein, stößt sie umgekehrt mit dem Kopf an die Staubblätter und mit dem Rüssel an die Narbe. Da an diesem aber noch die Pollenkörner von der vorher besuchten Blüte haften, überträgt sie diese auf die Narbe der neuen und vollzieht damit die Bestäubung. Fliegt sie danach zu einer langgriffeligen Blüte weiter, wiederholt sich der Vorgang. Um es kurz zu sagen: den Blütenstaub von der kurzgriffeligen Blüte überträgt sie auf die Narbe der langgriffeligen und umgekehrt. Damit ist die Fremdbestäubung und eine Fruchtbildung mit vielen Samen gewährleistet.

Ähnlich liegen die Verhältnisse bei den Glockenblumen, doch verhindern diese eine Selbstbestäubung auf andere Weise: Die Pflanze ist zuerst männlich, indem sie nur die Staubbeutel entwickelt. Enthalten diese keinen Pollen mehr, entfalten sich die Narben. Da sich die Blüten einer Glockenblume nacheinander öffnen, trägt die Pflanze gleichzeitig Knospen, entfaltete Blüten und junge Früchte. Der genaue Bestäubungsvorgang ist folgender:

In der Knospe liegen die Staubbeutel noch dicht an den Griffel geschmiegt. Sind sie reif, platzen sie auf und, indem der behaarte Griffel sich streckt, bürstet er den Pollen nach oben heraus. Eben erblühte Glockenblumen kann man also daran erkennen, daß sie auf dem Griffel noch den goldgelben Blütenstaub tragen. Die Narbe ist noch geschlossen. Ist die Blüte dann voll entwickelt, haftet kaum noch Pollen am Griffel. Sechsbeinige Gäste haben ihn weggeholt. Die Staubblätter sind verdorrt, und erst jetzt entfaltet sich die dreigeteilte Narbe, indem sie sich weit spreizt. Die Insektenbesucher streifen sie an ihrer Innenseite und laden von einer jüngeren Blüte mitgebrachten Pollen ab. Blüten, in denen der Pollen früher reift als die Narbe, bezeichnet man als vormännig. Sie können sich niemals selbst bestäuben.

Zu den sogenannten Schwärmerblumen gehört das Wald-Geißblatt *(Lonicera periclymenum)*, das sich mit seinem schwachen Stamm an benachbarte Sträucher klammert und bis in die Kronen niedriger Bäume klettert (Liane). Es wird deshalb auch gern zur Verkleidung von Balkonen und Gartenhäusern verwendet. Seine zweilippigen gelblich-weißen, oft rötlich angehauchten Blüten besitzen eine so lange Röhre, daß nur Schmetterlinge, in erster Linie Schwärmer, den Nektar im Blütengrund erreichen können.

Wenn die Nacht hereinbricht, öffnen sich die Blüten und verströmen einen süßen Duft. Gleichzeitig stellen sie sich waagerecht. Die Schwärmer halten sich mit schwirrenden Flügelschlägen vor ihnen in der Luft, senken ihren langen Rüssel in die Blütenröhre und naschen vom Honig. Dabei kommen sie mit den fünf Staubblättern in Berührung, die bei jungen Blüten im Röhreneingang stehen. Am nächsten Abend schon nimmt die Narbe deren Platz ein, so daß eine Fremdbestäubung in jedem Falle gewährleistet ist. Die roten Beerenfrüchte werden gern von Waldvögeln verzehrt.

Verwandt mit dem Wald-Geißblatt ist der aus Südeuropa stammende Jelängerjelieber *(Lonicera caprifolium)*, der ebenfalls als Lauben- und Balkonbewuchs angepflanzt wird. Seine oberen Laubblätter sind an der Basis miteinander verschmolzen, so daß der irrige Eindruck entsteht, der Stengel sei durch sie hindurchgewachsen.

Sehr merkwürdig sind die Bestäubungsmechanismen beim Aronstab *(Arum maculatum)*. Zur Blütezeit entwickelt er einen kolbenartigen Blütenstand, der von einer tütenförmigen grünlichen Spatha (Hochblatt) umhüllt ist. An seinem unteren Ende befinden sich zahlreiche weibliche Stempelblüten, aus denen später rote giftige Beeren hervorgehen, am oberen die männlichen Staubblüten. Beide werden von geschlechtslosen, den Kesselausgang versperrenden »Hindernisblüten« bedeckt, die steifen Haaren nicht unähnlich sind und wie eine Reuse wirken. Der ganze Blütenstand verströmt einen unangenehmen Aasgeruch, von dem die Insekten, meist kleine Zweiflügler, angelockt werden, die die Bestäubung vornehmen. Um vom Blütensaft zu kosten, lassen sie sich auf dem Kolben nieder. Durch feinste Öltröpfchen ist aber dessen Oberfläche so glatt, daß sie in den Kessel rutschen und diesen wegen seiner glatten Wände und der steifen Haare, die den Ausgang versperren, nicht wieder verlassen können. Den mitgebrachten Blütenstaub streifen sie an den Narben ab. Danach beginnen diese zu schrumpfen und Nektar abzusondern, von dem sich die Tierchen ernähren. Jetzt ist es an der Zeit, daß sich die Antheren öffnen, deren Staub sich an den Insekten festhängt. Die Hindernisblüten bzw. Haare verwelken, und die Gefangenen gelangen ins Freie. Aber ihre Ungebundenheit währt nicht lange, denn bald darauf lassen sie sich vom Geruch des nächsten Aronstabs betören und rutschen in eine neue Falle.

Besonders kompliziert ist die Bestäubung bei den Feigen: Bei dem wildwachsenden Feigenbaum unterscheiden wir im Laufe eines Jahres drei Generationen von »Früchten«: Die Frühjahrsfeigen, die Sommerfeigen und die Herbst- oder Spätfeigen.

Bei sonnigem Märzwetter, wenn die Frühjahrsfeigen wachsen, die männliche Blüten und Gallenblüten enthalten, dringt das Weibchen der Feigengallwespe *(Blastophaga psenes)* durch die Öffnung an der Spitze in die Feige ein und legt in einer Gallenblüte ihr Ei ab. Die Larve entwickelt sich in der Galle, und nach einigen Wochen schlüpft das neue Insekt aus und streift beim Verlassen der Feige die männlichen Blüten, wobei der Pollenstaub an ihm haften bleibt. Die junge Wespe fliegt zu den bereits ausgewachsenen Sommerfeigen, dringt unter ziemlich großen Schwierigkeiten in sie ein und bringt so den Blütenstaub zu den weiblichen Blüten, die nun bestäubt werden. Die Wespe kann jedoch keine Eier ablegen, da den Sommerfeigen die Gallenblüten fehlen. Einige dieser Weibchen sterben, anderen gelingt es dagegen, wieder ins Freie zu gelangen und zu den Herbstfeigen zu fliegen, in denen sie schließlich ihre Eier bergen können, aus denen sich dann wieder Larven entwickeln, die überwintern und im nächsten Frühjahr den mühevollen Zyklus von neuem beginnen.

In allen drei Phasen enthält die Geißfeige nur männliche und Gallenblüten. Sie ist also praktisch eine männliche Pflanze und trägt auch keine eßbaren Früchte, da hierzu die Befruchtung der Eizellen notwendig wäre.

Die Hausfeige hat keine männlichen, sondern nur weibliche Blüten. Bei einigen Rassen, von denen die Smyrna-Feigen sehr bekannt sind, wachsen nur eßbare Feigen, wenn eine Bestäubung erfolgt ist. Was geschieht also, wenn die männlichen Blüten fehlen? Es wäre zwar möglich, daß sich in der Nähe der Hausfeigen Exemplare der männlichen Geißfeige befänden. Aber um sicherzugehen, nimmt man seit Jahrtausenden zu einer Methode Zuflucht, die man in ähnlicher Form auch bei Dattelpalmen anwendet: man hängt zwischen die Zweige der Hausfeige Zweige der Geißfeige mit männlichen Blüten. Das übrige besorgt dann die Feigengallwespe.

Höchst seltsam geht es auch bei den Orchideen zu, die in der Pflanzenwelt in vieler Hinsicht eine Sonderstellung einnehmen. Form, Farbe und Duft der Orchideenblüten sind stark ausgeprägte Lockmittel, die Insekten, aber auch kleine Vögel (Kolibris) anziehen. Hinzu kommt die große Menge Nektar, die in den Blüten, aber auch außerhalb von ihnen zu finden ist, sowie der ebenso reichlich vorhandene Blütenstaub. Bei bestimmten Arten der Gattungen *Maxillaria* und *Polystachya* täuschen Farbe und Verdickungen einiger Blütenteile allerdings nur Ansammlungen von Blütenstaub vor, während sie in Wirklichkeit nicht vorhanden sind. Bei der Gattung *Ornithidium* liefert die Blüte den Insekten eine erhebliche Menge fertigen Wachses. Viele Orchideen opfern dem Appetit ihrer Besucher sogar Teile ihrer eigenen Blüten, um bestäubt zu werden, z. B. Arten der Gattungen *Maxillaria, Oncidium, Catasetum, Stanhopea.*

Da der Pollen bei den meisten Orchideen nicht als Staub auftritt, sondern zu sogenannten Pollinien verklebt ist, bleiben diese leicht an den Blütenbesuchern haften und werden dann mit erstaunlicher Genauigkeit auf den Narben anderer Blüten der gleichen Art abgesetzt. Bei einigen Vertretern der Gattung Ragwurz *(Ophrys)* hängen sich die Pollinien mit Hilfe ihres klebrigen Fortsatzes an den Kopf der Insekten, so daß es aussieht, als trügen sie zwei kleine Hörner. Während des Fluges trocknen die Pollinien aus, ziehen sich zusammen und nehmen eine waagerechte Stellung ein, um auf der nächsten Narbe abgelegt werden zu können. Man kann diesen Mechanismus leicht untersuchen, indem man in die Blüte einer solchen Orchidee einen Bleistift oder Strohhalm einführt und ihn dann vorsichtig herauszieht: an seiner Spitze bleiben die Pollinien hängen.

Bei bestimmten Vertretern der Gattung *Catasetum*, tropisches Amerika, weist das Gynandrium (die Staubblätter sind mit Griffel und Narben zu einer Säule verwachsen) kleine, stockähnliche Verlängerungen auf, die wie Hebel von den Insekten betätigt werden, wenn sie sich auf den Blüten niederlassen, so daß sie die Pollinien besser herauslösen können.

Die federig behaarten Griffel der einsamigen Früchte der Gelben Küchenschelle (Anemone alpina ssp. sulphurea) *fliegen nach der Reife mit den Samen davon. Die Pflanze wächst in den Urgebirgsalpen und ist geschützt.*

Bei den Orchideen der Gattungen *Masdevallia, Caleana, Catedenia, Bulbophyllum* und anderen fällt dem Labellum (Lippe; mittleres Perianthblatt des inneren Blumenblattkreises) die Hauptaufgabe dieser besonderen Zusammenarbeit zwischen Blüte und Insekt zu. Das Insekt wird in dem Sporn, in den es auf der Suche nach Nektar eingedrungen ist, gefangengehalten und kommt bei seinem Versuch, sich aus dem Gefängnis zu befreien, mit den Pollinien oder der Narbe in Berührung. Zuweilen ist das Labellum auch wie eine Art Katapult gebaut; das Insekt läßt sich auf ihm nieder, der Mechanismus wird ausgelöst und das Labellum »schleudert« das Insekt auf das Gynandrium.

Die Vielfalt und Kompliziertheit der geschilderten Mechanismen führen zwangsläufig zu einer großen Spezialisierung: Bestimmte Insektenarten bestäuben nur ganz bestimmte Orchideenarten, so daß die Pflanzen nur von den Insekten ihres Ursprungslandes bestäubt werden können. Zahlreiche tropische Orchideen müssen deshalb von den Züchtern künstlich bestäubt werden.

Die tropischen Vogelblumen werden durch Kolibris oder Honigvögel bestäubt. Indem diese schwirrend vor den Blüten stehen und ihre Flügel bis zweihundertmal in der Sekunde bewegen, tauchen die Kolibris ihre langen, dünnen Schnäbel in die Blüten ein und saugen freischwebend den dünnen, flüssigen Nektar aus den krug- oder kannenförmig ausgebildeten Behältern vom Grunde auf. Aber nicht genug damit; ihre lange, röhrenförmige Zunge schiebt sich nach und pinselt auch den letzten Rest noch sorgfältig aus. Dabei streifen die Vögel wechselweise die Staubblätter bzw. Narben und können so 40–50 Blüten in einer Minute bestäuben. Sie werden durch deren grellbunte Farbenpracht angelockt; Düfte scheinen nur eine untergeordnete Rolle zu spielen.

Besonders seltsam aber ist die »Wasserhochzeit« der *Vallisneria spiralis*, auch Wasser- oder Sumpfschraube genannt. Sie hat ihren eigenartigen Namen erhalten, weil sie zu bestimmten Zeiten den Stiel ihrer Blüten spiralenartig zusammenzieht. Ihre Heimat sind die südlichen europäischen Seen und die Ufergebiete des Mittelmeeres. Bei uns ist die Vallisneria hauptsächlich als Aquarienpflanze bekannt. Noch untergetaucht wächst zwischen den Blättern der weiblichen Pflanze ein unbeblätterter Stiel, an dessen Ende sich eine Knospe zum Licht drängt, bis sie auf dem Wasserspiegel liegt. Untersuchungen haben ergeben, daß der Stiel auch noch weiterwachsen und weit über den Wasserspiegel hinausragen kann. Früher hatte man angenommen, daß sich der Stiel nach dem Wasserstand richte. Man glaubte, er würde sich bei niedrigem Stand zusammenziehen und bei höherem ausdehnen. Aber dem ist nicht so. Hat nun die Knospe den Wasserspiegel erreicht, öffnen sich die drei kleinen grünen Schutzblätter und geben die leicht karminrot gefärbte Blüte frei. Indessen treibt die männliche Pflanze, die in der Nachbarschaft der weiblichen wächst, gleichfalls eine gestielte Knospe dem Licht entgegen. Aber ihr Wachstum bricht jäh in der Entwicklung ab, ohne daß die Knospe die Wasseroberfläche erreicht. Hat sich das Hüllblatt, das sich um die männliche Knospe schließt, erst aufgeschlagen, so zeigt sich ein kleiner Kolben, an dem die männlichen Blüten als winzige Kugeln mit überaus feinen Fäden am Kolben sitzen. Bei sonnigem Wetter lösen sie sich ab und steigen wie Luftperlen zum Wasserspiegel empor. Dann öffnen sie sich und treiben wie kleine Papierboote auf dem Wasser umher. Nun ergreift der Wind die gelben Pollenkörner und trägt sie zu den weiblichen Blüten. Nach der Bestäubung zieht sich ihr langer Stengel zusammen, so daß sich unter Wasser die Samen bilden können. Die Vermehrung der Wasserschraube kann auch auf vegetativem Wege durch Ausläufer erfolgen.

Samen, Früchte und ihre Verbreitung

Ehe die Befruchtung erfolgen kann, müssen in den Pollenkörnern und Samenanlagen entscheidende Entwicklungsvorgänge abgeschlossen sein. Mit der Bildung der Spermakerne einerseits und der Eizelle andererseits sind erst die Voraussetzungen für die eigentliche Befruchtung geschaffen.

Aus der befruchteten Eizelle (Zygote) entwickelt sich der Keimling oder Embryo mit der Sproßknospe (Plumula), den Keimblättern (Kotyledonen) und der Keimwurzel (Radicula), während das Nährgewebe des Samens (Endosperm) vom triploiden Endospermkern gebildet wird. Es kann völlig fehlen, wenn die Keimblätter Reservestoffe gespeichert haben. Die Orchideen lassen sogar jegliches Endosperm vermissen, wie wir noch hören werden.

Die Samenschale (Testa) geht aus den beiden Integumenten hervor. Sie ist meist trocken, sehr widerstandsfähig, wasserundurchlässig und bildet einen wirksamen Schutz für den Keimling. Wird der Same bis zur Keimung von der Fruchthülle umschlossen, so ist die Samenschale nur dünn.

Die Samenverbreitung kann auf vielfältige Weise erfolgen: durch Tiere, Wind oder Wasser. Demzufolge sind die Samen auch mit vielfältigen Einrichtungen versehen, die zur Erleichterung ihrer Verbreitung beitragen.

Während sich die Samenanlage zum Samen umbildet, wandelt sich der Fruchtknoten zur Frucht, wobei auch die Blütenachse beteiligt sein kann. Die Frucht besteht in der Regel aus mehreren Schichten: dem einschichtigen äußeren Exokarp, dem inneren einschichtigen Endokarp und dem mittleren mehrschichtigen Mesokarp.

Auch die Früchte können mit Flugvorrichtungen, Haftorganen oder Schleudermechanismen ausgestattet sein, um die Samenverbreitung zu erleichtern: Von einigen interessanten Beispielen soll hier die Rede sein:

Birken, deren Samen mit Flughäuten ausgestattet sind, können sich mit Hilfe des Windes in 100 Jahren auf etwa 30 km im Umkreis aussamen, Tannen und Fichten auf 8 km; Eichen dagegen, deren Früchte schwer und ungeflügelt sind, noch nicht einmal auf einen Kilometer. Hier übernehmen dann häufig Tiere, z. B. Eichhörnchen, den Transport. Neben Birken, Tannen und Fichten haben auch andere Baumfrüchte Flugvorrichtungen. Bekannt sind die Flügel an den Früchten aller Ahornarten; die Nüßchen der Linden sind mit zungenförmigen Flugblättern versehen, auch die Nüßchen der Ulme haben eine Flughaut. Die länglichen Früchte der Esche sind ebenfalls geflügelt, und die Nüßchen der Hainbuche sind eingebettet in große, blattartige, dreilappige Fruchthüllen, die sie zum Fliegen befähigen. Einen wolligen Haarschopf (Pappus) tragen die Samen der Pappel. Mit Haarkronen und an Fallschirmchen hängend gehen die Früchte von Disteln und Löwenzahn auf die Reise; an Federkronen schweben die Samen der Weidenröschen und Weiden dahin, an langen weißen Wollhaaren die Karyopsen des Wollgrases. Klette und Klebkraut, Nelkenwurz und Odermennig aber halten nichts vom Segeln durch die Lüfte: Ihre Früchte klammern sich mit ihren widerhakigen Stacheln am Fell oder Gefieder vorüberstreifender Tiere fest und lassen sich so über oft weite Entfernungen mitschleppen.

Auch andere Pflanzen lassen ihre Samen und Früchte von Tieren verbreiten: Eichelhäher und Eichhörnchen legen sich mit Nüssen, Bucheckern und Eicheln einen Wintervorrat an, vergessen ihn später aber häufig, und die Samen beginnen im nächsten Frühjahr zu keimen. Vögel verschleppen Beeren und Steinfrüchte, verzehren den fleischigen Teil und lassen die unverdaulichen Samen fallen oder scheiden sie später an einem ganz anderen Ort wieder aus. Misteldrossel und Amsel reiben die Samen der Mistel an Ästen vom Schnabel ab. Klettfrüchte wiederum bleiben am Pelz oder Gefieder vorüberstreifender Tiere hängen und werden auf diese Weise verbreitet. Die Samen vieler Pflanzen werden um ihrer fleischigen oder ölhaltigen Anhängsel willen von Ameisen gesammelt und dabei verbreitet (Hainsimse, Wohlriechendes Veilchen, Lerchensporn, Windröschen und Schöllkraut). Aus diesem Grunde sind die Ameisenstraßen auch oft von diesen Pflanzen gesäumt.

Seerosen und Wasserschwertlilien haben Schwimmsamen: Lufthaltige Hüllen halten sie an der Wasseroberfläche, bis sie irgendwo ans Ufer treiben. Die Kokosnuß besitzt ein hartes Endokarp, ein faseriges Mesokarp und ein dünnes, glänzendes Exokarp. Das Mesokarp verleiht ihr die nötige Leichtigkeit, um schwimmend von den Wellen und Meeresströmungen davongetragen zu werden. Da Kokosnüsse zudem lange Zeit ihre Keimfähigkeit behalten und auch vom Salzwasser nicht angegriffen werden, kann es geschehen, daß sie weite Strecken zurücklegen und sich so z. B. auf den großen und kleinen Inseln des Pazifischen und Indischen Ozeans, aber auch auf Atollen ansiedeln. Die Palme scheint auf dem Malaiischen Archipel heimisch zu sein, von wo aus sie sich selbständig, aber auch durch die Vermittlung des Menschen über die meisten Küstengebiete der Äquatorzone verbreitet hat.

Viele Pflanzen vermögen zu »schießen«, wenn sie ihre Samen fortschleudern wollen. Das Große Springkraut läßt bei Berührung seine Kapselfrüchte durch einen Öffnungsmechanismus, eine gespannte Feder, aufspringen und schleudert dadurch seine Samen aus. Es heißt deshalb auch Kräutchen »Rühr-mich-nicht-an«. Der Reiherschnabel besitzt einen Fruchtknoten, dessen fünf Teile um eine Verlängerung des Fruchtstieles, eine Mittelsäule, angeordnet sind. Bei trockenem, sonnigem Wetter lösen sich die reifen Teilfrüchte mit einem Ruck von der Mittelsäule ab und schnellen fort. Dadurch werden sie weithin verstreut. Ähnlich verhält sich der Wiesenstorchschnabel. Die Fruchthülsen des Besenginsters drehen sich bei der Reife schraubenartig zusammen und schießen auf diese Weise ihre Samen in die Umgegend. Einer ähnlichen Technik bedient sich auch die blaublühende Luzerne.

Zum Schluß noch einige Anmerkungen über die verschiedenen Fruchtformen. Innerhalb der üblichen Einteilung in Schließ- und Streufrüchte gibt es eine große Zahl weiterer Unterscheidungen.

Bei den **Schließfrüchten** bleibt das Perikarp geschlossen und birgt meist nur einen Samen. Die Frucht löst sich als Ganzes von der Pflanze ab. Folgende Einzelformen können unterschieden werden:

Nüsse: in der Regel einsamige Baumfrüchte, die entweder einen Becher (Cupula) haben (z. B. Eicheln, Bucheckern), oder eine Vorblatthülle (Haselnuß, Hainbuche) oder mit Flugvorrichtungen ausgestattet sind (Ulme, Birke);

Nüßchen: apokarpe (aus freien Fruchtknoten entstandene) Früchte mit einer dünnen, derben, trockenen Fruchtwand (viele Hahnenfuß- und Rosengewächse);

Karyopsen: Grasfrüchte, die aus einem oberständigen Fruchtknoten hervorgegangen sind; oft mit festhaftenden, begrannten Spelzen versehen. Frucht- und Samenschale miteinander verwachsen;

Achänen: Früchte besonders der Korbblütler *(Compositae)*, die aus einem unterständigen Fruchtknoten hervorgegangen sind. An der Bildung der Fruchtwand beteiligt sich auch das Achsengewebe;

Spaltfrüchte: Der Fruchtknoten, der aus zwei oder mehr Karpellen besteht, teilt sich bei der Reife in geschlossene Teilfrüchte; Beispiele: Doldengewächse *(Umbelliferae)* mit zwei sich trennenden Fruchtblättern (Doppelachänen) und die Malven *(Malvaceae)*, die viele aufweisen;

Gliederfrüchte: Die mehrsamigen Früchte zerfallen in einsamige Teilfrüchte (Gliederhülsen bei Schmetterlingsblütlern; -schoten bei Kreuzblütlern);

Steinfrüchte: Der Samen wird von einer Steinschale (Endokarp) umgeben, auf die nach außen zu fleischiges Meso- und Exokarp folgt (Kirsche, Pflaume, Pfirsich, Aprikose). Das Fruchtfleisch ist süß und saftig, oft auch leuchtend gefärbt und enthält häufig organische Säuren oder Fett (z. B. bei der Olive). Es dient dazu, Vögel oder andere Samenverbreiter anzulocken. Eine Steinfrucht ist auch die Walnuß;

Beeren: In der gesamten, fleischigen, saftigen Fruchtwand sind zahlreiche, mit fester Schale versehene Samen eingebettet. Sie werden frei, wenn das Fruchtfleisch (Pulpa) von Tieren verzehrt wird oder zugrunde geht. Echte Beeren sind u. a. die Wein- und Heidelbeeren, aber auch die Tomate und der Kürbis.

Im Gegensatz zu den Schließfrüchten sind die **Streufrüchte** Kapseln im weiteren Sinne des Wortes. Indem sich die Frucht öffnet – zumeist durch hygroskopische Mechanismen – werden die zahlreichen derbwandigen Samen frei. Bei der Samenreife ist die Fruchtwand in der Regel abgestorben; nur bei wenigen bleibt sie kompakt und fleischig (Roßkastanie). Auch bei den Streufrüchten lassen sich mehrere Gruppen unterscheiden:

Balgfrüchte: apokarpe Früchte, die an der »Bauchnaht« des Fruchtblattes aufspringen: Eisenhut, Trollblume u. a. Hahnenfuß- sowie Schwalbenwurzgewächse *(Asclepiadaceae)*;

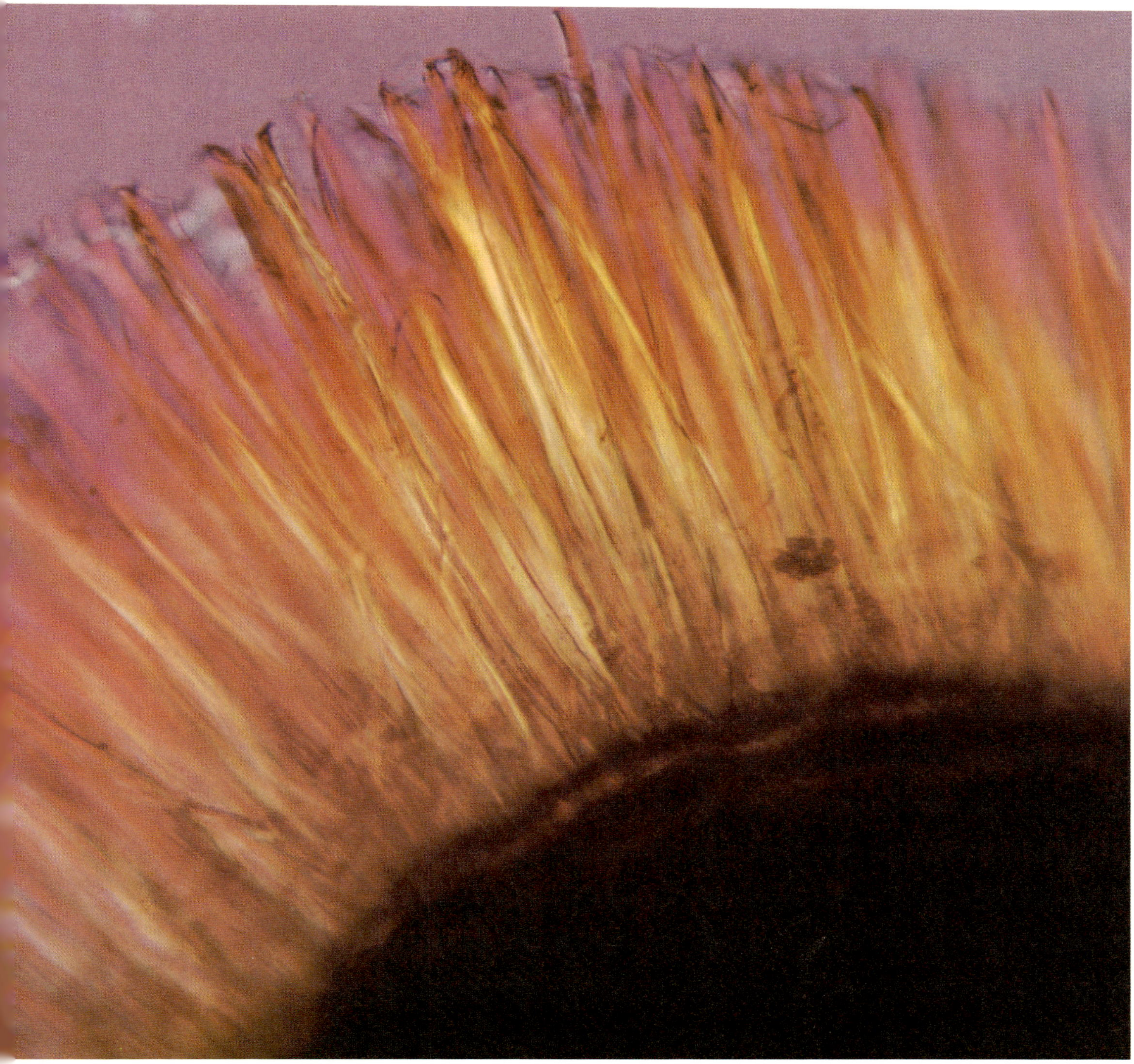

Reife, getrocknete Tomatensamen sind von einem Pelz weicher, kurzer Haare umgeben. Hier eine Aufnahme dieser Haare im polarisierten Licht. – Die Früchte der Tomaten sind Beeren, in deren saftige, fleischige Fruchtwand die Samen eingebettet sind.

Schoten: Sie bestehen aus zwei Klappen, die zwei sich an den Nahtstellen trennenden Fruchtblättern entsprechen (Kreuzblütler, Schöllkraut u. a.);

Hülsen: Die Rückennaht des Fruchtblattes spaltet sich, und auch hier entstehen zwei Klappen (Hülsenfrüchte);

Kapseln: aus mehreren Karpellen bestehend, die sich ganz oder teilweise voneinander trennen. Sonderfälle, die durch das Aufspringen kleiner, lokaler Kläppchen charakterisiert sind, stellen Löwenmäulchen und Glockenblumen dar; der Mohn besitzt Lochkapseln, das Bilsenkraut Deckelkapseln.

Spring- oder Schleuderfrüchte öffnen sich mit einem Ruck und schleudern die Samen fort. Einige Beispiele hierfür wurden weiter oben schon geschildert.

Wenn sich die Achse an der Bildung der Frucht beteiligt, treten noch andere Fruchtformen auf als die eben beschriebenen:

Bleiben die Früchte dichtgedrängt an der Blütenachse stehen, spricht man von einer Sammelfrucht, so bei den kleinen Steinfrüchtchen der Himbeere oder den Balgkapseln der Trollblume. Der fleischige Teil der Erdbeere ist eine Achsenwucherung, während die eigentlichen Früchte aus den kleinen, dunklen Nüßchen bestehen. Die Früchte der Hagebutte sind in einen krugförmigen Blütenboden eingesenkt. Beim Apfel und der Birne wird das Fruchtfleisch vom Achsenende gebildet; es umschließt die Sammelfrucht, das Kerngehäuse.

Eine Scheinfrucht schließlich ist die Ananas, bei der der ganze Fruchtstand mit den eng gedrängten Einzelfrüchtchen eine Einheit bildet. Bei der Feige hat die Achse eine krugförmige Entwicklung genommen. Sie umschließt die aus Einzelblüten hervorgegangenen kleinen Nüßchen.

Genußmittel, Gifte und Drogen

Querschnitt

Im Spätmittelalter und in der beginnenden Neuzeit, als im Zeitalter der Entdeckungen nicht nur neue Kontinente, sondern auch eine neue Welt, die der Tropen, in unseren unmittelbaren Gesichtskreis rückten, bahnte sich unter vielem anderen eine Verfeinerung des Lebensgenusses an, der sich bald niemand mehr entziehen konnte. Eine lange Zeit ist seitdem verstrichen. Heute ist der Genuß von Kaffee, Kakao, Tee und Tabak in allen Ländern der Erde beinahe so selbstverständlich geworden, daß man nichts Besonderes mehr dabei empfindet. Diese Dinge gehören einfach zu den Annehmlichkeiten des Daseins, und es ist undenkbar, auf sie verzichten zu müssen.

Allen diesen Genußmitteln, die keinerlei Nährwert besitzen, ist eines eigen: Sie haben eine anregende Wirkung auf das Nervensystem und damit den gesamten Organismus. Sie vertreiben die Müdigkeit, stillen den Hunger und haben eine beschwingende Wirkung auf die menschliche Tätigkeit. Die Arbeit geht leichter von der Hand, die Unterhaltung wird lebhafter, die Abspannung verfliegt. Sie sind Anregungs- und Beruhigungsmittel zu gleicher Zeit, und ein Schluck heißen Kaffees, eine Tasse starken Tees, der Griff zur Zigarette sind bei den streßgeplagten Mitmenschen noch immer »das Mittel der Wahl«. Dabei ist die Geschichte der Entdeckung der Genußmittel gar nicht so einfach und geradlinig verlaufen, wie man meinen möchte, sondern mit mancherlei Merkwürdigkeiten, Aufregungen und unglaublichen Vorfällen verbunden.

Kaffee – ein weltweit verbreitetes Genußmittel

Dem Alkaloid Coffein (Stammsubstanz ist die organische Base Purin) verdankt ein ursprünglich im Hochland von Äthiopien beheimatetes Rötegewächs (Familie *Rubiaceae*) seine heutige weltweite Verbreitung: Das Hochland heißt Kaffa und ist ein gebirgiges, wasser- und waldreiches Gebiet; das Rötegewächs ist der Arabische Kaffee *(Coffea arabica)*. Die Bezeichnung Arabischer Kaffee ist also nicht sehr glücklich, da er äthiopischen Ursprungs ist und erst gegen Ende des 14. Jahrhunderts nach dem Jemen jenseits des Roten Meeres gelangte. Auch hier weiß natürlich die Sage etwas zu berichten:

Ein frommer Mönch hatte beobachtet, daß seine Ziegen, wenn sie bestimmte rote Beeren gefressen hatten, besonders erregt waren. Ihm kam der erstaunliche Gedanke, die Samen dieser Früchte zu rösten, sie in Wasser zu kochen und den Aufguß zu trinken. So stellte er als erster die anregende Wirkung des Kaffees fest.

Der arabische Schriftsteller Shehabeddin Ben (15. Jh.) behauptet, der Kaffee sei bereits seit Urzeiten bekannt. Diese Behauptung ist jedoch übertrieben, da die arabischen Schriftsteller des 13. Jahrhunderts noch nicht den Kaffee erwähnen, und die Kreuzfahrer, die zahlreiche unbekannte Dinge aus dem Orient mitbrachten, hörten ebenfalls nichts von ihm. Im Orient gab es jedenfalls im 15. und 16. Jahrhundert zahlreiche Kaffeehäuser, und es ist keineswegs verwunderlich, daß der Kaffee durch die große Vermittlerin Venedig in Europa bekannt gemacht wurde. Die türkische Form des arabischen »qahva« für Kaffee wurde in alle europäischen Sprachen übernommen. Prospero Alpino von Marostica gab nach seiner Ägyptenreise 1592 sein Werk »De Plantis Aegypti« heraus, in dem er als erster den Kaffeebaum beschreibt. In diesem Werk wird dieser als »bon« und die Kaffeebohne als »buna« bezeichnet; der Name »kahvè«, also Kaffee, hat sich durch Zufall durchgesetzt.

Pier delle Valle, der im Jahre 1615 in Rom ein Werk über den Kaffee schrieb, preist komplizierte Zubereitungsarten und Rezepte an, nach denen der Kaffee mit Zimt, Ingwer und Amber zu mischen sei; als erster empfiehlt er auch, den Kaffee mit Zucker zu süßen.

Man kann also nicht mit Genauigkeit sagen, wann und wie der Kaffee nach Europa gelangte, zumal eine wiederholte Einfuhr über Venedig als wahrscheinlich anzunehmen ist. Im Jahre 1683 war er jedenfalls in Wien bekannt, 1699 brachten die Holländer den Kaffeebaum nach Java, und Amsterdam wurde zum bedeutendsten Handelsplatz für die begehrte Ware. 1714 gelangte der Kaffee auch nach Paris. Und Ludwig XIV. schickte sofort drei Pflanzen nach Martinique; daß sie heil dort ankamen, ist das Verdienst von De Clieux, der auf der langen Reise seine Wasserration opferte, um die wertvollen Pflanzen nicht vertrocknen zu lassen.

Der Kaffeeanbau wurde in Amerika, Afrika und Asien verbreitet, in allen Gegenden mit Temperaturen zwischen 15 und 25° C

Blühendes Mohnfeld in Thessalien. Das prächtig leuchtende Rot des Klatschmohns ist nur noch selten zwischen unseren Getreidefeldern zu sehen. Der verwandte Schlafmohn (PAPAVER SOMNIFERUM), *dessen Latex das Opium liefert, wird in Vorderasien, Ägypten und China in ausgedehnten Kulturen zur Opiumgewinnung angebaut.*

und ausreichender Wasserversorgung, wo die Kaffeeplantagen gut vor dem Wind geschützt werden konnten. Zu diesem Zweck pflanzt man vielerorts um die Kaffeesträucher sogenannte Mutterbäume.

Der berühmte Weltreisende Alexander von Humboldt schätzte den jährlichen Kaffeeverbrauch im Europa seiner Zeit auf 60 Millionen Kilogramm. Die Welternte beträgt heute ca. 4 Millionen Tonnen. Der Kaffeeverbrauch in Deutschland schwankt; er liegt jährlich bei etwa 8 Pfund pro Kopf.

Der Kaffeebaum ist ein bis zu mehreren Metern hoher Baum oder Strauch mit gegenständigen, etwa 10 cm langen, ovalen Blättern und duftenden weißen Blüten, die sich zu Beginn der Regenzeit öffnen. Die Frucht, deren Reifungsprozeß sich über mehrere Monate erstreckt, ist die Kaffeekirsche; sie ist anfangs grün und wird bei völliger Reife purpurrot. Die Kaffeebohnen, die mit den Flachseiten aneinanderliegen, sind von dem sogenannten Silberhäutchen umgeben. Sie liegen in einer gekammerten Hornschale (diese Beschreibung gilt für die Arabica-Sorten). Der sehr viel später unter Kultur genommene *Coffea canephora* aus dem Kongobecken hat kleinere Kaffeekirschen, die meist nur einen Samen enthalten. *Coffea liberica*, wirtschaftlich nur von geringer Bedeutung, hat größere Kirschen, die aus einem sehr festen, schwer zu lösenden Fruchtfleisch bestehen.

Der Kaffee wird in Anzuchtbeete gesät und als achtmonatiger Sämling auf vorbereitete Plätze ins Freiland verpflanzt. Erst im dritten Lebensjahr beginnt die Blüte, und nach sechs bis acht Jahren erreicht das Bäumchen seine volle Ertragsfähigkeit. Acht Monate nach der Blüte ist die Frucht reif und kann geerntet werden. Dafür gibt es, wenn keine Qualitätsverluste entstehen sollen, noch keine bessere Methode, als die Früchte einzeln zu pflücken, in Körbe zu sammeln und möglichst rasch in die Fabrik zu bringen. Dort entfernen Maschinen, sogenannte Pulper, unter fließendem Wasser das Fruchtfleisch. Der »Hornschalenkaffee« muß dann trocknen, bis die Bohnen in der Hornschale klappern. Danach können

Schäl- und Poliermaschinen Hornschale und Silberhäutchen entfernen. In dieser Form werden die Bohnen verschifft und erst im Verbraucherland geröstet, wodurch sie das charakteristische Aroma erhalten. Das Rösten geschieht in rotierenden Hohlzylindern aus perforiertem Blech bei einer Temperatur von 200–250°C.

Die anregende Wirkung des Kaffees beruht hauptsächlich auf dem Alkaloid Coffein. Die Samen enthalten darüber hinaus aber noch zahlreiche andere Substanzen, darunter ein duftendes ätherisches Öl, das Furfurol enthält, Chlorogensäure, die aus der Verbindung zwischen Chinasäure, Kaffeesäure und Kaffeegerbsäure entsteht, die als Calcium- oder Magnesiumsalz auftritt, sowie das Vitamin B_2, Fettsäuren und Zucker.

Verwandt mit dem Kaffeestrauch ist die Färberröte oder Krapp, während ihm in unserer Heimat das Echte Labkraut *(Galium verum)* nahesteht. Im Sommer überzieht es mit seinen dichtblütigen endständigen Rispen von goldgelber oder weißlicher Farbe, die sich aus Hunderten von Einzelblütchen zusammensetzen, Feldwege, Raine und Wiesen und verströmt einen süßen Duft. Das Labkraut verdankt seinen Namen dem in ihm enthaltenen Ferment Lab, das die Milch zum Gerinnen bringt. Während es früher in großem Umfang aus den Blütenständen gewonnen wurde, verwendet man es heute nur noch in England zur Zubereitung von Chesterkäse.

Kakao – »Speise der Götter«

Bei der Eroberung Mexikos entdeckten, wie schon weiter oben erwähnt (s. S. 16f.), die Spanier neben anderen »Wundern«, wie Kartoffeln, Tabak, Mais und Tomate, auch den Kakao. Die Azteken nannten ihn »Cacahutl«.

Herzog Emanuele Filiberto von Savoyen führte bei seiner Rückkehr nach dem Sieg von Saint Quentin (1557) Kakao und Schokolade in Piemont ein. Sie war bei der Turiner Aristokratie bald sehr beliebt und wurde schnell zu einem begehrten Handelsobjekt. Von Spanien kam der Kakao nach Frankreich, wo er ebenfalls von Richelieu bis Napoleon begeisterte Anhänger fand. In Deutschland wurde er erstmals 1640 erwähnt.

Auch Holland blieb nicht zurück; zuerst wurde der Kakao geschmuggelt, dann erhielt das Land von Philipp V. von Spanien 1728 das Monopol für den Kakao, der in den spanischen Kolonien erzeugt wurde. Aus dieser Zeit stammt auch der gute Ruf des holländischen Kakaos, nicht zuletzt deshalb, weil im Jahre 1818 van Houten in Amsterdam das in Flüssigkeit lösliche, entfettete Kakaopulver erfand.

Den wissenschaftlichen Namen Theobroma prägte im Jahre 1838 der große Schwede Linné, der, als er die Schokolade gekostet hatte, ausrief: »Das ist eine Speise der Götter!«, ins Griechische übertragen »Theobroma«. So will es jedenfalls die Überlieferung.

In Amerika gab es bereits in der vorkolumbischen Zeit neben der wildwachsenden Pflanze Kulturformen, die in Zentralamerika auf der Yucatan-Halbinsel angebaut wurden, der Heimat der Maya, von wo aus sie wahrscheinlich nach Mexiko gelangten.

Der Kakaobaum *(Theobroma cacao)*, eine der 750 in den Tropen verbreiteten Sterkuliengewächse, wird 6–10 m hoch und hat einen dünnberindeten, grünlichen bis silbergrauen Stamm von 30 cm Durchmesser. An den schlanken Zweigen der dichten Krone wachsen glänzend dunkelgrüne, ganzrandige, eirund-längliche, 30 cm lange, vorn zugespitzte Blätter. Die vielen unauffälligen Blüten mit den fünf gelblichen Kronblättern wachsen auf kurzen Stielen direkt aus dem Stamm oder dicken Ästen (Kauliflorie). Sie öffnen sich nur für wenige Stunden und werden während dieser Zeit von Gnitzen, Läusen oder Ameisen bestäubt. Diese starke Spezialisierung bringt es mit sich, daß nur etwa 5% aller Blüten bestäubt werden. Nach der Befruchtung bildet sich innerhalb von sechs Wochen die 20 cm lange, gurkenförmige Frucht von trüb zitronengelber bis rötlicher Farbe mit länglich gerillter Oberfläche. Unter der ledrigen Außenhaut sitzen, ins rosaweißliche, sauer schmeckende Fruchtfleisch eingebettet, in fünf Reihen übereinander 30–50 elliptische, netzartig gerillte Samen.

Der Kakao kann nur in tropischen Zonen angebaut werden, wächst jedoch nicht in den feuchten Ebenen. Man setzt die Pflanzen in etwa 5 m Abstand und pflanzt in die Zwischenräume allgemein Leguminosen der Gattungen *Inga, Albizzia, Caesalpina* und *Erythrina.* Diese Pflanzen, meist Bäume, sollen die Kakaopflanzen gegen Wind schützen und ihnen Schatten geben.

Der Kakaobaum beginnt im vierten oder fünften Jahr zu tragen. Je nach der Gegend kann zweimal jährlich geerntet werden. Da die Früchte kontinuierlich reifen, können Bäume in geringen Mengen auch zwischenzeitlich Erträge liefern. Die Früchte werden mit besonderen Messern geöffnet und die Samen aus dem weichen Fleisch gelöst. Danach werden die Kakaobohnen in Kisten oder Fässern zur Gärung aufgeschichtet und später entweder an der Sonne oder künstlich getrocknet, ehe sie in Fabriken oder auf den Markt gebracht werden.

Die Kakaobohnen werden zuerst wie Kaffee geröstet, dann ausgeschält und zerkleinert. Bei diesem Arbeitsgang kann die sogenannte Kakaobutter entzogen werden. Zur Herstellung des Kakaopulvers werden die Samen noch feiner zermahlen und in Natronbädern entfettet, wonach sich das Kakaopulver zwar noch nicht in Wasser löst, aber gleichmäßig verteilt.

Es gibt verschiedene Handelssorten: Criollo, eine der ältesten, Forastero, Calabacillo, Guatemala, Ecuador, Guayaquil. Die Kakaobohnen des Kontinents sind im Gegensatz zu denen der Inseln häufig mit einem rötlichen Hauch überzogen, besonders bei den Kakaosorten aus Asien (Sri Lanka, Java) und Afrika (Ghana, S. Thomé, Kamerun).

Die ausgeschälten Kakaobohnen enthalten Theobromin (Alkaloid Dimethylxanthin), Coffein (Trimethylxanthin), Fette, Tannin, Asparagin, Cholin, Stickstoffsubstanzen und Vitamin C. Die braune Farbe beruht auf dem Kakaorot, einem Flavonpigment, der Geschmack auf freien Fettsäuren und auf Estern der niederen Fettsäuren, die teilweise vorgebildet sind, zu anderen Teilen aber erst während der Gärung entstehen. Bei der Verbrennung fällt ungefähr 3–4% Asche ab, die Kali-, Magnesium-, Calcium-, Kupfer- und Phosphorsalze enthält.

Der Kakao bzw. die Schokolade spricht nicht nur den Geschmacks-, sondern auch den Geruchssinn an, was auf dem Zucker und den Duftstoffen beruht, deren Wirkung bei der Schokolade durch die mikrokristalline Struktur und beim Kakao durch die feine Verteilung in der Flüssigkeit verstärkt wird.

Die in der Schokolade oder im Extrakt enthaltene Kakaobutter ist ein Feinfett, das aus Estern von Fettsäuren, wie der Palmitin-, Stearin-, Arachis- und Laurinsäure, besteht. Man benutzt sie in der Pharmazie als Gleitmittel für Zäpfchen und in der Industrie zur Seifenherstellung.

Das Theobromin ist von alters her für seine gute harntreibende und gefäßerweiternde Wirkung bekannt, weshalb es auch heute noch bei Erkrankungen der Herzkranzgefäße und der Nieren verwendet wird.

Man braucht nur die chemische Zusammensetzung zu betrachten, um sich über den hohen Nährwert der Schokolade klarzuwerden; sie enthält vor allem Fette, Glykoside, Proteide, Mineralsalze, Vitamine sowie kräftigende und nervenanregende Substanzen. Man rechnet, daß 100 Gramm Schokolade von mittlerer Qualität 570 bis 600 Kalorien enthalten.

Tee – eine Köstlichkeit aus Asien

Wie der Kaffee, so verdankt auch der Tee seine Beliebtheit der anregenden Wirkung des Coffeins. Im Gegensatz zu Kaffee und Kakao aber, von denen man die Samen verwendet, erntet man vom Teestrauch die Blätter, die nach verschiedenen Verfahren und Gärprozessen ihr volles Aroma entfalten, wenn ein Aufguß aus ihnen hergestellt wird.

Die vielen Varietäten, die heute (u.a. aus Sri Lanka, Indien, Indonesien, Kenia, China, Taiwan, Malawi und Guatemala) auf den Weltmarkt gelangen, werden auf zwei Stammformen, den Assam- und den Chinesischen Tee, zurückgeführt. Die dunkelgrünen, ledrigen, elliptisch geformten Blättchen des Assamtees wachsen an einem 10–15 m hohen Baum, die des Chinatees an einem 3–4 m hohen Strauch. Die Assamteeblätter sind breiter und spitzer als die chinesischen. Beide Formen haben hübsche weiße bis rosafarbene Blüten, die von Insekten bestäubt werden. Aus ihnen entwickeln sich nach gut neun Monaten dreifach gekammerte Kapseln, die den Haselnüssen ähnlich sehen.

An den Nährstoffgehalt des Bodens stellen

Kaffeekirschen am Strauch. Bei der Reife werden sie purpurrot (links).

Nach der Ernte werden die Kaffeekirschen mit Hilfe großer Siebe von Schmutzteilchen befreit (unten links).

Aus der Kirsche gelöste Kaffeebohnen trocknen schneller, wenn sie öfters gewendet werden (unten).

die Teepflanzen keine hohen Ansprüche, aber sie brauchen viel Wasser, gleichmäßig über das ganze Jahr verteilte Niederschläge und eine hohe Luftfeuchtigkeit. Für ein gutes Gedeihen dürfen die Temperaturen nicht unter 13°C absinken und nicht über 30°C ansteigen.

Nach drei Jahren kann die erste Ernte eingebracht werden, und wenn der Teestrauch regelmäßig beschnitten wird, kann er ungefähr 50 Jahre lang Teeblätter liefern. Für die besten Teesorten nimmt man die jungen Blätter und Knospen. Die Sage erzählt, daß im alten China junge Mädchen mit weißen Handschuhen die zarten Knospen pflückten, die für den kaiserlichen Tee bestimmt waren.

Die Teeblätter enthalten Wasser, Tannin, Alkaloide und auch Vitamin B. Die Alkaloide gehören zur Gruppe Purin. Es sind hauptsächlich Coffein (fälschlich Thein genannt), Theophyllin, Theobromin (Dimethylxanthin) mit Adenin und Xanthin; diese Alkaloide sind aber in Glutotannin-Verbindungen gebunden. Daneben enthalten die Blätter ein Glukosid, das jedoch noch nicht genau definiert werden konnte, und ein oxidierendes Ferment, Thease genannt, das bei einer Temperatur von über 62°C seine Wirkung verliert. Das duftende ätherische Öl, das Methylalkohol, Salicylsäure, Methylsalicat und Aceton enthält, bildet sich nur während der Gärung.

Bekanntlich gibt es einen grünen und einen schwarzen Tee; diese Teesorten stammen jedoch nicht von verschiedenen Pflanzen, sondern die Teeblätter werden nur verschieden

behandelt. Wenn sie erhitzt werden, verliert die Thease ihre Wirkung, und die grüne Farbe bleibt erhalten; durch Behandlung mit Indigo und Kalk kann sie sogar noch verstärkt werden.

Die Gewinnung des schwarzen Tees ist sehr kompliziert und verlangt in den verschiedenen Phasen manuelle Eingriffe, wenn keine modernen maschinellen Verfahren angewandt werden. Man läßt die frisch gepflückten Blätter in besonderen Räumen welken, wickelt sie mehrere Male zusammen und rollt sie wieder aus (Roulage), wodurch die Wirkung der Thease und die Freisetzung der Alkaloide gefördert wird. Dann läßt man sie bei einer genau festgesetzten Temperatur und bei einem bestimmten Feuchtigkeitsgrad fermentieren, wonach der Gärungsprozeß abgebrochen wird. Sodann werden die Blätter getrocknet und zu Ballen verpackt.

Als die Schiffsreisen noch beschwerlich und lang waren, brachte man den Tee mit Karawanen nach Europa, um eine Wertminderung durch eindringendes Salzwasser, wie es auf den Schiffen hätte geschehen können, zu vermeiden. Zu größerem Schutz verpackte man den Tee in Stanniol. Es war der berühmte Karawanentee.

Daß der Tee in China bereits um 2700 v. Chr. angebaut worden sei – man bezog sich auf schriftliche Dokumente aus dieser Zeit –, gehört bis jetzt ins Reich der Phantasie, denn die ältesten bekannten chinesischen Schriftzeichen datieren aus der Zeit um 1400 v. Chr. Sicherer ist das Datum 276 n. Chr., als Kuo-Po vom Tee spricht. Er nennt ihn »tu« oder »Tchuan«, ähnliche Bezeichnungen sind »Tche« oder »Tai«, von denen sich das lateinische »thea« ebenso ableitet wie unser Wort »Tee«.

Anfangs scheint der Tee als Arzneimittel verwendet worden zu sein und hat wohl erst viel später als anregendes und wohlschmeckendes Getränk Bedeutung erlangt. Nach Japan gelangte er erst im Jahre 1121, nach China möglicherweise noch später, denn Marco Polo, der in seinem Bericht über das China des 13. Jahrhunderts so genau und detailliert vorgeht, erwähnt merkwürdigerweise den Tee an keiner Stelle.

Holland war das erste europäische Land, das Tee einführte (1610); von Holland aus verbreitete er sich ziemlich schnell über ganz

Europa. Samuel Pepys erzählt in seinem ziemlich weitschweifigen Tagebuch, daß er im Jahre 1660 in London eine Tasse Tee getrunken habe. Sehr lange blieb der Tee jedoch teuer; man mußte 60 Shilling für das Pfund bezahlen und nicht zuletzt deshalb, weil die Ostindische Kompanie bis 1833 das Monopol für die Tee-Einfuhr besaß und den Preis diktierte. Die Vernichtung einer Ladung englischen Tees war eines der Ereignisse, die den Nordamerikanischen Unabhängigkeitskrieg auslösten. In Java wird der Tee seit 1826 angebaut, seit 1841 in Ceylon (Sri Lanka).

Die jährliche Welternte beträgt rund 1800000 Tonnen. Ein großer Teil davon wird in den Erzeugerländern verbraucht; von der auf dem Weltmarkt gehandelten Teemenge kaufen die Länder des ehemaligen Commonwealth, der USA und Kanada am meisten. Der deutsche Teeverbrauch fällt bisher nicht ins Gewicht.

Mit dem Teestrauch verwandt ist die Kamelie (s. S. 54).

Der Mate-Tee

Ein auch außerhalb seiner Ursprungsländer recht bekanntgewordenes Getränk ist der Mate- oder Yerba-Mate-Tee. Er wird aus den Blättern einiger Stechpalmen-(Ilex-)Arten, besonders von *Ilex paraguariensis*, gewonnen und war in Südamerika schon vor der Eroberung durch die Spanier bekannt. Der plantagenmäßige Anbau hat sich aber erst zu Beginn dieses Jahrhunderts durchgesetzt. Der Coffeingehalt des Mate-Tees ist nicht so hoch wie der des schwarzen Tees oder Kaffees, doch wirkt er außerordentlich belebend und ersetzt wegen seines hohen Vitamingehaltes, so behauptet man in Uruguay und Argentinien, das vielfach fehlende Frischgemüse.

Ilex paraguariensis ist ein schöner, 6–14 m hoher Baum mit einem kurzen Stamm, der im Aussehen etwa unserer Birke gleicht. Die verkehrt eiförmigen Blätter, von der Größe von Kirschbaumblättern, sind das eigentlich wertvolle Produkt des Baumes. Sie sitzen an kleinen Stielen den Zweigen auf.

Der Mate-Teebaum ist eine Pflanze, die nicht über ihr ursprüngliches Verbreitungsgebiet hinaus angebaut wird, obwohl in früherer Zeit vielfach Versuche zur Ausweitung ihres Anbaues unternommen wurden. Der Schwerpunkt ihrer Verbreitung liegt am oberen Paraná. Das Vorkommen erstreckt sich hauptsächlich im Norden Argentiniens, in Paraguay und im Süden Brasiliens.

Die Pflanze liebt ein kontinentales Klima, heiße Sommer sowie nicht zu tiefe Tempera-

Teeplantage im ceylonesischen Hochland. Für die besten Teesorten werden nur die Knospen und jungen Blätter gesammelt.

turen im Winter. Wenige Grade unter Null werden noch gut vertragen. Die Regenfälle sollen 1200–1600 mm jährlich betragen. Längere Trockenzeiten sind gefährlich.

Die Ernte wird bei den angepflanzten, etwa auf 5 m Höhe zurückgeschnittenen Bäumen alljährlich in den Herbst- und Wintermonaten durchgeführt. Bei den Wildbeständen ist sie unregelmäßig und geschieht da, wo sich der wandernde Erntetrupp gerade aufhält. Dabei werden die dünnen Zweige und Blätter abgerissen.

Die Aufbereitung ist sehr einfach. Die Zweige mit den Blättern werden ausgelesen und über Feuer so lange hin- und herbewegt und geröstet, bis die Blätter trocken werden und die Oberhaut aufspringt. Nach dem Schwelen wird das Ernteprodukt im Heißluftstrom auf großen Rosten getrocknet, grob zermahlen und verpackt. Durch verschiedene Arten des Schwelens lassen sich zwei Sorten von Mate-Tee erzeugen: ein dunkles, bräunliches Endprodukt mit charakteristischem Rauchgeschmack und eine feinere grünliche Sorte. In den Ursprungsländern wird der stärker geschwelte Tee häufig bevorzugt. Die feinere Art, der Grüne Mate-Tee, ist auch in Europa bekanntgeworden. Er liefert einen grünlichen Aufguß.

In Argentinien, wo der Mate-Tee kurz Yerba genannt wird, besteht der Brauch, ihn aus in Silber gefaßten, kleinen, ausgehöhlten Kürbissen mit Hilfe eines silbernen Röhrchens – ein einziges für alle – zu trinken.

Die Kolanüsse

Ein weiteres tropisches Genußmittel ist die Kolanuß, die Frucht des Kolabaumes *(Cola)*, wie der Kakaobaum ein Sterkuliengewächs *(Sterculiaceae)*. Nur die Früchte der *Cola vera* und *Cola acuminata* kommen als echte Kolanüsse in den Handel. Sie stammen von kleinen bis mittelgroßen, dicht belaubten Bäumen. Alle Arten von Kolabäumen sind im tropischen Westafrika beheimatet. Als Unterholzbäume trifft man sie heute noch in den Urwäldern Liberias und am Golf von Guinea bis zur Kongomündung an; vereinzelt sind sie noch bis zu den ostafrikanischen Seen zu finden.

Der Kolabaum hat zweihäusige, unscheinbare Blüten, die am Stamm wachsen (Kauliflorie), und bis 15 cm lange, lederartige Früchte, die sich sternförmig in vier oder fünf Klappen öffnen. In diese sind die rötlichen Samen eingebettet, die Kolanüsse. Sie sind in Europa seit der Mitte des 17. Jahrhunderts bekannt und haben die Größe von Taubeneiern.

Obwohl der Kolabaum mit dem Kakao verwandt ist, enthalten die Kolanüsse nur sehr wenig Theobromin, dagegen mehr Coffein als der Kaffee selbst. Aus diesem Grunde wirken sie anregend und sind bei den Eingeborenen sehr beliebt. Im übrigen enthalten sie Fette, Stickstoffsubstanzen und Glukoside. Sie haben aber keinerlei Nährwert.

Früher wurde Kola in der Medizin als Tonikum und Bitterstoff verwendet. Heute dient es der Herstellung von erfrischenden Getränken.

Die Kolabäume verlangen ein feuchtheißes Klima mit Regenmengen um 2000 mm und Temperaturen um 25°C. Als Urwaldbäume, die zwischen den Unterholzgewächsen und den hohen Urwaldriesen das mittlere Stockwerk im Vegetationsaufbau bevorzugen, sind sie ausgesprochen wind- und strahlungsempfindlich. Sie geben die erste größere Ernte nach dem sechsten Jahr. Praktisch kann das ganze Jahr über geerntet werden. Die Früchte werden etwa sechs bis acht Monate nach der Blüte reif.

Die Aufbereitung ist denkbar einfach. Die Fruchtkapseln werden geöffnet und die Samen herausgenommen. Die weiße Samenhaut zersetzt sich bald darauf. Man wäscht die Nüsse und läßt sie dann möglichst an der Sonne trocknen. Die Samen sollen so frisch wie möglich genossen werden. In ihrer Heimat schneidet man sie in Scheiben und kaut sie meist ohne irgendwelche Zusätze. In Europa werden die Nüsse nur, wie schon erwähnt, als Zusatz zu Getränken verwendet.

Der Haupthandel ist auf Afrika beschränkt. Einer der großen Handelsplätze ist Lagos. Große Mengen werden im oberen Nigergebiet gehandelt.

Nikotin – ein Pflanzengift, das süchtig macht

Pater Bartolomeo de las Casas schreibt in seiner »Historia de las Indias« (1550): ». . . die Männer immer mit einem Brand und gewissen Kräutern für ihr Räucherwerk in der Hand; es sind dies trockene Blätter, eingewikkelt in ein anderes trockenes Blatt, wie eine Lunte . . . und an einem Ende angezündet . . .«

Die trockenen Blätter, die in einem anderen Blatt zu zylindrischen Stengeln zusammengerollt und angezündet werden, sind nichts anderes als Zigarren, und das gewisse Kraut ist Tabak!

Es wird behauptet, daß die Bezeichnung Tabak von den Eingeborenen Mexikos und der Antillen benutzt worden sei; viele Linguisten hegen jedoch dieser Meinung gegenüber begründete Zweifel. Es ist dagegen sehr wahrscheinlich, daß der Name Tabak bereits vor der Entdeckung Amerikas in Europa geläufig war und eine andere Pflanze, Alant (*Inula campana* oder *Inula helenium*), bezeichnete, die in der Pfeife geraucht wurde.

Das Pfeiferauchen ist sehr alt; man hat metallene Pfeifen aus der Bronzezeit gefunden, und es ist bekannt, daß die Römer entweder Lavendel oder Majoran rauchten, vielleicht aber auch die Blätter des Alants. Der Name Tabak wurde so auf die neu entdeckte Pflanze übertragen, die die Eingeborenen, in deren Riten sie eine Rolle spielte, »Peto« nannten. Die Maya bezeichneten die von Las Casas beschriebenen Tabakstengel mit »sigar« – Zigarren.

Die erste botanische Beschreibung der Pflanze stammt von Gonzalo Hernandez da Oviedo y Valdés, dem Gouverneur von San Domingo. Francisco Hernandez Gonzalo brachte die Samen nach Spanien, wo der Tabak seit 1573 kultiviert wird. Durch den Mönch Thevet war er schon 1556 nach Frankreich gekommen, er wurde aber erst von Jean Nicot de Villemain (1530–1600), französischer Gesandter in Portugal, der ihn neuerlich nach Frankreich einführte, angebaut. Nicot schickte ihn als Medikament an Catarina de Medici nach Italien (1560).

Der Botaniker Dalechamps prägte 1586 zu Ehren Nicots den Namen *Nicotiana*, der auch von Linné übernommen wurde.

In Spanien wird seit 1570 und in England seit 1586 Tabak geraucht. Weder Ärzte noch Herrscher konnten dagegen etwas unternehmen, das Tabakrauchen verbreitete sich mit der Schnelligkeit einer Epidemie. Wenn man nicht öffentlich rauchen konnte, versammelte man sich in den »tabageries«. Zu Beginn des 17. Jahrhunderts kam diese Mode auch in

Rußland und in der Türkei auf. In Japan machte man 1639 mit dem Tabak Bekanntschaft, ebenso in China, von wo er bis auf das Dach der Welt gelangte, nach Tibet.

Das erste Tabakmonopol nahm 1651 die Republik Venedig für sich in Anspruch, gefolgt von dem Kirchenstaat. Heute ist es das einzig rentable Geschäft des Staates, das ihm einen ungeheuren Gewinn einbringt.

Anfangs rauchte man den Tabak nur in der Pfeife, da Zigarren zu teuer waren; die Zigarette ist eine relativ junge Erfindung. Das 18. Jahrhundert war das »Goldene Zeitalter« des Schnupftabaks. Napoleon war ein großer »Schnupfer«, und es sind etliche Schnupftabaksdosen im Verkehr, die dem Kaiser gehört haben sollen, ebenso von Friedrich dem Großen.

Die wildwachsenden Arten des Tabaks *(Nicotiana)* wachsen fast alle in Amerika, von den Südstaaten Nordamerikas über Mexiko bis Peru. Die wirtschaftlich bedeutenden Arten sind der Virginische Tabak *(Nicotiana tabacum)* in den südlichen Gebieten und der Bauerntabak *(Nicotiana rustica)* in den nördlichen.

Der Virginische Tabak wurde noch vor wenigen Jahren als eine selbständige Art betrachtet. Im botanischen Sinne handelt es sich aber auch hier wie bei fast allen Kulturpflanzen um eine Gruppe von Varietäten und Formen, die aus Kreuzungen stammen. Die Stammeltern des Virginischen Tabaks sind der Filzige Tabak *(Nicotiana tomentosiformis)* und der Waldtabak *(Nicotiana silvestris)*, die beide in Südamerika beheimatet sind. Die Gegenprobe gelang bei der Rekonstruktion der Hybriden aus den beiden angeführten Arten.

Der Virginische Tabak *(Nicotiana tabacum)* ist ein einjähriges Kraut, bis 3 m hoch, nur wenig verzweigt, behaart, drüsig, mit ganzrandigen, lanzettförmigen oder ovalen, breiten Blättern, denen meist die Blattstielchen fehlen. Die Blüten, die in Rispen zusammenstehen, haben einen glockenförmigen Kelch und eine mindestens 5 cm lange, rote, schlauchartige bis trichterförmige Krone, die sich in fünf Lappen gliedert; es sind fünf Staubbehälter vorhanden, davon eines kürzer als die anderen vier. Die Frucht ist eine zweifächrige Kapselfrucht.

Obwohl seit mindestens einem Jahrhundert nahezu in aller Welt bekannt ist, daß die Tabakpflanze eines der stärksten Gifte des gesamten Pflanzenreichs enthält, steigt die Tabakproduktion seit 1945 immer weiter an.

Heute bauen insgesamt 106 Länder in gemäßigten, tropischen und subtropischen Breiten Tabak an. Zwei Drittel des auf dem Weltmarkt gehandelten Tabaks stammen jedoch aus drei wichtigen Anbaugebieten, und zwar aus den USA, aus Südosteuropa (einschließlich der Türkei) und aus Zimbabwe (Rhodesien). In der Bundesrepublik Deutschland hat der in Baden und in der Pfalz angebaute Tabak eine gewisse Bedeutung auf dem europäischen Markt.

Von *Nicotiana tabacum* mit seinen länglich zugespitzten Blättern mit glatter Oberfläche stammen die Virginia-, die Burley-, die Kentucky- und die Orienttabake ab. Aus den hellen, zuckerreichen Blättern des Virginiatabaks werden vor allem Zigaretten der englisch-amerikanischen Geschmacksrichtung hergestellt.

Die Burleytabake werden in Südeuropa und in der Türkei kultiviert. Sie zeichnen sich dadurch aus, daß sie besonders aufnahmefähig für Saucenzusätze und Aromastoffe sind, und dienen vor allem als Pfeifen- und Kautabak.

Kentucky-Tabake zeichnen sich durch ihre dunklen, stark nikotinhaltigen Blätter aus. Man benutzt sie als Pfeifen- und Zigarettentabak. Orienttabake sind leicht und haben ein besonders charakteristisches Aroma. Sie spielen vor allem in der Zigarettenindustrie eine Rolle.

Von *Nicotiana rustica*, dem Bauerntabak, der ursprünglich auf den Westhängen der Anden beheimatet war, stammen die Machorkatabake ab, schwere, nikotinreiche, dunkle Tabaksorten. Der Bauerntabak ist niedriger und stärker verzweigt als *Nicotiana tabacum*. Er hat eiförmige Blätter mit einer gewellten Oberfläche.

Stärke und Aroma der Tabake der zahlreichen Kulturrassen hängen nicht nur von diesen selbst ab, sondern auch von Boden,

Warum rauchen wir eigentlich?

Wir rauchen sicherlich nicht nur, weil es andere auch tun, sondern weil das Rauchen einen bestimmten Genuß oder eine Befriedigung verschafft, die auf andere Weise schwer oder gar nicht zu erlangen ist.

Die Wirkung, die das Rauchen verursacht, ist hauptsächlich dem Nikotin zuzuschreiben, das in erster Linie das autonome Nervensystem beeinflußt. Das Erstaunliche dabei ist die sogenannte amphotere Wirksamkeit des Nikotins: Je nach Stimmungslage des Rauchers wirkt es einmal anregend und belebend, das andere Mal entspannend und beruhigend. In dieser Doppelwirkung, die pharmakologisch bemerkenswert ist, dürfte vor allem die Beliebtheit und weite Verbreitung des Tabakgenusses zu suchen sein, und deshalb sind die Tabakerzeugnisse wahrscheinlich auch so volkstümlich geworden.

Hinzu kommen Anblick, Geruch und Geschmack des Rauches, die nach einer gewissen Zeit der Gewöhnung als angenehm und befriedigend empfunden werden.

Dennoch hat jeder Raucher mehr oder weniger leichte Formen einer Nikotinvergiftung schon an sich selbst erlebt, insbesondere in jüngeren Jahren, als er zu rauchen begann. Die dabei auftretenden Symptome sind hinlänglich bekannt: Übelkeit, Schweißausbruch, Schwindelgefühl, Stuhldrang in verschiedenem Ausmaß und mit wechselnder Heftigkeit. Der einzelne Mensch reagiert recht unterschiedlich auf gleiche Nikotinmengen. Im Laufe der Zeit kommt es zu einer nicht unerheblichen Gewöhnung an das Gift.

In reiner Form ist das Nikotin eines der am stärksten wirkenden Gefäßgifte. Dosen von 20–50 mg führen bereits zum Tode.

Eine chronische Nikotinvergiftung tritt meist erst nach Jahren und Jahrzehnten unmäßigen Tabakgenusses in Erscheinung. Vor allem ist die große Zahl der Zigarettenraucher, die den Rauch inhalieren, um ihren Nikotinanspruch zu befriedigen, auf die Dauer beträchtlichen gesundheitlichen Gefährdungen ausgesetzt. Das Nikotin schädigt im Laufe der Zeit vor allem Herz und Kreislauf. Das Herz zeigt eine unregelmäßige Schlagfolge (Extrasytolen); einem Druck und Stechen in der Herzgegend folgen vielfach Beklemmungen bis zur Todesangst. Es kommt auch zu Atemnot und Gefäßkrämpfen mit entsprechenden Kreislaufstörungen. Infolge der Verengung der Blutgefäße tritt ein Kältegefühl und Prickeln ein, insbesondere in den Händen und Füßen. Man spricht häufig vom sogenannten »Raucherherzen«, einer möglichen Form der Angina pectoris. Die Gefäßinnenwände sind hierbei verdickt und entzündet, so daß die Blutversorgung des Herzens gestört ist.

Heftig diskutiert wird zur Zeit auch der Zusammenhang zwischen Rauchen und Lungenkrebs. Eine statistische Korrelation, d. h. Wechselbeziehung ist nach verschiedenen und sehr sorgfältigen Versuchen zweifellos gegeben.

Nikotin wird durch die Schleimhäute rasch aufgenommen. Es bewirkt die vermehrte Ausschüttung von Adrenalin aus den Nebennieren mit den entsprechenden Kreislaufwirkungen.

Die hohe Giftigkeit des Nikotins im Blut konnte durch Blutegel anschaulich nachgewiesen werden: Sie fielen bei starken Rauchern nach dem Ansaugen nach kurzer Zeit tot ab!

Bei einem Verbrauch von 20 Zigaretten pro Tag gelangen etwa 50 mg Nikotin in den Körper. Diese Menge würde, auf einmal genommen, einen erwachsenen Menschen töten. Nikotin ist ebenso giftig wie Blausäure! Eine Flugschrift des 17. Jahrhunderts besagt:

Man saget, der Toback sey
ein sehr nützlich Kraut
Von Gott und der Natur
Zur Menschen Nutz erbaut
Und dieses geb ich zu,
doch deucht mich auch darbey
daß er im Überfluß
des Teufels Rauchwerk sey.

Klima, Anbaumethode und Düngung. Man kann sagen, daß jedes Land seine speziellen Tabake hat.

Die Pflanze gedeiht in allen gemäßigt-warmen Ländern und kann ziemlich weit nach Norden vordringen, so zum Beispiel nach Nordfrankreich, Rheinland-Pfalz, Ungarn und in die Schweiz.

Bevor die Blätter zur Weiterverarbeitung an die einschlägige Industrie verschickt werden, müssen sie einer besonderen Behandlung unterzogen werden, von der nicht zuletzt die Qualität des Endproduktes abhängt. Sie werden so, wie sie reifen, manuell gepflückt und anschließend zur Trocknung gebündelt. Diese wird noch von den Tabakbauern durchgeführt, d. h., man trocknet die Blätter entweder über dem Feuer, an der Sonne oder im Schatten. Während der Trocknung wird die Stärke abgebaut, die Zucker oxidieren, die Blätter werden heller und entwickeln das typische Aroma.

Die getrockneten Tabakblätter gelangen zur Manufaktur, wo sie fermentiert werden. Die Gärung muß ständig überwacht werden, um im geeigneten Augenblick unterbrochen werden zu können. Farbe und Aroma der Blätter verstärken sich bei der Fermentation. Man hat lange darüber gestritten, ob diese von Bakterien hervorgerufen werde oder nicht. Heute glaubt man allgemein, daß sie von Mikroorganismen abhängig ist und auf Oxydasen und Peroxydasen beruht, die in den Blättern enthalten sind.

In den frischen Tabakblättern finden sich 85–90% Wasser; die trockenen enthalten noch 8–14% Wasser, 3,6% Stickstoffsubstanzen, 4,5% Fette, 20,7% Asche, eine unterschiedliche Menge Calcium-, Kali- und Magnesiumsalze und schließlich 0,68% bis 4,8% Nikotin. Dieses ist ein flüssiges Alkaloid von sehr komplizierter Struktur; es hat einen Pyridinring und einen Pyrrolinring und ist im frischen Blatt mit Apfelsäure gebunden. Der mittlere Nikotingehalt, der stark schwanken kann, beträgt ungefähr 2,09%. Das Nikotin, der Giftstoff des Tabaks, wird bei der Verbrennung teilweise zerstört, zu anderen Teilen destilliert und eingesogen. Für Insekten ist es tödlich, da es die Atmung lähmt. Beim Menschen müssen wir neben dem Nikotin auch andere Substanzen berücksichtigen, die aus der Trockendestillation des Tabaks stammen, so zum Beispiel die Pyridinbasen.

Der Zigarettenkonsum ist immer noch im Anstieg begriffen, gefolgt von den Zigarren, während auch der Schnupftabak wieder in Mode zu kommen scheint. Zigarren sind zusammengerollte Tabakblätter, die man mit einem Deckblatt versieht. Die Blätter können jedoch auch um einen Halm von Espartogras *(Stipa tenacissima)* gewickelt werden, das in Spanien und Nordafrika heimisch ist. Das Schneidegut wird zu Pfeifentabak verarbeitet.

Die typischen Erscheinungen, die beim Dauerraucher auftreten, sind allen bekannt: Raucherkatarrh, Bronchitis, Appetitlosigkeit, Verdauungsstörungen, Zittern und in schweren Fällen Störungen des Dämmer- und des Farbensehens. Der Tabak soll auch die Arterien und im besonderen die Herzkranzgefäße in Mitleidenschaft ziehen, eine Annahme, die noch nicht voll bewiesen ist, was jedoch für die Entstehung von Lungenkrebs so gut wie sicher gilt. Besonders gefährlich ist das Rauchen bei gleichzeitiger Trunksucht.

Tabakernte in Bulgarien.
Tabak, im Süden des Landes angebaut und von guter Qualität, ist ein wichtiges Ausfuhrgut geblieben.

Rauschgifte

Eine traurige Berühmtheit haben in unserer Zeit jene Pflanzen erlangt, die der Rauschgiftgewinnung dienen: der Schlafmohn und der Indische Hanf.

Der Schlafmohn *(Papaver somniferum)*, ein naher Verwandter unseres Klatschmohns, wird in Vorderasien, Indien, Ägypten und China in ausgedehnten Kulturen zur Opiumgewinnung angebaut. Das Opium, das bereits im Altertum bekannt war, liefert viele Wirkstoffe, so Morphin, Codein, Papaverin usw. Die Opium-Varietät, die den größten Morphiumgehalt ausweist, ist das Smyrna-Opium; daneben gibt es noch serbisches, ägyptisches, persisches, indisches und chinesisches Opium, die alle irgendein charakteristisches Merkmal besitzen.

Das Opium kann sehr leicht zu einem gefährlichen Gift werden. Die akute Vergiftung – falsche Dosierung, Mißbrauch, Selbstmordversuch – macht sich durch starke Angst- und Beklemmungszustände, tiefen Schlaf, Atembeschwerden und Röcheln bemerkbar. In den orientalischen Ländern ist der übermäßige Opiumgenuß auch heute noch ein Laster. Der französische Botaniker A. Loiseleur-Deslongchamps schrieb im vorigen Jahrhundert, daß das Opium für den Orientalen das Mittel sei, seine Apathie zu überwinden und sich wenigstens für einige Augenblicke das Gefühl des Glücks zu verschaffen: Die Niedergeschlagenheit wird von angenehmen Vorstellungen verdrängt, und die Angst schwindet. Die orientalischen Herrscher pflegten deshalb auch bei bestimmten Anlässen Opium an ihre Soldaten zu verteilen, um ihren Kampfesmut anzustacheln.

Dieser Zustand dauert jedoch nicht lange; nach 5 oder 6 Stunden machen sich Erschöpfung, Ekel und Schlafbedürfnis bemerkbar. Die Menschen, die gewohnheitsmäßig Opium nehmen, werden süchtig, magern ab, verlieren ihre physischen und geistigen Kräfte, können nicht mehr gehen, leiden unter Depressionen und werden sogar schwachsinnig.

Auch in Thailand gilt der Opiumrausch als das höchste Glück und wird von den Süchtigen in glühenden Farben geschildert. Sogar Priester nehmen das Gift, da sie im Rausch die himmlischen Freuden zu erleben wähnen.

Auf die verheerenden Folgen der Einnahme von Rauschgift, dem heute in Europa und Amerika besonders Jugendliche zum Opfer fallen, braucht hier nicht näher eingegan-

Haschisch (Bhang) wird aus den Harzdrüsen im Blütenbereich des Indischen Hanfs (CANNABIS SATIVA) gewonnen. Das Gift, das eingenommen oder geraucht wird, löst Rauschzustände aus; die Zahl der Suchtkranken ist außerordentlich hoch (rechts).

Die Kapseln des Schlafmohns (PAPAVER SOMNIFERUM) enthalten im unreifen Zustand in ihrem Latex das Alkoloid Morphin. Getrocknet wird es als Opium bezeichnet (unten).

gen zu werden. Sie sind bekannt. Marc Auerbach sagt in einem Forschungsbericht:

»Aus der Vielzahl der seelischen Beschwerden, die auf einen Rauschdrogen-Konsum hinweisen können, seien vor allem die reizbaren oder depressiven Verstimmungszustände hervorgehoben, das plötzliche Umschlagen von heiter-freundlich in empfindlich, kränkbar, aggressiv oder auch gleichgültig-teilnahmslos, die rasche geistige Erschöpfbarkeit mit dem zunehmenden Leistungsabfall, die Schlaf-Wach-Störungen und anderes. Manche Süchtigen wirken wie weggetreten, verwundert, betroffen, verwirrt oder gar geistesabwesend, scheinen durch die anderen hindurchzuschauen, vor sich hinzubrüten, können aber genauso unvermittelt von Angst-, Unruhe- und Erregungszuständen mit Panikreaktionen gepackt werden. Hier kann es sich auch um Wahrnehmungen aller Art sowie dramatische Entfremdungsgefühle handeln, die durch manche Drogen ausgelöst werden.

Manche Abhängige klagen über Bronchitis, Reizhusten, trockenen Mund, laufende Nase, Schwindelzustände, Übelkeit, Brechreiz, Magen- und Herzbeschwerden, erhöhte Licht-, Lärm- und Schmerzempfindlichkeit, während die Drogengier die schmerzhaften Einspritzungen selbst überdeckt. Im fortgeschrittenen Stadium erscheinen die Betroffenen erschreckend vorgealtert, abgemagert und ungepflegt.

Aber schon früher fällt das Erlöschen bisheriger Interessen auf, das Nachlassen der beruflichen und schulischen Leistungen, Gleichgültigkeit gegenüber früheren Hobbys, die unbegründete Änderung alter Gewohnheiten und Verhaltensweisen sowie ein unkritischer, meist schlecht geplanter Freiheitsdrang. Das Verhältnis zu Eltern und Familienangehörigen kühlt sich ab, selbst im Zusammensein mit Gleichaltrigen geht es im Laufe der Zeit nur noch darum, sich Drogen zu beschaffen. Elternhaus, Schule, Gesellschaftsordnung werden pauschal abqualifiziert, der Diskussionston wird unversöhnlich und gereizt. Die Alltagssprache füllt sich mit künstlichen Begriffen aus der Drogenszene, Kleidung und Körperpflege lassen zu wünschen übrig. Es häufen sich Notlügen und zunehmende Diebereien zu Hause. Drogenabhängige brauchen Geld, sonst drohen die qualvollen Entziehungserscheinungen. Und das zerbricht jeden Rest von Zusammengehörigkeitsgefühl, Scham, Respekt und Ehrlichkeit.«

Von der Rauschwirkung der Samen des indischen Hanfs wußten schon die Menschen vor unserer Zeitrechnung. Im 3. Kapitel des 4. Buches erzählt Herodot (geboren um 484 v. Chr.) von den nomadisierenden und barbarischen Skythen, die in den baumlosen Gegenden jenseits des Schwarzen Meeres lebten, und berichtet, daß »in ihrem Land der Hanf wächst, der völlig dem Flachs gleicht und sowohl wild wächst als auch angebaut wird. Auch die Thraker fertigen Kleider davon.« Diese Völker, die sich nicht gerne wuschen, reinigten sich anstelle mit Wasser durch gewisse Ausräucherungen. »Sie kriechen unter die Decken und werfen Hanfsamen auf die Steine, die sie vorher glühend machen und die Dampf und Rauch verbreiten ... und die Skythen tauchen förmlich in diesen Dampf ein und stoßen Schreie aus ...« Sicherlich haben wir hier eine Beschreibung des Rauschzustandes vor uns, der durch den Genuß von Haschisch ausgelöst wird.

Aus einem alten chinesischen Werk, dem Shu-King, erfahren wir, daß in China der Hanf bereits 500 Jahre vor unserer Zeitrechnung bekannt war. Der heute noch gebräuchliche Name »Bhang« geht auf das Sanskrit zurück. Im Alten Testament wird der Hanf nicht erwähnt. Auch die Ägypter kannten ihn offensichtlich nicht und wickelten ihre Mumien in Flachs ein. Bei den Phöniziern war er ebenfalls nicht bekannt, und die Griechen kannten ihn nur aus Berichten. Man nimmt an, daß die Skythen die Pflanze bis nach Westeuropa brachten. In der lateinischen Literatur wird der Hanf zum erstenmal im Jahre 100 v. Chr. erwähnt, und zwar von Lucilius.

Der Indische Hanf *(Cannabis indica)* zeichnet sich durch einen nicht gefurchten Stengel aus, durch dunkle Farbe und Fülle der Samen, mehr aber noch durch seinen Gehalt an betäubenden und berauschenden Substanzen. Im ganzen Orient bereitet man aus dem Indischen Hanf das Haschisch oder Bhang, das man entweder raucht, ißt oder mit Kaffee oder Tee trinkt, wodurch man in einen Rauschzustand versetzt wird. Dieser ist von farbigen optischen Halluzinationen begleitet und führt schließlich zu einem starken Zerfall der psychischen Kräfte. Nicht von ungefähr kommt das italienische Wort für Mörder, »assassino«, von dem arabischen »haschichin«, das »Haschisch-Raucher« bedeutet. Ganz ähnlich ist das Marihuana, das in Mexiko und in den Südstaaten Nordamerikas aus wildwachsendem oder angebautem Hanf gewonnen wird. Als Beruhigungsmittel wird der Indische Hanf in der modernen Medizin nur noch selten verwendet.

Das Hanföl, das man aus dem Hanfsamen gewinnt, wird in der Industrie und zur Herstellung von Schmierseife verwendet. Es ist als Speiseöl nicht geeignet, da es Vergiftungen hervorrufen kann.

Noch andere Pflanzengifte

Seit Menschengedenken begleiten Giftmorde und »zufällige« Vergiftungen unser Leben. Der Auf- und Abstieg von Staaten und der führender Persönlichkeiten, hervorragender Feldherren und Philosophen (Sokrates!), Heerführer und Staatsmänner werden davon beeinflußt. Hinzu kommen noch die vielen Namenlosen, die so ermordet wurden, die mißliebigen Angehörigen, unheilbaren Kranken und Alten, die zu nichts mehr nütze oder anderen eine Last waren, oder andere, denen es einfach nicht gegönnt wurde – aus diesen oder jenen Gründen – noch am Leben zu sein.

Gift ist lautlos und schnell oder langsam wirkend, Gift ist unblutig und unauffällig, Giftmischerei ist Begleiterin der Macht, der Tyrannei und des kalten, berechnenden Verstandes. Es ist eine Waffe, die nicht knallt, nicht blutig macht, keine unmittelbare Wirkung zeigt, sondern auf bloße Hinterlist und Infamie schließen läßt.

Frauen kommen diesen Eigenschaften offenbar besonders entgegen, erinnert sei nur an die böse, haßerfüllte Stiefmutter im Märchen von »Schneewittchen«, Hekate, die der Welt Medea schenkt, ihre Tochter, die die größte Giftmischerin aller Zeiten war, die Weberin von Nessusgewändern und vergiftetem Schmuck, Sieglinde, die ihrem Gatten einen stärker als sonst eingebrauten Schlaftrunk reicht, Gretchen, die den unruhigen Schlaf der Mutter »mit drei Tropfen nur in einem Trank« zum Todesschlaf werden ließ, die Borgias, jenes skrupellose spanische Adelsgeschlecht, das im 15. Jahrhundert in Italien an die Macht kam – genügen diese Beispiele?

Es wird später noch die Rede davon sein (s. Kap. »Heilpflanzen und ihre Anwendung« S. 158ff.), in welchen Pflanzen Gifte vorhanden sind, die zu medizinischen Zwecken verwendet werden und segensreich wirken. Vergiftungen hervorrufen können sie alle, wenn sie in unrechte Hände geraten oder beispielsweise von Kindern genossen werden. Da ist zum Beispiel das

Aconitin
Es ist das giftigste aller Alkaloide und stammt vom Blauen Eisenhut *(Aconitum napellus;* s. auch S. 161). Die ganze Pflanze, hauptsächlich aber die knollige Wurzel, enthält Aconitin, Mesaconitin, Hypaconitin und andere gefährliche Gifte. Ein halbes tausendstel Gramm wirkt schon toxisch, erzeugt Schwindel, starkes Kältegefühl, Atemstörungen, Pupillenerweiterung und Schwächeanfälle, 2- bis 3tausendstel Gramm sind absolut tödlich. Carducci sagt: »Eisenhut, die blaue Blume, heimtückisch, als ob sie das Gift mit der willentlichen Absicht hervorbringe, die Menschen zu töten.«

Der Eisenhut umfaßt etwa 400 Arten, die in der gemäßigten und kalten Zone der nördlichen Hemisphäre wachsen. Einige leben in Nordamerika, etliche in Mittel- und Südeuropa, in Sibirien und in den großen Gebirgsketten vom Himalaja bis nach China, wo die meisten Arten zu finden sind.

Das »Akoniton« des Theophrast soll im Altertum hauptsächlich dazu verwendet worden sein, wilde Tiere zu vergiften. Nach der Sage soll sie bei Herakleia, an der Südküste des Schwarzen Meeres, wo nach dem Glauben der Griechen eine Pforte zur Unterwelt war, aus dem Blut des Cerberos gewachsen sein. Diese Geschichte scheint aber nicht glaubwürdig zu sein. In Griechenland wachsen keine Vertreter dieser Gattung. So bleibt es unsicher, was man in der Antike mit Akoniton bezeichnete.

In der Vergangenheit griffen Mörder und Selbstmörder zu dem Gift. Die Sektion der Leichen aber ergab nie einen kennzeichnenden Befund. Wohl aber läßt sich durch Vergiftung von Versuchstieren Aconitin feststellen.

Atropin und Myco-Atropin
Atropin wird später bei der Tollkirsche behandelt (s. S. 170), ebenso die *Amanita*-Toxine (s. S. 48f.).

Das Myco-Atropin ist im Fliegenpilz (s. Abb. S. 37) und im Pantherpilz (s. Abb. S. 38) enthalten. Das Hauptgift des Fliegenpilzes *(Amanita muscaria)* ist eine Verbindung mit atropinähnlicher Wirkung. *Muscaria* heißt es deshalb, weil sich Fliegen, die sich auf den feuchten Hut setzen, sterben. Wegen dieser Eigenschaft benutzen die Bergbewohner Italiens den Pilz auch als Fliegenfänger. Die Symptome der Vergiftung zeigen sich nach einigen Stunden. Es sind hauptsächlich Nervenstörungen, Schwindelanfälle, Halluzinationen, also dem Äthylrausch ähnliche Zustände, nach denen der Patient in tiefen Schlaf verfällt. Das Gift wirkt selten tödlich.

Blausäure
Sie ist in den Kernen des Steinobstes enthalten, wie Pfirsich, Aprikose, Pflaume und Kirsche, vor allem aber in bitteren Mandeln, wo 50–60 Stück Erwachsenen den Tod bringen können. Sie werden von dem Mandelbaum *(Prunus amygdalus)* geliefert und stellen die von den Fruchtschalen befreiten Samen dar. Die Mandeln enthalten 40 bis 50% fettes Öl und 25 bis 35% Eiweißstoffe, die süßen Mandeln außerdem etwa 10% Zucker und die bitteren Mandeln neben 5% Zucker noch das Glykosid Amygdalin und das Enzymgemisch Emulsin. Amygdalin und Emulsin sind in allen Teilen des Samens außer in der Samenschale vorhanden, aber räumlich getrennt gespeichert. Erst nach der Zerstörung der Zellstruktur wird das Amygdalin bei Anwesenheit von Wasser durch das Emulsin abgebaut, wobei Blausäure frei wird. Bittermandeln sind also giftig. Das durch Destillation von ihnen gewonnene Mandelwasser enthält 1‰ Blausäure und kann als Beruhigungsmittel bei Husten verabreicht werden.

Die Wirkung der reinen Blausäure ist sofort tödlich; der Vergiftete stirbt innerhalb weniger Minuten.

Chinin
stammt vom Chinarindenbaum (Gattung *Cinchona*) Perus und Boliviens (s. auch S. 20f.).

Die pulverisierte Rinde enthält 22 Alkaloide; das wichtigste davon ist das Chinin, darüber hinaus Chinagerbsäure, Chinidin und ein Bitterglykosid, das Chinovin. Die aus der Rinde gewonnenen Substanzen nehmen in der Heilkunde einen breiten Raum ein. In Form von Sulfat, Chlorhydrat oder Bichlorat ist das Chinin auch noch heute das Hauptbekämpfungsmittel der Malaria. Es wirkt aber nicht gegen alle Fieberkrankheiten. Es wird allein verabreicht oder in Verbindung mit anderen Medikamenten. Die Auswahl muß dem Arzt überlassen bleiben.

Pelletier und Caventou konnten das Alkaloid Chinin bereits 1820 isolieren (Morphin 1806).

Anfangs war durch die Nutzung der Chinarindenbäume die Existenz der Art bedroht, so daß Plantagen angelegt werden mußten. Durch die großen Anpflanzungen in Holländisch-Indien konnte sich Holland früher fast ein Chinin-Monopol sichern. Die tödliche Dosis des reinen Chinins beträgt 10–12 g.

Colchicin
Die Giftigkeit der Herbstzeitlose *(Colchicum autumnale)* beruht auf dem Alkaloid Colchicin, das in der ganzen Pflanze, besonders aber in deren Samen, vorhanden ist. Sie wird daher vom Weidevieh gemieden. Beim Menschen beträgt die Inkubationsfrist (die Frist zwischen Einnahme des Giftes bis zum Auftreten der Wirkung) bis zu sechs Stunden. Insofern gleicht es den Toxinen, andererseits aber auch der am Rückenmark einsetzenden Lähmung durch Arsen. Schließlich ruft es choleraähnliche Darmstörungen hervor, die, wenn die Dosis groß genug war, nach Stunden bis mehreren Tagen (Atemnot, Würgen, Erbrechen, Bluthamen) zum Tode führen.

Ansonsten ist die Herbstzeitlose eine Heilpflanze, die vor allem gegen Gichtanfälle verwendet wird (s. auch Kap. »Heilpflanzen«). Bekannter aber ist ihre Bedeutung für die künstliche Auslösung der Polyploidie. Sie hemmt die Mitose der Chromosomen bei der Zellteilung. Wenn man mit verdünnten Colchicinlösungen die vegetativen Teile einer heranwachsenden Pflanze behandelt, wird das Dickenwachstum auf Kosten des Längenwachstums verstärkt. Bei einer gleichen Behandlung der Samen verändert sich die Chromosomenzahl, d.h., sie erhöht sich (Polyploidie), und Form und Größe der erwachsenen Pflanze werden verändert. Mit dem Colchicin ist es überdies gelungen, wertvolle Hybriden, die steril waren, fruchtbar zu machen. Zahlreiche Wildpflanzen sind auf diese Weise kultiviert worden, z. B. Weizen.

Coniin
Wer die Beschreibung von Sokrates' Hinrichtung liest, weiß, daß der Philosoph den Schierlingsbecher austrank und sich ausgestreckt auf eine Bank legte. Zuerst wurden seine Beine kalt und gefühllos, seine Sinne blieben aber klar. Sein Verstand arbeitete weiter und er sprach ruhig mit seiner Umgebung. Sein Körper fühlte keine Schmerzen, nur das langsame Heraufsteigen des Giftes zum Herzen, besser zur Atemmuskulatur, mit deren Lähmung der Tod kam.

Gift von Stechapfel und Bilsenkraut

Der Gemeine Stechapfel *(Datura stramonium)* ist eine einjährige, 30–120 cm hohe Pflanze mit ungefähr 10 cm langen, weißen, schlauchförmigen Blüten, die sich am Schlund mit fünf spitzen Lappen öffnen. Die Kapselfrucht ist mit scharfen Stacheln besetzt und öffnet sich in Klappen, in denen die schwarzen Samen sitzen. Da der Gemeine Stechapfel die gleichen Alkaloide wie die Tollkirsche (s. S. 170) enthält, ist er auch wie diese giftig und wird in der Medizin zu ähnlichen Zwecken verwendet. Die Pflanze ist heute in fast allen Ländern verbreitet und in Deutschland eingebürgert, so daß ihre eigentliche Heimat nur schwer festzustellen ist. Lange Zeit war man der Ansicht, daß sie in Südrußland heimisch und von den Zigeunern verbreitet worden ist; heute hält man Mexiko für ihre Heimat. Das Schwarze Bilsenkraut *(Hyoscyamus niger)* ist eine ein- oder zweijährige, 20–80 cm hohe Pflanze mit dichtstehenden, länglich-grob gezähnten Blättern und schmutziggelben, violett geäderten Blüten, die die Form eines ungefähr 3 cm breiten Trichters haben. Der Kelch hat stechende Zähne, die Frucht ist eine Kapselfrucht. Die giftige Pflanze verbreitet einen unangenehmen Geruch. Das Schwarze Bilsenkraut wächst verbreitet auf Schuttplätzen, an Wegrändern und Dorfstraßen Deutschlands, ist aber auch in ganz Europa, Asien und Nordafrika anzutreffen. Es enthält neben Hyoscyamin (also auch Atropin) das Scopolamin und wirkt ähnlich wie die Tollkirsche, hat aber stärkere narkotische Eigenschaften.

Er kann auch früher eintreten, wenn das Atemzentrum zuerst angegriffen wird, er kann schon nach ein bis zwei Stunden kommen oder auch erst nach zwei Tagen. Aber er kann verhindert werden, wenn rechtzeitig der Magen ausgepumpt und eine künstliche Sauerstoffzufuhr eingeleitet wird.

Das Gift des Schierlings wirkt also wie Curare (s. u.) auf die motorischen Endplatten der Muskeln, auf die Sensibilität und den Nervus vagus. Die Beschreibung der Giftwirkung im Phaidon, die Sokrates selbst gegeben hat, vereint in sich eine seltene seelische Größe mit wissenschaftlicher Genauigkeit.

Der Schierling des Sokrates war der Gefleckte Schierling *(Conium maculatum)*, der fast überall vorkommt. Sein wichtigstes Kennzeichen sind die rotgefleckten Stengel, der mäuseartige Geruch und die welligen Rippen seiner Früchte, die oval und unbehaart sind. Der Wasserschierling *(Cicuta virosa)* dagegen hat ein dickes Rhizom, das durch markige Scheidewände gekammert ist. Er enthält in zahlreichen Fächern einen gelben Latex; auch er ist sehr giftig.

Curare
Einen berühmten Namen hat das indianische Pfeilgift Curare. Es zeigt sich als braune Masse mit glänzendem Bruch. Die Zusammensetzung schwankt je nach Herkunft der Pflanze. Es gibt ein Curare »in Röhren«, das in Bambusrohren aufbewahrt wird, ein Curare in »Tontöpfen« und eines »in Kalebassen« (ausgehöhlten Kürbissen).

Es wurde eben schon gesagt, daß die Nerven mit motorischen Endplatten in Verbindung stehen, auf die sie die Bewegungsimpulse übertragen. Das Curare wirkt auf diese ein und unterbricht die Reizleitung, wodurch die Muskeln nicht mehr angespannt werden können. In der Chirurgie spielt es deshalb eine große Rolle, weil man es dazu verwendet, um während einer Operation die Muskeln vollständig zu entspannen.

Die Indianer Südamerikas vergiften ihre Pfeile mit Curare, um bei ihren Opfern die Bewegungs- oder Atemmuskulatur zu lähmen. Vom Magen aus macht sich das Gift erst in größeren Mengen bemerkbar. Deshalb verzehren die Indianer auch unbedenklich ihre mit Curare erlegte Beute.

Digitalis
Über Digitalis wird ausführlich im Kap. »Heilpflanzen und ihre Anwendung«, S. 158ff., berichtet.

Kokain
Koka ist eine Droge, die aus dem Kokastrauch *(Erythroxylum coca)* gewonnen wird. Er ist etwa zwei Meter hoch und wächst wild in den Anden Boliviens und Chiles sowie in Brasilien. Die späten Blätter stehen zerstreut; beiderseits der Mittelrippe zeigen sich zwei Scheinnervaturen. Die Kelchblätter sind zusammengewachsen, die Frucht ist eine Steinfrucht. Die genannte Droge wird aus den Blättern hergestellt, die einen hohen Gehalt an Alkaloiden haben, deren bekanntestes das Kokain ist, ein Rauschgift und Lokalanästhetikum. Die Eingeborenen Perus und Boliviens kauen die Blätter. Es gibt verschiedene Blattsorten, die auch im Handel unterschieden werden.

Kokain unterscheidet sich vom Morphin grundlegend durch seine örtliche, die sensiblen Nervenendigungen lähmende und jede Schmerzempfindung, auch Geruch und Geschmack, aufhebende Wirkung, die einer allgemeinen Nervenlähmung Platz macht, wenn man das Gift direkt in die Blutbahn einführt. Es ruft keine Schlafsucht, wohl aber ein lebhaftes Wohlbefinden und, wie bei der Opiumbase, phantastische Vorstellungen meist sexueller Art hervor.

Wegen seiner Blätter wird der Kokastrauch seit langer Zeit in den warmen Ländern angebaut. Der Handel mit den Blättern und dem Kokain unterliegt strengen Rauschgiftgesetzen.

Morphin
Das Alkaloid Morphin wird aus den von den Samen befreiten Mohnkapseln gewonnen. Es ist ein lähmendes Gift, das 1804 von Sertürner aus Opium hergestellt wurde und zunächst die Schmerzempfindung herabsetzt, die Atmung vertieft und ein ausgesprochenes Wohlgefühl (Euphorie) verursacht. In höheren vergiftenden Gaben treten jedoch Kollaps, tiefer Schlaf, zentrale Atemlähmung und starke Blausucht des Gesichtes auf. Vor Eintreten der Bewußtlosigkeit stellen sich Erbrechen u. a. ein. Morphin gilt als Alkaloid der Selbstmörder, denn die toxische Dosis liegt bei der Aufnahme von 0,05 g. Wird das Zehnfache davon überschritten, ist die Menge tödlich.

Mit Morphinismus bezeichnet man die Gewöhnung an Morphium, zumeist in der krankhaften Form der Morphiumsucht. Viele, besonders physisch labile Menschen verfallen, durch Krankheit oder Verführung mit dem Morphium bekannt gemacht, der Sucht, sich immer wieder Morphium zuzuführen, um den Zustand gehobener Stimmung und der Enthemmung zu genießen. Durch die Gewöhnung wird es notwendig, die Gaben, die die gleiche Wirkung erzielen, zu erhöhen. Die Folge sind Stoffwechselstörungen, schwerer körperlicher und moralischer Verfall. Schließlich scheut der Morphinist kein Mittel, um sich in den Besitz der verbotenen Droge zu setzen. So kann er schließlich zum Verbrecher werden oder – zum Selbstmörder.

Auch Heroin, wegen der außerordentlichen Suchtgefahr berüchtigt, unterliegt ebenfalls dem Opiumgesetz.

Nikotin
s. »Nikotin, ein Pflanzengift, das süchtig macht«, S. 129.

Opium
s. »Rauschgifte«, S. 131f.

Strychnin
das bekannte Ratten- und Mäusegift, bildet ein weißes Kristallpulver, von dem 1 g in 60 l Wasser gelöst noch deutlich bitter schmeckt. Es stammt von der Brechnuß oder dem Strychninbaum *(Strychnos nux-vomica)*.

Die Brechnuß ist ein Strauch, der in Indien, Malaysia, Java und Nordaustralien heimisch ist. Er hat ovale, gegenständige Blätter, grünliche Blüten und rote Früchte von der Größe einer kleinen Aprikose. Die Brechnüsse enthalten flache Samen. Zerrieben wurden sie früher als magenstärkendes Mittel empfohlen. Der wichtigste Wirkstoff ist ein Alkaloid, das Strychnin, das in einer Dosis von 1 mg Strychnin-Nitrat als Nerventonikum verwendet wird. Diese Dosis läßt sich zwar erhöhen, kann aber nicht über lange Zeit hinweg beibehalten werden, da sich Strychnin wie Arsenik und Digitalis im Körper ansammelt.

Die Strychninvergiftung – 100 bis 300 mg Strychnin »reichen« – äußert sich starrkrampfartig, der Tod tritt durch eine Lähmung der Atemmuskulatur ein. Strychnin ist einer der stärksten Bitterstoffe, vielleicht der stärkste, den wir kennen. Er kann unmöglich verabreicht werden, ohne daß das Opfer es merkt, was die Verfasser von Kriminalromanen auch immer darüber schreiben mögen.

In Malaysia, Afrika und Südamerika wachsen viele Arten dieser Gattung, und die Eingeborenen erkannten schon früh ihre Giftwirkung. Sie benutzten sie nicht nur als Pfeilgifte bei der Jagd, sondern auch zur Beilegung von Familien- und Stammesfehden. Bemerkenswert ist, daß diese Entdeckung in mehreren Ländern gleichzeitig gemacht wurde, ohne daß irgendwelche Verbindungen zwischen ihnen bestanden hätte.

Die Malaien tauchen ihre Pfeile in den Saft des *Strychnos tieutè*, der berühmte Upas, von dem Salgari berichtete. Die Kongolesen und andere Stämme Zentralafrikas benutzen zum gleichen Zweck das Gift des *Strychnos lanceolaris*, während die Eingeborenen des Amazonas- und Orinocobeckens *Strychnos castelnei, S. crevauxiana* und *S. toxifera* verwenden. Letztgenannte Arten sind von den afrikanischen und asiatischen verschieden, da ihr Saft kein Strychnin enthält, sondern das Curare, von dem weiter oben schon die Rede war.

Strophantin
Von großer Bedeutung sind die Vertreter der Gattung *Strophantus* in Zentralafrika, mit denen, wie Livingstone 1853 feststellte, auch die Neger dieser Region ihre Pfeile vergifteten. Der Engländer Fraser entdeckte die Wirkung der Pflanzen auf das Herz und schlug sie als Heilmittel vor.

Aus dem Samen gewinnt man Strophantin, das in Form verschiedener Präparate bei Herzinsuffizienz angewendet wird; vor allem ist es von Bedeutung bei plötzlichem Herzversagen. Es wird intravenös gespritzt und wirkt sehr schnell; die Nachwirkungsdauer dagegen ist nur gering.

Strophantin ist ein Glykosid aus den Samen der im Senegal heimischen Art *Strophantus kombe.* Das reine, kristallinische Gift ist von hoher Toxizität. Minimale Spuren der kleinen Kristalle vermögen daher schon tödlich zu wirken.

Ernährung, Atmung und Wasserhaushalt der Pflanzen

Jedes Lebewesen, welches wächst, sich entwickelt und vermehrt, benötigt hierfür Betriebs- und Baustoffe, so auch die Pflanze. Aus ersteren gewinnt sie die nötigen Energien; letztere liefern das Material für ihr Wachstum.

Um Betriebs- und Baustoffe zu erhalten, muß sich die Pflanze ernähren. Sie tut dies auf andere Weise als Tiere und Menschen. Die Tierwelt – und auch der Mensch – sind in ihrer Ernährung von der Pflanzenwelt abhängig, nicht aber umgekehrt. Würden auf unserer Erde in einem Katastrophenfalle alle Pflanzen zugrunde gehen, wäre auch jedes weitere tierische und menschliche Dasein unmöglich. Tiere sind also heterotroph, Pflanzen dagegen überwiegend autotroph. Das bedeutet, Tiere und Menschen beziehen ihre Bau- und Betriebsstoffe unmittelbar oder mittelbar von der Pflanze; die Pflanze aber stellt sie sich selbst her. Sie baut sie aus bestimmten anorganischen Stoffen auf, die man als Nährstoffe bezeichnet.

In der Pflanze findet ein Stoffwechsel statt. Man versteht hierunter, daß Stoffe aus der Außenwelt aufgenommen, im Innern verarbeitet bzw. verändert und in dem Pflanzenkörper als Bau- oder Reservestoffe eingelagert, d. h. assimiliert werden. Ein Teil dieser Stoffe wird dann unter Energiegewinn wieder abgebaut; die dabei auftretenden Endprodukte werden nach außen abgegeben. Um die verschiedenen chemischen Vorgänge, die sich dabei abspielen, zu vollziehen, benötigt die Pflanze die Hilfe sogenannter Wirkstoffe. Auch diese muß sie selbst aufbauen.

Der Stoffwechsel der Pflanze verläuft in zwei Richtungen: Im Baustoffwechsel werden aus den Nährstoffen die Bau-, Betriebs- und Wirkstoffe hergestellt und die Baustoffe in der Pflanze verarbeitet. Im Betriebsstoffwechsel werden sie unter Energiegewinn umgesetzt und verbrannt, d. h. oxidiert.

Die Nährstoffe der Pflanzen

Um die Frage zu klären, welche Substanzen die Pflanze als Nährstoffe benötigt, muß zunächst untersucht werden, aus welchen Elementen sie besteht. Man stellt dies auf folgende Weise fest:

Wird frischen Pflanzen durch Trocknung Wasser entzogen, so nimmt ihr Gewicht stark ab. Der Unterschied zwischen dem Frisch- und dem Trockengewicht ergibt den Wassergehalt, der bei holzigen Teilen 35–55% ausmacht, bei Blättern 50–90%, manchmal sogar mehr, bei trockenen Samen 6–14%, bei fleischigen Früchten, wie Tomaten und Gurken, 80–95%, bei Pilzen 87–96%, bei Algen, die reine Wasserpflanzen sind, 95–98%. Die übrigbleibende Trockenmasse besteht aus den Elementen Sauerstoff, Wasserstoff, Stickstoff, Schwefel, Phosphor, vorwiegend aber aus Kohlenstoff, der bis zu 50% am Aufbau der organischen Verbindungen der Pflanze beteiligt ist. Diese organischen Verbindungen sind: Kohlenhydrate, Eiweiße, Fette, organische Säuren, Duftstoffe, Gerbstoffe und viele andere.

Bei Verbrennung der Trockenmasse entweicht ein Teil der Elemente in Gasform, z. B. der Kohlenstoff als Kohlendioxid, der Stickstoff als flüchtiges Ammoniak. Der mineralische Rückstand besteht aus einer weißlichgrauen Asche, die je nach Pflanzenart weniger als 1% bis zu 20% der Trockensubstanz ausmacht. Miehe gibt folgende Werte an: Fichtenholz 0,2%, Roggenkörner 1,6–3,5%, Roggenstroh 4,5%, Weintrauben 5,2%, Tabakblätter 18,2%, geschälter Reis 0,4%. Diese Zahlen können allerdings nur Durchschnittswerte sein, denn Boden und Klima bleiben bei ein und derselben Pflanzenart nicht ohne Einfluß auf ihren Aschegehalt. Nährstoffreichtum des Substrats sowie das Alter der Pflanzen spielen ebenfalls eine große Rolle. Außerdem weisen die einzelnen Pflanzenorgane erhebliche Unterschiede auf. Bei Zuckerrüben beträgt der Aschegehalt im Samen 5,3%, in der Rübe 3,9%, im Blatt 14,9%; Möhre: Rübe 5,6%, Blatt 13,5%; Kartoffel: Knolle 3,8%, Blatt 8,6%.

Bei einer Analyse der Asche wurden für alle höheren Pflanzen zehn Elemente nachgewiesen, die an ihrem Aufbau beteiligt sind und nie fehlen dürfen. Es sind, wie bereits genannt, Kohlenstoff, Wasserstoff, Sauerstoff, Stickstoff, Schwefel, Phosphor, als weitere Elemente Kalium, Calcium, Magnesium und Eisen. In zweiter Linie folgen Chlor, Natrium, Silicium, die wahrscheinlich unentbehrlich sind. Silicium findet sich z. B. oft in größerer Menge in Gräsern, Seggen, Binsen, Schachtelhalmen und Kieselalgen. An dritter Stelle stehen die Spurenelemente Bor, Mangan, Kupfer, Zink, Molybdän, Vanadium u. a., die zwar unentbehrlich sind, aber nur in feinsten Spuren vorhanden zu sein brauchen.

Der Sauerstoff stammt teils aus der Luft, teils aus dem Wasser, das die Pflanze aus dem Boden aufnimmt. Es liefert auch den Wasserstoff sowie die Nährsalze (in Wasser gelöste Verbindungen) Natrium, Schwefel, Phosphor, Kalium, Calcium, Mangan und Eisen, die sich ebenfalls im Boden befinden.

Sumpfzypressenwälder finden sich in Florida und Louisiana. Außer ihren im Schlamm kriechenden Wurzeln bilden die Bäume zusätzlich Atem- und Bretterwurzel aus. Der nasse Boden ist mit Wasserhyazinthen (EICHHORNIA) bedeckt.

Schon vor mehr als hundert Jahren, nämlich 1840, suchte Justus v. Liebig in seinem berühmt gewordenen Werk »Die Chemie in ihrer Anwendung auf Agrikultur und Physiologie« zu begründen, daß sich die grüne Pflanze allein von anorganischen Stoffen zu ernähren vermag. Seine Annahme fand ihre endgültige Bestätigung, als es gelang, Pflanzen in Hydrokultur (Wasserkultur), d.h. in künstlichen Nährlösungen, zu ziehen. Zu diesem Zweck werden chemisch reine Salze (Nährsalze) in Wasser gelöst. Hier eine der einfachsten Lösungen:

1000 g destilliertes Wasser H_2O
1 g Calciumnitrat $Ca(NO_3)_2$
0,25 g Monokaliumphosphat KH_2PO_4
0,25 g Magnesiumsulfat $MgSO_4 \cdot 7\ H_2O$
0,25 g Kaliumnitrat KNO_3
Spur Eisensulfat $FeSO_4$

Im allgemeinen genügen für eine Nährlösung die angegebenen neun Elemente, da der Kohlenstoff eine Sonderstellung einnimmt. Die Spurenelemente werden von der Pflanze in so geringen Mengen gebraucht, daß ihr Vorhandensein als Verunreinigung im Wasser und in den Chemikalien völlig ausreicht.

Will man eine Wasserkultur anlegen, so kann man dies auf sehr einfache Weise selbst tun: Man läßt Bohnensamen 24 Stunden lang im Wasser quellen und dann zwischen feuchtem Löschpapier keimen. Inzwischen wird ein Gefäß mit Nährlösung gefüllt und die Öffnung mit einem weitmaschigen Stoff überspannt. Durch eine Masche werden die Wurzeln der Keimlinge so hindurchgesteckt, daß sie in die Lösung eintauchen. Schon nach kurzer Zeit kann man beobachten, daß die Pflanze ausgezeichnet wächst und auch ihren Gehalt an Kohlenstoff

Photosynthese und Wasserversorgung

Wie funktioniert die Wasserversorgung der Pflanzen? Auf osmotischem Wege saugen die Zellen des Blattgewebes, die Wasserdampf an die umgebende Luft abgeben (Transpiration), das Wasser aus den Leitgefäßen an. Die Energie zur Unterhaltung der Wasserleitung braucht die Pflanze nicht durch ihren Stoffwechsel zu erzeugen. Sie nutzt nämlich ein Potentialgefälle aus, das sie in der Umgebung vorfindet. Es handelt sich um die Dampfdruckdifferenz, die zwischen dem feuchten Boden und der trockenen Luft besteht. Sie ergibt sich aus dem ständigen Wechsel der Lufttemperatur und damit indirekt aus den zeitlichen und örtlichen Schwankungen der Sonneneinstrahlung. Diese Dampfdruckdifferenz benutzt die Pflanze, indem sie ihre Wurzeln in den Boden entsendet und die übrigen wasserdurchtränkten Organe in der Luft ausbreitet. Die zur Wasserleitung verwendete Energie stammt also hauptsächlich aus der Sonnenstrahlung. Das Wasser verdunstet hauptsächlich durch die Spaltöffnungen und kann durch deren Öffnen und Schließen in gewissem Maß geregelt werden. Gering dagegen ist die Transpiration durch die Kutikula der Epidermis. In mit Feuchtigkeit gesättigter Luft, wenn keine Transpiration möglich ist, geben viele Pflanzen Wasser in Tropfenform ab (Guttation).

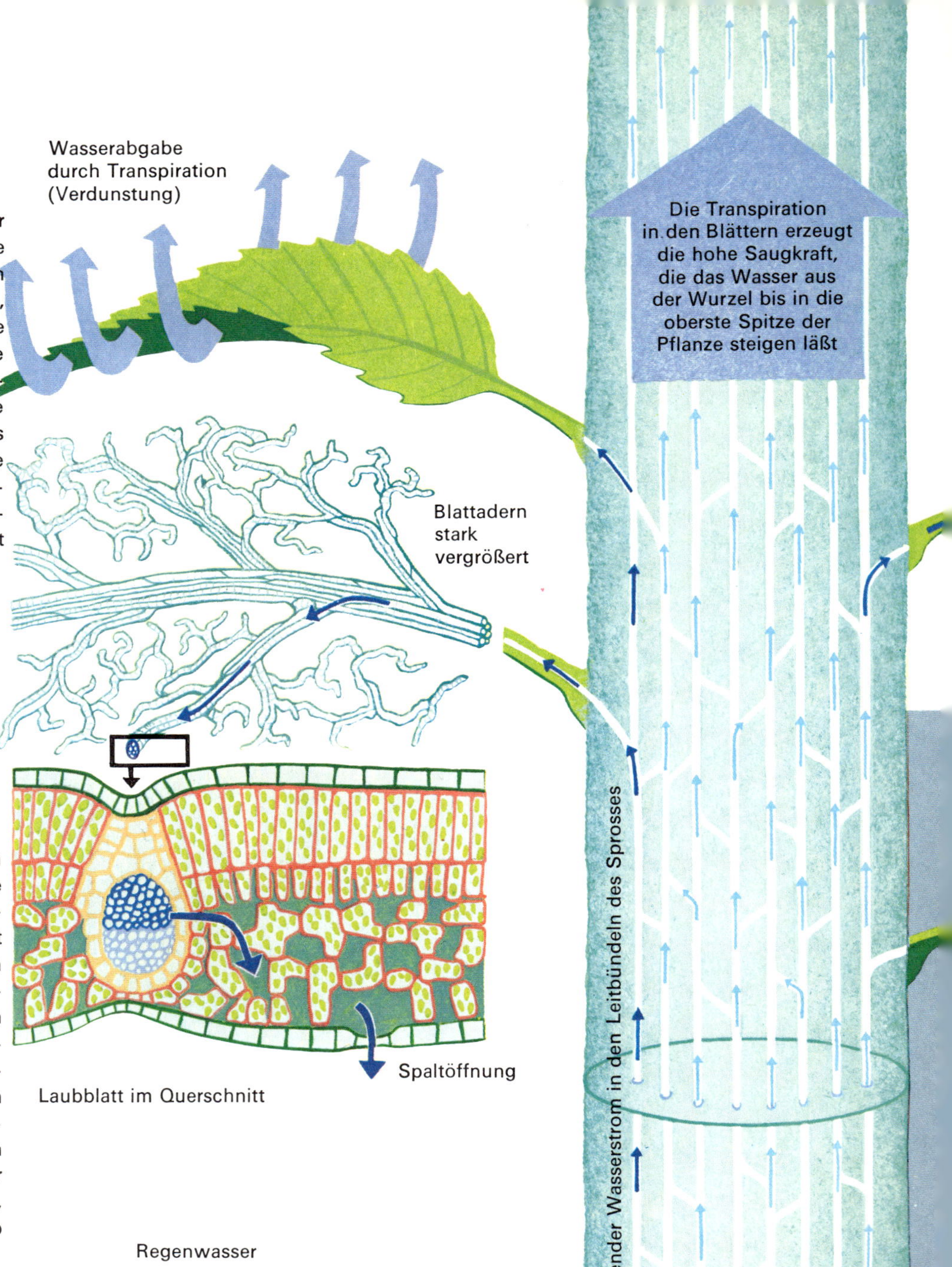

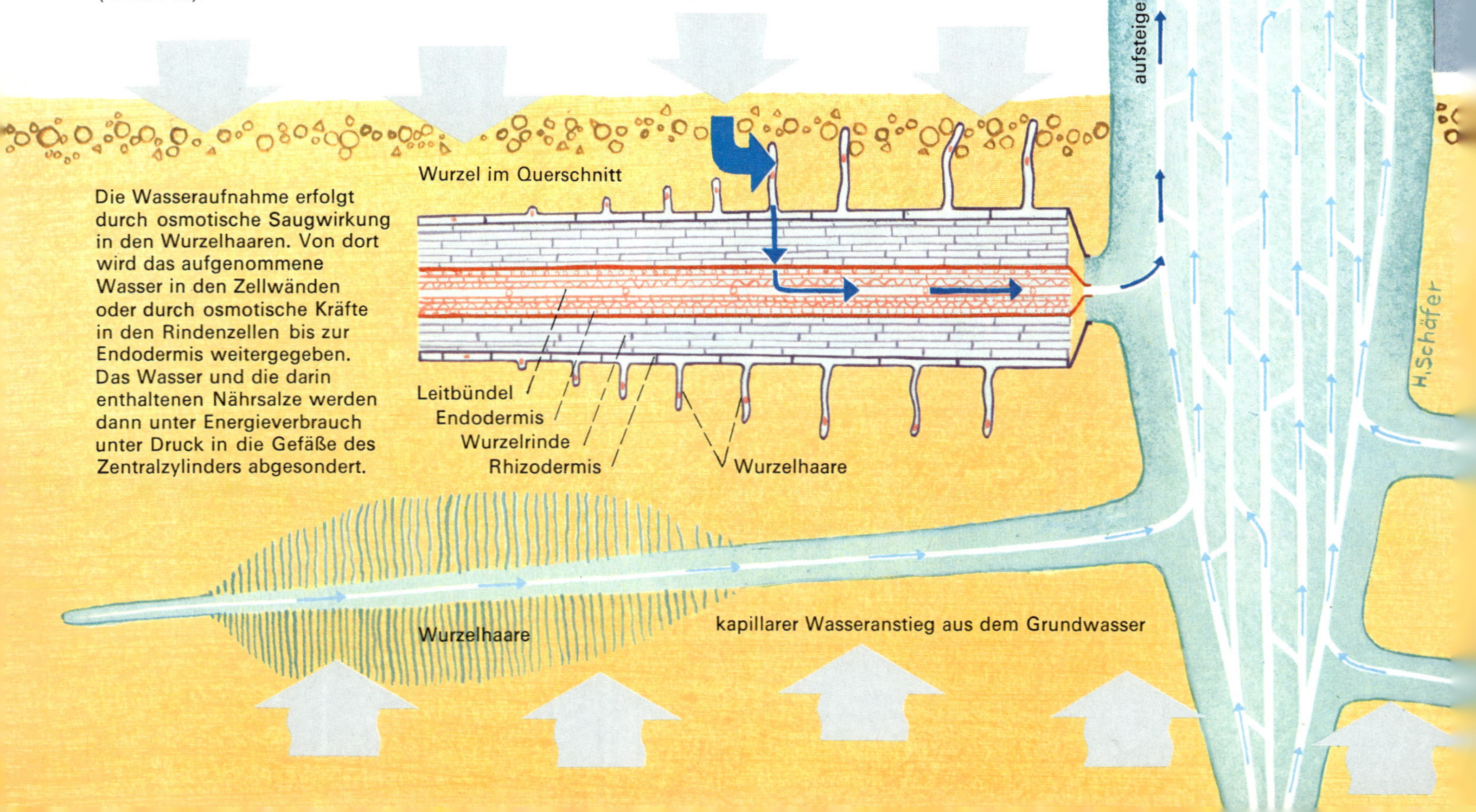

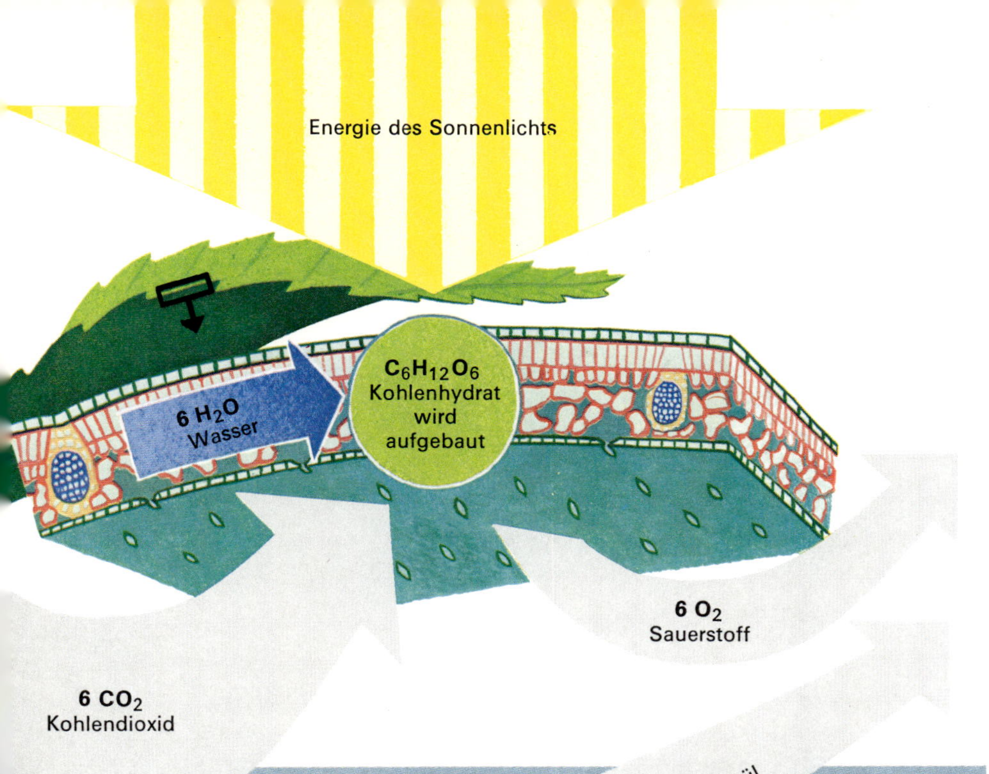

Die Photosynthese

In dem wichtigsten biochemischen Vorgang auf der Erde, der Photosynthese, werden mit Hilfe des Sonnenlichts aus Kohlendioxid (CO_2) und Wasser (H_2O) Kohlenhydrate (Traubenzucker) aufgebaut und molekularer Sauerstoff freigesetzt nach der Bruttogleichung: Lichtenergie + $6CO_2 + 6H_2O \rightarrow C_6H_{12}O_6 + 6O_2$. Die so erzeugten Kohlenhydrate dienen allen Lebewesen als Ausgangsstoff für die verschiedensten Stoffwechselvorgänge. Die Photosynthese ermöglicht die Aufnahme der Sonnenenergie und deren Umformung in chemische Energie.

Die Atmung der Pflanze

Um die chemisch gebundene Energie in den Kohlenhydraten für die Lebensprozesse zu gewinnen, müssen alle Lebewesen diese Verbindungen wieder mit Sauerstoff zu Kohlendioxid und Wasser oxidieren. Dieser Abbau (Atmung) verläuft in umgekehrter Richtung zur Photosynthese, wie folgende Bruttogleichung zeigt: $C_6H_{12}O_6 + 6O_2 \rightarrow 6CO_2 + 6H_2O$ + Energie. Auch die grünen Teile der Pflanzen atmen tagsüber. Da aber die Photosynthese überwiegt, erzeugen sie weit mehr Kohlenhydrate als sie verbrauchen. Bei mangelnder Lichtenergie ist keine Photosynthese möglich, sondern nur die Atmung. Es wird deshalb nachts kein Sauerstoff freigesetzt.

Knopsche Nährlösung	von der Crone Nährlösung
1000,00 g H_2O	1000,00 g H_2O
1,00 g Ca $(NO_3)_2$	1,00 g KNO_3
0,25 g Mg SO_4	0,50 g $MgSO_4$
0,25 g KH_2PO_4	0,50 g $CaSO_4$
0,25 g KNO_3	0,25 g Ca_3 $(PO_4)_2$
0,10 g $FeSO_4$	0,25 g Fe_3 $(PO_4)2$

Zu diesen Nährlösungen wird ein Tropfen aus der A-Z Lösung (nach Hoagland) mit folgenden Spurenelementen gegeben:

1000,000 g H_2O

0,055 g Al_2 $(SO_4)_3$	0,389 g $MnCl_2$
0,028 g KJ	0,614 g $B(OH)_3$
0,028 g KBr	0,055 g $ZnSO_4$
0,055 g TiO_2	0,055 g $CuSO_4$
0,028 g $SnCl_2$	0,059 g $NiSO_4$
0,028 g LiCl	0,055 g $Co(NO_3)_2$

Die mineralische Ernährung der Pflanze

Die einzelnen mineralischen Nährstoffe werden von den Pflanzenwurzeln vorwiegend als Ionen aufgenommen. Die Elemente wandern aber nicht in dem Mengenverhältnis in die Pflanze, wie sie sich im Boden vorfinden, sondern die Pflanze kann die Stoffe auswählen, die sie für ihren Stoffwechsel benötigt. Neben diesem Wahlvermögen kann die Pflanze die Mineralien in ihrem Zellsaft gegenüber dem Substrat anreichern. Da sie diese Stoffe gewöhnlich im Boden vorfindet, müssen sie bei künstlichen Nährböden (z. B. Hydrokultur) zugesetzt werden. Je nach den Ansprüchen der Pflanzenwelt verändert man die Zusammensetzung der Salze in der Nährlösung und fügt auch Elemente hinzu, die nur in äußerst geringen Spuren gebraucht werden (Spurenelemente). Sind im Erdboden bestimmte Salze nicht hinreichend vorhanden, müssen sie, damit die Pflanze nicht verkümmert, durch Düngung zugeführt werden.

vermehrt, obwohl er als einziges der zehn notwendigen Elemente nicht in der Lösung enthalten ist. Er braucht es auch nicht zu sein, denn die Grünpflanze nimmt ihn, wie schon gesagt, aus der Luft auf, wo er in Form von verbranntem Kohlenstoff, dem gasförmigen Kohlendioxid, enthalten ist.

In bezug auf den Kohlenstoff, teilweise auch auf den Stickstoff, zeigen die verschiedenen Pflanzengruppen allerdings grundsätzliche Unterschiede. Ohne fremde Hilfe bauen alle Pflanzen mit Blattgrün und auch einige Bakterien aus anorganischen Stoffen – Kohlendioxid, Wasser und Salzen – ihre gesamte Körpersubstanz selbständig auf. Sie werden als autotrophe Pflanzen bezeichnet. Für sie gilt das zu Beginn dieses Kapitels Gesagte: Sie würden ohne weiteres ohne die Tierwelt existieren können. Anders ausgedrückt: Die Autotrophie ist ausschließlich auf das Pflanzenreich beschränkt.

In den meisten Fällen ist es die Strahlung der Sonne, mit deren Hilfe die autotrophen Pflanzen ihren Energiebedarf dekken. Solche Pflanzen werden photoautotroph genannt, der Prozeß der Energiegewinnung als Photosynthese bezeichnet. Hierüber wird später noch ausführlich zu sprechen sein. Jedoch sind auch einige niedere Organismen in der Lage, anorganische Stoffe zu verbrennen und die so gewonnene Energie für den Aufbau organischer Substanzen zu verwenden. Solche Organismen werden chemoautotroph genannt, der Vorgang der Energiegewinnung entsprechend Chemosynthese.

Auf dem Grund stehender Tümpel und Gewässer, die reich an faulenden Eiweißstoffen sind, aber auch im Meer leben farblose Schwefelbakterien, die den bei der Fäulnis entstehenden Schwefelwasserstoff oxidieren:

$$2\,H_2S + O_2 \rightarrow 2\,H_2O + S_2 + 122\ \text{kcal.}$$

In den Zellen der Schwefelbakterien sind im Lichtmikroskop kleine Schwefeltröpfchen sichtbar. Der Schwefel kann weiter zu Schwefelsäure oxidiert werden, die sogleich in Sulfat übergeht:

$$S_2 + 3\,O_2 + 2\,H_2O \rightarrow 2\,H_2SO_4 + 284\ \text{kcal.}$$

Auf den Rieselfeldern der Abwässerreinigung spielen diese Bakterien eine große Rolle. Im Schwarzen Meer bilden sie in etwa 200 m Tiefe eine Zone, die den aufsteigenden Schwefelwasserstoff umsetzt und beseitigt.

Auch die Assimilationstätigkeit der im Boden lebenden nitrifizierenden Bakterien, die Ammoniak zu Nitrit und dieses zu Nitrat oxidieren, beruht auf Chemosynthese:

$$2\,NH_3 + 3\,O_2 \rightarrow 2\,HNO_2 + 2\,H_2O + 158\ \text{kcal.}$$

$$2\,HNO_2 + O_2 \rightarrow 2\,HNO_3 + 43{,}2\ \text{kcal.}$$

Beim Kreislauf des Stickstoffs spielen die Bodenbakterien bei der Umsetzung der organischen Stickstoffverbindungen eine besonders große Rolle. Der Stickstoff wird von der Grünpflanze als anorganisches Salz aufgenommen – bei Kartoffeln, Hafer, Buchweizen vorwiegend als Ammoniak, sonst meist als Salpeter (Nitrat). Er wird in den Pflanzen zu lebendem Eiweiß assimiliert. Sobald die Pflanzen absterben, beginnt unter der Einwirkung verschiedener Bodenbakterien die Zersetzung der stickstoffhaltigen Eiweißstoffe, bis schließlich wieder Salpeter entsteht. Zunächst spalten Fäulnisbakterien den Stickstoff als gasförmiges Ammoniak ab. Durch sogenannte Nitritbakterien wird das Ammoniak dann mit Hilfe von Luftsauerstoff zu Nitrit, dieses sofort von Nitratbakterien zu Nitrat oxidiert. Diese Salpeterbildung wird als Nitrifikation bezeichnet, die dabei beteiligten Bakterien als nitrifizierende Bakterien. Durch Fäulnis und Nitrifikation wird also der in organischen Verbindungen gebundene Stickstoff nach einem Kreislauf in seine anorganische Ausgangsform zurückgeführt.

In den Kreislauf des Stickstoffs sind noch einige weitere Vorgänge eingeschaltet. Bestimmte Bakterien, sogenannte Salpeterfresser, bauen Salpeter zu gasförmigem, für die meisten Pflanzen wertlosem Stickstoff ab. Diese »Denitrifikation« hat für die Landwirtschaft Verluste zur Folge. Da manche Fäulnisbakterien Eiweiß zu Stickstoff zersetzen, verringert sich auch dadurch der Bodenvorrat an Salpeterstickstoff.

Weitere chemosynthetisch assimilierende Bakterien sind die Eisenbakterien in eisenhaltigen Gewässern, die Eisen(2)oxid zu Eisen(3)oxid verarbeiten, und die im Schlamm lebenden Wasserstoffbakterien, die den bei der Zellulosegärung sich bildenden Wasserstoff zu Wasser oxidieren:

$$2\,H_2 + O_2 \rightarrow 2\,H_2O + 136\ \text{kcal.}$$

Neben den Grünpflanzen gibt es aber auch Pflanzengruppen, die in bezug auf den Kohlenstoff stets, im Hinblick auf den Stickstoff teilweise auf organische Stoffe angewiesen sind, die ihnen von anderen Pflanzen, verwesenden organischen Stoffen oder dergl. geliefert werden müssen. Diese Gruppe wird als heterotroph bezeichnet. Zu ihr gehören Pflanzen ohne Blattgrün, z.B. alle Pilze, viele Bakterien und als Parasiten lebende höhere Pflanzen (vgl. Kap. »Sonderformen . . .« S. 172).

Die Bedeutung der Elemente für die Pflanzen

Es wurde bereits gesagt, daß Kohlenstoff die Grundlage jeder organischen Substanz darstellt. Stickstoff wiederum ist ein wichtiger Bestandteil von Eiweiß, auch des Chlorophylls sowie vieler Vitamine, des Thiamins, Laktoflavins, der Pantothensäure, Folsäure, des Nikotinsäureamids, Pyridoxins, Biotins u.a., der Phosphatide (Kephaline, Lezithine, Plasmalogene) und Nukleotide. Für manche Eiweißverbindungen sind auch Phosphor und Schwefel erforderlich. Liegt Stickstoffmangel vor, werden die Wurzeln überlang und verzweigen sich nur wenig.

Schwefel findet sich in den Proteinen, aber auch im Thiamin, Laktoflavin und Biotin.

Phosphor ist ein hochwichtiger Bestandteil der Phosphor- und Nukleoproteide, zahlreicher Fermente und der Phosphatide. Er ist deshalb von größter Bedeutung für die lebende Zelle. Phosphorsäure ist wichtig für den Auf- und Abbau der Kohlenhydrate sowie für die Synthese von Fettsäuren und Polypeptiden. Fehlen Stickstoff oder Phosphor, stellt die Pflanze ihr Wachstum ein und geht schließlich zugrunde.

Magnesium ist ein wichtiger Bestandteil des Chlorophylls.

Die Aufgabe des Kaliums in der Pflanze ist noch nicht genau bekannt. Sehr wahrscheinlich wird der Wasserhaushalt der Zellen von diesem Element stark beeinflußt (Miehe, 1961), da es auf die Plasmakolloide stark quellend wirkt. Besonders reich an Kalium sind junge, lebenskräftige Organe. Bei Kaliummangel weisen die Blätter weiße bis gelbe Flecken auf, ein äußeres Anzeichen dafür, daß das Gewebe an diesen Stellen abgestorben ist. Auch die Photosynthese wird durch Kalium beeinflußt.

Das Element Eisen ist für alle Pflanzen unentbehrlich. Es spielt u.a. als Bestandteil der Atmungsfermente eine bedeutsame Rolle. Bei Eisenmangel geht den Grünpflanzen die Fähigkeit verloren, Chlorophyll zu bilden. Die Blätter nehmen eine Gelbfärbung an (Eisenchlorose).

Wie bei Kalium ist auch die Aufgabe des Calciums noch umstritten. Fest steht, daß es eine stark entquellende Wirkung auf die Plasmakolloide ausübt und dadurch dem Kalium entgegenwirkt. Erleiden höhere Pflanzen Calciummangel, sterben die Wurzeln schnell ab. In manchen Fällen weisen die Blätter eine weiße Streifung auf.

Wie bereits angedeutet wurde, müssen den Pflanzen auch

Spurenelemente zugeführt werden, sollen sie ein normales Wachstum zeigen. So dürfte z. B. Bor für die Angiospermen ein lebenswichtiges Element sein. Bei den Koniferen wiederum rufen schon Bormengen in einer Konzentration von 1:1 000 000 Gewebeschäden in den Nadeln hervor. Bei Schmetterlingsblütlern, Zuckerrüben und Tomaten gehen bei Bormangel die Vegetationspunkte der Wurzeln und des Sprosses zugrunde.

Weitere lebenswichtige Spurenelemente sind Mangan, Kupfer und Zink. Miehe weist darauf hin, daß Mangan an der Reduktion des Nitrates zum Nitrit und dieses zum Ammoniak beteiligt sein soll. Auch scheinen Beziehungen zwischen diesem Element und der Chlorophyllbildung sowie der Photosynthese zu bestehen. Bei Manganmangel tritt beim Hafer die Dörrflekkenkrankheit auf. Auch Mangelerscheinungen an anderen Pflanzen sind beobachtet worden.

Kupfermangel wiederum ruft bei zahlreichen Kulturpflanzen die sogenannte Urbarmachungskrankheit (durch Mangelerscheinungen bedingt) hervor. Von anderen Spurenelementen, z.B. Zink, Kupfer und Mangan, ist bekannt, daß sie Bestandteile von sogenannten Koenzymen (organischen Verbindungen) sind.

Kobalt ist – nach Miehe – ein Bestandteil von Aktivatoren bei enzymatischen Prozessen. Auch kommt es in den Vitaminen der B_{12}-Gruppe vor.

Chlor ist für verschiedene Salzpflanzen von großer Bedeutung; auf andere Pflanzen dagegen wirkt es wie ein starkes Gift. Das schon genannte Silicium benötigen die Kieselalgen *(Diatomeen)* zum Aufbau ihrer Panzer. Tomaten, Gerste und Hafer zeigen bei Molybdän-Mangel nur schlechtes Wachstum, wenn mit Nitraten gedüngt wird. Ohne Molybdän können auch bestimmte Bakterien keinen Luftstickstoff binden (Acetobacter, Rhizobium-Arten).

Die bei den Assimilationsvorgängen erzeugten Stoffe werden nicht an ihren Entstehungsorten, sondern an ganz anderen Stellen verbraucht. Darum fließt überall dorthin, wo die Pflanze wächst und neue Organe bildet, ein Strom von Nährstoffen. Was die Pflanze im Augenblick nicht braucht, wird zu Reservebehältern (z.B. Knollen, Zwiebeln, Samen u.a.) geleitet und dort gespeichert.

Zur Aufnahme der gelösten Nährsalze aus dem Boden sowie zum Transport der Nährstoffe zu den Orten, wo sie gebraucht werden, ist ein kompliziertes Wasserleitungssystem notwendig. Die für den Baustoffwechsel erforderlichen Elemente werden in Form von Wasser und Nährsalzen durch das reichverzweigte Wurzelwerk aus dem Boden aufgenommen. Die Wurzel dringt in diesen ein und schmiegt sich den Erdkrümelchen so fest an, daß Wurzelgeflecht und Bodenteilchen zusammen den sogenannten Wurzelballen bilden.

Die Aufnahme der gelösten Nährsalze durch die Wurzelhaare beruht vorwiegend auf osmotischen Vorgängen. Diese können wie folgt erklärt werden: im Zellsaft der Vakuole sind viele Stoffe gelöst, für die der Tonoplast undurchlässig oder nur schwer durchlässig ist. Gewöhnlich ist der Zellsaft höher konzentriert als die Außenlösung. Er entwickelt einen osmotischen Druck, mit dessen Hilfe die Zelle aus der Umgebung Wasser aufnimmt. Dadurch verdünnt sich der Zellsaft und nimmt an Menge zu, so daß der die Vakuole einschließende Plasmaschlauch gedehnt wird. Man könnte diesen mit der Blase eines Fußballs vergleichen, den Zellsaft mit der Luft in der Blase, den osmotischen Druck des Zellsaftes mit dem Druck der angesetzten Luftpumpe. Je mehr Luft in die Blase hineingepumpt wird, desto mehr nimmt sie an Größe zu. Damit die dehnbare Fußballblase nicht platzt, wird sie in eine widerstandsfähige, kaum dehnbare Lederhülle gesteckt. Dadurch wird die Festigkeit und Formbeständigkeit des Fußballs erhöht. Das gleiche Prinzip ist bei der Pflanzenzelle zu finden. Dort entspricht der Lederhülle die derbe Zellwand. Der durch die Wasseraufnahme des Zellsaftes sich vergrößernde Plasmaschlauch drückt gegen die Zellwand, die die Ausdehnung begrenzt und ein Platzen verhindert.

Den Druck des Plasmaschlauches gegen die Zellwand bezeichnet man als Turgor. Wie die Festigkeit beim Fußball auf dem Luftdruck beruht, so sind Festigkeit und Formbeständigkeit der pflanzlichen Zelle auf den Turgor zurückzuführen. Gibt die Zelle Wasser ab, dann sinkt ihr Turgor und damit auch ihre Festigkeit. Praktisch bedeutet dies, daß die Pflanzen an heißen, trockenen Tagen welk werden, weil sie mehr Wasser verdunsten, als sie mit den Wurzelballen aufnehmen können. Werden die welken Pflanzen gegossen, so nehmen die Zellen wieder Wasser auf, ihr Turgor steigt, sie werden prall und die Pflanzen wieder »frisch« (vgl. auch Kap. »Die Pflanzenzelle« S. 50).

Die osmotische Wirkung der Pflanzenzelle ist nicht nur die Grundlage der Formbeständigkeit der Pflanze, sondern auch vieler Lebensvorgänge, die in ihr stattfinden. Mit Hilfe der Osmose nimmt die Pflanze Wasser und andere Stoffe auf und leitet sie in ihrem Innern weiter. Allerdings nehmen die Wurzelhaare nicht alles auf, was ihnen in der Nährlösung der Wasserkultur oder des Bodens geboten wird. Sie eignen sich vor allem diejenigen Stoffe an, die die Pflanze braucht. Dabei zeigen die verschiedenen Pflanzenarten ein unterschiedliches Aufnahmevermögen, da sie trotz gleichen Standortes einen verschiedenen Salzgehalt haben. Auch die Organe ein und derselben Pflanze unterscheiden sich in ihrem Nährsalzgehalt, da die Zellen der einzelnen Organe ein verschiedenes Speicherungsvermögen besitzen. Aufgrund dieser Tatsache reichert die Pflanze manche Salze in ihren Zellen so an, daß sie dort in wesentlich höherer Konzentration vorhanden sind als in der Bodenlösung.

Erstaunlich ist, daß die Pflanze selbst feste Bestandteile zu zersetzen vermag, falls die Nährsalze nicht in gelöster Form im Bodenwasser vorhanden sind. Zu diesem Zweck scheiden die Wurzeln Säuren aus, die die mineralischen Bestandteile des Bodens zerlegen und auflösen. Dieser kann also von den Wurzeln regelrecht »aufgeschlossen« werden.

Die Assimilation des Kohlenstoffs

Noch vor etwa einem Jahrhundert war man der Ansicht, daß eine Grünpflanze ihren Kohlenstoffbedarf aus dem Bodenhumus deckt. In der zweiten Hälfte des 18. Jahrhunderts häuften sich jedoch Beobachtungen, die die Richtigkeit dieser Annahme in Zweifel stellten. So fand z.B. Joseph Priestley 1772, daß Tiere die Luft »verschlechtern«. Dabei entstünde ein »Gas«, das eine Kerze zum Erlöschen bringe und Tiere und Menschen sogar töten könne. Pflanzen hingegen wirkten einer solchen schädigenden Wirkung nicht nur entgegen, sie höben sie sogar auf und verbesserten die Luft.

Wenige Jahre später, im Jahre 1779, zeigte Jan Ingen-Housz, daß es hierbei eine Einschränkung gab: Nur Pflanzen mit grünen Blättern waren in der Lage, das schädliche Gas aufzunehmen, nicht aber ihre Wurzeln und Samen. 1804 gelang Theodor von Saussure der Nachweis, daß Pflanzen einen doppelten Gaswechsel besitzen: Einmal verbrauchen sie gleich den Tieren und Menschen Sauerstoff und geben Kohlendioxid ab. Bei Sonnenlicht aber ist der Prozeß ein umgekehrter: sie nehmen Kohlensäure auf und geben Sauerstoff ab. Dieser gera-

dezu umwälzenden Erkenntnis aber erging es so, wie vielen anderen in der Wissenschaft auch: Die alte, auf Aristoteles zurückgehende »Humustheorie« triumphierte und behielt die Vorherrschaft, bis Justus v. Liebig sie 1840 endgültig zu Fall brachte und überzeugende Beweise dafür lieferte, daß das CO_2 der Luft die einzige Kohlenstoffquelle der grünen Pflanze ist.

Es wurde bereits mehrfach gesagt, daß Pflanzen, die Blattgrün besitzen, sich restlos von anorganischen Stoffen zu ernähren vermögen und deshalb autotroph genannt werden. Auch einige Bakterien sind hierzu in der Lage. Lebewesen, die über diese Fähigkeit nicht verfügen, werden als heterotroph bezeichnet. Die Autotrophie tritt in zwei Formen auf: als Photosynthese und als Chemosynthese. Befassen wir uns zunächst mit der ersten:

Die Photosynthese besteht darin, daß chlorophyllhaltige Zellen mit Hilfe des Sonnenlichtes, indem sie dessen Strahlungs-

Ständig ziehen Nebel über die südamerikanischen Anden. In 3000 m Höhe herrscht eine Durchschnittstemperatur von 8–12° C; die relative Luftfeuchtigkeit liegt weit über 70%. Den Pflanzen, die hier wachsen, ist die wasserdampfgesättigte Luft ein Bedürfnis. Die Anden sind von zahlreichen Vulkanen geprägt. Der westliche Steilabfall erstreckt sich bis ins Meer. In ihrem Innern bergen sie noch zahlreiche unerschlossene Erzlager, wie Gold, Silber, Kupfer und Zinn. Sie finden ihre Fortsetzung in den Kordilleren.

energie absorbieren, aus CO_2 und H_2O Kohlenhydrate aufbauen. Wie zahlreiche Versuche unter den verschiedensten Gesichtspunkten ganz eindeutig bewiesen haben, ist die Luftkohlensäure die einzige C-Quelle der Grünpflanze. Auch die schon geschilderte Wasserkultur beweist, daß Pflanzen in Nährlösungen gedeihen, die völlig frei von Carbonaten sind.

Man bezeichnet den Vorgang, das CO_2 der Luft zu verwerten, als Photosynthese und versteht darunter – auf die einfachste Formel gebracht – die Fähigkeit der Grünpflanzen, aufgenommene Nahrung in Körpersubstanz umzuwandeln.

Daß bei der Assimilation nicht nur CO_2, sondern auch Wasser chemisch gebunden wird, geht daraus hervor, daß als Bildungsprodukt Kohlenhydrate entstehen. Infolgedessen ist auch das Gewicht der Assimilate größer als das des aufgenommenen Kohlendioxids.

Tritt Dunkelheit ein, hört die Assimilation sofort auf. Um die große Bedeutung des Lichtes bei diesem Prozeß zu verstehen, muß man sich klarmachen, daß die Synthese von Kohlenhydraten aus CO_2 und H_2O ein Vorgang ist, der Energie verlangt, da notwendigerweise eine Reduktion des Kohlendioxids stattfinden muß. Diese Energiequelle stellt das Sonnenlicht dar. Bei der Verbindung von CO_2 und H_2O muß es weiterhin zu einer Abspaltung von Sauerstoff kommen. Jede Assimilation ist daher auch mit der Produktion von O_2 verbunden.

Wie v. Guttenberg zur Bildung der Assimilate ausführt, läßt sich leicht feststellen, daß sich in den Chlorophyllkörnern schon nach kurzer Zeit Stärkekörner bilden, die bei Verdunkelung wieder verschwinden. Stärke ist also das erste sichtbare Assimilationsprodukt. Daß sie aber nicht das erstgebildete ist, geht daraus hervor, daß die Sauerstoffentwicklung bei Licht sofort, die Stärkebildung aber erst einige Minuten später einsetzt. Auch wird es für äußerst unwahrscheinlich gehalten, daß ein hochmolekularer Stoff wie die Stärke unmittelbar aufgebaut wird. Vielmehr muß angenommen werden, daß vorher einfachere Kohlenhydrate entstehen. Daß es sich um Verbindungen aus dieser Stoffgruppe handelt, läßt sich schon daraus ableiten, daß der sogenannte Assimilationskoeffizient, nämlich das Verhältnis des abgegebenen Sauerstoffs zur aufgenommenen Kohlensäure, $\frac{O_2}{CO_2} = 1$ ist. Dieses Verhältnis aber trifft zu, wenn man die Bildung von Traubenzucker annimmt. Dann ergibt sich nämlich die Gleichung:

$$6\ CO_2 + 6\ H_2O + 675\ \text{kcal.} \rightarrow C_6H_{12}O_6 + 6\ O_2$$

Nultsch sagt in diesem Zusammenhang, daß die Bezeichnung »Assimilation des Kohlendioxids« dem wahren Sachverhalt nicht ganz gerecht würde und begründet dies folgendermaßen: Bei der Photosynthese wird Strahlungsenergie absorbiert und

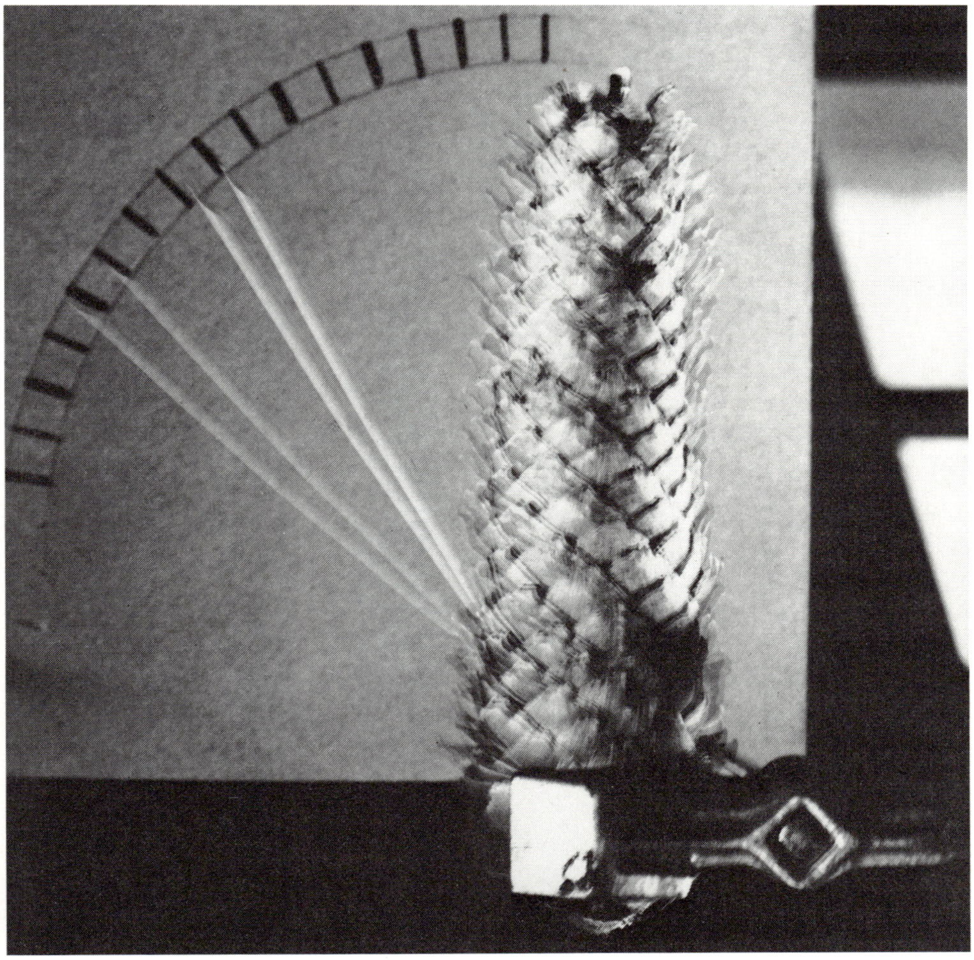

Feuchtigkeitsmessung an einem Fichtenzapfen. Bei wechselnder Luftfeuchtigkeit spreizen sich die Schuppen verschieden stark ab.

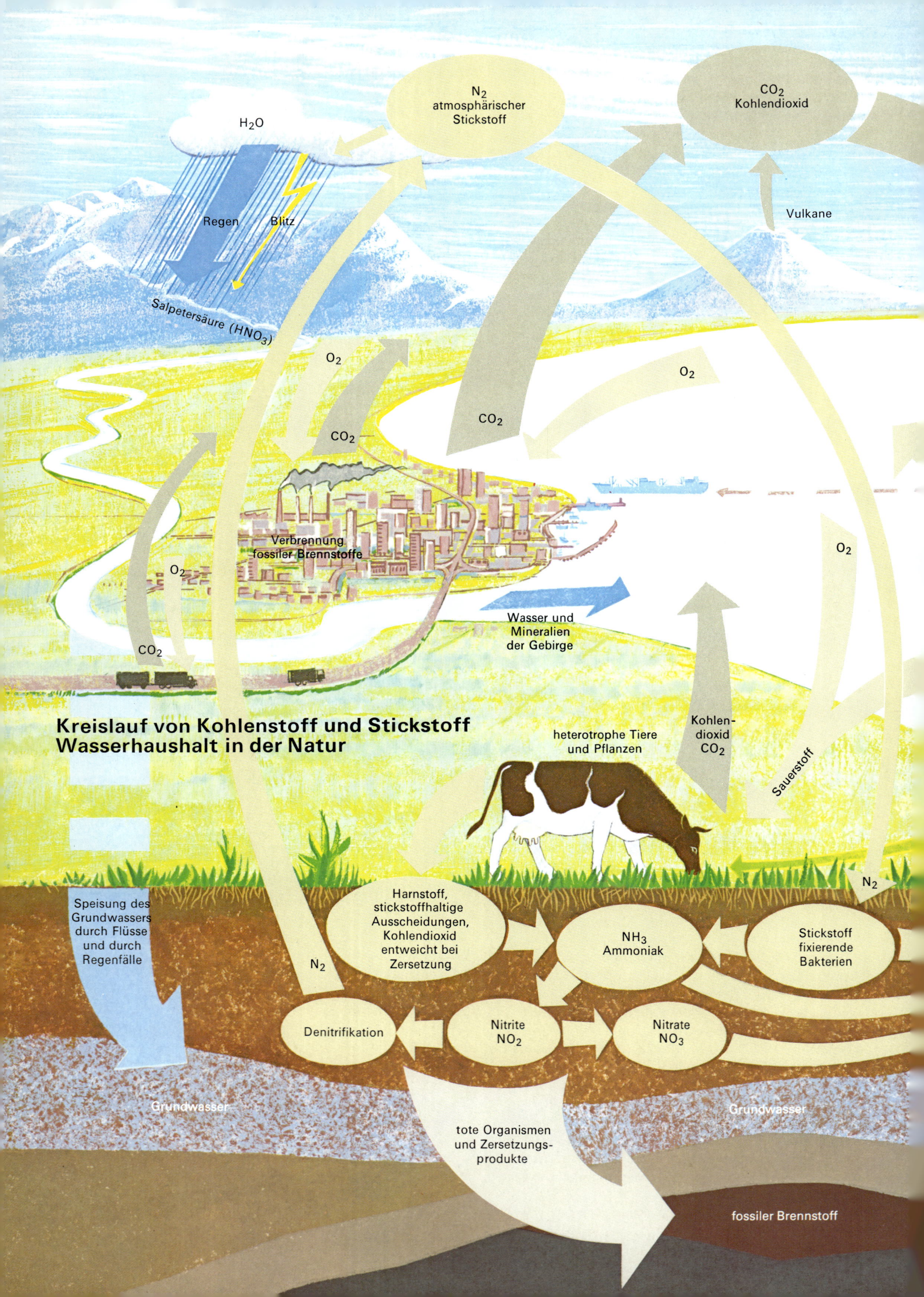
Kreislauf von Kohlenstoff und Stickstoff
Wasserhaushalt in der Natur
N_2 atmosphärischer Stickstoff
CO_2 Kohlendioxid
H_2O
Regen
Blitz
Salpetersäure (HNO_3)
Vulkane
O_2
CO_2
O_2
CO_2
O_2
O_2
CO_2
O_2
Verbrennung fossiler Brennstoffe
Wasser und Mineralien der Gebirge
heterotrophe Tiere und Pflanzen
Kohlendioxid CO_2
Sauerstoff
N_2
Speisung des Grundwassers durch Flüsse und durch Regenfälle
Harnstoff, stickstoffhaltige Ausscheidungen, Kohlendioxid entweicht bei Zersetzung
NH_3 Ammoniak
Stickstoff fixierende Bakterien
N_2
Denitrifikation
Nitrite NO_2
Nitrate NO_3
Grundwasser
Grundwasser
tote Organismen und Zersetzungsprodukte
fossiler Brennstoff

Strahlungsenergie der Sonne
Strahlungsenergie der Sonne
H_2O
auf dem Meer verdunstetes Wasser regnet über dem Land ab
N_2 atmosphärischer Stickstoff
CO_2
Blaualgen
Algen
Photosynthese ($C_6H_{12}O_2$)
O_2
CO_2
Transpiration H_2O
O_2
O_2
Photosynthese
$C_6H_{12}O_6$
Kohlenhydrate
Nahrung für Tiere und Pflanzen
$C_6H_{12}O_6$
Verdunstung
Förderung fossiler Brennstoffe (Erdöl)
Ammoniak Nitrate
ckstoff-
rbindungen
nmoniak
Nitrate
H. Schäfer
mineralische Partikel
Verwesung
Sedimente

in die Form einer chemischen Bindung überführt. Chemisch betrachtet besteht sie in einer Abspaltung von Wasserstoff aus dem Wasser unter Freisetzung von Sauerstoff. Der Wasserstoff wird auf das Kohlendioxid übertragen und in Form einer metastabilen (leicht zerfallenden) Kohlenstoffverbindung festgelegt. Das Kohlendioxid fungiert also lediglich als Empfänger (Akzeptor) für den Wasserstoff. Die Trennung des Wasserstoffs vom Sauerstoff ist eine endergonische (energieverbrauchende) Reaktion, bei der genauso viel Energie zugeführt werden muß, wie bei der Wasserbildung aus Wasserstoff und Sauerstoff (Knallgasreaktion) frei wird. Als Gesamtbilanz der Photosynthese ergibt sich die folgende Gleichung:

$$6\,CO_2 + 12\,H_2O \xrightarrow{675\ \text{kcal}} C_6H_{12}O_6 + 6\,O_2 + 6\,H_2O$$

Folgt man weiter der Beweisführung v. Guttenbergs, so ist Stärke ein Polymerisationsprodukt der Glukose. Der Beweis, daß bei der Assimilation Zucker nachzuweisen ist, läßt sich leicht erbringen. Die Blätter mancher Pflanzen bilden sogar nur Glukose, z.B. die Laucharten *(Allium)*. Man bezeichnet sie als Zuckerblätter im Gegensatz zu Stärkeblättern. Zwischen beiden Typen sind vielerlei Übergänge möglich. Auch ließ sich der Nachweis erbringen, daß Blätter, die im Dunklen auf einer Zuckerlösung schwimmen, diese aufnehmen und aus dem Zucker Stärke aufbauen. Bei erhöhter CO_2-Zufuhr können Zuckerblätter auch Stärke bilden. Demnach besitzen die Chloroplasten die Fähigkeit, aus löslichen Kohlenhydraten Stärke zu synthetisieren, und – so folgert v. Guttenberg – ist die Stärkebildung somit ein sekundäres Ergebnis der Assimilation.

Die Bedeutung des Sonnenlichts als Energiequelle für den Assimilationsprozeß kann gar nicht hoch genug eingeschätzt werden, ist durch das Licht doch erst eine Photosynthese möglich. Diese aber ist nicht nur für die Pflanze selbst eine Existenzfrage. Vielmehr ist die Tatsache, daß bei der Photosynthese kosmische Lichtenergie in potentielle chemische verwandelt wird, von fundamentaler Bedeutung für die Existenz der gesamten Organismenwelt, wird dabei doch in einzigartiger Weise und im größten Maßstab aus anorganischen Stoffen der lebensnotwendige Zucker erzeugt. Er ermöglicht der autotrophen Pflanze direkt, den heterotrophen Lebewesen indirekt den Aufbau ihrer Körpersubstanz. Darüber hinaus besteht jederzeit die Möglichkeit, die gebundene Energie aus den gespeicherten Kohlenhydraten in Atmungsvorgängen wieder freizusetzen und zur Bestreitung aller Prozesse zu verwenden, die Energie erfordern. In diesem Zusammenhang soll auch auf die gewaltigen Energievorräte hingewiesen werden, die in den Lagern von Kohle und Erdöl schlummern und die wir der Photosynthese vergangener Zeiten zu verdanken haben.

Umfang und Ausmaß der Assimilation werden durch eine Reihe von Faktoren beeinflußt: Intensität des Lichtes, Höhe der Temperatur und CO_2-Gehalt der Luft. Eine weitere Beeinflussung erfolgt durch den Eintritt der Kohlensäure durch die Stomata. Diese sind Spaltöffnungen, die sich zumeist auf der Unterseite des Blattes befinden (bei Schwimmblättern von Wasserpflanzen auf der Oberseite), und von außerordentlicher Kleinheit. Die Öffnungsweite der Spaltöffnungen ist wiederum vom Feuchtigkeitsgehalt der Luft, von der Beleuchtungsstärke und anderen Faktoren abhängig. Auch innere Umstände sprechen mit. Stets ist so reichlich Chlorophyll vorhanden, daß auch die günstigsten Außenbedingungen optimal ausgenützt werden können. Andererseits kann sich schon ein geringer Wasserverlust der assimilierenden Zellen hemmend auswirken, was die Bedeutung der Epidermis als Schutzorgan gegen Wasserverlust besonders unterstreicht. Liegt auch nur einer der genannten Außenfaktoren – Licht, Temperatur oder CO_2-Gehalt – unter dem optimalen Wert, so wird das Ausmaß der Assimilation begrenzt. Bei einem noch weiteren Absinken kann diese schließlich ganz zum Stillstand kommen.

v. Guttenberg weist darauf hin, daß die Abhängigkeit der Assimilation von zahlreichen Faktoren bedingt ist, so daß ihr Tagesverlauf sehr großen Schwankungen unterliegen kann. Man könnte zunächst erwarten, daß der CO_2-Verbrauch mit der Lichtintensität ansteigt und um die Mittagsstunde ein Optimum erreicht. Dies ist aber nur selten der Fall. Wie Beobachtungen gezeigt haben, sinkt gerade an klaren, sonnigen Tagen die Assimilation mittags ab, um später wieder anzusteigen. Hierfür gibt es mehrere Erklärungen: Die Ursache dieses Verhaltens kann einmal ein Schließen der Spaltöffnungen in den heißesten Tagesstunden sein; es kann aber auch eine vorübergehende Übersättigung mit Assimilaten vorliegen, die sich störend auf die Tätigkeit der Chloroplasten auswirkt.

Ist das Wetter trübe, hängt die Intensität der Assimilation weitgehend von der Wolkenbildung ab. Auch Klima, Standort und die Verschiedenheit der Pflanzenarten spielen eine große Rolle. Im Mittelmeerraum z.B. assimilieren die immergrünen Gewächse in Trocken- oder Dürrezeiten so wenig, daß man geradezu von einer Sommerruhe sprechen könnte. Die Ursache hierfür dürfte in Wassermangel und Spaltenverschluß zu suchen sein. Laubblätter von Tropenbäumen dagegen übertreffen mit ihrer Assimilation die Pflanzen unserer Breiten nicht allzu sehr. Während dort Feuchtigkeit und Licht zwar im Übermaß vorhanden sind, dürfte sich die Konzentration an CO_2 als hemmend auswirken. In Dürrezonen ermöglichen xeromorphe Einrichtungen den Pflanzen eine ausreichende Assimilation. Ein Beweis für die dabei sehr geringe Assimilationsausbeute ist in der langsamen Entwicklung vieler Wüstenpflanzen zu sehen.

Wie eingangs schon kurz erwähnt wurde, sind Grünpflanzen nicht die einzigen, die eine Photosynthese durchzuführen vermögen; auch einige Bakterien sind hierzu in der Lage. Genannt seien hier die Purpurbakterien, die ein dem Chlorophyll *a* nahestehendes Bakteriochlorophyll besitzen neben einem Karotinoid, wodurch eine rötliche Färbung bewirkt wird. Purpurbakterien sind lichtbedürftig. Mit Hilfe ihrer Geißeln suchen sie jeweils die Orte auf, deren Beleuchtung ihnen zusagt. An Sauerstoff haben sie keinen Bedarf, ja, er wirkt sich sogar schädlich für sie aus. Sie leben also »anaerob« (ohne Sauerstoff) und halten sich in sauerstoffarmen Gewässern auf.

Abschließend noch einige Bemerkungen zur Chemosynthese. Sie steht – gemessen an der Menge der produzierten organischen Substanz – weit hinter der Photosynthese der grünen Pflanzen zurück. Trotzdem ist sie von hoher prinzipieller Bedeutung. Die Bildung organischer Substanzen ist, wie in verschiedenen Zusammenhängen betont wurde, die Voraussetzung für das Leben aller Heterotrophen überhaupt. Wenn man aber die Stammesgeschichte der Pflanzen studiert, kann man nur zu dem Schluß kommen, daß grüne Pflanzen unmöglich die ersten autotrophen Lebewesen auf unserem Planeten gewesen sein können. Also waren es wohl Bakterienarten, die auf chemosynthetischem Wege die erste organische Substanz lieferten, von denen sich sowohl heterotrophe Bakterien als auch andere Organismen ernährten, die zur Photosynthese nicht fähig waren. Hier seien die nitrifizierenden Bakterien genannt, die das im Boden bei Zersetzung organischer Substanz frei werdende Ammoniak oxydieren, farblose Schwefelbakterien und Eisenbakterien, die die für die Chemosynthese notwendige Energie durch Oxydation von Mangan gewinnen. Mit dem Auftreten der Grünpflanzen und der nun reichlich anfallenden bzw. produzierten organischen Substanz waren die Voraussetzungen gegeben, die die breite Entfaltung allen Lebens ermöglichten.

Die Assimilation des Stickstoffs

Nur die Nitrat- und Ammoniumionen, die sich als N-Quelle im Boden befinden, vermag die Grünpflanze zu verwerten. Als Aufnahmeorgan dient ihr die Wurzel. Die große Menge aber des in der Luft vorhandenen freien Stickstoffs ist für höhere Pflanzen unverwertbar. Lediglich die Schmetterlingsblütler *(Leguminosae)* bilden hier eine Ausnahme, da sie unter natürlichen Verhältnissen indirekt auch den Luftsauerstoff verwenden können.

v. Guttenberg sagt, daß man den Ammoniumstickstoff eine Zeitlang für die einzige Stickstoffquelle der höheren Pflanzen gehalten habe. Er könne von vielen Pflanzen ebensogut, von einigen sogar besser verwertet werden als der von Nitraten. Das sei besonders deshalb von Bedeutung, weil bei der Eiweißfäulnis Ammoniak entstehe, das dann in Form von Ammoniumverbindungen, auch ohne Oxidation zu Salpetersäure, Verwendung finden könne.

Der N-Gehalt des Bodens ist meist ein sehr geringer. Daher sind viele Pflanzen dazu übergegangen, sich zusätzliche Stickstoffquellen zu erschließen. Möglichkeiten hierzu bieten sich besonders im Zusammenleben mit anderen Organismen, sei es in Form einer Symbiose, Mykorrhiza oder von Parasitismus. Auch die Carnivorie soll nicht unerwähnt bleiben. Alle diese Erscheinungen finden andernorts eine ausführliche Würdigung (vgl. Kap. »Sonderformen pflanzlichen Lebens« S. 172).

Der Stickstoffmangel im Boden muß darauf zurückgeführt werden, daß die Gesteine, die die Erdrinde aufbauen, nur Spuren dieses Elementes enthalten; die Hauptmenge befindet sich in der Luft. Über die chemischen Vorgänge, die sich bei der weiteren Verarbeitung der Nitrate bis zur Bildung von Aminosäuren und Eiweißkörpern abspielen, ist noch wenig bekannt.

Im Gegensatz zu den Tieren, die nur einen Teil der benötigten Aminosäuren selbst synthetisieren können und die restlichen, sogenannten essentiellen, mit der Nahrung aufnehmen müssen, sind die Pflanzen normalerweise zur Synthese aller notwendigen Aminosäuren selbst befähigt (Nultsch). Je nachdem, um welche Aminosäuren es sich handelt, sind die Synthesewege sehr verschieden und durchlaufen oft zahlreiche Zwischenstufen.

Über den Aufbau der Eiweißkörper kann hier nur das Wichtigste gesagt werden: Sie verketten sich durch die sogenannte Säureamidbindung miteinander zu Di- bis Polypeptiden und bauen so schließlich die Eiweißmakromoleküle auf. Die in der Pflanze vorkommenden Amide, wie das Asparagin und das Glutamin, besitzen eine zweite Aminogruppe. Entsteht also zum Beispiel aus Asparaginsäure das Asparagin, so ist dies von doppeltem Vorteil, da einerseits freies Ammoniak durch die Bindung entgiftet wird, andererseits eine Speicherung dieses Stoffes stattfindet. Bei der Knappheit des Stickstoffs ist es verständlich, daß die Pflanze jeden Verlust dieses Elements vermeidet. Im Gegensatz zu den Tieren scheidet sie auch keine N-haltigen Endprodukte aus.

Hauptbereitungsstätten des Eiweißes sind die Laubblätter. Die zur Reduktion der Salpetersäure notwendige Energie stammt aus dem Atmungsstoffwechsel; daher kann die Synthese auch im Dunkeln erfolgen. Dasselbe gilt für den Schwefel, der als Sulfat aufgenommen, aber in reduzierter Form als S oder H_2S in einige Aminosäuren eingebaut wird.

Alle Lebewesen, denen die Fähigkeit, CO_2 photo- oder chemosynthetisch zu assimilieren, fehlt, sind darauf angewiesen, den Kohlenstoff durch Aufnahme organischer Verbindungen zu gewinnen. Je nachdem, ob tote oder lebende Substanz verwertet wird, spricht man von Saprophyten oder Parasiten. Saprophytisch leben die meisten Pilze, aber auch zahlreiche Bakterien und sogar höhere Pflanzen, die hierfür besondere Anpassungen entwickelt haben. Parasitismus ist im gesamten Pflanzenreich zu finden bei den einfachsten wie auch den höchstentwickelten Formen.

Erwähnt werden soll noch, daß sich auch bei autotrophen Grünpflanzen manche Teile heterotroph verhalten. Es sind solche, die kein Chlorophyll besitzen, wie die meisten Wurzeln, Samen und ihre Embryonen, Sporenkapseln u. a.

Der Stofftransport in der Pflanze

Wir sagten im vorigen Abschnitt, daß die Hauptassimilationsstätten der Grünpflanzen die Laubblätter seien. Dies gilt auch in bevorzugtem Maße für den Eiweißaufbau. Da die Blätter aber für den gesamten Pflanzenkörper assimilieren, müssen auch die übrigen Organe mit Nährstoffen versorgt werden. Das bedeutet, daß die Stoffe transportiert werden müssen, und zwar nicht nur dorthin, wo sie verbraucht, sondern auch wo sie als Reserve gespeichert werden sollen, um der Entwicklung neuer Pflanzen oder Organe zu dienen. Solche Speicherungsstätten sind Samen, Rhizome, Knollen, Zwiebeln usw.

Nicht alle Nährstoffe eignen sich für einen Transport. Um ihre Wanderung von Zelle zu Zelle zu ermöglichen, ist es unerläßlich, daß sie wasserlöslich und nicht hochmolekular sind. Gerade für die wichtigsten Reservestoffe trifft dies aber nicht zu, nämlich für Stärke, Fette und Eiweißstoffe. Dies zwingt zu der Maßnahme, daß die Pflanze sie erst in Verbindungen umwandelt, die wanderungsfähig sind. Eine solche Umwandlung geschieht durch Enzyme (Fermente).

In ihrer Wirkung sind sie mit anorganischen Katalysatoren zu vergleichen, welche chemische Prozesse ermöglichen oder beschleunigen, ohne im Endprodukt in Erscheinung zu treten, sich zu verbrauchen oder zu verändern. Selbst in sehr geringer Menge sind sie in der Lage, große Umsätze zu bewirken.

Die meisten Enzyme bestehen aus zwei Teilen: Während der eine ein Eiweißkörper ist, also eine hochmolekulare kolloidale Substanz, die als Apoenzym oder Apoferment bezeichnet wird, ist der zweite mit dem ersten als Koenzym oder Koferment verbunden. Die Wirkung beider hat man sich so vorzustellen, daß das Apoenzym eine lockere Verbindung mit dem anzugreifenden Substrat eingeht, während das Koenzym den eigentlichen Umsatz durchführt.

Für alle Enzyme gelten folgende charakteristische Merkmale: Sie zeigen eine ausgesprochene Temperaturabhängigkeit, wobei das Optimum bei 30–40 °C liegt. Bei 60–70 °C werden sie zerstört; bei sehr niedriger Temperatur verlieren sie ihre Wirkung.

Alle Fermente wirken vollkommen spezifisch, d. h. jedes von ihnen kann nur eine einzige Substanz angreifen und umsetzen. Dabei ist entweder das Apoenzym für die Spezifität verantwortlich, das sich nur an bestimmte Stoffe anlagert, oder das Koenzym, das die spezifischen Umsätze bewirkt.

Von Wichtigkeit ist auch die Tatsache, daß die Pflanzen ihre Fermente je nach Bedarf aktivieren oder inaktivieren können. Ursachen und Wege der Stoffwanderung sind ebenfalls von Bedeutung. Die eine Möglichkeit der Stoffwanderung ist durch Diffusion gegeben. Man versteht darunter einen Konzentrationsausgleich, d. h. die Diffusion eines Stoffes erfolgt stets vom Orte seiner höheren zu dem seiner geringeren Konzentration. Dabei hängt die Diffusionsgeschwindigkeit vor allem vom Konzentrationsgefälle, von der Temperatur und der Natur des gelösten Stoffes ab. Daß die Pflanzen bei der Stoffwanderung über kurze Strecken von der Diffusion Gebrauch machen, dürfte unbestritten sein. So wandern z.B. die Assimilate der Palisadenzellen diffusiv bis zu den Gefäßbündeln.

Eine Beschleunigung des Diffusionsvorganges wird besonders durch Plasmaströmung erreicht, die innerhalb der Zelle für eine rasche Verteilung sorgt. Durch Tüpfel und Plasmodesmen wird die Überwindung der Querwände erleichtert (s. Kap. »Die Pflanzenzelle« und »Die Organe der Pflanzen und ihre Aufgaben«). Bei der Wanderung von Kohlenhydraten kann die Umwandlung Zucker zu Stärke oder Disaccharid zu Monosaccharid eine ständige Aufrechterhaltung des Konzentrationsgefälles bewirken (v. Guttenberg). So wird z.B. in den Leitparenchymscheiden der Gefäßbündel sogenannte Wanderstärke angetroffen, die mit einer Zuckerwanderung an diesen Stellen zusammenhängen dürfte.

Über größere Strecken verläuft der Stofftransport in den Siebröhren, da die Diffusion zu langsam wäre. Tatsächlich enthalten die Siebröhren, wie Untersuchungen gezeigt haben, große Mengen an Zucker, Eiweißabbauprodukten u.a. Die Geschwindigkeit in diesen Transportbahnen kann einige Dezimeter in der Stunde erreichen. Dies ist aber nur durch eine Druckströmung möglich.

v. Guttenberg sagt, daß in den Siebröhren die Stoffe sowohl nach oben wie auch nach unten transportiert werden können, wobei die Strömung stets zu den Orten des stärksten Stoffverbrauches führt. Hierzu gehören auch die Stellen, in welchen aus löslichen Assimilaten feste entstehen. Während die Stoffe in Aufwärtsrichtung zu den Vegetationspunkten der Sprosse, zu den Blüten, Früchten und Samen geleitet werden, wandern sie abwärts zu den Wurzeln, Knollen, Rhizomen usw. In den Rinden der Bäume herrscht ein absteigender Säftestrom, der während der Wanderung erstens die für das Dickenwachstum notwendigen Stoffe an das Kambium abgibt und zweitens auf dem Wege der Markstrahlen diese und das mit ihnen verbundene Holzparenchym mit Stoffen versorgt. In diesem tritt dann reichlich Stärke, bei einigen Bäumen besonders im Winter auch Fett auf. Während der ganzen kalten Jahreszeit ist das lebende Holzparenchym mit derartigen Reservestoffen angefüllt. Im Frühjahr werden sie in Zucker umgewandelt, der in die Wasserleitungsbahnen eintritt und mit dem Transpirationsstrom in Aufwärtsrichtung geleitet wird. Auf diese Weise gelangt der Zuckervorrat sehr rasch zu den Vegetationspunkten, den Knospen. Hieraus erklärt sich auch die außerordentlich schnelle Entwicklung der neuen Laubsprosse. Die Füllung der Speicherorgane dagegen erfolgt langsamer, da ja täglich nur ein ganz bestimmtes Quantum von Assimilaten gebildet wird. Für diesen langsamen Nahrungsstrom reicht die Geschwindigkeit in den Siebröhren aus.

Betriebsstoffwechsel und Atmung (Dissimilation)

Bisher war nur von den Baustoffen der Pflanze die Rede, ihrer Aufnahme und ihrer Umwandlung in körpereigene Substanzen; sie dienen der Ernährung, dem Wachstum und der Entwicklung. Aber auch die größte Materialansammlung allein genügt nicht, um einen Organismus aufzubauen und in Betrieb zu halten, wenn hierfür keine Arbeit geleistet wird. Dies wiederum setzt Energiequellen voraus. Die wichtigste haben wir bereits genannt: die Lichtenergie der Sonne. Diese jedoch dient allein der Kohlenstoff-Assimilation. Um die mit ihrer Hilfe angesammelten organischen Verbindungen auszunutzen, d.h. verbrennen zu können, müssen oxidative Prozesse ablaufen, und diese wiederum setzen Sauerstoff voraus. Wie im folgenden erläutert werden wird, muß dieser nicht unbedingt aus der Luft stammen; er kann auch aus Verbindungen freigemacht werden. Bei den Grünpflanzen nennt man den Abbau organischer Verbindungen mittels Sauerstoff zwecks Freisetzung der Energie, wie bei allen anderen Lebewesen auch, Atmung. Da sie genau entgegengesetzt der Assimilation verläuft, bezeichnet man sie auch als Dissimilation. Bei Pflanzen ohne Chlorophyll (Pilzen und Bakterien z.B.) spricht man von Gärung. Beide Formen sind durch Übergänge miteinander verbunden.

Die Atmungsintensität einiger Pflanzenorgane (nach Boysen-Jensen)

Keimende Samen:	
Weizenkeimpflanzen	40 mg CO_2
Erbsenkeimpflanzen	20 mg CO_2
Assimilationsorgane:	
Tropaeolumblätter	48 mg CO_2
Sukkulente	3–15 mg CO_2
Früchte:	
Trauben	1–2 mg CO_2
Ruhende Organe:	
Kartoffeln	0,8–1,4 mg CO_2

Bei der Atmung der chlorophyllführenden Pflanzen werden organische Baustoffe, insbesondere Traubenzucker als Betriebsstoff, mit Hilfe von Luftsauerstoff in CO_2 und H_2O zerlegt, also verbrannt. Dabei wird die im Traubenzucker gespeicherte Sonnenenergie als chemische Energie und Wärme frei, was durch folgende Formel ausgedrückt werden kann:

Traubenzucker	+ Sauerstoff	→ Kohlendioxid	+ Wasser	+ Energie
$C_6H_{12}O_6$	+ $6\,O_2$	→ $6\,CO_2$	+ $6\,H_2O$	+ 674 kcal.

Der Energiegehalt des Traubenzuckers geht beim Aufbau der anderen organischen Verbindungen an diese über. Da Menschen und Tiere als heterotrophe Lebewesen ihre Betriebsstoffe direkt oder indirekt aus den pflanzlichen Stoffen beziehen, stammt somit die Lebensenergie fast aller Organismen von der Sonne.

Die Pflanzen atmen zu jeder Zeit. Die Atmung am Tage ist allerdings nicht ohne weiteres nachzuweisen, weil dabei das entstehende Kohlendioxid sogleich wieder zur Photosynthese verbraucht wird. Auch bei niederen Temperaturen hört die Atmung nicht auf. Sie ist ferner – auch das ist bedeutungsvoll – kein einfacher Oxidationsprozeß; vielmehr handelt es sich dabei um eine ganze Kette ineinandergreifender Vorgänge, bei denen Atmungsfermente eine entscheidende Rolle spielen.

Unter natürlichen Verhältnissen sind Assimilation und Dissimilation so aufeinander abgestimmt, daß erstere die letztere erheblich übertrifft. Daher kann man im Licht bei grünen Laubblättern stets eine O_2-Ausscheidung beobachten, was früher zu der irrigen Annahme führte, höhere Pflanzen atmeten nur nachts. In Wirklichkeit wird bei Licht die Atmung nur durch die Assimilation überdeckt. Bringt man am Tage die Pflanze ins

Lianen sind Kletterpflanzen von meist sehr intensivem Längenwachstum der Achse, die kaum oder gar nicht sekundär verdickt ist. Sie haben auffallend lange Gefäße im Sproß; dadurch können sie erhebliche Wassermengen bis 300 m weit leiten.

Dunkle, setzt sofort eine CO_2-Ausscheidung ein. Unter günstigen Voraussetzungen übertrifft die Assimilation die Atmung um das fünf- bis achtfache. Im allgemeinen ist die Atmungsintensität der verschiedenen Pflanzen und Pflanzenteile sehr unterschiedlich und weitgehend von äußeren Faktoren abhängig. Besonders ausgiebig atmet die Pflanze überall dort, wo sie im Wachstum und in der Entwicklung begriffen ist. Bei Organen oder Teilen, die sich im Ruhezustand befinden, sinkt die Atmung dagegen stark ab. Bei ruhenden Samen oder Sporen reduziert sie sich sogar auf ein Minimum, um die Trockensubstanz über eine lange Zeitdauer erhalten zu können. Umgekehrt treten bei der Keimung sehr hohe Werte auf (nach v. Guttenberg scheiden keimende Mohnsamen je Gramm Trockengewicht 122 ccm CO_2 in 24 Stunden aus). Auch Knospen erzeugen bei ihrer Entfaltung große Mengen CO_2, ebenso die Staub- und Fruchtblätter der Blüten. Bedeutend weniger veratmen die Laubblätter, noch weniger die Stengel ein und derselben Pflanze. In unseren Breiten lassen sich zudem jahreszeitliche Schwankungen feststellen; das Optimum liegt im Sommer. Xerophyten (z.B. Fettblattgewächse, Kakteen) zeigen im allgemeinen eine geringere Atmungsintensität als Mesophyten (so die einheimischen sommergrünen Holzgewächse). Wahrscheinlich liegt bei ersteren eine vorteilhaftere Anpassung vor.

Die Aufnahme des Sauerstoffs erfolgt durch Diffusion. Da im Innern des Pflanzenkörpers ein immerwährender Gasaustausch stattfindet, bleibt ständig ein Gefälle erhalten. Der Sauerstoff, der während der Assimilation frei wird, kann mitverwendet werden. Daß alle Pflanzenteile atmen, auch die Wurzeln, läßt sich schon aus der Tatsache belegen, daß im Gegensatz zur Kohlensäure der Eintritt des Sauerstoffs von der Öffnung der Stomata weitgehend unabhängig ist. An nichtgrünen höheren Pflanzen (Saprophyten, Parasiten) sind Spaltöffnungen nur spärlich vorhanden, und auch diese Pflanzen atmen. Das Vorkommen von Lentizellen im Korkgewebe weist darauf hin, daß durch diese CO_2 und O_2 sowie Wasserdampf hindurchtreten können.

Wo im Boden kein Sauerstoff vorhanden ist, wie z.B. im Schlamm, schafft sich die Pflanze besondere Vorrichtungen, so die Mangrovepflanzen in Gestalt von Atemwurzeln.

Wasserpflanzen, die untergetaucht leben, sind auf den im Wasser gelösten Sauerstoff angewiesen. Um einen möglichst hohen Sauerstoffgewinn zu erzielen, sind ihre Blattflächen oft in allerfeinste Verästelungen zerschlitzt, wodurch eine große Aufnahmefläche erzielt wird. Auch sind die Blätter außerordentlich dünn und besitzen Vorrichtungen, um den Assimilationssauerstoff speichern zu können.

Daß an Außenfaktoren die Temperatur bei der Atmung der Pflanze eine sehr wichtige Rolle spielt, wurde bereits erwähnt. Große Wärme ist stets mit Wasserverlust verbunden, so daß an heißen Tagen die Stomata weitgehend geschlossen sind, um zu hohe Wasserverluste zu vermeiden, wobei aber gleichzeitig auch der Gasaustausch (CO_2 und O_2) behindert sein kann.

Jede Atmung ist mit einem Stoffverbrauch verbunden; also hängt sie von dem Vorrat der veratembaren Substanzen ab. Zumeist sind diese aber reichlich vorhanden. Versuche haben gezeigt, daß die Pflanzen gegenüber dem O_2-Gehalt der Luft eine überraschende Unabhängigkeit zeigen. Selbst wenn ihnen dieses Gas bis auf geringe Mengen entzogen wird, verändert sich ihre Atmung nicht wesentlich.

In erster Linie veratmen die höheren Pflanzen Kohlenhydrate, vornehmlich Zucker oder Stärke. Der Schwund dieser Stoffe ist im keimenden Samen oder an Laubblättern, die im Dunklen gehalten werden, leicht nachzuweisen. Sie sind daher als das wichtigste Atmungsmaterial anzusehen.

Sukkulenten verbrauchen nachts sehr viel Sauerstoff, ohne daß nennenswerte Mengen von CO_2 ausgeschieden werden. Dabei entstehen größere Mengen von Säuren, in erster Linie Apfel- und Isozitronensäure. Sie sind als Zwischenprodukte der Atmung anzusehen und zerfallen im Tageslicht in CO_2 und H_2O. Dieses Verhalten bedeutet für die Sukkulenten an extrem trockenen Standorten einen erheblichen Vorteil, da die während der Nacht angesammelte Kohlensäure in der Helligkeit sofort wieder assimiliert werden kann und nicht wie bei anderen Pflanzen während der nächtlichen Atmung verlorengeht. Somit kann auch bei geschlossenen Stomata ohne Transpirationsverlust assimiliert werden. Tatsächlich weisen auch z.B. Kakteen nur eine sehr geringe Zahl von Spaltöffnungen auf.

Anders als bei den Tieren, den Menschen mit eingeschlossen, werden Eiweißstoffe von den höheren Pflanzen nicht veratmet; daher werden von Pflanzen auch keine N-haltigen Substanzen ausgeschieden. Tiere aber geben vor allem Harnsäure und Harnstoff ab, wodurch erhebliche N-Verluste eintreten, die wieder ergänzt werden müssen. Pflanzen wirtschaften daher hinsichtlich des N-Haushaltes sehr viel sparsamer und ökonomischer.

Als es den Nachweis zu führen gelang, daß grüne Pflanzen unter Umständen auch intramolekular atmen können, war dies insofern von großer Bedeutung, als der gleiche Vorgang bei der Hefe als Gärung vorkommt. Daraus ist abzuleiten, daß zwischen der Atmung der höheren und der Gärung niederer pflanzlicher Lebewesen kein prinzipieller Unterschied besteht.

Will man dies durch einen Versuch verdeutlichen, kann man es auf folgende Weise tun:

Man gibt in einen großen Kolben von 200 ccm Inhalt eine 15%ige Traubenzuckerlösung und etwa 10 g Bäckerhefe und verbindet den Glaskolben durch ein Rohr mit einem kleineren, mit Kalkwasser gefüllten Gefäß. Nach kurzer Zeit beginnen aus dem Glasrohr Gasblasen auszutreten, die im Kalkwasser des kleinen Gefäßes einen Niederschlag erzeugen, also aus Kohlendioxid bestehen. Diese Gasbildung setzt sich einige Tage lang fort. Die Hefe baut also den Zucker zu Kohlendioxid ab, obwohl kein Luftsauerstoff zur Verfügung steht.

Dieser Vorgang wird als Gärung bezeichnet. Sie ist ein Abbau, eine Dissimilation wie die Atmung und erschließt eine Energiequelle, ohne daß hierfür eine Sauerstoffzufuhr vonnöten wäre. Während bei der Atmung aber der Traubenzucker völlig in Kohlendioxid und Wasser zerfällt, wird er oder ein anderer organischer Stoff bei der Gärung nur teilweise abgebaut. Bei der sogenannten alkoholischen Gärung wird Traubenzucker durch eine Fermentgruppe der Hefe, die Zymase, in Alkohol und Kohlendioxid gespalten. Man kann diesen Vorgang durch folgende Formel ausdrücken:

Traubenzucker → Alkohol + Kohlendioxid + Energie

$C_6H_{12}O_6 \rightarrow 2\,C_2H_5OH + 2\,CO_2 + 24\ \text{kcal.}$

Im Vergleich zur Atmung wird dabei allerdings nur eine recht geringe Energiemenge frei.

Organismen, die für ihre Existenz keinen Sauerstoff benötigen, werden als Anaerobier bezeichnet im Gegensatz zu Aerobiern, die auf ihn angewiesen sind. Für die meisten Anaerobier ist es wie bei der Hefe ohne Bedeutung, ob eine Sauerstoffzufuhr stattfindet oder nicht; sie sind fakultativ (wahlweise) anaerob. Auf bestimmte Bakterien, wie die Buttersäure- und Starrkrampfbazillen, wirkt er sogar giftig. Diese sind obligat (zwangsweise) anaerob.

Überall in der Natur, wo Bakterien, Schimmel- und Hefepilze tote organische Substanzen abbauen, vollzieht sich Gärung. Durch Gärungsvorgänge wird auch das im Herbst gefallene Laub rasch und gründlich zersetzt. Ebenso sind an der biologischen Selbstreinigung der Flüsse Gärungsprozesse durch Bakterien und Pilze weitgehend beteiligt.

Der Wasserhaushalt der Pflanzen

Jedes Lebewesen besteht zu einem großen Teil aus Wasser. Schon aus dieser Tatsache geht hervor, daß es ohne Wasser kein Leben auf der Erde gibt. Auch für die Pflanze ist es unentbehrlich, sowohl für den bei der Assimilation hergestellten Zucker, als auch für den Stofftransport innerhalb der Pflanze und die Aufrechterhaltung des Turgors.

Wie wir bereits beschrieben haben, ist die Pflanze nur zur Aufnahme gelöster Substanzen in der Lage. Feste Körper vermögen die Zellwand nicht zu durchdringen; sie können im allgemeinen auch durch das nackte Plasma nicht hindurchtreten. Eine Ausnahme machen die Schleimpilze, die feste Teilchen in ihre Plasmamasse einschließen und dort auflösen können. Beim Eintritt von Gasen in die Zelle müssen diese zunächst vom Quellungswasser der Zellmembran aufgenommen werden. Ein anderer Weg ist nicht möglich.

Alle Landpflanzen entnehmen das Wasser dem Boden. Ihre Wurzeln dringen in seine Spalten und Hohlräume ein, bis sie das Naß erreichen. Im günstigsten Falle enthält der Boden etwa zur Hälfte Bodensubstanz, zur anderen Hälfte Hohlräume (Bodengare). Die erstere ist nichtkapillar und lufthaltig, die letztere kapillar und wasserführend. Nicht alle im Boden gespeicherte Feuchtigkeit steht der Pflanze zur Verfügung, da sie von den Bodenteilchen verschieden stark festgehalten wird. Über ihre Korngröße gibt nachstehende Tabelle Aufschluß:

Bodenteilchen	Korngröße	Durchmesser
Steine	über Walnußgröße	größer als 20 mm
Kies	Nuß- bis Senfkorngröße	20–2 mm
Grobsand	Senfkorn- bis Grießgröße	2–0,1 mm
Feinsand	Körner erkennbar und fühlbar	0,1–0,05 mm
Staub (Schluff)	Körner eben noch fühlbar	0,05–0,01 mm
Ton	Körner nicht fühlbar	kleiner als 0,01 mm

(nach W. Matthes)

Die gröberen Bestandteile des Bodens bilden das Skelett, die kleineren die Feinerde. Das Skelett ist als Gerüst zu verstehen, welches verhindert, daß die Feinerde zu einer dichten, kompakten Masse wird. Zur Feinerde wird der anorganische Ton und der organische Humus gerechnet. Humus und Ton sind Kolloide. Man versteht darunter Stoffe, die bei Feuchtigkeit stark aufquellen und das Wasser kolloidal festhalten. Sie absorbieren auch die im Boden gelösten Nährsalze, d.h. sie binden sie und verhindern, daß sie vom Regenwasser ausgewaschen werden. Ausschlaggebend für die Wasseraufnahme durch die Pflanzen ist die osmotische Saugkraft der Wurzelhaare, die nach Bodenart und Klima verschieden ist. Auf trockenen oder salzigen Böden ist sie höher als auf feuchten.

Der Wasserverbrauch der einzelnen Arten unserer Kulturpflanzen während einer Vegetationsperiode ist mit 200 bis 400 mm stets geringer als die jährliche Niederschlagsmenge von 600 mm, übersteigt aber die während der Vegetationszeit fallenden Niederschläge. Die Pflanze ist darum auf das Grundwasser angewiesen. Es ist für sie erreichbar, wenn es sich nicht tiefer als 30 bis 40 cm unter der untersten Grenze ihres Wurzelraumes befindet. Die Luzerne vermag ihre Wurzeln bis zu 2 m Tiefe hinabzusenken, Raps und Rüben bis zu 1,5 m, Getreidepflanzen bis 1 m und etwas darüber.

Außer durch die Wurzeln kann Wasser auch durch Imbibition (Quellung) aufgenommen werden. Dieser Vorgang ist physiologisch von großer Bedeutung. Eine kapillare Wasseraufnahme dagegen findet nur in Ausnahmefällen statt.

Die Diffusion kann gut an folgendem Beispiel demonstriert werden: Füllt man in ein Glasgefäß eine Zuckerlösung und darüber Wasser, so sind beide Flüssigkeiten zuerst scharf voneinander getrennt. Nach kurzer Zeit aber kann man schon beobachten, daß sich die Grenze zu verwischen beginnt, d.h. Zuckerlösung und Wasser fangen an, sich miteinander zu vermischen. Dies dauert so lange, bis es zu einem vollkommenen Konzentrationsausgleich gekommen ist (Diffusion).

Die Diffusion beruht auf der Eigenbewegung der Moleküle; diese vollzieht sich außerordentlich schnell. Dabei wird jedes einzelne Molekül von seiner geraden Bahn immer wieder abgelenkt, da es mit denen des Lösungsmittels zusammenstößt. Die Diffusion vollzieht sich, verglichen mit der Molekülbewegung, erheblich langsamer und verläuft stets vom Ort seiner höheren zu dem seiner geringeren Konzentration. In unserem Beispiel wandern die Zuckermoleküle also in das Wasser und dessen Moleküle in die Zuckerlösung.

Die Diffusionsgeschwindigkeit hängt außer vom Konzentrationsgefälle auch von der Temperatur und der Art des gelösten Stoffes ab. In unserem Falle ist das Gefälle an der Grenze Zukkerlösung–Wasser am größten; danach nimmt es rapide ab. v. Guttenberg sagt, daß eine Weglänge, die der Größe einer Zelle entspräche, schon in einer oder wenigen Sekunden zurückgelegt werden könne, während ein Stoff zur Diffusion über wenige Zentimeter einige Tage benötigt. Somit könne die Diffusion in der Pflanze wohl bei der Ausbreitung eines Stoffes im Zellraum oder von Zelle zu Zelle, nicht aber bei der raschen Wanderung in Organen von Bedeutung sein.

Sind Lösungsmittel oder eine gelöste Substanz von einer anderen Lösung durch eine mehr oder weniger durchlässige Membran getrennt, bezeichnet man die sich hier abspielenden Diffusionsvorgänge als Osmose.

Wasser wird von der Pflanze aber nicht nur osmotisch, sondern auch durch Quellung gespeichert. In einer trockenen Zellwand z.B. berühren die Mizellen einander fast. (Unter einer Mizelle versteht man eine Molekülgruppe, die sich am Aufbau eines Netz- und Gerüstwerkes der pflanzlichen Zellwand beteiligt.) Bei Aufnahme von Wasser dringt dieses nicht in schon früher vorhandene Hohlräume ein, sondern drängt die Mizellen auseinander. Dabei kommt es zu einer Volumenzunahme, wobei sich das Wasser gewissermaßen in der Substanz löst. Die Quellung geht mit einer solchen Kraft vor sich, daß gewaltige Drucke entstehen, die mehrere hundert Atmosphären betragen können. Als Beispiel sei ausgetrocknetes Holz genannt, das bei Befeuchtung in der Lage ist, sogar Steine zu sprengen. Auch bei lufttrockenen Samen können sehr hohe Quellungsdrucke beobachtet werden.

In der Regel ist die Quellungsenergie anfangs am höchsten und nimmt dann schnell ab. Bei Stoffen, die nur begrenzt quellbar sind, bleibt das Mizellargerüst erhalten. Die Quellung hört in dem Augenblick auf, in dem der Widerstand, den die Mizellen ihrer weiteren Umgebung entgegensetzen, gleich der wasseranziehenden Kraft wird.

Bei unbegrenzt quellbaren Körpern, wie Leim, Gelatine, Agar-Agar u.a., geht die Quellung allmählich in Lösung über. Hier spielt die Temperatur eine große Rolle: Der Lösungsvorgang erfolgt nur bei größerer Wärme, während es bei Abkühlung wieder zur Erstarrung kommt (Gel-Bildung). Der Quellungsdruck des Plasmas in der lebenden Zelle steht im Ausgleich mit dem der Zellmembran und dem osmotischen Druck des Zellsaftes. Der jeweilige osmotische Druck gibt also auch den Quellungsdruck an.

Zu Beginn dieses Abschnitts wurde bereits erwähnt, daß die Aufnahme des Bodenwassers durch die Wurzel erfolgt, speziell durch die Wurzelhaare. Nur niedere Pflanzen haben die Fähigkeit, Wasser mit ihrer ganzen Oberfläche aufzunehmen, beispielsweise Bakterien, Pilze, Flechten und viele Moose. Aber auch bei diesen findet schon eine Arbeitsteilung statt, indem Rhizoiden auftreten, die der Wasseraufnahme dienen, vereinzelt auch schon kapillare Einrichtungen wie bei den Torfmoosen *(Sphagnum)*. Wenn bei den höheren Pflanzen Wurzeln fehlen, so bei *Psilotum* und einigen saprophytisch lebenden Orchideen, z.B. der Korallenwurz *(Coralliorrhiza)* und dem Widerbart *(Epipogium)*, befinden sich absorbierende Haare am Rhizom. Daß bei den höheren Pflanzen auch oberirdische Organe für die Wasseraufnahme herangezogen werden, kommt nur in Ausnahmefällen vor.

Bei allen höheren Pflanzen, die das Wasser durch die Wurzel aufnehmen, ist die Zone, in der die Wasseraufnahme erfolgt, meist nur eine sehr kurze. In der Regel ergibt sie sich durch die Strecke zu erkennen, an der sich die Wurzelhaare befinden. Wurzeln mit besonderen Durchlaßzellen in der Exodermis sind in der Lage, Wasser in ihrer ganzen Länge aufzunehmen, und zwar mit verschiedener Intensität. Da die Wurzeln weitgehend verzweigt sind, ist ihre Gesamtabsorptionsfläche stets sehr groß.

Die Wasseraufnahme durch die Wurzelhaare, Rhizodermiszellen und Rhizoiden erfolgt auf dem Wege der Osmose. Sie hängt einerseits von der Saugkraft der absorbierenden Zellen ab, andererseits aber auch von der Bodenlösung. Letztere besitzt oft erhebliche Saugkräfte. Dabei spielt die Wasserverteilung im Boden eine große Rolle. Bei länger andauernder Wasserzufuhr, z.B. bei starken Regenfällen oder Schneeschmelze, wird der Boden völlig mit Wasser gesättigt. Was er nicht aufnehmen kann, sinkt bis zum Grundwasserspiegel ab, falls es nicht oberirdisch abfließt. Je nach seiner Durchlässigkeit und Beschaffenheit sind daher die in ihm enthaltenen Wassermengen recht verschieden.

Die Wasseraufnahme der Wurzelzellen ist begrenzt, ihre Sättigung bald erreicht. Wenn sie trotzdem immer weiter Wasser aufnehmen, so erklärt sich dies daraus, daß den äußersten Zellen durch das Rindenparenchym immer wieder Wasser entzogen wird. Dabei läßt sich ein Ansteigen der Saugkräfte der Zellen beobachten. Das Ergebnis einer Untersuchung an Bohnenwurzeln ist in der folgenden Tabelle festgehalten:

Saugkraft und osmotischer Wert im Rindenparenchym von Bohnenwurzeln

(nach Ursprung und Blum)

Zellschicht	Saugkraft in Atm.	Osmotischer Wert in *n* Rohrzuckerlösung
Rhizodermis	0,9	0,31
1. Rindenparenchymreihe	1,3	0,30
2. Rindenparenchymreihe	1,7	0,32
3. Rindenparenchymreihe	2,0	0,34
4. Rindenparenchymreihe	2,6	0,34
5. Rindenparenchymreihe	3,2	0,33
6. Rindenparenchymreihe	3,6	0,32
7. Rindenparenchymreihe	4,2	0,32
Endodermis	1,3	0,32
Perikambium	0,9	0,31
Hadromparenchym	0,8	0,31

*Der Affenbrotbaum oder Baobab (*Adansonia Digitata*; wichtigster Vertreter der Flaschenbäume) ist eine der merkwürdigsten Erscheinungen in der Pflanzenwelt. Er ist in Zentralafrika beheimatet, wird nicht höher als 20 m, kann aber einen Stammesdurchmesser von 10 m erreichen. Sein schwammiges, leichtes Holz vermag ungeheure Wasserreserven zu speichern, von denen der Baum während der Trockenzeit 4–5 Monate lang zehrt.*

Aus dieser Tabelle ist ersichtlich, daß die Zellsaugkraft bis zur Endodermis ansteigt, der osmotische Wert aber fast unverändert bleibt. Dadurch sind die inneren Zellen des Rindenparenchyms weniger gespannt als die äußeren.

Die aufgenommenen Wassermengen sind sehr verschieden und entsprechen etwa den jeweils verdunsteten. Dabei spielen äußere Faktoren eine große Rolle. Hier muß die Abhängigkeit von der Temperatur an erster Stelle genannt werden. Während die Wasseraufnahme bei niederen Temperaturen langsamer erfolgt, nimmt sie bei steigenden zu, bis sie schließlich ein Optimum erreicht. Ab etwa 30 °C sinkt die Aufnahme rasch ab, und bei 40° kann es sogar zu einer Wasserausscheidung kommen. Aus diesen Beobachtungen geht hervor, daß die Pflanze in der Lage ist, sich dem Wechsel der Außenbedingungen anzupassen.

Ein weiteres Beispiel hierfür ist ihr Verhalten bei Frost. Ist der Boden gefroren, so kann die Pflanze kein Wasser mehr aufnehmen. In unseren Breiten müssen also diejenigen Gewächse, die im Winter ihre Blätter nicht abwerfen, so die Koniferen, über xeromorphe Einrichtungen verfügen, die sie vor Wasserverlust bewahren.

Auch der Sauerstoffgehalt des Bodens ist von großer Bedeutung für die Wasseraufnahme. Ist er sehr gering, wie es bei immerfeuchten Sümpfen und Mooren der Fall ist, kann auch nur eine besonders spezialisierte Flora dort ihr Auskommen finden (vgl. Kap. »Anpassung der Pflanzen an ihre Umwelt«). An dieser Stelle sei nur noch vermerkt, daß es nicht die starke Feuchtigkeit ist, die den Wurzeln schadet, vielmehr wird durch Sauerstoffmangel ihre Atmung erschwert. Durch eingeschränkte Atmung aber wird die Wasseraufnahme gehemmt. Daher ist ein gut durchlüfteter Boden für das Gedeihen der Pflanzen von größter Wichtigkeit.

Schließlich noch ein Wort zum »Bluten« der Pflanzen. Man versteht darunter den Wasseraustritt, der besonders deutlich bei einem abgeschnittenen Baumstumpf sichtbar wird. Auslösendes Moment ist der Wurzeldruck, der außerordentlich verschieden ist. Ausgeschiedene Wassermenge und Druckhöhe schwanken in weiten Grenzen. Sie hängen nicht nur von der Pflanzenart ab, sondern auch vom Wassergehalt des Bodens und der Jahreszeit. Offenbar sind auch die Mengen der im Blutungssaft gelösten Stoffe von Bedeutung.

Besonders auffällig ist das Bluten der Pflanzen im Frühjahr. Dabei kann es zu einem lange andauernden und reichlichen Wasseraustritt kommen, in dem sich oft größere Mengen organischer Stoffe befinden, vor allem Zuckerarten. Bei einigen Pflanzen lohnt sich sogar deren Gewinnung, so bei dem in Nordamerika heimischen Zuckerahorn *(Acer saccharum)*. Aus den Einschnitten, die am Stamm angebracht werden, quillt eine Flüssigkeit, die 1–4% Saccharose enthält. Aus ihr wird der sogenannte Ahornzucker hergestellt.

In Süd- und Mittelamerika sind es Agaven, die zuckerhaltigen Saft liefern. Zu seiner Gewinnung wird die Mittelknospe der Pflanze aufgeschnitten, und aus ihr quillt eine zuckerhaltige Flüssigkeit, »aguamiel«, Honigwasser, das man entweder sofort trinkt oder aus ihm durch eine mehr oder weniger lange Gärung alkoholische Getränke gewinnt, z. B. den »süßen« Pulque, der 5% und mehr Alkohol enthält. Eine Agave kann in drei oder vier Monaten 1000 l dieses »aguamiel« liefern. Der Pulque oder Agavenwein ist das Nationalgetränk der Mexikaner und ersetzt Wein und Bier. Durch Destillation gewinnt man aus ihm einen besonderen Schnaps, die Tequila, die auch »Aguardiente de Maguey« genannt wird, und die man bis vor nicht allzu langer Zeit für Mescal hielt. Dieser wird jedoch aus dem Saft der Peyotl oder Pellote *(Lophophora williamsii)*, einem Kaktus, gewonnen und hat betäubende Wirkung.

Schließlich sei auch noch die Zuckerpalme *(Arenga sacchari-*

In Niedersachsen, nördlich von Bremen, liegt das Teufelsmoor. Es wurde durch die Künstlerkolonie von Worpswede bekannt. Berühmte Maler finden hier für ihre Arbeiten Muße und Stille. Das Moor ist mit Grasbulten und Wasserlachen durchsetzt, in denen sich der Himmel spiegelt, mit Binsen und harten Gräsern, mit Pflanzen, die sonst nirgendwo mehr sind. Torfmoose bilden dichte, mit Wasser vollgesogene Polster. Scheinbar unberührt von Menschenhand ist es ein Paradies für selten gewordene Vögel, für die Rohrdommel, den Teichrohrsänger und das Moorhuhn.

fera) erwähnt, die der Zuckergewinnung dient. Sie wächst in den Tropen. Auch hier entstehen durch Vergären des Saftes alkoholische Getränke.

Im Sommer hört das Bluten der Pflanzen fast ganz auf. Hierfür scheint im wesentlichen das Wasserdefizit verantwortlich zu sein. Auch ist der Saft im Sommer sehr arm an organischen Stoffen, enthält dafür jedoch eine beträchtliche Menge anorganischer Salze. Manche Autoren weisen darauf hin, daß die Zukkermengen des Frühjahrs eine Mobilisierung von Reservestoffen für den einsetzenden Laubtrieb darstellen.

Das Bluten wird für eine osmotische Erscheinung gehalten, indem das aufgenommene Wasservolumen das der Wurzeln weit übertrifft. Versuche haben ergeben, daß das Bluten nicht allein durch Verletzungen bewirkt wird, wie man annehmen könnte; auch unversehrte Pflanzen scheiden unter Druck Wasser aus. Im Frühjahr ist gelegentlich ein Wasseraustritt aus den Blattnarben unterhalb der Laubknospen zu bemerken.

Der Blutungsdruck weist – so v. Guttenberg – darauf hin, daß das Wasser zur Zeit der stärksten Blutung in die Leitungsröhren eingepreßt wird. Dies könnte durch die angrenzenden Zellen bewirkt werden, und diese müßten dann auf der einen Seite (außen) Wasser aufnehmen und auf der anderen Seite abgeben. Doch gibt es auch andere Erklärungen, welche besagen, daß das Wasser nicht in die Röhren gepreßt, sondern von diesen eingesogen werde. Im Sommer bei hoher Transpiration und hohen Wasserdefiziten ließ sich der Nachweis führen, daß der Blutungsdruck denselben osmotischen Druck hat wie die Lösung in den Leitungsröhren. Doch bleibt an diesem Vorgang noch manches unklar.

Die oberirdischen Organe höherer Landpflanzen sind im allgemeinen nicht in der Lage, Wasser durch die Blätter aufzunehmen. Ein welker Sproß, der ins Wasser getaucht wird, kann sich auf diese Weise nicht erholen. Er bleibt welk, denn die Kutikula verhindert das Eindringen von Wasser; sie ist weitgehend undurchlässig, oft sogar kaum benetzbar. Auch durch die Stomata kann kein Wasser eindringen, da sich diese verschließen. Wird der welke Sproß lange Zeit im Wasser belassen, so stirbt er sogar infolge Sauerstoffmangels ab.

Jede Pflanze besitzt ein im Verhältnis zu ihrem Rauminhalt große Oberfläche. Infolgedessen gibt sie beträchtliche Wassermengen in Form von Dampf ab, die sie ständig ersetzen muß.

Transpirationsorgane sind in erster Linie die Blätter. Welches Ausmaß die Wasserdampfabgabe annehmen kann, mögen folgende Zahlen verdeutlichen: Eine Sonnenblume kann an einem sonnigen Tage 1 l Wasser verdunsten, eine Birke mit 200000 Blättern 60–70 l und mehr, an heißen Tagen sogar bis 400 l. Eine Maispflanze verbraucht in einer Vegetationsperiode 200 l, ein Hektar alter Buchenwald verdunstet rund vier Mio. l Wasser. Diese riesige Menge entspricht einer Niederschlagshöhe von 400 mm.

Hieraus wird deutlich, daß Wälder dem Boden viele Mio. Liter Wasser entziehen und dieses als Wasserdampf in die Atmosphäre abgeben. Der Wasserdampfgehalt der Luft wird also in entscheidendem Maße durch die Transpiration der Pflanzen bestimmt und damit auch die Menge der Niederschläge. Da die Gesamttranspiration von Wäldern erheblich größer ist als die von Grünland, ist deren Erhaltung für das Klima einer Landschaft von größter Bedeutung. Ausrottung von Wäldern bewirkt stets Abnahme von Luftfeuchtigkeit und Niederschlägen und hat Austrocknung des Bodens zur Folge. In Kalkgebirgen tritt eine Verkarstung ein, bei sandigen Böden ist Steppenbildung die Folge.

Die Verdunstung geht auf zweierlei Wegen vonstatten. Der Wasserdampf wird zum Teil unmittelbar von der Oberfläche der Pflanze abgegeben. Dadurch, daß die krautigen Teile der Pflanze mit der Kutikula überzogen, Stämme und Äste der Bäume und Sträucher mit Korkgewebe bedeckt sind, wird eine allzu starke Verdunstung verhindert. Auch die Kartoffelknollen sind von einer Korkschicht überzogen. Sie können sich monatelang frisch halten, während eine geschälte Kartoffel in wenigen Tagen zusammenschrumpft. Ähnlich verdunstungshemmend wirkt der Wachsüberzug an vielen Früchten, Blättern und Stengeln. Ein geschälter Apfel verdunstet 55mal mehr Wasser als ein ungeschälter.

Will man die genannten Beispiele in Zahlen ausdrücken, so verliert eine ungeschälte Kartoffel in 24 Stunden auf 100 g Frischgewicht 0,0397 g Wasser, eine geschälte, d.h. von dem Korküberzug befreite, dagegen 2,5548 g; das ist das 64fache.

Ein epidermisloses Aloeblatt verliert nach drei Stunden 23,5mal soviel Wasser wie das durch die Kutikula geschützte, nach 24 Stunden noch 15,6mal soviel. Für den Apfel betragen die entsprechenden Werte das 25,6- und 15fache.

Hieraus wird ersichtlich, daß die kutikuläre Transpiration der Pflanzen nur eine geringe ist. Also muß der Hauptweg der Verdunstung ein anderer sein: er führt über die Spaltöffnungen oder Stomata. Dabei wird der Wasserdampf von den Zellwänden des inneren Blattgewebes zunächst an die Interzellularen abgegeben, die ein weitreichendes kommunizierendes System bilden. Durch die Spaltöffnungen diffundiert der Wasserdampf dann nach außen.

Unter jeder Spaltöffnung befindet sich ein großer Luftraum, die Atemhöhle, die mit den Interzellularen des Blattes in Verbindung steht. Die Spaltöffnungen regulieren die Transpiration, indem sich der Turgor der Schließzellen und damit die Öffnungsweite des Spaltes verändert. Im allgemeinen sind sie tagsüber geöffnet und nachts geschlossen. Bei trockener Luft verengen sich die Spalten, wodurch die Transpiration herabgesetzt wird; bei feuchter Luft dagegen erweitern sie sich.

Es wurde bereits mehrfach darauf hingewiesen, daß sich die Spaltöffnungen bei Landpflanzen auf der Blattunterseite befinden – bei den Schwimmblättern von Wasserpflanzen auf der Blattoberseite –, manchmal bis zu 600 je mm^2. Ein Sonnenblumenblatt z.B. besitzt mehrere Millionen. Wenn auch die Gesamtfläche der Spaltöffnungen nur etwa 1% der Blattfläche beträgt, so kann doch ein Blatt bei weitgeöffneten Spalten 50 bis 70% derjenigen Wassermenge verdunsten, die von einer der Blattfläche entsprechenden freien Wasserfläche abgegeben wird.

Wie schon erwähnt, hängt die Höhe der jeweiligen Transpiration von der Spaltöffnungsweite ab. Sind die Stomata völlig verschlossen, bleibt nur noch die geringe Transpiration durch die Kutikula übrig. Daraus ist ersichtlich, daß der ganze Verdunstungsvorgang durch die Pflanze physiologisch regelbar ist.

Den Unterschied zwischen kutikulärer und stomatärer Transpiration verdeutlicht folgende Tabelle:

Transpirationsverluste je dm^2 in g in 24 Stunden

Name der Pflanze	Beide Flächen	Oberseite (Unterseite verklebt)	Verhältnis
Quercus Ilex	8,08	1,92	4,20
Laurus nobilis	3,88	1,15	3,37
Olea europaea	2,55	0,41	6,21
Hyrtus communis	5,60	1,40	4,00

(nach v. Guttenberg)

Gegen zu starke Verdunstung schützen sich viele Pflanzen mit weicher oder kräftiger Behaarung und wollig-filzigen Überzügen. Andere, die in den Vorfrühlingsmonaten blühen, haben, da sie im Hochgebirge starker Föhneinwirkung ausgesetzt sind, einen weißen Flaum. – Das Edelweiß (LEONTOPODIUM ALPINUM) liebt kalkhaltige, steinige Alpenweiden und Felsspalten (Oben links). – Darunter: Die Christrose (HELLEBORUS NIGER) wächst in den östl. Kalkalpen bis in Höhen von 1500 m. – Auch die Küchenschelle (ANEMONE PULSATILLA) ist eine Alpenpflanze; sie liebt trockene, sonnige Wiesen. Ihre Blütenblätter sind flaumig behaart (rechts). Inmitten der schmalen, gefingerten Blätter der Vielblättrigen Lupine (LUPINUS POLYPHYLLUS) hat sich ein dicker Wassertropfen gehalten (rechte Seite).

Zwei Faktoren sind vor allem für die Öffnungsweite verantwortlich; die relative Dampfspannung und das Licht. Dabei beruht das Öffnen und Schließen der Stomata auf Schwankungen der Saugkraft und der Wassersättigung der Schließzellen. Stark transpirierende Blätter zeigen in allen Zellen ein Wasserdefizit. Die Folge ist, daß die Stomata zur Mittagszeit geschlossen sind.

Daß auch während der Nacht die Mehrzahl der Pflanzen ihre Spalten schließt, obwohl sich bei nachlassender Transpiration die Blattzellen wieder mit Feuchtigkeit sättigen können, wird auf ein Absinken der Saugkraft in den Schließzellen zurückgeführt. Diese ist somit vom Licht abhängig. Die Stomata zeigen also neben einer Hydro- auch eine Photoreaktion. Letztere ist eine Reizerscheinung, d.h. das Licht löst die Bewegung nicht wie den einfachen Wasserverlust unmittelbar aus, sondern gibt nur den Anlaß zum Ablauf einer Kette von Vorgängen, die schließlich zum Spaltenverschluß führen. Nach neueren Untersuchungen laufen hier sehr empfindliche Regelungsvorgänge ab. Lichtabhängige Schwankungen des CO_2-Spiegels in den Schließzellen – Absinken des CO_2-Gehaltes bei Belichtung, Ansteigen bei Verdunkelung – lösen eine Kette physiologischer Vorgänge aus, welche sehr rasch eintreten bzw. ablaufen und Änderungen in erster Linie der osmotischen Zustandsgrößen bewirken und Turgoränderungen mit sich bringen.

Will man die Bedeutung der Transpiration für die Pflanzen kurz zusammenfassen, ließe sich folgendes sagen: Sie sichert die Wasserbewegung in den Gefäßen und den Transport der Nährsalze. Außerdem spielt sie im Wärmehaushalt der Pflanzen eine Rolle, indem sie diese durch die mit der Verdunstung verbundene Abkühlung gegen eine zu starke Erwärmung der oberirdischen Teile schützt. Ist die Luft wasserdampfgesättigt und eine Verdunstung dadurch unmöglich, so scheiden viele krautige Pflanzen aus Wasserspalten das überflüssige Naß aus. Als Folge dieser Erscheinung, die als Guttation bezeichnet wird, hängen frühmorgens nach feuchtwarmen Nächten an den Blattspitzen vieler Gräser, z.B. des Hafers, oder am Blattrande von Frauenmantel oder Kapuzinerkresse große, dem Tau ähnliche Wassertropfen. Sie wurden von den Alchimisten gesammelt, da sie glaubten, mit diesen leichter den Stein der Weisen entdecken zu können. Hierauf beruht auch der botanische Name des Frauenmantels »*Alchemilla*« oder »*Alchimilla*«, den zum erstenmal Tragus, also Hieronymus Bock, verwandte. Heute erinnern sich nicht einmal mehr die Dichter des »Himmelswassers«, das »im Perlenantlitz und in den großen, feuchten Augen des Abends schweigt« (d'Annunzio).

In den Tropen ist die Guttation, d.h. die Abgabe überschüssigen Wassers in Tropfenform, eine alltägliche Erscheinung. Dadurch gelangen nicht unbeträchtliche Wassermengen zur Ausscheidung. Häufig enthalten sie Calciumcarbonat oder Kochsalz. Die Transpiration einschließlich der Guttation spielt also im Wasserhaushalt der Pflanzen eine sehr wichtige Rolle.

Es wurde bereits erwähnt, daß der Wassersättigungszustand der Pflanzen ein wechselnder ist. Für die Erfüllung aller physiologischen Funktionen ist ein Wassergehalt erforderlich, der weder unter-, noch überschritten werden darf. Wird er unterschritten, leiden Assimilation, Atmung, Wachstum und andere Lebenserscheinungen der Pflanzen, oder die dafür notwendigen Voraussetzungen entfallen ganz. Auch das Protoplasma kann seine Aufgaben nur erfüllen, wenn es einen bestimmten Wassergehalt hat, und ebenso verlieren die Zellen bei stärkerem Wasserverlust ihren Turgor.

Daß auch bei starker Hitze und Trockenheit die Pflanzen nicht welken, verdanken sie einzig und allein ihrer Wasserbilanz. Optimal können die Verhältnisse genannt werden, wenn

Transpiration und Nachschub voll ausgeglichen sind, das Verhältnis also 1:1 steht. Wird es unterschritten, liegt es am Charakter der Pflanzen, wie weit sie das Defizit zu ertragen vermögen. Zuweilen beläuft es sich auf 70–80%, ja in den extremsten Fällen trocknen sie sogar völlig aus, ohne daran zugrundezugehen.

Abschließend sollen noch die Wege verfolgt werden, die das Wasser geht, nachdem es von den Wurzelhaaren aufgenommen wurde. Diese Strecken sind oft sehr weit. Bei der Fichte sind allein im Stamm bis zu 50 m zurückzulegen, beim Eukalyptusbaum gar 150 m.

Die Wurzelhaare leiten das aufgesogene Wasser mit den Nährsalzen an die innen gelegenen Wurzelzellen weiter; von dort aus gelangt es zu den Gefäßen. Dieser Vorgang wird dadurch möglich, daß die auf osmotischen Erscheinungen beruhenden Saugkräfte der Zellen von außen nach innen zunehmen. Sie können einen Unterschied bis zu drei Atmosphären ausmachen. Manche Pflanzenstengel sind durchscheinend, z. B. beim Fleißigen Lieschen *(Impatiens sultani)*, so daß die Wasserströmung bei genauer Beobachtung fast mit bloßem Auge zu

erkennen ist. Verwendet man zur Sichtbarmachung Lösungen, die bei ultraviolettem Licht aufleuchten, läßt sich die Wasserbewegung auch in anderen durchscheinenden Pflanzenteilen verdeutlichen.

Mit diesen Mitteln gelang es auch, die Geschwindigkeit der Wasserbewegung zu messen. Die Ergebnisse waren erstaunlich, fand man doch z. B. im Stengel des Kleinen Springkrautes *(Impatiens parviflora)* eine Strömungsgeschwindigkeit von 67,5 m/h, am Weizenblatt bei offenen Spaltöffnungen bis zu 54 m, bei geschlossenen dagegen nur 2,4 m. Nach anderen Berechnungsmethoden wurden für die Stieleiche mit großporigem Holz 43,5 m/h ermittelt, beim Spitzahorn 2,4 m, bei der Lärche 2 und der Birke 1,6 m.

Werden Pflanzen, beispielsweise der Rebstock, im Frühjahr zurückgeschnitten, dann »blutet« er. Bei Birke, Hainbuche und Ahorn, die man im zeitigen Frühjahr zur Saftgewinnung anbohrt, quillt aus der Öffnung eine Flüssigkeit. Eine Birke kann aus einer solchen Wunde bis zu 5 l Blutungssaft pro Tag verlieren. An einer anderen Stelle wurde bereits darauf hingewiesen, daß die Ursache hierfür im Wurzeldruck zu suchen ist, durch den das Wasser in die Gefäße der Leitbündel gepreßt wird. Dieser Druck kann 1–3 atm betragen.

Trotzdem reicht der Wurzeldruck nicht aus, um das Aufsteigen des Saftes in große Höhen zu erklären, zumal er nur im Frühjahr, wenn die Bäume noch ohne Laub sind, seine volle Wirksamkeit erlangt. Also müssen es weitere Kräfte sein, die an der Wasserleitung beteiligt sind. Osmotische Vorgänge, auf die auch Wurzeldruck und Guttation zurückzuführen sind, reichen jedenfalls zur Erklärung nicht aus, einmal, weil sie außerordentlich langsam vonstatten gehen, zum andern, weil die Strecken zu lang sind.

Hier nun greift die Saugwirkung der Transpiration ein, die, wenn sich das Laub entfaltet hat und der Wasserbedarf der Pflanze gewaltig steigt, die Wasserströmung in Gang hält. Da die Wassermoleküle sehr fest zusammenhängen (Kohäsion), bilden sie in den luftfreien Gefäßen zähe Wasserfäden, die von den Wurzeln bis zu den Blättern reichen und durch die Saugwirkung der Transpiration emporgehoben werden. Dadurch ist ein ununterbrochener Säftestrom gewährleistet, dessen Inganghaltung so verblüffend einfach erscheint. Und doch war dieses Transportproblem der Wissenschaft jahrhundertelang unerklärlich. Auch heute noch sind Fragen offen geblieben, z. B. die, ob die Wasserleitung, wie es die Kohäsionstheorie annimmt, ein rein physikalischer Prozeß ist, oder ob sich auch die lebenden Parenchymzellen, die die Gefäße umgeben, an ihr irgendwie beteiligen.

Leicht verständliche Texte, teils erzählender Stil. Größere Vorkenntnisse werden nicht vorausgesetzt.

G. Amann: Bäume und Sträucher des Waldes. München 1963
W. Baumeister: Die Welt der Pflanzen. Eine allgemeine Botanik. Das Große Ill. Pflanzenbuch, Gütersloh 1969
H. C. Bold: Das System der Pflanzen (Kosmos Studienbücher). Stuttgart 1965
H. v. Ditfurth: Im Anfang war der Wasserstoff. Hamburg 1972
Grzimeks Tierleben, Band II: Insekten. München 1971
Hegi: Illustrierte Flora Mitteleuropas. 13 Bde., München 1906/31; 2. Aufl., Bde. 1–4, 1935ff.
L. Jost: Baum und Wald. Berlin 1952
O. Krösche: Vom Pilz zum Penicillin. Die Naturgeschichte einer großen Entdeckung. Lux-Lesebogen Nr. 8
Moderne Bibliothek des Wissens, Band I: Die Natur. Gütersloh 1968
Napp-Zinn: Mißbildungen im Pflanzenreich. Stuttgart 1962
Pflanzenbuch, Das Große Illustrierte. Gütersloh 1969
O. Polunin: Pflanzen Europas. München 1971
R. Schaede: Die pflanzlichen Symbiosen., Stuttgart 1962
O. Schmeil: Pflanzenkunde. Heidelberg 1964
K. v. Thimann: Das Leben der Bakterien. Jena 1964
Fr. Tobler: Die Flechten. Eine Einführung in ihre allgemeine Kenntnis. Jena 1934
H. Walter: Vegetationszonen und Klima. Stuttgart 1970
H. Weymar: Buch der Farne, Bärlappe und Schachtelhalme. München 1964
W. Zimmermann: Die Geschichte der Pflanzen. Stuttgart 1949

Querschnitt

Die Heilpflanzen und ihre Anwendung

Eine große Gruppe unter den Nutzpflanzen bilden die Heilkräuter. Wir kennen wildwachsende Arten, aber auch Kulturvarietäten, die aus ihnen gezüchtet wurden und deren Wirkstoffe in der Arzneimittelkunde Verwendung finden. Je nachdem, welcher Pflanzenteil durch seinen Gehalt an Glykosiden, Alkaloiden, ätherischen Ölen, Gerb-, Bitter- oder Schleimstoffen, Harzen oder Balsamen ausgezeichnet ist, werden Rhizom-, Wurzel-, Knollen-, Holz-, Rinden-, Blatt-, Kraut-, Samen- oder Fruchtdrogen unterschieden.

Vielfach haben die Pflanzen, die in der Heilkunde verwendet werden, auch eine besondere Bedeutung als Gewürzkräuter, als Giftpflanzen, Rauschmittel, Aphrodisiaka, oder sie spielen bei religiösen Gebräuchen oder mythischen Kulten eine Rolle. Wir werden ihnen also in mehreren Kapiteln unseres Buches wiederbegegnen, wenn auch unter immer neuen Aspekten.

Von den Heilpflanzen, die vielfache Verwendung finden, deren Hauptnutzung jedoch in der Drogengewinnung liegt, sind der Schwarze Holunder *(Sambucus nigra)* zu nennen, dessen Früchte der Herstellung von nichtalkoholischen erfrischenden Getränken dienen. Ferner sind hier anzuführen das in der Likörindustrie beliebte Echte Benediktenkraut *(Cnicus benedictus)*, die Echte Kamille *(Matricaria chamomilla)*, die auch ätherisches Öl für kosmetische Präparate und Badezusätze liefert, das Frühlingsadonisröschen *(Adonis vernalis)*, das auch in Stein- oder Ziergärten angepflanzt wird, und der Echte Alant *(Inula helenium)*, aus dem in geringem Maße ätherisches Öl für die Parfümherstellung gewonnen wird.

Als Gewürze Bedeutung haben die Heilpflanzen Küchenzwiebel *(Allium cepa)*, der Knoblauch *(Allium sativum)*, der Schnittlauch *(Allium schoenoprasum)*, der Meerrettich *(Armoracia rusticana)*, die Paprika *(Capsicum annuum)*, der Gemeine Pastinak *(Pastinaca sativa)* und die Gartenpetersilie *(Petroselinum crispum)*. Ferner sind zu nennen der Koriander *(Coriandrum sativum)*, der Dill *(Anethum graveolens)* und der Gemeine Thymian *(Thymus vulgaris)*. Außerdem sind einige landwirtschaftliche Kulturpflanzen von Bedeutung, wie der Schlafmohn *(Papaver somniferum)*, der Saatlein *(Linum usitatissimum)*, der Gemeine Hopfen *(Humulus lupulus)* und der Schwarze Senf *(Brassica nigra)*. Die Drogengewinnung aus diesen Pflanzen stellt zwar nur eine Nebennutzung dar; sie spielt aber trotzdem in der Medizin eine wichtige Rolle. Als Beispiel hierfür sei der Schlafmohn genannt, der zumeist wegen seiner Samen angebaut wird. Aus ihnen wird Öl gewonnen und man verwendet sie sogar als Nahrungsmittel. Nur aus einem unbedeutenden Teil, dem Milchsaft der unreifen Mohnkapseln, gewinnt man Opiumalkaloide, ohne die die moderne Medizin nicht denkbar wäre, denn sie wirken schmerzstillend und krampflösend. Leider dienen sie auch in hohem Maße der Rauschgiftgewinnung.

Auf Kahlschlägen und an Berghängen erhebt sich stolz der Rote Fingerhut (DIGITALIS PURPUREA). *Er ist ärmer an Wirkstoffen als der Wollige Fingerhut (D. lanata), der ihn fast ganz aus der Kultur verdrängt hat.*

Von dem Echten Baldrian (VALERIANA OFFICINALIS) *finden Auszüge aus dem Wurzelstock Verwendung. Sie entspannen und beruhigen (rechts).*

Die Droge der Weißen Taubnessel (LAMIUM ALBUM) *besteht aus den Blüten. Sie wirken entzündungshemmend, desinfizierend und schwach harntreibend (rechts außen).*

Getrocknete Heilpflanzen (Drogen) werden für verschiedene Kräutertees verwendet, außerdem werden aus ihnen mancherlei Tinkturen, Auszüge und Säfte bereitet, die zu Tropfen, Sirupen, Aufgüssen, Salben und Einreibemitteln weiterverarbeitet werden.

In der zweiten Hälfte des vorigen Jahrhunderts nahm die Chemie einen ungeahnten Aufschwung. Damals waren besonders Heilpflanzen gefragt, aus denen man Rohstoffe isolieren konnte, die in der Lage waren, die Drogen zu ersetzen. Die ersten synthetischen Heilmittel kamen auf den Markt, die die Drogen in den Hintergrund drängten. Im wesentlichen hält diese Entwicklung bis auf den heutigen Tag an, doch scheint neuerdings ein Umschwung einzusetzen und pflanzliche Heilmittel wieder einen »Boom« zu erleben. Man scheint einfach genug zu haben von der Chemie und gibt der Natur den Vorzug. Die vielen Gemüsesäfte und -getränke, Tees aus Heilkräutern, Kuren und Entschlackungsmittel auf pflanzlicher Basis, wie sie täglich von den Reformhäusern angeboten werden, legen zur Genüge Zeugnis davon ab.

Arzneimittel aus dem Pflanzenreich, die nicht ersetzt werden können

Allerdings gibt es auch Arzneimittel aus dem Pflanzenreich, die durch synthetische Heilmittel nicht ersetzt werden können. Herzwirksame Glykoside, aus dem Wolligen Fingerhut

(Digitalis lanata), dem Roten Fingerhut *(Digitalis purpurea)*, dem Frühlingsadonisröschen *(Adonis vernalis)* und dem Maiglöckchen *(Convallaria majalis)* gewonnen, sind unersetzlich. Auch die Mutterkornalkaloide, die aus dem Purpurroten Hahnenpilz *(Claviceps purpurea)* isoliert werden, gehören hierher. Sie kommen einzeln oder gemischt mit anderen Wirkstoffen in der Geburtshilfe zur Anwendung, bei inneren Krankheiten und Nervenerkrankungen. Ähnlich verhält es sich mit den Opiumalkaloiden, insbesondere dem Morphin, das in vielen schmerzstillenden und krampflösenden Mitteln enthalten ist.

Ein reiches Reservoir an noch unbekannten Wirkstoffen scheinen die tropischen Länder

zu bieten. So hat man wissenschaftliche Expeditionen unternommen, um weniger bekannte Pflanzen zu sammeln und ihre Heilwirkung zu erforschen. Auf diese Weise wurde auch das Reserpin entdeckt, ein blutdrucksenkendes Alkaloid, das in einigen Arten der Gattung *Rauwolfia* (in Indien heimisch) enthalten ist. Ebenfalls blutdrucksenkende Alkaloide enthält das Kleine Immergrün *(Vinca minor)*, krebshemmend wirken die Alkaloide der Gattung *Caranthus*.

In den seit alters her bekannten Heilpflanzen wurden ebenfalls neue spezifische Wirkstoffe isoliert. So sind z. B. im ätherischen Öl der Echten Kamille *(Matricaria chamomilla)* das entzündungshemmende Chamazulen und Bisabolol enthalten, in einigen Arten der Selleriegewächse zahlreiche Substanzen, die der Gruppe der Furokumarine angehören. Von diesen Wirkstoffen werden besonders bei der Behandlung innerer Krankheiten sehr gute Heilwirkungen erhofft.

Aus getrockneten Pflanzenteilen vieler Heilkräuter werden wäßrige oder alkalische Auszüge, Fluidextrakte (Fluid: tropfbare Flüssigkeit) und Tinkturen zubereitet. Die sogenannten galenischen Präparate werden vom Apotheker nach Vorschriften des Arzneibuches oder des Arztes zubereitet im Gegensatz zu den Rohdrogen und den fertigen Arzneimitteln der pharmazeutischen Industrie. Der griechisch-römische Arzt Galen(os) lebte im 2. Jahrhundert n. Chr. in Rom und war einer der bedeutendsten Ärzte der römischen Kaiserzeit und Leibarzt Marc Aurels. Seine Schriften faßten die gesamte antike Heilkunde zusammen; sie waren im Mittelalter medizinische Lehrgrundlage. Ihm verdanken wir mancherlei Arzneimittelzubereitungen. Heute spielen sie allerdings nur noch eine geringere Rolle.

Trotzdem müssen wir heute sagen, daß man noch immer die reinen Wirkstoffe aus den Drogen nicht in jedem Fall isolieren kann. Heilerfolge scheinen nur in einer Mischung aus verschiedenen Inhaltsstoffen zu liegen.

So tun Tinkturen oder Auszüge aus Baldrianwurzeln beste Dienste bei Nervenleiden oder Erregungszuständen aller Art. Auszüge aus einem Gemisch von Blättern des Fieberklees *(Menyanthes trifoliata)*, des Echten Tausendgüldenkrautes *(Centaurium minus)*, der Fruchthüllen des Bitter-Orangenbaumes *(Citrus aurantium)* unter Beigabe von Zimtöl liefern ein bekanntes und bewährtes Bittermittel *(Tinctura amara)* gegen Magenbeschwerden. Zur Herstellung von Pillen werden ebenfalls verschiedenartige Drogenauszüge benutzt.

Auch Teemischungen sind der Heilung dienlich

Teemischungen waren von jeher bedeutsam. Ihre Zusammensetzung ist unterschiedlich je nach der Krankheit, für die sie bestimmt sind. Die Bedeutung von Kräutertees liegt wohl mehr im psychologischen Bereich. Sie bilden daher lediglich ein Unterstützungsmittel bei der Behandlung verschiedener Krankheiten und fördern die Wirkung des Hauptmedikaments. Vor allem bei chronischen Erkrankungen, älteren Menschen und solchen, die von pharmazeutischen Fertigpräparaten wenig halten, ist mit einer Tasse Tee oft mehr geholfen als mit Medikamenten.

Bekannt sind besonders Mischungen aus folgenden Kräutern:

Schwarzer Holunder *(Sambucus nigra)*, die Hängebirke *(Betula pendula)*, das Benediktenkraut *(Cnicus benedictus)*, die Großblumige Königskerze *(Verbascum thapsiforme)*, die Echte Kamille *(Matricaria chamomilla)*,

Bergpflanze Arnika

Die unter Naturschutz stehende ausdauernde Pflanze aus der Familie der Korbblütler *(Compositae)*, die einzige von 32 Arten, die in Mitteleuropa (Alpen, einige Gegenden des Apennin) vorkommt, auch Bergwohlverleih *(Arnica montana)* genannt, wächst auf kalkarmen Bergwiesen und ist an ihren Blättern zu erkennen: Sie sind am Fuße eines verhältnismäßig langen Blütenstengels in einer Rosette angeordnet. Lediglich zwei, seltener vier Stengelblätter sitzen gegenständig ungefähr in der Mitte des Stengels. Dieser endet gewöhnlich ohne Verzweigungen in einem orangegelben, im Durchmesser 6–8 cm großen Blütenköpfchen. Sind Verzweigungen vorhanden (drei bis fünf), tragen auch diese einzelne Köpfchen.

Die Blüte, Wurzeln und andere Teile der Pflanze liefern wertvolle Heilmittel und werden bei Quetschungen und Blutergüssen, allerdings nicht bei offenen Wunden, als Hautreizmittel verwendet. Wegen der großen Bedeutung in der Volksmedizin wurde sie im Laufe der Zeit stellenweise leider ausgerottet und wird deshalb in Europa streng gesetzlich geschützt.

In Frankreich nennt man die Arnika in Analogie zum Schnupftabak auch Vogesen- oder Alpentabak, da ihre pulverisierten Blüten als Niespulver verwendet werden.

der Zweigrifflige Weißdorn *(Crataegus oxyacantha)*, der Gemeine Wacholder *(Juniperus communis)*, die Dornige Hauhechel *(Ononis spinosa)*, der Spitzwegerich *(Plantago lanceolata)*, die Winterlinde *(Tilia cordata)*, die Pfefferminze *(Mentha piperita)*, die Echte Bärentraube *(Arctostaphylos uva-ursi)*, verschiedene Beifußarten *(Artemisia)*, der Echte Eibisch *(Althaea officinalis)*, das Kahle Bruchkraut *(Herniaria glabra)*, der Rundblättrige Sonnentau *(Drosera rotundifolia)*, der Gemeine Odermennig *(Agrimonia eupatoria)*, der Echte Salbei *(Salvia officinalis)*, das Tüpfeljohanniskraut *(Hypericum perforatum)* und das Echte Tausendgüldenkraut *(Centaureum minus)*.

Immer mehr Verwendung finden Heilpflanzen in der Lebensmittelindustrie und in der Diätküche. Dies gilt besonders für Arten, die aromatische Substanzen wie Vitamine beinhalten, oder Stoffe, die Einfluß auf den Stoffwechsel haben, wie Aminosäuren (Eiweißbausteine) oder Enzyme. Andere wiederum sind eine bedeutende Handelsware.

Vielfach werden Heilpflanzen für die pharmazeutische Industrie angebaut, wodurch ihre Produktion erheblich gesteigert werden konnte. Eine führende Rolle spielen dabei der

Vielseitig verwendbar sind die Öle und Glykoside des Tüpfeljohanniskrautes (HYPERICUM PERFORATUM). Sie wirken bei Katarrhen.

Von der Arnika (Arnica montana) werden die ganzen Blütenköpfe gesammelt. Sie wirken desinfizierend und magenstärkend (links außen).

Vom Echten Eibisch (Althaea officinalis) erntet man Wurzeln und Blätter. Der Schleimgehalt der Droge wirkt entzündungshemmend (links).

Der Blaue Eisenhut (Aconitum napellus) ist die stärkste Giftpflanze überhaupt. Die Droge wirkt auf das zentrale Nervensystem und wird bei Gelenkrheuma verschrieben. Auch bei Erkrankungen der Gesichtsnerven hat sie sich bewährt (nebenstehend).

Mutterkornpilz, der Wollige Fingerhut, die Echte Kamille, die Pfefferminze, der Schlafmohn, der Palmblättrige Rhabarber und die Schwarze Tollkirsche, die in großen Mengen kultiviert werden.

Säfte für die Frühjahrskur, zur Behandlung von Altersbeschwerden und sonstiger Gebrechen

Artischockensaft, zur allgemeinen Leberkräftigung, zur Unterstützung ihrer Entgiftungsfähigkeit und Schutzmittel gegen frühzeitiges Altern.

Baldriansaft, wirkt nervenberuhigend, bei nervös bedingten Einschlafstörungen und allgemeiner Nervosität.

Bärlauchsaft, wirkt auf das Blutgefäßsystem, fördert die allgemeine Durchblutung, regt aber auch sowohl die Drüsen des Magens als auch die des Darmes an.

Birkensaft, fördert die Ausscheidung bei Arthritis und sonstigen Gelenkentzündungen, wirkt harntreibend, dient der Kräftigung von Blase und Nieren.

Bohnensaft, wirkt entwässernd bei Herz- und Kreislaufbeschwerden, dient der Anregung der Nierentätigkeit.

Borretschsaft, ist leistungssteigernd, wirkt ausgleichend, erhöht die Lebensfreude.

Brennesselsaft, ist blutreinigend, schwemmt bei rheumatischen Erkrankungen aus, unterstützt Schlankheitskuren nach Ernährungsfehlern.

Brunnenkressesaft, dient der Förderung des Stoffwechsels, ist anregend und ausscheidend.

Fenchelsaft, wirkt beruhigend auf die Verdauungsorgane ein bei Blähungen, Magen- und Darmverstimmungen, ist auswurffördernd und schleimlösend bei Erkältungen.

Gänsefingerkrautsaft, entspannt bei Magen- und Darmkrämpfen (Durchfälle) und wirkt stopfend.

Hafersaft, ist ein natürliches Aufbau- und Kräftigungsmittel bei nervösen Erschöpfungszuständen.

Huflattichsaft, ist schleimlösend und erleichternd bei Asthma, Bronchialkatarrh und Husten.

Johanniskrautsaft, natürliches Nervenaufbaumittel bei nervösen Erschöpfungszuständen, bei Nervosität und nicht organisch bedingten Nervenschmerzen.

Kamillensaft, wirkt krampflösend und entzündungswidrig bei Magenbeschwerden nervöser Art.

Kartoffelsaft, hilft bei Sodbrennen und Übersäuerung des Magens.

Knoblauchsaft, dient zur Erhaltung des normalen Blutdrucks, einer natürlichen Durchblutungsförderung bei Arteriosklerose und zur Regelung der Darmtätigkeit.

Kürbissaft, anregend auf das Nieren- und Harnsystem, wirkt ausscheidend, entwässernd, erleichtert die Harnabsonderung.

Löwenzahnsaft, stärkt die Leberfunktion, hilft bei Gallenbeschwerden, dient der Blutreinigung.

Manna-Feigen-Sirup, ist ein mildes Abführmittel, schützt vor Verstopfung.

Meerrettich-Destillat, wirkt entwässernd bei Arthritis und Rheuma, ist appetit- und verdauungsfördernd und anregend auf den gesamten Stoffwechsel.

Melissensaft, wirkt entspannend, ist von Bedeutung bei nervösen Magen- und Herzbeschwerden, wenn sie funktionell bedingt sind.

Mistelsaft, lindernd bei durch Arteriosklerose bedingten Beschwerden, erzielt Besserung des Allgemeinbefindens.

Paprikasaft, wirkt entwässernd, dient der Unterstützung der Herz- und Kreislauffunktion.

Petersiliensaft, harntreibend, drüsenanregend, magenstärkend und verdauungsfördernd.

Rosmarinsaft, natürliches Anregungsmittel für den Kreislauf.

Salbeisaft, äußerlich zum Gurgeln und Spülen des Nasen-, Mund- und Rachenraumes bei Erkältungen und Katarrhen, innerlich gegen übermäßige Schweißabsonderung und bei Nachtschweiß.

Schafgarbensaft, unterstützt stärkend und anregend das Blutgefäßsystem, ist gut gegen Schwindel und Blutandrang im Kopf, bei Wechseljahrsbeschwerden.

Das Tüpfeljohanniskraut

Das Tüpfeljohanniskraut *(Hypericum perforatum)*, ein Halbstrauch von etwa 0,5 m Höhe (oder mehr), findet man häufig auf Brachland, an Feldrainen und Wiesen, ist aber auch oft an Trockenhängen anzutreffen. Die gegenständigen Blätter haben Ellipsenform; der aufrechte, unten nur spärlich verzweigte Stengel trägt an der Spitze eine reichblütige gelbe Trugdolde mit fünf Kronblättern, ungefähr fünfzig, in fünf Büscheln zusammengefaßten Staubblättern, drei bis fünf zusammengewachsenen Fruchtblättern und drei Griffeln. Die kleinen Früchte haben eine dicke Wandung und sind Kapselfrüchte. Betrachtet man die Blätter gegen das Licht, so sieht man kleine weiße Flecke, bei denen es sich um sehr kleine Drüsen handelt, die mit ätherischem Öl gefüllt sind. Solche drüsigen Pünktchen sieht man auch auf den Kronblättern, die von kurzen schwarzen Längslinien überzogen sind und Ansammlungen von farbigem Öl enthalten, ein Anthocyan-Pigment der Gruppe Pelargonidin. Diesen Ölen und dem ebenfalls vorhandenen Hyperidin, einem Glykosid, wird eine heilsame und schmerzlindernde Wirkung bei Katarrhen zugeschrieben. In letzter Zeit hat man entdeckt, daß das Öl durch noch unerforschte Inhaltsstoffe beruhigend auf das vegetative Nervensystem einwirkt und auch dadurch ein wertvolles Heilmittel ist. Volksmedizinisch wird es außerdem auch bei Leberleiden, Brandwunden und als Wurmmittel verwendet.

Darüber hinaus ist das Johanniskraut als Pflanze bekannt, der man eine magische Kraft zuschrieb, durch die böse Dämonen abgewehrt werden sollten. Die Ansicht, der botanische Name hänge mit dem griechischen »hyper eikona«, »gegen Spuk oder Geister«, zusammen, ist wahrscheinlicher als die landläufige Erklärung, die den Namen mit »hypo erike«, »unter dem Heidekraut«, in Zusammenhang bringt. Das Tüpfeljohanniskraut ist aber niemals unter Heidekraut zu finden.

Schwarzrettichsaft, zur Stärkung der Leberfunktion und bei Gallenbeschwerden; dient der Leberschutztherapie.

Selleriesaft, entwässernd, ausscheidend bei Arthritis und Rheuma.

Christoph Wilhelm Hufeland, der Arzt, der das Leben »verlängerte«.

So nannte ihn einer seiner Biographen. Hufeland, geboren am 12. August 1762 in Bad Langensalza (Thüringen), gestorben am 25. August 1836 in Berlin, war zunächst Professor für Pathologie in Jena, ab 1800 an der Berliner Charité und königlicher Leibarzt, dann Staatsrat, Leiter der Medizinalverwaltung und erster Dekan der medizinischen Fakultät. Er setzte sich als naturheilkundlich orientierter Arzt mit dem medizinischen Wissen seiner Zeit auseinander und suchte die Naturheilmethoden mit den wissenschaftlichen Erkenntnissen in Einklang zu bringen. Obwohl zu seinen Patienten Wieland, Herder, Schiller und Goethe gehörten, war er kein »Prominentenarzt«, was er u.a. auch als volkstümlich ärztlicher Schriftsteller bewies. Sein Hauptwerk »Makrobiotik oder die Kunst, das menschliche Leben zu verlängern« (1796) hatte ihn bekannt gemacht. Vorbeugende Gesundheitspflege und Seuchenbekämpfung waren seine Anliegen. Dementsprechend befürwortete er auch die Einführung der von Edward Jenner entwikkelten Pockenschutzimpfung (1798 veröffentlicht: »Untersuchung über die Ursachen und Wirkungen der Kuhpocken . . .«). Große Auszeichnungen sind mit seinem Namen verbunden, so die Hufeland-Medaille für hervorragende Leistungen in der biologischen Medizin und der Hufeland-Preis für die beste Arbeit auf dem Gebiet der vorbeugenden Gesundheitspflege.

Spitzwegerichsaft, entzündungswidrig bei Bronchial- und Rachenkatarrh.

Thymiansaft, bewährt bei katarrhalischen Erkrankungen der Atemwege und Atmungsorgane, schleimlösend und auswurffördernd; wirkt beruhigend.

Wacholderextrakt, zur Unterstützung des Stoffwechsels, bei rheumatischen Beschwerden, Arthritis und Ischias, zur Verstärkung der Harnausscheidung, als Kräftigungsmittel, hautreinigend und keimwidrig.

Weißdornsaft, zur Erhaltung des normalen Blutdrucks, herzstärkend und kreislauffördernd.

Weißkohlsaft, bei Reizzuständen des Magens, des Dünn- und Dickdarms.

Wermutsaft, magenstärkend bei Mangel an Magensäure und bei Verdauungsbeschwerden.

Zinnkraut-(Schachtelhalm-)saft, zur Stärkung der Atmungsorgane und des Lungengewebes, harntreibend und entwässernd.

Zwiebelsaft, anregend auf die Produktion von Magen- und Darmsäften, wirkt auf das Blut entschlackend und verdünnend.

Heilpflanzen und ihre Inhaltsstoffe

Die Heilkraft liegt in einigen zu charakterisierenden Wirkstoffgruppen oder Einzelstoffen, die die Pflanze durch ihren Stoffwechsel produziert.

So sind an erster Stelle die Alkaloide zu nennen. Es handelt sich dabei um verschiedenartige, häufig sehr kompliziert gebaute Naturstoffe mit meist heterozyklischen Ringsystemen und gemeinsamen Merkmalen, wie basischem Charakter und Giftigkeit.

Alkaloide finden wir zumeist in tropischen und subtropischen Pflanzen, oft an organische Säuren salzartig gebunden. Man gewinnt sie durch Auslaugen der Pflanzen mit Alkalien und anschließender Wasserdampfdestillation. Schon im Altertum wurden sie als Genuß-, Rausch- und Heilmittel verwendet.

Die Alkaloide gehören zu den wirksamsten pflanzlichen Heilstoffen. Friedrich Wilhelm Sertürner (1783–1841), damals Apotheker-

Segensreiche Kamille

Die Kamille gehörte schon seit Urgroßmutters Zeiten in jede Hausapotheke. Die Echte Kamille (*Matricaria chamomilla*; Matricaria = Mutterkraut) läßt in ihrem Gattungsnamen erkennen, daß sie bereits im Altertum in der Geburtshilfe verwendet wurde. Sie ist als Heilpflanze also seit langem bekannt.

Die »Blüten« (Blütenköpfchen) werden ohne Stiel gesammelt und schnell im Schatten getrocknet. Sie haben einen aromatischen Geschmack und würzigen Duft, der die Luft erfüllt. Wer im Frühjahr nach Griechenland fährt und die Akropolis besucht, wird den Kamilleduft lange in Erinnerung behalten, da die Pflanzen gerade dort sehr üppig wachsen, und es ist nicht ausgeschlossen, daß man deshalb auch im Altertum auf sie aufmerksam wurde.

Das aus der Kamille gewonnene ätherische Öl enthält verschiedene Substanzen, darunter das Azulen (einen Kohlenwasserstoff), auf das wohl die beruhigende Wirkung zurückgeführt werden muß. Kamille wird als fieberwidrig, harntreibend, schweißtreibend, krampflösend, entzündungshemmend und als Linderungsmittel bei Magen- und Darmkatarrhen angesehen, dient aber auch als Aufguß zu Umschlägen, Spülungen und Dampfbädern bei Erkältungen. Sie ist eine einjährige Pflanze und vornehmlich in Europa und Asien heimisch, kommt aber auch in anderen Ländern vor. Sie wächst auf Äckern und Ödland, muß aber, da sie als Heilmittel nicht ausreicht, vielfach eingeführt werden.

Der Flachs oder Lein (LINUM USITATISSIMUM) ist der Lieferant des Leinens. Uns ist er heute hauptsächlich bekannt durch seinen Samen, den Leinsamen, der leicht abführend, schmerzlindernd und entzündungshemmend wirkt (links).

Bekannt in ihrer vielfältigen Wirkung ist die Echte Kamille (MATRICARIA CHAMOMILLA), von der die Blütenköpfchen gesammelt werden (rechts).

Der Echte Lavendel (LAVANDULA ANGUSTIFOLIA) *ist beliebt als nervenberuhigendes Mittel. Sein Öl findet in der Parfümerie Verwendung.*

Die Droge der Großblumigen Königskerze (VERBASCUM THAPSIFORME) *hat sich als Aufguß bei Husten und Erkrankungen der Atemwege bewährt.*

Auch der Echte Salbei (SALVIA OFFICINALIS) *übt als Bestandteil von Teeaufgüssen u. a. bei Nachtschweißen von Tuberkulösen gute Wirkung aus.*

praktikant in Paderborn, war es, der 1803 als erstes Alkaloid das Morphium aus dem Opium isolierte; später wurden weitere entdeckt: Strychnin (1818), Colchicin (1819; Colchicin wird allerdings trotz seiner alkaliartigen Konstitution meistens nicht zu den Alkaloiden gezählt), Chinin (1820), Coniin (1827), Nikotin (1828), Atropin und Hyoscyamin.

Nicht heimisch in Europa war einstmals der Gemeine Stechapfel *(Datura stramonium)*, eine typische Alkaloidpflanze. Seine Herkunft ist nur schwer feststellbar; man nimmt aber Mexiko als Ursprungsland an. Inzwischen hat er sich bei uns eingebürgert. Weitere charakteristische Alkaloidpflanzen sind das Schwarze Bilsenkraut *(Hyoscyamnus niger)* und die Schwarze Tollkirsche *(Atropa belladonna)*. Sie enthalten vor allem Atropin, Hyoscyamin und Scopolamin, die bei inneren Krankheiten und in der Augenheilkunde Verwendung finden. Hyoscyamin ist bereits in kleinen Mengen äußerst giftig und kann durch Lähmung des Atemzentrums den Tod herbeiführen.

Der Schlafmohn *(Papaver somniferum)*, der ebenfalls zu dieser Gruppe gehört, enthält Morphin, Narcotin, Papaverin, Codein, Thebain und Narcein und noch weitere, etwa 20 therapeutisch weniger wichtige Alkaloide. Außerdem sollen noch als andere medizinisch wichtige Alkaloidpflanzen der Weiße Germer *(Veratrum album)*, die Herbstzeitlose *(Colchicum autumnale)*, der Blaue Eisenhut *(Aconitum napellus)* und das Große Schöllkraut *(Chelidonium maius)* erwähnt werden.

Glykoside im weiteren Sinne sind Verbindungen von Zuckerarten mit zuckerfremden Bestandteilen (Aglukonen). Sie sind in der Natur häufig zu finden, z.B. im Amygdalin der bitteren Mandeln, in den Saponinen, in den herzaktiven Digitalis- und Strophantusarten sowie in vielen Blüten- und Pflanzenfarbstoffen. Im engeren Sinne bedeuten Glykoside eine Verbindung von Traubenzucker mit einem Aglukon. Eine Rückspaltung durch Fermente oder Säuren ist möglich.

Am wichtigsten in der Medizin sind die herzwirksamen Glykoside, die zur Kräftigung der Herzmuskulatur beitragen und wegen ihres Vorkommens in einigen Fingerhutarten *(Digitalis)* auch Digitalisglykoside genannt werden. Sie sind im Wolligen Fingerhut *(Digitalis lanata)*, im Roten Fingerhut *(Digitalis purpurea)* und in einigen anderen Fingerhutarten zu finden. Aber es gibt auch in ihrer chemischen Struktur und Wirkung den Digitalisglykosiden ähnliche, jedoch nicht von Digitalisarten stammende pflanzliche Substanzen, die Digitaloide, die u.a. im Frühlingsadonisröschen *(Adonis vernalis)* und im Maiglöckchen *(Convallaria majalis)* vorkommen.

Obwohl der Fingerhut schon in der altirischen Volksmedizin bekannt war, wurde er für die Kardiologie erst von dem Birminghamer Arzt William Withering entdeckt, der ihn 1785 klinisch erprobte. Zu Heilzwecken wurde in England und Westeuropa zunächst der heimische Rote Fingerhut verwendet. Heute ist er fast vollständig von dem aus den Balkanländern stammenden und viel ertragreicheren Wolligen Fingerhut verdrängt worden.

Anthrachinonglykoside, deren Wirkstoffe als Abführmittel und bei Erkrankungen des Magen-Darm-Kanals angewendet werden, kommen in Familien der Kreuzdorngewächse *(Rhamnaceae)* vor, bei den Knöterich- *(Polygonaceae)* und den Rötegewächsen *(Rubiaceae)*. Auch der Palmblättrige Rhabarber *(Rheum palmatum)* enthält Anthrachinon.

Ebenfalls durch besondere Heilwirkung zeichnen sich die Senfölglykoside aus. Sie sind vor allem in Arten der Kreuzblütler *(Brassicaceae)*, der Kapuzinerkressen- *(Tropaeolaceae)* und der Resedagewächse *(Resedaceae)* enthalten. Ihre Wirkstoffe sind hautreizend, desinfizierend und führen zu einer besseren Durchblutung der Haut.

Saponine (lat. sapo = Seife) wirken schleimhautreizend und sind von ähnlicher Zusammensetzung wie die Glykoside. Sie schäumen wie Seife im Wasser. Kommen sie mit Blut in Berührung, verursachen sie schon in kleinen Mengen eine Zerstörung der roten Blutkörperchen (Hämolyse).

Einige von ihnen sind giftig, z.B. die Saponine der Vierblättrigen Einbeere *(Paris quadrifolia)* und der Kornrade *(Agrostemma githago)*. Sie werden in der Medizin als schleimlösende Mittel bei Katarrhen der oberen Luftwege angewendet. Häufig kommen sie mit verschiedenen anderen Glykosiden vor.

So enthält der Wollige Fingerhut außer herzstärkenden Glykosiden das Saponin Tigonin und der Rote Fingerhut die Saponine

Wirkung verschiedener Pflanzenstoffe auf die Organe des menschlichen Körpers

Meerzwiebel
(Herzstimulans)

Strophantus hispidus
(Herzstimulans)

Roter Fingerhut
(Herzstimulans)

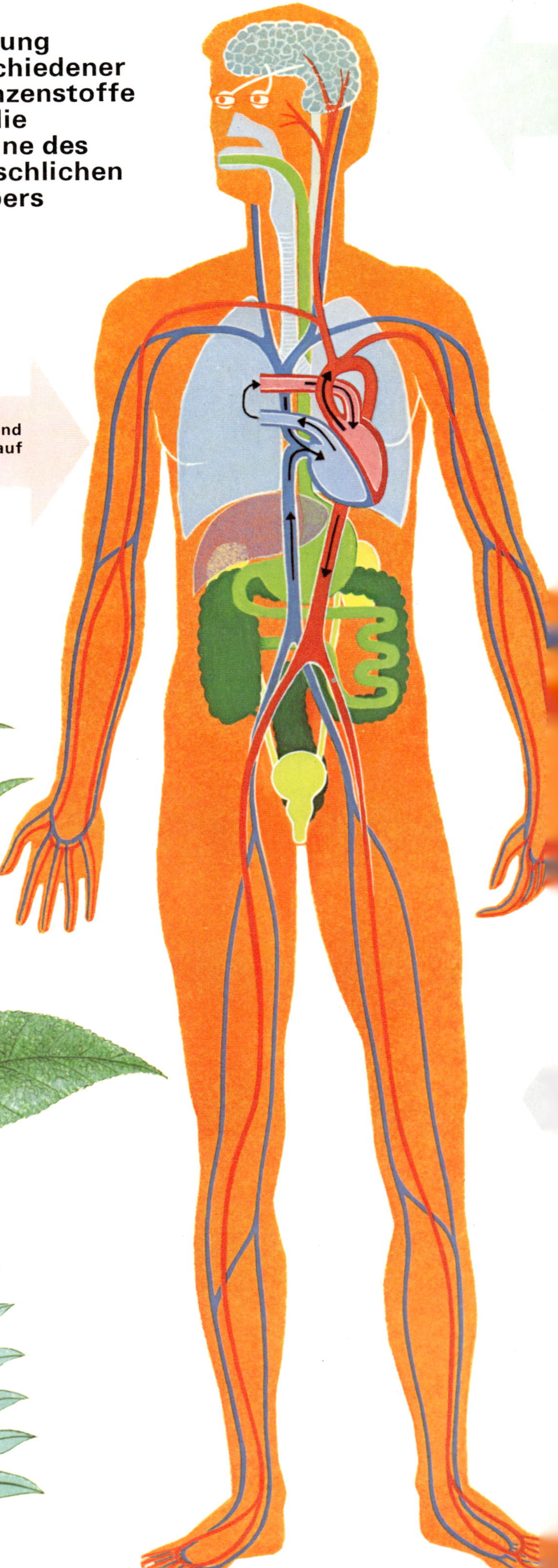

Weißer Germer
(gegen Hochdruck-
erkrankungen)

Rauvolfia serpentina
(gefäßerweiternd)

Arzneipflanzen

Von Heilkräutern haben die Menschen schon in alten Zeiten gewußt. Von den etwa 10000 Arten wird heute noch ein großer Teil gebraucht, nicht nur in der Volksheilkunde, sondern auch für die Herstellung von Arzneimitteln. Manche Arzneipflanzen sind ungefährlich, andere wieder enthalten starke Gifte. In vielen Fällen ist es der Wissenschaft gelungen, die wirksamen Stoffe der Arzneipflanzen künstlich herzustellen. Diese »Wirkstoffe« können sehr verschieden sein. Man kennt u. a. ätherische Öle (z. B. Menthol in der Pfefferminze), Glykoside (Fingerhut), Bitterstoffe (Wermut), Gerbstoffe (Arnika), Alkaloide (Tollkirsche). Eine Pflanzenart kann auch mehrere Wirkstoffe enthalten. – Die wirksamen Stoffe sind meistens nicht gleichmäßig in der ganzen Pflanze verteilt, sondern an bestimmten Stellen angereichert, z. B. in Blüten, Früchten, Blättern, Rinde, Wurzel. Außerdem ändert sich der Gehalt an Wirkstoffen, so daß es wichtig ist, den geeigneten Zeitpunkt für die Ernte auszuwählen; auch die weitere Behandlung der Arzneipflanzen (Drogen) ist von Bedeutung.

Als bewährte Arzneipflanzen gelten bei Magenbeschwerden Pfefferminze, Schafgarbe, Kümmel, Tausendgüldenkraut, Wacholder und Wermut; bei Nieren- und Blasenleiden das Johanniskraut und ganz besonders die Bärentraube; als Abführmittel der Faulbaum, die Blätter und Hülsen der tropischen Sennes-Sträucher, Rizinusöl, das aus den Samen des tropischen Wunderbaumes gewonnen wird; bei Husten und Erkältungskrankheiten Eibisch, Huflattich, Lungenkraut, Wollblume oder Königskerze, Feld- und Garten-Thymian, Schlüsselblume, Spitzwegerich und das in Südeuropa und Westasien beheimatete Süßholz; schweißtreibend wirken die Blüten des Holunders; als Haarwuchsmittel dienen Klette und Brennessel; als Beruhigungsmittel der Echte Baldrian, Hopfen und Melisse; als Herz- und Kreislaufmittel der Rote Fingerhut und das Maiglöckchen. Schmerzstillend und betäubend sind die Alkaloide einiger Nachtschattengewächse: Tollkirsche, Stechapfel, Bilsenkraut und die Alraune.

Die Fruchtdroge der Heidelbeere (VACCINIUM MYRTILLUS) *wirkt zusammenziehend und stopfend auf den Darmtrakt. (links).*

Vom Zweigriffligen Weißdorn (CRATAEGUS OXYACANTHA) *werden die Blüten und Früchte verwendet. Sie erweitern die Herzkranzgefäße (rechts).*

Digitonin und Gitonin. Sie wurden auch in den meisten Primelarten und in zahlreichen Arten der Familie der Leimkrautgewächse *(Silenaceae)* gefunden. Die Früchte der Roßkastanie *(Aesculus hippocastanum)* enthalten das Saponin Aescin.

Ätherische Öle sind flüchtige, meist angenehm riechende Gemische pflanzlicher Stoffe. Ihre Hauptbestandteile bilden Terpene oder Terpenverbindungen, aber auch Alkohole, Ester, Ketone und Aldehyde. Das ätherische Öl befindet sich in den Pflanzen meist in besonderen Ölzellen, wo es als Abfallprodukt des Stoffwechselprozesses abgelagert wird. Diese Ölzellen sind für einige Pflanzen charakteristisch, z. B. für Arten der Familien der Kieferngewächse *(Pinaceae)*, der Lippenblütler *(Labiatae)*, der Myrtengewächse *(Myrtaceae)*, der Rautengewächse *(Rutaceae)* und der Doldengewächse *(Umbelliferae)*.

Die Wirkung der ätherischen Öle ist sehr vielfältig. Sie haben desinfizierende Eigenschaften und hemmen das Wachstum krankheitserregender Mikroben. Dies ist vor allem für die Alkohole enthaltenden ätherischen Öle von Bedeutung. Geschätzt werden auch die guten desinfizierenden Eigenschaften z. B. des Thymols, das im ätherischen Öl des Echten Thymians *(Thymus vulgaris)* und des Quendels (Feldthymian, *Thymus serpyllum*) vorkommt. Ebenfalls desinfizierend wirkt das ätherische Öl des Knoblauchs *(Allium sativum)* und der Küchenzwiebel *(Allium cepa)*. Bekannt ist ihre Verwendung gegen pathogene Schimmelpilze, Krätze und andere Hautparasiten. Das Anethol, das im Anis *(Anisum vulgare)* enthalten ist, vertreibt durch seinen durchdringenden Geruch lästige Insekten.

Eine bessere Durchblutung der Haut ruft das ätherische Öl des Schwarzen Senfs *(Brassica nigra)* hervor, das vielfach als Bestandteil antirheumatischer Einreibemittel genannt

Islandmoos und »Manna in der Wüste«

Das Islandmoos *(Cetraria islandica)*, eine laubartig wachsende Flechte, tut als Bestandteil von Teemischungen bei Entzündungen der oberen Luftwege gute Dienste. Das ist seit langem bekannt. Denn wegen seiner Bitterkeit und seines hohen Gehaltes an Pflanzenschleim wird es seit alters her von den Kräutersammlern, besonders in den Bergen, geschätzt. Daß Flechten aber auch der menschlichen Ernährung dienen, ist zumindest sehr ungewöhnlich: Auf Island wird Islandmoos als Gemüse gegessen.

Nach der Geschichte, auch ein wenig nach der Legende, haben Flechten ein ganzes Volk aus Hungersnot errettet. Wer erinnerte sich nicht, vom »Manna in der Wüste« gehört oder gelesen zu haben? Dieses Himmelsbrot, wie es in dem biblischen Regen niederging, waren wahrscheinlich nichts anderes als vom Wind verbreitete, trockene Flechtenkörper der »Eßbaren Flechte« *(Lichen esculentus)*. Später erkannte man, daß die »Eßbare Flechte« zu verschiedenen Arten der Gattungen *Lecanora, Urceolaria, Chlorangium* usw. gehört, deren Hauptart *Lecanora desertorum* weite Flächen Südostasiens und Nordafrikas bedeckt.

Noch vor kurzem wurden diese »Mannaflechten« vom Wind in weiten Gebieten des Kaukasus, der Krim und in der Umgebung von Istanbul verbreitet. Sie leben als große, krustige, grau- bis ockerfarbige Thalli (im Innern weiß) auf nackten Felsen in den Kirgisensteppen, in Mesopotamien, Anatolien, am Rande der algerischen Sahara und in Iran.

Vom Schwarzen Holunder (Sambucus nigra) *haben Blüten und Früchte fiebersenkende und schweißtreibende Wirkung (links).*

Von der Roßkastanie (Aesculus hippocastanum) *wirken als Droge vor allem Samen und Rinde bei Wassersucht und Ödemen (rechts).*

Holunder, die »lebende Hausapotheke«

Wie die Kamille und die Lindenblüten, die von jeher ihren festen Platz in der Volksmedizin haben, gehört auch der Holunder seit alters in die Hausapotheke. Die zart duftenden gelblichweißen Blüten enthalten ein ätherisches Öl, Rutin und Sambunigrin. Sie liefern einen schweißtreibenden Tee, den man, da der Strauch in Norddeutschland auch »Flieder« genannt wird (wohl verwandt mit dänisch hyld, südschwedisch hyll[e] = Flieder), mit »Fliedertee« bezeichnet. Aus den Beeren stellt man Saft, Marmelade oder Tee her.
Der Schwarze Holunder *(Sambucus nigra)* ist ein Strauch oder ein bis 7 m hoher Baum, den wir häufig in Wäldern, im Gesträuch und auf dem Lande in der Nähe der Häuser antreffen. Der nicht sehr kräftige Stamm hat eine dunkle, runzelige Rinde, die der jungen brüchigen Zweige ist glatt. Sie sind mit einem weißen elastischen Mark gefüllt. Die gegenständigen, etwas giftigen Blätter sind unpaarig gefiedert. Die weißen Blüten, die sich im Sommer öffnen, sind zu großen schirmförmigen Trug- oder Scheindolden gehäuft. Die Blütchen haben eine fünflappige Krone und bringen weiche, zuerst rote, nach der Reife schwarze Vitamin-C-reiche Beeren hervor, die »Holunderbeeren«, eine Lieblingsnahrung zahlreicher Vögel, die die mitverzehrten Steinkerne nicht selten auf Türmen und Mauern aussäen, wovon größere oder kleinere Reiser und Sträucher künden.
An den Holler- oder Holderbusch knüpfen sich in Deutschland viele Sagen, Märchen, Lieder und Volksbräuche. Unsere Vorfahren glaubten, in ihm wohne ein guter Hausgeist, und da in der Volksmedizin fast jeder Teil des Baumes irgendwie genutzt wird, hat man ihn als »lebende Hausapotheke« des deutschen Bauern bezeichnet.

Die Große Klette (Arctium lappa) *hat als Bestandteil magenstärkender und harntreibender Teemischungen Bedeutung.*

wird. Von hervorragender Bedeutung in der Heilkunde sind die ätherischen Öle der Kamille *(Matricaria chamomilla)*, der Gemeinen Schafgarbe *(Achillea millefolium)* und der Pfefferminze *(Mentha piperita)*.

Eugenol, Kampfer und Menthol rufen örtlich betäubende, ja anästhetisierende Wirkungen hervor. Andere wiederum, wie das Borneol und der Kampfer, stärken die Herzmuskulatur und regulieren den Blutkreislauf. Die ätherischen Öle des Baldrians *(Valeriana officinalis)* und der Zitronenmelisse *(Melissa officinalis)* wirken anregend und beruhigend auf das zentrale Nervensystem.

Zahlreiche ätherische Öle üben eine besondere Wirkung auf die glatte Muskulatur aus. Die meisten sind von günstigem Einfluß auf den Verdauungstrakt. Die der Pfefferminze, des Anises und des Wiesenkümmels *(Carum carvi)* wirken magenstärkend, appetitanregend und galletreibend, die von Petersilie und Majoran haben einen ungünstigen Einfluß auf die Gebärmutter, da sie eine übermäßige Blutstauung hervorrufen.

Andere wiederum sind sehr beliebt, so der Echte Thymian und der Quendel, da sie sich ausgezeichnet bei Erkrankungen der oberen Luftwege bewährt haben.

Einige ätherische Öle bilden einen wichtigen Bestandteil verschiedener Gewürze, wie an anderer Stelle beschrieben wird. Die einzelnen Pflanzenteile werden entweder frisch verbraucht oder, wie es meist geschieht, in getrocknetem Zustand (Wurzeln, Blätter, Kraut oder Früchte).

Bitterstoffe sind ungiftig, schmecken bitter und sind Substanzen von verschiedener chemischer Zusammensetzung. Wir finden sie vor allem in den Enziangewächsen *(Gentianaceae)*, den Korbblütlern *(Compositae)* und den Lippenblütlern *(Labiatae)*. Sie werden in der Heilkunde als Tinkturen oder Medizinalweine angewendet, die Ausscheidung von Magensaft wird gefördert und die Verdauung geregelt. Sie werden daher gern während der Rekonvaleszenz genommen, da sie beruhigend und kräftigend wirken. Erwähnung finden sollen vor allem das Benediktenkraut *(Cnicus benedictus)*, der Gelbe Enzian *(Gentiana lutea)* und andere Enzianarten, ferner das Echte Tausendgüldenkraut *(Centaurium minus)* und der Fieberklee *(Menyanthes trifoliata)*. Bitterstoffe sind auch als Aromastoffe beliebt und werden zur Herstellung von Aperitifs, Wermutweinen und bitteren Magenlikören gebraucht.

Bei Gerbstoffen handelt es sich um stickstofffreie Pflanzenstoffe von adstringierender (zusammenziehender) Wirkung. Sie sind in Wasser und Alkohol löslich. Zu den gerbstoffreichen Pflanzenfamilien gehören die Rosengewächse *(Rosaceae)*, die Storchschnabelge-

Eine Pflanze, die man riechen kann

Knoblauchzwiebeln haben sich bei der Bekämpfung von Blähungen und Darmparasiten bewährt; sie wirken blutdrucksenkend, galletreibend sowie wachstumshemmend bei Bakterien und Schimmelpilzen. Die Inhaltsstoffe des Knoblauchs durchdringen den gesamten Organismus und werden »ruchbar« durch die Abdünstung aus der Lunge und sogar aus der Haut. Das aber gerade zeigt, in welch starkem Maße dieses ursprünglich aus Zentralasien stammende Lauchgewächs seine Wirkung entfaltet.
Der Knoblauchgeruch wird durch Allizin, dem Hauptbestandteil des Knoblauchöls, bewirkt. In jüngerer Zeit wurde nachgewiesen, daß das Allizin eine antibakterielle, d.h. keimhemmende Wirkung hat. Außerdem enthält die Zwiebel Rhodanide, das sind Salze aus der Rhodanwasserstoffsäure. Sie sollen einerseits dafür verantwortlich sein, daß sich nach dem Genuß von Knoblauch die peripheren (äußeren) Gefäße des Kreislaufsystems erweitern, andererseits den Zellstoffwechsel aktivieren.
Noch ist die heilende Kraft des Knoblauchs nicht in allen Einzelheiten erforscht. Aber fest steht, daß schon die Babylonier, die alten Ägypter und Chinesen die Pflanze lange vor der Zeitenwende als Heil-, Würz- oder auch Gemüsepflanze angebaut haben. Im Orient hat sich der Knoblauch zudem als Heilmittel gegen die Amöbenruhr bewährt, und nicht zuletzt hält man ihn dort wie auch in Südeuropa für ein »Verjüngungsmittel«, das den Alterungsprozeß verlangsamen soll (s. auch S. 215).

Vom Ackerschachtelhalm (EQUISETUM ARVENSE) *finden nur die grünen Sommertriebe als Droge für harntreibende Tees Verwendung; hier die Frühjahrstriebe.*

wächse *(Geraniaceae)* und die Schmetterlingsblütler *(Fabaceae).*

Durch Gerbstoffe wird ein schnelleres Heilen der Wunden bewirkt; auch wird die Bildung von neuem Gewebe an den Wundflächen und entzündeten Schleimhäuten gefördert. Sie werden sowohl äußerlich zu Spülungen und Umschlägen, bei Hämorrhoiden, Brand- und Frostwunden benutzt als auch bei Zahnfleischentzündungen angewendet. Innerlich tun sie bei Durchfall und Darmkatarrh ihre anerkannt guten Dienste.

Bei einigen Drogen, z. B. bei der Eichenrinde *(Cortex quercus)* und den Heidelbeerblättern *(Folium myrtilli),* bilden sie den Hauptwirkstoff. In der Pfefferminze und in der Echten Salbei kommen sie nur als Begleitsubstanzen vor. In der Echten Bärentraube wird durch Gerbstoffe die Qualität der Droge entwertet.

Schleime werden während der Lebensvorgänge in den Pflanzen gebildet. Es sind vor allem Polysaccharide, die in Wasser gelöst werden oder darin ausquellen. Ihre Wirkung ist nur begrenzt; ihre Möglichkeiten beziehen sich ausschließlich auf das erkrankte Gewebe. Man wendet sie bei Schleimhautentzündungen der oberen Luftwege an; ferner üben sie einen günstigen Einfluß bei mechanischen Reizen aus. Besonders geeignet sind sie zur Behandlung der Entzündung des Magen-Darm-Kanals, da sie quälende Gärungsprozesse beseitigen, die Peristaltik fördern und als mildes Abführmittel gelten. In der Kinderheilkunde nehmen Pflanzenschleime daher eine Vorrangstellung ein.

Schleimdrogen werden z. B. aus den Eibischwurzeln und -blättern *(Radix et Folium althaeae)* gewonnen, den Malvenblüten *(Flos malvae),* dem Islandmoos *(Cetraria islandica),* dem Leinsamen *(Semen lini)* und den Wegericharten *(Plantago psyllium).* Bei der Großblumigen Königskerze *(Verbascum thapsiforme)* bilden sie lediglich ein Unterstützungsmittel für die Hauptinhaltsstoffe.

Schleimdrogen dürfen lediglich zu Kaltwasserauszügen verwendet werden, da man beim Kochen die Schleime entwertet.

Die überragende Heilwirkung der Pflanzen ist noch lange nicht bis in alle Einzelheiten bekannt. Besonders die asiatische, afrikanische, südamerikanische und australische Pflanzenwelt hält noch viele Überraschungen bereit. Wahrscheinlich wird ihre Erforschung zur Entdeckung vieler, uns heute noch unbekannter neuer Heilstoffe führen.

Heilpflanzen von A–Z

Vielfach haben Pflanzen, die in der Heilkunde Verwendung finden, auch eine Bedeutung als Gewürzpflanzen. Man könnte sie also hier wie dort einordnen. Auch bestehen zwischen Heil- und Giftpflanzen keine grundsätzlichen Unterschiede, da es in vielen Fällen allein von der dem Körper zugeführten Drogenmenge abhängig ist, ob die Stoffe heilende oder vergiftende Wirkung haben. Folgende Heilpflanzen finden, besonders als Tees, in der Volksmedizin breite Anwendung:

Ackerschachtelhalm, Zinnkraut *(Equisetum arvense):* zur Stärkung der Atmungsorgane (besonders des Lungengewebes), harntreibend, entwässernd; größere Gaben verursachen Unwohlsein (s. auch S. 351).

Alant, Echter *(Inula helenium):* Alantwurzeln werden als Aufgüsse und Teemischungen bei starkem Husten, ferner als stoffwechselförderndes Mittel bei Magen- und Darmkatarrhen angewendet; Unterstützungsmedikament bei Zuckerkrankheit.

Andorn, Gemeiner *(Marrubium vulgare):* Aufguß zur Linderung bei Bronchialkatarrh und anderen Erkrankungen der Atemwege sowie bei Verdauungsstörungen, besonders bei Magen-, Darm- und Gallenbeschwerden.

Arnika, Bergwohlverleih *(Arnica montana):* desinfizierend, magenstärkend und stoffwechselanregend; äußerlich in Form von alkoholischen Extrakten und Umschlägen bei entzündeten, eiternden Wunden. Unter Naturschutz stehende Pflanze (s. Abb. S. 160).

Augentrost, Gemeiner *(Euphrasia officinalis):* äußerliche Anwendung zu Umschlägen oder in Form wäßriger Auszüge zu Augenbädern bei Augenentzündungen; zusammenziehend, entzündungshemmend (s. Abb. S. 174).

Baldrian, Echter *(Valeriana officinalis):* Tinkturen (Baldriantropfen) und Fertigpräparate als wirksames Beruhigungsmittel bei Er-

»Zauberpflanze« Alraune

Zu den berühmtesten Zaubermitteln im europäisch-orientalischen Kulturkreis dürfte die Alraune, die einer menschlichen Gestalt ähnliche Wurzel von *Mandragora officinarum,* einem Nachtschattengewächs, zählen. Sie stand in dem Ruf, seinem Besitzer Glück und Reichtum zu verschaffen, ein Aphrodisiakum zu sein und die Empfängnis zu fördern. Der Glaube an den personifizierten Pflanzengeist war weit verbreitet. Im Mittelalter boten Scharlatane die Wurzel feil, halfen wohl hier und da etwas mit dem Schnitzmesser nach oder verkauften andere Wurzeln, aus denen sie ein menschenähnliches Gebilde geschnitzt hatten. Das Sammeln von Alraunwurzeln war überdies schwierig und konnte sogar mit dem Tod enden. Plinius schreibt, daß man günstigen Wind abwarten und mit dem Schwert einen dreifachen Kreis um die Pflanze beschreiben müsse. Josephus Flavius, der Verfasser des »De bello judaico«, behauptet, man müsse die Wurzel mit Urin oder Menstruationsblut benetzen, da sie sich sonst nicht ausreißen ließe, sondern noch tiefer in den Boden gehe. Man wollte auch den Schrei einer ausgerissenen Alraune gehört haben (Shakespeare, Romeo und Julia und Heinrich VI.) und empfahl, die Wurzel um das Halsband eines Hundes zu binden, der, sobald er dem Ruf seines Herrn folgen wollte, die Wurzel ausreiße und dann anstelle seines Herrn versteinert werde. Heute ist die Alraunpflanze in Vergessenheit geraten und nur noch dem Namen nach bekannt.

Hexen- und Teufelswahn sorgten dafür, daß viele harmlose Pflanzen im Volksglauben zu Hilfsmitteln der Dämonen abgestempelt wurden. Die Waldrebe wurde zum Hexenhaar, der Bovist zum Hexenpilz, während sich der Wurmfarn den Namen Hexenleiter oder Drudenfuß (Drude = Hexe) einhandelte. H. Marzell führt etwa 60 Pflanzennamen an, die mit »Hexe« und an die 130, die mit »Teufel« zusammengesetzt sind. Mehr als nur Aberglaube stellt die sogenannte »Hexensalbe« dar. Sie sollen die Hexen angewandt haben, bevor sie zum Boxberg ritten. Die Salbe enthält Säfte von giftigen Nachtschattengewächsen, wie Bilsenkraut, Tollkirsche und Stechapfel, die Halluzinationen erzeugten, was die phantastischen Berichte über Hexensabbat, Luftfahrten, Tierverwandlungen u.a. durch Hexen erklärt.

regungszuständen, Schlaflosigkeit, nervöser Erschöpfung und Herzklopfen (s. Abb. S. 159).

Benediktenkraut *(Cnicus benedictus):* fördert die Ausscheidung von Magensaft und ist ein leicht galletreibendes Mittel; lindernd bei Störungen im Bereich der Verdauungsorgane.

Dost, Gemeiner *(Origanum vulgare):* Aufguß bei Verdauungsstörungen; krampflösend und desinfizierend im Darmbereich, schleimlösend und entzündungshemmend; äußerlich zu Bädern, zum Gurgeln und zu Inhalationen; auch Gewürzpflanze!

Eibisch, Echter *(Althaea officinalis):* innerlich als Kaltwasserauszug, als Sirup oder Tee bei Erkrankungen der oberen Atemwege, bei Schleimhautreizungen und -entzündungen; bei Bronchialasthma und Husten; mildes Mittel gegen Durchfall und Darmerkrankungen in der Kinderheilkunde (s. Abb. S. 160).

Engelwurz *(Angelica officinalis):* Aufgüsse, Tinkturen oder als Teezusatz bei Erkrankungen des Verdauungstrakts, Appetitlosigkeit, Sodbrennen, Blähungen; in der Lebensmittelindustrie Gewürz.

Enzian, Gelber *(Gentiana lutea):* innerlich in Form von Aufgüssen, Tinkturen und Extrakten bei Appetitlosigkeit, Verdauungsstörungen und als Wurmmittel; Wurzel dient zur Herstellung von Bitterlikören und Aperitifs; unter Naturschutz stehende Pflanze.

Fieberklee *(Menyanthes trifoliata):* zum Regulieren der Leber- und Gallentätigkeit sowie bei Appetitlosigkeit; Verwendungsbereich deckt sich mit dem der Enzianwurzeln und des Tausendgüldenkrautes.

Flachs, Saatlein *(Linum usitatissimum):* mildes Abführmittel bei entzündlichen Erkrankungen der Atmungsorgane, des Magen-Darm-Kanals und der Harnwege; aus zerstoßenem Leinsamen wird Brei zu Umschlägen bei eiternden Wunden und entzündlichen Hautkrankheiten verordnet (s. Abb. S. 162).

Hängebirke *(Betula pendula):* Birkenblätter als Aufguß bei Nieren- und Blasenkrankheiten, Gicht, Wassersucht u.a.; erhöhte Harnabsonderung zur Ableitung schädlicher Substanzen aus dem Körper.

Hauhechel, Dornige *(Ononis spinosa):* innerlich als Aufguß oder Bestandteil von Teemischungen bei Stoffwechselbeschwerden, Blasenentzündungen, Gelenkrheumatismus und Gicht; Badezusatz bei chronischen Hautkrankheiten.

Heidelbeere *(Vaccinium myrtillus):* beliebtes Mittel gegen Durchfall; Abkochungen auch zum Gurgeln bei Entzündungen in der Mund- und Rachenhöhle; Unterstützungsmittel bei der Behandlung von Zuckerkrankheit.

Hirtentäschelkraut, Gemeines *(Capsella bursa-pastoris):* in der Droge enthaltene Wirkstoffe greifen die glatte Muskulatur der Gebärmutter an und erhöhen ihre Zusammenziehung: früher nierensteinabtreibendes Mittel; größere Mengen wirken lähmend auf das Zentralnervensystem.

Holunder, Schwarzer *(Sambucus nigra):* Blütendroge als Aufguß bei fieberhaften Erkältungskrankheiten, Katarrhen der Atemwege und Rheumatismus; Fruchtdroge fiebersenkend und schweißtreibend; Beerensaft als Mittel gegen Migräne und starke Nervenschmerzen (s. Abb. S. 167).

Huflattich *(Tussilago farfara):* Aufgüsse oder als Bestandteil von Hustentees bei Erkältungen, Heiserkeit und allen Erkrankungen der Atemwege; Abkochung zu Umschlägen bei Venenentzündungen, Unterschenkelgeschwüren und nässenden Hautausschlägen (s. Abb. S. 171).

Kamille, Echte *(Matricaria chamomilla):* Aufguß gegen Verdauungsstörungen (auch bei Säuglingen), als Bestandteil von Magen- und galletreibenden Tees und bei Erkältungskrankheiten; Aufguß auch zu Spülungen, Umschlägen und Bädern; bedeutende Droge in der Heilkosmetik (s. Abb. S. 162).

Klette, Große *(Arctium lappa):* Aufgüsse oder als Bestandteil magenstärkender und harntreibender Teemischungen, bei Gallenkolik und Zuckerkrankeit; äußerlich in Form kosmetischer Präparate bei Hautkrankheiten und als Haarwuchsmittel (s. Abb. S. 166).

Knoblauch *(Allium sativum):* s. S. 161 und S. 282.

Königskerze *(Verbascum thapsiforme):* Aufgüsse bei Husten, Verschleimung der Atemwege, Heiserkeit und Schnupfen; Zusatz zu Bädern bei Hämorrhoidalleiden und Unterschenkelgeschwüren (s. Abb. S. 163).

Der Mutterkornpilz

Der Mutterkornpilz *(Claviceps purpurea),* auch Purpurroter Hahnenpilz genannt, rechnet zu den Ascomyceten und schmarotzt in den Ähren zahlreicher Grasarten, vor allem im Roggen. In der Landwirtschaft ist der Schädling deshalb sehr gefürchtet, in der Medizin aber als wichtiges Heilmittel bekannt. Seine Dauerform *(Sclerotium)* hat das Aussehen von mehr oder weniger gekrümmten braunvioletten Hörnchen von 2,5 cm Länge. Sie strömen einen charakteristischen Ammoniakgeruch aus und enthalten neben anderen Substanzen die hochgiftigen Alkaloide Ergotin und Kornutin, auf denen ihre Heilkraft beruht. Schon im Mittelalter kannte man ihre blutstillende Wirkung und benutzte sie besonders in der Geburtshilfe, zur Förderung der Wehen und gegen Gebärmutterblutungen. Wegen seiner gefährlichen Nebenwirkungen, besonders für den Fetus, wendet man das Gift heute nur mit großer Vorsicht an.

Der Mutterkornpilz macht in seiner Entwicklung einen Generationswechsel durch in drei aufeinanderfolgenden Stadien. Die eben beschriebenen Hörnchen, das Dauermycel oder Sclerotium, finden sich in den Roggenähren, die sie durchwuchern, und sind zur Überwinterung bestimmt. Geraten sie in das Mehl und dann in das Brot, so können sie schwere Vergiftungen hervorrufen, die Mutterkornvergiftung. Diese unter dem Namen Tollkrankheit oder Ergotismus bekannte Vergiftung führt zu Kreislaufstörungen, Lähmung der Kapillargefäße in der Haut, Brand in den Gliedmaßen, der sogar eine Amputation erforderlich machen kann, und zu beträchtlichen Nervenstörungen, ja sogar Wahnsinnsausbrüchen; meist endet sie tödlich. Die Massenvergiftung im Jahre 1951 in Pont Saint-Esprit im Département Rhône wird noch vielen in Erinnerung sein.

Lavendel, Echter *(Lavandula angustifolia):* innerlich als nervenberuhigendes Mittel bei Aufregungszuständen, Schlaflosigkeit und Migräne; das Öl wird zu Einreibungen bei Rheuma, Gicht und Ischias benutzt; wird durch Wasserdampfdestillation gewonnen und findet in der Parfümerie vielseitige Verwendung (s. Abb. S. 163).

Odermennig *(Agrimonia eupatoria):* innerlich als Aufguß oder Bestandteil von Teemischungen; günstiger Einfluß auf die Tätigkeit der Verdauungsorgane, besonders der Leber, Galle, des Magens und Darms; äußerlich bei Entzündungen in der Mundhöhle, als Gurgelwasser und in Form von Umschlägen bei Hautwunden und bei hartnäckigen chronischen Ausschlägen.

Rhabarber, Palmblättriger *(Rheum palmatum):* Rhabarberwurzeln wirken innerlich als Pulver oder in Form von Fertigpräparaten bei chronischer Verstopfung, Magen- und Darmkatarrhen sowie bei Appetitlosigkeit; Anwendung als Droge auch bei Nierensteinen und Harngrieß.

Rosmarin *(Rosmarinus officinalis):* Rosmarinblätter innerlich in Form von Aufgüssen als magenstärkendes, galle- und harntreibendes Mittel; Rosmarinöl für Salben und Einreibungen bei schmerzhaftem Muskel- und Gelenkrheumatismus und bei Nervenentzündungen; ätherisches Öl spielt in der Parfümindustrie eine wichtige Rolle.

Roßkastanie *(Aesculus hippocastanum):* aus der Samendroge hergestellte Präparate wichtige Heilmittel bei Krampfadern (Varizen) und Hämorrhoiden; innerlich als Tropfen oder Injektionen und äußerlich als Badezusätze und Salben (s. Abb. S. 167).

Salbei, Echter *(Salvia officinalis):* Droge innerlich als Bestandteil von Teemischungen oder in Form von Präparaten bei Nachtschweißen von Tuberkulösen und Neurotikern sowie bei Gallen- und Magenleiden und bei Entzündungen der oberen Atemwege; äußerlich als Gurgelwasser bei Entzündungen im Mund und Rachen sowie zu Umschlägen bei alten, schlecht heilenden Wunden; auch Gewürzpflanze.

Sandthymian, Quendel *(Thymus serpyllum):* s. unter Gewürze.

Schafgarbe, Gemeine *(Achillea millefolium):* Tee bei Magen- und Verdauungsbeschwerden sowie als blutstillendes Mittel bei Lungen- und Nierenblutungen und bei zu starker Menstruation; äußerlich als Aufguß zu Umschlägen bei Hautausschlägen und als Gurgelwasser bei Mundfäule und krankem Zahnfleisch.

Spitzwegerich *(Plantago lanceolata):* Droge in Form von Aufgüssen und als Bestandteil von Brusttees, Sirupen oder Pastillen; Tee zum Abführen und zur Stuhlregulierung; äußerlich wird der Saft wegen seiner entzündungshemmenden Wirkung als Wundmittel angewendet.

Taubnessel, Weiße *(Lamium album):* Taubnesselblüten wirken entzündungshemmend und schwach harntreibend; Bestandteil von Teeaufgüssen bei Verdauungsstörungen

Die Tollkirsche.

Eine nahe Verwandte des Tabaks ist die Tollkirsche *(Atropa belladonna)*. Ihr botanischer Name, der von der Parze Atropa abgeleitet wird, bezieht sich auf ihre Fähigkeit, die Pupille erweitern zu können, was sich besonders im Altertum die Frauen zunutze machten, um ihren Augen einen größeren Glanz zu verleihen.

Die Tollkirsche ist eine 0,5–1,5 m hohe, krautige Dauerpflanze mit dickem Rhizom, aufrechtem, verzweigtem Stengel und ganzrandigen, ovalen Blättern. Die hängenden Einzelblüten sind im Innern gelblich und außen schmutzig-violett; sie haben einen fünfteiligen Kelch und eine schlauch- bis glockenförmige, ungefähr 3 cm lange Krone mit kurzen, gebogenen Lappen; es sind fünf Staubblätter vorhanden. Die Frucht ist eine stark giftige, schwarzglänzende, runde Beere von der Größe einer kleinen Kirsche, die einen unangenehmen Geruch ausströmt. Es gibt eine Varietät mit gelben Blüten und gelben Früchten.

Die Tollkirsche wächst in Wäldern und Lichtungen der Bergregion, vornehmlich auf Kalk- oder Dolomitböden; sie ist in Spanien, Frankreich, Deutschland, der Schweiz, Italien, Österreich, Ungarn, Serbien, Siebenbürgen und Griechenland verbreitet, findet sich aber auch als Wildform in Nordafrika und Vorderasien. In den Gebieten, wo sie nicht sehr häufig ist, ist man auf Plantagen angewiesen.

Die ganze Pflanze enthält neben anderen, weniger aktiven Wirkstoffen ein Alkaloid der Serie Tropan, Hyoscyamin und geringe Mengen von Atropin und Scopolamin. Das Hyoscyamin wird in chemischen Prozessen, denen die Tollkirsche in der Arzneimittelherstellung unterzogen wird, teilweise zu Atropin abgebaut.

Die stärksten Symptome der Tollkirschenvergiftung sind erhöhte Gehirntätigkeit, Delirium und verminderte Schmerzempfindlichkeit. In vielen Büchern wird eine Anekdote überliefert, wonach Soldaten Napoleons sich einmal in Spanien nach dem Genuß von Tollkirschen einem Freudentaumel hingaben und nicht einmal merkten, daß sie sich mit ihren brennenden Pfeifen verwundeten.

Die Tollkirsche, die noch heute eines der Hauptheilmittel der Medizin ist, sollte vom Laien auf jeden Fall gemieden werden.

Die Funktionen der inneren Organe werden von zwei Nervensystemen geregelt, die teilweise im Antagonismus zueinander stehen: dem sympathischen und dem parasympathischen Nervensystem. Das Atropin lähmt die Nervenendigungen des parasympathischen Systems. In den Augen zeigt sich daher eine Pupillenerweiterung, eine Steigerung des intraokularen Druckes und eine Akkomodationslähmung. Bei den Drüsen tritt eine Hemmung der Speichel- und Schweißsekretion ein. Die Bronchien zeigen eine Erweiterung, das Herz eine Herzschlagbeschleunigung und Gefäßkrampflähmung, Magen und Darm eine Peristaltikhemmung, Blase und Mastdarm Spasmenlösung. Aufgrund der angeführten Veränderungen, die das Atropin in menschlichen Organismen auslöst, kann es in der Hand des Arztes als wichtiges Heilmittel gelten. Es kann Schmerzen, die auf Eingeweidekrämpfe und Magengeschwüre zurückzuführen sind, lindern und die Salzsäuresekretion des Magens herabsetzen.

In der Augenheilkunde ist das Atropin von großer Bedeutung, da es die Pupille erweitert. Die sogenannte Bulgarische Kur, die bei Parkinsonismus und den Folgezuständen der Gehirnhautentzündung angewendet wird, ist allseits bekannt; sie besteht in der Verabreichung von Aufgüssen aus der Wurzel der Tollkirsche, wobei eine bestimmte Anfangsmenge eingehalten werden muß.

*Die stark giftige Schwarze Tollkirsche (*ATROPA BELLADONNA*) wirkt auf die verschiedensten Bereiche des Nervensystems. Sie wird bei starken Schmerzen gebraucht und ist ebenfalls günstig bei der Parkinsonschen Krankheit. Vorsicht vor der Beere bei Kindern!*

Die Alkaloide des Schwarzen Bilsenkrautes (HYOSCYAMUS NIGER) *wirken lähmend auf das Zentralnervensystem und verringern die Speicheldrüsensekretion. Zu pharmazeutischen Zwecken werden die Blätter gesammelt. Die Pflanze ist giftig!*

und Erkältungskrankheiten; Blutreinigungsmittel und bei Prostataleiden; Umschläge (s. Abb. S. 159).

Tausendgüldenkraut, Echtes *(Centaurium umbellatum, C. minus):* Droge innerlich als Aufguß oder Tinktur vor dem Essen bei Appetitlosigkeit, Magenverstimmungen, Leberleiden und zu geringer Galleausscheidung; bildet den wichtigsten Bestandteil der »Bitteren Tinkturen« bei Magentees und bitteren Kräuterlikören.

Thymian, Echter *(Thymus vulgaris):* s. unter Gewürze.

Tüpfeljohanniskraut *(Hypericum perforatum):* innerlich in Form von Aufgüssen und Fertigpräparaten bei Magen- und Darmkatarrhen, Durchfall, Appetitlosigkeit, Depressionen und unruhigem Schlaf; äußerlich als ölige Auszüge zur Heilung von Wunden, Hämorrhoiden und Verbrennungen.

Weißdorn, Zweigriffliger *(Crataegus oxyacantha):* Aufgüsse oder Fertigpräparate bei nervösen Herzleiden, Schlaflosigkeit, hohem Blutdruck und Beschwerden der Wechseljahre; auch bei beginnender Arterienverkalkung und während der Rekonvaleszens nach Schlaganfällen.

Ysop *(Hyssopus officinalis):* s. unter Gewürze.

Das blühende Kraut des in allen Teilen giftigen Frühlingsadonisröschens (ADONIS VERNALIS) *ist ein vorzügliches Herzmittel. Daher wird die Droge vor allem bei Herzkrankheiten verschrieben und hat eine beruhigende Wirkung (oben).*

Vom Gemeinen Huflattich (TUSSILAGO FARFARA) *finden Blütenköpfe und Blätter als Tee bei Erkrankungen der Atemwege Verwendung (links).*

Giftpflanzen

Bilsenkraut, Schwarzes *(Hyoscyamus niger):* die Tropanalkaloide wirken reizend bis lähmend auf das Zentralnervensystem, verringern die Speicheldrüsensekretion und verursachen Pupillenerweiterung; Blätter zur Herstellung antiasthmatischer Präparate oder als Bestandteil krampflösender Medikamente (s. Abb. oben; s. Kästchen S. 134).

Eisenhut, Blauer *(Aconitum napellus):* Droge wirkt erregend und beruhigend auf das zentrale und periphere Nervensystem; das aus ihr isolierte Aconitin in Fertigpräparaten wird bei Nervenschmerzen, Muskel- und Gelenkrheumatismus verschrieben, auch in Salben gegen Rheumatismus (s. Abb. S. 161).

Fingerhut, Wolliger *(Digitalis lanata):* wird vom Arzt bei ungenügender und vor allem unregelmäßiger Herztätigkeit verordnet; hat den an Wirkstoffen weniger reichen Roten Fingerhut *(D. purpurea)* zum größten Teil verdrängt.

Frühlingsadonisröschen *(Adonis vernalis):* Droge wird als Aufguß oder Tinktur verordnet; ist vorzügliches Herzmittel, das vor allem bei Herzschwäche verschrieben wird; beruhigende Wirkung (s. Abb. oben rechts).

Herbstzeitlose *(Colchicum autumnale):* aus ihren Alkaloiden werden Fertigpräparate hergestellt, die ausgezeichnete Gicht- und Rheumapräparate sind; Ausnutzung ihrer zytostatischen (wachstumshemmenden) Wirkung bei der Krebsbehandlung; hemmt Zellteilung und ist starkes Zellgift.

Maiglöckchen *(Convallaria majalis):* die giftige Droge wird bei Herzschwäche als Tinktur oder in Form von Fertigpräparaten verschrieben.

Mistel, Weiße *(Viscum album):* innerlich in Form von Auszügen oder Fertigpräparaten bei hohem Blutdruck, Arterienverkalkung und nervösen Herzschmerzen; empfohlen bei Krebskranken, bei denen chirurgische Eingriffe nicht mehr vorgenommen werden können (s. Abb. S. 176; s. Kästchen S. 177).

Mutterkornpilz *(Claviceps purpurea)* s. Kästchen S. 169.

Schöllkraut, Großes *(Chelidonium majus):* Droge wirkt schwach beruhigend auf das Zentralnervensystem, schmerzstillend, krampflösend und galletreibend; erhöht den Blutdruck und erweitert die Kranzadern; wird bei Gelbsucht verordnet; der frische Milchsaft wird in der Volksmedizin gegen Warzen verwendet.

Stechapfel, Gemeiner *(Datura stramonium):* Stechapfelblätter werden heute hauptsächlich zu Asthmazigaretten verarbeitet; andere Anwendungsarten kommen nicht mehr in Betracht (s. a. Kästchen S. 134). Er ist heute in fast allen Ländern verbreitet.

Tollkirsche, Schwarze *(Atropa belladonna):* Fertigpräparate auf ärztliche Verordnung; Mittel wirken krampflösend; werden bei heftigen Schmerzen, Entzündungen, Koliken, Nerven- und Augenkrankheiten und bei der Parkinsonschen Krankheit gebraucht (s. Abb. S. 170; s. Kästchen S. 170).

Sonderformen pflanzlichen Lebens

Die Saprophyten oder Fäulnispflanzen

Alle Pflanzen, denen die Fähigkeit fehlt, CO_2 photosynthetisch oder chemosynthetisch zu assimilieren, sind darauf angewiesen, den Kohlenstoff durch Aufnahme organischer Verbindungen zu gewinnen. Je nachdem, ob tote oder lebende Substanz hierfür verwertet wird, spricht man von Saprophyten oder Parasiten.

Saprophyten sind die meisten Pilze, eine große Zahl von Bakterien und infolge besonderer Anpassung auch einige höhere Pflanzen. Parasiten gibt es sowohl unter den einfachsten als auch unter den höchsten Formen des Pflanzenreichs. Zunächst soll von den Saprophyten oder Fäulnispflanzen die Rede sein:

Ihnen fällt im Gesamthaushalt der Natur die Aufgabe zu, alle toten organischen Bestandteile von Tieren und Pflanzen zu zersetzen und sie wieder in den allgemeinen Kreislauf der Stoffe einzufügen, d.h. sie in anorganische Grundstoffe zurückzuverwandeln. Man nennt diesen Vorgang auch Mineralisierung. Er ist gleichzeitig die Voraussetzung für den Aufbau neuer Lebewesen. Fände ein solcher Prozeß nicht statt, würde die Erde in kurzer Zeit ein riesiger Friedhof sein, vollgestopft mit den Resten nicht verwesender Organismen, weil die »Totengräber der Natur« fehlen.

Viele saprophytische Pilze, die in der freien Natur tagtäglich unbemerkt ihr segensreiches Wirken vollbringen, lassen sich auch in Nährlösungen ziehen, wenn ihnen die nötigen Nährsalze und die ihrem Bedürfnis entsprechenden Kohlenstoffquellen in Form einfacher Zucker geboten werden. Zahlreiche Schimmelpilze sind in der Lage, organische Substanzen verschiedenster Art als Energielieferanten zu benutzen, so z.B. *Penicillium* und *Aspergillus.* Neben Kohlenhydraten verwerten sie organische Säuren, Fette, Alkohole, aber auch N-haltige (stickstoffhaltige) Substanzen wie Asparagin oder Pepton. Durch die Abscheidung von Enzymen zerlegen sie das tote organische Material, um es dann zu resorbieren, in die Zellen aufzunehmen und weiterzuverarbeiten.

Eine große Zahl der Saprophyten ist dabei nicht wählerisch; sie zersetzen alles, was ihnen geboten wird. Es gibt unter ihnen aber auch ausgesprochene Nahrungsspezialisten wie die Essig- und Milchsäurebakterien, deren Existenz an das Vorkommen eines ganz bestimmten Stoffes gebunden ist.

Auch eine andere Saprophytengruppe zeigt ein ausgesprochen wählerisches Verhalten. So nimmt Penicillium zwar die Fumar-, nicht aber die Maleinsäure auf; letztere ist für den Pilz giftig. (Fumarsäure ist eine ungesättigte, in der trans-Form vorliegende Dikarbonsäure, die frei in vielen Pflanzen vorkommt und als Zwischenprodukt eine Rolle im Zitronensäurezyklus spielt; Maleinsäure ist eine ungesättigte zweibasische Dikarbonsäure, die in der freien Natur nicht aufgefunden wird.)

Weiter konnte die Beobachtung gemacht werden, daß aus Gemischen bestimmte Substanzen bevorzugt aufgenommen werden. Bietet man Schimmelpilzen z.B. ein Glukose-Glyzerin-Gemisch, so entnehmen sie diesem zuerst den Zucker.

Die Spezialisierung der Saprophyten gilt auch für solche, die, da sie nur über eine bescheidene Enzymausrüstung verfügen, recht wenige organische Verbindungen auszunutzen vermögen. Dies gilt besonders für solche Organismen, die organische Stickstoffverbindungen benötigen.

Als Stickstoffquelle genügt vielen Fäulnispflanzen das Nitrat- oder Ammoniumion. Eine für den N-Haushalt aller Organismen äußerst wichtige Gruppe von Bakterien ist sogar in der Lage, Luftstickstoff zu binden (nitrogene Bakterien), so daß Bacterium *Clostridium pasteurianum.* Schon im Jahre 1895 gelang seine Isolierung durch Winogradski. Er konnte auch den Nachweis führen, daß es sich in einer Nährlösung, in der Glukose und die nötigen Salze enthalten sind, auch dann zu entwickeln vermag, wenn jede N-Verbindung fehlt. Voraussetzung ist allerdings die völlige Abwesenheit von Sauerstoff. Clostridium ist also anaerob. In der freien Natur findet es sich vergesellschaftet mit aeroben Bakterien, die den Luftsauerstoff binden, wie überhaupt mehrere Arten saprophytischer Organismen eine Art Lebensgemeinschaft eingehen, wobei die Stoffwechselprodukte der einen Gruppe der anderen zugute kommen, indem sie sie zu ihrem eigenen Nutzen verwerten (Parabiose).

Unter den höheren Pflanzen gibt es Vertreter, die nur in ihrer Jugend saprophytisch sind, während sie später normale Laubblätter aufweisen. Andere wieder sind ihr ganzes Leben lang Saprophyten, lassen grüne Laubblätter vermissen und sind demzufolge gezwungen, alle lebensnotwendigen Stoffe aus ihrem Substrat aufzunehmen. Zu solchen Pflanzen gehören vor allem Vertreter aus der Familie der Wintergrüngewächse *(Pirolaceae)* und der Orchideen *(Orchidaceae).*

Unter den Pirolaceen unserer einheimischen Flora sind es einige Wintergrün-Arten *(Pirola)*, die im Moder des Waldbodens wurzeln, nickende, weiße, grünlichweiße oder fleischfarbene Blüten und immergrüne, lederartige Blätter haben, sowie der wachsgelbe Fichtenspargel *(Monotropa hypopitys)*, auch Ohnblatt genannt. Da seine jungen Triebe Spargelsprossen nicht unähnlich sind, kam er so zu seinem Namen. Weil ihm Blattgrün fehlt, muß er seine Nahrung ganz dem Waldboden entziehen. Dies geschieht mit Hilfe von Pilzfäden, die den Waldboden durchwuchern, die korallenähnlichen Wurzeln mantelartig umhüllen und in deren äußere Teile eindringen. Die Pilzfäden entziehen dem Boden außer Wasser und den darin enthaltenen Nährsalzen auch fertige organische Stoffe. Betrachtet man die Keimungsgeschichte der seltsamen Pflanze, so wird die spätere Entwicklung klar:

Aus den Samen des Fichtenspargels tritt nur das Wurzelende des ungegliederten Embryo hervor, während der Sproßpol frühzeitig abstirbt. Nach der Kontaktaufnahme mit einem Pilz (vgl. auch S. 182), der für die Ernährung sorgt, entwickelt sich eine größere, einfach gebaute Wurzel. Sie verzweigt sich, speichert reichlich Nährstoffe und entwickelt schließlich endogene Blütensprosse. Der Stengel trägt schuppenförmige Blätter und ist anfangs gekrümmt, so daß die Blüten nach unten geneigt sind. Nach der Bestäubung streckt er sich gerade und wächst in die Höhe, so daß der Wind an die reifen Samen gelangen und diese fortblasen kann.

Eine ähnliche Entwicklung erfahren bei der Keimung auch die Arten der Gattung Pirola, doch haben diese ein ausgedehntes System dünner Wurzeln.

Vollsaprophytisch sind einige tropische Enziangewächse *(Gentianaceae)* und *Sarcosiphon (Bagnisia) episcopalis* aus der Familie *Burmanniaceae.* Diese Pflanzen werden in der Fachliteratur als Rhizophyten (»Wurzelpflanzen«) bezeichnet.

Die meisten Orchideen sind nur in ihrer Jugend Saprophyten; einige bleiben es aber auch ihr Leben lang. In unserer engeren Heimat trifft dies besonders auf die Korallenwurz *(Coralliorrhiza trifida)*, die Nestwurz *(Neottia nidus-avis)* u.a. zu. Die Korallenwurz besitzt korallenähnlich aussehende, scheinbar verzweigte Rhizome ohne Wurzeln, dafür aber Saughaare, die Nestwurz ein Rhizom, das von dickfleischigen Wurzeln umgeben ist.

Alle Orchideensamen sind außerordentlich klein und leicht und besitzen einen ungegliederten Embryo ohne Nährgewebe. Nach der

Keimung verwandelt sich der Sproßpol in ein winziges Rhizom, wobei wieder Pilze am Werke sind, die den Anstoß dazu geben und die nötigen Nährstoffe liefern. Bei Orchideen, die später über Blattgrün verfügen, bildet das Rhizom meist einige Wurzeln aus. Andere Formen, die ihr ganzes Leben lang Vollsaprophyten bleiben, entwickeln nur Blütenstände mit gelben oder braunen Niederblättern. Das enge Zusammenwirken von Pilz und Wurzel führt oft zu merkwürdigen Veränderungen und Erscheinungen.

Es ist noch gar nicht so lange her, daß Keimung und Entwicklung der Orchideen die Züchter vor nahezu unlösbare Probleme stellten. So konnte es z. B. geschehen, daß ein Züchter in seinem alten, verfallenen Gewächshaus sehr gut neue Pflanzengenerationen aufziehen konnte. Durch den Erfolg und den Gewinn ermutigt, erneuerte er die Anlage oder baute ein neues Gewächshaus – dieselben Orchideenarten vermehrten sich nicht mehr, ja die Samen keimten noch nicht einmal!

Nach zahllosen Experimenten und unermüdlichen Beobachtungen gelangte man allmählich zu der Feststellung, daß man die größten Möglichkeiten einer guten Keimung dann hatte, wenn man die Samen in diejenigen Töpfe verbrachte, in denen bereits Orchideen der gleichen Gattung wuchsen, und zwar am Rand des Topfes, wo die kräftigen Spitzen der jungen Wurzeln dicht und nicht sehr tief in der Erde lagen. Auf diese Weise wurden die jungen Pflänzchen in der gleichen Umgebung wie die alten, kräftigen Pflanzen gehalten, und doch geschah es, daß die jungen Orchideen in einer Nacht, noch bevor sie richtige Wurzeln ausgebildet hatten, durch Parasitenbefall abstarben.

Erst zu Beginn unseres Jahrhunderts lüftete der französische Biologe Noël Bernard das Geheimnis und konnte die ungewöhnli-

Der Einblütige Fichtenspargel, ein Saprophyt, wächst in Asien und Nordamerika (»Indian pipe«).

chen Mißerfolge bei der Samenaufzucht der Orchideen aufklären.

Das Problem stand, wie man schon vorher entdeckt hatte, in engem Zusammenhang mit dem Umstand, daß der Embryo nicht vollständig entwickelt ist, und daß die Samen keine Reservesubstanzen enthalten, der Keim bei seinem Wachstum aus ihnen also keine Nährstoffe beziehen kann. Verbringt man Orchideensamen in einen Behälter, in dem sie Licht, Feuchtigkeit und Nährstoffe zur Verfügung haben, dann keimen sie zwar, ihre Entwicklung hört aber sehr bald auf, oft sogar schon, bevor die jungen Pflänzchen auch nur 1 mm oder wenig größer geworden sind. Damit sie weiterwachsen können, müssen sie – und das war der Kern der Entdeckung von Bernard – eine Verbindung mit einem Pilz eingehen. Wenn sich also in dem Nährboden, in den der Same eingebracht wird, bestimmte Schimmelpilze ansiedeln, z. B. *Rhizoctonia* oder *Hypochnus*, so befallen die sehr dünnen Pilzfäden die Samen und den jungen Embryo, die davon aber keinen Schaden erleiden, sondern sich im Gegenteil kräftig entwickeln. Das Zusammenleben vollzieht sich also dergestalt, daß der Pilz aus den organischen Abfällen des Bodens Nahrung aufnimmt, sie verarbeitet und an die Orchideen abgibt. Dadurch wird der Embryo ausreichend ernährt und kann sich entwickeln; er nimmt zuerst Kugelgestalt an, wird später grün und bildet Blättchen und Würzelchen aus.

Die Korallen- und die Nestwurz – bleiche Moderorchideen

Absonderliche Orchideen mit unscheinbaren Blüten sind die Korallen- *(Coralliorrhiza trifida)* und die Nestwurz *(Neottia nidus-avis)*. Erstere wächst in Buchen- und Tannenwäldern vornehmlich in der Gebirgsregion bis 2000 m Höhe. Ihre grünlichen Blüten sind in lockeren Infloreszenzen angeordnet; ihr merkwürdig verzweigter Wurzelstock erinnert an korallenähnliche Bildungen.

Die Nestwurz wandert in Buchen- und Nadelwäldern bis zu 1500 m Höhe hinauf, wo sie ihren gelblichen oder bräunlichen Blütenstand ähnlich dem Fichtenspargel über den Waldboden erhebt. In die Oberhaut ihres netzförmigen Rhizoms dringen Pilzfäden ein, die zu regelrechten Fadenknäueln heranwachsen und durch ihr Gewirr einem Vogelnest gleichen. Stets wird ein Teil der Pilzfäden von der Wirtspflanze aufgezehrt.

Beide Orchideenarten lassen jegliches Blattgrün vermissen.

Heute beschäftigen sich mit der Samenaufzucht der Orchideen besondere Laboratorien, die über eine spezielle Einrichtung verfügen und bestimmte Techniken anwenden. Die ersten Stufen der Entwicklung vollziehen sich in sterilisierten Reagenzgläsern oder anderen Glasbehältern, in die man besondere synthetische Nährböden verbringt. Zu einem genau vorher bestimmten Zeitpunkt werden die Pflänzchen, die noch unentwickelt, oft noch nicht einmal grün sind, einzeln in andere Behälter umgepflanzt, in denen sich der betreffende Pilz befindet, den man vorher in besonderen Kulturen gezüchtet hat. So bildet sich die notwendige Gemeinschaft Pilz–Orchidee. Nach einigen Monaten können die jungen Pflanzen in Töpfe umgesetzt werden. Von der Aussaat bis zur Blütezeit vergehen jedoch einige Jahre.

Vollparasiten und Halbparasiten

Weniger ideal wirkt sich der Parasitismus im Pflanzenreich aus, denn groß ist die Zahl der Bakterien und Pilze, die ein Schmarotzerdasein führen. Viele von ihnen suchen sich ganz bestimmte Wirte aus, wie Mehltau-, Rost- und Brandpilze (s. S. 42, 44), andere sind weniger wählerisch, befallen alle möglichen Pflanzen, aber auch Mensch und Tier. Sie schädigen sie nicht nur, sondern machen sie auch ernstlich krank oder lassen sie sogar zugrundegehen. Was den Menschen anbelangt, so setzt er sich gegen sie energisch zur Wehr, gehören zu derartigen Parasiten doch auch viele bakterielle Krankheitserreger wie die der Cholera, des Typhus, des Wundstarrkrampfes u. a.

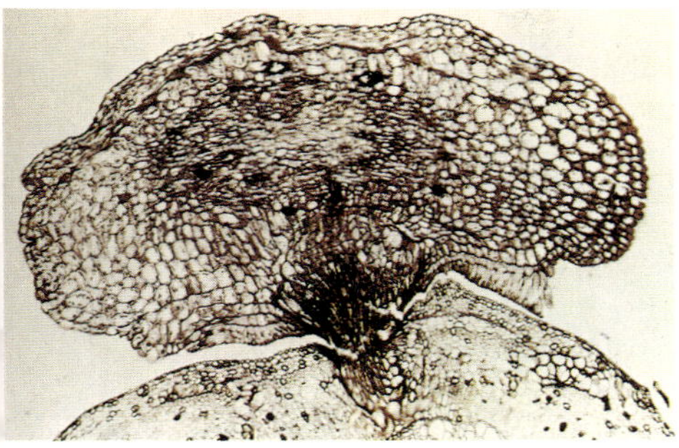

Der Augentrost ist ein Halbschmarotzer (links oben), die Schuppenwurz ein Vollparasit (links). Haustorien dringen in das Innere der Wirtspflanze ein (oben).

Aber auch höhere Pflanzen sind zum Parasitismus übergegangen. In physiologischer Hinsicht lassen sich Voll- und Halbparasiten unterscheiden, d. h. solche, die alle Stoffe, die sie zu ihrem Aufbau benötigen, anderen Pflanzen entziehen, oder andere, die ihnen nur Wasser und Nährsalze entnehmen. Zwischen beiden Gruppen gibt es Übergänge, und sie sind leicht dadurch zu unterscheiden, daß die einen grüne Laubblätter, die anderen nur bleiche oder gelbe bzw. rote Niederblätter besitzen.

Unter den Wurzelparasiten sind besonders die Klappertopfgewächse zu nennen *(Rhinantheae)* mit den bekannten Gattungen Wachtelweizen *(Melampyrum)*, Augentrost *(Euphrasia)*, Klappertopf *(Rhinanthus)* und Läusekraut *(Pedicularis)*, die sämtlich in unserer heimischen Flora zu finden sind. Sie besitzen ein sehr dürftig entwickeltes Wurzelsystem. Die dünne Pfahlwurzel bildet nur wenige Seitenwurzeln aus, an denen sehr kleine Knöllchen sitzen. Trifft ein solches Knöllchen auf die zarte Wurzel einer Nachbarpflanze, so macht sie sie zu ihrem Wirt, schmiegt sich an sie und umgibt sie mit einem Wall.

Bald darauf wächst aus dem Knöllchen ein Saugorgan, das Haustorium, hervor. Es dringt in das Innere der Wirtspflanze ein, und sobald es deren Gefäßbündel erreicht hat, bildet es sich endgültig aus und entzieht schließlich der Wirtspflanze Wasser und die darin gelösten Stoffe.

Der Wachtelweizen ist wie seine Verwandten ein Rachenblütler und weit verbreitet in der heimischen Flora. Auch der Wiesen-Augentrost *(Euphrasia pratensis)*, der im Sommer Wiesen und Matten mit seinen weißen, violett gestreiften Blütchen überzieht, in deren Tiefe sich ein gelber Schlund befindet, ist nur scheinbar ein harmloses Pflänzchen. Seine Wurzeln bilden an den Berührungspunkten mit den Wurzeln anderer Pflanzen, vor allem Gräser, Saugwarzen aus, mit deren Hilfe er seine Wirte regelrecht »anzapft«. Seine eigenen grünen Laubblätter reichen nur zu einer kümmerlichen Ernährung aus. Der Rote Augen- oder Zahntrost *(E. odontites)* kommt außer auf Wiesen und Weiden auch auf Äckern verbreitet als Unkraut vor. In der Volksmedizin diente das Pflänzchen früher als Heilmittel gegen Augenleiden. Der Bauer nennt es »Milchdieb«, doch ist der Schaden, den es anrichtet, verhältnismäßig gering.

Der Große Klappertopf *(Alectorolophus maior)*, ein bis 70 cm hohes, einjähriges Kraut, das im Sommer auf üppigen Wiesen in der Ebene wie auch auf den Alpenmatten blüht, heftet sich mit Hilfe seiner bewarzten Wurzeln an die seiner Nachbarpflanzen an und lebt von ihnen als ungebetener Gast. Da er aber auch Blattgrün hat, ist er außerdem zur Photosynthese befähigt und somit wie seine Verwandten nur ein Halbschmarotzer. Seine gelben Blüten, deren Oberlippe zwei blaue Zähnchen aufweist, haben einen aufgeblasenen Kelch, der später auch die Frucht umhüllt. Erfaßt ihn der Wind, so werden die klappernden Samen, die mit einer Flughaut versehen sind, leicht aus den Kapseln geschüttelt (Klappertopf!).

Auf torfigen Wiesen wachsen mehrere Arten des Wanzen- oder Läusekrautes *(Pedicularis)*. Es hat fein zerteilte Blätter und meist purpurviolette Rachenblüten, die auch von hellerer Farbe und sogar – selten – weiß sein können. Es ist über Europa, Asien und Amerika verbreitet, in Deutschland in über zehn Arten, die in mehreren Varietäten auftreten. Abkochungen der Pflanze wurden früher als Mittel gegen das Ungeziefer bei Haustieren verwendet.

Wurzelparasiten sind auch unter den Leinblattgewächsen der europäischen Flora zu finden. Als Halbschmarotzer mit Blattgrün nehmen ihre Wurzeln Kontakt zu denen der Nachbarpflanzen auf, in die sie ihre Haustorien entsenden.

Zum Vollparasiten (Holoparasiten) und damit wesentlich gefährlicher als die bisher genannten Arten ist dagegen die auf den Wurzeln verschiedener Laubbäume und Sträucher, wie Erlen, Eichen und Haselsträuchern, lebende Schuppenwurz *(Lathraea)* geworden. Ihre Laubblätter fehlen ganz. Das reichverzweigte Wurzelsystem ist mit Saugwarzen und Haustorien ausgestattet und sitzt damit nicht nur fest auf den schon verholzten größeren Wurzeln ihrer Wirte auf, sondern dringt auch in deren Holz und Rinde ein. Die unterirdische, verzweigte Achse bildet, dicht gedrängt, fleischige weiße Schuppenblätter aus, in denen große Mengen von Stärke abgelagert werden. Sind genügend Reservestoffe angesammelt, so erheben sich Ende April/Anfang Mai rosafarbene Blütenstände an einem blaßroten Stengel über den Erdboden; sie tragen nur Niederblätter.

Zu einer nahestehenden Familie gehört die Sommerwurz *(Orobanche)*. Sie schmarotzt in zahlreichen Arten auf den Wurzeln von Klee, Hanf, Thymian und anderen Pflanzen und wird deshalb auch »Kleewürger« oder »Hanftod« genannt. Die Achsen ihrer Blütenstände samt Niederblättern sind von wachsgelber, rotbrauner oder violetter Farbe; Chlorophyll ist nur in Spuren vorhanden. Die Rachenblüten sind gelbbraun oder violett. Der sehr kleine Same enthält einen ungegliederten eiförmigen Embryo, der von wenigen Nährzellen (Endosperm) umgeben ist. Der sich bildende kurze Keimfaden, dessen Ende sich bei Berührung mit der Wirtswurzel verdickt, dringt dann mit der Spitze in diese ein. Die Verdickung schwillt bald zu einem kleinen Knöllchen an, das als Wurzelknöllchen bezeichnet wird. Es entwickelt in seinem unteren Teil mesogen eine größere Anzahl von Seitenwurzeln. Das eingedrungene Wurzelende erfährt eine mehrfache Wandlung und bildet sich schließlich zu einem Haustorium um. Im Innern der Wirtswurzel vollzieht sich eine Gewebeverschmelzung, womit die Vereinigung vollkommen geworden ist. Treffen die Seitenwurzeln des Parasiten wieder auf Nährwurzeln, so kommt es zu einer neuen Haustorienbildung. Schließlich entstehen in den Knöllchen endogen in einer Höhlung die Vegetationspunkte der Blütensprosse.

Bei den tropischen *Balanophoraceae* nimmt der Parasitismus derartige Formen an, daß kaum noch von einer Ähnlichkeit mit höheren Pflanzen gesprochen werden kann; sie gleichen äußerlich eher Pilzen. Die sehr kleinen Samen der *Balanophora* keimen ähnlich wie die der Sommerwurz, doch verläuft die weitere Entwicklung dann in ganz anderen Bahnen. Auf das Eindringen des Parasiten reagiert die befallene Baumwurzel nämlich mit der Ausbildung einer Seitenwurzel. Diese dringt in das entstehende Knöllchen ein und wächst mit diesem zusammen weiter. So kann nach und nach eine faustgroße Knolle oder ein System fleischiger, verzweigter Äste entste-

hen, an deren Scheiteln endogen in einer Spalte die Blütenstände ausgebildet werden. Sie sind kopf- oder kolbenartig, seltener verzweigt und tragen kleine, eng zusammengedrängte Blüten. Der Parasit, der in die befallene Wurzel nicht sehr tief eindringt, entzieht die Nährstoffe wohl hauptsächlich der von ihm eingeschlossenen Seitenwurzel; er ist reich an Stärke und wachsartigem Balanophorin. Auch die Knollen der Balanophoraceen können als umgewandelte Wurzeln aufgefaßt werden.

Den Höhepunkt des Parasitismus erreichen die Schmarotzerblumengewächse *(Cytinaceae)* mit den Gattungen *Rafflesia* und *Brugmansia*, die auf Java und Sumatra beheimatet sind. Sie bilden gar keinen vegetativen Sproß mehr aus, sondern besitzen an dessen Stelle ein System verzweigter Fäden, das die befallenen Wirtswurzeln nach allen Richtungen hin durchzieht. Hat der Parasit genügend Nährstoffe aufgespeichert, brechen aus der Wurzelrinde oder dem Stammgrund große Knospen hervor, die sich z. B. bei *Rafflesia arnoldi* in Sumatra zu Riesenblüten von einem Meter Durchmesser entwickeln, den größten Blüten der Erde überhaupt.

Zu den epiphytischen Parasiten zählen die Mistelgewächse *(Loranthaceae)*, die bei uns nur durch die Mistel *(Viscum album)* und die Riemenblume *(Loranthus europaeus)* vertreten sind.

Die Mistel wächst als Halbschmarotzer auf verschiedenen Laubbäumen (Birn-, Apfel- und Kirschbäumen, Weiden, Linden, Pappeln u. a.), in einer etwas abweichenden Form auch auf Koniferen. Im Sommer ist sie zwischen dem Laub ihrer Wirtspflanze so gut wie verborgen. Im Winter dagegen wird sie als ein kugelförmiges Durcheinander von gelbgrünen Stengeln sichtbar, die sich wiederholt gabelig verzweigen und etwas gedrehte Blätter tragen. Jede Gabelung entspricht einem Jahrestrieb. Die Blätter verdunsten infolge ihrer lederartigen Beschaffenheit nur wenig Wasser, so daß abgeschnittene Mistelbüsche lange Zeit frisch bleiben. Aus demselben Grund vermag die Mistel selbst den Winter in belaubtem Zustande zu überstehen. Da sie nicht im Boden wurzelt, muß sie das Wasser und die darin gelösten Nährsalze ihrem Wirtsbaum entnehmen. Weil sie aber reichlich Blattgrün besitzt, ist sie auch zur Photosynthese befähigt.

Die Mistel, ein Halbschmarotzer, lebt auf Laubbäumen. Im Sommer ist sie so gut wie verborgen, im Winter wird das kugelige Gewirr ihrer Blätter auf den entlaubten Ästen und Zweigen ihrer Wirtspflanze deutlich sichtbar.

Die Mistel ist zweihäusig. Im Vorfrühling entstehen in den Zweigwinkeln entweder Staub- oder Stempelblüten. Sie sind unscheinbar, vierzählig und enthalten Honigdrüsen. Fliegen und andere Insekten vollziehen die Bestäubung. Die erbsengroßen weißen Beeren, die erst gegen Weihnachten reifen, werden besonders von Amseln und Misteldrosseln gern verzehrt. Da das Fruchtfleisch außerordentlich klebrig ist, bleiben die Samen leicht am Schnabel der Vögel haften. Versuchen diese dann, ihren Schnabel an einem Ast zu säubern, bleiben die Samen kleben und können sich zu neuen Pflanzen entwickeln. Auch mit dem Vogelkot gelangen die unverdaulichen Samen auf die Baumzweige.

Keimt der Same, so krümmt sich der Stengel des Keimlings dem Zweig der Wirtspflanze entgegen und verbreitert sich zu einer Haftscheibe, die sich der Rinde eng anlegt. Die Wurzelanlage des Keimlings entwickelt sich nicht weiter. Aus der Mitte der Haftscheibe wächst bald ein Fortsatz hervor, der die Rinde des Baumes durchbohrt und bis zum Holzkörper vordringt. Dieser Senker wird vom nächsten Jahresring des Baumes umwallt. Wiederholt sich dieser Vorgang mehrmals, so scheint es, als ob sich der Senker in das Holz hineingebohrt hätte, denn sein Längenwachstum hält mit dem Dickenwachstum der Äste gleichen Schritt. Schon im Laufe des dritten Jahres aber sendet der Senker von seinem Grunde Abzweigungen aus, sogenannte Rindenwurzeln, die in der Längsrichtung des Astes zwischen Holz und Rinde verlaufen und neue Senker bilden. Diese werden in gleicher Weise umwallt. Die am längsten Senker festzustellende Anzahl der Jahresringe gibt somit das Alter der Mistel an. Es kann 40–50 Jahre betragen. Stirbt die Pflanze ab und verfaulen ihre Senker, so bleiben ebenso viele Kanäle zurück, durch die das Holz des Wirtsbaumes stark an Wert verliert.

Windende Vollparasiten sind die Seide-Arten der Gattung *Cuscuta*, die den Windengewächsen *(Convolvulaceae)* nahesteht, so die Klee- und Flachsseide. Sie schmarotzen auf vielen Kräutern, zum Teil auch auf Holzgewächsen, die *Cuscuta olaniflora var. amphibia* sogar auf Wasserpflanzen. Sie ist auf Sardinien und in Algerien zu finden.

Die Parasiten bestehen aus einem Gewirr von zarten, weichen gelblichen oder orangefarbenen Fäden, die ihre Nährpflanzen umschlingen. Blattgrün ist kaum vorhanden. Die Blüten sind klein und blaß. Der blattlose Embryo tritt als Keimfaden aus dem Samen hervor und kriecht mit kreisender Spitze auf dem Boden dahin, bis er einen geeigneten Wirtssproß gefunden hat. Häufig stirbt er am rückwärtigen Ende ab und ergänzt sich entsprechend an seinem vorderen, so daß er auf diese Weise eine ziemliche Strecke zurücklegen kann. Ist er an seinem künftigen Wirt angelangt, beginnt er diesen wie eine Schlingpflanze zu umwinden. An den Berührungsflächen entstehen schwielenartige Gebilde, die durch Teilung der peripheren Zellen zustande kommen und sich der Unterlage anschmiegen. Schließlich dringen die Haustorien des Schmarotzers bis zu den Gefäßbündeln in die Nährpflanze ein, entziehen ihr Wasser und alle lebensnotwendigen Nährstoffe und endlich trennt sich die Seide völlig vom Boden. Sie wird zu einem Luftparasiten im Gegensatz zu den vorher beschriebenen Schmarotzern, die hauptsächlich die Wurzeln ihrer Wirtspflanzen befallen. Einige Arten sind sehr wählerisch und suchen sich einen ganz bestimmten Wirt, während andere wiederum die Vertreter einer ganz bestimmten Familie befallen, als ob sie mit einem Sinn für die Systematik ausgestattet wären. Eine weitere Gruppe schmarotzt wahllos auf verschiedenen Pflanzen. Die Kleeseide gilt als besonders gefürchteter Schädling.

Viele Orchideen leben als Epiphyten auf Laubbäumen, ohne Schmarotzer zu sein. Sie nehmen mit den Atemwurzeln Sauerstoff und Luftfeuchtigkeit aus der Luft auf.

Die Mistel, eine Pflanze mit magischer Bedeutung

Im Altertum hatte die Mistel magische Bedeutung: Sie ist der magische Zweig der Persephone, der Gabelzweig des Merkur, der Zweig, der nach Vergil dem Äneas die Tür zur Unterwelt öffnete. Sie ist jener Baum mit der Doppelgestalt, den die Tauben ihm zeigten und der »von neuem Laub, gewachsen auf eines anderen Wurzel« grünt.

Plinius wußte bereits, daß die Druiden Galliens und Britanniens die Weiße Mistel als ein Geschenk des Himmels ansahen. Am sechsten Tag des Neumonds schnitten sie sie, ganz in Weiß gekleidet, mit goldenen Sicheln und fingen sie in einem schwarzen Tuche auf, damit sie nicht mit der unheiligen Erde in Berührung komme.

In der skandinavischen und germanischen Mythologie hatten alle beseelten und unbeseelten Wesen geschworen, dem guten Baldur oder Balder, dem Sohn Odins und Freyjas, kein Leid zu tun. Der heimtückische Loki jedoch veranlaßte den blinden und naiven Höd dazu, auf Baldur mit einem Mistelpfeil zu schießen. Baldur starb danach, und er wird niemals auf die Erde zurückkehren können, ehe nicht neue Götter und eine neue Ordnung entstehen werden.

Die Weihnachtsmistel, ein Brauch, der sich von den nordischen Ländern bis nach Italien verbreitet hat, soll Glück bringen, da sie Verzauberungen und Dämonen abwehrt. Bei einigen primitiven Völkern Australiens, Afrikas und auch Japans wird sie als »Hexenbesen« für magisch und fruchtbringend gehalten. Im deutschen Volks(aber)glauben gilt die Mistel als Abwehrmittel gegen Hexen (Pommern). In Schleswig-Holstein wird sie teilweise noch heute als Schutz gegen »Mahre« (Nachtgespenster oder Alpe) gebraucht.

Symbiose – eine Lebensgemeinschaft zu beiderseitigem Nutzen

Seiner Bedeutung nach drückt das griech. Wort Symbiose eigentlich nur ein »Zusammenleben« aus; die Biologie versteht es aber mit dem Zusatz »zu beiderseitigem Nutzen«.

Der Begriff Symbiose wurde 1879 von De Bary geprägt, als er das Doppelwesen Flechte, zusammengesetzt aus Pilzen und Algen, entdeckte. Vor ihm hatte schon Schwendener im Jahre 1860 diese Entdeckung gemacht.

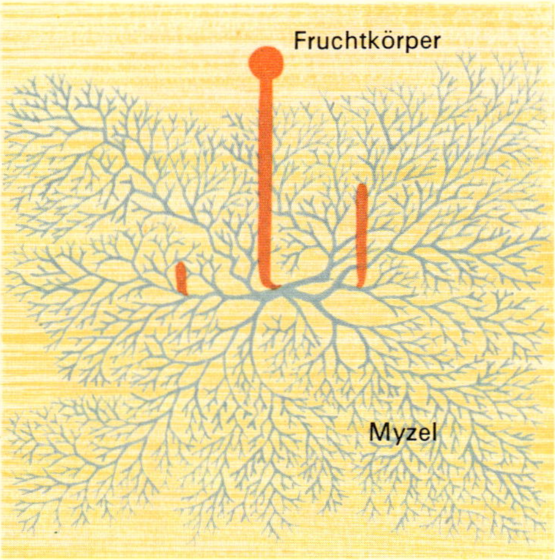

Mucor (Schimmelpilz)

Hallimasch

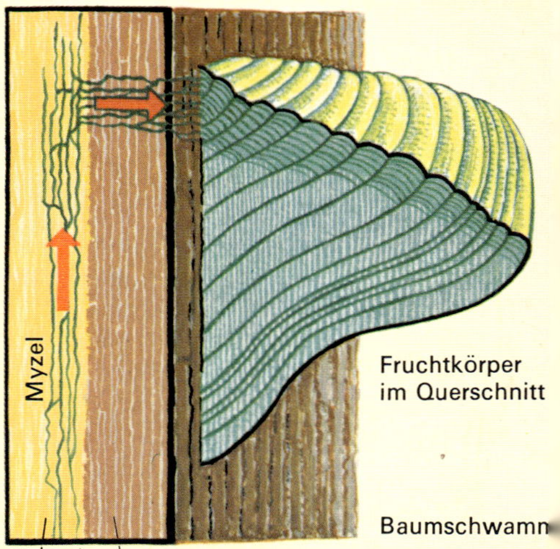

Baumschwamm

Saprophyten, Parasiten, Symbiosen

Saprophyten

Die Saprophyten oder Fäulniserreger haben eine sehr wichtige Aufgabe. Sie beseitigen tote Organismen, die ohne die Arbeit der Saprophyten die ganze Erde bedecken würden. Zu ihnen gehören besonders die Bakterien und die Pilze (Beispiele oben). Sie geben nach außen Enzyme ab, die die toten Substanzen abbauen und auflösen, und gewinnen in der Zelle darauf die Energie für die Lebensprozesse durch weiteren Abbau der aufgenommenen gelösten Bestandteile. Unter Saprophytismus kann man auch die Mykorrhizen einordnen (Nestwurz, Fichtenspargel). Hier ernähren sich die Pilze, die in den Wurzeln der Pflanze leben, saprophytisch von Moder, während die Wirtspflanzen, die nicht assimilieren, die Nährstoffe der Pilze auswerten.

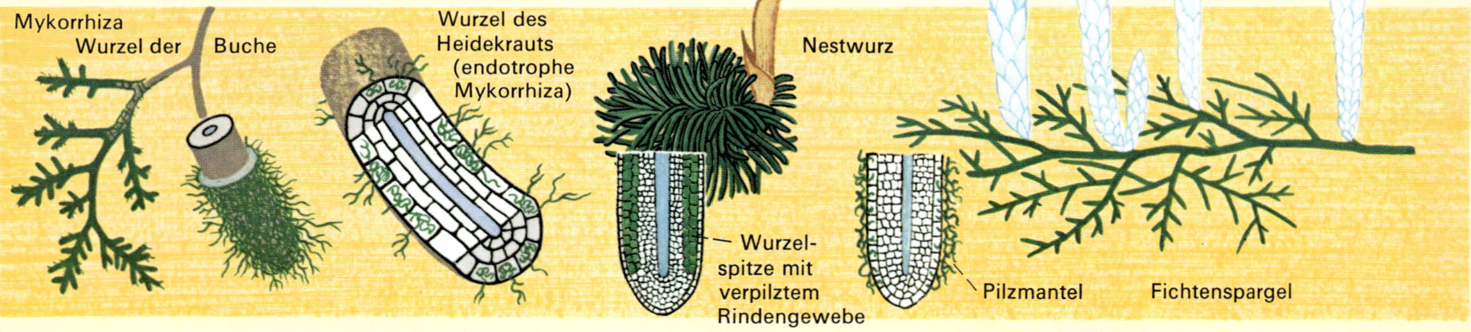

Symbiosen

Unter Symbiose versteht man das Zusammenleben von verschiedenen Organismen, die beide voneinander Nutzen haben, so z. B. Mykorrhizen vieler Bäume und Sträucher (oben). Die Pilze haben wahrscheinlich für die Bäume den Vorteil, daß sie im Boden vorhandene organische Stickstoffverbindungen in eine für höhere Pflanzen verwertbare Form überführen. Sie empfangen von den Wirtspflanzen Kohlenhydrate.

Die Flechten (rechts) sind Lebensgemeinschaften von bestimmten Algen und Pilzen, aus denen sich eine neue Wuchsform, die Flechte, ergibt. Die Pilze besorgen die Aufnahme von Wasser und Nährsalzen, während die grünen Algen das Kohlendioxid der Luft assimilieren.

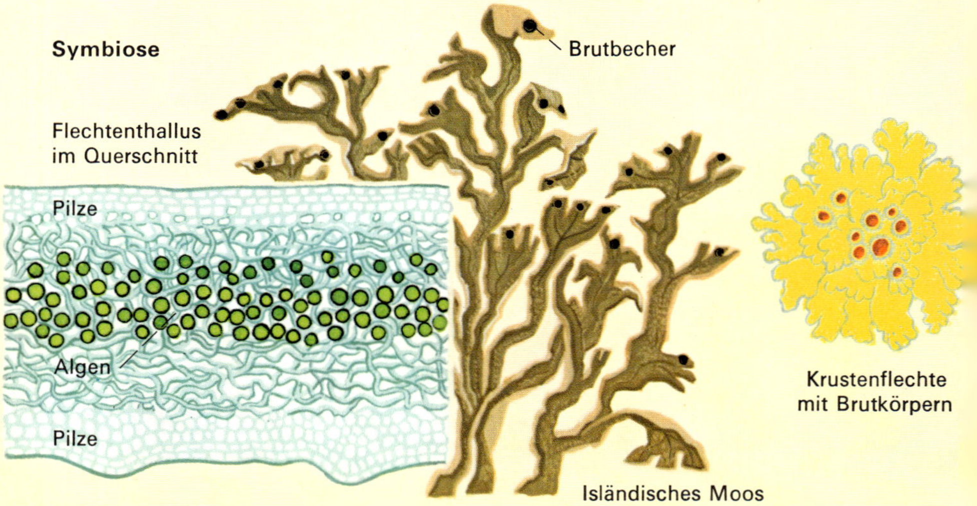

Schmarotzer

Die hier grün dargestellten Pilzmyzelien und Wurzeln enthalten kein Chlorophyll (Kontrastfarbe!)

Rafflesia

Die Arten dieser Gattung sind eigenartige Parasiten der Tropen. Ihr Vegetationskörper ist auf verzweigte Fäden zurückgebildet, die die Wurzeln ihrer Wirtspflanzen durchwuchern. Oberirdisch treten nur die meist auffälligen Blüten in Erscheinung.

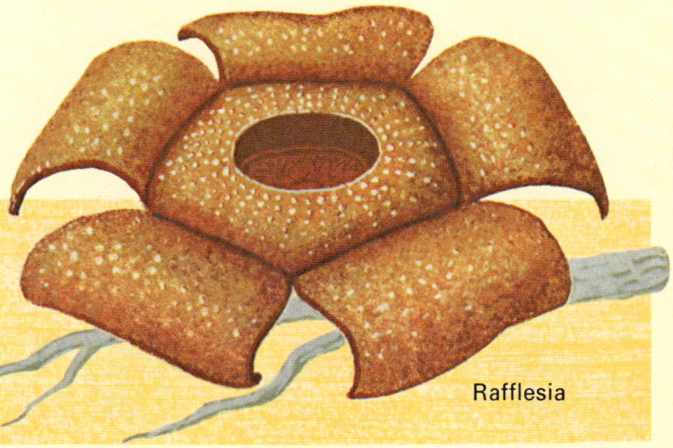

Vollparasiten

Die Parasiten oder Schmarotzer befallen andere lebende Organismen. Neben vielen Bakterien und Pilzen sind unter den höheren Pflanzen die Seide-Arten der Sommer- und Schuppenwurz bekannte Beispiele. Da ihre Blätter erst ganz klein sind oder Chlorophyll für die Photosynthese fehlt, entziehen sie ihren Wirtspflanzen neben Wasser und Nährsalzen die zu ihrem Aufbau nötigen Stoffe, und zwar mit Hilfe von Saugorganen (Haustorien), die in die Leitbündel eindringen. Die Seide-Arten umschlingen mit ihrem fadenartigen Stengel die Sprosse ihrer Wirtspflanzen, während die Sommer- und Schuppenwurz die Wurzeln befallen.

Halbparasiten

Halbparasiten sind solche Pflanzen, die zwar grüne Blätter besitzen, aber nur auf anderen Pflanzen gedeihen. Diesen entziehen sie Wasser und Nährsalze, aber nur wenig organische Stoffe. Wurzelparasiten sind z. B. Augentrost und Wachtelweizen, deren nur schwach entwickelte Wurzeln andere Pflanzenwurzeln durch Senker (Haustorien) anzapfen und sich aus deren Leitungsbahnen versorgen.

Die Mistel, eine zweihäusige Pflanze, siedelt sich auf den Ästen von Laub- und Nadelbäumen an. Von ihrer Stammbasis entspringen wurzelähnliche Saugstränge, die zapfenartige Senker in das Holz der Baumäste treiben (rot dargestellt).

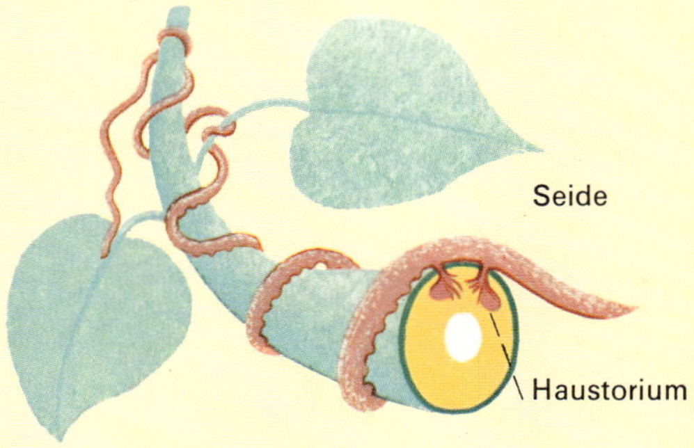

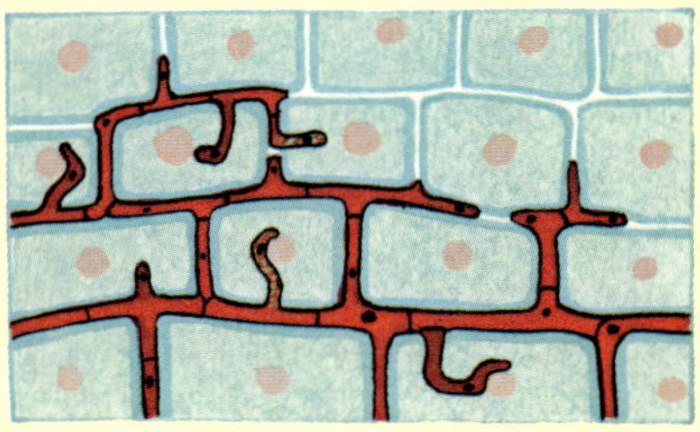

Rostpilz im Zellgewebe

Halbschmarotzer

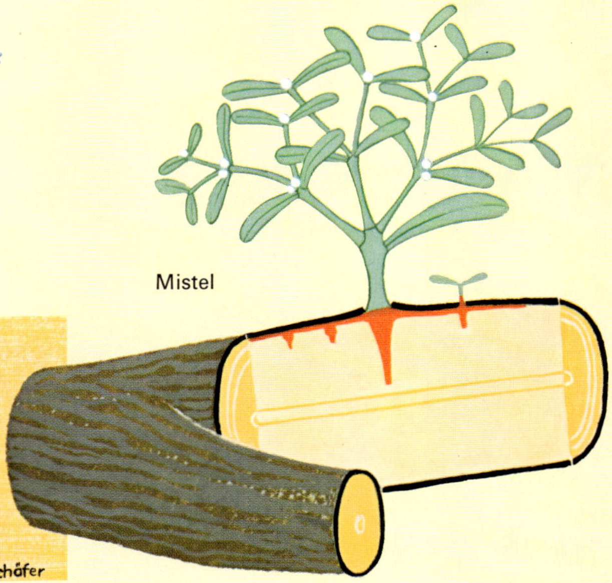

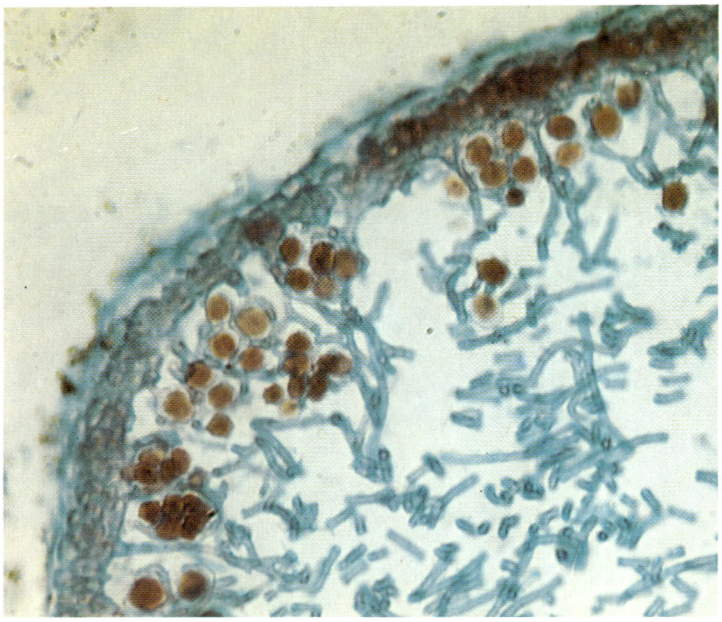

Während beim Schmarotzertum immer ein Partner geschädigt wird, leben bei der Symbiose zwei Organismen in der Weise zusammen, daß sich beide Partner gegenseitig ergänzen. Sie bilden also eine Ernährungsgemeinschaft.

Das Zusammenleben geht so lange gut, wie es wohlausgewogen ist, und der eine Partner über den anderen nicht dominiert. Allerdings gibt es Grenzfälle, die einer einseitigen Ausnutzung bedrohlich nahekommen und einem Parasitismus ähneln. Dann kann es geschehen, daß der schwächere Partner vom stärkeren immer weiter aufgezehrt und schließlich ganz vernichtet wird.

Im Pflanzenreich unterscheidet man drei Gruppen von symbiontischer Lebensweise:

1. die Flechten
2. die Mykorrhiza (Pilzwurzelsymbiose)
3. die Bakteriensymbiose

Mit ihnen wollen wir uns jetzt näher befassen:

Die Flechten

Die Flechten sind die absonderlichsten unter den niederen Pflanzen. Die roten, orangeroten, schwärzlichen, gelben, grünblauen, weißen oder andersgefärbten Thalli, die auf nacktem Fels und auf Baumrinden wachsen, sich manchmal als aufrechtstehende Büschel oder von Zweigen herabhängende, lange Bärte zeigen, setzen durch ihre verwunderliche Form und ihren eigenartigen Habitus auch den weniger scharf beobachtenden Laien in Erstaunen. Sie werfen aber noch mehr Probleme auf, wenn wir sie unter dem Mikroskop betrachten und wenn wir ihre Struktur und Lebensweise untersuchen.

Bis in die neuere Zeit hinein hat man diese wunderlichen Gebilde für eine selbständige Pflanzenklasse gehalten. Doch war schon früheren Beobachtern aufgefallen, daß sie bei näherer Untersuchung aus zwei verschiedenen Gewebearten bestehen, von denen die eine den Charakter eines Pilzfadengeflechtes, die andere den von Algen hat. Eingehende Studien haben dann gezeigt, daß hier ein sehr ausgeprägter Fall von Symbiose vorliegt, wodurch beiden Partnern Lebensmöglichkeiten geboten werden, die sie jeder für sich allein nicht hätten.

In diesen seltsamen Doppelwesen sind höhere Pilze zusammen mit einzelligen oder fadenförmigen Algen vereinigt. Meist sind jeweils nur eine Alge und ein Pilz an der Symbiose beteiligt, doch sind auch Ausnahmen beobachtet worden. Die Pilze, die zur Flechtenbildung beitragen, sind meist Schlauchpilze *(Ascomycetes)*, deren Sporen sich in besonderen Behältern, den Asci, befinden, seltener auch Ständerpilze *(Basidiomycetes)*. Die Algen sind entweder einzellige oder fadenförmige Blaualgen *(Cyanophyceae)* oder einzellige Grünalgen *(Chlorophyta)*.

Das symbiontische Verhältnis ist leicht einzusehen. Die grüne autotrophe Alge bildet die Kohlenhydrate und liefert sie an den he-

Das Doppelwesen Flechte besteht aus Algenzellen (hier rötlich angefärbt) und Pilzfäden. Sie leben miteinander in Symbiose (links oben). – Schüsselflechten, die sich kreisförmig ausbreiten. Die jungen Wachstumszonen liegen außen (links unten). – Landkartenflechten – hier auf einem Stein – können über 1000 Jahre alt werden (oben). – Laubflechten wachsen auf mageren, felsigen Böden (links).

terotrophen Pilz, der sie ihr mit Hilfe seiner Haustorien entzieht. Der Pilz »revanchiert« sich auf seine Weise, indem er die Alge mit Wasser und Nährsalzen versorgt und ihr seine Atmungskohlensäure zur Verfügung stellt.

Ein solches ideales Zusammenleben ermöglicht die Besiedlung von Standorten, die für andere Pflanzen nicht bewohnbar wären: Nackter Fels, auf dem ohne weiteres Krustenflechten gedeihen, wären weder für den auf organische Nahrung angewiesenen Pilz, noch für die feuchtigkeitsliebende Alge allein ein mögliches Substrat. Schließen sie sich aber zu einer Symbiose zusammen, ist ihnen ein gemeinsames Gedeihen möglich.

Der größere Vorteil, so hat es den Anschein, liegt meist beim Pilz. Er ist also derjenige Partner, der das stärkere Interesse daran hat, eine Lebensgemeinschaft mit der Alge einzugehen und sie sich sozusagen auf Lebenszeit zu »verpflichten«. Gelegentlich nutzt er sie sogar aus; man spricht bei den Flechten dann von Helotismus.

Der Nachweis, daß es sich wirklich um das Zusammenleben von zweierlei Organismen handelt, wurde auf folgende Weise erbracht: Zunächst gelang es, den Pilz- und den Algenpartner isoliert zu kultivieren; brachte man diese wieder zusammen, so entstanden Flechten, indem die Pilzmyzelien die Algen mit ihrem Geflecht umgaben. So können auch in der Natur Flechten nur auf diesem Wege entstehen – eine geschlechtliche Fortpflanzung ist nicht möglich, da nur der Pilz Fortpflanzungsorgane hervorbringt – oder durch Bildung von Brutkörpern *(Soredien)*, die Pilz und Alge enthalten. Abgebrochene Teile des Flechtenkörpers können vom Wind verbreitet werden (Wanderflechten). Interessant ist, daß Flechtenbildung durch sehr verschiedene Pilze mit gleichfalls verschiedenen Algen und Cyanophyceen erfolgt. Auch überrascht es, daß die Symbionten miteinander eine viel höhere Organisation zeigen als die der einzelnen Partner (v. Guttenberg).

Es gibt mehr als 15 000 Flechtenarten. Sie leben praktisch überall, in allen Klimazonen und in allen Höhen: Man findet sie in der Antarktis und auf Felsen über 6000 m Höhe, in den arktischen Tundren und auf dem ausgedörrten Boden der Steppen, auf der Rinde der Bäume in tropischen Wäldern, in unseren Heiden und Bergwäldern, sogar in Grotten, auf den Hausdächern (besonders in den Bergen), auf den Mauern und Fenstern alter Kathedralen, die nicht selten von ihnen sogar zerstört werden.

Der Flechtenkörper ist meist von gallert- oder lederartiger Beschaffenheit; wenn er austrocknet, wirkt er spröde. Er kann von büschelartiger, blätterförmiger, krustiger oder schuppiger Gestalt sein oder sogar staubartig wirken. Die Färbung ist meist braun, gelb, blaugrün, graugrün oder sogar weißlich. Flechten wachsen nur sehr langsam, leben dafür aber lange.

Einige Flechten haben als Nutzpflanzen eine Bedeutung erlangt, in erster Linie die Mannaflechte *(Lecanora esculenta; Lichen esculentus)*, die verhältnismäßig schnell wächst.

Bei großer Trockenheit kann sie vom Wind losgerissen und über weite Strecken mitgeführt werden (Mannaregen!).

Die Rentierflechte *(Cladonia rangiferina)* bildet in den Flechtentundren der arktischen Zone, aber auch auf trockenen Wald- und Heideböden, dichte Polster. In den nordischen Ländern dient sie besonders im Winter den Rentieren als Hauptnahrung.

Heilkräftige Wirkung besitzt das Isländische Moos *(Cetraria islandica)*. Es wächst auf trockenen Heideflächen und am Boden lichter Gebirgswälder zwischen Gras und kleinen Halbsträuchern, wird 2–6 cm hoch und ist von kastanienbrauner bzw. zartolivgrüner Farbe. Die braunen Sporenkörper sind scheibenförmig und haben einen gebogenen Rand. Diese Flechte, die in den Bergen häufig ist, wird von den Kräutersammlern wegen ihrer Bitterkeit und ihres Gehaltes an Pflanzenschleim sehr geschätzt. Wenn man sie kocht, erhält man einen schleimlösenden Tee. Eine ähnliche Heilwirkung zeigen auch viele andere Flechten.

Die Wand- oder Schüsselflechte *(Xanthorina parietina)* findet sich an Baumstämmen und Steinen als gelbe oder grünlichgraue gelappte Thalli. Ihre Oberfläche ist mit goldgelben oder orangefarbenen Fruchtkörpern (Apothecien) bedeckt, die mit einer Sporenschicht ausgekleidet sind.

Die Flechten sind im Haushalt der Natur von fast ebenso großer Bedeutung wie die Moose. Sie werden daher auch als die Pioniere der Pflanzenwelt bezeichnet, da sie sogar auf nacktem Fels zu leben vermögen, auf dem sich kein anderer pflanzlicher Organismus halten könnte. Sie dringen in den Stein ein, indem sie kleinste Risse aufsprengen, und bilden nach ihrem teilweisen Absterben kleine Mengen von Pflanzenhumus. Auf dieser nur ganz geringen Erdkrume können sich später andere Flechten festsetzen, bis sie schließlich die ganze Oberfläche des Steines überziehen (s. auch S. 294).

Die Mykorrhiza oder Pilzwurzelsymbiose

Unter dem Begriff Mykorrhiza versteht man alle Fälle, bei denen zwischen den Wurzeln höherer Pflanzen und bestimmten Pilzen eine Symbiose besteht. Dabei tritt der Pilz zunächst als reiner Parasit auf, doch vermag die von ihm befallene Pflanze ihn so in Schach zu halten und ihn ihrerseits auszunutzen, daß sich schließlich ein symbiontisches Verhältnis daraus ergibt.

Im allgemeinen unterscheidet man zwei Formen von Mykorrhizen: die ektotrophe und die endotrophe. Ektotroph heißt soviel, daß der Pilz nur bis in die Außenschichten der befallenen Wurzeln vordringt. Eine Vorform, die sogenannte peritrophe Mykorrhiza, besteht darin, daß die jungen Wurzelspitzen bestimmter Waldbäume von einem Pilzgeflecht umgeben werden, das zwar mit dem Waldboden verhaftet ist, aber noch nicht ins Wurzelgewebe der Bäume eindringt. Die ektotrophe

Mykorrhiza ist bei vielen Waldbäumen zu finden, sowohl bei Laub- als auch bei Nadelbäumen, und ist bei humusreichem Waldboden besonders häufig.

Sie beginnt damit, daß der Pilz die jungen Baumwurzeln mantelartig in ein dichtes Fadengeflecht einhüllt, wie es bei der peritrophen Mykorrhiza der Fall ist, dann aber dazu übergeht, mit seinen Hyphen in die Wurzel einzudringen und in der Wurzelrinde in den Hohlräumen zwischen den Zellen zu leben, wie es auch die Haustorien parasitischer Pilze tun. Er bezieht seine Nährstoffe – einfache Kohlenhydrate, aber auch Wirkstoffe – von seiner Wirtspflanze auf diffusem Wege durch die Zellwand hindurch. Die ersten intrazellulären Hyphen werden später ausgesogen, also verdaut. Bis dahin scheint es, als betätigte sich der Pilz als Parasit, der sich in den Wurzelgeweben seiner Nährpflanzen festsetzt und diese nach Kräften schädigt. Dem ist aber nicht so. Die Wurzel reagiert nämlich mit der Einstellung der Wurzelhaarbildung und vereinfacht ihren Bau. Mit dem Verlust ihrer Wurzelhaare büßt sie aber auch ihre wichtigsten Aufnahmeorgane ein, mit denen sie das lebensnotwendige Wasser und die darin gelösten Nährstoffe aufnimmt. Hier treten die Pilzfäden in Tätigkeit und übernehmen die Rolle der Saugwürzelchen. Da das Hyphengeflecht weithin den Waldboden durchzieht, ist der Baum jetzt durch seinen Pilzmantel besser gestellt als mit den eigenen Wurzelhaaren: Seine Aufnahmeorgane erfahren eine beträchtliche Oberflächenvergrößerung. Hinzu kommt als weiterer Vorteil, daß der Pilz befähigt ist, auch organische Substanzen aufzuschließen und Stickstoffverbindungen auszunutzen, wozu der Baum allein nicht in der Lage wäre. Der anfängliche Parasitismus ist also zu einer echten Symbiose geworden, wie sie idealer nicht gedacht werden kann.

Daß mit Hilfe der ektotrophen Mykorrhiza tatsächlich ein hoher Stoffgewinn erzielt werden kann, beweisen einige zu den Wintergrüngewächsen *(Pirolaceae)* gehörige reine Saprophyten. Alle Vertreter dieser Familie zeichnen sich durch den Besitz ektotropher Mykorrhizen aus, doch haben manche, so z. B. die Wintergrün-*(Pirola-)*Arten, grüne Laubblätter. Sie sind also autotroph und verhalten sich ähnlich wie die Laubbäume. In ihrer Jugend allerdings haben sie eine mykotrophisch-saprophytische Lebensweise. Da ihr Keimling reduziert ist, entwickelt er nur ein verpilztes unterirdisches Wurzelsystem, aus dem später die Laubsprosse hervorgehen. Der schon beschriebene gelbe chlorophyllose Fichtenspargel (s. S. 173) aber ist ein reiner Saprophyt geworden. Er kann nur von den organischen Substanzen leben, die der Pilz ihm liefert. Auch die Keimung seines reduzierten Embryos erfolgt erst bei der Kontaktaufnahme mit einem Pilz. Danach entsteht ein unterirdisches Wurzelsystem, das, nachdem es genügend Nährstoffe gespeichert hat, Blütensprosse ausbildet. Die Stoffaufnahme erfolgt durch sogenannte Plasmoptyse, d. h. Pilzfäden, die in die peripheren Wurzelzellen eindringen, werden an der Spitze aufgelöst, wobei sich ihr Inhalt in die Zelle entleert. Einige Mykorrhizapilze bevorzugen ganz bestimmte Wirtspflanzen und haben sich offenbar so an diese gewöhnt, daß sie nicht mehr in der Lage sind, eine Symbiose mit anderen einzugehen. Dazu gehören der Goldröhrling, der sich die Lärche als Partner ausgesucht hat, der Birkenröhrling, der eine Lebensgemeinschaft mit der Birke eingeht, die Rotkappe, die mit der Zitterpappel oder Espe lebt. Der Fliegenpilz aber nimmt es nicht so genau; er hält es sowohl mit der Kiefer als auch mit der Fichte, Lärche oder Birke. Als Bäume, die zu einer Mykorrhiza neigen, wenn nicht sogar auf sie angewiesen sind, nennen wir zusammenfassend noch einmal die schon erwähnten Nadelhölzer Tanne, Fichte, Kiefer und Lärche sowie die Laubbäume Pappel, Buche, Eiche und Birke. In allen Fällen handelt es sich um eine ektotrophe Mykorrhiza.

Für die bei Humuspflanzen weitverbreitete endotrophe Mykorrhiza bilden die Orchideen das am besten studierte Beispiel. Ähnlich wie bei den Wintergrüngewächsen gibt es unter ihnen autotrophe und mykotroph-saprophytische Formen. Zu diesen gehören im europäischen Bereich vor allem die Nestwurz *(Neottia nidus-avis)*, die Korallenwurz *(Coralliorrhiza trifida)* (s. S. 172) und das Ohnblatt *(Epipogium aphyllum)*. Alle drei haben keine Laubblätter und nur ganz geringe Chlorophyllmengen, die praktisch ohne Bedeutung sind. Zwischen diesen bleichen Moderorchideen und reichbeblätterten Formen besteht eine ganze Reihe von Übergängen.

Wie schon geschildert, beginnt die Verpil-

Baumschwämme sind oft konsolartig übereinandergeschichtet, haben ein zähes, leder-, kork- oder holzartiges Fleisch und sind oft so fest mit ihrem Wirtsbaum verbunden, daß sie nur mit Gewalt abzulösen sind (links oben). Ganz links im Bild ein Winterporling (POLYPORUS BRUMALIS). – *Erdsterne* (GEASTER) *sind nur selten zu finden. Sie wachsen zerstreut im Nadel- oder feuchten Laubwald. Ihre Fruchtkörper springen bei der Reife sternförmig auf.*

zung bei den Orchideen meist schon bei der Keimung. Der Pilz dringt zunächst in den Embryo ein und infiziert seine Zellen. Danach wächst dieser zu einem kleinen primären Rhizom, dem Protokorm, heran. Nach und nach wird es kräftiger und entwickelt, meist exo- oder mesogen, Wurzeln und schließlich Laubsprosse, bei den saprophytischen Arten einen Blütenstand. Die Verpilzung erstreckt sich nur über das Rhizom und die Wurzeln.

Die kurzen, dickfleischigen, haarlosen Wurzeln der Nestwurz z. B. werden vom Rhizom aus schon während ihrer Entwicklung infiziert. Der Pilz dringt bis zu dem einfach gebauten Wurzelmeristem vor, das keine typische Wurzelhaube aufweist. Die Ausbreitung des Pilzmyzels erfolgt nur in den peripheren (randständigen) Lagen des Rindenparenchyms. In der nächstinneren Schicht entwickelt er sich reicher, seine Hyphen werden derber, verzweigen sich und bilden einen Knäuel. Das Wirtsplasma schützt sich gegen den Eindringling durch Ausbildung zarter Zellulosescheiden um die Hyphen.

Da der Pilz hier offenbar die beherrschende Rolle spielt und reichlich Nahrung heranschafft, bezeichnet man diese Schicht auch als die der Pilzwirtzellen. Von hier aus geht die Infektion auf die nächstinnere Zellenlage über; sie wird Verdauungsschicht genannt. Zuerst bildet sich auch hier in jeder Zelle ein dichtes Hyphensystem, das den Kern in sich einschließt. Sodann treten in den Hyphen reichliche Eiweißmengen auf. Der Kern wird besonders groß und nimmt eine lappige Gestalt an, womit der offenbar jetzt beginnende Verdauungsprozeß eingeleitet wird. Dieser ist so vollkommen, daß schließlich in jeder Zelle nur ein kollabierter, von Zellulose eingehüllter Klumpen unverdaulicher Pilzmembranen übrigbleibt.

Bei wurzellosen Formen, z. B. bei der Korallenwurz und dem Ohnblatt, dringt der Pilz tiefer in die Rinde ein, so daß sich mehrere Verdauungsschichten bilden. Allerdings ist der Nährstoffgewinn auf dem Weg über den Pilz ein sehr langsamer. Meist dauert es viele Jahre, bis das unterirdische Rhizom (Nestwurz *Neoltia nidus-avis*) so viele Reserven gespeichert hat, daß sich ein Blütenstand entwickeln kann.

Außer bei den Orchideen liegt eine endotrophe Mykorrhiza auch bei vielen anderen Pflanzen vor, die Humus- oder Moorböden besiedeln. Sie wird besonders bei den Heidekrautgewächsen *(Ericaceae)* beobachtet. Hier beschränken sich die Pilzhyphen nicht nur auf die Wurzeln; sie dringen auch in die oberirdischen Teile ein und machen sogar vor den Samen nicht halt.

Die Bakteriensymbiose

Hat man Gelegenheit, einmal die Würzelchen von Erlen *(Alnus)*, Sanddorn *(Hippophaë)* und Gagelstrauch *(Myrica)* in Augenschein zu nehmen, so fallen dem Betrachter kurze, korallenähnlich verzweigte Wurzelbüschel auf, sogenannte Rhizothamnien, die seitlich aus der normalen Wurzel hervorbrechen. Die Wurzeln besitzen keine Saughaare, sind zudem verdickt und ähnlich reduziert wie bei der Mykorrhiza. Untersucht man sodann das Wurzelinnere, so stößt man auf Bakterien, die nahe dem Wurzelmeristem die Zellen besiedeln. Weiter rückwärts bilden die Bakterien eiweißreiche Bläschen, die schließlich unter Klumpenbildung verdaut werden.

Liegen die Verhältnisse bis hierher ähnlich wie bei der endotrophen Mykorrhiza, so ergibt sich nun jedoch eine Besonderheit. Die Bakterien besitzen nämlich die Fähigkeit, Luftstickstoff zu binden, und dadurch ist ihr Nutzen im Kreislauf der Stoffe ein besonders großer. »Stickstoffsammler« dieser Art finden sich freilebend fast überall im Boden (*Azotobacter chroococcum* streng aerob und *Bacillus amylobacter* streng anaerob). Sie binden je ha rd. 3–40 kg Stickstoff im Jahr.

Am bekanntesten und auch am weitesten verbreitet ist die Bakteriensymbiose bei den Schmetterlingsblütlern *(Leguminosae)*, die bei allen Vertretern dieser Familie anzutreffen ist. Bakterien mit dem Sammelnamen *Bacterium radiciola* leben zunächst als stäbchenförmige, mit Geißeln versehene Einzeller frei im Boden, dringen aber, wenn sie auf keimende Hülsenfrüchtler treffen, mit schleimigen Fäden durch die Wurzelhaare oder die Oberhautzellen der jungen Wurzeln in ihre Wirtspflanze ein und wandern durch das Rindenparenchym. Dieses reagiert auf die Eindringlinge mit einer Gallenbildung. Die dabei entstehenden walzen- oder kugelförmigen Gebilde nennt man Wurzelknöllchen, die Verursacher entsprechend Knöllchenbakterien. Im Plasma der Knöllchenzellen vermehren sich die Bakterien stark und nehmen dabei lappig-verzweigte bzw. Y- oder T-förmige Gestalt an, schmarotzen anfangs noch in den Zellen ihrer Wirtspflanzen und nehmen von diesen hauptsächlich Kohlenhydrate auf. Nach ihrer Gestaltveränderung erlangen sie die Fähigkeit, Stickstoff zu binden und zu Bakterieneiweiß zu assimilieren. Ihre Leistung wird dabei auf 100 kg Stickstoff pro Hektar geschätzt. Diese mit Hilfe des gebundenen Luftstickstoffes aufgebauten Eiweißverbindungen eignet sich nun die Wirtspflanze an, und die Symbiose ist vollkommen.

Wenn der Schmetterlingsblütler zur Zeit der Blüte und Samenreife besonders viel Stickstoff benötigt, vollzieht sich allerdings ein Wechsel der Symbiose in Richtung auf den Parasitismus: Der Wirt verdaut die Bakterien und lebt von deren Stickstoffverbindungen.

Die Erforschung dieser Symbiose führte u. a. zur wissenschaftlichen Begründung der Gründüngung. Durch Umpflügen junger Hülsenfrüchtler wird der Boden mit Stickstoff angereichert, und die danach angebauten Pflanzen finden einen genügend großen Vorrat davon im Boden vor. Ein Lupinenfeld z. B. bindet durch die Knöllchenbakterien auf einem Hektar 100–200 kg Stickstoff. Sollen jedoch auf einem gerade urbar gemachten Boden, wie beispielsweise auf einem Hochmoorboden, erstmals Lupinen angebaut werden, muß eine vorherige Impfung mit Bakterien vorgenommen werden.

Umfang und Ausmaß der Knöllchenbildung an den Wurzeln der Leguminosen ist von der Versorgung der Böden mit Stickstoff abhängig. Ist er reichlich vorhanden, bilden sich an den Wurzeln nur wenige Knöllchen. In kargen Böden dagegen treten sie sehr zahlreich auf.

Der Rosenkönig, auch Schlafapfel genannt, gehört zu den schönsten Gallen unserer Flora.

Als Art sind die Knöllchenbakterien in mehrere Rassen aufgespalten, die sich aber jeweils ganz bestimmte Pflanzen als Partner aussuchen. Für den Anbau unserer Kulturpflanzen, wie es die Hülsenfrüchtler sind, fällt diese Vorliebe praktisch wenig ins Gewicht, da im Boden fast immer sämtliche Rassen vertreten sind, so daß die richtigen Partner auch in jedem Fall zueinander finden.

Bakteriensymbiose ist auch an einigen Gagelstrauchgewächsen *(Myricaceae)* zu finden sowie an Rötegewächsen, zu denen der Kaffee- und der Chinarindenbaum zählen.

Die Gallenbildungen – Duldung, Abwehr oder Krankheit?

Unter Gallen versteht man bestimmte, durch Insekten, Pilze oder Bakterien hervorgerufene Wucherungen oder andersartige Formveränderungen des Pflanzenkörpers. Besonders die von Insekten verursachten Gallen zeigen einen ganz bestimmten anatomischen und morphologischen Aufbau, der sich folgendermaßen vollzieht:

Zahlreiche Insekten legen ihre Eier in junge Laubblätter, Knospen oder andere Pflanzenteile ab. Um die Eier und die aus ihnen schlüpfenden Larven entstehen Gewebewucherungen, die als Gallen bezeichnet werden. Auffällig an ihnen ist, daß sie in ihrer Struktur der Lebensweise des Schmarotzers entgegenzukommen scheinen oder ihm das Dasein überhaupt erst ermöglichen. Mechanische Hüllen festigen das Gebilde, besondere Gefäßbündel führen Stoffe zu. Aber nicht genug der Gastfreundschaft und Unterstützung seitens der Wirtspflanze: Sie bietet ihren Gästen sogar Hohlräume, sogenannte Larvenkammern, und stattet diese mit einem nährstoffreichen Futtergewebe aus. Besonders hilfreiche Wirte schaffen für die Larven, wenn sie ihre Entwicklung beendet haben, auch vorgefertigte Schlupflöcher.

Es wird angenommen, daß eine so zuvorkommende Bedienung, die in jeder Weise dazu angetan ist, die Entwicklung des sechsbeinigen Schmarotzers zu fördern, durch spezifische Wirkstoffe geregelt wird, die das Insekt selbst bei der Eiablage einspritzt oder die von den Eiern bzw. Larven ausgeschieden werden. Denn auffällig ist, daß ein und dasselbe Blatt unter dem Einfluß verschiedener Insekten ganz verschiedene Gallen bilden kann. Nultsch weist darauf hin, daß solche Wirkstoffe Nukleinsäuren sein könnten. Wenn es bisher auch noch nicht gelungen ist, diese oder andere Substanzen zu isolieren, besteht am Vorhandensein spezifischer Wirkstoffe aber wohl kein Zweifel.

Gallen, die durch Pilze erzeugt werden, zeigen einen einfacheren anatomischen Bau. Bei allen aber drängt sich bei Beobachtung der Entwicklungsvorgänge der Eindruck einer »fremddienstlichen Zweckmäßigkeit«

Die Eichengallwespe erzeugt mit ihrem Einstich die im Herbst rot angehauchten Galläpfel.

Gallmücken rufen auf den Blättern der Rotbuche kleine gelbliche Gallen hervor, in denen sich ihre Nachkommenschaft entwickelt.

Spitze, nüßchenartige Gebilde, sog. Ananasgallen, werden durch die Fichtengallenlaus hervorgerufen.

(Erich Becher) auf. Von den bekanntesten Gallen soll jetzt hier die Rede sein:

Geradezu prädestiniert als Wirtspflanze für verschiedene Gallwespenarten ist die Eiche. Rund 90% von ihnen haben sich die verschiedenen Teile des Baumes als Kinderstube für ihre Nachkommen auserkoren. Die übrigen ziehen Rosen, Flockenblumen, Habichtskräuter, Mohn oder andere Pflanzen vor.

Die Eichengallwespe *(Diplolepis quercusfolii)* tritt sogar in zwei verschiedenen Generationen an der Eiche auf; sie lassen sich leicht an ihren Gallen unterscheiden. Die zweigeschlechtige Generation (Männchen und Weibchen) überdauert gewöhnlich im Larvenzustand den Winter und verpuppt sich im Frühjahr. Die geschlüpften fertigen Gallwespen, die etwa 4 mm lang und glänzend schwarz sind, paaren sich, und das Weibchen legt seine Eier in eine Rippe auf der Unterseite junger Blätter ab. Aus diesen geht die Sommergeneration hervor, die sich ungeschlechtlich durch Jungfernzeugung (Parthenogenese) fortpflanzt. Die sogenannten, durch den Einstich verursachten Galläpfel sitzen auf der Blattunterseite. Sie sind zuerst gelb, im Herbst rot angehaucht und haben einen Durchmesser von 1–3 cm. Ihr schwammartiges Innere enthält je eine Kammer, in der sich die Larven entwickeln. Die fertigen Gallwespen (ausschließlich Weibchen) schlüpfen im Spätherbst oder Winter, stechen die Knospen neuer Eichenblätter an und legen dort ihre unbefruchteten Eier ab. Die Larven aus diesen Eiern rufen 2–3 cm große, eiförmige Knospengallen hervor, die mit einem sammetweichen, rötlich-violetten Haarfilz bedeckt sind. Aus dem Saft der Eichengallen hat man früher die sogenannte Gallustinte hergestellt; sie hatten daher einen erheblichen wirtschaftlichen Wert.

Andere Eichengallwespen erzeugen kleine, linsenförmige Gallen oder solche, die wie die Fruchtzapfen von Hopfen aussehen; sie werden Eichenrosen genannt. Die Knopperngallwespe *(Cynips quercus-calicis)* entwickelt sich in Gallen, die seitlich aus den Eicheln herauswachsen. Sie sind sehr hart und verdecken haubenförmig einen Teil der Frucht. Die Eichen-Schwammgallwespe *(Biorrhiza pallida)* schlüpft im Juli als fertiges Insekt aus fast faustgroßen Knospengallen. Sie enthalten viele Kammern, so daß schon wenige Gallen ausreichen, um eine große Zahl geflügelter Männchen und Weibchen freizugeben. Die eingeschlechtige Generation erzeugt ihre ein- oder mehrkammerigen Gallen an den Wurzeln der Eiche. Etwa im Dezember verlassen die Insekten ihr warmes Nest – es sind ausnahmslos wesentlich größere, stets flügellose Weibchen –, kriechen am Stamm empor und legen ihre Eier selbst an kalten Wintertagen in die noch fest geschlossenen Knospen, wodurch die anfangs erwähnten großen Gallen entstehen, in denen sich die zweigeschlechtige Generation entwickelt.

In wärmeren Ländern verursacht eine weitere Gallwespenart in den Eichenzweigen harte, spitzige Kugeln oder gabelige Gebilde von etwa 5 cm Durchmesser.

Auf dem Wurzelhals des Baumes befinden sich oft etwa 7 mm große, eckig-kugelige Gebilde, die von der Eichenwurzelknotengallwespe *(Andricus testaceipes)* hervorgerufen werden und den Baum, besonders wenn er noch jung ist, zum Absterben bringen können. Nicht selten werden die Gallen vom Specht geöffnet und die Larven herausgepickt.

Der Rosengallwespe *(Diplolepis rosae)* sind die bekannten moosartigen Gebilde am Gezweig der Heckenrosen zu verdanken. Sie werden auch Rosenkönige oder Schlafäpfel genannt, weil man früher der Meinung war, sie könnten, im Kopfkissen verborgen, den Schlaf herbeiführen. Das Innere des faserig-zottigen Gebildes enthält zahlreiche Kammern mit festen Wänden, die die Larven bergen; sie ernähren sich von dem sie umgebenden Gewebe der Rosengallen.

Die Brombeergallwespe *(Diastrophus rubi)* ruft an Brombeerzweigen spindelförmige, vielkammerige Anschwellungen hervor. Die Arten der Gattung *Aylax* erzeugen Gallen an verschiedenen krautigen Pflanzen, z. B. an den Samenkapseln von Mohn oder an Flachsstengeln.

Auch in der Familie der Gallmücken *(Itoniidae)* gibt es Vertreter, die für Gallenbildungen verantwortlich sind. Von den zahlreichen Mückengallen sollen hier nur die häufigsten beschrieben werden, darunter die auffälligen Bildungen an Rotbuchen und Weiden. Erstere zeigen sich im Frühjahr als zierliche, zugespitzte, nüßchenartige Gebilde, die die Wiege für je eine gelbe Larve der *Mikiola fagi* darstellen. Im Juli gesellen sich weitere Gallen auf den Blättern zu den ersteren. Sie sind rund, bräunlich behaart und bergen die Nachkommenschaft der Gallmücke *Hartigiola annulipes.* Noch ehe das Laub fällt, lösen sich beide Gallensorten ab und fallen zu Boden, um auch den Puppen den ganzen Winter über noch Wärme, Schutz und Heimstatt zu gewähren. Kommt der Frühling, verläßt die fertige Mücke ihre Behausung und legt ihre roten Eier an die fest geschlossenen jungen Blattknospen des noch kahlen Baumes. Die ausschlüpfenden Larven bohren sich bis zu den zarten, noch eng zusammengefalteten Blättern vor und erzeugen aufs neue Gallen.

Auch die Weiden erweisen sich als zuvorkommende Wirte. Hier ist es die Weidenholz-Gallmücke, die an jungen Weidenruten wie an stattlichen Zweigen Anschwellungen verursacht. Nachdem die Insekten geschlüpft sind, zeigen unzählige runde Fluglöcher den Weg an, den sie genommen haben. Herabhängende Bastfetzen beweisen außerdem, daß während des Winters Meisen und Spechte am Werk waren, die den Larven im Holz nachstellten. Die Weidenruten-Gallmücke *(Rhabdophaga salicis)* verursacht als weiterer Kostgänger Anschwellungen, allerdings nur an einjährigen Weidenruten. Auch ihre Larven überwintern in den Gallen.

Die sogenannte Hessenfliege soll – nach Grzimek – in den Jahren 1776/77 durch hessische Soldaten mit dem Stroh für ihre Pferde nach Nordamerika gelangt sein. Während der Jahre 1850–1857 fügte sie den Getreidefeldern ihrer neuen Heimat großen Schaden zu, indem ihre Larve, die sich an Getreide und Gräsern zwischen Halm und Blattscheide häuslich einrichtet, die oberen Pflanzenteile zum Absterben bringt. Die Hessenfliege tritt auch bei uns auf und richtet in manchen Jahren große Schäden an. Die zweite Generation lebt dicht über den Wurzeln der Wintersaat und ruft hier gallenartige Verdickungen hervor.

Die Seide ist ein windender Vollschmarotzer, der aus einem Gewirr von gelben oder orangefarbenen Fäden besteht. Nach und nach verliert er jegliche Verbindung zum Erdboden, entzieht seinem Wirt alle Nährstoffe und bringt ihn zum Absterben.

Haar- oder Filzgallen kommen durch Milben zustande, indem die Oberhautzellen der Blätter haarförmig auswachsen. Beutelgallen werden durch Blattläuse oder Gallmücken bewirkt, wobei begrenzte Bezirke der Oberhaut ein gesteigertes Flächenwachstum aufweisen. Für die im Innern pflanzlicher Organe angelegten Markgallen ist typisch, daß das Wirtstier von Anfang an in der Galle beheimatet ist. Die Bildung der Markgallen beginnt mit der Eiablage durch das Muttertier in tiefer gelegenen Gewebeschichten.

Niedere Pilze verursachen krebsartige Wucherungen an den Kartoffelknollen und erzeugen den Kartoffelkrebs.

Höhere Pilze sind verantwortlich für die mißgestalteten Früchte bei Steinobstarten, Narrentaschen genannt, oder für die krankhaften Verzweigungen bei der Erle, Weißbuche oder Tanne. Man bezeichnet sie als Hexenbesen.

Neueste Untersuchungen liegen über Wurzelhalsgallen an verschiedenen Pflanzen vor, die durch das *Agrobacterium tumefaciens* bewirkt werden. Der Name besteht nicht ganz zu Recht, denn die krebsartigen Wucherungen können außer am Wurzelhals auch an beliebigen anderen Pflanzenteilen entstehen.

Insektenfangende Pflanzen

Zu den seltsamsten Vertretern der Pflanzenwelt gehören die insektenfangenden Pflanzen oder Insectivoren, auch Carnivoren genannt.

Allgemein sei vorausgeschickt, daß die biologische Bedeutung ihrer Ernährungsweise weniger in der Gewinnung organisch gebundenen Kohlenstoffes zu liegen scheint, als vielmehr darin, daß mit der Auflösung der gefangenen Insekten und anderen Kleintiere neben Phosphor und Kalium vor allem Stickstoff in den Pflanzenkörper gelangt, also Stoffe, die sonst aus dem Boden aufgenommen werden. Darüber hinaus scheinen die merkwürdigen »Fliegenfänger« aber auch ihren Bedarf an Mineralsalzen weitgehend aus ihren Opfern zu decken. Daß viele insektenfangende Pflanzen an Standorten wachsen, die eine Armut an gelösten Salzen, vor allem aber an Stickstoffverbindungen aufweisen, wie es besonders in Mooren der Fall ist, macht diese Annahme noch wahrscheinlicher. Zudem entwickeln die Pflanzen auf salzarmen Böden auch nur ein schwaches Wurzelsystem.

Da sich die Carnivoren auch ohne die zusätzliche Insektenverdauung bei sonst günstigen Ernährungsbedingungen bis zur Blüte und Samenreife entwickeln können, stellt ihre Insectivorie wohl nur eine zusätzliche Ernährungsquelle, nicht aber eine notwendige Voraussetzung ihrer Existenz dar.

Bei den »Mordinstrumenten«, mit denen die Natur diese Pflanzengruppe ausgestattet hat, unterscheidet man Klebfallen, Klappfallen, Fallgruben oder Saugfallen.

Das Klebfallenprinzip findet bei den Sonnentaugewächsen *(Droseraceae)* Anwendung. Mit zwei Gattungen und vier Arten sind diese Pflanzen bei uns im Moor vertreten; bekannt sind jedoch vier Gattungen mit 93 Arten.

Die grünen runden, leicht muldenförmig vertieften, im Durchmesser noch nicht einmal 1 cm großen Blätter des Rundblättrigen Sonnentaues *(Drosera rotundifolia)* sind langgestielt; ihre Flächen sind von zahlreichen roten, haarfeinen Borsten bedeckt, die als Tentakel bezeichnet werden. Diejenigen, die sich am Blattrand befinden, sind länger als die Flächententakel. Aber jede von ihnen ist von einem Leitbündel durchzogen und endet in einem Drüsenköpfchen, das ein Sekret absondert. Das Sekret ist klebrig, es duftet nach Honig, es glänzt wie »Tau in der Morgensonne« – und wenn sich ein Insekt auf einem Blatt niederläßt, um von dem Nektar zu naschen, ändert sich schlagartig die Situation.

Während das bedauernswerte Opfer von der Drüsenflüssigkeit wie von Leimruten festgehalten wird, krümmen sich die Borsten in Sekundenschnelle der Blattmitte zu, der Reiz pflanzt sich fort, die benachbarten Borsten folgen, endlich greifen die entferntesten zu, gleichzeitig wölben sich die Blattränder, und das Tierchen, rettungslos angeleimt und verloren, stirbt in der ausgeschiedenen Flüssigkeit. Eine harmlose, unscheinbare Pflanze, die eben noch ihre langen Schäfte mit den kleinen, weißen, veilchenähnlichen Blüten sanft im Winde wiegte, ist damit zu einer Todesfalle geworden.

Hat das Insekt ausgezappelt – und die Opfer können die Größe einer Stubenfliege erreichen – scheiden die Tentakel ein Ferment ab, das die Weichteile auflöst und das tierische Eiweiß in assimilierbaren Stickstoff und Phosphor umsetzt. Nach zwei bis drei Tagen, je nach Größe der Beute, sind nur noch die harten Chitinteile – Flügel, Panzer und Beine – übrig. Drüsen wie Blatt kehren wieder in ihre Ausgangslage zurück und sind zu neuem Fang bereit.

Wie Experimente gezeigt haben, kann die tödliche Umklammerung auch durch chemische Reize ausgelöst werden, also nicht durch Berührungsreize, die von dem gefangenen Tier ausgehen, allein. Bringt man kleine Fleisch- oder Käsestückchen auf die Blätter, so führen die Tentakel innerhalb kürzester Zeit die beschriebenen Krümmungsbewegungen aus und umschließen gierig die Beute. Legt man dagegen Erdkrümchen, Papierschnitzel oder ein Steinchen auf die Blätter, ereignet sich nichts.

Neben dem Rundblättrigen Sonnentau wachsen auch noch zwei andere Arten in unseren Mooren. Allerdings sind sie weitaus seltener zu finden und unterscheiden sich von der erstgenannten vor allem durch die Form ihrer Blätter. Die Blattspreite ist schmal und spitz zulaufend beim Schmalblättrigen Sonnentau *(Drosera anglica)*, schmal, aber vorn ebenfalls abgerundet beim Mittleren Sonnentau *(D. media)*. Bei diesem stehen die Blütenstiele außerdem auch nicht steif aufgerichtet wie bei den anderen Arten, sondern krümmen sich von einer waagerechten Basis an aufwärts. Alle tragen an den 5–10 cm hohen Schäften kleine weiße Blütchen.

Daß Insektenfang und -verdauung zusätzlichen Gewinn an Stickstoff und Phosphor bedeuten, wurde schon erwähnt. Die Pflanze könnte auch ohne tierische Nahrung auskommen. Wenn sie ihren Speisezettel aber mit Insekten anreichert, so entwickelt sie sich besonders kräftig und bildet zahlreiche Samen aus. Im Zusammenhang damit sind auch noch zwei andere Beobachtungen von Interesse:

Viele Hochmoorpflanzen haben Pilzwurzeln (Mykorrhiza), leben also mit Pilzen in einer Symbiose und werden von diesen in der Stoffgewinnung unterstützt. Der Sonnentau dagegen läßt Pilzwurzeln vermissen. Außerdem zeigen die meisten Hochmoorpflanzen auf dem feuchten Boden eine ähnliche Tracht wie andere Pflanzen an besonders trockenen Standorten. Als Beispiel seien hier nur das Heidekraut und andere Erikagewächse mit ihren harten und ledrigen Blättern oder die Kiefer angeführt. Solche Erscheinungen werden, wie wir weiter oben gehört haben, mit Stickstoffmangel in Verbindung gebracht. Der Sonnentau dagegen, der über eigene Stickstoffquellen verfügt, die er sich auf dem Weg über den Insektenfang erschließt, ist fast die einzige Pflanze in ihrer Umgebung, die auf solche oder ähnliche Bildungen verzichten kann.

Unsere heimischen Sonnentau-Arten lassen sich nur schwer kultivieren. Schon auf Spuren von Salzen, wie sie immer in unserem Leitungswasser vorhanden sind, reagieren sie außerordentlich empfindlich. Aber südafrikanische, asiatische und australische Arten sind in unseren Gewächshäusern leicht zu halten. Zum Teil haben sie wesentlich größere Blüten als die europäischen Formen: so die *Drosera capensis* aus Südafrika in einem leuchtenden Rot, *D. spathulata* und *D. binata* aus Australien in einem schneeigen Weiß. Mit den glitzernden »Tau«tröpfchen an der Spitze ihrer roten Drüsenhaare, mit den schönen Blattrosetten und ihren Spreiten, die in der Jugend noch eingerollt sind, und ihren anfangs wie Bischofsstäbe gekrümmten Blütenständen bieten die fremdartigen »Betauten« einen Anblick gefährlicher exotischer Schönheit.

Ähnlich vollzieht sich der Insektenfang auch beim Taublatt *(Drosophyllum lusitanicum)*, das in Portugal, in den benachbarten Teilen Spaniens und in Marokko in Felsritzen zu finden ist. Die Pflanze ähnelt Sonnentau-Arten, hat aber lange, ganz schmale Blätter und gelbe Blüten. In ihrer Heimat wird sie in Töpfe gepflanzt und als lebender Fliegenfänger in der Wohnung gehalten. Auch in Gewächshäusern läßt sich das Taublatt gut kultivieren.

Eine ähnliche Fangmethode wie die Sonnentaugewächse hat sich auch das Fettkraut *(Pinguicula)* zu eigen gemacht. Auf seinen fleischigen Blättern sind längere, schleimabsondernde Fanghaare und kleinere Verdauungshaare zu unterscheiden. Sobald sich ein Opfer in dem Schleim gefangen hat, rollen sich die Blätter von den Rändern her so fest ein, daß es erstickt und von den Ausscheidungen der Verdauungshaare aufgelöst werden kann.

In den Mooren der sandigen Kieferngebiete von Carolina im östlichen Nordamerika lebt die Venusfliegenfalle *(Dionaea muscipula)*. Bei uns wird sie allenfalls in Gewächshäusern kultiviert. Ihre Blätter sind rosettenförmig angeordnet, haben einen verbreiterten Stiel und, von diesem durch eine Einschnürung abgegliedert, eine fast runde Blattspreite in einer rosafarbenen Tönung. Diese ist zweiklappig und mit drei reizempfindlichen Fühlborsten auf der Mitte jeder Blatthälfte ausgestattet. Sie stellt eine höchst raffinierte Klappfalle dar.

Berührt nämlich ein unvorsichtiges Insekt auch nur eine dieser Borsten, so klappen die beiden Spreitenhälften schlagartig zusammen, und die Zähne an ihren Rändern greifen ineinander. Dabei arbeitet die Mittelrippe wie eine Sprungfeder. Auch in diesem Falle geht das gefangene Tier zugrunde, wird von einem eiweißlösenden Ferment zersetzt und verdaut. Danch öffnet sich das Blatt wieder und ist schon nach wenigen Stunden für das Einfangen einer neuen Beute gerüstet.

Auch die bei uns seltene Wasserfalle *(Aldovandra vesiculosa)* arbeitet nach dem Klappfallenprinzip, indem ihre Blätter sich aktiv als Insektenfänger betätigen.

Der Wasserschlauch *(Utricularia)*, eine Wasserpflanze, die oft in Aquarien gehalten wird, hebt nur ihre 15–30 cm hohen, rötlichen Stengel mit den goldgelben Blüten über den Wasserspiegel. Die untergetauchten Blätter

Klebefalle
Rundblättriger Sonnentau
(Drosera rotundofolia)

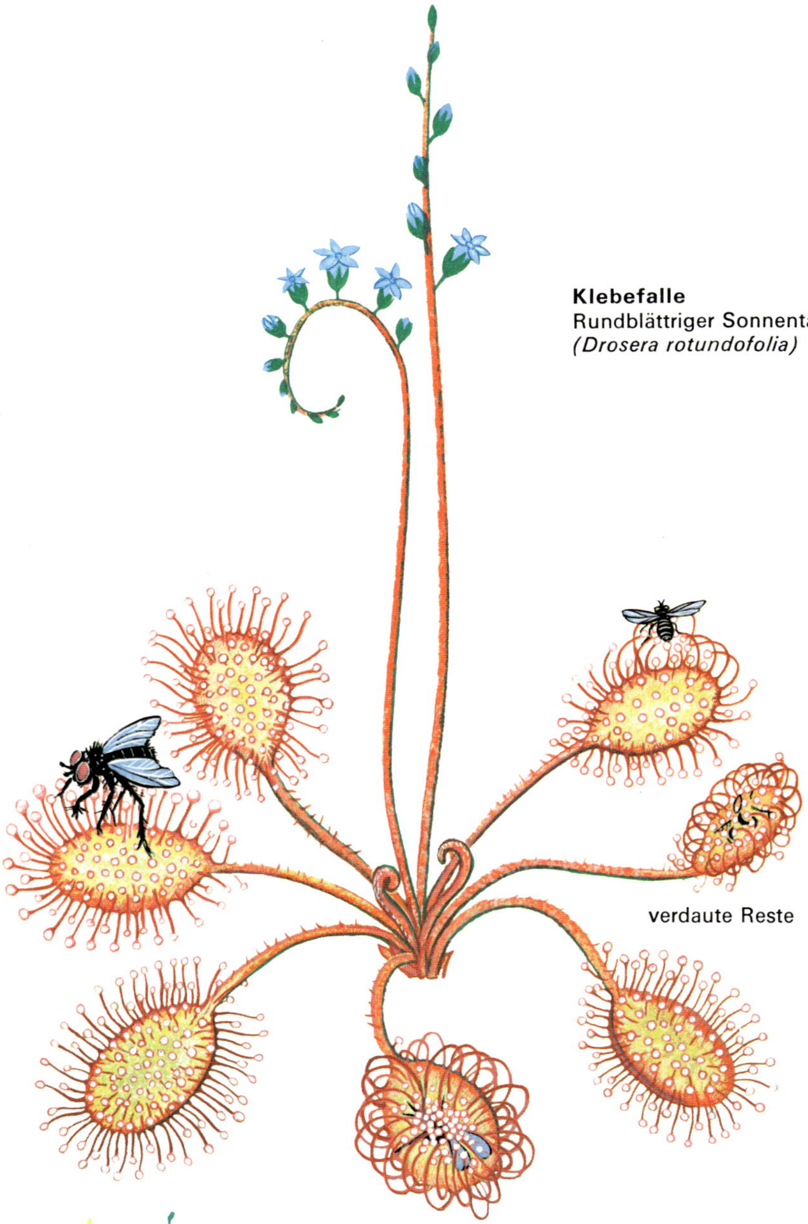

gefangene Fliege

Klebefalle
Fettkraut
(Pinguicula vulgaris)

Blatt im Querschnitt
mit gefangener Ameise

Saugfalle
Wasserschlauch
(Utricularia vulgaris)

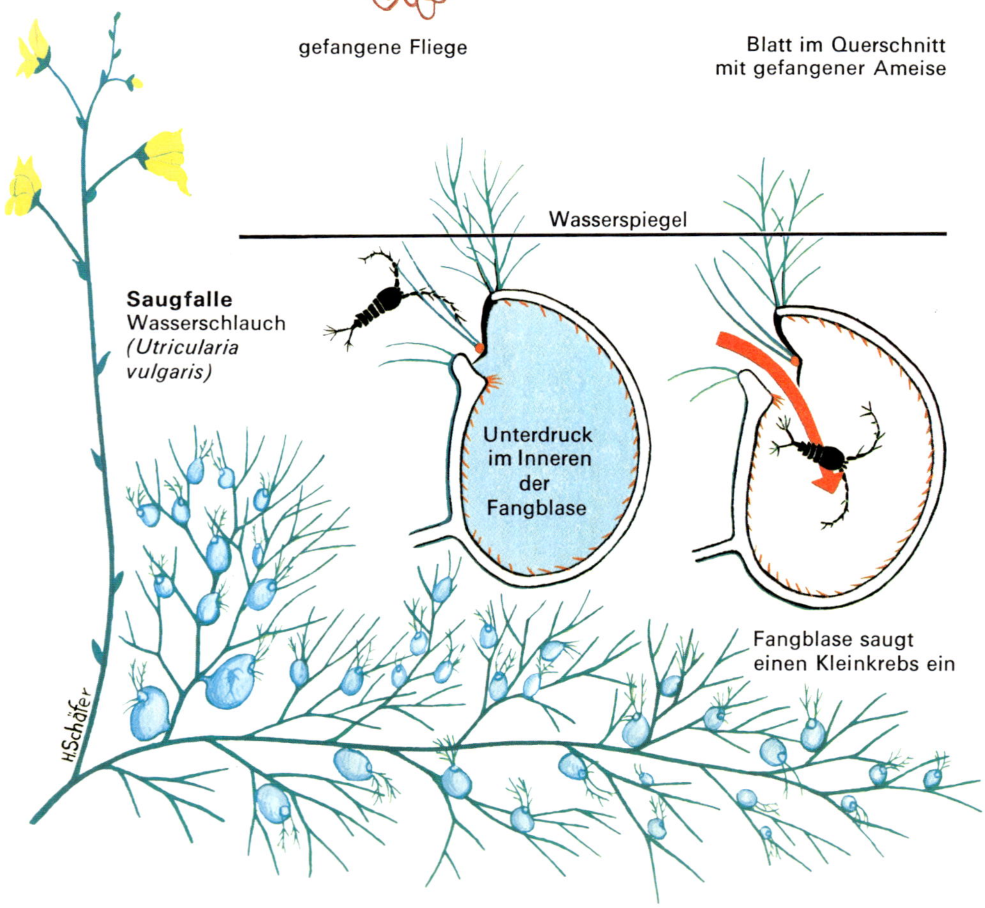

Insektivoren

Bei den Insektivoren oder insektenfangenden Pflanzen sind die Blätter zum Fangen von Insekten eingerichtet. Diese Pflanzen verfügen über Chlorophyll und können deshalb assimilieren, sie verwerten besonders den gebundenen Stickstoff der Beutetiere. Für die verschiedenen Methoden des Beutefangs sind die Blätter bestens angepaßt.

Beim Klebefallenprinzip (Sonnentau und Fettkraut) ist die Blattfläche mit Drüsenhaaren besetzt. Diese sondern klebrigen Schleim ab, der die Insekten anlockt und festhält. Einzelne Zipfel der geschlitzten Blätter des Wasserschlauchs sind zu Fangblasen umgebildet, die durch einen beweglichen Deckel verschlossen sind. Kleine Tiere, die die Borsten an der Blasenöffnung berühren, lassen den Deckel nach innen klappen und werden von dem einströmenden Wasser mitgerissen.

Fallgruben
Kannenpflanzen
von links nach rechts:
1 *Sarracenia flava*
2 *Darlingtonia californica*
3 *Nepenthes spec.*

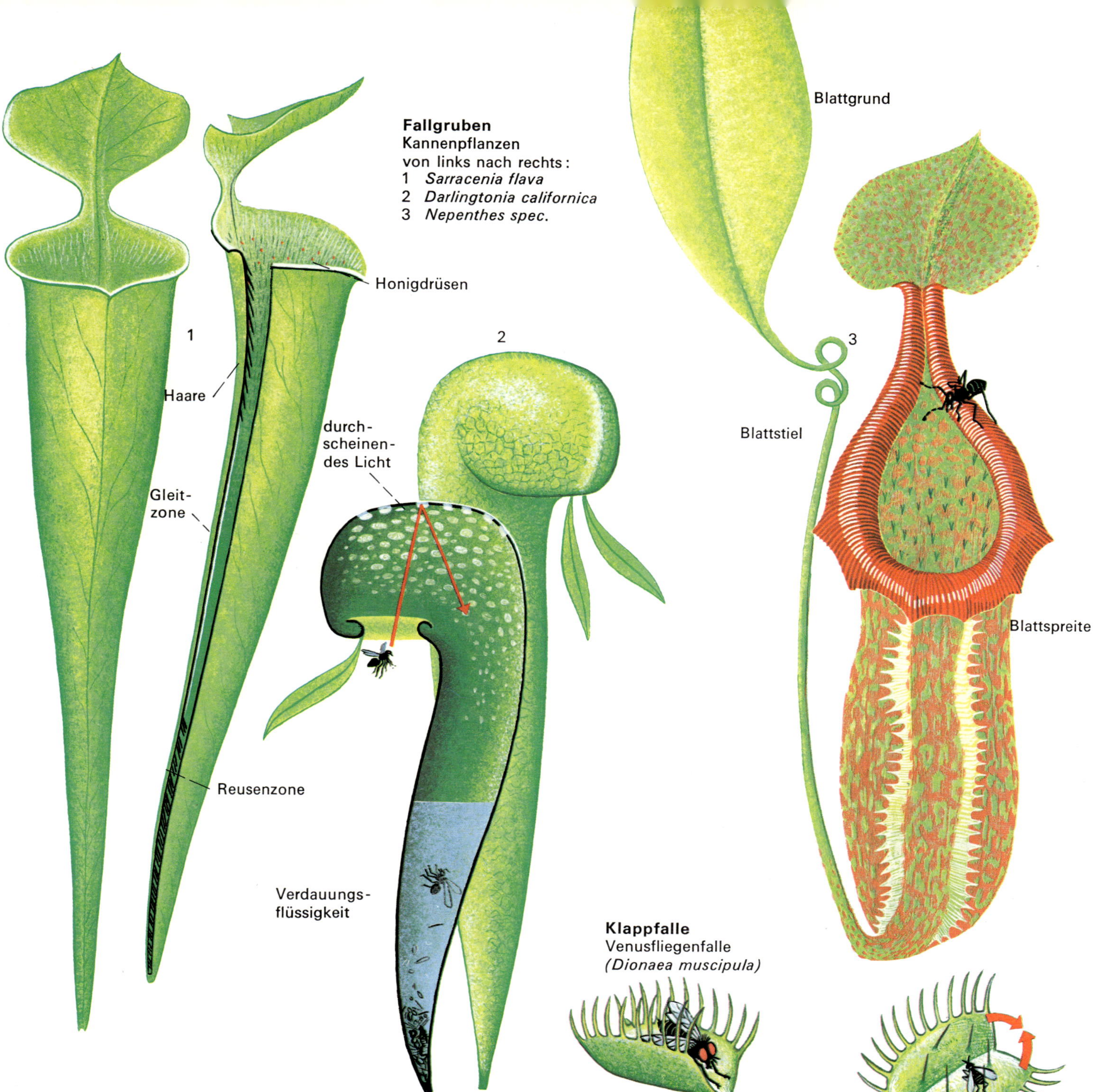

Klappfalle
Venusfliegenfalle
(Dionaea muscipula)

Reusenfalle
Genlisea ornata

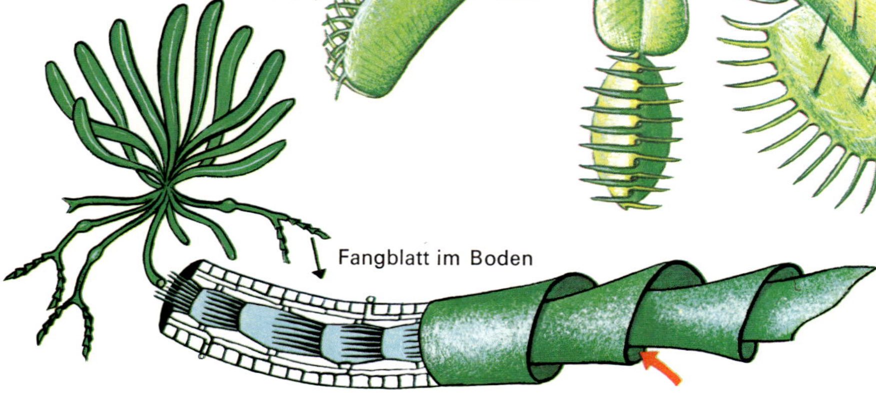

Nach dem Gleitfallenprinzip arbeiten die Blätter der oben abgebildeten Pflanzen. Bei *Nepenthes* ist das Unterblatt spreitenartig verbreitert und übernimmt die Assimilation. Die Spreite ist zu einer mit schräg stehendem Deckel versehenen Kanne umgestaltet, die halb mit Verdauungsflüssigkeit gefüllt ist. Die Insekten werden durch die Farben an Deckel und Kannenrand angezogen und fallen von dem sehr glatten Kannenrand abgleitend in die Kanne. Die Blattspreite der Venusfliegenfalle ist am Rande gezähnt und die beiden Blatthälften sind über ein Gelenk miteinander verbunden, das sehr schnell mit Turgorschwankungen reagiert. Berührt ein Insekt die Borsten an der Blattfläche, klappen die Hälften zusammen.
Gerät ein Tierchen in ein Fangblatt von *Genlisea*, so kann es von schräg stehenden Borsten gehindert nicht mehr entkommen. Es kann nur zu einer blasenartigen Erweiterung des Blattes kriechen, wo es verdaut wird.

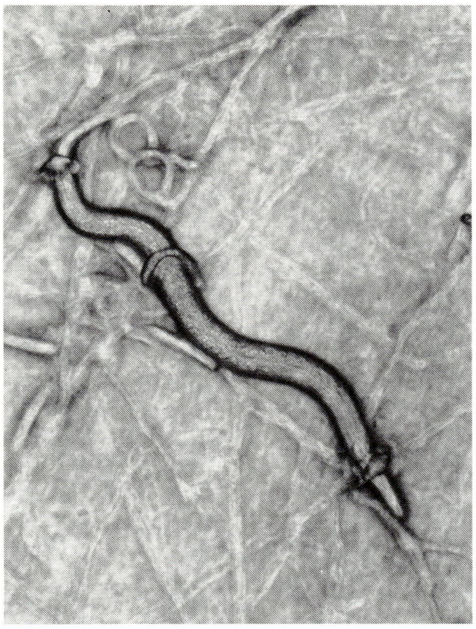

Tierfangende Pilze lauern ihrer Beute, hauptsächlich Fadenwürmern, mit Hilfe besonderer Fanghyphen auf und fesseln sie, um ihre Körpersäfte dann in sich aufzunehmen (oben). – Nicht alle Pflanzen, die Insekten einfangen, töten sie, um sich von ihren Körpersäften zu ernähren. Der Aronstab, eine Gleit- oder Kesselfallenblume (Blütenstand!), lockt durch seinen Aasgeruch die Insekten nur an, damit sie in den Blütenkolben hineinrutschen und die Bestäubung vollziehen (Mitte). – Auch die Rafflesia arnoldi *verfährt ähnlich. Ihre auf dem Erdboden liegenden Blüten haben einen Durchmesser von einem Meter und sind die größten der Welt. Die Pflanze ist in Java und Sumatra heimisch und lebt als Parasit auf den Wurzeln der Klimme. Sie ist ein Schmarotzerblumengewächs (rechts).*

Mit raffinierten Methoden gehen die tierfangenden Pflanzen zu Werke, um ihrer Opfer habhaft zu werden: Der Sonnentau, ein anmutiges Pflänzchen, das in unseren Mooren wächst, lockt die Insekten mit einem honigduftenden Sekret an, das von Drüsenköpfchen abgesondert wird, und hält seine Opfer mit Tentakeln verschiedener Länge fest, die sich, ist das Tierchen erst einmal angeleimt, blitzschnell auf dieses zukrümmen (links).

sind fiederteilig und haarfein zerschlitzt. Zwischen ihnen sitzen zahlreiche grüne, bis 5 mm große Bläschen mit einer klappenartig verschließbaren Öffnung, die von steifen, schleimabsondernden Haaren umgeben ist. Diese Bläschen, in denen Unterdruck herrscht, sind ausgeklügelt gebaute Saugfallen. Winzige Krebse und andere Kleinstbewohner des Wassers werden vom Schleim der Haare angezogen, durch den Wasserstrom infolge von Saugwirkung in die sich nach innen öffnende Fangblase gerissen, von Verdauungssäften aufgelöst und von den Blasenwänden aufgesogen.

In den Urwäldern Afrikas und Südostasiens sind die Kannenpflanzen *(Nepenthes)* beheimatet. Sie klettern zwischen Gebüsch und den Ästen niederer Bäume und beheben ihren Stickstoffmangel auf eine besonders raffinierte Weise, indem ihre Blätter zu Fallgruben umgewandelt sind. Der Blattgrund ist flächenhaft verbreitert und besitzt einen rankenartigen Stiel, der am Ende eine aus der Blattspreite hervorgegangene Kanne trägt. Ihr oberes Ende wirkt wie abgeschnitten und wird von einem Deckel überragt. Sie erglüht in lebhaften Farben und sieht ihrer Form nach einer Tabakspfeife nicht unähnlich. Die Haare auf dem Kannenrand scheiden eine zuckerhaltige Substanz ab, von der die Insekten angelockt werden. Bei hochgestelltem Deckel finden sie auf dem glatten Rand der Kanne keinen Halt und rutschen in die mit Flüssigkeit gefüllte Fallgrube, aus der es kein Entrinnen gibt, da die Härchen der schlüpfrigen Kannenwand nach unten gerichtet sind und jeden Rettungsversuch unmöglich machen (Gleitfallenblume). Sind die bedauernswerten Opfer erst einmal in der tödlichen Falle, werden die Kerbtiere auch hier durch eiweißspaltende Fermente verdaut.

Doch damit noch nicht genug: Die Blätter der Roten Schlauchpflanze *(Sarracenia purpurea)* z. B., die in den Torfmooren der Atlantikküste von Labrador bis Florida und bis zu den Rocky Mountains heimisch ist, stehen in einer Basalrosette. Sie bilden eine 15 cm lange Röhre, an deren Öffnung sich eine Klappe befindet. Diese Röhre ist fast ganz mit Flüssigkeit gefüllt, und die Insekten, die sich auf dem Rand niederlassen, rutschen in sie hinein und können wegen der nach unten gerichteten Haare nicht wieder emporklettern. Auch diese Flüssigkeit enthält eiweißzersetzende Fermente, die zusammen mit dort vorhandenen Bakterienkolonien – etwas ganz Neues! – die Verdauung vornehmen. Die langen Becher der Gelben Schlauchpflanze *(Sarracenia flava)*, die in den Torfmooren Virginias, Carolinas, Floridas und Louisianas wächst, haben die Form eines Spitzkegels und können sogar eine Länge von 50 cm erreichen.

Das bizarre Aussehen eines Vogelkopfes mit geöffnetem Schnabel haben die Becher der Kalifornischen Schlauchpflanze *(Darlingtonia californica)*. Diese schöne Mörderin weist auch noch eine weitere Besonderheit auf: Ihre Becherflüssigkeit enthält keine Fermente, sondern die Insekten werden nur mit Hilfe von Bakterien zersetzt. Was aber fast unglaublich klingt, ist dies: In dem Becher und seiner Flüssigkeit, die für die Opfer, die in sie hineinrutschen, Tod und Verderben bedeuten, leben in schönster Eintracht und Harmonie mit ihrem Wirt zahlreiche Mücken- und Fliegenlarven, die sich von den Resten der toten Insekten ernähren und dadurch für die Reinhaltung der Falle sorgen. Wie sollten die Überbleibsel der Kannibalenmahlzeit auch sonst hinausgelangen?

Im tropischen Guayana tritt an die Stelle der Schlauchgewächse die Gattung *Heliamphora* mit vier Arten. Die bekannteste unter ihnen ist *Heliamphora nutans*. Ihre Becher haben, anders als bei den Schlauchpflanzen, keine Klappen.

Abschließend sollen noch die tierfangenden Pilze Erwähnung finden, die ihrer Beute mit Hilfe besonderer Fanghyphen »auflauern« und sie abtöten. Hier sind hauptsächlich Fadenwürmer *(Nematoda)* und Rädertierchen *(Rotatoria)* die Opfer. Ein solcher Pilz ist z. B. *Zoophagus insidians*; er lebt im Wasser.

Querschnitt

Spezialisten der Anpassung: Kakteen und andere Sukkulenten

Ungeheure Flächen auf unserer Erde leiden unter Wassermangel. Bäche und Flüsse fehlen ebenso wie reichliche und regelmäßige Niederschläge. Hier dörrt eine gnadenlose Sonne den steinigen Boden aus, die Luft flimmert vor Hitze, und die glühenden Steine laden nicht einmal zum Ausruhen ein. Nach Sonnenuntergang aber sinkt die Temperatur bis auf den Nullpunkt ab, und der Besucher schlottert vor Kälte. Diese Gebiete werden Wüsten genannt, und in ihnen können nur Pflanzen leben, die extrem genügsam sind und über ein hohes Maß an Anpassungsvermögen verfügen. Bei genauem Hinsehen nämlich kann man, im dürren Boden versteckt, winzige Pflanzen entdecken, die nicht etwa der Zufall hierher trieb, sondern die sich im Gegenteil solche Extreme zur Heimat erwählt zu haben scheinen. Sie sind wahre »Lebenskünstler«, Spezialisten in der Pflanzenwelt, Xerophyten oder trockenheitsliebende Pflanzen, die sich im Laufe einer langen Entwicklung den harten Bedingungen ihrer Heimat angeglichen haben.

Nur einen Teil dieser Trockenpflanzen kann man als Sukkulenten ansprechen, und sie können nur existieren, indem sie Wasser speichern. Dabei ist die Grenzziehung zwischen Sukkulenten und nichtsukkulenten Pflanzen gar nicht so einfach, da sich erstere erst allmählich aus letzteren entwickelt haben und alle Zwischenstufen zwischen beiden vorhanden sind.

Schon früh hat sich der Mensch die Sukkulenten nutzbar gemacht. Im mexikanischen Tehuacan hat man bei Ausgrabungen die Verwendung von Kakteensamen und -früchten nachgewiesen. Dies geschah in einer Ära, die weit vor Christi Geburt lag. Auch aus der Zeit der Konquistadoren gibt es aus dem lateinamerikanischen Kontinent Zeugnisse, daß sich die eingeborene Bevölkerung solche Pflanzen zunutze gemacht hat. Auf dem mexikanischen Markt werden noch heute Früchte oder Glieder von Opuntien angeboten.

Ähnlich werden auch *Alos*- oder *Yucca*blüten verzehrt. Die Samen vieler Sukkulenten dienen der Ernährung, und Früchte sowie der fleischige Stengel von Kakteen werden mancherorts kandiert, getrocknet oder nach Fermentierung zu Gelee oder Marmelade verarbeitet.

Wohl am weitesten verbreitet ist es, die harten Stengel, Blätter, Bast, Stacheln und die festen Fasern zu Bau- und Korbmacherarbeiten zu verwenden. Die Blätter von *Yucca, Nolina* und vielen anderen liefern das Material beim Dachdecken, zum Flechten von Körben, Hüten und Matten, die festen Blätter verschiedener Agaven wurden noch bis vor kurzem zur Herstellung von Sandalen benutzt.

Gefährlich bestachelte Blätter der Bromelien und Agaven dienten ähnlich wie die bewehrten Körper säulenwüchsiger Kakteen als Naturzäune, und es gibt kein Lebewesen, das sie überwinden kann. Auch sind Bemühungen um eine größere wirtschaftliche Nutzung der Sukkulenten im Gange. Holzwirtschaftliche Bedeutung haben verschiedene Wolfsmilcharten; Opuntien und Agaven sind wertvolle Kulturpflanzen.

Die Standorte der Sukkulenten

Sukkulenten findet man von den heißen Tropen bis in Gegenden mit Borealklima (boreal: dem nördlichen Klima Europas, Asiens und Amerikas zugehörend). In den Gebieten, in denen im Winter strenge Fröste herrschen, gibt es allerdings nur sehr wenige.
Die Minusgrade würden das Wasser im Gewebe gefrieren lassen und die Eiskristalle die Zellen beschädigen. Nur sehr wenige Arten können der Kälte trotzen. Daher wachsen die meisten in den Tropen und Subtropen. In der echten Wüste findet man nur die härtesten Formen, und auch diese nur in Vertiefungen, in Felsspalten oder in Einsenkungen. Eine gewisse Wasserversorgung nutzen die Pflanzen durch Nebel und Tau, doch sind nur wenige in der Lage, von dieser spärlichen Quelle Gebrauch zu machen.

Anders sieht es aus in Ländern, die über eine sogenannte Regenzeit verfügen. Oft gibt es dort sogar recht viel Niederschlag, etwa 200–500 mm jährlich. Allerdings ist er ungleichmäßig über das ganze Jahr verteilt. Die eigentliche Regenzeit ist meist nur kurz, die heiße Trockenzeit hingegen währt oft viele Monate. Hier ist die Vegetation vielfältiger. Die Sukkulenten sind hier mit ihrer höchsten Artenzahl und dem größten Reichtum ihrer Wuchsformen anzutreffen. Neben Cereen, die so hoch wie Bäume sind, und strauchwüchsigen Opuntien, sind Büschel von Agaven und Bromelien zu sehen, *Ferrokakteen*, so dick wie ein Faß, *Mammillarien, Echeverien* und *Sedum*arten. Dicht unter der Erdoberfläche wachsen noch winzige Miniaturkakteen. Solche Halbwüsten tragen verschiedene Bezeichnungen; die einheimische Bevölkerung nennt sie unrichtig »desierto«, also Wüste. Die Botaniker bezeichnen sie als Chaparral (südamerikan. Savannenform).

Viele Sukkulenten wachsen in den sommergrünen Trockenwäldern, wo es noch mehr Regen gibt (500–700 mm jährlich), doch ist auch hier die Verteilung ungleichmäßig. Die Trokkenzeit ist normalerweise kürzer und weniger hart als in der Halbwüste. Hier trifft man baumartige Sukkulenten und sukkulente Epiphyten, z. B. Orchideen- und Bromeliengewächse. Im Unterwuchs und Halbschatten leben Arten, die regelmäßigere Wasserzufuhr und ausgeglichenere Temperaturen verlangen.

Manche wachsen in ziemlich feuchten Gebieten, z. B. in den immergrünen Tropenwäldern oder in der Nadelstreu der Bergwälder, wie sie in den gemäßigten Zonen zu finden sind; dort liegt im Winter sogar Schnee. Manche Sukkulenten wiederum sind salzliebend (halophytisch), d. h., sie stehen beispielsweise in Salzsümpfen, an Küsten oder Rändern von Salzsümpfen und werden von vielen Autoren nicht einmal zu den Sukkulenten gerechnet, wie *Salicornia, Sesuvium, Batis* u. a.

So hat sich also gezeigt, daß der Begriff Sukkulent oder Kaktus nicht immer mit der Vorstellung, die man sich von einer Wüste macht, verbunden ist. Die meisten stammen zwar aus warmen, trockenen Gebieten unserer Erde, wo Niederschlagsmangel herrscht und nur in bestimmten Monaten des Jahres Regen fällt. Die größte Zahl aber liebt Wärme und Sonne und ist auch in der Lage, größere Temperaturschwankungen zu ertragen. Auch brauchen sie für ihre Entwicklung und ihr Wachstum Wasser wie andere Pflanzen auch. Sie überdauern die Regenzeit im dichten Nebel, wie er für die Bergmassive Mexikos, Perus, die Küstenwüsten Chiles und Afrikas charakteristisch ist. Die Gattung *Melocactus* wächst auf den Sandterrassen der Antillenküste wie auch in den Gebirgstälern Perus bis in 2000 m Höhe. Die Gattungen *Sedum, Echeveria* und *Graptopetalum* trifft man in Mexiko sogar noch in 3000 m Höhe an, *Espeletia* und *Senecio* in 4000 m.

Ihre biologische Anpassung

Viele Sukkulenten haben durch Wassermangel ihre Körperoberfläche verkleinert, denn die Erhaltung von Gewebsflüssigkeit ist eine Frage des Überlebens überhaupt, wenigstens was ihre Existenz in Trockengebieten anbelangt. Drei Hauptorgane sind es in erster Linie, die an der Wasserspeicherung beteiligt sind: Stengel, Blätter und Wurzeln. Fleischige Wurzelgebilde sind eine Begleiterscheinung bei beiden, Stengel- sowie Blattsukkulenten.

Die Wurzeln halten in erster Linie die Suk

kulenten auf ihrer Unterlage fest: im Erdreich, auf Felsen, bei den Epiphyten (»Aufsitzer«, s. Kästchen »Näheres über Epiphyten« S. 196) auch auf anderen Pflanzen. Ihre weitere Hauptaufgabe ist die Gewinnung von Mineralstoffen und Wasser aus dem Boden. Bei einigen Arten kommt noch eine zusätzliche Funktion hinzu, die Speicherung von Wasser und Vorratsstoffen. Solche Pflanzen bilden meist rüben- oder knollenartige Wurzeln aus. Das Wurzelsystem kann oft viele Meter lang werden. Sehr oft ist die oberste Bodenschicht von Wurzeln durchzogen.

Das Wasser wird in eigens hierfür vorgesehenen Zellen gesammelt, die man Wasserparenchym oder Wassergewebe nennt. Es ist meist durchscheinend und nicht grün. Bisweilen befindet es sich an der Blattoberfläche *(Tradescantia, Hechtia, Peperomia),* manchmal in tieferen Schichten (*Aloe* u. a.), bei den Stengelsukkulenten im Innern der verdickten Stengel *(Euphorbia, Cactaceae).* Es handelt sich um Zellsaft, der bei Verletzungen antrocknet und so die Pflanzen vor Infektionen schützt. Darunter sind auch zahlreiche Alkaloide. Kakteen der Gattung *Lophophora* werden sogar als Narkotikum genutzt.

Bei der Größe der Sukkulenten lassen sich beträchtliche Unterschiede erkennen. Es gibt über 10 m hohe *Agaven, Cereen* und *Euphorbien,* die wie ein Baum aussehen. *Carnegia gigantea* oder *Pachycereus* sind mehrere Tonnen schwer. Daneben gibt es andere, die winzig klein sind und deren Gewicht nur wenige Gramm beträgt, so die zierliche *Fritia pulchre* oder *Glossfeldia minima.*

Bei den Blattsukkulenten treten mehrere Wuchsformen auf. So sind z. B. *Peperomia, Crussula* u. a. strauch- oder staudenförmig.

Die Königin der Nacht (SELENICEREUS GRANDIFLORUS) *ist von außerordentlicher Schönheit. Sie blüht nur eine einzige Nacht mit duftlosen weißen Blüten und lachsfarbenen Kelchblättern und verwelkt in der Frühe. Sie ist in Süd- und Mittelamerika beheimatet.*

Rosetten sitzen sowohl am Boden als auch an langen, mit Verästelungen versehenen Zweigen. Ihre Blattform und -anzahl haben einige Arten der Familie *Aizoaceae* stark reduziert; ihre Blätter bilden in der Mehrzahl ausnahmslos gegenständige Paare (z. B. *Lithops*). Bei anderen wiederum sind sie nur schwach sukkulent, wie bei *Aeonium tabulaeforme.* Kugelbzw. Eiform haben sie bei einigen Arten der Familie *Aizoaceae.* Auch die Blattoberfläche ist sehr unterschiedlich; sie ist kahl und glatt, kann aber auch Stacheln, Behaarung, Beschuppung, Bewarzung oder eine Riefung zeigen.

Eine Grenze zwischen Blatt- und Stengelsukkulenten zu ziehen, ist recht schwierig, da viele Pflanzen sowohl hier wie dort eingeordnet werden können. *Sedum oxypetalum* hat z. B. einen kräftigen, fleischigen Stengel; in der feuchten Jahreszeit zeigen sich aber auch sukkulente Blätter. Meist jedoch besteht ein deutlicher Unterschied zwischen Stengel- und Blattsukkulenten. Bei ersteren ist der Stengel zur Assimilation fähig. Er enthält Chlorophyll, das sich sonst in den Blättern befindet. Bei einigen ist er stark gegliedert und mit Rippen, Warzen oder Höckern besetzt, bei anderen wiederum glatt und ei-, kugel- oder keulenförmig. Interessant ist, daß die reduzierten Organe die Sukkulenz verlieren und wieder länger und breiter werden, sobald sie günstigere Lebensbedingungen vorfinden. Ihre Form ähnelt längst verlorenen Blättern, wie die Kakteenepiphyten *Wittia, Nopalxochia, Disocactus* u. a. uns beweisen.

Beim Vergleich verschiedener Pflanzen aus verschiedenen Familien ergibt sich ein weiteres auffälliges Kriterium: *Astrophytum asterias* aus Mexiko *(Cactaceae)* und *Euphorbia obesa* aus Afrika *(Euphorbiaceae)* z. B. haben fast identische kugelige Stengel, bei *Senecio stapeliiformis, Stapelia hirsuta, Euphorbia heterochroma, Cereus foetidus* und *Cissus quadrangularis* sind sie gerippt. Sie lassen sich bei flüchtigem Betrachten kaum voneinander unterscheiden, obwohl sie überhaupt nicht miteinander verwandt sind und aus verschiedenen Gegenden Afrikas und Amerikas stammen. Diese Beispiele könnten noch vermehrt werden und liefern den Beweis, daß durch die Umwelt Form und Eigenschaften eines Organismus beeinflußt werden (Konvergenz).

Dornen, Stacheln und Fenster nach innen

Die Angehörigen verschiedener Familien der Sukkulenten bringen dornig-stachelige Gebilde hervor, mit denen sie einen durchaus wehrhaften Charakter zeigen. Strenggenommen, d. h. in morphologischer Sicht, sind es Dornen, aber der Begriff vom stacheligen Kaktus ist so verbreitet, daß man es wohl dabei belassen sollte.

Die Stacheln haben einen sehr verschiedenartigen Ursprung. Bei den *Cactaceae* sind es umgebildete Blätter an den Seitentrieben, bei den *Didiereaceae* und den *Apocyanaceae* finden wir umgebildete Scheinblättchen und bei den *Fouquieriaceae* sind es Reste, die von den Blattstielteilchen nach dem Abfallen der Blätter übriggeblieben sind. Bei den *Euphorbia*-Arten sind die Stacheln von sehr verschiedenem Ursprung, da sie aus allen möglichen Organen entstehen.

Kakteen der Gattung Epiphyllum sind mit ihren leuchtendroten Blüten eine wahre Augenweide. Sie wurden in einer Reihe von Hybriden veredelt, deren Blütenfarbe alle Schattierungen von Karminrot bis Weiß aufweist. Hierher gehört auch der »Weihnachtskaktus«.

Am charakteristischsten sowohl in der Form als auch in der Funktion sind die Stacheln bei den Kakteen. Sie sind pfriem-, nadel-, haken-, borsten- oder haarförmig und tragen sogar fiedrige Anhänge. Sie stehen ab oder sind dicht angedrückt, liegen eng beieinander oder sind gespreizt. Solcherart gefährliche Gebilde wissen sich ihrer Haut zu wehren; sie sind besonders für Tiere fast ungenießbar, stechen stark und machen von vornherein jede Annäherung zu einem fragwürdigen Unternehmen. Die dichte Bestachelung hat aber auch noch einen anderen Zweck: sie soll die Pflanze vor der glühenden Sonne schützen, aber auch Nährstoffe und Wasser aufnehmen – eine grandiose Erfindung der Natur.

Noch ein weiteres Wunder ist zu vermerken. Viele Sukkulenten haben sich vor der glühenden Hitze und Dürre unter die Erdoberfläche geflüchtet. Sie leben fast eingegraben in dem steinigen Boden, wie es uns die kleinen Arten der Gattungen *Neochilenia, Fenestraria* und *Lithops* beweisen. Lediglich ihre Blatt- und Stengeloberseiten befinden sich außerhalb und sind dem Licht ausgesetzt.

Daneben gibt es aber auch Arten, die nur während der Trockenheit ihr Heil in einer derartigen Flucht suchen. Der Wassermangel läßt sie auf ein Minimum einschrumpfen. Die Wurzeln ziehen sich zusammen, die der Sonne ausgesetzte Fläche wird verringert und die Pflanze so besser geschützt. Mutter Natur hat viele Einfälle, um ihre Kinder vor den Unbilden der Witterung zu schützen.

Der Höhepunkt aber wird durch einen ganz besonderen Effekt bewirkt; man kann ihn bei allen möglichen Oberflächengebilden der Sukkulenten beobachten, seien es Stacheln, Schuppen oder Warzen: Bei feuchter Witterung saugen sich Stengel oder Blätter mit Nässe voll. Dann treten sie aus dem Erdboden heraus. Die Blätter der Rosetten oder der dicht zusammengedrängten Pflanzenbüschel öffnen sich. Die Stacheln stehen weit ab, di

Warzen nicht minder, Licht und Luft dringen tief in die Pflanze ein. Eine intensive Vegetation beginnt, die kurze Zeitspanne der »Erholung« wird maximal genutzt. Wenn es aber wieder trocken wird und heiß, schließen sich die »Fenster«, die Pflanzen verlieren an Umfang, der Zelldruck im Gewebe läßt nach, kurz, die Pflanzen »welken« dahin; so wird ihr Überleben gesichert.

Die Oberflächenschrumpfung wird von einer Verringerung der Anzahl der Stomata (Spaltöffnungen) in der Haut begleitet. So wird das Wasser daran gehindert, aus der Pflanze zu entweichen. Da zudem die Haut durch eine kräftige Schicht aus mächtigen, festen Zellen verstärkt ist *(Hypodermis)*, öffnen sich die Stomata in der Regel nur in der Kühle der Nacht. Die Außenhaut *(Epidermis)* ist zudem von Wachsmaterial *(Cuticula)* schützend bedeckt, das nicht selten schön gefärbt ist, z. B. blau, grau oder weiß. Andere Sukkulenten wiederum sind auf ihrer Oberfläche mit allerlei Auswüchsen bedeckt, wie Borsten, Haare oder Kork. Auch dadurch wird eine zu starke Verdunstung verhindert.

Die Blütenbildung

Hier ist viel Interessantes zu beobachten. Sehr unscheinbare Pflänzchen haben oft große Blüten von leuchtender Farbigkeit, während viele Sukkulenten Größe und Anzahl der weniger wichtigen Blütenteile reduziert haben, z. B. die Kronblätter der *Euphorbia*. Um dennoch die Insekten anzulocken, scheiden sie reichlich Nektar aus. Sind die Kronblätter aber vorhanden, entfalten sie sich zu unerwarteter Schönheit und großer Zartheit. Nicht selten öffnen sie sich am Morgen bei den ersten Sonnenstrahlen und welken noch am selben Abend dahin. Bei anderen Arten öffnen sich die Blüten erst in der Abenddämmerung und leben nur eine einzige Nacht. Sie sind oft von so außerordentlicher Schönheit, z. B. die »Königin der Nacht« *(Selenicereus grandiflo-ris)*, daß der Kakteenfreund mehrere Jahre darauf wartet, bis sich die Blüte öffnet und dann viele Stunden lang in ihre Betrachtung versunken ist.

Diese Pflanze, die von den Antillen stammt, hat einen langen, gegliederten, sich windenden Stengel (Schlangenkaktus!) von 4–5 cm Durchmesser. Er ist nur wenig gerippt. Die Blüten sind sehr groß, schlauch- bis glockenförmig und haben rötlichbraune, schmale und lange Kelchblätter. Die zahlreichen weißen Kronblätter sind linear-lanzettförmig, ziemlich breit und spiralig angeordnet. Die ebenfalls sehr zahlreichen Staubblätter stehen flockig beisammen und haben gelbe Antheren (Staubbeutel). In ihrer Mitte sieht man einen gedrungenen Griffel mit einer sternförmigen Narbe. Bei Nacht verströmen sie einen leichten Vanillegeruch. »Mondwachspflanze mit großen Blüten« – wer läßt sich nicht von ihrem Zauber betören?

Auch auf die Agavenblüte muß man oft jahrzehntelang warten. Dann scheinen die Pflanzen auf einmal alle Kraft in die Ausbil-

Am HAMATOCACTUS SETISPINUS *öffnen sich zu gegebener Zeit die gelben, am Grunde rotbraunen Blüten.*
Sein kugeliger Körper hat auffallend lange, hakige Mittelstacheln.
Die Heimat dieses herrlichen Kaktus ist Texas.

dung von vielen hundert Blüten und Tausende von Samen zu setzen, um anschließend einzugehen.

Bei der Familie *Asclepiadaceae* (Seidenpflanzen oder Schwalbenwurzgewächse) haben die xerophytischen und sukkulenten Arten hochspezialisierte Blüten entwickelt. Ähnliches kann man bei den Bromelien-, Orchideen- und Kaktusgewächsen beobachten, zu deren Bestäubung nur ganz bestimmte Insekten fähig sind. Es gibt sogar Sukkulenten, aus deren Blüten Früchte entstehen, ohne daß sich die Krone öffnet (sogenannte *Kleistogamie*).

Bei der Familie *Asclepiadaceae* lohnt es sich, noch etwas zu verweilen. Ihre Arten haben einen Bestäubungsmechanismus entwikkelt, der nur mit dem von Orchideen zu vergleichen ist. Auch hier kleben die Pollenkörner zu sogenannten Pollinien zusammen (vgl. S. 270), und es hat den Anschein, als könnten nur ganz bestimmte Insekten die Bestäubung vollziehen. Bei der Riesenaasblume (Ordenskaktus, Ordensstern, *Stapelia gigantea*) sind es Aasfliegen, die sich von dem geradezu pestilenzartigen »Blütenduft« anlocken lassen. Sie bestäuben die Blüten nicht nur, sondern legen sogar ihre Eier darauf ab. Bemerkenswert ist auch die Tatsache, daß die Riesenaasblume die größte Blüte der Welt besitzt. Sie kann einen Durchmesser von gut 40 cm erreichen.

In dieser Familie findet man rankende Lianen mit fleischigen Blättern *(Hoya)*, die gelegentlich mit mächtigen Vorratsknollen ausgestattet sind *(Ceropegia, Fockea, Marsdenia)*, Strauchgewächse mit verdicktem Stengel und dünnen Zweigen *(Rhaphionacme)*, niedrige Stengelsukkulenten *(Caralluma, Stapelia)*, aber auch kaktusähnliche, seltene und empfindliche Winzigpflanzen wie *Whitesloanea* und *Pseudolithosa* aus den Trockengebieten Afrikas.

Früchte und Samen

Sehr vielgestaltig sind die Früchte und Samen. Entweder sorgt der Wind für ihre Verbreitung, dann sind sie mit einem Flugapparat, Haaren oder fiedrigen Anhängen ausgestattet, oder die Samen sind ganz leicht und werden auf diese Weise davongetragen. Andere Pflanzen wiederum sind auf die Verbreitung durch Wasser, Regen oder Überschwemmungen angewiesen. Ihre Samen sind größer und schwimmfähig. Eine große Gruppe nimmt die Hilfe von Tieren, insbesondere von Vögeln, in Anspruch, die die saftigen Früchte verzehren und die unverdaulichen Samen wieder ausscheiden. Auf diese Weise werden z. B. *Opuntien, Mammillarien, Cereen, Cissus,* verschiedene *Aloearten, Bursera* u. a. verbreitet. Feine und klebrige Samen bleiben am Gefieder oder an den Füßen der Vögel haften (*Rhipsalis*-Epiphyten u. a.). Die Früchte der *Euphorbien* aber springen bei der Reife auf und schleudern ihre Samen viele Meter weit fort.

Nord-, mittel- und südamerikanische Kakteen

Zur Familie der Kakteengewächse *(Cactaceae)* zählen sukkulente Stengelpflanzen mit reduzierten oder völlig rückgebildeten Blättern. Die Stengel, auch Körper genannt, zeigen entweder eine Gliederung oder eine Oberfläche, die mit Rippen oder Warzen bedeckt ist. Die ganze Familie trägt polsterartige Areolen; das sind verkümmerte Seitenzweige oder Brachyblaste. Die Stacheln sind, wie eingangs schon erwähnt, nichts anderes als umgebildete Blätter. Sie können spitz wie Nadeln sein, wie Pfriemen oder Haken, oder sie sind auch ganz gerade. Außerdem sind sie zu Borsten, Haaren oder Fiedern umgestaltet. Sie schützen die Pflanzen vor Sonne und vor Wasserverdunstung, außerdem, wenn sie stechend, nadel- oder hornartig sind, vor Tierfraß. Man hat nachgewiesen, daß die Stacheln zudem die Fähigkeit haben, Wasser, Nebel und Tau aufzusaugen und so zu einer ständigen Feuchtigkeitsquelle zu werden.

Kakteengewächse sind ausschließlich auf die Neue Welt beschränkt, von Kanada bis zur Südspitze Amerikas, von den Ozeanküsten bis 4000 m Gebirgshöhe. Wohl keine andere Familie könnte hier mithalten. Die einzige Ausnahme bildet die Gattung *Rhipsalis,* einige ihrer Arten wachsen auf Madagaskar, in Ostafrika und auf Ceylon (Sri Lanka). Die größten – wie *Lemaireocereus, Pachycereus* und *Carnegiea* – werden hoch wie Bäume; Höhen von 10–40 m sind keine Seltenheit. Zudem erreichen sie ein Gewicht von vielen Tonnen. Die kleinste Art wiederum, *Turbinicarpus klinkerianus,* hat die Winzigkeit von 1 cm und wird nur wenige Gramm schwer. Die Blüten der Kakteen haben rote, gelbe, weiße, bläuliche oder grünliche Farbtöne. Wenn sie Nachtblüher sind, öffnen sie sich nur für eine einzige Nacht. Tagblüher hingegen halten länger aus.

Weite Gebiete Nordamerikas und des angrenzenden Mittelamerikas zeichnen sich durch ein trockenes Klima aus. Sie haben den Charakter von Wüsten, Halbwüsten oder sind mit trockenen, sommergrünen Wäldern bestanden, mit Chaparrals oder buschartigen Matorrals. Hier, in diesen Landschaften, bestimmen sie in riesigen Mengen das Bild, z. B. *Neobuxhaumia macrocephala,* und dominieren über alle anderen Pflanzen.

Ebenfalls sehr kakteenreich ist der Subkontinent Südamerika. Dort sind vor allem die »Bewohner« des westlichen Gebirgsstranges interessant. Seine Westhänge sind trocken; Atacama Desert an der Grenze zwischen Chile und Peru gilt als eine der größten Trokkenzonen der Welt. Die Gebirgskakteen müssen sich daher an riesige Unterschiede von Sonne, Trockenheit, Hitze und jähen Temperaturstürzen anpassen. Ihre Körper sind hart, ihre Stacheln zu langen Spießen entwickelt. In ihrer Lebensweise ähneln sie den nordamerikanischen Kakteen aus den nördlichen Wüstenlandschaften der USA und Chihuahua Desert in Nordmexiko. Im Gegensatz dazu ist der flachere Ostteil Südamerikas mit sommergrünem Trockenwald (Caatinga) bedeckt, mit Pampas und Savannen. Im Andenvorland treten dann noch Gesellschaften einer feuchteren Waldform in Erscheinung. Die südamerikanischen Kakteen stellen höhere Ansprüche an die Wasserversorgung als die Kakteen in Mexiko oder aus dem Westen.

Aus systematischer Sicht sind in Südamerika sehr unterschiedliche Kakteengattungen verbreitet. Nur wenige Ausnahmen bestätigen die Regel, wie z. B. die Gattungen *Melocactus, Philosocereus* u. a., die aus Mittelamerika bekannt sind.

Näheres über Epiphyten

Epiphyten, auch *Aerophyten, Epöken* oder Luftpflanzen, sind Überflanzen, die auf Bäumen wachsen, denen die Stämme und Äste jedoch nur als Unterlage dienen, da sie diese Standorte lediglich wegen der dort vorhandenen besseren Lichtverhältnisse bevorzugen. In bestimmten Fällen können sie auch aufragende Felsen als Unterlage benutzen *(Petrophyten).* Voraussetzung für die Lebensweise ist eine ständige Luftfeuchtigkeit, deshalb kommen sie besonders in den feuchten Regenwäldern der Tropen und Subtropen vor. In den gemäßigten Breiten findet man fast nur Algen, Flechten und Moose als Epiphyten, da diese eine zeitweilige Austrocknung vertragen können.

Entsprechend ihrer Lebensweise kann man die mannigfaltigsten Anpassungen bei den Epiphyten beobachten. Ihre Samen keimen direkt auf dem von ihnen besiedelten Substrat, wohin sie durch Luftströmungen oder Tiere gelangen; manchmal ist auch vegetative Vermehrung vorhanden. Da die Wasserversorgung sehr schwierig ist, weisen viele Epiphyten xeromorphe (an Trokkenheit angepaßte) Züge auf. Bei manchen Formen treten Sproßknollen als Wasserspeicher auf, z. B. bei vielen Orchideen. Sehr vielfältig sind auch die Einrichtungen zum Auffangen des Wassers und der darin gelösten Nährsalze. Bei den epiphytischen Orchideen und einigen Aronstabgewächsen befindet sich an der Oberfläche langer, herabhängender Luftwurzeln ein Gewebe *(Velamen),* dessen mit großen Poren versehene Zellen abgestorben sind und das Wasser wie ein Schwamm aufsaugen können. Andere Formen bilden zahlreiche, sich stark verzweigende, aufwärts wachsende Luftwurzeln aus, die wie ein dichtes Netz Feuchtigkeit und Humusteile aufnehmen. Bei einigen Bromeliengewächsen, z. B. den *Tillandsia*-Arten, wird das Wasser durch tote Schuppenhaare (Saugschuppen) aufgenommen, die die Blätter überziehen. Die besondere Stellung und Ausbildung der Blätter kann auch zum Auffangen des Wassers und der Humusteile dienen. Die epiphytischen Bromeliengewächse sind zumeist Zisternenpflanzen; durch die dicht nach unten abschließenden Blattbasen und die rosettig gestellten Blätter wird das Wasser im Innern der Rosetten gespeichert.

Ähnlich ist dieses Prinzip bei den tropischen Nestfarnen, z. B. *Asplenium nidus,* ausgebildet. Manche Farne, besonders die tropischen Geweihfarne *(Platycerium)* bilden neben den Assimilationsblättern besondere Mantel- oder Nischenblätter aus, die den Ast umschließen, aber oben eine Öffnung freilassen, in die das Wasser und die Nährstoffe eindringen können.

Eine Symbiose mit Ameisen gehen die *Myrmecodia*-Arten aus der Familie der Labkrautgewächse und *Dischidia rafflesiana* aus der Familie der Schwalbenwurzgewächse ein. Im ersten Fall bestehen große Hypokotylknollen, die im Innern gekammert sind und den Ameisen als Wohnung dienen. Bei *Dischidia* sind urnenförmige Blätter ausgebildet, in die die Wurzeln der Pflanzen wachsen und in denen ebenfalls Ameisen hausen und Erde und Humusteile eingetragen haben.

Die Wurzeln der Epiphyten sind als dem Baum dicht anliegende Haftwurzeln entwickelt; in manchen Fällen, wie bei den Bromeliengewächsen, sind sie lediglich Haftorgane und nicht mehr zur Wasser- und Nahrungsaufnahme fähig. Bei manchen Arten sind sie sogar völlig rückgebildet.

Einige Epiphyten bilden nach unten wachsende, tauartige Luftwurzeln aus, die schließlich in die Erde eindringen und dann als Nähr- und Stützwurzeln dienen. Hierher gehören viele Aronstabgewächse und die in den Tropen vorkommenden *Ficus*-Arten.

Auch Orchideen zeigen Sukkulenz

Es wäre unangebracht, die sukkulenten Orchideen zu übergehen, denn ihre Widerstandsfähigkeit der Trockenheit gegenüber ist weitaus größer als bei den Waldkakteen *Wittia* und *Disocactus.* Orchideen sind vor allem wegen ihrer herrlichen Blüten attraktiv (s. S 268ff.), von ihrer eigenartigen Lebensweise und ihrer rätselhaften Vermehrung ganz zu schweigen.

Verschiedene Orchideen besitzen fleischige Scheinknollen und Blätter; daher kann man sie sogar bei den Sukkulenten einordnen. Eine ganze Anzahl von ihnen bewohnt Standorte, die über lange Monate hinweg durch

Die Lobivia (Pseudolobivia polycanistra) hat weiße, über Nacht geöffnete Blüten. Sie halten bis zum folgenden Tage aus. Die Gattung zählte man früher zu Echinopsis. Sie ist riesengroß und umfaßt mehrere 100 Arten.

Wassermangel gekennzeichnet sind. So leben an der mexikanischen Pazifikküste verschiedene Arten der Gattung *Oncidium,* aber auch auf niedrigen, gekrümmten Gehölzen in den trockenen Küstenterrassen der Antillen, wie Arten der Gattungen *Broughtonia, Cattleyopsis* und *Laelia.* Aus den mittelamerikanischen Staaten stammen die xerophytischen Epiphyten der Gattungen *Cattleya, Laelia, Brassavola, Chysis* und *Epidendrum.* Trockenheitsliebende und sukkulente Orchideen findet man aber auch in Australien, z. B. *Dendrobium,* in Asien die *Vanda teres* und natürlich in Afrika *(Eulophia).* Über die Tropen der ganzen Welt ist die Gattung *Vanilla* verbreitet, die extrem widerstandsfähige Sukkulenten enthält, die sonnenbeschienene Stellen bewohnen.

Lebende Steine

Unter den *Aizoaceae* sind verschiedene Pflanzenformen zu finden, vor allem viele einjährige Kräuter aus den Tropen und natürlich auch Sukkulenten. Bis auf wenige Ausnahmen sind sie vorwiegend in Süd- und Südwestafrika verbreitet. Sie sind Blattsukkulenten, die staudenartige, niederliegende und kriechende Büschel bilden; manchmal auch nur einzelne gegenständige Blattpaare. Charakteristisch sind ihre Blüten. Sie sind strahlenförmig und haben zahlreiche Kronblätter und Staubgefäße. Im ganzen ähneln sie den Korbblütlern *(Compositae).* Die Früchte sind Springkapseln, die beim Freisetzen der Samen Wasser benötigen. Sie öffnen sich bei Regen oder Tau und geben die feinen Samen frei.

Am bekanntesten sind die »Lebenden Steine« mit reduziertem Körper und kugeligen, keuligen oder eiförmigen Blättern, die meist paarweise auftreten. Bei der Gattung *Argyroderma* haben sie eine glatte, meist grauweiße Oberfläche. Die kräftig getönten Blüten erscheinen terminal zwischen den Blättern und haben gelbe, weiße oder rote Farben. Alle *Argyroderma*-Arten stammen aus Südafrika. Sie leben auf feinem Anschwemmungsmaterial in den Boden eingesenkt. Zu der Gattung gehören nur etwa zehn Arten.

Waldkakteen als Epiphyten und Agaven von »hohem Alter«

Kakteen sind nicht nur in sonnendurchglühten Wüsten, trockenen Halbwüsten oder dürren Savannen beheimatet. Auch dornige oder sommergrüne Wälder ermöglichen ihnen ein hinreichendes Auskommen. Einige hundert Arten haben sich im Laufe ihrer Entwicklung an die Gegebenheiten eines Lebens in feuch-

Die CONOPHYTUM ELISHAE *ist eine Sukkulente, die den Eiskrautgewächsen* (AIZOCACEAE) *angehört. Sie hat strahlendgelbe Blüten; die Blätter sind maximal reduziert. Die Pflanze verbirgt sich zwischen Steinen und in Spalten, in denen winzige Lößmengen vorhanden sind.*

ten Gebieten angepaßt, so an die nebelnassen Wälder hoch im Gebirge. Auch in Galeriewäldern längs der Flüsse und in immergrünen Tropenwäldern, die sich in geringer Höhe über dem Meer erheben, haben sie noch ihr Zuhause. Da sich hier aber andere Pflanzen breitmachen, die bedeutend schneller wachsen als die Kakteen, ist die Konkurrenz groß. So sind sie an Orte ausgewichen, wo sie aus ihrer Sukkulenz Vorteile ziehen – nämlich in die Baumkronen. Sie sind zu Epiphyten geworden. Hier finden sie die für sie so notwendige Sonne und viel Licht, nach dem Regen trocknen sie schneller ab, und, was das wichtigste ist, sie haben sich der Konkurrenz entzogen. Sie genießen das Dasein von Epiphyten mit allen ihren Vorteilen (vgl. auch Kästchen »Näheres über Epiphyten« S. 196). Aber nicht nur Baumkronen sind ihr Ziel, auch steile Felswände von Schluchten und Cañons sowie einzeln stehende Felsen werden von ihnen besiedelt. Mitbewohner sind Blattkakteen, die sich nur schwer von anderen Waldbäumen unterscheiden.

Zu einer wichtigen Epiphytengattung gehört *Epiphyllum,* z. B. *E. hookeri,* die an geeigneten Stellen in den Baumkronen keimt oder auf Felsen. Sie wächst in Südamerika und Mittelamerika bis Mexiko.

E. chrysocardium hat tief eingeschnittene, geflügelte Stengel; ihre Blüten sind nur eine Nacht lang geöffnet. Andere Epiphytengattungen sind *Nopalxochia* und *Heliocereus* mit weißen und roten Tagblüten. Sie sind die Eltern vieler Kulturhybriden, die unter dem Namen *»Phyllocactus«* bekannt sind.

Die Art *Schlumbergera truncata* wird als »Weihnachtskaktus« gehalten, von dem es viele Hybriden gibt. Ihre Blütenfarbe ist karminrot bis reinweiß. In den Herbst- und Wintermonaten, wenn die Pflanze dicht vor der Blüte steht, verträgt sie keinen Ortswechsel. Wenn doch, wirft sie alle ihre Knospen ab.

Die *Rhipsalis*-Arten gehören zur größten Gattung der Epiphytenkakteen. Ihre Heimat ist Mexiko bis Argentinien, aber auch Ostafrika, Madagaskar und Ceylon (Sri Lanka). Sie haben eine andere Chromosomenzahl als die amerikanischen Arten und wurden wahrscheinlich vor sehr langer Zeit von Vögeln, die ihre Früchte gefressen hatten, nach Afrika verschleppt. Es sind hängende Epiphyten von strauchartigem Wuchs mit kleinen Blüten.

Über die Agaven wurde schon in anderem Zusammenhang berichtet. Sie sind mit fleischigen Vorratsblättern ausgestattet und fleischig-holzigen Stengeln. Ihre Blüten erscheinen erst nach vielen Jahren vegetativen Wachstums, und sie sterben ab, sobald es zur Samenbildung kommt. So konnte der Irrglauben entstehen, daß sie erst nach hundert Jahren blühen und dann sofort eingehen. Das ist nicht der Fall. Sie zeigen ihre Blüten wesentlich früher. Außer dem Umstand, daß sie auch in der Neuen Welt zu finden sind, haben sie mit den Kakteen nichts gemein. Sie wachsen hauptsächlich in Mexiko, aber auch in den umliegenden Gebieten von Mittelamerika, den Vereinigten Staaten und auf den Karibischen Inseln. Aus ihrem Saft wird durch Destillation die »Tequila«, ein Schnaps, gewonnen (Abb. S. 86) und aus ihren fleischigen Blättern der Sisalhanf *(Agave sisalana),* eine Hartfaser (s. Kästchen S. 26).

Die Agave wurde 1561 von Cortuso nach Padua eingeführt. Seitdem prägt sie das typische Landschaftsbild der Mittelmeerländer. Man sieht sie häufig in Gärten, auf Mauern und Klippen. Ihre kräftigen, großen Blätter sind gezähnt und spitz. Manchmal hat sie einen armdicken, einige Meter hohen Schaft, dessen kronleuchterartig angeordnete Zweige gelbliche röhrenförmige, aufrechte Blüten tragen. Sie wird als Gartenpflanze kultiviert.

Kakteen als Nutzpflanzen

Es wurde schon erwähnt, daß der Feigenkaktus oder die Opuntie *(Opuntia)* vor langer Zeit für die Tolteken, als sie noch das karge mexikanische Hochplateau bevölkerten, eine sehr große Bedeutung hatte. Nach den Tolteken bauten auch die Azteken die Opuntie an, und

CHAMAECEREUS SILVESTRII *bringt zahlreiche scharlachrote Blüten hervor. Andere Farbtöne in den Blüten sind nicht selten. Dieser herrliche Kaktus ist sehr anspruchslos; er stammt aus Nordargentinien. Die Züchtungen sind oft noch großblütiger.*

zwar hauptsächlich in der Nähe ihrer Behausungen. Diese unschönen, stacheligen Pflanzen lieferten ihnen das Grundnahrungsmittel, bis das Getreide eingeführt wurde.

Auch heute noch leben ganze Nomadenstämme von den Früchten der Opuntie, die sie »Tunas« nennen. Diese sind sehr schmackhaft, und sie verzehren sie nicht nur frisch, sondern bereiten aus ihnen auch eine Marmelade für ihre Maisfladen und eine Art »Käse«, den sie ebenfalls als Brotbelag verwenden.

Aus den Früchten des mexikanischen Feigenkaktus bereiten die Eingeborenen einen besonderen Honig, den »miel de tuna«, und einige Getränke, so z. B. den »colonche«. Die Früchte werden gepreßt, man gießt Wasser hinzu und läßt sie gären.

Einige Varietäten haben auch geschmacksarme, manchmal sogar übelschmeckende Früchte, die eine abführende Wirkung haben und von den Eingeborenen als Abführmittel verwendet werden.

Der Feigenkaktus *(Opuntia ficus-indica)*, der heute schon für den Mittelmeerraum (Algerien, Tunesien, Sizilien) typisch geworden ist, wächst neben dem Gemeinen Feigenkaktus *(Opuntia vulgaris)* auch in den warmen Gegenden Italiens. Man sieht ihn sehr häufig an den warmen Küsten Liguriens bis nach Sizilien. In Sizilien wird er neben wildwachsenden Formen auch im Landesinnern angebaut, wo man ihn u. a. zur Bildung von Grenz- und Schutzhecken für Olivenhaine und andere landwirtschaftliche Nutzflächen anpflanzt.

Der holzige Schaft ist zylindrisch, gegliedert und an der Basis etwas verdickt. Er erreicht eine Höhe von 2 oder 3 m, manchmal sogar mehr. Die dicken Glieder der jüngeren Teile und der Verzweigungen sind ellipsenförmig oder oval, hart, im Innern faserig-fleischig, außen stachelig und grün. Die Eingeborenen bezeichnen diese Glieder als »Schaufeln«. Der Feigenkaktus hat keine echten Blätter. Die Assimilation vollzieht sich daher in den grünen Teilen des Schaftes und der Zweige. Die Verzweigungen sind von kleinen, hervorstehenden Pusteln überzogen, die kurze, ockerfarbene, borstenartige Stacheln tragen. Zwischen ihnen ragen lange, dicke und sehr starke nadelförmige braune Dornen hervor.

Die Blüten des Feigenkaktus, die sich am Rand der ovalflachen Verzweigungen bilden, sind auffallend gelb. Die Corolla besteht aus zahlreichen übereinandergeschichteten Kronblättern. Die Frucht, eine dicke, eiförmige, oben abgeflachte Beere ist – wie erwähnt – eßbar. Die dicke, lederartige Schale birgt das farbige, sehr feste, samenreiche Fleisch, das einen sehr guten, süßlichen und würzigen Geschmack hat. Das Fleisch ist wie die Außenhaut der Frucht gelblich, orangegelb, rot oder purpurrot. Aus den Höckern der Außenhaut ragen kleine, sehr dünne Stacheln hervor.

Der Feigenkaktus stammt ebenfalls aus Mexiko und scheint im 16. Jahrhundert nach Europa eingeführt worden zu sein. Er wird wegen seiner Feigen angebaut, die im Sommer reifen und auch exportiert werden. Die Pflanze läßt sich sehr leicht auf ungeschlechtliche Weise vermehren, indem man die sogenannten »Schaufeln« einpflanzt, die schnell Wurzeln schlagen. Die neuen Pflanzen tragen bereits im zweiten oder dritten Jahr Frucht.

Der gleichfalls aus Amerika stammende Gemeine Feigenkaktus *(Opuntia vulgaris)* ist sehr viel kleiner, und man kann ihn, wenn auch nur selten, in den Tälern der Voralpen finden, wo er in geringer Höhe über die Felsen kriecht.

Zur gleichen Gattung gehört auch der Cochenille-Kaktus *(Opuntia cochenillifera)* aus Mexiko, der von dort aus nach Nordafrika, auf die Kanarischen Inseln und in die Mittelmeerzone Europas eingeführt wurde. Er unterscheidet sich nicht sehr von dem Feigenkaktus. Die einzelnen Glieder des Schaftes und der Verzweigungen sind jedoch stärker lanzettförmig, und er hat große rote Blüten. Die Frucht ist eine eiförmige, saftige, rote Beere. Auf ihm lebt in großen Mengen ein Parasit, die Cochenille-Schildlaus *(Coccus cacti)*, die man, bevor sie ihre Eier ablegen

Dachhauswurz bewahrt vor Blitzschlag

Die Echte Hauswurz oder Dachhauswurz *(Sempervivum tectorum)*, italienisch »Semprevivo« (immerlebend), »Barba di Giove« (Zeusbart) oder »Gardacasa« (Hauswächter), französisch »Joubarbe«, wächst verwildert auf Dächern und Mauern, wird aber auch als Gartenpflanze gehalten, wo sie sich besonders für Steingärten eignet. Früher pflanzte oder legte man sie auf die Dächer, weil besonders in Mitteleuropa der Glaube verbreitet war, sie bewahre das Haus vor Blitzschlag.

Die Dachhauswurz hat dichte Rosetten von etwa 10 cm Durchmesser. Die dicken Blätter sind zungenförmig und gehen ziemlich unvermittelt in eine stark ausgeprägte Spitze über. Am Rand sitzen mehr oder weniger zahlreiche Wimpern; die Blätter sind an der Basis blaß, an der Spitze braun. Die Rosetten sind dicht übereinandergeschichtet. Unter ihnen sieht man die langen Wurzelsprosse, die mit zunehmender Länge dünner werden. An ihrem Ende wächst eine andere, kleinere Rosette, die sich später ablöst und eine neue Pflanze bildet. Eine solche ungeschlechtliche Vermehrung ist bei den Vertretern der Gattung stark verbreitet.

Die Pflanzen blühen nur selten. Dann erhebt sich in der Mitte der Rosette ein langer, saftreicher Stiel mit länglichen Blättern, der an der Spitze eine Dolde mit rosafarbenen Blüten trägt. Diese haben 12 schmale Kronblätter, die sternförmig geöffnet sind, 26 Staubblätter mit violetten Antheren und ebenso viele Griffel wie Kronblätter. Bei der Dachhauswurz *(tectorum)* sind Staubblätter und Griffel oft verkümmert. Sie wird bereits im »Capitulare de villis« Karls des Großen erwähnt. Wahrscheinlich stammt sie von Wildformen ab.

kann, abliest und in warmem Wasser tötet. Man gewinnt aus ihr mehrere wertvolle Farbstoffe, so das Cochenille- und Karminrot (hat heute jedoch nur noch geringe wirtschaftliche Bedeutung).

Das mexikanische Flaggenemblem stellt eine dem Feigenkaktus ähnliche Pflanze dar, die auf einem aus dem Wasser ragenden Fels wurzelt. Es soll darauf hinweisen, daß die Kakteen die charakteristischsten Pflanzen der mexikanischen Flora sind.

Dickblattgewächse

Die Dickblattgewächse *(Crassulaceae)* erhalten ihren Namen aus dem Lateinischen. *»Crassus«* bedeutet »dick, fett«. Diese Sukkulenten gehören allerdings nicht nur den Dickblattgewächsen an, sondern den verschiedensten Familien, so den Amaryllisgewächsen, Lilien-, Kaktus-, Wolfsmilch-, Schwalbenwurz- und Eiskrautgewächsen sowie sogar den Korbblütlern. Sie sind also keine systematische Einheit, sondern eine biologische Kategorie oder Zuchtgruppe, deren Vertreter sich nur in verschiedenen gemeinsamen Eigenschaften ähneln, hauptsächlich in jenen, die sie für bestimmte Lebens- und Klimabedingungen prädestinieren. Die Haupteigenschaft ist das Vermögen, auch bei extremem Wassermangel existieren zu können.

Stengel und Blätter – wenn sie überhaupt vorhanden sind – verdicken sich und sammeln Wasser an, dessen Verdunstung durch die dicke Außenhaut und durch die Konzentration der Säfte verhindert wird, aber auch durch organische Säuren, die am Abbau der Kohlenhydrate beteiligt sind. Wenn die Blätter fehlen, verdickt sich der Pflanzenkörper; manchmal wird er so dick, daß er wie ein Kieselstein aussieht und nur zur Hälfte über den Erdboden hinausragt (Lebende Steine; *Aizoaceae*). Solche Extremfälle gibt es allerdings unter den Dickblattgewächsen nicht.

Die *Crassulaceae* sind meist zierliche, oft sogar ziemlich kleine Pflanzen. Die *Crassula arborea* wiederum erreicht das andere Extrem: sie wird bis 2 m hoch. Immerhin stellt dies in der Welt der Sukkulenten noch keinen Rekord dar. Fast alle sind einjährige Pflanzen, doch gibt es auch ein- bzw. zweijährige unter ihnen.

Die Dickblattgewächse machen von sich reden durch ihre erstaunliche Regenerationsfähigkeit, wie kleine Zweigstückchen oder sogar Blätter, die in die Erde geraten, immer wieder beweisen. Ihr Blütenbau ist charakteristisch: Sie sind fünfzählig, dabei klein und meist außerordentlich vielblütig. Praktisch gibt es keinen Platz auf der Erde, wo man nicht Dickblattgewächsen begegnen könnte, sei es an tiefliegenden Küstengebieten oder in Hochgebirgen. Es ist naheliegend, daß solche Arten auch frosthart sein müssen.

Die Gattung *Aeonium*, die 45 Arten umfaßt, ist besonders auf den Kanarischen Inseln beheimatet, aber sie kommt auch auf den Kapverdischen Inseln vor, in Marokko, auf Madeira und verschiedenen anderen Mittelmeerinseln. Praktisch verfügt jede Insel über eigene Arten, die nur in bestimmten Höhenlagen und unter ganz bestimmten ökologischen Voraussetzungen wachsen. Man könnte in dieser Erscheinung eine Parallele zu den Darwinfinken der Galapagos-Inseln sehen, so eindeutig ist ihre insulare Spezialisierung.

Viele Dickblattgewächse werden bei uns von Sukkulentenliebhabern als Zierpflanzen gezogen; sie sind bescheiden in ihren Ansprüchen und wachsen rosettenförmig; manchmal tragen sie sogar Blattrosetten am Ende der

An der LEUCHTENBERGIA PRINCIPIS *fallen extrem lange Wurzeln auf und papierähnliche Stacheln, die oft verdreht sind und bis 10 cm lang werden. Die großen Blüten sind leuchtend gelb. Sie kommen aus den jüngeren Areolen im Scheitel der Pflanzen.*

»Flammendes Kätchen« und »Kinderstübchen« (alias »Goetheblume«)

Die Kalanchoë, zu den Dickblattgewächsen *(Crassulaceae)* zählend, ist eine typische Kurztagspflanze, von der man durch Verkürzen der natürlichen Tageslänge das ganze Jahr über blühende Pflanzen haben kann. Besonders hervorgetan hat sich die *Kalanchoë blossfeldiana*, wegen ihrer roten Blütenfarbe auch »Flammendes Kätchen« genannt. Sie stammt aus Madagaskar und ist die Stammutter vieler Hybriden mit roten und gelben Blütenrändern. Dabei niedrigwüchsig, aber ungeheuer vielblütig, wird sie von vielen Sukkulentenliebhabern als Zimmerpflanze gehalten.

Eine nahe Verwandte, die *K. beharensis*, ist von außerordentlicher Schönheit. Sie bildet hohe Stämme mit dreieckigen Blättern, die bis zu 50 cm lang werden können und später abfallen. Sie sind von grauer oder grüner Färbung, glatt oder wollig-zottig behaart mit deutlich gewellten Blatträndern. Auch ihre Heimat ist die Insel Madagaskar.

Die *K. marmorata* stammt aus Äthiopien. Sie hat weiß marmorierte, bis 10 cm lange, breite Blätter mit grauer Bereifung und auffallender brauner Fleckung.

Durch Einbeziehen aller Arten der früheren Gattung *Bryophyllum* in die Gattung *Kalanchoë* ist diese noch größer geworden. Wegen ihrer Ausbildung von fertigen, mit Wurzeln versehenen Pflänzchen zwischen den Blattzähnen oder an der Spitze der Blätter heißt sie »Brutblatt«, mancherorts volkstümlich auch »Kinderstübchen«. Diese botanische Merkwürdigkeit hat schon Goethe interressiert, der der bemerkenswerten Pflanze mehrere Verse widmete. Deshalb bekam sie auch den Namen »Goetheblume«.

verholzten Zweige. Zu der Familie zählen so bekannte Gattungen wie Fetthenne *(Sedum)*, Hauswurz *(Sempervivum)*, Dickblatt *(Crassula)*, Brutblatt *(Bryophyllum)*, Kalanchoë u. a.

Bromelien, Tillandsia und andere Ananasgewächse

Die Bromelien *(Bromeliaceae)* sind wegen der Ananas berühmt geworden. Ähnlich wie bei den Agaven erhebt sich inmitten einer Blattrosette ein Blütenstand, der bei der Reife die Pflanze so auszehrt, daß sie nach Ausbildung der Samen eingeht. Ihre rund 2000 Arten sind in der Hauptsache Waldbewohner, und viele von ihnen leben nach Art der Epiphyten in den Baumkronen. Nur einen kleinen Teil kann man als Sukkulenten bezeichnen.

Diese Pflanzen sind auf einzigartige Weise in der Lage, Wasser zu gewinnen. Die Oberfläche ihrer Blätter ist mit Schuppen bedeckt, die bei Trockenheit ein silbriges Aussehen haben. Sie sind stark hygroskopisch, d. h., sie saugen Wasser sogar aus der feuchten Luft auf und machen sie so zu einer ständigen Feuchtigkeitsquelle. Besonders hervorgetan haben sich in dieser Beziehung die sogenannten atmosphärischen Tillandsien, und es ist daher die Frage, ob man sie überhaupt zu den Sukkulenten zählen kann. Untersuchungen haben aber gezeigt, daß ihre sparsame Atmungweise und Photosynthese, in vielen Fällen auch ein besonderes »Wassergewebe« in den Blättern, die gleichen sind wie bei den Sukkulenten. Sie sind und bleiben aber ein »Sonderfall«. Am auffälligsten ist die Blattsukkulenz bei den Gattungen *Abromeitiella, Dyckia* und *Hechtia*. Sie sind Erdbewohner und bilden dichte Polster.

Die atmosphärischen Bromelien, vorwiegend repräsentiert durch die Gattung *Tillandsia*, haben ihr Verbreitungsgebiet von Florida über Mexiko, die Karibischen Inseln, ganz Mittel- und Südamerika bis nach Argentinien und Chile. Sie leben in tiefergelegenen Küstenstrichen wie in hohen Gebirgslagen und besiedeln viele Gegenden, in denen Kakteen und andere Sukkulenten dominieren. Ihre morphologische Anpassung ist bewundernswert. Ihre dünnen, grasartigen Blätter, die in der Trockenheit längst zusammengefaltet sind und einen Überzug aus silbrigweißen Zelluloseschuppen tragen, reflektieren das Sonnenlicht. Auf der Epidermis entsteht so ein feuchteres Mikroklima. Bei steigender Luftfeuchtigkeit nehmen sie Wasser auf. Sie leben in den Baumkronen, auf Kakteenkörpern oder in Felswänden. Im Hochland Perus aber liegen die Tillandsien frei auf dem kahlen Wüstensand, wo kräftige Luftströmungen herrschen. So können ihre Blätter Feuchtigkeit aus dem Nebel entnehmen und den nächtlichen Tau zu ihrem Vorteil nutzen.

Die *Tillandsia dianthoidea*, in Brasilien, Argentinien und Uruguay lebend, zeigt große Vorliebe für das Leben in der Luft. In den Mittelmeerländern kultivieren die botanischen Gärten die Pflanze im Freien. Als Zimmerpflanze kann man sie auf ein Stück abgestorbener Rinde setzen und sie mit Draht aufhängen. Der kurze Körper bildet Rosetten mit spitzen, gebogenen Blättern, die rinnenartig geformt und mit silbrigen Schuppen besetzt sind. Sie haben eine entfernte Ähnlichkeit mit Nelkenblättern. Die Blüten, die eine Ähre bilden, sind von rosafarbenen Hüllblättern umgeben; die äußeren Kronblätter sind rot, die inneren ultramarinblau. Das Leben dieser ungewöhnlichen Pflanze ist fast unwirklich, da sie sich beinahe nur von Luft zu ernähren scheint.

Die Ananaspflanzen sind seit einigen Jahren wieder in Mode gekommen, sozusagen als Reminiszenz vergangener Zeiten. Einige von ihnen sind Erdpflanzen, die meisten jedoch behaupten sich auf wasserlosen Felsen oder auf Baumstämmen. Sie sind also Epiphyten. Ihre langen Blätter sind sehr oft zu einer dichten Rosette angeordnet, wobei die Basis rinnenförmig aufgebogen ist, daß sich in ihnen das Regenwasser sammeln kann. Stickstoffhaltige Nahrung gewinnen sie aus Insekten oder anderen Kleintieren, die in diesem Wasser ertrinken und sich zersetzen. Bei den Pflanzen ohne Wurzeln wird das Regenwasser oder der Tau durch besonders strahlige, mehrzählige Haare aufgesogen.

Die Blüten, die meistens kräftige Farben haben und nicht selten auch duften, werden von Insekten bestäubt, hauptsächlich aber von Nachtfaltern, oft auch von Kolibris (Or-

Aloë und Haworthia

In manchen alten Apotheken stehen noch Töpfe mit der Aufschrift »Aloë«. Es handelt sich um ein Abführmittel, das aus dem Saft einiger Aloë-Arten gewonnen wird, insbesondere aus dem der Echten Aloë *(Aloë vera)*. In Dosen von 0,1 bis 0,2 g zeigt es bereits eine gute Wirkung. In vergangenen Zeiten, als noch die Entleerung des Darms als die Grundlage oder der Beginn jeder Heilbehandlung galt, war die Aloë unentbehrlich. Heute ist sie nur Bestandteil einiger Abführpillen und eine der Ingredienzien des berühmten Fernet.

Von den etwa 200 Arten, die hauptsächlich in Afrika, aber auch auf Madagaskar und arabischem Gebiet beheimatet sind, werden nicht wenige als Zierpflanzen kultiviert. Einige sind baumähnlich mit kompakten Blattrosetten, deren Blätter nach oben gebogen und von graugrüner Farbe sind. Dazu sind sie am Rande gezähnt. Andere sind strauchwüchsig mit einigen wenigen Blättchen, die im Sand der Halbwüste verborgen sind und nur wenig über die Erdoberfläche hinausragen. Die sechszähligen Blüten der Aloë bilden einfache Trauben. Sie rechnen zu den Liliengewächsen *(Liliaceae)*.

Der Name kommt aus dem Arabischen und findet sich in allen europäischen Sprachen wieder.

Die Haworthia-Arten sind Blattsukkulenten vielfacher Gestalt aus Südafrika. Bei der *Haworthia maughanii*, einer Miniatur ihrer Heimat, liegen die stumpfen Blattenden platt auf dem sandigen Boden. Sie bestehen aus durchsichtigem Wasserparenchym und leiten die Sonnenstrahlen ins Blattinnere. Sie wirken also wie Fensterchen, die Licht unter die Erdoberfläche leiten. Dies hat eine sehr große Bedeutung, denn nur so können die Blätter assimilieren. Dazu werden sie vor der sengenden Sonne, der trockenen Luft und den hohen Temperaturen geschützt – in ökologischer Hinsicht eine hervorragende Anpassung an die Natur.

Die *Haworthia truncata*, die wie ein Mittagsblumengewächs aussieht, hat hochsukkulente Blätter, die fast völlig im Boden der sandigen Halbwüsten der Kapprovinz verschwinden. Nur die lichtdurchlässigen, wie abgeschnitten wirkenden Blattenden sind zu sehen. Auch sie »arbeitet« nach dem Fensterprinzip.

Die Fetthenne, das »Hühneraugenkraut«

Die Fetthenne der Gattung *Sedum* ist sehr artenreich und sowohl auf der südlichen als auch auf der nördlichen Halbkugel verbreitet. Sie ist eine kleine, ein- oder zweijährige Pflanze, die sich gut zum Bepflanzen von Teppichbeeten eignet, da sie rasenartig wächst. Die Blätter sind verdickt, linear und haben einen fast kreisrunden Schnitt; oder sie sind eiförmig oder breit und flach. Die Blüten haben gewöhnlich 5, höchstens 6 Kelchblätter, 6 nicht zusammengewachsene Kronblätter und doppelt so viele Staubblätter. Während die Blätter blaßgrün bereift, gelblichgrün oder blaugrau gefärbt sind und sich in der Sonne vielfach rot färben, sind die Blütenstände leuchtend gelb oder rosa angehaucht. Die Heimat aller ist Mexiko.

Von den einheimischen Arten der Fetthenne mit flachen Blättern ist die stärkste die Große Fetthenne *(Sedum telephium)*, die man im allgemeinen wildwachsend an trockenen, sandigen Plätzen, an Flußufern und im Gestrüpp finden kann. Die Blätter sind mehrere Zentimeter breit und lang, flach, ungleich gezähnt und wechselständig oder in dreizähligen Quirlen angeordnet. Die Blüten stehen in seiten- und endständigen, dichtgedrängten Trugdolden. Die Blatthaut läßt sich leicht in kleinen Fetzen abziehen und wurde von den Bauern früher vielfach dazu verwendet, ihre Hühneraugen aufzuweichen. Man nannte die Pflanze daher auch »Hühneraugenkraut«.

Hoya – die Wachs- oder Porzellanblume

Die Wachsblume *(Hoya carnosa)*, eine Kletterpflanze aus den trockenen Tropenwäldern Indiens, Chinas, Indonesiens und Australiens, hat schwach sukkulente, wächserne Blätter und weiße, porzellanartig durchscheinende Blüten, die in großen halbkugeligen Dolden beisammenstehen und einen süßen Duft verströmen. Die Pflanze wirkt fast ätherisch und ist eine in vielen Gärtnereien herangezogene Marktpflanze und große Kostbarkeit. Als kleine Liane sucht sie mit ihren windenden Trieben einen Halt an Gittern oder Stäben. Besonders schön sieht sie in großen Räumen aus, an Treppenaufgängen und Bambuswänden.

Andere Arten, so die *Hoya bella*, ist strauchwüchsig mit herabhängenden Zweigenden. Auch ihre Blätter sind nur wenig sukkulent und haben eine glänzendgrüne Oberfläche; sie sind nur etwa 1-2 cm groß. Ihre porzellanartigen Blüten haben ebenfalls ein wachsartiges Aussehen und einen zarten Duft. Sie eignet sich gut als Ampelpflanze.

nithophilie). Viele Ananasgewächse blühen nur ein einziges Mal und sterben nach der Blüte ab.

Die *Aechmea fasciata,* Brasilien, ist weit verbreitet. Ihre am Rand gezähnten Blüten stehen in Büscheln; sie sind grün und weißlich quergestreift. Der Stengel ist etwas kürzer als die Blätter und trägt an der Spitze einen aufrechten Blütenstand, dessen Blüten von langen, ovalen, gezähnten Hüllblättern verdeckt sind. Sie haben zuerst eine blaue, später violette Farbe. Die Pflanzen werden vom Gärtner *Billbergia rhodocyanea* genannt. Die Blüten verwelken sehr schnell, die Hüllblätter halten sich aber um so länger, so daß man den Eindruck hat, die Blütezeit würde sich über mehrere Monate erstrecken.

Es gibt noch viele solcher Pflanzenwunder – der Platz reicht nicht aus, sie alle zu schildern.

Ananas (Gattung *Ananas*), die Luxusfrucht, kam zum Hof Kaiser Karls V., so will es jedenfalls die Sage. Das war im 16. Jahrhundert, als Seefahrer sie aus Amerika (das man damals noch für Indien hielt) mitbrachten. Als Karl V. den Thron bestiegen hatte, überreichten sie ihm u. a. aus dem »Neuen Erdkreis« eine Frucht. Sie lag auf einer Silber- oder Goldschale, einem riesigen Tannenzapfen ähnlich, mit rauher Oberfläche, gelb und braun mit einem Büschel noch grüner Blätter.

Aber der Kaiser wollte diese Frucht nicht versuchen und ließ sich damit die Gelegenheit entgehen, als erster in Europa einer der köstlichsten Früchte gegessen zu haben, die bereits die Entdecker zu jener Zeit mit Bewunderung erfüllt hatte, und von der die Chronisten mit Begeisterung schrieben: die Ananas.

Die Spanier nannten sie wegen ihrer Ähnlichkeit mit einem Pinienzapfen »piñon«, das im Englischen zu »pine-apple« wurde. Die Portugiesen übernahmen aus dem Guarani-Dialekt das Wort »nanas« und machten daraus »ananaz«, von dem die französische, italienische, deutsche und holländische Bezeichnung abstammt.

Die Kulturform der Ananas ist eine buschige Dauerpflanze mit einer Blattrosette. Die langen Blätter sind gebogen und an den Rändern mit Dornen besetzt, die allerdings auch fehlen können. Im dritten Jahr wächst mitten aus der Blattrosette die violette Blüte mit ihren Hüllblättern, die an der Spitze ein Blattbüschel trägt.

Die Ananas ist keine Einzel-, sondern eine Sammelfrucht. Von den eigentlichen Früchten sieht man nur die Außenwand, die in der Art eines vieleckigen Schildes ausgebildet ist und in der Mitte ein Blättchen trägt. Ähnliche Sammelfrüchte sind z. B. Erdbeeren, bei denen das verdickte und fleischige Rezeptakulum (Blütenboden) den eßbaren Teil abgibt, während die echten Früchte bei der Reife zu kleinen Nüßchen werden, die mehr oder weniger tief in das Rezeptakulum eingesenkt sind.

Bei der kultivierten Ananas gelangen die Samen nicht zur Reife. Zur Vermehrung verwendet man die an der Basis wachsenden Triebe. Die Pflanzung wird, mit oder ohne Zwischenkulturen, auf lockerem Boden durchgeführt (s. Abb. S. 71). Man setzt die Triebe in parallele Reihen mit einem Abstand von etwa 70 cm bei einem Einzelabstand von durchschnittlich 1,50 m. Um Schatten zu vermeiden, darf die Ananas nicht unter Bäume gepflanzt werden, da sie sehr viel Licht und Wärme verlangt, wodurch ihr Anbau auch auf die Tropen beschränkt bleibt.

Die Hauptanbauländer sind Mexiko, Florida, die Bahama-Inseln, Antillen, Azoren, Malaysia und besonders Hawaii, wo Ananasanbau und -verwertung zu einer Spitzenindustrie geworden sind.

Solange man die Ananas noch in langen Seereisen auf die europäischen Märkte bringen mußte, war sie eine Luxusfrucht. Heute ist ihr Preis jedoch durch die besseren Transportmöglichkeiten und auch durch bessere Verpackung (weniger Abfall) für jeden erschwinglich. Die größte Verbreitung bzw. den höchsten Verbrauch erlangte die Ananas jedoch erst durch die Konservierung in Dosen, mit der man 1892 auf Hawaii begann.

Giftig und schön: die Wolfsmilchgewächse

»Ihre Namen«, so schreibt Plinius, »verdanken die Wolfsmilchgewächse Juba, dem König von Mauretanien (1. Jh. n. Chr.), der in griechischer Sprache verschiedene geschichtliche, erdkundliche und naturwissenschaftliche Werke verfaßt hat. Zu Ehren des Arztes Euphorbios gab er einer Art den Namen ›Euphorbia‹.«

Die Familie der Wolfsmilchgewächse *(Euphorbiaceae)* umfaßt 290 Gattungen mit 7500 Arten. Sie sind eine riesige kosmopolitische Familie, die auch aus der europäischen Flora bekannt ist (vgl. auch Abb. S. 292). Man zählt etwa 2000 Arten zu den Sukkulenten. Sie leben sowohl in der Alten wie Neuen Welt. Ihre Stengel sind sukkulent und häufig nur während der Vegetationszeit belaubt. Ihre Blüten, die aus einfachen, reduzierten Blütenständen bestehen, bezeichnet man als Cyathium. Charakteristisch sind ihre farbigen Hochblätter, die die Funktion der Blütenkronblätter übernommen haben. Die Blüten sind stets eingeschlechtig, verschiedene Arten auch zweihäusig.

Die Früchte stellen sich in Form dreikammeriger Kapseln dar, die bei der Reife auseinanderfallen. Die auffälligste Eigenschaft der Euphorbiaceen aber ist das Vorhandensein von Milchgefäßen. Diese fein verzweigten Kanälchen enthalten ein milchiges Latex, das vielfach hochgiftig ist. Der Umgang mit den Pflanzen erfordert also gehörige Vorsicht. Besonders gefährdet sind Augen und Schleimhäute; manchmal genügt schon die Berührung mit der bloßen Hand. Dies gilt besonders für die Nesselpflanzen der Gattung *Cnidoscolus.*

Zu der Gattung *Euphorbia* rechnen fast 500 sukkulente Arten, die meist aus Afrika stam

Zu den schönsten Warzenkakteen (Mammillaria) *mit einem herrlichen Blütenkranz zählt* M. aureilanata *aus Mexiko. Sie siedelt dort auf niedrigen Kalksteinhügeln in Felsritzen, die mit Humus angefüllt sind und ist eine der unzähligen Arten und Formen.*

men, während die amerikanischen nur schwach sukkulent sind. Ihre größte Konzentration befindet sich in Mittel- und Südamerika. Sie sind baumwüchsig mit kandelaberartig verzweigten Kronen *(Euphorbia candelabrum, E. plagiacantha* und *E. tirucali).* Manche sind strauchwüchsig *(E. lactea, E. mammillaria),* einige sogar niederliegend bis kriechend *(E. caput-medusae, E. edulis).*

Bekannte Vertreter unserer Breiten sind die Zypressen-Wolfsmilch *(E. cyparissias),* die auf trockenen, sandigen Böden und steinigen Weiden vorkommt. Sie ist eine Dauerpflanze von 10–40 cm Höhe mit linearen Blättern, die in ihrem Habitus an einen kleinen Nadelbaum erinnert. Die Kreuzblättrige Wolfsmilch *(E. lathyris),* auch Springkraut genannt, erreicht eine Höhe von 1 m und mehr. Sie hat längliche, an der Basis herzförmige Blätter, die kreuzständig angeordnet sind. Ihre Kapselfrüchte werden bis 12 mm dick.

Berühmte Wolfsmilchgewächse sind auch der Weihnachts- oder Adventsstern *(Euphorbia pulcherrima* oder *Poinsettia pulcherrima),* der in Jamaika und Mexiko heimisch ist und mit feuerroten, rostfarbenen, violetten, lachsroten und weißen Hochblättern gezüchtet wird; der Christusdorn *(E. splendens)* mit seinen lebhaft roten Blütenhochblättern; der Rizinusbaum, auch Wunderbaum oder Palma Christi (Gattung *Ricinus*), der vor mehr als 4000 Jahren den Ägyptern bereits als Ölpflanze bekannt war und dessen Samen Giftstoffe enthalten, die eine ähnliche Wirkung haben wie das Gift der *Amanita*-Pilze; der Maniok-Strauch *(Manihot utilissima),* dessen dicke Knollen für viele Völker der tropischen Zonen das Hauptnahrungsmittel bilden, und der Echte Federharz- oder Parakautschukbaum *(Hevea brasiliensis),* der den Parakautschuk liefert.

Die Fortpflanzung

Wie jedes Lebewesen hat auch die Pflanze nur eine begrenzte Lebensdauer. Und wie jedes andere Lebewesen erzeugt auch sie vor ihrem Absterben Nachkommen, um die Art zu erhalten. Dabei gibt sie alle Anlagen, die die Art als solche kennzeichnen, an die nächste Generation weiter.

Die Fortpflanzung kann auf verschiedene Weise erfolgen und hängt nicht zuletzt davon ab, ob es sich um niedere oder höhere Pflanzen handelt.

Die einfachste Form der Vermehrung ist die Zweiteilung der Einzeller. Durch Teilung der Mutterzelle entstehen zwei neue Tochterzellen, wobei der Zellkörper der alten Zelle völlig in den beiden Tochterzellen aufgeht.

Wie Laboratoriumsversuche gezeigt haben, ist die Teilungsfähigkeit der einzelligen Pflanzen praktisch unbegrenzt. Unzählige Generationen hindurch vermehren sie sich in rascher Teilungsfolge, ohne daß dadurch eine Schwächung oder Entartung eintritt. Weismann nannte diese Fähigkeit der Einzeller eine »potentielle Unsterblichkeit« und meinte damit, daß bei der Zellteilung nichts vom Zellinhalt verloren oder zugrunde geht, sondern restlos auf die beiden neu entstehenden Tochterzellen überführt wird und somit ganz erhalten und am Leben bleibt.

Die ungestörten Teilungsverhältnisse, wie sie im Laboratorium beobachtet werden können, lassen sich freilich nicht ohne weiteres auf die freie Natur übertragen. Hier spielen Umwelteinflüsse eine sehr entscheidende Rolle. Sie können die Teilungstätigkeit bedeutend herabsetzen oder sogar zeitweilig ganz unterbinden und zum Stillstand bringen. Dann vermag sich der Einzeller immer noch als »Dauerspore« am Leben zu erhalten oder auszutrocknen, um auf diese Weise die widrigen Lebensumstände zu überstehen.

An einem praktischen Beispiel erläutert, sieht dies folgendermaßen aus: Bakterien vermehren sich bei günstiger Temperatur (20–35 °C) und geeignetem Nährboden außerordentlich schnell, indem sie sich zwei- bis dreimal pro Stunde teilen (Spaltpilze!). Geht ihnen die Nahrung aus oder verdunstet die Flüssigkeit, in der sie sich befinden, so hört die Zellteilung auf. Bei zahlreichen Arten verdichtet sich der Zellinhalt, indem er sich zusammenzieht, mit einer widerstandsfähigen Haut umgibt und eine Spore bildet, deren Lebenstätigkeit ruht. Beim Heubazillus bilden sich diese Sporen in der Mitte, bei manchen anderen Bakterien am Ende einer Zelle. Finden die Sporen wieder günstige Lebensbedingungen vor, d. h. genügend Feuchtigkeit und Wärme, keimen sie aus und setzen ihre Lebenstätigkeit fort.

Es gibt aber auch Bakterien, die vollständig austrocknen können, ohne Sporen zu bilden. Sie werden zu einer Art Dauerzelle und können sich in diesem Zustand über lange Zeiträume retten, ohne abzusterben. Auf dieser Erkenntnis und den notwendigen Konsequenzen, die daraus zu ziehen sind, beruht unsere gesamte Vorratswirtschaft (Konservieren, Pasteurisieren, Sterilisieren, Trocknen, Tiefgefrieren usw.).

Sporen und Dauerzellen werden als Bakterienkeime bezeichnet. Sie haften am Staub, werden dadurch leicht vom Wind mitgeführt und sind geradezu allgegenwärtig. Während die Waldluft verhältnismäßig wenige Keime enthält, finden sie sich in Massen überall dort, wo Staub aufgewirbelt wird. In der Bahnhofshalle einer Großstadt hat man z. B. in einem Kubikmeter Luft neun Mio. Bakterienkeime festgestellt. In Großstadtstraßen liegen die Verhältnisse ähnlich.

August Weismann

Der Zoologe August Weismann wurde am 17. Januar 1834 in Frankfurt/Main geboren und starb am 5. November 1914 in Freiburg, wo er seit 1866 Professor gewesen war. Bahnbrechend sind seine Arbeiten auf dem Gebiet der Abstammungs- und Vererbungslehre. Als erster war er von der Kontinuität des Keimplasmas überzeugt sowie von der prinzipiellen Unsterblichkeit (potentiellen Sterblichkeit) der lebenden Substanz. Er war ein scharfer Gegner des Lamarckismus.

Die Keimbildung bei ungeschlechtlicher und geschlechtlicher Fortpflanzung

Die meisten Pflanzen vermehren sich durch die Ausbildung besonderer, nur der Fortpflanzung dienender Keime. Man versteht darunter die Loslösung von Teilen einer Pflanze, die fähig sind, sich zu neuen Individuen zu entwickeln. In der Regel werden sie in großer Zahl gebildet nicht nur zum Zwecke der Erhaltung der Art, sondern auch um ihre Verbreitung und Vervielfältigung zu sichern.

Die Erzeugung der Keime kann den Lebenszyklus einer Pflanze abschließen, wie es mit der Samenbildung bei den ein- und zweijährigen Kräutern (Hirtentäschel, Gartenaster, Mohrrübe u. a.) der Fall ist. Sie kann sich aber auch über die

Meister des Segelfluges sind die geflügelten Samen von Zanonia, *einem Kletterstrauch aus Südostasien. Gleich einer flaumigen Vogelfeder schweben sie davon.*

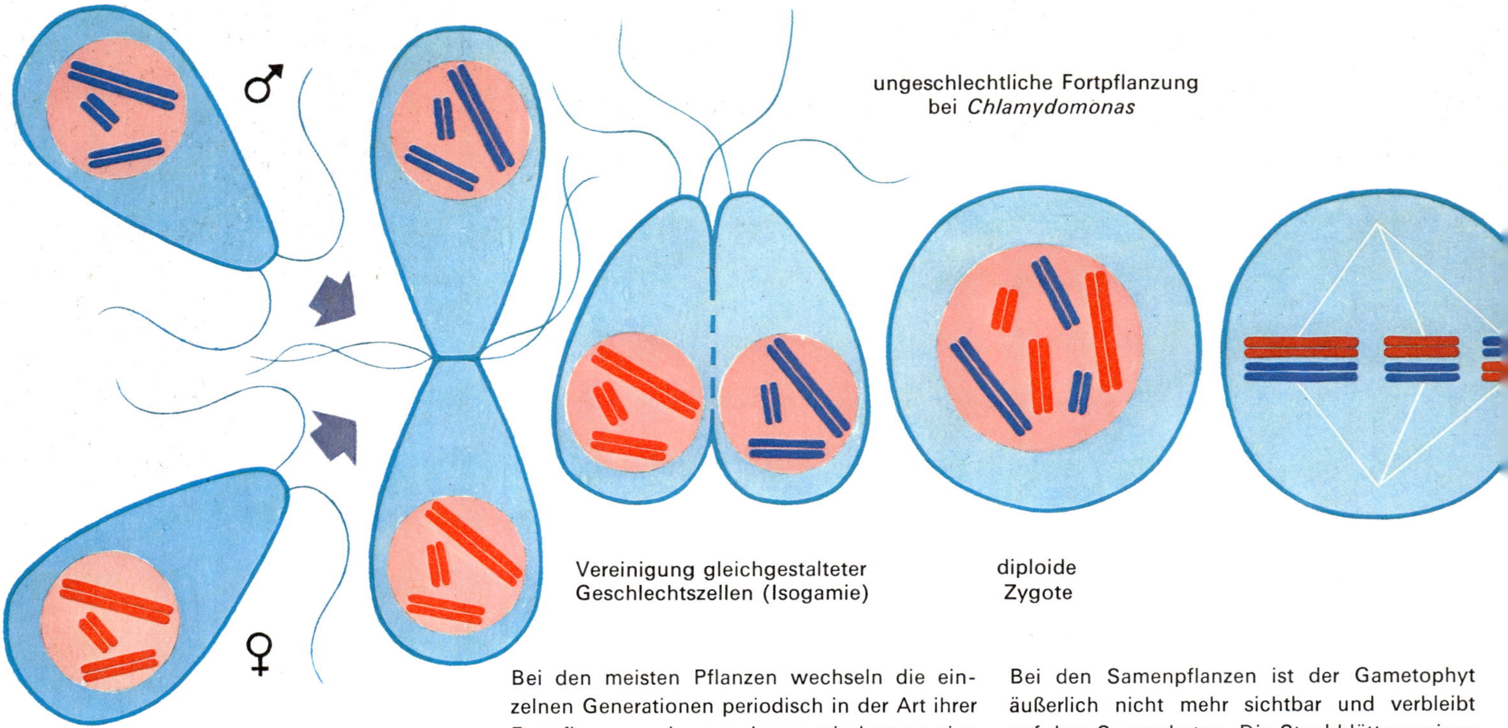

Ungeschlechtliche Fortpflanzung

Befruchtung

Bei den meisten Pflanzen wechseln die einzelnen Generationen periodisch in der Art ihrer Fortpflanzung ab, von denen mindestens eine Generation sexuelle Vorgänge zeigt (Generationswechsel). Die große Farnpflanze entspricht dem Sporophyten, der in Sporenkapseln (Sporangien) Sporen erzeugt. Diese keimen zu einem haploiden Vorkeim (Prothallium), dem Gametophyten, aus. Auf ihm entstehen die Gameten, und nach ihrer Befruchtung bildet sich wiederum der Sporophyt.

Bei den Samenpflanzen ist der Gametophyt äußerlich nicht mehr sichtbar und verbleibt auf dem Sporophyten. Die Staubblätter weisen in jedem Staubgefäß 4 Pollensäcke (Mikrosporangien) auf. In ihnen entstehen durch Meiose haploide Pollen (Mikrosporen), bei ihrer Keimung ein einkerniger Gametophyt und 2 Geschlechtskerne (generativer Kern 1,2).
Die Samenanlage (Makrosporangium) liegt auf einem Fruchtblatt (Makrosporophyll), eingehüllt in meist 2 Integumente, die eine haploide

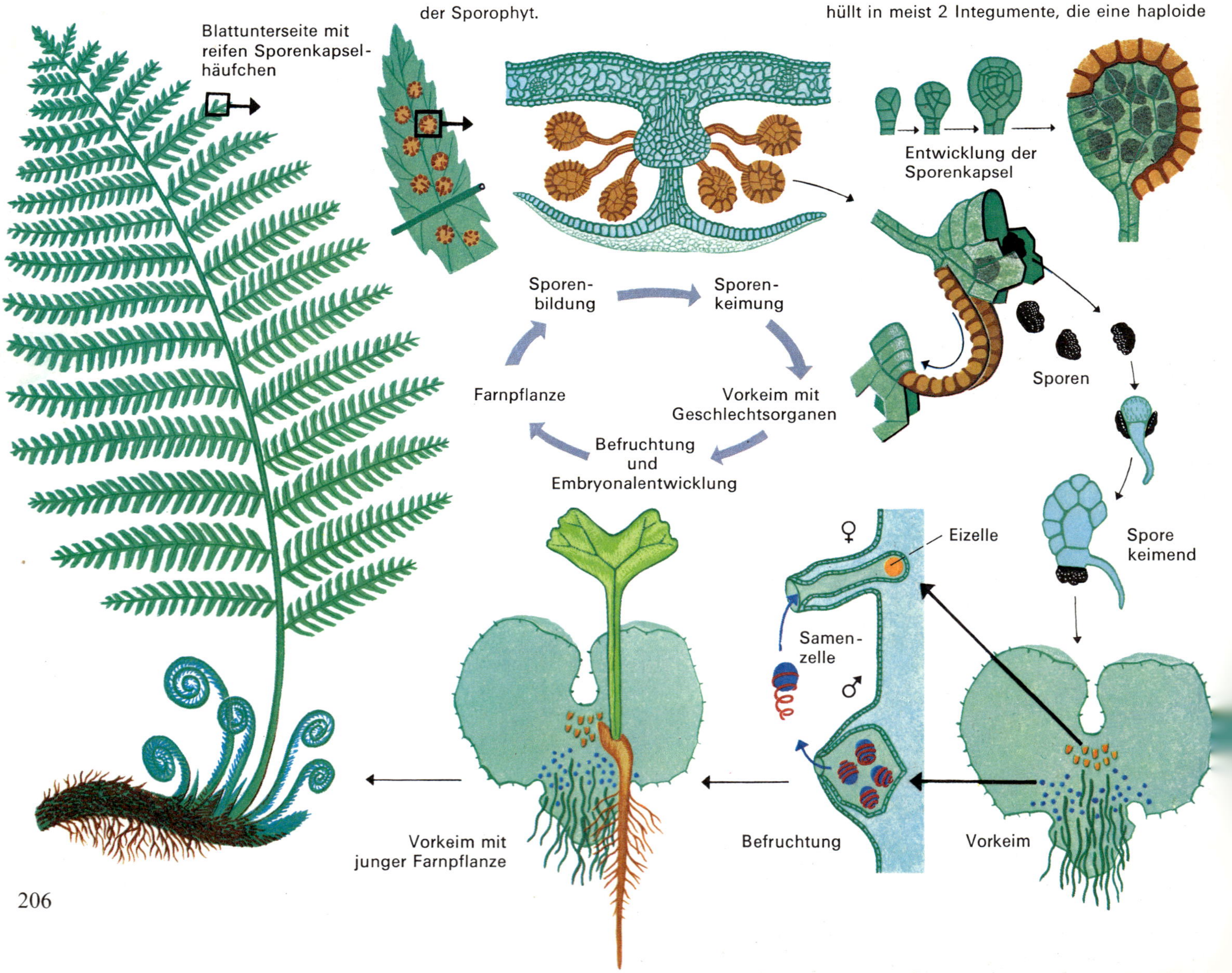

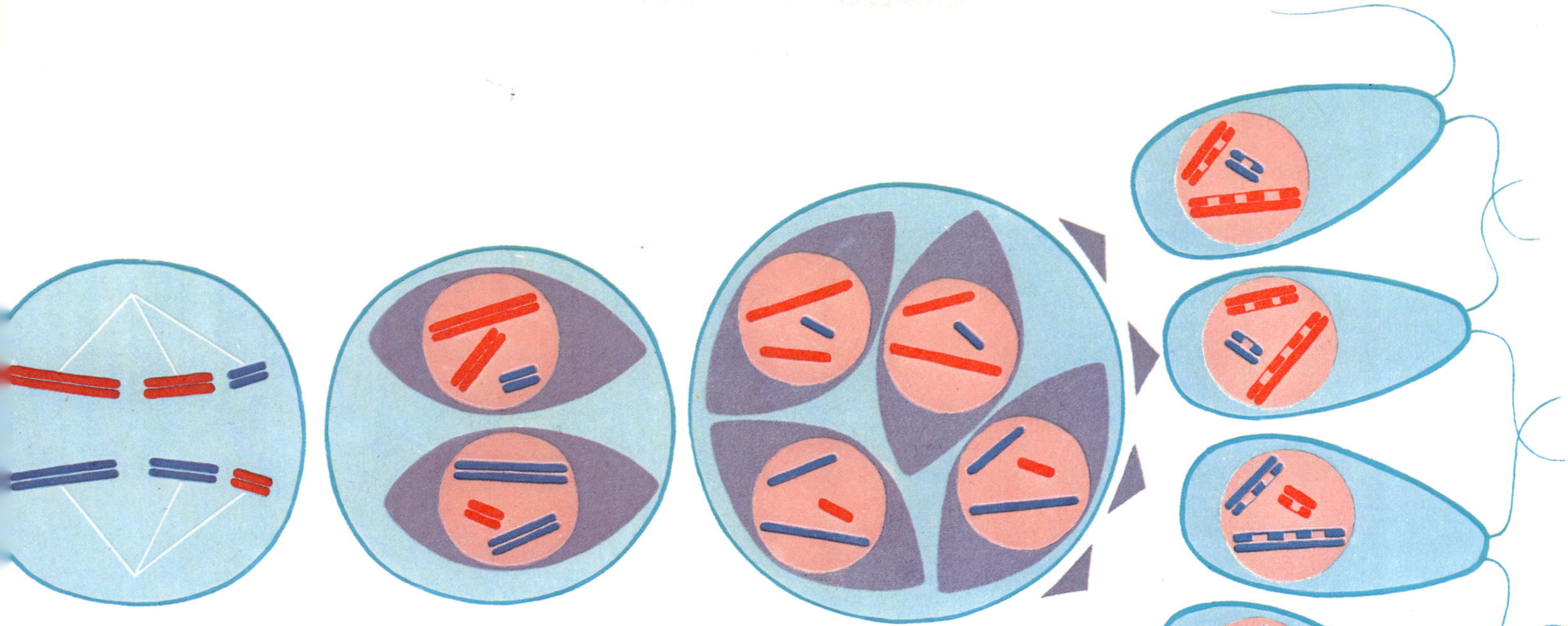

erste
postzygotische Teilung

zweite postzygotische Teilung
es entstehen vier Individuen mit
haploiden Chromosomensätzen

Makrospore, die Embryosackmutterzelle, enthält. Ihr Kern teilt sich in 8 Kerne, von denen je 3 an die 2 Pole des Embryosacks, des Makroprothalliums, wandern (3 Antipoden, 1 Eizelle und 2 Synergiden).
Einer der beiden männlichen Geschlechtskerne befruchtet die Eizelle; der zweite verschmilzt mit den beiden Embryosackkernen (Polkernen) zu einem triploiden Kern, aus dem sich das Nährgewebe bildet (sekundäres Endosperm).
Die Samenanlage kann verschiedene Formen annehmen (atrop, anatrop und kampylotrop).

Geschlechtliche Fortpflanzung

Bei der geschlechtlichen Fortpflanzung vereinigen sich männliche und weibliche Geschlechtszellen oder Gameten zu einer Zygote. Dadurch sollen nicht nur die Individuen vermehrt, sondern auch die Erbanlagen der Eltern in den Nachkommen neu kombiniert werden. Bewegliche Gameten können äußerlich gleichgestaltet sein (Isogamie, oben), oder der weibliche Gamet ist größer als der männliche (Anisogamie), oder der unbewegliche weibliche mit Nährstoffen gefüllte Gamet (Eizelle) muß vom männlichen aufgesucht werden (Oogamie). Die Zygotenbildung würde bei jeder Generation zu einer Verdoppelung der Chromosomen führen, deshalb wird vorher der doppelte Chromosomensatz durch zwei Reduktionsteilungen in einen einfachen Satz zurückgeführt (Meiose, oben). Dabei werden die Chromosomen der Eltern durchmischt und nach Zufallsgesetzen getrennt.

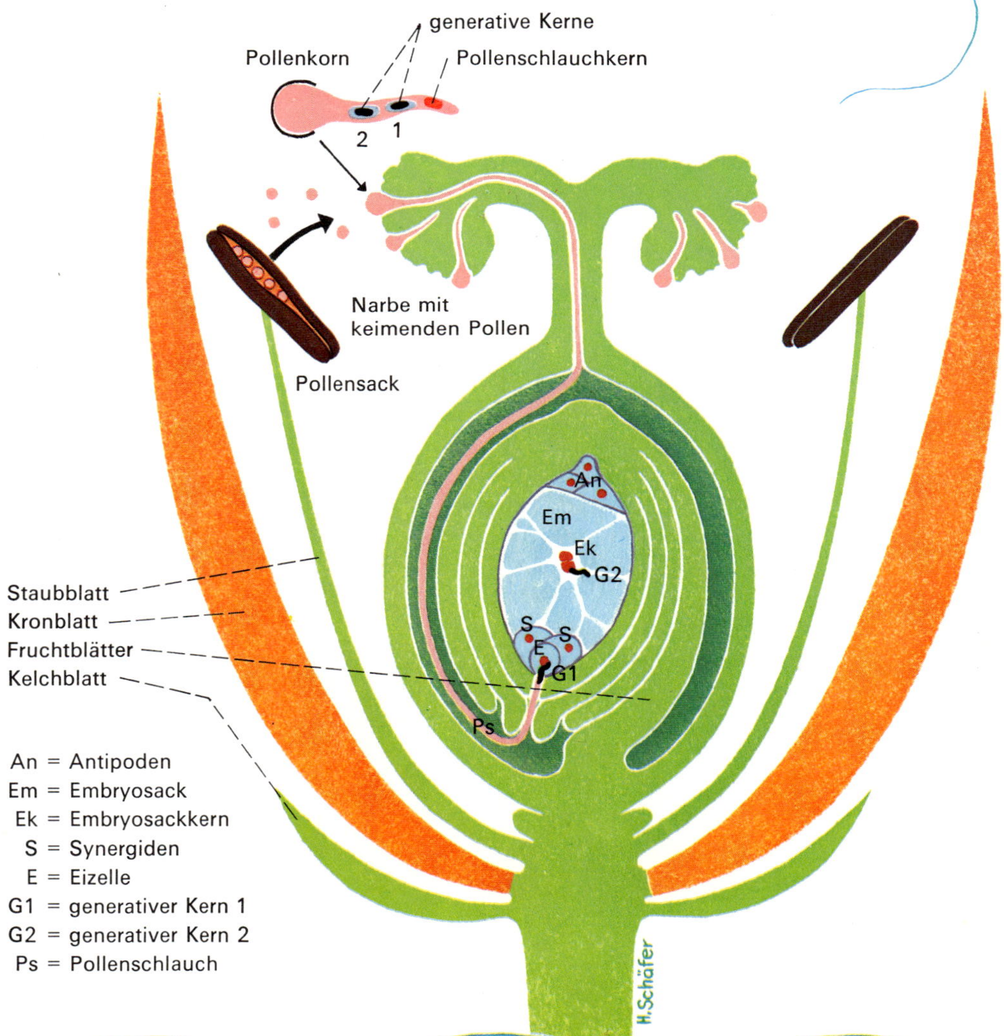

An = Antipoden
Em = Embryosack
Ek = Embryosackkern
S = Synergiden
E = Eizelle
G1 = generativer Kern 1
G2 = generativer Kern 2
Ps = Pollenschlauch

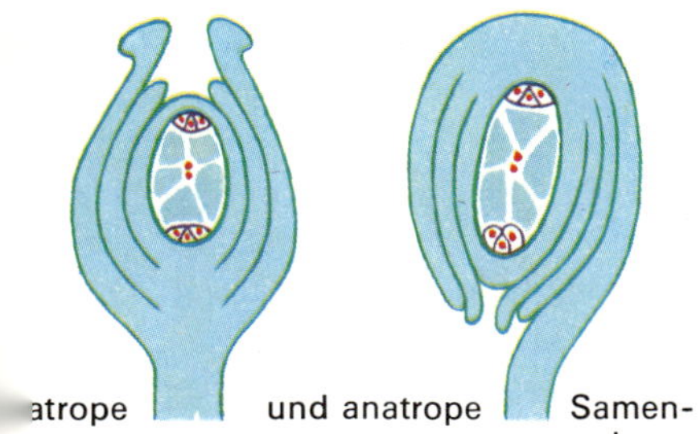

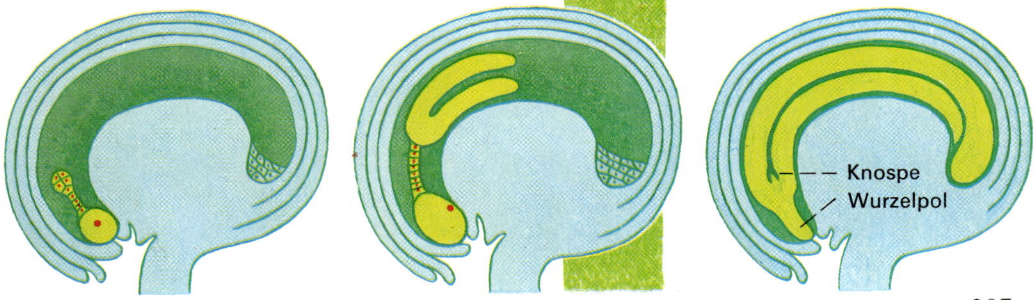

atrope und anatrope Samenanlage
rechts kampylotrope Samenanlage
und Entwicklung des Embryos

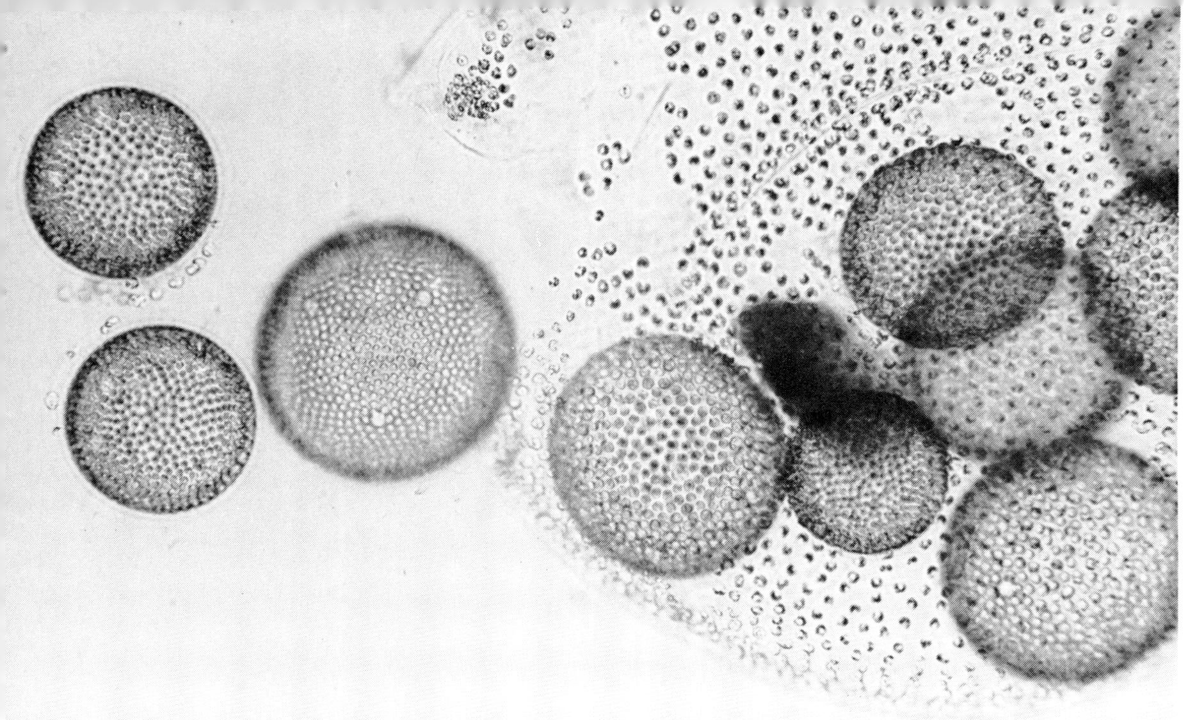

Die Kugelalge VOLVOX *besteht aus Tausenden von Geißelzellen (Zellkolonie). In ihrem Innern bilden sich auf ungeschlechtlichem Wege Tochterkugeln, die zu gegebener Zeit die Mutterkugel verlassen und zu einer neuen Zellkolonie heranwachsen.*

ganze Lebensdauer einer Pflanze erstrecken, wie z. B. bei ausdauernden Pflanzen und den Bäumen. Befinden sich die Keime in einem Ruhezustand, so sind sie im allgemeinen unempfindlich gegen Austrocknung, Frost, Hitze usw. und dadurch in der Lage, ungünstige Lebensbedingungen zu überstehen. Werden die Umweltverhältnisse wieder günstiger, so entwickeln sich aus ihnen neue Pflanzen. In den Keimen sind Reservestoffe aufgespeichert, die der jungen Pflanze als Nahrung dienen, bis sie Blattgrün und Würzelchen gebildet hat und sich selbst ernähren kann.

So wie es ihrer Entstehungsart nach zwei grundsätzlich verschiedene Arten von Keimen gibt, lassen sich auch zwei verschiedene Fortpflanzungsformen unterscheiden.

Bei der einen Form gehen die Keime aus der Umbildung bestimmter Organe, aus abgestoßenen oder abgeschnürten Teilen oder Einzelzellen hervor. In diesem Fall spricht man von einer ungeschlechtlichen (vegetativen) Fortpflanzung.

Bei der zweiten sind die Keime immer einzellig und von zweierlei Art (Geschlechtszellen oder Gameten). Keine von beiden ist für sich allein entwicklungsfähig. Erst wenn sie paarweise miteinander verschmelzen, werden sie zum Ausgangspunkt für ein neues Individuum. Eine solche Fortpflanzung nennt man eine geschlechtliche (sexuelle).

Viele Pflanzen haben die Fähigkeit, sich sowohl ungeschlechtlich als auch geschlechtlich zu vermehren. Die Kartoffelpflanze z.B. kann sich vegetativ durch ihre Knollen fortpflanzen, die eigentlichen »Kartoffeln«. Sie sind nicht etwa, wie immer wieder fälschlich angenommen wird, Wurzeln, sondern unterirdische Stengelteile. Wo auch immer in der Welt Kartoffeln angebaut werden, geschieht ihre Vermehrung auf vegetativem Wege, d.h. es werden die Knollen (»Saatkartoffeln«) in die Erde gesenkt. Kein Bauer käme auf die Idee, Kartoffeln zu säen, obwohl die Pflanze in der Tat auch Samen bildet. Sie entstehen nach der Bestäubung der Blüten durch die Verschmelzung einer weiblichen mit einer männlichen Geschlechtszelle.

Es lohnt die Mühe, sich bei der fast abenteuerlich anmutenden Geschichte der Kartoffel ein wenig aufzuhalten, ist sie doch nicht nur in Deutschland das Volksnahrungsmittel ersten Ranges in guten wie vor allem in schlechten Zeiten, sondern auch ein außerordentlich wichtiger Vitamin-C-Träger.

Die Heimat der Kartoffel sind die Hochanden, die sich über mehrere Breitengrade von Bolivien bis Chile erstrecken. Vor der Entdeckung Amerikas war sie in Europa unbekannt und ist

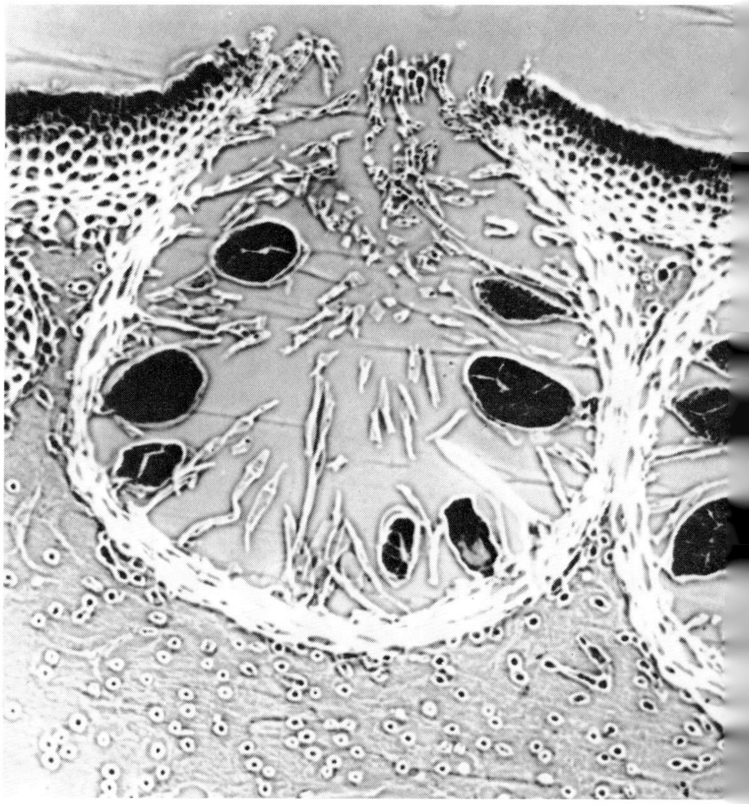

zusammen mit dem Mais eines der Geschenke des neuen Kontinents an den alten, der im Austausch Weizen und Reis in Amerika bekannt machte. Es ist überflüssig zu betonen, daß die Einführung der Kartoffel wie auch des Mais einen Wendepunkt im Kampf gegen die periodisch auftretenden Hungersnöte und die chronische Unterernährung ganzer Völker darstellte.

Als Pizarro 1526 nach Peru kam, fand er ebenso wie Diego d'Almagro in Chile (1535) ausgedehnte Kartoffelpflanzungen vor. Als erster beschrieb Cieza de Leon in seiner 1533 erschienenen Chronik Perus die Pflanze und ihre wirtschaftliche Bedeutung, ebenso die Riten, die mit ihr verbunden waren.

Der Kartoffelanbau muß in diesen Ländern bereits sehr alt gewesen sein; es sind Töpfe und Keramiken mit Darstellungen von Kartoffeln bekannt, die aus der Zeit der Inkas und der vorhergegangenen Epochen der Chimu- und der Prächimu-Kultur stammen. In Chile wurde die Pflanze wahrscheinlich später angebaut als in Peru; im Mexiko der Azteken waren andere knollige Nachtschattengewächse bekannt.

Wie und wann gelangte die Kartoffel nach Europa? Früher ging die Sage, daß der berühmte Admiral und Pirat Sir Francis Drake, der 1567 auf den Spuren Magellans durch die Magellanstraße nach Chile gelangte, die Kartoffel als erster nach Europa eingeführt haben sollte. Einer kritischen Untersuchung der Daten und Schriftstücke hielten diese Angaben jedoch nicht stand. Im übrigen scheint es auch unwahrscheinlich zu sein, daß die Kartoffeln, die man bereits damals nicht mehr mit Samen vermehrte, die lange Seereise von Chile nach Europa hätten überstehen können. Die Bürger von Offenburg in Baden waren also nicht besonders gut beraten, als sie Sir Francis Drake deshalb ein Denkmal errichteten (heute zerstört).

Eine andere, ebenso widerlegte Geschichte ist jene, nach der der Mathematiker und Astrologe Gerolamo Cardano, der Erfinder der Kardanischen Aufhängung, die Kartoffel nach Europa gebracht haben soll, ebenso jene, die Sir Walter Raleigh, der 1584 Virginia entdeckte, dieses Verdienst zuschreibt.

Alles in allem können wir nur sagen, daß die Kartoffel von der Atlantikküste Südamerikas nach Europa gekommen ist, was natürlich erst dann möglich war, als zwischen Pazifik- und Atlantikküste überseeische Verbindungen bestanden. Das erste Land Europas, in das die Kartoffel wahrscheinlich im Jahr 1565 kam, war Spanien, und sicherlich müssen wir mehrere aufeinanderfolgende Einfuhrperioden annehmen.

Von Spanien brachten die Karmeliter die Kartoffel nach Italien, wie Pater Magazzini da Vallombrosa, dessen Werk posthum 1623 veröffentlicht wurde, bezeugt. Die erste botanische Beschreibung haben wir dem Franzosen Clusius (1588), Professor in Wien, zu verdanken, der von Philippe de Sivry Kartoffeln aus Rom bekommen haben soll.

1590 gelangte die Kartoffel nach Irland und England; von Irland aus wurde sie nach Virginia gebracht – also genau entgegengesetzt, als es im Geschichtsunterricht in der Raleigh-Geschichte behauptet wird.

In Deutschland trat die Kartoffel 1630 in Erscheinung. Zu einer Einfuhr in großem Maßstab gab aber erst Seignoret von Luserna San Giovanni Anlaß, der Henri Arnaud die ersten Kartoffeln lieferte. Dieser war Vorsteher einer Waldenser-Gemeinde, die vor den Verfolgungen Vittorio Amadeos und Ludwigs XIV. nach Württemberg und Baden geflüchtet war.

Obwohl sie seit der Zeit des Spaniers Bricegno als hochwertiges Nahrungsmittel und als wirksame Waffe im Kampf gegen den Hunger galt, wurde die Kartoffel zuerst nicht so aufgenommen, wie sie es verdient hätte. Erst dem französischen Ökonom und Philanthropen Antoine-Augustin Parmentier (1737–1813), der im Siebenjährigen Krieg die Kartoffel in Hannover kennenlernte, ist es zu verdanken, daß sie während der Hungersnot im Jahre 1789 in Frankreich verbreitet wurde. Die Sage erzählt, daß er Ludwig XV. dazu brachte, eine Kartoffelblüte im Knopfloch zu tragen, und manchem Leser ist vielleicht die Anekdote bekannt, daß er, um das Mißtrauen zu besiegen, seine Kartoffelfelder einzäunte und Schilder anbrachte, die das Mitnehmen der Pflanze verbot. Diese List genügte; die Bauern stahlen die Kartoffeln, wie Parmentier es wollte, und verbreiteten sie auf diese Weise. Zum Gedächtnis an diesen Mann kann man noch heute Kartoffelgerichte »à la Parmentier« oder »à la Parmentière« auf der Speisekarte finden.

Cieza de Leon übernahm einen Ausdruck der Quechua- oder Inkasprache ins Spanische und nannte die Kartoffel »papa«. In den einzelnen Dialekten gab es jedoch auch andere Namen, wie »acsu« und in der Aymarà-Sprache »choque«. Von »papa« und Papas peruanorum, wie Clusius die Kartoffel nannte, stammen offensichtlich das italienische und spanische »patata« und das englische »potato«. Das deutsche Wort Kartoffel kommt von »tartifole«, einem noch heute gebräuchlichen Wort der piemontesischen Dialekte, das auf eine Ähnlichkeit der Kartoffel mit Trüffeln hindeuten soll.

Die ungeschlechtliche Fortpflanzung erfolgt bei einzelligen Pflanzen durch Teilung (Bakterien, Flagellaten, Kieselalgen)

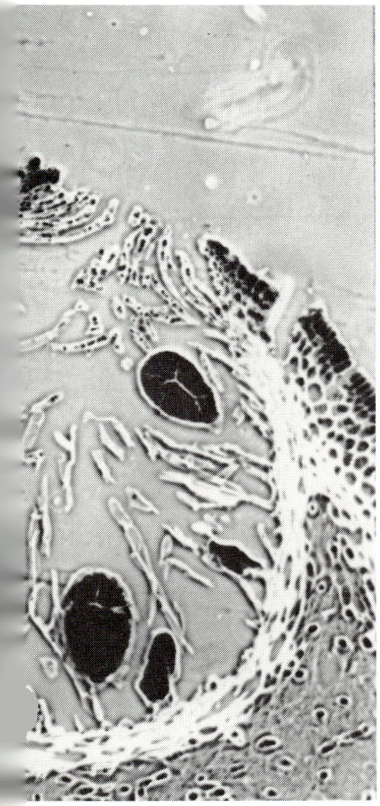

An den Enden der Thalluszweige der Braunalge (FUCUS) *befinden sich krugförmige Einsenkungen (Konzeptakeln), in denen auf kurzen Stielchen dunkle Eizellen sitzen (hier ein Querschnitt). Sie werden von frei beweglichen Spermatozoiden aus anderen Konzeptakeln befruchtet.*

Karl von Linné schuf die binäre Nomenklatur

Karl von Linné (bis 1762 Carl Linnaens), ein schwedischer Naturforscher, Biologe und Mediziner, wurde am 23. Mai 1707 in Råshult geboren; er starb am 10. Januar 1778 in Uppsala. Zunächst war er Arzt in Stockholm, seit 1742 Professor der Botanik in Uppsala.

Sein Lebenswerk ist die Schaffung der »binären Nomenklatur« (binär: aus zwei Einheiten bestehend; Nomenklatur: Zusammenstellung von Fachausdrücken), mit der er für jedes Lebewesen lateinische Gattungs- und Artnamen einführte. Das von ihm aufgestellte Linnésche System des Pflanzenreiches war international verständlich, richtete sich allerdings nur nach den Merkmalen der Blüte, war also ein künstliches System, das sehr bald durch andere, natürliche Systeme ersetzt wurde.

Sein Hauptwerk war »Systema naturae«; es erschien 1735. Es folgten u. a. »Philosophia botanica« 1751 und »Species plantarum« 1753.

Bei der binären Nomenklatur gibt der erste Name die Gattung (großgeschrieben) an, der zweite die Art (kleingeschrieben), z. B. Echte Kamille *(Matricaria chamomilla)*. Hinter der Systemeinheit (Gattung, Art) steht meist noch der Name oder dessen Abkürzung des Erstbenenners, wovon jedoch in der Regel in der populärwissenschaftlichen Literatur Abstand genommen wird. Wenn wir also bei der Echten Kamille *(Matricaria chamomilla L.)* finden, so bedeutet L. = Linné.

Die Rangordnung der Systemeinheiten lautet: Reich, Unterreich, Abteilung, Unterabteilung, Klasse, Unterklasse, Familie, Unterfamilie, Gattung, Untergattung, Art, Unterart, Varietät, Untervarietät und Form.

oder durch Sprossung (Hefe), bei vielzelligen durch die Abtrennung und Weiterentwicklung einzelner Zellen oder mehrzelliger kleiner Körper. Einzellige Keime werden, wie schon erwähnt, als Sporen bezeichnet. Die Organe, welche Sporen erzeugen, bezeichnet man allgemein als Sporangien. Bei niedrigen Pflanzen sind die Sporangien oft einzellig (unilokulär), oft aber auch vielzellige Gebilde (plurilokuläre Sporangien). Entstehen Sporen im Innern einer Zelle, so bezeichnet man sie als Endosporen (z. B. die Zoosporen niedriger Pilze oder die Ascosporen der Schlauchpilze), während die Exosporen nach außen abgeschnürt werden (wie die Konidien vieler Pilze; auch die Basidiosporen der Ständerpilze). Die Sporangien der Moose und Farnpflanzen sind kapselartig und haben besondere Öffnungsmechanismen. Samenanlagen und Pollensäcke der Blütenpflanzen entsprechen Sporangien. Bei den Farn- und

Gregor Mendel fand die Gesetze der Vererbung

Gregor Johann Mendel wurde am 22. Juli 1822 in Heinzendorf/Mähren geboren; er starb am 6. Januar 1884 in Brünn. Seit 1843 war er Augustinermönch (1868 wurde er Abt des Augustinerstiftes in Brünn), 1854 Lehrer für Naturwissenschaften an der Oberrealschule in Brünn. Im Jahre 1865 entdeckte er nach systematischen Kreuzungsversuchen mit Erbsen und Bohnen die nach ihm benannten Regeln. Seine Ergebnisse legte er in einer wissenschaftlichen Zeitschrift (»Verhandlungen des Naturforschenden Vereins«) in Brünn nieder. Seine Arbeit lautete: »Vesuche über Pflanzenhybriden«.

Die »Mendelschen Regeln« wurden zunächst kaum gewürdigt, bis 1900 Carl Erich Correns, Erich Tschermak und Hugo de Vries unabhängig voneinander sie neu entdeckten.

Die Mendelschen Erbgesetze, die heute für alle Lebewesen, den Menschen nicht ausgenommen, von Bedeutung sind, gipfeln in drei Regeln:

1. der Uniformitätsregel
2. der Spaltungsregel
3. der Unabhängigkeitsregel, auch Regel von der Neukombination der Erbfaktoren (Gene) genannt.

Kreuzt man nämlich Rassen, die sich in mehreren Merkmalspaaren voneinander unterscheiden, so treten in den Folgegenerationen, den Bastardgenerationen, neue Zusammenstellungen von Merkmalen in jeweils bestimmten Häufigkeiten auf. Hieraus ergibt sich, daß die einzelnen Erbfaktoren unabhängig voneinander vererbt werden.

Was sich hier so nüchtern anhört, ist das Ergebnis einer mühevollen jahrelangen geduldigen Forscherarbeit, der längst nicht nur Erfolge beschieden waren. Inzwischen haben Gelehrte aus aller Welt Mendels Erkenntnisse bestätigt.

den Blütenpflanzen befinden sich die Sporangien in der Regel auf besonders gestalteten Blättern, den Sporophyllen.

Der bekannte Schimmelpilz *Mucor mucedo* bildet auf einem horizontalen Myzel (Pilzgeflecht) aufrechtstehende Hyphen (Pilzfäden) aus, die an ihrem Ende kugelig anschwellen. Der Pilz trennt die Anschwellung durch eine Wand ab, während im Innern zahlreiche mehrkernige Endosporen entstehen. Sie umgeben sich mit einer Membran, werden frei und bilden ein neues Myzel.

Viele andere Pilze dagegen vermehren sich durch Exosporen (Konidien), so die Schimmelpilze *Aspergillus* und *Penicillium*. Diese entwickeln sogenannte Konidienträger, die Konidien in pinselartig angeordneten Ketten anlegen. Die Hyphen können aber auch in Reihen kleiner Protoplasten zerfallen, wobei sich später Wände bilden, die sie voneinander trennen (Chlamydosporen). Dies ist z. B. bei den Sporen der Brandpilze der Fall.

Braunalgen mit Schwimmblasen an besonderen Kurztrieben sind die etwa 250 Arten der Gattung Sargassum, *die in allen warmen Meeren verbreitet sind, besonders aber in australischen Gewässern leben. In gewaltigen Massen bilden sie vor allem in der Sargassosee riesige untermeerische Wälder. Das atlantische Sargassomeer, ein etwa 6000 m tiefes Meeresgebiet, das der Algengattung seinen Namen verdankt und der Küste Floridas vorgelagert ist, wurde als Laichplatz der Aale berühmt.*

Mehrzellige Exosporen bilden viele *Fungi imperfecti* aus (Pilze, die wahrscheinlich keine geschlechtliche Fortpflanzung kennen; mehr als 10000 Arten, darunter viele Krankheitserreger von Kulturpflanzen).

Schließlich können Keime bei der ungeschlechtlichen Fortpflanzung durch Zergliederung von mehrzelligen Zellfäden entstehen wie bei manchen Algen. Nach dem Zerfall in mehrere kleine Bruchstücke (Gemmen, Oidien) wachsen diese danach wieder zu ihrer üblichen Länge aus.

Die Endo- und Exosporen, aber auch die Gemmen besitzen eine derbe und gegen Austrocknung widerstandsfähige Membran. Sie werden, weil sie sehr leicht sind, hauptsächlich durch den Wind verbreitet.

Bei im Wasser lebenden Formen, vor allem bei vielen Algen, aber auch bei manchen Pilzen, so bei *Saprolegnia*, bestehen die Keime aus nackten Endosporen, die durch Zilien oder Geißeln bewegt werden (Schwärm- oder Zoosporen). Arten der Gattung Saprolegnia sind äußerst gefährliche Parasiten von Süßwasserfischen. Sie können ganze Aquarien entvölkern, indem sie sich in den Kiemen ihrer Wirte festsetzen und oft deren Körper mit einem weißen Myzel überziehen. Andere Arten schmarotzen auf höheren Pflanzen, so *Blepharospora cambivora*, die bei Kastanien die »Tintenkrankheit« hervorruft.

Mehrzellige Keime, sogenannte Brutkörperchen, sind besonders bei Moosen verbreitet, aber auch bei höheren Pflanzen zu finden. Beim Brunnenlebermoos *(Marchantia)* werden die Brutkörper in besonderen Brutbehältern gebildet. Auf der Thallusoberseite sind sie deutlich als becherförmige Vertiefungen, die mit kleinen grünen Brutkörperchen gefüllt sind, zu erkennen. Diese lösen sich ab, werden vom Regen fortge-

Ungeschlechtliche Fortpflanzung

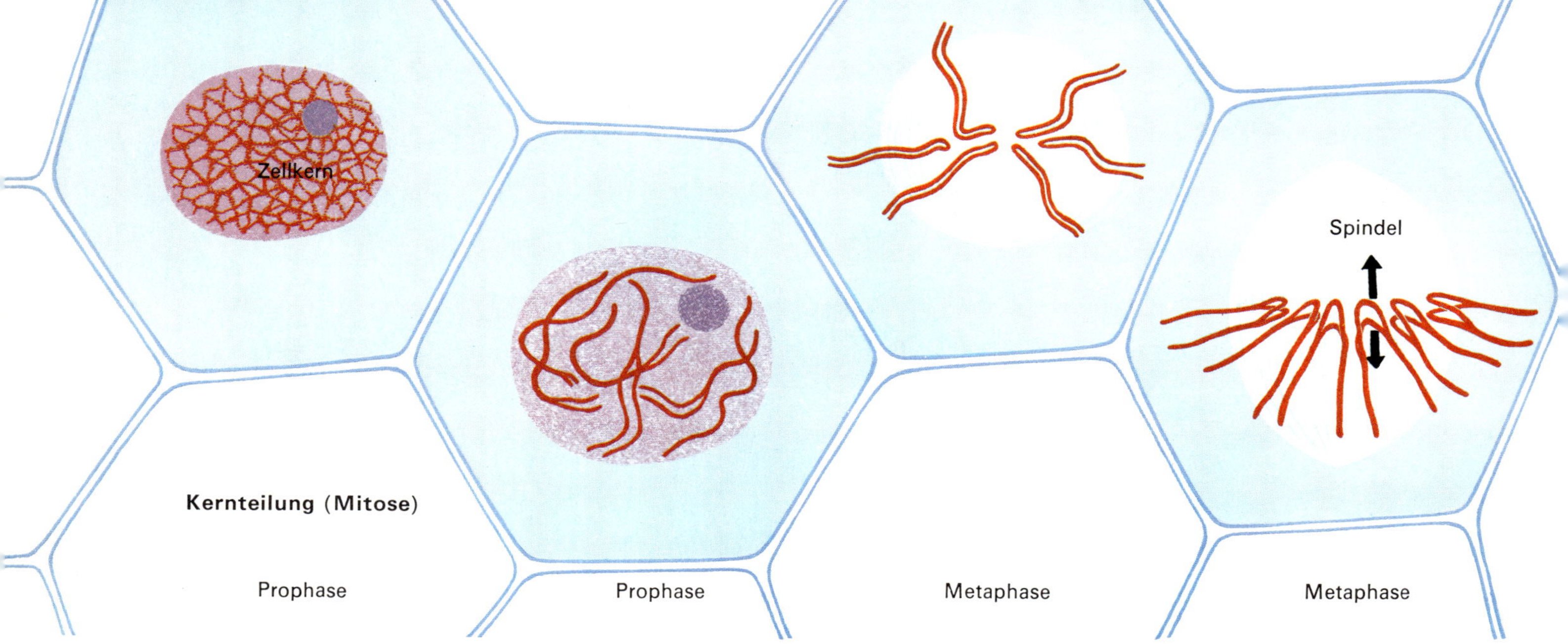

Mitose

In der Kernteilung (Mitose) und der nachfolgenden Zellteilung wird das Erbmaterial von einer Zelle zur anderen weitergegeben. Bei der Mitose können etwa 5 Phasen unterschieden werden: In der Prophase verkürzen sich die Chromosomen, in denen die Gene aufgereiht sind. Die Chromosomen spalten sich, und die Kernmembran löst sich auf.

Während der Metaphase sind die Chromosomen maximal verkürzt (spiralisiert) und in der Teilungsebene angeordnet.

In der Anaphase wandern die Spalthälften der Chromosomen (Chromatiden) jeweils zu den entgegengesetzten Polen der Zelle.

Eine neue Zellwand bildet sich in der Telophase, ebenso entstehen zwei Kernmembranen. Bei der ungeschlechtlichen Fortpflanzung der Einzeller teilen sich die Zellen wie bei der Mitose bei gleichzeitiger Vermehrung. Teilt sich die Zelle aufgrund mehrerer Kernteilungen, spricht man von einer Vielfachteilung. Bei der Knospung werden Ausstülpungen abgeschnürt, die zur vollen Größe heranwachsen. Durch Mitosen entstehen auch die Sporen (Konidien) der Schimmelpilze wie die Sporen vieler Thallophyten und Moose.

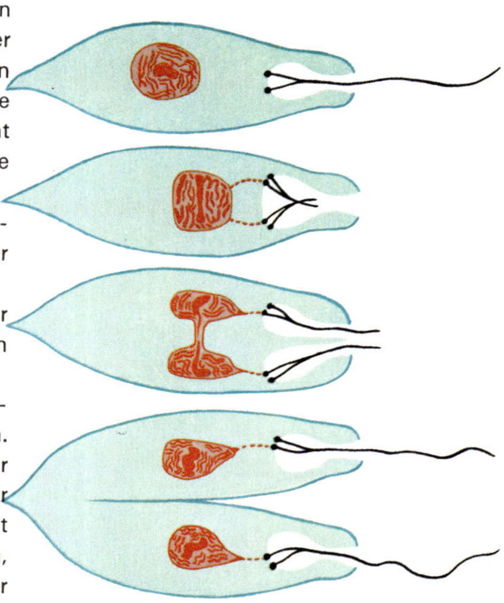

Euglena spec. (Längsteilung)

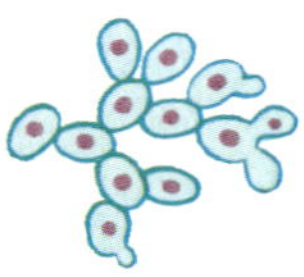

Hefe (Sprossung)

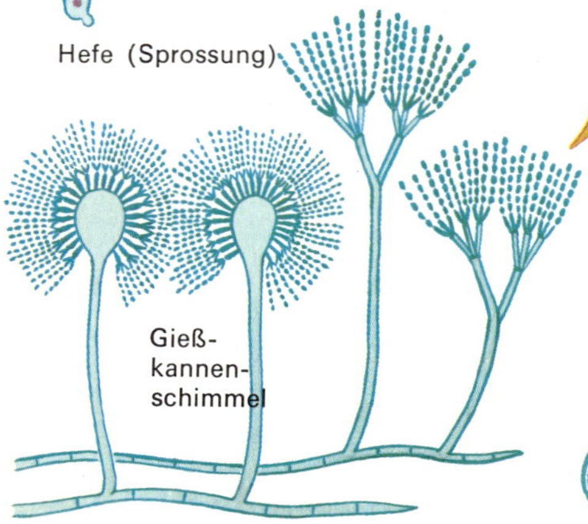

Pinselschimmel mit Konidien

Gießkannenschimmel

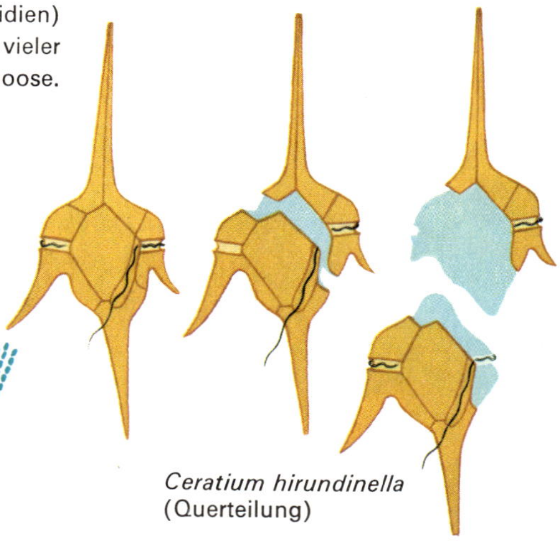

Ceratium hirundinella (Querteilung)

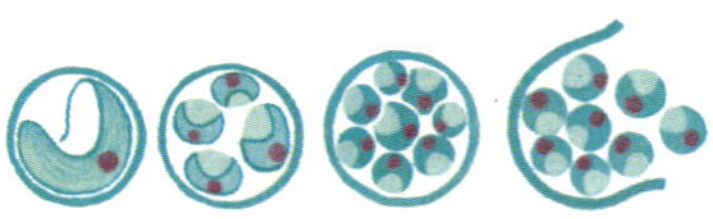

Chlorella vulgaris (Vielfachteilung)

Triebvermehrung bei Laubmoosen (unten abgestorbener Trieb)

Neben der vegetativen Vermehrung oder der Fortpflanzung ohne die Vereinigung von männlichen und weiblichen Geschlechtszellen durch einzellige Sporen übernehmen ganze Zellkomplexe die Vermehrung. Im einfachsten Fall werden von einer Mutterpflanze einzelne Teile spontan oder durch gewaltsame Eingriffe von außen abgetrennt, die zu einem neuen Organismus heranwachsen (z. B. bei Laubmoosen und der Wasserpest).

Andere Pflanzen verfügen über besondere Einrichtungen, die der vegetativen Fortpflanzung dienen. Dazu gehören z. B. die Ausläufer, die oberirdisch (bei der Erdbeerpflanze) oder unterirdisch (bei der Kartoffelpflanze) als Seitentriebe eines Sproßsystems entstehen, die sich nach einiger Zeit vom Muttersproß loslösen. Die Kartoffelknollen sind die angeschwollenen, mit Stärke gefüllten Enden solcher Ausläufer. Gestauchte Sprosse sind die blattachselständigen, sich später ablösenden Brutknospen (Bulbillen) bei *Lilium* oder die Brutzwiebeln.

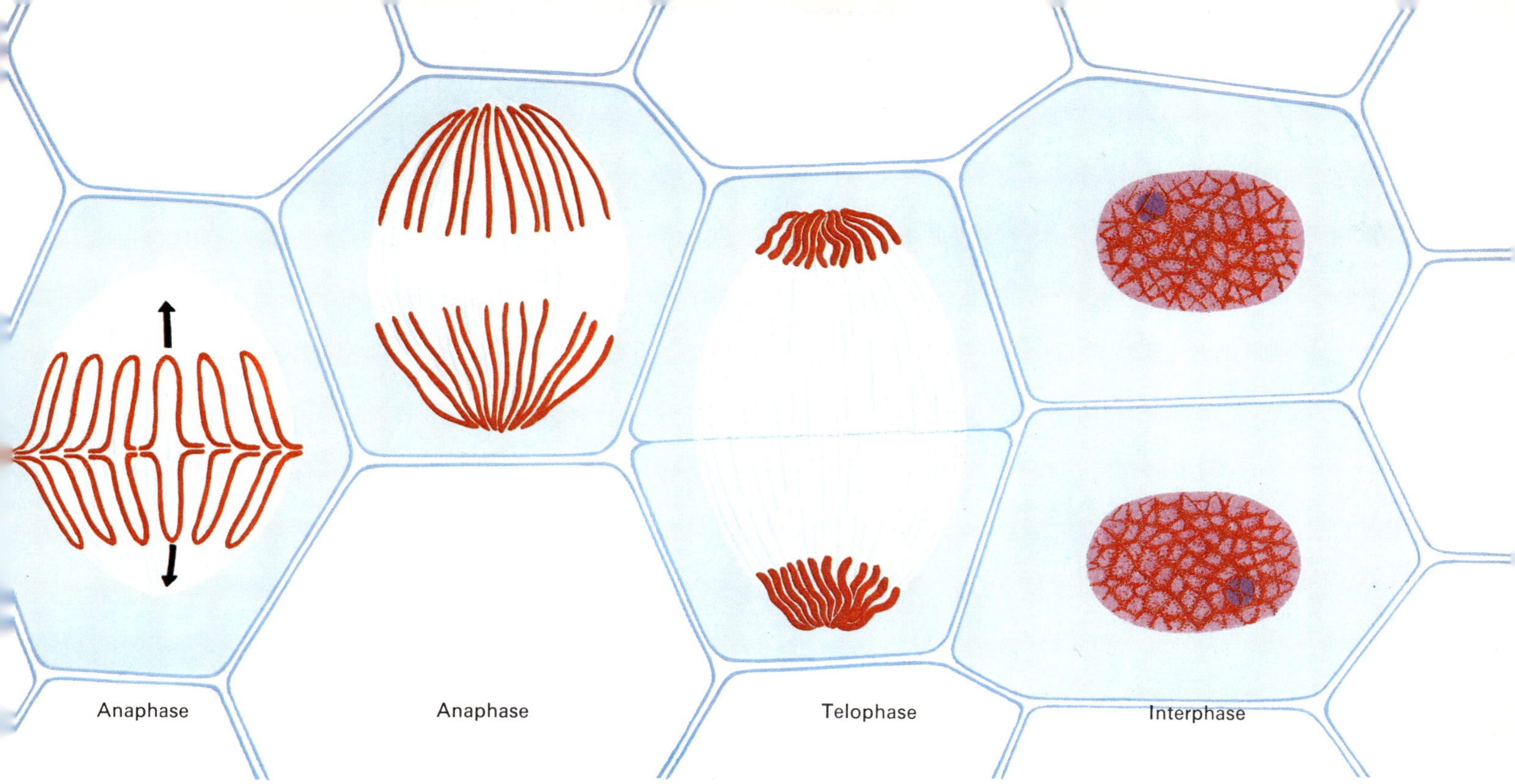
Anaphase
Anaphase
Telophase
Interphase

Bryophyllum
mit blattbürtigen Brutknospen
Lilium bulbiferum
mit sproßbürtigen Brutknospen
Blattstecklinge der
Königsbegonie
durch Regeneration
Erdbeerpflanze
Ausläufer
Kartoffelpflanze
mit Sproßknollen
ältere Pflanze
mit Mutterknolle
eine junge Pflanze
entwickelt sich aus
der Sproßknolle
Zwiebel
mit junger
Brutzwiebel
H. Schäfer

Die jungen Farnwedel sind in der Jugend spiralig eingerollt und haben die Form eines Bischofsstabes. Sie sind mit braunen Spreuschuppen bedeckt (rechts oben).

Ältere Farnblätter tragen auf der Unterseite ihrer Fiederblättchen die Sporangien. Anfangs sind sie noch von einem Schleier bedeckt (ganz rechts oben).

Die Mondraute, ein Natternfarn, hat nur zwei Blattwedel: das sporentragende Blatt (Sporophyll) und einen sterilen hellgrünen Wedel (rechts unten).

Sporenähren des Kolbenbärlapps, der wegen seiner am Boden dahinkriechenden, langen immergrünen Zweige auch Schlangenmoos genannt wird (links).

schwemmt und wachsen auf günstigem Substrat zu neuen Moospflänzchen heran.

Moose und Farne verfügen aber auch über Luftsporen, die mit einer festen Zellwand umgeben und außerordentlich leicht sind, so daß sie schon vom leisesten Windhauch davongetragen werden können.

Mehrzellige Keime sind ferner die Brutknöllchen in den Blattachseln des Scharbockskrautes *(Ranunculus ficaria)* und die Brutknospen (Brutzwiebeln, Bulbillen) bei der Zwiebelzahnwurz *(Dentaria bulbifera)*, die in unseren Laubwäldern verbreitet ist. Letztere vermehrt sich hauptsächlich mit Hilfe ihrer braunvioletten eiförmigen Brutsprosse, da ihre Früchte nur selten zur Reife gelangen. In den Blütenständen von Laucharten *(Allium)* kann sich sogar eine Anzahl von Blüten zu Brutzwiebeln umbilden. Bei Wasserpflanzen finden sich Winterbrutknospen (Hibernakeln).

Prothallium (Vorkeim) der Farnpflanze, das die Geschlechtsorgane trägt. Aus den befruchteten Eizellen entwickeln sich neue Pflanzen (links).

Der ungeschlechtlichen Vermehrung dienen ferner die Sproßknollen der schon erwähnten Kartoffel, aber auch von Dahlie und Krokus, ferner die Wurzelstöcke von Maiglöckchen, Quecke, Schwertlilie, Buschwindröschen, Taubnessel u. a. Hierzu ist auch die Stecklingsvermehrung mancher Kulturpflanzen zu rechnen.

Bei den höheren Pflanzen herrscht die geschlechtliche Fortpflanzung vor. Sie beruht auf der Bildung von männlichen und weiblichen Geschlechtszellen (Gameten), die bei der Befruchtung zur einzelligen Zygote verschmelzen. Die Zygote kann entweder sofort zu einer neuen Pflanze auskeimen oder sich bei ungünstigen Lebensbedingungen mit einer derben Wand umgeben und in ein Ruhestadium treten. Sie wird dann als Dauerzygote bezeichnet.

Bei den Samenpflanzen entwickelt sich die Zygote sofort zu einem Keimling, der aber zunächst vom Gewebe der Mutterpflanze umhüllt bleibt. Wenn er eine bestimmte Größe erreicht hat, stellt er sein Wachstum ein und geht in einen Ruhezustand über. Erst jetzt wird der junge Keimling mit seiner Hülle als Same von der Mutterpflanze abgelöst.

Zusammenfassend soll folgendes festgehalten werden: Keime entstehen entweder ungeschlechtlich als einzellige (Sporen) oder mehrzellige Keime. Die einzelligen können bewegliche Schwärmsporen (Zoosporen) oder unbewegliche Luftsporen sein, die vom Wind mitgeführt und verbreitet werden.

Auf geschlechtlichem Wege entstehen Keime durch Verschmelzung einer männlichen mit einer weiblichen Geschlechtszelle (haploide Gameten), die dadurch die Zygote (diploide Verschmelzungszelle) bilden. Als Same löst sich der junge Keimling nach seiner Reife von der Mutterpflanze ab.

Der Knoblauch – eine Zauberpflanze

Zu den bekanntesten *Allium*-Arten gehört der Knoblauch *(Allium sativum)*. Er ist eines der wichtigsten Küchengewürze der Südländer und Orientalen. Seine Heimat soll in der Kirgisensteppe zu suchen sein; bereits im Altertum wurde er angebaut und war von China, wo er »Su-an« genannt wird, bis nach Indien, Ägypten und den Mittelmeerländern verbreitet.

Die Griechen nannten den Knoblauch »skorodon«. Herodot erzählt, daß auf der Cheopspyramide eine Aufstellung über Knoblauch und Zwiebeln zu sehen war, die man als »Verpflegung« an die Sklaven verteilt hatte, die die Pyramiden bauen mußten. In der Heiligen Schrift steht zu lesen, daß die Juden in der Wüste die Güter, die sie in ihrer Heimat zurücklassen müssen, beklagten, unter anderem auch Knoblauch und Zwiebeln. Bei den Römern gehörte der Knoblauch zur täglichen Nahrung. Im letzten Jahrhundert vor Christus verschmähte man ihn jedoch bereits wegen seines üblen Geruches, wie Varro berichtet, ebenso Horaz, der an einer bekannten Stelle eines seiner Werke vorschlägt, die Vatermörder dazu zu verdammen, nur noch Knoblauch zu essen, der besser wirke als Schierling.

Abgesehen von seiner Bedeutung als Küchengewürz war der Knoblauch und mit ihm auch andere Laucharten als Zauberpflanze berühmt. In der Odyssee gibt Hermes dem Odysseus den »moly«, um ihn aus dem Bann der Zauberin Circe zu lösen. Um welche Lauchart es sich dabei gehandelt hat, läßt sich nicht mehr sagen. Homer spricht von einer schwarzen Wurzel mit weißen Blüten, wodurch der Knoblauch also auszuschalten ist. Mit *Allium moly* bezeichnet man heute eine Lauchart des westlichen Mittelmeerraumes, die aber gelbe Blüten hat. Es ist auch möglich, daß Homer sich auf den Schwarzen Lauch (*Allium multibulbosum*, auch *Allium magicum*), bezogen haben könnte, während andere die Meinung vertreten, es habe sich um den Allermannsharnisch *(Allium victorialis)* gehandelt, ebenfalls eine Zauberpflanze, die die Krieger vor Verwundungen schützen und sie zum Siege führen sollte.

Der Knoblauch soll ferner wider den bösen Blick wirken, und noch heute ist der Aberglaube verbreitet, Ketten aufgereihter Knoblauchzehen könnten Unheil abwehren, wie man auch in Osteuropa Knoblauchblüten in die Fenster hängt, um Vampire fernzuhalten.

Der Knoblauch enthält zahlreiche Substanzen, darunter ätherische Öle, auf denen sein charakteristischer Geruch beruht. Außer den schon auf Seite 167 erwähnten Eigenschaften soll er verdauungsfördernd wirken, einen Schutz gegen Infektionskrankheiten bieten sowie gegen Gelbsucht und Darmparasiten helfen. Wenn man ihn in den Gehörgang einführt, soll er Mittelohrentzündungen heilen und als Umschlag eitrige Zellgewebsentzündungen beseitigen sowie bei Kindern Krämpfe lösen.

Auch in der modernen Medizin wurde der Knoblauch bereits bei den verschiedensten Krankheiten angewandt. Vor einigen Jahrzehnten galt er als wirksam bei Tuberkulose, später als verdauungsfördernd; er sollte Diabetes heilen und zu hohen Blutdruck herabsetzen. Schließlich soll er sogar antibiotisch wirken.

Die Fortpflanzung der niederen Pflanzen

Die Gameten sind nackte Zellen von gleicher oder ungleicher Größe und einzeln nicht entwicklungsfähig. In ersterem Falle werden sie als Isogameten bezeichnet; ihrer Funktion nach sind sie aber in männliche und weibliche Geschlechtszellen getrennt.

Bei der Isogamie und der Anisogamie verschmelzen den Zoosporen ganz ähnliche, sich mit Hilfe von Zilien oder Geißeln im Wasser freischwimmend fortbewegende Gameten zu Zygoten. Die Gameten werden in besonderen Organen (Gametangien) gebildet. Isogameten unterscheiden sich nicht in ihrer Form und Größe, während bei der Anisogamie der eine, als weiblich anzusprechende Gamet (Makrogamet) bedeutend größer ist als der männliche oder Mikrogamet. Wird der Unterschied ganz bedeutend, wobei der Makrogamet keine Geißeln mehr ausbildet und auch die Fähigkeit verliert, sich freischwimmend fortzubewegen, dann wird er als Ei oder Eizelle bezeichnet. Der Mikrogamet solcher Pflanzen heißt Spermatozoid.

Es gibt eine Reihe von Pflanzen, bei welchen beide Gameten nicht frei beweglich sind, wobei sie sich in Größe und Form nicht voneinander unterscheiden (wie bei den Jochalgen, Kieselalgen oder höheren Pilzen mit Gametangiogamie), oder bei denen ein deutlicher Größenunterschied zu verzeichnen ist (wie bei den Rotalgen, bestimmten Pilzen und den Blütenpflanzen). Im folgenden sollen einige Beispiele besprochen werden:

Die zu den Jochalgen *(Conjugatae)* zählende Schraubenalge *(Spirogyra)* kommt weit verbreitet in Tümpeln, Gräben und Teichen vor. Sie bildet zusammen mit anderen fadenförmigen Algen wattige oder von Bläschen durchsetzte, schaumige grüne Pflanzenmassen, die »Nixenhaar« genannt werden. Ihre unverzweigten Fäden bestehen aus aneinandergereihten, walzenförmigen Zellen. Ein schraubig gewundenes, am Rande gelapptes Chlorophyllband verleiht der Pflanze ihren Namen. In diesem sind punktförmige Gebilde zu erkennen: es sind Stärkeherde. Der Zellkern wird von dünnen Plasmasträngen in der Zellmitte gehalten. Die Algenfäden wachsen sehr rasch durch Teilung und Streckung der Zellen. Abgerissene Thallusstückchen leben selbständig weiter und wachsen ihrerseits zu neuen langen Fäden aus. Sie haben weder Basis noch Spitze.

Die sexuelle Fortpflanzung der Spirogyra sowie aller anderen Jochalgen geht auf folgende Weise vor sich: Zwei Zellfäden legen sich parallel nebeneinander. Dann buchten sich die Wände von je zwei einander zunächstliegenden Zellen verschiedener Fäden an den Berührungsstellen aus, lösen sich schließlich auf und bilden einen Verbindungskanal (Jochalgen!). Unterdessen ziehen sich die Zellinhalte des einen Fadens zusammen und wandern durch die Joche zum andern hinüber. Dort verschmelzen sofort Plasmakörper und Kerne zu einer Zygote. Dieser besondere Befruchtungsvorgang wird als Konjugation bezeichnet.

Die Zygoten runden sich ab und umgeben sich mit einer dikken, widerstandsfähigen Wand. Wenn sich die Wand der Algenzelle zersetzt, werden sie frei und sinken auf den Wassergrund, wo sie im nächsten Frühjahr einen Keimschlauch treiben. Trocknet das Gewässer aus, werden sie als »Dauerzygoten« mit dem Staub davongeweht. Da ihnen die Trockenheit nichts anhaben kann, verharren sie so lange in diesem Zustand, bis sie wieder in ein Gewässer gelangen und dort nach Reduktion zu einem neuen Algenfaden auskeimen.

Bei den weit verbreiteten Weißschimmelarten der Familie *Mucoraceae* vereinigen sich nach einer vorangegangenen Ver-

Charles Darwin begründete die Lehre von der »Abstammung der Arten«

Charles Robert Darwin, englischer Naturforscher, wurde am 12. Februar 1809 in Shrewsbury geboren; er starb am 19. April 1882 in Down (Kent). Als Schiffsarzt unternahm er mit der »Beagle« in den Jahren 1832/37 eine Weltreise und lebte dann auf seinem Landsitz Down, wo er naturwissenschaftliche Studien trieb. In seinen Schriften begründete er eine neue Lehre von der Umbildung der Arten, der Herausbildung neuer Arten durch Auslese der für die jeweiligen Lebensbedingungen geeigneten Formen. Durch Ernst Haeckel (1834-1919) angeregt, baute er seine Anschauungen auch auf den Menschen und seine Abstammung aus. Diese Lehre nennt man Darwinismus.

Darwins Hauptwerke gipfeln in »Über die Entstehung der Arten durch natürliche Zuchtwahl« 1859, das 1899 ins Deutsche übertragen wurde, und »Die Abstammung des Menschen und die geschlechtliche Zuchtwahl«, deutsch 1902.

Ähnliche Gedanken vertrat etwa zur gleichen Zeit, im Jahre 1859, Alfred Russel Wallace. Der Darwinismus nimmt an, daß die große Nachkommenzahl der Lebewesen zu einem Konkurrenzkampf (»Kampf ums Dasein«) führt, bei dem nur die am besten Angepaßten überleben. Diese vermehren sich, so daß eine allmähliche Umbildung der früher für konstant gehaltenen Arten und eine Höherentwicklung erfolgt. Dabei ist beim Begriff »Darwinismus« stets zu unterscheiden, ob damit die Entwicklung (Abstammungslehre) oder die Erklärung der Entwicklungsfaktoren (Selektionstheorie) gemeint ist.

Jean-Baptiste Lamarck (1744–1829), der auch schon die Unveränderlichkeit der Arten in Frage gestellt hatte, konnte sich gegen Georges de Cuvier (1769–1832) nicht durchsetzen, der jede Stammesentwicklung ablehnte. Erst Darwin verhalf dem Abstammungsgedanken zum Sieg.

schmelzung zweier Gametangien zwei annähernd gleich große Plasmamassen mit mehreren Kernen, die paarweise kopulieren können. Einen solchen Vorgang bezeichnet man als Gametangiogamie (Gametangie).

Weißschimmel findet sich besonders häufig auf Brot und Früchten, wo er eine Schicht von erheblicher Dicke bilden kann, deren Farbe in der Reifeperiode oft in Grau, Braun oder Schwarz übergeht.

Bei der Oogamie entstehen die Spermatozoiden in den Antheridien. Die Behälter der Eizellen heißen Oogonien, wenn sie aus nur einer Zelle bestehen. Ist das Ei in eine mehrzellige Hülle unfruchtbarer (steriler) Zellen eingebettet, heißt ein solches Oogonium nun Archegonium.

Bei der Befruchtung suchen die beweglichen Spermatozoiden entweder die abgestoßene Eizelle auf, wie es beim Blasentang *(Fucus)* geschieht, oder sie dringen in die Oogonien bzw. Archegonien ein wie bei den Armleuchteralgen, den Moosen und Farnpflanzen.

Aus dem Gesagten ergibt sich also: Während bei Einzellern noch die ganze Zelle der Fortpflanzung dient, bilden sich bei den Lagerpflanzen (Algen), Moosen und Farnpflanzen besondere Fortpflanzungsorgane aus:

Die Schwärmsporen und Luftsporen entstehen in den Sporangien, die Isogameten und Anisogameten in den Gametangien. Die Behälter für die Eizelle sind das Oogonium bzw. Archegonium, für die Spermatozoiden das Antheridium. Die Laubmoose nähern sich in Struktur und Aussehen bereits den höheren Pflanzen; Farnpflanzen bilden schon echte Wurzeln und Sprosse aus.

Die Fortpflanzung der höheren Pflanzen

Die geschlechtlichen Fortpflanzungsverhältnisse im Pflanzenreich werden um so komplizierter, je höher differenziert eine Pflanze ist. Anhand der allmählich fortschreitenden Arbeitsteilung lassen sich die einzelnen Entwicklungsstufen genau verfolgen. Nur wenige Zellen werden zu Fortpflanzungsorganen; die Mehrzahl dient der Nahrungsaufnahme, dem Stoffwechsel, der Atmung usw. (Körperzellen).

Es wurde bereits mehrfach erwähnt, daß die geschlechtliche Fortpflanzung auf der Bildung von männlichen und weiblichen Geschlechtszellen (Gameten) beruht, die bei der Befruchtung zur einzelligen Zygote verschmelzen. Bei diesem Vorgang vereinigen sich zwar die beiden Gametenkerne miteinander *(Karyogamie)*, es verschmelzen aber nicht die beiden Chromosomensätze von der väterlichen bzw. mütterlichen Seite. Sie bleiben in ihrer Individualität erhalten.

Die notwendige Folge jeder Befruchtung bedeutet deshalb stets eine Verdoppelung des Chromosomensatzes. Besaßen die Geschlechtszellen nur je einen Chromosomensatz und waren haploid, so ist der Zygotenkern nun diploid, d. h. er besitzt zwei Chromosomensätze. Würde sich der Vorgang wiederholen, so müßte sich ihre Zahl in der nächsten Generation verdoppeln, in der übernächsten auf acht anwachsen usw. Deshalb wird in

Wenn die Pollenkörner auf der Narbe der Blüte auskeimen, durchwachsen die Pollenschläuche das weiche Griffelgewebe und dringen zur Samenanlage im Fruchtknoten vor.

Biene an einer Goldnesselblüte. Beim Eindringen in die Blütenröhre klappen die Staubblätter mit Hilfe einer Schlagvorrichtung auf den bepelzten Rücken des Gastes: die Bestäubung ist gewährleistet.

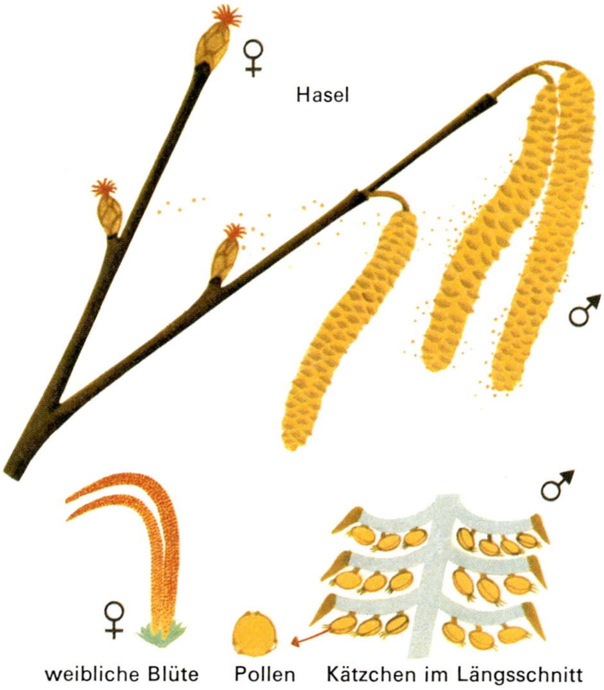

männliche Blüte des Papiermaulbeerbaumes mit pollenschleudernden Staubblättern

Bestäubung

Bei den Blütenpflanzen muß einer Befruchtung des Eikerns im Embryosack eine Bestäubung vorhergehen, d. h. die Narbe muß mit Blütenstaub (Pollen) beladen werden, der auf ihr keimen kann. Für die Übertragung des Pollens auf die Narben gibt es viele Möglichkeiten. Viele zwittrige Blüten können sich selbst bestäuben, indem der blüteneigene Pollen auf der Narbe keimt (links unten). Andere Blüten sind auf Fremdbestäubung angewiesen: sie sind selbststeril (z. B. Kernobst). Bei den Windblütlern überträgt der Wind den Pollen von einer Pflanze auf die Blüten einer anderen. Die Windblütler haben meist kleine, unscheinbare Blüten, die oft zu ähren- oder kätzchenförmigen Blütenständen vereinigt sind. Häufig ragen die Staubgefäße an langen Filamenten weit aus den Blüten (z. B. bei Gräsern) hervor. Die einzelnen Pollenkörner sind meist sehr klein und glatt oder haben wie bei der Kiefer große Luftsäcke. Die Narben dagegen sind groß und nicht selten federförmig gestaltet, um möglichst viele Pollen auffangen zu können. Bei vielen windblütigen Frühlingsblühern (z. B. Hasel) erscheinen die Blüten vor den Blättern, damit die Pollenverbreitung nicht behindert wird. Bei manchen Pflanzen wird die Aufgabe des Windes durch das Wasser übernommen (unten).

Ährchen des Gemeinen Goldhafers

normale Blüte des Hundsveilchens im Längsschnitt

Honigbiene mit ausgestrecktem Rüssel und Pollenkörbchen an den Schenkeln der Hinterbeine

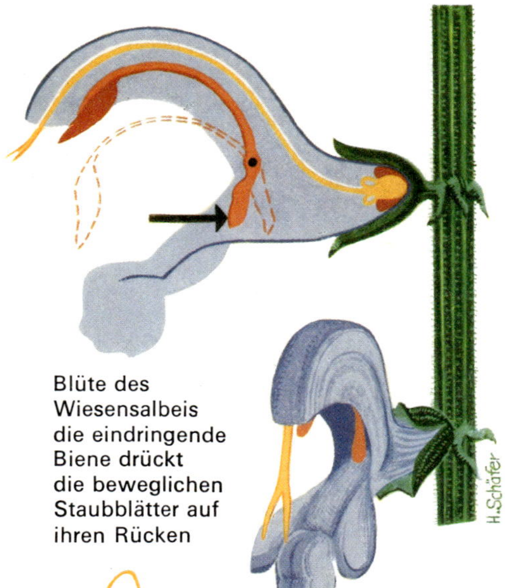

Blüte des Wiesensalbeis die eindringende Biene drückt die beweglichen Staubblätter auf ihren Rücken

Blüte im weiblichen Zustand mit hervorschauender Narbe

Blüte des Knabenkrauts mit zwei klebrigen Pollenpaketen, die sich an den Kopf einer Biene anheften

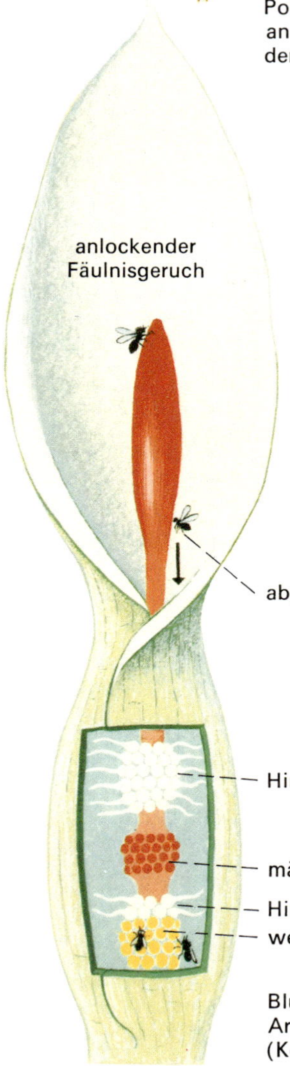

Blüte des Aronstabes (Kesselfallenblume)

eine Biene dringt in die enge Blüte des Leinkrauts ein

Doldengewächs

Schmetterlingsrüssel locker aufgerollt

Taubenschwanz (Nachtfalter) beim Einführen des Rüssels in eine Blüte des Seifenkrautes

Die Blüten, die von Insekten oder anderen Tieren bestäubt werden, sind meist nektarreich und haben große und intensiv leuchtende Kronblätter. Andere wieder locken durch besondere Düfte oder üble Gerüche (Aronstab) Insekten an. Sehr häufig sind die Blüten den Besonderheiten ihrer Besucher angepaßt oder umgekehrt. So spricht man z. B. von Fliegen-, Bienen-, Hummel-, Tagfalter- oder Schwärmerblumen. Bei verschiedenen tropischen Pflanzen können auch Vögel, Fledermäuse und sogar kleine Kletterbeutler die Bestäubung vornehmen. Der Pollen ist klebrig, meist mit Stacheln oder Warzen versehen oder zu Paketen zusammengeklebt (z. B. Orchideen).

Kolibri, vor einer Blüte schwirrend in Südamerika werden viele Blüten von diesen Tieren bestäubt

Spitzmaus-Langzungenvampir an einer Fledermausblume, die nur von diesen Tieren bestäubt wird

australischer Rüsselbeutler beim Besuch einer Blüte

Die Vermehrung des Farnkrauts

Die Vermehrung des Farnkrauts läßt sich am Wurmfarn *(Dryopteris filix-mas)*, der in schattigen Wäldern oft mächtige Bestände bildet, besonders gut demonstrieren.

Seine saftig-grünen Wedel, die alljährlich aus dem schräg nach unten gerichteten, braunschwarzen Rhizom (Wurzelstock) sprießen und im Herbst absterben, sind in der Jugend zunächst schneckenförmig eingerollt und mit braunen Spreuschuppen bedeckt. Nach ihrer Entfaltung sind die Wedel doppelt gefiedert, die Fiederblättchen gesägt.

Bei älteren Pflanzen bilden sich auf der Unterseite der Blättchen im Sommer zahlreiche nierenförmige Sporangienhäufchen (Sori), die von einem anfangs hellgrünen, später sich braun färbenden Schleier bedeckt sind. Er liegt schützend über vielen gestielten Kapseln (Sporangien), die jeweils die Größe eines Sandkorns haben. Jede Kapsel besteht aus einer Schicht heller, flacher Zellen, über die sich ein dunklerer, wulstiger Halbring spannt. Das Ganze sieht einem Ritterhelm nicht unähnlich.

Wenn die Kapselzellen im Spätsommer austrocknen und es ist warmes Wetter, zieht sich der Halbring zusammen; die Kapsel reißt auf und gibt zahllose staubfeine braune Sporen frei, die vom Wind erfaßt und mitgeführt werden. Setzt Regen ein, so lockert der Halbring seine Spannung, und die Kapsel schließt sich wieder, um die noch in ihr verbliebenen Sporen vor Feuchtigkeit zu bewahren. Sie könnten sonst zusammenkleben und am Davonfliegen gehindert werden.

Gelangen die Sporen, die jeweils aus einer einzigen Zelle bestehen, auf ein feuchtes Substrat, platzt die Sporenhülle auf, und ein kurzer grüner Keimschlauch kommt zum Vorschein, der sich bald zu einem etwa pfenniggroßen, blattartigen, herzförmigen Vorkeim (Prothallium) auswächst. Er liegt dem Erdboden dicht auf und hält sich mit den zahlreichen Wurzelhaaren seiner Unterseite am Substrat fest.

Nahe der Basis des Vorkeims liegen die kuppelförmigen Antheridien, am Herzeinschnitt die flaschenförmigen Archegonien. Sind die Organe völlig entwickelt und von Wasser benetzt, geben die Antheridien zahllose bewimperte Spermatozoiden frei, die sich mit Hilfe ihrer Wimpern durchs Wasser bewegen und, angezogen durch einen farblosen Schleim, der aus den Archegonien austritt, zu diesen hinstreben. Sie dringen in den Flaschenhals ein, und einer der Schwärmer befruchtet die im Archegonium befindliche Eizelle. Aus dieser Zygote entwickelt sich die junge Farnpflanze.

Beim Farnkraut ist also deutlich ein Generationswechsel zu unterscheiden: Aus den Sporen, die sich in den Sporangien am Farnblatt bilden, geht auf ungeschlechtlichem Wege der Vorkeim hervor. Er trägt die männlichen und weiblichen Geschlechtsorgane (haploid). Indem die männliche Samen- oder Spermazelle mit der weiblichen Eizelle verschmilzt, entwickelt sich aus der befruchteten Eizelle die neue sporenbildende Farnpflanze (diploid).

Beide Formen wechseln stets miteinander ab. Niemals geht aus einem Vorkeim ein weiterer hervor oder aus einer Farnpflanze eine neue. Beide stehen miteinander im Generationswechsel (s. auch S. 230).

die weitere Entwicklung die sogenannte Reife- oder Reduktionsteilung eingeschaltet, die vor der Bildung von Sporen oder Geschlechtszellen die Verminderung auf einen Chromosomensatz je Zellkern herbeiführt.

Bei der Reifeteilung (Meiosis) unterscheidet man zwei Schritte: 1. eine Reduktionsteilung, bei der die Chromosomen eines jeden Paares voneinander getrennt werden, so daß jede Keimzelle nur einen einfachen Chromosomensatz erhält, 2. eine Äquationsteilung, d.h. eine normale Zellteilung.

Zu Beginn der Reduktionsteilung legen sich die beiden homologen Chromosomen eines jeden Paares der Länge nach so eng aneinander, daß man von einer Chromosomenpaarung (Chromosomenkonjugation) spricht. Sodann ordnen sich die Chromosomenpaare (Gemini) wie bei einer gewöhnlichen Kernteilung in der Äquatorialplatte einer Kernteilungsspindel an. Danach werden die beiden Chromosomen jedes Paares voneinander getrennt. Dabei entscheidet der Zufall, welchem Tochterkern der eine und welchem der andere Paarling zufällt, so daß die Tochterkerne fast immer aus einem Gemisch von väterlichen und mütterlichen Chromosomen zusammengesetzt sind.

In den Gemini können homologe Chromosomenstücke zwischen den beiden Paarlingen ausgetauscht werden. Man bezeichnet diesen Vorgang als Chromosomenkreuzung oder Crossing-over. Dadurch entstehen Chromosomen, die sich aus väterlichen und mütterlichen Chromosomenstückchen zusammensetzen. Viele Zytologen sind der Ansicht, daß ein solcher Austausch von Chromosomenstücken ein normaler, regelmäßig in Erscheinung tretender Vorgang sei und der stets in der meiotischen Phase zu beobachtenden kreuzweisen Verschlingung der Konjugationspartner entspräche (Chiasmabildung).

Hinsichtlich des Zeitpunktes der Reduktionsteilung gibt es mehrere Möglichkeiten: Sie kann die erste Kernteilung unmittelbar nach der Bildung der Zygote sein;

sie kann unmittelbar vor der Bildung von Geschlechtszellen erfolgen;

sie kann in Zusammenhang mit einer ungeschlechtlichen Vermehrung durch Sporen stattfinden, was beim Generationswechsel von Bedeutung ist.

Was den Ort der Reifeteilung angeht, so kann diese in den Sporangien vonstatten gehen wie bei einigen Algen mit Generationswechsel und Pilzen sowie bei allen Moosen und Farnen. Bei höheren Pflanzen findet sie in den Pollensäcken und Samenanlagen der Blüten statt. Nur bei niedrigen Algen, welche reine Haplonten sind, findet die Reduktionsteilung bei der Keimung der Zygote statt *(Spirogyra)*.

Doch wenden wir uns jetzt den Fortpflanzungsverhältnissen bei den höheren Pflanzen zu:

Wie man sich den Übergang von den Sporen- zu den Samenpflanzen vorzustellen hat, ist nicht nur im Zusammenhang mit der Stammesgeschichte der Pflanzen interessant (vgl. S. 342ff.), sondern läßt sich auch besonders deutlich an den Fortpflanzungsvorgängen ablesen.

An der Nahtstelle des Übergangs von den niederen zu den höheren Pflanzen liegen die Farnpflanzen einerseits und die Nacktsamigen andererseits. Die geschlechtliche Form der Farne wird durch den Vorkeim (Prothallium) verkörpert, einen kleinen, unscheinbaren Thallus. Das Prothallium des Schachtelhalms, der Moos- und Wasserfarne ist zweihäusig. Die Sporen, aus denen die männlichen und weiblichen Geschlechtspflanzen hervorgehen, sind entweder äußerlich gleichgestaltet wie beim Schachtelhalm oder in Makro- und Mikrosporen gesondert wie bei den Wasser- und Moosfarnen. Aus der Makrospore entsteht eine weibliche Pflanze mit Archegonien, aus der Mikrospore eine männliche mit Antheridien. Die Geschlechtspflanzen sind beim Moosfarn so klein, daß sie beim Keimen der Sporen innerhalb der Sporenhaut verbleiben. Diese platzt dann auf und gibt den Spermatozoiden den Weg zur Eizelle frei.

Die Sporen der Farne entstehen in den Sporangien auf der Unterseite der Blattwedel, die beim Wurmfarn z.B. alle gleich gebaut sind. Andere Farne, so der Rippenfarn, tragen die

Als gelbe Wolke rieselt der Pollen im Frühjahr aus den lockeren Staubkätzchen der Birke und wird vom Wind zu den aufrecht stehenden Stempelblüten getragen

Was sind ein- und zweihäusige Pflanzen?

Man spricht in der Botanik von einhäusigen Pflanzen, wenn sich getrenntgeschlechtige männliche und weibliche Blüten auf ein und derselben Pflanze befinden (Haselstrauch, Eiche, Kiefer u.a.). Bei zweihäusigen Pflanzen dagegen sitzen die Blüten getrennt auf verschiedenen Pflanzen (Salweide, Brennessel, Hopfen u.a.).
Der Haselstrauch trägt im Winter neben zahlreichen Knospen kleine, feste Kätzchen, die steif von den Zweigen abstehen. Im Vorfrühling strecken sie sich in die Länge und werden weich und biegsam. Betrachtet man sie genauer, so sieht man, daß jedes Kätzchen aus vielen schuppenförmigen Blättern besteht, die um eine gemeinsame Achse angeordnet sind. Unter jeder Schuppe befinden sich zwei Blättchen und unter diesen wieder acht Staubblätter. Die Kätzchen tragen also die männlichen oder Staubblüten.
Neben diesen befinden sich im Vorfrühling aber auch noch andere Blüten am Haselstrauch. Es sind dicke braune Knospen, aus deren Spitzen purpurrote Fäden hervorragen. Ihr unterer Teil entspricht dem Griffel, der obere der Narbe. Öffnet man eine solche Knospe, sieht man am Grund der inneren schuppenförmigen Blätter je zwei kleine Fruchtknoten: Wir haben es hier also mit den weiblichen oder Stempelblüten zu tun.
Auch die Salweiden haben Kätzchen, doch sehen diese ganz anders aus als beim Haselstrauch. Sie sind anfangs gegen Fröste noch durch lederartige braune Schuppen geschützt, an deren Spitzen an warmen Tagen bald ein seidenartiges silberweißes Haarkleid hervorschimmert. Brechen sie während ihrer weiteren Entwicklung stärker hervor und fangen an zu blühen, so findet man Bäume und Sträucher mit Staubkätzchen und andere wiederum mit Stempelkätzchen. Beide sitzen nie zusammen auf ein und derselben Pflanze – sie sind getrenntgeschlechtig und zweihäusig.
Die Blüten der Staubkätzchen stehen unter schuppenförmigen, dicht behaarten Blättern, die unten grün, oben braun sind. Jede Blüte enthält zwei goldgelbe, duftende Staubblätter und eine stäbchenförmige Nektardrüse. In den langgestreckten Stempelkätzchen befindet sich unter grünen, ebenfalls behaarten Schuppen außer einer Honigdrüse ein Stempel, der aus einem flaschenförmigen grünen Fruchtknoten und einer gelblichen Narbe besteht.

Sporangien an besonders dazu umgebildeten Sporenblättern, den Sporophyllen. Bei Bärlappen und Schachtelhalmen stehen diese in ährenförmigen Sporophyllständen beisammen. Sie können bedingt als Vorläufer der Blüte angesehen werden.

Von hier aus ist es nur noch ein Schritt zur höchsten Stufe der Fortpflanzungsverhältnisse, wie sie bei den erdgeschichtlich jüngsten, den Samenpflanzen, anzutreffen sind. Die männlichen und weiblichen Blüten der Nacktsamigen, beispielsweise der Kiefer und Tanne, sind den Sporophyllständen homolog. Die männliche Blüte weist an ihrer Achse dicht gedrängt schuppenförmige Sporophylle auf. Die beiden Mikrosporangien, die sie jeweils besitzen, werden hier Pollensäcke genannt. Das junge, einzellige Pollenkorn ist der Mikrospore gleichzusetzen.

Moossporen. Aus ihnen entwickelt sich ein fadenförmiger Vorkeim (Protonema), aus dessen Knospen die beblätterte Moospflanze entsteht.

Der junge weibliche Zapfen besteht aus derben Schuppen, die später verholzen und am Grunde je zwei Samenanlagen tragen; diese entsprechen den Makrosporangien. Sie sind fest mit der Fruchtschuppe verbunden und bestehen aus einer mehrschichtigen äußeren Hülle, dem Integument. Es schließt den Nucellus ein, einen eiförmigen Gewebekörper. Das Integument ist an der nach unten gekehrten Seite offen. Der Eingang wird als Keimmund oder Mikropyle bezeichnet.

Die im Nuzellus liegende diploide Makrosporen-Mutterzelle vergrößert sich, wird reduziert, und es entstehen vier haploide Makrosporen, von denen drei zugrunde gehen und restlos resorbiert werden. Die einzige überlebende haploide Makrospore nimmt sodann an Umfang zu und bildet einen Gametophyten, der die haploide oder Geschlechtsgeneration darstellt. Er erzeugt meist zwei Archegonien mit der Eizelle. Dieser Makrogametophyt wird bei den Gymnospermen primäres Endosperm genannt; er ist dem Prothallium der Farnpflanzen sowie dem Embryosack der Angiospermen homolog.

Das männliche Mikroprothallium wird bei Gymnospermen wie Angiospermen durch den Pollenschlauch verkörpert. Die haploiden Pollenkörner entstehen durch Reduktion zu je vier aus einer Pollenmutterzelle. Sie sind im Moment ihrer Entstehung einkernig und entsprechen Mikrosporen. Voll ausgereift werden sie als »Blütenstaub« vom Wind davongeweht. Sie sind nun bei den Gymnospermen drei- bis mehrkernig bzw. -zellig. Zu diesem Zeitpunkt hat die Prothallienbildung, d.h. die Keimung des Pollens, bereits begonnen.

Da solche »Windblütler«, wie es außer vielen anderen Pflan-

Windblütler, und woran man sie erkennt

Windblütler haben stets unauffällige duft- und honiglose Blüten, bilden dafür aber große Mengen von Blütenstaub aus. Es fehlen ihnen alle Mittel und Möglichkeiten, die Insekten anzulocken. Aber sie vermissen diese auch nicht, denn die Aufgabe der Bestäubung wird vom Wind besorgt.

Bei den Kätzchen des Haselstrauchs beispielsweise sind die Achsen, wenn die Kätzchen stäuben, weich und biegsam, weil die Schuppen auseinandergerückt sind. So kann der Wind, wenn sie im Luftzug schaukeln, den feinen, trockenen Blütenstaub leicht erfassen und mit sich führen. Ist es aber windstill, fällt der Staub auf die Rückseite der Kätzenschuppen. Der nächste Windstoß kann ihn von dort dann forttragen. Auf diese Weise ziehen oft ganze Wolken von Haselstaub durch die Sträucher. Da die roten pinselförmigen Narben zur Blütezeit feucht und klebrig sind, bleiben die einzelnen Pollenkörner leicht an ihnen haften. Außerdem sind die Zweige zur Blütezeit noch unbelaubt, wodurch die Tätigkeit des Windes ganz bedeutend erleichtert wird.

Ähnlich verhält es sich bei Kiefer. Auch ihre männlichen Blüten bestehen aus dicht aneinandergedrängten Kätzchen von etwa 1 cm Länge. Ihre zahlreichen Schuppen tragen an der Unterseite je zwei längliche Staubbeutel. Diese reißen bei trockenem Wetter auf und geben den gelben Blütenstaub frei, der in Wolken verstäubt wird. Jedes Pollenkorn ist beidseitig mit zwei Luftsäckchen ausgestattet, wodurch es sich lange schwebend in der Luft halten kann und mit unzähligen seinesgleichen vom Wind durch die Kiefernbestände zu den weiblichen Blütenzapfen getragen wird. Der Staub aber, der sein Ziel verfehlte, bedeckt schließlich den Waldboden in einer solchen Schicht, daß man früher glaubte, es habe »Schwefel geregnet«. Und dies war ein böses Zeichen . . .

Auch die Gräser und mit ihnen unser Getreide sind mit ganz wenigen Ausnahmen Windblütler. Blüht im Juni z.B. der Roggen, zieht der gelbe Blütenstaub in Wolken über die Felder und wird vom Wind mitgeführt.

Viele Menschen sind gegen die Pollen bestimmter Gräser allergisch und leiden dann alljährlich zur Blütezeit an »Heuschnupfen«.

Die Blüte

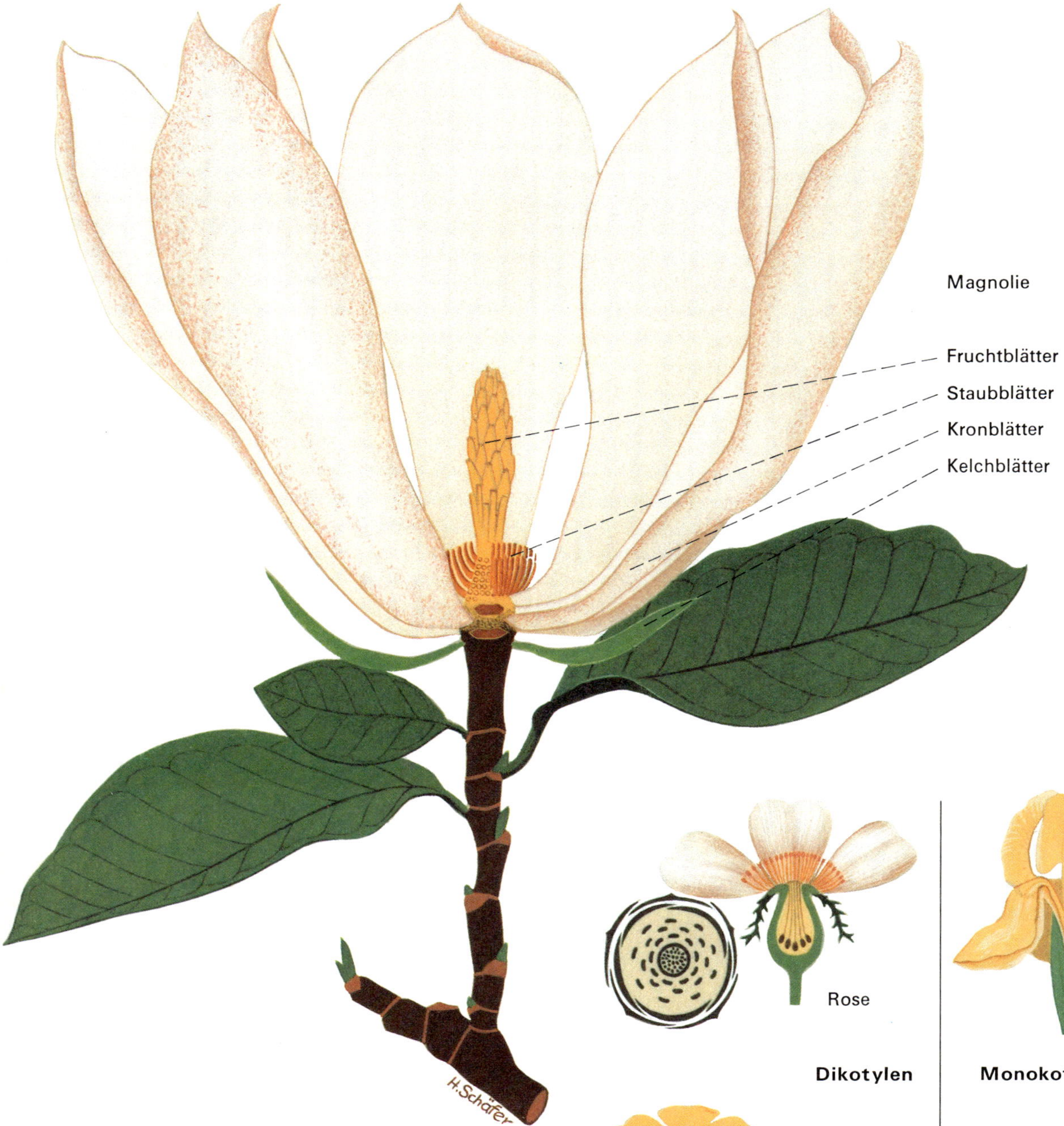

Dikotylen

Rose

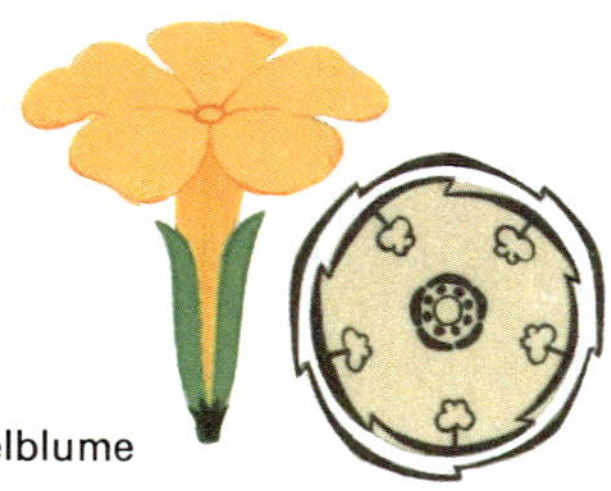
Schlüsselblume

Seerose mit gleitendem Übergang von den Kron- zu den Staubblättern

Monokotylen

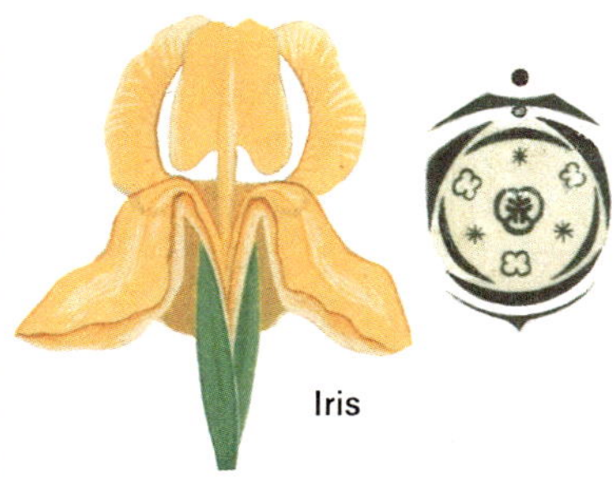
Iris

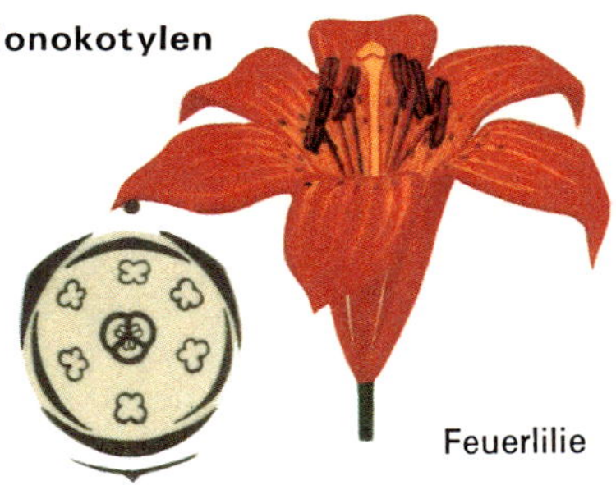
Feuerlilie

Helmknabenkraut

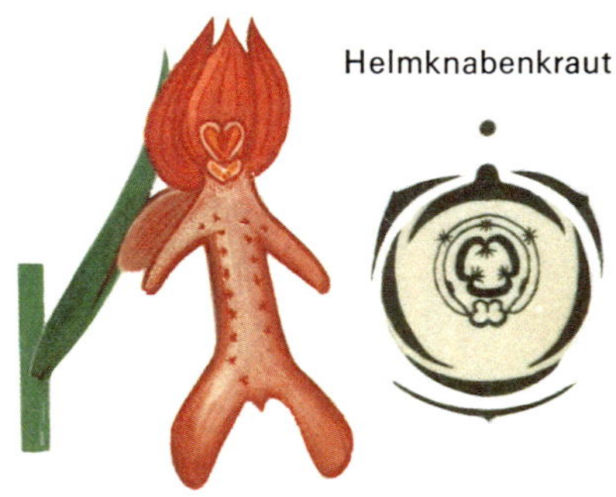

Die Blüte

Als Blüte bezeichnet man den gestauchten Sproß der Blätter in rosettenartiger Anordnung, die der Fortpflanzung dienen. Diese Blätter setzen sich aus den Blütenhüll-, den Staub- und Fruchtblättern zusammen. Die ersteren sind entweder alle gleichgestaltet oder lassen sich in äußere, grüngefärbte Kelchblätter, die den Knospenschutz übernehmen, und Kronblätter unterscheiden. Auffällig gefärbt sind letztere besonders bei den insektenblütigen Pflanzen. Mit den Staubblättern stehen sie zuweilen über Zwischenformen in Verbindung (z. B. Seerose). Die Blüten können entweder eingeschlechtig (rein männlich oder rein weiblich) oder zwittrig (zweigeschlechtig) sein. Bei den Monokotylen herrscht im Bau der Blütenorgane die Dreizahl vor.

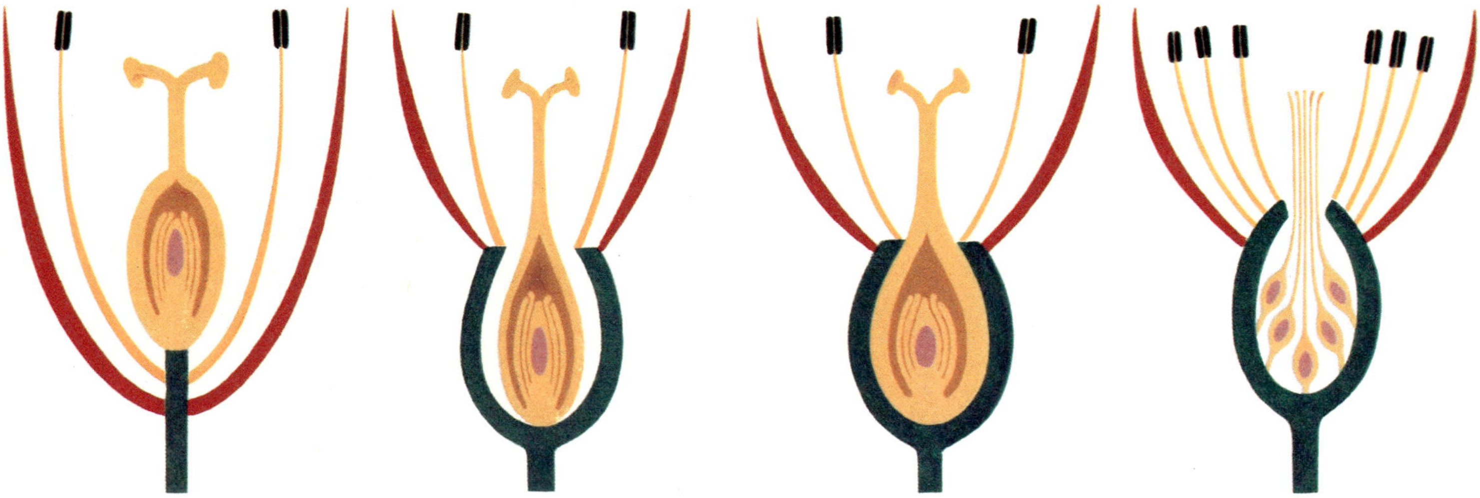

Blüte mit oberständigem Fruchtknoten

Blüte mit unterständigem Fruchtknoten

der Fruchtknoten ist von der becherförmigen Blütenachse umwallt

nicht verwachsene Fruchtblätter, von der Blütenachse umwallt (z. B. Rose)

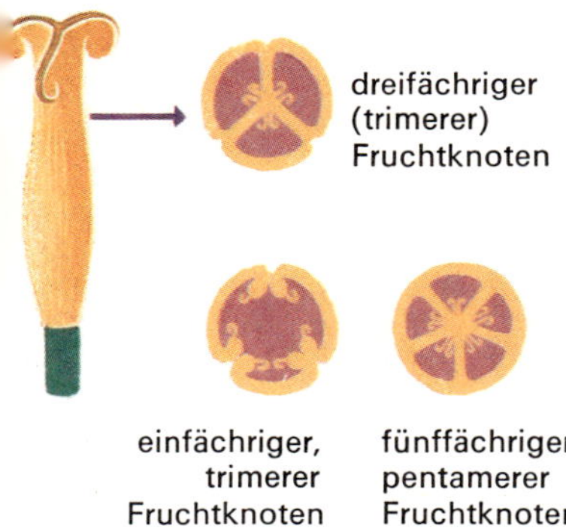

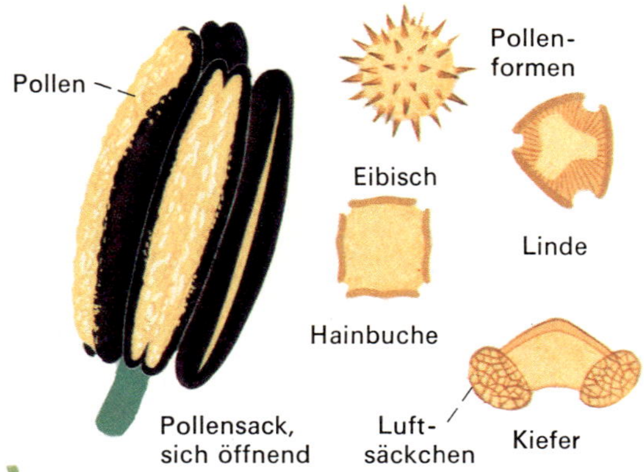

Fruchtknoten

Die Fruchtblätter bilden in ihrer Gesamtheit das Gynäzeum; sie bringen die Samenanlagen mit den Eizellen hervor. Sind sie miteinander verwachsen, ergeben sie einen Stempel (Pistill). Dieser setzt sich zusammen aus dem erweiterten Bauchteil, dem Fruchtknoten, ein- bis mehrfächrig, einem fadenförmigen Abschnitt, dem Griffel, und der Narbe.

Staubblätter

Das einzelne Staubblatt baut sich aus dem fadenförmigen Filament auf und den Antheren mit 4 Pollensäcken, die den Pollen enthalten.

Symmetrieverhältnisse

Außer durch Form oder Farbe unterscheiden sich die Blüten durch ihre Symmetrieverhältnisse. Es gibt radiäre oder sternförmige (aktinomorphe) Blüten, wie etwa der Storchschnabel oder die Tulpe, die sich durch mehrere Schnitte in spiegelbildliche Hälften zerlegen lassen. Bilaterale Symmetrie liegt z. B. beim »Tränenden Herzen« vor. Hier existieren nur zwei aufeinander senkrecht stehende Symmetrieebenen. Dorsiventrale (zygomorphe) Blüten lassen sich nur durch einen Schnitt spiegelbildlich teilen, z. B. Taubnessel. Asymmetrische Blüten weisen überhaupt keine Symmetrieachse auf.

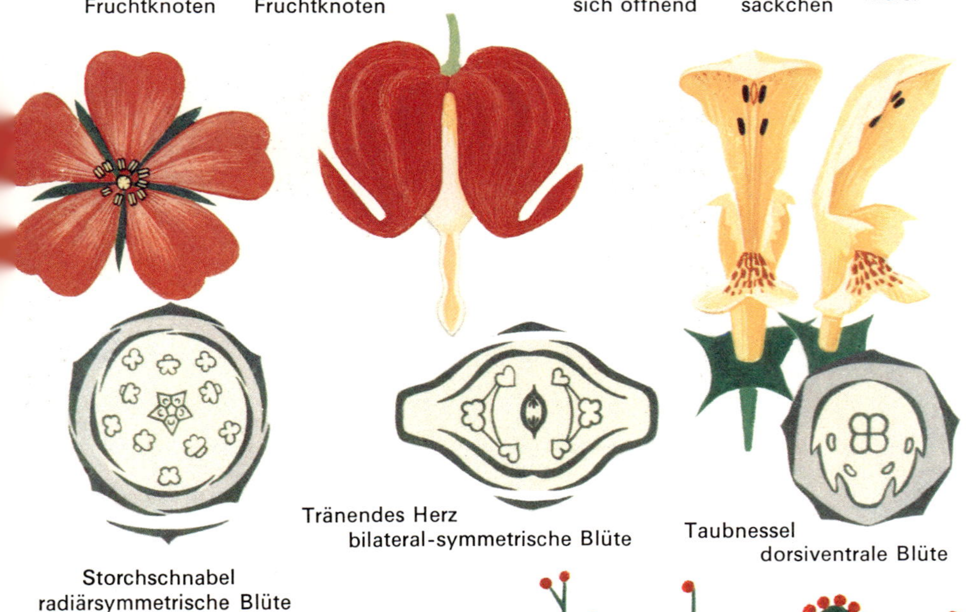

Storchschnabel radiärsymmetrische Blüte

Tränendes Herz bilateral-symmetrische Blüte

Taubnessel dorsiventrale Blüte

ütenstände oder Infloreszenzen

ter einem Blütenstand versteht man einen oßverband, der die einzelnen Blüten hervorngt. Ähnlich wie bei den Sproßverzweigun- n kann sich auch hier die Hauptachse stärker twickeln als die Nebenachsen, oder die uptachse bleibt gegenüber den Nebenachsen ück. Beispiele für den ersten Fall sind Traube, re, Kolben, Körbchen, Dolde, Doppeldolde d Rispe (rechts).

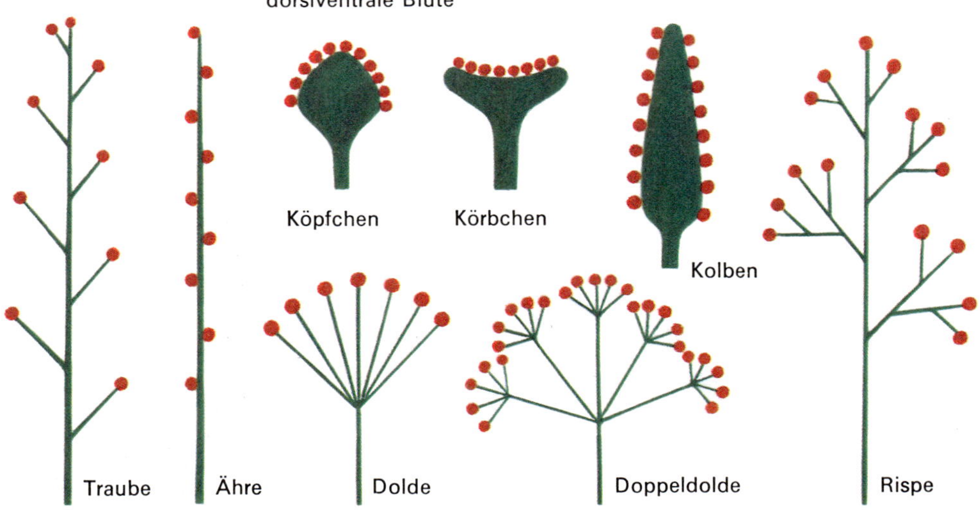

zen die Nacktsamigen sind, immer große Mengen von Blütenstaub erzeugen, und sich die Pollenkörner mit Hilfe ihrer Luftsäcke oft lange schwebend in der Luft zu halten vermögen, gelangen sie auch auf die weiblichen Zapfen. Das Pollenkorn dringt durch die Mikropyle in die Pollenkammer ein und keimt dort zu einem Pollenschlauch aus. Dies ist um so eher und auf direktem Wege möglich, weil die Nacktsamigen *(Gymnospermen)*, wie ihr Name schon sagt, keinen geschlossenen Fruchtknoten besitzen. Vielmehr lassen die Schuppenkomplexe zur Befruchtungszeit schmale Spalten zwischen sich erkennen, durch die die Pollenkörner eindringen können.

Bei der Pollenkeimung wird die äußere Hülle, die Exine, gesprengt, während die innere, aus Zellulose bestehende Wand, die Intine, die Pollenschlauchwand liefert. Im Pollenschlauch wandert der vegetative Kern voran, während ihm die generative Zelle folgt. Letztere teilt sich und liefert zwei Spermazellen. Während die Ginkgobäume und Palmfarne noch große bewimperte Spermatozoiden besitzen (vgl. auch »Stammesgeschichte der Pflanzen« S. 342), unterbleibt deren Bildung als selbständige Zellen bereits bei den Koniferen. Es wird nur noch der Spermakern an die Eizelle vermittelt, um mit deren Kern zu verschmelzen.

Bei der Befruchtung dringt der Pollenschlauch in den Nuzellus ein, gelangt von dort in die Eizelle, löst seine Wand auf, und seine Kerne wandern in das Eiplasma. Sodann verschmilzt einer der beiden Spermakerne mit dem Eikern; danach ist die Befruchtung vollzogen.

Aus der diploiden Zygote entwickelt sich der Embryo (Keimling), der von der Mutterpflanze bis zu einer bestimmten Größe ernährt wird und dann in einen Ruhezustand eintritt. Insgesamt wird die Samenanlage zum Samen, wobei das überlebende Prothallium das Nährgewebe darstellt, das den Embryo umschließt, während die Hülle der Samenanlage (Integument) zur Samenschale verhärtet. Der Same der Gymnospermen besteht demnach aus einem Embryo, dem Nährgewebe und der Samenschale. Er sorgt bei den höheren Pflanzen nicht nur für die Verbreitung, sondern er hat auch die Funktion der Vermehrung übernommen, die bei den niederen Pflanzen vorwiegend die Spore ausübt.

Bei den Gymnospermen ist die geschlechtliche Generation, der haploide Gametophyt (das Prothallium), noch weiter reduziert als bei den Farnpflanzen. Das männliche Prothallium wächst bei der Keimung zum Pollenschlauch aus. Anstelle des Antheridiums ist nur noch eine spermatogene Zelle vorhanden.

Das weibliche Prothallium dagegen ist reicher entwickelt. Es besitzt zwar noch Archegonien, hat aber seine Selbständigkeit verloren. Die gymnosperme Pflanze selbst ist der diploide Sporophyt (ungeschlechtliche Generation). Beim Generationswechsel (s. S. 230) wird hierüber noch mehr zu sagen sein.

Von den Befruchtungs- und Fortpflanzungsverhältnissen der Gymnospermen zu den Angiospermen (Bedecktsamigen) ist es kein sehr großer Schritt mehr. Der Hauptunterschied besteht, wie der Name schon sagt, darin, daß die Samenanlagen von den Fruchtblättern (Karpellen) eingehüllt sind. Dementsprechend werden auch die Samen in besonderen Umhüllungen gebildet, die als »Früchte« allgemein bekannt sind.

Wenn von Blütenpflanzen die Rede ist, denkt der Laie zunächst überhaupt nur an Angiospermen und auch hier in erster Linie an die Insektenblütler. Mit ihren zumeist leuchtenden Kronblättern, die einen auffälligen Schauapparat darstellen, um ihre sechsbeinigen Gäste anzulocken, fallen sie weit mehr ins Auge als die unscheinbaren Windblütler.

Die Sporophylle der Angiospermenblüte werden durch die

Die Flamingoblume (ANTHURIUM), *ein Aronstabgewächs, hat einen kolbenförmigen Blütenstand, der von einem leuchtendroten Hochblatt umgeben ist (links).*

Die großen, goldgelben Blüten der Trollblumen (TROLLIUS EUROPAEUS) *öffnen sich im Mai/Juni und gehören zum schönsten Schmuck der moorigen Wiesen der submontanen Region. Ihre Blütenhüllblätter sind kugelartig zusammengeschlossen. Die Krone wird von verschiedenzähligen eigelben linealischen Honigblättern gebildet, die kürzer sind als die zahlreichen gelben Staubblätter (unten links).*

Der Generationswechsel bei Moosen, Farn- und Samenpflanzen

(nach Drawert/Matthes, leicht verändert):

Kernphase		Moose	Farne	Moosfarne	Nacktsamige	Bedecktsamige
geschlechtliche Generation = Gametophyt	haploid	Spore	Spore	Mikrospore – Makrospore	Mikrospore (Pollenkorn)[1]) – Makrospore	Mikrospore (Pollenkorn)[1]) – Makrospore
		Moospflanze	Prothallium	Prothallium in der Spore – Prothallium in der Spore	Pollenschlauch – primäres Endosperm	Pollenschlauch – Embryosack
		Antheridium – Archegonium	Antheridium – Archegonium	Antheridium – Archegonium	generative Zelle – Archegonium	generative Zelle – Eizelle mit Gehilfinnen
Befruchtung:		Spermatozoid – Eizelle	Spermatozoid – Eizelle	Spermatozoid – Eizelle	Spermakern – Eizelle	Spermakern – Eizelle
ungeschlechtliche Generation = Sporophyt	diploid	befruchtete Eizelle	befruchtete Eizelle	befruchtete Eizelle	befruchtete Eizelle	befruchtete Eizelle
					Same[2])	Same[3])
Reduktion:		gestielte Mooskapsel	Farnpflanze	Moosfarn	Nacktsamige Pflanze	Bedecktsamige Pflanze
	haploid	Spore	Spore	Mikrospore – Makrospore	Mikrospore – Makrospore	Mikrospore – Makrospore

[1]) Die jungen, einzelligen Zustände. [2]) Nährgewebe haploid. [3]) Nährgewebe meist triploid.

Staub- und Fruchtblätter verkörpert, wobei die Pollensäcke in den Antheren (verbreitertes Ende des Staubfadens; vgl. auch »Die Blüte und ihre Bestandteile« S. 111) den Mikrosporangien entsprechen. Sie weisen eine oft kompliziert gebaute Wand mit einem besonderen Öffnungsmechanismus auf, eine Tapetenschicht und ein Archespor (pollenbildendes Gewebe). Die Tapetenschicht, die sehr plasmareich ist und häufig zweikernige Zellen aufweist, dient der Ernährung der Pollenkörner und kann zu einer gemeinsamen Plasmamasse zusammenfließen.

Die Fruchtblätter sind Makrosporophylle. Sie entwickeln die Samenanlagen, die den Nuzellus umhüllen, der einem Makrosporangium homolog ist. Die Stellen, an welchen die Samenanlagen am Fruchtknotenblatt angeheftet sind, werden als Plazenta bezeichnet. Obwohl sie ursprünglich randständig angeordnet ist, kann sie auch an anderen Stellen der Fruchtwand auftreten.

Die Samenanlagen selbst weisen einen kürzeren oder längeren Stiel (Funiculus) auf. Ist dieser geradegestreckt, spricht man von einer atropen Samenanlage; ist er gekrümmt und mit dieser verwachsen, nennt man sie anatrop. Jede Samenanlage verfügt über ein oder zwei Integumente und einen Nuzellus. An der Stelle, an der die Integumente eine Öffnung freilassen, liegt der Keimmund (Mikropyle), während der basale Teil des Nuzellus Chalaza genannt wird.

Die Keimung der Pollenkörner erfolgt auf der Narbe. Das reife Pollenkorn besteht immer nur aus zwei Zellen: der großen vegetativen und der kleinen generativen Zelle. Letztere besitzt oft so wenig Plasma, daß nur ein generativer Kern vorzuliegen scheint. Dieser teilt sich vor oder nach der Bestäubung und ergibt zwei Spermakerne. Die vegetative Zelle wächst zu einem Pollenschlauch aus, der zur Samenanlage strebt. Ein Griffelkanal aus drüsigem Gewebe erleichtert den Weg dorthin.

Die eiförmige Makrospore bleibt eingeschlossen im Nuzellus. Als Keimungsprodukt erscheint kein eigentliches Prothallium mehr. Während sich das Volumen dieser Makrospore vergrößert, teilt sich ihr Kern zunächst in zwei Kerne, die nach den entgegengesetzten Polen des entstehenden Embryosackes wandern und dort nach zwei weiteren Teilungen je vier Kerne liefern, also insgesamt acht. Während auf beiden Seiten drei Kerne am Entstehungsort verbleiben, wandern die beiden restlichen zur Zellmitte und verschmelzen miteinander. Auf diese Weise entsteht der sekundäre Embryosackkern. Er wird auch primärer Endospermkern genannt, da er den Ausgang zur Bildung des diploiden sekundären Endosperms darstellt. Damit ist die Samenanlage befruchtungsreif.

Die drei Kerne nahe der Mikropyle umgeben sich mit Plasma und einer Hautschicht. Auf diese Weise entsteht der Eiapparat, der sich aus zwei seitlichen Synergiden (»Gehilfinnen«) und einer Eizelle zusammensetzt. Auf der Gegenseite entstehen in ähnlicher Weise die drei Antipoden (»Gegenspieler«). Es besteht kein Zweifel – so nach Nultsch –, daß der befruchtungsfähige Embryosack einer gekeimten Makrospore, d. h. also einem Makroprothallium, entspricht. Dies zeigt ein Vergleich mit den Gymnospermen, bei denen die Eizellen noch in nahezu vollständige Archegonien eingeschlossen sind, die im primären Endosperm liegen. Bei den Angiospermen sind auch diese noch reduziert. Es liegt nahe, die Synergiden als Reste der Archegonien zu deuten.

Bei der Befruchtung dringt der Pollenschlauch bis zum Eiapparat vor. Er durchbohrt den Embryosack und gelangt in eine Synergide, die dabei zugrunde geht. Danach öffnet er sich an der Spitze und gibt seine Kerne frei, von denen der vegetative bald verschwindet, während ein Spermakern in die Eizelle eindringt und die Befruchtung vollzieht. Der zweite Spermakern

Die Kiefer – ein Lichtbaum mit weltweiter Verbreitung

Zur Gattung *Pinus* zählen mindestens 80 Arten, die weit verbreitet die nördliche Halbkugel besiedeln. Einige Arten sind auch im Mittelmeerraum anzutreffen; eine große Anzahl ist in Nordamerika und in Asien beheimatet, zahlreiche Arten sind in den Subtropen zu finden, so z. B. in den Südstaaten Nordamerikas und in Mexiko. Nur wenige dringen bis in tropische Zonen vor. Vereinzelt wachsen sie auf Java, Sumatra und Borneo, dort allerdings nur in den Bergen. Die bekanntesten Kiefernarten sollen hier kurz beschrieben werden:
Die Wald- oder Gemeine Kiefer *(Pinus silvestris)*, auch Föhre genannt, ist ein hoher Baum, der sehr alt werden kann. Sie hat einen geraden, mit einer rotgelben, rissigen Borke bedeckten Stamm und oft gebogene Äste. Ihre Nadeln sind 5–8 cm lang und stehen in Büscheln. Die männlichen Blüten sind schwefelgelb, die weiblichen rötlich, die reifen Zapfen hängend. Varietäten sind u. a. die Schottische Kiefer *(var. scotica)* mit kürzeren blaugrünen Nadeln und die Engadin-Kiefer *(var. engadinensis)* mit kurzen, starken Nadeln.
Kiefernholz ist gelblichweiß, etwas dunkler als Tannen- und etwas heller als Lärchenholz. Das Frühholz ist relativ dick mit gut sichtbaren Jahresringen, während die Harzkanäle kaum zu erkennen sind. Das mittlere spezifische Gewicht beträgt 0,5. Das Holz ist von zahlreichen langen Astknoten durchsetzt, die Qualität mittelmäßig bei der Bergkiefer, gut bei den Kiefern, die in der Ebene wachsen. Kiefernholz wird zu den gleichen Zwecken wie Tannenholz verwendet.
Aus den Nadeln wird hier und da die sogenannte »Waldwolle« gewonnen, die sich zu Polsterungen eignet; auch das Harz dient mannigfachen Zwecken.
Das heutige Verbreitungsgebiet der Gemeinen Kiefer in den Alpen ist weitaus enger als unmittelbar nach der letzten Eiszeit, also vor ungefähr 20000 Jahren; der Anstieg der Temperatur hat sie in ihre heutigen Grenzen zurückgedrängt.
Die Österreichische Kiefer *(Pinus austriaca)* ist auf dem Balkan heimisch und in den Ostalpen, findet sich aber auch in den Abruzzen. Ihre geraden, dunklen Nadeln sind 8–10 cm lang und hart. Sie ist gedrungen und kompakt. Meistens ist sie zusammen mit Buchen, Tannen, Föhren und Kastanien anzutreffen.
Die Kalabrische Kiefer *(Pinus calabrica)* ist hoch aufgerichtet und schlank, hat eine helle, lichte Krone sowie dünne, weiche und biegsame Nadeln. Wälder dieser Art gibt es in der Sila (Hochebene in Kalabrien), im Aspro Monte (Gebirge in Kalabrien) und an den Hängen des Ätna.
Auch die Weymouths- oder Seidenkiefer *(Pinus strobus)* hat, wie ihr Name schon sagt, weiche, dünne Nadeln, die zu fünf gebündelt sind. Die hängenden Zapfen sind zimtbraun; der Stamm wird bis 50 m hoch.
Die Bergkiefer, Bergföhre oder Riedforche *(Pinus montana)* wächst an der Baumgrenze und in Hochmooren. Sie hat viele Wuchsformen. Als Baum wird sie bis 25 m hoch und hat 8–15 cm lange Nadeln. Als Krummholz, Latsche oder Zwergkiefer ist sie oft niederliegend mit knieförmig aufsteigenden Ästen.
Die Zirbelkiefer, Arbe oder Arve *(Pinus cembra)* ist überall in den Alpen zu finden. Die untere Grenze ihres Verbreitungsgebietes liegt bei 1200 m (sehr selten darunter), die obere wie bei der Lärche an der Baumgrenze, also etwa 2000 m hoch, vereinzelt sogar bei 2855 m. Das Klima in diesen Höhen ist feucht und kalt, so daß sie sich mit drei frostfreien Monaten im Jahr begnügen muß. Gäbe es in ihren Verbreitungsgebieten keinen Frost, keine Stürme und keinen Nebel, würde sie wahrscheinlich wie die anderen Nadelbäume Pyramidenform aufweisen. Unter widrigen Umständen verkrüppelt sie aber und verliert einen Teil ihrer Äste.
Ihre Nadeln sind 5–7 cm lang, ziemlich dünn, steif und grün mit einem leichten Blaustich. Die Zapfen, die nach zwei Jahren reifen, sind eiförmig, 7 oder 8 cm lang und haben breite, lederartige Schuppen mit einem kleinen Schild, der an den Seiten schwielig aufgeworfen ist. Die flügellosen Samen sind schwärzlich und dick, und die Schale birgt eine süße, ölhaltige Mandel, die gerne von Eichhörnchen, Siebenschläfern und Nußhähern verzehrt wird. Wenn hierdurch teils auch eine größere Vermehrung der Zirbelkiefer verhindert wird, sorgen die Tiere andererseits aber auch für die Verbreitung der Samen, indem sie sie an Plätze tragen, wo sie sonst niemals hinkommen würden. Auch der Mensch ißt die Samen der Zirbelkiefer, die manchmal auf Märkten angeboten werden (Zirbelnüsse).
Das Holz der Zirbelkiefer ist von ausgezeichneter Qualität: hellgelblich, homogen, feinfaserig, leicht und splittert nicht; spezifisches Gewicht 0,45. Es wird hauptsächlich zu Schnitzarbeiten verwendet. Die berühmten Holzfiguren Südtirols, wo die Zirbelkiefer sehr häufig ist (Val Gardena), sind aus Zirbelholz geschnitzt. Es hat einen würzigen Geruch und verbreitet, wenn man es verbrennt, einen nelkenähnlichen Duft.
An die Stelle der Zirbelkiefer tritt in Sibirien und in der Mandschurei bis hin nach Japan die Sibirische Kiefer. Sie hat einen aufrechten Wuchs und größere Zapfen.

verschmilzt mit dem sekundären Embryosackkern, so daß dieser nun triploid ist. Dieser Vorgang hat dazu geführt, daß man von einer »doppelten Befruchtung« bei den Angiospermen spricht.

Aus dem triploiden Zentralkern entsteht durch reichliche Teilung ein Gewebe, das als sekundäres Endosperm bezeichnet wird, sekundär deshalb, weil es nicht wie bei den Gymnospermen ein primäres Prothalliumgewebe darstellt. Im weiteren Verlauf der Entwicklung vergrößert sich der Embryosack bedeutend und verdrängt dabei den Nuzellus. Auch die Samenanlage nimmt an Volumen zu und bildet sich nach und nach zum Samen um. Dabei entsteht aus den Integumenten die Samenschale. Sie schließt das Nährgewebe (sekundäres Endosperm) und den Embryo, d. h. den jungen diploiden Sporophyten, in sich ein. Die Samenschale (Testa) ist in den meisten Fällen trocken und widerstandsfähig, oft sogar gegen Wasser undurchlässig und vermag so den Keimling wirksam zu schützen.

Die eben geschilderte Entwicklung des Embryosackes ist der Normalfall. Es gibt aber auch vielerlei Abweichungen von dieser Regel, auf die hier jedoch nicht näher eingegangen werden kann.

Der Generationswechsel

Weiter oben wurde bereits gesagt, daß die notwendige Folge jeder Befruchtung die Chromosomenverdoppelung im Zygotenkern ist, und daß eine entsprechende Reduktion auf die Hälfte erfolgen muß.

Infolge der Befruchtung und Reduktion können zwei Kernphasen unterschieden werden: die Haplophase (haploide Kerne und Zellen) und die Diplophase (diploide Kerne und Zellen). Der gesamte Vorgang wird als Kernphasenwechsel bezeichnet. Beide brauchen nicht gleich lang zu sein, vielmehr kann der eine nur einen ganz kurzen Entwicklungsabschnitt darstellen, während der andere sich über eine lange Zeit erstreckt oder umgekehrt. Auch können zwei längere Abschnitte aufeinander folgen, die mit den beiden Kernphasen zusammenfallen. Dies soll nun näher erläutert werden:

Wenn sich bei der geschlechtlichen Fortpflanzung die beiden Gameten vereinigen, verschmelzen ihre Plasmakörper und Kerne zur einzelligen Zygote. Wie bei der Zellteilung schon erwähnt, bleiben die Chromosomen dagegen getrennt. Nehmen wir als Beispiel an, daß die Gameten je zwei Chromosomen

Junger blühender Fichtenzapfen. Die Schuppen haben sich etwas gespreizt, um dem vom Wind herangetragenen Pollen Zutritt zu den Samenanlagen zu ermöglichen. Wenn die Zapfen reif sind, hängen sie.

mitbringen, dann weisen sowohl die befruchtete Eizelle als auch alle Zellen der sich aus ihr entwickelnden Pflanze vier Chromosomen auf. Würden nun auch die von dieser Pflanze neu gebildeten Gameten vier Chromosomen besitzen, so müßte sich bei der nächsten Befruchtung ihre Zahl auf acht erhöhen und so fort.

Wie schon geschildert, wird durch die Reife- oder Reduktionsteilung (vgl. S. 222) die verdoppelte Chromosomenzahl wieder auf die Hälfte herabgesetzt, also reduziert. Dabei entstehen zuletzt aus einer Sporen-»Mutterzelle« vier haploide Zellen. Bei der Befruchtung geht die Pflanze aus der Phase des einfach-chromosomigen (haploiden) Stadiums wieder in die des doppelt-chromosomigen (diploiden) Zustandes über. Jeder Befruchtung folgt dann im Entwicklungsablauf die Reduktionsteilung und damit die Rückkehr zum haploiden Zustand. Dieser Wechsel in der Chromosomenzahl ist meist mit dem Generationswechsel verbunden. Die von der befruchteten Eizelle abstammende ungeschlechtliche Generation (Sporophyt) ist diploid, die geschlechtliche Generation (Gametophyt) haploid.

Auch die Samenpflanzen weisen einen Generationswechsel auf. Die geschlechtliche Generation ist aber so weit zurückgebildet, daß sie nicht mehr selbständig in Erscheinung tritt oder gar lebensfähig ist. Während ihrer kurzen Lebensdauer als Embryosack bzw. Pollenschlauch wird sie vom Sporophyten ernährt.

Was uns im Lebenszyklus der Samenpflanzen daher als die eigentliche Pflanze entgegentritt, ist der Sporophyt. Im Kernphasenwechsel findet die Reduktionsteilung bei der Bildung des Pollenkorns (Mikrospore) bzw. der Embryosackmutterzelle (Makrospore) statt.

Es wurde gesagt, daß der Kernphasenwechsel meist mit dem Generationswechsel verbunden ist, doch muß dies nicht immer der Fall sein.

Unter den Schlauchpilzen *(Ascomycetes)* beispielsweise gibt es einen Entwicklungsgang, bei dem sich aus einer besonderen Art von Sporen (Ascosporen) ein Myzel entwickelt, das aus normalen einkernigen Zellen besteht und einen oft ansehnlichen »Fruchtkörper« bildet. Nach einer bestimmten Zeit schwellen in diesem einzelne Hyphen (Pilzfäden) blasenförmig an und bilden vielkernige weibliche Gametangien (Bildungsstätte der Gameten), die hier Ascogone genannt werden. Be-

nachbarte Pilzfäden bilden kleinere, ebenfalls vielkernige Antheridien.

Durch eine schlauchförmige Verbindung des Ascogons, Trichogyne genannt, wird eine Verbindung hergestellt, durch die der Inhalt der Antheridien in das Ascogon überwechselt. Hier legen sich die Kerne paarweise aneinander, ohne jedoch zunächst eine Verschmelzung einzugehen. Sodann treten neue, sogenannte ascogene Hyphen aus dem Ascogon aus, deren Zellen je ein Kernpaar, einen männlichen und einen weiblichen Kern, enthalten. Durch gleichzeitige Teilung beider entsteht ein Paarkernmyzel (Dikaryophase), das der diploiden Phase entspricht. Die ascogenen Hyphen dringen an die Oberfläche des Fruchtkörpers vor und bilden hier längliche, Asci genannte Schläuche aus. In jeden von ihnen tritt wieder ein Kernpaar ein, und erst jetzt kommt es zur Karyogamie (Kernverschmelzung). Unmittelbar darauf setzen die Kernteilungen ein, die mit einer Chromosomenreduktion verbunden sind, und es bilden sich, zumeist in drei Teilungsschritten, acht Ascosporen mit nunmehr je einem haploiden Kern. Bei der Keimung entsteht aus ihnen das Einkernmyzel und der Fruchtkörper, der somit den Gametophyten verkörpert, während die zweikernigen ascogenen Hyphen dem Sporophyten entsprechen, der im Fruchtkörper eingeschlossen bleibt (v. Guttenberg).

Bei den Ständerpilzen *(Basidiomycetes)*, zu denen auch die Hutpilze *(Hymenomycetales)* zählen, werden keine Gametangien mehr gebildet. Die Sporen (Basidiosporen) sitzen auf Ständern (Basidien) und sind äußerlich gleichartig, aber von verschiedenem Geschlecht. Bei der Keimung müssen sie so dicht nebeneinander zu liegen kommen, daß sich ihre aus einkernigen Zellen bestehenden Myzelien berühren können Dann vereinigen sich zwei benachbarte Zellen miteinander und der Kern der einen Zelle tritt in die andere über. Auch hier verschmelzen wie bei den Schlauchpilzen die beiden Kerne nicht miteinander, sondern die doppelkernige Zelle entwickelt ein mächtiges Zweikernmyzel, aus dem der ganze Fruchtkörper entsteht (Dikaryophase).

Auf der Unterseite des Hutes, an den Lamellen (bei der Blätterpilzen) oder in den Röhren (bei den Röhrenpilzen) bilden sich blasenförmige Endhyphen (Basidien) aus, die den Asc bei den Schlauchpilzen entsprechen, aber nicht wie diese Endo sporen, sondern Exosporen liefern. Die zuerst verschiedengeschlechtigen Kerne verschmelzen miteinander, worauf eine Te

tradenreduktionsteilung erfolgt. Von den vier nunmehr haploiden Kernen wandert je einer in eine Basidiospore, die dann abgeschleudert wird. Da bei der Reduktionsteilung auch die Geschlechtertrennung erfolgt, sind je zwei Sporen männlich, die beiden anderen weiblich. Die Hutpilze besitzen also einen dikaryotischen (paarkernigen) Fruchtkörper, der einem Sporophyten gleichzusetzen ist.

Der Gametophyt wird durch die aus der keimenden Spore hervorgegangenen und mit haploiden Kernen ausgestatteten Zellen bis zur Bildung des Paarkernmyzels repräsentiert, welches durch Verschmelzung vegetativer Zellen (Plasmogamie) bei hinausgeschobener Kernverschmelzung (Karyogamie) entsteht, wobei weder Gameten noch Gametangien gebildet werden.

*Literatur über Spezialgebiete. Die mit *) versehenen Titel setzen botanische bzw. biologische Vorkenntnisse voraus.*

D. Aichele und H.-W. Schwegler: Unsere Moos- und Farnpflanzen. Einführung in die Lebensweise, den Bau und das Erkennen heimischer Moose, Farne, Bärlappe und Schachtelhalme. Stuttgart 1963

K. Bertsch: Früchte und Samen. Stuttgart 1941

K. Bertsch: Moosflora von Südwestdeutschland. Stuttgart 1964

K. Bertsch: Flechtenflora von Südwestdeutschland. 2. Aufl., Stuttgart 1964

*) **H. J. Beug und Mitarbeiter:** Leitfaden der Pollenbestimmung für Mitteleuropa und angrenzende Gebiete. Stuttgart 1961 ff.

H. H. Dittrich: Bakterien, Hefen, Schimmelpilze. (Sammlung: Einführung in die Kleinlebewelt.) Stuttgart 1963

*) **Filzer:** Kleines Praktikum der Pollenanalyse. Stuttgart 1963

*) **E. Fischer** und **E. Gäumann:** Biologie der pflanzenbewohnenden parasitischen Pilze. Jena 1929

Follmann: Flechten (Lichenes). Stuttgart 1963

*) **A. Galston:** Physiologie der grünen Pflanze. Stuttgart 1964

E. Gildemeister und Fr. Hoffmann: Die ätherischen Öle. Berlin 1963

*) **Guttenberg und Riebe:** Entwicklung des Embryos und der Keimpflanze von Bromeliaceen. Bot. Studien 7: S. 142–157, 1957

Hustedt: Kieselalgen. Kosmos-Bücherei. Stuttgart 1963

Klotter: Grünalgen. Kosmos-Bücherei. Stuttgart 1963

*) **R. Kräusel:** Die fossilen Koniferen-Hölzer. In: Palaeontographica. 1919 und 1949

*) **Lieske:** Bakterien und Strahlenpilze. In: Linsbauer, Handbuch Pflanzenanatomie, Bd. VI. Berlin 1932

F. Mattick: Wuchs- und Lebensformen, Bestand und Gesellschaftsbildung der Flechten. In: Bot. Jahrbuch 75, 1951, S. 378–424

W. Mönkemeyer: Die Laubmoose Europas. In: Rabenhorst, Kryptogamenflora von Deutschland, Österreich und der Schweiz. IV. Band, Ergänzungsband. Leipzig 1927

W. Neger und **E. Münch:** Die Nadelhölzer (Koniferen) und übrigen Gymnospermen. 4. Aufl., Sammlg. Göschen Band 355. Berlin 1952

*) **Oltmanns:** Morphologie und Biologie der Algen. Jena 1922

*) **W. Rothmaler:** Die Gymnospermen und der Ursprung der Angiospermen. In: Wiss. Zeitschr. der Martin-Luther-Universität, Halle-Wittenberg I, Heft 4, 1951/52

*) **Schaeppi:** Narben- und Antherenstellung in den Blüten der Primulaceen. Archiv Julius Klaus Stiftung für Vererbungswissenschaft III. Berlin 1932

Schmeil-Fitschen: Flora von Deutschland. Heidelberg 1962

R. Schröder: Wirtschaftspflanzen der warmen Zonen. Stuttgart 1961

K. v. Thimann: Das Leben der Bakterien. Jena 1964

*) **Fr. Tobler:** Biologie der Flechten. Berlin 1925

Wasserlinsen überziehen nährstoffreiche Gewässer oft wie mit einem dichten grünen Gewebe, so daß kaum noch ein Sonnenstrahl in die Tiefe dringt (oben). Wasserlinsenblüten haben winzige Staubblätter. Die Narbe sitzt in einem Hüllblättchen (links).

Querschnitt

Dr. Volker Wunsch

Wuchsstoffe, ihre Anwendung und Wirkung

Ähnlich wie bei den Tieren gibt es auch bei den Pflanzen hochwirksame Substanzen, die dazu beitragen, daß die Entwicklung eine bestimmte Richtung einschlägt und geordnet verläuft. Sie gehören weder zu den Nährstoffen, den Energiespeichern (ATP), noch zu den Nukleinsäuren. Bei den Tieren haben die sogenannten Hormone eine begrenzte Wirkung – Insulin senkt z. B. nur den Blutzuckergehalt – während ein Wirkstoff bei den Pflanzen bei den verschiedensten Vorgängen eingreift (multiple Wirkung). Die Pflanzenhormone werden wegen ihrer großen Wirkungsbreite meist nicht als Hormone, sondern als Wuchsstoffe bezeichnet.

Diese Wuchsstoffe, die nicht für die einzelnen Pflanzenarten verschieden, sondern bei höheren und niederen Pflanzen gleichartig aufgebaut sind, regen zwar Vorgänge an, die von der Wechselwirkung mit der genetischen Information und dem augenblicklichen Stoffwechselzustand der Zellen abhängen, aber sie können eine Entwicklung nicht allein bestimmen. Es gibt viele Stoffe, die das Wachstum beeinflussen, aber als Wuchsstoffe gelten sie nur dann, wenn sie nicht zu den Nährstoffen, ATP oder Nukleinsäuren gehören.

Die bekannten Wuchsstoffe lassen sich einteilen in Auxine, Gibberelline, Cytokinine, Dormine und das Äthylen. Bei einem Entwicklungsvorgang wirken sie oft gleichzeitig, indem sie sich gegenseitig hemmen oder fördern. Auch reagieren die einzelnen Organe unterschiedlich auf die einzelnen Wuchsstoffe und deren Konzentrationen. Die Wurzeln benötigen z. B. für ihr Wachstum geringere Mengen an Auxinen als die Sprosse. Daher sind die Ergebnisse von Wuchsstoffversuchen oft verwirrend, und es ist unmöglich, ihren Wirkungsort exakt darzustellen, da sie an allen Entwicklungsvorgängen irgendwie beteiligt sind.

Zunächst sollen die Wuchsstoffe einzeln vorgestellt und dann einige Entwicklungsvorgänge geschildert werden.

Wuchsstoffe und Bewegungsmechanismen (Photonastie) sind auch an dem Blühvorgang bei Rosen beteiligt. Die sich öffnenden Knospen, die ausgebreiteten Blütenblätter, ihr Hinwenden zum Licht werden durch sie bewirkt.

Die Entdeckungsgeschichte der Auxine

Die Auxine sind erst ziemlich spät, d. h. in den zwanziger Jahren unseres Jahrhunderts, entdeckt worden. Obwohl sie von so überragender Wichtigkeit und gleichzeitig im Pflanzenreich allgemein verbreitet sind, hat man sie sehr lange übersehen, da der Nachweis der Wuchsstoffe eine besondere Methodik erfordert, die erst schrittweise anhand von verschiedenen auffallenden Beobachtungen entwickelt wurde. Andererseits bestand früher die Neigung, der Pflanze Hormone, vor allem ein so verwickeltes System, wie es das Wuchsstoffsystem darstellt, überhaupt abzusprechen. Beobachtungen, die auf die Existenz von Pflanzenhormonen hindeuten, wurden allerdings bereits vor 1920 gemacht. Beyerinck (1888) hatte die Entwicklung von Weidengallen studiert, die durch Blattwespen hervorgerufen werden. Das Insekt sticht einen Blattnerv von der Seite an, legt sein Ei ab und gibt etwas Sekret hinzu. Nach etwa zwei bis drei Wochen hat sich eine Galle gebildet, aus der die Larve kriecht. Beyerinck schloß daraus die Anwesenheit eines Wuchsenzyms im Sekret. Heute weiß man, daß es sich bei den Bildungsstoffen der Gallen um auxinartige Wuchsstoffe handelt. Natürlich konnte aus den Beobachtungen bei der Gallenbildung noch nicht ohne weiteres auf die Beteiligung entsprechender Stoffe an der normalen Entwicklung der Pflanze geschlossen werden.

Vor Beyerinck hatte schon Sachs in den achtziger Jahren auf die Existenz hormonartiger, spezifischer und organbildender, vor allem wurzel- und blütenbildender Stoffe geschlossen. Wurzelbildende Stoffe sollten in den Blättern entstehen, sich bei einem Steckling oberhalb der Schnittfläche stauen und dort Wurzelbildung hervorrufen. Blattstecklinge blühreifer Pflanzen von *Begonia rex*, die Ende Juli in Kultur genommen wurden, zeigten schon im September Blütenknospen. Blattstecklinge von nichtblühenden Pflanzen aber, die schon im Mai abgeschnitten worden

waren, bildeten zwar viele Blätter, Blüten aber erst im November.

Sachs nahm an, daß in den blühreifen Pflanzen Blühstoffe vorhanden sind, die auch die Stecklinge bald zur Blüte bringen. Mit seiner Annahme, daß es spezifische organbildende Stoffe in den Pflanzen gäbe, hat er nicht recht gehabt, jedenfalls nicht, was die wurzelbildenden Stoffe anbelangt. Aber er hat die Regulation der Entwicklung durch Wirkstoffe richtig vorausgeahnt.

Etwa 1891 entdeckte dann Jost den Zusammenhang zwischen Knospentreiben und Kambiumtätigkeit. Wir wissen heute, daß von schwellenden und treibenden Knospen Wuchsstoffe in die Zweige eindringen und im Kambium Zellteilungen auslösen. Den ersten einwandfreien Nachweis eines pflanzlichen Hormons konnte erst Fitting (um 1909) an tropischen Orchideen erbringen. Er stellte fest, daß der Pollen einen Stoff enthält, der sich durch Schütteln in Wasser löst und, ähnlich wie die Bestäubung von Blüten, vorzeitiges Abblühen und Anschwellen des Fruchtknotens hervorruft. Wie später festgestellt wurde, hielt er bereits damals für das gesamte Wachstum aller höheren Pflanzen als maßgeblichen Regulator den Wuchsstoff Auxin, was er aber noch nicht wissen konnte.

Das entscheidende Experiment zum Nachweis von Wuchsstoffen gelang Went (1926) an der Haferkoleoptile, an der schon früher gearbeitet worden war. Er entwickelte eine Methode, die auch heute noch zum Nachweis von Auxinen verwendet wird.

Die Haferkoleoptile, das wichtigste Objekt der Wuchsstofforschung, ist ein haubenartiges Hüllorgan bei Gräsern, das die Sproßknospe des Pflanzenembryos einschließt. Wenn sie jung ist, wächst sie unter Neubildung von Zellen. Hat sie aber eine Länge von 4–7 mm erreicht, strecken sich ihre Zellen, bis ihre Länge etwa 10–60 mm beträgt. Am Streckungswachstum nimmt fast das ganze Organ teil, nur die Zellen in der Spitzenregion bewahren ihre ursprüngliche Form, während die in den rückwärtigen Abschnitten sich auf die etwa fünf- bis zehnfache Länge ausdehnen.

Das Auxin in der Koleoptile, das aus dem Nährgewebe des Samens stammt, wandert in nicht wirksamer Verbindung in die Spitzenregion, wo es in die wirksame Form umgewandelt wird und dann abwärts in die Wachstumszone gelangt. Man kann dies nachweisen, indem man die Spitze der Koleoptile abschneidet; dann unterbleibt die Verlängerung. Aus den abgeschnittenen Koleoptilenspitzen wandert der Wuchsstoff auch in künstliches Material, wenn sie z. B. auf Agar gesetzt werden. Bringt man einen solchen wuchsstoffhaltigen Agarwürfel sodann auf eine abgeschnittene Koleoptile anstelle ihrer Spitze, so fördert er das Wachstum in gleicher Weise wie die Spitze selbst. Bringt man das wuchsstoffhaltige Agarstückchen an der Wunde einseitig an, so wird zwar das Wachstum des Stumpfes angeregt, aber nur unterhalb des Agars strecken sich die Zellen, während auf der gegenüberliegenden Seite die Streckung ausbleibt. Aus der Stärke der

Krümmung läßt sich auf die Wuchsstoffmenge schließen. Die Wachstumskrümmung läßt sich auch hervorrufen, wenn Paste mit Wuchsstoff auf eine Koleoptile oder einen anderen wachstumsfähigen Pflanzenteil gebracht wird. Went fand in diesen Versuchen außer dem endgültigen Wuchsstoffnachweis zugleich eine ausgezeichnete Methode zur quantitativen Bestimmung des Hormons, die die Grundlage seiner Arbeiten der kommenden Jahre bildete.

Untersuchungen anderer Forscher zielten darauf ab, die chemische Natur des Stoffes aufzuklären, der das Streckungswachstum an der Haferkoleoptile fördert. Den Wuchsstoff aber selbst aus der Spitze von Koleoptilen in der Menge zu gewinnen, die damals für eine chemische Untersuchung notwendig und ausreichend war, stellte sich bald als aussichtslos heraus, denn als Hormone kommen die Wuchsstoffe in den Pflanzen nur in äußerst geringen Mengen vor, besitzen aber eine außerordentlich hohe Wirksamkeit. So ruft ein Agarwürfelchen, das nur 0,00002 γ (1 γ = 0,000001 g) davon enthält, noch eine Krümmung von 10° hervor, wenn es auf einen Koleoptilenstumpf aufgesetzt wird. Über die Bestimmung eines Stoffes im Harn, der ebenfalls auxinartige Wirkungen hat, und Pilzextrakten konnte im Laufe der Jahre die chemische Struktur aufgeklärt werden. Heute steht ohne Zweifel fest, daß der natürliche Wuchsstoff der Koleoptile und der höheren Pflanzen aus Indolylessigsäure oder ähnlichen Indolverbindungen besteht.

Neben der β-Indolylessigsäure, kurz IES genannt, finden sich in der Pflanze noch andere Auxine mit ähnlichem Molekülaufbau. Über solche natürlichen Auxine ist viel weniger bekannt; sie sind wahrscheinlich lange nicht so verbreitet wie die IES. Daneben kennen wir aber eine große Zahl von künstlichen Auxinen, darunter die Naphtyl-1-Essigsäure (NES) und die 2,4-Dichlorphenoxylessigsäure (2,4-D).

IES und einige ihr ähnliche Verbindungen finden sich bei den meisten Pflanzen: bei den Angiospermen, bei bestimmten Gymnospermen *(Pinus)* und Farnen *(Osmunda)*, bei Moosen, Algen und Pilzen. Zahlreiche Pilze, vor allem Schlauchpilze, erzeugen viel IES und geben sie oft ins Kulturmedium ab.

IES entsteht bei höheren Pflanzen vor allem in den jüngsten Blättchen und gelangt von dort aus in andere Pflanzenteile. In größeren Mengen kann es auch aus Vegetationspunkten der Spermatophyten gewonnen werden. So wurden in der Spitzenregion des Sprosses der Ananaspflanzen etwa 25 bis 50 mg Auxine je kg Gewebe gefunden.

Der Transport von Wuchsstoffen

Die Wuchsstoffe werden nicht gleichmäßig in allen Zellen gebildet; hierfür sind gewisse Bildungs- oder Aktivierungszentren vorhanden, wie die schon erwähnten Blattanlagen oder Koleoptilenspitzen. Von diesen ergießt sich alsdann ein Strom von Wuchsstoffen in die Nachbarzellen und -gewebe und verliert auch noch in größerer Entfernung seine Wirkung nicht. Mit der Bildung besonderer Wuchsstoffzentren und den von dort ausgehenden Wuchsstoffströmen werden wichtige Beziehungen (Korrelationen) zwischen den einzelnen Teilen der Pflanze hergestellt, die ihre gesamte Entwicklung beeinflussen. Eine wichtige Erscheinung ist, daß IES in aktiver Form im allgemeinen nur polar in einer Richtung (zur Wurzel) durch die Zelle transportiert wird. Dies kann wiederum an der Haferkoleoptile nachgewiesen werden. Setzt man auf ihre Spitze ein auxinhaltiges Agarstückchen, so wird der Wuchsstoff zur Basis hin schnell transportiert (etwa 5 bis 20 mm pro Stunde). Dagegen bewegt sich der Wuchsstoffstrom nur ein Zehntel so schnell zur Spitze hin, wenn ein auxinhaltiges Agarblöckchen an der Basis angebracht wird. Dabei hängt der Transport von der Spitze zur Basis nicht von der Schwerkraft ab, sondern von der Photosynthese und der Anwesenheit von Sauerstoff. Licht dagegen hemmt den IES-Transport. Wie es zu diesem polaren Transport kommt, ist noch nicht geklärt. Es gibt verschiedene Hypothesen, aber keine kann die Vorgänge befriedigend klären. IES bewegt sich vor allem im Grundgewebe, 2,4–D im Kambium und in den Gefäßen.

Die Wirkung der Auxine

Wie schon erwähnt, sind Auxine zusammen mit anderen Wuchsstoffen an sehr verschiedenen Vorgängen beteiligt. Ob sich Zellen teilen oder strecken, ob Seitenknospen inaktiv gehalten, ob Wurzeln ausgebildet werden, ob Xylem entsteht, ob Früchte, ob Tumoren erzeugt oder ob Blätter im Herbst abgeworfen werden, immer spielen die Auxine dabei eine wichtige Rolle. Daneben fördern sie hauptsächlich das Streckungswachstum. Auf welche Weise dies geschieht, ist der Fachwelt noch keineswegs klar. Als wahrscheinlich gilt, daß sich die Haftpunkte der Fibrillen in den Zellwänden lockern, auf osmotischem Wege Wasser aufgenommen wird, sich die Zellen unter Dehnung der Zellwand strecken und schließlich in der Zellwand neue Fibrillen gebildet werden.

In welchem Umfang Auxine in die DNA- und RNA-Synthese eingreifen, oder ob Auxin bestimmte Gene aktiviert, darauf kann an dieser Stelle nicht eingegangen werden. Es liegen zwar Untersuchungen vor, doch stehen sie vielfach im Widerspruch zueinander. Ein Eingreifen der Auxine in diese Vorgänge ist aber keineswegs auszuschließen.

Anwendung der Auxine in Gartenbau und Landwirtschaft

In Gartenbau und Landwirtschaft sind die Auxine, besonders einige synthetische, von großer Bedeutung. Sie werden anstelle von IES für viele Zwecke verwendet, da sie billiger als dieses hergestellt werden können und von hoher und langanhaltender Wirksamkeit sind. Die letzte Eigenschaft kommt dadurch zustande, daß die Pflanze diese fremden Moleküle nicht mit Hilfe von Enzymen abbauen kann. IES, das von der Pflanze selbst gebildet wird, kann dagegen durch Enzyme zerstört werden. Einige Beispiele aus der Praxis: Um Stecklinge zu bewurzeln, verwendet man gern Indolbuttersäure, die stabiler ist als IES und anscheinend die Wurzelbildung stärker fördert. Auch das Treiben von Kartoffeln kann man, wenn man sie mit IES oder mit synthetischen Auxinen behandelt, für lange Zeit unterbinden. Kartoffelknollen sind einem Sproßachsenabschnitt gleichzusetzen, wobei die Augen den Achselknospen entsprechen (siehe auch apikale Dominanz s. S. 241). Bei einer frisch geernteten Kartoffelknolle befinden sich diese in einem Ruhezustand und wachsen nicht. Da dieser aber nach einigen Monaten endet, ist das nunmehr eingetretene Treiben der Kartoffeln für die Lagerhaltung äußerst lästig.

Eine große Rolle bei der Unkrautbekämpfung spielt z. B. die 2,4-Dichlor-Phenoxyessigsäure (2,4-D). In niederen Konzentrationen wirkt sie ganz ähnlich wie IES, in höheren schädigt sie viele breitblättrige Pflanzen, weniger dagegen die schmalblättrigen, wie es die Getreidearten sind. In großen Mengen wird 2,4-D deshalb in Getreidefeldern angewendet, um die Unkräuter zu bekämpfen; es wurde aber auch z. B. im Vietnamkrieg zur Entlaubung von Wäldern benutzt. Man weiß zwar, daß es besonders die Meristeme schädigt, aber warum gerade bei breitblättrigen Pflanzen, ist unbekannt. Die Getreidearten scheinen den Stoff inaktivieren zu können, vielleicht durch Bindung an Eiweiß, während die Unkräuter ihn im ganzen Pflanzenkörper verteilen, wodurch es zum ungeordneten Wachstum und schließlich zum Tode kommt. 2,4-D wird von den Blättern leicht aufgenommen und kann deshalb durch Besprühen den Pflanzen zugeführt werden.

Die Entdeckung der Gibberelline

Gegen Ende des vorigen Jahrhunderts entdeckten japanische Reiszüchter in ihren Feldern Pflanzen mit eigenartigen Erscheinungen: Keimpflanzen wurden lang, dünn und waren gegenüber normalen Pflanzen bleichgrün. Reife Pflanzen wuchsen oft schnell in die Länge und gingen meistens vor der Blüte ein. Die Krankheit erhielt den Namen Bakanae-Krankheit, was man etwa mit »Krankheit der verrückten Keimlinge« übersetzen kann. In den zwanziger Jahren stellten dann japanische Fachleute fest, daß die Bakanae-Krankheit nur dann auftrat, wenn die Reispflanzen von dem Schlauchpilz *Fusarium moniliforme* (= *Gibberella fujikuroi*) befallen waren. Schließlich gelang es auch, den Pilz auf einem synthetischen Nährboden zu züchten. Um 1926 konnte ein Japaner (E. Kurosawa) die

Erscheinungen der Bakanae-Krankheit hervorrufen, wenn er Substanzen, die der Pilz in das Nährmedium abgab, auf eine Reispflanze brachte. Die wirksame Substanz wurde Gibberellin genannt. In den dreißiger Jahren konnten japanische Wissenschaftler aus den Pilzkulturen mehrere kristalline Substanzen gewinnen, die an den Reispflanzen die Bakanae-Krankheit hervorriefen. Es gelang ihnen sogar, für diese Substanzen eine Strukturformel aufzustellen. Der zweite Weltkrieg verhinderte weitere Arbeiten über das Gibberellin und verhinderte auch eine Verbreitung der Versuchsergebnisse in der Welt.

Um 1950 wurden in England und in den USA die Berichte der japanischen Untersuchungen über das Gibberellin bekannt, was eine intensive Erforschung zur Folge hatte. Heute kennt man schon mehrere (etwa 27) natürliche Substanzen, die gibberellinartige Wirkungen haben und zum Teil zu mehreren nebeneinander vorkommen können.

Das Vorkommen von Gibberellinen

Gibberelline sind im Pflanzenreich weit verbreitet, sie sind in Rot-, Braun- und Grünalgen, bei Farnen und bei allen daraufhin geprüften Angiospermen, sowie in bestimmten Arten von Moosen, Pilzen und Bakterien gefunden worden. Selbst in zahlreichen Tieren kommen Stoffe vor, die eine gibberellinartige Wirkung haben, und zwar, wie bei den Pflanzen, in Abhängigkeit vom Entwicklungszustand. Ungeklärt und unbekannt ist, ob es echte Gibberelline sind. Besonders reichlich findet sich Gibberellin in unreifen Samen; so enthalten unreife Erbsen z.B. unter bestimmten Bedingungen etwa 0,4 mg Gibberellinsäure pro kg Frischgewicht. Sie entsteht in den Streckungszonen von Sproß und Wurzel und anscheinend auch in jungen Blättern.

Wie die Auxine, so sind auch die Gibberelline an sehr verschiedenen Entwicklungsvorgängen beteiligt. Das Längenwachstum und die Zellteilungen, die Blüteninduktion und die Geschlechtsausprägung bei manchen Pflanzen, die Samenkeimung, der Blatt- und der Fruchtfall, die Photosynthese, die Verholzung und viele andere Vorgänge verlaufen unter dem Einfluß von Gibberellin. Ferner kann Gibberellin in alternden Blattscheiben den Chlorophyll- und Eiweißabbau für mehrere Tage aufhalten; es wirkt hier verjüngend. Da die Gibberelline in die verschiedensten Entwicklungsvorgänge eingreifen, stehen sie in vielfältigen Beziehungen zu anderen Wuchsstoffen.

Die Gibberelline kann man u.a. an gewissen Rassen von Maispflanzen nachweisen, die einen Zwergwuchs zeigen. Durch Zugabe von Gibberellin wachsen sie auf das normale Maß. In der Aleuronschicht mancher Samen (Gerste, Reis) und in Embryonen (z.B. Haselnuß) werden durch die Zugabe von Gibberellinsäure stärkespaltende Enzyme freigesetzt. Diese Eigenschaft wird gleichfalls bei einem biologischen Test auf Gibberelline benützt.

Über die Wirkungsweise der Gibberelline fehlen noch einheitliche Theorien. Beim Streckungswachstum scheinen sie eine Rolle zu spielen, indem sie die RNA-Synthese erleichtern oder in Gang bringen. Möglicherweise steigt dann der osmotische Wert der Zellen, wenn die unter Gibberellin-Einfluß neuentstandenen Enzyme zu arbeiten beginnen. Auch scheinen sie über eine noch nicht bekannte Zwischensubstanz in die Synthese von DNA einzugreifen und auf diesem Wege die Zellteilungen anzuregen, wodurch das Streckungswachstum gefördert wird.

Die Anwendung von Gibberellinen

Große Mengen an Gibberellinen werden in Bierbrauereien bei der Mälzerei gebraucht (0,01 bis 0,5 g pro Tonne Gerste), da sie die Keimung ruhender Gerstenkörner fördern. Bei der Bierbereitung (s. S. 166) verwendet man als Ausgangsmaterial Getreidekörner, besonders Gerste, also stärkehaltige Pflanzenteile. Um vergärbar zu sein, muß die Stärke erst in Zucker umgewandelt werden. Bei der Malzbereitung kommt es auf die Bildung der zur Verzuckerung der Stärke nötigen Enzyme an. Zu diesem Zwecke läßt man die Gerstenkörner bei einer Temperatur von 18 °C ankeimen; bei der Keimung werden dann die Enzyme frei, die die Stärke in den Gerstenkörnern in Zucker umwandeln. Auch in der Blumengärtnerei wird Gibberellin in geringem Umfang verwendet, um Blütenstiele zu verlängern oder Blütenblätter zu vergrößern, vor allem bei Schnittblumen.

Dem Gibberellin wirken wieder synthetische Stoffe entgegen, wie das Chlorcholinchlorid (CCC). Dieses verzögert z.B. das Keimen der Gerste durch Hemmung der Gibberellin-Synthese. In großem Maßstab wird es verwendet, um das Längenwachstum von Getreide, besonders von Weizen, herabzusetzen, wobei CCC mit Cholin, das die Giftigkeit des Mittels mindert, vermischt und als Cycocel in den Handel gebracht wird. Werden 0,5 bis 2 kg/ha auf Getreidepflanzen gesprüht, verkürzt sich die Halmlänge auf 75 bis 80% des sonst erreichten Wertes. Das Getreide legt sich dann weniger bei Regen und Wind, und durch bestimmte Düngung kann ein höherer Körnerertrag erzielt werden.

Die Cytokinine und ihre Wirkungen

Die Cytokinine sind Stoffe, die hauptsächlich die Zellteilung fördern. Seit 1955 z.B. ist Kinetin bekannt, ein cytokininartiger Stoff, der aber nicht in lebenden Pflanzen vorkommt. Inzwischen sind zahlreiche natürliche Cytokinine entdeckt worden (z.B. das Zeatin, Bryokinin), von denen aber nur bei wenigen die genaue Strukturformel bekannt ist. Bis jetzt ist fast im ganzen Pflanzenreich Cytokinin gefunden worden: Moose und Farne sprechen darauf an. Bei einzelligen Meeresalgen und sogar im Meereswasser kommt freies Cytokinin vor, das von bestimmten Algen gebildet wird, und auf das andere Algen angewiesen sind. Es findet sich besonders in keimenden (nicht in ruhenden) Samen, Wurzeln und Früchten, im Blutungssaft, in Blättern usw. Besonders reichlich kann man das Cytokinin in Geweben finden, in denen viele Zellteilungen erfolgen. Wegen des reichlichen Vorkommens von Cytokinin im Blutungssaft und besonders in den Wurzelmeristemen nimmt man an, daß es vor allem in den Wurzeln gebildet und von hier aus in den Sproß kommt.

Ähnlich wie die Auxine und Gibberelline nehmen die Cytokinine an vielen Vorgängen teil, von denen nur eine Auswahl gezeigt werden kann: Sie fördern die Synthese von DNA, RNA und Eiweiß und damit das Zellteilungs- und Streckungswachstum, die Samenkeimung und manchmal auch die Entwicklung der Blüte; sie verzögern im Blatt den Abbau wichtiger Stoffe und damit das Altern. Sie beeinflussen die Organbildung und die Apikaldominanz (s. S. 241); sie fördern bei Gräsern die Transpiration, sie erhöhen die Resistenz gegen Kälte, Chemikalien u.a.

In welche molekularen Bereiche die Cytokinine eingreifen, ist nicht bekannt. Bei einem Bacterium, *Escherichia coli*, finden sich bestimmte Cytokinine in der transfer-RNS, deshalb und aus anderen Befunden nimmt man eine Beziehung zu den Nukleinsäuren an.

Dormine

In vielen höheren Pflanzen kommen Stoffe vor, die die Samen- und Knospenruhe beeinflussen und Dormine genannt werden (Dormine kommt vom lateinischen dormire = schlafen). Dabei handelt es sich meist um die gleiche Verbindung, nämlich die Abscisinsäure oder ABA. Sie ist bei den Angiospermen allgemein verbreitet und wird hier in fast allen Pflanzenteilen gefunden, vornehmlich im Phloem, in den Blättern, Blattstielen usw. In Pflanzen, die an Wassermangel leiden und infolgedessen welken, erhöht sich die Konzentration an Abscisinsäure. Dadurch wird ein Verschluß der Spaltöffnungen herbeigeführt. Im Experiment kann er außerordentlich rasch eintreten, bei Maisblättern z.B. schon drei Minuten nach Einbringen in eine abscisinsäurehaltige Lösung.

ABA hemmt in noch nicht bekannter Weise die Bildung von Nukleinsäuren (DNA und RNA) und damit das Wachstum. In den Pflanzen schafft ABA ganz ähnliche Auswirkungen wie Kurztage. Langtagpflanzen wie der Spinat blühen mit ABA nicht im Langtag, während Kurztagspflanzen zum Teil im Langtag mit ABA zum Blühen veranlaßt werden können. Wird ABA von außen der Pflanze zugeführt, beschleunigt sie das Altern vieler Pflanzenteile, so den Abbau des Chlorophylls und die Abstoßung des Organs (z.B. eines Blattes). Für die Abstoßung ist Abszisinsäure allein nicht verantwortlich; sie be-

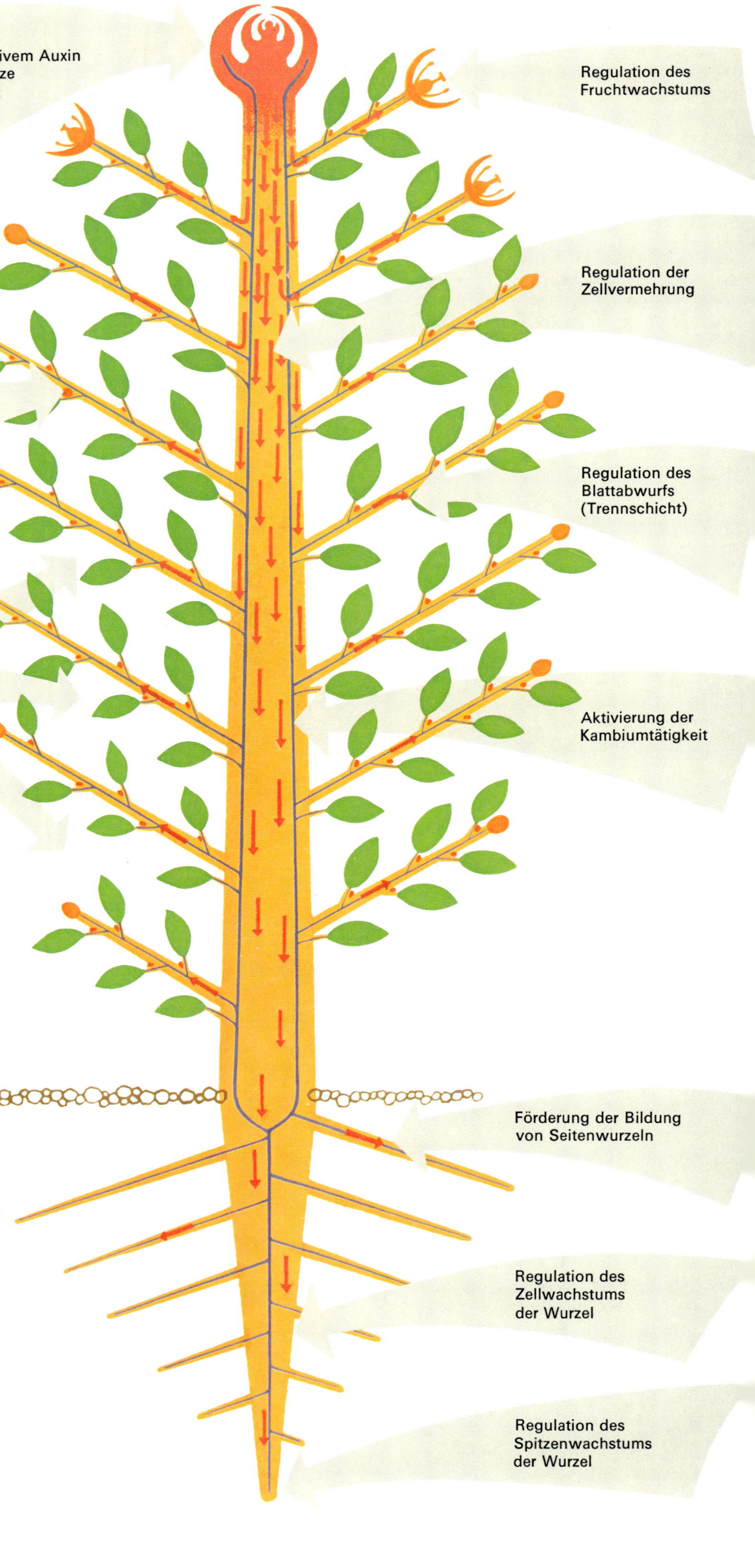

Die Wirkung von Auxin auf die verschiedenen Teile der Pflanze

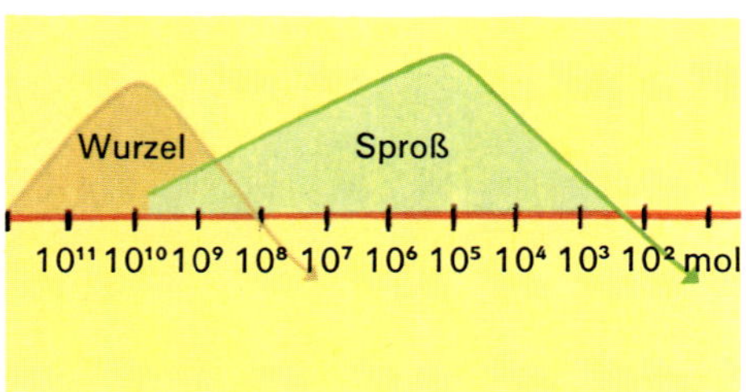

Abhängigkeit des Sproß- und Wurzelwachstums von der Auxinkonzentration

Wirkung von Wuchsstoffen

Bei den Pflanzen gibt es ebenso wie bei den Tieren Stoffe, die in äußerst geringen Mengen in die Lebensvorgänge eingreifen: die Wuchsstoffe oder Pflanzenhormone. Bekannt sind hauptsächlich die Auxine, Gibberelline, Kinine und das Äthylen. Ihre Besonderheit ist, daß sie alle Stoffwechselvorgänge in der Zelle steuern. Beispiel für die vielfältige Wirkung von Auxin ist das Schema links. Wie eine Zelle auf einen Wuchsstoff reagiert, entscheidet z. B. ihr Alter oder ihre Differenzierung. Auxin, das hauptsächlich aus Indol-3-Essigsäure, kurz IES besteht, wird besonders in hoher Konzentration freigesetzt in der Spitzenregion der Haferkoleoptile, das dann wurzelwärts wandert (oben rechts). Dabei wandert der Wuchsstoff nur in einer Richtung, wie in nebenstehendem Versuch mit auxinhaltigen Agarblöckchen gezeigt wird.

Auxin beeinflußt auch die phototropischen Krümmungen wachstumsfähiger Pflanzenteile. Auf der lichtabgewandten Seite der Haferkoleoptile sammelt sich mehr Auxin als auf der anderen. Dadurch strecken sich die Zellen mehr auf dieser Seite, und daraus resultiert eine Krümmung zur Lichtquelle. Den verantwortlichen Stoff, das Auxin, zeigt der Versuch rechts außen.

Auxin, das von Gipfelknospen des Sprosses abgegeben wird, unterdrückt die Seitenverzweigung (unten), Apikaldominanz genannt.

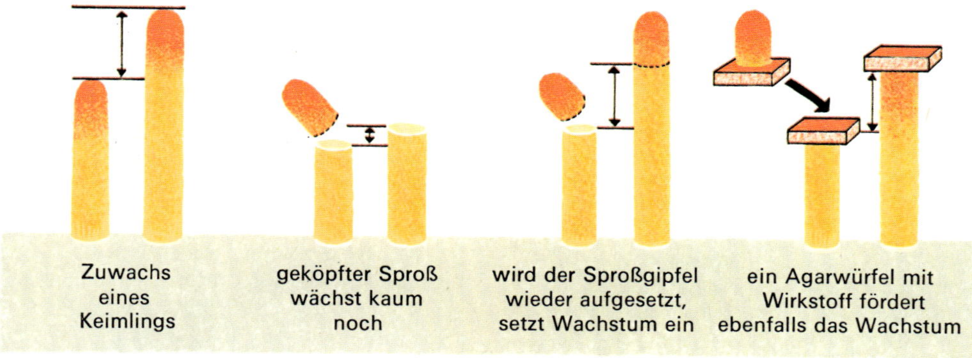

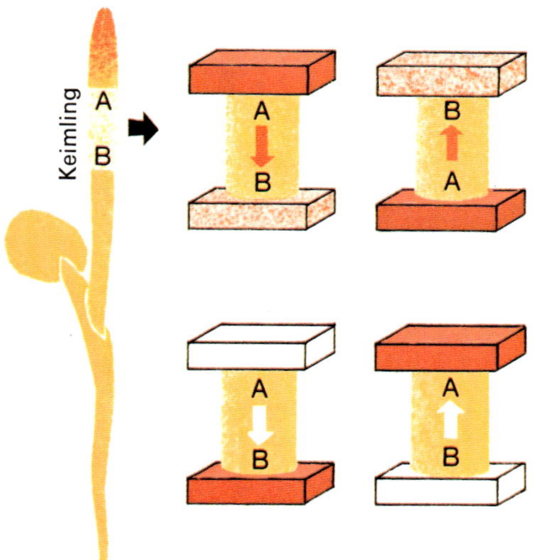

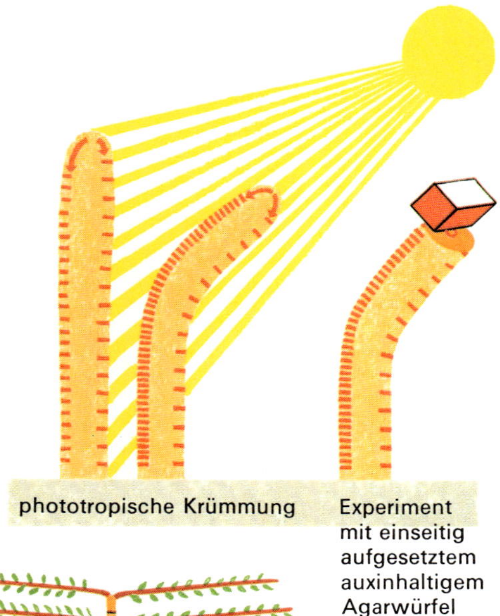

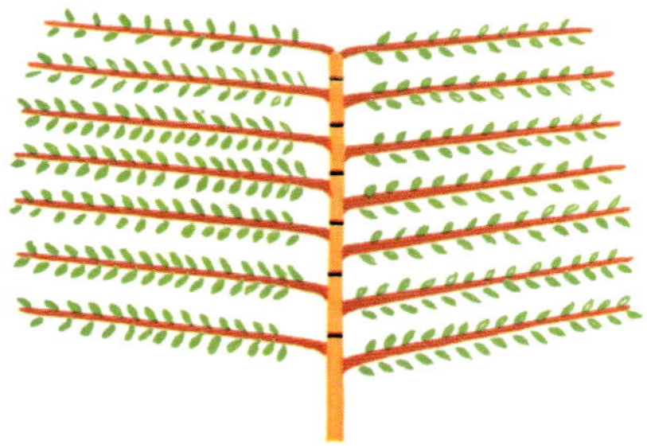

Birnbaum in Spalierform

Beseitigung der Apikaldominanz durch Stutzen des Haupttriebes ermöglicht das Auswachsen der Seitentriebe

durch Düngung mit Gibberellinsäure kann man ein starkes Längenwachstum der Internodien hervorrufen wie bei der Pflanze rechts (Kohl)

einflußt diesen Vorgang zusammen mit Auxinen und Gibberellinen.

Die bis jetzt genannten Wuchsstoffe haben eine der ABA entgegengesetzte Wirkung. Gibberellin und IES heben so den Kurztageffekt, also auch die wachstumshemmende Wirkung auf, d. h. ABA hält normalwüchsige Maispflanzen nur dann im Wachstum zurück, wenn nicht auch Gibberellin gegeben wird.

Wie IES den Gibberellinen, so wirkt ABA den Cytokininen entgegen. Das Wachstum von Wasserlinsen läßt sich durch ABA hemmen; durch Kinetin läßt sich diese Wirkung wieder aufheben. Eine praktische Anwendung des ungiftigen ABA z. B. zur Hemmung des Austreibens von Lagerkartoffeln usw. gibt es noch nicht, da die Kosten der synthetischen Herstellung vorerst noch zu hoch sind.

Äthylen

Bereits seit Mitte des 18. Jahrhunderts ist bekannt, daß Leuchtgas und Tabakrauch das Wachstum von Pflanzen beeinflussen. Im Jahre 1901 konnte dann nachgewiesen werden, daß das Äthylen, das im Rauch vorkommt, die Ursache dafür ist. Seit den dreißiger Jahren kennt man die wichtigsten Wirkungen, zum anderen auch, daß die Zugabe von IES die Produktion von Äthylen in der Pflanze verstärkt. Durch neue Forschungsmethoden (Gaschromatographie) haben die Untersuchungen an Äthylen viele neue Erkenntnisse gebracht. So soll Äthylen von sämtlichen Teilen der Pflanze erzeugt werden, besonders in den schnell wachsenden und sich streckenden Geweben, Knospen und jungen Blättern, in reifenden Früchten, Blüten und alternden Blättern. Nicht alle Pflanzen reagieren gegenüber Äthylen in gleicher Weise. Typisch ist jedoch für die Landpflanzen: Wachstumshemmung, Gelbfärbung und vorzeitiger Blattfall, Reifebeschleunigung von Früchten, Welken der Blüten, Verlust der Reaktion auf Licht und Schwerkraft, Austreiben von ruhenden Knospen und Samen, verstärkte Blütenbildung, bei einigen Arten eine verstärkte Ausprägung des weiblichen Geschlechts, Förderung der Entstehung von Adventivwurzeln u. a.

Nähere Vorstellungen über den Wirkungsmechanismus von Äthylen hat man nur im Zusammenhang mit der Verminderung der Wachstumsgeschwindigkeit. Durch bestimmte chemische Reaktionen versteift sich die Zellwand, die dann das Wachstum hemmt. Die Wirkung von Äthylen ist stark abhängig von der Auxinkonzentration, wie zahlreiche Befunde zeigen. Zugabe von Auxinen regt die Produktion von Äthylen an, und in wachsendem Gewebe, das einen hohen Auxinspiegel hat, wird das meiste Äthylen erzeugt. Man nimmt deshalb von IES und Äthylen an, daß sie ein Regulationssystem bilden, das die Wachstumsgeschwindigkeit und -richtung in der Zelle steuert. Äthylen wird nicht nur durch Auxine beschleunigt gebildet, sondern auch durch Verletzungen, Anschneiden und Reiben kann seine Erzeugung gesteigert werden.

Wuchsstoffe und Samenkeimung

Bei der Keimung eines Samens wirken viele Faktoren zusammen und beeinflussen sich gegenseitig. Für die Keimung ist neben anderen Bedingungen, wie Wasser und Licht, auch die Temperatur sehr wichtig. Welche Temperatur geeignet ist, kann stark davon abhängen, auf welche Weise die Samen keimfähig und keimbereit geworden sind. Viele Samen, darunter auch die von zahlreichen Baumarten, keimen erst, wenn sie im feuchten Zustand für eine bestimmte Zeit (Tage bis Monate) niedriger Temperatur (meist zwischen 0 und 10 °C) ausgesetzt waren. Will man diese Steigerung der Keimungsfähigkeit nicht dem natürlichen Winter überlassen, »stratifiziert« man die Samen, d. h. man feuchtet sie an, legt sie in Schichten aus, damit sie gut mit Sauerstoff versorgt werden können, und hält sie bei einigen Grad über Null. Je länger nun so eine Stratifizierung über eine Mindestzeit andauert, um so höhere Temperaturen kann der Keimling für seine Entwicklung verlangen.

Über die Wirkung, die die Stratifizierung hervorruft, gibt es einige Hinweise; so enthalten Apfelsamen, die nicht stratifiziert sind, ein Dormin (ABA). Bei der Stratifizierung nimmt nun dieses ab und ist nach drei Wochen ganz verschwunden. Andererseits benötigt man um so mehr Dormin, um die Keimung aufzuhalten, je länger der Vorgang anhält. In gewissen Fällen (Pfaffenhütchen) können Gibberelline eine Stratifizierung ganz oder teilweise ersetzen.

Zweifellos sind Cytokinine ebenfalls an der Keimung beteiligt. So kann Kinetin, von außen zugeführt, die Samenruhe von *Xanthium pennsylvanicum*, einem Korbblütler in Amerika, brechen, wozu weder IES noch Gibberellin imstande sind. Ebenso hebt Kinetin bei Schließfrüchten von Latticharten die keimungshemmende Wirkung von zugeführtem ABA auf, nicht dagegen IES oder Gibberellin.

Gibberellin und Cytokinin wirken auch auf den Embryo ein. So bilden sich unter dem Einfluß von Gibberellin Enzyme, die schon vorhandene Reservestoffe mobilisieren, die der Embryo braucht, so z. B. beim keimenden Gerstenkorn. Der Embryo entsendet hier Gibberellinsäure in die das Stärkeendosperm umgebende Aleuronschicht. Im Aleuron induziert die Gibberellinsäure die Synthese mehrerer Enzyme, z. B. α-Amylase, einer Protease und einer Ribonuclease. Die unter Gibberellinsäure-Einfluß gebildeten Enzyme werden anschließend aus dem Aleuron in das darunterliegende Stärkeendosperm ausgeschüttet und bewirken dort eine hydrolytische Spaltung der entsprechenden Reservestoffe. Die α-Amylase z. B. spaltet die Stärke, den Hauptreservestoff.

Knospentrieb und Wuchsstoffe

Sollen Knospen austreiben, müssen bestimmte Bedingungen verwirklicht sein. Wenn keine korrelativen Hemmungen vorliegen, ist vor allem Wärme notwendig, was schon daraus hervorgeht, daß die Vegetationsperiode im Frühjahr bei einem Temperaturanstieg nach der winterlichen Kältezeit einsetzt. Durch Anwendung tiefer Temperaturen kann der Knospentrieb künstlich aufgehalten werden, eine Möglichkeit, die man in der gärtnerischen Praxis anwendet. Will man z. B. Flieder *(Syringia vulgaris)* oder Maiglöckchen *(Convallaria majalis)* im Herbst zur Blüte bringen, so stellt man die Pflanzen von der Winterruhe an bis zum Spätsommer in kühle Räume. Nach dieser Zeit der Kältestarre werden sie einer geeigneten Treibhaustemperatur ausgesetzt, die sie zur Entfaltung veranlaßt. Jedoch genügt Wärme allein nicht zur Einleitung des Treibens. Vor allem hat auch die Tageslänge einen großen Einfluß auf den Knospentrieb. Temperatur und Tageslänge können aber nur einwirken, wenn die Knospen sich in einem Zustand der inneren Bereitschaft befinden. In der Pflanze und damit auch in den Knospen gibt es Zeiten zwischen Ruhe und Aktivität. Diese Phasen werden durch die äußeren Bedingungen (Temperatur und Tageslänge) so beeinflußt, daß z. B. die Laubbäume im Winter ihr Wachstum einstellen und damit junge Blätter und Triebe vor dem Erfrieren bewahren.

Bei den Knospen lassen sich verschiedene Phasen unterscheiden, nämlich eine Vorruhe, Vollruhe und Nachruhe. Der Zustand der Vollruhe, der bei unseren Laubbäumen im Spätsommer bzw. zu Anfang des Herbstes einzusetzen pflegt, ist dadurch gekennzeichnet, daß die Knospen unter keinen Umständen zum Treiben veranlaßt werden. In der Vor- und Nachruhe jedoch sind sie auf mancherlei Weise beeinflußbar. Die Phasen der Knospenruhe und die Jahreszeit können in verwickelter Weise zusammenhängen, wie das Beispiel des Flieders zeigt. Von Juni bis August ruhen die Knospen. Sie lassen sich aber in dieser Zeit der Vorruhe durch geeignete Maßnahmen zum Austreiben bringen. Im September halten sie dann ihre Hauptruhe und im Oktober und November ihre Nachruhe. Jetzt können sie, ebenso wie in der Zeit der Vorruhe, durch Eingriffe des Menschen zum Treiben veranlaßt werden.

Die Vor- und Nachruhe kann man z. B. durch Wärme, Ätherdämpfe oder Röntgenstrahlen, schließlich auch durch Wuchsstoffe abbrechen, und zwar durch Gibberellin und Kinetin. Dagegen läßt sich die Hauptruhe der Knospen selbst durch diese Stoffe nicht aufheben.

Gibt man von außen den Pflanzen ABA (Dormin), so werden sie zur Ruhe veranlaßt. Dieser Einfluß von ABA läßt sich wiederum durch Cytokinin oder Gibberellin aufheben. Um die Knospen am Austreiben zu hindern, könnte man ABA in der gärtnerischen Praxis anwenden, aber die Wirkung hält nicht sehr lange an, außerdem sind die Herstellungskosten dafür zu hoch.

In den ruhenden Winterknospen haben die Holzgewächse keine oder nicht nachweisbare IES, sondern nur eine Wuchsstoffvorstufe und Hemmstoff. Aber bereits beim Schwellen

Bahndamm, auf den ein chemisches Unkrautbekämpfungsmittel gesprüht wird. Auch auf Straßenrändern solche Totalherbizide zur Anwendung zu bringen, davon ist man abgekommen.

der Knospen, noch vor dem Treiben, tritt ziemlich plötzlich eine reichliche Wuchsstoffmenge auf. Von den schwellenden und treibenden Knospen strömt dann der Wuchsstoff durch die Zweige in Richtung zum Stamm abwärts. Dieser Vorgang läßt sich leicht durch Versuche nachweisen, wenn man die Rinde abschält. Im Winter ist sie fest mit dem Holz verbunden und läßt sich deshalb nicht abziehen. Nach dem Treiben der Knospen aber kann man sie am Stamm in Ringen abschälen. Je nach Wanderung des Wuchsstoffes schreitet die Schälbarkeit von der Krone abwärts teils sehr schnell, wie bei der Eiche, teils langsamer, wie bei der Fichte (bei schönem Wetter etwa 1 m pro Tag) fort. IES wandert dabei, wie man feststellen konnte, allein im Kambium, das sich, sobald es erreicht ist, lebhaft teilt und Holz- und Bastzellen abgibt.

Korrelationen und Wuchsstoffe

Die Organe des Pflanzenkörpers entwickeln sich nicht unabhängig voneinander; es besteht vielmehr eine wechselseitige Abhängigkeit darin, daß Wachstum und Ausbildung jedes einzelnen Gliedes durch die anderen in weitestem Umfang beeinflußt werden. Diese Wechselbeziehung nennt man Korrelation. Zieht man Pflanzen in einem zu kleinen Blumentopf, so kann sich das Wurzelwerk nicht ungehindert ausbreiten. Als Folge davon bleiben auch die grünen Teile, Blätter und Sproß, kleiner. Ferner können Korrelationen über Leben und Tod einer Pflanze entscheiden. Normalerweise gehen die männlichen Pflanzen des zweihäusigen Spinats zugrunde, wenn sie geblüht haben. Wenn aber die Blütenstände kurz vor dem Aufblühen herausgebrochen werden, so leben die Pflanzen weiter. Oder Zuckerrüben können zwölf Jahre und länger leben, wenn man sie daran hindert, Blüten und Früchte zu bilden. Man nimmt an, daß Stoffe, nämlich Wuchsstoffe, die aus den Blütenständen kommen, die Pflanze töten. Die Korrelationen haben insbesondere dafür zu sorgen, daß die Zellen, die grundsätzlich imstande wären, eine eigene Pflanze aufzubauen, dies nicht tun, sondern sich der Arbeitsteilung unterwerfen. Ihr Wesen besteht also in der Unterdrückung all jener Entwicklungstendenzen, welche den geordneten Ablauf einer Entwicklung gefährden würden, in der die Zellen bestimmte Aufgaben haben.

Als Beispiel für eine Korrelation, die von Wuchsstoffen hervorgerufen wird, soll die Apikaldominanz dienen. Bei den meisten Blütenpflanzen wird hier das Auswachsen von Achselknospen, die neue Triebe hervorbringen und den Sproß verzweigen, von der Gipfelknospe unterdrückt. Der Einfluß der Gipfelknospe nimmt dabei mit wachsender Entfernung an Stärke ab. Wird sie abgeschnitten, kann der kräftigste der neugebildeten Triebe die Rolle des Haupttriebes übernehmen und hindert dann tieferstehende Knospen wiederum am Austreiben. Soweit dieser Einfluß reicht, treten keine Verzweigungen auf: Er verschwindet in kurzem Abstand von der Spitze, z.B. bei dem Besenkraut, bei dem sich ganz regelmäßig sämtliche Achselknospen zu Seitensprossen entwickeln und dadurch den buschigen Wuchs bedingen. In anderen Pflanzen reicht er u.U. bis zum Boden, wie bei der Sonnenblume, die gewöhnlich unverzweigt bleibt. Man kann sie aber doch zur Verzweigung veranlassen, wenn man die Endknospe frühzeitig entfernt. Dieses als Entspitzen (Pinzieren) bezeichnete Verfahren wendet man häufig in der gärtnerischen Praxis an, wenn Topfpflanzen durch reichliche Verzweigung eine vollere Form bekommen sollen. Nach demselben Prinzip erreicht der Gärtner beim Heckenschnitt vermehrte Triebbildungen und damit eine größere Dichte der Verzweigungen. Hemmend auf das Austreiben der Achselknospen wirkt ferner auch das zugehörige Tragblatt (in Blättern wird Auxin gebildet!). Erbsenkeimlinge, denen man ein Keimblatt und den Hauptsproß weggenommen hat, ersetzen den Sproß immer durch einen Trieb, der nur aus der Achsel des abgeschnittenen – also nicht des stehengebliebenen – Keimblattes stammt. Auch bei den Holzgewächsen zeigen sich ähnliche Erscheinungen, denn deren Knospen entfalten sich normalerweise erst nach dem Laubfall und zwar in der Vegetationsperiode des folgenden Jahres. Entfernt man jedoch rechtzeitig die Tragblätter, so gelangen die Knospen unmittelbar zu ihrer Entwicklung.

Als Hemmstoff, der den Einfluß auf die Seitenknospen ausübt, dient IES, das von der Gipfelknospe abwärts wandert, was sich besonders dann zeigt, wenn diese abgeschnitten wird. Normalerweise entwickeln sich dann Seitenverzweigungen. Das Austreiben der Achselknospen wird jedoch gehemmt, wenn auf die Spitze Auxin gebracht wird. Der gleiche Effekt tritt ein, wenn die Knospen selbst direkt mit Auxin behandelt werden. Darüber hinaus haben Versuche ergeben, daß sich im Sproß tausendmal mehr IES befindet, als zum Austreiben von Seitenknospen nötig ist. Im Sproß selbst ist diese Menge an IES optimal für das Streckungswachstum. Man nimmt an, daß die von der Sproßspitze gehemmten Seitenknospen zuviel Auxin enthalten, und zwar zuviel im Verhältnis zu anderen Wuchsstoffen. So fördert nämlich Cytokinin, wenn es auf die Knospen gebracht wird, das Austreiben, auch wenn die Sproßspitze nicht abgeschnitten ist. Unter Umständen muß man dann die Seitentriebe noch mit Auxin behandeln, damit sie weiterwachsen. Auch die anderen Wuchsstoffe sind am Austreiben beteiligt, wirken jedoch in wenig übersichtlicher Weise. Cytokinin und Auxin heben sich in ihrer Wirkung nicht immer auf, Gibberellin kann die Vorgänge unterschiedlich beeinflussen. Ob Äthylen, das oft das Knospenwachstum hemmt, bei allen Pflanzen wirkt, ist ungewiß.

Auch zahlreiche Pilze bilden Wuchsstoffe in großer Menge und scheiden sie aus, besonders wenn sie als Parasiten verschiedene Bäume befallen und dann deren Wuchsstoffgleichgewicht völlig durcheinanderbringen. Durch die Infektion werden alle Korrelationen, die an der gesunden Pflanze die Harmonie der Organbildung sichern, gestört, und es treten Auswirkungen auf, die denen im Amputationsversuch gleichen. Knospen, die sich in der Nähe der Infektionsstelle befinden, treiben zu einem wirren Zweigknäuel aus und bilden einen sogenannten Hexenbesen.

Wie das Austreiben von Achselknospen ist auch die Wurzelbildung korrelativen Einflüssen unterworfen. Schneidet man bei Bäumen und Sträuchern die alten Wurzeln etwas zurück, so bilden sich in reichlichem Maße neue. Bei der Bohne werden die Seitenwurzeln selbst bei restloser Entfernung durch neu sich bildende Anlagen ersetzt. Die Wurzelerzeugung kann man durch Wuchshormone wie IES fördern. Blattlose Stecklinge behandelt man oft mit Auxin. Blatt- und knospenlose Stammstücke erweisen sich oft zur Erzeugung von Wurzeln als unfähig, denn im Pflanzenkörper geht die hormonale Wirkung von den Knospen und Blättern aus, da nur in ihnen IES gebildet wird. Pfropft man einem solchen Steckling ein Blatt auf, so bildet er, günstige allgemeine Bedingungen vorausgesetzt, alsbald Wurzeln, bevorzugt auf der Seite, welcher das Blatt eingepflanzt wurde, da sich hier die vom Blatt in der Rinde abwärtswandernden Stoffe häufen. Das Blatt kann ohne weiteres durch Wuchsstoffgaben ersetzt werden, die man von der oberen Schnittfläche aus in den Steckling einfließen läßt.

Blütenbildung und Wuchsstoffe

Alle Blütenpflanzen haben, wie ihr Name schon sagt, die Fähigkeit, Blüten zu bilden. Die Erlangung der Blühreife ist abhängig von den Erbanlagen der einzelnen Pflanze und von äußeren Faktoren, die miteinander in Wechselwirkung stehen und bestimmte innere Bedingungen schaffen. Die verwickelten Zusammenhänge sind noch keineswegs geklärt, und allgemeingültige Gesetzmäßigkeiten haben sich dabei bisher noch nicht ergeben.

Viele Pflanzen blühen, sobald sie einen bestimmten Zustand erreicht haben, ohne daß von außen irgendwelche Faktoren einwirken. Bei anderen wiederum haben Licht und Temperatur einen großen Einfluß.

Viele Pflanzen erlangen ihre Blühreife erst, wenn eine bestimmte Zeitlang Kälte auf sie eingewirkt hat (Vernalisation). Beispiele hierfür sind die Winterannuellen wie das Wintergetreide. Es wird im Herbst ausgesät und blüht und fruchtet im folgenden Jahr. Wird es dagegen erst im Frühjahr ausgesät, blüht es im selben Jahr nicht mehr rechtzeitig. Man kann die Blüte aber erzwingen, wenn die Körner, die dabei etwas gequollen sein müssen, einige Zeit mit Kälte behandelt werden. Auch viele zwei- und mehrjährige Pflanzen kommen ohne die winterliche Kälteeinwirkung nicht zur Blüte, z. B. Möhren, Kümmel und Petersilie. Auch bei ihnen kann man, wie bei den Winterannuellen, die Blühbereitschaft herbeiführen, wenn man sie künstlich einer Kältebehandlung unterzieht. In diesem Fall gelingt die Vernalisation aber nicht schon beim Samen, sondern erst, wenn nach der Keimung bereits eine Anzahl von Blättern hervorgebracht worden ist.

Bei der Vernalisation werden Substanzen gebildet, die die Entwicklung zur Blütenbildung hervorrufen. Unter günstigen Umständen kann dieser Blühimpuls von einer vernalisierten Pflanze durch Pfropfung auf eine nicht vernalisierte übertragen werden, dies aber nur, wenn Reis und Unterlage fest miteinander verwachsen sind. Dabei wirken die entstandenen Substanzen nicht nur bei nahe verwandten Arten, sondern auch bei Pflanzen einer Gattung.

Gibberelline ersetzen in manchen Versuchen zum Teil die Kältewirkung. Es ist aber ungewiß, ob sie bei natürlich wachsenden Pflanzen den Anstoß zur Blütenbildung ebenso geben wie der Kälteeinfluß. Bei vielen Pflanzenarten dagegen genügt die Vernalisation nicht, um das Blühen zu veranlassen, es muß noch eine geeignete Photoperiode (tägliche kurze oder lange Belichtungsdauer), dazukommen, oder sie allein ist ausschlaggebend. Entscheidend ist hierbei ein bestimmtes Stundenverhältnis des täglichen Wechsels von Licht und Dunkelheit.

Kurztagspflanzen blühen nur unter der Bedingung, daß die tägliche Beleuchtungsdauer zwölf Stunden nicht überschreitet oder, wie man heute weiß, daß eine tägliche Mindestdauer von Dunkelheit nicht unterschritten wird. Beispiele hierfür sind Hanf, Feuerbohne, Baumwollpflanze, Reis oder der Weihnachtsstern *(Euphorbia pulcherrima)*. Eine tägliche Beleuchtungsdauer von mehr als zwölf Stunden brauchen dagegen die Langtagspflanzen wie Senf, Schlafmohn, Möhre, Spinat und Kopfsalat. Spinat und Kopfsalat können deshalb als Blattgemüse nur im Frühjahr (Kurztage) gezogen werden, da sie im Sommer vorzeitig zu »schießen« beginnen. Es gibt viele Hinweise dafür, daß auch bei der Photoperiode wie bei der Kältebehandlung Stoffe gebildet werden, die das Blühen veranlassen.

Lehrreich hierfür sind die Versuche, die man mit der Spitzklette durchgeführt hat, einer Kurztagspflanze, die im Langtag nie zur Blüte gelangt. Bringt man sie jedoch zu einem beliebigen Zeitpunkt in den Kurztag, so blüht sie im Lauf von zwei Wochen. Offenbar erlaubt ihr der Langtag nicht, die zur Blütenbildung erforderlichen Stoffe zu bilden. Andere Versuche aber zeigen, daß solche am Blühen beteiligt sein müssen. Bei einer Pflanze mit zwei Ästen wird der eine im Kurztag, der andere dagegen im Langtag gezogen. Man sollte nun erwarten, daß allein der im Kurztag befindliche Ast zum Blühen gelangt. Nach einiger Zeit blüht aber auch der unter Langtagsbedingungen gehaltene Trieb. Es muß also eine Substanz aus dem einen in den anderen Ast gewandert sein. Der Blühimpuls wird dabei sogar von einer Wirtspflanze auf ihren Parasiten übertragen. So verhält sich die Kleeseide auf der Ringelblume gleich dieser wie eine Langtagspflanze, auf dem im Kurztag blühenden *Cosmos bipinnatus* dagegen wie eine Kurztagspflanze, und man darf daraus schließen, daß der Parasit seinem Wirt, zusammen mit den Nährsalzen und den Nährstoffen auch das von ihm gebildete Blühhormon entzieht. Wird Cosmos dagegen nur im Langtag kultiviert, so entwickelt die Kleeseide sich unter diesen Bedingungen sehr üppig, gelangt aber wie die Wirtspflanze nie zur Blüte.

Es ist schon oft versucht worden, die natürlichen, das Blühen veranlassenden Stoffe anzureichern, aber bis heute ist es noch nicht gelungen. Man vermutet, daß zwei Stoffgruppen beteiligt sind, von denen wahrscheinlich die eine Gibberelline sind. Unter ihrem Einfluß können Langtagspflanzen sogar im Kurztag blühen, nicht aber Kurztagspflanzen im Langtag; sie können unter diesen Bedingungen eher hemmend wirken. Hemmstoffe, die dem Gibberellin entgegenwirken, wie CCC und ABA, können verhindern, daß Blüten entstehen. Die Hemmung durch diese Stoffe kann aber wiederum durch Gibberellin aufgehoben werden, in manchen Fällen sogar auch durch Kinetin.

Die zweite Stoffgruppe sollen die Andresine sein, die aber bis jetzt noch nie aus Pflanzen gewonnen worden sind, und über deren Eigenschaften noch nichts Näheres bekannt ist. Man nimmt an, daß durch das Zusammenwirken von Vertretern beider Stoffklassen ein Blühhormon entsteht, das auch unter dem Namen Florigen bekannt ist, und unter dessen Einfluß sich wiederum Blüten bilden.

Auxine wirken im allgemeinen, wenn man sie den Pflanzen aufspritzt, dem Blühen entgegen. In anderen Fällen beschleunigen sie den Vorgang wie bei der Ananas. Dabei könnte aber unter dem Einfluß von IES Äthylen gebildet werden, das das Blühen bei Kurztagspflanzen fördert. Auch Cytokinin scheint beteiligt zu sein, allein schon deshalb, weil ohne diesen Wuchsstoff keine Blütenknospen gebildet werden. Bei Versuchen mit Pflanzen, denen die Wurzeln genommen worden sind, muß, um das Blühen zu erzielen, Cytokinin zugeführt werden, da es nur in den Wurzeln gebildet wird.

Das Abstoßen von Organen

Blätter, Blüten und Früchte fallen bei vielen Pflanzen nach einer bestimmten Zeit ab. So werden die Blätter der Stechpalme *(Ilex aquifolium)* zwei bis vier, die des Efeus zwei bis drei und die Nadeln der Fichte vier bis sechs Jahre alt. Dabei fallen die Blätter nicht von selbst ab, sondern sie werden von der Pflanze abgestoßen. Die Veränderungen, die zum Blattfall führen, sind am besten untersucht.

Bevor es soweit ist, strömen alle verwertbaren Stoffe in den Stengel oder Stamm, und die Neubildung von Stoffen hört auf. Danach lockert sich der Zusammenhalt zwischen Blatt und Pflanze an einer festgelegten Stelle, wobei oft ein Trennungsgewebe ausgebildet wird. Schließlich löst sich das Blatt und wird abgestoßen. An diesem Vorgang sind auch Wuchsstoffe beteiligt. Entfernt man bei wachsenden Blättern die Blattspreite und läßt den Stiel stehen, so hört dieser sofort zu wachsen auf und fällt nach etwa einer Woche ab. Bringt man dagegen IES durch die Wunde in den Stiel, so bleibt er an der Pflanze haften und wächst ohne Spreite weiter. Alle Auxine wirken in dieser Weise, andere Stoffe dagegen nicht. Demnach verhindert ein Auxin, das in der Spreite gebildet wird, die natürliche Abstoßung. Andererseits aber kann Auxin alte Blätter nicht davor bewahren, abgestoßen zu werden, vielleicht weil ein Hemmstoff gebildet worden ist. Dagegen fördern Gibberellinsäure, Auxine in großen Mengen und manchmal auch ABA das Abstoßen, nur sind die Ergebnisse nach Pflanzenarten und Menge des Wuchsstoffes verschieden. Vielleicht unterstützen sie die Bildung von Äthylen, das für sich allein schon das Abstoßen beschleunigt.

Fruchtbildung und Wuchsstoffe

Die Frucht, in der die Samen eingeschlossen sind, entwickelt sich stets aus dem Fruchtknoten. Bei der Entwicklung ihrer Frucht sind natürlich auch Wuchsstoffe beteiligt.

Nach der Bestäubung bilden sich reichlich Wuchsstoffe durch gegenseitige Beeinflussung von Pollenschläuchen und Griffelgewebe. Diese Wuchsstoffe (Auxine) fördern das Welken der Kelch- und Blütenblätter und verhindern das Abfallen der Blüte. Die Bestäubung und ihre Folgen können auch künstlich herbeigeführt werden, indem auf unbestäubte Narben Auxin gebracht wird. Daraufhin welken Orchideenblüten sehr schnell, die sonst wochenlang frisch bleiben würden. Auch Äthylen wirkt in der gleichen Richtung wie die IES.

Die Wuchsstoffe aus den Pollenschläuchen und dem Griffel wirken selbst noch nach der Befruchtung weiter, wobei ihre Konzentration und damit ihre Wirkung verstärkt wird durch die Wuchsstoffe aus dem Embryo. Die Blütenregion beginnt dann, mit Hilfe der Wuchsstoffe Nährstoffe aus dem übrigen Pflanzenkörper zu ziehen. Im Fruchtgewebe können die Zellteilungen vor der Befruchtung schon abgeschlossen sein. Es wächst dann nur noch der Samen durch Zellteilungen, die Frucht selbst aber vor allem durch Zellvergrößerung. Eine Frucht wird also schon vor der Bestäubung angelegt. In ihre spätere Entwicklung aber greifen die Wuchsstoffe, die nach der Bestäubung entstehen, ein, und sobald die Eizelle befruchtet ist, und sich ein Embryo bildet, erzeugt dieser in reichlichem Maße Wuchsstoffe, auf die die Frucht bis zu einer bestimmten Entwicklungsgröße angewiesen ist. Erst dann wächst die Frucht unabhängig vom Samen weiter.

Da die Frucht sich auch ohne Bestäubung entwickeln kann, ist es mit Hilfe von Wuchsstoffen möglich, Früchte zu erzeugen; sie enthalten dann allerdings keinen Samen. Solche Erscheinungen zeigen z.B. die Banane oder die samenlosen Apfelsinen- und Orangensorten. Fruchtbildung ohne Befruchtung heißt Parthenokarpie (Jungfernfrüchtigkeit); sie ist besonders beim Obst untersucht worden und wird hier oft künstlich ausgelöst. Dazu verwendet man Auxine oder Gibberelline oder mehrere Wuchsstoffe zusammen. Die Wahl des Wuchsstoffes hängt von der Obstsorte und von vielen anderen Umständen ab. Bei Kernobst wirken in der Regel nur bestimmte Gibberelline, bei Steinobst nur Auxine. Bei Tomatenstauden, Aprikosen-, Feigen- und Orangenbäumen wird in großem Maßstab nur mit Auxin, bei Feigen auch mit Gibberellin gespritzt, damit sich, wenn die Bestäubung mangelhaft war, trotzdem noch viele Früchte entwickeln.

Bei der Fruchtreifung kommt dem Äthylen, das in der Frucht entsteht oder von außen zugeführt wird, eine entscheidende Rolle zu. Es fördert die Reifung, indem es in den Stoffwechsel eingreift, besonders in die Tätigkeit der Enzyme, die Reifung, Geruch und Geschmack der Früchte beeinflussen.

Zum Schluß mögen einige Beispiele die Möglichkeit aufzeigen, wie man durch Hormonbehandlung bei Kulturpflanzen höhere Erträge erzielt. Bei der Entwicklung des Apfels steuern die Hormone nicht nur das Wachstum der Einzelfrucht und die Zahl der zur Reife kommenden Äpfel, sondern auch schon die Blütenanlage für die nächste Saison. Für ein schwaches Blühen im nächsten Jahr ist nicht der Entzug von Nährstoffreserven durch eine reiche Ernte verantwortlich zu machen, sondern die Gibberelline, die in den Samen gebildet werden, zu den Vegetationspunkten wandern und in die Bildung von Blütenknospen hemmend eingreifen. Gibberelline können wiederum durch Verbindungen wie CCC und Alar (Succinyl-2,2-dimethyl-hydrazid) gehemmt werden, die deshalb die Bildung von Blütenanlagen fördern. Diese Kenntnisse werden in dem Meadow-Orchard-System angewendet. Dazu werden die Bäume ganz dicht gepflanzt, so daß sie mit Maschinen abgemäht werden können. Die Triebe des folgenden Jahres werden mit Alar gespritzt, um Blütenanlagen zu induzieren. Im folgenden Jahr kann man dann wieder eine Mahd durchführen.

Beim Getreide spielt das Cytokinin eine wichtige Rolle bei der Ausbildung der Getreidekörner. Durch Cytokinin sammeln sich in ihnen besonders viele Nähr- und Reservestoffe an. Es wird in der Wurzel gebildet und mit dem Tanspirationsstrom in der Pflanze verteilt. Da begrannte Getreidearten eine wesentlich höhere Transpiration der Ähre haben als unbegrannte, wandert mit dem größeren Transpirationsstrom mehr Cytokinin in die Ähren, wodurch die Ausbildung größerer Körner bewirkt wird. Es werden deshalb vielfach begrannte Sorten angepflanzt.

Zellwucherungen, wie es ein Krebs ist, werden auch bei höheren Pflanzen beobachtet. Sie werden durch Viren oder Bakterien verursacht, aber die biologischen Eigenschaften dieser Zellen sind mit denen der Krebszellen von Tier und Mensch vergleichbar. In unserem Bild ist die Krebswucherung an einem Baum von gewaltigem Ausmaß zu sehen.

Gallen und Tumore

Über Gallen wurde bereits im Kap. »Sonderformen pflanzlichen Lebens« ausführlich berichtet (s. S. 172). Hier nur noch dies: Die Bildung der Markgalle beginnt, nachdem das Muttertier ein Ei in tiefer gelegene Gewebeschichten versenkt hat. Erfolgt die Eiablage in Knospen oder Blüten, so entstehen u. a. die als Eichenrosen bei der Eiche oder als Rosenäpfel bei der Rose auftretenden Gallbildungen. Als Gallbildung kann man auch die Wurzelknöllchen der Leguminosen auffassen, die aber nicht von Tieren, sondern von einem Bacterium *(Rhizobium radicicola)* unter Mitwirkung von Auxin verursacht werden. Die Gallen und die Wurzelknöllchen dürfen aber nicht mit Tumoren verwechselt werden, die sich bei höheren Pflanzen bilden können.

Während Gallen durch das Zusammenwirken von Hausherrn und Parasit (bei Gallen) oder Gastgeber und geschätztem Gast (bei Wurzelknöllchen) zustandekommen, sind bei Tumoren nur im Anfangsstadium Bakterien oder Viren (z.B. *Agrobacterium tumefaciens*) als Auslöser notwendig. Tumore wachsen z.B. bei den Rüben am Wurzelhals, sie können aber auch an den verschiedensten Pflanzenteilen auftreten. Die infizierten Zellen synthetisieren Wuchsstoffe zum Teil in großen Mengen, die die Korrelationen innerhalb der Pflanze völlig in Unordnung bringen, und wachsen ungehemmt und ungeordnet wie der Krebs bei Tieren und Menschen. Von einem gewissen Stadium ab sind die Bakterien und Viren entbehrlich, denn der Tumor erzeugt genügend Auxin und andere Wuchsstoffe selbst. Sogar bakterienfreier Zellsaft, von Tumoren auf gesundes Gewebe aufgetropft, erzeugt wiederum Tumore.

Querschnitt

Dr. Volker Wunsch

Regeneration, Altern und Tod

Im Herbst scheinen sich die Bäume in unseren Breiten selbst zu verstümmeln, wenn sie ihre Blätter abwerfen. Vom Klima allein wird aber der Blattfall nicht verursacht, sondern es spielen vielmehr auch innere Vorgänge in den Bäumen eine Rolle. Die Pflanze kann im Gegensatz zu Tieren umfangreiche Organverluste hinnehmen, die im Laufe ihrer normalen Entwicklung eintreten, und sie besitzt in hohem Maße die Fähigkeit, verlorengegangene Glieder durch neue zu ersetzen. Diesen Unterschied zwischen Pflanze und Tier erkennt man beim Vergleich zwischen dem Embryo des Menschen und dem eines Baumes. Bei einem menschlichen Embryo von fünf Wochen handelt es sich schon um einen Organismus, an dem die Organe des ausgewachsenen Körpers wenigstens der Anlage nach schon alle vorhanden sind, die Gliedmaßen, die inneren Organe und die Sinnesorgane, die bereits mehr oder minder weit ausgebildet sind. Neue Organe kommen später überhaupt nicht mehr hinzu, es werden nur in der weiteren Entwicklung die bereits angelegten Organe ausgestaltet.

Ganz anders verhält sich die Pflanze. An einem pflanzlichen Embryo, der sich noch im Samen befindet, kann man zwar bereits sämtliche Grundorgane der entwickelten Pflanze, nämlich Sproßachse, Blatt und Wurzel, erkennen, nicht aber die meist zahlreichen Sprosse, Blätter und Wurzeln entwickelter Pflanzen – von Blüten und evtl. anderen Fortpflanzungsorganen ist überhaupt noch nichts wahrzunehmen. Alle diese Organe werden erst im späteren Entwicklungsverlauf, und zwar nacheinander, gebildet. Die Organanlegung ist also bei der Pflanze nicht schon im Embryonalstadium beendet, sie dauert vielmehr lange darüber hinaus an und kommt eigentlich nie völlig zum Abschluß. Ein Beispiel hierfür ist ein Baum, der alljährlich die Bildung von Trieben, Blättern, Blüten und Wurzeln wiederholt und damit immer wieder fortfahren muß, wenn er nicht absterben soll. Die Pflanze lebt also nur so lange, wie sie wächst und neue Organe hervorbringt. Bei der Entwicklung bleiben in den Spitzen der Sprosse oder in den Knospen teilungsfähige Zellen und Gewebe erhalten, die das Wachstum fortsetzen. Da die Pflanze die Fähigkeit hat, immerfort neue Organe zu bilden, kann sie natürlich auch ihren Organismus nach Verletzungen sinnvoll ergänzen oder wiederherstellen. Rätselhaft sind aber die Unterschiede in der Regenerationsfähigkeit, die bei vielen Pflanzen sehr stark, bei anderen nur schwach entwickelt ist. Man kann Regeneration bei den Pflanzen etwa verstehen als das durch Verletzungen veranlaßte Austreiben ruhender Knospen, die schon im Laufe der Entwicklung von der Pflanze im Organismus angelegt, aber durch korrelative Hemmwirkungen am Austreiben gehindert wurden (direkte Regeneration). Neue Organe können sich aber auch aus bereits in den Dauerzustand eingetretenen Zellen entwickeln, die wieder embryonale Eigenschaften annehmen und sich anschließend wieder teilen können (indirekte Regeneration).

Bei den Tieren wird ein verletztes Organ meist von der gesamten Wundfläche aus wiederhergestellt (Reparation). So kann ein abgetrennter Arm eines Seesterns u. U. ein ganzes Tier wiederherstellen. Bei höheren Pflanzen ist demgegenüber die Reparationsfähigkeit sehr beschränkt und kommt nur bei embryonalem Gewebe (Vegetationspunkte) vor.

Die Grundlage für dieses Regenerationsvermögen bildet die sogenannte Totipotenz der Zellen. Das bedeutet: Bei den Entwicklungsvorgängen bleibt der ganze Erbanlagenbestand erhalten, auch wenn sich die Pflanzenzellen in verschiedener Richtung differenzieren (in Wurzel-, Blatt- oder Markzellen). Von den vielen Genen, die in diesem Zellkern enthalten sind, werden jeweils in einer Zelle, je nach Differenzierungsgrad, nur einige wenige gebraucht, die anderen sind blockiert; sie stehen aber, wenn sich die Zellen bei Verletzung entdifferenzieren, wieder voll zur Verfügung.

Die direkte Regeneration

Bei der Pflanze wird die Wundfläche meist durch ein Korkgewebe abgedichtet; neue Organe, die den Organismus wiederherstellen, entstehen in den dahinterliegenden Teilen des Körpers. Durch die Verletzung bilden sich Wundhormone, die ruhende Knospen zum Austreiben veranlassen. Sie kommen dadurch zur Entfaltung, daß die normalen Korrelationswirkungen durch die Verletzung eine Störung erfahren. Werden so bei Alleebäumen, z. B. Platanen, die Äste zurückgeschnitten, so treiben die in Wundnähe befindlichen Knospen wieder aus und regenerieren in einigen Jahren wieder eine volle Krone. Werden Hecken, z. B. Oleander, zurückgeschnitten, so treiben ebenfalls viele ruhende Knospen aus, und es entwickeln sich daraus viele Verzweigungen, die erst den dichten Wuchs dieser vielfach als Sichtschutz dienenden Heckenpflanzen herbeiführen. Selbst aus Bruchstükken eines Sprosses (z. B. eines Weidenstecklings) kann sich eine ganze Pflanze wieder regenerieren.

Diese Art Regenerationsfähigkeit macht sich der Gärtner im weitesten Umfange zunutze, um besonders Holzpflanzen zu vermehren. In der Natur können wir solche Triebentfaltungen bei den sogenannten Verbißformen und der Windschur bei unseren Laub- und Nadelhölzern sehen. Hier werden die neugebildeten Triebe jeweils vom Wild oder vom Weidevieh abgebissen (eine ähnlich zerstörerische Wirkung haben heftige Winde). Das Triebsystem verlängert sich deshalb kaum, es verdichtet sich aber das Verzweigungssystem ähnlich wie beim Heckenwuchs.

In diesem Zusammenhang kann man auch den Obstbau, besonders den Spalierobstbau, erwähnen; man zwingt den Obstbäumen durch geeigneten Schnitt und eine gelenkte Regeneration, anstelle der natürlichen, eine vom Gärtner gewünschte Form auf. Dadurch wird eine Steigerung des Fruchtansatzes erreicht, so daß man den Baum auf kleinerem Raum unterbringen und ihm, an einer Wand als Spalier gezogen, auch im nördlichen Klima günstigere Temperaturverhältnisse bieten kann. Bei der bekanntesten Spalierform, der Palmette, wird der Haupttrieb etwas oberhalb der Höhe, in der man die ersten Zweige zu haben wünscht, abgeschnitten. Der aus der obersten Seitenknospe regenerierte Trieb wird in eine senkrechte Lage gebunden und dient als neuer Haupttrieb. Alle anderen Regenerationen werden entfernt, mit Ausnahme der beiden dem Fortsetzungstrieb benachbarten, die als erstes Paar Seitentriebe bilden sollen. In den folgenden Jahren werden die jeweiligen Fortsetzungstriebe wiederum zurückgeschnitten, nur am Stumpfende läßt man drei starke Sprosse stehen, die nun wiederum als Haupttrieb und als Seitentriebe verwendet werden. Der Baum wird in dieser Art und Weise so lange behandelt, bis er die gewünschte Höhe erreicht hat. In ähnlicher Weise kann der Winzer den Reben eine bestimmte Form geben, oder man kann den Bäumen eine Phantasieform aufdrängen, wie den sogenannten Schnurbäumen, bei denen der Pflanze in jedem Jahr nur ein Fortpflanzungstrieb gelassen wird.

Bei Verletzungen des Wurzelsystems kann die Pflanze die verlorengegangenen Wurzeln durch sogenannte Adventivwurzeln ersetzen. Diese Fähigkeit nützt der Gärtner aus, wenn er beim Verpflanzen von Bäumen oder Sträuchern die alten Wurzeln verkürzt, um ein Einwurzeln zu beschleunigen. Die neuen

Wurzeln, die in vermehrter Zahl auftreten, schieben sich in das Erdreich und können die Pflanze besser verankern oder mit Wasser und Nährsalzen versorgen. Bei manchen Pflanzen (z.B. Himbeere, Brombeere, Kirsche und Pflaume) lassen sich aus Bruchstükken von Wurzeln, sogenannten Wurzelstecklingen, ganze Pflanzen gewinnen. Dazu werden Wurzelstöcke von 8 bis 10 cm Länge im Boden ausgelegt, und aus diesen entwikkeln sich dann in verhältnismäßig kurzer Zeit Wurzeln und Triebe.

Regenerationserscheinungen treten zuweilen auch an Blättern auf. Zu erwähnen sind bestimmte *Begonia*-Arten; bei diesen entwickeln abgeschnittene Blätter, wenn sie auf feuchten Sand gelegt werden, in kurzer Zeit nahe den Schnittstellen kleine, belaubte und sich bewurzelnde Sprosse, besonders, wenn einige der stärkeren Rippen durchschnitten sind. Nahe der Schnittfläche entdifferenziert sich dabei eine Epidermiszelle, erlangt wieder Teilungsfähigkeit und erzeugt einen Sproßvegetationspunkt.

Berühmt für ihr Regenerationsvermögen sind einige Bryophyllum-Arten. Fallen die Fiedern von älteren Fiederblättern von *Bryophyllum calycinum* auf den Boden und treffen dort günstige Bedingungen an, so entstehen in den Kerben des Fiederrandes Knospen, aus denen sich wiederum neue Pflänzchen bilden können. Bei einer anderen Art, *Bryophyllum*

Buche in Herbstfärbung in der Sonne eines schönen Tages. Es ist, als wollte sie in roten, goldenen und braunen Tönen noch einmal alles verschwenderisch verschenken, was ihr zu Gebote steht, ehe auch sie vor der herannahenden kalten Jahreszeit ihren Säftestrom einstellt. Dann wird Winter sein.

Teil eines Brutblattes (BRYOPHYLLUM). *Die Lücken zwischen den Blattzähnen sind mit Brutknöllchen ausgefüllt, die schon mit Würzelchen ausgestattet sind und nur noch der Aufnahme in das Erdreich harren, um neue Pflänzchen bilden zu können. Im Volksmund heißt es deshalb »Kinderstübchen«.*

crenatum, brauchen die Blätter nicht einmal mehr auf den Boden zu fallen, um Knospen zu bilden. Schon an den Pflanzenblättern wachsen kleine bewurzelte Pflänzchen aus, die sich sofort weiterentwickeln, wenn sie sich vom Mutterorgan gelöst haben.

Die indirekte Regeneration

Vielfach bilden sich bei Verletzungen, wahrscheinlich unter dem Einfluß von Wundstoffen, die von den verletzten Zellen der Wundfläche abgesondert werden, Gewebewucherungen oder ein Kallus (indirekte Regeneration). Dieser geht entweder aus wiederholten Teilungen der an die Wunden grenzenden Zellen oder bei Holzpflanzen vorzugsweise aus dem Kambium hervor. Kallus ist ein Begriff aus der Medizin und bezeichnet ein wulstartiges Wund- oder Vernarbungsgewebe. Das Kambium, das an die Wunde grenzt, wölbt sich wulstartig vor und kann im Laufe der Zeit, wenn der Schaden nicht allzu schwer ist, größere, bis ins Holz reichende Wunden, selbst Abbruchstellen von Ästen, überwallen und verschließen.

Der genannte Wundkallus ist in vielen Fällen aber auch in der Lage, Organe neu zu bilden (z.B. bei der Pappel und der Buche). Die neuen Organe entstehen dann in dem Kallusgewebe, das sie schließlich durchbrechen. Auf diese Art werden sowohl Sprosse wie Wurzeln angelegt, niemals aber Blätter. Es fehlen den Kalluszellen zwar nicht die Anlagen, um Blattzellen zu bilden, Voraussetzung für die Anlegung der Blätter ist vielmehr, daß vorher ein Sproßscheitel regeneriert wird. Andererseits kann die Funktion des Kallus, Wunden zu verschließen, so stark im Vordergrund stehen, daß das Kambium nur ein wulstartiges Vernarbungsgewebe erzeugen kann wie bei Nadelhölzern und einer Reihe von krautigen Pflanzen.

Ein solcher Kallus wird auch bei vielen Blattstecklingen gebildet, so bei Efeu, Apfelsine, Kamelie usw. Die Blätter können dann noch mehrere Jahre am Leben bleiben und durch Zellstreckung beträchtlich weiterwachsen, aber es entwickeln sich keine Knospen mehr. Daneben können Pflänzchen sehr wohl dem Kallus von Blattstecklingen entstammen, so bei Sedumarten und bei *Hyacinthus*. Der Gärtner kann aus einem Blatt von *Sansevieria ceylanica* acht bis zehn neue Pflänzchen gewinnen, wenn er die bandartig verlängerten Blätter zerschneidet und die Einzelstücke als Stecklinge verwendet. Bei der Vermehrung von Hyazinthen schneidet man aus der Zwiebel, die aus Blättern zusammengesetzt ist, den Achsenkörper heraus. Aus den angeschnittenen Zwiebelschalen entstehen über kallöse Neubildungen Knospen und Wurzeln.

Kallus kann auch Brücken zwischen Teilen verschiedener Pflanzen bilden, und sie sind die Voraussetzung, wenn Transplantationen gelingen sollen. Bei diesen wird ein als Reis bezeichneter Pflanzenteil auf eine andere, als Unterlage dienende Pflanze, übertragen. Sind beide artgleich oder doch artverwandt, so tritt nach einiger Zeit Verwachsung ein. Bedingung hierfür ist, daß die Schnittstellen dicht aneinanderliegen, damit Reis und Unterlage Kallus an den verschiedenen Schnittstellen bilden können.

In diesem werden die sich entwickelnden Zellen durch besondere Wirkstoffe, die man noch nicht näher kennt, so beeinflußt, daß sie Gewebe bilden, die die Schnittwunde verschließen und das Reis mit der Unterlage vereinigen. Manche Pflanzen lassen sich nicht vegetativ vermehren, weil sie sich nicht selbständig bewurzeln können. Sie wachsen aber aus Teilen zu neuen Pflanzen heran, wenn sie auf andere Pflanzenteile übertragen werden, die bereits Wurzeln haben oder leicht Wurzeln zu bilden vermögen. In anderen Fällen sollen spezielle Eigenschaften einer Unterlage, wie Frosthärte, Resistenz gegen Pilzkrankheiten, gute Stamm- und Gerüstbildung, Beeinflussung der Fruchtformen und Reifetermine, auf ein Reis übertragen werden können, eine Annahme, die bis heute allerdings nicht exakt bewiesen worden ist. Auch lassen sich viele Obstbaumsorten nicht aus Samen vermehren, denn sie sind heterozygot (Hybriden), und ihre Erbanlagen, die die gewünschten Eigenschaften hervorbringen,

Pflanzenvermehrung durch den Gärtner

Ableger sind Bodentriebe, die sich selbständig bewurzeln. Durch Ableger lassen sich z. B. Stachelbeeren, Brombeeren, Himbeeren, Hortensien, Haseln und Weiden vermehren, wenn man einzelne bewurzelte Ableger abtrennt.

Absenker entstehen, wenn man ein- oder zweijährige grundständige Triebe einfach oder mehrfach in humusreiche Erde absenkt, festpflockt, mit Erde bedeckt und die Triebspitze hochbindet, z. B. bei Reben (Vergruben), Haseln, Himbeeren, Stachelbeeren, Nelken.

Ausläufer sind oberirdische oder unterirdische Triebe aus der Stengelbasis oder einer Rosette, die in gewissen Abständen wiederholt Jungpflanzen bilden. Auf diese Weise vermehren sich Erdbeerpflanzen, Weißklee, Kriechender Hahnenfuß, Gänsefingerkraut, Quecken und noch eine ganze Anzahl weiterer Pflanzen.

Als **Steckholz** bezeichnet man 20–30 cm lange Stücke von verholzten, gut ausgereiften einjährigen Trieben, die während der Winterruhe geschnitten und im Frühjahr gesteckt werden.

Stecklinge gewinnt man aus krautigen Pflanzenteilen wie Trieben, Blättern und Augen. Als Trieb- und Sproßstecklinge verwendet man krautige, beblätterte Triebe, deren Gipfelknospe entfernt wird, damit sich die Jungpflanzen gut verzweigen. Blattstecklinge werden gezogen, indem man Blätter oder Teile von Blättern in Sand steckt. Sie müssen unter Glas vorkultiviert werden *(Lorraine-* und *Rex*begonien, *Sansevieria*, Sukkulenten). Lilien können durch Zwiebelschuppen vermehrt werden, die Adventivknospen und Adventivwurzeln bilden.

Stammstecklinge sind Rhizome oder fingerstarke Stammstücke ohne Blätter mit 2–3 Knoten, die waagerecht in die Erde gedrückt werden.

Augenstecklinge werden im Frühjahr als ruhende Augen mit ausreichend Holz geschnitten und waagerecht mit dem Auge nach oben in Töpfe gesetzt. Dieses Verfahren ergibt viele Nachkommen und wird deshalb zum Vermehren von Neuzüchtungen oder sehr wertvollen Mutterpflanzen verwendet (Reben).

Wurzelschnittlinge bestehen aus ca. 5 cm langen, bleistiftstarken Teilen von fleischigen oder verholzten Wurzeln, die Adventivknospen bilden können (Brombeere, Himbeere, Götterbaum und Sumach).

Pfropfung und Regeneration

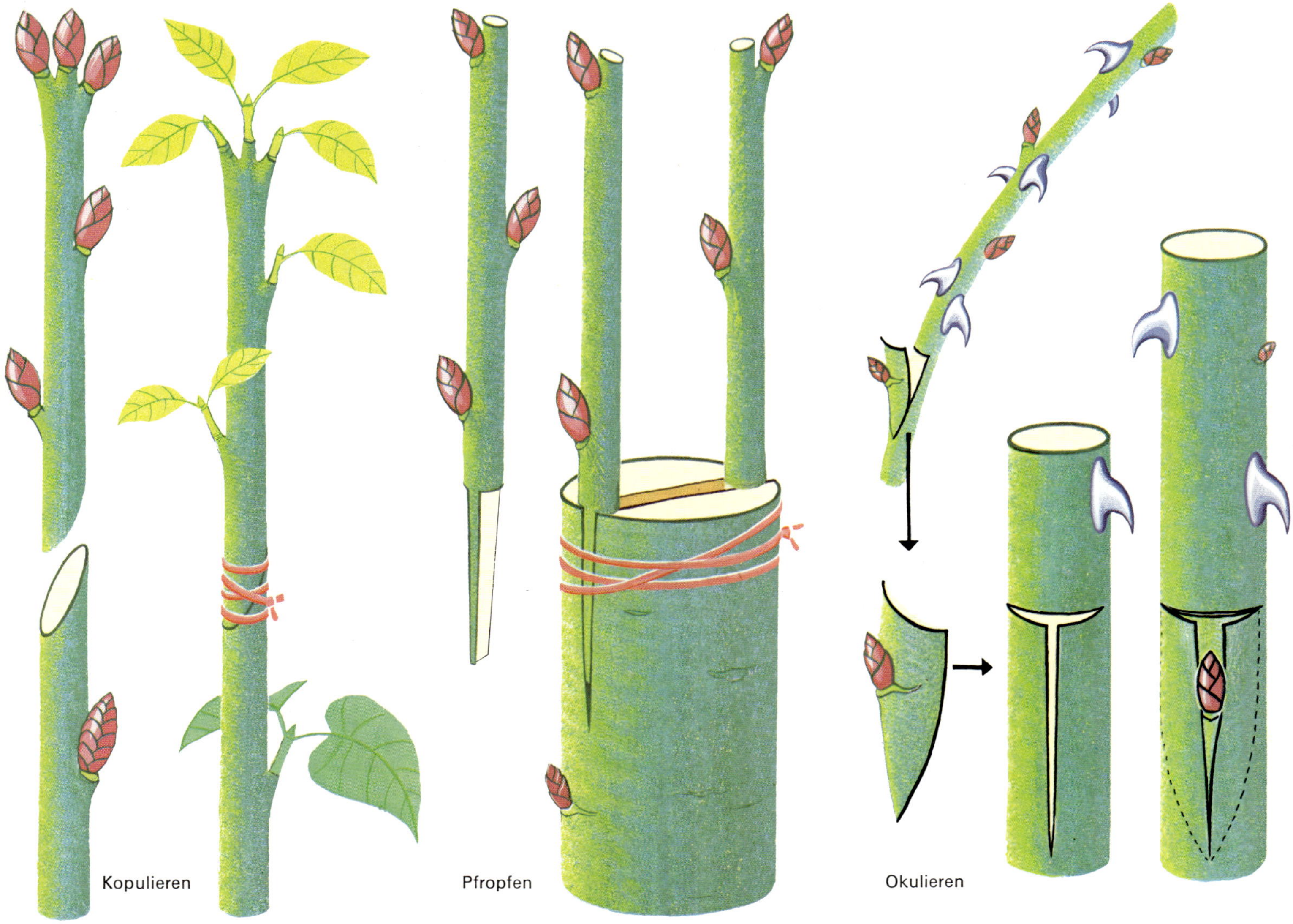

Pflanzen, vor allem Bäume und Sträucher mit erwünschten Eigenschaften, lassen sich vegetativ vermehren, indem man Teile von ihnen auf andere Pflanzen der gleichen oder nahe verwandten Art überträgt. Die als Unterlage dienende Pflanze und das Transplantat oder Reis verwachsen an den Nahtstellen über ein Kallusgewebe, in dem die Verbindung der entsprechenden Gewebesorten hergestellt wird (z. B. von Leitgewebe zu Leitgewebe der verschiedenen Partner).

Kopulieren

Sind Unterlage und Reis von ungefähr gleicher Stärke, werden beide in spitz zulaufendem Winkel angeschnitten, so daß sich eine möglichst große Berührungsfläche ergibt. Die beiden Partner werden einander angepaßt und mit Bast umwickelt.

Pfropfen

Sind Unterlage und Reis von unterschiedlicher Stärke, wird Pfropfen angewendet. Die Unterlage wird mit einem Spalt versehen, in den das keilförmig zugeschnittene Reis paßt (auch in Mehrzahl).

Okulieren

Steht von dem Reis nur eine geringe Anzahl zur Verfügung, so wird oft durch Okulieren vermehrt. Dazu werden einzelne Knospen, auch Augen genannt, unter die T-förmig aufgeschnittene Rinde der Unterlage übertragen. Aus ihnen entwickeln sich nach einiger Zeit neue Triebe.

Pfropfbastarde oder Chimären

Aus einigen Pflanzen lassen sich durch Pfropfung eigenartige Abkömmlinge gewinnen, die die Merkmale von Reis und Unterlage tragen. Dazu kann man, wie die Grafik zeigt, verfahren:

1. Der Schwarze Nachtschatten *(Solanum nigrum)* wird auf eine Tomate *(Solanum lycopersicum)* aufgepfropft.
2. Dann schneidet man das ausgewachsene Reis bis auf die Pfropfstelle zurück.
3. Aus dem Wundkallus kann dann ein Sproß heranwachsen, an dem einzelne Teile des Körpers Merkmale vom Nachtschatten, andere von der Tomate tragen.

Bei diesen Pfropfbastarden vereinigen sich die Erbanlagen nicht wie bei einer Befruchtung, sondern es werden Gewebe von Unterlage und Reis gebildet, die miteinander verwachsen, obwohl sie unterschiedliche Erbanlagen haben. Es kann ein Sproß entstehen, da beide Pflanzenarten eng verwandt sind.

Schnitt durch den Stiel eines herbstlichen Birkenblattes. Das sich bildende Trenngewebe beginnt von den Seiten her die Leitungsbahnen zu verschließen. Nicht lange mehr, und das Blatt wird sich lösen und zur Erde fallen.

spalten sich beim Übergang von einer Generation zur anderen auf, und die Früchte erreichen nicht mehr den früheren Gütegrad. Sie lassen sich aber vermehren, wenn man eine Unterlage mit einem Edelreis vereinigt.

Haben Reis und Unterlage die gleiche Stärke, wendet man das Verfahren des Kopulierens an. Reis wie Unterlage werden schräg, oder, um besseren Halt zu bekommen, in Gegenzungen angeschnitten, eng aufeinandergepaßt und mit Bast umwickelt.

Ist die Unterlage wesentlich stärker als das Edelreis, wird durch Pfropfen veredelt. Man spaltet die zurechtgestutzte Unterlage und setzt die passend zugeschnittenen Reiser in Ein- oder Mehrzahl in den Spalt, der darauf mit Rindenteilen und Baumwachs verschlossen wird.

Unter geeigneten Bedingungen lassen sich aus Meristemzellen oder nach Embryonalisierung aus dem Mark des Stengels und anderen Geweben Kalluskulturen gewinnen, wenn man sie auf einen speziellen Nährboden überträgt (Explantat). Aus den Kallusmassen oder einzelnen Zellen können wieder Embryonen und organisierte Pflanzen entstehen, wie es schon bei vielen Pflanzen der Fall ist (z. B. bei Tabak, Reis und Rose). Um das Explantat mit allen nötigen Stoffen zu versorgen, werden Nährböden, z. B. Kalluskulturen aus Meristemen, mit natürlichen Wuchsstoff-, Vitamin- und Aminosäurequellen (z. B. Kokosmilch oder Hefeextrakte) erprobt. Häufig bilden sich aber trotzdem keine Knospen, weil es auf die genaue Zusammensetzung aller Stoffe ankommt; sie ist selten bekannt.

Meristemkulturen werden bei einer immer größer werdenden Zahl von Kulturpflanzen zur Vermehrung angewendet, so bei Orchideen- und Nelkenzüchtungen. Eine andere Möglichkeit dieses Verfahrens ist die Entseuchung von Kartoffel- und Blumensorten *(Chrysanthemum, Freesia, Narcissus)*. Bei stark virusverseuchten Sorten enthält der Sproß-Vegetationskegel oft noch keine Viren, deshalb lohnt es sich, aus diesen Meristemzellen Kallus-Kulturen anzulegen und daraus wiederum neue Pflanzen zu gewinnen.

Altern und Tod

Aus dem Kapitel über Wuchsstoffe geht hervor, daß die gegenseitige Beeinflussung der Zellen und Gewebe (Korrelation) ein maßgebender Faktor jeder Entwicklung und Gestaltung eines vielzelligen Organismus ist. Polarität, Austausch von Nährstoffen und Wirkstoffen sind dabei wichtige Glieder in den verwickelten Beziehungen, die zwischen den einzelnen Teilen eines Organismus bestehen. Diese im Verlaufe von Zeit und Entwicklung zwar veränderlichen, doch stets nach einem bestimmten Ordnungsschema geregelt verlaufenden Beziehungen und Beeinflussungen der einzelnen Organe untereinander sind imstande, Entwicklungsprozesse anzuregen, unter Umständen aber auch, sie zu hemmen. Gerade solche hemmenden Einflüsse können eine bestimmte Wirkung auf die Lebensdauer von Zellen und Geweben ausüben. Altern und schließlich auch der Tod können darum in gewisser Hinsicht als Korrelationswirkungen aufgefaßt werden. Korrelative Einflüsse, die von Blüten oder von Früchten ausgehen, wirken z. B. auf die Lebensdauer einer Erbsenpflanze oder ihre Meristeme ein. Wenn diese zu einem bestimmten Zeitpunkt unter den Einfluß von Hemmstoffen geraten oder unter den Einfluß von Wuchsstoffkonzentrationen, die keine fördernde Wirkung mehr ausüben, dann verlangsamt sich ihre Wachstumsrate; kommt es zu einer zusätzlichen Anreicherung von sog. Abfallstoffen, so kann diese Wirkung noch weiter verstärkt werden. Der Stoffwechsel verlagert sich vom Aufbau zur Erhaltung; wichtige Substanzen, die dem Wachstum dienen, werden für andere Zwecke verwendet, der Gehalt von Wuchsstoffen, RNA und Protein nimmt ab. Schließlich hören alle Zellteilungen auf, und die verwertbaren Stoffe wandern ab oder fehlen, und der Tod tritt ein. Ähnlich kann man sich auch den Ablauf von Altern und Tod eines Laubblattes vorstellen.

Waldbrand in Australien. Nur diejenigen Pflanzen werden der Vernichtung entrinnen, die sich später aus eigener Kraft regenerieren können.

An einem Bohrkern, der dieser kalifornischen Borstenzapfenkiefer entnommen wurde, konnten 4600 Jahresringe gezählt werden. Die Bäume sind also älter als die ägyptischen Pyramiden und gehören somit zu den ältesten der Erde.

Wenn nun die Bildungsgewebe einer Pflanze altern, so liegt dies nicht an einer Einbuße an Lebenskraft aus inneren Gründen oder einem Verschleiß, vielmehr sind es Ursachen, die von außen auf die Zellen einwirken. Neben den obengenannten Korrelationswirkungen, die ein Bildungsgewebe altern lassen können, sind auch Wasser und Nährstoffversorgung ein begrenzender Faktor. Die Bäume können andererseits zugrundegehen an der Last ihrer Äste und Blätter, wenn der Stamm das Gewicht nicht mehr tragen kann oder die Wurzeln und Leitungsbahnen nicht mehr genügend Wasser und Nährsalze transportieren können.

Daß der Tod vielfach auch von Blüten und Früchten ausgelöst oder beschleunigt wird, zeigen Beispiele besonders aus dem Reich der höheren Pflanzen. So können einjährige Pflanzen, die normalerweise nach der Blütezeit absterben, zwei oder mehrere Jahre leben, wenn man sie daran hindert, Blüten zu bilden.

Weitere Beispiele liefern Vertreter aus der Agavenverwandtschaft oder die Agaven selbst, bei denen die vegetative Phase je nach Art und Umständen mehrere Jahre dauert. Sobald sie aber blühen, sterben sie nach Reifung der Samen vollständig ab. Die hochstämmige, agavenähnliche *Furcroya longaeva* aus Mexiko kann bis vierhundert Jahre alt werden und blüht dann vor ihrem Ende ein einziges Mal. Sie ist also eine hapaxanthe, (nur einmal im Leben blühende) Pflanze.

Es sterben nur Körperzellen ab, die vegetative Aufgaben haben, nicht aber die Fortpflanzungszellen, die das Leben der Art erhalten und mehren. In einem vielzelligen Organismus herrscht meist eine Arbeitsteilung unter den Zellen: Ein Teil von ihnen entwickelt sich zu Fortpflanzungszellen, die übrigen zu Körperzellen mit vegetativen Aufgaben. Letztere sterben regelmäßig nach einiger Zeit, während allein die Fortpflanzungszellen überleben und Ausgangspunkte neuer Entwicklungsabläufe werden. Das Absterben der Körperzellen kann deshalb als Folge der Arbeitsteilung zwischen den Zellen aufgefaßt werden.

Die Möglichkeit, unbegrenzt zu leben, haben nur die einzelligen Tiere und Pflanzen. Sie bestehen nur aus einer einzigen Körperzelle, die gleichzeitig auch der Fortpflanzung dient, denn mit jeder Zellteilung entstehen aus einem Individuum zwei kleinere, die auf die normale Größe heranwachsen und sich dann erneut teilen.

Die durchschnittliche Lebensdauer der Körperzellen einer Pflanze schwankt, wenn man von äußeren Einwirkungen absieht, je nach der Art in weiten Grenzen. Neben den Pflanzen, die ihre ganze Entwicklung aus dem Samenkorn bis zur Fruchtreife und Absterben in wenigen Wochen durchlaufen, gibt es ein- und zweijährige Blütenpflanzen sowie ausdauernde Gewächse, die unter Umständen bis zu mehreren tausend Jahren alt werden können (besonders Bäume). Durch Jahresringzählungen hat man festgestellt, daß die Pappeln und Ulmen etwa 300–600 Jahre, Eichen 500–1000 Jahre, Linden 800–1000 Jahre, Eiben 900–3000 Jahre alt werden, die Mammutbäume Kaliforniens über 3000, und bei *Pinus aristata* aus Kalifornien ist sogar ein Alter von 4600 Jahren verbürgt.

Die einjährigen Pflanzen (Annuellen) haben dagegen vom Keimen bis zum Fruchten eine Lebensdauer von höchstens einer Vegetationsperiode. Man unterscheidet sie in Winterannuelle und Sommerannuelle. Die letzteren keimen im Frühjahr und beenden den Lebenszyklus im Sommer, die anderen keimen schon im Herbst davor (z. B. das Wintergetreide).

Die zweijährigen (Bienne) brauchen zwei volle Vegetationsperioden (z. B. Sellerie, Petersilie, Rübe) und mehrjährige Pflanzen mehrere Jahre bis zum Blühen und Absterben (z. B. Agaven).

Die ausdauernden oder perennierenden Gewächse sind in der Lebensdauer nicht abhängig vom Blühen. Sie bringen vielmehr in jedem Jahr vegetative Organe und Blüten hervor (Stauden, Sträucher und Bäume). Auch bei den Samen und Sporen scheint die Alterung langsam fortzuschreiten, denn die Höchstgrenze der Keimfähigkeit beträgt kaum 200 Jahre; nur bei langlebigen Samen, z. B. bei Hülsenfrüchtlern, Lotosblume usw., wird eine Lebensdauer bis zu 1000 Jahren angegeben. Die Angaben über die Keimfähigkeit des sogenannten Mumienweizens aus den ägyptischen Königsgräbern sind stark anzuzweifeln. Ganz kurz am Leben bleiben die Samen vieler Tropenpflanzen; sie sind nicht fähig, ungünstige Zeiten zu überdauern.

Das Bewegungsvermögen der Pflanzen

Das Bewegungsvermögen der Pflanzen und die mit ihm verbundenen Reizerscheinungen sind ein Randgebiet der Botanik und haben die schnelle Entwicklung, die die Pflanzenphysiologie auf anderen Gebieten genommen hat, nicht mitgemacht. In den meisten Lehr- oder Fachbüchern wird sie nur kurz abgehandelt, und stellt man gar einem Laien die Frage, ob sich Pflanzen aus eigener Kraft bewegen könnten, wird er sie vielfach mit nein beantworten. Daher soll es unsere Aufgabe sein, dieses Problem hier näher zu untersuchen und zu erläutern.

Die erste schriftliche Überlieferung einer beobachteten Pflanzenbewegung stammt von dem griechischen Naturwissenschaftler Theophrast aus dem 4. Jahrhundert v. Chr. Er schrieb über Verwandte der Mimosen: »Wenn jemand nun die kleineren Zweige berührt, so sollen die Blätter, gleichsam getrocknet, zusammenfallen; dann nach einiger Zeit sollen sie wieder aufleben und grünen.«

Auch phototropische Krümmungsbewegungen von Pflanzen dürften schon bekannt gewesen sein, wie aus dem Gattungsnamen *Heliotropion* (Heliotrop) hervorgeht. Dioskurides berichtet von dieser Pflanze, daß sie ihre Blätter nach dem Stand der Sonne richte. Und Plinius d. Ä. hatte als erster beobachtet, daß sich Kleeblätter beim Herannahen eines Unwetters oder Regens zusammenfalten.

Das Mittelalter weiß außer gelegentlichen Beobachtungen über Pflanzenbewegungen nicht viel Neues zu bieten; erst im Jahre 1686 berichtet der Engländer J. Ray über die phototropische Krümmung von Achsen. Da man seinerzeit vom Licht als Bewegungsursache aber noch nichts wußte, erklärte er sich seine Wahrnehmung mit der Temperaturdifferenz von Licht und Schatten und dem durch sie ausgeübten Einfluß auf die Wasserversorgung der Pflanze, wodurch die Krümmung ausgelöst würde. Erst Ende des 17. Jahrhunderts erschienen die ersten Veröffentlichungen über Geotropismus (eine durch die Erdschwerkraft ausgelöste Bewegung). Als Ursache wurde aber nicht die Schwerkraft als der die Richtung bestimmende Reiz erkannt, sondern man suchte eine Erklärung wiederum in der Feuchtigkeit, die in der unteren Pflanzenhälfte größer sein sollte als in der oberen.

Es würde zu weit führen, hier alle Beobachtungen und Erkenntnisse der Bewegungsphysiologie aufzuführen, die allmählich das Bild abrundeten und zu unserem Wissen von heute führten. Bis zum Ende des 19. Jahrhunderts war es jedenfalls nur bruchstückhaft. Zumindest jedoch waren die Hauptprobleme erkannt worden. Dabei stellte es sich allerdings heraus, daß mehr Fragen hinzugekommen und offengeblieben waren, als gelöst werden konnten.

Doch war nun der Boden bereitet, und ihre Klärung konnte in Angriff genommen werden.

Die Mechanik der Bewegungen

Wie alle Lebewesen, so hat auch die Pflanze die Fähigkeit, Bewegungen auszuführen. Blätter und Stengel vieler Zimmerpflanzen wenden sich z. B. dem Licht zu; die Blätter der Bohne senken sich, wenn es Abend wird. Legt ein Regenguß die jungen Halme eines Getreidefeldes nieder, so richten sie sich nach einiger Zeit wieder auf. Die freie Ortsbewegung allerdings, die uns an Tieren so selbstverständlich erscheint, ist nur niederen Pflanzen eigen. Die im Boden wurzelnden Pflanzen führen lediglich Krümmungsbewegungen aus. Da die Pflanzen ebenso wie Mensch und Tier von äußeren Reizen getroffen werden, also von Licht, Wärme, Schwerkraft, chemischen und mechanischen Einwirkungen, sind die sichtbaren Reaktionen aller Gewächse Reizbewegungen.

Die Orte der Reizaufnahme sind bei Pflanzen und Tieren oft deutlich voneinander getrennt. Zieht man Keimlinge z. B. im Dunklen, so wachsen sie senkrecht in die Höhe. Werden sie aber einseitig belichtet, so wenden sie sich der Helligkeit zu. Werden ihre Spitzen zuvor bedeckt, so unterbleibt die Krümmung. Sie wird aber nicht verhindert, wenn man die Basis des Keimlings verdeckt. Aus diesem Versuch ist also abzuleiten, daß nur die Spitze reizempfindlich ist, die krümmungsfähige Basis dagegen nicht. Daraus ist zu folgern, daß eine Reizleitung von der Spitze zur Basis stattfinden muß.

Doch befassen wir uns jetzt mit den verschiedenen Bewegungsmöglichkeiten der Pflanze:

Freie Ortsbewegungen (Lokomotionen) können nur einige niedere Pflanzen ausführen; sie benötigen dazu besondere Einrichtungen. Die einzelligen, aber vielkernigen Schleimpilze z. B. kriechen wie Amöben auf ihrer Unterlage entlang (s. auch S. 69). Dabei strecken sie Scheinfüßchen aus und ziehen das übrige Plasma nach. Eine solche Bewegungsform bezeichnet man als amöboid (amöbenähnlich).

Gleitend wie Raupenschlepper bewegt sich ein Teil der Kieselalgen (s. S. 256) fort. Ein Protoplasmastrom in der Raphe, einem Spalt, der die Schalenober- und -unterseite längs durchzieht, soll die Ursache für die Gleitbewegung sein. Verschiedene Gründe lassen auch die Vermutung zu, daß das Protoplasma in den Raphen der Ober- und Unterseite unabhängig voneinander strömen kann. Diese Frage ist also noch weitgehend offen.

Weit öffnet der Löwenzahn seine leuchtendgelben Blütenstände und hebt sie der Sonne entgegen; er schließt sie bei Dunkelheit. Der seidenhaarige Fruchtstand dagegen löst seine Samen beim leisesten Windhauch.

Die Geschichte der Tulpe

Die Tulpe hat eine lange Geschichte. In der Türkei wird sie schon seit undenklichen Zeiten angebaut; zusammen mit anderen Blumen wird sie sogar in den Erzählungen von Tausendundeinernacht (um 1255) erwähnt. Im Jahre 1574 bestellte Sultan Selim II. mehr als 50000 Tulpenzwiebeln. Die Pflanze wird in etlichen alttürkischen Werken beschrieben und abgebildet. Scheich Mohammed Lalizar zählte im 16. Jh. bereits 1393 Tulpenvarietäten. In den Jahren zwischen 1700 und 1730 hatten die Tulpen ihr goldenes Zeitalter. In der Türkei, wo besonders die Varietäten mit spitzen Kronblättern beliebt waren, die von der *Tulipa acuminata* abstammen, bezeichnete man sie als »königliche Blume«. Ihr Name beruht auf der Ähnlichkeit mit einem Turban.

In Europa wurden die Tulpen durch Augier Ghislain de Busbecq bekannt, belgischer Diplomat und Gesandter des Heiligen Römischen Reiches am Hof Suleimans des Prächtigen. Er sah die Tulpen zum erstenmal im Jahre 1544 in Adrianopolis und sandte Samen an den berühmten Clusius. Aber bereits 1561 sah der Vater der deutschen Botanik, Konrad Gesner aus Zürich, Tulpen in Augsburg und beschrieb sie unter dem Namen *»Satyrium erythronium«*. Es ist wahrscheinlich, daß diese ersten Tulpen zu der etwas fragwürdigen Gattung *Tulipa suaveolens* gehörten.

Clusius schickte Tulpen nach England und trug auch zu ihrer Verbreitung in Holland bei (er war 1593 nach Leyden übergesiedelt), indem er sie sich stehlen ließ. Es wird berichtet, daß der Apotheker Kiewers in Amsterdam die erste Tulpe zur Blüte brachte, die allgemein Bewunderung erregte.

Die Tulpen wurden aber wahrscheinlich nicht nur auf diesem Wege verbreitet, denn bereits 1590 scheint ein gewisser Hogeland in Holland Tulpen, die aus der Türkei stammten, gezüchtet zu haben. Es ist auch nicht auszuschließen, daß die Pflanzen bereits seit 1530 in Portugal bekannt waren. Seit jener Zeit sind in Holland und England zahlreiche Varietäten gezüchtet worden, auch solche mit abgerundeten Kronblättern, die in Westeuropa bevorzugt wurden, sowie gesprenkelte Varietäten, deren Ursprung man sich damals nicht erklären konnte, den man aber heute auf ein Virus zurückführt, das von Blattläusen übertragen wird.

Nach dem Jahre 1634 wurde die Liebe zu den Tulpen zu einer regelrechten Manie. Jedermann züchtete Tulpen, ja man spekulierte sogar mit ihnen, so daß die Regierungen eingreifen mußten. So wird berichtet, daß 40 Tulpenzwiebeln für 10000 Gulden verkauft wurden und daß man für eine einzige Zwiebel der Varietät »Semoer Augustus« 13000 Gulden bezahlte.

Heute steht Holland in der Tulpenzucht an erster Stelle.

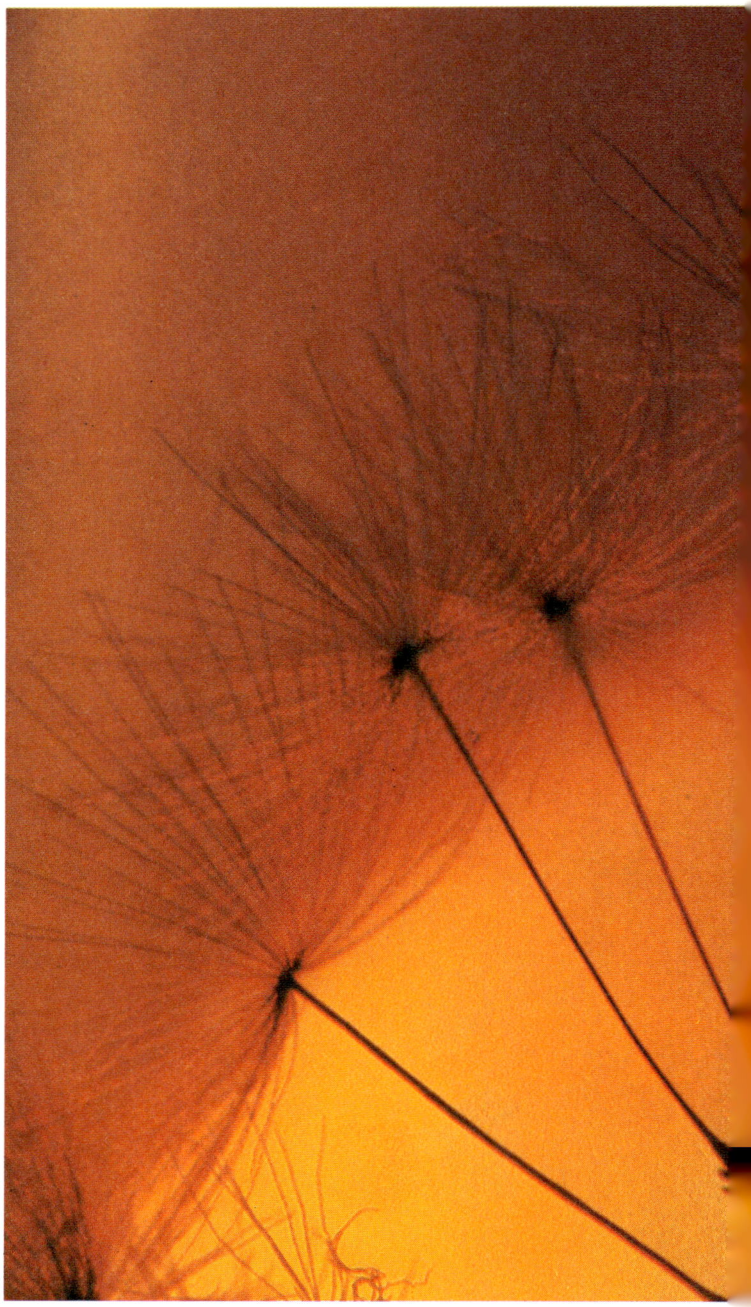

Bei einzelligen, freischwimmenden Lebewesen (Bakterien, Geißelalgen, Keimzellen) ist die Geißelbewegung die häufigste Art der Fortbewegung. Diese Einzeller besitzen an einem Ende oder an beiden, manchmal auch seitlich, eine, zwei, seltener ganze Büschel von peitschenartigen Geißeln. Trotz eines einheitlichen Feinbaues sind sie in ihren Formen doch recht verschieden. Häufig treten sie am Vorderende der Zelle aus einer Vorwölbung der Zellulosemembran aus.

Als Grundtypen unterscheidet man die einfache Fadengeißel von der Flimmergeißel (mit seitlichen Reihen feiner Flimmerhaare) und der Peitschengeißel, bei der auf einem dickeren Basisstück ein feiner, fadenförmiger Fortsatz aufsitzt. Die Dicke der Geißeln ist sehr unterschiedlich; sie liegt aber unter 0,5 μ.

Nach ihrer Bewegungsform werden drei Typen unterschieden: der Ruderschlag, bei dem die wenig bewegliche Geißel oder Wimper in einer Ebene vor- und zurückgeführt wird; der Peitschen- oder Wellenschlag, bei dem die Geißel eine von der Basis zum Ende fortschreitende Wellenbewegung durchführt; die Rotationsbewegung, bei der die Geißel einen glockenförmigen Schwingungsraum umschreibt. Dabei rotiert der Organismus entgegen der Drehrichtung der Geißel um seine Längsachse. Änderungen in der Bewegungsrichtung werden durch eine seitliche Veränderung des Schwingungsraumes verursacht.

Unter den Bakterien sind es hauptsächlich die Spirillen, die Geißeln besitzen; doch können sie auch bei stäbchenförmigen Arten vorkommen. Dabei sitzen eine bis mehrere Geißeln oder ganze Geißelschöpfe entweder an den Enden des Bacteriums, oder sie sind seitlich angebracht oder bedecken sogar die ganze Körperoberfläche. Die Dicke der einzelnen Geißeln beträgt hier nur etwa ein oder wenige Hundertstel μ.

Über den Feinbau der Geißeln ist noch wenig bekannt, doch scheinen sie aus Strängen aufgereihter Proteine zusammengesetzt zu sein, die eine Ähnlichkeit zu anderen kontraktilen Proteinen erkennen lassen. Die Geschwindigkeit begeißelter Einzeller beträgt etwa 1 mm in der Minute.

Krümmungsbewegungen entstehen durch ungleiches Wachstum (Wachstumsbewegungen) oder ungleiche Turgorveränderung (Turgorbewegungen).

Die Wachstumsbewegungen beruhen auf dem Streckenwachstum von Zellen. Jedes Wachstum setzt ein Überwiegen

Bewegungen, die der Samenverbreitung dienen, entstehen fast alle durch Membranquellung; links der Fruchtstand des Löwenzahns. Beim nächsten Windhauch werden sich die Früchte lösen und mit ihren Fallschirmchen davonschweben.

Wo sie auf den Boden niederfallen, entsteht aus dem keimenden Löwenzahnsamen eine neue Pflanze (unten).

der aufbauenden gegenüber den abbauenden Stoffwechselvorgängen voraus und führt zu einer irreversiblen (nicht umkehrbaren) Größenzunahme. Dabei leuchtet ein, daß ein wachsender Organismus ständig seine Lage im Raum verändern wird. Also ist in den Begriff Wachstum ein Bewegungsvermögen mit eingeschlossen, doch wird erst eine Richtungsänderung der wachsenden Pflanze als Bewegung im eigentlichen Sinne aufgefaßt (Nutationsbewegung).

Die Blumenblätter der Tulpe z.B. wachsen bald auf der Oberseite, bald auf der Unterseite rascher, wodurch sich die Blüte öffnet und schließt. Die Blumenblätter werden dabei mit jeder Krümmung größer, bis sie sich im ausgewachsenen Zustand nicht mehr öffnen und schließen können und abfallen.

Der Vorgang der Zellstreckung ist bei höheren Pflanzen an das Vorhandensein von Auxinen (Wuchsstoffen) geknüpft, die von der Sproßspitze aus basipetal (abwärts gerichtet) wandern. Unterschiedliche Wuchsstoffmengen in den Längshälften eines Achsenorgans führen zu Differenzen in der Wachstumsgeschwindigkeit und damit zur Krümmung des Organs.

Das mechanische Mittel der Turgorbewegungen ist die Turgorveränderung der Zellen (Turgor s. S. 96). Bei Turgorabnahme erfahren sie eine Volumenverringerung, bei Zunahme eine Vergrößerung. Zu auffälligen Bewegungen, sogenannten Variationsbewegungen, führt diese Volumenveränderung aber erst durch das Vorhandensein von dehnungsfähigen Zellen in den Organgelenken, so in den Gelenkpolstern vieler Blätter von Schmetterlingsblütlern, oder durch Gestaltänderungen als Folge ungleich verdickter Wände, wie bei den Schließzellen der Spaltöffnungen. Im unverletzten Stiel eines jungen Löwenzahnköpfchens sind die zarten Markzellen durch die derbwandigen Rindenzellen an ihrer vollen Ausdehnung gehindert. Wenn diese Hemmung wegfällt, dehnen sie sich aus. Wird der Stiel kreuzweise gespalten, dann krümmen sich die vier Längsstreifen nach außen. Besonders stark wird die Krümmung, wenn man den Turgor der Markzellen dadurch erhöht, daß man den gespaltenen Blütenschaft ins Wasser legt.

Turgorveränderungen liegen auch den Schlafbewegungen der Bohnenblätter zugrunde. In ihren Gelenkpolstern ist der Turgor abends in den unterseitigen Zellen geringer als in den oberseitigen; dadurch erfolgt eine Abwärtskrümmung. Wenn sich gegen Morgen der Druck ausgleicht, heben sich die Blättchen wieder.

Bewegungsmechanismen

Tropismen und Nastien

Tropismen sind Bewegungen ortsfester Pflanzen, deren Richtung in Beziehung steht zum einwirkenden Reiz. Man unterscheidet dabei: positive Tropismen, die eine Bewegung zur Reizquelle hin bewirken und negative Tropismen, z. B. bei der Wurzel des Senfkeimlings weg vom einfallenden Licht. Auf Licht (Phototropismus) reagieren viele oberirdische Sprosse und Blattstiele und besonders die Koleoptilen des Haferkeimlings. Wachstumsbewegungen ruft auch die Schwerkraft hervor (Geotropismus, oben). In einem Klinostat, der die Pflanze langsam dreht, wirken die Schwerkraftreize allseitig ein. Es kommt deshalb nicht zu einer

Turgorbewegungen

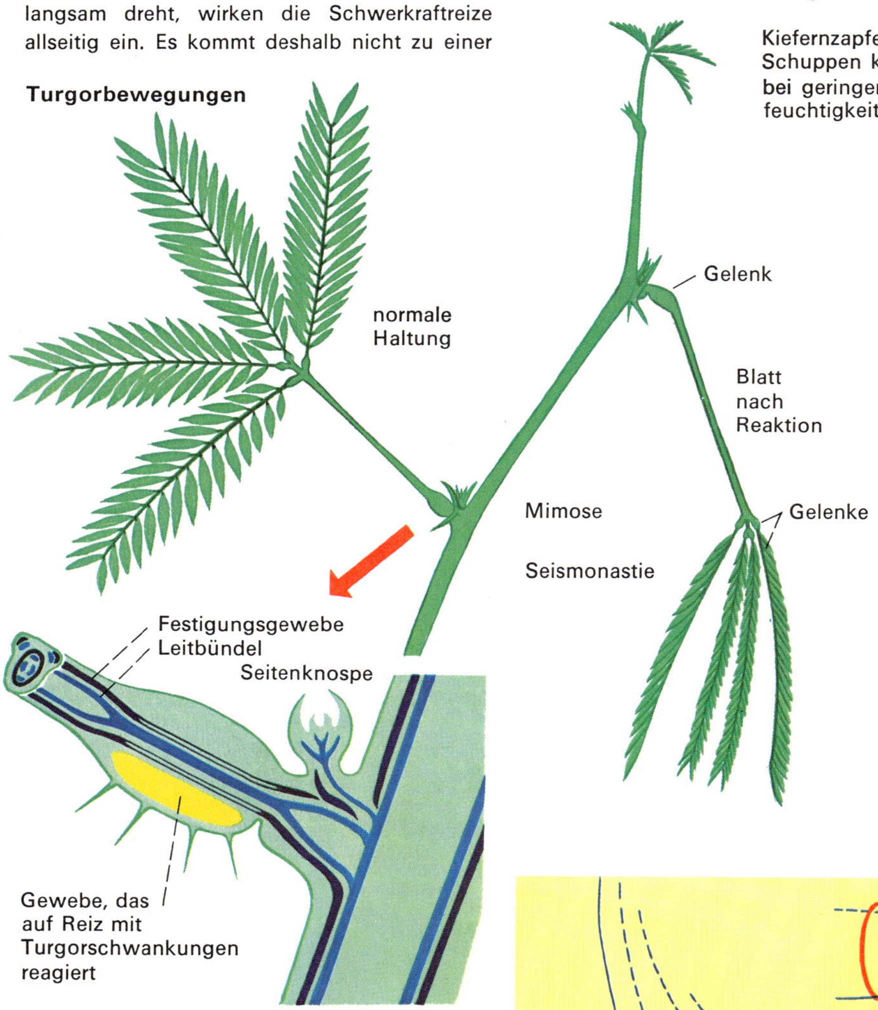

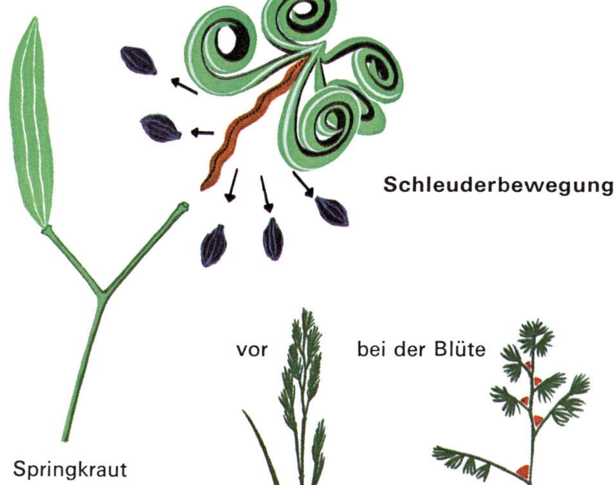

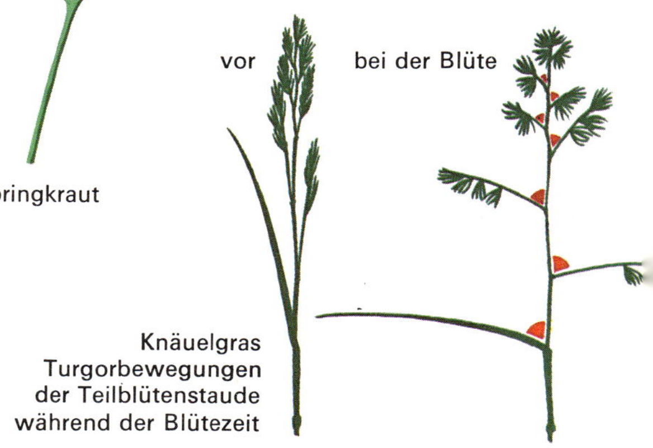

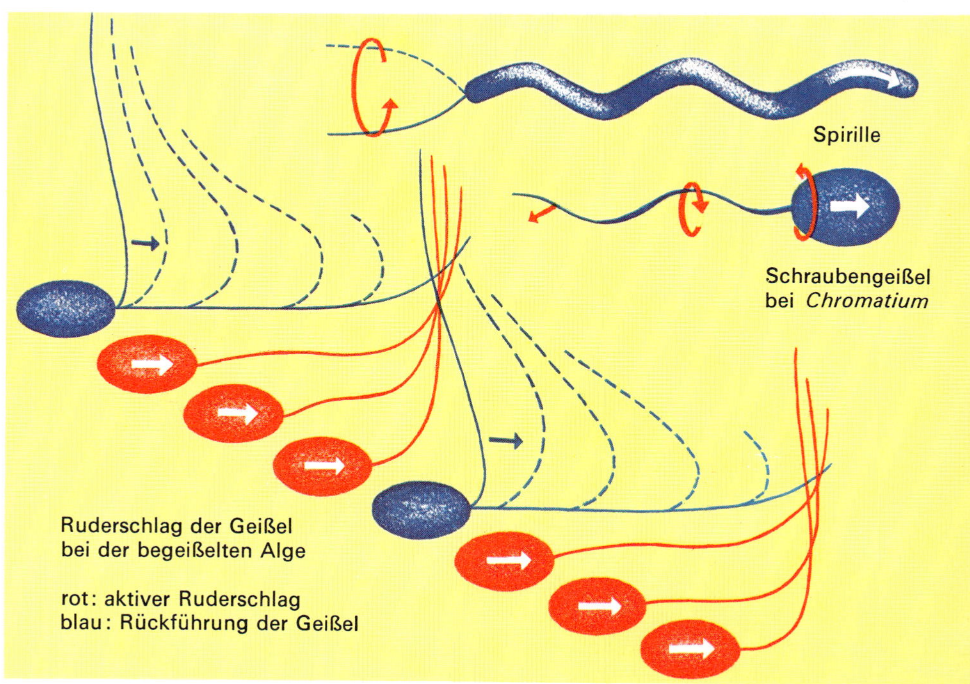

Krümmung. Reaktionen treten auch ein bei Berührungsreizen (Thigmotropismus), besonders bei Ranken und gegenüber vielen Stoffen (Chemotropismus, rechts unten mit dem Beutetier als Reizquelle) usw. Nastische Bewegungen sind nicht auf den Reiz gerichtet. Sie laufen auf einen Reiz in festgelegten Bahnen ab, z. B. Öffnen und Schließen der Blüte (oben).

Die Mechanismen der pflanzlichen Bewegung kann man unterteilen in:

Wachstumsbewegungen. Sie beruhen auf einer ungleichen Verteilung von Wuchsstoffen, die einseitiges Wachstum und damit eine Krümmung verursacht.

Turgorbewegungen. Sie treten meist in Dauergeweben oder in besonderen Organen auf (z. B. Mimose). Bei ihnen wird die Permea-

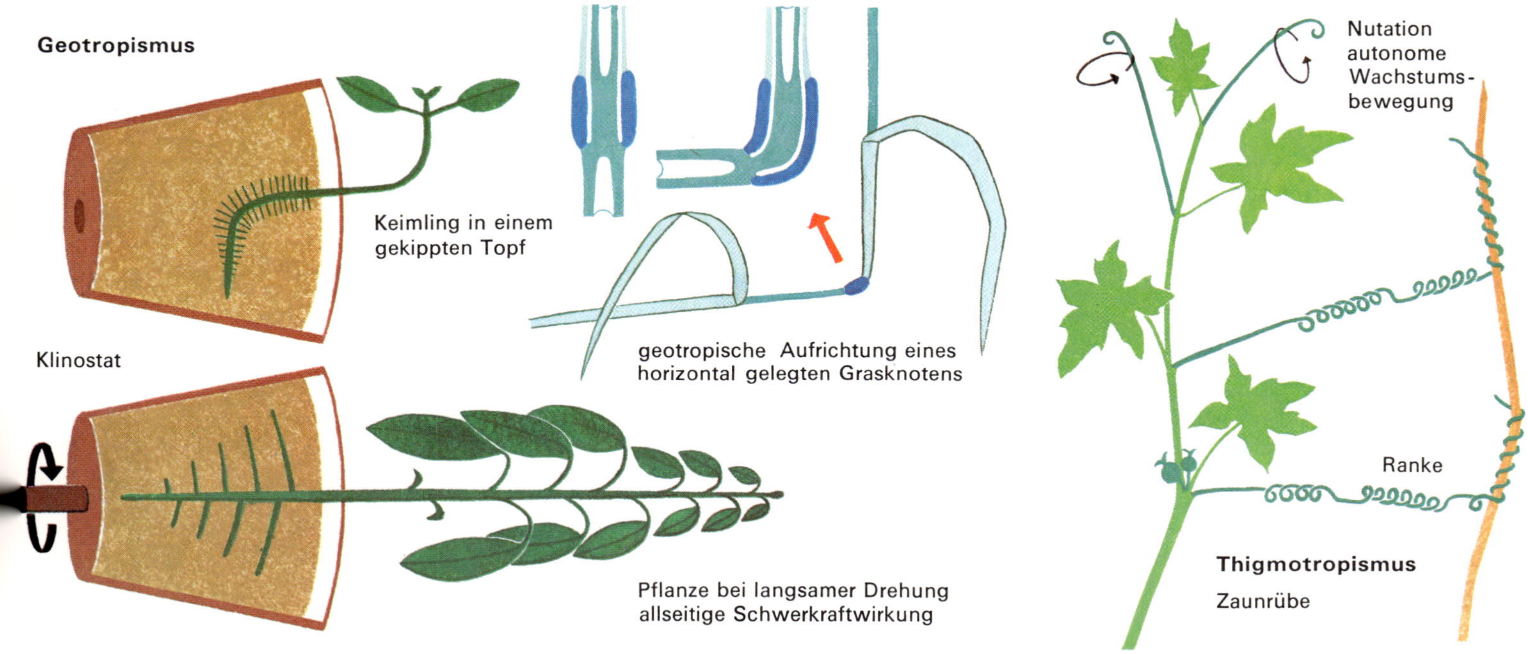

bilität der Plasmamembranen gesteigert, und es tritt auch Zellsaft in die Interzelluren aus.

Physikalische Bewegungen. Durch Quellung, Entquellung oder Austrocknung öffnen sich z. B. viele Samenkapseln. Die Krümmungsbewegungen der Kiefernschuppen oder der Öffnungsmechanismus der Schoten (oben rechts) beruhen darauf, daß einzelne Zelluloseschichten unterschiedlich quellen oder entquellen.

Die freien Ortsbewegungen (Taxien)

Freie Ortsbewegung findet sich bei niederen, meist einzelligen Pflanzen. Die Fortbewegung mit Hilfe von Geißeln ist in ihrem Ablauf sehr kompliziert. Bei der Alge *Monas* schlägt die Geißel nur in einer Ebene und zieht dabei den Zellkörper hinter sich her. Der aktive Ruderschlag verläuft kurz und heftig. Bei *Chromatium* und der Spirille beschreibt die Geißel räumlich Figuren und übt auf den Zellkörper ein Drehmoment aus, so daß dieser rotiert. Bei der Spirille kommt zudem durch ihre gewundene Form eine schlängelnde Bewegung zustande.

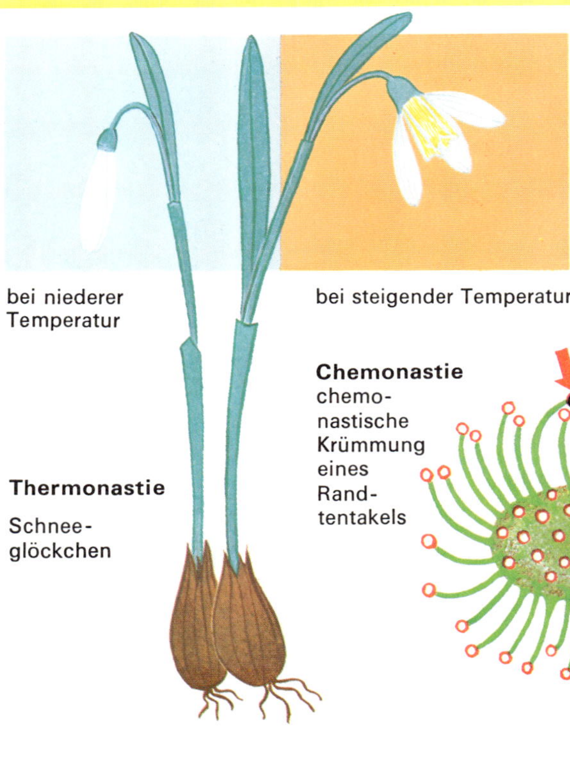

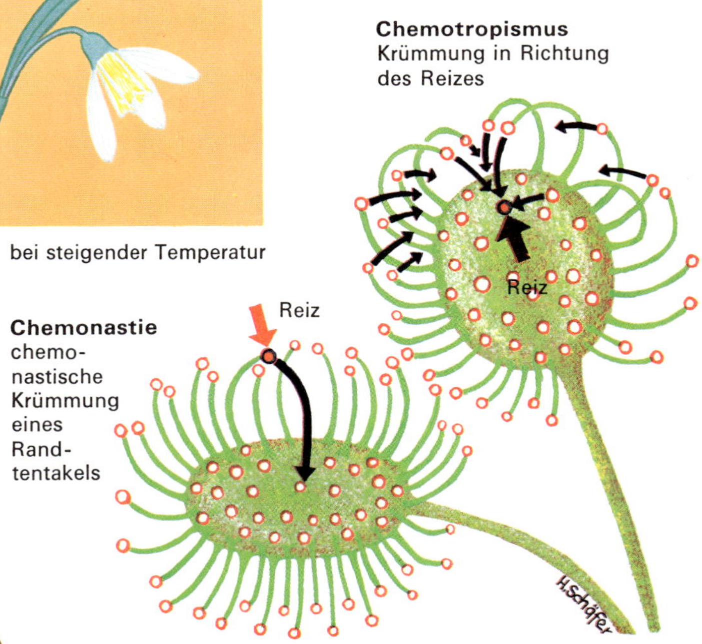

Beim Wiesenklee schwingen die Fiederblättchen während der Dunkelheit in einem zwei- bis vierstündigen Rhythmus auf und ab. Bekannter sind noch die durch einen Lichtreiz ausgelösten und bei Dauerlicht ruhelos weiterlaufenden kreisenden Bewegungen der Fiederblättchen bei dem in Ostindien heimischen Schmetterlingsblütler *Desmodium gyrans*. Die Spitzen der Blättchen beschreiben innerhalb von etwa 30 Sekunden eine vollständige Ellipse. Das ist aber nur dann der Fall, wenn die Temperatur ca. 35 °C beträgt. Mit sinkender Temperatur wird die Geschwindigkeit geringer, und schließlich hört die Bewegung völlig auf.

Bei der Bewegung von Zellinhalts-Bestandteilen dürfte die Plasmaströmung eine große Rolle spielen. Sie kann innerhalb umwandeter Zellen als Rotations- und Zirkulationsströmung auftreten, aber auch eine strömende Ortsbewegung von Zellen bei den membranlosen Amöben, den *Myxomyceten* (Schleimpilzen) und den amöboiden Formen anderer *Protophyten* (einzelligen Pflanzen) verursachen. Bei letzteren ist, wie bereits erwähnt, ein Ortswechsel für die Ernährung und Verbreitung der betreffenden Organismen von großer Bedeutung. Die Aufgabe der Strömungsbewegung innerhalb von Zellwänden umgebener Zellen sind dagegen weniger deutlich zu machen. Gegen eine große Bedeutung für den Stoffwechsel in der Zelle spricht das Fehlen der Plasmaströmungen in vielen Drüsenzellen, Palisadenzellen u. a. In anderen Fällen veranlaßt erst ein äußerer Reiz das Plasma zur Strömungsbewegung.

Die Kräfte, die z. B. bei der Rotationsströmung in einer *Nitella*-Internodialzelle (Nitella ist die Gattung der Armleuchteralgen) zur Bewegung des Innenplasmas führen, müssen an der Grenze zwischen dem strömenden und nichtströmenden peripheren Plasmabelag vermutet werden. Eine Verletzung der äußeren Plasmaschicht stört die Strömung sehr empfindlich.

Elektronenmikroskopische Aufnahmen von Blütenpollen: Pollinium von CALANTHE *spec., einer Orchidee, 5000fach vergr. Pollenkörner der Clivia, 1400fach vergr.; Löwenzahnpollen* (TARAXACUM), *70fach vergr. (links von oben nach unten).*

Weiterhin spricht dafür, daß nur an dieser Grenze ein starker Abfall der Strömungsgeschwindigkeit feststellbar ist.

Auch in den Plasmodien (Plasmamassen) von Schleimpilzen ist ein Nebeneinander von ruhenden und bewegten Plasmateilen zu beobachten. Ob für die Bewegungsmechanik feine Plasmafibrillen als Bewegungsorganellen von Bedeutung sind, wie sie im Plasma von *Characeen* (Armleuchteralgen) vorkommen, ist noch nicht geklärt (Jacob).

Unklarheit herrscht auch über die Kern- und Plastidenbewegungen. Der Kern kann Dreh- und Gleitbewegungen durchführen, wobei letztere häufig unter amöboider Verformung auftreten. Solche Bewegungen werden u. a. bei den komplizierten Kernteilungs- und Kernverteilungsvorgängen der *Basidiomyceten* (Ständerpilze) beobachtet. Unter den Plastiden (Farbstoffträgern) sind besonders die Chloroplasten (Träger des Blattgrüns) zu aktiven Lageveränderungen befähigt. In ganz frühen Entwicklungsstadien zeigen sie auch Formveränderungen.

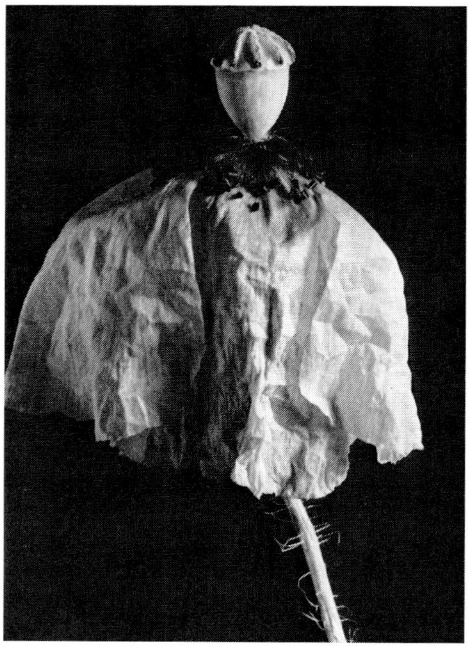

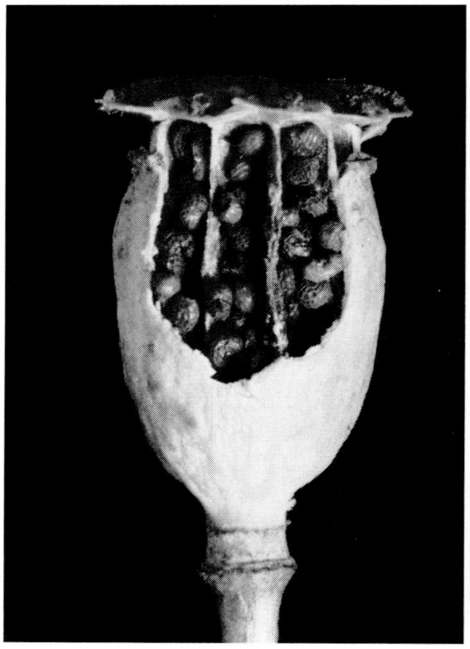

Die Blumenblätter der Mohnblüte, eben noch weit geöffnet, beginnen nach der Befruchtung der Blüte zu welken und fallen während der Fruchtreife ganz ab (oben von links nach rechts).

Einen Bewegungsmechanismus eigener Art weisen viele fädige *Cyanophyceen* (Blaualgen) auf. Da ihnen besondere Bewegungsorganellen für ihre gleitenden, schwingenden, oft auch ruckartigen Bewegungen fehlen, haben schon Beobachter aus früheren Zeiten die Schleimhülle, die den Faden umgibt, mit diesen Vorgängen in Zusammenhang gebracht.

Zu Kriechbewegungen von einer Richtung in die entgegengesetzte sind *Diatomeen* (Kieselalgen) befähigt, doch beträgt ihre Geschwindigkeit selten mehr als 3 μ pro Sekunde. Wie weiter oben schon erwähnt, soll ein Protoplasmastrom in der Raphe, einem Spalt, der die Schalenober- und -unterseite längs durchzieht, Ursache für die Gleitbewegung sein.

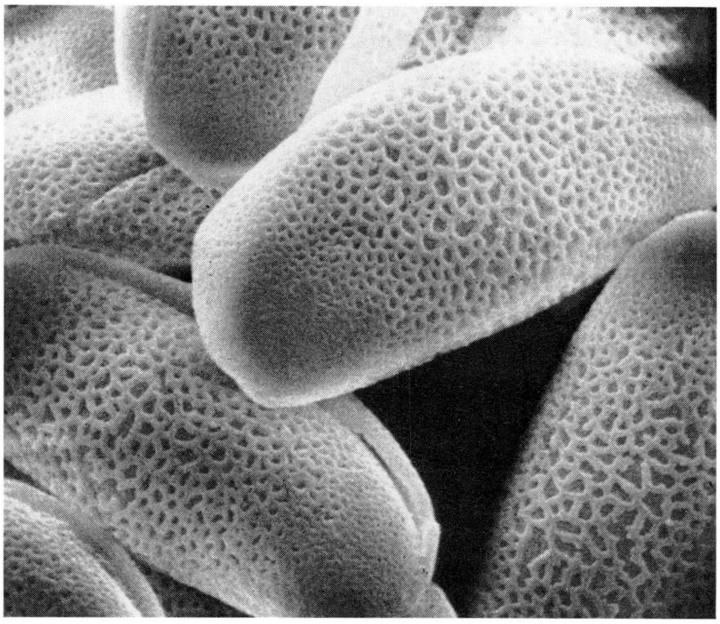

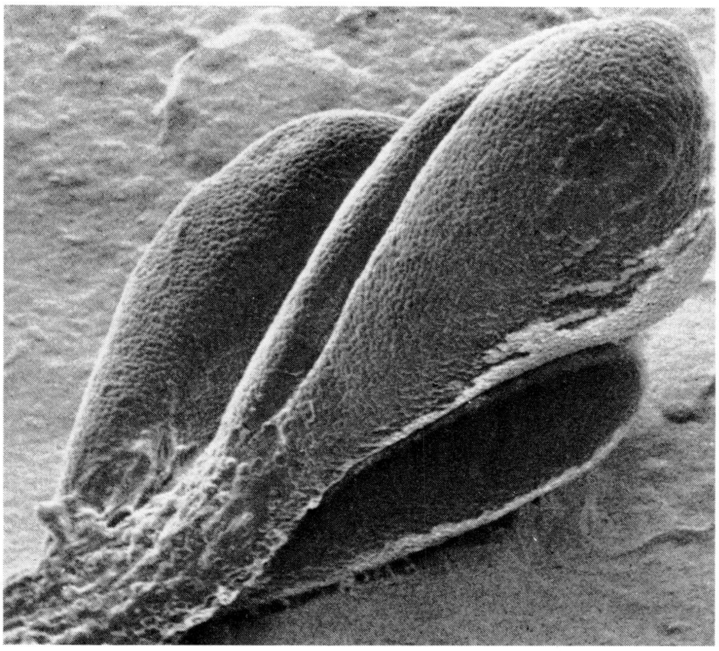

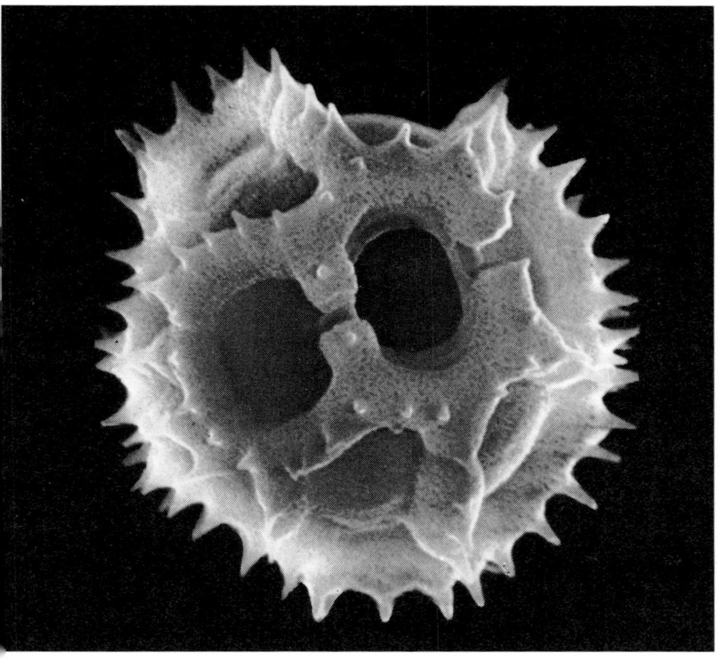

An mitgeschleppten Partikeln konnte bei *Oscillatoriaceen* (Schwingfaden-Blaualgen) erkannt werden, daß ein Schleim den Faden in spiraliger Bahn entgegen seiner Bewegungsrichtung umfließt. Obwohl die Bewegungen des Fadens und des Schleimes entgegengesetzt und oft mit gleicher Geschwindigkeit verlaufen, bleiben die anhaftenden Partikel in ihrer Ortslage unverändert. Sie wandern dagegen zum Hinterende, wenn der Faden am Vorwärtsgleiten gehindert ist und keinen festen Kontakt mit der Unterlage mehr hat. Über die Erscheinung des Schleimflusses bestehen zahlreiche Hypothesen, die bisher aber wenig gestützt werden konnten.

Wenn Bohnen schlafen gehen

Neben einer Reihe charakteristischer Merkmale, die die Hülsenfrüchtler vor anderen Pflanzen auszeichnen, gehört auch die Eigenschaft der Bohne, wenn es Abend wird, eine besondere »Schlafstellung« einzunehmen. Ihre Blattstielchen und Stengel sind in einem kleinen Gelenkpolster angebracht, einem Bewegungsorgan, mit dessen Hilfe eine Veränderung des Zelldruckes in den verschiedenen Schichten hervorgerufen wird, so daß die Blättchen und Blätter Bewegungen ausführen können. Diese Bewegungen werden durch Veränderungen der Außenbedingungen, Licht und Wärme, gesteuert und veranlassen die Blättchen dadurch, verschiedene Stellungen einzunehmen. Bei Sonne stehen sie gewöhnlich horizontal oder sogar aufrecht, während sie sich in der Nacht nach unten neigen und Ruhe- oder Schlafstellung einnehmen (Schlafbewegung). In einigen Fällen führen die Blätter auch regelmäßige und spontane Bewegungen aus, wobei sie im Rhythmus von einigen Minuten die Stellung wechseln, oder sie reagieren auf äußeren Reiz – Berühren oder Anstoßen – und schließen sich wie die Mimosen in Minutenschnelle.

Auch in anderer Hinsicht ist die Bohne sehr interessant. Da sie weit verbreitet und allgemein bekannt ist, könnte man annehmen, dies sei bereits seit langer Zeit der Fall. Da die griechischen und lateinischen Schriftsteller wiederholt von »phaselos«, »phaseolos« oder »phasiolos« bzw. im Lateinischen »phaseolus« sprechen, glaubte man, diese Pflanze ohne weiteres mit der Gartenbohne, *Phaseolus vulgaris,* identifizieren zu können. Es wurde auch gesagt, daß der französische Name »haricot« auf das griechische »arachos« zurückgehe, ein Name, mit dem verschiedene Hülsenfrüchte belegt wurden. All dies scheint zu beweisen, daß unsere Gartenbohne bereits im Altertum bekannt gewesen wäre.

In Wirklichkeit ist es aber so, daß weder in vorgeschichtlichen noch in geschichtlichen Funden Reste der echten Bohne entdeckt werden konnten, und die, die man in Pompeji gefunden hat, sind Langbohnen *(Vigna).* An der Stelle in den Georgica, an der Vergil sagt, daß man »vilem phaseolum« im Herbst aussät, kann es sich nicht um die Gartenbohne gehandelt haben, die keine Winterkälte verträgt. Im Altertum wandte man diesen Namen ebenso wie »smilax« und andere Bezeichnungen, die nur sehr ungenau waren, unterschiedslos auf mehrere Pflanzen an; die Bohnen der Griechen und Römer waren entweder Acker- oder Saubohnen oder die eben genannten Langbohnen.

Gesicherte Bohnenfunde stammen aus den Gräbern von Ancon (Peru). Der französische Name »haricot« könnte sehr wohl von dem mexikanischen »Ayacot« stammen. Den mexikanischen Namen zitiert Hernandez in seinem Werk »De Plantis Novi Orbis«.

In Europa haben wir von den Bohnen erst sichere Kunde aus der Zeit nach der Entdeckung Amerikas, von wo sie Unbekannte eingeführt haben müssen; die Zeit läßt sich nicht mehr genau feststellen. In den warmen Gebieten des Neuen Kontinents wird die Bohne bereits seit Urzeiten angebaut, so daß man sie schon nicht mehr als wild wachsende Pflanze antrifft. In Europa gab es nur den Namen, den man auf die neue Pflanze übertrug; man hat also wie beim Tabak eine neue Pflanze ohne Namen mit einem bereits vorhandenen Wort belegt.

Bei *Desmidiaceen* (Grünalgen) verursacht das Absondern von Schleim an einem Zellende eine schubartige Bewegung. Das den Schleim absondernde Ende der *Clostridium*-Zelle (Clostridium = Spindel-Jochalge) befindet sich während des Vorganges in Kontakt mit der Unterlage, während sich das andere Ende vom Boden abhebt und schräg in den Wasserraum hineinragt. Dabei wechseln sich die Zellenden häufig in der Schleimabsonderung ab. Da stets das sezernierende Ende der Unterlage aufliegt, kommt es wiederholt zu einem Überschlagen der Zelle.

Wie das Elektronenmikroskop sichtbar gemacht hat, befinden sich die Austrittsporen für den Schleim an den Zellpolen, doch sind auch andere, über den ganzen Zellkörper verteilte Poren vorhanden, die eine dünne Schleimhülle abscheiden.

Trotz all dieser Beobachtungen konnte bisher noch nicht geklärt werden, durch welche Kraft der Schleim gerichtet bewegt wird. Eine Hypothese lautet, daß hier eine Funktion von Protoplasmafibrillen vorläge, womit ein enger Zusammenhang zur Protoplasmabewegung angenommen werden könnte.

Die verschiedenen Bewegungsarten

Freie Ortsbewegungen nennt man Taxien, Krümmungsbewegungen feststehender Pflanzen heißen Tropismen, wenn die Krümmungsrichtung eines Organs zur Reizrichtung in Beziehung steht (z. B. Kartoffelkeime, die sich im Keller zum Licht hinwenden). Von Nastien spricht man, wenn die Bewegung unabhängig von der Reizrichtung erfolgt (z. B. das Öffnen einer Blüte im Licht).

Taxien und Tropismen können positiv, also zur Reizquelle hin, oder negativ, von dieser abgewendet sein. Nach den verschiedenen Reizarten werden die Bewegungen phototaktisch (Licht), chemotaktisch (chemische Stoffe), geotropisch (Schwerkraft), hydrotropisch (Wasser), thermonastisch (Wärme) usw. genannt.

Eine Übersicht über die Reizbewegungen zeigt folgende Tabelle (nach Drabert/Matthes):

Reizanlaß	Gerichtete freie Ortsbewegungen: *Taxien*	Krümmungsbewegungen gerichtete: *Tropismen*	Krümmungsbewegungen ungerichtete: *Nastien*
Licht	Phototaxis	Phototropismus	Photonastie
Schwerkraft	Geotaxis	Geotropismus	
Chemische Stoffe	Chemotaxis	Chemotropismus	Chemonastie
Wasser	Hydrotaxis	Hydrotropismus	
Sauerstoff	Aerotaxis	Aerotropismus	
Wärme	Thermotaxis	Thermotropismus	Thermonastie
Mechanische Reize:			
Berührung		Haptotropismus	Haptonastie
Erschütterung			Seismonastie

Taxien

Phototaktische Bewegungen lassen sich beobachten, wenn man Wasser aus Teichen und Tümpeln, das von Geißelalgen (meist *Euglena*) grüngefärbt ist, in einem flachen Gefäß ans Fenster stellt. Schon nach kurzer Zeit haben sich bei zerstreutem Tageslicht die Algen an der helleren Seite angesammelt. Auch die

Chlorophyllkörner vieler Pflanzen sind lichtempfindlich. Bei gedämpftem Licht legen sie sich an die quer zum Lichteinfall stehenden Zellwände; in vollem Sonnenschein wandern sie an die parallel zur Lichtrichtung gestellten Seitenwände.

Für die phobische Phototaxis (Phobie, griech. = Schreck, Angst) ist der auslösende Reiz ein Helligkeitswechsel. Er führt zu einer Schreckbewegung, die bei Flagellaten, z. B. *Euglena*, in einer plötzlichen Änderung der Bewegungsrichtung besteht. Die Zelle erhält durch einen veränderten Geißelschlag eine Drehung und schwimmt in der neuen Richtung weiter. Bei Spirillen, die als Bewegungsorganellen an einem oder beiden Körperenden einen Geißelschopf besitzen, erfolgt als Schreckimpuls eine Bewegungsumkehr.

Das Aktionsspektrum der Phototaxis von Purpurbakterien stimmt mit dem ihrer Photosynthese weitgehend überein. Besonders gut ist die Phototaxis bei den Gattungen *Rhodospiril*

Ein Piniensame keimt. Während das Würzelchen in den Boden eindringt, wird die Samenschale gesprengt; das Stämmchen (Hypokotyl) richtet sich auf. Die zahlreichen Samenblätter entfalten sich (links von oben nach unten).

Keimende Samen – hier der Sonnenblume – haben eine solche Kraft, daß sie eine Glasscheibe mit einem Gewicht hochzuheben und schließlich herunterzuwerfen vermögen (rechts).

lium (Fam. *Athiorhodaceae*), *Chromatium* und *Thiospirillium* (beide Fam. *Thiorhodaceae*) untersucht worden. Sie zeigen ausschließlich phobische Reaktionen, die im Bereich der höchsten Lichtempfindlichkeit bereits dann erfolgen, wenn der Lichtabfall nur etwa 1–3% der Stärke der Ausgangsbeleuchtung beträgt. Damit wird die Unterschiedsempfindlichkeit des menschlichen Auges erreicht. Die Bewegungsgeschwindigkeit bei Rhodospirillium beträgt etwa 0,05 mm pro Sekunde.

Das Auftreten eines »Augenfleckes« (Stigma) bei fast allen phototaktisch reagierenden Flagellaten hat zu der Vermutung geführt, daß es sich dabei um ein Lichtsinnesorgan handeln könne. Heute wird diesem Pigmentfleck, der aus Karotinoiden besteht, nur eine passive Rolle bei der Lichtaufnahme zugeschrieben. Es wird vielmehr vermutet, daß der eigentlich lichtempfindliche Plasmabereich in der Nähe der Geißelbasis seinen Sitz hat.

Geotaxis liegt vor, wenn freibewegliche Organismen in ihrer Bewegungsrichtung durch die Erdschwerkraft beeinflußt werden. Bei positiv geotaktischem Verhalten sammeln sich die Organismen an der physikalischen Unterseite des Kulturmediums, bei negativer Geotaxis an der physikalischen Oberseite. Bei Versuchen zum Nachweis solcher Reaktionen muß das Licht als konkurrierender Reiz ausgeschaltet sein.

Negativ geotaktische Reaktionen sind von *Euglena viridis*, einigen Grünalgen der Gattung *Chlamydomonas* und *Perideen* (Geißelalgen) bekannt geworden. Positive Geotaxis wurde bei den Spermatozoiden von *Fucus serratus*, einer Braunalge, beobachtet.

Eine Beeinflussung der Ortsbewegung durch elektrischen Strom bezeichnet man als Galvanotaxis. Eine Bewegung zur Anode hin wird positiv oder anodisch genannt. Eine Bewegung zum negativen Pol ist eine kathodische Galvanotaxis. Nach Jacob wurden die ersten galvanotaktischen Untersuchungen vor 120 Jahren am Trompetentierchen *(Stentor)* durchgeführt. Eine größere Zahl von Bakterien, Schleimpilzen und mit Geißeln versehenen Algen wurde später in ihrem galvanotaktischen Verhalten beobachtet und beschrieben.

Während die Plasmodien von *Myxomyceten* rein kathodisch reagierten, zeigten die meisten übrigen Organismen sowohl kathodische als auch anodische Galvanotaxis.

Auf das weitere Bewegungsverhalten kann hier nicht eingegangen werden, doch sei so viel gesagt, daß über die Art der Reizaufnahme bei der Galvanotaxis bisher nichts bekannt ist. Es läßt sich nur vermuten – so Jacob –, daß die primären Prozesse auf einer Verschiebung des Ionengleichgewichts an den Flanken der betreffenden Organismen beruhen.

Bei der Chemotaxis werden freibewegliche Organismen durch eine inhomogene (ungleich geartete) Verteilung chemischer Substanzen oder durch einen plötzlichen Wechsel der Konzentration in ihrer Bewegungsrichtung beeinflußt. Diese Art der Reizbewegung findet sich bei Bakterien, den beweglichen Stadien von Algen und Pilzen sowie bei den Spermatozoiden höherer Pflanzen.

Der ökologische Wert der Chemotaxis ist besonders für vegetative Entwicklungszustände von Bedeutung und liegt in dem Aufsuchen geeigneter Lebensverhältnisse. So dient die Chemotaxis der Gameten ausschließlich der Zusammenführung von Geschlechtspartnern. Schon im Jahre 1854 wurde beobachtet, wie die Oogamie (s. S. 219) bei *Fucus* (Braunalgen) zustande kommt: Die Spermatozoiden werden von Stoffen angelockt, die die Eizellen ausscheiden. Auch Moosspermatozoiden finden den Weg durch den Archegonienhals zur Eizelle. Über ihre Chemotaxis ist noch wenig bekannt. Es darf auch in diesem Fall angenommen werden, daß die sich öffnenden Archegonien einen Schleim aussondern, der die Spermatozoiden anlockende Substanzen enthält. *Marchantia*-Spermatozoiden reagierten in Kapillarversuchen auf verschiedene Eiweißstoffe und einige Salze positiv, Laubmoos-Spermatozoiden hingegen auf Saccharose. Vielleicht handelt es sich auch hier um spezifische Lockmittel, doch fehlt noch eine ausreichende Beweisführung. Gesichert hingegen ist sie bei *Pteridophyten* (Farnpflanzen) in bezug auf Apfelsäure und ihre Salze. Hier besteht eine starke chemotaktische Reizwirkung auf die Spermatozoiden von Farnen und *Selaginella* (Moosfarn) unter den Bärlappgewächsen. Sie ist aber auch beim Wasserfarn *Salvinia* und den Schachtelhalmen nachgewiesen worden. Für die Spermatozoiden von *Lycopodium* (Bärlapp) sind die Zitronensäure und ihre Salze als wirksamste Chemotaktika erkannt worden.

Die Thermotaxis ermöglicht das Aufsuchen optimaler Temperaturbedingungen und dürfte daher besonders für freibewegliche Organismen unter natürlichen Bedingungen eine Rolle spielen. Voraussetzung hierfür ist ein Temperaturgefälle, dessen Gradient bei einer topischen Reaktion die Bewegungsrichtung bestimmt, oder das einem phobisch reagierenden Organismus einen zeitlichen Temperaturwechsel vermittelt.

Tropismen

Fast alle Pflanzenorgane reagieren phototropisch. Bekannte Beispiele für einen positiven Phototropismus sind die Hauptachsen höherer Pflanzen, ebenso die Sproßscheiden (Koleoptile) bei Gräsern; bei niederen Pflanzen sind es die Sporangienträger und Fruchtkörper vieler Pilze. Negativ phototropisch reagieren manche Wurzeln, z. B. die Haftwurzeln des Efeus.

Sehr auffällig ist der Phototropismus bei den Blättern der Sonnenblume: Sie drehen sich so, daß die Spreiten jederzeit der Sonne zugewendet sind, indem sie sich rechtwinklig zu den einfallenden Lichtstrahlen einstellen (transversal-phototropisch). Morgens sind sie gen Osten, abends gen Westen gerichtet.

Werden Haferkeimlinge in einem dunklen Kasten aufgezogen, so wachsen sie senkrecht in die Höhe. Wird aber durch eine seitliche Öffnung Licht eingelassen, so krümmen sich die Koleoptile der Lichtquelle zu. Wird ein Keimling dauernd langsam um seine Achse gedreht, so wächst die Sproßscheide senkrecht nach oben, weil alle Seiten in gleicher Weise nacheinander von Lichtreizen getroffen werden. Eine ausgeprägte Lichtwendigkeit zeigt der »Pillenwerfer« *(Pilobus)*, ein Algenpilz. In der Dunkelkammer schießt er seine Sporenbehälter genau auf die Öffnung zu, durch die das Licht eintritt. Unter normalen Verhältnissen platzt der unter starkem Turgor stehende Sporangiumträger an der Spitze auf, und der herausspritzende Zellsaft schleudert das ganze Sporangium samt seinen etwa 50 000 Sporen mit einer Anfangsgeschwindigkeit von 14 m/sec bis zu 2 m weit weg.

Der die Richtung bestimmende Reiz der Schwerkraft (Geotropismus) ist gut an den Bäumen eines Berghanges zu erkennen. Die einzelnen Bäume bilden zur Erdoberfläche verschieden große Winkel, aber untereinander verlaufen die Stämme parallel. Die Hauptwurzel der Pflanze wächst senkrecht zum Erdmittelpunkt hin, ist also positiv geotropisch. Der Stamm wächst in entgegengesetzter Richtung; er ist negativ geotropisch. Darum krümmen sich, wenn man eine Pflanze in horizontale Richtung bringt, ihre einzelnen Organe so lange, bis sie die geotropische Ruhelage wieder eingenommen haben.

Auch beim Geotropismus spielen die Wuchsstoffe eine Rolle. Wird nämlich in einer feuchten Kammer eine Keimpflanze derart befestigt, daß Sproß- und Wurzelspitze nicht behindert werden, so ist nach wenigen Tagen eine Aufwärtskrümmung des Sprosses und eine Abwärtskrümmung der Wurzel zu beobachten. Bei der Erklärung dieses unterschiedlichen Verhaltens kann davon ausgegangen werden, daß unter der Einwirkung der Schwerkraft sich sowohl beim Sproß als auch bei der Wurzel der Wuchsstoff auf der Unterseite angereichert hat. Die gegen Wuchsstoff empfindlichere Wurzel wird dadurch im Wachstum der Unterseite gehemmt, während der weniger empfindliche Sproß durch die Erhöhung der Wuchsstoffkonzentration ein verstärktes Wachstum der Unterseite durchführen kann.

Der Efeu – eine berühmte Pflanze

Zu den berühmtesten Pflanzen gehört der Efeu *(Hedera helix)*. Er ist bekannt wie kaum eine andere, aber nur wenige wissen Genaueres über ihn, obwohl er wegen seiner vielen Besonderheiten eine größere Beachtung verdiente. Um mit seinem Namen zu beginnen: Das deutsche »Efeu« und die verwandte englische Bezeichnung »ivy« lassen sich nicht eindeutig erklären. Das italienische »dera«, französische »lierre« und spanische »hiedra« sollen aus dem lateinischen »praehendere« = »fassen, erfassen« kommen. Andere Sprachwissenschaftler verweisen jedoch auf eine indoeuropäische Wurzel (ghed: drücken, zusammenpressen). Es wird auch vermutet, daß sich im Namen ein Stamm zeige, der in lateinisch ibex, Steinbock (= Kletterer), vorhanden sei. Als Belege dafür werden althochdeutsch »ebah«, angelsächsisch »iflg« angeführt; auch wird auf Dialektbezeichnungen wie ostfriesisch, westfälisch »klimop« hingewiesen, um diesen Schluß zu rechtfertigen.

Der Artname helix kommt aus dem Griechischen und bedeutet »binden, umfassen«. Den römischen Priestern war es verboten, den Efeu anzufassen, da er sie, wie man glaubte, hätte gefangenhalten können. Er ist jedoch keine Rankpflanze, wie Vergil bereits festgestellt hat: »sine . . . inter victrices hederam tibi serpere lauros« (Ecl. VIII/13). »Der Lorbeer der Krieger und der Efeu der Dichter, der Preis der ruhmreichen Stirn« (Hor. Oden 1/1).

Der Efeu kriecht also – »mit krummem Schritt«, wie Ariost sagt –, aber er kriecht in Wäldern, Gärten und auf Mauern in weiten Gegenden Europas und Vorderasiens mit einer solchen Hartnäckigkeit, die die Griechen beeindruckt haben muß, denn sie erhoben den Efeu zu einer mythischen Pflanze erster Ordnung. Der »kissos«, so nannten sie den Efeu, war ebenso wie die Weinrebe dem Dionysos oder Bakchos (lat. Bacchus) geweiht. Die schwangere Semele, die den Dionysos hätte gebären sollen, verbrannte, und ihre Leibesfrucht, also Dionysos, wurde auf wunderbare Weise von einem »Efeustrauch« gerettet, der sie bedeckte. Danach barg Jupiter die Leibesfrucht in seinem Schenkel. In seiner Jugend wurde Dionysos von tyrrhenischen Piraten geraubt, die ihn an den Mast ihres Schiffes banden: aber unversehens wuchsen Reben und Efeu, die Segel und Tauwerk umrankten. Der junge Gott sprengte seine Fesseln und nahm die Gestalt eines Löwen an, worauf die erschrockenen Piraten ins Meer sprangen und zu Delphinen verwandelt wurden.

Auf den ältesten Darstellungen trägt Dionysos eine Efeuranke und wird auch später immer mit einem Kranz von Reben, Efeu und Stechwinde dargestellt. Er trug den Beinamen »kissostephanos«, der Efeubekränzte. Auch anderen Erdgottheiten war der Efeu geweiht, von Demeter bis zu dem Waldgott Pan. Die Thyrsosstäbe waren mit Rebenlaub und Efeu umwunden, und die Bacchantinnen bekränzten sich ebenfalls mit Rebenblättern und Efeu, der auch »Dionysias« genannt wurde. Vielleicht liegt hierin der Grund, warum er von den Christen nicht wie der Weinstock, die Lilie, die Rose und die Palme als religiöses Symbol übernommen wurde. Im Dom von Cividale wird jedoch ein goldener Reliquienschrein aufbewahrt, der die Form eines Efeublattes hat. Kaiser Karl IV. hatte diesen Schrein an sich genommen, ihn aber später reuevoll wieder zurückgegeben.

Das geschilderte geotropische Verhalten gilt in dieser Form nur für die Hauptachsen. Seitenachsen erster Ordnung stellen sich bei Sproß und Wurzel in einem bestimmten Winkel zur Hauptachse ein. Er kann beim Sproß größer oder kleiner als 90° sein, je nachdem, ob die Seitenzweige schräg aufwärts gerichtet sind oder herabhängen. In Ausnahmefällen, wie z. B. bei der Zimmertanne, bilden sie bei waagerechter Stellung einen Winkel von genau 90°. Die Seitenwurzeln erster Ordnung können ebenfalls schräg nach unten gerichtet sein oder auch waagerecht im Boden hinziehen. Seitenwurzeln höherer Ordnung sind nicht mehr geotropisch, sondern nur noch chemotropisch reizbar (Baumeister).

Auch beim Geotropismus sind Fälle einer Umstimmung bekannt. So hängen beim Mohn die Blütenknospen nach unten, während die Blüten nach der Entfaltung und später auch die Samenkapseln aufgerichtet sind. Umgekehrt stehen beim Milchstern die Knospen aufrecht, während die Blüten herabhängen.

Die Wachstumsrichtung der Wurzeln kann durch chemische Reize, z. B. Nährsalze, abgelenkt werden (Chemotropismus).

Die seltsamen Klettertouren der Zaunrübe

Auf Feldwegen, an Hecken, Zäunen, Gebüsch und in Auwäldern wächst eine Kletterpflanze mit gelappten Blättern und Träubchen kleiner, trichterförmiger, grünlicher Blüten und roter Beeren: die Zaun- oder Giftrübe *(Bryonia dioica)*. Sie ist eine zweihäusige Pflanze und kann ohne Bestäubung Früchte hervorbringen, die aus dem Fruchtknoten entstehen (Apogamie). Die Pflanze hat aufgrund eines Harzes, das in der Wurzel enthalten ist, purgierende Wirkung.

Die Weiße Zaunrübe *(Bryonia alba)*, eine einhäusige Pflanze mit schwarzen Beeren, ist in Mitteleuropa und Vorderasien verbreitet. In Deutschland wächst sie im Nordosten, im Süden seltener. Sie fehlt im Rheinland und in Baden-Württemberg. Auch sie findet sich an Hecken, Zäunen und in Gebüsch.

Was die Pflanze so besonders interessant macht, sind ihre Kletterkünste: Ihre jungen Ranken sind zunächst uhrfederartig an der Spitze eingerollt. Sie entrollen sich jedoch bald und beginnen Suchbewegungen auszuführen (autonome Bewegungen). Wenn die Ranke eine Stütze berührt, so fängt sie an, sich einzukrümmen und die Stütze zu umschlingen (Haptotropismus). Das Wachstum wird fortgesetzt, bis eine mehrfache Umschlingung erreicht ist. Durch spiralige Einrollung des basalen Teiles der Ranke wird die Pflanze näher an die Stütze herangezogen. Eingeschaltete Umkehrpunkte bewirken, daß die Ranke dabei elastisch bleibt.

Wenn eine Wachstumsbewegung stattfinden soll, muß die Ranke auf engstem Raum unterschiedlich gereizt werden (Kitzelreiz). Durch Streichen mit einem gelatineüberzogenen Glasstäbchen oder durch den Aufprall von Regentropfen wird keine Reizung erzielt, wohl aber, wenn man mit einem Holzstäbchen über die Innenseite der Ranke fährt.

Chemotropisch reizbar sind neben den Seitenwurzeln höherer Ordnung, die der Wasser- und Nährstoffaufnahme dienen, auch Pilzfäden und Pollenschläuche. Pilzfäden wachsen positiv chemotropisch auf Zucker und Eiweiß zu und negativ chemotropisch von Giftstoffen weg.

Auch Wasser bewirkt eine Abweichung von der geotropischen Ruhelage, da die Wurzeln positiv hydrotropisch reagieren. So bilden sich in Dränageröhren oft dichte Wurzelzöpfe. Einseitig zur Verfügung stehende Luft kann aerotropische Krümmungen bei Pilzfäden herbeiführen.

Beim Haptotropismus antworten die Pflanzen auf Berührungsreize mit Krümmungsbewegungen. Bei Kletterpflanzen, die sich mit Ranken anklammern, spielt die Berührungsempfindlichkeit eine große Rolle. Ein besonders gutes Beispiel hierfür liefert die Zaunrübe. Hat sich die Spitze einer Ranke erst einmal zum Haken gekrümmt, bleibt sie damit an der Stütze hängen und umfaßt diese fest. Durch eine spiralige Aufrollung des restlichen Rankenteiles wird die Pflanze federnd an die Stütze herangezogen. Da die Ranke später meist verholzt, wird dadurch ihre Zugfestigkeit bedeutend erhöht.

Wie die Passionsblume zu ihrem Namen kam

Die Granadille, schrieb der Botaniker Desfontaines, wird auch Passionsblume genannt, da man bei Linnés *Passiflora incarnata*, die als erste in Europa zu sehen war, eine Ähnlichkeit mit den Leidenswerkzeugen Christi zu sehen glaubte: Die dreizackigen Blätter sollten die Lanzen sein, die Ranken die Geißel, die drei Griffel die Nägel, und in den Fäden der Nebenkrone, die kreisförmig auf dem Rand der Scheibe zwischen Blütenkrone und Staubblättern angeordnet sind, sah man die Dornenkrone. Eine andere Deutung geht dahin, daß die Blütenkrone an die Geißelwerkzeuge erinnere und der Griffel die Lanze darstelle.

Die Ranken der verschiedenen Pflanzenarten und -familien verhalten sich sehr unterschiedlich hinsichtlich der Lokalisation ihrer Empfindlichkeit und Reaktionsfähigkeit. Nach Jacob lassen sich folgende Typen unterscheiden:

Ranken, die auf Reize allseits in gleicher Stärke reagieren (physiologisch radiär), hat z. B. die Klimme *(Cissus spec.)*.

Die Oberseite der Ranke besitzt eine geringere Reizempfindlichkeit als die Unterseite. Werden die Seiten gleichzeitig gereizt, so erfolgt eine schwächere Reaktion der Unterseite: z. B. Chayote *(Sechium edule)*.

Die Ranken reagieren nur mit dem Einkrümmen der Unterseite, deren Reizung mit der Reaktion beantwortet wird. Eine Reizung der Oberseite verursacht keine Krümmung, vermag aber die Reaktion der Unterseite zu hemmen: z. B. Passionsblume *(Passiflora gracilis)*.

Die Krümmungsreaktion erfolgt immer nach unten, nicht nur nach Reizung der Unterseite, sondern auch, wenn die Oberseite gereizt wird: z. B. Gartenkürbis *(Cucurbita pepo)*.

Quellungs- und Entquellungsvorgänge Hygroskopische Bewegungen

Bei den hygroskopischen Bewegungen handelt es sich nicht um Reizbewegungen der lebenden Pflanze, sondern um Bewegungserscheinungen toter oder im Ruhestadium verharrender Pflanzenteile.

So entstehen durch Membran-Quellbarkeit nahezu alle Bewegungen, die der Samen-, Sporen- und Pollenverbreitung dienen, wie nachstehende Beispiele zeigen sollen:

Die Öffnung der Sporenkapseln bei Laubmoosen ist zumeist durch zwei Zahnkränze, das innere und äußere Peristom, verschlossen. Jeder Zahn besteht aus zwei Wänden von Zellschichten. Die Hauptquellrichtung beider Membranen verläuft rechtwinklig zueinander. Ist die innere Wand längs-, die äußere querstrukturiert, so wird die Austrocknung der Peristomzähne zu ihrer Krümmung nach außen und damit zur Öffnung der Kapsel führen (Laubmoos *Amblystegium serpens*). Aber auch umgekehrt angeordnete Strukturierungen kommen vor; in diesem Falle öffnen sich die Peristomzähne bei Feuchtigkeit (Laubmoos *Ceratodon purpureus*). Schließlich weisen einzelne Abschnitte der Peristomzähne auch noch die Fähigkeit zu eigenen Krümmungen auf, was bei *Mnium, Bryum* und *Brachythecium* der Fall ist.

Der Vorteil und die ökologische Bedeutung der Peristombewegung wird in einer über einen gewissen Zeitraum verteilten Abgabe der Sporen gesehen.

Auf Schrumpfungsvorgängen beruht auch die Öffnung vieler Samenkapseln. Während es beim Gemeinen Seifenkraut *(Saponaria officinalis)* und der Weißen Lichtnelke *(Melandrium album)* zu einer Längskrümmung der Kapselklappen kommt, wobei sich die Spitzen derselben nach außen krümmen, öffnet sich die Balgfrucht der Schwarzen Nieswurz *(Helleborus niger)* mit einer Querkrümmung.

Ähnlich verhalten sich auch andere Hahnenfußgewächse. Der Zug der schrumpfenden Wände von der äußeren Epidermis läßt die Frucht an der Bauchnaht aufreißen, die Fruchtblattränder krümmen sich nach außen, und die innere Epidermis dient als Widerlager.

Trockenkrümmungen sind weitaus häufiger als Feuchtkrümmungen (Hygrochasie). Eines der bekanntesten Beispiele für Feuchtkrümmung ist die Bewegung der Sproßachsen der »Rose von Jericho« *(Anastatica hierochuntica)*. Während sie im trockenen Zustand kugelig zusammengerollt ist, spreizt sie sich bei Feuchtigkeit weit auseinander. Die als Quellschicht fungierenden Gewebe befinden sich hier auf der Innenseite der Ästchen.

Bei der Bewegung der Zapfenschuppen von Kieferngewächsen befindet sich die Quellschicht außen und bewirkt ein Schließen der Zapfen bei Feuchtigkeit.

Auch das Ausschleudern von Samen aus Früchten kann mit Hilfe eines Quellungsmechanismus vonstatten gehen, der durch Wasseraufnahme oder -abgabe verursacht wird. Mit einer solchen hygroskopischen Bewegung bohrt sich z. B. die Frucht des Reiherschnabels *(Erodium)* in die Erde. Bei der Reifung entsteht eine Spannung in den langen Fruchtschnäbeln, die zu einer schnellen, schraubigen Einrollung und damit zum Abspringen der Teilfrüchte führt. Findet das gestreckte Ende des Fruchtschnabels auf dem Erdboden keinen festen Halt, so kann das durch Feuchtigkeitswechsel bewirkte wiederholte Ein- und Aufdrehen des spiraligen Abschnittes ein Einbohren der Teilfrucht in den Erdboden bewirken. Ähnlich soll sich der gedrehte untere Teil der langen Granne des Federgrases *(Stipa)* verhalten.

Die Früchte der Veilchen-Arten *(Viola)* haben drei Klappen, die beim Aufreißen die Samen jedoch nicht gleich entlassen. Vielmehr ist erst eine Queraufrollung jeder Klappe nötig, damit die Samen abspringen können.

Viele *Fabaceen* (Bohnengewächse) entlassen die Samen aus der Hülse, indem sich diese schraubig dreht und dann plötzlich aufspringt. Oftmals geschieht dies sogar mit einem regelrechten kleinen Knall. Dabei werden die Samen nicht selten weit weggeschleudert.

Als letztes Beispiel sei die Sporenverbreitung bei Schleimpilzen und einigen Bauchpilzen genannt. Auch hier sind ausgesprochen hygroskopische Bewegungen dafür verantwortlich, daß die Sporen durch Quellungsdifferenzen in den Membranen ausgeschleudert werden.

Die vier bandartigen Fortsätze der Sporen des Schachtelhalms, Elateren genannt, rollen sich beim Ausschleudern zusammen, wodurch mehrere Sporen miteinander verkettet werden und gemeinsam davonfliegen. Dadurch wird die Befruchtung der entstehenden eingeschlechtigen Prothallien erleichtert.

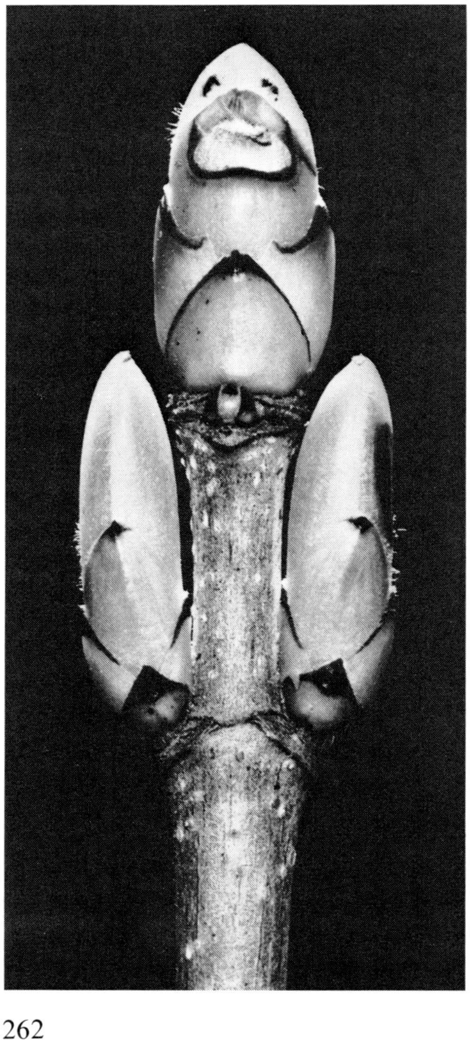

Nastien

Als Nastien werden Bewegungen pflanzlicher Organe bezeichnet, die nur durch einen Reiz ausgelöst, nicht aber in ihrem Ablauf beeinflußt werden. Hierher gehören Bewegungen des Wachstums, häufig aber auch solche, deren Ursache in Turgorschwankungen zu suchen ist.

Wie aus unserer Tabelle S. 258 hervorgeht, können Reizquellen das Licht sein (Photonastie), Temperatur (Thermonastie), chemische Einflüsse (Chemonastie) sowie mechanische Reize, Berührungen und Erschütterungen (Haptonastie; Speismonastie). Sehr häufig kommen zu den äußeren Faktoren noch innere hinzu, so daß eine klare Abgrenzung der autonomen von den nastischen Bewegungserscheinungen äußerst schwierig ist. Das gilt z. B. für die durch den natürlichen Wechsel periodisch wiederkehrenden Schlafbewegungen oder nyktinastischen Bewegungen.

Thermonastisch, also durch die Temperatur bedingt, sind, wie schon weiter oben angedeutet, die Öffnungs- und Schließbewegungen bei den Blüten vieler Pflanzen, z. B. von Krokus, Tulpe, Schneeglöckchen und Korbblütlern. Während Temperatursteigerungen eine Öffnungsbewegung bewirken, erfolgt bei sinkenden Temperaturen eine Schließbewegung. Dabei sind die Blütenblätter in der Lage, derartige Bewegungen in mehrfacher Wiederholung durchzuführen, wobei sie sich von Mal zu Mal deutlich vergrößern. Allerdings sind nicht alle Blüten für Temperaturunterschiede in gleicher Weise empfindlich. Während der Krokus schon bei einem Temperaturunterschied von 0,2 °C Bewegungserscheinungen zeigt, reagiert die Tulpe erst bei 1 °C (Baumeister).

Viele Pflanzen reagieren auf den Wechsel von Licht und Dunkelheit mit photonastischen Öffnungs- und Schließbewegungen. Die Blüten des Maßliebchens, der Ringelblume und der Seerose (s. S. 266, 327) z. B. öffnen sich in der Regel mit beginnendem Tageslicht und schließen sich bei Einbruch der Nacht. Andere Gewächse wiederum, so die Nachtkerze, die Nachtlichtnelke, vor allem aber die berühmte »Königin der Nacht«, öffnen ihre Blüten erst bei hereinbrechender Dunkelheit; sie sind sogenannte Nachtblüher. Wir kennen aber auch Pflanzen, die ihre Blüten sogar nur stundenweise öffnen, so die Gänsedistel, der Huflattich, der Wiesenbocksbart u. a.

Obwohl die Öffnungs- und Schließungszeiten bei den verschiedenen Blüten sehr unterschiedlich sind, zeigt ein- und dieselbe Blume doch eine große Einheitlichkeit in bezug auf Klima, geographische Lage und Witterung.

Diese Tatsache ließ den großen schwedischen Naturforscher Linné auf den Gedanken kommen, für eine Anzahl bestimmter Pflanzen eine »Uhr« zusammenzustellen, wobei jeder Ort entsprechend Lage und Klima seine eigene »Blumenuhr« hat. Die nachstehende gilt für Uppsala (s. S. 267); sie geht für Deutschland um mehrere Stunden »vor«. Auch sind in jedem Monat andere Blüten für das Anzeigen bestimmter Zeiten »zuständig«. Die Öffnungs- und Schließbewegungen der Blütenblätter sind streng mit dem zwölfstündigen Wechsel von Tag und Nacht gekoppelt. Baumeister sieht in ihnen allerdings keine photonastischen, sondern bereits autonome Bewegungen.

Auch das Öffnen und Schließen der Spaltöffnungen gehört zu den nastischen Bewegungen, da die Auslösung durch Reize erfolgt und die Bewegungsrichtung durch den anatomischen Bau dieser Organe festgelegt ist.

Die mechanische Ursache ist bei allen Spaltöffnungsbewegungen die Turgorveränderung, die jedoch im Gegensatz zu den meisten anderen Turgorbewegungen nicht allein auf einer

Die Christrose

Neben der Schnee- oder Christrose, auch Schwarze Nieswurz *(Helleborus niger)* genannt, die mit ihren weißen oder rötlichen Blüten in unseren Gärten als Zierpflanze zu finden ist und in den östlichen Kalkalpen Bayerns bis in eine Höhe von 1800 m wild wächst, kennt man auch einige orientalische Arten, die an Schönheit aber nicht mit der Christrose wetteifern können.

Die Vertreter der Gattung Helleborus waren berühmte Pflanzen. Ihr Name ist griechisch, seine Bedeutung jedoch unklar. Hippokrates benutzte die Nieswurz als Brechmittel, Abführmittel und harntreibendes Mittel, was verwunderlich erscheint, weil sie zwei sehr giftige Lykoside enthält, das Helleborin und das Helleborein. Diese Wirkstoffe können durch Herzlähmung den Tod herbeiführen und sind nur sehr schwer dosierbar.

Ein anderer Umstand machte die Nieswurz jedoch weit berühmter. Wie die Sage erzählt, soll der griechische Arzt Melampos mit ihr die drei Töchter des Königs von Tiryns, Proitos, vom Wahnsinn geheilt haben. Durch die Nieswurz wurde auch die Stadt Antikyras berühmt, die tief im Golf von Korinth liegt. Horaz schlägt an einer Stelle, an der er über die verschiedenen Geisteskrankheiten berichtet, vor, den Geizhälsen große Mengen von Nieswurz zu verabreichen, wenn die bei Antikyras wachsenden Pflanzen überhaupt ausreichten: »Danda est hellebori multo pars maxima avaris; nescio an Anticyram ratio illis destinet omnem« (Horaz, Sat. lib. 2/III–83).

»Nieswurzig sein«, »Nieswurz gegessen haben« oder »nach Antikyras gehen« sind in Italien Bezeichnungen für »verrückt sein«.

Bei dieser Pflanze muß es sich um die Rundblättrige Nieswurz *(Helleborus cyclophyllus)* gehandelt haben, die noch heute in großen Mengen in Griechenland anzutreffen ist. Den alten Griechen und den Übersetzern des 16. Jh. war auch eine schwarze Nieswurz bekannt, die aber gewiß nichts mit unserer Schwarzen Nieswurz oder Christrose zu tun hat, da diese Art nicht in Griechenland wächst.

Die Knospen der Bäume entfalten sich im Frühjahr mit dem Saftanstieg. Das Streckungswachstum wird durch Zellvergrößerung infolge von Wassereinlagerung bewirkt. Schließlich brechen die Knospen auf. Von links nach rechts: eine Ahornknospe öffnet sich; nebenstehend: junger Buchentrieb

Wachstum und Morphosen

Das Wachstum der Pflanzen

Grundlegende Erscheinungen in der Entwicklung vielzelliger Organismen beruhen auf dem Wachstum der Einzelzellen. Wie das Beispiel der Tüpfelgefäßzellen (links) zeigt, teilen sich die Zellen mehrmals in den embryonalen Geweben, sie nehmen anschließend Wasser auf und strecken sich dabei unter Vergrößerung der Vakuolen, zuerst langsam beginnend, dann schneller wachsend und dann wieder langsamer werdend und die endgültige Größe erreichend. Anschließend erfolgt die Ausgestaltung der Zelle. Mit dem Wachstum der Zellen eng verbunden ist die Vergrößerung und Differenzierung des Organismus.

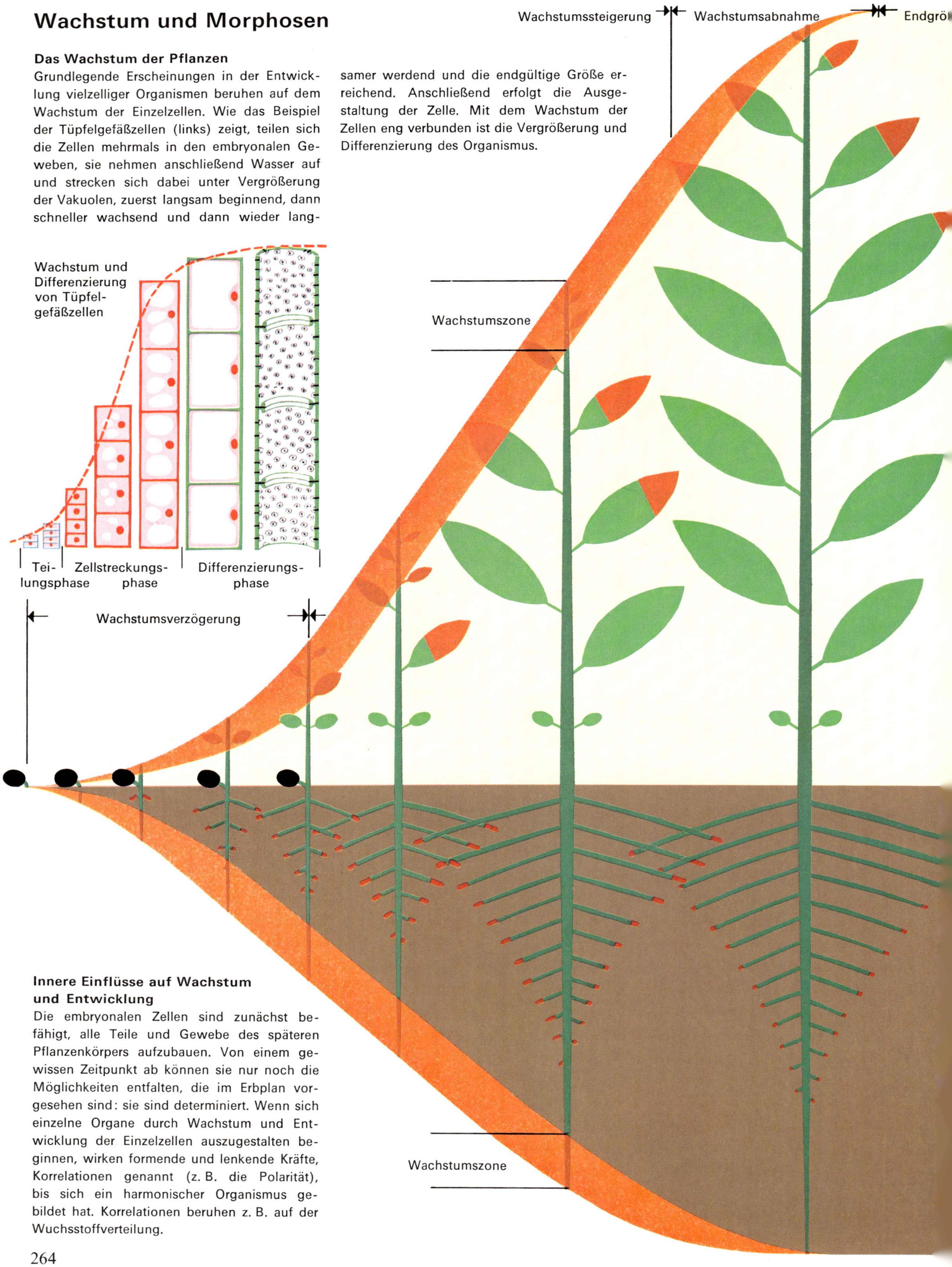

Innere Einflüsse auf Wachstum und Entwicklung

Die embryonalen Zellen sind zunächst befähigt, alle Teile und Gewebe des späteren Pflanzenkörpers aufzubauen. Von einem gewissen Zeitpunkt ab können sie nur noch die Möglichkeiten entfalten, die im Erbplan vorgesehen sind: sie sind determiniert. Wenn sich einzelne Organe durch Wachstum und Entwicklung der Einzelzellen auszugestalten beginnen, wirken formende und lenkende Kräfte, Korrelationen genannt (z. B. die Polarität), bis sich ein harmonischer Organismus gebildet hat. Korrelationen beruhen z. B. auf der Wuchsstoffverteilung.

Morphosen

Bei den Pflanzen wirken neben der Versorgung mit Nährstoffen, Luft und Wasser auch noch andere gestaltbildende Faktoren auf die Entwicklung ein, so daß Pflanzen mit gleichem Erbgut unter verschiedenen Umweltbedingungen trotz Einhaltung des Grundbauplans unterschiedliche Erscheinungsbilder zeigen.

Bei den komplexen Morphosen sind mehrere Faktoren beteiligt. Ausläufer mit Knollen sind bei der Kartoffelpflanze an erhöhte Feuchtigkeit und Luftentzug, nicht aber an den Erdboden gebunden (z. B. im Experiment).

Die Unter- und Oberflächenblätter des Tausendblattes sind durch die Einwirkung des Wassers unterschiedlich gestaltet (Hygromorphose). Wirkt die Schwerkraft einseitig auf die Blüten der Gladiole ein, so werden sie dorsiventral ausgebildet (Geomorphose).

Die Temperatur beeinflußt die Blütenfarbe der chinesischen Primel und die Wuchsform der Karotten (Thermomorphose).

Bei mangelndem Licht werden die Blätter ganz zart und die Kartoffelpflanze wächst unter Reduzierung der Blattflächen in die Länge. Löwenzahnpflanzen werden im Flachland durch schwächeres UV-Licht größer als im Hochgebirge (Photomorphose).

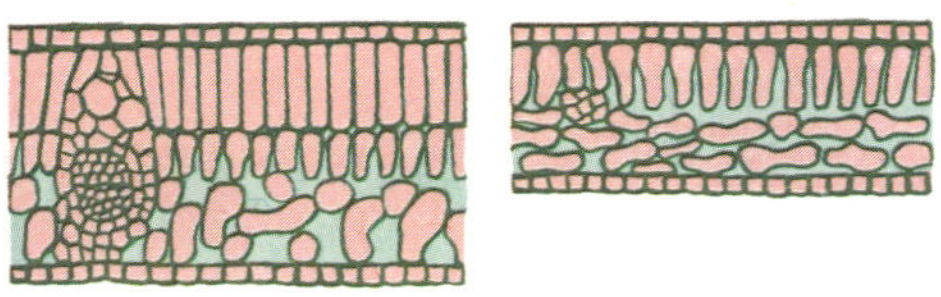

Sonnenblatt Schattenblatt
voll ausgebildetes Laubblatt im Querschnitt

Photomorphose

Kartoffelpflanze, im Dunkeln aufgewachsen

Kartoffelpflanze, im Licht aufgewachsen

Löwenzahn aus dem Flachland

Löwenzahn aus dem Hochgebirge

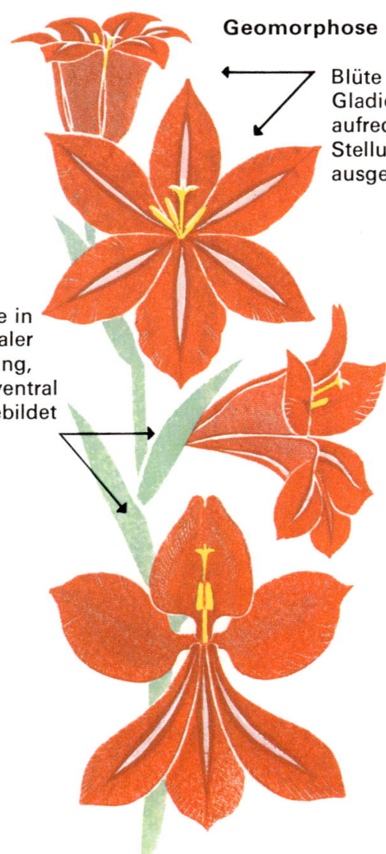

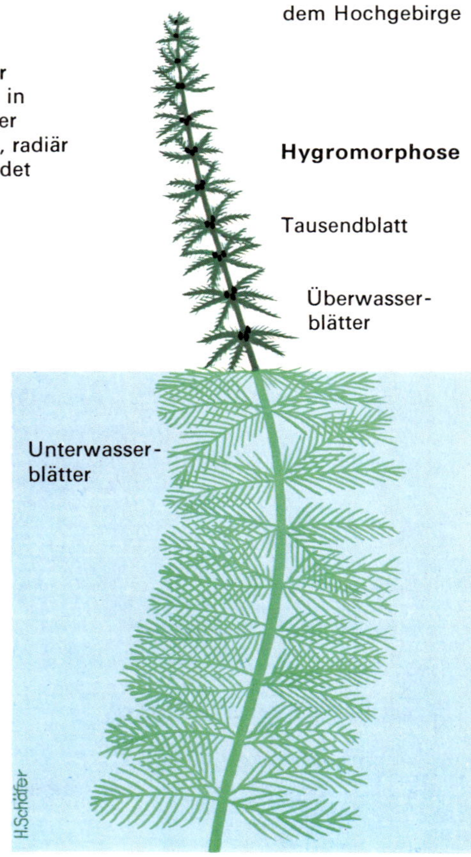

Das Gänseblümchen oder Maßliebchen

Das Gänseblümchen oder Maßliebchen *(Bellis perennis)* braucht nicht beschrieben zu werden, da es fast auf der ganzen Erde verbreitet und nicht nur in der Ebene zu Hause, sondern auch noch hoch in den Bergen zu finden ist. Seine Hauptblütezeit liegt im Frühling, aber eigentlich blüht es das ganze Jahr über. Sein Gattungsname *Bellis* deutet auf seine Anmut hin; der Artname *perennis* besagt, daß es eine Dauerpflanze ist und ein »Immerblüher«. Als Gartenpflanze wächst es in unseren Steingärten, auf Beeten und Rabatten in zahlreichen Varietäten und erhebt auch aus dem Rasen sein weißes Strahlenantlitz. Rosa oder purpurrote Blüten werden als »Tausendschön« bezeichnet.

Calendula, die Ringelblume

Auf dem Umstand, daß sich die Blüte der Pflanzen zu Beginn eines jeden Monats, also an den Kalenden, zu erneuern scheint, beruht der lateinische Name der Ackerringelblume *(Calendula arvensis)*. Sie ist kalkliebend und wächst auf Äckern, in Weinbergen und nicht zuletzt in unseren Gärten. Sie hat hellgelbe bis orangefarbene, 10–20 mm breite Blütenköpfchen, die sich nach der Blüte nach unten neigen. Man unterscheidet drei Fruchttypen: Außenfrüchte dünn, zu einem Schnabel verlängert; Mittelfrüchte breit, auf dem Rücken knotigstachlig, an den Rändern geflügelt; Innenfrüchte fast ringförmig mit Querrunzeln. Die Pflanze wird höchstens 30 cm hoch.

Die Gemeine Ringelblume *(Calendula officinalis)*, die auch kultiviert wird, unterscheidet sich von der eben beschriebenen durch ihre größeren, kräftig orangefarbenen Blütenköpfchen (Durchmesser 2–5 cm) und dadurch, daß die Köpfchen auch nach der Blüte noch aufrecht stehen. Es sind ein- bzw. zweijährige Pflanzen oder Dauerpflanzen und sie stehen einander sehr nahe.

Die Gemeine Ringelblume, deren Ursprungsland nicht bekannt ist, könnte allerdings auch von der Ackerringelblume abstammen, die in verschiedenen Ländern, hauptsächlich im Süden, wild wächst.

Heilkräftige Pflanze Huflattich

Der Huf- oder Brustlattich *(Tussilago farfara)* sieht auf den ersten Blick einer Pestwurz ähnlich, ist aber sehr viel kleiner; er ist eine Dauerpflanze. Die gelben Blütenköpfchen, deren Zungen stark entwickelt sind, zeigen sich bereits Ende des Winters vor den Blättern, und wo sie sich an tonigen Plätzen und in feuchten Gräben öffnen, werden sie allerorts als die ersten Frühlingsboten freudig begrüßt. Die Frucht weist einen langen, mehrreihigen, seidigen Pappus auf. Blüten und Früchte sitzen auf langen, schuppigen Stengeln. Die großen, rauhen Blätter der Pflanze sind vieleckig, an der Unterseite weißlich und erscheinen erst viel später.

Die Heilkraft der Blüten und anderer Pflanzenteile beruht besonders auf ihrer schleimlösenden Wirkung bei Husten und Katarrhen (Gattungsname!). Die Bedeutung des Artnamens *farfara*, den bereits die Römer benutzten, ist nicht bekannt.

Der Huflattich ist in Europa, Asien und Äthiopien verbreitet und hat sich in Nordamerika naturalisiert.

Permeabilitätserhöhung (Permeabilität = Durchlässigkeit) beruht, sondern auch auf einer Änderung des osmotischen Wertes im Zellsaft der Schließzellen. Eine Turgorerhöhung führt zur Öffnung der Spalte, eine Senkung des Turgors bewirkt den Verschluß.

Wie kann nun die Turgorveränderung durch äußere Reize ausgelöst werden? Zumeist zeigen die Spaltöffnungsbewegungen einen Tagesrhythmus, indem sie sich bei Beginn der Lichtphase öffnen und bei Beginn der Dunkelphase schließen. Auch bei Licht kann es allerdings zum Spaltenschluß kommen, wenn die Pflanze unter Wassermangel zu leiden hat. Bei der großen Bedeutung der Spaltöffnungsbewegungen für Photosynthese und Wasserhaushalt wurden bereits vielfältige Anstrengungen unternommen, den Auslösemechanismus aufzuklären, doch gibt es trotz mehrerer Einzelbefunde im ganzen nur Hypothesen.

So sagt Jacob, daß unter der Voraussetzung einer gut gesicherten Wasserversorgung das Licht den wichtigsten Einfluß auf die Bewegung ausübt. Die Annahme lag nahe, daß durch die in den Schließzellen vorhandenen Chloroplasten osmotisch wirksame Substanzen synthetisiert werden, die einen Turgoranstieg verursachen. Dieser Erklärung steht entgegen, daß es auch Schließzellen ohne Chloroplasten gibt, die sich bewegen können, z. B. bei den Zwiebelblättern der Küchenzwiebel *(Allium cepa)*. Auch ist bei Vorhandensein von Chloroplasten deren photosynthetische Aktivität keineswegs bewiesen. Für die obige Annahme spricht, daß in den Schließzellen Stärke auftritt und unter dem Einfluß der Belichtung verschwinden kann. Auf dieser Beobachtung baut die »Stärke-Zucker-Hypothese« auf, die davon ausgeht, daß die Auslösung der Öffnungsbewegung in einer Umwandlung der osmotisch unwirksamen Stärke in osmotisch wirksame Zucker besteht. Das Licht soll dabei durch Bindung des CO_2 im Photosyntheseprozeß einen Anstieg des pH-Wertes bewirken.

Neuere Befunde, nach denen eine Verringerung des CO_2-Gehaltes der umgebenden Luft zu Öffnungsbewegungen der Spalten führt, und zwar sogar im Dunklen, machten die Bedeutung dieses Gases besonders deutlich. Der Einfluß der CO_2-freien Luft war jedoch nur dann nachzuweisen, wenn ein Eindringen in das Interzellularsystem des Blattes möglich war. Wurden Blätter mit fest geschlossenen Stomata einer CO_2-freien Atmosphäre ausgesetzt, so öffneten sich die Spalten nicht, da ein Austausch mit der CO_2-haltigen Interzellularen-Luft nicht möglich war. Es muß daher bezweifelt werden, ob der Rückgang des CO_2-Anteils in der Interzellularen-Luft den pH-Wert in den Schließzellen maßgeblich beeinflussen kann. Der Reiz zur Öffnung der Spalten muß daher nach den neuen Vorstellungen von dem an CO_2 verarmten Mesophyll (Zwischengewebe des Pflanzenblattes) ausgehen.

Auch die Wirksamkeit der verschiedenen Wellenlängen des Lichtes für die Öffnungsbewegung der Spalten wurde mehrfach untersucht. Danach erscheint es sicher, daß blaues Licht die stärkste Wirkung ausübt, rotes Licht eine schwächere, und daß die geringste Wirkung von grünem Licht ausgeht. Daraus ist zu schließen, daß Photosyntheseprozesse beteiligt sind. Aus der starken Blau-Wirksamkeit läßt sich ableiten, daß auch andere Lichtreaktionen, beispielsweise über Karotinoide, möglich sind.

Neben den noch wenig geklärten Temperatureinflüssen sind an der Auslösung der Spaltöffnungsbewegungen auch tagesrhythmische Vorgänge beteiligt. Selbst wenn die äußeren Bedingungen konstant bleiben, können sich die Spalten im Rhythmus von 24 Stunden öffnen und schließen, anders ausgedrückt, sie zeigen einen regelmäßigen Wechsel zwischen minimaler und maximaler Öffnungsbereitschaft (Jacob).

Aus dem Gesagten geht hervor, daß die Spaltöffnungsbewegungen sehr komplexe Erscheinungen sind. Schwierig wird die Klärung bereits bei der Bewegungsmechanik, da die Ursachen der Turgorveränderung nicht bekannt sind. Sie können sowohl durch den Lichtwechsel als auch die veränderte Hydratur oder Temperatur erfolgen, aber auch durch Chemikalien oder mechanische Reizwirkungen. Trotz vielfältiger Bemühungen konnte in das Wesen der Reizvorgänge also zunächst nur sehr oberflächlich eingedrungen werden.

Blumenuhr nach Karl v. Linné

Es öffnen sich um:

3– 5 Uhr	Wiesenbocksbart	6– 7 Uhr	Blasenschötchen
4– 5 Uhr	Wegwarte/Bitterich		Mauerhabichtskraut
5 Uhr	Braunrote Taglilie		Gemeines
	Gänsedistel		Habichtskraut
	Islandmohn	7 Uhr	Ästige Graslilie
5– 6 Uhr	Löwenzahn		Weiße Seerose
6 Uhr	Doldiges	8 Uhr	Ackergauchheil
	Habichtskraut		Felsennelke
	Geflecktes	9–10 Uhr	Ackerringelblume
	Ferkelkraut		Rote Schuppenmiere

Es schließen sich um:

8–10 Uhr	Löwenzahn	15–16 Uhr	Ästige Graslilie
9–10 Uhr	Wiesenbocksbart	16 Uhr	Blasenschötchen
10 Uhr	Wegwarte		Geflecktes
11–12 Uhr	Gänsedistel	16–17 Uhr	Ferkelkraut
12 Uhr	Ackerringelblume		Doldiges
13 Uhr	Felsennelke	17 Uhr	Habichtskraut
14 Uhr	Mauerhabichtskraut		Weiße Seerose
	Gemeines	19 Uhr	Islandmohn
	Habichtskraut	19–20 Uhr	Braunrote Taglilie
14–15 Uhr	Rote Schuppenmiere		

Während die bisher beschriebenen Nastien auf Wachstumsbewegungen beruhen, können aber auch, wie schon mehrfach angedeutet, Turgorschwankungen in besonderen Gelenken Bewegungen hervorrufen. Beim Waldsauerklee z. B. senken sich bei Anbruch der Dunkelheit die Blätter, bei der Feuerbohne heben sich abends die Blattstiele, während sich die Blattflächen senken (nyktinastische Bewegungen).

Ein schönes Beispiel für Hapto- und Chemonastie liefert der Sonnentau *(Drosera)*. Er gehört zu den insektenfangenden Pflanzen. Seine Blattfläche wie auch die Blattränder sind mit Drüsenhaaren besetzt (Tentakel), wobei die Randtentakel größer und länger sind als die Flächententakel. Sie enden in je einem Köpfchen, das eine nach Honig duftende Flüssigkeit absondert und sie erglänzen läßt wie Tautropfen in der Sonne. Berührt nun ein Insekt, angelockt durch den Duft des »Honigs«, die Drüsenköpfchen, so krümmen sich die Tentakel auf den Reiz hin blitzschnell nach innen. Die Erregung pflanzt sich durch eine Reizleitung auf die angrenzenden und schließlich auf alle übrigen Tentakel fort, so daß sich diese ebenfalls in Richtung auf das Insekt hin krümmen und es endlich so fest erfassen, daß es sich aus der tödlichen Umklammerung nicht mehr befreien kann und zugrunde geht.

Der geschilderte Berührungsreiz ist gleichzeitig ein chemischer Reiz, denn die Krümmungsbewegungen können auch mit kleinen Fleisch- und Käsestückchen ausgelöst werden, nicht jedoch mit Holz oder ähnlichen Stoffen. Die Bewegungen selbst sind teils als nastisch, teils als tropistisch anzusprechen.

Viele Pflanzen reagieren auf Erschütterungen mit besonderen Bewegungserscheinungen. Sie werden als Seismonastie bezeichnet (griech.: seismos = Beben, Zittern). Sobald ein Insekt z. B. die Innenseite eines Staubfadens der Berberitze (s. auch S. 314) berührt, klappt das Staubblatt zum Stempel hin. Aus gleichem Anlaß zucken die Staubfäden der Flockenblume ruckartig zusammen: die Staubbeutelröhre wird nach unten gezogen und der Pollen durch den Griffel oben herausgeschoben. Damit wird die Übertragung des Blütenstaubes begünstigt.

Die mit den Akazien verwandte Sinnpflanze oder Mimose *(Mimosa pudica)* ist in den Tropengebieten Amerikas beheimatet; sie wurde im Jahre 1638 nach Europa gebracht. Ihre Berühmtheit ist von besonderer Art:

An ihren Blättern stehen die Hauptblattrippe und die Blättchen gewöhnlich in einer Ebene gespreizt. Man braucht aber nur eines der äußeren Blättchen zu berühren oder ein brennendes Streichholz darunterzuhalten, so biegen sich alle Blattpaare und die Blattrippen in wenigen Sekunden nach unten. Nach einer bestimmten Ruhezeit nehmen sie ihre normale Stellung wieder ein. Auch Zweige, von denen man die Rinde entfernt hat, leiten den Reiz weiter, sogar eine wassergefüllte Glasröhre, durch die man einen abgeschnittenen Zweig mit der Pflanze verbindet. Es muß sich also um eine chemische Reizleitung handeln, wobei jedoch noch die Schnelligkeit zu erklären bleibt: Sie übertrifft die normale Verbreitungsgeschwindigkeit chemischer Substanzen bei weitem.

Sengt man die äußerste Spitze eines Fiederblättchens mit einem brennenden Streichholz an, so pflanzt sich dieser extrem starke Reiz auch auf benachbarte Blätter fort, bis sich schließlich das ganze Blatt nach unten neigt.

Baumeister weist darauf hin, daß noch nicht geklärt sei, ob es sich bei der Reizwanderung um eine Leitung bestimmter organischer Stoffe (Erregungssubstanzen) handelt, oder ob auch elektrische Ströme an der Reizleitung beteiligt sind.

Die Geschwindigkeit der Reizleitung beträgt normalerweise 4–30 mm je Sekunde, kann aber bis zu 10 cm je Sekunde ansteigen. Bei günstigen Verhältnissen kehren die Blätter nach 15–20 Minuten in die Ausgangsstellung zurück. Damit werden Geschwindigkeiten erreicht, mit denen sich Reize in Tiernerven fortpflanzen, bei der Muschel z. B. 5 cm je Sekunde.

Die einzelnen Phasen nach einem Erschütterungsreiz laufen so rasch nacheinander ab, daß sie kaum zu verfolgen sind. Wird die Pflanze allerdings verletzt (Traumonastie), so verlangsamt sich die Bewegung erheblich und kann besser beobachtet werden.

Sehr lebhafte seismonastische Bewegungen führt auch die aus Nordamerika stammende, bei uns in Gewächshäusern gezogene Venusfliegenfalle *(Dionaea muscipula)* aus. Wird eines der sechs reizbaren Haare der Blattspreite von einem Insekt berührt, so klappen die Blatthälften mit einem Ruck nach oben, wobei die Randzähne ineinandergreifen und das Insekt wie in einer Klappfalle gefangen wird.

Die Mechanik der Bewegungen beruht auch hier auf einer plötzlichen Verminderung des Turgors in den Gelenkzellen. Die Wasserdurchlässigkeit der Plasmagrenzschichten nimmt unter der Einwirkung des Reizes schlagartig zu, so daß Wasser aus den Zellen in die Interzellularen austritt. In dem Maße, wie der Turgor der Zellen wieder normalisiert wird, kehren die Blätter in die Ausgangsstellung zurück.

Aus den geschilderten Bewegungs- und Reizerscheinungen könnte sich nun die Frage ableiten lassen, ob die Reizbarkeit, die Pflanzen wie Tieren gemeinsam und charakteristisch für jedes aktive Leben überhaupt ist, nicht den Eindruck einer zielbewußten und zielstrebigen Handlung erwecken könnte. Sollten Pflanzen nicht auch zu psychischen Regungen befähigt sein?

Es besteht kein Zweifel, daß die Pflanzen die verschiedensten Reize, z. B. optischer und chemischer Art, wahrnehmen, d. h. auf sie mit einer physikalisch-chemischen Reizkette antworten (Strasburger). Es gibt jedoch keinerlei Hinweise darauf, daß sie solche Reizungen wie wir Menschen auch subjektiv empfinden und zu psychischen Regungen, selbst einfachster Art, fähig seien. Auch bei den niederen Tieren fehlen dafür noch entsprechende Anhaltspunkte. So muß sich die Wissenschaft zunächst damit begnügen, anzunehmen, daß es sich bei allen »psychischen Regungen« der Pflanzen um Reizketten handelt, die mit einer Reaktion enden.

Querschnitt

Wunderwelt der Farben, Formen, Düfte: Orchideen

Wenn man an Orchideen denkt, meint man, Blütenträume vor sich zu sehen, bizarr in ihren Formen, unbegreiflich in ihrer Schönheit. Man kennt bisher 20000 Arten, aber in Wirklichkeit sind es wohl viel mehr. Wahrscheinlich leben noch unzählige von ihnen in der feuchten Schwüle tropischer Regenwälder, die nie zuvor ein Mensch sah.

Es gibt winzige Exemplare und Blüten von riesigem Ausmaß, die bis zu 40 Zentimeter lang werden können. Sie haben großflächige, glattrandige Blütenblätter, oder sie sind dünn wie ein Faden, sie haben ein gewölbtes Aussehen oder lösen sich in Spinnweben auf. Manchmal scheinen sie fratzenartig zu sein, manchmal nur steil aufgerichtet. Sie sind mit Haarbüscheln versehen oder höckerartigen Warzen, mit Spornen oder Spitzen, mit Gruben oder Schwielen. Sie sind samtartig schimmernd, von Nässe betaut oder steif von Wachs.

Sie tragen merkwürdige Namen: Kohlröslein, Wulstlippe oder Blasenfuß, Zahnzunge oder Knorpelschnabel, Drachenmaul oder Kreisbart, Nacktstengel, Waldvögelein oder Kinnladenträger. Der Mensch aber steht fassungslos vor soviel Phantasie. Es ist einfach unmöglich, sie mit Worten zu erfassen.

Orchideen haben Farben, die tief aus dem Pflanzeninnern zu kommen scheinen. Man findet aber auch bleiche und wächserne Tönungen, ein zartes Blau, ein Weiß mit grünlichem Schimmer, ein violettes Rot und blaßgelbe, durchsichtige Formen. Dazu sind sie gestreift, gefleckt oder gepunktet, einfarbig oder fratzenhaft getönt.

Zu solchen Ausschweifungen in Farben und Formen gesellt sich ein Reichtum an Gerüchen und Düften, wie nirgendwo sonst im Pflanzenreich. Die Blüten duften nach Zimt, Vanille oder Zitronen, nach Pfeffer oder Gewürznelken, nach Flieder oder Veilchen. Oder aber sie sind völlig duftlos und atmen einen Geruch aus, wie ihn die Natur kaum einem anderen ihrer Geschöpfe verlieh, und den man schlicht nur als Gestank bezeichnen kann. Besonders *Bulbophyllum beccarii,* um nur ein Beispiel zu nennen, ist fast mörderisch in seinen Ausdünstungen. Man könnte, wenn man ihnen lange ausgesetzt ist, fast ohnmächtig werden.

Tropische Regenwälder sind ihre Heimat

Tropische Regenwälder sind ohne Weg und mit unzähligen Insekten, die zur Plage, ja zur Marter werden können, erfüllt. Sie sind in ihrem Tun oft viel gefahrvoller als Raubtiere,

CIRRHOPETALUM (BULBOPHYLLUM) LOUIS SANDER, *unter Beteiligung der Art* C. ORNATISSIMUM, *ist eine Hybride. Die langen Sepalen sind zu Spitzen ausgezogen und bewegen sich sanft im Winde. Die Art benötigt hohe Luftfeuchtigkeit.*

die sich schleichend in der Dämmerung bewegen, oder Giftschlangen, die unsichtbar in der Tiefe lauern. Sie alle bilden ein Mosaik des großen Ganzen, eine Lärmkulisse ohne Beispiel, ein ständiges Tropfen, das von den Bäumen kommt, ein Kampf um das Licht, der von zahlreichen Schlingpflanzen ausgeht, ein Klima, das naß und heiß und brütend zugleich ist. Und tausend und abertausend Stimmen erfüllen die stickige Luft, ein Brausen, Geheul, Gekreisch, ein Flöten, ein Singsang, ein sanftes Rufen.

Morgens ist es noch kühl und frisch, Tau rieselt von den Blättern, kurz, es läßt sich noch atmen und leben, auch für den Europäer, der aus dem Norden kommt. Aber wenn sich die Sonne erhebt und ihren Kreislauf beginnt, zieht mit ihr eine drückende Schwüle auf, alles scheint vollgesogen mit Nässe zu sein, der Himmel bezieht sich, und mit einem Gewitter ergießt sich ein Platzregen unvorstellbaren Ausmaßes über das Land. Das Atmen fällt schwer wie in einem Treibhaus, das Herz schlägt dröhnend, die grüne Dämmerung wird zur Hölle. Erst die Nacht bringt wieder Abkühlung.

Die Frauenschuh-Orchideen gehören der Gattung PAPHIOPEDILUM *an. Der »Schuh« ist als Insektenfalle konstruiert, wodurch die Bestäubung gewährleistet wird. (Unser Bild zeigt* P. VENUSTUM).

So geht es Tag für Tag, Jahr um Jahr – es gibt praktisch keine Jahreszeiten. Oft fällt ein halber Meter Regen pro Tag – in Millimetern wie bei uns kann man ihn gar nicht messen – oder 10 Zentimeter in der Stunde. In einem Jahr kommen über 12 Meter zusammen, eine Wasserflut ohnegleichen! Es geht über die Vorstellungskraft eines jeden Europäers hinaus.

Tropische Regenwälder sind wahrscheinlich auch der Ort, wo jedes pflanzliche und tierische Leben seinen Ausgang nahm. In dieser Fülle von Formen, Farben und wassergesättigtem Dunst steht sicherlich auch die

Weiß, mit einem Hauch von gelblichem Grün, präsentiert sich die großblütige EPIDENDRUM MARIAE. *Sie stammt aus Mexiko und wurde erst in den dreißiger Jahren dieses Jahrhunderts entdeckt. Die zierliche Orchidee wird etwa 20 cm hoch.*

Die PHAJUS TANKERVILLIAE (GRANDIFLORUS) *ist in den Grassteppen Südostasiens und Indonesiens beheimatet. Aus einem etwa 50 cm langen Schaft brechen die rund 12 cm großen, lange haltbaren Blüten hervor. Sie sind von leuchtender Farbigkeit.*

Wiege der Orchideen. Viele von ihnen sind Epiphyten, Überpflanzen also (s. auch »Näheres über Epiphyten«, S. 196), die hoch oben auf den Baumästen wachsen, ohne ihrem Träger Nahrung zu entziehen. Sie leben dort in schöner Gemeinschaft mit Bromeliaceen, Farnen, Moosen und vielen anderen Gewächsen, der Dämmerung, dem Kampf ums Licht, der Schwüle und Nässe anheimgegeben, von Geheimnissen umwittert.

Die epiphytischen Orchideen haben Luftwurzeln, mit denen sie durch ihre Außenschicht, das *Velamen*, die Feuchtigkeit aufnehmen, die als Wasserdampf die Äquatorwälder erfüllt. Andere wiederum sind krautige Dauerpflanzen, die auf dem Boden leben und sich ihre Nahrung mit Hilfe von Wurzeln beschaffen. Die Epiphyten unter ihnen, die auf Zweigen der Bäume oder in hohlen Stämmen hausen, findet man nur bis zu einer bestimmten Höhe, wo sie das auch für sie noch unerläßliche Sonnenlicht vorfinden. Einige Orchideen sind Lianen, die zwar Wurzeln in den Boden entsenden, deren Stengel aber in die Höhe wachsen und andere Pflanzen als Stütze benutzen müssen.

Die Wurzeln der Bodenorchideen sind meist fleischig, dick und haben verschieden große und verschieden viele Knollen, in denen Reservesubstanzen gespeichert werden, wenn das Wachstum einsetzt, die neuen Blätter und Wurzeln aber ihre Funktion noch nicht aufgenommen haben.

Die Blätter sind gewöhnlich wechselständig, selten gegenständig oder in Wirteln angeordnet. Sie können fleischig oder hautartig sein, groß oder klein, breit oder schmal, manchmal aber auch stark verkümmert, oder sie fehlen ganz.

Die Bestäubung, ein ausgeklügelter Mechanismus

Die Bestäubung der Orchideen ist fast zu einem eigenen Fachgebiet geworden. Die Blüten haben in ihrem Innern »Falltüren« und leicht bewegliche Hebel, »Wurfgeschosse« und »Schießapparate«. Es scheint, als hätten sie tausend Möglichkeiten ersonnen, um ihre Bestäubung zu garantieren.

Die »Wurfgeschosse« bestehen aus einer klebrigen Masse, dem Blütenstaub, der in kleinen Klümpchen (Pollinien) aneinanderhaftet. Jedes Paketchen hat ein kurzes Stielchen mit einer Klebscheibe. Beim Besuch einer Orchideenblüte durch ein Insekt wird dieses Pollinium herausgezogen und heftet sich am Kopf des Besuchers fest. Es sieht aus, als trüge er Hörner. Wenn er nun ahnungslos die nächste Blüte aufsucht, haben sich während des Fluges dorthin die Stielchen mit den Staubpaketchen gesenkt und eine waagerechte Stellung eingenommen. So werden sie auf der Narbe der neuen Blüte abgesetzt. Auch Kolibris können auf diese Weise eine Bestäubung vollziehen.

Bestimmte Orchideenblüten werden nur von ganz bestimmten Insekten, und zwar Männchen, besucht. Eifersüchtig vertreiben sie alle weiteren Blütenbesucher. Der Grund? Erst viel später hat man diesen Trick erkannt: Von den Blüten wird der Geschlechtsduft paarungswilliger Weibchen verströmt. Sie ähneln überdies in ihrem Aussehen auch einem Insekt, wie das Beispiel der Fliegen- und Hummelorchidee belegt. So vollzieht das Männchen die Bestäubung bei der vermeintlichen Hochzeit, nicht wissend, daß es nur einem teuflischen Einfall der Natur zum Opfer gefallen ist.

Bei manchen Orchideen werden Mengen von Blütenstaub nur vorgetäuscht (*Maxillaria* oder *Polystacha*), die in Wahrheit gar nicht da sind. Einige Blütenteile haben sich nur verfärbt und verdickt, daß sie den Anschein erwecken, als ob er vorhanden wäre.

Eine selten schöne Orchidee aus Mittelamerika ist mit 5–6 cm großen Blüten die COCHLEANTHES (WARSZEWICZELLA) DISCOLOR, *die dort in feuchten, kühlen Bergwäldern lebt und daher auf Scheinbulben (Speicherorgane) verzichten kann.*

Der Marienfrauenschuh (CYPRIPEDIUM CALCEOLUS) *ist in den gemäßigten Zonen Mitteleuropas heimisch. Er öffnet im Mai–Juni seine gelbbraunen Blüten. Sein Name bezieht sich auf das Aussehen des Labellums, das wie ein kleiner Schuh aussieht.*

Oder im Innern der Blüte verbergen sich kleine Hebel, die von den Insekten beim Niederlassen in Betrieb gesetzt werden. Auf diese raffinierte Weise können die Blütenstaubpaketchen herausgeschleudert werden.

Oder das Insekt dringt auf der Suche nach Nektar in einen Sporn ein, dieser schnappt zu, und der sechsbeinige Gast kommt bei dem Versuch, sich aus der Blüte zu befreien, mit den Pollinien oder der Narbe in Berührung.

Oder das Labellum (das ist die Lippe, die das mittlere Blütenblatt bildet) schleudert das Insekt, sobald es sich auf ihm bequem macht, wie ein Katapult ins Blüteninnere.

Ganze Blütenteile werden geopfert, um den Nektarhunger der geflügelten Gäste zu stillen, nur um bestäubt zu werden. So verfahren *Maxillaria, Oncidium, Catasetum, Stanhopea* u. a. Nicht selten bezahlt auch das Insekt seine Naschsucht mit dem Leben. Züchter, von ihrem Fanatismus geleitet, gingen schon höchst merkwürdige Wege, um in den Besitz von Pollinien zu gelangen. Sie lösten sie in den Gewächshäusern heimlich heraus, um daheim dann an ihren eigenen Zuchten eine künstliche Bestäubung vornehmen zu können.

Dem Zauber der Orchideen sind offenbar viele Menschen verfallen. Sie können sich ihm nicht mehr entziehen, sind sie erst einmal in den Bannkreis dieser rätselhaften Geschöpfe geraten. Dabei sind sie hinsichtlich ihrer Zucht höchst exzentrische, undankbare Wesen. Laboratorien, Technik und Industrie sind mit der Samenaufzucht der Schönen beschäftigt, und sie keimen dann doch nur zögernd oder gar nicht, wenn ihren Betreuern nur ein kleiner Fehler unterlief. Reagenzgläser und künstlicher Nährboden ersetzen ihre schwül-dunstige Heimat. Sie sind, wie wir gleich hören werden, an die Symbiose mit Pilzen gebunden und wünschen nur ganz bestimmte Insekten als ihre Gäste, die die Bestäubung vornehmen. Da diese aber nicht greifbar sind, muß man sie künstlich bestäuben – wahrlich ein schwieriges Unterfangen.

Eine Orchidee wird geboren

Orchideensamen sind sehr klein und verfügen über keine Reservesubstanzen. Daher ist ihre Entwicklung in den ersten Lebensphasen auch nicht gesichert, d. h. in einer Zeit, in der sich die ersten Würzelchen entwickeln und die Blättchen die für das weitere Wachstum benötigte Nahrung liefern sollen. Andererseits kann man nur durch Samenaufzucht den Marktbedarf an Orchideen sichern. Die vegetative, d. h. ungeschlechtliche Vermehrung, zu der man die Pflanzen teilt oder die Pseudobulben pflanzt, geht zu langsam vor sich und kann nicht jedes Jahr durchgeführt werden. Aus jeder Orchidee kann man darüber hinaus durch Teilung nur zwei oder höchstens drei neue Pflanzen gewinnen, die, bevor sie für eine neue Teilung die nötige Stärke erreicht haben, über eine längere Zeit ruhen müssen. Die Orchideenzüchter versuchten daher bereits sehr früh, die Pflanzen aus Samen zu ziehen, um den Markterfordernissen entsprechen zu können. Ihre Hoffnungen aber erfüllten sich für eine lange Zeit nicht.

Im ganzen vorigen Jahrhundert gelang es nur selten, aus den Orchideen Samen zu gewinnen, da man nicht in Betracht zog, daß die zur Bestäubung nötigen Insekten des Heimatlandes fehlten, und eine künstliche Bestäubung unterließ. Als man dann des Rätsels Lösung gefunden und immer genauere Techniken entwickelt hatte, erhielt man von vielen in Europa gezüchteten Arten Früchte und Samen und konnte auf diese Weise eine ausreichende Samenproduktion sicherstellen. Dabei ist zu bemerken, daß die Früchte der Orchideen oft viele Monate bis zu ihrer Reife benötigen, so bei der *Calanthe* 3–5, bei der *Laelia* 7–9 und bei der *Vanda* 14–18 Monate.

Zu den »Antilopen-Orchideen«, auf Neuguinea und den Sunda-Inseln heimisch, zählt DENDROBIUM STRATIOTES. *Ihre bizarr und wie aus zartem Porzellan wirkenden Blüten erreichen eine Größe von 7 cm. Sie wirken fast ätherisch.*

Aus den Samen aber neue Pflanzen zu züchten, war eine andere Frage! Keimung und Entwicklung stellten die Züchter wieder vor nahezu unlösliche Probleme. So konnte es zum Beispiel geschehen, daß ein Züchter in einem alten, verfallenen Gewächshaus sehr gut neue Pflanzengenerationen aufziehen konnte. Durch den Erfolg und den Gewinn ermutigt, erneuerte er die Anlage und baute ein neues Gewächshaus – dieselben Orchideenarten vermehrten sich nicht mehr, ja, die Samen keimten nicht einmal!

Nach zahllosen Experimenten und unermüdlichen Beobachtungen gelangte man schließlich zu der Feststellung, daß man die besten Möglichkeiten zu einer Keimung dann hatte, wenn man die Samen in diejenigen Töpfe verbrachte, in denen bereits Orchideen der gleichen Gattung wuchsen, und zwar am Rande des Topfes, wo die kräftigen Spitzen der jungen Wurzeln dicht und nicht sehr tief in der Erde lagen. Auf diese Weise wurden die jungen Pflänzchen in der gleichen Umgebung wie die alten, kräftigen Pflanzen gehalten, und doch geschah es, daß die jungen Orchideen in einer Nacht, bevor sie richtige Wurzeln ausgebildet hatten, durch Parasitenbefall abstarben.

Erst zu Beginn unseres Jahrhunderts entdeckte der französische Biologe Noël *Bernard* das Geheimnis und konnte die ungewöhnlichen Mißerfolge bei der Samenaufzucht der Orchideen aufklären.

Das Problem stand, wie man schon vorher entdeckt hatte, in engem Zusammenhang mit dem Umstand, daß die Samen zu klein sind, als daß sie Reservesubstanzen bilden könnten. Verbringt man Orchideensamen in einen Behälter, in dem sie Licht, Feuchtigkeit und Nährstoffe zur Verfügung haben, dann keimen sie zwar, ihre Entwicklung hört aber sehr bald auf, oft sogar schon, bevor die jungen Pflänzchen auch nur 1 mm oder wenig größer geworden sind. Damit sie weiterwachsen können – und das war der Kern von Bernards Entdeckung –, müssen sie eine Symbiose mit einem Pilz eingehen. Wenn wir also in dem Nährboden, in den wir den Samen eingebracht haben, bestimmte Schimmelpilze ansiedeln, *Rhizoctonia* oder *Hypochnus* zum Beispiel, so befallen die sehr dünnen Pilzfäden die Samen und den jungen Embryo, die davon aber keinen Schaden erleiden, sondern sich im Gegenteil kräftig entwickeln. Die Symbiose vollzieht sich also dergestalt, daß der Pilz aus den organischen Abfällen des Bodens Nahrung aufnimmt, sie verarbeitet und sie sozusagen »vorverdaut« an die Orchideen abgibt, die dem Pilz ihrerseits einige lebensnotwendige Substanzen liefern. Durch diese

Die Tigerorchidee (ODONTOGLOSSUM GRANDE) *hat riesige Blüten von fast 15 cm. Ihr rotbraun und gelb gezeichnetes Antlitz wirkt auf den Betrachter geheimnisvoll und fremd, wozu die Fleckung und Streifung der Blütenblätter erheblich beiträgt.*

Symbiose wird der Embryo ausreichend ernährt und kann sich entwickeln; er nimmt zuerst Kugelgestalt an, wird später grün und bildet Würzelchen und Blättchen aus. Der Pilz dringt in einige Teile der jungen Pflanze ein, tötet sie aber nicht ab. Wenn er fehlt, kann man die Keimung der Samen jetzt auch durch die Verabreichung besonderer Substanzen erzielen. Diese Entwicklung vollzieht sich jedoch viel langsamer.

Die Schimmelpilze, die die mit den Orchideen geschilderte Symbiose eingehen, sind normalerweise in dem Boden vorhanden, in dem die Pflanzen wachsen. So erklärt es sich, daß die Samen, die man in Töpfe mit gleicher Gattung säte, keimten, und zwar besonders gut am Rand der Töpfe, also in der Zone, in der sich die meisten Schimmelpilze befanden. Und so können auch die Mißerfolge in neuen Gewächshäusern gedeutet werden bzw. in alten, die frisch gekalkt wurden: das Kalkweiß tötete den Schimmelpilz ab.

Die ersten Stufen der Entwicklung vollziehen sich heute in sterilisierten Reagenzgläsern oder anderen Glasbehältern, in die man besondere synthetische Nährböden verbringt. Zu einem genau vorher bestimmten Zeitpunkt werden die Pflänzchen, die noch unentwickelt, oft noch nicht einmal grün sind, einzeln in andere Behälter umgepflanzt, in denen sich der betreffende Schimmelpilz befindet, den man vorher in besonderen Kulturen gezüchtet hat. So bildet sich die notwendige Symbiose Pilz–Orchidee. Nach einigen Monaten können die jungen Pflanzen in Töpfe umgesetzt werden. Von der Aussaat bis zur Blütezeit vergehen jedoch einige Jahre.

Sammler werden Jäger

Pflanzen mit schönen und besonderen Blüten zogen natürlich von jeher die Aufmerksamkeit der Botaniker und Blumenzüchter auf sich. Sobald die ersten dieser Blütenträume im Gefolge der großen Entdeckungsreisen nach Europa gelangten, wurde zuerst das Interesse der Könige und ihrer Höfe, dann auch der Blumenfreunde geweckt. Infolge der geschilderten Schwierigkeiten war es lange Zeit nicht möglich, die nach Europa eingeführten Arten in Gewächshäusern zu kultivieren. Also mußte man sich die Orchideen direkt aus den großen Regenwäldern Asiens und Amerikas beschaffen. Es begann eine regelrechte Jagd nach den rätselhaften Blüten.

Mit ungeheuren Geldbeträgen und unter beträchtlichen Risiken wurden Expeditionen ausgerüstet, in denen Botaniker, Pflanzenzüchter und Kaufleute sehr oft ihr Leben ließen. Hatte man die Orchideen endlich gesammelt, so waren natürlich noch längst nicht alle

Schwierigkeiten überwunden, denn nicht immer überstanden die Pflanzen die oft mehr als einen Monat dauernde Schiffsreise durch die heißen Äquatorzonen. Waren sie dann schließlich nach Europa gelangt, so gingen sie häufig noch durch Kälte oder falsche Behandlung ein. Andererseits wurden durch diese »Jagden« aber auch die natürlichen Orchideenbestände gefährdet, und einige Staaten sahen sich gezwungen, strenge Schutzbestimmungen zu erlassen. Gesetze dieser Art, die das Sammeln und den Handel mit bestimmten Orchideenarten verbieten, sind zum Beispiel in Brasilien in Kraft.

Um das Jahr 1820 wurden in Europa die ersten Orchideensammlungen angelegt. Man mußte sich anfangs mit den kräftigsten Arten begnügen. Nach einigen Jahrzehnten gab es dann schon spezielle Orchideensammlungen, die sich aber auf eine Gattung oder die Varietäten einer einzigen Art beschränkten. Mit der Kenntnis der künstlichen Bestäubung legte man immer größeren Wert auf neue Hybriden; man kreuzte nicht nur verschiedene Varietäten und Arten, sondern nun auch verschiedene Gattungen.

Heute wird die Orchideenzucht in großem Maßstab betrieben. Auch die Orchideenliebhaber nehmen ständig zu. In vielen Ländern haben sie sich zu Vereinen zusammengeschlossen, die sich mit dem Austausch von Informationen befassen und deren Mitglieder sich auch Orchideen leihweise zur Aufzucht zur Verfügung stellen.

Daß Orchideenliebhaber zu Fanatikern werden können, die alles versuchen, um in den Besitz einer neuen und seltenen Art zu gelangen, kann man aus dem Jahresbericht des Botanischen Gartens in Singapur entnehmen: Danach wurden die Orchideenhäuser zeitweilig für jeglichen Publikumsverkehr geschlossen, nachdem eine seltene Orchidee gestohlen worden war. Man hatte das Metallgitter, mit dem die Gewächshäuser geschützt waren, gewaltsam geöffnet. (Danach wurden sie mit einem regelrechten Schutzpanzer umgeben.) Derselbe Bericht schildert, daß trotz der Wachsamkeit des Personals immer wieder kleinere Diebstähle vorkamen. Oft stahlen Fanatiker sogar den Blütenstaub, d.h. die Pollinien, um mit diesem aus ihren eigenen Orchideen Hybriden ziehen zu können. Wenn man aber die Pollinien aus den Blüten entfernt, welken die Träume sehr schnell dahin (s. auch »Sonderformen pflanzlichen Lebens«, S. 172).

Die bescheidenen Verwandten in Europa

Vergleichsweise bescheiden nehmen sich die Orchideen aus, die in unseren Wäldern blühen und allesamt streng geschützt sind. Auch sie haben seltsame Namen wie »Grüner Schwan«, »Froschorchidee«, »Pelikanblume« u.ä., aber auch »Venusschuh«,

Zu den einheimischen Orchideen zählt die Kuckucksblume oder Waldhyazinthe (PLATANTHERA BIFOLIA). *Ihre grün-weißen Blüten verströmen einen zarten Vanilleduft. Wie alle ihresgleichen lebt sie in Symbiose mit verschiedenen Wurzelpilzen.*

Die Fliegenragwurz (OPHRYS INSECTIFERA) *gehört ebenfalls zu den einheimischen Orchideen. Ihre Standorte sind Kalkboden und sonnige Trockenrasen, wo sie im Mai–Juni ihre grün-braunen Blüten öffnet. Sie sieht einem Insekt täuschend ähnlich.*

»Spinnenblume« oder »Tänzer«. In den Ländern, in denen es die großen Regenwälder gibt, spielen sie in Zeremonien und religiösen Gebräuchen eine große Rolle, z.B. »Jesusblume«, »Heiliggeistblume« oder »Totenblume«.

Zur europäischen Flora gehören über 70 Arten in etwa 20 Gattungen, von denen viele bei uns nur mit einer einzigen Art vertreten sind. Man sieht sie selten bis zerstreut auf Wiesen, in Wäldern, Heiden oder im Hochgebirge, so den Frauenschuh *(Cypripedium)*. Er ist kalkliebend und vereinzelt in schattigen Wäldern sowie in den Ostalpen anzutreffen. Im Nordwesten Deutschlands fehlt er ganz.

Seltenere Orchideen sind die Ragwurz oder Kerfstendel *(Ophrys)*, deren Blüten Insekten oder Spinnen ähnlich sehen. Die Spinnenragwurz *(Ophrys sphegodes)* wächst an sonnigen Hängen und auf Heidewiesen bis 800 m Höhe. Sie ist selten und nur nördlich bis Thüringen anzutreffen. Die behaarte Lippe, die verschiedenförmigen Flecken und die Kronblätter, die wie Beine aussehen, verleihen der Blüte eine große Ähnlichkeit mit dicken Kreuzspinnen. Die Bienenragwurz *(Ophrys apifera)* sieht einer Biene ähnlich, während die Blüten der Fliegenragwurz *(Ophrys insectifera* oder *O. muscifera)* einer dicken Fliege gleichen. Auch diese Orchideen sind nur noch selten zu finden.

Bei der Fratzenorchis *(Aceras anthropophorum)*, auch Olmsporn oder Hängendes Männchen genannt, stehen die grünlichgelben, oft rotbraun gezeichneten Blüten in einer dichten, reichblütigen Ähre. Der stark gekrümmte Helm und die schmale, unter dem Helm hängende Lippe erwecken den Eindruck eines in der Luft zappelnden Männchens.

Die Bocksriemenzunge oder Sprengel *(Himantoglossum hircinum)*, eine große Orchidee mit unangenehmem Bocksgeruch von einer hellen, grünlichroten Farbe mit auffällig langer Lippe, bewohnt grasige, steile Hänge, Gebüsche und lichte Wälder in fast ganz Europa.

Die Grüne Hohlzunge *(Coeloglossum viride)* hat grünliche bis bräunlichrote Blüten in lockerer Traube; sie blüht im Mai/Juni fast in ganz Europa auf Wiesen und Matten. Beliebig lang ließe sich diese Aufzählung fortsetzen.

Die umfangreichste Gattung ist die des Knabenkrautes *(Orchis)* mit 25 Arten. Fast alle haben purpurne oder fleischigrote bis trübbräunliche oder rosafarbene Blüten, die teils zerbrechlich wirken und in dichten oder lockeren Blütenständen vereinigt sind; einige Arten duften sehr stark. Sie zählen zum schönsten Schmuck unserer Wälder und Wiesen.

Zu den häufigsten Arten gehören: das Kleine Knabenkraut *(Orchis morio)*; das Wanzenknabenkraut *(O. coriophora)*, dessen Blüten oft Wanzengeruch haben; das Helmknabenkraut *(O. militaris)*; in Oberbaden, Oberelsaß und Südtirol das Affenknabenkraut *(O. simia)*; das Holunderknabenkraut *(O. sambucina)* auf Bergwiesen bis 1600 m; das Breitblättrige Knabenkraut *(O. latifolia)*; das Männliche Knabenkraut *(O. mascula)* bis 2500 m; das Gefleckte Knabenkraut *(O. maculata)* mit dunkelrot gefleckten Blättern. Früher gewann man aus den Knollen vieler dieser Orchideen – indem man sie in heißes Wasser tauchte – den sogenannten Salep. Er hat einen hohen Gehalt an Pflanzenschleim und Stärke, findet heute aber nur noch wenig Verwendung; er wird z. B. in Südosteuropa getrunken.

Eine Ragwurz-Art ist auch die OPHRYS FUCIFLORA. *Sie alle locken zur Bestäubung liebeshungrige Insektenmännchen an, indem Duft und Aussehen der Blüten dem der Weibchen entspricht. Dadurch werden die Männchen geschlechtlich erregt und angezogen.*

Diese vergleichsweise bescheidenen Verwandten leben ebenfalls in Symbiose mit bestimmten Wurzelpilzen, aber ihr Geheimnis ist so gut wie ungelüftet. Wo heute noch eine Kuckucksblume oder Waldhyazinthe ihren nach Vanille duftenden Hauch verströmt, ist sie morgen vielleicht schon für immer verschwunden. Und niemand weiß genau, warum. Intensive Land- und Forstwirtschaft haben den Orchideen ihre Heimat genommen. Außerhalb der Naturschutzgebiete ist ihr Vorkommen in immer größerer Gefahr. Wir sollten immer daran denken.

Querschnitt

Kleine Gewürzkräuterfibel

In vorgeschichtlicher Zeit gab es noch keine scharfe Trennung zwischen Nahrungsmitteln oder Gewürzpflanzen, ja sogar den Menschen von heute ist es sogar manchmal unmöglich, hier eine scharfe Grenze zu ziehen. Was gut roch oder schmeckte, wurde früher wahrscheinlich auch als Speisewürze verwendet. Hatten die Blätter, Samen oder Wurzeln zudem noch Heilkraft, dienten sie gleichzeitig als Heilpflanzen. Auch hier wird der Leser also Pflanzen wiederbegegnen, die man unter die Heil- wie die Gewürzkräuter einordnen kann. Es kommt nur darauf an, wie man sie betrachtet oder als was man sie verwendet.

Von Klostergärten und alten Apotheken

Wahrscheinlich ist es den Benediktinern zu danken, deren Ordensstifter dafür sorgte, daß heilkräftige Pflanzen und Kräuter in keinem Klostergarten fehlten. Auf dem Wege von ihrem Stammkloster auf dem Monte Cassino zogen sie nach Norden über die Alpen und brachten dabei Pflanzen mit, die bis dahin ausschließlich zur Mittelmeerflora gehört hatten und von den Völkern des nahen Ostens angebaut worden waren. Karl der Große (742–814) ließ durch die Mönche seines Reiches selbst Heilpflanzen anbauen und veranlaßte die frommen Brüder, sich mit der Heilwirkung der Kräuter zu befassen. So entwikkelte sich aus den mittelalterlichen Klostergärten heraus im Laufe der Jahrhunderte hierzulande ein immer stärkerer Anbau von Heilpflanzen und Gewürzkräutern, der schließlich sogar zur Feldkultur führte. Sie liefern die Rohstoffe für viele Arzneimittel, während andere aus dem Ausland importiert werden.

Aus den Mönchen wurden die ersten Apotheker. Sie standen in enger Verbindung zu Kräutersammlern und -händlern, so daß nach und nach viele wildwachsende Heilgewächse kultiviert werden konnten. Die Klostergärten blieben aber lange erhalten, nicht nur in Deutschland, sondern auch in anderen Kulturstaaten. Noch im Jahre 1672 schrieb die Schleswig-Holsteinisch-Dänische Apothekerordnung den Apotheken einen Kräutergarten vor.

Eroberungszüge, Entdeckungsfahrten und die Erschließung neuer Handelswege sorgten dafür, daß das Angebot von Heil- und Gewürzkräutern immer reichhaltiger wurde. Die Erfindung der Buchdruckerkunst trug dazu bei, Wirkung und Möglichkeiten dieser Pflanzen immer bekannter zu machen. Bereits im Jahre 1484 erschien ein umfangreiches Kräuterbuch.

Auch heute nehmen Heilpflanzen und -kräuter einen wichtigen Platz in der Therapie ein, besonders in der Homöopathie. Viele alte Hausmittel wie Baldriantropfen und Melissengeist, Kümmel und Wacholder, Lindenblüten und Fliederbeeren, Thymian, Zwiebel und Mohn, Kamille und Pfefferminz, Petersilie und Sellerie sind noch immer in Gebrauch. Nach Schätzungen werden in Deutschland derzeit auf etwa 6000 ha Land Heilkräuter angebaut.

Arzneimittel oder Gewürz? Zum Beispiel Paprika und Pfeffer

Ernährungswissenschaftler haben festgestellt, daß Paprika und Pfeffer nicht, wie lange Zeit angenommen wurde, die Nieren schädigen, sondern daß man diese Gewürze gerade in der Diätküche Nierenkranker gebrauchen sollte, weil mit ihnen die salzarme Kost abwechslungsreicher gestaltet werden kann.

Der Paprika *(Capsicum annuum)*, auch Spanischer Pfeffer genannt, ein Nachtschattengewächs, wurde in Deutschland lange verkannt. So findet sich in einem bedeutenden Botanik-Lehrbuch aus der Mitte des vergangenen Jahrhunderts bezüglich der Nutzanwendung des Paprikas nur der warnende Satz: »In größeren Gaben wirkt der Spanische Pfeffer scharfgiftig.« Und als Hinweis für den Verbraucher in Deutschland: »Bei uns bedienen sich gewissenlose Essigfabrikanten derselben (der Paprikafrüchte) öfters, um schlechtem Essig in betrügerischer Weise Schärfe zu geben.«

Inzwischen wurde am Institut für Ernährungsphysiologie in Dortmund festgestellt, daß sich Paprika, wenn er fettreicher Kost zugesetzt wird, günstig auf die Herztätigkeit auswirkt.

Die 60 cm hohe einjährige, krautige Pflanze mit den langgestielten, ganzrandigen, vorn zugespitzten dunkelgrünen Blättern wurde von Kolumbus um 1495 aus Südamerika nach Spanien gebracht. Von dort aus gelangte sie verhältnismäßig schnell nach Ungarn und Mähren, denn schon 70 Jahre später wird dort ihr feldmäßiger Anbau bezeugt.

Capsicum annuum wird heute in mehreren Varietäten kultiviert. Nach seinem Gehalt an Capsaicin, einem Säureamid, das den Paprikafrüchten ihre Schärfe verleiht, unterscheidet man Gemüse- und Gewürzpaprika. Beide haben einen außerordentlich hohen Gehalt an Vitamin C. Die großen, wenig scharfen, hohlen Früchte des Gemüsepaprikas, die je nach Reifegrad grün, gelb oder rot gefärbt sind, kommen frisch auf den Markt. Die kleinen, länglichen und feuerroten Früchte des Gewürzpaprikas gibt es, in Essig eingelegt, im Handel; meist aber werden sie getrocknet und gemahlen.

Capsaicin ist hauptsächlich in den Samen und den dünnen Plazenten der Paprikafrucht enthalten. Man unterscheidet folgende Gewürzsorten: Rosenpaprika enthält alle Teile der Frucht und ist ziemlich scharf; weniger scharf, aber immer noch sehr kräftig würzend, ist der Halbsüß-Paprika. Fast ohne Samen vermahlen und deshalb nur noch von milder Schärfe ist der am häufigsten in der Küche verwendete Edelsüß-Paprika. Für die Diätküche wird Delikateß-Paprika empfohlen, der gar keine Schärfe mehr enthält, aber noch den ausdrucksvollen, unverwechselbaren Paprikageschmack behalten hat.

Der außerordentlich scharfe Cayenne- oder Guinea-Pfeffer wird aus den Früchten einer mehrjährigen, in den Tropen beheimateten Paprikaart gewonnen, dem *Capsicum frutescens.*

Man unterteilt die Pflanzen in den Halbstrauchigen Paprica *(Capsicum frutescens)*, eine hohe, holzige Dauerpflanze, und den Spanischen oder Cayenne-Pfeffer *(Capsicum annuum)*, ein einjähriges Kraut. Verschiedene Autoren fassen sie aber auch unter *Capsicum annuum* zu einer Art zusammen. Die Strauchformen wachsen vornehmlich in südlichen Gegenden, während die krautigen weiter nach Norden, bis nach Mexiko, vordringen.

Die Form der Früchte ist sehr unterschiedlich: rundlich, birnenförmig, länglich, glatt oder gerippt; Farbe: gelb, grün oder rot; Größe: kirsch- bis faustgroß; Geschmack: süß bis scharf.

Abgesehen von dem strauchigen Paprika *(Capsicum frutescens)* werden die zahlreichen Zuchtformen des krautigen Paprikas *(Capsicum annuum)* botanisch in die folgenden Varietäten gegliedert:

fasculatum: längliche Früchte, stehen in Büscheln;

acuminatum: Früchte an der Basis vom Kelch umschlossen, länglich, sehr dünn, scharf oder süß, grün oder rot;

longum: Früchte frei, nicht vom Kelch umschlossen, länglich, kegelförmig;

abbreviatum: mittelgroße Früchte, kurz, zylindrisch, runzlig;

grossum: Früchte groß, gerippt, viereckig, gelb oder rot; Geschmack nicht scharf;

cerasiforme: Früchte klein, rundlich oder eiförmig, scharf.

Die dicken, süßen Früchte dienen zu Salaten, oder man ißt sie gekocht; die länglichen, mehr oder weniger scharfen Sorten dienen zur Herstellung von Konserven und Mixed Pickles. Von der Varietät *longum* stammen die kleinen Paprikaschoten, der Chile-Pfeffer. Die getrockneten und pulverisierten Früchte der var. *longum* und var. *acuminatum* liefern Pfeffer und das Gulaschgewürz, den ungarischen Paprika; aus scharfen Paprikasorten wird die indische Soße bereitet, die unter dem Namen Curry bekannt ist.

Der Paprika enthält neben dem schon erwähnten Capsaicin, das für den scharfen Geschmack verantwortlich ist, Karotine und die Vitamine A und C. In der Medizin dient das Capsaicin in Tinkturen als Zugpflaster oder Hautreizmittel.

Die Pflanzen mit den kleinen gelben und roten Zierschoten, die auch Chinesisch-Paprika *(Capsicum sinense)* genannt werden, stammen von der Varietät *cerasiforme.*

Der lateinische Name des Pfeffers – *piper* – findet sich bereits bei antiken Schriftstellern (Horaz, Columella). Damals schon war das sehr teure und geschichtsträchtige Gewürz bekannt und wurde, wie schon gesagt, von den reichen römischen Bürgern verwendet. Plinius (um 24–79 n. Chr.) kann im übrigen nicht verstehen, was seine Zeitgenossen am Pfeffer finden: »Es ist sonderbar, daß er so beliebt geworden ist. Andere Dinge empfehlen sich durch Süßigkeit, wieder andere durch Schönheit; der Pfeffer aber findet nur Gefallen durch seinen scharfen Geschmack und dadurch, daß er aus Indien kommt. Dort wächst er wild, bei uns wird er für Gold und Silber gekauft.«

Pfeffer fand nach Zimt im Abendland Verbreitung. Jahrhundertelang mußte er von Karawanen aus dem Orient herbeigeschafft werden. Erst im 15. Jahrhundert übernahmen die Portugiesen den Seetransport, ohne jedoch den Preis dieses kostbaren Produktes, von dem sie das Monopol besaßen, zu senken. Es wurde erst nach 200 Jahren von einzelnen Kaufleuten gebrochen.

Der gemeinhin gebräuchliche Pfeffer stammt von einem bis 15 m langen Kletterstrauch mit elliptischen, zugespitzten Blättern (8–12 cm lang), der sich an Bäumen oder in Pflanzungen an 5 m hohen Stangen emporrankt. Die unscheinbaren Blüten hängen in einer lockeren Ähre. Nach der Bestäubung, die wahrscheinlich durch Insekten vollzogen wird, bilden sich an jeder Ähre 20–30 kleine grüne, kugelige Früchte, die vier bis fünf Monate zur Reife brauchen und später rot werden.

Da aber der Gehalt an Piperin mit zunehmender Reife abnimmt, werden viele Früchte grün gepflückt. Sie enthalten in diesem Stadium bis zu 10% Piperin. Man läßt sie trocknen, wobei sie schwarz und runzlig werden. Darum heißen sie Schwarzer Pfeffer.

Der Weiße Pfeffer besteht aus den von der Fruchthülle befreiten Pfeffersamen, die zu diesem Zweck eingegraben oder mehrfach in Wasser getaucht werden, bis die Schale abgerieben werden kann. Der gemahlene helle Pfeffer, der bei uns gehandelt wird, ist meist eine Mischung aus Schwarzem und Weißem Pfeffer. Als qualitativ beste Sorte gelten der Tellicherry-, Aleppo- und Malabarpfeffer.

Daß Pfeffer schon sehr früh ein Standardgewürz in Europa geworden ist, bezeugt neben den Aussagen antiker Schriftsteller auch eine Urkunde aus dem Jahre 1468, die über das Hochzeitsessen des Herzogs Karl von Burgund berichtet: Für dieses Festmahl wurden rund 380 Pfd. Pfeffer verbraucht.

Wie schon beim Paprika liegt auch der Nutzen des Pfeffers nicht nur in seiner Würzkraft, sondern in seiner gesundheitsfördernden Wirkung; auch er schließt schwer verdauliche Speisen auf und macht sie bekömmlicher.

Aus der mehr als 1300 Arten umfassenden Familie der Pfeffergewächse *(Piperaceae)* wird nicht nur der eben beschriebene Schwarze Pfeffer *(Piper nigrum)* als Gewürz kultiviert, sondern noch einige weitere Arten.

Die im trockenen Zustand dunkelbraunroten bis schwarzbraunen Beerenzapfen des Wacholders (JUNIPERUS COMMUNIS) *werden zum Würzen von Fleisch, vor allem Wild, verwendet. Auch der Steinhäger wird unter Beigabe von Wacholder hergestellt.*

Der Lorbeerbaum – eine Pflanze des klassischen Mythos

Der Lorbeerbaum *(Laurus nobilis)* wächst heute im ganzen Mittelmeerraum wild oder hat sich wenigstens akklimatisiert. Aufgrund einer Behauptung des Theophrast gehört er nicht zur wildwachsenden Flora Italiens, nicht einmal Griechenlands, sondern stammt aus Vorderasien und ist über Griechenland mit griechischen Siedlern nach Italien gekommen.

Im Tertiär war der Lorbeerbaum in einem Großteil Europas verbreitet. Bei Massa Marittima wurden Fossilreste aus dem Quartär gefunden sowie in Südfrankreich Fossilien aus der Würm-Eiszeit und der Nacheiszeit. In Italien ist er heute so stark vertreten, daß er als.Typus für eine Waldzone, das Lauretum, gelten muß. Auch Mignon in Goethes »Wilhelm Meister« bezieht den Lorbeerbaum in ihren wehmütigen Gesang ein.

Der Lorbeerbaum hat im klassischen Mythos eine besondere Bedeutung. Die Griechen nannten ihn »daphne«, das nach der Meinung der Philologen zusammen mit dem lateinischen »laurus« auf eine vorindoeuropäische, mediterrane Wurzel zurückgeht. Der griechische Name hat sich auch noch in einigen Dialektausdrücken Italiens bis heute erhalten. »Daphne« und »laurus« gehören zur Kategorie der unbestimmten Namen. Als Alexandriner Daphne wurde auch der Mäusedorn oder mit größter Wahrscheinlichkeit der Alexandrinische Lorbeer *(Daphne racemosa)* und der Oleander bezeichnet. Der lateinische Name »laurus« erscheint zum ersten Male bei Plautus.

Die symbolische Bedeutung des Lorbeerbaumes ist eng mit dem Apollo-Mythos verbunden, dem Gott, der nicht nur der verderblichste aller Götter war und den todbringenden Bogen führte, sondern auch die Krankheiten der Menschen heilen konnte und der siegreiche und reinigende Gott war. Wahrscheinlich stammt das Symbol der Reinigung von den aromatischen und fäulnishemmenden Eigenschaften der Pflanze. Apoll übernahm das alte Orakel der Erdmutter Gäa oder Ge in Delphi, das zugleich auch Poseidon als dem Herrn der Tiefe geweiht war. Diese Ablösung der älteren Gottheiten wurde später als die Überwindung des Erddrachen Python dargestellt und sinnbildlich durch eine szenische Aufführung seit 582 v. Chr. an den Tagen des Hauptfestes, den Pythien, dargestellt.

Auch Orest, der von den Furien verfolgt wurde, weil er seine Mutter getötet hatte, wurde durch Apollon gereinigt, dessen Beiname, Phoibos, der »Reine, Lichte« ursprünglich kultisch, jetzt aber sittlich verstanden wurde.

Die Nymphe Daphne flehte Gäa um Hilfe an, als sie vor Apoll fliehen mußte, und Gäa verwandelt sie in einen Lorbeerbaum. Dieser Mythos hat Vergil zu seiner Ekloge angeregt und findet sich auch in zahlreichen Gedichten und anderen literarischen Werken. Rinuccini verarbeitete den Mythos zu einem der ersten Melodramen, aber d'Annuncio macht in seinem Alcione aus dem Lorbeerbaum einen Oleander, obwohl er sich sonst ziemlich genau an die Sage hält. Bernini hat den Daphne-Mythos in seiner berühmten Skulptur dargestellt und Pollaiulo, Giorgione und Andrea del Sarto haben ihn in zahlreichen Gemälden festgehalten.

Apollo ist ein Seher-Gott, und auch die Dichter sind Seher; sie sehen also voraus und sind somit Jünger des Apoll. Die Dichter werden mit Lorbeer bekränzt, und der Lorbeer wird das Zeichen akademischer Würde im Laureat und Baccalaureat (von »Bacca lauri«).

In Rom bediente man sich des Lorbeers, wie Cicero und Tacitus bezeugen, bei festlichen Gelegenheiten, und man schmückte die Bilder der Eltern und der verstorbenen Vorfahren mit Lorbeer. Beim Triumphzug trugen die siegreichen Generäle auf dem Haupt einen Lorbeerkranz und hielten einen Lorbeerzweig in der Hand. Radames aber hätte nicht »lorbeerbekränzt« heimkehren können, da ihn die Ägypter nicht zu ihren Riten verwendeten.

Piper longum, ein naher Verwandter des Schwarzen Pfeffers, der auch in denselben Regionen gedeiht, hat längliche, dicht gedrängt stehende und darum kantige Früchte. Sie werden reif geerntet und im ganzen Fruchtstand gehandelt.

Im Mittelalter war dieser Pfeffer als »Langer Pfeffer« bekannt und wegen seiner noch größeren Schärfe ebenso gefragt wie sein Verwandter. Heute spielt er auf dem Weltmarkt keine Rolle mehr.

Ein bedeutendes Handelsgut – wenn auch nicht für Europa – ist für Südindien, Malaysia, Indonesien und ostafrikanische Küstenregionen der Betelpfeffer *(Piper betel).* Auch er ist ein Kletterstrauch. Mit Hilfe seiner Blätter stellen die Orientalen eine Art »Kaugummi« her, der den Speichel rot färbt. Sie wickeln i

Die Kräutergärten des Mittelalters enthielten eine Fülle von Heilpflanzen; sie waren lebende Hausapotheken. Der Gehalt der Pflanzen an Glykosiden, Alkaloiden, ätherischen Ölen, Gerb-, Bitter- und Schleimstoffen, Harzen und Balsamen war schon weitgehend bekannt. Nicht nur Paracelsus und andere mittelalterliche Ärzte, auch die Volksmedizin machten sich Pflanzendrogen zur Heilung von Krankheiten aller Art zunutze.

Rechts: Titelblatt eines Kräuterbüchleins aus dem Jahr 1545

Links: ein Kräutergarten des Mittelalters

Unten: mittelalterliche Apotheke

ein Betelblatt eine Arekanuß, behandeln das Ganze mit Kalkmilch und kauen es, um rotgefärbte Zähne zu erhalten.

Der aus Polynesien stammende *Piper methysticum* oder Kawapfeffer ist ein Strauch, der nach fünf bis sechs Jahren, wenn er ausgewachsen ist, eine Wurzel von einem halben Zentner Gewicht hat. Aus diesem Grunde wird er heute auf vielen pazifischen Inseln angebaut.

Die Wurzel enthält das Harz Kawahin, das als stark schweiß- und harntreibendes Mittel gilt. Mit Wasser oder Kokosmilch liefert die Kawapfefferwurzel zudem ein stark berauschendes Getränk.

Gewürzkräuter von A–Z

Viele Gewürzpflanzen sind Stauden, also Dauergewächse, die man vegetativ vermehren und kleinhalten kann. Man kauft sie bei Spezialgärtnereien oder zieht sie aus Samen selbst heran, was nur den Nachteil der längeren Wartezeit bis zur Ernte hat.

Alle Gewürze sind auch Wildpflanzen. Sie benötigen humushaltigen, nicht zu stark gedüngten, feuchten Boden in sonniger Lage. Bescheiden in ihren Ansprüchen sind Bohnenkraut für Suppen, Bohnen- und Wurstgerichte, Basilikum für Fleisch oder Fisch. Der beliebte Borretsch für Salate, Eier-, Kohl- und Bohnengerichte sät sich wie der Dill selbst aus. Petersilie und auch Petersilienwurzel haben beim Anbau ihre Probleme: Der Hobbygärtner muß geduldig sein, denn sie keimen erst nach drei bis vier Wochen und sind dann immer viel zu schnell abgeerntet.

Basilikum *(Ocimum basilicum)*, auch Basilkraut, Hirnkraut, Josefskräutlein, Königskraut, Pfefferkraut, Suppenbasil; überall in Europa verbreitetes, herb-würzig duftendes Kraut, Familie Lippenblütler *(Labiatae)*; frisch geeignet als Gewürz für Salate und Kräutersaucen, zu Rohgemüse, Kräuterquark und Gurken; auch getrocknet oder pulverisiert im Handel (s. Abb. S. 285).

Beifuß *(Artemisia vulgaris)*, auch Weiberkraut, Wilder Wermut; bis 1,50 m hoch werdende Staude; Familie Korbblütler *(Compositae)*; wildwachsend an Wegrändern, Mauern und auf Ödland; als Rippen mit noch geschlossenen Knospen am besten geeignet; Blätter müssen vor der Verwendung abgezupft werden; geeignet als Würze bei Enten- und Wildschweinbraten, bei pikanten Saucen und Salaten, zu gebratenem Aal und Kalbshaxe; zu Kartoffel-, Zwiebel- und Fleischsuppen; kommt getrocknet als Gewürz oder Pulver zum Verkauf (s. Abb. S. 284).

Bibernelle *(Pimpinella saxifraga, P. magna)*, auch Pimpernelle; ausdauernde Pflanze, Familie Doldengewächse *(Umbelliferae)*; Geschmack würzig-brennend, schmeckt leicht nach Gurken; die rundlichen Fiederblättchen der Pflanze dienen als Würze bei frischen Salaten und Kräutersaucen, Gemüsesuppen und Aal; mit anderen Küchenkräutern gemischt, gut zu Kräuteressig; wenig geeignet zum Trocknen (s. Abb. S. 290).

Bohnenkraut *(Satureja hortensis)*, auch Pfefferkraut; einjähriges Kraut, bis 60 cm hoch werdend, Familie Lippenblütler *(Labiatae)*; schon im 16. Jh. als Heil- und Gewürzkraut bekannt; Blätter oder Stengel frisch zu verwenden, von stark aromatisch-würzigem Geruch (Pfefferkraut!); nur die zartesten Blattspitzen dienen als Gewürz bei Gurkensalat und Rohgemüsen; sonst verwendet zu Gemüseeintopf aus Bohnen oder anderen Hülsenfrüchten, Wirsing, Weiß- oder Rotkraut, Salate aller Art; bestens geeignet für gekochten Fisch, Hammelfleisch, Ragout oder Huhn; Bohnenkraut verträgt sich gut mit Estragon, Petersilie, Schnittlauch oder Zitronenmelisse; gelangt gerebelt oder gemahlen zum Verkauf (s. Abb. S. 289).

Borretsch *(Borago officinalis)*, auch Gurkenkraut, Gurkenkönig, Herzfreude; 50–70 cm hoch werdende Pflanze, Familie Borretsch- oder Rauhblattgewächse *(Boraginaceae)*; als Würze geeignet nur die zarten, frischen Blätter, manchmal auch die blauen Blüten; würzig-angenehm schmeckend mit leichtem Gurkenanklang; in erster Linie für Gurkensalat geeignet; weitere Verwendung für Krautgemüse, weiße Bohnen, Schwarzwurzeln, Rohkostgerichte, Hammelfleisch, Saucen und Kräuteromeletts; das Gewürz darf nicht mitgekocht werden (s. Abb. S. 291).

Brunnenkresse *(Nasturtium officinale)*, auch Wasser- oder Wiesenkresse, Wassersenf; wildwachsend an oder in Quellen, Bächen, Wassergräben; wird in Wasserbecken gezogen (berühmt sind die Dreienbrunnen-Felder in Erfurt, die von warmen Quellen gespeist werden!); ausdauernde Pflanze, Familie Kreuzblütler *(Cruciferae)*; vorzüglicher Vitamin-C-Spender; Brunnenkressensalat oder als Beilage oder Rohkost; gehackte frische Brunnenkresse zu Tomaten- oder Kopfsalat, Suppen und Bratkartoffeln; Beilage und als Garnitur zu kalten Platten; reich an Bitterstoffen, ätherischen Ölen und Vitamin E; die Blättchen werden vor der Blüte gesammelt; dient auch der Blutreinigung (s. Abb. S. 283).

Dill *(Anethum graveolens)*, auch Dille, Dillkraut, Düll, Gurkenkräutel, Kappernkraut, Till; einjährige Pflanze, Familie Doldengewächse *(Umbelliferae)*; bis 1,20 m hoch werdend; verwendet werden die zarten Dillblättchen, deren Würzkraft vor der Blüte am stärksten ist; gehackt oder gewiegt zu Suppen aller Art (Kartoffel-, Bohnen-, Fischsuppen), beliebt bei Kopf-, Tomaten- oder Kartoffelsalat; geeignet für Bohnen-, Erbsen-, Kohlrabi-, Gurken- oder Zucchettigemüse; bei Fisch besonders als Kochwürze zu Schleie, Karpfen, Forelle oder Aal; vorzügliches Gewürzkraut; gelangt auch getrocknet zum Verkauf (s. Abb. S. 284).

Estragon *(Artemisia dracunculus),* bis 1,50 m hoch werdende Pflanze, Familie Korbblütler *(Compositae);* nur die jungen Triebe dienen frisch oder getrocknet als Gewürz; wird vor allem in Frankreich sehr geschätzt; Estragonessig oder -senf auch bei uns beliebt; paßt als Gewürz u. a. zu Salaten aus Fleisch, Spargel, Gurken, Kartoffeln, Tomaten, Chicoree und grünem Salat; an Geschmack gewinnen Wild, Huhn, Roastbeef und Sauerbraten; auch für Saucen und Diätkost verwendbar; dient zum Abschmecken pikanter Suppen, zum Einmachen von Gurken und zu Thunfisch; vorsichtige Dosierung, da der aromatische Geschmack sich leicht vordrängt; gelangt gerebelt oder gemahlen zum Verkauf.

Fenchel *(Foeniculum vulgare var. dulce),* auch Gartenfenchel, Süßfenchel; Familie Doldengewächse *(Umbelliferae);* wird wegen seiner kleinen Früchte kultiviert, die man als Aromazusatz für Liköre und getrocknete Feigen benutzt. Der Süßfenchel war bereits im Altertum bekannt. Er wird nicht nur in ägyptischen Papyri, sondern auch von griechischen Schriftstellern erwähnt. Im griechischen Mythos spielte er eine große Rolle: die Teilnehmer an den dionysischen Mysterien bekränzten sich das Haupt mit Fenchelgirlanden. Erst später kam die Pflanze nach Arabien. Das im Fenchelsamen enthaltene Öl war als Heilmittel bekannter als heutzutage. Es findet bei der Herstellung von Bonbons und Lakritze sowie als Tee Verwendung. Fenchel wird ebenso in der Küche als Gewürzkraut verwendet, da seine Blättchen einen leichten Anisgeschmack haben; wird bei Fisch und Saucen gebraucht; als Knollen- oder Stengelgemüse, das gekocht oder roh (als Salat) verzehrt werden kann.

Gartenkresse *(Lepidium sativum),* auch Kresse; wird mit sehr kleinen Blättchen und rettichartigem Geschmack als Würzkraut für Eier- und Quarkspeisen, Salate und Suppen verwendet.

Die feuerroten glänzenden Früchte des Gewürzpaprikas werden nach der Ernte getrocknet und gemahlen, bevor sie in den Handel kommen.

Markt in Indien. Lautstark und gestenreich wird um die Güter des Feldes gefeilscht (rechts oben).

Im Gewürzbasar gibt es eine Fülle von Ingredienzien und duftenden Köstlichkeiten (rechts).

Kapern *(Capparis spinosa)* auch Kabar, Kappar; Familie Kaperngewächse *(Capparidaceae);* sind in Essig eingelegte Blütenknospen des Kapernstrauches (werden auch aus Blütenknospen der Kresse, der Dotterblumen und des Besenginsters gewonnen); als leicht säuerliches Gewürz zu hellen Saucen, Hackfleisch und Salaten verwendet; die Früchte und jungen Blättchen können ebenfalls als Gewürz gebraucht werden; der Kapernstrauch fand früher wegen seiner harntreibenden, adstringierenden und tonischen Wirkung, die sich vor allem in Rinde und Wurzel befindet, Verwendung.

Kerbel *(Anthriscus cerefolium),* auch Gartenkerbel, Körfel- oder Kuchelkraut, Küchengewürz; Familie Doldengewächse *(Umbelliferae);* 30–60 cm hoch werdend, wird oft mit Petersilie verwechselt; seit langem bekannt ist die Kerbelsuppe; seine frischen Blättchen dienen zum Würzen von Saucen und Suppen, Kräuterbutter und Quark; Verfeinerung von Rohgemüsen und Salaten; gemahlener Ker-

Rettich – nicht nur ein »Radi«

Rettich *(Raphanus sativus var. niger)* und Radieschen *(R.s. var. radicula)* wurden schon im Altertum angebaut, sind aber noch nie wildwachsend gefunden worden. Daß sie bereits den Römern bekannt waren, daß Aristophanes schon von »raphane« und Dioskurides von »raphanelaion«, Rettichöl, spricht, ist noch nichts angesichts der Erzählung von Herodot, der berichtet, daß ihm am Fuße der Cheopspyramiden ägyptische Priester Hieroglyphen übersetzten, die eine Rechnung der Ausgaben für »Rettich, Zwiebeln und Knoblauch« betrafen, mit denen man die Sklaven verpflegte, die zum Bau der Pyramiden herangezogen wurden.
Rettich und Radieschen haben also eine sehr alte Vergangenheit.

bel zu gebratenem oder gegrilltem Fleisch, Eierspeisen und Saucen für Geflügelgerichte; gelangt auch als Fertigfabrikat gemahlen zum Verkauf (s. Abb. S. 291).

Knoblauch *(Allium sativum),* auch Knoblich, Knofel, Knowlich, Lauchkraut, Stinkerzwiebel; bis 70 cm hoch werdende Pflanze, Familie der Zwiebel- oder Liliengewächse *(Liliaceae);* scharf und durchdringend riechende Knoblauchzehen von schwach brennendem Geschmack; das in ihnen enthaltene Öl (s. Heilpflanzen S. 167) wird als »Knoblauchgeruch« durch Atem oder Poren ausgeschieden; verwendbar bei Hammelfleisch und fetten Braten; Knoblauchwürze wird zu Salami u.a. Wurstsorten verwendet und ist auf dem Balkan fast obligatorisch; man soll vor dem Braten das Fleisch mit einer Knoblauchzehe einreiben, ebenso die Schüssel, die zum Anrichten des Salats bestimmt ist; Gewürz in zarten Gaben bei Rosenkohl, Möhren und Spinat, Kartoffelsuppe, Fonduegerichten, Saucen und Quark; als Pulver oder Knoblauchsalz im Handel; auch Heilpflanze (s. S. 215).

Kümmel *(Carum carvi),* auch Gemeiner Kümmel, Wiesenkümmel; 70–100 cm hoch werdende Pflanze, ein- bis mehrjährig, Familie Doldengewächse *(Umbelliferae);* wohl das älteste in Europa heimische Gewürz; seine Spaltfrüchtchen riechen angenehm aromatisch und lassen sich vielseitig einsetzen; Kümmel eignet sich zu Kartoffelgerichten, Kohlgemüse, Spinat, Roten Rüben, Sauerkraut, Quark, ist bei Schweinefleisch, Gänse- und Sauerbraten beliebt, bei Käse, Suppen und Saucen; er findet als Brotgewürz Verwendung bei Kümmelbrötchen, -brezeln und -stangen; Kümmelöl wird bei der Likörbereitung geschätzt, auch Heilpflanze.

Lavendel *(Lavandula angustifolia),* s. Heilpflanzen; fein gehackt, verleihen die jungen Blätter Lammfleisch und Fischsaucen einen rosmarinähnlichen Geschmack; sparsam verwenden.

Liebstöckel *(Levisticum officinale),* auch Bade- oder Maggikraut, Leberstockkraut, Lieberstöckel; ausdauernde, bis 2 m hoch wer-

Knoblauch (ALLIUM SATIVUM) *sind die Zehen der zusammengesetzten Knolle der Knoblauchpflanze. Ihr eigenartiger Geruch ist auf ein ätherisches Öl zurückzuführen. Der typische Knoblauchduft wird durch den Atem und die Poren ausgeschieden.*

Das Gewürz des Kümmels (CARUM CARVI) *ist von angenehm aromatischem Geruch und hat einen beißenden, gewürzhaften Geschmack. Es läßt sich in der Küche vielseitig verwenden. Auch Kümmelbrot ist sehr beliebt (unten).*

Ein hochgeachtetes Heil- und Gewürzkraut ist die Zitronenmelisse (MELISSA OFFICINALIS), *mit dem schon die alten Römer und Griechen umzugehen wußten. Ihr zitronenartiges Aroma paßt vor allem zu frischen Salaten (oben).*

dende Pflanze, Familie Doldengewächse *(Umbelliferae);* mit doppelt gefiederten, wenig gezähnten Blättern, die seltsam würzig riechen, zuerst süßlich, dann scharf und ein wenig bitter schmecken (Maggikraut); sie sind frisch oder getrocknet, immer aber äußerst sparsam zu verwenden, zu grünem Salat, Rohkost, Spinat oder Kohlrabi, Kartoffel-, Sellerie-, Blumenkohl- und Frühlingssuppe; bei Rind- und Hammelfleisch, ebenso Geflügel-, Hühner- und Fleischbrühe; gelangt auch gemahlen zum Verkauf (s. Abb. S. 290).

Majoran *(Majorana hortensis),* auch Mairan, Echter Majoran, Wurstkraut; bei uns einjährig, 20–50 cm hoch, filzig behaart, Familie der Lippenblütler *(Labiatae);* eines der wichtigsten Gewürzkräuter; wird vor allem bei der Wurstfabrikation verwendet, so bei Blut- und Leberwürsten; dient im Haushalt zum Würzen von Ragouts, Gänse-, Enten- und Hackbraten, vielen Saucen, Kartoffel- und Hülsenfruchtsuppen, Salz- und Bratkartoffeln; kommt getrocknet, gerebelt und gemahlen zum Verkauf (s. Abb. S. 288).

Meerrettich *(Cochlearia armoracia),* auch Bauernsenf, Gren, Kren, Waldrettich; weiße fleischige, lange und dicke Meerrettichwurzel, Familie Korbblütler *(Compositae);* ausdauernd; roh gerieben oder geraspelter Meerrettich als Beilage zu Rumpsteak und ähnlichem Kurzgebratenem sowie als Zutat zu pikanten Saucen; Sahnemeerrettich, Meerrettichmayonnaise, Apfelmeerrettich wird aus geriebenem und gekochtem Meerrettich zubereitet; gelangt als geriebener Meerrettich zum Verkauf, wird aber auch in Pulverform angeboten.

Melisse, s. Zitronenmelisse

Minze, Pfefferminze *(Mentha piperita),* auch Edel- oder Teeminze; die bei uns gezüchtete Pfefferminze ist aus drei wildwachsenden Minzenarten, Familie Lippenblütler *(Labiatae),* hervorgegangen; spielt bei uns als Gewürz keine Rolle, doch lassen sich Fruchtsalate, Gemüse wie Möhren und Erbsen, Fleisch vom Hammel sowie Pasteten mit Minze verfeinern; dient als Zusatz zu Likören, Essenzen, Süßwaren; Pfefferminztee, daher auch Heilkraut (s. Abb. S. 287).

Petersilie *(Petroselinum crispum),* auch Peterle, Peterlein, Peterling; ein zwei- bis mehrjähriges Kraut, Familie Doldengewächse *(Umbelliferae);* wächst angebaut überall in Europa, kommt auch verwildert vor als Blattpetersilie mit gekrausten oder glatten Blättern; als Wurzelpetersilie verwendet man die fleischig verdickte Wurzel; mit Blattpetersilie werden Fleisch- und Fischgerichte garniert; zur Vorratshaltung wird frische Petersilie, grob zerkleinert, in ein Glasgefäß mit Salz gefüllt; Wurzelpetersilie ist unverzichtbarer Bestandteil des Suppengrüns, dabei muß die Wurzel mitgekocht werden.

Porree *(Allium porrum),* auch Breitlauch, Burri, Lauch, Winterlauch; gehört zu den Würzgemüsen, Familie Liliengewächse *(Liliaceae);* dient gleichzeitig auch als Gewürzpflanze; länglich-lanzettliche Blätter, 40–60 cm lang; sie werden zum Würzen von Suppen und Saucen verwendet, gekocht oder gedünstet als Salat oder Gemüse; in rohem Zustand zu Eintöpfen und Rohkost, Wurst-, Fleisch-, Kartoffel- und Erbsensalaten; gut zu gebrau-

Eine Delikatesse eigener Art ist die Brunnenkresse (NASTURTIUM OFFICINALE). *Als Salat ist sie eine beliebte Beilage zu gebratenem Fleisch; gehackte Brunnenkresse läßt sich ähnlich wie Petersilie verwenden.*

Der Dill (ANETHUM GRAVEOLENS) *stammt aus Südeuropa und war schon im alten Ägypten bekannt. Gehacktes oder gewiegtes frisches Dillkraut verfeinert als würzende Beigabe so manches Gericht und ist auch getrocknet fertig zu kaufen.*

Beifuß (ARTEMISIA VULGARIS) *ist ein Verwandter des Wermuts. Er riecht und schmeckt angenehm würzig und ist ideal zu Geflügelbraten, Kalbshaxe, pikanten Saucen und Salaten. Aus kultischen Gründen gebrauchten ihn die Germanen.*

chen bei Rindfleisch und Brühe; die während des Wachstums sich bildenden kleinen Nebenzwiebeln, den Perlzwiebeln verwandt, werden ebenfalls als Gewürz oder Saucenzutat verwendet.

Portulak *(Portulaca oleracea, P. sativa),* auch Kreussel; Kräuter und Halbsträucher, Familie Portulakgewächse *(Portulaceae);* verzweigte, saftige Stengel, fleischige, längliche Blätter, gelbe Blüten; verwendet werden die jungen Portulakblättchen als würziger Spinat; fein gehackt, verfeinern sie grünen Salat, Gemüse- und Frühlingssuppen, Kräuter- und Tomatensaucen und Quark; Portulakknospen waren in früheren Zeiten ein Kapernersatz.

Quendel *(Thymus serpyllum),* auch Feldthymian, Gundelkraut, Marienbettstroh, Rain- oder Feldkümmel, Wilder Thymian, Wurstkraut; ausdauernder, immergrüner Halbstrauch, wildwachsend an Wegrändern, auf Wiesen und an trockenen Hängen, Familie Lippenblütler *(Labiatae);* ist mit dem Gartenthymian verwandt und wird ebenso wie dieser verwendet; Destillat aus Quendel ist Bestandteil mancher Kräuter- und Bitterliköre; auch Heilpflanze (s. Abb. S. 286).

Rosmarin *(Rosmarinus officinalis),* auch Rosemarie, Weihrauchkraut; immergrüner Halbstrauch aus dem Mittelmeergebiet, dessen nach der Blüte gesammelten Blätter als Gewürz dienen, Familie Lippenblütler *(Labiatae);* kommt als Gewürz und Droge bei uns in den Handel; dient zum Würzen von Hammel-, Schweinefleisch und Wild, Suppen und Saucen, ferner beliebt bei Gemüsegerichten und Tomaten; Gewürzzusatz bei Salz- und Bratkartoffeln; ganz oder gemahlen käuflich.

Safran *(Crocus sativus),* auch Safranwürze, Suppengelb; Familie Schwertliliengewächse *(Iridaceae);* Safran sind getrocknete Narbenschenkel des Safran-Krokus; ein etwa 8–10 cm langer Griffel endet in einer braunroten dreigeteilten, duftenden Narbe, die das Gewürz liefern. Bei der Ernte werden die Narbenschenkel abgetrennt und getrocknet; aus ihnen wird das Safrangelb gewonnen. Es ist ein sehr teures Gewürz, da für ein Kilogramm etwa 80000 Blüten gepflückt werden müssen. Es riecht kräftig und schmeckt würzig-bitter. Im Altertum spielte es eine große Rolle; heute wird es hier und da noch als Färbemittel benutzt und für Backwaren, Teigwaren, Butter und Käse verwendet, ebenso bei Kräuterlikören (s. Abb. S. 286).

Salbei *(Salvia officinalis),* auch Garten- oder Königssalbei, Geschmacksblatt, Muskatellerkraut; Halbstrauch, im Mittelmeergebiet heimisch, bis 20 cm hoch werdend, Familie Lippenblütler *(Labiatae);* die würzig duftenden Blätter passen zu Hackfleisch, Steaks, Schaschlik aus Hammelfleisch, Lammbraten, Kalbsschnitzel, Füllung von Gänsebraten, Eintöpfen und zu delikaten Kräuteromeletts; am besten geeignet für Fischspeisen und Lebergerichte; man verwendet frische Salbeiblätter oder reibt das Fleisch mit getrockneter und geriebener Salbei ein; auch getrocknet im Verkauf; Heilpflanze.

Sauerampfer *(Rumex acetosa, R. scutatus),* auch Feldampfer, Gartenampfer, Wiesenampfer; wildwachsend auf Wiesen, Feldrändern und Böschungen, Familie Knöterichgewächse *(Polygonaceae);* als Gemüse geeignet, doch auch feingeschnitten zu Salat, Kräutersaucen und -suppen, zu Quark oder Joghurt, vermischt als Zugabe zu Rohkost; in manchen Gegenden wie Spinat zubereitet (s. Abb. S. 285).

Schnittlauch *(Allium schoenoprasum),* auch Graslauch, Schnittling; ausdauernde Pflanze, Familie Zwiebel- oder Liliengewächse *(Liliaceae);* riecht und schmeckt zwiebelartig-scharf, ist das ganze Jahr über zu schneiden; nach Petersilie das beliebteste Küchengewürz; wird feingehackt oder -geschnitten roh zu Gemüsesalaten verwendet, vor allem zu Tomaten- und Gurkensalat; Schnittlauchbutter und -quark, Suppen, Schnittlauchsaucen zu Fisch, Fleisch und Fleischspeisen sowie Eierspeisen.

Sellerie *(Apium graveolens),* auch Eppich, Geilwurz, Küchensellerie, Zeller: wächst als Gemüse- und Gewürzpflanze, Familie Doldengewächse *(Umbelliferae)*; gehört in der Küche als Knollen- und Salatsellerie zu den verbreitetsten Suppen- und Saucengewürzen; Bestandteil des Suppengrüns und des für Braten gebrauchten Wurzelwerks; frisch gehackte Sellerieblätter sind ähnlich wie Petersilie zu verwenden; getrocknet spielen sie bei der Herstellung von kochfertigen Suppen eine Rolle; zur Rohkost ebenso geeignet wie zu vielen Salaten, Brühen, Eierspeisen und Saucen, zu gekochtem Fisch und Fleischragouts, Gulasch, Rind oder Huhn; die Knollen gelangen in mancherlei Form getrocknet zum Verkauf.

Thymian *(Thymus vulgaris),* auch Demut, Feldkümmel, Immenkraut, Küchenwürze, Römischer oder Welscher Quendel; Familie Lippenblütler *(Labiatae);* wächst auf Feldern, an Wegrändern oder felsigen Hängen; riecht angenehm würzig und schmeckt aromatisch; paßt zu Hackbraten und Leberknödeln, Rinder- und Geflügelbraten, Wildbraten und gebratenem Fisch, Kräutersaucen und -suppen, Kartoffel- und Hülsenfruchtsuppen; wie Majoran wird er als Wurstgewürz verwendet (Leberwurst); kommt getrocknet und gemahlen zum Verkauf. Thymianöl wird Hustenmitteln zugesetzt und spielt eine Rolle bei einigen Kräuterlikören; Heilkraut (s. Abb. S. 287).

Tripmadam *(Sedum reflexum, S. rupestre),* auch Fette Henne, Taubenweizen; »altmodisches« Küchengewürz, Familie Dickblattgewächse *(Crassulaceae);* in Frankreich Trique-Madame genannt; junge, zarte Blatttriebe werden gehackt verwendet zusammen mit anderen Kräutern zu Gemüsesuppen, Kräutersaucen und Salaten, auch zu Rohkostgerichten und Kräuteressig.

Wacholder *(Juniperus communis),* auch Krammetsbeere, Kronawett, Machandel, Quackelbeere, Weckholder; Familie Zypressengewächse *(Cupressaceae);* Wacholderbeeren sind die würzig-balsamisch duftenden Scheinbeeren des immergrünen Wacholderstrauches; sie messen 6–8 mm, sind im frischen Zustand blaubereift, getrocknet von schwarzbrauner Farbe; man fügt in der Küche ganze Beeren dem Sauerkraut zu, dem Rot- oder Weißkohl, aber auch dem Beizsud von Wild und Wildgeflügel, außerdem zu gebrauchen bei Fischsud und Fischmarinade; Gin und Genever werden mit Wacholderbeeren versetzt; ganz oder gemahlen sind sie käuflich zu erwerben (s. Abb. S. 277).

Waldmeister *(Asperula odorata),* auch Maikraut; in Mitteleuropa wildwachsend in Buchenwäldern und an Waldrändern, Familie Rötegewächse *(Rubiaceae);* duftendes Waldfrühlingskraut; vor Erscheinen der kleinen weißen Blüten werden die noch grünen jungen Triebe gepflückt und als Essenz für die »Waldmeisterbowle« oder »Maibowle« verwendet; sonst als Zusatz zu den grünen Waldmeisterbonbons oder einer grünen Waldmeisterspeise (»Götterspeise«).

Wermut *(Artemisia absinthium),* auch Absinth, Bitterer Beifuß, Wermut, Würmet, Wurmtod; ausdauernder, in ganz Europa zu findender Halbstrauch, bis 1,50 m hoch, Familie Korbblütler *(Compositae)*; als Tee oder Gewürz geeignet sind die Blätter, die man von den Blütenstielen abzupft, doch mit Vorsicht zu genießen, da Vergiftungsgefahr besteht; erprobt bei Eisbein, Schweinebauch- und Rübeneintopfgerichten, wo man ein bis zwei Wermutblätter mitkochen läßt; bekannter als Heilpflanze (s. Abb. S. 288).

Sauerampfer (RUMEX ACETOSA) *kommt wildwachsend in Mitteleuropa auf Wiesen, Feldrainen und Böschungen vor. Man verwendet ihn feingeschnitten zu Salaten, Kräutersaucen und Suppen. Im Garten wird er im August ausgesät (unten).*

Basilikum (OCIMUM BASILICUM) *hat seine Heimat in Vorderindien. Frische und getrocknete Blätter werden als Küchengewürz verwendet. Er ist beliebt für Hammel- und Schweinefleisch, eignet sich aber auch zu Eintöpfen und derbem Gemüse.*

Gewürze und Früchte aus fernen Ländern

Mehr und mehr entdecken wir kulinarische Genüsse. Nicht nur unsere Küche wird immer internationaler, auch in Restaurants können wir chinesisch, indisch, italienisch, spanisch, griechisch oder französisch speisen. Fremde Gewürze und Früchte halten ihren Einzug. Die wichtigsten wollen wir hier, wenn auch nur kurz, nennen:

Ahornkirsche, auch Acerola, große rote Kirschensorte von den Westindischen Inseln (»Puerto-Rico-Kirsche«), die den höchsten Vitamin-C-Gehalt aller uns bekannten Früchte hat; wird hauptsächlich als Saft verwendet.

Akee, Aki, in Afrika beheimatete pfirsichähnliche Frucht mit glatter, rotfleckiger Schale; eßbares Fruchtfleisch, Kerne aber giftig; jetziges Anbaugebiet: Jamaika.

Ananas, Pine apple, süße aromatische Südfrucht (s. Abb. S. 71).

Ananas-Melone, Malteser Melone, gehört zu den Zuckermelonen und hat, je nach Sorte, eine glatte, grüne bis gelbliche Schale. Das Fleisch ist grün, weiß oder gelb, auch rötlich; schmeckt aromatisch wie eine Ananas; hierher gehört auch die gelbe Honigmelone, die immer mehr Liebhaber findet.

Angostura, bitterer, brauner Extrakt, der aus der Rinde des Angosturabaumes gewonnen wird; er findet tropfenweise bei der Zubereitung von Mixgetränken Verwendung.

Ysop *(Hyssopus officinalis),* auch Eisop, Ispen, Kirchenseppli, Klosterysop; etwa 1 m hoher Halbstrauch aus dem Mittelmeerraum, Familie Lippenblütler *(Labiatae)*; die kräftig würzenden Blätter sind feingehackt als Salatwürze verwendbar, zu Saucen und dicken Suppen; als Würzzutat bei Bohnengerichten; auch getrocknet käuflich; die Volksheilkunde empfiehlt Ysop als Mittel gegen Nachtschweiß, als Tee gegen Husten und Asthma, zum Gurgeln; Heilkraut.

Zitronenmelisse *(Melissa officinalis),* auch Frauenwohl, Herztrost, Honigblatt, Melisse, Mutterkraut; ausdauernde Pflanze, Familie Lippenblütler *(Labiatae)*; 60–100 cm hoch werdend; die Blätter haben beim Zerreiben, besonders vor der Blütezeit, einen angenehm zitronenartigen Geruch; passen in der Küche vor allem zu grünem Salat, Frischkost, Kräutersaucen, Wildgerichten und Pilzspeisen: auch getrocknet käuflich (s. Abb. S. 283).

Zwiebel *(Allium cepa),* auch Bolle, Bülla, Kuchenzwiebel, Oellig, Öse, Zippel; alle Zwiebelarten, Familie Liliengewächse *(Liliaceae),* auch die Winterzwiebel *(Allium fistulosum),* sind reich an Vitamin C und ihre Verwendung im Haushalt nahezu unbegrenzt als Zutat zu Salaten, Suppen, Gemüsen und Fleischgerichten; wir kennen Zwiebelpulver, Zwiebelsalz, geschnittene und gehackte Zwiebeln (frisch), geröstete Zwiebeln, Zwiebelschläuche (artverwandt mit Schnittlauch), die als Schalotten in Büscheln wachsen; die Perlzwiebel wird nur so groß wie eine Nuß, ist von runder Gestalt und schmeckt würzig.

»Safran (CROCUS SATIVUS) *macht den Kuchen geel« – damit ist schon gesagt, daß er eine Gewürz- und Farbdroge ist. Aus dem Fruchtknoten der Safranblüte erhebt sich ein etwa 10 cm langer Griffel mit dreigeteilter braunroter Narbe, aus dem der Safran gewonnen wird. 80 000 Narben ergeben 1 kg Safrangelb.*

Der Quendel (THYMUS SERPYLLUM) *ist mit dem Gartenthymian verwandt. Seine Blätter riechen aromatisch, zitronenartig und schmecken leicht bitter. Er wird wie Thymian verwendet. Die alten Ägypter gebrauchten ihn zum Einbalsamieren vornehmer Toter.*

Anis, Aniskörner, von der Anis-Pimpinelle stammend, die in Ägypten, Syrien, Griechenland und auf Zypern heimisch ist. Der Duft beruht auf einem ätherischen Öl. Vielfache Verwendung als Backgewürz, für die Likörherstellung und als Tee.

Anonenfrüchte, Sammelbezeichnung für Früchte aus der Familie der Anonaceae, z. B. Chirimoya, Zimtapfel.

Aubergine, auch Eierfrucht, Melanzane, kürbisähnliche dunkellila Frucht mit glänzender Schale und weißlich-gelbem Fleisch; wird meist, da kaum Eigengeschmack, mit Tomaten als Gemüse gekocht oder mit Hackfleisch gefüllt.

Avocado, Avokato-Birne, Alligator-Birne, birnenförmige exotische Frucht mit grüner Schale, weißlich-gelbes, cremeartiges Fleisch mit wenig Eigengeschmack; daher mit salzigen sowie süßen Zutaten zu verwenden. Der Name stammt von dem aztekischen »ahuacatl«.

Balsam-Apfel, Kürbisgewächs aus Ostindien; die noch unreife Frucht wird mariniert und als Gemüse gegessen.

Banane, sehr stärke- und zuckerreiche Frucht der Banenenpflanze; wir kennen insgesamt 90 verschiedene Sorten, aber nur wenige sind eßbar. Unsere Bananen stammen aus Somaliland, Costa Rica, Dominikanische Republik, Kanarische Inseln (Ausführliches über Bananen s. S. 18).

Baobab, gurkenähnliche Frucht des Affenbrotbaumes (Baobab) mit holziger Schale; das vitaminhaltige Fruchtfleisch ist roh oder verarbeitet genießbar.

Die Heimat des Thymians (THYMUS VULGARIS) *ist das westliche Mittelmeer. Für den Feinschmecker ist er Hauptbestandteil der raffinierten französischen Küche. Bei uns dient er zum Würzen von Hackbraten, Wild, Geflügel und gebratenem Fisch, aber auch von derben Suppen (oben).*

Unter den zahlreichen Arten der Minze (MENTHA PIPERITA) *kommt der Pfefferminze, einem gezüchteten Bastard aus drei wildwachsenden Minzearten, eine besondere Bedeutung zu. Man stellt aus ihren stark riechenden aromatischen Blättern u. a. den Pfefferminztee her, Zusatz zu Likören, Süßwaren u.a.*

Baumtomate, Tamarillo, exotische, eiförmige, an baumartigen Sträuchern wachsende Frucht mit mattroter-gelblicher Schale, die man vor dem Essen besser abziehen sollte; bittersüßer Geschmack.

Bigarade, bittere Orangen-(Pomeranzen)-Sorte, die für Kräuterlikör verwendet wird.

Calabaza, mittel- und südamerikanische Flaschenkürbissorte.

Cantaloupe-Melone, Warzenmelone, Zukkermelone und wertvollste ihrer Art; runde, oft etwas abgeplattete Frucht; besonders schmackhaft die Charantais-Melone.

Cayenne-Pfeffer, s. Pfeffer S. 276ff.

Cherimoya, süße gelbgrüne Früchte mit geschuppter Schale; die Kerne sind ungenießbar.

Chili, mexikanische, sehr scharfe, kleinschotige Paprika (s. auch Paprika S. 276ff.).

Chirimoya, eine in tropischen und subtropischen Gebirgszonen, aber auch in Spanien wachsende Baumfrucht; ihr Fruchtfleisch erinnert an Erdbeere und Ananas; als Fruchtsalat mit Zitrone angerichtet.

Citrusfrüchte, Zitrusfrüchte, Apfelsinen, Clementinen, Grapefruit, Mandarinen, Orangen, Pomeranzen und Zitronen. Alle zeichnen sich durch einen hohen Vitamin-C-Gehalt aus.

Clementine, eine der Mandarine ähnliche, kernlose Zitrusfrucht.

Colanuß, Frucht der in Westafrika heimischen Colapflanze, die u.a. Coffein enthält und aus der erfrischende Getränke (s. S. 129) hergestellt werden.

Daoen Djeroek Poeroet, runde Blätter eines indischen Zitronenbaumes von frischem, aromatischem Geschmack; als Würze beim Braten von Fleisch zur Reistafel, auch zu gekochtem Fisch.

Daoen Salam, fernöstliches Gewürz, das wie unser Lorbeerblatt, aber milder, schmeckt; wird auch wie dieses verwendet.

Dattel, Frucht der Dattelpalme; frisch oder getrocknet zu verzehren; sehr süß.

Erdnuß, Peanut, siehe S. 87.

Feige, Frucht des Feigenbaumes, bei uns meist nur in getrocknetem Zustand zu erwerben.

Gewürzkörner, s. Piment.

Gewürznelken, Nägelein, getrocknete Blütenknospen des Nelkenpfefferbaumes; stark aromatisch. Sie werden für Kompotte, Gemüse (Rotkohl), Marinaden, Glühwein und Backwerk verwendet.

Granatapfel, orangengroße Frucht mit körnigem Fruchtfleisch, das z. B. in Ostasien viel gebraucht wird; Saft wird für Speisen und Cocktails verwendet; Sirup als »Grenadine« oder limonadenähnliches Getränk von süßsäuerlichem Geschmack in arabischen Ländern.

Grapefruit, eine kleinere Art der Pampelmuse; exotische, sehr vitaminreiche Zitrusfrucht mit gelblichem bis rötlichem Fruchtfleisch.

Guave, Guayabade, Guayava, birnen- bis pflaumenförmige Frucht aus subtropischen Ländern mit grünlich-gelbem Fruchtfleisch und zahlreichen kleinen Kernen, von weichem, süßlichem Geschmack; sehr reich an Vitamin-C.

Der würzkräftige Majoran (MAJORANA HORTENSIS) *diente schon im Altertum als Fleisch- und Ragoutgewürz. Er wird vor allem als Würze von Enten- und Gänsebraten, Kartoffel- und Hülsenfruchtsuppen gebraucht. In großen Mengen wird er bei der Wurstherstellung verwendet.*

Wermut (ARTEMISIA ABSINTHIUM) *wird schon vor 3000 Jahren in Ägypten erwähnt, gilt in deutschen Kräuterbüchern als Heilmittel bei allen möglichen Krankheiten. Als Speisewürze ist er mit Vorsicht zu genießen. Seine Blätter eignen sich zum Würzen von fettem Fleisch.*

Honigmelone, gehört zu den Ananasmelonen; hat eine ovale Form, gelbe Schale und sehr süßes gelbes Fruchtfleisch.

Ingwer, Djahe, pikantes Gewürz, viel in der (indo-)chinesischen Küche verwendet, mit süßherbem, fast brennendem Geschmack; dient als Beilage zu indischem Reis, Saucen, zum Würzen von Fleischspeisen, zum Einlegen von Früchten, insbesondere von Kürbis und Gurken, für Kompotte, Likör und kandiert als beliebte, besonders in England geschätzte Süßigkeit; englisches Ingwerbier (Ginger-ale) und englisches Gingerbread sind bekannt.

Johannisbrot, Carob, Caroube, Frucht des im Mittelmeerraum wachsenden Johannisbrotbaumes; die Schoten sind schwärzlichbraun, etwa 20 cm lang, mit eiförmigen Samen, die in das süßlichbraune Fruchtfleisch eingebettet sind; bei uns kommen sie getrocknet in den Handel, werden als Abführmittel verwendet und als Süßigkeit genossen. Die Bezeichnung »Karat« soll ebenfalls vom arabischen Namen des Johannisbrotbaumes abgeleitet worden sein, da man früher die Karubensamen als Edelsteingewichte benutzte (1 Karat = 0,2 g).

Kaki, fernöstliche Frucht mit sehr hohem Vitamin-A-Gehalt und aprikosenartigem Geschmack; bei der Reife sieht die Schale glasig aus, die Frucht hat ein geleeartiges, weiches Fleisch und enthält bis zu 8 Kerne.

Kaktusfeige, eigroße, exotische Frucht, die auf der Schale viele kleine Stacheln trägt; körniges, wäßriges Fruchtfleisch, saftig und erfrischend.

Kaneel, feine Zimtrinde des jungen Zimtbaumes (= Stangenzimt); zum Würzen von Suppen, Soßen, Kompotten u. ä. verwendet.

Kiwifrucht, auch »Chinesische Stachelbeere« genannt; heute im Mittelmeergebiet angebaute Frucht, die ein süßsaures grünes Fruchtfleisch hat; sehr reich an Vitamin C; vielseitige Verwendungsmöglichkeiten.

Kokosnuß, s. S. 85.

Koriander, im Mittelmeergebiet angebautes Gewürz, das hauptsächlich für Aachener Printen verwendet wird; sonst zum Einreiben von fettem Schweinefleisch, zu vielen exotischen Gerichten, Marinaden und zur Wurstbereitung gebraucht.

Korinthe, kleine Rosinenart; getrocknete Weinbeere einer griechischen Weintraubenart.

Kumquats, Cumquats, kleinste Zwergorangen mit süßsäuerlichem, feinbitterem, sehr aromatischem Geschmack; bekannt als Zierpflanze mit sehr kleinen Früchten; auch bei uns im Handel, meist als Konserve.

Kurkuma, Gelwurz, Turmeric, ingwerartiges Gewürz, das einen Hauptbestandteil des Curry bildet; gibt den Speisen eine gelbe Farbe, ist aber weder so teuer noch so wohlschmeckend wie Safran.

Limette, Zitrusfrucht aus den USA mit grüner Schale, sehr saftreich und im Geschmack noch feiner als Zitrone; den aus ihr gepreßten Saft nennt man Lime Juice.

Limone, Lumie, kleine, nur mirabellgroße

Das Bohnenkraut (SATUREJA HORTENSIS) *stammt aus Südeuropa und scheint bei den Griechen und Römern schon früh bekannt gewesen zu sein. Es ist das klassische Gewürz für Suppen und Gemüse aus grünen oder dicken Bohnen und Linsen.*

Totenkränze aus Sellerieblättern

Der Sellerie *(Aplum graveolens)* war schon im Altertum bekannt. Sein Name leitet sich von dem griechischen »selinon« ab, das bereits bei Homer erwähnt wird. In Abd-el-Quarna fand man ägyptische Mumien, die Kränze aus Lotosblüten und Sellerieblättern trugen. Bei den Griechen war der Sellerie nicht nur Gemüsepflanze und Heilmittel, sondern er spielte auch im Mythos und in der Magie eine große Rolle, wie wir von verschiedenen griechischen Schriftstellern wissen. Der Selleriegeruch, den wir als angenehm empfinden und der auf verschiedene Aromasubstanzen zurückzuführen ist, wird mit dem lateinischen Namen *(graveolens)* als »lästig« bezeichnet und war bei den Wildformen wahrscheinlich auch nicht anders zu benennen. Vielleicht wird der Sellerie deshalb auch mit dem Jenseits in Verbindung gebracht. Er erhielt eine fast chthonische (der Erde angehörende, unterirdische) Bedeutung, indem er zum Symbol des Todes und der Trauer wurde. Man flocht Totenkränze aus Sellerieblättern und schmückte mit ihnen die Gräber.

Im orphischen Mythos entsteht der Sellerie aus dem Blut des Kadmilos, Sohn des Vulkan und der Kabiria und Vater der mysteriösen Kabiren, die in Samothrakien als Nebengottheiten verehrt wurden. Nach einer anderen Version soll er sich aus dem Blut eines Korybanten (Priester der phrygischen Göttermutter Kybele, die bei den lärmenden Festen kleinasiatischer Götter umhertollten) gebildet haben.

Bei den Isthmischen Spielen wurden die Sieger mit Sellerie bekränzt. Die Isthmischen Spiele wurden alle zwei Jahre zu Ehren des Phöniziers Melikertes, der auf dem Meer umgekommen war, abgehalten. Nach anderen Darstellungen sollen sie jedoch von Theseus zu Ehren des Poseidon gegründet worden sein. Macer Floridus weiß zu berichten, daß auch der siegreiche Herkules mit Sellerieblättern bekränzt wurde. Neben anderen klassischen Pflanzen, z. B. Rebe, Efeu und Stechlinde, erscheint der Sellerie auch im Dionysos-Kult.

Liebstöckel (LEVISTICUM OFFICINALE) *ist etwas für Kenner. Es stammt aus Südeuropa und wurde von den Benediktinern mitgebracht. Die sehr würzkräftigen Blätter sind frisch oder getrocknet äußerst sparsam zu verwenden. Sie passen zu allem, was ein kräftiges Fleischbrüharoma verlangt.*

Die Blätter der Kleinen Bibernelle (PIMPINELLA SAXIFRAGA) *riechen und schmecken würzhaft brennend mit leichtem Gurkenanklang. Deshalb passen sie auch vorzüglich zu frischen Salaten und leichten Gemüsen. Getrocknet verlieren sie an Wert (unten).*

Zitrusfrucht, die häufig mit der wesentlich aromatischeren Limettefrucht verwechselt wird.

Lorbeerblätter, getrocknete grüne Blätter des im Mittelmeerraum heimischen Lorbeerbaumes, die in der Küche vielfache Verwendung finden: zu Sauerkraut, Marinaden und Fischsud, zu Wild, Fleischragouts und Sauerbraten.

Lotuswurzel, in der chinesischen Küche verwendet; bei uns in der Regel nur als Konserve erhältlich.

Lychee, Litschi, chinesische oder japanische Haselnußfrucht mit gelblich-rosa Schale, weißem Fleisch und ungenießbarem Kern; das Fleisch ist saftig, an den Geschmack von Sauerkirschen erinnernd; bei uns meist als Konserve im Handel.

Mandeln, stark ölhaltige Samenkerne des im Mittelmeergebiet angebauten Mandelbaums; aromatisches Gewürz in der Weihnachtsbäckerei; geschnittene oder geraspelte Mandeln zu verschiedenen Gerichten der feineren Küche.

Mango, Frucht des Mangobaumes mit sehr vitaminreichem Fruchtfleisch, das als Kompottbeilage zu Fleisch gereicht wird; als Konserve bekannt als »Mango Chutney«: dick eingekochte Gewürzsauce aus Mangofrüchten, Äpfeln, Rosinen, Ingwer, Gewürzen, Zukker; wird gern zu Fondues gereicht, gegrilltem Fleisch, Reistafel und anderen Gerichten des Fernen Ostens.

Melone, einjährige Pflanze aus den warmen Ländern mit kürbisähnlicher Frucht; Wassermelonen und Zuckermelonen; s. auch Ananas-Melone S. 286.

Muskatblüte, Marcis, getrockneter roter Samenmantel der Muskatnuß, aber zarter im Geschmack; wird vor allem für Weihnachtsgebäck verwendet, aber auch für gekochtes Fleisch oder Wurst; gelangt getrocknet und pulverisiert zum Verkauf.

Muskatnuß, gerieben als Gewürzmittel, verwendet für Spinat, Blumenkohl, Kartoffel- und Käsespeisen sowie hellen Saucen und Suppen; ein Zuviel ist schädlich.

Nelken, siehe Gewürznelken S. 288.

Nelkenpfeffer, s. Piment.

Netzmelone, Zuckermelone mit netzartig gemusterter Schale und süßem Fleisch.

Ogen-Melone, neue Züchtung aus Israel, gekreuzt aus Netzmelone und Cantaloupe-Melone; sehr aromatisch im Geschmack.

Olive, in der orientalischen und südeuropäischen Küche vielfach verwendet als Gewürz von Reis- und Fleischgerichten, bei uns als Cocktailbissen oder als Beilage zu kalten Platten.

Oporto-Zwiebel, portugiesische Gemüsezwiebel mit mildem Geschmack; vielfach zum Füllen mit Fleisch, Reis usw. verwendet.

Oregano, feine, wildwachsende Majoransorte, die besonders in der italienischen Küche vielfache Verwendung findet.

Pampelmuse, südländische Zitrusfrucht mit gelbrotem Fleisch, die erheblich größer und schwerer wird als die Grapefruit; thailändische (besonders große) Früchte werden un-

ter dem Namen »Pomelo« bzw. »Pumelo« angeboten.

Papaya, Baummelone, Frucht des tropischen Melonenbaumes; oval mit dünner grüner Schale und rötlichem Fruchtfleisch; sehr Vitamin-A- und -C-haltig; man ißt es am besten mit Zitrone beträufelt oder mit hauchdünnen Schinkenscheiben als Vorspeise.

Paprika, siehe S. 276.

Pecannuß, Frucht des in Nordamerika und Mexiko heimischen Hickorybaumes; beigefarben mit glatter Schale; ähnelt dem Walnußkern.

Pfeffer, siehe S. 276ff.

Peperoni, Pfefferoni, sehr scharfe, kleine Paprikaschoten; bei uns meist – in Essig eingelegt – als Konserve im Handel.

Piment, Nelkenpfeffer, Neugewürz, getrocknete, unreife Früchte des tropischen Pimentbaumes, bei uns als »Gewürzkörner« im Handel; Allzweckgewürz, dessen Geschmack zwischen Nelken und Pfeffer liegt.

Pinienkerne, Pignoli, mandelartig schmekkende Kerne der Pinie (Mittelmeergebiet) mit hohem Ölgehalt.

Pistazien, eßbare grüne Fruchtkerne des Pistazienbaumes (Mittelmeergebiet); mandelähnlicher Geschmack; dient zur Verzierung von Gebäck und Konfekt.

Pomeranze, kleine Bitterorange; die kandierten Schalen liefern das Orangeat.

Rosine, Zibebe, helle, getrocknete Beeren verschiedener Weintrauben; kernlose Rosinen heißen Sultaninen.

Sapote, exotische Frucht mit zimtfarbener, rauher Schale und sehr süßem rosa Fruchtfleisch; bei uns lediglich als Konserve im Handel.

Satsuma, japanische Mandarinenzüchtung, die auch in Mittelmeerländern angebaut wird; bei uns im Handel.

Squash, gelbe längliche Kürbisfrucht.

Sternanis, ostasiatische Anisart; wird als scharfes Gewürz verkauft und ist für Kompotte und Gebäck zu verwenden; nicht durch Anis zu ersetzen.

Vanille, exotische Orchideenart; zu verwenden sind die Stangen, die man am besten in Zucker aufbewahrt; dieser wird dann zum Würzen benutzt (s. auch S. 20).

Wassermelone, Arbuse, Pasteke, Melone mit dunkelgrüner, oft marmomierter Schale; besteht zu 95% aus wässerigem Saft; das rosa Fruchtfleisch ist fade im Geschmack und von vielen schwarzen Kernen durchsetzt.

Zedrat, von der im Mittelmeerraum heimischen Zedrat-Zitrone stammend, mit dicker, fleischiger Schale; wird zu Zitronat, einem Kuchengewürz, verarbeitet.

Zimt, Rinde des aus Ceylon (Sri Lanka) oder China stammenden Zimtbaumes, die zu Röhrchen zusammengerollt wird; dient zum Würzen von Kompott, Glühwein, Punsch u.a. (s. auch Kaneel S. 289).

Zitrone, Zitrusfrucht mit hohem Vitamin-C-Gehalt; der ausgepreßte Saft hat vielerlei Verwendungsmöglichkeiten.

Zuckermelone, Melonenart, die aromatischer ist als die Wassermelone.

Die frischen, zarten Blätter des Gurkenkrautes oder Borretsch (BORAGO OFFICINALIS) *dienen als Gewürzkraut vor allem für Gurkensalat. aber auch für andere Salatsaucen oder Blattsalate. In manchen Gegenden wird Borretsch auch als Gemüse gegessen. Dabei dienen die jungen und zarten blauen Blüten als willkommene Zugabe.*

Fast vergessen ist der Kerbel (ANTHRISCUS CEREFOLIUM). *Seit alters her verwendet man ihn zu der berühmten Kerbelsuppe, doch können auch andere Suppen, Saucen, gebratenes oder gegrilltes Fleisch mit ihm verfeinert werden.*

Die Anpassung der Pflanzen an ihre Umwelt

Die Umwelt einer Pflanze oder Pflanzengesellschaft setzt sich aus zahlreichen ökologischen Faktoren zusammen, wie Klima und Bodenart, Licht und Temperaturverhältnisse, Feuchtigkeits- und Nährstoffmengen. Im Abhängigkeitsverhältnis zu ihrer Umwelt oder auch in Wechselwirkung zueinander, werden die einzelnen geographischen Zonen der Erde, oft aber auch nur ganz eng begrenzte Räume, von Feucht- oder Trokkenpflanzen, Sonnen- oder Schattenpflanzen usw. besiedelt, und nichts geschieht »rein zufällig«.

Die Lehre von der ökologischen Pflanzengeographie ist schon ziemlich alt. Sie knüpft an Gedankengänge an, die bereits Charles Darwin in seiner Lehre von der Entstehung der Arten und seinem »Kampf ums Dasein« zugrundelegt. In diesem Zusammenhang heißt es – und dies gilt im übertragenen Sinne auch für die Tierwelt –, daß bei dem ununterbrochenen Kampf gegen Umwelteinflüsse, zu denen auch Rivalen und sogar Nachbarn zu rechnen sind, sich diejenigen Formen am besten zu behaupten vermögen, die durch Struktur und Funktion den gegebenen Standortbedingungen optimal angepaßt sind. Daraus folgt, daß eine Form dann größere Lebenschancen hat als eine andere, wenn sie nicht nur mit den Energie- und Nährstoffmengen, die ihr zur Verfügung stehen, besser auskommt, sondern sich auch gegen schädliche Umwelteinflüsse erfolgreich zur Wehr setzen kann. Darwin hat mit seiner Lehre seiner Zeit einen erbitterten Streit unter den Gelehrten ausgelöst.

Was ist Ökologie?

Die Ökologie, ein Teilgebiet der Biologie, ist die Wissenschaft von den vielfältigen Beziehungen zwischen den Lebewesen und ihrer Umwelt, oder in einem noch weiteren Sinne, die Lehre vom Gesamthaushalt der Natur. Geht die ökologische Betrachtung von einem einzelnen Lebewesen aus, bezeichnet man dies als Aut-Ökologie. Werden Lebensgemeinschaften in ökologischer Hinsicht untersucht, spricht man von Biozönosen. Nach den großen Lebensräumen gliedert sich die Ökologie in die terrestrische oder Landökologie, in die limnische oder Süßwasserökologie und in die marine oder Meeresökologie.
Innerhalb dieser Bereiche stößt man oft auf die Bezeichnung »ökologische Nische«. Hierunter wird die Gesamtheit aller Umweltfaktoren verstanden, die einer Population (Gruppe) oder Art von Lebewesen die Existenz in bestimmten Lebensräumen gestattet. Meist sind ökologische Nischen durch Extremfaktoren (beispielsweise zu geringes Nahrungsangebot, zu große Kälte u. dergl.) begrenzt. Was sich außerhalb der Grenzen an Änderungen von Umweltfaktoren vollzieht, hat auf die Lebewesen innerhalb der ökologischen Nische keinen Einfluß.

Der Boden

Als Boden wird vom ökologischen Standpunkt aus derjenige Teil der Erdrinde bezeichnet, der von Pflanzen besiedelt ist. Sogar der nackte Fels, der nur einen dünnen Überzug aus Flechten trägt, ist »Boden«, oder der Schlamm in stillen Gewässern, in dem eine für dieses Substrat (Nährboden) charakteristische Pflanzenwelt beheimatet ist. Bezeichnenderweise steht der Boden, auch wenn er völlig anorganischer Natur ist, in Wechselbeziehung zu der Pflanze, denn sie bezieht aus ihm einen großen Teil ihrer Nahrung und gibt nach dem Absterben ihre organischen Reste an ihn zurück. Interessant ist es auch zu wissen, daß gewisse Nährstoffe, die sich in der Luft befinden (beispielsweise Ammonium), erst dann von der Pflanze genutzt werden können, wenn sie mit dem Regen auf den Erdboden gelangen und auf dem Weg über die Wurzel aufgenommen werden. Die oberirdischen Teile der Pflanze könnten diese Nährstoffe, selbst wenn sie direkt auf ihnen abgelagert würden, nicht auswerten. Der Weg über den Boden und das Wurzelsystem ist also entscheidend. Dies gilt sogar für festsitzende Wasserpflanzen, die ihre Nahrung aus dem Boden beziehen, obwohl ihre assimilierenden Teile ständig von Nährlösung umspült sind. Besonders bei höheren Pflanzen ist deshalb sehr genau zwischen Boden- und Luftnahrung zu unterscheiden. Letztere besteht aus Kohlendioxid, und ihre Aufnahmeorgane

Wolfsmilchgewächse (EUPHORBIEN) *sind Charakterpflanzen des Mittelmeerraumes. Sie vertragen große Trockenheit, Sonne und steinigen Boden. In ihren Gefäßen enthalten sie Milchsaft* (LATEX), *in Sekretzellen Öle und Harze.*

sind die chlorophyllhaltigen Blätter oder andere Organe mit Blattgrün.

Die einfachste Form des Bodens ist der nackte Fels. Er kann nur sehr niedrigen pflanzlichen Formen – Algen und Flechten – ein Lebenssubstrat bieten, wobei das Vorhandensein von Wasser in Form von Regen, Schmelzwasser oder anderer Zufuhr eine große Rolle spielt. An frisch gebrochenen Steinen in einem Steinbruch oder an Schutthalden, die aus Gesteinstrümmern aufgeschüttet worden sind, ist das langsame Entstehen von Pflanzenleben sehr gut zu beobachten:

Lange Zeit bleibt der nackte Stein leer. Die Sonne brennt auf ihn nieder, Regen prasselt herunter, der Wind fegt darüber hin. Schnell ist alle Feuchtigkeit verdunstet. Eines Tages aber zeigt sich ein schwacher graugrüner Schimmer, der sich bei näherer Betrachtung als allererster Pflanzenwuchs zu erkennen gibt: Es sind Algen und Flechten, die hier ihre Pionierarbeit leisten. Der Wind hat von irgenwoher ihre Sporen mitgebracht und auf dem kahlen Stein abgelagert. Bei der nächsten Feuchtigkeitszufuhr keimen sie aus, ihre Fäden klammern sich an den Unebenheiten im Fels fest oder dringen in möglicherweise vorhandene kleine Risse ein. Und dann kann es geschehen, daß lange Zeit eben nichts geschieht, denn bei Trockenheit verharrt der dünne pflanzliche Anflug in einem Ruhezustand. Beim nächsten Regen aber erwacht er zu neuem Leben und vergrößert seine Fläche um eine Winzigkeit.

Flechten gehören zu den genügsamsten Pflanzen unserer Erde und sind selbst dort noch zu finden, wo an anderes pflanzliches Leben überhaupt nicht zu denken ist. Die notwendige Feuchtigkeit entnehmen sie – in dem hier geschilderten Falle – dem Regen und dem Tau, die meisten Nährstoffe dem angewehten Staub, einen kleineren Teil dadurch, daß sie das Gestein zersetzen. Sobald sich durch ihr Wirken eine hauchdünne Bodenschicht gebildet hat, können auf dieser nun auch angewehte Moossporen keimen.

Der Winter trägt sein Teil dazu bei, die Pflanzen bei ihrer Zersetzungsarbeit zu unterstützen. Wasser dringt in die Gesteinsrisse ein, dehnt sich beim Gefrieren aus und lockert es. Das Gestein verwittert. Wieder trägt der Wind im Frühjahr und Sommer Staub herbei, der zwischen der dünnen Pflanzenschicht hängenbleibt und für diese neue Nahrung bedeutet. Alte Flechten und Moospflanzen sterben ab, vermodern und bilden organische Reste, die zusammen mit dem Gesteinsstaub schließlich eine ganz feine Humusschicht ergeben; die überall vorhandenen Bakterien werden rege und beginnen mit ihrer abbauenden Tätigkeit. Allmählich wird die Bodenschicht, die nun den ehemals nackten Fels bedeckt, so dick, daß auch die Samen höherer Pflanzen, vom Wind herangetragen oder von Tieren dorthin verschleppt, keimen können. Nur wenigen gelingt es allerdings, auf die Dauer mit einem derart kümmerlichen Nährboden auszukommen. Aber genügsame Trockenpflanzen können hier nun schon ihr Dasein fristen, z. B. Mauerpfeffer, Steinbrech oder Kriechendes Fingerkraut. Sie überziehen den Stein als niedrige Rasen oder Polster und zeichnen sich durch kleine, zähe, oft behaarte Blätter aus. Auch Pilze und einige Grasarten siedeln sich an, die ersten Tiere stellen sich ein und finden Nahrung, Obdach und Zuflucht: Schnecken und Würmer, Tausendfüßler, Spinnentiere und Insekten.

Damit ist nicht nur eine Pflanzengesellschaft entstanden, sondern sogar eine Lebensgemeinschaft, die sich aus Pflanzen (in der Hauptsache Grünpflanzen), Tieren und Mikroorganismen zusammensetzt. Zwischen ihnen besteht ein natürliches Gleichgewicht, das vom Kreislauf der Stoffe gehalten und getragen wird. Und diese Pflanzengesellschaft bzw. Lebensgemeinschaft ist nun nicht mehr nur vom Boden, sondern auch von Licht, Luft und Wärme abhängig.

Jahre gehen ins Land, und das Bild der Lebensgemeinschaft auf der Felsenhalde wandelt sich. Mit Hilfe ihrer Propeller oder Flughäute schweben Früchte herbei, und Samen lassen sich an ihren Fallschirmen nieder. Eines Tages sind die Flächen mit dem rotleuchtenden Violett der Weidenröschen bedeckt oder von den goldenen Sonnen des Löwenzahns und Habichtskrauts, und Disteln recken sich starr und steif in die Höhe. Vögel lassen sich nieder, scheiden die unverdaulichen Samen von Himbeeren und Brombeeren aus, nachdem sie sich vorher am Fruchtfleisch gütlich taten, und der Erdboden nimmt die Neuankömmlinge auf. Vögel sorgen auch für die Aussamung von Schlehe und Holunder, Heckenrose und Weißdorn. Wenn die Sträucher herangewachsen sind, breitet sich Schatten unter ihren Zweigen aus. Bald können die Pflanzen, die vordem hier wuchsen und das Licht suchten, nicht mehr existieren. Sie sterben ab, liefern neue Nährstoffe, und die Bodenschicht wird immer dicker. Die Wurzeln der Zugewanderten tun ein übriges, dringen immer tiefer ins Gestein ein, zersetzen und zerkrümeln es, und die Humuslage wächst. Gleichzeitig wird die Feuchtigkeit im Boden zurückgehalten, die Sonneneinstrahlung abgeschwächt, die Verdunstung gehemmt, die Windeinwirkung geringer. Im Gewirr des Bodenwuchses finden Schlangen und Eidechsen, Kröten und Salamander, Mäuse und Igel Nahrung, Versteck und Wohnung, und das Wiesel macht auf seinen Jagdzügen reiche Beute. Im Geschling und Gesträuch nisten Zeisige, Ammern, Distelfinken und Zaunkönige. Ihre Tafel ist reich gedeckt mit Insekten und Spinnen, Raupen und Blattläusen, und süßes Fruchtfleisch gibt es im Überfluß.

Wieder gehen die Jahre dahin. Und dann stellen sich die ersten Bäume ein. Ihre geflügelten, geschopften, behaarten und gefiederten Früchte schweben heran und lassen sich in ein Bett fallen, das Ungezählte vor ihnen bereiteten. Weiden, Birken und Kiefern sind die ersten und bilden Vorposten und Spähtrupps für die Heere, die ihnen folgen: Erlen und Ebereschen, Hain- und die ersten Rotbuchen, schließlich Eichen und Fichten. Sie breiten ihre Äste aus, der Schatten wird immer tiefer, Licht und Wärme nehmen ab, und der Wind hat keinen Zutritt mehr. Aus dem anfänglichen Algenbelag auf nacktem Stein ist ein Wald geworden auf nährstoffreichem Humusboden.

Auch an anderen Plätzen wirken die Pflanzen an der Bodenbildung mit, beispielsweise an Meeresküsten, wo durch die Strömung in ruhigen Buchten Sand und Schlamm herangeführt und abgelagert werden. Mit seinen kriechenden Rhizomen (Wurzelstöcken) hält das Gemeine Seegras den Sand fest und bildet unter Wasser oft weitflächige Wiesen, in deren dichtste-

Der Abbau organischer Stoffe durch Mikroorganismen

Nach dem Tode eines Lebewesens werden die organischen Stoffe, aus denen sein Körper größtenteils besteht, zersetzt und in anorganische Stoffe zurückgeführt. Wie aber geschieht das? Es ist das Werk einer unvorstellbar großen Menge von mikroskopisch kleinen Pilzen und Bakterien, die die Zellulose beispielsweise der pflanzlichen Zellwände abbauen, den Zucker der Früchte in Alkohol und Kohlendioxid zerlegen, den Alkohol in Essig verwandeln (Essigbakterien). Kohlenhydrate, Fette und Eiweiße, die von den Pflanzen auf- und von den Tieren umgebaut worden sind, werden ebenfalls abgebaut. Das gleiche geschieht mit allen Abfallstoffen, die von den Tieren ausgeschieden werden. Nach ihrer Rückführung in anorganische Stoffe stehen diese als neue Nahrung für die Pflanzenwelt bereit, und der Kreislauf kann von neuem beginnen.

henden Blattbüscheln eine weitere Sedimentation (Ablagerung) stattfindet. Um dem drohenden Begrabenwerden unter Sand und Schlamm zu entgehen, wächst das Seegras höher, wird wieder überlagert, wächst weiter – und eines Tages hat sich der Boden so weit gehoben, daß er zumindest bei Ebbe trockenliegt. Später wandern auch hier weitere Pflanzen zu, z. B. der Queller, auch Glasschmalz genannt, der im Schlick der Nordseeküste zur Landgewinnung sogar regelrecht angebaut wird und das Salzwasser liebt, der Spärkling und der Mannaschwaden. Zusammen mit dem Milchkraut und dem Meeresdreizack sowie verschiedenen Binsenarten bilden sie zuerst einzelne Inseln. Diese wachsen in die Breite, vereinigen sich, werden zu Rasen, und schließlich entsteht eine zusammenhängende Vegetationsschicht. Hochwasser bricht Teile aus ihr heraus, Stürme zerfetzen sie, Winter und Eis reißen sie auseinander. Aber die Pflanzengesellschaft zeigt Durchhaltekraft und wächst wieder nach. Und wenn der Kampf mit dem Meer und den Naturgewalten auch nie nachläßt, so folgt der Zerstörung doch immer eine Neubildung, der Lücke stets ein neuer Bewuchs.

Die Besiedlung von Sand- und Lößböden erfolgt in ähnlicher Weise. Unter Löß versteht man einen gelblichen, leicht zu zerreibenden Lehm mit 60–80% Quarz und 10–15% Kalk, der als ungeschichteter Atmosphärenstaub vom Wind herangetragen und abgesetzt wurde und besonders im Vorland ehemals vereister Gebiete Europas und Nordamerikas, aber auch in weiten Teilen Asiens angetroffen wird. Sehr häufig breiten sich Steppen oder Prärien auf ihm aus.

Sandböden sind wohl ursprünglich von ähnlichen Pflanzenformen besiedelt worden wie die Dünen, d. h. von Gräsern und Halbgräsern mit weit ausgreifenden, kriechenden Rhizomen. Auch sie suchten der drohenden Überlagerung durch neue Sandteile dadurch zu entgehen, daß sie die Flucht nach oben antraten, also mit der zunehmenden Bodenschicht in die Höhe wuchsen. Die Pioniere, die so den Weg für eine spätere Pflanzenwelt bereiten, sind in erster Linie Seggen- und Gerstenarten, Strandhafer, wildwachsender Weizen und andere. Auch hier entstehen zuerst zusammenhanglose Inseln, die sich ausbreiten, dann ineinander übergehen und schließlich eine geschlossene Pflanzendecke bilden. Je nachdem, unter welchem Breitengrad solche Sandböden liegen und wie groß die Niederschlagsmenge ist, die auf sie niedergeht, können Gras- oder Heideflächen entstehen, aber auch Gebüsch- und Gehölzformationen oder sogar Wälder.

Die Entwicklung der Vegetation auf Sandböden zeigt in allen Klimazonen große Ähnlichkeit hinsichtlich ihrer Ökologie, wenn die Pflanzenarten, die sich an der ersten Besiedlung beteiligen, auch nicht überall die gleichen sind. Aber wo auch immer Sandflächen oder Dünen von ihnen eingenommen werden, geschieht es im Kampf mit den Widrigkeiten der Umwelt, verbunden mit einer extremen Genügsamkeit, was die Wasserversorgung anbelangt, und einer beispiellosen Härte und Ausdauer in bezug auf Lebenswillen und Durchstehvermögen.

Dabei geht vielerorts eine Veränderung des Bodens vor sich: Durch die Arbeit des Wurzelwerkes und der Rhizome wird Humus ab- und eingelagert, die Bodenschicht gewinnt an Fruchtbarkeit, bietet für die nachfolgenden Pflanzen höhere Lebenschancen, und es entwickelt sich eine höchst bedeutungsvolle Wechselwirkung zwischen Boden und Vegetation, die für die Stabilität vieler Pflanzengesellschaften sorgt und für eine relative Abhängigkeit hinsichtlich der Beschaffenheit der Unterlage sowie der Reihenfolge, in der sich die Vegetation langsam verändert.

Besonders interessant und aufschlußreich ist auch die Mitwirkung der Pflanzen bei der Verlandung von Seen und Sümpfen und bei der Entstehung von Mooren. Sie findet in ähnlicher Weise statt wie die Verlandung am Meer, nur sind hier die Pflanzen andere als dort, und auch ihre Aufeinanderfolge ist eine andere, denn nirgendwo ist der Pflanzenwuchs so üppig wie in nährstoffreichen Gewässern.

Durch die ständige Neubildung organischer Stoffe, teils seitens der Pflanzen, teils durch die Ausscheidungs- und Verwesungsstoffe der Tierwelt, erhöht sich unaufhaltsam der Grundschlamm eines Sees. In der gesamten Uferzone bildet sich Faulschlamm, der die einzelnen Pflanzengürtel und mit ihnen die Tiere, die dort ihre Heimat haben, nach der Seemitte zu wandern läßt. Untergetauchte Wasserpflanzen besiedeln neue Gebiete, die vordem zu dunkel für sie waren und durch die Anhebung des Bodens nun ins Licht gerückt sind, Schwimmpflanzen nehmen den Platz der vormals untergetauchten ein.

Allmählich verschwindet das freie Wasser immer mehr, die Seefläche wird immer stärker eingeengt, und es entsteht ein sumpfiges, mit Sauergräsern bewachsenes Flachmoor. Es ist von Wasserlachen durchsetzt, und bis der See völlig verlandet ist, können viele Jahrzehnte, ja sogar Jahrhunderte und Jahrtausende vergehen. Inzwischen siedeln sich Bäume an, die eine hohe Grundfeuchtigkeit vertragen, Erlen und Weiden beispielsweise, aber auch Birken, Kiefern und andere. So entsteht ein Bruchwald, und auch er ist ein Paradies für die Vogelwelt.

Wenn der Mensch das Flachmoor nicht trockenlegt, um aus ihm Kulturboden zu machen, werden hier Torfmoose heimisch. Sie wachsen außerordentlich schnell, bedecken bald weite Flächen, und wo die unteren Teile absterben, wachsen die oberen weiter. Da ihre Polster eine große Wassermenge in sich aufzunehmen vermögen, können die abgestorbenen Teile nicht mehr zersetzt werden, weil die Luftzufuhr fehlt, und schließlich bildet sich Torf. Die Oberfläche des Moores erhöht sich immer weiter: das Flachmoor wird zum Hochmoor. Und wo früher ein See war, bildet sich nun eine Erhebung, die nicht selten ihre Umgebung um 10–20 m überragt.

Für die Pflanzen, die einst das Flachmoor besiedelten, besteht jetzt immer weniger die Möglichkeit, mineralische Stoffe, vor allem Kalk, vom Grunde heraufzuholen. Das Wasser ist braun, reich an Humussäuren und weit saurer als das des Flachmoores. Der Baumbestand verkümmert und stirbt schließlich ab. Auch viele andere Pflanzen sehen keine Existenzmöglichkeiten mehr. Sie weichen neuen Arten, die auf dem sauren Untergrund und bei der mangelhaften Versorgung mit Nährstoffen noch ihr Auskommen finden.

In den feuchten, kühlgemäßigten Gebieten Nordeuropas und Nordasiens herrscht der Podsolboden vor, auch Grau- oder Bleicherde genannt. Er gibt sich als Sandboden zu erkennen, dessen oberer Horizont durch Rohhumussäuren ausgelaugt ist, und dessen Salze im darunterliegenden Horizont z. B. als Ortstein wieder ausgeschieden werden. Ortstein ist eine durch humussaure Eisenverbindungen verkittete sandige, feste Bodenschicht, die besonders in Heideböden zu finden ist.

Die nordischen Nadelwälder stehen fast ausschließlich auf Böden vom Podsoltypus. Infolge des hier herrschenden, schon genannten feucht-kühlen Klimas geht die Humuszersetzung nur langsam vonstatten, die im Boden befindlichen Vegetationsreste können von Bakterien und Pilzen nur sehr zögernd angegriffen werden. Die Masse wird nur halb zersetzt und läßt auch nach langer Zeit noch ihre organische Herkunft und Struktur erkennen. Durch die Wegschwemmung der Nährstoffe in den Unterboden, wodurch sie aus der nächsten Umgebung der Wurzeln entfernt werden, können anspruchsvollere Pflanzen nicht gedeihen, besonders keine Kräuter, die darauf angewiesen sind, ihre Nahrung der obersten Bodenschicht zu

Anpassungen

Xerophyten

Die Wasserversorgung spielt im Leben einer Pflanze eine wesentliche Rolle. Bewohner trockener Standorte (Xerophyten) haben besondere Einrichtungen entwickelt, die ihre Transpiration und damit ihre Wasserverdunstung herabsetzen. Die Spaltöffnungen werden in grubenartige, von den angrenzenden Epidermiszellen gebildete Vertiefungen verlagert, in sog. windstille Räume. Aus ihnen kann das Wasser nur langsam durch Diffusion entweichen. Dieser Effekt wird verstärkt, wenn mehrere Stomata in einer Grube vereinigt oder die Blätter nach unten eingerollt sind. Die Verdunstung kann auch durch Verdickung der Epidermiswände (Nadelblatt) oder durch dichten Haarbesatz herabgesetzt werden.

Oleander

Blattquerschnitt
die Spaltöffnungen sind
in Hohlräumen versenkt

ein dichtes Haarkleid
schützt das Edelweiß vor
starker Sonneneinstrahlung

Alpenazalee mit Rollblättern

bei den Nadelblättern
der Nadelbäume mindert
eine dicke Kutikula
die Verdunstung

Nadelblatt

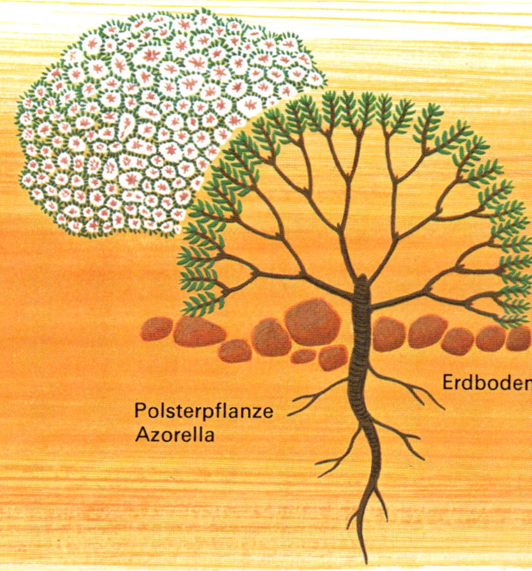

Polsterpflanze
Azorella

Wasseraufnahme des Torfmooses

Da das Torfmoos keine Wurzeln hat, nimmt es das Wasser wie alle Moose vorwiegend durch die Blätter auf, indem große, tote Ampullenzellen kapillar das Wasser aufsaugen.

das Torfmoos nimmt die
Luftfeuchtigkeit in große
Ampullenzellen der Blättchen auf

Blattquerschnitt

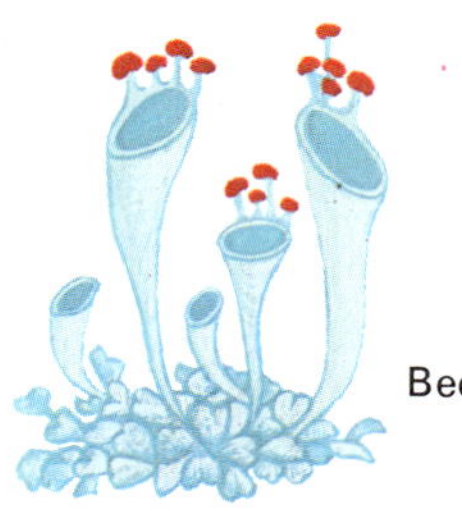

Becherflechte

Hirschfarn

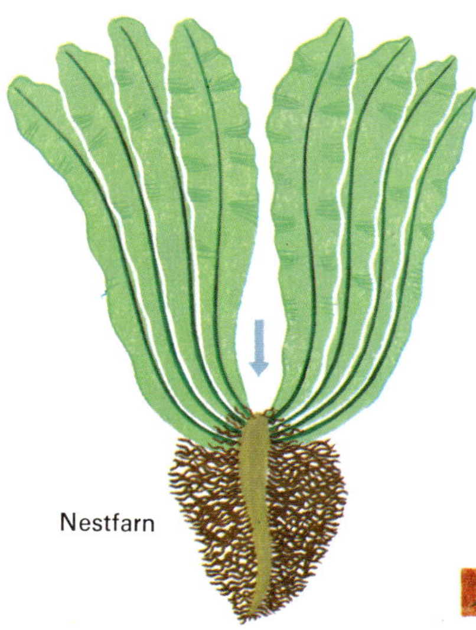

Nestfarn

Hemiepiphyten

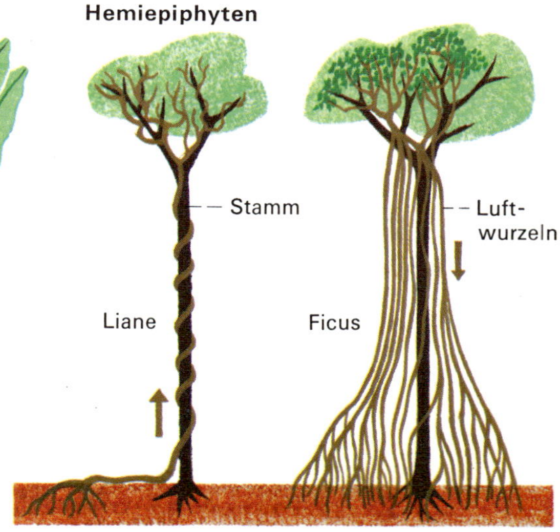

Sukkulenten
Diese Pflanzen legen sich in ihrem Vegetationskörper einen Wasservorrat an, und zwar in einem Wassergewebe mit außerordentlich saftreichen Zellen. Die wasserspeichernden Organe nehmen meist eine fleischig-saftige (sukkulente) Beschaffenheit an. Außerdem sind Vorrichtungen vorhanden, die die Transpiration einschränken, wie die Reduktion der Blätter. Das Wasser kann in den Wurzeln, im Stamm (Kakteen, Affenbrotbaum) oder in den Blättern (Fensterpflanze) gespeichert werden.
Die Kakteenform (3) läßt sich von anderen Dikotylen (1) über Zwischenformen (2) ableiten; so entsteht eine Reduktion der Blätter und Verdickung des Achsenkörpers.

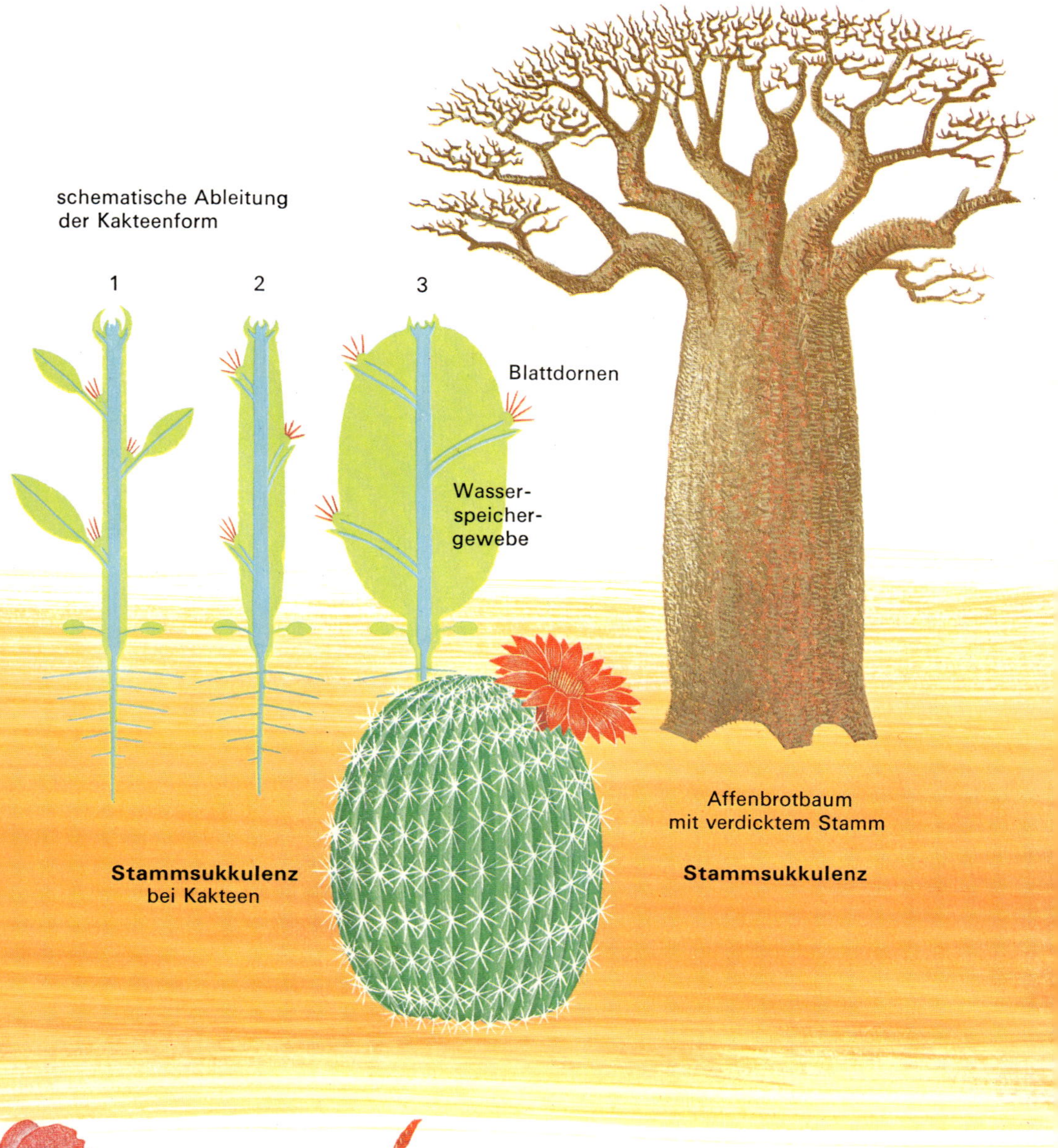

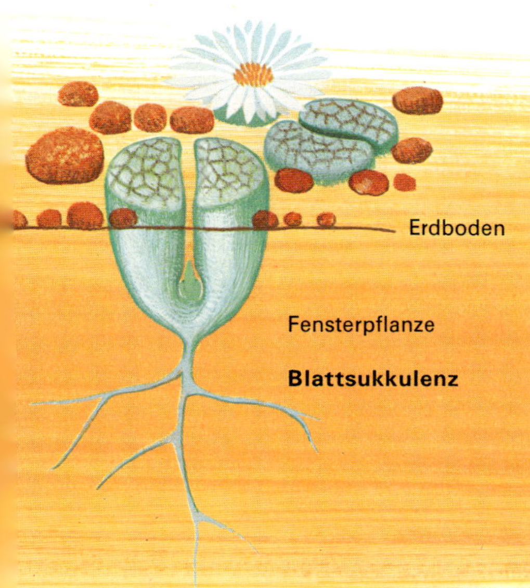

Epiphyten
Schwierig ist die Wasserbeschaffung der Pflanzen, die statt auf dem Boden auf anderen Pflanzen wachsen.
Sie sammeln u. a. das Regenwasser in rosettenartig angeordneten Blättern. Es wird durch Wurzeln oder Saugschuppen aufgenommen (rechts) ähnlich wie bei den Torfmoosen. Bei den Hemiepiphyten (Ficus) erreichen die Wurzeln den Boden, dem sie dann das Wasser entnehmen.

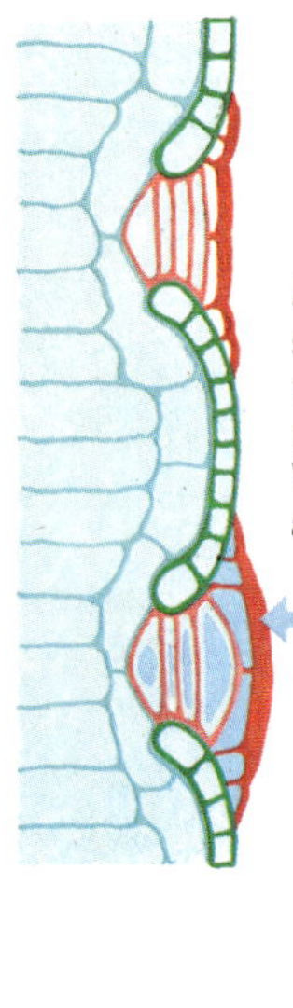

entnehmen. Hinzu kommt eine mangelhafte Durchlüftung des Bodens, die dadurch entsteht, daß im Rohhumus Fadenpilze vorherrschen, die die halbzersetzten Humusteile miteinander verweben und so die Luftdurchlässigkeit des Bodens ungünstig beeinflussen. Die Vegetation besteht daher in erster Linie aus Gräsern oder Kräutern, die ein Rhizom besitzen, wie Geschlängelte Schmiele, Schafschwingel, Pfeifengras, Wintergrün, Fichtenspargel, Maiglöckchen, Netzblatt, Siebenstern u.a. Auch zahlreiche Moose und Zwergsträucher sind anzutreffen, besonders die Besenheide, Heidel- und Preiselbeere, die Krähenbeere, im Norden die Zwergbirke und niedrige Weidenarten, auf trockeneren Stellen mitunter auch Flechten.

Diese reiche, dichte Pflanzendecke übt einen sekundären Einfluß auf die Beschaffenheit des Bodens aus, indem sie dessen Mängel noch verstärkt. Der dichte Wurzelhaarfilz der Moose und die ebenfalls stark verfilzten und verzweigten Wurzeln der Besenheide und Heidelbeeren machen die Humusdecke praktisch undurchlässig. Wenn die Pflanzen zudem noch sehr dicht stehen, vermögen ihre Wurzeln fast gar nicht in den Mineralboden einzudringen. Neben Fadenpilzen trägt auch eine Reihe von Hutpilzen dazu bei, mit ihrem Fadengeflecht den Waldboden zu durchziehen, während die periodische Austrocknung des Bodens die Entfaltung des sonst so reichen Bakterienlebens verhindert.

Alle diese Faktoren zusammengenommen sind die Erklärung dafür, daß empfindliche Pflanzen hier keine Lebenschancen haben, zumal die Dränage (Ableitung überschüssigen Bodenwassers) an vielen Stellen zu wünschen übrig läßt, und sein Sauerstoffgehalt auf 1% oder weniger absinkt. Manche Fichtenwälder sind stark versumpft, oder die Ortsteinbildung ist so stark, daß tiefreichende Wurzeln sich nicht bilden können. Die auf solchen Böden stehenden Kiefern und Fichten sind daher gezwungen, ein flach verlaufendes, an der Ortsteinschicht sich hinziehendes Wurzelsystem zu entwickeln. Außerdem formen die dominierenden Pflanzen den Boden so um, wie es für ihr Wachstum am günstigsten ist, und nicht selten arbeiten sie hier mit der Tierwelt – die übrigens ziemlich spärlich vertreten ist – Hand in Hand. Unter Heidelbeeren ist der Rohhumus z.B. meist nur locker gelagert, was auf das Wirken von Bodentieren zurückzuführen ist. Unter Preiselbeeren ist er schon fester, un-

ter Heidekraut für Wasser fast undurchlässig. Es ist leicht einzusehen, daß die übrige Vegetation bei der Dominanz einer bestimmten Pflanzengruppe nur die Wahl hat, sich den Gegebenheiten anzupassen, oder aber nicht existieren zu können. Die auf Rohhumus stehenden Wälder fristen daher ein mehr oder weniger kümmerliches Dasein, und nur anspruchslosen Nadelwäldern aus Kiefern und Fichten ist es gegeben, hier ihr Auskommen zu finden.

Ein Buchenwald, der auf einem solchen Boden steht, hat damit vorliebzunehmen, daß dieser – wie soeben beschrieben – von den Wurzeln vieler Gräser und dem Fadengeflecht zahlreicher Pilzarten durchzogen und mangelhaft durchlüftet ist, wenn nicht die Regenwürmer diesem Übelstand durch ihre segensreiche Tätigkeit als Humusbildner abhelfen. Wenn dies nicht der Fall ist, bilden sich Humussäuren, die Laubdecke wird fortgeweht, der Boden trocknet aus und bietet nur einer sehr einseitigen Vegetation Existenzmöglichkeiten: der Schmiele, einem sehr feinblättrigen Gras, das dichte, weiche Rasen bildet, dem Siebenstern, der Zweiblättrigen Schattenblume, dem Wiesenwachtelweizen, der als Halbparasit lebt, und üppigen Moosrasen und -polstern, die sich aus zahlreichen Arten zusammensetzen. Wohl fühlen sich auch hier wieder die Besenheide und Heidelbeere, und wenn sie sich stark ausbreiten, kann der Boden sogar Heidecharakter annehmen. Dies wiederum geht auf Kosten der Buchen, deren Sämlinge immer schlechtere Lebensbedingungen vorfinden und schließlich an vielen Stellen den Kampf ganz aufgeben. Die Heide hat gesiegt.

In Eichenwäldern ist die Tendenz zum Rohhumusboden geringer. Eichenlaub ist leichter zersetzbar als Buchenlaub, und die Wurzeln der Eiche können den Boden besser auflockern als die der Buche.

Unsere Betrachtung kann nicht abgeschlossen werden, ohne noch den Humus erwähnt zu haben, der als Braun- oder Schwarzerdeboden in Mitteleuropa am weitesten verbreitet ist. Unter dem Begriff Humus versteht man eine fast unübersehbare Zahl organischer Verbindungen. Oder anders ausgedrückt: Humus ist kein dauernder Bestandteil des Bodens, sondern ein sehr kompliziertes Zersetzungs- und Umwandlungsprodukt toter organischer Substanz, die in überwiegendem

*Glasschmalz oder Queller (*SALICORNIA HERBACEA*), eine glasig-fleischige, grüne bis schmutzigrote Pflanze, besiedelt den Schlick im Wattenmeer, wird aber auch häufig zur Landgewinnung angebaut. Im Binnenland ist die Pflanze an Salzstellen zu finden (links).*

Schopfbäume am Kilimandscharo. In Anpassung an die nächtlichen Fröste stehen die Blätter rosettenförmig beieinander (rechts).

Der Regenwurm als Humusbildner und Bodendurchlüfter

Der allen Menschen wohlbekannte und von vielen als schädlich erachtete Regenwurm gehört zu den wichtigsten Geschöpfen unserer Erde. Warum sollte er wohl schädlich sein? Stellt man diese Frage, lautet die Antwort: Weil er Wurzeln frißt. Aber selbst, wenn er wollte, wäre er hierzu nicht in der Lage, denn er besitzt keine Mundwerkzeuge. Der ganze Wurm besteht vielmehr aus einem langen Darm, der unterhalb des reich mit Tastzellen ausgestatteten Kopflappens beginnt, in einem Hautmuskelschlauch verläuft und am Hinterende nach außen mündet. Als nächtliches Tier, das Trockenheit und helles Licht scheut – hat er auch keine Augen, so nimmt er die Helligkeit doch mit unzähligen winzigen Sinneszellen wahr – arbeitet er sich unermüdlich durch den Erdboden, nimmt beinahe pausenlos Erde auf, verwertet in seinem Darm die in ihr enthaltenen organischen Substanzen und scheidet den Rest in Form der wohlbekannten dunklen Wurmhäufchen an der Erdoberfläche ab. Sie sind guter, fruchtbarer Humus.
Aber nicht nur das. Als unermüdlicher Arbeiter zieht er in den Nächten massenhaft modernde Pflanzenteile unter die Erde und beschleunigt damit deren Zersetzungsprozeß. Man hat errechnet, daß in einem Hektar normalen Ackerlandes 100000 bis 120000 Regenwürmer leben und in einem Jahr rund 500 Zentner Erde bewegen, Humus erzeugen und den Boden durchlüften! Aus dieser Tatsache ergibt sich, was der vielfach so verachtete Regenwurm für die Fruchtbarkeit der Erde und die Existenzmöglichkeiten der Pflanzen tut. Seiner rastlosen Tätigkeit ist es zu verdanken, daß Wurzeln und Mikroorganismen im Boden keinen Sauerstoffmangel leiden und daß die Feuchtigkeit eindringen kann. Ohne sein Wirken würde die Erde sauer und bliebe unfruchtbar.

Maße pflanzlicher Herkunft ist. Humus wird unaufhörlich aufgebraucht, aber auch ununterbrochen neu gebildet. Besteht die Hauptmasse der toten Pflanzenkörper aus Zellulose, spielen zellulosezersetzende Bodenbakterien die dominierende Rolle. Wo diese Mikroorganismen fehlen, z. B. in Hochmoorböden, wird der Humus nur halb zersetzt und bildet ein mächtiges Lager, das bald jeder höheren Pflanze die Lebensgrundlage entzieht.

Über die Natur des Humus läßt sich heute folgendes sagen: Bei der bakteriellen Zersetzung (Verwesung) von organischer Substanz werden stickstoff- und stärkehaltige Stoffe abgebaut. Diese, besonders die schwer zersetzlichen, bilden die Grundlage der Humusbildung. Durch Einlagerung von Ammoniak entstehen bei Hinzutreten von Sauerstoff Huminsäuren, die sich in Gegenwart von Kalk zu wertvollen Kalkhumaten verbinden. Zusammen mit den Tonbestandteilen des Bodens entsteht ein Ton-Humus-Komplex, der die besten Eigenschaften eines fruchtbaren Bodens besitzt und Dauerhumus genannt wird.

Der Humusgehalt in den Böden ist sehr verschieden und kann bis zu 20% betragen. Da stark humushaltiger Boden braun bis schwarz ist, wird er auch Schwarzerdeboden genannt. Humus enthält viele im Wasser unlösliche kohlenstoffreiche Verbindungen. Bei seiner Auflösung durch Alkalien entstehen Huminsäuresalze.

Schließlich noch ein Wort zur Durchlüftung des Bodens: Nicht nur Bakterien und Pilze, die im Boden leben, auch Tiere (Insekten, Würmer, Asseln u. a.) verbrauchen wie die Pflanzenwurzeln bei ihrer Atmung Sauerstoff und geben Kohlendioxid ab. Da die Sauerstoffzufuhr und die Ableitung von Kohlendioxid fast ausschließlich auf Grund von Diffusion aus der Atmosphäre stattfindet, ist die Konzentration beider Stoffe von verschiedenen Faktoren abhängig. Eine schlechte Bodendurchlüftung setzt die Sauerstoffkonzentration herab und läßt sich das Kohlendioxid anstauen. Da letzteres, wenn es massiv auftritt, mehr oder weniger giftig wirkt, stellt die Durchlüftung des Bodens insgesamt gesehen einen nicht zu unterschätzenden ökologischen Faktor dar.

Der Sauerstoffbedarf der Pflanzen ist verschieden hoch. Manche bleiben schon bei einer geringen Herabminderung im Wachstum zurück, z. B. die Getreidearten, während viele Weiden sich wochenlang mit einem Mindestmaß begnügen. Extrem anspruchslos in dieser Hinsicht sind auch Moor- und Sumpfpflanzen, die in einem Boden wurzeln, dessen Sauerstoffgehalt praktisch gleich Null ist; bestimmte Pilze und Bakterien können sogar hohe Konzentrationen von Kohlendioxid ohne Schaden ertragen. Interessant ist das Verhalten der im Boden befindlichen Pflanzensamen. Auf viele wirkt sich ein hoher Kohlendioxidgehalt wie ein Narkotikum aus. Die Keimung beginnt gar nicht erst oder stagniert. Verringert sich die Kohlendioxidkonzentration, nimmt die Keimung ihren Fortgang.

Als untere Grenze der Normaldurchlüftung des Bodens bezeichnet es Lundegårdh, wenn der Kohlendioxidgehalt in 15 m Tiefe 1% beträgt. Bei Werten darüber beginnen sich schon Gifteinwirkungen zu zeigen.

Durch Düngung von Äckern und Wiesen kann der Kohlendioxidgehalt der Bodenluft stark beeinflußt werden und unter die Grenze des Normalwertes sinken. Krankheiten der Kulturpflanzen und Wachstumshemmungen können die Folge sein.

Auch der Sauerstoffgehalt des Grundwassers hängt bis zu einem gewissen Grade von der Durchlüftung des darüberliegenden Bodens ab. Stehende Gewässer sind fast immer sauerstoffarm. Daher enthalten sie auch oft Fäulnisprodukte.

Steckbrief der Bodenbakterien

Im Erdboden leben riesige Mengen von Bodenbakterien, hauptsächlich in der oberen Schicht der Erdkrume; schon in einem halben Meter Tiefe ist der Boden fast steril. In einem winzigen Erdkrümchen von einem Gramm Gewicht befinden sich rund 100000 Bakterien und mehr, daneben 50000 bis 100000 Algen und 10000 tierische Einzeller. Je bakterienreicher der Erdboden ist, um so besser ist seine Krümelbildung. Die Umsetzungen, die die Lebensprozesse der Mikroorganismen hervorrufen, sind für den Kreislauf der Stoffe von allergrößter Bedeutung.
Die Eiweiß-Abfallstoffe werden von Fäulnisbakterien zerstört. Sie sind, wie der große Louis Pasteur sie einmal nannte, die »Totengräber der Natur«. Ohne ihr Wirken wäre die Erde ein ungeheurer Friedhof, vollgestopft mit den sterblichen Überresten toter Pflanzen, Tiere und Menschen. Für Lebende wäre kein Platz mehr. Indem die Eiweiße durch die Fäulnisbakterien zersetzt werden, rufen sie, wenn genügend Luftsauerstoff zutritt, Verwesung hervor. Dabei wird die organische Substanz nicht nur völlig abgebaut, sondern wieder in den allgemeinen Kreislauf der Stoffe eingefügt.
In tieferen Lagen, wo die Luft keinen Zutritt mehr hat, tritt Fäulnis ein: Die organischen Substanzen werden nur teilweise zersetzt, und kohlenstoffreiche Massen bleiben unter Abspaltung von Ammoniak, Kohlendioxid, Stickstoff, Schwefelwasserstoff u. a. zurück. Stickstofffreie Kohlenhydrate werden von Gärungserregern abgebaut.

Versucht man, Bodenbeschaffenheit, -durchlüftung und Niederschlagsmenge in Beziehung zueinander zu setzen, so läßt sich feststellen, daß mit zunehmender Feuchtigkeit des Klimas die Grenze der Normaldurchlüftung des Bodens um so eher erreicht wird, je dichter seine Struktur ist. Für diese Feststellung lassen sich viele Beweise erbringen.

Licht und Sonneneinstrahlung

Die natürliche Lichtquelle ist die Sonne. Außer den für die Photosynthese notwendigen Helligkeitsstrahlen sendet sie ultraviolette und dunkle Wärmestrahlen zur Erde nieder, auf die wir hier aber nicht näher eingehen können. Uns soll in erster Linie das Licht als ökologischer Faktor beschäftigen, stellt es doch teils den Energielieferanten dar, mit dessen Hilfe Baumaterial für den Pflanzenkörper herangeschafft wird, teils hat es entscheidenden Einfluß auf die Geschwindigkeit des Wachstums und die Organbildung der Pflanzen. Das Licht löst ferner bei Sproß und Blättern Reiz- und Krümmungsbewegungen aus. Ein Beispiel soll dies verdeutlichen (s. auch S. 260):

Ahornblätter stellen sich in diffusem Tageslicht senkrecht auf die Richtung der Strahlen ein, die auf die Spreite (Blattfläche) fallen, auch wenn nur ein Teil der Spreite wirklich getroffen wird. Fallen die Sonnenstrahlen aber direkt auf das ganze Blatt, so nimmt es eine mehr oder weniger spitzwinklige Stellung zu den Strahlen ein. Diese Reaktion auf die Belichtungsstärke kann auch so aussehen, daß sich die oberen Blätter der Ahornkrone schräg stellen, während die unteren eine horizontale Stellung einnehmen. Die oberen reagieren damit auf die direkte Sonnenbestrahlung, die unteren stellen sich auf das diffuse Himmelslicht ein. In extremen Fällen, wie bei den sogenannten Kompaßpflanzen, sind die Blätter mit ihren Kanten in Richtung auf die stärksten Sonnenstrahlen ausgerichtet, also von Nord nach Süd.

Es scheint, als sei die Kompaßstellung namentlich bei Vertretern aus warmen Klimazonen ein wirksamer Transpirationsschutz. Indem die Blätter Profilstellung einnehmen, gehen sie während der größten Sonneneinstrahlung um die Mittagszeit einer ungünstigen Temperaturerhöhung aus dem Wege. Bei Pflanzen kühlerer Breiten, die ebenso verfahren, kann es sich um die günstigste Assimilationslage handeln.

Die Reaktionsweise der lichtempfindlichen Blätter erfüllt damit also offenbar einen doppelten Zweck: einerseits so viel Helligkeit wie möglich einzufangen, andererseits so viel Wärmestrahlen wie möglich abzuweisen. Schattenblätter stellen sich, dieser Regel folgend, also senkrecht zum stärksten Licht, Sonnenblätter begeben sich in mehr oder weniger stark ausgeprägte Schräglage. Schattenblätter können deshalb auch groß, dünn und mangelhaft differenziert sein; Sonnenblätter sind klein, dick und anatomisch gut differenziert.

Manche Pflanzen sind in der Lage, im Schatten typische Schattenblätter auszubilden und in der Sonne typische Sonnenblätter (z. B. die Buche). Andere wiederum – und zwar die meisten extremen Schattenpflanzen – sind auf einen bestimmten Standort spezialisiert und haben diese Möglichkeiten nicht. Sie können nur Blätter einer Art entwickeln, sind dafür aber imstande, die Stellung ihrer Blätter zu variieren. Ein typisches Beispiel ist der Sauerklee:

Bei sonnigem Wetter haben dicht beieinander stehende Pflanzen oft ein sehr verschiedenes Aussehen. Während die beschatteten ihre drei herzförmigen Einzelblättchen so ausbreiten, daß sie in einer Ebene liegen, senken die besonnten ihre Blättchen nach unten und falten sie in der Mittellinie etwas ein. Dadurch werden sie weniger von den Sonnenstrahlen getroffen und ihre Verdunstung wird eingeschränkt, zumal sie nur an der Blattunterseite Spaltöffnungen besitzen. Bei Einbruch der Dunkelheit nehmen alle Blätter die gleiche »Schlafstellung« ein, indem sie sich herabsenken.

Auch Keimsprosse streben zum Licht. Ihre dabei zu beobachtende Überverlängerung im Dunkeln ist bekannt. Sie ist wohl als die fundamentale Anpassung der Grünpflanzen an das Lichtleben zu verstehen. Ohne diese Bewegungen würde der Keimsproß im Dunkel des Erdreichs oder in der Felsspalte, wohin der Same geriet, zugrunde gehen.

In der weiteren Entwicklung der jungen Pflanze spielen Lichtreizungsvorgänge ebenfalls eine große Rolle. Besonders bei Grünpflanzen sind eine hohe Lichtempfindlichkeit und ein spezifisches Lichtoptimum charakteristisch, was am besten in Gewässern zu beobachten ist. Dort dringt das Licht bei klarem Wasser maximal 50 m, bei trübem Wasser nur 8–10 m in die Tiefe. Das bedeutet, daß Grünpflanzen unter 50 m nicht mehr existieren können, denn von da ab herrscht völlige Dunkelheit. Dagegen bietet die lichtlose Zone mit ihrer tiefen Temperatur unzähligen Bakterien einen günstigen Lebensraum.

Bei den meisten Pflanzen ist die Chlorophyllmenge abhängig von der Lichtintensität. Ist diese sehr schwach, steigt die Chlorophyllmenge mit dem Licht (nach Liro). Nach Erreichen eines Optimums sinkt der Gehalt wieder (Lubimenko). Schattenblätter haben also mehr Chlorophyll als Sonnenblätter.

Bei Kiefern und Fichten konnte ein sehr interessantes Verhalten beobachtet werden: Während die Fichte bei mäßigen Lichtverhältnissen ein sehr lang anhaltendes Steigen ihres Chlorophyllgehaltes erkennen ließ, konnte die Kiefer nicht Schritt halten. Daraus kann geschlossen werden, daß Fichten sich besser dem Schatten anzupassen vermögen als Kiefern.

Auch die Lichtkeimung soll noch erwähnt werden. Viele Samen keimen erst, wenn sie einer bestimmten Lichtmenge ausgesetzt waren (die nicht groß zu sein braucht), während andere sowohl im Licht wie in völliger Dunkelheit auskeimen, wieder andere durch Tageslicht an der Keimung verhindert werden. Eine ähnliche Lichtabhängigkeit zeigen auch die Knospen vieler Bäume. Bei Buchen z. B. werden die Knospen durch Licht zur Entfaltung angereizt; bei Kakteen dagegen wirkt Licht hemmend.

Bekanntlich lebt eine Pflanze nicht nur von Wasser und Nährstoffen aus dem Boden allein, sondern sie bezieht ihre Nahrung auch aus der Luft. Die Energie wird von der Sonne als strahlende Energie, als Licht, geliefert. Die Assimilation von CO_2 wird daher auch als Photosynthese bezeichnet. Chemisch sieht der Vorgang folgendermaßen aus:

energiearme Stoffe		+ Lichtenergie	→ energiereicher Stoff	
Kohlendioxid	+ Wasser	+ Sonnenlicht	→ Traubenzucker	+ Sauerstoff
$6\ CO_2$	$+ 6\ H_2O$	+ 674 kcal	$\rightarrow C_6H_{12}O_6$	$+ 6\ O_2$

Die Kompaßpflanze

Die Kompaßpflanze gehört zur Familie der Korbblütler und stammt aus Nordamerika (Mexiko), wo sie 2–3 m hoch wird. Bei uns ist sie durch den Stachellattich (*Lactuca serriola*) vertreten. Sie wird hier auch Kompaßdistel genannt.

Ihren Namen verdanken die Kompaßpflanzen ihrer eigenartigen Blattorientierung. Exemplare, die an stark besonnten Plätzen wachsen, sehen schon im lebenden Zustand wie gepreßt aus, da sie ihre Laubblätter infolge Torsion (Verdrehung) am Blattgrunde vertikal aufrichten und außerdem in Nord-Süd-Richtung drehen. Sie werden deshalb auch Meridianpflanzen genannt.

Durch diese eigenartige Blattstellung wird erreicht, daß die Blätter während der höchsten Strahlungsintensität der Sonne zur Mittagszeit, die durch die vom Boden reflektierte infrarote Strahlung noch verstärkt wird, mit ihren Kanten genau in Strahlungsrichtung stehen und die Blattflächen nur von dem schwächeren Morgen- und Abendlicht getroffen werden. Die Blattbewegungen werden durch Licht- und Wärmeeinflüsse ausgelöst und gesteuert (Phototropismus bzw. Thermotropismus; s. auch S. 260).

Auf Sandstränden wächst die Pankrazlilie (PANCRATIUM MARITIMUM; *ganz oben). Die Wüstenpflanze Welwitschia hat bis 3 m lange, bandförmige Blätter (oben).*

Es wurde bereits gesagt, daß die Photosynthese eine Leistung des Protoplasmas der chlorophyllführenden Zellen ist. Die Organe der Assimilation sind demnach die grünen Pflanzenteile, in erster Linie die Blätter. Als Eingangspforten für das Kohlendioxid dienen im allgemeinen die Spaltöffnungen. Die Synthese des Traubenzuckers geht in den Chlorophyllkörnern vor sich. Mit Hilfe von Fermenten (Wirkstoffen) wird er meist sofort in Stärke verwandelt, die im Mikroskop deutlich als feinkörnige sogenannte Assimilationsstärke zu erkennen ist und sich in den Chlorophyllkörnern befindet. Kurz danach wird sie wieder aufgelöst und als Zucker zu den Bedarfsstellen bzw. Speicherorganen weitergeleitet (Knollen, Zwiebeln, Samen usw.). Dort wird sie in den Leukoplasten zu grobkörniger Speicherstärke, der Stärke der Nahrungsmittel, umgebildet und in dieser Form gespeichert.

Bei Landpflanzen gelangt, wie schon erwähnt, das Kohlendioxid mit der Luft durch die Spaltöffnungen in die Blätter, wo es von den Pflanzenzellen aufgenommen wird. Wasserpflanzen nehmen es in gelöster Form unmittelbar durch ihre zarten Blatt- und Stengelhäute auf und führen es auf diesem Wege den Zellen zu. Bei Wasserpflanzen ist auch deutlich der durch die Assimilation freigewordene Sauerstoff zu erkennen: Bei Sonnenlicht scheiden sie feine Gasbläschen aus, die sich von Zeit zu Zeit von den Pflanzen lösen und an die Oberfläche des Wassers steigen.

Ein paar Zahlen sollen schließlich noch die gewaltige Leistung belegen, die die Grünpflanze bei der Assimilation vollbringt: Aller Kohlenstoff, der in der Pflanze vorkommt, wird aus dem geringen Kohlendioxidgehalt der Luft assimiliert. In 5 g Stärke sind 2 g Kohlenstoff enthalten. Um sie der Luft zu entziehen, müssen 10 cbm davon die Blätter durchlaufen. Ein Hektar Buchenwald produziert pro Jahr etwa 70 dz Stärke, ein Quadratmeter Blattfläche der Sonnenblume in einer Stunde 0,5 bis 1 g Traubenzucker. Der Umfang der Assimilation hängt von der Zahl und der Oberfläche der Chlorophyllkörner ab: ein Quadratmillimeter eines Rizinusblattes enthält in der Palisadenschicht 400000, in der Schwammschicht 90000 Chlorophyllkörner mit insgesamt 4 qcm Oberfläche.

Bestimmte Bakterien sind in der Lage, das Kohlendioxid der Luft im Dunkeln, also ohne den Energiespender Sonnenlicht, zu assimilieren. Dies geschieht mit Hilfe chemischer Umsetzung. Man bezeichnet diesen Assimilationsvorgang im Gegensatz zur Photosynthese als Chemosynthese. (Vgl. hierzu Kap. »Ernährung, Atmung und Wasserhaushalt der Pflanzen«).

Die Lichtverhältnisse bleiben in vielen und vielleicht sogar ziemlich eng begrenzten Gebieten, die ständig von einer charakteristischen Pflanzengesellschaft besiedelt sind, nicht das ganze Jahr über die gleichen. Dies trifft besonders für unsere sommergrünen Laubwälder zu. Hier entwickelt sich vor dem Blattaustrieb im Frühjahr ein üppiger Blütenteppich aus den sogenannten Frühlingsblühern, der verschwindet, wenn die Lichtphase des Waldes beendet ist.

Die Frühlingsblüher, zu denen Buschwindröschen *(Anemone nemorosa)* und Leberblümchen *(Anemone hepatica)*, Scharbockskraut *(Ranunculus ficaria)* und Lerchensporn *(Corydalis)* zählen, aber auch Lungenkraut *(Pulmonaria officinalis)* und Frühlingsplatterbse oder Kuckucksschuh *(Lathyrus vernus)*, Aronstab *(Arum maculatum)* und Bärenlauch *(Allium ursinum)*, Seidelbast *(Daphne mezereum)* und Frühlingsknotenblume *(Leucojum vernum)*, Schneeglöckchen *(Galanthus nivalis)* und März- oder Wohlriechendes Veilchen *(Viola odorata)* besitzen sämtlich unterirdische Speicherorgane, von denen sie zehren und sich zu regen beginnen, sobald der Schnee weggetaut ist, und das Licht ungehindert durch das noch kahle Geäst fällt und den Boden erwärmt. Da die Frühlingsblüher allesamt Sonnenkinder sind, ist ihr Leben zu Ende, wenn das Blätterdach geschlossen ist, und die Schattenphase beginnt. Es heißt für sie also, in wenigen Wochen zu blühen, zu fruchten, die Samen zu verbreiten und die unterirdischen Vorratskammern fürs nächste Jahr wieder zu füllen – eine wahrhaft respektable Leistung! Sollte die Zeit zur Nahrungsspeicherung nicht ausgereicht haben, so holen sie im Herbst vor Frostbeginn mit einer neu einsetzenden Assimilation das Versäumte nach.

Ist der Wald erst in Dämmerlicht gehüllt – in Zahlen ausgedrückt heißt das, die Lichtwerte können bei vollem Sonnenlicht im Frühjahr von 30–100% auf 0,1% in der Schattenphase abfallen – so erscheinen andere Bodenpflanzen, die Sonnenbestrahlung nicht vertragen können: Waldmeister *(Asperula odorata)*, Sauerklee *(Oxalis acetosella)* und Sternmiere *(Stellaria*

Die Stranddistel (ERYNGIUM MARITIMUM)
ist an vielen Küsten zu Hause und hält mit ihren tief reichenden Wurzeln den Sand fest.
Sie hat blaue Infloreszenzen und weißbereifte Blätter.

nemorum), Waldveilchen *(Viola silvatica)* und Goldnessel *(Lamium galeobdolon)*. Farne entrollen ihre weichen, sattgrünen Wedel, und eine Reihe von Moosen bildet üppig schwellende Polster.

Eine grundlegende Wandlung, die sich über Jahre oder sogar Jahrzehnte hinaus erstrecken kann und ebenfalls stark von der Lichteinwirkung abhängig ist, vollzieht sich auf Kahlschlägen. Werden sie von der Hand des Menschen nicht neu aufgeforstet, so stellen sie anfangs eine Fläche dar, die dem vollen Sonnenlicht ausgesetzt ist. Sie wird alsbald von Weidenröschen in Besitz genommen, die weithin leuchtende rotviolette Inseln bilden, vom Roten Fingerhut, der sich, wo er geschützt ist, ebenfalls schnell vermehrt, vom Waldkreuzkraut, der hochgiftigen Tollkirsche und der Hainklette. Die Sämlinge der Bäume, die hier um einen Neubeginn kämpfen, haben es nicht leicht, sich gegenüber der Blühfreudigkeit und Massenvermehrung der Kahlschlagpflanzen durchzusetzen. Da diese aber zumeist einjährig sind, die Sämlinge dagegen ausdauernde Pflanzen, wird ihr Durchstehvermögen zusehends besser: Aus den Sämlingen werden Jungpflanzen und aus diesen nach und nach Büsche und Bäume. Der Bewuchs des anfänglichen Kahlschlages wird immer dichter, die Lichtintensität geringer, der Schatten nimmt zu. Wenn der Kahlschlag völlig bewachsen ist, sind auch die Pflanzen, die ihn zu Beginn besiedelten und mit ihrem Blühen und Leuchten überzogen, endgültig verschwunden.

Luft- und Bodentemperatur

Die Erdoberfläche bezieht ihre Wärme von der Sonnenbestrahlung. Bis zu 80% der Sonnenenergie bestehen aus ultraroten Strahlen. Licht- und Temperaturklima weichen aber vielfach stark auseinander. Während ersteres im wesentlichen an die geographische Breite gebunden ist, aber beeinflußt wird von Bewölkung, Menge und Verteilung der Niederschläge so-

Ehe der letzte Schnee geschmolzen ist, öffnen sich auf Hügel- und Bergwiesen die ersten Krokusse und heben ihre buntfarbenen Gesichter der Sonne entgegen.

Die Blüten schließen sich bei Dunkelheit, Regen und Kälte öffnen sich aber bereits nach wenigen Minuten wieder, wenn die Temperatur nur geringfügig ansteigt.

wie die an einem Ort herrschende jährliche und tägliche Beleuchtung, wird das Temperaturklima eines Ortes, also die Lufttemperatur in 2–3 m Höhe, indirekt durch die Temperatur des Erdbodens bedingt. Diese wiederum hängt von der Menge der eingestrahlten Energie, der spezifischen Wärme, der Absorptionsfähigkeit, der Ausstrahlung in der Nacht und noch weiteren physikalischen Erscheinungen ab. Sie sind auch nicht überall gleich, sondern wechseln mit der Art des Bodens und seinem Wassergehalt. Im Sommer speichert der Boden die Wärme, im Winter gibt er sie allmählich ab, und in Küstennähe wirkt sich das Meer als riesiger Temperaturregler aus.

Neben den genannten Faktoren und den absoluten Temperaturwerten spielen auch die Schwankungen zwischen Tag und Nacht eine große Rolle. Eine nennenswerte Wärmespeicherung, die die winterliche Kälte oder die nächtliche Abkühlung ausgleichen oder wenigstens herabmindern könnte, kommt nur selten vor. Die Pflanze muß also von sich aus versuchen, sich so gut wie möglich gegen Extremwerte zu schützen.

Sie hat hierfür verschiedene Möglichkeiten. Genannt seien der Laubfall im Winter und die »Schlafstellung« bestimmter Blätter im Sommer. Behaarung schützt sie vor zu starker Transpiration, ebenso ein Lacküberzug. Arten, die sich den Temperaturextremen nicht anzupassen vermögen, verschwinden von ihrem Standort, bei anderen haben die Temperaturintervalle, auf Tag und Nacht sowie den Jahresablauf bezogen, eine entscheidende Bedeutung für Wachstum und Entwicklung, Assimilation und Atmung.

Die Empfindlichkeit der Pflanzen gegen zu große Wärme oder zu große Kälte ist sehr verschieden. Tropische Gewächse »frieren« sehr leicht und geraten bereits in Lebensgefahr, wenn sich die Temperaturen dem Nullpunkt nähern. Dies gilt auch für Pflanzen, die zwar längst in kühleren Breiten heimisch geworden sind, dieses Erbteil aus wärmeren Ländern, ihrer ursprünglichen Heimat, aber mitgebracht haben, nämlich Tomaten, Bohnen, Kartoffeln und Tabak. Sterben sie bei Frost nicht ab, so treten doch mindestens Wachstumshemmungen und Entwicklungsstörungen auf.

Pflanzen der gemäßigten Zone sind weniger empfindlich und nehmen erst Schaden, wenn ihre Gewebesäfte zu Eis gefrieren. Hochgebirgspflanzen und solche des hohen Nordens sterben aber selbst dann noch nicht ab, sondern ertragen die unvorstellbare Kälte von –50° bis –70 °C unbeschadet, indem sie sich langsam einfrieren lassen und wieder auftauen. Die riesigen Nadelwälder Sibiriens liefern den Beweis dafür. Auch viele krautige Pflanzen, z. B. das Gänseblümchen *(Bellis perennis)*, können vollständig gefrieren, ohne Schaden zu nehmen. Zweijährige Pflanzen, wie Rübe, Kohl, Mohrrüben, Petersilie, Wintergetreide u. a., brauchen die Kälteeinwirkung des Winters, weil sie nur dann im zweiten Jahr zur Blüte kommen. Wie der japanische Forscher A. Sakai kürzlich berichtete, kann man Holzgewächse der gemäßigten und nördlichen Breiten in flüssigem Stickstoff sogar bis auf –196 °C abkühlen, wobei ihr Gewebe glashart gefriert. Weidenzweige überstanden sogar das Gefrierbad in flüssigem Helium bei –269 °C. Neue Untersuchungen in den USA, über die J. Weiser berichtete, scheinen anzudeuten, daß das Geheimnis der frostsicheren Pflanzen in der Existenz einer Art von Frostschutzhormon oder -enzym zu suchen ist, das das Zelleiweiß vor dem Frosttod bewahrt. Bisher konnte man eine solche Substanz allerdings noch nicht identifizieren.

Der Tod durch Erfrieren beruht gewöhnlich darauf, daß dem Protoplasma der Zellen bei der Eisbildung zu rasch Wasser entzogen wird. Hinzu kommt, daß die Pflanzen bezüglich ihrer Abhärtung im Laufe des Jahres Schwankungen unterliegen: Während diese im Herbst zunimmt, wird sie im Frühjahr geringer. Deshalb wirken sich Spätfröste nach einer Reihe von warmen Frühlingstagen ganz besonders gefährlich aus. Dies gilt in erster Linie für junge, wasserreiche Triebe. Ausgesprochene Hochgebirgspflanzen dagegen sind weniger gefährdet. In den Nadeln der Zirbelkiefer findet eine Eisbildung erst bei –4 °C statt; bei –8 °C gefrieren etwa 50% der Gewebsflüssigkeit, der Rest selbst dann nicht, wenn die Temperaturen noch tiefer sinken.

Man hat aber auch noch eine weitere Beobachtung gemacht: Werden junge Bäume aus den nördlichen Gebieten Europas nach Mitteleuropa verpflanzt, so treiben sie hier vielfach zu früh aus, weil die Erwärmung im Norden zwar langsam einsetzt, dann aber auch endgültig mit dem Frühjahrsbeginn zusam-

Winter am Feldberg.
Der Reif, der die gefallenen Stämme und die jungen Tännchen überzieht, wird im Hintergrund von den Strahlen der untergehenden Sonne vergoldet.
Laubbäume ziehen es vor, in den wärmeren Tälern zu bleiben.

menfällt. In Mitteleuropa dagegen folgen auf frühlingswarme Tage häufig noch Kälteeinbrüche und Nachtfröste, die dem Jungholz schaden können. Werden umgekehrt junge Bäume aus Mitteleuropa in den Norden versetzt, so treiben sie dort vielfach zu spät aus, die Zeitspanne bis zum Einsetzen der Winterkälte ist für sie zu kurz, sie haben ihren Entwicklungszyklus noch nicht beendet und nehmen, wenn sie vom Frost überrascht werden, schweren Schaden.

Von wesentlicher Bedeutung ist auch, ob eine Pflanze im Winter von Schnee bedeckt ist oder nicht. Schnee wirkt wie eine wärmende Decke und schirmt besonders die Bodenkräuter weitgehend gegen die Kälte ab. Zwergsträucher im Flachland, z. B. Heidelbeeren, können in schneefreien Wintern schon bei geringer Kälte Schaden erleiden, während sie im Hochgebirge, wo sie bedeutend tieferen Temperaturen ausgesetzt sind, diese schadlos überstehen, solange sie von einer dichten Schneedecke umhüllt sind.

Da die Pflanzen auch bei großer Winterkälte nicht ganz auf eine Wasserabgabe durch Transpiration verzichten können, in den gefrorenen Sprossen das Wasser aber nicht ergänzt werden kann, besteht die Gefahr, daß die Pflanzen bei anhaltendem Frost austrocknen, besonders wenn bei kaltem Winterwetter die Sonne scheint. Man spricht dann von einer Frosttrocknis. Dauerformen wie Sporen und Samen vertragen dagegen Trokkenheit und extreme Temperaturwerte über +100 °C und bis –258 °C, manche Kieselalgen Werte bis –200 °C.

Wasser und Niederschläge

Von größtem Einfluß auf das Wachstum der Pflanze ist die Feuchtigkeit der Luft und des Bodens. So verbraucht z. B. der Weizen, um ein Gramm Körnermasse bilden zu können, etwa 23 ccm Wasser.

Ökologisch ausschlaggebend ist die gesamte Wasserbilanz, d. h. das Verhältnis zwischen der Wassermenge, die die Pflanze durch ihre Wurzeln und andere Organe aufnimmt, und der Menge, die durch Transpiration (Verdunstung) abgegeben wird.

Wenn ein Boden durch Verdunstung immer mehr Wasser verliert, so kommt schließlich der Augenblick, in dem Wachstum und Existenz der Pflanze bedroht sind. Bei einem solchen absoluten ökologischen Minimum des Wasserfaktors deckt sich der Verlust durch Transpiration nicht mit der Wasseraufnahme: die Pflanze welkt. Bei eingetretenem Welkungspunkt ist die Saugkraft der Pflanzen also kleiner als die des Bodens. Allerdings ist die Widerstandskraft der Pflanzen gegen das Welken sehr verschieden. Bei Sukkulenten kann sich dieser Prozeß sehr in die Länge ziehen, ohne daß sie ihr Leben dabei einbüßen.

Noch widerstandsfähiger sind Moose und Flechten, die zeitweise sogar völlig eintrocknen können. Im Gegensatz hierzu sind Schattenpflanzen in gemäßigten Zonen gegen das Welken sehr empfindlich.

Von den Niederschlagsmengen, die auf die Erde niedergehen, fließt ein großer Teil als Oberflächenwasser ab, der andere versickert im Boden. Je nach dessen Struktur wird das Wasser entweder in den oberen Schichten festgehalten, oder es gelangt nach und nach in den Untergrund und vereinigt sich dort mit dem Grundwasser. Die großen Florengebiete der Erde und ihre

Das Louisiana-Moos (TILLANDSIA USNEOIDES), *das in den Sumpfwäldern von Brasilien bis Texas und Virginia verbreitet ist, lebt in Überschwemmungsgebieten epiphytisch auf Bäumen. Die Pflanze wird »Spanish moss« genannt, obwohl sie weder etwas mit Moos noch mit Spanien zu tun hat (oben).*

Weiden bevorzugen als Standorte feuchte Böden, Uferstreifen und Flußläufe. Bei Niedrigwasser sind an den Stämmen die Wurzeln zu sehen, die sie bei Hochwasser getrieben haben. Vielerorts werden die Bäume »geköpft«, um für die Korbflechterei möglichst glatte, astlose Ruten zu erhalten. Sie bekommen dadurch ein charakteristisches Aussehen (»Kopfweiden«) (links).

Bleiwurzgewächse (PLUMBAGINACEAE) *in der »Igelpolstersteppe« im Hochland von Iran. Der Name der Pflanzen, die auch auf kargem Geröll und Schutt noch ihr Auskommen finden, bezieht sich auf die Bleifarbe ihrer Blüten, die violett, bläulich oder blaugrau getönt sind (rechts).*

weiträumige Gliederung in Wald-, Steppen- und Wüstenzonen werden in erster Linie vom Wasserfaktor bestimmt. Je humusreicher und feinkörniger der Boden ist, um so größer ist die Menge des Haftwassers. Sie nimmt ab bei Ton- und Lehmböden und erreicht ihren geringsten Wert bei Sandboden und Fels.

Die Landpflanzen trockener Standorte (Xerophyten) z.B. finden sich bei uns in kleinem Ausmaß an Hängen, die der Sonne ausgesetzt sind und wasserdurchlässigen Boden haben. Die Hauptgebiete der Xerophyten sind indessen die Steppen und Wüsten. Sie entwickeln dort oft ein gewaltiges Wurzelwerk und nehmen mit seiner Hilfe das spärliche Wasser auf. Ein Schmetterlingsblütler, der in den vorderasiatischen Steppen und Wüsten blüht, die kleine Dornstaude *Alhagi camelorum*, senkt seine Pfahlwurzel 30–40 m tief bis zum Grundwasser hinab, eine Leistung, die im gesamten Pflanzenreich ihresgleichen sucht!

Die Tiefe des Wurzelsystems ist auch für die Widerstandskraft der Präriepflanzen ausschlaggebend. Hohe Temperaturen und Trockenheit können den Pflanzen nichts anhaben, solange sie genügend mit Wasser versorgt sind. Arten mit tiefreichenden Wurzeln bleiben frisch, auch wenn sie durchaus nicht zu den Xerophyten gehören. Bei freiem Wachstum reichen die Wurzeln der Getreidearten etwa 1,6 m tief in die Erde. Bei gewöhnlicher Drillsaat vermindert sich die Wurzelentwicklung, wie J. E. Weaver feststellte, sehr erheblich. Auch Unkräuter wirken hemmend: Der Ackersenf z.B. hat die doppelte Wurzellänge wie Weizen.

Andere Vorgänge werden durch die Wasserzufuhr ebenfalls beeinflußt. Es ist bekannt, daß Getreide, besonders Weizen und Roggen, nur mit Mühe in einem sehr feuchten Klima ausreifen. In der Regel brauchen die Pflanzen während ihrer Wachstumsperiode mehr Wasser, als wenn sie Früchte oder Samen bilden, eine Tatsache, die jedem Gärtner bekannt ist und in der Natur von großer Bedeutung ist. Auf den Beginn der Blütezeiten vieler tropischer Gebiete in der Trockenheit oder mindestens zu einem Zeitpunkt geringer Niederschläge hat hauptsächlich Schimper hingewiesen. Die größte Blütenpracht der Tropen ist während der Trockenzeiten zu verzeichnen oder unmittelbar danach. Auch in unseren gemäßigten Breiten fällt die Blütezeit vieler Pflanzen in den niederschlagsärmsten Teil des Sommers.

Ähnliche Verhältnisse treten, wenn auch weniger extrem, auf Fels oder reinem Sand (Dünen) auf, wo die Wasserkapazität sehr gering ist. Hier können nur solche Pflanzen existieren, die schon in dem relativ trockenen Vorsommer, d.h. im Juni, ihre Entwicklung abgeschlossen haben, z.B. Trespenarten und das Wohlriechende Ruchgras, das in erster Linie für den typischen Heugeruch verantwortlich ist. Auf feuchteren Plätzen hält das Wachstum dieses Grases noch bis in den Spätsommer an, wie es auch bekannt ist, daß viele Wiesengräser im Wald erst sehr spät oder überhaupt nicht blühen.

Vom Wind gebeugte Bergkiefer, die als Krummholz oder Latsche vor allem in den Alpen wächst. Ihre gekrümmten Zweige kriechen durch Geröll von Kalkgestein und festigen den Boden.

Äußerste Anpassung an die Trockenheit ihres Standortes zeigen die Sukkulenten, indem sie einerseits die Transpiration auf ein Minimum einschränken, andererseits in besonderen Geweben Wasser speichern. Blattsukkulenten, wie Mauerpfeffer, Hauswurz, Aloe und Agave, benutzen als Speicher ihre dikken, oft in Rosettenform angeordneten Blätter. Die Stammsukkulenten (Kakteen und Wolfsmilcharten) machen sich ihren meist blattlosen Stamm als Wasserspeicher zunutze. Die Kugelformen verbinden größten Rauminhalt mit kleinster Oberfläche. Die Transpiration eines Kugelkaktus z. B. ist 6000mal geringer als die des gleich schweren windenden Pfeifenstrauches *(Aristolochia macrophylla)* mit seiner großen Oberfläche.

Die Landpflanzen immerfeuchter Standorte *(Hygrophyten)* dagegen haben sich dem reichlichen Bodennaß und der hohen Luftfeuchtigkeit angepaßt. Sie gedeihen deshalb am besten auf feuchten Wiesen, in schattigen Wäldern und tropischen Regenwäldern. Ihre großen, dünnen Blätter weisen transpirationsfördernde Einrichtungen auf: ihre Spaltöffnungen sind emporgehoben. Dadurch wird die Verdunstung erhöht. Aus Wasserspalten kann bei hoher Luftfeuchtigkeit Wasser abgeschieden werden. Hygrophyten unserer Wälder sind Sauerklee, Springkraut, Waldmeister und einige Farnarten. Sie welken rasch, wenn sie abgepflückt werden oder gehen zugrunde, wenn der Wald geschlagen wird und sie schutzlos der Sonne ausgesetzt sind. Die Wasserpflanzen schließlich können ganz untergetaucht leben, wie Laichkräuter und Wasserpest, oder sie haben Schwimmblätter, die der Wasseroberfläche aufliegen (See- und Teichrose). Der Wasserhahnenfuß verfügt neben seinen flächigen Schwimmblättern außerdem noch über dünne, fädig-feinzerteilte Wasserblätter. Ändert sich der Wasserstand während ihrer Entwicklung, können beide Blattformen noch umgewandelt werden. Manche Wasserpflanzen, z. B. das Pfeilkraut *(Sagittaria)*, ein Froschlöffelgewächs, hebt seine Sprosse über die Wasseroberfläche hinaus. Es lebt in stehenden oder langsam fließenden Gewässern, hat bandförmige Wasserblätter, ovale Schwimmblätter und pfeilförmige Luftblätter. Das Pfeilkraut und mit ihm andere Wasserpflanzen leiten zu den

Sumpfgewächsen über, die nur mit ihren Wurzeln im Wasser stehen.

Viele Wasserpflanzen sind reich gegliedert und haben dadurch eine große Oberfläche (Meerestange, Armleuchtergewächse, Tausendblatt, Hornblatt u. a.), womit sie nicht nur die im Wasser gelösten Gase, sondern auch die Nährstoffe aufnehmen. In ruhigen Gewässern steht ihnen zwar fast ebensoviel Kohlendioxid zur Verfügung, wie auch in der Luft vorhanden ist (in einem Liter Wasser bzw. Luft 0,3 ccm), aber viel weniger Sauerstoff (in einem Liter Luft 210 ccm, in der gleichen Menge Wasser 6 ccm). Während die Unterwasserblätter keine Spaltöffnungen besitzen, befinden sich diese bei den Schwimmblättern nur auf der Oberseite. Durch weite Luftkanäle in Blättern und Blattstielen wird der Sauerstoff zu den Wurzeln geleitet. Auffallend große, gasgefüllte Zwischenzellräume geben der Pflanze den nötigen Auftrieb im Wasser und begünstigen die Atmung. Einige Mangroven, immergrüne Sumpfpflanzen an schlammreichen tropischen Küsten, besitzen »Stelzwurzeln«, andere wiederum eigenartige Atemwurzeln.

Windeinwirkungen

Unter den mechanischen Faktoren spielt der Wind eine besonders große Rolle. Stürmische Winde können in Wäldern große Schäden anrichten, besonders in Kahlschlägen, wo sich ungeschützte Fronten darbieten und die Bäume reihenweise umstürzen können. Besonders häufig ist dies bei Fichten mit ihren flachen Tellerwurzeln der Fall; andere Bäume brechen ab. In beiden Fällen spricht man von Windbruch. In freien Gegenden, die häufig gleichgerichteten Stürmen ausgesetzt sind (Gebirge, Meeresküsten, Inseln usw.) sind die Bäume windgeschert, d. h. sie wachsen einseitig. Ist diese mechanische Einwirkung besonders stark, verhindert sie den Baumwuchs schließlich überhaupt. In Verbindung mit trockener Luft erhöhen Stürme die Transpiration derartig, daß z. B. in der Tundra alles verdorrt, was nicht von einer winterlichen Schneedecke verhüllt wird. Deshalb können sich dort neben Moosen und Flechten auch nur kriechende Zwergsträucher halten.

Sehr stark ist der Wind auch an der Entstehung der Dünen, hauptsächlich der Wanderdünen, beteiligt, die Bäume, Wälder, Häuser und ganze Ortschaften unter sich begraben können, wenn sich die Dünen in Windrichtung fortbewegen. Mit Anpflanzungen sucht man sie aufzuhalten und zu befestigen, wobei sich besonders die Binsenquecke, der Strandhafer oder Helm und der Strandroggen oder Blaue Helm bewährt haben. Mit ihren oft meterlangen, vielfach verzweigten Wurzelstöcken durchziehen sie den Sand nach allen Richtungen und treiben in regelmäßigen Abständen senkrechte Sprosse nach oben. Werden die Pflanzen vom Sand verschüttet, entsenden sie seitlich neue Ausläufer in waagerechter Richtung, die sich nur wenige Zentimeter unterhalb der Sandoberfläche hinziehen. Ausläufer und Wurzeln bilden schließlich ein weitverzweigtes, dichtes Geflecht, das den lockeren, vom Wind getriebenen Sand festhält.

Eine andere Windeinwirkung ist die sogenannte Winderosion. Sie tritt dann auf, wenn der Wind ungehindert die obere Bodenkrume erreicht und diese wegwehen kann, was verheerende Folgen hat, denn den Pflanzen wird dadurch jede Lebensmöglichkeit genommen.

Der Wind kann sich aber auch als nützlicher ökologischer Faktor erweisen: Von großem Vorteil, ja vielfach sogar unentbehrlich, ist er nicht nur für die Bestäubung vieler Pflanzen (Windblütler), sondern auch für die Verbreitung von Sporen, Samen und Früchten. Bakterien- und Pilzsporen können sich tagelang in der Luft halten, ebenso die Sporen der Moose und Farnpflanzen sowie der Pollenstaub der Windblütler. Eine Bakterienspore wiegt den tausendmillionsten bis billionsten Teil eines Grammes, eine Wurmfarnspore etwa 0,0000003 g. Ähnlich verhält es sich mit den staubfeinen Samen von Orchideen, Fetthenne und Fichtenspargel, die das unvorstellbar geringe Gewicht von 0,0000001 g haben.

Wir fassen zusammen: Wachstum und Entwicklung der Pflanzen werden von den ökologischen Faktoren ihrer Umwelt bestimmt: Boden, Temperatur, Licht, Wasser u. a. Jede Pflanze bildet mit ihrer Umwelt eine Einheit, auf die sie sich einstellt. Ihrer jeweiligen Anlage entsprechend, besitzt sie ein mehr oder weniger weitgehendes Vermögen, sich Umweltveränderungen anzupassen. Wird sie aus ihrem gewohnten Lebensbereich herausgerissen, stellt sie sich, soweit wie möglich, auf die neuen Gegebenheiten um. Wird der Rahmen ihrer Anpassungsfähigkeit überschritten, geht sie zugrunde. Das Verhältnis der Pflanzen zu ihrer toten Umwelt nennt man Pflanzenökologie.

Strandhafer dient vor allem dazu, Dünen oder Strände zu befestigen und diese vor der ständigen Windeinwirkung zu schützen. Mit seinen oft meterlangen Ausläufern, mit denen er in waagerechter Richtung den Sand durchzieht, bilden seine Wurzeln schließlich ein weitverzweigtes Netzwerk, das wie ein Geflecht ein Weiterwandern der Dünen verhindert. Seine Gräser sind hart, seine Ansprüche sehr gering, sein Ausharren in glühender Sonne und starken Winden bemerkenswert. Da er meist von Menschenhand angepflanzt wird, sollte er unbedingt geschont werden.

Querschnitt

Pflanzengesellschaften und Lebensgemeinschaften

Die Beziehungen von Pflanze zu Pflanze sind vielseitig und kompliziert. In der Art und Weise, wie sie mit- und voneinander leben, heben sich zwei Sonderfälle heraus, die schon ausführlich behandelt worden sind: die Symbiose und das Schmarotzertum.

Besonders auffällig wird die Vielfalt der Beziehungen in den großen Lebensgemeinschaften, z.B. auf einer Wiese, im Laub-, Misch- und Nadelwald oder in einem See. Es gibt aber auch Pflanzengesellschaften auf viel enger begrenzten Standorten, wie auf Wegrainen und Bahndämmen, im Gebüsch oder an Waldrändern. Sie alle sind mit einer ihrem Milieu angepaßten Tierwelt verbunden. Dabei kann das Tier der Pflanze entweder nützlich oder schädlich sein.

Von großem Nutzen, ja fast unentbehrlich sind beispielsweise die Insekten als Blütenbestäuber. Angelockt auf optischem Wege durch leuchtende Farben, auf chemischem Wege durch auffallende Düfte, vollziehen sie die Bestäubung, während sie ihren Rüssel tief in die Blütenröhre senken, um an die Nektarien (Honigdrüsen) zu gelangen, die sich am Blütengrunde befinden. Dabei sind Blütenröhre und Insektenrüssel auf wunderbare Weise einander angepaßt, damit Honigräubern der Weg versperrt bleibt. Bei den Bienenblumen z.B. liegen die Nektarien entsprechend der Rüssellänge ihrer Gäste etwa 6 mm tief, bei Hummelblumen (Lippenblütlern) noch tiefer, z.B. bei der Weißen Taubnessel, am tiefsten bei Schwärmerblumen, wie Geißblatt und Türkenbund. Viele Schwärmerblüten werden von Nachtfaltern bestäubt, an deren Fühlern sich Tausende von Riechgruben befinden. Unfehlbar leiten sie den Schmetterling im Dunkel der Nacht zu den duftenden Blüten. Tief senkt er dann seinen langen Rüssel, der in Ruhelage spiralförmig unter dem Kopf eingerollt liegt, bis auf den Blütengrund und saugt den Honig auf. Besonders lang ist der Rüssel des Taubenschwänzchens. Es kann ihn, wie ein Kolibri vor der Blüte schwirrend, auch in tiefste Kelche bis auf den Grund tauchen und den Nektar schlürfen. Beim Windenschwärmer mißt der Rüssel sogar 14 cm!

Fliegen, die die Bestäubung vornehmen, machen sich nichts aus Farbenpracht und Blütenduft, sondern besuchen lieber Blumen, die ein fahles Kleid tragen und oft sogar üble Gerüche ausströmen.

Durch die Blütenbestäubung wird die Befruchtung eingeleitet, der die Samenbildung folgt. Und auch hier sind wieder Tiere am Werke, die zur Verbreitung der Samen beitragen: Klettfrüchte setzen sich im Fell vorüberstreifender Pelzträger fest und werden mitgeschleppt, Vögel verzehren das süße, saftige Fruchtfleisch von Holunder, Mistel und Pfaffenhütchen und streifen dabei die unverdaulichen, harten Samen entweder vorher an einem Ast ab, wie die Misteldrossel, oder sie scheiden sie irgendwo wieder aus. Sie fallen zur Erde nieder und keimen. Ameisen wiederum haben es auf die fleischigen oder ölhaltigen Anhängsel der Samen von Hainsimse und Lerchenspern abgesehen, von Wohlriechendem Veilchen, Windröschen und Schöllkraut. Sie schleppen sie zu ihrem Bau und tragen so zur Verbreitung bei.

Nicht immer gereicht die Tätigkeit des Tieres der Pflanze zum Nutzen; vielfach wird auch Schaden angerichtet. So sind die meisten Pflanzenarten dem Tierfraß schutzlos ausgeliefert; nur wenige haben einigermaßen sichere Abwehrmaßnahmen ausgebildet: Maiglöckchen und Aronstab besitzen in ihren Zellen Kristallnadeln, die sie vor Schneckenfraß schützen, die Königskerze hat einen filzigen Haarbelag auf ihren Blättern, Ginster und andere Sträucher sind mit spitzen Dornen oder Stacheln bewehrt, Kakteen förmlich damit übersät. Seidelbast und Fingerhut benutzen ihr Gift als Waffe, ebenso Brennesseln. Alle diese Einrichtungen bedeuten aber nur einen begrenzten Schutz.

Viele Tiere sind ausgesprochene Pflanzenschmarotzer und suchen die Blätter ganz bestimmter Arten heim, wie Blattläuse und Kohlweißlingsraupen. Wieder andere tun sich an dem inneren Pflanzengewebe gütlich (Apfelwickler, Borkenkäfer) oder fügen den Kulturen in Wald und Feld größten Schaden zu.

Merkwürdige Beziehungen bestehen zwischen einigen Pflanzenarten und Gallwespen. Sie äußern sich in sogenannten Gallen.

Die Wiesen

Eine Fülle von Individuen, d.h. eine besondere Mannigfaltigkeit bestimmter Pflanzenarten, aber auch eine ebenso reichhaltige Tierwelt, begegnet uns auf den Wiesen. Weite Flächen bieten hier ihren Bewohnern einen auf ihre jeweiligen Bedürfnisse zugeschnittenen Lebensraum. Dabei stellt jede Pflanze an den Boden- und Luftbereich besondere Ansprüche. Die eine entzieht die Nährsalze tieferen Bodenschichten, wie der Löwenzahn, die andere den oberen, wie das Fuchsschwanzgras. Die eine will volles Sonnenlicht und erhebt sich hoch und breit ausladend über ihre Umgebung (Wiesenkerbel), die andere liebt die schwache Beleuchtung und bleibt niedrig und gedrungen am Boden (Gänseblümchen). Alle diese Bedürfnisse sind aufeinander abgestimmt und ergänzen sich. So bildet sich ein feingeknüpftes Maschenwerk von Abhängigkeiten, das die Bewohner nicht nur untereinander, sondern auch mit ihrem Standort verbindet. Alle miteinander befinden sich in einer Lebensgemeinschaft.

Wiese und Wiese ist aber nicht dasselbe. Man unterscheidet vielmehr zwischen kalk- und wärmeliebenden Trockenrasen, Felsfluren, Mauerpfeffertriften, Borstgrasrasen, Glatthaferwiesen, Weidelgras-, Weißklee- und Kammgrasweiden, Alpenrispengrasweiden, Pfeifengraswiesen und anderen Magerrasen, Sumpfdotterblumenwiesen u.a. (R. Knapp).

Uns sollen hier die Rasen auf frischen bis nassen Standorten mit durchnittlich günstiger Nährstoffversorgung beschäftigen, da sie mit ihren Pflanzengesellschaften in Mitteleuropa am weitesten verbreitet sind. Zu ihnen zählen auch die schon genannten Glatthaferwiesen. Sie finden sich an nassen oder häufig überfluteten Standorten, aber auch an solchen, die arm an Nährstoffen sind. Werden sie von der Hand des Menschen gut gedüngt und sorgfältig entwässert, breiten sie sich auf Kosten anderer Wiesengesellschaften stark aus und liefern hohe Heuerträge, die in zwei- oder sogar dreimaligen Schnitten jährlich gewonnen werden.

Typische Pflanzen der Glatthaferwiesen sind Obergräser wie Glatthafer *(Arrhenatherum elatius)*, Knäuelgras *(Dactylis glomerata)*, Wiesenschwingel *(Festuca pratensis)* und Wiesenfuchsschwanz *(Alopecurus pratensis)*, untermischt mit dem niedrigeren Wiesenrispengras *(Poa pratensis)*, das trokkene Stellen bevorzugt, dem Gemeinen Rispengras *(Poa trivialis)*, das wiederum größere Feuchtigkeit liebt, dem Rotschwingel *(Festuca rubra)* und den Schmetterlingsblütlern Zaunwicke *(Vicia sepium)*, Vogelwicke *(Vicia cracca)* und Wiesenplatterbse *(Lathyrus pratensis)*. Dazwischen entfaltet schon sehr zeitig im Jahr der Wiesenkerbel *(Anthriscus silvestris)* seine weißen Doldenschirme. Sie werden nach dem ersten Schnitt abgelöst von denen des Bärenklau *(Heracleum sphondyleum)*, der Großen Bibernelle *(Pimpinella major)*, dem Pastinak *(Pastinaca sativa)*, dem Wiesenstorchschnabel *(Geranium pratense)* und dem Zweijährigen Pippau *(Crepis bien-*

Alpenflora am Bachalpsee im Berner Oberland. Im Hintergrund das Finsteraarhorn (4274 m)

nis), dem niedrigen, blaublühenden Gamander-Ehrenpreis *(Veronica chamaedrys)* und dem Kriechenden Günsel *(Ajuga reptans)*. Hinzu kommen noch Glockenblumenarten und Fingerkräuter.

Glatthaferwiesen gibt es sowohl an Südhängen wie auch auf steinigen, leicht austrocknenden Böden. Auf einem solchen Bodengrund gesellen sich zu der bisher genannten Pflanzengesellschaft noch der Knollige Hahnenfuß *(Ranunculus bulbosus)*, der süß duftende Thymian *(Thymus)* und die Kleine Bibernelle *(Pimpinella saxifraga)*.

Glatthaferwiesen in feuchten Auen mit hohem Grundwasserspiegel enthalten hauptsächlich Pflanzen, die die Nässe lieben, wie Mädesüß *(Filipendula ulmaria)*, Engelwurz *(Angelica silvestris)* und die Sumpf- und Kohldistel *(Cirsium palustre; C. oleracium)*.

An Weg- und Ackerrainen, die die Wiesensäume bilden, blüht der gelbe hohe Rainfarn, auch Knopfblume genannt *(Chrysanthemum vulgare)*, durchzieht die Quecke *(Agropyron repens)* den Boden mit ihren zahlreichen Ausläufern.

In der Nähe der Grünanlagen und Baumbestände von Dörfern und Obstgärten gesellen sich der Giersch *(Aegopodium podagraria)* hinzu, der den Halbschatten liebt, die Stadtnelkenwurz *(Geum urbanum)* und andere Pflanzen, die das Licht nicht vertragen.

In Mittelgebirgslagen, aber auch in den Alpen und anderen Hochgebirgen entsprechender Höhe bis an die obere Grenze der Hochwälder breiten sich die Goldhafer-Bergwiesen aus. Ihre Bestände bleiben durchweg niedriger als die der Glatthaferwiesen in der Ebene und werden in erster Linie von dem mittelhohen Goldhafer *(Trisetum flavescens)* selbst, aber auch Niedriggräsern wie Rotschwingel *(Festuca rubra)* beherrscht. Sie werden untermischt von zahllosen würzigen Kräutern in leuchtenden Farben: Waldstorchschnabel *(Geranium sylvaticum)*, Weicher Pippau *(Crepis mollis)*, Wiesenleinblatt *(Thesium pyrenaicum)*, Teufelskrallen *(Phyteuma)*, Waldhahnenfuß *(Ranunculus nemorosus)* und der goldkugeligen Trollblume *(Trollius europaeus)*. Weit verbreitet sind Orchideen wie Knabenkrautarten *(Orchis)*, die Waldhyazinthe oder Kuckucksblume *(Platanthera)* und die Hohlzunge *(Coeloglossum)*. Rotklee *(Trifolium pratense)* und der gelbblühende Hornklee *(Lotus corniculatus)* dehnen sich im Licht, und der Wiesenknöterich *(Polygonum bistorta)* macht sich mehr als breit. Die buntfarbene Blütenpalette wird ergänzt durch Vertreter des Frauenmantels *(Alchemilla)*, von denen einst – so wird erzählt – die Alchimisten die Tautropfen absammelten, weil sie glaubten, mit deren Hilfe leichter den Stein der Weisen finden zu können, aber auch durch Glockenblumen *(Campanulae)*, die sich vom Wind läuten lassen, und Flockenblumen *(Centaurea)*, deren heilkräftige Eigenschaften schon die Griechen gekannt haben, den Weißen Krokus *(Crocus albiflorus)*, Narzissen *(Narcissus)* und Stiefmütterchen *(Viola tricolor ssp. subalpina)*.

Die Geschichte der Narzisse

Die griechische Mythologie erzählt, daß Narziß ein junger griechischer Held war, Sohn einer Nymphe und eines Flusses. Er war so schön, daß sich alle Dryaden und Waldnymphen in ihn verliebten. Narziß aber erwiderte ihre Liebe nicht, da er nur sich selbst liebte. Die Götter beschlossen, ihn für sein unerträgliches Gehabe zu bestrafen. Eines Tages, als er sich wieder im Wasser betrachtete, wurde er so trunken von seiner eigenen Schönheit, daß er nicht ablassen konnte, sich zu bewundern. Er wollte das Bildnis umarmen und fiel, vergessend, daß es sein eigenes war, ins Wasser und ertrank. Die Najaden, seine Schwestern, bedeckten seinen Leichnam mit ihren Haaren. Es wurde ein Scheiterhaufen errichtet, aber in dem Augenblick, als die Flammen seinen Leichnam zu berühren schienen, wurde dieser entrückt; zurück blieb nur eine Blume, in deren Blütenkrone sich ein goldener Kranz zeigt: die Narzisse. Wie Narziß beugt sie sich über den Wasserspiegel der Gewässer.
Auf die Tazette *(Narcissus tazetta)* dürften sich die Verse des Homer zugeschriebenen Hymnos an Demeter beziehen: »Eine duftende Blume, Verwunderung der ewigen Götter und der sterblichen Menschen, aus der hundert Blüten hervorgingen; und dem süßen Duft lächelten die hohen Himmel, die ganze Erde und die salzigen Fluten des Meeres.«
Die Narzisse ist seit langem bekannt und inspirierte mit ihrer duftenden Zartheit Maler und Dichter. Um die Mitte des 18. Jahrhunderts kam sie sehr in Mode, besonders in England (»daffodil«).

Pflanzengesellschaft im Mittelmeerraum am Golf von Cadiz: im Hintergrund Aleppo-Kiefern, auf den Dünen Ginster, Leimkraut, Stranddisteln, Wolfsmilchgewächse u. a. Sie alle suchen die Hitze, den Wind und die brennende Sonne. Trockenheit und Dürre können ihnen nichts anhaben; sie sind Xerophyten.

Sogenannte Alpenrispengras-Weiden, auch Milchkrautweiden genannt, sind nur in den Alpen und anderen Hochgebirgen zu finden. Sie dringen bis in die oberen Wald- und Krummholzregionen vor und wandern sogar noch über die Gehölzgrenze hinaus. Für die Almwirtschaft sind sie von außerordentlicher Bedeutung, stellen sie doch die wertvollsten Weiden in den Hochlagen der Alpen dar. Ihre Charakterpflanzen sind neben dem Alpenrispengras *(Poa alpina)* das Alpenstraußgras *(Agrostis alpina)* und andere Gräser, Pippau *(Crepis)*, Löwenzahn *(Leontodon)* und zahlreiche Kleearten *(Trifolium)*.

Die Wälder

Ähnlich wie auf den Wiesen verhält es sich auch mit den Pflanzengesellschaften des natürlichen unberührten Waldes. Dort teilen sich die verschiedenen Pflanzenformen der Baum-, Strauch-, Kraut- und Moosschicht in den Bodenraum und finden das für ihre jeweiligen Ansprüche nötige Wasser und die ihnen entsprechenden Nährsalze. Ähnliches gilt für den verfügbaren Luftraum und die lebensnotwendige Lichtmenge. Lichtbäume, wie Lärche, Birke, Eiche, Pappel und Kiefer, brauchen viel Licht und beschatten andere, die während ihrer Entwicklungszeit keine volle Sonne vertragen und dementsprechend langsam wachsen (Rotbuche, Feldahorn, Tanne und Fichte). Sie werden deshalb auch Schattenbäume genannt. Am schattigen Waldboden gedeihen Heidelbeeren noch bei $^1/_{50}$, Sauerklee bei $^1/_{70}$, Moose bei $^1/_{90}$ des vollen Lichtes. Die Frühlingsblüher (Buschwindröschen, Leberblümchen, Lungenkraut, Schlüsselblume, Haselstrauch, Salweide, Hartriegel und Schlehe) entfalten, wie schon erwähnt, ihre Blüten zu einer Zeit, in der die Bäume noch unbelaubt sind, und Licht, Wind und Insekten ungehinderten Zutritt zum Waldboden haben.

Während die Kräuter auf Gebiete mit ganz bestimmten Lichtwerten eingestellt sind, ertragen Bäume das volle Licht viel eher, da sie Sonnen- und Schattenblätter ausbilden. Sonnenblätter sind kleinflächig, dick und haben eine derbe Oberhaut; oft nehmen sie Profilstellung ein ähnlich wie die Kompaßpflanze. Sie befinden sich an den Außenseiten der Krone, die Schattenblätter dagegen in deren Innern. Schattenblätter sind großflächig (bei der Linde z. B. erreichen sie einen Durchmesser von 16 cm, die Sonnenblätter nur von 6 cm), wenden sich dem Licht mit ihrer vollen Fläche zu und sind bestrebt, freie Lücken auszufüllen (Mosaikstellung). Ihre Oberhaut ist nur dünn. Die Assimilationsleistungen beider sind sehr verschieden. Schattenblätter nutzen schwaches Licht besser aus als Sonnenblätter. Diese assimilieren jedoch bei vollem Licht weit mehr.

Je nach Klima und Bodenart haben sich in Mitteleuropa verschiedene Waldtypen entwickelt. In Deutschland findet man im Westen und in tieferen Lagen hauptsächlich sommergrüne Laubwälder aus Rotbuchen bzw. Eichen und Hainbuchen. Eichenwälder sind licht; deshalb sind dort auch vielerlei Sträucher und reichlich Unterwuchs anzutreffen. Die dichten Kronen der Buchen dagegen lassen im Sommer nur $^1/_{200}$ des Außenlichtes auf den Waldboden fallen, und die Vegetation ist entsprechend spärlich.

In Osteuropa und höheren Gebirgslagen herrschen Mischwälder und immergrüne Nadelwälder vor. Waren schon vollbelaubte Buchenwälder durch ein ständiges Dämmerlicht gekennzeichnet, so vermögen die Sonnenstrahlen einen dichten Nadelwald noch weniger zu durchdringen. Zudem zersetzen sich die abgestorbenen Nadeln, die den Boden bedecken, nur sehr langsam und liefern einen sauren Rohhumus, den nur wenige Pflanzen vertragen. Unterwuchs und Bodenvegetation sind daher, von Moosen, Flechten und Farnen abgesehen, sehr spärlich, und entsprechend gering ist auch die Artenzahl der Vogelwelt. Brutgelegenheiten sind nur für Höhlenbrüter (z. B. Spechte, Kleiber und Meisen) gegeben, und Insektennahrung ist knapp, sieht man von Holzwespen, Borkenkäfern und anderen Schädlingen ab, die unter Rinde und Borke ihrer unsichtbaren zerstörerischen Tätigkeit nachgehen. Gleiches gilt auch von Eulen, Nonnen, Spinnern und Spannern, die zu den gefürchtetsten Waldschädlingen zählen, Kahlfraß an den Bäumen verursachen und besonders in reinen Tannen- und Kiefernforsten verheerende Schäden anrichten (bei Massenvermehrung weit über 200000 Eier an einem Baum!).

Bis an die Waldgrenze wandern Lärche und Zirbelkiefer; im Hochgebirge klammern sich Legföhren und Grünerlen zwischen Eis und Geröll am Fels fest oder kriechen am Boden dahin. Die kargen diluvialen Sandböden Mittel- und Norddeutschlands sind von Kiefernwäldern bestanden.

Die mittleren Teile Europas weisen in den Ebenen, Hügelländern und in niedrigeren Gebirgszonen Buchen- und Edellaubmischwälder auf, soweit es sich beim Boden nicht

Das Kräutchen »Rühr-mich-nicht-an«

Das Springkraut oder Kräutchen »Rühr-mich-nicht-an« *(Impatiens noli-tangere)*, ein einjähriges Kraut und in der heimischen Flora ziemlich häufig, hat zitronengelbe, ein wenig hängende, zygomorphe (zweiseitig-symmetrische) Blüten. Die zarte, völlig unbehaarte Pflanze wächst gesellig in schattigen Wäldern. Ihren Namen verdankt sie dem Umstand, daß ihre Früchte, fünfklappige Kapseln, bei Berührung elastisch aufspringen. Dieses Aufplatzen geschieht so heftig, daß man fast erschrickt. Dabei rollen sich die fünf Klappen nach oben auf, und die reifen Samen werden weggeschleudert. Die noch unreifen bleiben an der Mittelsäule haften und fallen später von selbst ab.

Seltsame Pflanze Lungenkraut

Das Lungenkraut *(Pulmonaria officinalis)*, das zu den ersten Frühlingsblühern unserer Laub- und Auwälder zählt, hat anfangs rosa, später blaue Blüten, so daß der Blütenstand stets verschiedenfarbig aussieht. Eine ähnliche Erscheinung ist auch beim Vergißmeinnicht zu finden. Wie man festgestellt hat, ist der Wechsel in der Blütenfarbe offensichtlich auf eine Veränderung des Säuregrades der Säfte zurückzuführen, die nach der Befruchtung einsetzt.
Seinen seltsamen Namen verdankt das reizvolle Pflänzchen mittelalterlichen Vorstellungen. So sollte das Lungenkraut, dessen gesprenkelte Blätter entfernt an eine Lunge erinnern, bei Lungenkrankheiten wirksam sein.

Dschungelpflanzen führen einen nie endenden, lautlosen Kampf um Raum und Licht.

um Sandstein, Quarzsand und anderes Quarzgestein handelt. Der Baumbestand setzt sich aus Ahornarten, Eschen, Linden und Ulmen zusammen. An erster Stelle steht jedoch die Rotbuche. Der Bodenbewuchs ist besonders artenreich. Seine Kräuter suchen zumeist den Schatten oder können ihn gut vertragen. Besonders üppig ist der Blütenteppich im Frühjahr, wie an anderer Stelle schon ausgeführt wurde. Außer den dort genannten Bodenkräutern der Licht- und späteren Schattenphase treffen wir hier noch die Haselwurz *(Asarum europaeum)* an, die in reicher Fülle den Waldboden überzieht, die Waldzwenke *(Brachypodium silvaticum)*, ein Gras, ferner Trespen *(Bromus)*, Schaumkraut *(Cardamine)*, Seggenarten *(Carex)*, das Springkraut *(Impatiens noli-tangere)*, Taubnesselarten *(Lamium)*, die Einbeere *(Paris quadrifolia)*, die Vielblütige Weißwurz *(Polygonatum multiflorum)*, Lungenkraut *(Pulmonaria officinalis)*, Hahnenfußarten *(Ranunculus)*, die Knotige Braunwurz *(Scrophularia nodosa)* und das Waldveilchen *(Viola silvatica)*. Sehr feuchten oder nassen Plätzen weichen aus: das Christophskraut *(Actaea spicata)*, der Gemeine Wurmfarn *(Dryopteris filix-mas)*, *(Galium)*, die Frühlingsplatterbse *(Lathyrus vernus)*, das Waldbingelkraut *(Mercurialis perennis)* und der Sanikel *(Sanicula europaea)*.

Wärmeliebende Eichenmischwälder sind in erster Linie in den mittleren Höhenlagen der Apenninen, Balkan- und Iberischen Halbinsel anzutreffen. In Mitteleuropa bilden sie nur in sehr warmen und trockenen Gebieten größere Bestände, besiedeln aber auch heiße, dürre, kalkhaltige Südhänge. Saure Böden werden gemieden.

Eichenmischwälder setzen sich aus verschiedenen Eichenarten der Gattung *Quercus* zusammen, Ahornarten *(Acer)*, der Winterlinde *(Tilia cordata)*, Wildobstbäumen *(Sorbus domestica; Pyrus communis; Malus silvestris; Prunus mahaleb)*. Hinzutreten im Osten und im Alpenvorland die Kiefer *(Pinus silvestris)* und die Schwarzföhre *(Pinus nigra)*. Zu dem niedrigeren Gehölz zählen die Maulbeere *(Sorbus aria)* und die Elsbeere *(Sorbus torminalis)*. Die Krautschicht ist die der Buchen- und Edellaubwälder. Zu nennen wären außerdem noch Glockenblumen *(Campanula)*, Bergjohanniskraut *(Hypericum montanum)*, das Sichelblättrige Hasenohr *(Bupleurum falcatum)*, Waldrebe *(Clematis)*, die gelbe Kronwicke *(Coronilla coronata)*, Diptam *(Dictamnus albus)*, Roter Storchschnabel *(Geranium sanguineum)*, Alant *(Inula)*, Wachtelweizen *(Melampyrum)*, Salomonssiegel *(Polygonatum)*, Nickendes Leimkraut *(Silene nutans)*, das Bayer. Leinblatt *(Thesium bavarum)*, verschiedene Kleearten *(Trifolium)* und andere.

An Heckenrosen und Haselsträuchern reiche Gebüsche, die die Waldränder säumen, aber auch Äcker und Feldwege begrenzen oder Wiesen und Weiden durchziehen, gibt es fast überall. Die Pflanzengesellschaften, die sich hier zusammenfinden, sind teils sehr verscheiden hinsichtlich der Bodenqualität, teils stellen sie hohe Ansprüche. In jungen Hecken herrschen meist Schlehen *(Prunus spinosa)* und Wilde Rosen *(Rosa canina)* vor, in älteren sind Brombeeren *(Rubus)* anzutreffen, Haselsträucher *(Corylus avellana)*, Weißdorn *(Crataegus)*, Hartriegel *(Cornus sanguinea)*, Pfaffenhütchen *(Euonymus europaeus)* und Liguster *(Ligustrum vulgare)*. Es stellen sich aber auch Waldrebe *(Clematis vitalba)* und auf feuchten Böden Schneeball *(Viburnum)* ein. Felsige Hänge, kalkreichen Boden und trockenen Sanduntergrund lieben die Felsenmispel *(Cotoneaster integerrimus)*, die Felsenbirne *(Amelanchier ovalis)*, der Wollige Schneeball *(Viburnum lantana)*, die Berberitze *(Berberis vulgaris)* und Sanddorn *(Hippophaë rhamnoides)*.

Gebüsche und Waldränder, unabhängig von der Zusammensetzung ihrer Pflanzengesellschaften, sind Paradiese für die Tierwelt. Zwei-, vier- und sechsbeinige Bewohner wandern hin und her, auf die angrenzenden Felder und Wiesen, in die Wälder oder an die Gewässer. Gebüsche und Dickicht bieten Nistmöglichkeiten und Unterschlupf für viele unserer besten Sänger, bedeuten Versteck und die letzte Rettung vor Feinden, die ihnen nach dem Leben trachten. Aber nicht nur die Gefiederten, auch kleine und kleinste Sänger finden hier Nahrung, Wohnung und Geborgenheit, gehen ein und aus und bereiten sich unter Hecken und Gebüsch ihr warmes Lager für den Winterschlaf. Falter aller Art sonnen sich auf dem Gezweig, Spinnen weben ihre Netze, Laubheuschrecken geigen auf den Büschen, Glühwürmchen schwenken ihre Laternchen, Ameisen eilen emsig hin und her, Kaninchen buddeln im Erdreich, der Igel schlurft schniefend aus seinem Versteck,

Gefährliche Berberitze

Die Berberitze *(Berberis vulgaris)*, auch Sauerdorn genannt, wird ihrer gelben, duftenden Blüten wegen, aus denen im Herbst dekorative rote Beeren hervorgehen, gern in unseren Gärten und Parks angepflanzt, kommt aber auch wild in Hecken und Gebüsch vor.
Dem prächtigen Zierstrauch sieht man allerdings seine Gefährlichkeit nicht an, denn er ist der Zwischenwirt eines der gefürchtetsten Getreideschädlinge unserer Felder, des Schwarzrostes *(Puccinia graminis)*, eines Pilzes, der bevorzugt den Roggen heimsucht. Hier erzeugt er besonders an Stengeln und Blattscheiden, zuweilen auch an den Ähren, rostbraune längliche Flecke, die durch Millionen von Sommersporen entstehen. Der Wind nimmt sie auf, trägt sie weiter und sorgt dadurch für die Verbreitung der Krankheit.
Bei der Getreidereife werden aus den rostbraunen Flecken schwarze, strichförmige. Sie sind der Entstehungsort der dunklen, dickwandigen, zweizelligen Wintersporen, die die kalte Jahreszeit auf den Stoppeln überdauern. Im darauffolgenden Frühjahr treiben sie einen kurzen Faden aus, der einige farblose »Frühjahrssporen« abschnürt. Der Wind nimmt sie mit, und setzt er sie auf einer Berberitze ab, so erzeugen sie dort auf der Blattunterseite kleine, rote, verdickte Flecke, in denen sich die »Bechersporen« bilden, so nach den becherförmigen Organen genannt, in denen sie entstehen. Sind die Sporen reif, gehen sie wiederum mit dem Wind auf die Reise und rufen einen neuen Krankheitsbefall hervor, wenn sie auf Getreidefelder gelangen. Damit ist der Kreislauf geschlossen.

wenn es Abend wird – alles in allem eine Lebensgemeinschaft, wie sie vielfältiger nicht gedacht sein kann.

Durch große Artenfülle und üppiges Wachstum zeichnen sich Auwälder aus. Sie bedecken Überschwemmungsgebiete und finden sich in weiten Talauen mit Grundwassernähe und Nährstoffreichtum. Hier sind Pappeln, Weiden und Erlen zu Hause, aber auch Eichen und Hainbuchen. Durch das lockere Kronengefüge strömen Licht und Luft, der dichte Unterwuchs bietet unzähligen Vögeln Nistgelegenheit, das Geranke und Geschling ein willkommenes Versteck, und auch hier bedeckt im Frühling ein buntgewebter Blütenteppich den Boden.

Im Mittelmeer- und submediterranen Raum dominieren Pappel-Auwälder. Sie sind aber auch in Mitteleuropa an sehr warmen Plätzen in den Auen größerer Flüsse und Ströme anzutreffen, so z. B. an der mittleren Donau und am Oberrhein. Dort bilden sie, vielfach angepflanzt, eine natürliche Verbin-

Vielverwendbares Pappelholz

Die Pappeln gehören zu den nützlichsten Bäumen, zumal man sie sehr leicht auf Böden forsten kann, die für andere Kulturen ungeeignet sind und für diese daher einen guten Ersatz bieten. Die Pappel wächst sehr schnell, und eine Pappelpflanzung erfordert nur wenig Arbeitskräfte. Sie kann bald geschlagen werden und wirft bereits nach ungefähr zehn Jahren Gewinn ab. Das Pappelholz ist hell, porös, ziemlich weich und leicht; spezifisches Gewicht ungefähr 0,5. Es wird meist für die Innenausstattung weniger teurer Möbel verwendet, ferner für Kisten, Holzschuhe, Backtröge, Zündhölzer und auch zur Herstellung von Sperrholz, da es sich nicht leicht verzieht. Außerdem hat die Pappel große Bedeutung für die Papierherstellung.
Leider wird der Baum auch von vielen Krankheitserregern befallen: Der Blätterfall im Frühjahr ist auf den Erreger *Pollaccia elegans* zurückzuführen. Käfer und Schmetterlingslarven *(Cossus, Sesia)* bohren Gänge in das Holz. Das Austrocknen der Zweige der Pyramidenpappel im Frühling scheint jedoch nicht von Parasiten verursacht zu werden. Auf den Blättern bilden sich zahlreiche Gallen.
Und noch etwas: Die jungen, glatten Knospen überziehen sich mit einer würzig duftenden, harzigen Ausscheidung, die Salicin, Populin, Homulen, Caryphylen, Tannin und ein Flavonglykosid enthält. Früher stellte man aus dieser Substanz die Pappelsalbe zur Behandlung von Hämorrhoiden, Verbrennungen und Entzündungen her. Die Pappelkohle ist eine medizinische Kohle (Belloc-Kohle).

Windbruch in einem Fichtenwald. Das flach unter der Erdoberfläche verlaufende Wurzelsystem verankert die Bäume nicht so fest im Boden, daß sie starken Stürmen Widerstand leisten könnten (rechts). – Nur im Frühling dringt das Sonnenlicht im Laubwald bis zum Boden vor (ganz rechts).

Borkenkäfer sind große Schädlinge, Holzzerstörer und Waldfrevler. Unter der Rinde der Bäume nagen sie Gänge und Kammern ins Holz, legen dort ihre Eier ab, und ihre Larven bringen durch ihre unersättliche Freßgier die Bäume zum Absterben (unten).

dung zwischen Augehölzen, die von der Silberweide *(Salix alba)* beherrscht werden, und Mischwäldern, in denen Ulmen besonders häufig sind. Die langen, biegsamen Zweige der Silberweide in ihren auffallenden grünlichen, hellroten oder dottergelben Farben sind aus einem Frühlingstag nicht wegzudenken. Die Dotterweide *(Salix alba var. vitellina)* wird als Kopfweide angepflanzt. Weiden-Augehölze lieben Täler mit größeren Überschwemmungsflächen und treten besonders gern in unmittelbarer Flußnähe auf, ja sie scheuen auch solche Plätze nicht, die ständig überflutet sind. Bei Niedrigwasser sind deutlich die Wurzeln zu sehen, die sie während des Hochwassers getrieben haben.

Es gibt etwa 500 Weidenarten, die in den gemäßigten und kalten Klimazonen Eurasiens und Nordamerikas anzutreffen sind. Durch die ungewöhnliche Leichtigkeit, mit der sie zur Bildung von Hybriden und Polyhybriden neigen, ist es oft schwer, die einzelnen Arten zu erkennen oder voneinander abzugrenzen. In unmittelbarer Gewässernähe, auf grobsandigen, schotterreichen und stark kalkhaltigen Böden herrschen Weidenarten mit schmalen Blättern vor, deren Kätzchen erst während oder nach dem Blattaustrieb erscheinen.

Ihrer Blütenstruktur nach könnte man die Weiden wie Pappeln und andere Verwandte für Windblütler halten. Dies trifft jedoch nicht zu. Die farbigen Deckblätter und die gelben oder purpurroten Antheren ziehen die Insekten an, haben also den gleichen Effekt wie eine Blütenkrone. Wenn man von den Zwergweiden der Hochgebirge absieht, sind die Weiden also Insektenblütler und zählen hauptsächlich Bienen und Hummeln zu ihren Gästen. Infolge ihrer frühen Blüte stellen sie die erste »Bienenweide« dar, und das deutsche Naturschutzgesetz verbietet es daher, blühende Zweige abzureißen oder abzuschneiden.

Wie bei sehr vielen anderen Bäumen gehen die Wurzeln der Weiden mit Pilzhyphen Mykorrhizen ein (s. S. 182). Viele Insekten – abgesehen von solchen, die für die Bestäubung sorgen – suchen sie heim, indem sie die Blätter fressen, Gänge in die Stämme bohren oder die Bildung sehr verschiedenartiger Gallen hervorrufen. In den Gabelungen der Stämme, wo sich meist etwas Humus absetzt, wachsen gemeine Gräser, die so zu Baumgräsern werden.

Die Silber- und Korbweiden werden besonders in den Mittelmeerländern kultiviert und regelmäßig geschnitten. Weidenholz ist zwar nicht haltbar und die Qualität sehr gering, aber die Verwendung der biegsamen Weidenzweige zu Körben und anderen Flechtarbeiten, z.B. zu der Herstellung von Sitzmöbeln, ist sehr alt. Im Altertum waren einige Gegenden Italiens wegen ihrer besonders guten Flechtarbeiten aus Weidenzweigen berühmt. Vergil zitiert u.a. die Weiden der umbrischen Stadt Ameria (heute Amelia).

Die Weidenrinde enthält ein Glykosid, das Salicin, das sich in Traubenzucker und Salige-

Die Trauerweide – eine Asiatin

Die Trauerweide, ein schöner und sehr beliebter Zierbaum unserer Gärten, Parks und Friedhöfe, die im Frühling ihre langen, biegsamen, grüngelben Zweige vom Winde wiegen läßt, ist eine Exotin. Die bei uns am weitesten verbreitete Art ist die *Salix babylonica*, die trotz ihres Namens nichts mit Babylonien zu tun hat und auch nicht mit der in der Bibel zitierten Weide identisch ist.

Dort schildert das Klagelied der Juden, die ihr Vaterland verloren hatten und in der babylonischen Gefangenschaft schmachteten, wie sie ihre Harfen als Zeichen der Trauer an »Weiden« hängten: »Unsere Harfen hingen wir an die Weiden, die daselbst sind« (Psalm 137,2). Wahrscheinlich hat es sich aber um Pappeln gehandelt, am wahrscheinlichsten um Oleander.

Die Heimat unserer Trauerweide ist China, von wo aus sie nach Westen gelangte. In Deutschland erscheint sie um die Mitte des 18. Jahrhunderts. Einige englische Autoren vertreten die Ansicht, daß die Trauerweiden des Festlandes von einem Trieb jenes Baumes abstammen, der 1730 von den Ufern des Euphrat nach Twickenham gebracht worden war. Danach handelt es sich um ungeschlechtliche Nachkommen; tatsächlich sind die gezüchteten Exemplare auch alle weiblich. Die männlichen hingegen sind sehr selten bzw. es sind Kreuzungen mit der Silberweide. Diese Hybriden sollen sehr häufig und kräftiger sein als die ursprüngliche Art. Die Silberweide wird besonders in den Mittelmeerländern kultiviert und regelmäßig geschnitten, ebenso die Korbweide. Die biegsamen Zweige finden zu Flechtarbeiten Verwendung.

nin aufspaltet. Das Saligenin ist der Salicylsäure ähnlich, die von der lateinischen Bezeichnung der Weide ihren Namen erhalten hat. Diese Substanzen haben eine schmerzlindernde Wirkung und sind in zahlreichen Medikamenten enthalten.

Da, wie aus dem Gesagten hervorgeht, Weidengehölze Hochwässer und Überflutungen nicht scheuen, sondern sie fast zu suchen scheinen und außerdem in der Lage sind, dichte Bestände zu bilden, werden sie mit ausgezeichnetem Erfolg dazu benutzt, als Schutz gegen Erosionsschäden an Flußufern verwendet zu werden. Besonders geeignet hierzu sind die Purpurweide *(Salix purpurea)*, die Korbweide *(S. viminalis)*, die Grauweide *(S. elaeagnos* oder *S. nicana)* und die Mandelweide *(S. triandra* oder *S. amygdalina)*. Unbewurzelte Stecklinge, die in den feuchten Boden gesteckt werden, treiben schnell aus. Zudem bilden ihre Äste Adventivwurzeln, die zu neuen Pflanzen heranwachsen.

Charakterpflanzen der Moore und Bruchwälder sind Birken und Erlen. Erstere, besonders die Haar- oder Moorbirke *(Betula pubescens)* und die Warzenbirke *(B. pendula)*, bevorzugen nasse Standorte in Senken und Tälern, die arm an Nährstoffen sind und westlich der natürlichen Verbreitungsgebiete von Kiefer und Fichte liegen. Sie sind deshalb in erster Linie auf Hochmooren anzutreffen, und wo die Ausbildung von Wäldern möglich ist, also in Nordwestdeutschland, in den westlichen Mittelgebirgen sowie in Mitteleuropa. Im Süden findet man sie in den Alpen.

Birken wachsen aber auch auf sauren und kargen Böden in trockenen Laub- und Nadelwäldern und auf Heideflächen. Sie sind typische Gewächse der Lüneburger Heide und der Geestlandschaft Norddeutschlands. Ebenso ist die Birke in alpinen Zonen zu Hause, in den Endmoränenlandschaften am Ausgang der Täler, und sie wandert sogar bis in die Heiden der Mailänder Gegend. Sie ist in ganz Italien bis zum Ätna verbreitet, wo die Varietät *aetnensis* wächst, die sich durch gedrungene, an der Basis fast herzförmige Blätter auszeichnet, denen die Spitze fehlt.

Am Ende der Eiszeit in der Dryas-Periode, als sich das Klima ganz allmählich und stufenweise verbesserte, gab es eine »präboreale, kalte und trockene« Periode, in der, wie die Untersuchungen der fossilen Pollen ergeben haben, die Birke dominierte, vor allem die Zwergbirke. Sie bildete an den Nordhängen der Alpen zusammen mit der Gemeinen Kiefer, der Polarweide und der Silberwurz Mischwälder, an den Südhängen der Alpen reine Birkenwälder. Diese Periode entspricht der mittleren Steinzeit, ist also vor 14 000 bis 10 000 Jahren anzusetzen, als die Steinzeitmenschen dazu übergingen, ihre Steinwerkzeuge, die vorher nur roh zugeschlagen waren, zu verfeinern und zu polieren.

Aus der glatten Rinde der Papierbirke *(Betula papyrifera)* – auch das soll hier nicht unerwähnt bleiben – stellten die Indianer ihre Kanus her. Es ist die gleiche Birke, an die sich der mythische Krieger Hiavatha im Gedicht von Longfellow wendet und sie bittet: »Give me of your bark, o birch tree!«

Einige Arten unserer Breiten sind einfache Sträucher, so die Strauchbirke *(Betula humilis)*, die in Flachmooren und Erlenbrüchen anzutreffen ist und fast runde Blätter hat, und die Zwergbirke *(Betula nana)*, deren kleine Blätter breiter als lang sind, kreisrund und stumpf gekerbt. Sie wird nur 20–50 cm hoch. Man begegnet ihr, wenn auch selten, in Hochmooren und Torfbrüchen Bayerns, des Erzgebirges und Böhmerwaldes sowie auf dem Brocken.

Flach- wie Hochmoore lassen verschiedene Charakterpflanzen erkennen. Im Flachmoor wachsen u.a. wenige Torfmoosarten, große Seggen, Binsen, Schilfrohr, Sumpfdotterblumen, Blutweiderich, Bitterklee und Sumpfläusekraut sowie die oben genannten Bäume. Hochmoorpflanzen dagegen sind viele Torfmoosarten, kleine Seggen, Scheidiges Wollgras, Moos- und Rauschbeere, Rosmarinheide und Sonnentau. Die meisten Tierarten sind abgewandert, Singvögel nur noch besuchsweise anzutreffen.

Eine Landschaft mit stark charakteristischem Gepräge ist auch die Heide. Im volkstümlichen Sinne bedeutet das Wort »Einöde«. Auf dem sandigen Boden, der sich nicht zur landwirtschaftlichen Nutzung eignet, sind vor allem Heidekraut, aber auch Wacholder und Ginsterarten, Zwergsträucher, bestimmte Gräser, Flechten und Moose heimisch. Typische Heidevögel sind das Birkhuhn, die Nachtschwalbe und Heidelerche.

Bruchwälder sind weiterhin durch Schwarz- oder Roterlen bestimmt *(Alnus glutinosa)*. Sie bevorzugen mächtige, tiefschwarze, mäßig saure Schwarzmoortorfe, lieben aber auch Standorte, die manchmal viele Monate lang überschwemmt sind. Man trifft sie häufig in der Norddeutschen Tiefebene in ausgedehnten Flachmoorgebieten an, wo andere Bäume nicht mehr gedeihen, vergesellschaftet mit tiefgrünen, zartblättrigen Kräutern, die die Feuchtigkeit lieben, Farnen, Seggen, Gräsern und Moosen, die in Form von Polstern und Rasen den Boden bedecken.

Über die Grenzen Deutschlands hinaus ist die Schwarzerle in ganz Europa verbreitet, ferner in Asien, Nordafrika und Nordamerika. An Wassergräben, Flüssen und auf durch Überschwemmungen versumpftem Boden bildet sie regelrechte Wälder, oft in Gemeinschaft mit Weiden, Pappeln, Platanen und einer spezifischen Unterholzflora, die teilweise der der Laubwälder ähnelt.

Durch eine unrichtige Übersetzung Herders wurde der Elfenkönig der dänischen Sage zum deutschen Erlkönig, der in Goethes gleichnamiger Ballade, die Schubert vertonte, verewigt ist.

Doch kehren wir noch einmal zu den Lebensgemeinschaften in Nadelwäldern zurück, die wir bisher nur im großen Zusammenhang gestreift haben:

Die natürlichen Pflanzengemeinschaften in den Nadelwäldern Mittel-, West- und Nordeuropas haben gemeinsam, daß sie stark säurehaltige Böden bevorzugen. Voraussetzung für eine solche Bodenbeschaffenheit ist das feuchte Klima, das in den meisten Gebirgsregionen der genannten Gebiete herrscht, bedingt durch die häufigen Niederschläge, die die Nährstoffe aus dem Boden waschen und zu seiner Versauerung führen. Hinzu kommt, daß auch die dichte Bodenstreu der abgestorbenen Nadeln, besonders der Fichten, einem solchen Prozeß Vorschub leistet. Da in einem Nadelwald sehr ungünstige Lichtverhältnisse herrschen, können nur Schattenpflanzen gedeihen; Unterholz ist nur spärlich vorhanden.

In den Mittelgebirgen, im Alpenvorland und in den Alpen dehnen sich oft kilometerweite Fichtenwälder. Eine Alpenart der Rottanne *(Picea abies)* – sie ist keine Tanne, wie ihr Name fälschlich behauptet, sondern eine Fichte – liebt feuchtes Klima ganz besonders und erträgt auch Kälte. Ursprünglich nur in der subalpinen Region der Gebirge verbreitet, z.B. in den italienischen Alpen und Voralpen, sind die Fichten auch im Apennin in der Gegend von Pistoia von 350 bis 400 m bis zur Obergrenze von 2000 m zu finden; ferner im Norden der Alpen, im Schweizer Jura, in allen zentralen Bergketten – oft auch in der Ebene – bis zur Skandinavischen Halbinsel, wo sie weite Gebiete bedecken. Schließlich reichen sie im Osten über die Russische Ebene hinaus bis zum Ural. Noch mehr als die Lärche stellt die Fichte das Hauptelement der Bergwälder dar und prägt entscheidend das Landschaftsbild vieler Täler.

Die hohen und kräftigen, säulenähnlichen Stämme und die Zweige, von denen oft Flechten *(Usnea)* herabhängen, verbreiten einen angenehmen Harzgeruch und werfen dichte Schatten auf den Boden, auf dem die Schicht der herabfallenden Nadeln die Schritte dämpft. Auf diesem weichen Teppich grünen Miniaturwälder von Moosen, Heidel-, Preiselbeeren und Rhododendron. Hier rankt das zarte Moosglöckchen *(Linnaea)*, das Wintergrün *(Pirola)* öffnet seine milchigen Blüten, Habichtskraut und Sauerklee stellen sich ein, ebenso Schattenblume, Farne und Bärlapp. Viele Pilze finden hier günstige Lebensbedingungen und zahlreiche schöne Orchideen, darunter die Korallenwurz *(Corallorrhiza trifida)*, aber auch der Fichtenspargel *(Monotropa)*, eine Moderpflanze (s. S. 172).

Da nur wenigen Singvögeln die Dunkelheit in einem Nadelwald zusagt, herrscht in ihm selbst am hellen Tag eine auffallende Stille. Gefiederte Gäste sind die Tannenmeise und der Fichtenkreuzschnabel, der sich den Nadelwald sogar zu seinem Brutplatz erwählt. Sperber stellen den Kleinvögeln nach und nächtliche Räuber, wie Waldohreule und Waldkauz, machen Jagd auf Mäuse. Lediglich am Waldrand, wo sich die Bestände auflokkern und allerlei Büsche und Gesträuch zugezogen sind, sowie auf Lichtungen erklingt ab und zu das süße Lied des Rotkehlchens und der schmetternde Ruf des Buchfinken. Tief im Waldesinnern aber ist der Schwarzspecht zu Hause, der die Einsamkeit und Abgeschiedenheit liebt und den schädlichen Borkenkäfern und Buchdruckern nachstellt. Und in den Gebirgswäldern wohnt das Auerhuhn, das im Winter vorwiegend von Fichtennadeln lebt. An großen Säugetieren sind Wildschwein und Rothirsch vertreten, denen das Dämmerlicht des Nadelwaldes sicheren Schutz bietet.

Auch die Tanne *(Abies alba)* ist ein Gebirgsbaum; sie stellt an Bodenbeschaffenheit, Wärme und Luftfeuchtigkeit jedoch höhere Ansprüche als die Fichte und ist gegen Spätfröste empfindlich. Die nördliche Grenze ihrer Verbreitung verläuft in Deutschland durch Südwestfalen, den Südharz und Sachsen. Ihr Hauptverbreitungsgebiet sind jedoch die Höhen des Schwarzwaldes (zwischen 400 bis 900 m), nach denen der Gebirgszug auch seinen Namen trägt.

Als typisch europäischer Nadelbaum ist die Tanne weiterhin in Mittel- und Südeuropa anzutreffen, in den italienischen Alpen und im ganzen Apennin. Die vereinzelten Stellen, an denen sie hier noch auftritt, sind wahrscheinlich nur die Überreste ausgedehnter Wälder, auf die sich vielleicht Vergil bezogen haben mag, als er von »abies in montibus altis« (Ecl. 7) sprach.

Ganz anders verhält sich die Kiefer oder Föhre *(Pinus silvestris)*. Wie kein anderer Baum bildet sie im mittleren und nördlichen Europa ausgedehnte Wälder – in Norddeutschland auch »Heiden« genannt –, wächst auf allen Böden, sogar auf kargem Sandboden, wo andere Bäume längst kein Auskommen mehr finden, und wandert in den Alpen bis zur oberen Baumgrenze hinauf, wo sie sich mit ihrer Pfahlwurzel tief in den Felsspalten verankert und allen Stürmen Trotz bietet. In Italien – so wird behauptet – sei sie zu Zeiten Maria Theresias zum ersten Mal angepflanzt worden. Ansonsten ist sie der Charakterbaum für kontinentales kaltes und nebliges Klima, kann ein hohes Alter erreichen und ist von großer wirtschaftlicher Bedeutung.

Neben reinen Kieferforsten, die in der Regel gleichaltrige Bäume enthalten, die auf größeren Flächen fast gleichzeitig gefällt werden, wenn sie ein Alter von 80–100 Jahren erreicht haben, gibt es auch Mischwälder, bestehend aus Kiefern, anderen Nadelbäumen und Laubhölzern. In Kiefernschonungen siedeln sich neben zahlreichen Gräsern Adlerfarn, Roter Fingerhut und Ginster an. Sind die jungen Bäumchen zu Stangenholz herangewachsen, stehen sie so dicht, daß durch ihre Kronen kaum noch ein Lichtstrahl bis auf den Boden dringt. Dann erstirbt alles Leben der Grünpflanzen und macht zahlreichen Pilzen Platz, die in der dicken, vermodernden Bodenstreu reiche Nahrung finden. Ist das Stangenholz ausgelichtet und das Kronengefüge etwas lockerer geworden, stellen sich Flechten und Moose ein, in tieferen, wärmeren Lagen auch Gräser. Samen von Buchen und Birken werden von Tieren herbeigeschleppt oder vom Wind herangetragen; Wacholder und Heckenrosen, Himbeeren und Brombeeren wandern zu. Am Boden aber blühen Maiglöckchen und Schattenblumen, Gräser und Heidekraut, Wintergrün und Sauerklee. Heidel- und Preiselbeeren liefern gute Ernten,

Farne und Moose bilden auf feuchten Böden einen dichten Bewuchs.

Nur da, wo die Strauch- und Krautschicht reich entwickelt ist, richten sich auch Tiere häuslich ein. In der Dunkelheit dichter Forste auf trockenen, dürren Böden dagegen, wo es kein Unterholz gibt und Vögel weder Unterschlupf noch Nistgelegenheit finden, herrscht eine fast lautlose Stille. Dafür schichten die Roten Waldameisen, die in manchen Gegenden schon unter Naturschutz stehen, am Waldboden große Nadelhaufen zu ihren Burgen auf, sind heimliche Waldfrevler um so emsiger am Werke, fressen Nadeln und Holz, kleben ihre Eier unter die Borke oder in die Ritzen, und ihre Larven bohren Gänge in Stämme und Äste und leben wie im Schlaraffenland. Sie können ungeheure Schäden anrichten und haben schon ganze Forsten vernichtet.

Hier finden Kuckuck und Spechte eine reichgedeckte Tafel, aber auch Meisen und Goldhähnchen, die zu Besuch kommen, und deren Gewisper und lockende Rufe aus den Baumkronen und von den Waldrändern erschallen.

Werden die Bäume aber »geerntet«, und es entstehen Kahlschläge, ist plötzlich wieder alles von Leben erfüllt: Licht und Luft haben freien Zutritt zum Boden, der sich rasch mit Gräsern aller Art bedeckt, das Rote Straußgras *(Agrostis vulgaris)* wiegt sich im Wind und die goldfarbene Waldschmiele *(Dechampsia flexuosa)*. Weidenröschen verbreiten ihr Geleucht, und Greiskräuter *(Senecio)* lassen ihre Samen mit Hilfe von Haarkronen davonfliegen. Summende und gaukelnde Insekten erscheinen zu Gast, es raschelt und wuselt im Bodenbewuchs von Mäusen und Eidechsen, Blindschleichen und Kreuzottern, und das alles lebt und webt miteinander, bis der Kahlschlag aufgeforstet und wieder zu einem Wald wird, wie es weiter oben schon beschrieben wurde.

Der besonders im Frühjahr aus der Eichenrinde austretende Baumsaft ist zuckerhaltig und geht leicht in Gärung über. Von nah und fern eilen die Insekten zum Ausschank – hier Waldameisen – und berauschen sich so stark an der üppig fließenden Quelle, daß sie sich kaum noch auf ihren sechs Beinen halten können. Volltrunken torkeln sie schließlich davon.

Das Hochgebirge

Als Hochgebirge bezeichnet man Höhenzüge mit Felsgipfeln, die vom ewigen Schnee bedeckt sind. Die Alpen z.B., an denen Deutschland, die Schweiz, Österreich und Italien einen Anteil haben, erstrecken sich von 500 m bis in Höhen von 4800 m hinauf (Montblanc), und deutlich sind an ihnen mehrere Pflanzengürtel zu unterscheiden:

Im ersten, dem sogenannten Kulturgürtel, der bis etwa 800 m reicht, ist noch eine landwirtschaftliche Nutzung in den Tälern und an Talhängen möglich, so z.B. der Anbau von Kartoffeln und Roggen. In der Laubwaldregion, die bis 1200 m geht, sind Rotbuche, Bergahorn, Ulme und Esche zu Hause. Weiter aufwärts schließt sich der Nadelwaldgürtel an mit Fichte, Lärche und Zirbelkiefer. In den Tiroler Zentralalpen liegt die Baumgrenze bei 1850 m; an anderen Stellen kann sie sich aber bis auf 2000 m vorschieben. Oberhalb der Baumgrenze erstreckt sich der Krummholzgürtel, in dem die Bergkiefer vorherrscht. An Stellen, die Schnee und Stürmen besonders ausgesetzt sind, schmiegt sie sich dicht an den Fels und wird zu Latschen oder Krummholz.

In den Alpenmatten, die bis in Höhen von 2800 m reichen, finden wir Gräser, niedrige Kräuter und Stauden, die in ganz besonderen Leuchtfarben blühen. Nur kurzfristig heben sie sich der brennenden Sonne, dem Wind und der dünnen Luft entgegen; dann setzt bereits wieder die rauhere Jahreszeit ein. Etwa sechs Monate lang ist der Boden in 1500 m Höhe schneefrei, in 2000 m 4,5–5,5 Monate, in Höhen darüber nur 2–3 Monate. Die höchsten Gipfel sind vom ewigen Eis bedeckt.

Im Bereich der Baumgrenze sind neben charakteristischen Wäldern und Gebüschen, bestehend aus Grünerlen, strauchartigen Weiden, Buchen, Fichten, Edeltannen, Bergahorn und Bergföhren, auch hohe, großblättrige Stauden verbreitet, wie Alpendost *(Adenostyles)*, Germer *(Veratrum)*, der Alpenmilchlattich *(Cicerbita alpina)* u.a.

Die artenreiche Berg- oder Grünerle *(Alnus viridis, A. minor* oder *A. alnobetula)*, ein Strauch von 1–3 m Höhe mit glatten, ovalen oder ellipsenförmigen, spitzen Blättern, wächst als Bergart in den Alpen, in den Gebirgen Mitteleuropas, in den Karpaten und auf einigen Bergen des Balkans zwischen 1300 und 1500 m Höhe. Manchmal steigt sie auch bis in 2300 m hinauf. Sie liebt saure Böden.

Die kleinen Alpenweiden überziehen bis zur oberen Grenze der Blütenpflanzen die Felsen mit Grün. Der Netzweide *(Salix reticulata)* begegnen wir auf dem Monte Rosa bis in eine Höhe von 3000 m hinauf, und die Krautweide *(Salix herbacea)* erreicht auf dem Teodul-Paß sogar 3220 m (Seilbahnendstation des Breuil). Verwandte Arten bewohnen sogar die arktischen Gebiete. Die Verbreitungszone der Polarweide *(Salix polaris)* reicht bei Spitzbergen über den 80. nördl. Breitengrad hinaus.

Ein Teppich schönblütiger, hoher Kräuter

Pflanzengesellschaften und Vegetationszonen

Vegetationszonen Euro-Sibiriens

Ähnlich der Vegetationszonen im Gebirge in horizontaler Richtung lassen sich Zonen von den Polen in Richtung Äquator unterscheiden. Je nach den klimatischen Bedingungen stimmen die einzelnen Pflanzenformationen in entsprechenden Meereshöhen und geographischen Breiten überein. Beispiel hierfür sind die Flechten, die besonders in den polnahen Gebieten und in höheren Lagen der Gebirge leben.

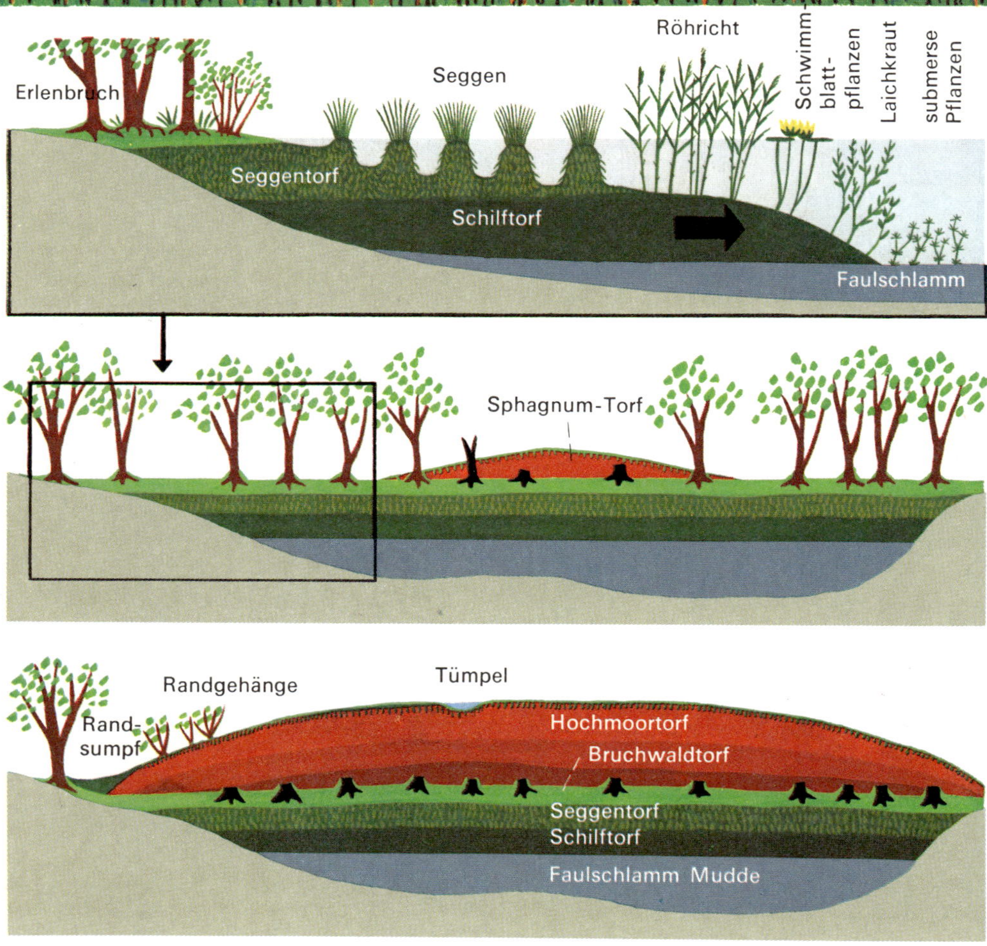

Die Moorbildung

Auch an humus- und nährstoffreichen Seen gliedert sich die Pflanzenwelt, hier vor allem nach der Wassertiefe. Typisch für Mitteleuropa ist das Beispiel eines verlandenden Sees (links).

Die Wassertiefe wird durch ständige Ablagerung von Pflanzenresten allmählich geringer, und die einzelnen Pflanzengesellschaften rücken gegen das Zentrum des Gewässers vor. Die Ablagerungen werden nur zum Teil abgebaut, und es entstehen mehrere Schichten von Torf. Weitere Auflagerungen schneiden

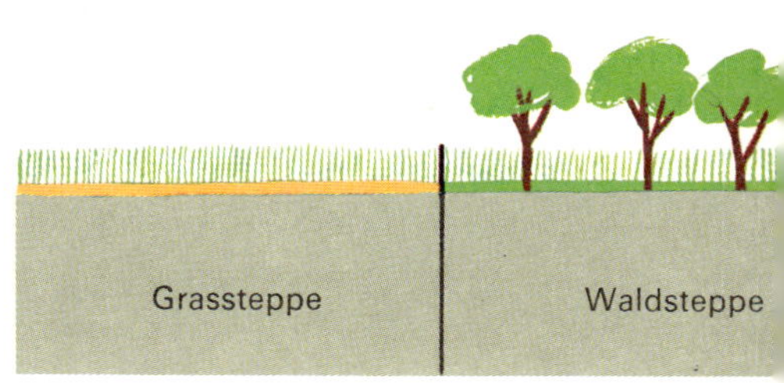

die oberen Schichten vom Grundwasser ab; sie werden nährstoffarm und versauern. Schließlich können nur noch Torfmoose (Sphagnum) existieren, die einen dichten Bewuchs bilden. Durch Weiterwachsen der oberen Pflanzenteile, während die unteren absterben, entstehen meterdicke Schichten von Hochmoortorf.

Die Pflanzen sind an ihre Umwelt unterschiedlich angepaßt. Je nach der Verschiedenheit der einwirkenden Faktoren entsteht an dem einzelnen Standort eine bestimmte Pflanzengesellschaft. Umweltbedingungen, die bei der Zusammensetzung einer Pflanzengesellschaft eine Rolle spielen, sind u. a. Licht, Temperatur, Wasserversorgung, Nährsalze im Boden, CO_2-Gehalt der Luft, pH-Wert des Bodens usw.

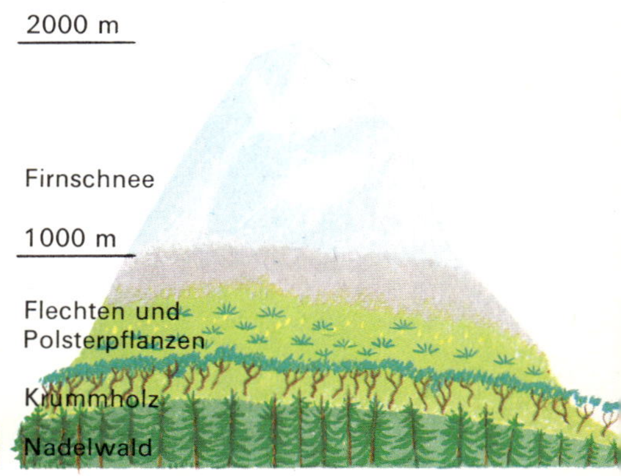

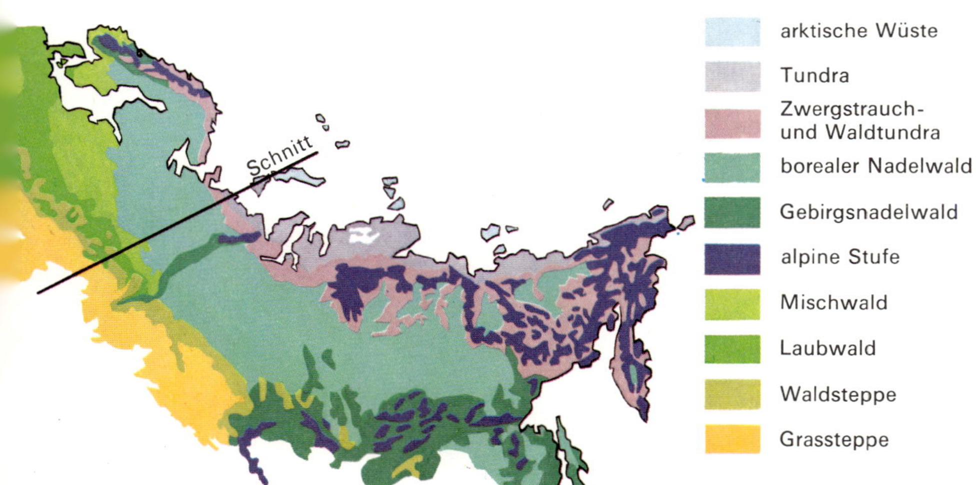

Schnitt durch die Vegetationszonen Euro-Sibiriens

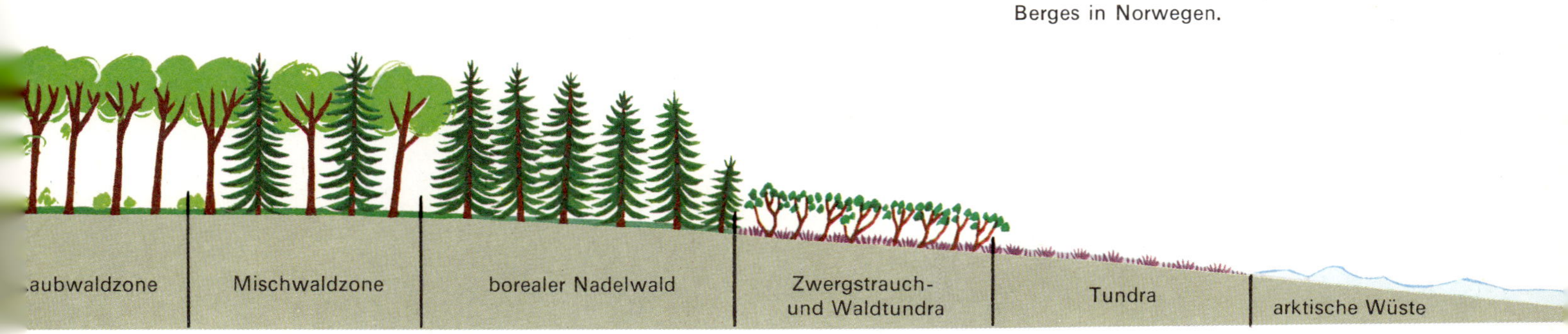

Zonale Gliederung der Vegetation in den Gebirgen

Die Abnahme der Temperatur, die Verkürzung der Vegetationszeit, die Zunahme der Niederschläge und der Windstärke, die Veränderung des Lichts, insbesondere die Zunahme des UV-Lichts u. a. Eigenschaften des Gebirgsklimas bewirken eine Ausbildung von Vegetationsstufen oder -zonen. Beispiele sind die Gebirgsprofile des Kilimandscharo, der Alpen und eines Berges in Norwegen.

von intensiver Farbkraft wird aus der Großblättrigen Schafgarbe *(Achillea macrophylla)* gewebt, dem hochgiftigen Rispigen Eisenhut *(Aconitum paniculatum)*, der bei Theophrast eine Rolle spielt, dem Grauen Alpendost *(Adenostyles alliariae)*, Distelarten *(Carduus)*, Flockenblumen *(Centaurea)*, Alpenmilchlattich *(Cicerbita alpina)*, Heilglöckchen *(Corthusa matthioli)*, der Gamswurz *(Doronicum)*, Alpenweidenröschen *(Epilobium alpestre)*, Alpenmannstreu *(Eryngium alpinum)*, verschiedenen Hahnenfußarten *(Ranunculus)*, Bergampfer *(Rumex arifolius)*, dem Rundblättrigen Steinbrech *(Saxifraga rotundifolia)* – der Name Steinbrech soll daher rühren, daß er sich als Spaltenpflanze seinen Weg im Stein selbst »bricht«, was mit einem alten Volksglauben zusammenhängt –, dem Weißen Germer *(Veratrum album)* und vielen anderen.

An kalkarmen und weniger nährstoffreichen Standorten vergesellschaften sich mit Hochgräsern und Farnen wilde Nelken *(Dianthus)* in lodernden Farben, Habichtskräuter *(Hieracium)* und andere.

Die Heiden der hohen Gebirgslagen, insbesondere der Alpen, die sich im Bereich der Baumgrenze auf stark sauren Böden ausbreiten, sind reich an Krähenbeeren *(Empetrum nigrum)*, Zwerggesträuch, wie Moorbeere *(Vaccinium uliginosum)*, Heidelbeere *(V. myrtillus)* und Preiselbeere *(V. vitis-idaea)*. Hier und da ist auch der Alpenbärlapp *(Lycopodium alpinum)* zu finden. Sind solche Heiden im Winter nicht ausreichend mit Schnee bedeckt, erleiden sie oft schwere Frostschäden.

Im Bereich der Gehölzgrenze, ja sogar auf Graten und Felskuppen, die stark exponiert und eisigen Stürmen ausgesetzt sind, wächst neben zahlreichen Flechtenarten die Alpenazalee *(Loiseleuria procumbens)*, auch Felsenröschen oder Alpenheide genannt. Sie ist ein kleiner, niederliegender Spalierstrauch, der als wichtigste Charakterpflanze weite Flächen mit seinem Geleucht überzieht. Außer in den Alpen ist er auch in den Pyrenäen, Karpaten, auf dem Balkan, in den nördlichen Ländern Europas, Asiens, Amerikas, ja sogar in der arktischen Tundra und in Grönland anzutreffen. Nach Knapp gehört die Alpenazalee zu den frosthärtesten immergrünen Zwergsträuchern unserer Flora; sie erträgt Temperaturen bis –40 °C. Ihre Blätter sind in der Lage, schnell jede Feuchtigkeit aufzunehmen, ja selbst aus frischgefallenem Schnee noch ihren Nutzen zu ziehen. Dadurch weiß sie den Gefahren der Frosttrocknis (s. S. 354) gut zu begegnen.

Auf sauren Torfböden finden sich Pflanzengesellschaften aus Glockenheide *(Erica tetralix)* und Torfmoosarten *(Sphagnum)* zusammen mit Moosbeeren *(Vaccinium oxycoccus)*. Sie sind hauptsächlich im Alpenvorland und in anderen mittleren und hohen Gebirgslagen Mittel- und Nordeuropas verbreitet.

Die Tundra, eine Kältesteppe jenseits der polaren Baumgrenze, ist das Reich der Flechten und Moose. So weit das Auge reicht, dehnt sich eine Weite ohne Grenzen, herrschen Einsamkeit und Stille, die kaum von dem Schrei eines Vogels zerrissen werden. Hier ist das Ren zu Hause, der Silberfuchs und der Lemming. Die wenigen Moschusochsen, die es noch gibt, leben in der Nähe der Küsten. Der vermoorte Boden ist häufig in Dauerfrost erstarrt. (Unsere Aufnahmen entstanden auf der Barentsinsel/Spitzbergen).

Ihnen leisten Wollgräser *(Eriophorum)* und die Gränke *(Andromeda polifolia)* Gesellschaft, die schon erwähnte Krähenbeere *(Empetrum nigrum)* und die Moor-, Rausch- oder Trunkelbeere *(Vaccinium uliginosum)*, der Porst *(Ledum palustre)*, aber auch Seggen *(Carex)* und Moose.

Die Krähenbeere, deren botanischer Name vom griechischen »en petra« (im Stein) abzuleiten ist, weist auf ihren Standort hin. Sie ist in weiten Gebieten der nördlichen Halbkugel verbreitet und kommt auf Hochmooren, Heideböden und Sanddünen vor sowie in der alpinen Zwergstrauchregion. Dort wächst sie vornehmlich auf Felsen (manchmal sogar bis in 3000 m Höhe), zeigt aber wie die Heidekräuter eine Überempfindlichkeit gegen kalkhaltiges Substrat. In Gemeinschaft mit der Besenheide *(Calluna vulgaris)* bedeckt sie oft ausgedehnte Flächen. Aus ihren kleinen rosafarbenen Blüten gehen erbsengroße schwarze oder violette Früchte hervor, die einen säuerlichen Geschmack haben. Die Bewohner Kamtschatkas essen sie als Vorbeugungsmittel gegen Skorbut.

Die Zwergsträucher der *Vaccinium*-Gruppe – Vergil nannte sie bereits so, doch kann nicht mit Sicherheit gesagt werden, ob er Heidel-, Preisel- oder andere Beeren dieser Gattung meinte – kann man ohne weiteres auseinanderhalten, wenn man ihren Habitus kennt: Die Blätter der Preiselbeere sind immergrün, lederartig und nach unten eingerollt; die Blattunterseite ist mit Harzpünktchen besät. Die Blätter der anderen Arten dagegen fallen jährlich ab und sind kaum lederartig. Bei der Trunkelbeere sind sie an der Unterseite weißlichblau und ungezähnt, bei der Heidelbeere blaßgrün. Die Gattung *Vaccinium* ist in allen Ländern Europas anzutreffen, darüber hinaus in Asien und Amerika, wo verwandte Arten wachsen, und sogar in den Gebirgen der tropischen und subtropischen Zonen.

Neben den medizinischen Eigenschaften der Pflanzen – sie sind erfrischend, wirken tonisch, adstringierend und diuretisch –, haben sie in waldreichen Gegenden auch wirtschaftliche Bedeutung erlangt: Die Beeren werden roh gegessen oder können zu Konfitüren verarbeitet werden. Im Elsaß destilliert man aus den Preiselbeeren das sogenannte »Steinbeerwasser«, aus den Heidelbeeren das ausgezeichnete »Heidelbeerwasser«, das vor allem in Frankreich sehr beliebt ist. In Sibirien stellt man aus der Trunkelbeere ebenfalls ein alkoholisches Getränk her, und mancherorts wird aus den Beeren ein bläulicher oder schwarzer Farbstoff gewonnen, der zum Färben von Wein benutzt wird. Bei den Galliern und Römern wurden die Kleider der Sklaven mit dieser Substanz gefärbt. Die in Nordamerika heimischen Arten liefern u. a. den bekannten »Blueberry«.

Auch von anderen Pflanzen der Hochgebirgsregion ließe sich mancherlei erzählen: Die Erikagewächse *(Ericaceae)*, zu denen nicht nur die Besenheide, die Vaccinium-Gruppe und die Alpenrose *(Rhododendron)* gerechnet werden, überziehen oft weite Flächen und geben ihnen ein charakteristisches Gepräge.

Der Name Erica ist keltischen Ursprungs. Die Kelten bezeichneten damit vielleicht die mediterrane Baumheide *(Erica arborea)*. Es wird aber auch die Meinung vertreten, daß der Name vom griechischen »*Ereiko*« (brechen) komme und sich auf die Brüchigkeit der Stengel beziehe, oder, nach anderer Ansicht, die heilkräftigen Eigenschaften der Pflanze zum Ausdruck bringen solle. Jedenfalls sind den Völkern der Antike zweifelsohne diese Gewächse aufgefallen um so mehr, als sie auch damals schon auf kalkfreien Böden weite Flächen bedeckten.

Die Franzosen nennen alle Heidekräuter »Bruyère« – aus der Wurzel der Baumheide werden die berühmten Bruyère-Pfeifen hergestellt – und beziehen in diesen Terminus auch die Besenheide mit ein, die Linné *Erica vulgaris* nannte, die aber heute zur Gattung *Calluna* gerechnet wird. Calluna wird vom griechischen »*kallyno*« (kehren) abgeleitet und deutet auf die Hauptnutzung der Besenheide hin, nämlich Besen aus ihr herzustellen. Darüber hinaus dient sie in manchen Gegenden als Hopfenersatz; in Nordeuropa verwandte man sie zum Gerben von Fellen. Die nektarreichen Blüten, die alljährlich von zahllosen Bienenvölkern aufgesucht werden, benutzte man früher als harntreibendes Mittel.

Die Besenheide bildet nicht nur in Deutschland ausgedehnte »Heiden«, wovon die Lüneburger Heide die berühmteste ist, sondern z. B. auch in Holland und der Lombardei. Darüber hinaus ist sie in kleineren Beständen in ganz Europa anzutreffen, wandert bis zu den alpinen Regionen hinauf, von wo unsere Betrachtung ihren Ausgang nahm, und dringt in Nordasien und Nordamerika sogar bis in arktische Gebiete vor.

Als interessante Tatsache wäre noch zu erwähnen, daß die Heidekräuter, obwohl sie auf kalkfreien bzw. kalkarmen Böden wachsen, in ihren Geweben einen ziemlich hohen Prozentsatz von Kalksalzen enthalten, und zwar um so mehr, je ärmer der Boden an Kalk ist. Sie haben also die besondere Fähigkeit, sie zu speichern, auch wenn sie nur in Spuren im Boden vorhanden sind, und dies scheint zumindest widersprüchlich zu sein.

In den Schneetälchen der Hochgebirge über der Baumgrenze an Stellen, die ungewöhnlich spät ausapern, leben Pflanzengesellschaften, in denen Moose dominieren. Es gesellen sich aber auch das Alpenschaumkraut *(Cardamine alpina)* hinzu, das Alpenhornkraut *(Cerastium alpinum)*, die Alpenwucherblume *(Chrysanthemum alpinum)*, die Alpenfetthenne *(Sedum alpestre)*, die Troddelblume oder Alpenglöckchen *(Soldanella pusilla)* und der Alpenehrenpreis *(Veronica alpina)*.

Auf sauren Schneeböden herrscht in dichten Beständen die Krautweide *(Salix herbacea)* vor; andere Weidenarten *(S. retusa, S. reticulata)* ziehen Kalkschneeboden vor. Sie sind untermischt mit dem Frauenmantel *(Alchemilla)*, der uns schon einmal auf Bergwiesen begegnete.

Zwischen den Krautweiden wachsen das Zweiblütige Sandkraut *(Arenaria biflora)* und die Stinksegge *(Carex foetida)*, das weißwollige Zwergruhrkraut oder Katzenpfötchen *(Gnaphalium supinum)* und einige Steinbrecharten, so der Mannsschild-Steinbrech *(Saxifraga)*. In Spalierweidengesellschaften sind der Bayerische Enzian *(Gentiana bavarica)* und die Silberwurz *(Dryas octopetala)* anzutreffen. Letztere gilt als eine der schönsten alpinen Pflanzen. Sie ist ein Strauch mit sehr kräftigem Wurzelapparat und stark verzweigtem, kriechendem Stengel. Trotz ungünstiger Umweltbedingungen kann sie mehrere Jahrzehnte alt werden und ist typisch für die Alpen in Höhen zwischen 700 und 3000 m; gelegentlich wird sie mit den Alpenflüssen herabgeschwemmt.

Die Silberwurz gehört zu den Pflanzen, die auch im äußersten Norden zu finden sind: über Skandinavien, Irland und Schottland dringt sie in Grönland bis 83°24' vor. In diesen Breiten bildet sie ausgedehnte und dichte Kolonien, während sie in den Alpen nur in Einzelexemplaren vorkommt. Hier ist sie eine echte Pionierpflanze und trägt zur Festigung des Gesteins und Kalkgerölls bei.

Die Blüten haben in der Regel acht große, geäderte weiße Kronblätter; die Laubblätter sind länglich-elliptisch und weisen an der Unterseite einen weißfilzigen Belag auf. Der Name *Dryas*, der im Griechischen Eiche bedeutet, bezieht sich auf die eingekerbte, eichenähnliche Form der Blätter. Die Sammelfrucht besteht aus kleinen Nüssen, auf denen noch die flaumigen Griffel zu sehen sind.

Im Quartär waren ganz Nordeuropa, ein großer Teil Mitteleuropas und die Alpen von Gletschern bedeckt. Nach dem langsamen Abklingen der letzten der vier großen Eiszeiten wurde das feuchte und kalte Klima nach verschiedenen Schwankungen bekanntlich wieder milder, bis es den heutigen Stand erreichte. Eine der Methoden, mit der man die Veränderungen des Klimas und der Flora vergangener Erdzeitalter erforscht, besteht in der Untersuchung des Pollenstaubs, der sich, da die Außenhaut der Pollenkörner unverändert bleibt, in den Torfmooren erhalten hat. Unter der Schicht, die die Baumsamen ent-

Die Lüneburger Heide ist eine Lebensgemeinschaft, wie sie in sich geschlossener kaum vorstellbar ist. Eingebettet in das Rotviolett blühender Besenheide, finden sich Wacholder, Birken und Kiefern, Ginster, Heidel- und Preiselbeeren. Sie alle sind Pflanzen, denen der sandige, unfruchtbare Boden ein Bedürfnis ist. Charaktertiere sind die Heidelerche und das Birkhuhn, die Nachtschwalbe, Hasen und Kaninchen.

hält, findet sich in Mitteleuropa eine weitere mit den Samen der Silberwurz, die zusammen mit Weiden und Seggen Tundren bildet, ähnlich denen, wie sie sich auch heute noch in manchen Gebieten Europas ausbreiten.

An länger von Schnee bedeckten Stellen der Hochgebirge finden sich kalkliebende Moose mit kleinen Kräutern zusammen, wie Gänsekressen *(Arabis)*, dem schon genannten Ruhrkraut *(Gnaphalium)*, Fingerkraut *(Potentilla)*, Schneeampfer *(Rumex nivalis)* und dem Gletscherhahnenfuß *(Ranunculus glacialis)*; er steigt in Höhen bis 4000 m empor.

Von der hier vertretenen Tierwelt ist zunächst der etwa 2 mm kleine Gletscherfloh zu nennen, ein Urinsekt, das im Laubhumus der Bergwälder, aber auch auf Schnee sein Auskommen findet, und der Schneefloh oder Gletschergast, der an sonnigen Tagen auf Eis und Schnee seine bis 15 cm weiten Sprünge vollführt, vom heraufgewehten Blütenstaub der Nadelhölzer und Gräser lebt und sich während der Unbilden der Witterung im Moos verbirgt. Der Apollofalter, ein prächtiger Tagschmetterling, und Alpenapollo, der oberhalb des Knieholzgürtels fliegt, sowie das Widderchen oder Blutströpfchen halten sich gern an sonnigen, steinigen Hängen auf und nippen vom Blütenhonig. In Höhen bis 3000 m ist das Alpenmandl zu finden, ein kleiner, glänzendschwarzer Salamander, der gesellig mit seinesgleichen unter Steinen, Moosen und Zwerggesträuch seiner kalten Heimat haust, sowie die scheue Bergeidechse, die ebenfalls große Höhen liebt und geschützt ist.

An Hochtriften, Karen und Schuttfeldern leben der Alpenflühvogel, auch Alpenbraunelle genannt, ebenso die tiefschwarz bis blauschwarzglänzende Alpendohle und Alpenkrähe, erstere mit gelbem, letztere mit rotem Schnabel, und der Alpenmauerläufer, ein Höhenbewohner von 1800 m bis zur Schneegrenze, der in unzugänglichen Felswänden nistet. Oberhalb der Baumgrenze legt sich das Alpenschneehuhn bei der Futtersuche nach Zweigspitzen und Blattknospen Gänge unter dem Schnee an, um zu seinen Nahrungsplätzen zu gelangen; es nistet unter Zwergsträuchern und trägt ein schneeweißes Winterkleid sowie eine pelzartige Befiederung an Füßen und Zehen, um im Schnee nicht einzusinken. Das Auerhuhn, das unzugängliche Gebirgswälder bis über die Waldgrenze hinaus bewohnt, sucht sich tagsüber im Bodenstreu und Unterholz seine Nahrung aus Nadeln, Knospen, Sämereien, Beeren, Insekten und Würmern. Wird es Abend, baumt es mit rauschendem Flügelschlag auf, und seine Balztänze Ende März/Anfang April sind jedem, der sie belauschen konnte, unvergeßlich.

Die Felsenschwalbe jagt an Klippen und Steinhalden entlang und klebt ihr Lehmnest unter Felsvorsprünge; der Kolkrabe, der größte, leider so selten gewordene und deshalb geschützte Rabenvogel, baut seinen gewaltigen Horst hoch in vom Sturm zerklüftete Bäume oder an Felswände, und der Steinschmätzer sitzt in 1000–2600 m Höhe auf seinem Nest, das er sich zwischen Felsbrocken und in Erdmulden errichtete, und erbrütet seine hellblauen Eier.

Auf mächtigen Schwingen schwebt der größte aller echten Adler, der Steinadler, als König der Berge und vollendeter Segelflieger über den Felsmassiven und hält nach Kitzen und Lämmern, Murmeln und anderen Kleinsäugern Ausschau. Der Schneefink nistet in Berghütten und Felsritzen, und die Ringdrossel richtet sich in Latschen, Grünerlen und Felsnischen häuslich ein. Die Wasseramsel, die keine Amsel ist, dafür aber der einzige Singvogel, der tauchen und schwimmen kann, läuft in den Bergbächen und Wildwassern unter dem Wasserspiegel entlang und klettert auf der Suche nach kleinen Fischen, Würmern und Insekten schwanzwippend über die nassen Steine. Sie wagt sich dabei sogar unters Eis.

Neben kleineren Säugern, wie Alpenfleder- und Schneemaus, Alpenspitzmaus – die keinen Winterschlaf hält – und dem Alpenschneehasen sind das Alpenmurmeltier, die Gemse und der Steinbock Charaktertiere des Hochgebirges.

Der Schneehase lebt im Sommer im Krummholzgürtel zwischen 1300 und 3000 m Höhe und zieht sich vor Anbruch des Winters bis zur Waldgrenze zurück. Wie das Schneehuhn hat er weitgespreizte, bepelzte Zehen, um vor dem Einsinken im Schnee bewahrt zu werden.

Das Marbetle oder Murmeli, bekannt für seinen sprichwörtlich gewordenen, volle acht Monate währenden Winterschlaf, wobei seine Körpertemperatur von 37,5° auf 5–4,5°C absinkt und das Herz nur noch drei- bis viermal in der Minute schlägt, ist auch in anderer Hinsicht ein überaus erstaunliches Geschöpf: Sein heugepolstertes und warmes Winterlager nämlich bereitet es sich in mühseliger Kleinarbeit Jahr für Jahr aufs neue, indem es eine regelrechte Heumahd veranstaltet. Es mäht das Gras der Matten mit den Zähnen, breitet es in der Sonne zum Trocknen aus, wendet es mehrmals sachkundig, trägt es dann zu Schwaden zusammen und schleppt es, wenn es duftend und knistertrocken geworden ist, in seine Burg. Wenn im September/Oktober die ersten kalten Herbststürme über die Berge brausen, zieht es sich in seinen Bau zurück, verstopft das Einschlupfloch mit einem meterlangen Heupfropfen, mümmelt noch ein wenig von seinen Vorräten und begibt sich dann auf seinem weichen, warmen Lager wohlig zur Ruhe, um auf ihm mehr als die Hälfte des Jahres zu verschlafen.

Die Gemse ist ein Bewohner der Latschenregion. Im Sommer sucht sie die höchsten Felsgrate auf, im Winter wandert sie tiefer auf die Sonnenseite der Berge. Als ein unnachahmlicher Meister im Springen und Klettern bewegt sie sich auf schwindelnden Höhen und über schaurigen Abgründen mit einer Leichtigkeit, als gäbe es nirgendwo auf der Erde einen sichereren Pfad.

Unser edelstes und zudem geschütztes Hochalpenwild aber ist der Steinbock, der in der Gletscherzone, im Krummholzgürtel und in der obersten Waldregion zu Hause ist und

Der Querschnitt durch einen Binsenhalm zeigt sternförmige Markzellen (Sternparenchym). Sie fangen alle entstehenden Druck- und Zugkräfte auf.

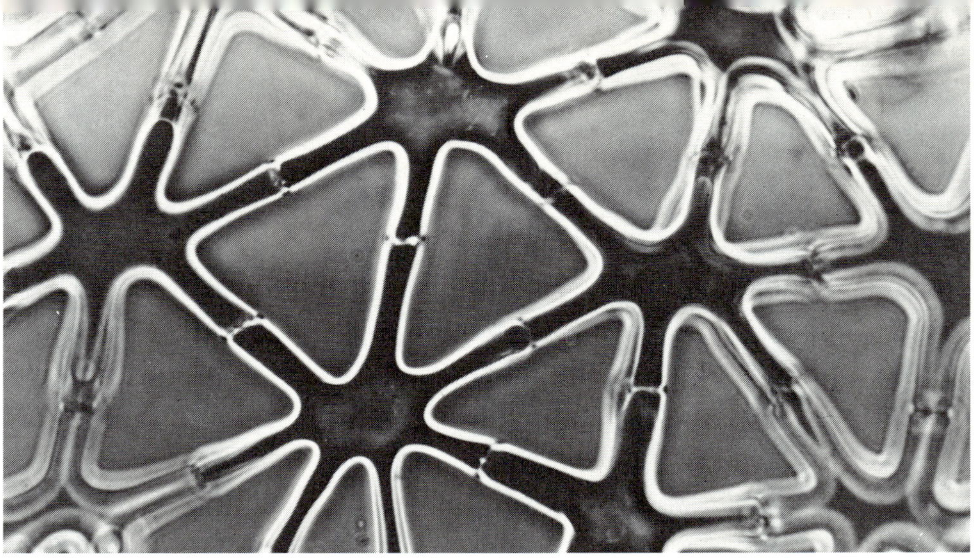

Bambus, tropische Baumgräser, können bis 30 m hoch werden. Ihre Triebe wachsen oft bis 50 cm am Tag. In Süd- und Ostasien bilden die mehr als 500 Bambusarten dichte Wälder, die in ihrem Gewirr und ihrer Undurchdringlichkeit einem immergrünen Regenwald in nichts nachstehen.

sich tagsüber auf den höchsten Felsgraten aufhält. Als geborener Einzelgänger verabscheut er die Gemeinschaft mit seinesgleichen und mit anderen; sogar die Geschlechter äsen getrennt. Vielleicht verkörpert er die Bergwelt so gut wie kein anderes Geschöpf dieser Erde: die ungeheure Weite, die Grenzenlosigkeit des Himmels, die fast lautlose Stille, die klare Luft, die brennende Sonne und das gewaltige Lied des Windes. »Es gibt kein Hindernis für ihn«, sagt Girtanner, einer der besten Steinbockkenner, »senkrechte Felsmauern setzt er hinauf, um auf der anderen Seite bis zu fünfzig Fuß tief ohne Zaudern sich hinabzustürzen. Wo die Gemse, um durchzukommen, hin und her springen muß, stürmt der Steinbock auf stählernen, weit gespreizten Hufen mitten hindurch wie ein geschleuderter Stein. Seine Füße scheinen den Boden nirgends zu berühren und das ganze Tier scheint einer elastischen Masse zu gleichen, die des augenblicklichen Kontaktes mit der Erde nur bedarf, um von ihr mit verdoppelter Kraft weggeschnellt zu werden. Im schlimmsten Fall, beim notwendigen raschen Erklimmen von Felskaminen und senkrechten Eiswänden, greift er ohne Zögern zu dem den Steinbockjägern unter dem Namen ›Double pas‹ bekannten, jeden Beobachter mit Staunen erfüllenden Manöver, springt mit allen Vieren an die eine Wand des senkrechten Felskamins, haftet dort einen Moment, zieht sich in einem Bogen zusammen und klebt im nächsten Augenblick an einer höheren Stelle der gegenüberliegenden Wand. In wenigen Sekunden nimmt er so einen 20–30 Fuß hohen Schlund und setzt schon im nächsten Augenblick oben von Fels zu Fels.«

Die Seen und Teiche

Im Zusammenhang mit der Entstehung von Mooren (s. S. 295) war schon einmal von der Verlandung der Süßwasserseen die Rede, und wie weit die Pflanzenwelt daran einen Anteil hat. Es wurde gesagt, daß sich in der gesamten Uferzone Faulschlamm bildet, daß die einzelnen Pflanzengürtel nach der Seemitte zu wandern, daß untergetauchte Wasserpflanzen neue Gebiete besiedeln, die vordem zu dunkel für sie waren und nun durch Anhebung des Bodens ins Licht gerückt werden, und daß

Schwimmpflanzen den Platz der vormals untergetauchten einnehmen.

Seen und Teiche mit ihren Uferzonen bilden eine Pflanzengesellschaft und eine Lebensgemeinschaft für sich. Sie ist räumlich gut abgegrenzt. Erlen und Weiden, aber auch Binsen und Sauergräser bezeugen den hohen Grundwasserstand. Am Rande des Sees breitet sich ein dichter Gürtel von hohem Röhricht, der Bereich des Schilfrohrs, aus. Seewärts schließt sich mit zunehmender Wassertiefe der Seerosengürtel an. Die am Grunde wurzelnden, ausdauernden Rhizome der Weißen Seerose und der Gelben Teichrose oder Mummel *(Nuphar luteum)* stehen durch ihre langgestielten, großen Schwimmblätter mit der Luft in Verbindung. Sie sind lederartig fest und können von den Wellen nicht zerrissen werden. Die Spaltöffnungen liegen auf der Blattoberseite, von deren Wachsschicht die Wassertropfen sogleich abrollen. Große Lufträume geben den Blättern Auftrieb. Häufig schiebt das Schwimmende Laichkraut *(Potamogeton natans)* seine kleinen Schwimmblätter zwischen die der Seerose. Es vergesellschaftet sich mit frei schwimmenden Gewächsen: den Wasserlinsen *(Lemna)*, die oft so große Kolonien bilden, daß sie die ganze Wasseroberfläche bedecken, und die Sonnenstrahlen nicht mehr in die Tiefe dringen können, dem Froschbiß *(Hydrocharis)* und der Krebsschere *(Stratiotes)*. Diese Pflanzen haben die Verbindung zum Seegrund völlig verloren. Sie sinken im Herbst in die Tiefe, überwintern als ruhende Sprosse im Bodenschlamm und steigen im Frühjahr zum Blühen wieder empor.

Die Krebsschere scheint im Aussterben begriffen zu sein. Sie hatte ihre größte Ausbreitung im Tertiär und überlebte die Eiszeiten in eisfreien Becken sowie in den verschiedenen Zwischenmoränenseen, die sich nach und nach verkleinerten.

Das Schilfrohr kann bis in 1,5 m Wassertiefe vordringen, die Seebinse sogar bis in 3,5 m. Aus seinen unvorstellbar langen Sprossen (12 m und mehr), die das Schilfrohr waagerecht in den Gewässerboden treibt, erheben sich unzählige junge Triebe. Sie bilden schließlich ein fast undurchdringliches Rohrdickicht, ein Paradies für zahllose Tiere, insbesondere für Vögel, die nicht gestört sein wollen. Rohrsänger, Sumpf- und Schreitvögel haben hier ihre Nester und schwelgen im Überfluß von Fröschen, Kröten, Molchen und Insekten; Ringelnattern schlängeln sich hocherhobenen Kopfes durch das seichte Wasser und machen Jagd auf Lurche, deren Larven sich wiederum mit Wasserpflanzen und allerlei Kleingetier die Bäuche vollschlagen; Friedfische (Karpfen, Schleien, Karauschen, Bitterlinge u.a.) finden im Bodenschlamm ihre Nahrung; Raubfische, wie Hecht, Barsch und Zander, machen reiche Beute. An den Pflanzen sitzen Schnecken, im Boden wühlen Würmer, und die untergetauchten Pflanzenteile sind mit einem Belag von Algen und Süßwasserschwämmen überzogen.

Hinter dem Rohrdickicht, nach der Landseite zu, finden neue Zuwanderer aus der Pflanzenwelt ihr Auskommen: Blut- und Gilbweiderich, Zweizahn, Wasserschwertlilie, Igelkolben, der Wasserfenchel oder Roßkümmel, die Blumenbinse und viele andere.

Im tieferen Wasser erstrecken sich, den Blicken verborgen, weite unterseeische Wiesen von Wasserpest *(Elodea)*, Moosen *(Fontinalis)* und Armleuchtergewächsen *(Chara)*. Sie reichen nur so weit wie das Licht, ohne das sie nicht assimilieren können, d.h. in klarem Wasser ungefähr bis in eine Tiefe von 12 m. Die zum Stoffwechsel notwendigen Substanzen entnehmen sie dem Wasser. Da ihre meist geteilten oder zerschlitzten Blätter eine große Oberfläche besitzen, können sie genügend Nährsalze aufnehmen. Die Sauerstoffmenge, die zur Atmung benötigt wird, ist nur gering, denn der bei der Kohlendioxidassimilation entstehende Sauerstoff wird in die Hohlräume der Stengel und Blätter abgeschieden und zur Atmung verwendet.

Die Kanadische Wasserpest *(Elodea* [Helodea] *canadensis)*, die in Seen und langsam fließenden Teichen fast zu einem Unkraut wurde, ist nach Europa eingeschleppt worden. Sie ist in Nordamerika verbreitet und wurde in Europa erstmals 1836 in Irland und Schottland beobachtet. Seitdem hat sie sich außerordentlich stark vermehrt und ist in fast allen Gewässern zu Hause, denn ein kleiner Teil der Pflanze genügt, um sie auf ungeschlechtlichem Wege zu verbreiten.

In keiner botanischen Veröffentlichung fehlt auch die Beschreibung der Wasserschraube oder des Schraubenstengels *(Vallisneria)*; die Bestäubung der Pflanze wird als etwas ganz Außergewöhnliches dargestellt, und erstaunlich ist sie in der Tat. In einem früheren Kapitel war hiervon schon einmal die Rede (vgl. S. 121).

Im freien Wasser schließlich leben jene meist mikroskopisch kleinen Lebewesen, die man als *Plankton* (griech.: das Schwebende) bezeichnet. Es besteht aus den verschiedenartigsten pflanzlichen und tierischen Lebewesen, wie Grün-, Blau- und Kieselalgen von oft außerordentlich großer Schönheit und Zartheit, aber auch aus tierischen Einzellern, die mit Geißeln oder langen Schwebefortsätzen versehen sind, um sich im Wasser zu halten oder sich strudelnd fortzubewegen. Süßwasserformen der Kieselalgen sind an der sogenannten Wasserblüte beteiligt. Einige Arten leben auf Eis und Schnee, andere dagegen kommen sogar in heißen Quellen vor. Auch die Seen und Teiche sind zu keiner Jahreszeit frei von Plankton; am reichhaltigsten ist es im Frühjahr und im Herbst. Von Monat zu Monat treten neue Arten auf und dafür verschwinden andere. Nicht einmal im Winter unter der Eisdecke ist das Wasser planktonfrei.

Was sich in der Natur, in Pflanzengesellschaften und Lebensgemeinschaften zwischen Pflanze und Tier, am Mit- und Voneinanderleben, an täglichem Werden und stündlichem Vergehen vollzieht, ist nicht mit wenigen Zeilen in einer großen Übersicht zu schildern, wie sie uns hier geboten ist. Möge diese Betrachtung wenigstens dazu ausreichen, dem Leser begreiflich zu machen, was die Natur zu jeder Minute stillschweigend an Wundern vollzieht, die der Mensch, der sich so erhaben dünkt, kaum zu begreifen vermag, geschweige denn, sie auch nur zum allergeringsten Teil nachzuahmen imstande ist.

Wunderbare Seerose

In Seen, Teichen und stehenden Gewässern wächst die Weiße Seerose *(Nymphaea alba)*. Ihre Blätter, die sanft auf dem Wasser schwimmen, haben einen Durchmesser von etwa 30 cm, sind ganzrandig, und nur am Ansatz des biegsamen, zähen Stengels zeigt sich eine dreieckige tiefe Kerbe. Der Stengel reicht bis auf den Grund und ist durch das Rhizom im Schlamm verankert. Von allen einheimischen Pflanzen hat die Seerose eine der größten Blüten; sie erreicht einen Durchmesser von 10 cm. Unter den zahlreichen länglichen schneeweißen Kronblättern spreizen sich die vier grünen Kelchblätter. Die Kronblätter gehen allmählich in Staubblätter über, von denen die äußersten einen breiten Staubfaden haben, der einem Kronblatt ähnlich ist. Zur Blütenmitte hin werden die Staubfäden immer dünner. Auf dem kugelförmigen Fruchtknoten sitzt eine gelbe, strahlenförmig genarbte Scheibe, die in der Mitte eine leichte Vertiefung zeigt. Die Blüten schwimmen auf der Wasseroberfläche. Sie öffnen sich am Morgen und schließen sich am Abend. »Eviligat hora matutina et occidit hora pomeridiana quinta« (»sie wacht am frühen Morgen auf und geht am Nachmittag um fünf Uhr zur Ruhe«), sagt Linné.

Die Seerose lebt in einer besonderen Welt. Sie wird von Insekten – Mücken und kleinen Käfern – bestäubt, die den Pollenstaub zu sich nehmen, da kein Nektar vorhanden ist. Auf ihren Stengeln setzen sich Kieselalgen und Urtierchen fest, und die Sumpfschnecken legen auf ihnen ihre Eier ab. Auf ihren Blättern halten sich Weichtiere und Insekten auf, und Wasserfrösche ruhen sich auf ihnen aus. Die Frucht, die im Reifestadium auf den Grund sinkt, fault und die Samen freigibt, kann als Beere bezeichnet werden. Die Blätter sterben im Winter ab.

Die Seerose ist in ganz Europa verbreitet und findet sich sogar noch in Sizilien. Abgesehen davon, daß sie in Deutschland vollständig geschützt ist, erhalten die Seen und Teiche durch sie ihren schönsten Schmuck. Sagen und Märchen erzählen davon, daß eine wunderschöne Seejungfrau in diese Pflanze verwandelt worden sei und daß ein böser Nix jeden in die Tiefe ziehe, der sich ihr nähere. Leichtsinnige Schwimmer sollten hieran denken, wenn sie sie abreißen wollen! Gar mancher hat seine Neugierde schon mit dem Tode bezahlt, wenn er sich in ihrem Stengel- und Blätterwerk verhedderte und nicht mehr davon loskam.

Querschnitt

Pflanzenschutz, Schädlingsbekämpfung und geschützte Pflanzen

Über vier Milliarden Menschen wollen ernährt werden. Dies ist nur möglich, wenn Monokulturen angelegt, d. h. große Flächen mit ein und derselben Pflanze bebaut werden. Solche Kulturen sind aber um ein Vielfaches anfälliger gegen Schädlinge aller Art als vereinzelt wachsende oder verstreut vorkommende Pflanzen. Dennoch kann die Landwirtschaft nicht auf Bebauungspläne verzichten, die alles aus dem Boden herausholen, was nur möglich ist, um den Hunger der Menschheit zu stillen. Also müssen der Unkraut- und Schädlingsbekämpfung höchste Aufmerksamkeit geschenkt werden. Dabei hat es sich gezeigt, daß die verschiedenen Bekämpfungsmaßnahmen nicht ohne Auswirkungen auf Art und Zusammensetzung der Unkrautflora geblieben sind. Ganz allgemein ist zu beobachten, daß der Unkrautbestand auf mit chemischen Mitteln behandelten Kulturflächen heute artenärmer ist als zu Zeiten unserer Vorfahren. Diese Tatsache soll im folgenden näher untersucht werden.

Fragen wir zunächst, welcher Art die Schädlinge überhaupt sind, die dem Menschen die Ernte streitig machen. Sie sind ebenso unter Pilzen als Krankheitserreger zu suchen wie auch unter Tieren, die die Wurzeln, Blätter oder Früchte befressen, oder den »Unkräutern« schlechthin, die den erwünschten Kulturpflanzen Nahrung, Platz und Licht wegnehmen. Nach der Art ihres Auftretens werden sie in Acker-, Wiesen-, Forst- und Staudenunkräuter eingeteilt, wobei der Begriff Unkraut allerdings näher zu erläutern wäre.

In Wiesen und Feldern gibt es die Brombeeren zum Beispiel als Unkraut, das auf verschiedene Weise bekämpft wird, während es am Waldrand als beliebte Wildpflanze eingestuft wird. Die Sonnenwend-Flockenblume – ein weiteres Beispiel – wird in den USA bekämpft, in anderen Gebieten von den Imkern geschätzt, da sie für die Bienen eine ausgezeichnete Nahrungsquelle darstellt.

Im Weideland werden rauhe und harte Pflanzen, wie Binsen, Seggen, Hauhechel und Rasenschmiele, als Unkraut angesehen. Beim Borstgras gehen die Meinungen auseinander. Während das Vieh es in den Niederungen als Futter verschmäht, wird es auf hochgelegenen Almen von den Tieren gern gefressen, weil dort kaum noch andere Pflanzen gedeihen. In solchen Fällen kommt es also darauf an, von welcher Seite man das Problem betrachtet. Pflanzen, die sowohl im grünen als auch im getrockneten Zustand giftig sind, wie Herbstzeitlose oder Sumpfschachtelhalm, und in Kulturen stark überhandnehmende Fremdpflanzen bezeichnet der Bauer in jedem Fall als Unkraut. Auch die Rosettenpflanzen, wie Gänseblümchen und Mittlerer Wegerich, sind auf Wiesen und Weiden nutzlos. Sie wachsen so dicht am Boden, daß sie weder vom Vieh noch von den Mähmaschinen erreicht werden und nehmen wertvollen Futterpflanzen Platz und Nährstoffe weg, so daß diese unter Umständen verkümmern oder klein bleiben.

Der Kampf gegen Wildpflanzen, die die Anbaukulturen beeinträchtigen, ist so alt wie Ackerbau und Viehzucht selbst. In Krügen und Gefäßen aus vorgeschichtlicher Zeit wurden neben Getreidekörnern, Linsen und Bohnen auch Unkrautsamen gefunden, von denen viele Arten noch heute auf unseren Feldern anzutreffen sind. Viele unserer Ackerunkräuter kamen mit dem Getreideanbau aus den trockenen Mittelmeergebieten oder Steppen und Halbwüsten Vorderasiens nach Europa. Zu ihnen zählen die Kornblume, die Kornrade und einige Wickenarten. Aus Südamerika wurde das Knopfkraut bei uns eingeschleppt; das Heimatland des blaublühenden Ehrenpreises ist dagegen der Iran.

Von den etwa 350 Ackerunkrautarten Mitteleuropas sind 20–40 auf einer Anbaufläche zu finden. Die meisten davon sind einjährig. Sie pflanzen sich durch Samen fort, von denen 20000–30000 auf einen Quadratmeter entfallen. Die mehrjährigen Unkräuter vermehren sich vor allem durch ober- oder unterirdische Ausläufer auf vegetativem Wege.

Art und Anzahl der Wildpflanzen haben sich im Zuge wechselnder Kulturmaßnahmen gegenüber früheren Zeiten auffallend verändert. So wird das Aufkommen einiger Unkrautarten durch die moderne Feldbautechnik geradezu gefördert. Während vormals auf den Feldern das Unkraut vor der Aussaat noch auf mechanische Weise bekämpft wurde, ist dies heute bei den zeitlich veränderten und mit Maschinen durchgeführten Aussaaten nur noch schlecht möglich. Unkraut- und Kulturpflanzensamen gehen also gleichzeitig auf, und da sich das Unkraut in fast allen Fällen robuster und vitaler als die Kulturpflanze erweist, trägt es im Kampf um Nahrung, Licht und Raum auch stets den Sieg davon.

Ein weiterer Umstand, der das Wachstum des Unkrauts stark fördert, ist der Mineraldünger. Landwirtschaftlich intensiv genutzte Felder, die hohe Erträge bringen sollen, kommen ohne ihn nicht mehr aus. Wenn dem Boden aber z. B. reichliche Stickstoffmengen zugeführt werden, ist dies für bestimmte stickstoffliebende (nitrophile) Ackerunkräuter besonders förderlich. Zu dieser Gruppe gehören u. a. Franzosenkraut, Klettenlabkraut, Vogelmiere, Melde, Schwarzer Nachtschatten und Weißer Gänsefuß. Sie gedeihen so prächtig, daß sie nicht nur alle Kulturpflanzen schwer beeinträchtigen, sondern sogar die übrigen Unkrautarten fast völlig verdrängen. Mangelhafte Kalkdüngung wiederum hat eine Versauerung des Ackerbodens zur Folge. Auch hier ist ein Massenaufkommen ganz bestimmter Unkräuter, wenn nun auch anderer Art, zu beobachten.

Die starke Zunahme der Quecke steht in einem gewissen Zusammenhang mit dem Einsatz der Scheibenegge. Ihre Tellerscheiben zerstückeln das unterirdische Wurzelwerk (Rhizom) der Quecken, reißen sie mit sich, und aus den einzelnen Teilstücken entwickeln sich neue Pflanzen.

Auch die vollmechanisierte Getreideernte durch Mähdrescher zeigt Auswirkungen auf die Verunkrautung der Felder. Der Mähdrusch ist nur bei voll ausgereiftem Korn möglich; deshalb muß später im Herbst geerntet werden als in früheren Zeiten. Kann aber das Getreide voll ausreifen, so gilt dies auch für die Unkräuter. Beim Mähen geraten sie mit in die Maschine, und ihre kleinkörnigen, flugtüchtigen Samen werden beim Abblasen der Spreu sofort wieder ausgesät.

Der Mähdrusch und die Unkrautbekämpfung mit Herbiziden (Unkrautvertilgern) werden in der Bundesrepublik Deutschland in großem Maßstab durchgeführt. Der Einsatz von Chemikalien geschieht in manchen Gebieten bereits seit etwa 20 Jahren, so daß sich die Einflüsse der Bekämpfung deutlich nachweisen lassen. Einige Ackerunkräuter, z. B. Kornblume und Klatschmohn, sind fast völlig verschwunden, ebenso die Kornrade und Roggentrespe. Auch der leicht zu bekämpfende Hederich und Ackersenf haben in vielen Gegenden erheblich abgenommen. Dafür konnten sich mancherorts andere Unkräuter, die gegen die eingesetzten Herbizide widerstandsfähiger waren, geradezu massenhaft vermehren. Zu ihnen gehören Kamille, Ackerhohlzahn, Klettenlabkraut und Vogelmiere. Da bei uns zudem in den letzten drei Jahrzehnten eine Veränderung im Anbauverhält-

Die Raupen des Eichenprozessionsspinners, außerordentlich schädliche Insekten, sitzen tagsüber gesellig vereint in großen Gespinstnestern und ziehen abends gemeinsam zum Fraß.

nis von Getreide und Hackfrüchten stattgefunden hat – der Getreideanbau stieg, der Hackfruchtanbau sank –, blieb auch dies nicht ohne Auswirkungen auf den Unkrautbestand. Ein übriges hat die maschinelle Saatgutreinigung getan. Besonders begünstigt wurden Unkräuter, wenn die Fruchtfolge einseitig oder zumindest stark auf den Getreideanbau ausgerichtet ist.

Ebenso hat man festgestellt, daß auf den Mais- und Rübenfeldern, von denen in der Bundesrepublik Deutschland mehr als 90% mit Herbiziden behandelt werden, in den letzten Jahren bestimmte Unkräuter eine hohe Resistenz (Giftfestigkeit) erreicht haben. Zwar gibt es hier regionale Unterschiede, im großen und ganzen haben aber das Klettenlabkraut, die Ackerwinde, Ackerminze, einige Hirsearten, der Ackerschachtelhalm, Bingelkraut und Erdrauch ihre Stellung behauptet.

Da die Unkrautbekämpfung auf chemischem Wege im allgemeinen schnell und durchgreifend wirkt, werden in jeder Vegetationsperiode unbestreitbar Erfolge erzielt. Auch sind dank der Herbizide rationelle, arbeitskräftesparende Anbau- und Erntemethoden in stärkerem Maße möglich geworden als früher. Dennoch wird man sich in Zukunft wahrscheinlich wieder mehr um eine Verbesserung der natürlichen Voraussetzungen durch bestimmte Bewirtschaftungsmethoden bemühen müssen.

Mit Herbiziden allein ist nämlich kein anhaltender Erfolg zu erzielen, vielmehr muß versucht werden, die eigentlichen Ursachen für die Verunkrautung zu beseitigen, so z. B. falsche Düngung, einseitige Nutzung, dauernde Vernässung oder Nährstoffarmut des Bodens.

Die Herbizide

Die Herbizide können nach ihrer Wirkungsweise in zwei Gruppen unterteilt werden. Zum einen stellen sie Ätzmittel dar, mit denen die Pflanzen besprüht werden und sie zum Absterben bringen, zum anderen sind es

Wuchsstoffe, die von den Pflanzen durch die Blätter oder Wurzeln aufgenommen und über die Leitungsbahnen in alle Organe transportiert werden. Hier haben sie unmittelbaren Einfluß auf Photosynthese, Atmung, Zellteilung und auf den Wuchsstoffhaushalt. Die Herbizide sind heute vorwiegend organische Verbindungen und wirken größtenteils selektiv (auslesend).

Anders wirken die Totalherbizide. Sie greifen Nutzpflanzen wie Unkräuter in gleichem Maße an und finden zur Gräserbekämpfung auf Kahlschlägen von Gleis- und Industrieanlagen und gelegentlich auch an Straßenrändern Anwendung.

Die Fungizide

Viele unserer Kulturpflanzen und Nahrungsmittel werden von schädlichen Pilzen befallen (s. »Pilze sind allgegenwärtig«, S. 34ff).

Während die Schäden, die beispielsweise durch Insekten verursacht werden, verhältnismäßig leicht zu beziffern sind, ist die Höhe der Verluste, die durch schädliche Pilze hervorgerufen werden, kaum zu schätzen. Sicher ist nur, daß Pilze als Pflanzenschädlinge eine sehr verhängnisvolle Rolle spielen. Dabei werden unsere Nahrungsmittel oft nicht völlig vernichtet, sondern nur in ihrer Qualität herabgemindert. Ein bekanntes Beispiel hierfür sind die »Sommersprossen« an reifen Bäumen. Diese dunklen Flecke werden als Anthraknosen bezeichnet; sie sind auch auf Avokados und Mangofrüchten zu finden. Diese Pflanzenkrankheit ist deshalb schwer zu bekämpfen, weil sie sich erst nach der Ernte auf dem Transport oder während der Lagerhaltung zeigt. Daher ist man bestrebt, die Fruchtschalen einer entsprechenden Behandlung zu unterziehen, um eine Fäulnis zu verhindern. Aber gerade der Nachernte- und Transportschutz befinden sich noch weitgehend in der Entwicklung.

Da die schädlichen Pilzarten sehr verschiedenartig sind und auch sehr verschieden reagieren, waren Forschung und Technik gezwungen, weit mehr Fungizide (Pilztöter) zu entwicklen als vergleichsweise Insektizide (Mittel zur Insektenbekämpfung).

Im Getreideanbau bedient man sich organischer oder anorganischer Quecksilberverbindungen, die starke Pilzgifte sind. Zur Aussaat gelangt heute fast nur gebeiztes Getreide. Der Keimling ist dadurch vor Pilzbefall geschützt. Um einer Verwechslung von Saatgut und Brotgetreide vorzubeugen, werden den quecksilberhaltigen Fungiziden Farbstoffe beigemischt. Dennoch ist es bedauerlicherweise in abgelegenen Weltgegenden oder in Entwicklungsländern durch Unwissenheit oder Unachtsamkeit mehrfach zu Verwechslungen mit tödlichem Ausgang gekommen.

In den letzten 50–60 Jahren sind die Methoden zur Erkennung von Pflanzenkrankheiten wesentlich verbessert worden. Allerdings hat man auch erkannt, daß viele Schäden unmittelbar vom Menschen selbst verursacht werden. Standort und Monokulturen begünstigen den Pilzbefall ebenso wie die Bodenbearbeitung durch Landmaschinen. Schon geringfügige Verletzungen der Pflanzen, wie sie beispielsweise beim Pflügen und Jäten vorkommen, leisten dem Pilzbefall Vorschub und begünstigen das Eindringen von Krankheitserregern. Hinzu kommt, daß die durch Düngung schnell wachsenden, saftreichen Kulturpflanzen viel anfälliger gegen Pilzerkrankungen sind als wildwachsende Formen. Untersuchungen haben ergeben, daß sich von 21 Arten schädlicher Pilze zwölf besser auf Nutz- als auf Wildpflanzen entwickeln.

Viele schädliche Pilzarten konnten sich erst durch den weltweiten Handel mit Saatgut und Pflanzenmaterial ausbreiten. Dabei werden sie nicht nur durch Pflanzen oder Samen selbst verschleppt, sie können auch durch das Verpackungsmaterial oder durch anhaftende Erde übertragen werden. Zwar wird versucht, diesem Übel durch Quarantänemaßnahmen entgegenzuwirken, doch sind alle diese Maßnahmen ein Nichts angesichts der Tatsache, daß sich Pilzsporen über Hunderte von Kilometern durch den Wind verbreiten können. Pflanzenkrankheiten, die z. B. über weite Entfernungen eingeschleppt werden, sind der Echte Mehltau des Weines und die Kartoffelkraut- und Knollenfäule. Gefährliche Pilze als Verursacher lösten vor mehr als hundert Jahren in Frankreich und Irland wirtschaftliche Katastrophen aus, wie wir sie uns heute kaum noch vorstellen können. Ein großer Teil des irischen Volkes verhungerte, weil der Pilz *Phytophthora infestans* das Hauptnahrungsmittel, die Kartoffel, durch Blattfäule vernichtet hatte. Als Folge dieser Hungersnot setzte eine Massenflucht nach den USA ein (s. auch S. 35).

Ähnliches geschah durch den Kaffeerost in Ceylon (Sri Lanka) oder den Befall der Erdnüsse durch Aflatoxine in Nigeria. Mehltaupilze der Familie *Erysiphaceae* überziehen die Oberfläche der Blätter von Wein, Getreide, Erbsen, Stachelbeeren, Eichen usw. spinnwebartig mit ihrem weißen Luftmycel und entsenden Saughyphen in das Blattgewebe. Andere Gattungen und Arten dieser Familie schädigen Klee und Sonnenblumen, viele Laubbäume und Sträucher; *Podosphaera leucotricha* wird durch gelegentliches Massenauftreten Apfelbäumen und Steinobst gefährlich.

Im Weinbau werden zur Bekämpfung des Falschen Mehltaus Kupfersulfat-Kalk-Spritzbrühen, zur Bekämpfung des Echten Mehltaus Schwefelpräparate in fein verteilter Form, sogenannter Netzschwefel, angewendet. Die früher gebräuchlichen anorganischen Fungizide wurden vor etwa 30 Jahren durch metallfreie organische Verbindungen ersetzt.

Eine auf weite Sicht weitaus billigere und umweltfreundlichere Maßnahme ist die Züchtung von Pflanzen, die gegen Pilzkrankheiten (Mycosen) resistent sind. In vielen Forschungsinstituten der Welt wird an diesem Problem gearbeitet. Allerdings nehmen die Versuche viel Zeit in Anspruch, denn 5–15 Jahre sind meist notwendig, um resistente Sorten zu erhalten, und auch diese sind viel-

fach nur für eine begrenzte Zeit gegen Pilzkrankheiten immun. Glaubte man beispielsweise bei der Züchtung des Hafertyps »Victoria«, der gegen Rost resistent ist, einen Erfolg verbuchen zu können, stellte sich schnell seine Anfälligkeit gegenüber dem bis dahin unbekannten Pilz *Helminthosporium victoriae* heraus; eine verwandte Art, *Helminthosporium gramineum,* verursacht die Streifenkrankheit der Gerste. Andere Beispiele lassen ähnliches erkennen.

Die Insektizide

Mit Insektiziden bezeichnet man Insektenvernichtungsmittel, und sie sind weitaus bekannter als Herbizide, obwohl letztere in erheblich größeren Mengen zum Schutz der Kulturpflanzen angewendet werden als erstere. Berühmt-berüchtigt sind Insektizide besonders durch das DDT. (Der Chemiker Paul Hermann Müller erhielt »für die Entdeckung der starken Wirkung von DDT als Kontaktgift gegen mehrere Arthropoden« 1948 den Nobelpreis für Medizin und Physiologie.)

Millionen Menschen verdanken dem Dichlordiphenyl-trichloräthan (DDT) ihr Leben, denn es tötet nicht nur Pflanzenschädlinge, sondern auch Insekten, die Seuchen wie Malaria, Pest, Schlafkrankheit und Typhus übertragen. Waren früher in bestimmten Weltgegenden bis zu 85% der Menschen an Malaria erkrankt, so konnte diese Rate durch den Einsatz von DDT in kurzer Zeit auf 5% verringert werden. Ernteausfälle bei Kartoffeln, Obst u.a. konnten drastisch eingeschränkt und dadurch viele Menschen vor dem Hungertod gerettet werden.

DDT ist ein Kontaktgift, das über die Nervenenden in das Nervensystem der Insekten eindringt. Seine hohe Wirksamkeit und einfache Anwendung haben dazu beigetragen, daß es weltweit eingesetzt wurde und deshalb praktisch an jedem Punkt der Erde nachzuweisen ist.

Nun ist DDT nur eine Verbindung in der Gruppe der chlorierten Kohlenwasserstoffe, bei denen Chloratome eines oder mehrere Wasserstoffatome ersetzen. Andere, oft gebräuchliche Mittel sind Aldrin, Dieldrin, Chlordan usw. Sie werden im Kampf gegen Insekten, Milben, Fadenwürmer, Nagetiere und Pilze benutzt.

Ein großer Nachteil der Chlorkohlenwasserstoffe ist ihre unspezifische Wirkungsweise und ihre Gefährlichkeit für Warmblüter, in deren Körperfett sie gespeichert werden und dadurch chronische Vergiftungen hervorrufen können. Unspezifiziert bedeutet, daß sie ohne Unterschied alle Insekten, auch die nützlichen, wie Bienen, Ameisen, Marienkäfer usw., abtöten.

Gefährlich für Warmblüter sind sie deshalb, weil es zu einer derartigen Anreicherung des Giftes kommen kann, daß beispielsweise Wasservögel, die sich von Insekten und Würmern ernähren oder die Fische verzehren, die vergiftete Gliederfüßer gefressen haben (Nahrungskette), an der hohen Konzentration von chlorierten Kohlenwasserstoffen in ihrer Leber zugrunde gehen. Wird das DDT-speichernde Fettgewebe aus irgendeinem Anlaß abgebaut, gelangt das Gift in den Blutkreislauf und bewirkt auf diesem Wege Vergiftungserscheinungen.

Aufgrund dieser Erkenntnis wurde 1971 in der Bundesrepublik Deutschland die Anwen-

PHYTOPHTHORA INFESTANS, *ein niederer Pilz, ruft die Kartoffelfäule hervor. Er bringt nicht nur die Blätter zum Absterben (ganz oben), sondern befällt auch die Knollen, die sowohl auf offenem Feld als auch bei der Lagerung in Fäulnis übergehen (oben).*

Ein Feld mit Wintergetreide wird im Frühjahr mit einem Herbizid gegen Unkraut gesprüht (rechts).

Das Ackerfuchsschwanzgras (ALOPECURUS MYOSUROIDES) *hat kahle Hüllspelzen und etwas aufgeblasene obere Blattscheiden. Es wächst auf tonigen Äckern und Brachland. Meist wurde es eingeschleppt und ist ein großer Getreideschädling.*

dung von DDT in der Landwirtschaft beschränkt zugelassen, 1977 ausnahmslos verboten. Überwacht wird diese Anordnung auf ihre strikte Einhaltung von den Pflanzenschutzämtern und der Biologischen Bundesanstalt für Land- und Forstwirtschaft.

Andere Waffen im Kampf gegen Schadinsekten sind organische Phosphorverbindungen. Am bekanntesten ist das Parathion oder E 605. Diese Phosphorsäureester sind synthetische Insektizide; sie wurden aus dem Nervengas Takun entwickelt und stellen Kontakt-, Fraß- und Atemgifte dar, die hauptsächlich gegen Insekten, Fadenwürmer (Nematoden) und Spinnmilben eingesetzt werden. Ihre Wirkung beruht auf der Blockierung des lebenswichtigen Enzymsystems; vor allem hemmen sie die Cholinesterasen. Dabei kommt es in den Nervenbahnen zu einer so hohen Anreicherung des Gewebehormons Acetylcholin, daß das Nervensystem überaktiviert wird und ein schneller Tod die Folge ist. Deshalb sind solche Pestizide auch für den Menschen äußerst giftig und dürfen nur im Pflanzenschutz angewendet werden. Ein Vorteil der Phosphorsäureester ist ihre kurze Lebensdauer. Unter natürlichen Witterungsverhältnissen zerfallen sie sehr schnell und haben eine sehr geringe Bindung an tierische Körpergewebe, so daß kaum die Gefahr besteht, Substanzreste durch die Nahrung aufzunehmen. Leider wirken aber auch diese Insektizide unspezifisch, d.h., zusammen mit den Schädlingen werden auch ihre Feinde vernichtet. Wenn auch nur wenige Insekten derartige Bekämpfungsaktionen überleben, ist kurze Zeit später – da ja nun die natürlichen Feinde fehlen – der Schädlingsbefall größer als zuvor, zumal die meisten Insekten äußerst fruchtbar sind und die Zeit ihrer Entwicklung eine sehr kurze ist. In dieser Hinsicht übertreffen sie alle anderen Tiere, darunter auch ihre natürlichen Feinde. Daher ist es mit einer Bekämpfungsaktion auch nicht getan, sondern weitere Behandlungen, u.U. mit noch höheren Giftkonzentrationen, werden notwendig.

Die gebräuchlichsten organischen Phosphorverbindungen sind:

Azodrin	E 605
Chlorthion	Melathion
Diazinon	Mevinphos
Dichlorvos	TEPP

Die biologische Schädlingsbekämpfung

Mit dem Begriff »Biologische Schädlingsbekämpfung« verbinden sich große Hoffnungen auf einen umweltfreundlichen Pflanzenschutz.

Versuchsstationen in aller Welt sind mit der Entwicklung und Erprobung neuartiger Mittel und Methoden beschäftigt, die zwar wirksam wie herkömmliche Verfahren sein sollen, bei denen aber unerwünschte Nebenwirkungen soweit wie möglich ausgeschaltet werden. Auch haben die Pestizide nicht zuletzt den Nachteil, daß viele Pflanzen und Tiere nach relativ kurzer Zeit resistent gegen sie werden. So wurde z.B. schon gegen Ende des letzten Jahrhunderts beobachtet, daß Obstbaumspritzmittel auf Petroleumbasis keinen Erfolg mehr zeigten. Die Schädlinge wurden gegen Blausäure, Arsen, DDT und viele anderen Substanzen immun. Da es außerdem keinen Giftstoff gibt, dem alle Tiere einer Schädlingsart zum Opfer fallen, begann durch die Bekämpfung ein Ausleseprozeß, in dem sich die widerstandsfähigsten behaupten konnten, ja mehr noch: Sie hatten nicht nur überlebt und konnten sich fortpflanzen, ihre Körper hatten sogar Gegengifte entwickelt. Diese Fähigkeit kam nicht nur ihnen, sondern auch ihren Nachkommen zugute, indem sie auf diese die erworbene Resistenz übertrugen. Auch sie überstanden alle Spritzungen mit den herkömmlichen Mitteln, ohne Schaden zu nehmen.

Bis jetzt sind etwa 180 Insektenarten bekannt, und zwar vorwiegend Schädlinge, die gegen Insektizide resistent geworden sind, obwohl, wie z.B. aus den Obstanbaugebieten in Südtirol berichtet wird, die Bäume dort fast 20mal pro Jahr gespritzt werden.

*Der Mutterkornpilz (*CLAVICEPS PURPUREA*) schmarotzt in Roggenähren (oben).*

PUCCINIA STRIIFORMIS, *ein Getreiderostpilz, befällt Halme und Blattscheiden von Getreidearten, hier der Gerste, wodurch das Getreide verkümmert (unten).*

*Der 30–100 cm hoch werdende Windhalm (*APERA SPICA-VENTI*) hat eine große, lockerblütige Rispe und etwa 5 mm lange Grannen. Er wächst als Getreidekraut verbreitet auf Äckern, Ödland und an Wegrändern; hier im Weizen.*

Hier bietet sich nun die biologische Schädlingsbekämpfung an. Nutzinsekten, auf die in dieser Hinsicht große Hoffnungen gesetzt werden, sind z. B. die Marienkäfer, die nicht nur selbst gründlich unter Blattläusen und Milben aufräumen, sondern auch ihre gesellig lebenden Larven vertilgen täglich bis zu je 50 der schädlichen Pflanzensauger. Große Erfolge wurden mit den »Glückskäfern« bereits in kalifornischen Obstplantagen erzielt, nachdem dort aus Australien eingeschleppte Schildläuse buchstäblich einen Baum nach dem anderen zum Absterben gebracht hatten. In weniger als zwei Jahren waren die eingeführten Marienkäferchen Herren der Lage und hatten nicht nur die restlichen Obstbäume, sondern auch die Existenz der Plantagenbesitzer gerettet. Neuerdings werden die Glückskäfer in großem Umfang gezüchtet, um zur biologischen Schädlingsbekämpfung eingesetzt zu werden. Da sie in großer Zahl an Böschungen überwintern, werden alljährlich unzählige von ihnen vernichtet, wenn im Frühjahr die Böschungen, obwohl es bei Strafe verboten ist, »geflämmt« werden.

In Baden-Württemberg konnte die San-José-Schildlaus merklich zurückgedrängt werden, nachdem Schlupfwespen gegen sie angesetzt wurden.

In der Forstwirtschaft verfolgt man gespannt die Versuche der staatlichen Vogelschutzwarten. Dadurch, daß für die Waldvögel zusätzlich Nistmöglichkeiten geschaffen werden und man bei der Aufforstung zu dem artenreichen Mischwald zurückkehrt, sollen Sprühaktionen in Zukunft überflüssig gemacht werden. In diesem Zusammenhang dürfte es interessant sein zu hören, daß ein Schwarm von 3000 Staren es fertigbrachte, einen von Eichenspannern befallenen und der Vernichtung preisgegebenen Wald innerhalb weniger Tage völlig raupenfrei zu machen.

Ein ebenso gutes Beispiel für biologische Schädlingsbekämpfung stellt die Vernichtung des stacheligen Feigenkaktus in Australien dar. Er stammt aus Amerika und war zunächst als Nutzpflanze sehr willkommen. Doch dann vermehrte er sich so stark, daß er zur Plage wurde und mit allen Mitteln bekämpft werden mußte. Schließlich hatte er 10 Mio. Hektar Weideland vernichtet. Jetzt wurde ein Schmetterling auf ihn angesetzt, dessen Larven sich an dem Gewächs gütlich taten. Die Fraßstellen infizierten sich zusätzlich noch mit schädlichen Bakterien, so daß der Untergang des Feigenkaktus besiegelt war.

Weniger glücklich verlief diese Bekämpfungsmethode allerdings in Südafrika. Hier legte der Schmetterling seine Eier gleich an zwei Kaktusarten, von denen die eine als Nutzpflanze angebaut wurde. Hier waren chemische Pflanzenschutzmittel angebracht.

Großen Erfolg verspricht man sich heute von dem sogenannten Autizid-Verfahren, ei-

Schwärme von Wanderheuschrecken können ganze Landstriche kahlfressen, so daß den Menschen dieser Gebiete kein anderer Ausweg bleibt, als fortzuwandern.

ner Methode, bei der sich die Schädlinge selbst vernichten. Im Laboratorium werden die Tiere radioaktiv bestrahlt oder mit bestimmten Chemikalien behandelt, so daß sie steril werden, aber an ihrem Geschlechtstrieb nichts verändert wird. Setzt man die Insekten im Freiland aus, begatten die Männchen zwar die Weibchen, doch können diese nur unbefruchtete Eier ablegen. Durch ständig wiederholte Sterilisationen können – so hofft man – die Schädlinge im Laufe der Zeit ausgerottet werden.

Auch andere Versuche sind im Gange, so die Erprobung spezifischer Lockmittel, durch die die Schadinsekten angelockt und dann vernichtet werden. Ebenso hat sich in einigen Fällen die Methode bewährt, Schädlinge mit nur für sie gefährlichen Bakterien und Viren zu bekämpfen.

Aber nicht immer und nicht überall sind natürliche Maßnahmen möglich. Ein großer Nachteil der biologischen Schädlingsbekämpfung liegt darin, daß sie langsamer zum Erfolg führt als die chemische. Oft würde die Züchtung natürlicher Feinde viel zuviel Zeit in Anspruch nehmen, etwa dann, wenn eine Ernte von Schädlingen vernichtet zu werden droht.

Denken wir an die verheerenden Folgen eines Heuschreckeneinfalls. Ein Schwarm kann je nach Größe innerhalb von 24 Std. 30000 bis 100000 t Pflanzengut vernichten. Vom Flugzeug aus werden die Schädlinge zwar mit Dieldrin und BHC besprüht, doch gelingt es damit nur, das Vorrücken der gewaltigsten Insekteninvasionen, die es auf unserer Erde gibt, einzudämmen; sie aus der Welt schaffen kann man nicht.

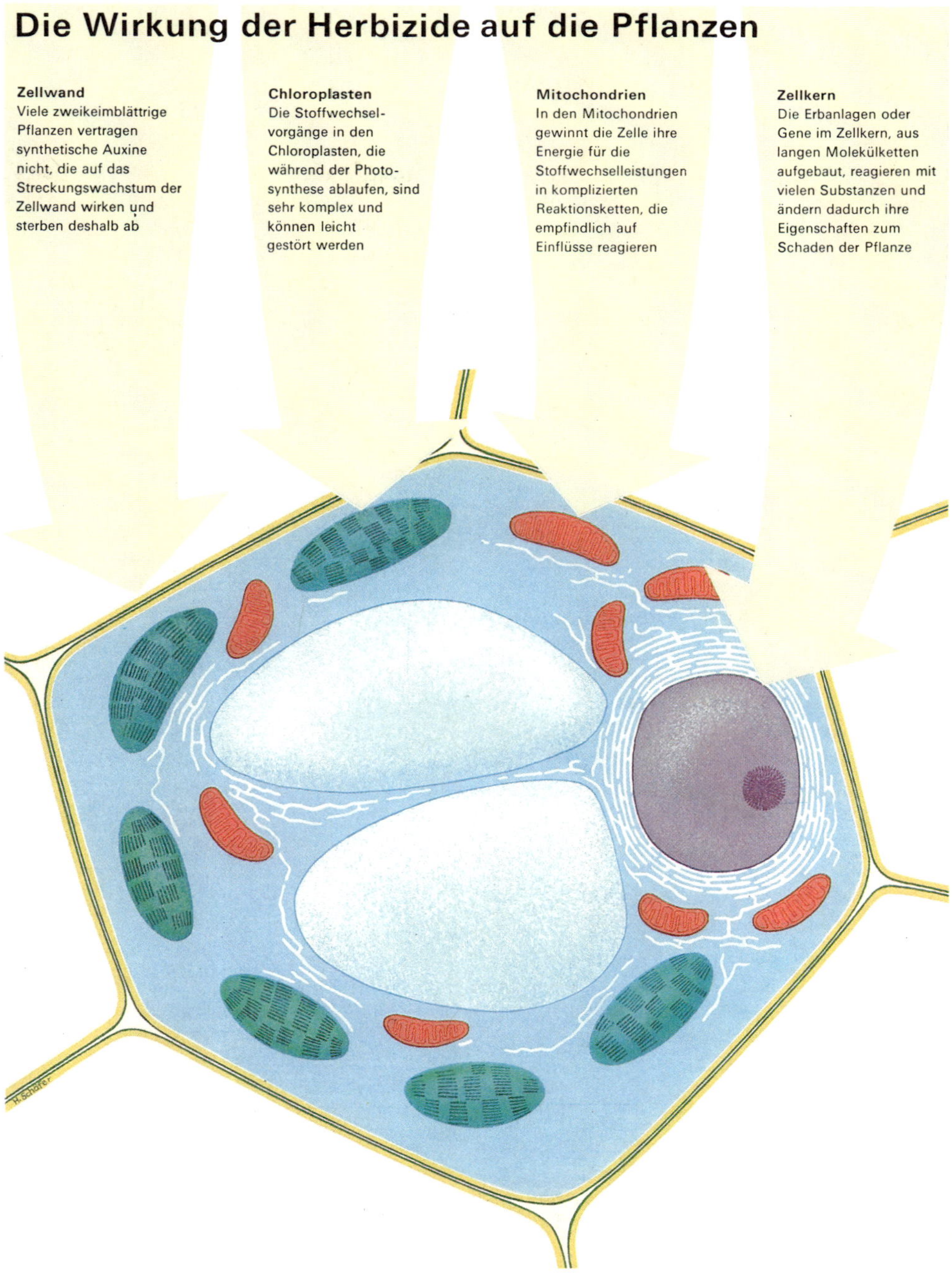

Pflanzenschutz – ja oder nein?

Von den einen als einziges Mittel zur Überwindung des Hungers in der Dritten Welt gepriesen, von den anderen als sicheres Mittel einer langsamen Selbstvergiftung verdammt – so stellt sich im Augenblick das Problem Pflanzenschutz dar.

Daß wir viele Chemikalien, die tonnenweise versprüht werden, mit unserer Nahrung aufnehmen, steht außer Frage. Wie Untersuchungen ergeben haben, sind die Rückstandsmengen von Chemikalien im Körperfett der einzelnen Völker verschieden groß. Je mehr Schädlingsbekämpfungsmittel ein Volk in seiner Landwirtschaft anwendet, desto höher sind auch die nachgewiesenen Rückstände. Besonders beunruhigend waren die DDT-Rückstände in der Muttermilch, die seinerzeit Schlagzeilen machten.

Viele staatliche und private Unternehmen in aller Welt beschäftigen sich mit dem Problem, inwieweit Pflanzenschutzmittel die Gesundheit der Menschen beeinträchtigen. Von der WHO/FAO wurden sogenannte adi-Werte festgesetzt. Adi ist die Abkürzung von »acceptable daily intake« und bezeichnet die Rückstandsmenge in Milligramm, die man pro Kilogramm Körpergewicht pro Tag während seines gesamten Lebens zu sich nehmen darf, ohne latente gesundheitliche Schäden befürchten zu müssen, und beruhigend wird immer wieder darauf hingewiesen, daß die ständigen Untersuchungsergebnisse nicht alarmierend seien. Zu schweren gesundheitlichen Störungen, u. U. sogar zum Tod, kann dagegen der unsachgemäße oder leichtfertige Umgang mit Pflanzenschutzmitteln führen.

Nach der Rückstandsanalyse im menschlichen Organismus untersucht die Wissenschaft auch die im Boden verbleibenden Chemikalien. Dabei hat sich herausgestellt, daß viele Substanzen vom Boden nur sehr langsam abgebaut werden. Die Zeit für einen 95%igen Abbau beispielsweise des DDT kann zwischen vier und dreißig Jahren liegen, im Durchschnitt rechnet man mit zehn Jahren. Diese Angaben sagen allerdings nichts über die persistenten (dauernden) Abbauprodukte der Chemiekalie aus. Nehmen wir als Beispiel das Aldrin. Für seinen 95%igen Abbau setzt man etwa drei Jahre an. In der Tat sind dann nur noch 5% der Rückstände als Aldrin anzusprechen. Der Rest ist Dieldrin mit einer Abbauzeit von 5–25 Jahren; im Durchschnitt beträgt er also acht Jahre.

Die Pflanzenschutzmittel, die gegenwärtig auf dem Markt sind, setzen sich aus drei bis vier von 150 verschiedenen Wirkstoffen zusammen. Von ihnen wiederum kommen 130 als Rückstandsbildner in Betracht. Es ist also leicht einzusehen, wie schwierig eine genaue Rückstandsanalyse ist. Trotz aller Anstrengungen der Forschung wissen wir noch sehr wenig über die Auswirkungen, besonders der Langzeitgiftigkeit der Pestizide auf Mensch, Tier und bei der Umwelt. Fest steht nur, daß wir ohne chemische Pflanzenschutzmittel heute nicht mehr auskommen.

In hochentwickelten Industriestaaten, in denen man keine Hungersnöte und Seuchenkatastrophen mehr kennt, fällt es leicht, nach einem Verbot des chemischen Pflanzenschutzes zu rufen. Doch mehr als die Hälfte der Erdbewohner hungert, und in vielen Ländern fallen alljährlich Unzählige einer Epidemie zum Opfer. Hier bedeuten Herbizide und Insektizide vielleicht die letzte Rettung.

Ein Aufruf der Weltgesundheitsorganisation warnte vor dem Verbot des DDT: »Das Verbot der Anwendung von DDT würde für die Weltgesundheit eine Katastrophe bedeuten und läßt sich beim heutigen Forschungsstand auf dem Gebiet der Schädlingsbekämpfung nicht verantworten. Ganze Bevölkerungsgruppen in malariaverseuchten Gebieten wären den Gefahren endemischer und epidemischer Malaria völlig schutzlos ausgeliefert.« Was aber ist besser? Man sollte ernsthaft darüber nachdenken.

Das Pflanzenschutzgesetz

Das Pflanzenschutzgesetz vom 10. 5. 1968, das am 27. 7. 1971 geändert und ergänzt wurde, hat zum Ziel (§ 1):

»1. Pflanzen vor Schadorganismen und Krankheiten zu schützen (Pflanzenschutz),

2. Pflanzenerzeugnisse vor Schadorganismen zu schützen (Vorratsschutz) und

3. Schäden abzuwenden, die bei der Anwendung von Pflanzenschutzmitteln oder anderen Maßnahmen des Pflanzenschutzes oder Vorratsschutzes, insbesondere für die Gesundheit von Mensch und Tier entstehen können.«

Im Sinne dieses Gesetzes sind (§ 2):

»1. Pflanzen: lebende Pflanzen und lebende Teile von Pflanzen einschließlich Früchte und Samen;

2. Schadorganismen:

a) tierische Schädlinge,

b) schädliche Pilze, Bakterien und Viren,

c) schädliche Algen, Moose und Flechten,

d) Unkräuter und parasitische höhere Pflanzen in allen Entwicklungsstadien;

3. Pflanzenschutzmittel: Stoffe und Zubereitungen aus Stoffen, die dazu bestimmt sind, Pflanzen vor Schadorganismen oder Krankheiten oder Pflanzenerzeugnisse vor Schadorganismen zu schützen oder das Keimen von Pflanzen zu verhindern; ausgenommen sind Wasser, Mittel zur Verhütung oder Behebung eines Mangels an Nährstoffen und Mittel, die dazu bestimmt sind, die Widerstandsfähigkeit von Pflanzen gegen Schadorganismen oder Krankheiten zu erhöhen, ohne toxisch zu wirken.«

Die Biologische Bundesanstalt für Land- und Forstwirtschaft, die als selbständige Bundesoberbehörde dem Bundesminister für Ernährung, Landwirtschaft und Forsten untersteht, hat folgende Aufgaben (§ 18):

»1. Die Unterrichtung und Beratung der Bundesregierung auf dem Gebiet des Pflanzenschutzes und des Vorratsschutzes,

2. Forschung auf dem Gebiet des Pflanzenschutzes und des Vorratsschutzes sowie Auswertung von Meldungen und Unterlagen, die hierfür von Bedeutung sind,

3. die Prüfung und Zulassung von Pflanzenschutzmitteln sowie die Überwachung zugelassener Pflanzenschutzmittel,

4. die Prüfung von Verfahren des Pflanzenschutzes und des Vorratsschutzes,

5. die Prüfung von Pflanzen auf ihre Widerstandsfähigkeit gegen Schadorganismen und Krankheiten.«

In den Ländern obliegt die Durchführung des Gesetzes den zuständigen Behörden (Pflanzenschutzdienst). Sie bezieht sich auf:

»1. Die Überwachung der Pflanzenbestände sowie der Vorräte von Pflanzen und Pflanzenerzeugnissen auf das Auftreten von Schadorganismen und Krankheiten,

2. die Überwachung des Versands von Pflanzen und Pflanzenerzeugnissen im Rahmen des Pflanzenschutzes und des Vorratsschutzes sowie die Durchführung des Warndienstes auf diesen Gebieten,

3. die Berichterstattung über das Auftreten und die Verbreitung von Schadorganismen und Krankheiten,

4. die Prüfung von Mitteln, Geräten und Verfahren des Pflanzenschutzes und des Vorratsschutzes u. a.«

Geschützte Pflanzen

Groß ist die Zahl der geschützten Pflanzen, und in Wirklichkeit sind es noch weitaus mehr. Zwar ist man energisch bemüht, bei Strafandrohung ihr Abpflücken oder sogar ihr Ausgraben zu verhindern, doch halten sich bedauerlicherweise die wenigsten Menschen daran. Unser eindringlicher Appell an alle verantwortungsbewußten Leser geht also dahin, mit dazu beizutragen, daß die wenigen uns noch verbliebenen Arten mit allen Mitteln geschützt werden.

Die Alpenaurikel (Primula auricula) *wächst wild auf Kalkfelsen in den Alpen, im Jura, in den Karpaten und einigen Gegenden des Apennin. Sie gehört zu den geschützten Pflanzen. Als Zierpflanze bildet sie in unseren Gärten leuchtende Inseln.*

Vielfältig ist die Farbpalette der geschützten und seltenen Pflanzen. Links von oben nach unten: Rostblättrige Alpenrose, auf Urgestein in den Alpen. – Berghauswurz, auf Magermatten, Schutt und Urgestein in den Alpen. – Trollblume, auf moorigen Wiesen in Bergregionen. Mitte von oben nach unten: Drachenwurz, zerstreut in Waldsümpfen und Bruchwäldern. – Sumpf-Siegwurz, auf Sumpfwiesen und Mooren. – Alpenveilchen, östliche Kalkalpen in Südostbayern. Oben: Kleines Knabenkraut, Orchidee, zerstreut auf Wiesenmooren und in lichten Wäldern. – Karlszepter, schwefelgelber Rachenblütler in Flachmooren und im Alpenvorland.

1. Vollständig geschützte Pflanzen, die weder von ihrem Standort entfernt, noch irgendwie beschädigt werden dürfen, sind:

Akelei (*Aquilegia*-Arten)
Alpenanemone, Teufelsbart *(Anemone alpina)*
Alpenrose *(Rhododendron),* alle heimischen Arten
Alpenveilchen *(Cyclamen europaeum)*
Aurikel *(Primula auricula)*
Berghähnlein *(Anemone narcissiflora)*
Blaue Schwertlilie *(Iris sibirica)*
Diptam *(Dictamus albus)*
Edelrauten des Hochgebirges *(Artemisia-*Arten)
Edelweiß *(Leontopodium alpinum)*

Heidekraut u.a. Heidekrautarten als zauberhafte Farbkompositionen in einem großen Park. Die Pflanzen, die in ihrer Wildform so bedürfnislos scheinen, verlangen saure Böden. Ihre Wurzeln leben in Symbiose mit einem Pilz (Mikorrhiza).

Schachblume *(Fritillaria meleagris)*
Schwertel, Siegwurz (*Gladiolus*-Arten)
Seidelbast (*Daphne*-Arten)
Stranddistel *(Eryngium maritimum)*
Straußfarn *(Matteuccia struthiopteris)*
Weiße und Gelbe Seerosen (*Nymphaea*- und *Nuphar*-Arten)

Japanischer Azaleengarten. Die Azalee ist eine Gebirgspflanze, die Felsen bevorzugt und oft weite Flächen mit ihrer Farbenpracht überzieht. Die Zuchtazaleen gehören botanisch zur Gattung Rhododendron und schmücken in vielen Farbschattierungen unsere Gärten.

Enzian (*Gentiana*-Arten)
Federgras *(Stipa pennata)*
Frühlingsadonisröschen *(Adonis vernalis)*
Gelber Fingerhut *(Digitalis grandiflora, D. lutea)*
Großes Windröschen *(Anemone silvestris)*
Hirschzunge *(Phyllitis scolopendrium)*
Königsfarn *(Osmunda regalis)*
Küchenschelle *(Anemone pulsatilla, Pulsatilla vulgaris)*
Lilien (*Lilium*-Arten)
Mannstreu *(Eryngium alpinum)*
Orchideen, wie
- Bienenblume, Fliegenblume, Hummelblume, Spinnenblume (*Ophrys*-Arten)
- Dingel *(Limodorum abortivum)*
- Frauenschuh *(Cypripendium calceolus)*
- Kohlröschen (*Nigritella*-Arten)
- Riemenzunge *(Himantoglossum hircinum)*
- Waldvögelein (*Cephalanthera*-Arten)

Pfingstnelke, Felsennelke *(Dianthus caesius)*
Hauswurz *(Sempervivum),* Leimkraut *(Silene),* Steinbrech *(Saxifraga),* alle rosetten- oder polsterbildenden Arten
Himmelsschlüssel, Primel (*Primula*-Arten)
Maiglöckchen *(Convallaria majalis)*
Mannsschild (*Androsace*-Arten)
Meerzwiebel, Blaustern (*Scilla*-Arten)
Schwarze Nieswurz, Christrose, Schneerose *(Helleborus niger)*
Wilde Hyazinthe, Träubelhyazinthe (*Muscari*-Arten)

2. Teilweise geschützte Arten, bei denen es verboten ist, die unterirdischen Teile (Wurzelstöcke, Zwiebeln) auszugraben, die Blätter zu beschädigen oder die Pflanzen von ihren Standorten zu entfernen:

Gemeines Schneeglöckchen *(Galanthus nivalis)*
Großes Schneeglöckchen, Märzenbecher *(Leucojum vernum)*
Grüne Nieswurz *(Helleborus viridis)*

3. Folgende Pflanzen sind für den Handel nicht zugelassen:

Alpenrosen *(Rhododendron)*
Arnika *(Arnica)*
Bärlapp *(Lycopodium)*
Eibe *(Taxus)*
Eisenhutarten *(Aconitum)*
Gagelstrauch *(Myrica gale)*
Geißbart *(Aruncus)*
Händelwurzarten *(Gymnadenia)*
Knabenkrautarten *(Orchis)*

Leberblümchen *(Anemone hepatica)*
Meerzwiebel *(Scilla)*
Schneeglöckchenarten *(Galanthus)*
Schwertlilienarten *(Iris)*
Sonnentauarten *(Drosera)*
Stechpalme *(Ilex)*
Sumpfporst *(Ledum)*
Trollblume *(Trollius europaeus)*
Wacholder *(Juniperus)*
Winterlieb *(Chimaphila)*

(Entnommen dem Pflanzenschutzgesetz vom 10. 5. 1968, das am 27. 7. 1971 geändert und ergänzt wurde).

Landschaftsschutzgebiete und Naturparks, Botanische Gärten

Werden großflächige Landschaftsteile in die vorbeugende Obhut des Landschaftsschutzgesetzes genommen, so dient dies dem Ziel, alle die Natur schädigenden, die Schönheit der Landschaft beeinträchtigenden oder den Naturgenuß schmälernden Änderungen von ihnen fernzuhalten.

Die Erklärung zum Naturpark bedeutet in der Regel keine Verhängung eines neuen Rechtszustandes über ein bestimmtes Gebiet, wenn dieses bereits Landschaftsschutzgebiet ist, sondern unterstreicht nur seine Bedeutung als Erholungszentrum und hat eine gewisse Förderung des Ausbaues der dazu erforderlichen Einrichtungen zur Folge. In der Bundesrepublik Deutschland existieren die bekanntesten Naturparks in:

Naturparks in der Bundesrepublik Deutschland Größe (in 1000 ha)

Bayern	
Bayerischer Spessart	90
Hamburg	
Harburger Berge	3,8
Hessen	
Bergstraße-Odenwald	123
Habichtswald	46,7
Hessische Rhön	35,4
Hessischer Spessart	67
Hochtaunus	114
Hoher Vogelsberg	27,5
Meißner-Kaufunger Wald	41,4
Niedersachsen	
Harz	95
Lüneburger Heide	20
Münden	19,5
Solling-Vogler	50
Südheide	56
Teutoburger Wald-Wiehengebirge	95
Nordrhein-Westfalen	
Arnsberger Wald	44,6
Bergisches Land	57
Eggegebirge	65,8
Eggegebirge und Südlicher Teutoburger Wald	63
Hohe Mark	95
Homert	50
Kottenforst	7
Nordeifel	105
Rothaargebirge	113
Schwalm-Nette	44,4
Siebengebirge	4,2
Rheinland-Pfalz	
Nassau	52
Pfälzer Wald	167
Rhein-Westerwald	37
Südeifel	39,5
Schleswig-Holstein	
Lauenburgische Seen	40
—	
Deutsch-Luxemburgischer Naturpark	72,5

Wichtige Parks und Gärten in der Bundesrepublik Deutschland:
Aschaffenburg, Park Schönbusch (150 ha)
Bayreuth, Hofgarten (13 ha)
Berlin: Großer Tiergarten (250 ha); Schloßpark Charlottenburg (52 ha); Pfaueninsel (95 ha)
Bremen: Bürgerpark (202 ha)
Düsseldorf: Hofgarten (26 ha)
Essen: Gruga (8 ha)
Hamburg: Stadtpark (180 ha); Planten un Bloomen (30 ha)
Hannover: Großer Garten (50 ha); Berggarten (13 ha)
Kassel: Karlsaue (150 ha); Schloßpark Wilhelmstal (36 ha)
Ludwigsburg: Schloßgarten (30 ha)
Mainau: Park (30 ha)
München: Hofgarten (6 ha); Englischer Garten (361 ha); Schloß Nymphenburg (25 ha); Schloßpark Schleißheim (82 ha)
Saarbrücken: Deutsch-französischer Garten (50 ha)
Schwetzingen: Schloßpark
Stuttgart: Killesberg (50 ha); Wilhelma (12 ha)
Veitshöchheim: Barockgarten

Berühmte Parks des Auslands:
Belgien: Deurne-Antwerpen, Garten Rivierenhof (132 ha)
England: Hampton Court
Frankreich: Paris, Tuilerien, Jardin du Luxembourg, Versailles; Vaux Le Vicomte;

Marly Le Roi; Fontainebleau; Villandry/Loire

Italien: Bagnaja, Villa Lante; Caserta, Giardino all'Inglese; Florenz, Giardini Boboli; Frascati, Villa Aldobrandini, Villa Falconieri, Villa Luvovisi; Rom, Villa Borghese; Villa Medici; Tivoli, Villa d'Este; Settignano, Villa di Gamberaja; Vatikanstadt, Giardini Vaticani; Lago maggiore, Isola bella, Isola Madre

Monaco: Monte Carlo (10 ha)

Niederlande: Den Haag, Zuiderpark (160 ha)

Österreich: Salzburg, Mirabell-Garten; Hellbrunn; Schönbrunn bei Wien

Spanien: Granada, Alhambra, Generalife; Sevilla, Alkazar; Aranjuez, Garten de la Isla, La Granja.

Wichtige europäische Naturschutzgebiete und Naturparks:

England: Peak District (1404 km²), westlich Sheffield; Lake District (2243 km²), Cumberland; North York Moors (1432 km²), südlich Newcastle

Finnland: Pallas- und Ounastunturi (500 km²), 250 km nördlich Haparanda; Aulanko (100 km²), 100 km nördlich Helsinki

Frankreich: Camargue (135 km²), Rhône-Delta (Flamingos, Stiere, Pferde); Pelvouxgruppe (275 km²); La Vanoise (540 km²), Savoyen

Griechenland: Gipfelbereiche des Olymp und Parnass

Italien: Abruzzen (290 km²), 100 km östlich von Rom; Circeo-Park (50 km²), zwischen Rom und Neapel; Gran-Paradiso-Park (600 km²), südlich des Aosta-Tales; Stelvio-Nationalpark (950 km²), nahe der Schweizer Grenze

Jugoslawien: Triglav-Park (20 km²); Plitwitzer Seen (145 km²) zwischen Agram (Zagreb) und Zadar

Niederlande: Hoge Veluwe und Veluwe Zoom (100 km²), bei Arnheim

Die Königl. Seerose (VICTORIA AMAZONICA) hat Blätter mit einem Durchmesser von 1–3 m; sie sind am Rand etwa 10 cm aufgebogen. Die 20–40 cm breiten Blüten tauchen am Abend aus dem Wasser auf, sind zuerst weiß, dann rosarot und schließen sich am Morgen. Am zweiten Tag tauchen sie wieder unter, um die Frucht zur Reife zu bringen.

Polen: Tatra-Park (214 km²); Babia-Gora-Park (16 km²)

Schweden: In Lappland 7 Parks mit 4140 km² (Carek-Nationalpark 1900 km²)

Schweiz: Schweizer Nationalpark (160 km²), Einzugsbereich des Spöl

Sowjetunion: 24 europäische, 12 asiatische Parks, ausschließlich für wissenschaftliche Zwecke

Wichtige außereuropäische Naturschutzgebiete und Naturparks

Japan: Nikko-NP (1407 km²); Fuji-Hakone (718 km²); Chubu-Sangaku-NP (1699 km²)

Kanada: Banff-NP (6300 km²); Jasper-NP (10000 km²); Yoho-NP (1250 km²); Kootenay-NP (1330 km²); Niagara-Fälle (40 ha)

Kenia: Tsavo-Nationalpark (20000 km²)

Republik Südafrika: Krüger-NP (22015 km²)

Tansania: Serengeti (8000 km²); Ngorongoro-NP (6500 km²)

Uganda: Murchison-Falls (4000 km²); Queen-Elisabeth-NP (2000 km²)

USA: 183 Nationalparks mit 101213 km² sowie 150 Nationalwälder mit 761000 km², von denen für Erholungszwecke 56000 km² bestimmt sind. Olympic NP (Washington, 3500 km²); Mount Rainier NP (Washington, 980 km²); Glacier NP (Montana, 4100 km²); Yellowstone NP (Wyoming, 8960 km²); Rocky Mountains (Colorado, 1000 km²); Grand Canyon (Arizona, 350 km²); Yosemite NP (California 3000 km²); Kings Canyon (California 1840 km²); Shenandoah (Virginia, 780 km²); Great Smoky Mountains (Tenessee 2000 km²)

Zaïre: Kivu-Nationalpark (800 km²)

Im allgemeinen besitzt jede Universitätsstadt einen Botanischen Garten. Sie dienen der Lehre und der Forschung, dem Unterricht und nicht zuletzt der Erholung und der Entdeckung immer neuer Schönheiten durch den Beschauer. Die größten Botanischen Gärten befinden sich in Berlin, München und Hamburg, der älteste in Gießen. Nachstehend die wichtigsten in der Bundesrepublik Deutschland und im Ausland:

Größere Botanische Gärten der Bundesrepublik Deutschland

(* = städtische Anlage):

Berlin-Dahlem (42 ha)
Bonn (8,5 ha)
Bremen* (35 ha)
Darmstadt (6 ha)
Dortmund* (53 ha)
Essen* (15 ha)
Frankfurt/Main (8 ha)
Frankfurt/Main, Palmengarten* (20 ha)
Hamburg (9,6 ha)
Kassel* (4,5 ha)
Köln* (10 ha)
Mainz (22 ha)
München-Nymphenburg (18 ha)
Stuttgart-Hohenheim (4,5 ha)
Würzburg (6 ha)
Wuppertal-Elberfeld* (15 ha)

Wichtige Botanische Gärten im Ausland:

Belgien: Brüssel, Arboretum Géographique de Tervuren (100 ha)

England: Kew-Garden (121 ha); größte und bedeutendste Pflanzensammlung

Finnland: Elimäki, Arboretum Mustila (120 ha)

Frankreich: Marseille, Parc Borély (17,5 ha); Montpellier (5,5 ha); Paris, Jardin des Plantes (14 ha)

Irland: Dublin, National Botanic Garden (19 ha); Down, Rowallane Saintfield (85 ha)

Italien: Padua, Botanischer Garten (2 ha), gegründet 1545; Palermo, Botanischer Garten (10 ha); Turin, Botanischer Garten (30 ha)

Niederlande: Bennebroek/Haarlem, Limäushof (80 ha); Keukenhof (25 ha)

Norwegen: Oslo (13 ha)

Österreich: Graz (18 ha); Wien (8,5 ha); Innsbruck (2 ha)
Polen: Krakau (10 ha); Posen (14 ha); Warschau (5 ha)
Portugal: Coimbra (13,5 ha)
Schottland: Benmore (40 ha); Edinburgh (32 ha); Glasgow (17 ha)
Schweden: Göteborg (150 ha); Uppsala (14 ha)
Schweiz: Bern (245 ha); Genf (10 ha); Zürich (1,8 ha)
Sowjetunion: Alma-Ata (110 ha); Batumi (108 ha); Jalta (917 ha); Kiew (180 ha); Moskau (400 ha); Rostow (200 ha)
Spanien: Barcelona (4 ha); Madrid (8 ha); Valencia (8 ha)
USA: New York, Brooklyn-Arboretum (20 ha); Bronx-Park (96 ha); Massachussetts, Arnold-Arboretum der Harvard-Universität (106 ha); Colorado, Berkeley Botanischer Garten (8 ha); Humbold State, Redwood Park (95 km^2); Sequoia National-Park (1565 km^2)

In vielen Gebieten der Bundesrepublik wurden in den letzten Jahren Lehrpfade angelegt, die für Wanderer, Spaziergänger, Schulklassen, Studiengruppen, insbesondere aber für jeden Naturfreund zu einer mit Begeisterung begrüßten und gern in Anspruch genommenen Einrichtung geworden sind. Sie dienen dazu, jeden, der die Natur liebt, quasi bei der Hand zu nehmen und ihn auf die Wunder aufmerksam zu machen, an denen er sonst mit großer Wahrscheinlichkeit vorübergehen würde. Wunder sind überall. Man muß nur Augen haben zu sehen und Ohren zu hören.

Waldlehrpfade in der Bundesrepublik:
Baden-Baden-Oos
Bendorf (bei Koblenz)
Bingen
Boppard (Stadtwald)
Dormagen (Rhein)
Dornstetten (Schwarzwald)
Duisburg
Dürkheim, Bad
Durlacher Bergwald (bei Karlsruhe)
Edenkoben (Weinstraße)
Esslingen (Neckar)
Friedrichsdorf (Odenwald)
Gemünd (Naturpark Nordeifel)
Glücksburg (Flensburger-Förde)
Gondorf (bei Bitburg/Eifel)
Hallwangen (bei Freudenstadt)
Heidelberg
Hessisch-Oldendorf
Hohenwetterbach (bei Karlsruhe)
Kellenhusen (Ostsee)
Koblenz (Stadtwald)
Lübecker Bucht
Mosbach (Baden)
Neustadt (Weinstraße)
Ochsenhausen (Oberschwaben)
Oestrich (Rheingau)
Pforzheim
Rappenwörth (Rheininsel)
Ravensburg
Rippoldsau, Bad
Rüdesheim

Im Frankfurter Palmengarten geben sich vielerlei Pflanzen aus fernen Ländern ein Stelldichein.

Solingen
Solitude (bei Stuttgart)
Traben-Trarbach (Mosel)
Waldsee (bei Freibug i. Br.)
Wangen (Allgäu)
Wiesensteig (Schwäbische Alb)

Forstlehrpfade:
Göttingen (am Mainberg)
Neckargerach
Rhumspringe (südlich Herzberg/Harz)
Sieber (im Harz, mit Köhlerhütten)
Undeloh (Lüneburger Heide)
Wieda (Südharz)

Naturlehrpfade:
Eberbach
Eutin (Diecksee-Gehege)
Gügingen (Zabergäu)
Haslach (Kinzigtal)
Moers (am Oermterberg)
Strümpfelbrunn (am Katzenbuckel)

Naturkundliche Lehrpfade:
Eberstadt (bei Darmstadt)
Fürth in Bayern
Lauf (Pegnitz)
Mühldorf am Inn
Neuhaus (Pegnitz)

Die Stammesgeschichte der Pflanzen

Die Frage nach dem Ursprung des Lebens auf der Erde gehört zu den größten Rätseln der Welt, und nur sehr langsam und schrittweise gelingt seine Lösung – wenn überhaupt.

Bis ins 19. Jahrhundert hinein glaubte man, das Leben sei durch »Urzeugung« entstanden. Schon der römische Schriftsteller Plinius (24–79 n. Chr.) hatte in seiner 37bändigen »Naturalis historia« diese Ansicht zum Ausdruck gebracht. Unter Urzeugung verstand man die plötzliche Entstehung organischen Lebens aus unbelebter Materie und war der Meinung, daß sich dieser Vorgang jederzeit wiederholen könne. Heute sind die meisten Wissenschaftler davon überzeugt, daß Urzeugung weder für die Entstehung der Pflanzen, noch niederer und höherer Tiere zutreffend sein kann. Allerdings hat es Jahrzehnte, wenn nicht sogar Jahrhunderte gedauert, bis Beweise hierfür erbracht werden konnten. Trotzdem halten es manche Forscher auch gegenwärtig noch für möglich, daß der Prozeß einer Urzeugung, nachdem er in frühester Zeit einmal in Gang gekommen war, sich weiter fortgesetzt oder sogar wiederholt hat. Aber alle Wissenschaftler sind sich darüber einig, daß das Leben, als es erst einmal seinen Anfang genommen hatte, sich weiter in einem mehrere Milliarden Jahre währenden Entwicklungsprozeß vollzogen hat, aus einfachsten Formen heraus und über Zwischenstufen, von denen uns nur die wenigsten bekannt sind und die uns wahrscheinlich auch immer unbekannt bleiben werden.

Blaualgen und Bakterien als Urformen des Lebens

Nahm aber das Leben auf der Erde seinen Anfang? Nach neuesten Untersuchungen scheint dies nicht mehr selbstverständlich zu sein. Der Gießener Paläontologe M. D. Pflug hält es vielmehr für möglich, daß das Leben älter ist als die Erde, und daß irdisches Leben sich aus außerirdischen Urformen entwickelt hat (»Umschau in Wissenschaft u. Technik«, Heft 17, 1971). Pflug geht davon aus, daß bereits die ältesten auf der Erde bekannten Sedimentgesteine Reste von relativ hochentwickelten, einzelligen Lebewesen enthalten. Es handelt sich dabei um die knapp 3,5 Mrd. Jahre alten Hornsteine der sogenannten Onverwacht-Stufe im Kap-Vaal-Kraton von Transvaal/Südafrika. (Mit Kraton bezeichnet man einen starren Festlandsockel). Die Entwicklungsstufe der in ihnen eingeschlossenen Organismen entspricht nach Angaben des Forschers der der heute lebenden Blaualgen *(Cyanophyceae)*. Das bedeutet, daß vor fast 3,5 Mrd. Jahren bereits Lebewesen existierten, die zur Photosynthese fähig waren, und dies, obwohl

die Gesteine von Onverwacht zu den frühesten Ablagerungen auf der Erde gehören, wenn nicht sogar ihre ältesten sind.

Wenn aber der Umstand zutrifft, daß bereits in dem südafrikanischen Ursediment relativ hochentwickelte Lebensformen vorhanden waren, dann muß es Urformen gegeben haben, die auf der Erde nicht entstanden sein können und die mithin älter sind als die Erdkruste, ja vielleicht älter als die Erde selbst.

Damit werden Theorien neu belebt, wonach die Erde einst durch außerirdische Lebewesen besiedelt wurde, zumal man organische Reste, zellular strukturierte organische Körperchen, in bestimmten Meteoriten, sogenannten Chondriten, gefunden hat. Es ist nicht ausgeschlossen, daß Urformen von Leben mit den Meteoriten auf die Erde eingeschleppt wurden.

Die Ausbreitung der Uralgen auf der sich verfestigenden Erdkruste bzw. in den präkambrischen Meeren muß allerdings durch irgendwelche Faktoren eingeschränkt gewesen sein, sonst hätte nicht die Uratmosphäre, wie als sicher angenommen wird, lange Zeit sauerstofffrei sein können. Die Beweisführung Pflugs sieht so aus: Ließe man sich etwa ein Kilogramm Blaualgen ungehindert vermehren, so könnten ihre Nachkommen innerhalb von zwei Monaten alle Weltmeere füllen, und die innerhalb dieser Zeit photosynthetisch produzierte Sauerstoffmenge entspräche der heute in der gesamten Atmosphäre vorhandenen Menge.

Blaualgen gab es also bereits vor 3,5 Mrd. Jahren, aber bis vor etwa zwei Mrd. Jahren war die Atmosphäre weitgehend sauerstofffrei. Die Paläontologen halten es daher für denkbar, daß der von den Blaualgen produzierte Sauerstoff an Substanzen gebunden gewesen ist, die im Meerwasser gelöst waren, und denkt hierbei an niedrig oxidiertes Eisen. Bestimmte »eisenfressende« Bakterien hätten den Sauerstoff der Blaualgen aufgenommen, das im Meer gelöste Eisen oxidiert und daraus Lebensenergien gewonnen. Das eisenreiche Fällungsprodukt habe sich dann im kieselreichen Schlamm des Meeresbodens angesammelt, und auf diese Weise seien die weitverbreiteten Lagerstätten der kieseligen Bändereisenerze entstanden.

Schachtelhalme gehören zu den ältesten Pflanzen unserer Erde. Als urweltliche Riesen bildeten die Kalamiten im Verein mit Schuppen- und Siegelbäumen die Steinkohlenwälder des Karbons. Übrig geblieben sind heute nur noch Kümmerformen. Links die fertilen Frühjahrstriebe des Ackerschachtelhalms, rechts die sterilen, Blattgrün enthaltenden Sommertriebe.

Es mutet seltsam an, daß danach die Entwicklung des Lebens lange Zeit nicht über die Stufe mikroskopisch kleiner Algen hinausgekommen ist. Erst als sich die Atmosphäre vor zwei Mrd. Jahren mit Sauerstoff anzureichern begann, als sie Schutz vor der gefährlichen ultravioletten Strahlung bot, konnte sich pflanzliches wie tierisches Leben entfalten.

Doch knüpfen wir noch einmal bei der möglichen Existenz außerirdischer Lebewesen an. Der amerikanische Wissenschaftler C. Ponnamperuma, Mitarbeiter der Weltraumbehörde NASA, ist von ihrem Vorhandensein überzeugt.

In einem Meteor, der im September 1969 im australischen Bundesland Victoria zur Erde fiel, wurden Aminosäuren gefunden, deren Kohlenstoffisotope sich erheblich von denen unterschieden, die in ähnlichen chemischen Verbindungen auf der Erde auftreten. Aminosäuren aber sind Bausteine des Eiweißes und damit aller Lebensformen.

Auch in anderen Meteoriten konnten Aminosäuren nachgewiesen werden. Soweit sie den irdischen ähneln, ist der Verdacht nicht von der Hand zu weisen, daß jene »Geschosse« aus dem Weltraum nach dem Aufschlag auf der Erde oder schon beim Durchdringen der Erdatmosphäre mit Verbindungen irdischen Ursprungs »infiziert« worden sein könnten. Auch die

NASA will im Falle des Murchison-Meteoriten eine solche Möglichkeit nicht völlig ausschließen. Dr. Ponnamperuma und seine Kollegen sind indes davon überzeugt, daß die Eigenart der in dem australischen Meteoriten gefundenen Mischung verschiedener Aminosäuren auf ihre außerirdische Herkunft schließen läßt.

»Unsere Entdeckung ist wahrscheinlich der erste schlüssige Beweis für eine chemische Evolution außerhalb unseres Planeten«, sagte Ponnamperuma und folgerte: »Vielleicht muß daraus ein neuer zeitlicher Ablauf des Ursprungs des Lebens auf der Erde und anderswo im Universum abgeleitet werden.«

Der in Australien niedergegangene Murchison-Meteorit stammt mit großer Wahrscheinlichkeit aus dem Asteroiden-Gürtel, den zwischen Mars und Erde die Sonne umkreisenden Trümmerbrocken eines Planeten, der vermutlich vor etwa 4,5 Mrd. Jahren kurz nach der Entstehung des Sonnensystems auseinandergebrochen ist. Die Entdeckung der Aminosäuren in dem winzigen Überbleibsel der Urschöpfung scheint darauf hinzudeuten, daß die Voraussetzungen für das Entstehen von Leben schon vorhanden waren, als sich unser Sonnensystem entwickelte.

Die britischen Chemiker J. Brooks und G. Shaw von der Universität Bradford kennen Meteorite, die Kohlenstoff und Kohlenstoffverbindungen enthalten, wie sie für organisches Leben auf der Erde charakteristisch sind. Sie fanden, wie die britische »Umschau in Natur und Wissenschaft« 1970 berichtete, in Meteoriten nämlich Spuren eines organischen Moleküls, des »Sporopollenins«, das so kompliziert gebaut ist, daß seine Synthese nur in Organismen möglich scheint.

Wie berichtet wird, ist das Sporopollenin eine hochpolymerisierte Kohlenstoffverbindung. Es ist chemisch außerordentlich beständig und baut das Wandgerüst der Sporen niederer Pflanzen und der Pollen höherer Pflanzen auf. Sporen und Pollen bleiben infolge der chemischen Panzerung durch das Sporopollenin lange Zeit lebensfähig und werden vor allem vor Fäulnis geschützt. Die Fäulnisresistenz führt dazu, daß Sporen und Pollen sich auch in Gesteinen außerordentlich lange halten.

Offenbar besteht auch das Bitumen vieler Gesteine – das bisher chemisch nicht recht zu identifizieren war – aus Sporopollenin. Die außerordentliche Haltbarkeit und die spezifische Entstehung des Sporopollenins in »lebenden Systemen« wären nach Auffassung der beiden Wissenschaftler ein »einzigartiges Indiz« für Lebensvorgänge.

Zum Nachweis des Sporopollenins entwickelten sie besondere Analysemethoden, die vor allem nach dem Infrarotspektrum des Sporopollenins suchen. Mit Hilfe dieser Methode entdeckten sie es in den schon erwähnten Gesteinen von Onverwacht (Transvaal). In ihnen (»Figtree-Serie«) wurden organische Substanz und Formen des sogenannten Kerogens festgestellt. Die englischen Chemiker konnten nachweisen, daß Kerogen nichts anderes ist als Sporopollenin. Damit scheint sicher, daß schon vor knapp vier Mrd. Jahren auf der Erde Leben existierte, besser Formen, die sich über Sporen vermehrten. Pollen, das heißt Blütenstaub der höheren Pflanzen, kann für diese Zeitperiode der Erdgeschichte noch nicht angenommen werden.

Dieses »einzigartige Indiz für Lebensvorgänge« fanden Brooks und Shaw jetzt auch in zwei kohlenstoffhaltigen Meteoriten: dem Orgeuil- und dem Murray-Meteoriten. Das Infrarotspektrum der Kohlenstoffsubstanz dieser Meteorite stimmt z. B. in allen Einzelheiten mit dem des Sporopollenins im heutigen Bärlapp oder dem des Kerogens von 350 Mio. Jahren alten fossilen Algen überein.

Nach Auffassung der beiden Wissenschaftler sind diese »Ergebnisse ein eindrucksvoller Beweis für die Existenz extraterrestrischen Lebens«. Radiochemisch konnte nachgewiesen werden, daß die beiden Meteorite etwa 4,5 Mrd. Jahre alt sind, d. h. etwa ebenso alt wie die Erde selbst. Unser Planet konnte zu dieser Zeit jedoch noch kein Leben tragen. Das Leben auf dem Himmelskörper, von dem die Meteorite stammten, muß also älter als das Leben der Erde gewesen sein.

Außerdem liefert die chemische Natur des Sporopollenins auch Hinweise auf die Form des extraterrestrischen Lebens, das aus irgendwelchen Pflanzen – Algen oder Pilzen – bestanden haben mag. Sie dürften in ihrem chemischen Aufbau und Stoffwechsel den irdischen Pflanzen nicht unähnlich gewesen sein, da sie Sporopollenin als Baustoff ihrer Strukturelemente verwendeten (Steinert).

Ziehen wir die Bilanz aus dem Gesagten, so müssen wir – wenn die Wissenschaftler recht haben – annehmen, daß es bereits vor 3,5 Mrd. Jahren Blaualgen auf unserer Erde gegeben hat (bisher wurden 1,5 bis höchstens 2,5 Mrd. Jahre angenommen). Damit wäre auch der Zeitpunkt festgelegt, an dem die Stammesgeschichte der Pflanzen beginnt, denn Blaualgen und Bakterien stehen an ihrem Anfang.

Bis vor noch gar nicht langer Zeit stellte man die Bakterien an den Beginn allen Lebens. Daß man jetzt umdenken muß, wurde soeben dargelegt. Schon Baumeister sagt (1969) zu diesem Fragenkomplex, daß die Blaugrünen (Blau-)Algen nach unseren derzeitigen Anschauungen zuerst aufgetreten sein müssen, da die Chemosynthese bzw. Heterotrophie der Bakterien gegenüber der Photosynthese mit Hilfe des Lichtes durch die Blaualgen als abgeleitet angesehen werden muß. Selbst die chemosynthetisch lebenden Bakterien benötigten nämlich als Ausgangsstoff für ihre Energiegewinnung bereits Stoffe, die, wie Ammoniak (NH_3) oder Schwefelwasserstoff (H_2S), erst durch den Abbau toter organischer Substanz, mit anderen Worten, toter Lebewesen, verfügbar würden.

Tatsächlich sind auch verschiedentlich fossile Reste von Blaualgen gefunden worden, so besonders im Bottnium Finnlands, einer Gesteinsschicht, die mindestens eine Milliarde Jahre alt ist. Auf die Tätigkeit von Blaualgen wird auch die Entstehung der Schungit-Kohle zurückgeführt. Sie ist besonders kohlenstoffreich und wird im finnisch-karelischen Raum abgebaut.

Sehr selten sind dagegen Zeugen für das Vorhandensein von Bakterien in diesem frühen Erdzeitalter. Entdeckt wurden lediglich Fossilreste von kalk- und eisenabsondernden Bakterien. Auch sollen andere Arten an der Entstehung des Erdöls in späteren Erdperioden beteiligt gewesen sein.

Die Weiterentwicklung zu Algen und Pilzen

Nach den Blaualgen und Bakterien traten die Geißelalgen *(Flagellatae)* in Erscheinung. Es sind außerordentlich formenreiche kleine Lebewesen, die in großen Mengen in allen Gewässern vom kleinsten Tümpel bis zum Ozean vorkommen und maßgeblich an der Bildung des Planktons beteiligt sind. Ihre Fortbewegung geschieht mit Hilfe von ein bis zwei Geißeln. Manche Arten sind farblos und nehmen feste organische Nahrung auf. Die meisten aber sind grün wie Pflanzen und vermögen von anorganischen Stoffen zu leben. Sie stehen deshalb auf der Grenze zwischen pflanzlichen und tierischen Organismen, und es wird angenommen, daß frühe Formen der Flagellaten die gemeinsame Wurzel des Tier- und Pflanzenreiches gebildet haben könnten.

Ihr bekanntester Vertreter ist das Augentierchen *(Euglena viridis)*, das sowohl in der Botanik als auch in der Zoologie einen Platz als Grenzfall einnimmt. Es ist das ganze Jahr über in allen Teichen und Tümpeln zu finden. Am Vorderende seines länglichen, spindelförmigen Körpers trägt es eine Geißel, mit deren Hilfe es sich durchs Wasser strudelt. Seinen Namen verdankt es dem roten, lichtempfindlichen sogenannten »Augenfleck«, der auf Beziehungen zum Tierreich hindeuten könnte. Die zahlreichen Chlorophyllkörner in seinem Innern kennzeichnen es jedoch als Pflanze. Es vermehrt sich durch Längsteilung.

Eigenartig sind die Ernährungsweisen mancher Augentierchen. Im Licht vemögen sie dank ihres Chlorophyllgehalts von anorganischen Stoffen zu leben, verhalten sich also wie echte Grünpflanzen. Steht ihnen aber organische Nahrung zur Verfügung, so verschwinden die Chlorophyllkörner, wenn man die Augentierchen im Dunkeln hält. Sie nehmen dann die organischen Substanzen wie Tiere auf. Je nach ihrer Ernährungsweise könnte man sie also als Geißelpflänzchen oder Geißeltierchen bezeichnen.

Die Weiterentwicklung vom Einzeller zum Vielzeller findet in der Weise statt, daß nicht selten einzellige Pflanzen nach der Zellteilung vereinigt bleiben und kleine Zellverbände oder Zellkolonien bilden, die sich zu großen Zellmassen zusammenschließen. Hierher gehören fast alle niederen Algen in vielen Formen. Besonders interessant sind die Kugelalgen *(Volvocaceae)*, die in der Fachliteratur häufig als Verbindungsglied zwischen Geißel- und Grünalgen aufgefaßt werden (vgl. auch S. 67).

In Tümpeln und fauligem Wasser ist als einzellige Form häufig die Gattung *Chlamydomonas* anzutreffen, die sich zu ihrer Fortbewegung zweier Geißeln bedient. Sie vermehrt sich auf ungeschlechtlichem Wege, indem sich der Inhalt einer Mutterzelle mehrmals längsteilt, so daß 2–16 Tochterzellen entstehen. Es kann aber auch eine geschlechtliche Fortpflanzung eintreten in der Weise, daß zwei Zellen miteinander verschmelzen. Meist folgt diese auf mehrere Generationen ungeschlechtlicher Teilung.

Die Gattung *Pandorina* hat einen kugeligen Körper, in dem 16 gleichartige Zellen in farblose Gallerte eingebettet sind. Jede Zelle entspricht in ihrem Bau einer soeben beschriebenen Chladymonos-Alge. Mit Hilfe ihrer Geißeln bewegt sich die ganze Kolonie schwimmend fort. Im einfachsten Falle erfolgt die Fortpflanzung ungeschlechtlich, indem aus jeder Zelle durch Teilung eine neue Tochterkolonie von 16 Zellen entsteht. Daraus ergibt sich die Feststellung, daß jede Pandorinazelle für sich allein lebensfähig ist und die Art zu erhalten vermag. Andererseits kann sich die Kolonie auch auf geschlechtlichem Wege fortpflanzen, wobei jede Zelle in der Lage ist, eine Anzahl kleiner, eiförmiger Keimzellen zu bilden. Sie können nur mit Keimzellen einer anderen Kolonie verschmelzen, wodurch eine Degeneration (Entartung) verhindert wird. Die nach der Vereinigung entstandenen Zygoten benötigen eine gewisse Ruhezeit, bis eine neue Koloniebildung beginnen kann.

Auf einer wesentlich höheren Stufe steht die berühmte, von Leeuwenhoek im Jahre 1698 entdeckte Kugelalge *(Volvox)*, eine Hohlkugel, deren Wand aus bis zu 22000 kleinen, durch Plasmabrücken miteinander verbundenen Geißelzellen besteht. Sie dienen der Ernährung und Fortbewegung, eine Anzahl von ihnen auch der Vermehrung. Geschieht diese auf geschlechtlichem Wege, entstehen in den Fortpflanzungszellen teils winzig kleine, mit je zwei Geißeln versehene männliche Samenzellen, teils große, grüne, unbewegliche Eizellen. Aus der befruchteten Eizelle (Zygote) entwickelt sich ebenfalls eine neue Tochterkolonie.

Die Weiterentwicklung der Kugelalge Volvox gegenüber der Gattung Pandorina äußert sich also vor allem darin, daß eine Arbeitsteilung der Zellen in Körper- und Keimzellen eingetreten ist, und nicht mehr jede einzelne Zelle alle Aufgaben übernimmt. Dies aber ist das Entscheidende: Auf der Arbeitsteilung und der Spezialisierung auf bestimmte Aufgaben beruht im wesentlichen der Übergang vom Einzeller zum Vielzeller.

Vielzeller sind also Lebewesen, die aus vielen Zellen bestehen. Sie ergänzen sich gegenseitig und sind aufeinander angewiesen. Die geschilderten Algenkolonien nehmen eine Zwischenstellung zwischen den Ein- und Vielzellern ein. Wahrscheinlich weisen sie den Weg, auf dem sich der Übergang von sehr einfach zu höher organisierten Lebewesen vollzogen hat.

Die Grünalgen *(Chlorophyceae)* sind ebenfalls schon weiter entwickelt, wenn es unter ihnen auch noch Einzeller gibt. Viele aber bilden bereits Kolonien mit in bestimmter Weise angeordneten Zellen. Wieder andere sind fadenförmig und sitzen auf einer Unterlage fest. Man nimmt an, daß sich nicht nur die Grünalgen (über die Kugelalgen) aus den Flagellaten entwikkelt haben, sondern vermutlich auch die Braunalgen *(Phaeophyceae)* und weitere Algenfamilien, wahrscheinlich sogar die Pilze *(Fungi)*, die mit ihren über 100000 Arten die formenreichste Gruppe der niederen Pflanzen darstellen.

Fossile Reste der ursprünglichen Flagellaten dagegen sind unbekannt. Zwischen den Blaualgen und den Bakterien einerseits wie zwischen den höher organisierten Algen und Pilzen andererseits klafft eine Lücke in der Stammesgeschichte der Pflanzen, und bisher konnte sie noch nicht durch irgendwelche Vor- bzw. Zwischenstufen geschlossen werden.

Zwar stammen aus dem Paläozoikum (Erdaltertum) Funde, die auf das Vorhandensein von Algen und später auch von Pilzen schließen lassen, doch lassen diese die weitere Entwicklung nur in großen Umrissen erkennen. Nach den aufgefundenen Fossilresten ist das stammesgeschichtliche Alter der Algen und Pilze auf rund 500 Mio. Jahre anzusetzen (Baumeister), wie auch Beweise dafür vorhanden sind, daß die Algenentwicklung besonders in den Meeren einen stürmischen Verlauf nahm. Wahrscheinlich bildete ihr Massenauftreten die Nahrungsgrundlage für die Tierwelt, die in dieser Erdepoche ebenfalls in voller Entfaltung begriffen war (vgl. auch Kap. »Die Fortpflanzung«).

Die Pflanzen verlassen die Meere und gehen an Land

Im Paläozoikum, im Erdaltertum, und zwar im Silur, d.h. vor etwa 380 Jahrmillionen, begannen sich die Sproßpflanzen zu entwickeln. Urfarne *(Psilophytinae)* waren die ersten, die den Übergang vom Wasser- zum Landleben wagten. Sie waren vom Mittelsilur bis Mitteldevon – vor 350 bis 300 Mio. Jahren – über die ganze Erde verbreitet und sind heute ausgestorben. Ihre Entwicklung war also auf einen Zeitraum von 50 Mio. Jahren begrenzt. Ihr Gametophyt (geschlechtliche Generation einer Pflanze) ist unbekannt, doch lassen die aufgefundenen Sporen einen Schluß auf einen Generationswechsel zu.

Die einfach gebauten Leitbündel gelten als Beweise für ihre Primitivität. Immerhin waren die Urfarne aber dazu imstande, die enge Gebundenheit ans Wasser aufzugeben und mit ihren oberirdischen Teilen im Luftraum existieren zu können. Ihr inneres »Wasserleitungssystem« machte einen ständigen Auf-

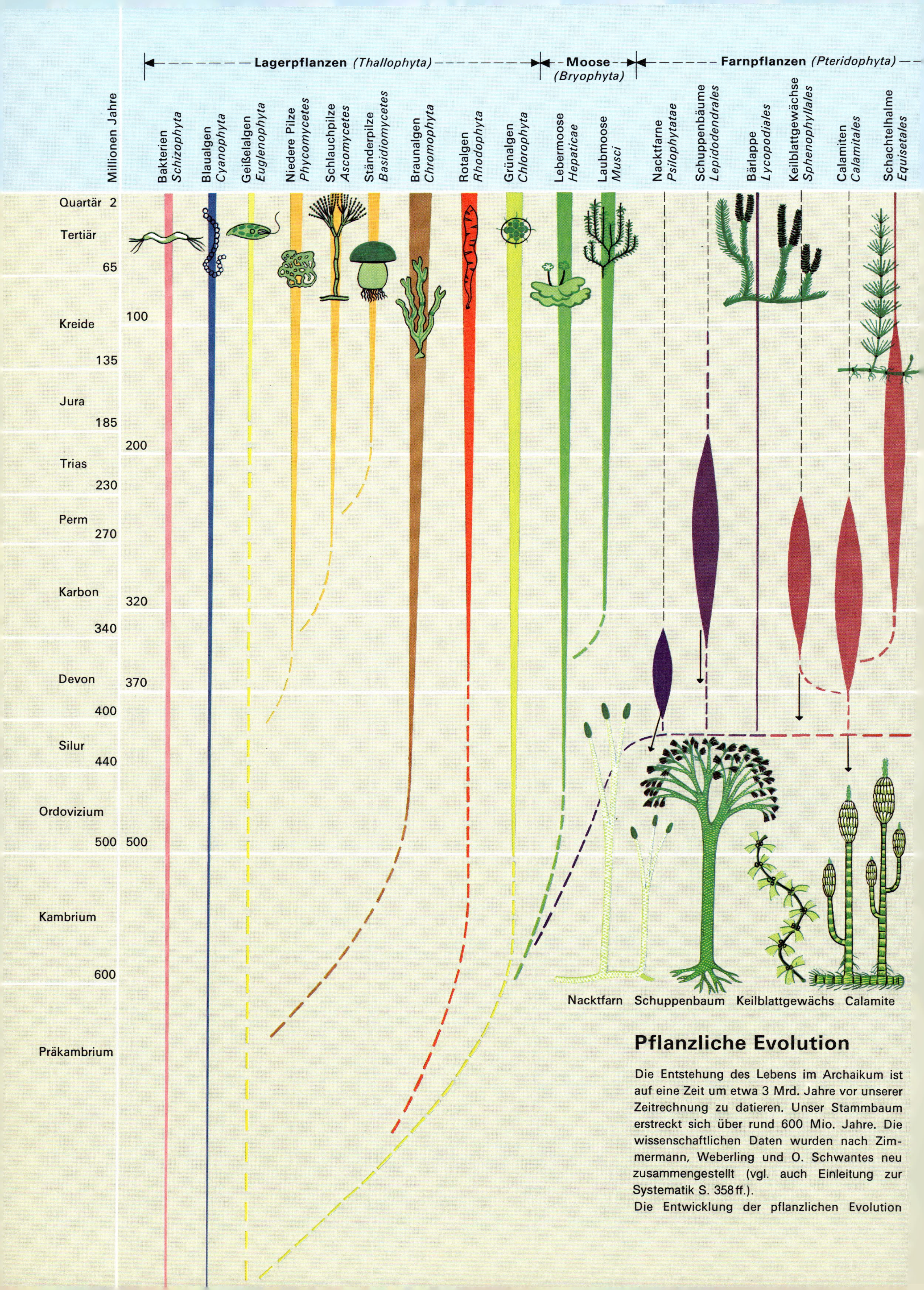

Pflanzliche Evolution

Die Entstehung des Lebens im Archaikum ist auf eine Zeit um etwa 3 Mrd. Jahre vor unserer Zeitrechnung zu datieren. Unser Stammbaum erstreckt sich über rund 600 Mio. Jahre. Die wissenschaftlichen Daten wurden nach Zimmermann, Weberling und O. Schwantes neu zusammengestellt (vgl. auch Einleitung zur Systematik S. 358 ff.).

Die Entwicklung der pflanzlichen Evolution

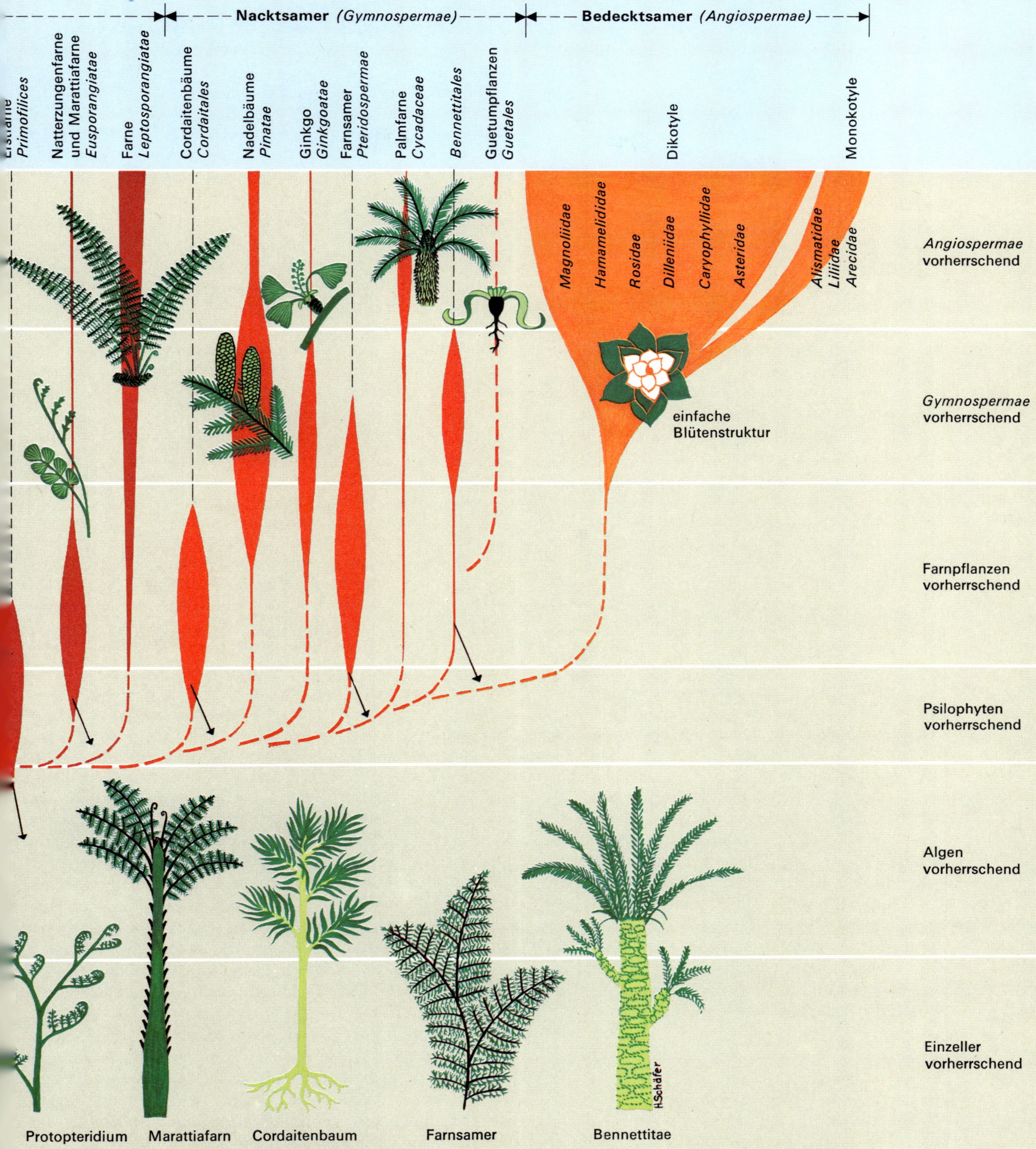

auf unserer Erde begann mit Blaualgen und Bakterien als Urformen des Lebens. Die weitere Evolution setzte sich über Algen und niedere Pilze fort, bis die ersten Sproßpflanzen in Gestalt von Moosen, Farnen und Bärlappgewächsen auftraten. Das innere »Wasserleitungssystem«, das sich bildete, machte einen ständigen Aufenthalt im Wasser nicht mehr nötig. Die Pflanzen verließen das nasse Element und »gingen an Land«.

Vor etwa 320 bis 200 Mio. Jahren waren Farnpflanzen das vorherrschende Element, begleitet von Schuppen- und Siegelbäumen sowie riesigen Schachtelhalmen. In gewaltiger Ausdehnung bildeten sie die Steinkohlenwälder des Karbons und bedeckten in dem tropisch-subtropischen Klima jener Zeit in den sumpfigen Niederungen undurchdringliche Urwälder.

Aus den Sporenpflanzen entwickelten sich über Samenfarne, Palmfarne und Ginkgobäume die Samenpflanzen, zuerst die Gymnospermen, dann die Angiospermen. Zu ihnen gehören alle höheren Blütenpflanzen. Ihre Entfaltung und Verbreitung war aufs engste mit der Entwicklung der Insekten verknüpft. Die Bestäubung durch die Sechsbeinigen führte zu einer außerordentlichen Mannigfaltigkeit in der wechselseitigen Anpassung zwischen Pflanze und Tier. Es kam zur Ausbildung von Lockfarben und Saftmalen, Nektardrüsen, Entwicklung von Duftstoffen und auf bestimmte Insektenarten zugeschnittene Blütenformen.

enthalt im nassen Element nicht mehr nötig. Das Wasser wurde vom Boden her aufgenommen und durch die Leitungsbahnen der Sprosse zu den einzelnen Organen geleitet (vgl. S. 151). Allerdings – und diese Abhängigkeit ist auch den Nachkommen der Urfarne bis auf den heutigen Tag geblieben: Zu ihrer geschlechtlichen Vermehrung bedürfen sie nach wie vor des Wassers, und seien es auch nur wenige Tropfen.

Gelangen Farnsporen nämlich auf feuchten Boden, so entsteht bei günstigen Verhältnissen aus jeder von ihnen ein Keimschlauch, aus dem sich ein pfenniggroßes, flach dem Boden aufliegendes, herzförmiges Pflänzchen entwickelt, das Prothallium. Auf seiner Unterseite sind zwischen den Wurzelfäden zweierlei Ausstülpungen zu erkennen. Nahe dem zugespitzten Ende befinden sich die kuppelförmigen Antheridien (männliche Fortpflanzungsorgane), nahe der Kerbe die flaschenförmigen weiblichen Organe, die Archegonien. Das Prothallium ist also einhäusig.

Wenn bei Regen oder Tau zwischen Prothallium und Erde Wasser haften bleibt, platzen die Antheridien auf und entlassen schraubenförmig gewundene Spermatozoiden, die mit lebhaft schlagenden Wimpern umherschwimmen. Aus den Archegonien tritt zu gleicher Zeit ein Schleimtröpfchen mit etwas Apfelsäure aus, das die Spermatozoiden anlockt. Ist die Eizelle befruchtet, entwickelt sich aus ihr ein Pflänzchen, das unter dem Prothallium hervorwächst und zunächst ein keilförmiges Erstlingsblatt bildet, dem die gefiederten Wedel folgen.

Urfarne der Gattung *Rhynia* wurden erstmals in fossilen Überresten bei Rhynie in Schottland entdeckt. Baumeister beschreibt sie als mit Sproßleitbündeln ausgestattete Pflanzen, die eine Höhe von etwa einem halben Meter erreichten und ein binsenähnliches Aussehen hatten. Aus einem waagerecht im Boden verlaufenden Rhizom (Sproßachse) erhoben sich gabelig verzweigte Luftsprosse. An ihrer Spitze befanden sich die Sporangien (Sporenbehälter), in denen die Sporen gebildet wurden. Blätter und Wurzeln fehlten.

Die Gattung *Asteroxylon*, ebenfalls als Fossilreste bei Rhynie in Schottland gefunden, war schon etwas weiter entwickelt als Rhynia; der Pflanzensproß war bereits mit kleinen Blättchen bedeckt, die Sproßleitbündel hatten einen sternförmigen Querschnitt gegenüber dem runden von Rhynia; von ihnen zweigten die Blattleitbündel ab.

Wenn die Urfarne auch »nur« rund 50 Jahrmillionen lang unsere Erde bevölkerten, so kommt ihnen doch eine entscheidende Bedeutung als Ausgangsform für alle nachfolgenden Farne zu. Den Höhepunkt ihrer Entwicklung erlebten die Farngewächse zweifellos in den Steinkohlenwäldern der Karbonzeit vor etwa 250 Mio. Jahren.

Moose, Farne, Bärlappgewächse

Auch die Moose *(Bryophyta)*, an anderer Stelle schon mehrfach erwähnt, werden wie die Farne stammesgeschichtlich von den Grünalgen abgeleitet und haben ihre enge Bindung ans Wasser noch nicht aufgegeben. Obwohl die meisten von ihnen reine Landbewohner geworden sind, lassen sie doch besonders hinsichtlich ihrer Fortpflanzung noch ein starkes Gebundensein ans nasse Element erkennen. Z. B. benötigen die bewimperten männlichen Spermatozoiden, die sich in den Antheridien bilden, Wasser, um schwimmend die weiblichen Eizellen in den Archegonien zu erreichen. Sogar der grüne Keimschlauch (Protonema), der direkt aus der keimenden Spore wächst, sieht wie eine echte Fadenalge aus. Er wurde bis zum vorigen Jahrhundert daher auch für eine Alge gehalten, und lange Zeit wußte man nicht, daß er zum Entwicklungszyklus der Moose gehört.

Daß die Bryophyta aber tatsächlich wesentlich höher entwikkelt sind als die Algen, geht schon daraus hervor, daß sich die Sonderung der Zellen fortsetzt, indem sie sich zu differenzierteren Geweben vereinigen. Bei den am höchsten organisierten Moosen kommt es zur Ausbildung sehr einfacher Leitbündel, die aus gestreckten Zellen zusammengesetzt sind.

Das an Brunnen häufig anzutreffende Brunnenlebermoos *(Marchantia polymorpha)* überzieht den Boden oder die Steine mit einem flachen grünen Thallus (Lager). Er verzweigt sich gabelig in etwa 2 cm breite Lappen, von denen jeder eine Mittelrippe hat. Der Thallus ist mit feinen Rhizoiden an der Unterlage festgeheftet. Auf der Oberseite befinden sich schüsselförmige Brutbecher mit kleinen grünen Brutkörpern. Diese lösen sich ab, werden vom Regenwasser weggeschwemmt und verbreiten das Lebermoos auf ungeschlechtlichem Wege, indem sie zu neuen Moospflänzchen heranwachsen.

Im Juni/Juli erheben sich über den Thalluslappen 2 cm lange, gestielte Schirmchen in zweierlei Gestalt, die sich auf verschiedenen Moospflänzchen befinden. Die einen haben die Form einer vielzipfligen, tellerförmigen Scheibe, auf deren Oberseite die Antheridien eingesenkt sind. Die andere Form ist sternförmig und trägt auf der Unterseite die Archegonien. Das Brunnenlebermoos ist also zweihäusig. Mit Hilfe von Regentropfen gelangen die Spermatozoiden zu den weiblichen Organen und befruchten dort die Eizellen. Danach wachsen aus der Unterseite des Schirms kurze Sporangien hervor, aus deren Sporen sich neue Moospflanzen entwickeln.

Bei den meisten übrigen Lebermoosen ist der Thallus in Stämmchen gegliedert, an denen beidseitig die nervenlosen Blättchen sitzen. Sie kommen häufig auf morschen Baumstümpfen und nassen Böden vor.

Moose haben noch keine echten Wurzeln wie die Farne, sondern nur Wurzelhaare, sogenannte Rhizoiden, die bei den meisten Lebermoosen farblos, bei den Laubmoosen jedoch rotbraun sind. Sie bestehen aus kurzen oder langen, einfachen oder verzweigten Fäden, die sich auf der Unterlage anheften oder eine Art Polster bilden. Die Wurzelhaare haben eine sehr einfache Struktur. Es sind entweder einzelne Zellen oder Zellfäden. Das Stämmchen hat eine mehrschichtige Rinde aus stärkeren Zellen und eine Innenschicht, die das Aussehen einer Markröhre hat und aus großen, glasigen, meist vieleckigen Zellen besteht. Wieder andere, sogenannte Hydroide, haben die Aufgabe, Bodenflüssigkeit in die höher gelegenen Teile der Pflänzchen zu leiten.

Die meisten Moose haben kleine Blättchen verschiedener Form. Sie können länglich, gedrungen, rundlich oder gelappt sein. Letzteres ist besonders bei vielen Lebermoosen der Fall. Die Anordnung der Blättchen ist von Art zu Art verschieden: entweder laufen sie schraubenförmig um den Stengel herum, oder sie sind in vertikalen Reihen angeordnet. Bei den Lebermoosen stehen die Blättchen in einer Ebene.

Alle Moosblättchen spielen bei der Wasseraufnahme eine weitaus größere Rolle als die Wurzelhärchen. Stellt man beispielsweise welke Moospflänzchen ins Wasser, so erholen sie sich nicht. Legt man sie dagegen ins Wasser hinein, dann werden sie schnell wieder frisch, ein Beweis dafür, daß die Wasseraufnahme hauptsächlich durch die Blätter erfolgt. Bei Trockenheit legen sie sich eng an den Stengel an und verdunsten dadurch möglichst wenig Feuchtigkeit. Bei Regen dagegen breiten sie sich aus und nehmen soviel Wasser wie möglich auf – bis zum Zehnfachen ihres Eigengewichtes!

In feuchten Wäldern vorwiegend der Gebirgsregionen wächst der Tannen-Bärlapp (LYCOPODIUM SELAGO). *Seine Sporangien stehen in den Achseln der Laubblätter; der aufsteigende, meist gabelästige Sproß wird 5–15 cm lang und hat an der Spitze leicht abfallende Brutsprosse.*

Obwohl weder Leber- noch die meisten Laubmoose völlig im Wasser leben können, gibt es auch unter den Bryophyta reine Wasserbewohner, so z. B. die Gattung *Fontinalis.* Ihre Vertreter sind in Wassergräben, Teichen und sogar Wildbächen zu Hause, werden bis zu einem halben Meter lang und sehen wie ein kleiner Baum aus. Mit ihren Rhizoiden klammern sie sich an vom Wasser bedeckten Steinen und Holzstücken fest. Dabei lassen sie ihre »Zweige« im Wasser treiben.

Typisch für alle Moose ist der deutlich ausgeprägte Generationswechsel. Er ist im Kapitel »Fortpflanzung« (s. S. 231) näher erläutert worden. Charakteristisch für die Moose ist auch, daß ihnen der Übergang vom Wasser- zum Landleben nur unvollkommen gelungen ist, während die Farne in dieser Hinsicht weitaus erfolgreicher waren.

Die Farne *(Filicinae)* sind bereits wesentlich höher entwikkelt als die Moose, denn die Leitung der Säfte geht in gefäßführenden Leitbündeln vor sich. Außerdem besitzen die Farnpflanzen einen echten Kormus, d. h., sie sind in Blatt, Sproß und Wurzeln gegliedert. Der kurze Stamm des bekannten Wurmfarns *(Dryopteris filix mas)* beispielsweise ist mit braunschwarzen Resten abgestorbener Blätter und faserigen Wurzeln besetzt und steckt als Wurzelstock fast völlig in der Erde. Die doppelt gefiederten Blattwedel bilden einen Trichter, wodurch die gegenseitige Beschattung herabgesetzt wird. Die jungen Blätter sind spiralig eingerollt und werden von braunen gefransten Schuppen geschützt. Im Stengelquerschnitt sind deutlich die Leitbündel zu sehen. Über die Fortpflanzung der Farne, die wie die Moose einen Generationswechsel haben, wurde bereits andernorts berichtet (s. S. 230f.).

Die meisten Farnkräuter entwickeln nur eine Art von Sporen. Das Schwimmblatt *(Salvinia natans)* dagegen, ein Wasserfarn, der sich als Aquarienpflanze einen Namen gemacht hat, weist zweierlei Arten auf. Er hat auch zweierlei Blätter: ovale, unbenetzbare Schwimmblätter und in fadenförmige, behaarte Zipfel gegliederte Wasserblätter, die die Funktion der fehlenden Wurzeln erfüllen. An der Basis der Wasserblätter sitzen die kugeligen Sporenbehälter. Sie enthalten entweder wenige große Sporenkapseln mit einer Makrospore oder viele kleine Kapseln mit zahlreichen Mikrosporen. Aus den verschiedenartigen Sporen entwickeln sich auch verschiedene Prothallien, die entweder nur Archegonien oder nur Antheridien bilden.

Die Azolla *(Azolla caroliniana)*, die noch kleiner ist als das

Das Goldene Frauenhaar

Das Goldene Frauenhaar *(Polytrichum vulgare)*, das in manchen Gegenden auch Widertonmoos genannt wird, da es früher als wirksames Mittel »wider das Antun« – gegen böse Geister – verwendet wurde, ist eines der schönsten Moose unserer Wälder. An trockenen Plätzen bildet es niedere Rasen, auf feuchtem Grund können die Pflänzchen aber 30 cm und höher werden. Wie bei allen Moosen fehlen ihm echte Wurzeln; statt dessen hat es braune haarähnliche Rhizoiden.

Im Frühling bilden sich an den Stengelspitzen rötliche Blättchen, die sich zu einem Schüsselchen, der sogenannten »Moosblüte«, erweitern. Schaut man genau hin, entdeckt man zwischen farblosen Saftfäden grüne Schläuche, die Antheridien. Auf anderen Pflänzchen – das Goldene Frauenhaar ist zweihäusig – entstehen gleichzeitig flaschenförmige Archegonien mit je einer Eizelle. Sind die Moosrasen naß von Regen oder Tau, schwimmen die männlichen Spermatozoiden zu den weiblichen Eizellen. Hat die Befruchtung stattgefunden, entwickelt sich aus der Zygote an der Spitze des weiblichen Pflänzchens, ihm gleichsam als Halbparasit aufsitzend, ein diploider Keimling (mit doppeltem Chromosomensatz), der sich streckt und zu einem langen Stiel mit einer endständigen Sporenkapsel auswächst (vgl. Kap. »Fortpflanzung« S. 204). Sie wird von einem seidigen, haarähnlichen, goldfarbenen Mützchen bedeckt, das dem Frauenhaar seinen Namen eingebracht hat.

Unter dem Mützchen ist eine vier- bis sechskantige Kapsel verborgen, die durch einen Deckel verschlossen ist. Wird er entfernt, gibt er ein Häutchen frei, das durch 64 Zähne straff gespannt ist. Werden die Sporen reif, fallen Haube und Deckel ab, die Zähnchen richten sich bei Trockenheit auf, wodurch zwischen ihnen kleine Öffnungen entstehen, und heben das Häutchen empor. Bewegt der Wind den rotgefärbten Stiel, rieseln die grünen Sporen heraus wie aus einer Mohnkapsel und werden davongetragen. Setzt Luftfeuchtigkeit oder Regen ein, krümmen sich die Zähnchen wieder abwärts, so daß die restlichen Sporen in der Kapsel zurückgehalten werden.

Auf feuchtem Boden keimen die Sporen zu einem reichverzweigten grünen, algenähnlichen Fadengeflecht aus, das als Vorkeim bezeichnet wird. Dieser sendet farblose Rhizoiden in die Erde und bildet kleine Knospen, aus denen sich neue Moospflänzchen entwickeln.

Sporen, Vorkeim und Moospflänzchen sind verschiedengeschlechtig und haploid (mit einfachem Chromosomensatz) und werden, da sie Geschlechtsorgane und -zellen tragen, als geschlechtliche Generation bezeichnet. Die diploide, gestielte Sporenkapsel dagegen, die aus der Vereinigung von Ei und Samenzelle entsteht und sich ungeschlechtlich fortpflanzt, stellt die ungeschlechtliche Generation dar. Beide stehen miteinander in Generationswechsel.

Schwimmblatt, treibt frei an der Wasseroberfläche und ähnelt teils Wasserlinsen, teils Lebermoosen. Sie bildet oft große, zusammenhängende Kolonien, kann aber auch in Einzelexemplaren auftreten. Der sehr lange Stengel zeigt an der Unterseite viele lange, dünne Würzelchen und trägt an der Oberseite kleine, wechselständige Blättchen, die sich ein wenig überdekken. Jedes Blättchen ist in Ober- und Unterblatt geteilt. Das erstere ist dick, grün und befindet sich über der Wasseroberfläche. Das dünnere, farblose Unterblatt schwimmt unter dem Wasserspiegel und dient zusammen mit den Würzelchen der Nahrungsaufnahme. Nicht selten leben in den Hohlräumen der Blättchen mikroskopisch kleine Blaualgen, die mit dem Farn eine Symbiose zu bilden scheinen.

Die Azolla ist weitverbreitet auf stehenden Gewässern im Westen Nordamerikas zu finden, aber auch in Mittel- und Südeuropa. In Deutschland besiedelt sie stille Tümpel und Altwasser des Rhein-, Main- und Neckargebietes.

Die Bärlappgewächse *(Lycopodiinae)*, auch Schlangenmoos genannt, fallen durch ihren eigenartigen Wuchs auf. Verzweigte, moosähnlich beblätterte Triebe kriechen, hier und da wurzelnd, manchmal meterweit zwischen Felsen oder über den Waldboden dahin. Im Juli treten bei einigen Arten Sporenähren auf, aus denen in gelben Wolken die Sporen herausstäuben.

Leider ist die seltene Pflanze vom Aussterben bedroht, denn die Sporen keimen erst nach sechs bis sieben Jahren, und die Befruchtung auf den kleinen, in der Erde lebenden Prothallien findet erst nach weiteren zwölf bis fünfzehn Jahren statt. So kann ein Bärlapp, der heute seine Sporen verstreut, kaum vor zwei bis drei Jahrzehnten durch eine neue Pflanze ersetzt werden. Sein seltsamer Name deutet übrigens auf die Zweigenden hin, die mit einiger Phantasie den gespreizten Tatzen eines Bären ähneln.

Winzige, nur in Gebirgen vorkommende Bärlappverwandte sind die Moosfarne *(Selaginella)*, die schon mehrfach erwähnt wurden. In ihren Sporophyllständen bilden sich Makro- und Mikrosporen, die zu gegebener Zeit herausgeschleudert werden. In ihnen entwickeln sich die Prothallien. Die männlichen Sporen öffnen sich nur, wenn die Spermatozoiden ausschwärmen, die weiblichen nur, wenn die Eizellen in den Archegonien befruchtet werden sollen. Die Zurückdrängung der Prothallien in die Sporen ist deshalb von großer stammesgeschichtlicher Bedeutung, denn sie läßt erkennen, wie sich der Übergang von den Sporen- zu den Samenpflanzen vollzogen hat (vgl. auch Kap. »Die Fortpflanzung«).

Die Steinkohlenwälder des Karbons: Schuppen- und Siegelbäume, Schachtelhalme

Gleich den Urwäldern in den Tropen herrschte in den Steinkohlenwäldern des Karbons vor 250 Mio. Jahren ein ungehemmtes Wachstum. In riesiger Ausdehnung bedeckten sie die sumpfigen Ebenen der Vorzeit und bildeten in dem tropisch-subtropischen Klima eine undurchdringliche, in tiefe Dämmerung gehüllte, schweigende Wildnis. Es fehlte das Schwirren der Insekten, das die Regenwälder unserer Tage auszeichnet, das Gelärm der Vögel, das Kreischen der Affen – alle diese Tiere gab es noch nicht.

Dafür haben wir den Karbonwäldern die Bildung der Steinkohle zu verdanken. Unter dem Einfluß von Bodensenkungen wurden sie während der Erdformationen Perm, Trias, Jura, hauptsächlich aber im Karbon, periodisch von Festlands- und Meeresablagerungen überdeckt. Infolge Sauerstoffabschlusses und des Druckes der darüber lagernden Erdmassen wurde die Kohlebildung eingeleitet. Dabei entstand zunächst Torf, dann Braunkohle und schließlich Steinkohle, wobei der Kohlenstoffgehalt immer höher wurde.

Was ist Hexenmehl?

Der Bärlapp, der im Volksmund auch Schlangenmoos, Druden- oder Hexenkraut genannt wird, trägt im Juli Sporenähren, so der Kolbenbärlapp *(Lycopodium clavatum)*, aus denen zur Reifezeit in gelben Wolken die Sporen stäuben. Zu alten Zeiten wurde dieser Staub als »Hexenmehl« gesammelt und diente medizinischen Zwecken, z. B. zum Einpudern wunder Körperstellen. Heute ist das Sammeln jeder Art von Bärlapp verboten, da die seltenen Pflanzen vom Aussterben bedroht sind.

Farne unserer Wälder

Der bekannteste Farn unserer Wälder ist wohl der Gemeine Wurmfarn *(Dryopteris filix-mas)*, so benannt, weil aus seinem länglichen Rhizom ein Mittel gegen Bandwurm und andere Darmparasiten gewonnen wurde. Seine tiefgrünen Wedel werden bis 120 cm lang: die jungen Triebe sind eingerollt und haben das Aussehen eines bischöflichen Krummstabes. Während der Monate Juli bis September befinden sich auf der Unterseite der Blattfiedern nierenförmige Sporangienhäufchen, die von dem sogenannten Schleier bedeckt sind. Sie bestehen aus zunächst grünen, später sich braun färbenden Häufchen der gestielten Sporenkapseln. Auf jeder Kapsel sitzt ein Halbring eigenartig verdickter Zellen, der mit der Raupe eines Feuerwehrhelmes vergleichbar ist. Wenn die Sporen reif sind, streckt er sich bei trockenem Wetter, die Kapsel reißt auf, und die Sporen stäuben heraus.

Der Tüpfelfarn oder Engelsüß *(Polypodium vulgare)* kommt in Bergwäldern bis 2000 m Höhe vor und bevorzugt Standorte auf Mauern, Felsen oder Baumstümpfen; er meidet kalkhaltigen Boden. Seine Wedel werden 10–30 cm lang, sind einfach gefiedert, die einzelnen Fiedern ganzrandig und an der Spitze abgerundet. Sein zuckerhaltiger Wurzelstock wurde früher als »Süßholz« gegen Erkrankungen der Luftwege verwendet.

Der Frauenfarn *(Athyrium filix-femina)* bildet im Juli/August auf seinen 30–100 cm langen Wedeln, die rosettenförmig angeordnet sind, hufeisenförmige Sori (Sporangienhäufchen) aus.

Der Adlerfarn *(Pteridium aquilinum)* bevorzugt lichte Wälder, wo er dichte, hohe Bestände bildet, ist aber auch in der Heide auf trockenen, sauren Böden zu finden sowie auf Kahlschlägen verbreitet. In den Alpen wandert er in Höhen bis 1800 m hinauf. Seine 60–200 cm langen Wedel zeigen im Juli bis September randständige Sporangienhäufchen. Der Wurzelstock ist sehr stärkehaltig. Der Adlerfarn wird mancherorts als Streu verwendet, dient aber auch der Herstellung von Grabschmuck. Wegen seiner gegenständigen Wedel, die etwas gebogen sind und entfernt an Adlerflügel erinnern könnten, erhielt er seinen Namen.

Der Rippenfarn *(Blechnum spicant)* hat teils unfruchtbare, niederliegende Wedel, die möglichst viel Sonnenlicht auffangen sollen, teils fruchtbare, aufrechtstehende Wedel mit schmalen Fiedern. Die in zwei Reihen angeordneten Sori bilden sich von Juli bis September.

Der Königsfarn *(Osmunda regalis)* ist in Deutschland sehr selten geworden, besonders im Osten und Süden. Im Norden und Westen ist er etwas häufiger anzutreffen. Er ist mit seinen 100–200 cm hohen Blattwedeln einer der schönsten Farne unserer Heimat und liebt Erlenbrüche sowie feucht-schattige Wälder. Wegen seiner Seltenheit steht er unter Naturschutz.

Der Ackerschachtelhalm

Der Ackerschachtelhalm *(Equisetum arvense)*, heute häufig als Unkraut an Wegrändern und Äckern zu finden, ist der Nachfahre des einstmals stolzen Geschlechtes der Kalamiten der Karbonwälder. Er ist wie ein Tannenbäumchen anzusehen, stehen seine grünen, harten, gegliederten Sprosse doch quirlig verzweigt um den »Stamm«. Jedes Glied des Sprosses entspringt einer gezähnten Scheide, in der die Stengelglieder weich bleiben und sich beim Herausziehen leicht voneinander lösen. So entsteht der Eindruck, als seien die Halme aus vielen Stücken ineinandergeschachtelt; daher der Name. Die in die Zellwände eingelagerte Kieselsäure macht sie so hart, daß man den Ackerschachtelhalm früher als »Zinnkraut« zum Putzen metallener Gefäße benutzte.

Die Halme gehen aus einem 1–2 m tief liegenden Wurzelstock hervor, den nicht einmal der Pflug erreicht. Da die Pflanze dadurch praktisch unausrottbar ist, haftet ihr der Ruf an, ein »lästiges« Unkraut zu sein.

Aus dem Wurzelstock gehen im Frühjahr besondere Sprosse hervor, die unverzweigt und bräunlichgelb sind und an der Spitze eine Ähre tragen. Diese setzt sich aus kleinen, sechseckigen Sporenblättchen zusammen, an deren Unterseite die sackförmigen Sporangien hängen. Die Sporen, im trockenen Zustand grünlichgrau, weisen jeweils vier Fäden (Elateren) auf, die sich in feuchter Luft um die Sporen wickeln, bei Trockenheit aber wieder strecken, so daß sich die Sporen gegenseitig aus den Sporangien schnellen und vom Winde in zusammenhängenden Grüppchen davongetragen werden.

Aus den Sporen gehen winzige Prothallien hervor, an denen sich entweder nur Antheridien oder nur Archegonien bilden. Durch das Aneinandergeklammertsein der Sporen beim Davonfliegen ist aber gewährleistet, daß die verschiedengeschlechtigen Prothallien dicht nebeneinander zu liegen kommen. Nach der Befruchtung der Eizelle wächst ein neuer Schachtelhalm heran. Sein Generationswechsel ähnelt dem der Farne.

Die Farbe des Frühjahrstriebes deutet schon darauf hin, daß ihm Blattgrün fehlt. Er ist deshalb auf die Nahrungsquelle angewiesen, die er im Wurzelstock findet. Sind die Sporen ausgestreut, stirbt der Frühlingstrieb ab. Aus dem Rhizom gehen jetzt die Sommertriebe hervor, eben jene oben beschriebenen »Tannenbäumchen«. Sie sind reich an Chlorophyll und dadurch in der Lage, den Wurzelstock frisch mit Nährstoffen anzufüllen, die vom Frühjahrstrieb aufgebraucht wurden – eine hervorragende Arbeitsteilung. Vielleicht liegt hierin das Geheimnis der Pflanze, das sie in die Lage versetzte, die Jahrmillionen überdauert und sich bis in die Gegenwart gerettet zu haben.

Die Kalamiten waren Zeitgenossen der Schuppen- und Siegelbäume, mit denen sie die riesigen Steinkohlewälder bildeten.

Aus tierischen und pflanzlichen Lebewesen entstand übrigens auch das Erdöl, das bei genauer Untersuchung Spuren von Hormonen, Blut- und Blattfarbstoffen erkennen läßt. Im Laufe riesiger Zeiträume lagerten sich am Grunde flacher Meeresteile gewaltige Mengen abgestorbener Lebewesen zusammen mit Ton und Sand als Faulschlamm ab. Unter Einwirkung von Bakterien, Druck und Wärme entstand durch unvollkommene Verwesung der Organismen Erdöl. Weitere Schichten lagerten sich darüber ab, die Erdrinde faltete sich auf, und der erdölhaltige Schlamm gelangte in die Tiefe.

Die Karbonwälder der Urzeit wurden von mächtigen Schuppenbäumen *(Lepidodendron)* beherrscht, deren weit ausladende Kronen durch mehrfach gegabelte Sproßverzweigungen gebildet wurden, und den nicht minder gewaltigen Siegelbäumen *(Sigillaria)*, die ihre dichten Blattschöpfe bis 40 m hoch über den Sumpfboden erhoben. Sie bestanden aus schmalen, steifen, bis 1 m langen Blättern, die auf nur ein- bis zweifach gegabelten Sprossen saßen. Auch das Aussehen der Blattnarben war bei beiden Bäumen verschieden: bei den Schuppenbäumen waren sie in Schraubenlinien, bei den Siegelbäumen in Längsreihen angeordnet.

Daß die Farnpflanzen im Karbon den Höhepunkt ihrer Entwicklung erreichten, wurde schon gesagt. Viele von ihnen besaßen Höhe und Ausmaß mächtiger Bäume; andere sahen wie Sträucher oder Stauden aus. Mehrere kletterten an benachbarten Bäumen empor, wieder andere waren noch echte Wasserbewohner.

Auch die schachtelhalmartigen Kalamiten *(Calamites)* jener urzeitlichen Wälder waren Riesen. Aus ihren gewaltigen Rhizomen erhoben sich die Sprosse, die teilweise quirlartig um den Mittelschaft angeordnete Seitenzweige trugen, ähnlich den »Kümmerformen«, die sich über Jahrmillionen retten konnten und noch heute als Miniaturausgaben ihrer einstmals gigantischen Vorfahren in unseren Wäldern wachsen. Wie bei diesen durchläuft eine Markhöhle den Sproß in seiner ganzen Länge.

Nicht unerwähnt bleiben sollen die Samenfarne, die die

Baumfarne (ALSOPHILA) *sind Bewohner tropischer Wälder; sie werden etwa 3–8 m hoch und tragen an ihrer Spitze zahlreiche Blattwedel von 1–2 m Länge und 30–60 cm Breite. Die Bäume wirken fremdartig und urzeitlich – wie Zeugen einer fernen Welt.*

»Flora« der Karbonwälder ergänzen halfen und nach der Trias ausstarben, ebenso die Keilblattgewächse, die heute verschwunden sind. Zahlreiche krautartige Farnpflanzen aber, die den »Bodenbewuchs« bildeten, und andere Gewächse waren Vorläufer unserer heutigen Bärlappe, Moosfarne und Farne im engeren Sinne.

Samenfarne, Palmfarne, Ginkgobäume – aus Sporenpflanzen werden Samenpflanzen

Weitere Evolutionsphasen begannen sich im Karbon abzuzeichnen: Die schon erwähnten Samenfarne *(Pteridospermae; Cycadofilicinae)* nahmen ihren Anfang. Sie konnten sich bis zum Perm halten und starben dann aus. Als Vorläufer der Samenpflanzen und als Übergangsform von den Farnen zu den heutigen Nacktsamern sind sie jedoch von großer stammesgeschichtlicher Bedeutung. Fossile Reste lassen erkennen, daß sie bereits Bäume mit ausgeprägtem sekundärem Dickenwachstum waren. Sie besaßen Blattwedel wie die Farne, bildeten aber keine Sporen mehr aus, sondern bereits Samen.

Unter sekundärem Dickenwachstum versteht man eine jährliche Zunahme an Höhe und Breite des Sprosses und der Wurzel, insbesonders an Nadelhölzern und zweikeimblättrigen Pflanzen. Der jährliche Zuwachs wird durch das Kambium (Bildungsgewebe in den Stengeln und Wurzeln) bewirkt. Es bildet nach außen hin Zellen, die den Rindenteil erweitern, nach innen hin solche, die den Holzkörper verstärken (s. S. 96). Im Frühjahr werden durchweg größere Gewebeelemente des Holzteiles angelegt als im Sommer und Frühherbst. Dann tritt bis zum nächsten Frühjahr eine Ruhepause ein. Auf diese

Weise folgen den engen Zellen des Herbstholzes die weiten Elemente des Frühjahrsholzes. An Stammesquerschnitten ist diese Grenze deutlich sichtbar (Jahresringgrenze).

Bekanntester Vertreter der Samenfarne neben den baumähnlichen Gattungen *Neuropteris* und *Glossopteris* ist die Kletterpflanze *Lyginopteris oldhamia.* Baumeister weist in diesem Zusammenhang darauf hin, daß mehrfach fossile Reste der letztgenannten Pflanze entdeckt und untersucht worden seien. Aus Teilstücken rekonstruierten die Engländer Oliver und Scott im Jahre 1904 unabhängig voneinander den ganzen Samenfarn. Danach präsentiert sich Lyginopteris oldhamia als eine Pflanze mit etwa 4 cm dicken Stämmchen und reich gefiederten Blättern, die in der Jugend eingerollt waren.

Daß es sich bei den Samenfarnen um Übergangsformen handelt, beweisen besonders deutlich ihre Wedel, an denen sich Pollensäcke und Samenanlagen befanden. Die Bestäubung erfolgte durch Pollenkörner. Möglicherweise wurde die Aufgabe der Befruchtung aber auch noch durch Spermatozoiden besorgt, wie wir es bei den Farnen als Regel kennen. Nach der Befruchtung bildeten sich echte Samen aus.

Da die Samenanlagen nicht von Fruchtblättern umhüllt waren, wie es bei Bedecktsamern der Fall ist, werden die Samenfarne für die unmittelbaren Vorfahren der Nacktsamer *(Gymnospermae)* gehalten.

Andere hohe Bäume der Steinkohlenwälder, die ebenfalls schon als Samenpflanzen angesprochen werden können, waren die *Cordaiten*, denen in stammesgeschichtlicher Hinsicht allerdings kein langes Dasein beschieden war; sie starben schon bald wieder aus.

Im Erdmittelalter (Trias, Jura und Kreide vor etwa 150–100 Jahrmillionen) erschienen die ersten Vorläufer der bedecktsamigen Pflanzen *(Angiospermae)*, die *Bennettitinae.* Sie besaßen schon deutlich ausgeprägte männliche und weibliche Blüten dergestalt, daß am Sproßende ein Kranz männlicher Sporenwedel (= Staubblätter) die spiralig angeordneten weiblichen Samenwedel (= Samenblätter) umgab. Beide waren in ihrer Gesamtheit von gewöhnlichen Blättern umhüllt, die als Vorläufer der späteren Blüten- und Kelchblätter zu gelten haben.

Die Familie der Palmfarne *(Cycadaceae)* tauchte in der Trias auf und zeigte ihre üppigste Entfaltung in der Kreidezeit vor etwa 130 Mio. Jahren. Damals war sie bedeutend formenreicher als heute, wo sie mit rund 80 Arten noch weit verbreitet in tropischen und subtropischen Gebieten vorkommt.

Die Pflanzen ähneln Baumfarnen, sind verschieden hoch und haben einen holzartigen Stamm, an dessen Ende sich schön gefiederte, schwere Blätter befinden, die an Farne erinnern. Vor ihrer Entfaltung sind sie spiralig eingerollt. Deutlich lassen sich bei den Sporenblättern bereits Samen- und Staubblätter unterscheiden. Bei ersteren ist der Übergang von gefiederten zu schuppenartigen Blättern kennzeichnend.

Die Gattung *Cycas*, die in den Tropen der ganzen Welt verbreitet ist, umfaßt niedrige Bäume von 3–4 m Höhe mit unverzweigten Stämmen und 1,5–2 m langen Blattwedeln. Ihre Samenblätter (Macrosporophylle) entwickeln mehrere Samenanlagen (2–8); bei der Gattung *Zamia*, in Florida und Mexiko beheimatet, treten sie nur noch in Zweizahl auf. Je deutlicher die Blätter Schuppenform annehmen, desto ausgeprägter sind sie um eine Spindel angeordnet und formieren sich zu einem zapfenartigen Sporophyllstand (Blüte). Die männlichen Geschlechtszellen sind noch mit beweglichen Geißeln versehene Spermatozoiden.

Die Familie der Ginkgobäume *(Ginkgoaceae)* schließlich ist nur noch durch eine einzige Gattung vertreten. Im Mesozoikum (Erdmittelalter) dagegen waren die Bäume weit verbreitet und gehörten noch im Tertiär zur Flora unserer heimischen Klimazonen.

Der Ginkgobaum *(Ginkgo biloba)* wird gern als »lebendes Fossil« bezeichnet. Er wächst nirgendwo mehr wild, nicht einmal mehr in Ostasien, obwohl er dort beheimatet ist und schon vor undenklichen Zeiten in chinesischen und japanischen Palästen kultiviert wurde. Man rechnet ihn zu den Nacktsamern *(Gymnospermae)*, doch nimmt er eine Sonderstellung ein, da er keine nadelförmigen Blätter hat. Vielmehr sind sie fächerartig, haben gegabelte Adern und werden im Herbst abgeworfen. Die männlichen Geschlechtszellen sind noch mit Geißeln versehene Spermatozoiden. Gelangen sie auf die Samenanlage, wächst wie bei unseren heutigen Blütenpflanzen ein Pollenschlauch zur Eizelle. Die Samen sind stumpfgelb und fleischig, haben die Form und Größe von Kirschen und enthalten, in einem süß und harzig schmeckenden Nährgewebe eingebettet, den Embryo. Die Samen werden von den Asiaten gern gegessen, und die Chinesen sammeln sie in Amerika sogar in den Parkanlagen, wo Ginkgobäume häufig angepflanzt werden.

Der erste Ginkgo kam etwa im Jahre 1750 nach Europa in den Botanischen Garten von Utrecht. Wenig später tauchte er in den anderen europäischen Ländern auf und ist auch in deutschen Parkanlagen und Botanischen Gärten zu finden. Die Japaner nennen ihn Yinkuo, eine Bezeichnung, die die Botaniker in Ginkgo abwandelten, wobei Schreibweise und Aussprache jedoch strittig bleiben.

Das Auftreten der Nadelhölzer im Karbon

Mit dem Ende des Karbons verschwanden auch die Steinkohlenwälder, vielleicht weil das Klima immer niederschlagsärmer und trockener wurde, die Landschaft immer wüstenhafter. Die Farnpflanzen reduzierten sich, und ihre baumartigen Formen verschwanden bis auf spärliche Reste. Um so mächtiger entfaltete sich nun eine neue Pflanzenwelt: es begann die Zeit der Nacktsamigen *(Gymnospermae)*. Sie erstreckte sich vom ausgehenden Erdaltertum bis weit ins Erdmittelalter (Mesozoikum) hinein und erfuhr in der Jura- und unteren Kreidezeit ihre weiteste Entfaltung. Die bei uns als »Zimmertannen« bekannten *Auricaria*-Arten beispielsweise, die heute nur noch auf der Südhalbkugel der Erde verbreitet sind, waren zu jener Zeit auch auf der Nordhalbkugel zu finden. In unseren Tagen beherrschen die Nacktsamigen mit der Gruppe der Nadelhölzer *(Coniferae)* vorwiegend die kälteren Zonen unseres Planeten und die Gebirge. Wie anfangs schon ausführlich beschrieben, zählen zu den bekanntesten einheimischen Bäumen die Kiefer *(Pinus)*, Fichte *(Picea)* und die Lärche *(Larix)*. Im Gebirge tritt noch die Tanne *(Abies)* hinzu, in der Heide der Wacholder *(Juniperus)*.

Nicht alle Nacktsamigen haben nadelförmige Blätter. Die des Ginkgobaumes sind, wie bereits erwähnt, fächerförmig und werden im Herbst abgeworfen. Palmenwedelartige Blätter haben die tropischen Palmfarne *(Cycadaceae)*. Sie werden bei uns vielfach in Gewächshäusern gezogen und ihre Blätter fälschlich als »Palmenzweige« bezeichnet. Beide nehmen innerhalb der Nacktsamigen eine Sonderstellung ein, weil sie noch bewegliche männliche Geschlechtszellen (Spermatozoiden) haben, die Koniferen dagegen unbewegliche Pollenkörner, die während der Blütezeit vom Wind davongetragen werden (Windblütler).

Die Bezeichnung Nacktsamer erklärt sich dadurch, daß sich die Samenanlage nicht wie bei den Bedecktsamern *(Angiosper-*

mae) in einem Fruchtknoten befindet. Vielmehr leiten sich die männlichen und weiblichen Blüten der Gymnospermae – beispielsweise bei der Kiefer – von den Sporophyllständen der stammesgeschichtlich älteren Entwicklungsstufen ab. Die gelben männlichen Blüten der Kiefer tragen schraubig um eine Achse angeordnete Staubblätter. Jedes von ihnen hat auf der Unterseite zwei Pollensäcke. An den rötlichen weiblichen Blütenständen sind die Schuppen schraubig angeordnet. Von diesen weist jedes zwei frei auf der Oberfläche liegende nackte Samenanlagen auf. Im Zapfen der Koniferen entspricht die Schuppe einer weiblichen Blüte. In den männlichen Blüten entsprechen die Schuppen den Staubblättern mit den Pollensäkken. Das junge einzellige Pollenkorn ist einer Mikrospore gleichzusetzen.

Die ziemlich kompliziert gebaute Samenanlage besteht – immer noch am Beispiel der Kiefer erläutert – aus einer äußeren Hülle, dem Integument, und einem inneren Gewebeteil, dem Nuzellus, der das Prothallium umschließt. Dieses besteht anfangs nur aus einer einzigen großen Zelle, die der Makrospore der Farnpflanzen entspricht. Während aber die Sporen der letzteren vom Winde davongetragen werden und sich aus ihnen dann mehr oder weniger selbständig die Prothallien entwickeln, bleiben die Makrosporen der Nacktsamer fest mit der Pflanze verbunden und entwickeln sich auf dieser weiter.

Bei der Kiefer ist das aus der Makrospore hervorgegangene weibliche Prothallium noch deutlich erkennbar. Es bleibt immer von der Samenanlage umschlossen und trägt zwei Archegonien. Das männliche Prothallium dagegen ist weitgehend zurückgebildet und besteht nur noch aus dem wenigzelligen reifen Pollenkorn, das als »Blütenstaub« vom Wind transportiert wird und den Pollenschlauch bildet. Antheridien fehlen. Während bei den Farnpflanzen für den Vorgang der Befruchtung aber noch Regen- oder Tautropfen nötig sind, trägt bei den Samenpflanzen der Wind die Pollenkörner an eine Öffnung der Integumente, den sogenannten Keimmund (Mikropyle). Dadurch ist die Bestäubung vollzogen. Die eigentliche Befruchtung erfolgt erst zu einem späteren Zeitpunkt.

Die Verbindung zur Eizelle wird durch den Pollenschlauch vorgenommen, der aus dem Pollenkorn hervorwächst. Durch den Pollenschlauch wandern nun die Spermakerne, wovon einer die Eizelle befruchtet. Sie wird jetzt als Zygote bezeichnet. Aus ihr entwickelt sich der Keimling oder Embryo (vgl. auch Kap. »Die Fortpflanzung«).

Bei der einhäusigen Kiefer stehen die dichtgedrängten blaßgelben männlichen Blüten im Mai an den jungen Trieben der unteren Zweige, die rotbraunen weiblichen Blütenstände dagegen endständig und meist vereinzelt an den oberen Enden der Langtriebe. Die Blütenstände haben ein zapfenartiges Aussehen. Während der Blütezeit entlassen die männlichen Blüten Wolken von Pollenkörnern. Jedes von ihnen ist mit zwei Luftsäcken ausgestattet, wodurch sie sich lange schwebend in der Luft halten können, wenn sie vom Winde erfaßt und fortgetragen werden. Der größte Teil sinkt schließlich langsam zu Boden, so daß dieser unter den Bäumen, aber auch in ihrer weiteren Umgebung mit gelbem Staub bedeckt ist; die Menschen des Mittelalters glaubten, es habe »Schwefel geregnet«.

Nur die wenigsten Pollenkörner gelangen auf die weiblichen Blüten, immerhin aber genug, um die Bestäubung vorzunehmen. Nach der Befruchtung, die erst ein Jahr danach eintritt, geht aus dem weiblichen Blütenstand ein holziger Zapfen hervor, der nach und nach grün und fest geschlossen ist und erst im Mai des dritten Jahres braun und trocken wird und die Samen freigibt. An einer erwachsenen Kiefer befinden sich demnach im Frühling immer drei Zapfengenerationen nebeneinander: die Blütenzapfen, die grünen vorjährigen Zapfen und die zweijährigen braunen Zapfen. Die Samen sind mit einer Flughaut versehen und keimen mit 5–18 Keimblättern.

Alle Nadelbäume unserer Heimat außer der Lärche sind immergrün. Die Lärchennadeln färben sich alljährlich im Herbst leuchtend gelb und fallen dann ab; die Bäume stehen im Winter kahl und treiben im Frühling neu aus. Daß die Nadelbäume starken Frost ertragen, ohne zu erfrieren, wurde schon an anderer Stelle gesagt. Trotzdem kann es geschehen, daß sie während des Winters braun werden und absterben. Dies geschieht meist dann, wenn der Boden, besonders im Vorfrühling bei Sonnenschein, hart gefroren ist, und die Wasserzufuhr fehlt. Dann erfriert der Nadelbaum nicht, sondern er vertrocknet (Frosttrocknis).

Betrachtet man grüne Kiefernnadeln unter dem Mikroskop, sind deutlich sogenannte Harzgänge zu erkennen. Sie ziehen sich auch durch den holzigen Teil des Baumes, und wird beispielsweise der Stamm beschädigt oder verletzt, fließt das Harz aus. Ein Kubikmeter Splintholz der Kiefer enthält über 20 kg Harz. Von ausgestorbenen Kiefern- und Fichtenarten stammt der Bernstein, der, von altersher bekannt, häufig an der Ostsee gefunden wird.

Die Entstehung des baltischen Bernsteins, der weitaus größten Bernsteinlagerstätte der Welt, ist bis heute umstritten. Vor kurzem versuchte ein amerikanischer Wissenschaftler aufgrund der Infrarotspektren des Bernsteins nachzuweisen, daß dieser von tropischen Araukarienverwandten stammen müsse. Da diese besonders reich an Harz sind, würden sich hieraus die riesigen Lagerstätten im Nord-Ostseeraum erklären lassen.

Demgegenüber konnte jetzt Rottländer die Entwicklungsgeschichte des Kiefernharzes bzw. Bernsteins überzeugend darlegen. Kiefernharz enthält in erster Linie sogenannte Abietinsäure; sie macht fast 75% des Harzes aus. Rottländer gelang es nun, die Entwicklung dieser Abietinsäure unter dem Einfluß von Verwitterungsagenzien – wie Luftsauerstoff, Wasser, Licht – an fossilen Beispielen aufzuzeigen.

Der Bernstein hat eine lange Geschichte. Schon Nero bezog ihn – wie vor ihm die Etrusker – von der Ostsee, hauptsächlich aus Ostpreußen. Die Griechen nannten ihn »Elektron« (»Blitzstein«), nachdem Thales von Milet um 600 v. Chr. als erster mit Verblüffung festgestellt hatte, daß Bernstein durch Reiben Anziehungskraft entwickelt. Er schrieb ihm deshalb eine »Seele« zu. Über 50000 Käfer-, Mücken- und Fliegenarten konnten bisher in den »goldenen Särgen« nachgewiesen werden. Besonders schöne Einschlüsse werden nicht erst in unserer Zeit hoch bezahlt; sie erfreuten sich, wie aus Grabfunden hervorgeht, schon bei den alten Ägyptern großer Wertschätzung.

Gleich den alten Seiden- und Salzstraßen gab es auch eine Bernsteinstraße, die die Hafenstädte am Mittelmeer mit der Nord- und Ostsee verband. Hauptumschlag- und -sammelplatz war Aquileja im Golf von Triest. Als erste handelten die Philister vor über 3000 Jahren mit dem begehrten »Gold des Meeres«. Phönizier, Etrusker, Römer und Araber folgten, bis schließlich der Deutsche Ritterorden und eigene Zünfte (Bernsteindreher), die »Paternostermacher«, das Geschäft fortsetzten.

Weniger der Bernstein, aber Harz als Alleskleber fand schon Verwendung in der Stein- und Bronzezeit. Bei dem um 1835 bei Schifferstadt in der Pfalz entdeckten »Goldenen Hut« aus der mittleren Bronzezeit wurden Inhaltsreste gefunden, deren chemische Untersuchung ergab, daß es sich um Harzspuren von Fichte und Weißtanne handelt. Der Goldene Hut hatte demnach als Opfergefäß gedient. Auch in fast jeder Urne aus der

Der Ginkgobaum (GINKGO BILOBA), *dessen Familie im Erdmittelalter weit verbreitet war, gilt als »lebendes Fossil«. Links eine weibliche, rechts eine männliche Pflanze.*

Völkerwanderungszeit befinden sich Reste von Räucherharz, ja mehr noch, sogar an Feuersteinwerkzeugen aus viel älteren Zeiten waren Harzspuren zu erkennen, die darauf schließen lassen, daß schon die Menschen der Vorzeit um die Vorzüge dieses Universalklebers wußten.

Bereits in der mittleren Steinzeit (7000 bis 3000 v. Chr.) diente Kiefernholz zur Schäftung von Pfeilspitzen. Besonders interessante Funde in dieser Hinsicht hat der Raum um Berlin aufzuweisen. An der Knochenspeerspitze von Döberitz z.B. kleben noch kleine Harzstückchen, an denen fünf Schnurabdrücke die Art der Befestigung mit Schnur oder Bast am hölzernen Stiel erkennen lassen. Knochenpfeil- und weitere Speerspitzen zeigen ähnliche Abdrücke. Auch ist das Einkleben von Steinbeilen in Hirschhornfassungen oder die Verkittung kleiner Feuersteinsplitter an Harpunen und Handsicheln in einer dafür ausgesparten Rinne häufig zu beobachten.

Fast in allen frühgeschichtlichen Kulturen ist Kiefernharz weitgehend bekannt. Als Räuchermittel diente es beim Toten- und Opferkult. An einer Urne aus dem Westhavelland ist zu erkennen, daß ausgebrochene Scherbenstücke durch Harz ausgebessert wurden. Ähnliche Reparaturen finden sich auch an anderen Gefäßen, an denen man sogar ganze Teile ergänzte oder die Scherben wieder aneinanderklebte. Mit Harz wurden Ornamente aus Horn oder Birkenrinde auf Tongefäße geklebt, ebenso Zinnfiguren auf Urnen und Deckel. Besonders aus Moorsiedlungen der Schweiz sind Gefäße bekannt, die mit aufgeklebten Zinnstreifen geschmückt waren. Harz diente auch zum Bemalen von Keramik, auf die es dünnflüssig aufgetragen wurde.

Bekannt sind ferner sorgfältig ausgeführte Einlegearbeiten von Harz in Holz oder Metall, so besonders aus der jüngeren Bronzezeit um etwa 1000 v. Chr., außerdem mit Harz befestigte Verzierungen an Schwertern, Dolchen und Schmuckdosen. Selbst Holzschachteln, wie sie in den jütländischen Eisensärgen der Bronzezeit erhalten sind, wurden mit Harz abgedichtet. Und nicht zuletzt diente Harz auch als Zahnfüllung.

Bei Woldenberg in der Neumark aber wurde ein kleines Bernsteinpferdchen ausgegraben, das ein Kunstwerk hohen Niveaus darstellt. Sein Alter beträgt 5000 Jahre.

Mammutbäume – lebende Fossilien

Giovanni Crespi, der im Jahre 1769 als Berichterstatter eine spanische Expedition von Mexiko nach Kalifornien begleitete, erzählte als erster Europäer von riesigen Bäumen, die in Kalifornien wüchsen. Er konnte nicht wissen, daß er damit die größten lebenden Bäume der Welt entdeckt hatte: Mammutbäume *(Sequoia)*, die der Familie der Sumpfzypressen angehören und als immergrüne Nadelbäume in der Sierra Nevada Stammhöhen von 100–120 m erreichen bei einem Durchmesser von 12–13 m. (Um sich einen Begriff von diesen gewaltigen Ausmaßen zu machen, muß man sich vergegenwärtigen, daß die Türme der Frauenkirche in München 99 m hoch sind, der Dom in Berlin 110 m, der Funkturm 150 m). Diese Bäume beeindruckten den Leiter der ersten katholischen Mission, Padre Giuseppe Serra, derart, daß er in einem Sarg aus ihrem Holz bestattet werden wollte. 20 Jahre später brachte der Botaniker Haenke die ersten Exemplare von der Küste Kaliforniens mit nach Europa. Der Name Sequoia, der aus einem Eingeborenendialekt abzuleiten ist, wurde jedoch erst 1847 offiziell in der Wissenschaft eingeführt.

Im Tertiär waren viele Sequoia-Arten auf der ganzen nördlichen Halbkugel verbreitet und sind in Deutschland auch an der Bildung bestimmter Braunkohlevorkommen beteiligt. Heute sind uns nur noch zwei davon erhalten, *Sequoia gigantea* und *Sequoia sempervirens*; sie sind übriggebliebene Riesen aus einer längst versunkenen Erdepoche. Über ihr Alter werden geradezu phantastische Angaben gemacht. So sollen die ältesten Mammutbäume beispielsweise so alt sein wie die ägyptischen Pyramiden, also über 3000 Jahre. Durch eine genaue Zählung der Jahresringe kam man zwar »nur« auf 1500 Jahre, aber auch das wäre noch erstaunlich genug.

Die große Überraschung gab es im Jahre 1941, als chinesische Botaniker in Hu-peh (China) einen niemals zuvor gesehenen und bis dahin nur als Fossil bekannt gewesenen Nadelbaum entdeckten, der seine Blütezeit im Mesozoikum und Tertiär gehabt hatte: die *Metasequoia*. Sie erreicht in China eine erstaunliche Höhe und hat ähnliche Nadeln wie die Eibe. Sie fallen jedoch ab. In Europa wird dieser riesige Baum heute durch Stecklinge vermehrt und zusammen mit den beiden anderen Sequoia-Arten in Gärten und Parks angepflanzt.

Die Blütezeit der Sequoia begann wie die der Nacktsamer im Karbon, überdauerte Perm und Trias in voller Entwicklungsbreite und nahm in Jura- und Kreidezeit ab, um schließlich im

Rechts oben: Fossile Stücke von einem Siegelbaum (SIGILLARIA), *einem Samenfarnblatt und einem Schuppenbaum* (LEPIDODENDRON). *Die Bäume bildeten im Karbon riesige Wälder (von links nach rechts).*

Auch die Mammutbäume (SEQUOIA) *rechnen zu den übriggebliebenen Riesen der Vorzeit. Sie sind immergrüne Nadelbäume und erreichen eine Stammhöhe von 100 bis 120 m (Sierra Nevada/USA) bei einem Durchmesser von 12–13 m. Im Tertiär waren Sequoia-Arten über die ganze nördliche Erdhalbkugel verbreitet (links).*

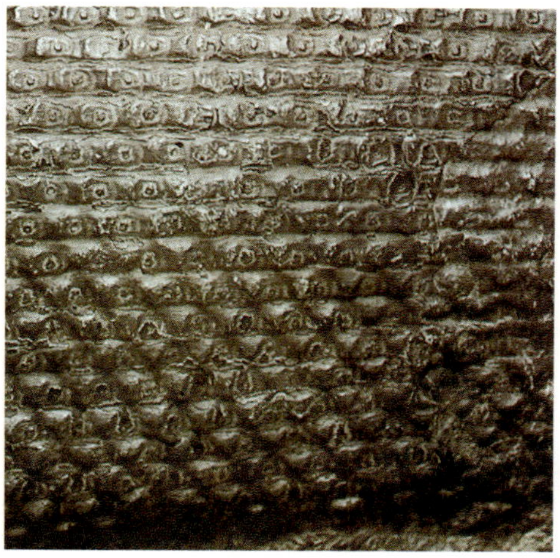

Tertiär von den sich entwickelnden Blütenpflanzen verdrängt zu werden. Zeitgenossen der Mammutbäume waren die Reptilien, phantastische pflanzen- und fleischfressende Riesen-, Flug- und Fischsaurier, die rund 150 Mio. Jahre die Herren der Welt waren. Im Zeitalter der Nadelhölzer eroberten sich auch die Insekten ihren Lebensraum, und unter ihnen gab es Libellen mit einer Flügelspannweite bis zu 70 cm!

Und der Mensch? Er ist das jüngste von allen Geschöpfen dieser Erde. Seine Entwicklung ist eng mit der Evolution des Säugetierstammes während des Tertiärs verbunden, wo auch seine Vorfahren zu suchen sind. Während aber Schuppen- und Siegelbäume, Riesenschachtelhalme und Kalamiten längst ausgestorben sind, blieben die Mammutbäume als lebende Fossilien erhalten. Niemand kennt das Geheimnis, das ihnen die Kraft zum Überleben verlieh.

Das Auftreten der Bedecktsamer in der Kreidezeit

Um die Mitte der Kreidezeit, vor etwa 100 Jahrmillionen, vollzog sich in der Stammesgeschichte der Pflanzen ein weiterer, sehr entscheidender Schritt: Die Entfaltung und Verbreitung der Bedecktsamigen *(Angiospermae)* begann. Zu ihnen gehören alle höheren Blütenpflanzen. Ihre Entwicklung war aufs engste mit der der Insekten verknüpft.

Die Blütenpflanzen leiten sich von zwittrigen verschiedensporigen Nacktsamern ab (Drawert/Matthes). Hatte bisher der Wind bei der Verbreitung der männlichen Pollen den Transport übernommen und sie auf die weiblichen Samenanlagen getragen, so übernahmen jetzt geflügelte Insekten diese Aufgabe. Ihre Gewohnheit, gezielt die Blüten aufzusuchen, um am Honig zu naschen oder sich am Pollen gütlich zu tun, bedeutete für die Pflanzen einen weitaus sichereren Weg, bestäubt zu werden als bisher. Wenn den Sechsbeinigen auch ein Teil des Pollens geopfert werden muß, so bleibt doch immer noch genug an den Besuchern haften, um zur nächsten Blüte getragen zu werden.

Die Insektenbestäubung führte zu einer außerordentlichen Mannigfaltigkeit in der wechselseitigen Anpassung zwischen Pflanze und Tier. Es kam zur Ausbildung von Lockfarben und Saftmalen, Schauapparaten, Nektardrüsen, Entwicklung von Duftstoffen und auf bestimmte Insektenarten zugeschnittene Blütenformen. Waren es zuerst vor allem Käfer, Wanzen und Fliegen, die die Bestäubung besorgten, so kamen im frühen Tertiär die Honigbienen hinzu (de Beer), was weitere Anpassungen zur Folge hatte.

Als die machtvolle Ausbreitung der Bedecktsamigen begann, starben viele Nacktsamer aus. Von anderen konnten sich nur kümmerliche Reste bis in unsere Zeit retten, so der Ginkgobaum. Die Nadelhölzer zogen sich in die kühleren Klimazonen zurück und bildeten im Tertiär dort noch das vorherrschende Element. Riesige Wälder von Sumpfzypressen *(Taxodium)*, Mammutbäumen *(Sequoia)* und anderen Nadelhölzern bedeckten weite Teile unserer Erde und sind heute in Gestalt mächtiger Braunkohlenlager stumme Zeugen der Vergangenheit.

Um die Mitte der Kreidezeit unterschied sich die damalige Pflanzenwelt nicht sehr wesentlich von unserer heutigen, wenn auch die am höchsten entwickelten »Verwachsenkronblättrigen« erst im Tertiär zur Ausbildung gelangten. Dann begann die Eiszeit mit ihren verschiedenen Vorstößen, die nicht nur die Erdoberfläche veränderten, sondern auch vielen kälteempfindlichen Pflanzenarten den Tod brachten. Als das letzte Eis abgeschmolzen war, wanderten zwar neue Arten aus den eisfrei gebliebenen Gebieten zu, doch ist ihre Gesamtzahl immer noch weitaus geringer als vor dem Pleistozän.

Der Befruchtungsvorgang bei den Bedecktsamigen unterscheidet sich von dem der Nacktsamer nicht wesentlich. Die Samenanlagen sind von dem aus den Fruchtblättern gebildeten Fruchtknoten eingeschlossen; das Empfängnisorgan für den Pollen, die Narbe, sitzt entweder dem unteren, die Samenanlage umschließenden Teil des Fruchtknotens unmittelbar auf, oder es ist ein Griffel dazwischengeschaltet. Damit der Pollenschlauch zum Embryosack gelangen kann, muß er das weiche Griffelgewebe und den Nuzellus durchwachsen.

Die Blüten sind häufig zwittrig, d.h. Staub- und Fruchtblätter sind in einer Blüte vereint. Nach der Befruchtung gehen Blumen- und Staubblätter zugrunde, und der Fruchtknoten verwandelt sich zur Frucht (vgl. auch S. 121).

Zusammenfassend läßt sich folgendes feststellen: Die Entwicklung der Pflanzenwelt, wie sie sich in ihrer Stammesgeschichte darstellt, hat sich über große Zeiträume hinweg in Anpassung an die wechselnden naturgegebenen Umweltbedingungen vollzogen. Nun greift in zunehmendem Maße der Mensch ein, indem er die Formen der Vegetation und deren geographische Verbreitung nach seinem Willen zu beeinflussen sucht.

Durch Kreuzungen entstehen weitere Varietäten, durch künstlich herbeigeführte Mutationen und Manipulationen mit dem Erbgut werden immer neue, ertragreiche Rassen und Sorten von Kulturpflanzen gezüchtet, wie weiter oben ausführlich geschildert wurde. Damit eröffnen sich ganz neue Perspektiven, und es scheint, als habe auch die derzeitige Entwicklung der Pflanzenwelt noch lange nicht ihren Abschluß gefunden. Alles ist noch im Fluß.

Prof. Dr. H. F. Neubauer und
Dr. Volker Wunsch

Das System der Pflanzen

Die Zahl der auf unserer Erde lebenden Pflanzenarten läßt sich nicht genau beziffern. Bis heute sind mehr als 360 000 Arten beschrieben worden, in jedem Jahre kommen weitere neue Blütenpflanzen hinzu, und die Zahl der neuentdeckten niederen Gewächse übertrifft diese Zahl noch um ein beträchtliches. Um diese geradezu ungeheure Menge der Gewächse überblicken zu können, ist es notwendig, sie in Gruppen aufzugliedern, deren jede die nach bestimmten Gesichtspunkten für zusammengehörig angesehenen Pflanzen umfassen soll. Da aber auch manche der so gebildeten Gruppen gemeinsame Züge aufweisen können, so werden dieselben wieder zu Gruppen höherer Ordnung zusammengestellt.

Es werden also die Pflanzen nach bestimmten Kriterien gruppiert und die Gruppen, abgestuft nach verschiedener Ranghöhe, in ein Schema eingeordnet, welches wir als System bezeichnen. Jede Einheit eines solchen Systems wird ungeachtet ihrer Rangstufe als ein Taxon (Pl.: Taxa) bezeichnet.

Der Mensch hat es wohl bereits seit frühesten Zeiten versucht, die Pflanzenwelt nach einem System zu ordnen. Wenn z.B. der Nomade zwischen Nahrungspflanzen, eßbaren Pflanzen, Heilkräutern, anderen nützlichen Gewächsen, Futterpflanzen und nicht nutzbaren Gewächsen unterscheidet, so hat er sich ein System geschaffen, das zwar sehr grob und wenig wissenschaftlich sein mag wie das eines Bauern, der Nutzpflanzen des Feldbaues von Feldunkräutern, Wiesen- und Waldpflanzen unterscheidet, doch den Systemen beider sind praktische Aspekte keineswegs abzusprechen. In der Frühperiode der wissenschaftlichen Pflanzenforschung, die wir als die Periode der deskriptiven Systematik bezeichnen können, dienten solche rein praktischen Gesichtspunkte als ausschließliche Einteilungsprinzipien. Das Ende dieser Periode kann ins 16. Jahrhundert verlegt werden, doch sie reichte noch deutlich spürbar bis weit ins 17. Jahrhundert hinein.

Erst als man gewahr wurde, daß die nach praktischen Gesichtspunkten geschaffenen Pflanzengruppen von Gestalt und Aussehen recht verschiedene Gewächse umfaßten, begann man, das gleiche oder sehr ähnliche Aussehen der Gewächse und ihrer einzelnen Organe als Einteilungsgrundlage vorzuziehen. Dieser zweite Abschnitt der systematischen Botanik, in der die Einteilung nach rein morphologischen Prinzipien erfolgte, gilt als die Periode der »künstlichen Systeme«. Als ihren ersten Vertreter können wir Andreas Caesalpin (1519–1602) nennen. Vielleicht sollten wir als weitere deutsche Vertreter dieser Richtung noch Joachim Jungius (Jung, 1587–1657), Aug. Quir. Rivinus (Bachmann, 1652–1725) und als einen der letzten noch Joh. Heinr. Burckhart (1676–1738) erwähnen. Ihnen allen ging es darum, eine klare Übersicht über das Pflanzenreich zu schaffen. Das Ende dieser Periode können wir etwa gegen die Mitte des 18. Jahrhunderts ansetzen.

Als aber allmähliche Zweifel an der Unveränderlichkeit der Arten seit ihrer Schöpfung aufkamen und da und dort Ideen von einer Entwicklung höherer Formen aus einfachereren, wenngleich nur recht unklar und zaghaft, geäußert wurden, so beinhalteten diese bereits den Gedanken an eine natürliche Verwandtschaft verschiedenen Grades der Arten und Gruppen untereinander, welcher der Grundgedanke jeden modernen Pflanzensystems ist. Wir erwarten heute von jedem dieser Systeme, daß es den augenblicklichen Stand unseres Wissens über die verwandtschaftlichen Beziehungen der einzelnen Pflanzen(gruppen) klar zum Ausdruck bringt.

Der erste Mann, der sich diesen Gedanken zu eigen gemacht hatte, wenngleich er auch erkennen mußte, daß es damals noch ein wenig verfrüht war, etwas in dieser Hinsicht Vollkommenes zu schaffen, war Carolus Linnaeus (Karl v. Linné, 1707–1778). Doch wir erleben selbst heute immer wieder Änderungen des botanischen Systems, je nachdem sich unsere Kenntnisse von den verwandtschaftlichen Beziehungen der Pflanzen untereinander vervollständigen.

Um aber auch praktischen Bedürfnissen Rechnung zu tragen, schuf Linné daneben das Sexualsystem (1735), in welchem er 24 Klassen von Pflanzen nach der Anzahl bzw. dem Fehlen oder Vorhandensein der Staubblätter eingerichtet hatte. Die Klassen sind dann wieder nach der Zahl der Griffel bzw. Narben in Ordnungen unterteilt, sofern nicht andere Merkmale herangezogen werden mußten. Wir können hier nicht auf Einzelheiten näher eingehen, doch sei soviel mitgeteilt, daß bis zum Beginn unseres 20. Jahrhunderts das Linnésche Sexualsystem fast in allen

größeren Florenwerken und Bestimmungsbüchern abgedruckt wurde, und daß es kaum etwas Besseres gab, eine Pflanze rascher zu bestimmen und zu klassifizieren. Es darf uns nicht verwundern, daß Linné durch die Schöpfung dieses Systems weit mehr bekannt wurde als durch seine übrigen Werke.
Seine große Bedeutung lag aber nicht allein in diesen Werken, sondern darin, daß er die Pflanzenarten mit eindeutigen Doppelnamen belegt hatte, ein Verfahren, das bis heute nichts an Bedeutung verloren hat und auch in Zukunft nichts davon verlieren wird.
Es sollen nun die Einheiten und Ränge des Pflanzensystems kurz dargelegt werden; anhand weniger Beispiele soll die Entwicklung der modernen Systematik aufgezeigt werden, und schließlich soll ein Beispiel eines der modernsten Systeme den derzeitigen Stand dieser Wissenschaft andeuten.
Die Grundeinheit des Pflanzensystems, sozusagen das wichtigste Taxon, ist die Art oder Species. Sie umfaßt alle Individuen, welche in allen wesentlichen Merkmalen und Eigenschaften untereinander und mit ihren Nachkommen übereinstimmen. Es gilt nun abzuwägen, ob ein bestimmtes Merkmal als ein wesentliches zu betrachten sei und ob diese Auffassung wenigstens von der Mehrzahl der Botaniker geteilt wird. Im anderen Falle kann eine Großart auch auf mehrere Kleinarten aufgeteilt werden.
Arten, deren nahe Verwandtschaft, deren Zusammengehörigkeit klar und unbestritten ist, werden zu Gattungen oder Genera (Sing.: Genus) zusammengefaßt.
Jede Gattung erhält einen Namen, der ein Hauptwort (Substantiv) ist und der lateinischen Sprache entnommen oder doch in latinisierter Form wie ein solches Wort behandelt werden soll; der Gattungsname wird mit einem großen Anfangsbuchstaben geschrieben. Die Arten werden durch lateinische oder latinisierte Eigenschaftswörter (Adjektiva) oder durch gleichwertige Bezeichnungen, wie Eigennamen im 2. Fall (Genitiva), unterschieden; die Artnamen werden mit kleinen Anfangsbuchstaben geschrieben. Dem Artnamen folgt, zumeist in abgekürzter Form, der Name desjenigen Botanikers, welcher diese Art zuerst in korrekter Weise (in lat. Sprache!), vollständig und eindeutig und den internationalen Regeln entsprechend beschrieben hat. A. Br. bedeutet z. B. Alexander Braun; L. = Linné; L.f. = Linné Sohn und DC. = De Candolle. Autoren, deren Werke vor denen Linnés erschienen waren, bleiben dabei unberücksichtigt, da die von ihnen vorgeschlagenen Pflanzennamen meist nicht den modernen Regeln entsprechen.
Gattungen, die als nahe verwandt erkannt werden, werden zu Familien (Familia, Pl.: Familiae) zusammengefaßt. Die Familienbezeichnungen sind ebenfalls lateinische Worte, die mit den Silben –aceae endigen. Einander nahestehende Familien faßt man wieder zu Ordnungen oder Reihen (Ordo, Pl.: Ordines) zusammen, deren lat. Namen mit den Silben –ales endigen. Die nächsthöheren systematischen Einheiten sind die Klasse (Classis, Pl.: Classes) und die Abteilung (Divisio, Pl.: Divisiones). Manche Botaniker verwenden überdies noch als ranghöchste Einheit den Stamm (Phylum, Pl.: Phyla), wie z. B. Richard v. Wettstein.
Unter Umständen muß ein sehr großes Taxon mehrfach unterteilt werden. In solchen Fällen bedient man sich der Zwischenränge, wie z. B. der Über- und der Unterordnung, der Unterfamilie, Tribus und Subtribus oder der Untergattung, Sektion und der Subsektion.
Den wichtigeren Untereinheiten der Art, den infraspezifischen Taxa, kommt z. T. große Bedeutung für die Praxis zu. Die Art wird in Unterarten, diese wieder in Varietäten gegliedert. Beide Taxa werden nomenklatorisch wie Arten behandelt, jedoch folgt ihr Name unter vorausgehender Rangbezeichnung dem Namen der zugehörigen Species, z. B. *Vitis vinifera* L. *ssp. sylvestris* (C. C. Gmel.) Berger, die europäische Wildrebe, oder *Lactuca sativa* L. *var. capitata* L., der Kopfsalat. Ein »x« vor dem Artnamen bedeutet, daß die so bezeichnete Art durch Hybridisation entstanden ist, oder daß mehrere Hybridsorten hier als Art zusammengefaßt werden, z. B. *Pelargonium* x *hortorum* L. H. Bailey, die hybriden Sorten der Zonalpelargonien, welche die Blumenhandlungen und Gärtnereien anbieten. Die einzelnen in der Kultur entstandenen Sorten (Kulturvarietäten) können auch mit Phantasienamen bezeichnet werden, welche vom Züchter vorgeschlagen und vom Sortenprüfungsamt gebilligt bzw. anerkannt werden müssen. Hierfür gelten besondere Bestimmungen. Als Beispiel diene der Name einer alten Kletterrose, *Rosa multiflora* Thunb. *cv. »Crimson Rambler«*.
Die nun folgenden Beispiele älterer Pflanzensysteme zeigen den Entwicklungsweg der botanischen Systematik auf und deuten zugleich an, welche Gesichtspunkte bei den einzelnen Systematikern richtungweisend waren. Jedes dieser Systeme betonte ein bestimmtes oder wenige Merkmale besonders; wurden solche nun einem System als Ordnungsprinzip zugrunde gelegt, dann war sein Charakter festgelegt. Die modernen Systeme, welche immer klarer den Stand unseres Wissens über die natürliche Verwandtschaft der Pflanzengruppen untereinander zum Ausdruck bringen, nähern sich einander in stetig wachsendem Maße, weil sie möglichst viele Merkmale, in ihrer Bedeutung und in ihrem Werte genau und vorsichtig gegeneinander abgewogen, zu berücksichtigen und zu verwerten bestrebt sind.
A. L. de Jussieu (1748–1836) teilte das Pflanzenreich in folgende 3 Abteilungen:

I. *Acotyledones*
II. *Monocotyledones*
III. *Dicotyledones*

Jede dieser Abteilungen umfaßte mindestens eine Klasse mit mehreren Familien, insgesamt 15 Klassen mit 100 Familien.

Aug. Pyr. de Candolle (1778–1811), dessen Hauptwerk 1819 erschien, bediente sich derselben großen Einheiten, jedoch im Rang von Klassen und in umgekehrter Reihung; die Bezeichnungen mehrerer Unterklassen stehen bis heute noch in Verwendung:

I. Klasse: *Dicotyledoneae (Thalamiflorae, Calyciflorae, Corolliflorae, Monochlamydeae)*
II. Klasse: *Monocotyledoneae (Phanerogamae, Cryptogamae)*
III. Klasse: *Acotyledoneae (Foliaceae* mit *Musci* und *Hepaticae; Aphyllae* mit *Lichenes, Hypoxyla, Fungi, Algae).*

Wir sehen aus diesen beiden Beispielen, daß Umfang und Reihung der einzelnen Taxa bei den Autoren wechselten, ein Zeichen dafür, daß man sich noch im vorigen Jahrhundert über diese Fragen kein abschließendes Urteil bilden konnte. Das gleiche galt auch für die Systeme, welche Stephan Endlicher (1804–1849), dessen Hauptwerk »Genera Plantarum secundum ordinem naturalem« 1836 bis 1843 erschien, und A. Brongniart (1801–1847) vorschlugen. Brongniarts Hauptwerk erschien 1843 in Paris. Auch das System Alexander Brauns (1805–1877), welches 1864 veröffentlicht und nach dem der Berliner Botanische Garten angelegt wurde, fand viel Beachtung.
In diesem Zusammenhang dürfen wir das 1883 veröffentlichte System Adolf Eichlers nicht übersehen, das in seiner Großgliederung schon sehr modern war und selbst heute noch vertretbar ist. Es sei darum hier wiedergegeben:

A. *Cryptogamae* (Blütenlose oder Sporenpflanzen)
- I. Abt.: *Thallophyta* (Lagerpflanzen)
  - 1. Klasse: *Algae* (Algen)
  - 2. Klasse: *Fungi* (Pilze einschl. der Flechten)
- II. Abt.: *Bryophyta* (Moospflanzen)
- III. Abt.: *Pteridophyta* (Farnpflanzen)

B. *Phanerogamae* (Blütenpflanzen oder Samenpflanzen)
- I. Abt.: *Gymnospermae* (Nacktsamige Pflanzen)
- II. Abt.: *Angiospermae* (Bedecktsamige Pflanzen)
  - 1. Klasse: *Monocotyleae* (Einkeimblättrige Pflanzen)
  - 2. Klasse: *Dicotyleae* (Zweikeimblättrige Pflanzen)

Neben zahlreichen Systematikern des In- und Auslandes, welche alle wertvolle Beiträge zur Entwicklung der modernen systematischen Botanik geleistet hatten, ist besonders das Werk Adolf Englers (1844–1930) hervorzuheben. Das unter Mitarbeit zahlreicher Botaniker gemeinsam mit C. Prantl redigierte Hauptwerk »Die natürlichen Pflanzenfamilien« erschien im wesentlichen zwischen 1887 bis 1909, das letzte Heft erst 1915; Neubearbeitungen erscheinen in Zeitabständen bis zum heutigen Tage. Das mehr zusammenfassende andere Hauptwerk, der »Syllabus der Pflanzenfamilien«, erschien 1954 in 12. Auflage, in welchem das Pflanzenreich in 17 Abteilungen eingeteilt wird, welche in entsprechender Weise untergliedert sind. Beide Werke gelten als Standardwerke der botanisch-systematischen Literatur, ebenso wie das 1935 in 4. Auflage erschienene »Handbuch der Systematischen Botanik« von Richard v. Wettstein. In einem Schema (l. c., S. 71) betonte dieser die Zusammengehörigkeit aller Lebewesen, welche in ihren Zellen einen wohlorganisierten Kern besitzen, worin sie sich von den »kernlosen« Pflanzen wesentlich unterscheiden. Heute wird diese Gruppe als die der *Prokaryobionta* (Wesen, deren Zellen mit Vorstufen eines Kernes oder mit Kernäquivalenten ausgestattet sind) von der anderen Gruppe der *Eukaryobionta* (Zellkerne besitzenden Wesen) unterschieden.
Wenn die wissenschaftlichen Systeme vor allem unser Wissen um die natürliche Verwandtschaft der einzelnen Pflanzengruppen untereinander zum Ausdruck bringen, so sollen Bestimmungsschlüssel dazu dienen, Pflanzenfunde zu bestimmen, ihre Namen festzustellen und sie einzuordnen. Die in den letzten etwa hundert Jahren geschaffenen Schlüssel bedienen sich für diesen praktischen Zweck mit Vorteil folgender Einteilung der Bedecktsamigen Blütenpflanzen, wobei der Rang der einzelnen Taxa unberücksichtigt bleiben soll:

- *Angiospermae* (Bedecktsamige)
  - *Dicotyledoneae* (Zweikeimblättrige)
    - *Choripetalae* (Blumenblätter nicht verwachsen)
      - *Monochlamydeae* (Blumenblätter fehlend)
      - *Dialypetalae* (Blumenblätter vorhanden, nicht verwachsen)
    - *Sympetalae* (Blumenblätter vorhanden, untereinander verwachsen)
  - *Monocotyledoneae* (Einkeimblättrige)

In jeder der vier nach diesem Schema ganz leicht zu erkennenden Gruppen sind die Familien, Gattungen und Arten ohne große Schwierigkeiten festzustellen.
In diesem Jahrhundert hat die systematisch-taxonomische Pflanzenforschung neue Wege beschritten. Dabei stand vor allem das Studium der Herkunft und die Entstehungszeit der höheren Blütenpflanzen, der Angiospermen, im Vordergrund des Interesses. In diesem Zusammenhang entwickelten sich neue Teilgebiete wie die Pollenmorphologie (besonders durch G. Erdtmann),

die Chemotaxonomie, als deren namhafter Vertreter R. Hegnauer gilt, während sich andere Autoren mit Fragen fossiler Arten beschäftigen (u.a. W. Zimmermann) oder mit cytotaxonomischen Problemen. Es würde zu weit führen, alle diejenigen Arbeiten zu erwähnen, die zur Fortentwicklung der modernen Systematik beigetragen haben, doch einige Namen wie D.D. Axelrod, E.B. Babcock, I.W. Bailey, A. Cronquist, Fr. Ehrendorfer, A. Gundersen, J. Hutchinson, R. Soó, C.G.G.J. van Steenis, A.L. Takhtajan sollen doch wenigstens genannt sein. Den Niederschlag aller dieser Arbeiten finden wir in der Bearbeitung des systematischen Teiles in Strasburgers »Lehrbuch der Botanik für Hochschulen« in der 1971 erschienenen 30. Auflage durch Friedrich Ehrendorfer. Dieser Autor teilte das Pflanzenreich in 7 Abteilungen ein, doch ist die weitere Einteilung der 7. Abteilung, der Samenpflanzen, von besonderem Interesse, so daß es wohl angebracht ist, diese Gliederung hier wiederzugeben:

1. Abt.: *Schizophyta* (Spaltpflanzen: Bakterien und Blaualgen)
2. Abt.: *Phycophyta* (Algen)
3. Abt.: *Mycophyta* (Pilze)
4. Abt. *Lichenes* (Flechten)
5. Abt. *Bryophyta* (Moospflanzen)
6. Abt. *Pteridophyta* (Farnpflanzen)
7. Abt. *Spermatophyta* (Samen- oder Blütenpflanzen)

    1. U.Abt.: *Coniferophytina* (Nadelholzpflanzen)
    2. U.Abt.: *Cycadophytina* (Palmfarnpflanzen)
    3. U.Abt.: *Magnoliophytina* (=*Angiospermae*; Bedecktsamige Pflanzen)

        1. Klasse: *Magnoliatae* (= *Dicotyledoneae*; Zweikeimblättrige)
            1. U.Kl.: *Magnoliidae (Polycarpicae!)*
            2. U.Kl.: *Hamamelididae (Amentiferae!)*
            3. U.Kl.: *Rosidae (Rosiflorae!)*
            4. U.Kl.: *Dilleniidae (Parietales!, Cruciferae!* u.a.)
            5. U.Kl.: *Caryophyllidae (Centrospermae!)*
            6. U.Kl.: *Asteridae (Sympetalae tetracyclicae!)*

        2. Klasse: *Liliatae (= Monocotyledoneae*; Einkeimblättrige)
            1. U.Kl.: *Alismatidae (Helobiae!)*
            2. U.Kl.: *Liliidae (Liliiflorae!)*
            3. U.Kl.: *Arecidae (Spadiciflorae!)*

(Das Ausrufezeichen bedeutet, daß die so bezeichnete Pflanzengruppe eine der wichtigsten der neuerrichteten Unterklasse darstellt).

Die in diesem Werk wiedergegebene Systematik wurde diesem Systemvorschlag noch nicht angepaßt, sondern sie folgt im wesentlichen dem System Adolf Englers bzw. auf diesem basierenden Systemen anderer Autoren. Die auf Engler zurückgehenden Systeme sind im deutschen Sprachraum so allgemein verbreitet und verwurzelt, daß wir uns zu einer »Modernisierung« noch nicht entschließen konnten, zumal auch praktische Überlegungen für dieses Vorgehen sprechen. Wir sind uns aber dessen wohl bewußt, daß diese Systeme heute bereits veraltet sind, und daß die seit etwa 1940 veröffentlichten Vorschläge von Gliederungen der *Spermatophyta* (der Blüten- oder Samenpflanzen) ihrer natürlichen Verwandtschaft, so wie sie uns heute bekannt ist, weit besser gerecht werden. Zur Zeit sind sie aber im deutschen Sprachgebiet noch zu wenig bekannt.

H. F. Neubauer

Systematik

Abteilung
Bacteriophyta – **Bakterien oder Spaltpilze**

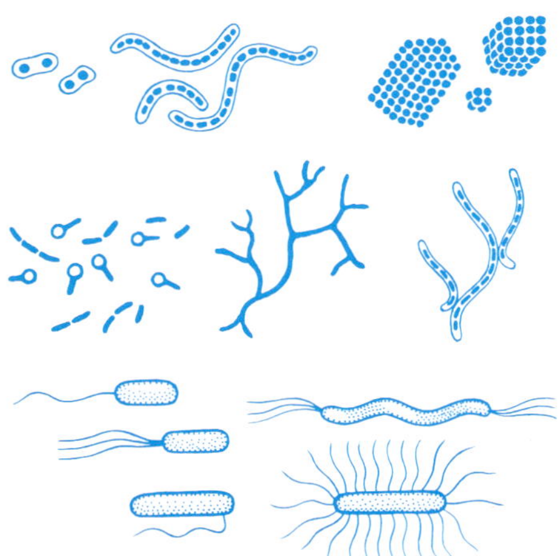

Bacteriophyta

Die Bakterien sind die einfachsten und kleinsten einzelligen Organismen, die auch häufig zu Kolonien oder Fäden vereinigt sind. Ihre Zellen sind höchstens 8 μ lang und etwa 0,5 μ breit. Ein echter Zellkern mit Nukleolus und Kernmembran sowie Plastiden fehlt. Durch besondere Färbemethoden kann man Strukturen der Desoxyribonukleinsäure nachweisen, die wahrscheinlich das physiologische und genetische Steuerungszentrum der Zelle darstellen und Kernäquivalente genannt werden. Die Gestalt der Bakterienzelle kann kugelig wie bei den Kokken, stäbchenförmig wie bei den Bazillen und mehr oder weniger gewunden sein wie bei den Spirillen. Die Kugelbakterien sind stets unbeweglich, während Stäbchen- und Schraubenbakterien lange Geißeln besitzen können, mit denen sie Schwimmbewegungen ausführen und sich bewegen.

Die Bakterien können sich nur ungeschlechtlich vermehren, indem sich ihre Zelle querteilt oder spaltet (daher der Name Spaltpilze). Unter günstigen Bedingungen vermehren sie sich so schnell, daß die Nachkommen eines einzelnen Coli-Bacteriums, das im Darm des Menschen lebt, innerhalb von acht Tagen dem Volumen der Erdkugel entsprechen könnten. Wenn aber die Bakterien nicht die ganze Welt überschwemmen, so liegt es an ihrer besonderen Nahrung, die sie brauchen, und am Wettbewerb mit anderen Organismen wie Algen, Pilzen, anderen Bakterien und auch an der Anhäufung ihrer eigenen giftigen Stoffwechselprodukte.

Zum größten Teil sind die Bakterien, die überall in Boden, Luft und Wasser verbreitet sind, heterotroph; sie leben entweder saprophytisch oder parasitisch. Einige wenige Spaltpilze können die Lichtenergie mit Hilfe eines dem Chlorophyll ähnlichen Farbstoffes für Synthesezwecke ausnutzen, oder andere gewinnen die notwendige Energie aus chemischen Umsetzungen (Chemosynthese). Viele Bakterien sind die Ursache für Krankheiten bei Pflanzen, Tieren und Menschen. Sie schädigen ihren Wirt, indem sie ihm lebenswichtige Stoffwechselprodukte rauben, das Wirtsgewebe durch Enzyme zerstören und manchmal Gift absondern. Oder sie verderben oder vernichten Nahrungsmittel. Andererseits sind bestimmte Bakterien, die entweder frei im Boden leben oder sich in den Wurzeln der Hülsenfrüchtler, wie Bohnen, Klee, Lupine, befinden, von allergrößter Bedeutung, da sie den Stickstoff der Luft zur Synthese von Eiweiß verwenden. Auch in der Industrie werden die Bakterien vielfach genutzt, um Käse und Quark aus Milch zu gewinnen oder Essigsäure aus Wein herzustellen. Unwirtliche Lebensbedingungen überstehen viele Bakterien, indem sie Dauersporen bilden. Zu diesem Zweck zieht sich das Plasma zusammen und umgibt sich mit einer dauerhaften Zellwand.

Ordnung Pseudomonadales

Sie bilden gerade, stäbchenförmige oder spiralig gekrümmte Zellen. Zu dieser Ordnung gehören Stickstoffbakterien, wie Arten aus der Gattung *Nitrosomonas*, die Ammoniak zu Nitriten abbauen, und *Nitrobacter*, die Nitrite zu Nitraten oxidieren. Unter ihnen gibt es auch Krankheitserreger, wie den Erreger der Cholera *(Vibrio comma)*.

Ordnung Eubacteriales

Hierzu zählt man die große Masse der in Boden, Wasser und Luft verbreiteten Stäbchen- und Kugelbakterien. Die Stickstoffbakterien *Acetobacter* und *Rhizobium* vermögen den Luftstickstoff zu binden und ihn den höheren Pflanzen, besonders den Schmetterlingsblütlern, zuzuführen. *Micrococcus gonorrhoeae* ruft die Gonorrhoe hervor, während *Diplococcus pneumoniae* als Erreger der Lungenentzündung weit verbreitet ist. *Lactobacillus bulgaricus* läßt aus Milch Joghurt entstehen. *Escherichia coli* findet sich im Dickdarm eines jeden gesunden Menschen. *Salmonella typhosa* ist der Erreger des Typhus; zahlreiche andere Salmonellen können Krankheiten, z. B. Fleisch- und Wurstvergiftungen, hervorrufen. Weiterhin gehören in diese Reihe der Erreger des Milzbrandes der Haustiere *(Bacillus anthracis)* und des Wundstarrkrampfes des Menschen *(Clostridium tetani)*. Zu *Streptococcus*-Arten zählen z. B. die Eiterbakterien.

Ordnung Actinomycetales – Strahlenpilze

Die Zellen sind stäbchenförmig, können sich aber unter bestimmten Bedingungen stark verzweigen. Es entsteht dann ein strahliges, zartflächiges Gebilde, das an ein Pilzmyzel erinnert und dieser Ordnung den Namen »Strahlenpilze« gegeben hat.
Unter ihnen begegnen wir dem Erreger der Tuberkulose *(Mycobacterium tuberculosis)*, der Lepra *(Mycobacterium leprae)* und dem Erreger der Diphtherie *(Corynebacterium diphtheriae)*. Verschiedenen Arten von Streptomyces verdanken wir die Antibiotika Streptomycin, Actinomycin und Aureomycin. Einige Vertreter der Actinomycetales erzeugen eitrige Geschwüre bei Mensch und Tier, z. B. *Actinomyces bovis*.

Ordnung Chlamydobacteriales – Fadenbakterien

Die Fadenbakterien bilden fadenförmige Zellkolonien, die oft von einer Gallerthülle umgeben sind. Hier finden wir die *Leptothrix orchracea*, die aus eisenhaltigem Wasser Raseneisenerz abscheidet. Ebenfalls in eisenhaltigem Wasser, teilweise in Wasserleitungen, kommt der Brunnenfaden *(Crenothrix polyspora)* vor. Eine weitere Art ist *Beggiatoa mirabilis*, ein Schwefelbacterium.

Ordnung Spirochaetales – Spirochäten

Zu den Spirochäten mit wellig gekrümmten, schlangenartig beweglichen Zellen gehören die Erreger des Rückfallfiebers *(Spirochaeta recurrentis)* und der Syphilis *(Spirochaeta pallida)*. Die Rickettsien nehmen eine Sonderstellung ein, da über ihre genaue systematische Zugehörigkeit noch wenig bekannt ist. Von ihnen sind am wichtigsten die Erreger des Flecktyphus *(Rickettsia prowazecki)* und der Papageienkrankheit *(Miyagawanella psittaci)*.

Abteilung
Cyanophyta – Blaualgen

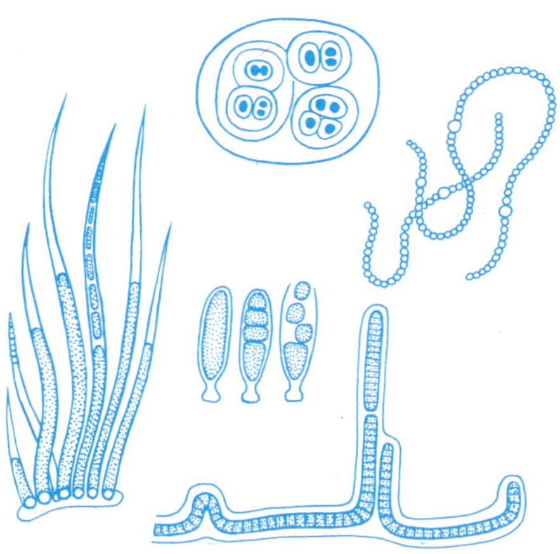

Cyanophyta

Wie die Bakterien vermehren sich Blaualgen durch Querteilung. Ihre Zellen leben für sich allein oder verbinden sich zu Kolonien oder Zellfäden. Die Blaualgen sind einfach gebaut und besitzen weder Kern noch Plastiden. Das innere farblose Plasma enthält als Kernäquivalent eine diffus verteilte, auch körnig-fädige Chromatinsubstanz. In dem äußeren gefärbten Plasma finden sich vor allem Chlorophyll, Karotin, Phycocyan und Phycoerythrin, Substanzen, die die Bakterien nicht besitzen. Je nach dem Anteil der einzelnen Farbstoffe in den Zellen sind die Blaualgen blau, blaugrün, olivgrün, gelblich, rötlich oder violett gefärbt. Die Vermehrung erfolgt durch Zwei-, selten durch Mehrfachteilung. Eine geschlechtliche Fortpflanzung ist noch nicht nachgewiesen. Da die Blaualgen mit Chlorophyll ausgestattet sind, vermögen sie das Kohlendioxid der Luft oder das im Wasser gelöste Kohlendioxid zu verwerten und daraus einfache Zucker aufzubauen. Ferner hat man als Assimilationsprodukt Glykogen nachgewiesen.
Einige sind in der Lage, den gasförmigen Stickstoff der Luft auszunutzen und zu binden, so daß sie die Möglichkeit haben, auf stickstofffreien Nährböden zu leben. Andere vermögen langsame drehende oder schwimmende Bewegungen auszuführen. Die meisten von ihnen leben im Wasser.
Einige Arten vertragen Temperaturen bis zu 85 °C. Manche kommen als Symbionten in Flechten vor. Einige im Süßwasser lebende Gattungen sind an der Bildung der sog. Wasserblüte beteiligt. Blaualgen überziehen auch in dichten, schleimigen Belägen feuchte Mauern und Felswände. Gattungen sind *Chroococcus* und *Gloeocapsa*, die zur Koloniebildung neigen, sowie *Nostoc* und *Oscillatoria*, die fadenartige Zellverbände bilden.

Die Algen – Eine Übersicht
Algen sind Thallophyta. Unter dieser Bezeichnung versteht man Pflanzen, deren Vegetationskörper nicht in Sproß und Wurzel gegliedert ist, sondern aus einem Lager (Thallus) besteht. Dieses kann einzellig (wie z. B. bei den einzelligen Algen) oder mehrzellig sein und Verzweigungen aufweisen, die die Fortpflanzungsorgane tragen. Während die Algen zumeist Blattgrün besitzen, fehlt dieses bei sämtlichen Pilzen.
In älteren Pflanzensystemen werden die Algen als einheitliche Gruppe angesehen *(Phycophyta)*. Später hat man diesen systematischen Begriff aufgegeben und ordnete sie in Abteilungen nach unterschiedlichen Merkmalen in Bau und Stoffwechsel, z. B. nach der nachstehenden Tabelle (Seite 364).
Alle Algen sind an Wasser oder mehr oder weniger feuchte Umgebung gebunden. Sie leben im Süßwasser, auf Gletschern, in Thermalquellen, im Meer, in Kläranlagen usw. Ihre Entwicklung vollzieht sich vielfach abwechselnd in einem Generationswechsel, verbunden mit Kernphasenwechsel. Beide Phasen werden durch eine eigene Generation repräsentiert, die ungeschlechtliche durch den Sporophyten, der als Fortpflanzungsprodukte Sporen erzeugt, die geschlechtliche durch den Gametophyten, der die Geschlechtszellen oder Gameten hervorbringt.
Der Pflanzenkörper zeigt alle Übergänge von einzelligen Formen über Zellkolonien bis zu Geweben. Man unterscheidet bei ihnen weder Wurzeln noch Stengel noch Blätter, obgleich sich Formen gebildet haben, die solchen Gebilden stark ähneln. Ihre Zellen weisen alle einen echten Zellkern mit Kernmembran auf.

Wichtige Merkmale der Algenabteilungen

Abteilung	Farbstoffe	Hauptreservestoffe	Zellwand	Begeißelung	Lebensraum
Chlorophyta – Grünalgen	Chlorophyll a, b	Stärke	Zellulose	2 bis 8, gleich lang	Süßwasser, Meer
Charophyta – Armleuchteralgen	Chlorophyll a, b	Stärke	Zellulose u. Pektin	2, gleich	Süßwasser
Euglenophyta	Chlorophyll a, b	Paramylum (stärkeähnl. Kohlenhydr.)	keine	längere mit Flimmern	Süßwasser, Meer
Chrysophyta – Goldalgen (einschl. Kieselalgen)	Chlorophyll a, c	Öl, Leukosin (unlösliches Kohlenhydrat)	Pektin u. Silicium-dioxid	1 bis 2, ungleich oder gleich	Süßwasser, Meer
Phaeophyta Braunalgen	Chlorophyll a, c	Mannazucker Laminarin	Zellulose u. Algin	2, ungleich (seitlich)	Meer, selten Süßwasser
Pyrrophyta – z. T. Dinoflagellaten	Chlorophyll a, c	Stärke	Zellulose o. fehlend	1 o. 2 ringsherum	Süßwasser, Meer
Rhodophyta – Rotalgen	Chlorophyll a, d Phycocyan Phycoerythrin	Rotalgenstärke	Zellulose	unbegeißelt	einige im Süßwasser, die meisten im Meer

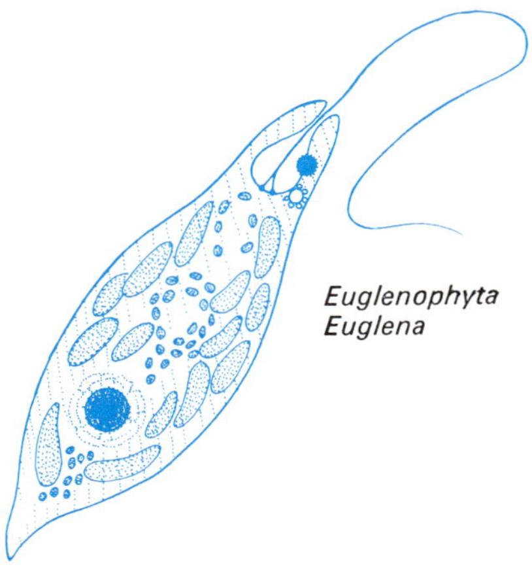

Euglenophyta
Euglena

Abteilung
Euglenophyta – Augentierchen

Viele Arten besitzen einen lichtempfindlichen Pigmentfleck (»Augentierchen«) und sind einzellige, sehr einfache, begeißelte Algen, die sich ungeschlechtlich durch Längsteilung vermehren. Die Bezeichnung »Tierchen« tragen sie wegen einer Reihe tierischer Merkmale, wie kontraktile Fasern an der Zelloberfläche, durch die sie ihre Form ändern können, Schlundspalten zur Aufnahme fester Nahrung u. a. Sie sind nahe verwandt mit den Geißeltierchen und besitzen wie diese eine oder zwei Geißeln, die der Fortbewegung im Wasser dienen. In ihrem Innern enthalten sie pulsierende Bläschen (kontraktile Vakuolen), die durch feine Kanäle mit dem Außenmedium in Verbindung stehen und zur Ausscheidung von Wasser und Abfallstoffen dienen. Als echte Pflanzen besitzen sie Chloroplasten, d.h. Farbstoffträger, die mit Chlorophyll und anderen Farbstoffen, Karotinoiden und einem gelben Farbstoff, dem Xanthophyll, gefüllt sind. Je nach Anteil dieser Farbstoffe schwankt die Färbung der Augentierchen auch zwischen einem leuchtenden Grün, einem hellen Gelb und rötlichen Tönen. Einige Arten sind farblos und, da ihnen Chlorophyll fehlt, auf die Aufnahme organischer Nahrung angewiesen. Die übrigen Arten ernähren sich autotroph und lagern die Produkte ihres Stoffwechsels in Form von Paramylium, einer Art Stärke, ab.
Die meisten Arten leben im Süßwasser, nur wenige im Brack- oder Meerwasser. In stehenden Gewässern, die reich an organischer Nahrung sind, findet sich häufig die *Euglena viridis*, die dort u.a. an der Grünfärbung des Wassers mitwirkt. Die an Karotinoiden reiche Blutalge *(Euglena sanguinea)* kann bisweilen Pfützen und Tümpel rot färben.

Pyrrhophyta

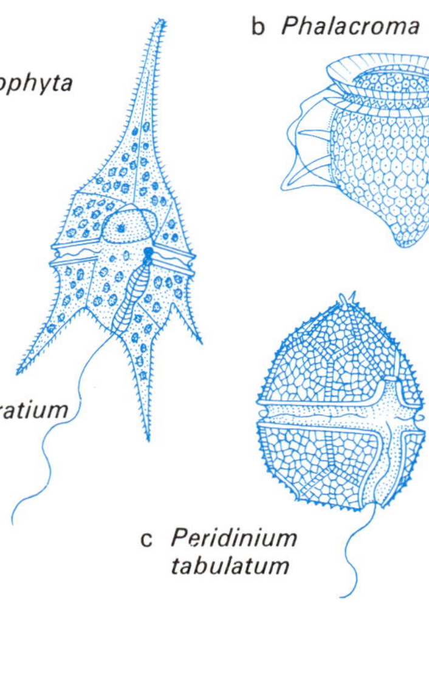

a *Ceratium*
b *Phalacroma mitra*
c *Peridinium tabulatum*

Abteilung
Pyrrhophyta – Zweigeißlige Algen

Diese Algen sind in der Mehrzahl einzellig und besitzen zwei ungleich lange Geißeln, mit denen sie sich geschickt im Wasser fortbewegen. Sie leben im Meer und im Süßwasser, zum Teil auch auf dem Erdboden. Die wichtigsten Vertreter sind die *Peridineae (Dinophycinae)*. Sie kommen im Meer und im Süßwasser in ungeheuren Mengen vor und bilden eine der wichtigsten Nahrungsquellen für viele kleine Wassertiere. Viele Peridineen sind einzellig und besitzen zwei Geißeln, von denen die eine starr und nach hinten gerichtet ist, während die andere sich um die Zelle ringelt. Neben beweglichen Formen gibt es auch unbewegliche sowie flächenförmige und fädige Kolonien. Wegen der Geißeln wurden sie lange Zeit für Tiere gehalten und zu den Einzellern *(Protozoen)* gerechnet, um so mehr, als auch sie einen lichtempfindlichen roten oder braunen Augenfleck besitzen. Ihre Färbung unterliegt großen Schwankungen, doch herrschen gelblichgrüne oder gelblichbräunliche Töne vor. Die Zelle ist entweder nackt oder in einen Zellulosepanzer gehüllt. Einige Arten sind heterotroph und leben sogar parasitisch oder räuberisch. Geschlechtliche Fortpflanzung wurde bis jetzt nur bei wenigen Arten beobachtet. Gewöhnlich vermehren sie sich ungeschlechtlich durch Längsteilung. Der größte Teil lebt im Meer, unter ihnen die *Noctiluca miliaris*, die das Meeresleuchten hervorruft.

Chrysophyta
Diatomeae

Abteilung
Chrysophyta – Goldgelbe Algen

Aus dieser Gruppe sind vor allem die Kieselalgen *(Diatomeae)* erwähnenswert, einzellige, meist braune Algen mit einer Pektinmembran und einem sehr feinporigen Kieselpanzer. Er besteht aus zwei Hälften, die wie Deckel und Boden einer Schachtel ineinanderpassen. Einige Diatomeen können sich gleitend und ruckweise bewegen. Die Zellen haben mannigfaltige Umrisse und zeigen an den Wänden Rippen, Gruben und Warzen. Stirbt die Alge ab, sinkt der Panzer zu Boden, wodurch im Laufe geologischer Zeiträume Lager von großer Mächtigkeit entstanden sind, die Diatomeenerde oder Kieselgur liefern. Sie findet Verwendung bei der Sprengstoffherstellung, als Poliermittel, Isoliermaterial und zur Anfertigung von Glaswaren und feuerfesten Schamottsteinen. Die Kieselalgen, die sowohl im Meer als auch im Süßwasser leben, bevorzugen kalte Gewässer. Sie sind einzellig, mikroskopisch klein und leben meist einzeln, selten zu Kolonien vereinigt. Die Vermehrung erfolgt vorwiegend durch einfache Zweiteilung. Dabei behält jede Tochterzelle aus der mütterlichen eine der Schachtelhälften und bildet dazu die passende kleinere Bodenhälfte, wodurch die Nachkommen immer kleiner werden. Haben sich die Nachkommen so weit verkleinert, daß eine weitere Teilung nicht mehr möglich ist, so werden durch eine geschlechtliche Fortpflanzung wieder Zellen der ursprünglichen Größe gebildet. Zylindrische Formen *(Ordnung Centrales)* leben hauptsächlich im Meer, während sich bilaterale Formen *(Ordnung Pennales)* im Süßwasser befinden, besonders am Grund der Gewässer oder auf Stengeln und Blättern von Wasserpflanzen.

Chlorophyta

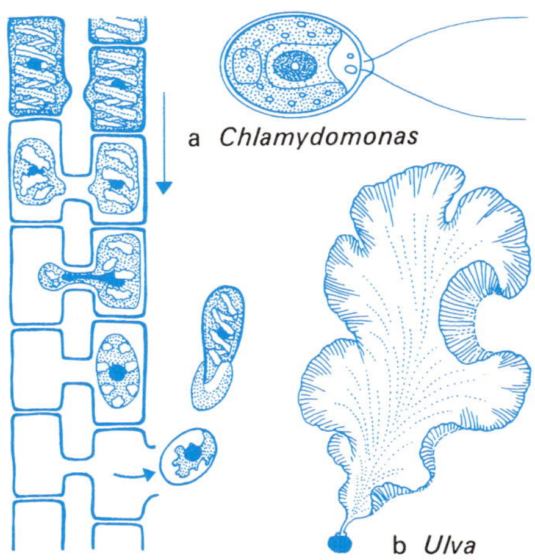

Abteilung
Chlorophyta – Grünalgen

Die Grünalgen zeigen eine intensiv grüne Färbung und haben ein sehr verschiedenes Aussehen sowohl in ihren Einzelzellen als auch in den vielzelligen Wuchsformen; sie bilden z. B. einfache und verzweigte Fäden, aber auch Krusten auf Steinen und Pflanzenteilen. Die Chromatophoren unterscheiden sich je nach der systematischen Stellung in Zahl und Aussehen. Bei den einzelligen Arten sowie den begeißelten Fortpflanzungszellen findet sich häufig ein lichtempfindlicher Pigmentfleck.

Die Grünalgen leben in der Mehrzahl im Süßwasser, einige größere Formen auch im Meer, wie der Meersalat *(Ulva lactuca)*, der die Küsten aller Meere besiedelt und besonders im Frühjahr üppig an Felsen in geringer Tiefe gedeiht. In ihrer Organisation schließen sie sich eng an die Geißelalgen an. So wird von manchen Systematikern die Wasserkugel Volvox zu diesen gezählt. Es treten aber bei den Volvox-Verwandten, zu denen die einzellige *Chlamydomonas* gehört, auch mit Geißeln versehene Gameten auf. Bei dieser Gattung gibt es schon Arten mit Isogamie mit äußerlich völlig gleichgestalteten Keimzellen und Übergänge zur Oogamie mit kleinen, begeißelten männlichen Zellen mit größeren unbegeißelten Eizellen.

Neben dieser geschlechtlichen gibt es auch die ungeschlechtliche Fortpflanzung durch Zellteilung. Oft bleiben die daraus hervorgehenden Zellen zu lockeren Kolonien vereinigt, so etwa bei *Gonium*. Die einzelnen Individuen werden hier durch gallertige Abscheidungen zu einem plattenförmigen, im Wasser schwebenden Gebilde zusammengehalten. Sehr viel enger ist der Zusammenhalt der Zellen bei der Wasserkugel Volvox. Die kugelförmige Kolonie umfaßt hier bis zu 20 000 Zellen, die untereinander noch durch zarte Plasmafäden verbunden sind. Bei Volvox vollzieht sich schon der Übergang zur Bildung eines einheitlichen vielzelligen Organismus, zumal auch bereits eine gewisse Arbeitsteilung eintritt, indem die einen Zellen vorwiegend der Ernährung, die anderen der Fortpflanzung dienen. Zu den einzelligen unbegeißelten Grünalgen *(Protococcales)* zählt *Chlorella*. Die Jochalgen *(Conjugatae)* schließlich sind freilebende oder zu fadenförmigen Kolonien vereinigte Algen, denn begeißelte Fortpflanzungszellen fehlen. Hierzu gehört die im Süßwasser häufige Fadenalge *Spirogyra* mit schraubenförmig gewundenen Chloroplasten. Sie hat weder Schwärmsporen noch geißeltragende Gameten. Es vereinigen sich vielmehr die Protoplasten zweier benachbarter Zellen und bilden eine Zygote, in der die beiden Kerne kopulieren. Bei günstigen Entwicklungsbedingungen keimt die Zygote nach Reduktionsteilung zu einem neuen Algenfaden aus.

Andere Arten sind die häufig vertretenen, bis 50 cm langen Darmalgen *(Enteromorpha)*. Sie verankern sich mit Hilfe eines Haftorganes an Felsen, Klippen, Schneckenhäusern und Muschelschalen. Oft werden sie von der Brandung losgerissen und in gewaltigen Mengen an den Strand geworfen.

Die Kriechsproßalge *(Caulerpa prolifera)*, die zu den schönsten Algen des Mittelmeeres zählt, heftet sich ebenfalls mit wurzelähnlichen Gebilden (Rhizoiden) am Untergrund fest und entwickelt stamm- und blattähnliche Formen, die an höhere Pflanzen erinnern.

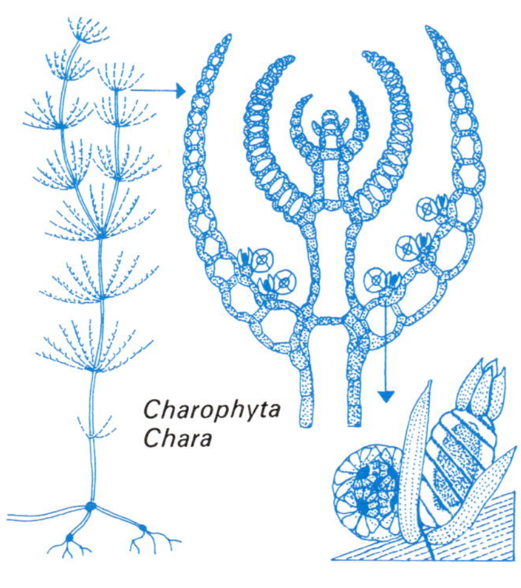

Abteilung
Charophyta – Armleuchtergewächse

Die schachtelhalmähnlichen Armleuchteralgen kommen, von einigen Brackwasserformen abgesehen, ausschließlich im Süßwasser vor und bilden in der Uferzone von Seen, Teichen und

Tümpeln ausgedehnte Wiesen. Mit ihren wurzelähnlichen Rhizoiden sind sie am Untergrund angeheftet und zeigen in ihrem Aufbau eine Art von Stamm, von dem strahlenförmig sog. »Blätter« ausgehen. In ihren Zellwänden enthalten sie reichlich Kalkablagerungen; ihre toten Teile sind dadurch an der Bildung der Seekreide beteiligt. Sie vermehren sich sowohl ungeschlechtlich als auch geschlechtlich. Die Zygoten sind fossil bereits seit dem Devon bekannt.

Phaeophyta

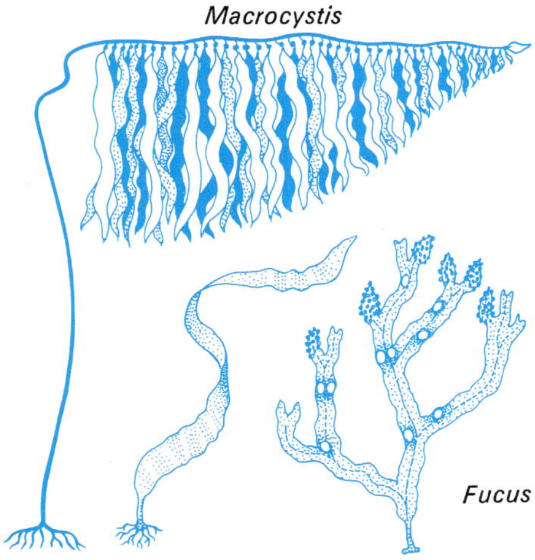

Abteilung
Phaeophyta – **Braunalgen**

Zu den Braunalgen gehört die Mehrzahl der großen Meerestange. Sie verdanken ihren Namen einem dunklen Farbstoff, dem Fucoxanthin, der die grüne Farbe des Chlorophylls überdeckt. Sie erreichen neben kleinen fädigen Formen gewaltige Ausmaße; so hat der Birnentang *(Macrocystis pyrifera)* eine Länge von einigen 100 m, die die der gewaltigsten Bäume übertrifft. In den Brandungszonen felsiger Küsten, an denen sie bevorzugt leben, sind die Braunalgen mit Rhizoiden am Grund verankert. Vielfach erinnern ihre »Stiele« und »Blätter« an die Sprosse höherer Pflanzen und werden Cauloide und Phylloide genannt. Ihre Zellwand besteht aus Zellulose und Pektinstoffen. Als Reserveassimilate werden Mannit und das den Dextrinen verwandte Laminarin eingelagert. Charakteristisch ist der hohe Gehalt an stark quellfähiger Alginsäure. Erwähnung verdienen besonders die Riementang-Arten *(Laminaria)*, die als Quellstifte in der Medizin verwendet werden. Andere ergeben in Ostasien ein beliebtes Gemüse. Aus dem Zuckertang *(Laminaria saccharina)* werden die Kohlenhydrate Laminarin und Mannit sowie die Alginsäure gewonnen. Verschiedene *Lessonia*-Arten bilden an den Küsten der Südkontinente und der Antarktis dichte, untermeerische Wälder. Ihre »Stämme« von 5–8 m Länge stehen an Stärke unseren Birken und Erlen nicht nach. Am oberen Ende tragen sie an Palmen erinnernde blattähnliche Schöpfe. Vor der Küste der Nord- und Ostsee sind auch der Sägetang *(Fucus serratus)* und der Blasentang *(Fucus vesiculosus)* verbreitet. Der letztere hat lederartige, gabelförmig verzweigte Thallusäste, in denen paarweise Luftblasen angeordnet sind, während die des Sägetangs nur gezähnt sind.

Die Tange haben große wirtschaftliche Bedeutung. Aus ihrer Asche werden Jodsalze gewonnen, da einige Arten Jod aus dem Meerwasser anreichern. Frisch angetriebene oder direkt geerntete Massen werden, wie schon in früheren Zeiten, in küstennahen Gebieten gesammelt und zu Dünger und Futtermitteln verarbeitet. In manchen Gegenden, z. B. in Japan, sind einige Arten wichtige Nahrungsmittel. Der Gehalt an Alginaten (Verbindungen mit der Alginsäure) wirkt im Boden strukturverbessernd, besonders auf ehemaligen Baustellen und anderen Rohbodenflächen. Alginate werden auch zu Klebstoffen, Appreturen, Haftmitteln für Pflanzenschutzpräparate und zu magenfüllenden, unverdaulichen Massen für Abmagerungskuren verarbeitet.

Rhodophyta

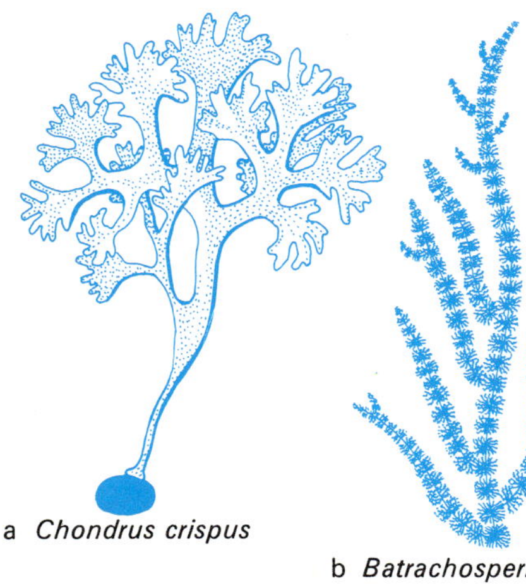

a *Chondrus crispus*

b *Batrachospermum*

Abteilung
Rhodophyta – **Rotalgen**

Die Rotalgen erhalten ihre Färbung durch die beiden Farbstoffe Phycoerythrin und Phycocyan, die das Chlorophyll überdecken. Diese Pigmente erlauben ihnen ein Leben in großen Tiefen, die andere Algen nicht mehr erreichen können. Die allein in größere Tiefen vordringenden violetten Strahlen des Sonnenlichts werden am besten von roten Farbstoffen absorbiert, die anderen Farben des Spektrums werden schon in den oberen Wasserschichten weggefiltert. Nur wenige Arten leben im Süßwasser, alle anderen mannigfaltigen Formen im Meer, z. B. als einfache oder verzweigte Zellfäden, die bei den meisten Arten zu einem Geflecht verbunden sind, aber auch als strauch-, band-, blatt-, scheiben- oder knollenförmige Formen. Sie erreichen nie die riesigen Ausmaße der Braunalgen.

Ihre Fortpflanzung vollzieht sich sowohl geschlechtlich als auch ungeschlechtlich durch Sporen. Meist findet ein komplizierter Generationswechsel statt; einige haben sogar drei aufeinanderfolgende Phasen im Fortpflanzungszyklus.

Im nördlichen Atlantischen Ozean kommen zwei etwa 10 cm große, gabelig verzweigte Arten vor, die das »Irländische Moos« bilden, das als Carrageen, ein in manchen Ländern benutztes Nahrungs- und Heilmittel (Hustenmittel), bekannt ist.

Aus einigen an ostasiatischen Küsten verbreiteten Arten (z. B. *Gracilaria* und *Eucheuma*) wird Agar-Agar gewonnen, eine im Wasser quellende Substanz, die als Träger für Bakteriennährböden oder als Gelierstoff, z. B. für Tortenguß, dient. Im Süßwasser findet sich in Gebirgsbächen das fädige *Batrachospermum*, das froschlaichähnliche Massen bildet und bräunlich bis dunkelviolett gefärbt ist (Froschlaichalge!).

Abteilung
Myxomycetes – **Schleimpilze**

Die Schleimpilze sind eigenartige saprophyte Organismen, von denen man lange Zeit nicht wußte, ob sie dem Tier- oder Pflanzenreich zuzuordnen seien. Ihren Namen haben sie daher,

daß ihr Vegetationskörper aus einer nackten, schleimigen Plasmamasse, dem Plasmodium, besteht, die zahlreiche Zellkerne umschließt. Wie die Amöben haben sie die Fähigkeit, Scheinfüßchen (Pseudopodien) auszubilden und sich damit über Boden, Blätter, Holz usw. fortzubewegen. Bei einem Wechsel der Umweltbedingungen, z. B. Austrocknen des Bodens, setzt sich das Plasmodium fest und bildet »Fruchtkörper« (Sporangien), die manchmal schöne Formen und überaus lebhafte Farben zeigen und eine riesige Menge von Sporen enthalten. Diese werden vom Wind verbreitet und keimen, sobald sie auf einen feuchten Nährboden fallen, d. h. sie bringen eine neue Zelle hervor, die sich mit Hilfe einer Geißel fortbewegen kann. Nach einiger Zeit wird diese durch Scheinfüßchen ersetzt. Solche »unechten Amöben« (Myxamöben) können sich paarweise (sexuell) vereinigen, wonach sich der Zellkern mehrmals teilt und sich ein neues Plasmodium bildet.
Zu den bekanntesten Schleimpilzen zählt die Lohblüte *(Fuligo varians)*, die bis zu 30 cm lange, lebhaft gelb gefärbte Plasmodien besitzt und oft auf der Eichenlohe in Gerbereien anzutreffen ist.

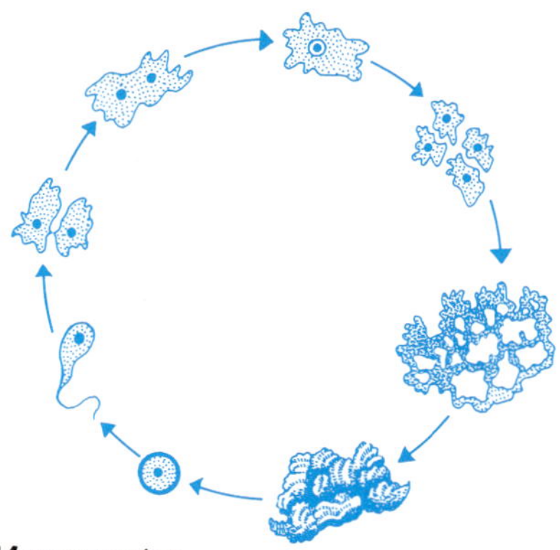

Myxomycetes
Entwicklungszyklus

Abteilung
Fungi – **Pilze**

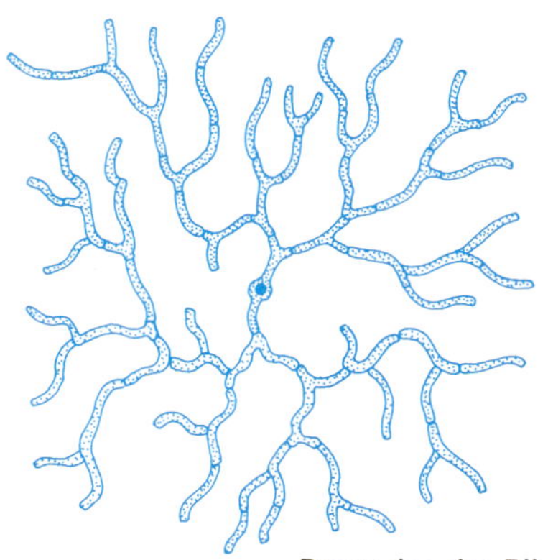

Bauweise der Pilze
Pilzthallus von Mucor

Pilze sind wie die Algen Lagerpflanzen *(Thallophyta)*. Sie sind chlorophyllose Organismen mit echten Zellkernen und ernähren sich heterotroph, d. h. als Saprophyten von toter oder als Parasiten von lebender organischer Substanz. Ihre Reservestoffe sind meist Glykogen und Fette, nie Stärke.
Von allen Pflanzenarten auf der Erde gehört ein Drittel den Pilzen an. Den Großteil ihrer Formen machen die niedrigen Pilze aus, die im biologischen Zyklus der Erde eine bedeutende Rolle spielen. Sie tragen dazu bei, die Fruchtbarkeit des Bodens zu erhalten, indem sie, wie die Bakterien, tierische und pflanzliche Organismen zersetzen. Ohne ihr Wirken würde der Erdboden von ungezählten Tier- und Pflanzenleichen bedeckt sein. Allerdings findet man unter ihnen auch viele Schädlinge, die z. B. der Landwirtschaft große Verluste zufügen, wie Rost- und Brandpilze, Mehltau u. v. a.

Fortpflanzung der Pilze

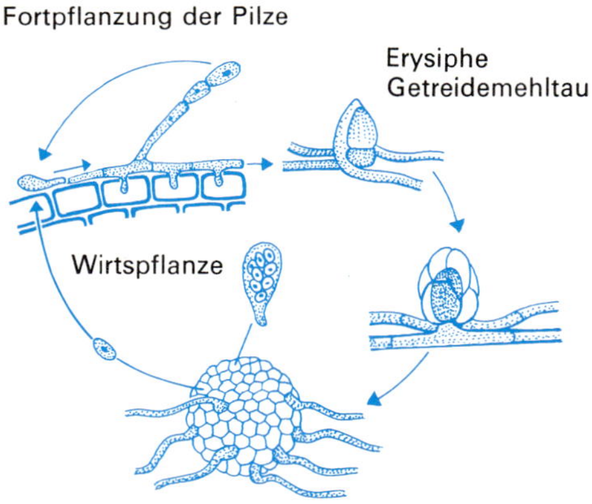

Bauweise der Pilze
Der Körper der Pilze besteht entweder aus einem einzelligen, meist jedoch aus einem mehrzelligen Thallus. Ist der Thallus mehrzellig, besteht er zumeist aus langen Fäden (Hyphen), die infolge reicher Verzweigung ein mehr oder minder dichtes Geflecht bilden können, das Myzel (Mycelium) genannt wird. Die Zellwände bestehen nur selten aus Zellulose, sondern zumeist aus Chitin.
Die Zellen des Myzels führen alle vegetativen Aufgaben der Zellen durch: Nahrungsaufnahme, Atmung und Ausscheidung. Da die Zellen Wände besitzen, muß die Nahrung vor der Aufnahme verflüssigt werden. Dies geschieht durch besondere, vom Myzel ausgeschiedene Enzyme, die sogar sehr hartes Holz auflösen können, indem sie die das Holz bildenden Substanzen in Zucker umwandeln. In bestimmten Fällen können die Hyphen besondere Saugorgane (Haustorien) ausbilden, die in andere Lebewesen eindringen und ihnen die erforderliche Nahrung entziehen.

Die Fortpflanzung der Pilze
Bei den meisten Pilzen kann eine ungeschlechtliche Vermehrung durch Teile von Hyphen (Zellfäden) erfolgen, bei Hefepilzen durch Sprossung, bei im Wasser lebenden Pilzen durch begeißelte Schwärmer (Planosporen, Zoosporen), bei den Landformen vorwiegend durch unbewegliche Sporen (Aplanosporen) oder durch Konidien, d. h. sporenartige Fortpflanzungszellen. Die Konidien werden vom Wind, vom Wasser oder von Tieren verbreitet. Die geschlechtliche Fortpflanzung vollzieht sich in sehr mannigfaltigen Formen: durch Verschmelzung beweglicher oder unbeweglicher Geschlechtszellen (Iso-, Aniso- oder Oogameten), durch Verschmelzung der Geschlechtsorgane ohne Bildung von Geschlechtszellen (Gametangiogamie) oder durch Thalluszellen, die nicht als spezifische Geschlechtszellen differenziert sind (Somatogamie).

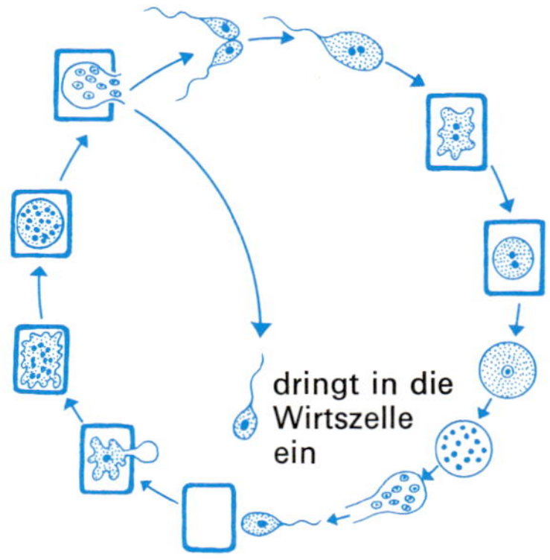

Archimycetes
Olpidium

Klasse *Archimycetes* – Urpilze

Die Angehörigen dieser Klasse besitzen meist kein Myzel. Sie sind nackte Einzeller und leben als Parasiten oder Saprophyten in Pflanzenzellen. Sie entwickeln sich in den befallenen Geweben zu mehrkernigen Plasmodien, die Schwärmsporen, Gameten und Dauersporen bilden. *Plasmodiophora brassicae* verursacht im oberen Wurzelteil von Kohlpflanzen Geschwülste (Kohlhernie). Der Erreger des Kartoffelkrebses *(Synchitrium endobioticum)* kann unter den Lagerkartoffeln verheerende Schäden anrichten.

Klasse *Phycomycetes* – Algenpilze

Die meisten Algenpilze bilden ein gut entwickeltes Myzel. Ihre Hyphen haben keine Querwände und sind deshalb vielkernig, meist schlauchförmig und verzweigt. Niedere Formen sind einzellig. Die Fortpflanzung erfolgt ungeschlechtlich durch Zoosporen und Konidien, geschlechtlich durch Iso- und Anisogamie oder durch Befruchtung der Eizelle bzw. Eikerne durch bewegliche Spermatozoiden (Oogamie = Eibefruch-

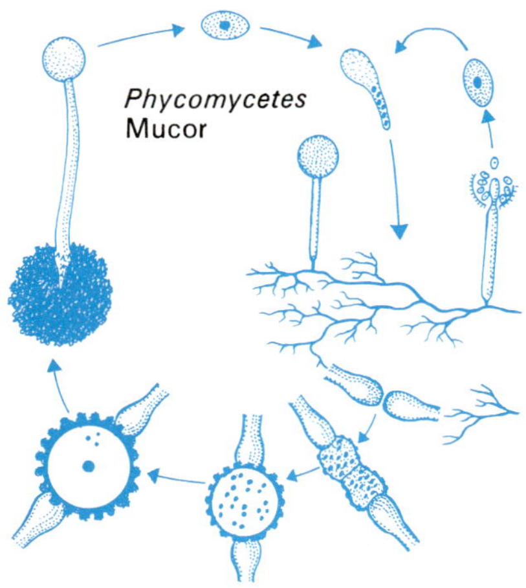

tung). Viele Arten leben im Wasser, andere vegetieren auf dem Erdboden, ziehen aber auch dort feuchte Plätze vor. Einige bilden sogar Fruchtkörper aus wie die höheren Pilze.
Eipilze *(Oomycetales)* sind Arten, die sich geschlechtlich und ungeschlechtlich vermehren und bei denen der Übergang von Wasser- zu Landformen gut beobachtet werden kann. Hierzu gehören z. B. folgende Arten: *Saprolegnia*, an faulenden Pflanzenteilen und Tierleichen lebend, gelegentlich auch parasitisch auf Fischen in Aquarien den Wasserschimmel bildend; *Plasmopara (Peronospora) viticola*, der Falsche Mehltau der Reben, der in Blättern und Beeren schmarotzt (Lederbeeren); *Phytophthora infestans*, die Kraut- und Knollentrockenfäule der Kartoffeln und Tomaten.
Weiter gehören zu den Algenpilzen die *Zygomycetales* oder Jochpilze, die sich vollständig an das Landleben angepaßt haben und keine Zoosporen mehr bilden. Die Gattung *Mucor*, zu der der Köpfchenschimmel gehört, lebt mit ihrem Myzel saprophytisch auf Pferdemist, Brotresten und anderen Abfällen und bildet dichte weiße Schimmelrasen. Sie hat Sporangien auf aufrechtwachsenden Hyphen in Form kleiner, dunkler Köpfchen, die viele unbewegliche Konidien enthalten.
Pilobolus, der auf Pferdemist wächst, bildet Sporangien, die in Richtung des einfallenden Lichts fortgeschleudert werden, wobei sie ihre Sporen entleeren. *Empusa muscae*, der Fliegenschimmel, lebt parasitisch in Stubenfliegen.

Klasse *Eumycetes* – Höhere Pilze

Sämtliche Pilze dieser Gruppe sind Landbewohner. Sie besitzen ein reichverzweigtes Myzel, das im Gegensatz zum Thallus der Algenpilze zellulär gegliedert ist, also über Querwände verfügt. Zum großen Teil bilden die Eumyceten sog. Fruchtkörper aus, die sich deutlich vom übrigen Myzel abheben. Nach der Form der Sporangien, die sich in großer Zahl in den Fruchtkörpern befinden, unterscheidet man zwischen *Ascomyceten* (Schlauchpilze) und *Basidiomyceten* (Basidienpilze). Die Ascomyceten besitzen schlauchförmige Sporenbehälter, die Asci (ascus = Schlauch). Diese stellen die erweiterten Endzellen von fertilen Hyphen dar, in denen zumeist 8 Ascosporen gebildet werden. Bei den Basidiomyceten sehen wir an ihrer Stelle die Basidien, gleichfalls erweiterte Endzellen, die jedoch 4 Fortsätze tragen (Sterigmen), in denen sich je eine Basidiospore befindet. Der Bildung von Asco- sowie Basidiosporen gehen sexuelle Vorgänge voraus.

Unterklasse: *Ascomycetes* – Schlauchpilze

Ascomycetes
Claviceps purpurea

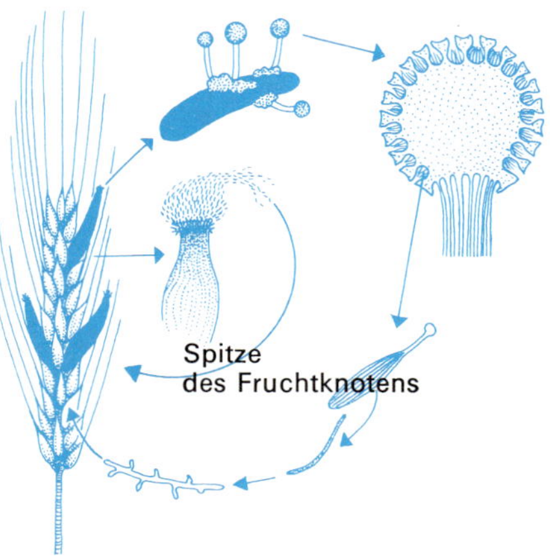

Die Schlauchpilze haben ein stark entwickeltes Myzel mit meist vielzelligen Hyphen. Die Zellen sind einoder mehrkernig, die Zellwand ist chitinhaltig. In den Sporenbehältern oder Schläuchen (Asci) erfolgt die Kernverschmelzung (Karyogamie), danach die Reduktionsteilung. Dabei entstehen zumeist 8 haploide Ascosporen, die rund, oval, länglich oder fadenförmig sein können. Die Asci stehen selten einzeln. Meist sind sie zu vielen in hochdifferenzierten, vielgestaltigen Fruchtkörpern zur Fruchtschicht (Hymenium) vereinigt, die häufig von sterilen Hyphen (Paraphyen) durchsetzt wird. Nicht selten überwiegt die ungeschlechtliche Vermehrung durch Konidienbildung. Zu den Schlauchpilzen zählen nur wenige eßbare Pilze, u.a. Morcheln, Lorcheln und Trüffeln.
Gefürchtete Schädlinge sind die Arten der Gattung *Sclerotinia*, die Blätter und Früchte von Obstbäumen befallen. Äußerst schädlich in der Landwirtschaft, für den Arzt jedoch ein wichtiges Heilmittel, ist der Mutterkornpilz *(Claviceps purpurea)*, der hochgiftige Alkaloide enthält.
Große Schäden richten auch die echten Mehltauarten an, die die Blätter der Getreidearten, Hülsenfrüchtler, Rosen, Obstbäume und vieler anderer Pflanzen mit einer weißen Schicht überziehen (»Mehltau«, Weiße Krankheit), vor allem der Echte Rebenmehltau *(Uncinula necator)*, der die Weinernte weiter Gebiete völlig vernichten kann. Arten der Gattung *Venturia* rufen Schorfkrankheiten an Obstbäumen hervor, den Krebs der Obstbäume der Schlauchpilz *Nectria*. Die Kräuselkrankheit der Pfirsichblätter wird durch Vertreter der Gattung *Taphrina* verursacht. Hierher gehören auch die Schimmelpilze, deren Entwicklung man auf Obst, Marmelade, Brot usw. beobachten kann. Aus *Penicillium notatum* wird das Penicillin gewonnen, das aus der Heilkunde nicht mehr wegzudenken ist. Auch die Hefepilze *(Saccharomycetes)* sind Schlauchpilze, die die alkoholische Gärung verursachen (s. dort) und als Bierhefe *(Saccharomyces cerevisiae)* sowie Weinhefe *(S. ellipsoides)* bekannt sind.

Unterklasse *Basidiomycetes* – Ständerpilze

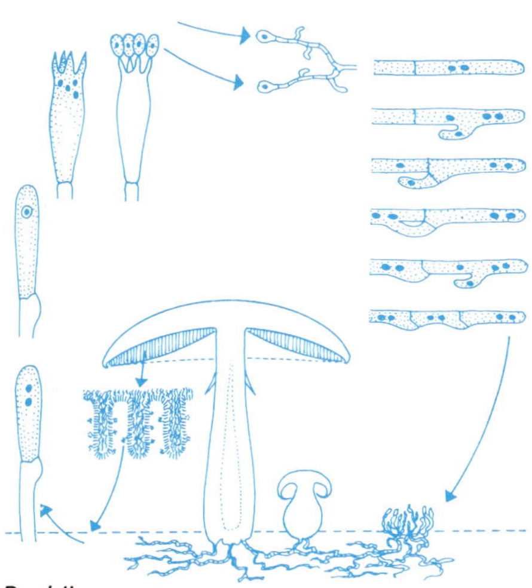

Basidiomycetes
Champignon

Zu den Ständerpilzen gehören die meisten Speisepilze, aber auch die gefährlichsten Giftpilze. Sie besitzen ein vielzelliges Myzel mit Zellwänden aus Chitin. Ihr Hauptkennzeichen sind die Basidiosporen, die den sog. Ständern (Basidien) aufsitzen und in diesen durch Karyogamie und Reduktionsteilung entstehen.
Das sporentragende Hymenium befindet sich bei den Hutpilzen auf der Unterseite des Hutes. Entweder überzieht es leistenartige Lamellen, die vom Stiel zum Hutrand verlaufen, oder es kleidet eine Fülle kleiner Poren bzw. Röhren aus. Dementsprechend unterscheiden wir zwischen Lamellen- oder Blätterpilzen *(Agaricaceae)* und Röhrenpilzen *(Boletaceae)*. Zu den Blätterpilzen gehören z. B. der in unseren Wäldern wachsende gelbe Pfifferling *(Cantharellus cibarius)* und der auf Viehweiden vorkommende Edelpilz oder Champignon *(Psalliota campestris)*, der als einziger Speisepilz in großen Mengen kultiviert wird. Beide sind hervorragend im Geschmack. Der Schirm- oder Parasolpilz *(Lepiota procera)* ist in seiner Jugend eßbar, ebenso der Tintenpilz *(Coprinus comatus)*, dessen Hüte im Alter zu einer schwarzen tintenähnlichen Flüssigkeit zerfließen. Extrem giftig sind unter den Agaricaceen die Knollenblätterschwämme *(Amanita*-Arten), deren Hutstiel an der Basis eine knollenähnliche Verdickung zeigt. Sie sind schon oft mit dem Champignon verwechselt worden. Zur Gattung Amanita gehört auch der giftige Fliegenpilz *(A. muscaria)*.
Unter den Röhrenpilzen sind die eßbaren Steinpilze *(Boletus edulis)* und Butterpilze *(B. luteus)* weithin bekannt. Nicht verwechselt werden darf der Steinpilz mit dem ähnlich aussehenden Satanspilz *(Boletus satanas)*, der, wie sein Name schon andeutet, äußerst giftig ist. Gefürchtete Holzzerstörer sind die wohlschmeckenden Stockschwämmchen *(Pholiota mutabilis)* und der Hallimasch *(Armillaria mellea)*. Ein parasitischer Röhrenpilz ist der Feuerschwamm *(Fomes fomentarius)*, dessen Fruchtkörper konsolenartig aus Baumstämmen hervorwächst, und der gefürchtete holzzerstörende Hausschwamm *(Merulius lacrymans)*.
Alle bisher aufgeführten Basidienpilze werden in der Ordnung der *Hymenomycetales* (Hautpilze) zusammengefaßt. Eine weitere Ordnung bilden die *Gasteromycetales* oder Bauchpilze. Bei diesen befindet sich das Hymenium im Innern kugel- oder keulenförmig geschlossener Fruchtkörper. Zu den Bauchpilzen zählen z. B. die Stinkmorchel *(Phallus impudicus)* und die Boviste. Ebenfalls zu den Ständerpilzen werden die Rostpilze *(Uredinales)* und die Brandpilze *(Ustilaginales)* gezählt, die gefährlichsten Schmarotzer unserer Getreidearten.

Anhang *Lichenes* – Flechten

Lichenes
Querschnitt durch eine Flechte

Die Flechten sind die absonderlichsten unter den niederen Pflanzen. Sie sind Doppelwesen, die aus Fäden aneinandergereihter Zellen ohne Chlorophyll bestehen, die den Hyphen von Pilzen entsprechen, und aus chlorophyllführenden Zellen, die sich in einer besonderen Schicht zwischen den Hyphen befinden oder über den ganzen Pflanzenkörper verteilt sind. Die letzteren stammen von Arten der Grün- *(Chlorophyta)* und Blaualgen *(Cyanophyta)*, die mit Hyphen der Schlauchpilze *(Ascomycetes)*, selten der Algen- *(Phycomycetes)* oder Ständerpilze *(Basidiomycetes)* eine Lebensgemeinschaft eingegangen sind. Mit Hilfe der chlorophylltragenden Algen verwerten die Flechten die Sonnenenergie, während die Pilze Wasser und Nährsalze besorgen.
Die Vermehrung der Flechten ist nur vegetativ möglich, d. h. durch Bruchstücke oder Soredien, die aus Pilzfäden mit Algenzellen bestehen (vgl. Kap. Sonderformen). Zu bestimmten Zeiten bilden sich auf den Thalli jedoch auch Fruchtkörper, die denen der Ascomycetes entsprechen und eingesenkt krugförmig (Perithecien) oder offen scheibenförmig (Apothecien) sein können und die allein von den Pilzen gebildet werden. Die keimenden Sporen müssen dann auf geeignete Algen treffen.
Als erste Ansiedler auf kahlen Felsen, kargem Sand und Ödland sind sie Pioniere der Pflanzenwelt. Ihr Hauptverbreitungsgebiet sind die Länder der nördlichen Regionen, wo sie vor allem als Laub- und Strauchflechten vorkommen. In den Tropen treten sie zumeist als rindenbewohnende Krustenflechten auf. In unserer Heimat finden sich vor allem die Schriftflechten *(Graphis)*, die als Krustenflechten an Bäumen, Felsen sowie am Erdboden dünne Überzüge bilden, als Laubflechten die graue Rindenflechte *(Parmelia physodes)*, die laubartig und gelappt ist und Stämme und Zweige überzieht. Als Strauchflechten hängen von den Ästen alter Gebirgsbäume die Bartflechten *(Usnea)* in langen Strähnen herab. Auf trockenen Heideflächen und am Boden lichter Gebirgswälder wächst das Isländische Moos *(Cetraria islandica)*, das ein Heilmittel bei Krankheiten der Atmungs- und Verdauungsorgane liefert.

Abteilung
Bryophyta – Moose

Bryophyta
Brunnenlebermoos
(Marchantia)

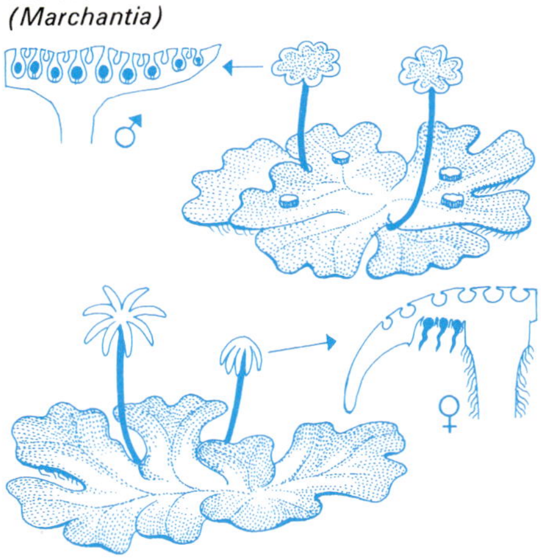

Obwohl einige Moose im Wasser leben, sind sie doch zumeist reine Landbewohner und auf der ganzen Erde verbreitet. Sie sind chlorophyllhaltig, autotroph und durch einen deutlich ausgeprägten Generationswechsel gekennzeichnet. Die geschlechtliche Generation, der (haploide) Gametophyt, entwickelt sich aus der Spore, die zunächst einen fadenförmigen Vorkeim (Protonema) bildet. Er hat das Aussehen von fadenförmigen Grünalgen und wurde auch bis zum vorigen Jahrhundert noch mit solchen verwechselt. Aus dem Vorkeim bildet sich dann die eigentliche haploide Moospflanze, die zumeist in Stämmchen und Blättchen gegliedert ist. Sie besitzt keine echten Wurzeln, sondern lediglich Wurzelhaare (Rhizoide), mit denen sich die Moose an der Unterlage festheften und auch Wasser und Nährsalze aufnehmen.
Die Moosblättchen, die länglich, rund oder – bei vielen Lebermoosen – gelappt sein können, sind verschieden angeordnet: schraubenförmig oder in vertikalen Reihen am Stamm verlaufend. Sie sind an der Aufnahme des Wassers in viel höherem Maße beteiligt als die Wurzelhärchen.
Auf den Stämmchen entwickeln sich weibliche Archegonien, die die Eizelle enthalten, und männliche Antheridien, aus denen die bewimperten Spermatozoiden hervorgehen. Bei der Befruchtung, zu der unbedingt Wasser erforderlich ist, dringt jeweils ein Spermatozoid in eine Eizelle ein. Nach der Befruchtung entwickelt sich aus dieser die ungeschlechtliche (diploide) Generation, der Sporophyt, der auf dem haploiden Pflänzchen bleibt und von diesem zum größten Teil miternährt wird. Er besteht aus einem ziemlich starren, kürzeren oder längeren Stiel (Seta), der die Sporenkapsel (Sporangium) trägt, in der sich nach der Reduktionsteilung zahlreiche haploide Sporen entwickeln. Fallen die Sporen nach der Reife auf ein geeignetes Substrat, so bilden sie wieder einen Vorkeim, und der Zyklus beginnt von neuem.

Klasse *Hepaticae* – Lebermoose

Sehr viele Lebermoose (Name: *Hepaticae*; griech. hepar = Leber), die bevorzugt nasse Standorte besiedeln, haben das Aussehen flacher Thalli von rötlichgrüner oder violetter Farbe. Die Arten der bekanntesten Gruppe zeigen sich als verschieden stark gewellte, gespaltene oder verzweigte Bänder, die meist einer Unterlage aufliegen, z. B. das Brunnenlebermoos *(Marchantia polymorpha)* und der zierliche Kammkelch *(Lophocolea)*. Das erste findet sich häufig an feuchten Mauern, in Gräben und an ähnlichen Orten. Es ist blattartig gelappt und galt früher als Mittel gegen Leberleiden. Auf den lappenförmigen Thalli bilden sich oft kleine Becher, sog. Brutbecher, aus denen neue Pflanzen entstehen können. Der Kammkelch hat zweizeilig angeordnete Blättchen; er ist auf feuchtem Boden und auf morschen Baumstümpfen zu finden.

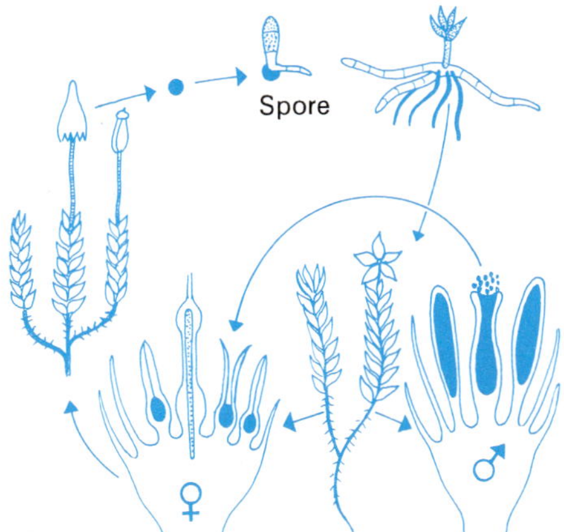

Bryophyta
Goldenes Frauenhaar
(Polytrichum commune)

Klasse *Musci* – Laubmoose

Die Laubmoose nähern sich in Struktur und Aussehen bereits den höheren Pflanzen, da sie vielfach aufrechtwachsende Stämmchen mit Blättchen bilden. Ihre Sporenkapsel (Sporangium), die auf einem meist gelblichen oder rötlichen Stiel (Seta) sitzt, wird von einem halbkugeligen, konisch zulaufenden, runden Deckel verschlossen und bei einigen Gattungen zusätzlich durch eine Kapuze (Calyptra) geschützt, die von den Archegonien abstammt. Oft ist diese seidig behaart, z. B. beim Goldenen Frauenhar *(Polytrichum commune)*, und verleiht dem Moos dadurch ein besonders schönes Aussehen. Sind die Sporen reif, fallen Kapuze und Deckel ab und geben die Kapselöffnung frei, die häufig mit einer Membran, zumeist jedoch mit ein bis zwei Zahnkränzen (Peristom) versehen ist. Die Zähnchen sind hygroskopisch (feuchtigkeitsempfindlich) und steuern, indem sie zusammenschrumpfen (bei Sonne) oder aufquellen (bei Regen), den Ausstoß der Sporen.

Auf allen Kontinenten sind Laubmoose anzutreffen, von den arktischen Tundren bis in die Tropen, von der Wüste bis in die Hochgebirge hinauf. Oft besiedeln sie sogar Baumstämme und -zweige. Da viele von ihnen nicht nur kälteunempfindlich sind, sondern auch stark austrocknen können, ohne abzusterben, siedeln sie sich vielfach an Stellen an, die arm an Nährstoffen sind (Felsen, Baumstämme, Dächer usw.), und wo höhere Pflanzen nicht leben können. Zusammen mit den Flechten zählen sie daher an solchen Orten zu den ersten pflanzlichen Ansiedlern überhaupt, indem sie ihre Nahrung dem Regenwasser entnehmen, das auf seinem Weg z.B. über die Felsen geringe Mengen von Salzen aus der Luft aufnimmt.
Unter den Waldmoosen ist neben dem Haarmoos oder Goldenen Frauenhaar das fast weiße bis bläulichgrüne Weißmoos *(Leucobryum glaucum)* erwähnenswert; es bildet rundliche Polster. Verbreitet sind die bäumchenartigen Sternmoose *(Mnium)*, die Schlaf- und Astmoose *(Hypnum)*, die besonders in den Heiden und im Hochgebirge dichte Rasen bilden, und das Waldmoos *(Hylocomium)*. In Mooren sind die verschiedenen Sumpf- oder Torfmoose *(Sphagnum)* in der Vegetation vorherrschend.

Abteilung
Pteridophyta – **Farnpflanzen**

Von den Moosen unterscheiden sich die Farnpflanzen dadurch, daß sie echte Wurzeln und Sprosse ausbilden, die von Leitungsbahnen, den sog. Gefäßbündeln, durchzogen sind. Eine weitere Unterscheidung besteht darin, daß bei den Farnpflanzen, die wie die Moose einen charakteristischen Generationswechsel aufweisen, der Gametophyt immer sehr klein ist, während der oft mit stark entwickelten Wurzeln, Sprossen und Blättern ausgestattete Sporophyt als »Farnpflanze« dem Laien bekannt ist. Der haploide Gametophyt oder Vorkeim (Prothallium) trägt wie bei den Moosen Antheridien und Archegonien.
Wenn sich die Spermatozoiden von dem kugeligen oder länglichen Antheridium abgelöst haben, schwimmen sie mit Hilfe von Wimpern auf Tau- oder Wassertropfen zu den Archegonien. Diese sondern einen farblosen Schleim ab, der die Schwärmer anzieht; sie dringen durch die Öffnung an der Spitze in sie ein und befruchten die Eizelle. Da Moose und Farne über ganz ähnlich gebaute Geschlechtsorgane verfügen, werden sie auch unter der Bezeichnung Archegoniaten zusammengefaßt. Aus der befruchteten Eizelle (Zygote) entsteht der Sporophyt, der die ungeschlechtliche Generation verkörpert. Er bringt in seinen Sporangien nach einer Reduktionsteilung (Meiose) haploide Sporen hervor (s. auch »Generationswechsel«).
Von den Pteridophyta sind zahlreiche fossile Reste bekannt geworden, die davon Zeugnis ablegen, daß sie ihre größte Ausbreitung und Mannigfaltigkeit im Karbon und Perm erreichten, also vor etwa 265 bis 200 Mio. Jahren. Danach starben mehrere größere und kleinere Gruppen aus, während sich die Farne *(Filicinae)* erst seit der Kreidezeit stärker entwickelten.

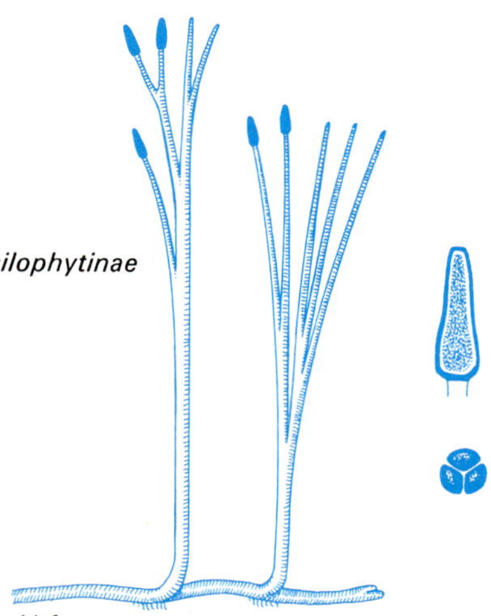

Urfarn
Rhynia

Klasse *Psilophytinae* – Urfarne

Zu dieser Klasse gehören fossile Farnpflanzen mit einfacher Organisation. Es sind die ältesten mit Leitbündeln ausgestatteten Landpflanzen, krautige Pflanzen mit aufrechten, gabelig verzweigten Stengeln. Ihre primitivsten Vertreter, z.B. *Rhynia*, waren noch völlig blatt- und wurzellos. Sie traten im oberen Silur auf und starben zu Beginn des Oberdevon aus.

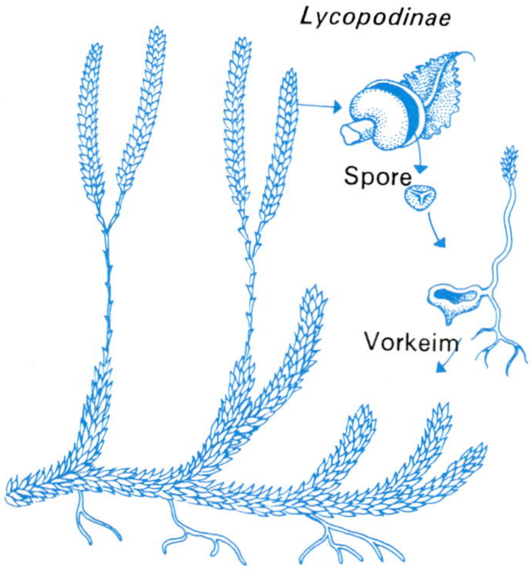

Schlangenmoos
(Lycopodium)

Klasse *Lycopodinae* – Bärlappartige Pflanzen

Die zahlreichen Arten (etwa 400) sind moosartige, immergrüne Kräuter mit gegabelten Sprossen. Ihre Hauptverbreitungszeit erreichten sie im Karbon als Schuppenbäume *(Lepidodendron)* und Siegelbäume *(Sigillaria)*. Offenbar gab es unter ihnen sogar samentragende Formen, die aber bald wieder ausstarben. Die heute noch lebenden Bärlappgewächse, die zahlreich in den Tropen verbreitet sind, sind moosähnliche Pflanzen, die sich in Europa in den Bergwäldern und -wiesen sowie in feuchtem Gehölz finden. Neben dem Schlangenmoos *(Lycopodium annotinum)* ist die wichtigste und bekannteste Art unter ihnen der Kolbenbärlapp *(L. clavatum)*, der besonders in Nadelwäldern auftritt. Sein Sproß ist moosähnlich und gabelig verzweigt mit immergrünen, nadelförmigen Blättchen. Die schuppenförmigen Sporenblättchen schließen sich zu kolbenartigen grünlichgelben, ährenartigen Sporophyllständen zusammen und tragen an ihrem Grund oberseits eine große Sporenkapsel. Wichtig für das Verständnis der Geschlechtsverhältnisse bei Samenpflanzen sind die Moosfarne *(Selaginella)*, die in tropischen Wäldern z.T. in stattlichen Vertretern anzutreffen waren, bei uns nur noch auf Gebirgswiesen in zwei zierlichen, moosähnlichen Formen vorkommen. Ihre Sporangien sind verschieden gestaltet: ein Teil von ihnen stellt Makrosporangien dar, die 4 große Makrosporen enthalten. Die übrigen Sporenbehälter sind Mikrosporangien mit zahlreichen Mikrosporen. Aus den Makrosporen entwickeln sich bei der Keimung Makroprothallien mit Archegonien, aus den Mikrosporen ein wenigzelliges Mikroprothallium mit Antheridien. Der Makrospore von *Selaginella* entspricht bei den Samenpflanzen der Embryosack, der Mikrospore das Pollenkorn.

Klasse *Equisetinae* – Schachtelhalmartige Pflanzen

Der Ackerschachtelhalm *(Equisetum arvense)*, wohl die häufigste heimische Art unter etwa 30 weiteren, die auf der ganzen Erde verbreitet sind, kriecht mit ausläuferartigen Sprossen am Boden und bildet im Frühjahr bis zu 30 cm hohe Triebe von blaßrotbrauner Farbe mit einem hohlen, unverzweigten, längsgefurchten Stengel. Dieser besteht aus mehreren Gliedern, die untereinander durch massive Knoten verbunden sind. An ihnen sitzen kleine, quirlförmig angeordnete Laubblätter, die bis auf die schwarzgefärbten Spitzen miteinander zu Scheiden verwachsen sind. An der Spitze des Stengels befinden sich die Sporophyllstände, die dichtgedrängt in wirteliger Anordnung stehen.
Auf der Unterseite eines jeden schildförmigen Sporenblattes befinden sich meist 6 häutige Sporenkapseln

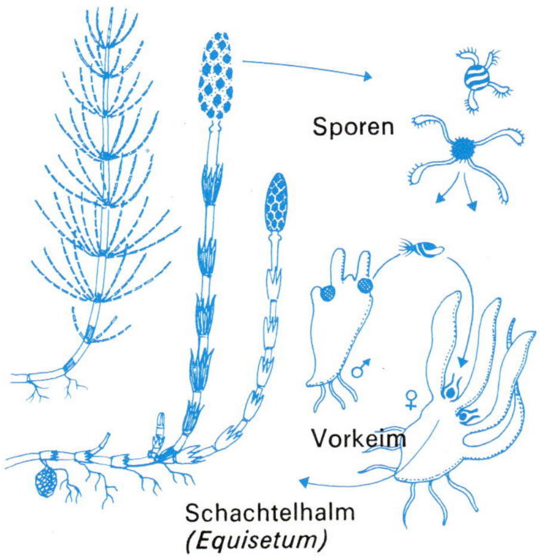

Equisetinae

(Sporangien), in denen die haploiden Sporen reifen, die geschlechtlich differenziert sein können. Diese besitzen je 4 kurze, fadenförmige Spiralbänder (Elateren), die bei feuchter Luft dem Sporenkörper eng anliegen, sich aber bei Trockenheit abspreizen und so die Sporen nach der Reife aus der Kapsel drängen. Sie erzeugen, wenn sie auf einen geeigneten Nährboden fallen, Vorkeime (Prothallien). Da die Sporen, durch die Elateren ineinander verhakt, meist in Gruppen verweht werden und auch nebeneinander keimen, finden sich männliche und weibliche Pflänzchen stets in nächster Nähe, so daß dadurch die Befruchtung der Eizelle in den Archegonien durch die männlichen Spermatozoiden erleichtert wird.
Nachdem die Sporen ausgestreut sind, sterben die chlorophyllfreien Frühjahrstriebe ab. Aus den unterirdischen Sprossen gehen jetzt die Sommertriebe hervor, die reich an Chlorophyll und dadurch imstande sind, den Wurzelstock frisch mit Nährstoffen zu füllen, die vom Frühjahrstrieb aufgebraucht wurden. An seinen Stengelknoten trägt der Sommertrieb Äste, die quirlförmig angeordnet sind und den Pflanzen das Aussehen eines kleinen Tannenbäumchens geben. Die Zellwände der Epidermiszellen haben einen hohen Kieselgehalt, der ihn auffallend scharf und hart macht, so daß die Pflanze von Weidetieren verschmäht wird. Dagegen verwendete man den Ackerschachtelhalm früher zum Scheuern von Zinngefäßen, was ihm den Namen Zinnkraut eintrug. Getrocknet liefert er einen Tee gegen Blasen- und Nierenleiden, so daß er unter die Heilkräuter zu rechnen ist.
Weitere Verwandte des Ackerschachtelhalms sind der viel zartere Waldschachtelhalm *(Equisetum silvaticum)*, bei dem die Frühjahrstriebe nach der Sporenaussaat ergrünen und Seitenzweige treiben, und der Sumpfschachtelhalm *(E. palustre)*, der auf sumpfigen Wiesen und an Gewässern vorkommt. Im Karbon war die Familie der *Calamiten* von baumförmigem Wuchs, deren Stämme 30 m Höhe und 1 m Dicke erreichten.

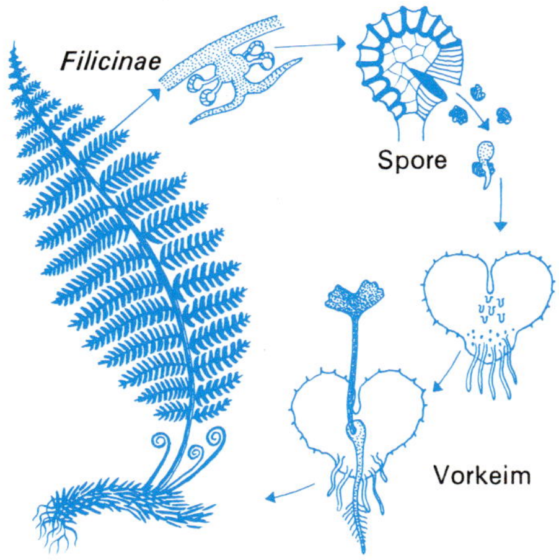

Wurmfarn
(Dryopteris filix-mas)

Klasse *Filicinae* – Farne

Die Farne, die auf der ganzen Erde, besonders in tropischen Gebieten, verbreitet sind (einige Arten, die sog. Wasserfarne, leben auch im Wasser), unterscheiden sich in Form und Größe sehr stark voneinander; es gibt sowohl große Baumfarne als auch sehr kleine Formen. Als Beispiel für die Farne soll der Wurmfarn *(Dryopteris filix-mas)* dienen. An der Unterseite der gefiederten Blätter (Wedel) sitzen rostbraune bis ockerfarbene Pusteln, die Sori genannt werden. Jeder Sorus enthält zahlreiche gestielte, keulenförmige Sporangien, die nach außen hin von einem Häutchen (Indusium) geschützt werden. Bei der Sporenreife reißen sie auf und stoßen die Sporen aus den Sporangien. Die Sporen gehen durch Reduktionsteilung (Meiose) aus Sporenmutterzellen hervor und sind mikroskopisch klein, rötlichbraun, gelblich- oder olivgrün. Aus ihnen entwickelt sich, wenn sie auf feuchten, humusreichen Boden fallen, ein zartes, kleines, grünes, meist herzförmiges Blättchen, der haploide Vorkeim (Prothallium). Auf seiner Unterseite entstehen die Archegonien und Antheridien. Die bewimperten Spermatozoiden aus den Antheridien der Farne benötigen Wasser, um mit dessen Hilfe zu den weiblichen Eizellen in den Archegonien zu schwimmen und diese zu befruchten. Aus ihnen entsteht jeweils wieder ein diploider Sporophyt, die eigentliche Farnpflanze (s. auch Generationswechsel).
Neben dem Gemeinen Wurmfarn, dem bekanntesten Farn, der seinen Namen dem Umstand verdankt, daß aus seinem Wurzelstock früher ein Mittel gegen Bandwürmer gewonnen wurde, sollen erwähnt werden: der Tüpfelfarn *(Polypodium vulgare)*, der an sehr trockenen Orten leben und seine einfach gefiederten, kleinen, derben Blätter sogar den Winter über behalten kann. Seine Sporangienhäufchen werden nicht von einem Indusium geschützt.
Dem Wurmfarn ähnlich ist der Frauenfarn *(Athyrium filix-femina)*, der nur in schattigen Wäldern gedeiht. Streifenförmige Sporangienhäufchen hat die Mauerraute *(Asplenium ruta-muraria)*. Ihre lederartigen Blätter sind meist mehrfach geteilt. Sie lebt in Mauerritzen und Felsspalten. Große, mehrfach geteilte Blätter hat der Adlerfarn *(Pteridium aquilinum)*. Seine Sporenkapseln stehen am Rand der Fiederblättchen; sie werden außer von dem zarten Indusium auch noch durch den umgeschlagenen Blattrand geschützt. Charakteristisch für die Mittelgebirge ist der Rippenfarn *(Blechnum spicant)* mit zwei Formen von Blättern: grünen Laubblättern ohne Sporangien und Sporophyllen mit Sporangien und reduzierter Blattspreite.

Spermatophyta
Samen

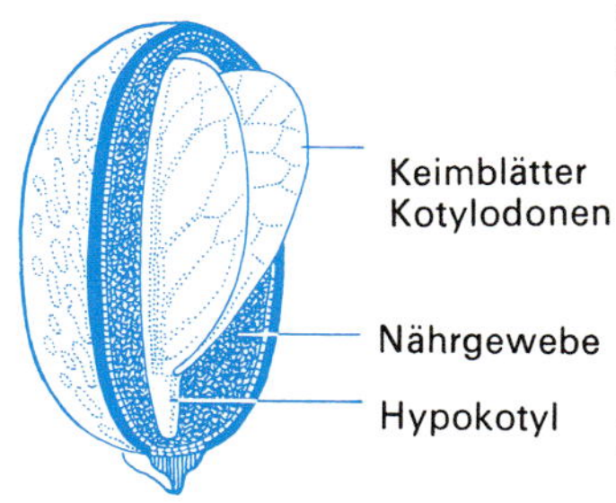

Samen von Ricinus communis, aufgeschnitten, mit Embryo

Abteilung
Spermatophyta – Samenpflanzen

Der Same ist ein der Verbreitung und Arterhaltung dienendes Organ, das aus dem Keimling (Embryo), dem Nährgewebe (Endosperm) und einer mehr oder weniger festen Samenschale (Testa) besteht. Die Samenpflanzen sind durch den Besitz von Blüten und durch Samenbildung ausgezeichnet. Ein Generationswechsel ist äußerlich nicht mehr erkennbar, sichtbar ist nur der diploide Sporophyt. Der haploide Gametophyt ist auf den Embryosack und den Pollenschlauch beschränkt.

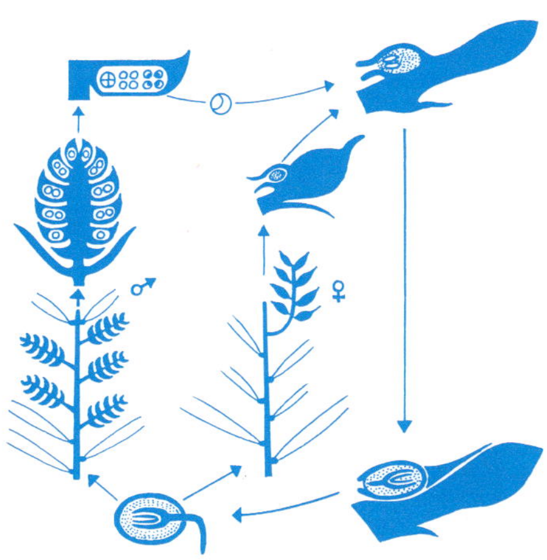

Gymnospermae
weibliche und männliche Blüte, Fruchtschuppen mit Samenanlage

Unterabteilung
Gymnospermae – Nacktsamer

Die Nacktsamer verdanken ihren Namen dem Umstand, daß die Samenanlagen der weiblichen Blüten nicht von einem Fruchtknoten eingeschlossen werden, sondern frei auf den Fruchtschuppen (Samenschuppen) liegen. Diese sitzen gewöhnlich spiralig angeordnet auf einer gemeinsamen Achse und verleihen dem Ganzen das Aussehen eines Zapfens, der später verholzt und z. B. als Tannen-, Fichten-, Kiefernzapfen usw. bekannt ist. Die (männlichen) Staubblüten sind ebenfalls zapfenförmig; sie tragen auf der Unterseite ihrer Schuppenblätter die Staubbeutel. Die einhäusigen Pflanzen werden vom Wind bestäubt (Windblütler).
Fast alle Gymnospermen sind Holzgewächse von großer Mannigfaltigkeit. Sie haben ein sekundäres Dickenwachstum, das auf die Tätigkeit eines Kambiumringes zurückgeht, und zeigen deshalb wie die Laubbäume Jahresringe. Die Nacktsamer sind Pflanzen von hohem Alter, deren erste Fossilien sich schon im Oberdevon finden, also vor etwa 300 Mio. Jahren.

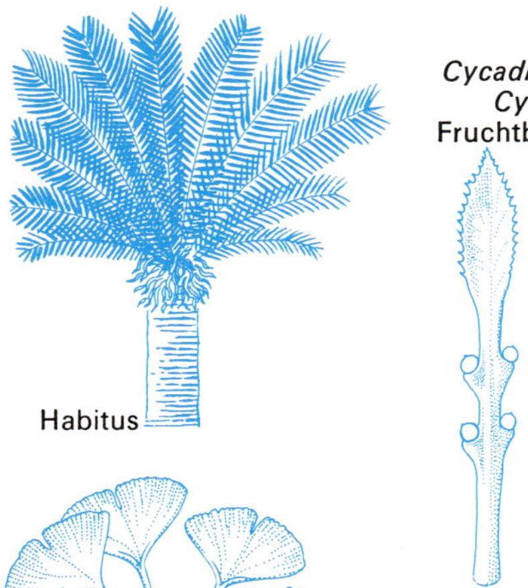

Cycadinae
Cycas,
Fruchtblatt

Klasse *Cycadinae* – Palmfarne

Die Palmfarne lebten in der Triasperiode und hatten ihre größte Verbreitung in der Kreidezeit (vor etwa 130 bis 100 Mio. Jahren). Die einzige Familie, die heute noch übriggeblieben ist, findet sich mit etwa 100 Arten in tropischen und subtropischen Gebieten. Wegen ihrer großen Fiederblätter, die sich am Ende eines knollenförmigen oder säulenartigen Stammes befinden und an Palmwedel erinnern, werden einige Arten bei uns häufig in Gewächshäusern gezogen oder als Zimmerpflanzen gehalten, besonders *Cycas revoluta* aus Java. Die männlichen Blüten dieser zweihäusigen Pflanzen bestehen aus schuppen- oder schildförmigen Blättern, die auf der Unterseite die Pollensäcke tragen. Die weiblichen Blüten bilden große Samen aus, deren Schale (Testa) aus einer dünnen, fleischigen Außenschicht und einer harten Innenschicht aus Sklerenchym besteht. Die Palmfarne werden durch den Wind bestäubt, selten durch Insekten, und sind zweihäusige Pflanzen.

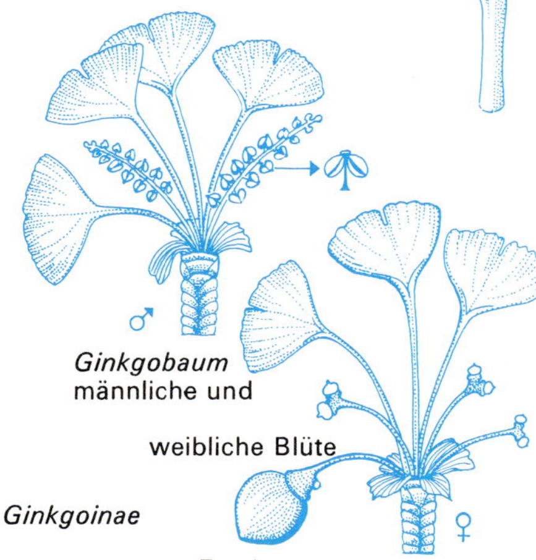

Ginkgobaum männliche und weibliche Blüte

Ginkgoinae

Klasse *Ginkgoinae* – Ginkgogewächse

Die einzige heute noch lebende Art dieser bereits im Perm verbreiteten Klasse ist der Ginkgobaum *(Ginkgo biloba)*. Er ist der »älteste« aller heute lebenden Bäume, der aber nicht mehr wild wächst. In Japan und China wird er seit undenklichen Zeiten in Tempelgärten und Palästen gezogen. Er ist zweihäusig, hat fast das Aussehen eines Laubbaumes, und seine langgestielten Blätter sind zweilappig, fächerförmig und von strahlig verlaufenden, gabelig verzweigten Adern durchzogen. Er wirft die Blätter im Herbst ab. Die weiblichen Bäume tragen stumpfgelbe fleischige Samen, ähnlich einer Mirabelle, die einen harten, süß schmeckenden Kern enthalten und nach ranziger Butter schmecken.

Klasse *Coniferae* – Nadelhölzer

Coniferae bedeutet Zapfenträger und bezieht sich auf die Ausbildung der Blüten. Die männlichen Blüten bilden kleine Zapfen, die bald absterben, während die weiblichen zapfenförmigen Blütenstände für längere Zeit stehenbleiben und verholzen. Der Name Nadelhölzer bezieht sich auf die nadel- oder schuppenförmigen Blätter, die in der Regel mehrere Jahre am Leben bleiben (Ausnahme: Lärche).
Die Nadelhölzer haben ein hohes Alter. Einige von ihnen, die zu inzwischen ausgestorbenen Familien gehören, wuchsen bereits im Karbon und Perm, also vor etwa 200 Mio. Jahren. Heute gibt es nur noch rund 50 lebende Arten, denen eine hohe wirtschaftliche Bedeutung zukommt. Ihr Holz wird als Brennmaterial verwendet, aber auch als Bau- und Werkholz sowie zur Herstellung von Papier und Pappe genutzt. Aus dem Harz gewinnt man das bekannte Terpentinöl, aus den Rückständen bei der Destillation das feste Kolophonium (Geigenharz).

Pinaceae

Rottanne *(Picea exelsa)*

Familie Pinaceae – Kieferngewächse

In dieser Familie werden die wichtigsten waldbildenden Nadelhölzer zusammengefaßt. Zu den Kieferngewächsen, die der Familie ihren Namen geben, zählen u.a. die Kiefer *(Pinus silvestris)*, die ebenso wie die Fichte ausgedehnte Wälder im mittleren und nördlichen Europa bildet. Mit ihrer Pfahlwurzel, die sie tief ins Erdreich senkt, vermag sie selbst trockenen Sandböden noch die zum Leben nötige Feuchtigkeit zu entziehen. Diese anspruchslose Art trägt an ihren Kurztrieben zwei Nadeln. In hohen Lagen der Gebirge wird sie abgelöst von der Bergkiefer oder Legföhre (Sammelart *Pinus mugo*), der charakteristischen Kiefer der Alpen. Ihr Stamm ist in der Jugend mit einer rötlichen Rinde, später mit einer dicken graubraunen Borke bedeckt.
Die Bestäubung erfolgt durch den Wind. Ist die Befruchtung eingetreten, neigen sich die grünen Zapfen während des ersten Jahres nach unten. Im zweiten Jahr verholzen die Fruchtschuppen, im dritten trocknen sie so stark ein, daß sie sich bei sonnigem Wetter abspreizen und die geflügelten Samen entlassen, die vom Wind oft über weite Entfernungen getragen werden. Auch wenn sie samenlos sind, fallen die Zapfen nicht ab.
Die Rottanne oder Fichte *(Picea excelsa)* kann 50 m hoch werden. Sie besitzt im Gegensatz zur Kiefer lange, flach verlaufende Wurzeln, die selbst in seichtem Boden noch Nahrung finden.
Die Weißtanne *(Abies alba)*, auch Edeltanne genannt, ist der Fichte nahe verwandt. Sie ist ein Gebirgsbaum, der jedoch in über 900 m Höhe nicht mehr anzutreffen ist, da der Frost ihm schadet. Als besonderes Unterscheidungsmerkmal gelten die Zapfen der Tanne, die im Gegensatz zur Fichte aufrechtstehen.
Andere Kieferngewächse sind die schon erwähnte Bergkiefer *(Pinus mugo)*, die in den Alpen und höheren Mittelgebirgen Deutschlands wächst, und ihre Zwergform, die Legföhre, auch Knieholz, Krummholz oder Latsche genannt, die auch noch in Höhen gedeiht, in denen kein anderer Baum mehr zu finden ist. Ebenfalls an der oberen Baumgrenze trifft man die Arve oder Zirbelkiefer *(Pinus cembra)*. Die Weymouthskiefer *(Pinus strobus)* mit ihren dünnen, langen Nadeln, die Fünfergruppen bilden, stammt aus Nordamerika, ebenso die Douglasie *(Pseudotsuga douglasii)*, die sich wegen ihrer weichen Nadeln, ihres aromatischen Geruches und der Güte ihres Holzes auch bei uns steigender Beliebtheit erfreut. Die Lärche *(Larix decidua)* ist der häufigste und wichtigste Gebirgsbaum der Alpen und sehr lichtbedürftig. Weitere Kieferngewächse sind die immergrünen Zedern *(Cedrus)*, von denen besonders die Libanonzeder *(Cedrus libani)* im Altertum eine große Rolle spielte, und die Pinie *(Pinus pinea)*, die ein typisch mediterraner Baum und das Wahrzeichen der italienischen Landschaft ist.

Familie Cupressaceae – Zypressengewächse

Die Zypressengewächse sind bekannt durch ihren wichtigsten Vertreter, die Zypresse *(Cupressus sempervirens)*. Sie ist ein charakteristischer Baum des Mittelmeerraumes und hat eine meist spitzkegelige Wuchsform. Ebenfalls zu dieser Familie zählen die Scheinzypressen *(Chamaecyparis)* und der immergrüne Lebensbaum *(Thuja)*, die als Schmuck auf Friedhöfen und in Anlagen angepflanzt werden. Ein immergrüner, zweihäusiger Strauch unserer Heiden und lichten Nadelwälder bis in Höhen von 1800 m ist der Wacholder *(Juniperus communis)*, der selbst noch auf dem unfruchtbarsten Boden wächst. Seine Zapfen bestehen aus 3 Schuppen, die zu blaubereiften fleischigen »Beerenzapfen« werden; jede Schuppe trägt einen Samen.

Familie Taxaceae – Eibengewächse

Die Eibengewächse sind lediglich auf der nördlichen Halbkugel verbreitet und bei uns in nur einer Art bekannt: der Eibe *(Taxus baccata)*. Sie ist heute in unseren Wäldern so selten geworden, daß die wenigen noch vorhandenen Bäume als Naturdenkmäler geschützt werden. Sie ist immergrün, zweihäusig und völlig harzlos. Ihre breiten, dunklen Nadeln sind zweizeilig angeordnet und enthalten ein starkes Gift. Ihr rötliches Holz ist fest, dabei elastisch und für Tischlerarbeiten sehr gesucht. Aus einem Ringwulst am Grund der Samenanlage entwickelt sich ein scharlachroter, fleischiger Samenmantel *(Arillus)*, der den Samen becherförmig umhüllt.

Taxaceae

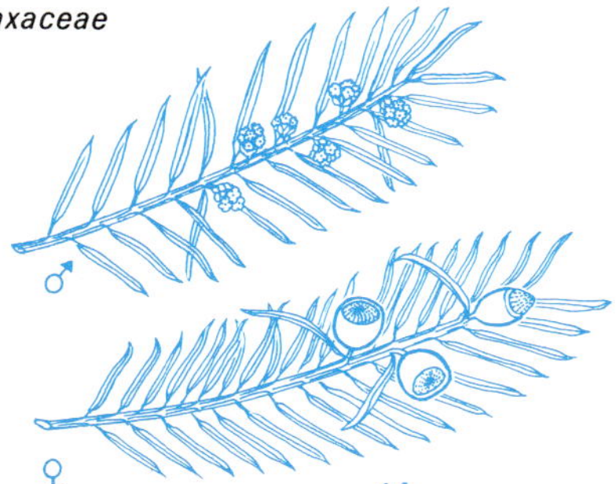

Eibe *(Taxus baccata)*

weibliche Blüte und Frucht im Querschnitt

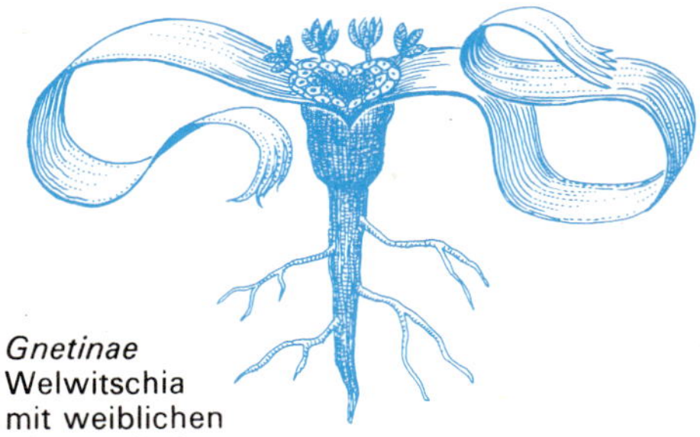

Gnetinae
Welwitschia
mit weiblichen
Blütenständen

Familien Araucariaceae, Taxodiaceae und Podocarpaceae

Hierzu gehören unsere »Zimmertannen« *(Araucaria)* und die Mammutbäume *(Sequoia)* Nordamerikas, die bis zu 100 m hoch werden und ein Alter von 3000 Jahren erreichen können, die Sumpfzypressen im südlichen Nordamerika und die Gattungen *Podocarpus* und *Dacrydium*, die in tropischen und subtropischen Gebirgswäldern Südamerikas, Südafrikas und Südasiens vorkommen.

Klasse *Gnetinae*

In dieser Gruppe werden einige altertümliche Arten zusammengefaßt, die schon viele Beziehungen zu den Bedecktsamern haben. So besitzen sie z. B. im sekundären Holz Tracheen, während die übrigen Gymnospermen nur Tracheiden aufweisen. Zum Teil werden auch schon die Blüten von Insekten bestäubt. In den südwestafrikanischen Wüstengebieten lebt ein bemerkenswerter Vertreter, die *Welwitschia mirabilis*. Diese hat eine mächtige Pfahlwurzel und besitzt in ihrem viele Jahre währenden Leben außer zwei Keimblättern nur zwei Laubblätter, die mehrere Meter lang und einen Meter breit werden können.

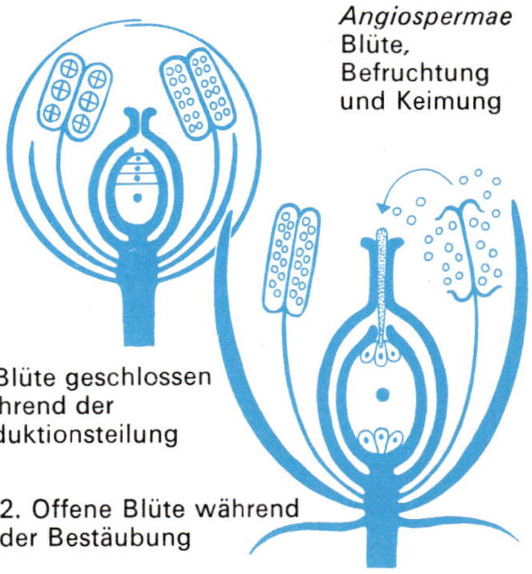

Angiospermae
Blüte,
Befruchtung
und Keimung

1. Blüte geschlossen während der Reduktionsteilung

2. Offene Blüte während der Bestäubung

Unterabteilung
Angiospermae – **Bedecktsamer**

Bei den Bedecktsamern *(Angiospermae)* werden im Gegensatz zu den Nacktsamern *(Gymnospermae)* die Samenanlagen immer von einem aus den Fruchtblättern gebildeten Fruchtknoten umschlossen. Sie sind also »bedeckt«. Da aber bei der Bestäubung der Blütenstaub nicht mehr direkt zur Samenanlage gelangt, ist ein besonderes Organ ausgebildet, das den Pollen aufnimmt, nämlich die Narbe, die sehr vielgestaltig sein kann. Narbe, Griffel und Fruchtknoten sind allesamt Teile des Stempels, der den weiblichen Teil der Blüte darstellt. Der männliche Teil besteht aus dem Staubblatt oder Staubgefäß, das in den Pollensäcken oder Staubbeuteln den Blütenstaub (Pollen) enthält. Die meisten Bedecktsamer verfügen über Chlorophyll. Eine Ausnahme bilden lediglich einige Gattungen von Schmarotzerpflanzen, die auf organische Nahrung angewiesen sind.
Die Angiospermae haben meist vollständige Blätter mit Blattgrund, -stiel und -spreite; sie können aber auch zu Schuppen, Dornen (Kaktusgewächse) oder Ranken entwickelt sein. Die meisten wurzeln im Boden, doch gibt es auch Epiphyten (Überpflanzen), die besonders in tropischen Wäldern auf Bäumen leben, ohne Schmarotzer zu sein. Einige Bedecktsamer sind Wasserpflanzen, und bestimmte Arten (z. B. die Wasserlinse) schwimmen sogar frei auf dem Wasser.
Zu den Bedecktsamern gehört der größte Teil der Nutzpflanzen für die Landwirtschaft, Viehzucht, Gartenbau, Holz-, Textil-, Papier- und Arzneimittelindustrie und besonders für die menschliche Ernährung.

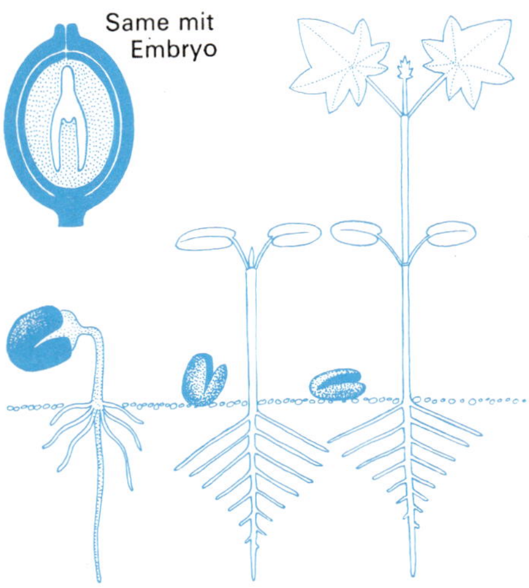

Same mit Embryo

Keimung einer *Ricinus*-Pflanze

Klasse *Dicotyledoneae* – Zweikeimblättrige Pflanzen

Die Bezeichnung »Dicotyledoneae«, die im Jahre 1788 der Botaniker Gärtner geprägt hat, beruht darauf, daß bei der Keimung des Samens zwei Keimblätter (Kotyledonen) entwickelt werden, die bereits im Samen vorgebildet sind und eine einfachere Struktur haben als die nachfolgenden Laubblätter. Die einkeimblättrigen Pflanzen bilden dagegen nur ein Keimblatt aus. Die primäre Wurzel bleibt als Hauptwurzel meist erhalten. Für zweikeimblättrige Pflanzen ist auch das Auftreten des sekundären Dickenwachstums charakteristisch, das in dieser Form den Einkeimblättrigen fehlt.
Die Dikotylen kann man nach dem Vorhandensein und der Ausbildung der Blütenhülle gliedern in die:
Dialypetalae oder *Dichlamydeae*: Das Perianth ist vorhanden, und zwar in einen Kelch und eine immer freiblättrige Krone gegliedert (z. B. bei den *Rosaceen, Cruciferen, Papilionaceen, Geraniaceen*, vielfach auch in der Ordnung der *Polycarpicae*, bei vielen *Ranunculaceen* usw.);
Apetalae oder *Monochlamydeae*: Das Perianth fehlt oder ist (wenigstens in den meisten Fällen) einfach und unscheinbar (z. B. bei den *Betulaceen, Fagaceen, Salicaceen, Urticaceen*);
Die Monochlamydeen und Dichlamydeen werden häufig wegen ihrer – soweit vorhanden – freiblättrigen Krone als *Choripetalae* zusammengefaßt. Bei den *Sympetalae* ist das Perianth ebenfalls in Kelch und Krone gegliedert, aber diese ist verwachsenblättrig (z. B. bei den *Primulaceen, Labiaten, Rubiaceen, Compositen* usw.).

Unterklasse *Choripetalae* – Pflanzen mit getrenntblättriger Blumenkrone

Dichlamydeae – Pflanzen mit doppelter Blütenhülle

Die Blütenhülle ist meist deutlich gegliedert in Kelch und eine getrenntblättrige, meist auffallend gefärbte Blütenhülle. Nachstehend werden folgende Ordnungen behandelt: *Polycarpicae, Rosales, Leguminosae, Myrtales, Rhoeadales, Parietales, Guttiferales, Columniferae, Gruinales, Terebinthales, Celastrales, Rhamnales, Umbelliflorae.*

Ordnung Polycarpicae

Die Polycarpicae umfassen eine große Gruppe von Holzpflanzen und Kräutern. Sie stehen am Anfang der Dikotylen, weil sie in mancher Beziehung als sehr primitiv erscheinen. Der Name Polycarpicae (= Vielfrüchtige) weist darauf hin, daß an der Blütenachse eine größere Zahl von Fruchtblättern (Karpellen) vorhanden sein kann, von denen jedes allein ein Früchtchen bildet, meist als »Balg« oder Nüßchen. Auch die Zahl der Staubblätter ist in der Regel groß (Polyandrie). Als ursprüngliches Merkmal ist weiterhin in manchen Fällen eine deutlich verlängerte Blütenachse zu erkennen, so bei der Magnolie, an der die Organe, wie bei den Gymnospermen, meist in spiraliger

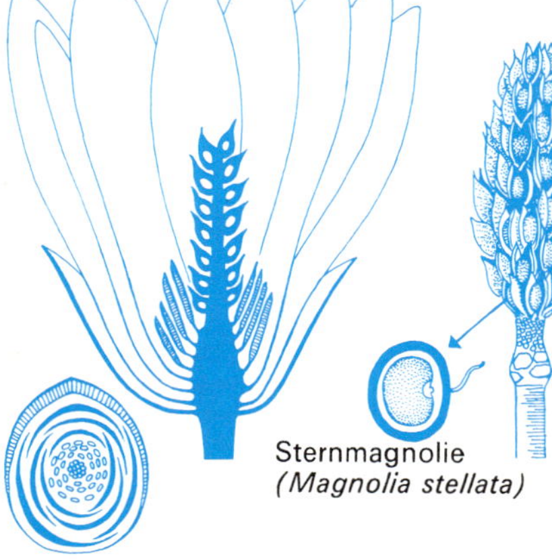
Magnoliaceae
Sternmagnolie (*Magnolia stellata*)

Lauraceae
Zimtbaum (*Cinnanomum*)

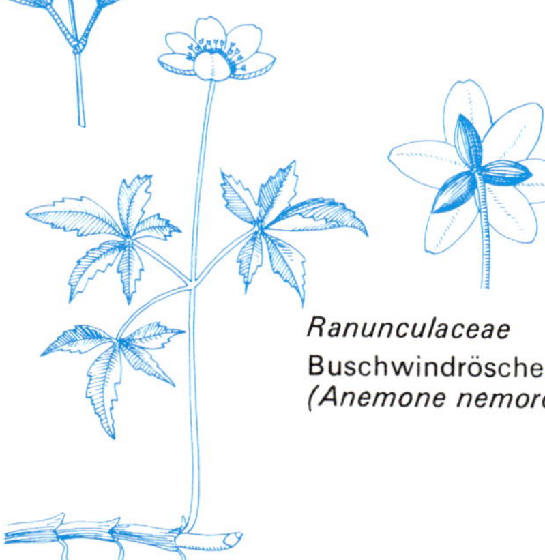
Ranunculaceae
Buschwindröschen (*Anemone nemorosa*)

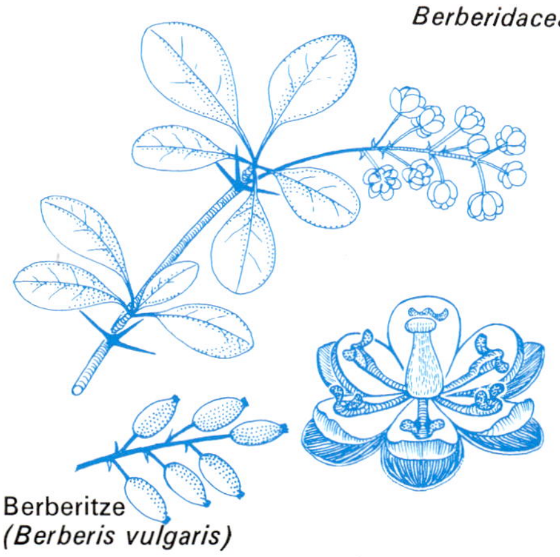
Berberidaceae
Berberitze (*Berberis vulgaris*)

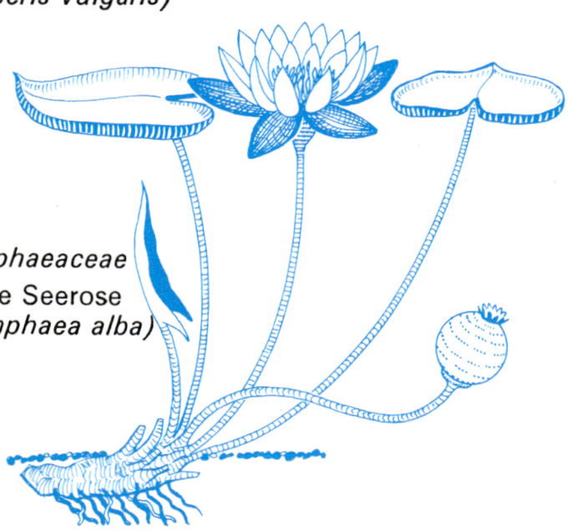
Nymphaeaceae
Weiße Seerose (*Nymphaea alba*)

Anordnung sitzen. Die Blüten sind – im Gegensatz zu den Gymnospermen – in den meisten Fällen zwittrig und werden von Insekten bestäubt.

Familie Magnoliaceae – Magnoliengewächse

Eine durch Süd- und Ostasien wie das östliche Nordamerika weit verbreitete, hauptsächlich Holzpflanzen enthaltende Familie mit großen, meist spiralig gebauten Blüten und einfachen Blättern. Zu dieser Familie gehören ausschließlich Pflanzen, die nicht in Deutschland beheimatet sind. Viele von ihnen zeichnen sich durch besondere Schönheit aus, so die Magnolie (*Magnolia*), ein prächtiger Zierbaum unserer Parks und Anlagen, die aus China stammt und 1780 in Europa eingeführt wurde. Sie öffnet im Frühjahr ihre großen weißen, oft rosa überhauchten und wie dünnes Porzellan wirkenden Blüten. Der Tulpenbaum (*Liriodendron tulipifera*) hat gelbgrüne Blüten, die sich im Sommer öffnen. Er ist in den Wäldern Nordamerikas, aber auch in unseren Gärten und Parks zu finden.

Familie Lauraceae – Lorbeergewächse

Bei dieser Familie kommen in vielen Vertretern ätherische Öle vor. Sie sind in den Tropen und in subtropischen Gebieten weit verbreitet. Charakteristisch für sie sind die stets einfachen, zumeist ledrigen Blätter und die mit 3gliedrigen Organwirteln ausgestatteten Blüten. Die Früchte sind Beeren oder Steinfrüchte. Der Lorbeerbaum (*Laurus*) mit immergrünen Blättern stammt aus dem Mittelmeerraum und war im Tertiär in weiten Teilen Europas verbreitet. Zu den Lorbeergewächsen gehört auch der Zimtbaum (*Cinnamomum ceylanicum* und *C. cassia*), von dem der Zimt stammt, der als fingerdicke, zusammengerollte rotbraune Rindenstückchen in den Handel kommt. Er wächst in Ceylon und China. Aus dem Holz des verwandten Kampferbaumes (*C. camphora*), der in China, Japan und auf Formosa heimisch ist, wird der Kampfer gewonnen, der in der Heilkunde eine Rolle spielt, aber auch in der Zelluloidindustrie verwendet wird. Er wird heute synthetisch hergestellt.

Familie Myristicaceae – Muskatnußgewächse

Diese Pflanzen sind in den Tropen und Subtropen heimisch. Der Muskatbaum (*Myristica fragrans*) stammt ursprünglich von den Molukken. Seine Samen, die »Muskatnüsse«, enthalten ätherisches Öl und werden als Küchengewürz verwendet.

Familie Ranunculaceae – Hahnenfußgewächse

Die Hahnenfußgewächse bilden eine große Familie und sind fast ausschließlich Kräuter oder Stauden, nur selten Holzgewächse. Ihre oft geteilten Blätter sind wechselständig angeordnet und zeigen keine Nebenblätter. Die zweigeschlechtigen Blüten haben entweder einen radiären Bau oder sind zygomorph (d.h. dorsiventral oder bilateralsymmetrisch). Die Blütenhülle kann einfach oder doppelt sein. Zwischen den Blütenhüll- und Staubblättern befinden sich oft besonders gestaltete, zuweilen blumenblattartige Honigblätter, die am Grunde urnenförmige Nektarien tragen (z.B. Hahnenfuß). Staubblätter sind in der Regel zahlreich vorhanden, ebenso Fruchtknoten, von diesen aber manchmal auch nur wenige oder nur ein einziger. Die Frucht ist eine Balg- oder Nußfrucht, selten eine Beere.

Die zahlreichen Arten sind hauptsächlich in den gemäßigten Zonen der nördlichen Halbkugel verbreitet. Viele von ihnen sind giftig, vor allem der Eisen- oder Sturmhut (*Aconitum napellus*) und die Nieswurz (*Helleborus*), andere wieder haben in der Heilkunde Bedeutung, z.B. die Küchenschelle (*Anemone pulsatilla*) und das Wanzenkraut (*Cimicifuga racemosa*). Der Hahnenfuß (*Ranunculus*), der der Familie ihren Namen gegeben hat, besitzt gewöhnlich 5teilige Kelche und Blütenkronen. Die Bestäubung erfolgt durch Insekten. Die Frucht ist eine Schließfrucht (Nüßchen).

Das gelbblühende Scharbockskraut (*R. ficaria*) zeigt sich im Frühjahr in feuchten Gebüschen und auf Wiesen. Seine zarten Blättchen ergeben einen guten Salat. Weiß blüht der Gletscher-Hahnenfuß (*R. glacialis*), der auf Schutt und Moränengeröll noch in 4000 m Höhe zu finden ist. Die Blätter des ebenfalls weißblühenden Wasser-Hahnenfußes (*R. aquatilis*) zeigen unter der Wasseroberfläche eine zarte Fiederung. Andere, die breiter und größer sind, dienen als Schwimmblätter. Die Blüten ragen über die Wasseroberfläche hinaus.

Zu der Gattung Anemone gehören mehrere Frühlingsblüher unserer Laubwälder, so das Buschwindröschen (*A. nemorosa*) mit seiner einfachen Blütenhülle, die aus meist 6 weißen oder rötlich angehauchten Blättern besteht, das gelbblühende Windröschen (*A. ranunculoides*) und das blaue Leberblümchen (*A. hepatica*), das nur bei Sonne seine milchigen Blüten öffnet. Seine lederartigen Blätter haben die Form einer Leber.

Bachränder und feuchte Wiesen überzieht die Sumpfdotterblume (*Caltha palustris*) im Frühjahr mit ihren dottergelben Blüten, die mehrere griffellose Stempel aufweisen. Unter Naturschutz stehen die Küchenschellen (*Anemone pulsatilla*), die auf steinigen Alpenweiden, auf trockenen Hügeln und in lichten Wäldern wachsen (Küchenschelle = Kühchenschelle). Die violetten Blüten der Wiesen-Küchenschelle (*A. pratensis*) bilden hängende Glocken, während die der Gemeinen Küchenschelle (*A. vulgaris*) aufrecht stehen. Ihre seidig behaarten, feingegliederten Blätter erscheinen erst nach der Blüte. Ihre Griffel bilden lange, feine Haarschöpfe, mit deren Hilfe die Früchte nach der Reife einzeln davonfliegen. Ähnliche Früchte besitzt auch die Gemeine Waldrebe (*Clematis vitalba*), eines der wenigen Holzgewächse (Liane) dieser Familie. Mit rankenden Blattstielen klettert sie in Gebüschen und Wäldern an benachbarten Pflanzen empor. Ihre großblütigen Verwandten, ein Schmuck unserer Gärten, Terrassen und Hauswände, stammen aus Südeuropa oder Asien. Geschützt ist das Frühlings-Adonisröschen (*Adonis vernalis*) mit seinen 3–7 cm großen Blüten von leuchtendem Gelb. Es wächst auf sonnigen Hügeln, Heidewiesen und in Kiefernwäldern. Die Wiesenraute (*Thalictrum*) hat reichblütige Trugdolden aus zahlreichen kleinen, violetten Blütchen. Die prächtige Trollblume (*Trollius*), leicht an ihren goldgelben, kugeligen Blüten zu erkennen, ist auf moorigen Wiesen der Bergregionen zu finden. Die Nieswurz, auch Schnee- oder Christrose (*Helleborus niger*) genannt, hat ein schwarzes, stark giftiges Rhizom. Ihre schönen, schneeweißen oder rötlich überhauchten Blüten öffnen sich im Dezember. Zu den giftigsten Pflanzen überhaupt gehört der blaublühende Eisen- oder Sturmhut (*Aconitum napellus*); der blaue Feldrittersporn (*Delphinium consolida*), ein Ackerunkraut, zählt zu unseren schönsten Feldblumen. Sein Nektar befindet sich in einem langen Sporn, der von dem oberen Blütenhüllblatt gebildet wird. Gezüchtete Formen in verschiedenen Farben sind die Gartenrittersporne. Da Staubblätter und Narben zu verschiedenen Zeiten reifen, wird durch die honigsuchenden Insekten stets eine Fremdbestäubung herbeigeführt, ebenso bei der schönblühenden Akelei (*Aquilegia vulgaris*), deren Blütenhüllblätter in 5 aufwärtsgerichtete Sporne verlängert sind. Die Pfingstrose (*Paeonia*) schließlich stammt aus Ostasien.

Familie Berberidaceae – Sauerdorngewächse

Die Sauerdorngewächse sind Stauden oder Holzpflanzen. Als weitverbreiteter heimischer Vertreter ist der Sauerdorn (*Berberis vulgaris*) zu nennen, ein in Hecken und Gebüschen wildwachsender, aber auch angepflanzter, bis 3 m hoher Strauch mit gelben duftenden, hängenden Blütentrauben und scharlachroten Beeren. Er ist der Zwischenwirt des gefürchteten Getreideschwarzrostes (*Puccinia graminis*; s. dort). In Gärten wird zuweilen die Mahonie (*Mahonia aquifolium*) kultiviert, ein kleiner Strauch mit immergrünen Blättern.

Familie Nymphaeaceae – Seerosengewächse

Zu dieser Familie gehören nur Wasserpflanzen, die große Schwimmblätter besitzen. Die Weiße Seerose (*Nymphaea alba*) ist eine vollständig geschützte Pflanze, die mit einem armdicken Wurzelstock und zahlreichen Nebenwurzeln fest am Grunde nährstoffreicher Gewässer verankert ist. Die Blätter sind langgestielt, unter Wasser eingerollt und öffnen sich zu einer Herzform, sobald sie die Oberfläche erreichen. Ihre Stiele sind mit Lufträumen durchsetzt und pas-

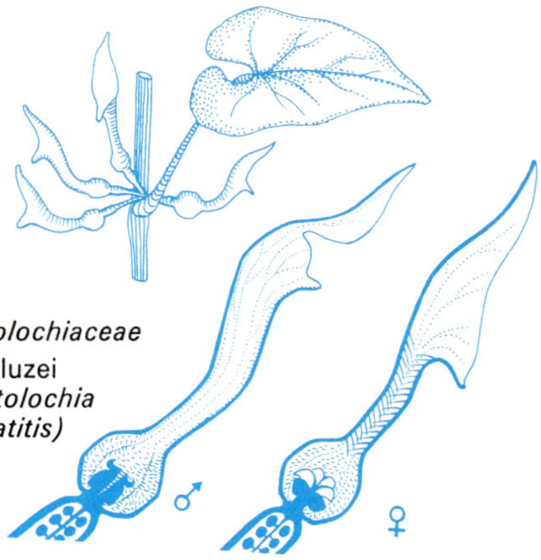

Aristolochiaceae
Osterluzei
(Aristolochia clematitis)

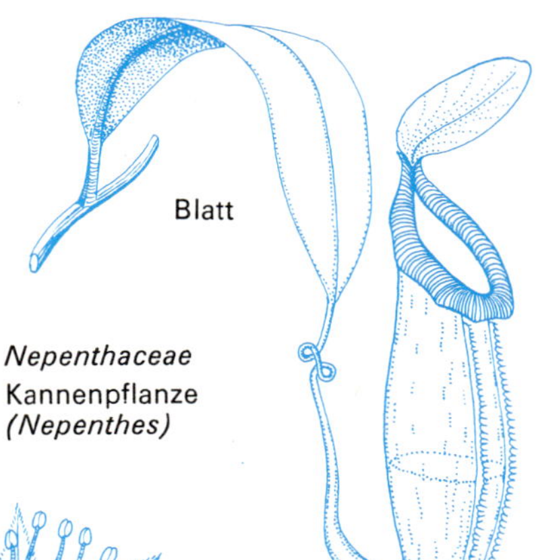

Nepenthaceae
Kannenpflanze
(Nepenthes)

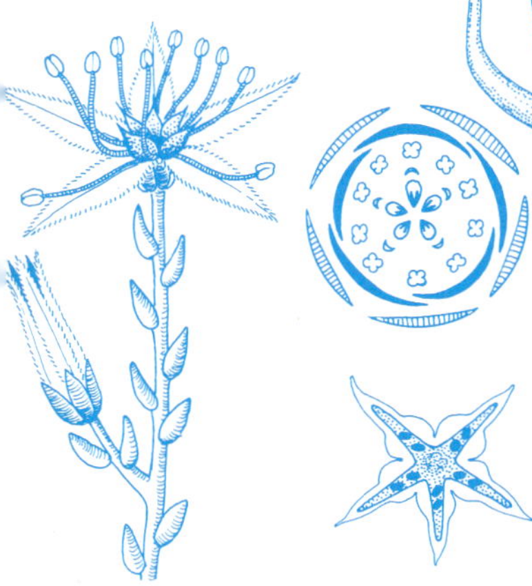

Crassulaceae
Fetthenne
(Sedum)

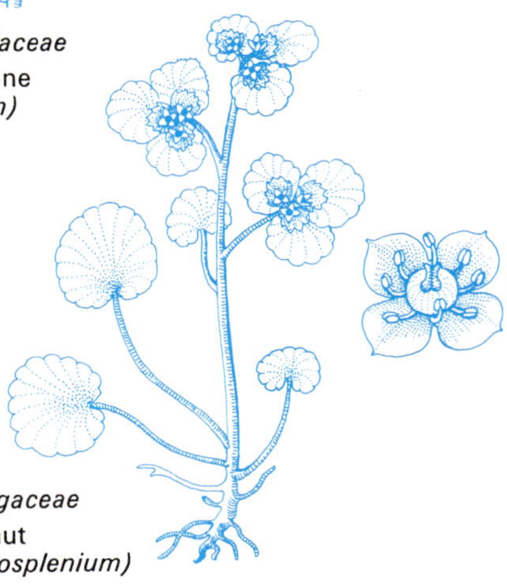

Saxifragaceae
Milzkraut
(Chrysosplenium)

Rosaceae
Heckenrose
(Rosa canina)

sen sich jeweils der Höhe des Wasserstandes an. Die zahlreichen weißen Blütenblätter werden nach der Mitte zu immer kleiner und schmäler und gehen schließlich in Staubblätter über. Sie sind schwach duftend und haben den Fliegen und Käfern, die die Bestäubung vornehmen, keinen Honig zu bieten.
Verwandt mit der Weißen Seerose sind die Gelbe Teichrose *(Nuphar luteum)* oder Mummel (»Mummelsee«), die Königliche Seerose *(Victoria regia)* mit sehr großen, am Rand aufgebogenen Blättern, die Ägyptische Lotosblume *(Nymphaea lotus)* und die Indische Lotosblume *(Nelumbo nucifera)*.

Familie Aristolochiaceae – Osterluzeigewächse

Zu dieser Familie gehören Kräuter und Holzgewächse, darunter viele tropische Schlingpflanzen. Die bei uns in Weinbergen und in Gebüschen wild vorkommende Osterluzei *(Aristolochia clematitis)* ist eine krautige Pflanze mit unterirdischen Ausläufern. Die unregelmäßigen, 2–3 cm langen Blüten sind sehr merkwürdig gebaut. Die röhrenförmige Blütenhülle ist am Grunde zu einem Kessel erweitert und oben zungenförmig verlängert. In den Kessel ragt das obere Ende des Fruchtknotens hinein, der mehrere Narben trägt und mit den Staubblättern verwachsen ist. An der Innenwand der Röhre befinden sich zahlreiche Haare. Wenn die Narben für die Bestäubung reif sind, steht die Blüte aufrecht, geöffnet und läßt die Insekten, hauptsächlich Fliegen und Mücken, eindringen. Sind diese erst einmal in der Blüte, so können sie nicht mehr hinaus, da sie die nach unten gerichteten Härchen an der Innenwand des Blütenschlauches nicht überwinden können. Nach der Bestäubung neigen sich die Blüten, und wenn die Pollensäcke reifen, welken auch die Härchen, so daß die mit Blütenstaub beladenen Insekten wieder ins Freie gelangen können, wo sie bald darauf in eine andere Blüte rutschen (Gleitfallenblume!) und an den Narben den mitgebrachten Blütenstaub abstreifen. Verwandt mit der Osterluzei ist die Haselwurz *(Asarum europaeum)*, die die Insekten durch einen pfefferartigen Duft anlockt. Ihre Samen besitzen einen fleischigen Anhang, der gern von Ameisen verzehrt wird, die die Samen dadurch verschleppen und verbreiten. Genannt sei auch der Pfeifenstrauch *(Aristolochia macrophylla)*, eine Liane, die aus Nordamerika stammt.

Familien Nepenthaceae und Sarraceniaceae – Insektenfangende Pflanzen

Die Vertreter beider Familien haben die Fähigkeit, in ihren eigenartig kannen- bzw. schlauchförmig gestalteten Blättern Insekten zu fangen und zu verdauen. *Nepenthes*-Arten (»Kannenpflanzen«) finden sich meist als Epiphyten in Wäldern von Südostasien, Australien und Madagaskar; die *Sarracenien* leben vorwiegend in Moorgebieten des atlantischen Nordamerika.
Weitere Familien der *Ordnung Polycarpicae* sind die parasitisch lebenden *Rafflesiaceae*, die *Cephalotaceae* aus Australien, die *Winteraceae*, die *Menispermaceae* mit z.T. giftigen Schlingpflanzen *(Anamirta cocculus)*.

Ordnung Rosales

Die Rosales schließen sich eng an die *Polycarpicae* an. Ihre Blüten sind meist radiär und besitzen Kelch und Krone. Die Perianthblätter sind wirtelig in zwei meist 5zähligen Kreisen angeordnet. Die Zahl der Staubblätter beträgt häufig 5 oder ein Vielfaches davon, während die Zahl der Fruchtblätter wechseln kann. Der Fruchtknoten kann ober- oder unterständig sein.

Familie Crassulaceae – Dickblattgewächse

Die Dickblattgewächse sind meist krautige Pflanzen mit dickfleischigen, zuweilen walzenförmigen Blättern, die Wasser zu speichern vermögen (Blattsukkulenten); sie sind meist Bewohner trockener, sonniger Standorte. Viele werden als Zierpflanzen gezogen, wachsen aber auch wild, so die Fetthenne *(Sedum)* in Gebüsch und Wiesen der subalpinen Regionen. Die Hauswurz *(Sempervivum tectorum)* bewohnt sonnige, trockene Hügel, ist aber auch auf Dächern und Mauern anzutreffen. Das Sproßblatt *(Bryophyllum)*, z.B. das tropische *Bryophyllum calycinum*, ist vor allem durch die Brutknospenbildung an seinen Blatträndern bekannt geworden.

Familie Saxifragaceae – Steinbrechgewächse

Die Steinbrechgewächse sind Stauden oder Holzgewächse mit wechsel-, seltener gegenständigen Blättern ohne Nebenblätter. Der Fruchtknoten, der aus 2 Fruchtblättern besteht, ist frei oder mit der becherförmigen Blütenachse verwachsen. Die Frucht ist eine Kapsel- oder Beerenfrucht. Angehörige dieser Familie sind: der Steinbrech *(Saxifraga)*, der die Bergregionen bevorzugt und bis zur obersten Grenze vordringt, die Blütenpflanzen überhaupt erreichen können; ferner das Milzkraut *(Chrysosplenium)*, das sich an schattigen Wassergräben findet, der Pfeifenstrauch, auch Falscher Jasmin genannt *(Philadelphus)*, mit seinen milchweißen, stark und süß duftenden Blüten und die allseits bekannten Stachel- und Johannisbeeren *(Ribes)*, die im nördlichen Europa beheimatet sind. Auch die Hortensie *(Hydrangea)* gehört hierher; sie ist ein beliebter Zierstrauch geworden.

Familie Hamamelidaceae – Zaubernußgewächse

Die Zaubernußgewächse sind Holzpflanzen. Die Zaubernuß oder Hexenhasel *(Hamamelis virginiana)* stammt aus dem östlichen Nordamerika und blüht bereits im Winter oder im zeitigen Frühjahr. Sie ist ein 3–4 m hoher Strauch, aus dessen Blättern Extrakte gewonnen werden, die in der Heilkunde wegen ihrer gefäßverengenden Wirkung (»Hamamelis-Salbe«) zur Behandlung von Venenerkrankungen verwendet werden. Zu den Heilpflanzen gehört auch der in Kleinasien beheimatete *Liquidambar orientalis*, dessen Zweige und Blätter einen Balsam liefern (»Styrax«), der der Wundbehandlung dient.

Familie Rosaceae – Rosengewächse

Die Rosengewächse, eine der größten, über die ganze Erde verbreiteten Familien des Pflanzenreiches mit etwa 2000 Arten, sind Bäume, Sträucher und Kräuter mit wechselständig angeordneten, einfachen oder zusammengesetzten Blättern, die zumeist Nebenblätter aufweisen. Die zweigeschlechtigen Blüten sind radiär. Die Zahl der Staubblätter beträgt meist mehr als 10, die Zahl der Fruchtblätter wechselt. Der Fruchtknoten kann ober-, mittel- oder unterständig sein. An der Fruchtbildung ist häufig der Blütenboden beteiligt. Die Gliederung in Unterfamilien stützt sich insbesondere auf die Unterschiede in der Fruchtform.
Die *Spierstrauchartigen* oder *Spiräengewächse* *(Spiraeoideae)* haben im allgemeinen 5 Fruchtblätter und mehrsamige, bei der Reife aufspringende Balgfrüchte; sie sind ein- oder zweigeschlechtig; ihre kleinen Blütchen sind in reichblütigen Doldentrauben oder Rispen vereinigt. Hierher gehören der in unseren Gärten angepflanzte Spierstrauch *(Spiraea)* und der krautige Waldgeißbart *(Aruncus silvester)*.
Die *Rosenartigen (Rosoideae)* haben ein bis zahlreiche Fruchtblätter und einsamige Schließfrüchtchen (Nüßchen); der Kelch besitzt häufig einen Außenkelch. Ihre Vertreter sind Kräuter, Stauden, Sträucher oder Bäume. Die Hecken- oder Hundsrose *(Rosa canina)*, ein kräftiger Strauch mit überhängenden Zweigen, der im Juni seine 5blättrigen, zart duftenden, rosafarbenen Blüten öffnet, ist die bekannteste der über 20 mitteleuropäischen Arten. Seine Früchte sind die kleinen behaarten Nüßchen, die in die rotleuchtenden Hagebutten eingeschlossen sind. Der Duft der Hundsrose beruht wie vor allem auch bei den Edelrosen auf einem ätherischen Öl, das sich in den Blütenblättern befindet und als Rosenöl bekannt ist. In diese Gruppe gehört auch die Walderdbeere *(Fragaria vesca)*, die ebenfalls eine Sammelfrucht ausbildet.
Die Himbeere *(Rubus idaeus)* und Brombeere *(R. fruticosus)* finden sich auf Waldblößen, in Hecken und Gebüschen, werden aber auch angepflanzt. Ihre kleinen Steinfrüchte vereinigen sich zu einer Sammelfrucht. Weiter gehört

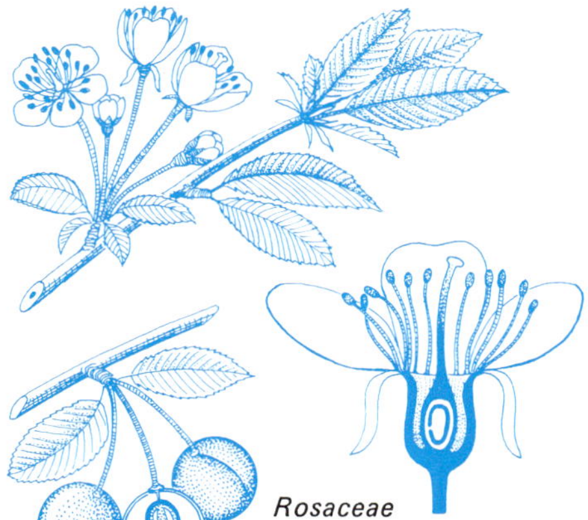

Rosaceae
Kirsche
(Prunus avium)

hierzu die Silberwurz *(Dryas)*, die Nelkenwurz *(Geum)*, deren Griffel sich nach dem Verblühen zu Haken umwandeln, mit denen die Früchte durch vorbeistreifende Tiere verbreitet werden, der gelbblühende Odermennig *(Agrimonia)*, die Fingerkräuter *(Potentilla)* und der Wiesenknopf *(Sanguisorba)*, Mädesüß *(Filipendula)* und der Frauenmantel *(Alchemilla vulgaris)*.
Die *Apfel-* oder *Kernobstgewächse (Pomoideae)* sind Holzgewächse. An der Fruchtbildung ist die Blütenachse stark beteiligt. Sie umwächst als fleischiger Mantel die meist in Fünfzahl vorhandenen Fruchtblätter, die wie ein pergamentartiges Gehäuse die Samen umschließen (»Kerngehäuse«). Neben Birne *(Pyrus)* und Apfel *(Malus)* mit ihren vielen Sorten gehört hierher die Mispel *(Mespilus)*, der bekannte Weißdorn *(Crataegus)* und die Eberesche *(Sorbus)* mit ihren korallenroten Fruchtständen. Aus der Reihe der zahlreichen Ziersträucher seien die Japanische Quitte *(Chaenomeles japonica)* erwähnt, die im Frühjahr oft überreich blüht, und der Rotdorn, eine Abart des Weißdorns.
Die *Pflaumen-* oder *Steinobstgewächse (Prunoideae)* sind ebenfalls Holzgewächse und besitzen einen Fruchtknoten, der sich zu einer ein- oder zweisamigen Steinfrucht entwickelt. Dabei überdeckt die Außenhaut (Exokarp) den fleischigen, eßbaren Teil der Frucht (Mesokarp), in dem sich der holzige »Stein« (Endokarp) befindet, der den Samen enthält. Die wirtschaftlich wichtigsten Arten sind: Der Mandelbaum *(Prunus amygdalus = Amygdalus communis)*; er kommt in zwei Rassen vor, die im Geschmack der Samen verschieden sind: die bittere Mandel *(var. amara)* und die süße Mandel *(var. sativa)*; der Pfirsich *(Prunus persica)* aus China, die Aprikose *(Prunus armenia)*, gleichfalls asiatischer Herkunft, die Hauspflaume *(Prunus domestica)* mit verschiedenen Unterarten, wie die Mirabelle *(subsp. insititia)* und die Reineclaude *(subsp. italica)*. Genannt seien ferner Schlehe oder Schwarzdorn *(Prunus spinosa)*, ein dorniger Strauch in Hecken und an Waldrändern, die Sauerkirsche *(Prunus cerasus)*; die Süßkirsche *(Prunus avium)* und der Kirschlorbeer *(Prunus laurocerasus)*, ein immergrüner Strauch mit dunkelgrünen glänzenden Blättern.

Ordnung Leguminosae

Die Hülsenfrüchtler sind holzige oder krautige Pflanzen einer sehr vielgestaltigen Ordnung, die über die ganze Erde verbreitet ist und zahlreiche Nutz- und Arzneipflanzen enthält. Wichtigstes gemeinsames Merkmal aller ist der oberständige Fruchtknoten, der stets von einem einzigen Fruchtblatt gebildet wird und zu einer meist vielsamigen Hülse wird. Daneben gibt es auch Schließfrüchte, z. B. die Früchte von Johannesbrotbaum oder Erdnuß. Die Laubblätter sind meist gefiedert, wechselständig und stets mit Nebenblättern versehen. Bei zahlreichen Leguminosen befinden sich an den Wurzeln Knöllchen, in denen Luftstickstoff bindende Bakterien leben.

Mimosaceae
Mimose
(Mimosa pudica)

Familie Mimosaceae – Mimosengewächse

Die Mimosengewächse sind Kräuter- und Holzgewächse der Tropen und Subtropen mit wechselständigen Laubblättern, die meist doppelt und paarig gefiedert sind. Die kleinen radiären Blüten enthalten zahlreiche Staubblätter und sind zu kugeligen oder ährenförmigen Blütenständen vereinigt. Arten sind: *Mimosa pudica*, die aus Südamerika stammende krautige Sinnpflanze, und die artenreiche Gattung *Acacia*, die nur Holzgewächse umfaßt, z. B. *Acacia senegal* und andere afrikanische Arten, die Gummi arabicum liefern. Die in unseren Blumengeschäften angebotenen »Mimosen« sind in Wirklichkeit meist Acacia-Blütenstände.

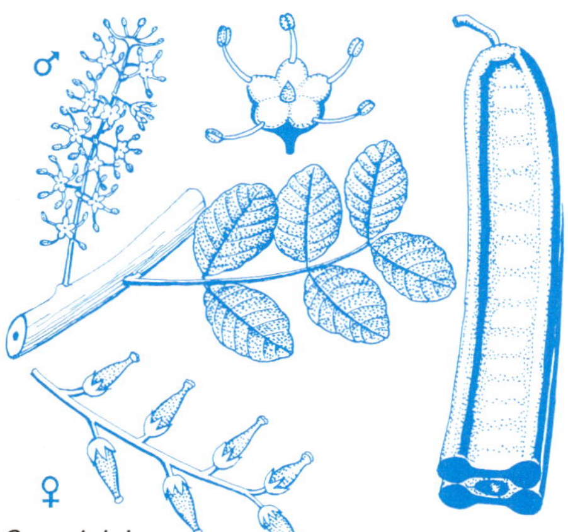

Caesalpiniaceae
Johannisbrotbaum
(Ceratonia siliqua)

Familie Caesalpiniaceae

Sie umfassen tropische und subtropische Holzpflanzen und nur wenige Kräuter. Die 5zähligen Blüten sind zygomorph und enthalten 10 Staubblätter, die frei stehen. Die Laubblätter sind einfach oder doppelt paarig gefiedert. Arten sind: der Tamarindenbaum *(Tamarindus indica)*, der im Mittelmeergebiet weitverbreitete Johannesbrotbaum *(Ceratonia siliqua)* sowie der Judasbaum *(Cercis siliquastrum)*, ferner *Cassia acutifolia*, ein Strauch aus Mittelafrika, der die Sennesblätter liefert.

Familie Papilionaceae – Schmetterlingsblütler

Sie umfassen Holzgewächse und krautige Pflanzen, darunter viele Kultur- und Arzneipflanzen. Die holzigen Vertreter sind in der Hauptsache in den Tropen zu finden, dagegen besiedeln die Kräuter vorwiegend extratropische Gebiete. Allen gemeinsam ist die zygomorphe »Schmetterlingsblüte«. Das hintere, übergreifende Kronblatt, das sich häufig durch besondere Größe auszeichnet, wird Fahne genannt, die beiden seitlichen heißen Flügel, die beiden vorderen, die an ihren Rändern häufig mehr oder weniger miteinander verwachsen sind, bilden zusammen das Schiffchen, das die 10 Staubblätter umschließt.
Hierzu gehören der Balsambaum *(Myroxylon balsamum)* aus Mittel- und Südamerika; eine Reihe von *Genista*-Arten ist in unserer Flora verbreitet, z. B. der Flügelginster *(G. sagittalis)*, ein kleines Kraut mit geflügelten Stengeln, der Deutsche Ginster *(G. germanica)* mit dornigen Trieben. Verwandt sind der Besenginster *(Sarothamnus scoparius)* mit langen, rutenförmigen Zweigen, der Goldregen *(Laburnum anagyroides)*, ein Zierstrauch mit hängenden gelben Blütentrauben (giftige Samen!), die Lupine *(Lupinus)*, der Klee *(Trifolium)* mit dem Wiesenklee *(T. pratense)* als Futterpflanze, auch die Luzerne *(Medicago sativa)* mit blauen Blüten und schneckenförmig eingerollten Hülsen.
Der Gattung Tragant *(Astragalus)* mit zahlreichen Sträuchern, Zwergsträuchern und Kräutern, die vorwiegend im Mittelmeergebiet verbreitet sind, sind mehrere Arten näher verwandt, z. B. die Glyzine *(Wistaria sinensis)*, eine aus China stammende Liane, die ihrer auffallenden violetten Blütentrauben wegen bei uns als Zierpflanze geschätzt wird; *Indigofera tinctoria*, ein tropisches Gewächs, lieferte früher den blauen Indigofarbstoff. Verwandt sind auch die Robinie oder Falsche Akazie *(Robinia pseudacacia)*, ein aus Nordamerika stammender, bei uns eingebürgerter Baum, und das Süßholz *(Glycyrrhiza glabra)*, eine Staude, die vom Mittelmeer bis Asien verbreitet ist. Zusammenfassen kann man folgende Arten durch ihre deutlich gegliederten Hülsen: Die Seradella *(Ornithopus sativus)* und die Esparsette *(Onobrychis sativa)*, die wichtige Futterpflanzen sind, und die Erdnuß *(Arachis hypogaea)*, eine ursprünglich nur in Amerika bekannte Pflanze, die heute in fast allen tropischen bzw. subtropischen Ländern ihrer eiweiß- und fettreichen Samen wegen kultiviert wird.
Kletternde Kräuter, deren paarig gefiederte Blätter oft Ranken tragen, sind z. B. Wicken *(Vicia*-Arten), die Linse *(Lens culinaris)*, die Platterbse *(Lathyrus)*, die Erbsenpflanze *(Pisum sativum)*. Aufrecht wachsende, aber nicht mit Ranken ausgestattete Pflanzen sind die Gartenbohne *(Phaseolus vulgaris)* und die Sojabohne *(Glycine soja)*, eine alte asiatische Kulturpflanze mit fett- und eiweißreichen Samen.

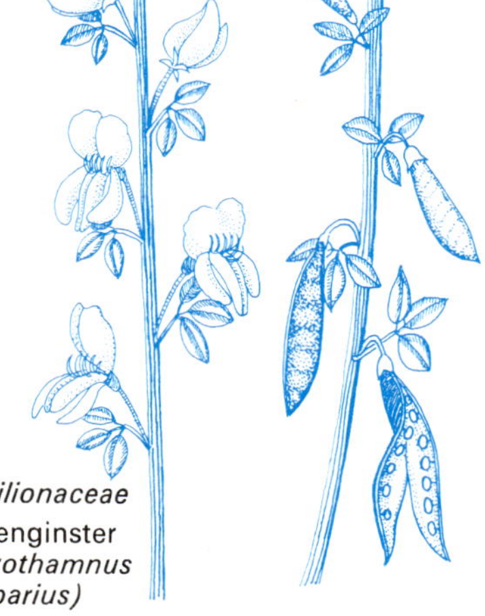

Papilionaceae
Besenginster
(Sarothamnus scoparius)

Ordnung Myrtales

Die Myrtales umfassen Kräuter und Holzgewächse, deren Blätter meist einfach und ganzrandig sind. Die Blüten sind in der Regel 4zählig. Der aus mehreren miteinander verwachsenen Fruchtblättern bestehende Fruchtknoten ist unterständig und vielfach von der Blütenachse umwachsen.

Familie Myrtaceae – Myrtengewächse

Die Vertreter dieser Familie sind Holzgewächse mit meist immergrünen ledrigen Blättern, die regelmäßig Ölbehälter mit ätherischem Öl aufweisen. Alle Arten sind tropisch oder subtropisch. Zu ihnen gehört der Gewürznelkenbaum *(Syzygium aromaticum)*, der von den Molukken stammt und heute in verschiedenen tropischen Gebieten angepflanzt wird. Reich an ätherischem Öl ist auch *Pimenta officinalis*, ein Baum in Mittelamerika. Seine Früchte liefern Piment. Zum australischen Florengebiet gehört die Gat-

Myrtaceae
Myrte
(Myrtus communis)

Lythraceae
Blutweiderich
(Lythrum salicaria)

Elaeagnaceae
Sanddorn
(Hippophaë rhamnoides)

Papaveraceae

Klatschmohn
(Papaver rhoeas)

Cruciferae
Brunnenkresse
(Rorippa nasturtium – aquaticum)

tung *Eucalyptus*, von der manche Arten gewaltige Ausmaße erreichen; z.B. *Eucalyptus amygdalina*, ein Baum mit über 100 m Höhe und einem Stammdurchmesser bis zu 10 m. In Südeuropa findet sich die Myrte *(Myrtus communis)*.

Familie Lythraceae – Weiderichgewächse

Die Weiderichgewächse sind Kräuter oder Stauden mit meist gegenständigen oder spiralig angeordneten Blättern.
Die Blüten des Blutweiderich *(Lythrum salicaria)*, der sich bei uns an feuchten Stellen findet, sind radiär, zweigeschlechtig und stehen zu vielen quirlartig gehäuft; sie haben einen schlauchförmigen Kelch mit 12 Zähnen, 6 purpurrote längliche Kronblätter, 12 Staubblätter und werden von Insekten bestäubt. Ihr besonderes Kennzeichen ist die Heterostylie, d.h., Stempel und Staubblätter weisen drei verschiedene Längen auf, so daß eine Befruchtung nur eintreten kann, wenn auf eine Narbe Blütenstaub gelangt, der aus Staubbeuteln stammt, deren Höhe der Griffellänge entspricht.

Familie Onagraceae – Nachtkerzengewächse

Bei uns kommt vor allem das Schmalblättrige Weidenröschen *(Epilobium angustifolium)* vor, das in unseren Wäldern im Sommer vielfach die Kahlschläge mit seinem roten Blütenflor überzieht. Aus dem unterständigen Fruchtknoten entwickelt sich eine schotenförmige Kapsel, die sich bei der Reife mit 4 Klappen öffnet. Diese lösen sich von der Mittelsäule ab und geben die Samen frei, die mit einem Haarschopf versehen sind und mit dem Winde davonschweben. Die Nachtkerze *(Oenothera)* wächst auf Sandboden, an Bahndämmen und Wegrändern. Sie hat große gelbe, mit einem tiefen Achsenbecher versehene Blüten, die typische Nachtfalterblumen sind. Mit ihr verwandt ist die Wassernuß *(Trapa)* und die Fuchsie *(Fuchsia)*, eine unserer beliebtesten Topfpflanzen aus Südamerika.

Familie Thymelaeaceae – Seidelbastgewächse

Die Blüten besitzen einen einfächerigen Fruchtknoten mit einer Samenanlage. Oftmals fehlt die Blumenkrone; dann ist der Kelch kronblattartig gefärbt, so bei dem im Frühjahr in unseren Bergwäldern blühenden Seidelbast *(Daphne mezereum)*. Er ist ein kleiner geschützter Strauch, der auch gern als Zierpflanze in unseren Gärten verwendet wird. Seine Zweige überziehen sich im zeitigen Frühjahr noch vor der Blattentwicklung mit stark duftenden, rosenroten Blüten, die in Gruppen zu meist je drei in den Achseln vorjähriger und im Herbst abgefallener Blätter stehen. Seine purpurroten Steinfrüchte enthalten ein starkes Gift.

Familie Elaeagnaceae – Ölweidengewächse

Zu dieser Familie gehören nur baum- bzw. strauchartige Gewächse, z.B. der Sand- oder Stranddorn *(Hippophaë rhamnoides)*, ein stark dorniger, zweihäusiger Strauch, dessen orangerote, eiförmige Früchte (Scheinbeeren) einen hohen Vitamin-C-Gehalt aufweisen. Er wächst auf Küstendünen und an Ufern der Gebirgsflüsse. Seine Blätter sind silbrig behaart. Die Ölweide *(Elaeagnus)* stammt aus Nordamerika und wird bei uns als Zierbaum angepflanzt.
Weitere Familien sind *Punicaceae – Granatapfelgewächse* mit dem Granatapfelbaum *(Punica granatum)*. Er stammt aus dem Orient und wird heute von Spanien bis weit nach Asien hinein wegen seiner beerenartigen, lebhaft rot gefärbten Früchte als Zierpflanze gezogen.
Wir nennen weiterhin die *Rhizophoraceae* und *Sonneratiaceae*. Arten dieser beiden Familien gehören zu der Mangrove-Vegetation, die in der Gezeitenzone tropischer Küsten verbreitet ist. Sie besitzen Stelz- und Atemwurzeln.

Ordnung Rhoeadales

Es sind meist krautige Pflanzen mit wechselständigen nebenblattlosen Blättern. Die Blüten sind radiär mit vorherrschend 2zähligen Wirteln. Der oberständige Fruchtknoten besteht aus 2 bis vielen Fruchtblättern, die verwachsen sind. Die Frucht ist fast immer eine Kapsel.

Familie Papaveraceae – Mohngewächse

Die Mohngewächse sind meist Milchsaft führende Kräuter. Die Blüte besitzt in der Regel einen 2zähligen, früh abfallenden Kelch und 2gliedrige Wirtel von Blumenblättern. Die Zahl der Staubblätter ist oft sehr groß. Der Fruchtknoten besteht in den meisten Fällen aus zwei, beim Mohn jedoch aus vielen Fruchtblättern. Die Frucht ist eine Kapsel oder Schote. Der typische Vertreter der Mohngewächse mit radiärem Blütenbau ist der Klatschmohn *(Papaver rhoeas)*, der im Sommer mit seinen roten Blütenblättern früher allerorts in den Getreidefeldern leuchtete. Ihm nahe verwandt ist der Schlafmohn *(P. somniferum)*, aus dessen Milchsaft (Latex) im Orient das Opium gewonnen wird. Auf unseren Feldern baut man ihn wegen seiner Samen an, die das wertvolle Mohnöl liefern. Das gelbblühende Schöllkraut *(Chelidonium majus)* wächst an Hecken und Zäunen. Sein orangefarbener ätzender Milchsaft findet in der Heilkunde Verwendung.
Mohngewächse mit zygomorphem Blütenbau sind der ausdauernde Hohle Lerchensporn *(Corydalis cava)*, der im Frühling in Gebüschen und Laubwäldern durch sein reiches Blühen rötlichviolette oder weiße Inseln bildet, der Erdrauch *(Fumaria officinalis)*, eine einjährige Pflanze, die auf besonnten Plätzen als Unkraut wächst, und das Flammende (oder Tränende) Herz *(Dicentra spectabilis)*, eine aus China stammende Zierpflanze.

Familie Cruciferae – Kreuzblütler

Die Kreuzblütler sind Kräuter oder Stauden, seltener Halbsträucher, mit wechselständigen Blättern ohne Nebenblätter. Die Grundform des Blütenstandes ist die Traube, seltener eine Trugdolde, denen die Gipfelblüte fehlt; auch Tragblätter sind nicht vorhanden. Der Name Kreuzblütler bezieht sich auf den Bau der Blüte, in der die Blütenorgane in zueinander gekreuzten Wirteln stehen. Neben 4 Kelchblättern weist die Blüte 4 diagonal gestellte Kronblätter auf und meist 6 in zwei Kreisen angeordnete Staubblätter, von denen 4 lang und 2 kurz sind. An ihrem Grunde befinden sich häufig Nektardrüsen. Der Fruchtknoten ist oberständig, 2blättrig und durch eine sog. falsche Scheidewand in 2 Fächer geteilt. Die Frucht springt mit 2 Klappen auf und heißt Schote. Zu den Kreuzblütlern rechnet man etwa 2500 Arten; sie fehlen in kaum einem Teil der Welt, besonders besiedeln sie die gemäßigten Zonen der nördlichen Halbkugel. Sie wachsen an Stränden und in den Bergen, wo sie bis zu großen Höhen vordringen. Nur sehr wenige haben heilkundliche Bedeutung.
Der Färberwaid *(Isatis)* wurde früher als Färbemittel verwendet. Das Rübsen- und Rapsöl und Gemüsesorten wie Kohl, Blumenkohl, Steckrübe, Rettich und Radieschen haben als Nahrungsmittel große Bedeutung. Aber auch Unkräuter und Zierpflanzen sind unter ihnen zu finden.
Kreuzblütler mit Schoten sind z.B. die Unkräuter Ackersenf *(Sinapis arvensis)* und Hederich *(Raphanus raphanistrum)*. Beide blühen gelb und sind vom Laien schwer zu unterscheiden. Ein Frühlingsblüher auf feuchten Wiesen mit zarten, wie weißer Schaum wirkenden Blüten ist das Wiesenschaumkraut *(Cardamine pratensis)*. Feuchte Standorte bevorzugt auch die Brunnenkresse *(Rorippa nasturtium-aquaticum)*, die an oder sogar in Quellen oder Wasserläufen wächst. Eine Schattenpflanze mit knoblauchartigem Geruch und zarten Blüten ist das Knoblauchskraut *(Alliaria petiolata)*. Schotenfrüchte haben auch alle Kohlarten *(Brassica)*, sowohl der Kopfkohl (Rot- und Weißkohl) als auch der Blätterkohl (Grünkohl), ferner der Wirsing, Rosenkohl, Blumenkohl und Kohlrabi. Nahe verwandt sind Rübsen *(Brassica rapa)* und Raps *(Br. napus)*, aus deren Samen das Rüböl gewonnen wird. Erwähnung finden soll noch die Weiße Rübe, die in einer anderen Form auch als Futterrübe (Wasserrübe) angebaut wird.
Zierpflanzen mit Schoten sind der Goldlack *(Cheiranthus cheiri)* mit seinen goldbraunen,

Cruciferae
Löffelkraut
(Cochlearia officinalis)

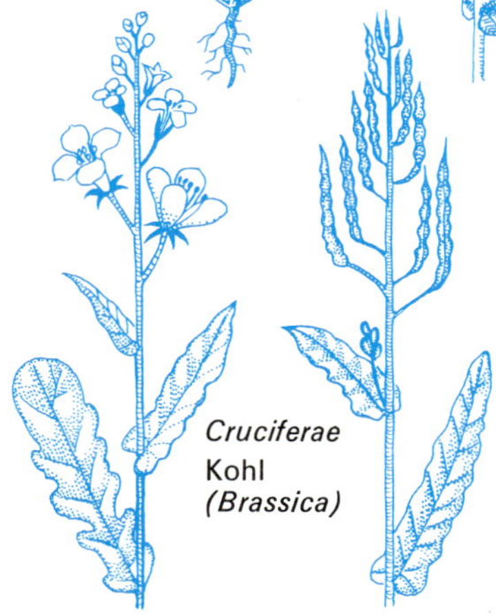

Cruciferae
Kohl
(Brassica)

Violaceae
Stiefmütterchen
(Viola tricolor)

Theaceae
Teestrauch
(Camellia)

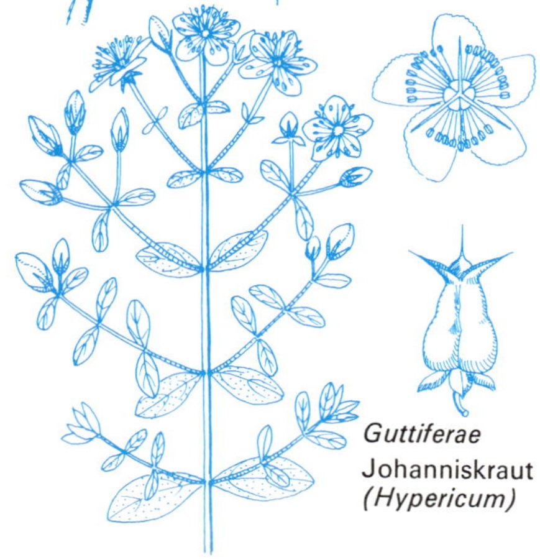

Guttiferae
Johanniskraut
(Hypericum)

duftenden Blüten und die Levkojen *(Matthiola)*, ebenfalls stark duftend. Beide stammen aus Südeuropa.
Schötchenfrüchte haben die Unkräuter Hirtentäschelkraut *(Capsella bursa-pastoris)*, das auf sehr trockenen Böden wachsen kann, sowie das Frühlingshungerblümchen *(Erophila verna)*. Nutzpflanzen sind der Meerrettich *(Cochlearia armoracia)*, dessen dicker weißer Wurzelstock ein beliebtes Küchengewürz liefert, und die Gartenkresse *(Lepidium)*. Geschätzte Gartenpflanzen sind die Mondviole, auch Silberling oder Judaspfennig genannt *(Lunaria annua)*, eine Zierde unserer Steingärten, die Immergrüne Schleifenblume *(Iberis sempervirens)* und das Blaukissen *(Aubretie)*, das leuchtendblaue, violette oder rosafarbene Blütenpolster bildet.

Familie Capparidaceae – Kaperngewächse

Der bekannteste Vertreter dieser Familie ist der Kapernstrauch *(Capparis spinosa)*, ein etwa $^1/_2$ m hoher Strauch mediterraner Felsenheiden mit dornigen Nebenblättern. Seine Blütenknospen werden, bevor sie sich öffnen, gepflückt und ergeben die in einer salzigen Essiglösung konservierten Kapern.

Familie Resedaceae – Resedagewächse

Sie sind vertreten durch krautige Pflanzen mit dorsiventralen Blüten. Unsere Wohlriechende Gartenreseda *(Reseda odorata)* stammt aus Nordafrika.

Ordnung Parietales

Der Name dieser Ordnung bezieht sich auf die wandständige Stellung der Samenanlagen in einem einfächerigen, meist von 3 Fruchtblättern gebildeten oberständigen Fruchtknoten. Die Blütenhülle ist in Kelch und Krone gegliedert und in der Regel 5zählig.

Familie Cistaceae – Cistrosengewächse

Cistrosengewächse sind Sträucher und Halbsträucher des Mittelmeergebietes, wo sie hauptsächlich in den Macchien vorkommen. Bei uns ist nur die Gattung *Helianthemum* (Sonnenröschen) vertreten, deren Arten gelbe Blüten aufweisen. Die Arten der Gattung *Cistus* haben weiße oder rote Blüten und stark duftende Öle und Harze.

Familie Droseraceae – Sonnentaugewächse

Alle Vertreter dieser Familie sind insektenfangende Pflanzen, die in moorigen Gebieten leben. Bei uns ist vor allem der Rundblättrige Sonnentau *(Drosera rotundifolia)* bekannt. Auf nordamerikanischen Mooren wächst die Venusfliegenfalle *(Dionaea muscipula)*.

Familie Violaceae – Veilchengewächse

Veilchengewächse sind Kräuter, deren Blätter stets mit Nebenblättern versehen sind. Die Frucht ist eine 3klappig aufspringende Kapsel. Ein Beispiel ist das Wohlriechende Veilchen *(Viola odorata)*, eine Staude, deren herzförmige Blätter am Rande gekerbt sind und Nebenblätter aufweisen. Die zygomorphen Blüten bestehen aus 5 Kelchblättern und ebenso vielen violetten Kron- und Staubblättern. Das untere Kronblatt verlängert sich zu einem Sporn, der Nektar enthält. Geruchlose Arten sind u.a. das Hundsveilchen *(V. canina)* und das Waldveilchen *(V. reichenbachiana)*, nahe Verwandte das Feld-Stiefmütterchen *(V. tricolor)* mit den großblumigen, samtfarbenen Zierformen, den Gartenstiefmütterchen.
Weitere *Familien* sind die *Passifloraceae – Passionsblumengewächse*, tropische Schlingpflanzen, deren oft prächtig gefärbte Blüten einen Kranz fadenartiger Auswüchse besitzen, der im Volksmund als Sinnbild der Dornenkrone Christi gilt und die Bezeichnung »Passionsblume« bedingt hat.
Wir nennen weiter die *Familie Caricaceae* mit dem überall in den Tropen angepflanzten »Melonenbaum« *(Carica papaya)*, dessen melonenartige Früchte ein äußerst geschätztes Obst darstellen, und die *Begoniaceae – Schiefblattgewächse*, die in großer Fülle und in den mannigfachsten Formen in den Tropen beheimatet sind. Die Bezeichnung »Schiefblattgewächse« bezieht sich auf die asymmetrische Gestalt der Laubblätter.

Ordnung Guttiferales

Die meisten Vertreter dieser Ordnung sind Holzgewächse. Ihre Fruchtknotenblätter sind sehr häufig verwachsen und durch echte Scheidewände gefächert.

Familie Theaceae – Teegewächse

Die Teegewächse werden u.a. vom Chinesischen Teestrauch *(Camellia sinensis)* vertreten, der in China, Japan, Südrußland sowie in anderen warmen Gegenden als niederer Strauch gezogen wird. Das wertvollste an ihm sind seine Blätter; sie enthalten Coffein (fälschlich Thein genannt), das ihm seine Bedeutung als Genußmittel verleiht.
Eine nahe Verwandte des Teestrauches ist die aus Ostasien stammende Kamelie *(Camellia japonica)*, die wegen ihrer auffallenden rosenähnlichen Blüten bei uns als Topfpflanze kultiviert wird.

Familie Guttiferae – Hartheugewächse

Es sind Holzpflanzen, seltener krautige Gewächse, mit gegenständigen Blättern. – Das Johanniskraut *(Hypericum perforatum)* ist ein Halbstrauch, der etwa $^1/_2$ m hoch wird. Er findet sich häufig auf Brachland, an Feldrainen, Wiesen und Trockenhängen. Die gegenständigen Blätter haben Ellipsenform, der aufrechte, unten nur spärlich verzweigte Stengel trägt an der Spitze eine reichblütige Trugdolde aus gelben Blüten mit je 5 Kronblättern, zahlreichen Staubblättern, 3–5 zusammengewachsenen Fruchtblättern und 3 Griffeln. Die Frucht ist eine Kapsel. Die Blätter enthalten mit ätherischem Öl gefüllte, sehr kleine Drüsen, ebenso die Kronblätter, bei denen die drüsigen Pünktchen als kleine schwarze Längslinien zu sehen sind. Der Pflanze wurden früher Zauberkräfte zugeschrieben. Sie findet als Heilkraut gegen verschiedene Leiden Verwendung.
Zu den Guttiferae gehört auch der sog. Gummiguttbaum *(Garcinia hanburryi)*, der in Hinterindien zu Hause ist und aus dessen Rinde das bekannte Gummiharz »Gummigutt« gewonnen wird.

Ordnung Columniferae

Die *Columniferae* sind meist Holzpflanzen mit radiären, 5zähligen Blüten, deren Kelch eine klappige, deren Krone dagegen vielfach eine gedrehte Knospenlage hat. Von den beiden Staubblattkreisen ist in der Regel nur einer vorhanden. Die Filamente sind am Grunde verwachsen, bei den *Malvaceen* und manchen *Bombacaceen* bilden sie eine Röhre; dabei werden die freien Enden wie auf einer kleinen Säule (Columna!) emporgehoben.

Familie Malvaceae – Malvengewächse

Bei den Malvengewächsen sind die zahlreichen Staubfäden zu einer den Griffel umgebenden Röhre verwachsen und am Grunde mit den Kronblättern verbunden. Der oberständige Fruchtknoten zerfällt bei der Reife in Teilfrüchte; die radiären Blüten haben oft einen Außenkelch, Kelch und Blütenkrone sind 5zäh-

Malvaceae
Stockrose
(Althaea rosea)

Tiliaceae
Linde
(Tilia)

lig. Malvengewächse sind Kräuter oder Stauden.
Bei uns heimisch sind die Wegmalve *(Malva neglecta)*, auch Käsepappel genannt, die Wilde Malve *(M. silvestris)*, die Moschus-Malve *(M. moschata)* und der Eibisch (»Samtpappel«), *Althaea officinalis)*, der zu den Heilkräutern zählt. Eine Zierpflanze ist die Stockrose *(A. rosea)*.
Zu dieser Familie gehört auch der Baumwollstrauch *(Gossypium)*, dessen Samen 2–5 cm lange, einzellige Haare tragen, die die Baumwolle liefern. Baumwollpflanzen gibt es heute in zahlreichen Kulturformen, die in vielen tropischen und subtropischen Ländern angebaut werden.

Familie Bombacaceae – Wollbaumgewächse

Es sind vor allem tropische Bäume, z. T. von riesigen Ausmaßen, wie der afrikanische Affenbrotbaum *(Adansonia digitata)*, dessen Stamm einen Umfang von 40 m erreichen kann, und der Wollbaum oder Kapokbaum *(Ceiba pentandra)*, dessen Früchte auf der Innenseite der Fruchtblätter lange Haare aufweisen. Diese kommen unter der Bezeichnung »Kapok« in den Handel und dienen u. a. als Polstermaterial.

Familie Tiliaceae – Lindengewächse

Zu den Tiliaceen gehören Pflanzen der gemäßigten Zonen und der Tropen. Von den übrigen Familien der Columniferae unterscheiden sie sich u. a. darin, daß ihre Staubblätter höchstens am Grunde der Staubfäden verwachsen sind.
Die Lindengewächse werden bei uns durch die Linde *(Tilia)* vertreten. Ihre besonderen Kennzeichen sind nicht nur die 2zeilig angeordneten, asymmetrischen, herzförmigen, gesägten Blätter, sondern auch der Stiel des Blütenstandes, der bis zur Hälfte mit einem gelblich-grünen, flügelartigen Tragblatt verwachsen ist, das als Flugorgan dient. Die Blüten haben 5 Kelchblätter, 5 gelbe bis weiße Kronblätter und zahlreiche Staubblätter, die zu 5 Bündeln vereinigt sind, sowie einen oberständigen Fruchtknoten. Im Herbst löst sich der Fruchtstand mit dem Tragblatt vom Zweig und wird in langsam drehender Bewegung vom Winde fortgeführt. Die nußartigen Früchte enthalten meist nur einen Samen; sie öffnen sich bei der Reife nicht. Es gibt in unseren Breiten die Sommerlinde *(T. platyphyllos)* und die Winterlinde *(T. cordata)*, die einige Wochen später blüht und kleinere Blätter hat.

Familie Sterculiaceae

Zu dieser Familie gehören nur tropische Holzgewächse. Ihr wichtigster Vertreter ist der etwa 6 m hohe Kakaobaum *(Theobroma cacao)*, der vielerorts in den Tropen plantagenmäßig angepflanzt wird, vor allem in Westafrika. Seine gelben oder roten gurkenähnlichen Früchte gehen aus stammbürtigen Blüten hervor, die unmittelbar am Stamm entspringen und von Läusen und Ameisen bestäubt werden. Jede Frucht enthält eine große Zahl von fettreichen Samen, die »Kakaobohnen«, die nach Abpressen des Fettes Kakaopulver liefern. Westafrikanische Tropenbewohner sind die Kolabäume, z. B. *Cola vera*. Ihre Samen stellen die bekannten koffeinhaltigen »Kolanüsse« dar.

Oxalidaceae
Sauerklee
(Oxalis acetosella)

Ordnung Gruinales

Zu dieser Ordnung gehören meist krautige Pflanzen mit vorwiegend radiären, in allen Kreisen 5zähligen Blüten. Der Fruchtknoten ist oberständig. In zahlreichen Fällen entwickelt er sich zu einer sog. Schleuderfrucht, aus der die reifen Samen herausgeschleudert werden.

Familie Oxalidaceae – Sauerkleegewächse

Hierzu gehört der Sauerklee *(Oxalis acetosella)*. Er ist eine in unseren Wäldern häufige, im Frühling blühende kleine Pflanze mit 3teiligen kleeähnlichen Blättern, die wegen ihres Gehalts an Oxalsäure bzw. Kleesalz sauer schmecken.

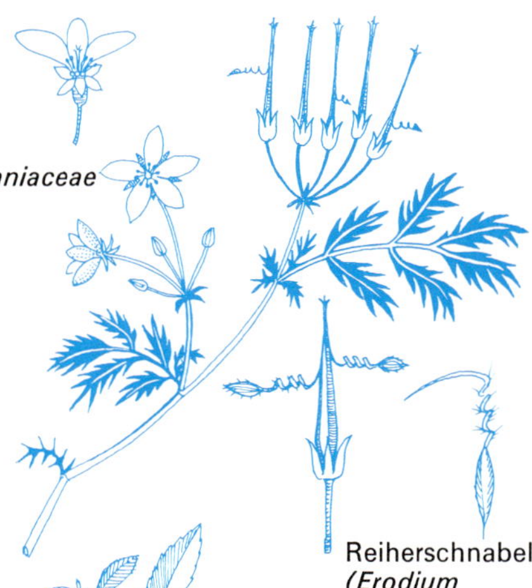

Geraniaceae

Reiherschnabel
(Erodium cicutarium)

Familie Geraniaceae – Storchschnabelgewächse

Der Name »Storchschnabelgewächse« bezieht sich darauf, daß Fruchtknoten und Griffel nach dem Verblühen weiterwachsen und einem langschnäbeligen Vogelkopf ähneln. Die Storchschnabelgewächse werden vertreten durch den Reiherschnabel *(Erodium cicutarium)*, ein Akkerunkraut, den Wiesenstorchschnabel *(Geranium pratense)*, das Ruprechtskraut *(G. robertianum)*, aber auch durch eine unserer beliebtesten Balkonpflanzen, die Pelargonie *(Pelargonium)*, von den Gärtnern Geranien genannt, die aus Südafrika stammt. Die grannenförmigen Enden der 5 Teilfrüchte, die sich aus einem Fruchtknoten entwickeln, ziehen sich bei feuchter Luft korkenzieherartig zusammen und treiben den Samen in den Boden.

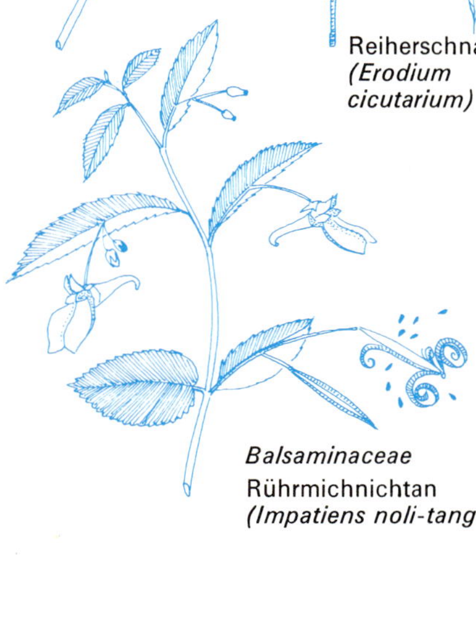

Balsaminaceae
Rührmichnichtan
(Impatiens noli-tangere)

Familie Balsaminaceae – Springkrautgewächse

Hierzu gehört das Rührmichnichtan oder Springkraut *(Impatiens noli-tangere)*, eine Pflanze feuchter Wälder mit glasig-durchsichtigem Stengel und mit gelben gespornten Blüten. Die Kapselfrüchte springen bei der Reife auf und schleudern die Samen von sich. Einige Vertreter dieser Familie werden als Zierpflanzen kultiviert, u. a. das »Fleißige Lieschen« *(Impatiens holstii)*.

Familie Linaceae – Leingewächse

Die Leingewächse sind Kräuter mit einfachen schmalen Blättern. Die Blüten besitzen nur einen Staubblattkreis. Der blaublühende Flachs oder Lein *(Linum usitatissimum)*, der bis zu 1 m hoch werden kann, gehört zu den ältesten Kulturpflanzen und war bereits in der Jungsteinzeit bekannt. Die Bastfasern seiner Stengel bestehen aus fast reiner Zellulose und liefern den Flachs. Die Pflanze ist einjährig und hat langgestielte, in Wickeln stehende Blüten mit 5 Kelchblättern und 5 himmelblauen Kronblättern. Die Frucht ist eine Kapsel. Die Samen liefern das Leinöl und eine wertvolle Schleimdroge.
Weitere *Familien* sind die *Tropaeolaceae – Kapuzinerkressen*, mit der Kapuzinerkresse *(Tropaeolum majus)*, die mit schildförmigen Blättern und gelben oder roten gespornten Blüten eine beliebte Zierpflanze in unseren Gärten ist und von den südamerikanischen Gebirgen stammt, und die *Erythroxylaceae – Kokagewächse*, tropische Holzpflanzen mit einfachen, meist wechselständigen Blättern. Ein Vertreter dieser Familie ist in den südamerikanischen Anden der Kokastrauch *(Erythroxylon coca)*, dessen kokainhaltige Blätter noch heute von den Bewohnern als Genußmittel gekaut werden.
Zu der *Familie Zygophyllaceae* gehören die Guajakbäume *(Guajacum)*, die ein medizinisch wertvolles Holz liefern.

Ordnung Terebinthales

Die Angehörigen dieser Ordnung sind vorwiegend Bäume und Sträucher, seltener Kräuter. Im Blütenbau zeigen sie viel Ähnlichkeit mit den Vertretern der Gruinales, doch tritt bei ihnen an der Basis des Fruchtknotens stets eine ringförmige auffällige Wucherung der Blütenachse auf, die als Diskus bezeichnet wird. Außerdem haben sie Exkretbehälter, die ätherische Öle, Harze und Balsame führen; sie sind deshalb als Nutz- und Heilpflanzen bedeutsam.

Familie Rutaceae – Rautengewächse

Alle Vertreter führen reichlich ätherische Öle, deren Sekretbehälter oft schon an den Blättern als durchscheinende Punkte zu erkennen sind. Als krautige Art kommt bei uns der Diptam *(Dictamnus albus)* vor; er wächst an trockenheißen Standorten unserer Bergwälder. Die stattliche, unter Naturschutz stehende Pflanze kann ätherisches Öl in solcher Menge erzeugen, daß dessen Dämpfe sich an windstillen Sommertagen anzünden lassen. – Eine Verwandte ist die angebaute Gartenraute *(Ruta graveolens)*, eine

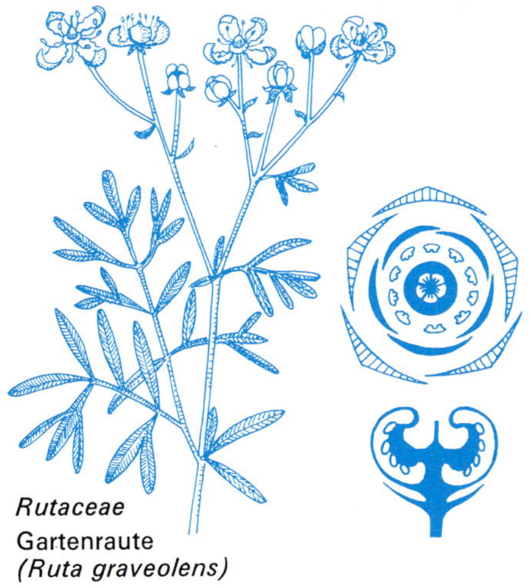

Rutaceae
Gartenraute
(Ruta graveolens)

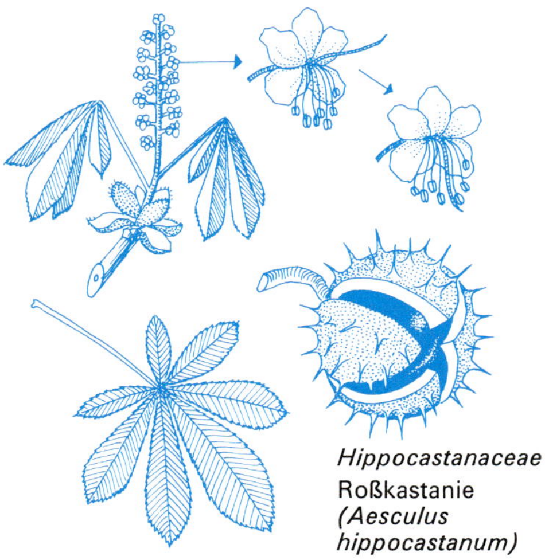

Hippocastanaceae
Roßkastanie
(Aesculus hippocastanum)

Aquifoliaceae
Stechpalme
(Ilex aquifolium)

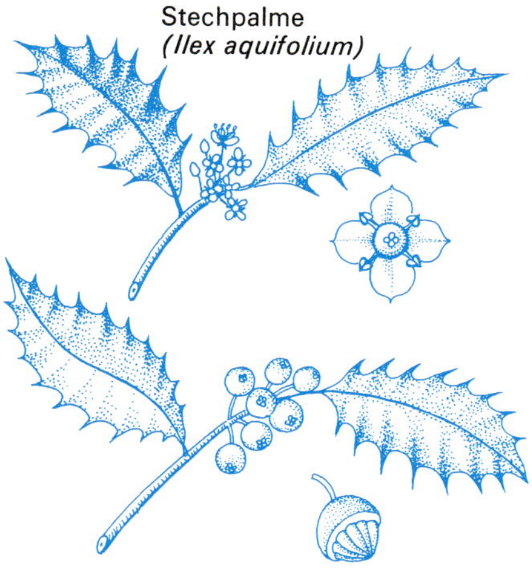

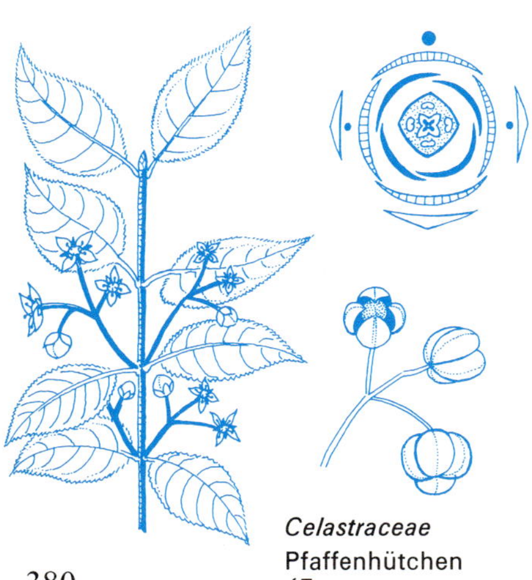

Celastraceae
Pfaffenhütchen
(Evonymus europaeus)

Heilpflanze aus dem Mittelmeerraum. Zu den Rautengewächsen gehören auch folgende Arten der Gattung *Citrus:* Zitronen, Orangen, Mandarinen, Clementinen, Pampelmusen (Grapefruits), Bitter-Orangen (Pomeranzen) usw., die sich u.a. alle durch einen hohen Vitamin-C-Gehalt auszeichnen.

Familie Aceraceae – Ahorngewächse

Die Ahorne sind meist Bäume mit gegenständigen Blättern ohne Nebenblätter und mit auffällig geflügelten Spaltfrüchten. Der Feldahorn oder Maßholder *(Acer campestre)*, ein 20 m hoher Baum, der aber oft auch ein strauchartiges Aussehen hat, findet sich häufig in Laubwäldern der Hügel- und Bergregionen. Seine Rinde wird leicht rissig und schält sich in rechteckigen Stücken ab. Die aufrechtstehenden Blütensträuße erscheinen nach der Laubentwicklung. Die mit 2 stark gespreizten Flügeln versehene Frucht zerfällt in 2 Spaltfrüchte. In langsam drehender Bewegung (Schraubenflug) werden sie vom Wind davongetragen. Das schöngemaserte Holz des Spitzahorns *(A. platanoides)* und des Bergahorns *(A. pseudo-platanus)* wird sehr geschätzt und zur Möbelherstellung verwendet.

Familie Hippocastanaceae – Roßkastaniengewächse

Die Roßkastaniengewächse werden durch die Roßkastanie *(Aesculus hippocastanum)* vertreten mit ihren prächtigen weißen, aufrechtstehenden, zu Sträußen (Rispen) vereinigten Blüten, ihren großen, gefiederten Blättern und ihren stacheligen grünen Früchten, die die glänzenden braunen Samen enthalten. Sie stammt aus dem Balkan.
Nur wenige Blüten besitzen einen Stempel und sind fruchtbar. Die unfruchtbaren verfügen über lange Staubblätter mit reichlich Blütenstaub. Dadurch werden die Blütenstände größer und auffälliger (Schaublüten).
Weitere *Familien* sind: die *Sapindaceae* mit zahlreichen holzigen Schlingpflanzen; die *Burseraceae – Weihrauchgewächse*, tropische Holzgewächse mit Dornen und meist 3teiligen Blättern; einige Arten liefern Myrrhe und Weihrauch; Von den *Simarubaceae* – Bitterholzgewächsen findet sich in unseren Anlagen zuweilen angepflanzt der aus China stammende Götterbaum *(Ailanthus altissima)*, der durch seine großen, unpaarig gefiederten Blätter auffällt; die Blüten der *Polygalaceae – Kreuzblumengewächse*, an Sträuchern und Kräutern, sind zygomorph und zeigen eine allerdings nur äußere Ähnlichkeit mit den Blüten der Papilionaceen; schließlich seien die *Anacardiaceae – Sumachgewächse* genannt, mit einer großen Zahl von Holzpflanzen, die sämtlich durch den Besitz von rindenständigen Harzgängen ausgezeichnet sind.
Ein mediterraner Strauch oder kleiner Baum mit immergrünen gefiederten Blättern ist *Pistacia lentiscus*, der als Mastix-Lieferant bekannt ist. Weitere Arten sind: der »Essigbaum« *(Rhus typhina)*, der aus Nordamerika stammt, er wird bei uns wegen der schönen roten Herbstfärbung seiner Fiederblätter gern als Zierstrauch angepflanzt, und die heute überall in den Tropen kultivierten Mango-Bäume *(Mangifera)*, die gelbe Steinfrüchte hervorbringen.

Ordnung Celastrales

Die Celastrales schließen eng an die Terebinthales an. Sie besitzen wie diese in den Blüten einen Diskus, doch verfügen sie nur über einen Staubblattkreis. Es handelt sich meist um Holzpflanzen.

Familie Aquifoliaceae – Stechpalmengewächse

Hierzu gehört die Gemeine Stechpalme *(Ilex aquifolium)*, ein immergrüner Strauch mit dornigen Blättern und kleinen roten Steinfrüchten, und der Mate-Teestrauch *(Ilex paraguayensis)*, dessen Heimat das östliche Südamerika ist. Aus seinen Blättern bereitet man einen Tee.

Familie Celastraceae – Spindelbaumgewächse

In Gebüschen und Hecken findet sich das Pfaffenhütchen *(Evonymus europaeus)*, ein Strauch mit grünlichweißen Blütchen und auffälligen Früchten. Diese besitzen aus rosenroten Fruchtkapseln und orangefarbenen Samen, die aus den aufspringenden Kapseln hervortreten.

Ordnung Rhamnales

Die Rhamnales sind den Celastrales sehr ähnlich. Sie unterscheiden sich von ihnen dadurch, daß die in einem Kreis angeordneten Staubblätter nicht zwischen den Kronblättern stehen (wie bei Celastrales), d.h. also, sich nicht mit ihnen abwechseln, sondern sich über ihnen befinden. Dies ist durch Ausfall jeweils eines der beiden Staubblattkreise zu erklären.

Familie Rhamnaceae – Kreuzdorngewächse

Hierzu gehört der Faulbaum *(Rhamnus frangula)*, der im Unterholz, vor allem in Bruchwäldern, häufig ist, ein Strauch mit 5zähligen unscheinbaren Blüten und kleinen schwarzen Steinfrüchten. Seine Rinde strömt einen fauligen Geruch aus.

Familie Vitaceae – Rebengewächse

Rebengewächse sind holzige Schlinggewächse (Lianen), die vielfach mit blattgegenständigen Sproßranken versehen sind. Die Blätter sind in der Regel tief gelappt. – Der Weinstock *(Vitis vinifera)* stammt wahrscheinlich aus dem östlichen Mittelmeerraum, doch war die Gattung *Vitis* schon im Tertiär über ganz Europa verbreitet. Fossile Reste erscheinen auch später in der Jungsteinzeit sowie in Pfahlbauten der Bronzezeit. Im Altertum war der Weinstock weithin bekannt. Nach Deutschland kam er mit den Römern. Von dem Stamm gehen gewundene, holzige Äste (Reben) aus, die sich ohne Halt nicht aufrichten können. Die Trauben, wie die Blütenstände fälschlich genannt werden, sind Rispen; die Beeren bestehen aus Schale und Fruchtfleisch und enthalten einen, zwei oder mehrere Samen. Sie machen verschiedene Reifestadien durch, bis endlich ihre volle Süße erreicht ist.
Zur gleichen Familie zählen auch der Wilde Wein *(Parthenocissus)* und die Klimme *(Cissus)*, eine beliebte Zimmerpflanze.

Ordnung Umbelliflorae

Der Ordnungsname bezieht sich auf die doldenförmige Ausbildung der Blütenstände (umbella = Dolde). Die Blüten sind 4- oder 5zählig; sie besitzen nur einen Staubblattkreis und einen 2fächerigen unterständigen Fruchtknoten, der in jedem Fach nur eine fruchtbare, hängende Samenanlage enthält.

Familie Cornaceae – Hartriegelgewächse

Es sind vorwiegend Holzgewächse mit 4zähligen Blüten und einfachen, gegenständigen Blättern. Ein Vertreter dieser Familie ist die Kornelkirsche *(Cornus mas)*, ein wärmeliebender Baum, dessen gelbe Blüten sich im zeitigen Frühjahr noch vor der Belaubung entfalten. Aus den Blüten gehen rote eßbare Steinfrüchte hervor. Ein weiterer Vertreter ist der Rote Hartriegel *(Cornus sanguinea)*, ein im Unterholz der europäischen Laubwälder häufig vorkommender Strauch.

Familie Araliaceae – Araliengewächse

Es sind zum größten Teil Holzpflanzen mit 5-

Araliaceae

Efeu
(Hedera helix)

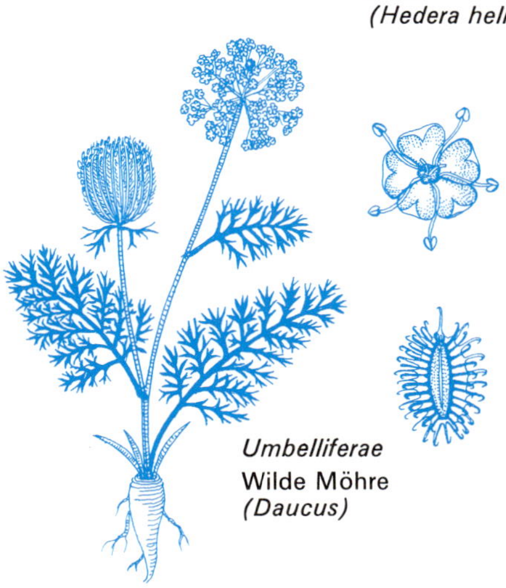

Umbelliferae
Wilde Möhre
(Daucus)

zähligen Blüten und wechselständigen Blättern.
Die einzige in unserem Gebiet verbreitete Araliacee ist der Efeu *(Hedera helix)*, eine Kletterpflanze, deren im Herbst bestäubte Blüten sich erst im nächsten Frühjahr zu schwarzen Beeren entwickeln.
Panax ginseng, in Korea, China und Tibet wild vorkommend, liefert die echte Ginsengwurzel. Die in Europa im Handel befindlichen Ginsengwurzeln stammen im allgemeinen von einer in Nordamerika kultivierten Art, *Panax quinquefolius (=Aralia quinquefolia)*.

Familie Umbelliferae – Doldenblütler

Die Doldengewächse sind einjährige, zweijährige oder ausdauernde Kräuter oder Stauden von ganz kleinen bis zu riesigen Exemplaren. Ihre Blätter sind wechselständig, meist gefiedert, 3teilig, einfach oder doppelt zusammengesetzt. Die Stengel sind oft hohl und gleich den Wurzeln und Früchten von Öldrüsen durchzogen. Die Blüten stehen in einfachen oder zusammengesetzten Dolden und sind radiär oder zygomorph, besonders die am Rande, und meist zweigeschlechtig. Kelch und Blütenkrone sind 5zählig, ebenso die Staubblätter. Die Kronblätter sind entweder ganzrandig, zweigeteilt oder an der Spitze eingekerbt und weisen in diesem Fall einen kleinen, nach innen gerichteten Schnabel auf.
Der Fruchtknoten ist unterständig, hat 2 Fruchtblätter und trägt ein rundliches, kegelförmiges Griffelpolster (Diskus), auf dem 2 Griffel sitzen. Die Farbe der Blütenkrone ist meist weiß, seltener gelblich. Nach der Reife zerfällt der Fruchtknoten in 2 einsamige Spaltfrüchte, die entweder glatt oder mit Haaren oder Haken besetzt sind, mit deren Hilfe sie sich z. B. im Fell von vorbeistreifenden Säugetieren festsetzen und so verbreitet werden.
Die etwa 2200 Arten dieser Familie finden sich in allen gemäßigten Zonen, besonders auf der nördlichen Erdhälfte. Sie kommen überall vor: auf Feldern, in Wäldern, auf Brachland, Bergweiden, Felsen, an Geröllhängen, Klippen, im Meeressand, sogar im Wasser, in trockenen Steppengebieten und in Wüsten. In den Alpen dringt die Mutterwurz *(Ligusticum mutellinoides)* sogar bis in Höhen von 3500 m vor.
Neben Nutzpflanzen wie der Möhre *(Daucus)*, dem Pastinak *(Pastinaca)* und dem Sellerie *(Apium graveolens)* werden als Gewürz Kümmel *(Carum carvi)*, Dill *(Anethum graveolens)* und Fenchel *(Foeniculum vulgare)* angepflanzt. Die beiden letzten stammen aus dem Mittelmeergebiet, ebenso der Anis *(Pimpinella anisum)* und Koriander *(Coriandrum sativum)*. Auch der Gartenkerbel *(Anthriscus cerefolium)* stammt aus dem Süden. Ein sehr wichtiges und allgemein bekanntes Küchengewürz ist die Petersilie *(Petroselinum sativum)*. Gift enthalten der Gefleckte Schierling *(Conium maculatum)*, an dem rotgefleckten Stengel und dem mäuseartigen Geruch zu erkennen, sowie der äußerst gefährliche Wasserschierling *(Cicuta virosa)*, erkennbar an seinem quergefächerten Wurzelstock, und die Blätter der Hundspetersilie *(Aethusa cynapium)*. Unter Naturschutz steht die Stranddistel oder Strand-Männertreu *(Eryngium maritimum)*; Mannshöhe erreicht der Bärenklau *(Heracleum sphondylium)*.

Monochlamydeae oder Apetalae – Pflanzen mit einfacher Blütenhülle

Die Blütenhülle der vorwiegend wirteligen Blüten ist entweder nur unscheinbar oder ist überhaupt nicht vorhanden. Die typischen Vertreter sind Holzpflanzen mit eingeschlechtigen windbestäubten Blüten oder gehören zu Ordnungen mit z. T. krautigen Pflanzen, deren Blüten häufig zwittrig sind und von Insekten bestäubt werden.

Ordnung Centrospermae

Es sind vorwiegend Kräuter, nur selten holzige Pflanzen, mit meist einfachen, nebenblattlosen Blättern. Der Fruchtknoten wird stets von mehreren (meist 2–5) Fruchtblättern gebildet, in denen oft die Samenanlagen am Grunde »zentral« stehen (daher »Centrospermae«).

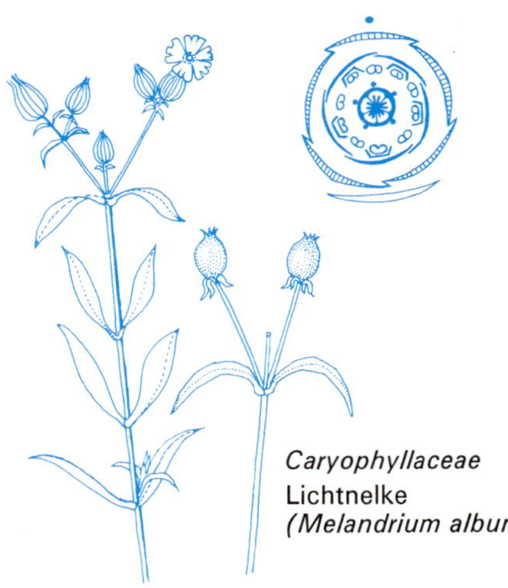

Caryophyllaceae
Lichtnelke
(Melandrium album)

Familie Caryophyllaceae – Nelkengewächse

Die Nelkengewächse sind eine große Familie, die ihren botanischen Namen nach der Gartennelke *(Dianthus caryophyllus)* trägt; sie hat ein weites Verbreitungsgebiet. Ihre zahlreichen Arten sind Kräuter oder Stauden mit ungeteilten, schmalen, gegenständig oder quirlig angeordneten Blättern. Die Blüten haben z. T. eine doppelte Blütenhülle, Kelch und Blumenkrone sind in der Regel 1–5zählig. Der Fruchtknoten ist oberständig, 2–5blättrig und meist einfächerig. Die Frucht ist eine Kapsel, die sich mit Zähnen öffnet.
Zu den Nelkengewächsen gehören die Kornrade *(Agrostemma githago)*, die einst zu unseren schönsten Feldblumen zählte. Ihre Samen sind giftig und können, wenn sie zusammen mit Getreide zu Mehl vermahlen werden, für den Menschen unverträglich sein *(Githagismus)*.
Ihr nahe stehen die zahlreichen schönen Arten der Gattung Lichtnelke *(Lychnis)*, von denen die Kuckuckslichtnelke *(L. flos-cuculi)* eine der bekanntesten ist. Durch ihre rosafarbenen Blumenblätter, die nur eine kurze Röhre bilden, kann sie im Gegensatz zu anderen Nelken, die Tagfalterblumen sind, auch von langrüsseligen Insekten bestäubt werden. Ihren Namen hat sie durch den »Kuckucksspeichel« erhalten, Schaumklümpchen, die sich häufig an ihren grünen Teilen finden und von der Larve der Schaumzirpe erzeugt werden, die sich im Schaum verborgen hält und entwickelt.
Das Leimkraut *(Silene)* ist in seinen oberen Teilen klebrig, wodurch die emporkriechenden Insekten »angeleimt« werden. Die Pflanze wächst auf sonnigen Hügeln, Felsen und an Waldrändern und hat weiße Blumenblätter, die sich am Tag einrollen und unscheinbar werden. Nachts entfalten sie sich und strömen einen angenehmen Duft aus.
Zu den Nelken gehören: die Stein- oder Karthäusernelke *(Dianthus carthusianorum)* mit leuchtendroten Blüten, die in Büscheln beieinanderstehen, die kleinere Heidenelke *(D. deltoides)* mit einzeln stehenden, heller roten, weißpunktierten Blüten und schmalen, behaarten Blättern, die Alpennelke *(D. alpinus)*, die sich auf den steinigen Wiesen der Ostalpen findet, sowie die Gletschernelke *(D. glacialis)* in der Nähe der Gletscher.
Unter Naturschutz stehen die Pfingstnelke *(D. caesius)* mit auffallend blaugrün gefärbten Stengeln und Blättern, behaartem Schlund und purpurner Krone sowie die Prachtnelke *(D. superbus)*, die violette geschlitzte Kronblätter hat.
Zierpflanzen sind die Gartennelke *(Dianthus caryophyllus)*, die aus Südeuropa stammt, die beliebte Bartnelke *(D. barbatus)* und das Gipsoder Schleierkraut *(Gypsophila paniculata)*, das auch wild wächst.
Außer diesen eigentlichen Nelken, die sich allesamt durch röhrenförmig verwachsene Kelchblätter auszeichnen, sind die Mieren zu erwähnen; ihre Kelchblätter sind frei. Ihr bekanntester Vertreter ist die Vogelmiere *(Stellaria media)*, auch Hühner- oder Mäusedarm genannt, die fast das ganze Jahr über blüht und ein weitverbreitetes Ackerunkraut ist. Ihre jungen Knospen und Blättchen werden gern von unseren Stubenvögeln verzehrt.
Die Wald-Sternmiere *(S. holostea)* bewohnt lichte Wälder und Gebüsche; sie hat weiße Kronblätter und wird auch manchmal in Gärten angepflanzt. Der Feld-Spark *(Spergula arvensis)* wird mancherorts auf kargen Böden als Futterpflanze angebaut.

Chenopodiaceae
Gartenmelde
(Atriplex hortensis)

Familie Chenopodiaceae – Gänsefußgewächse

Es sind Kräuter mit wechselständigen einfachen Blättern und unscheinbaren grünlichen, zu knäueligen Infloreszenzen vereinigten Blüten. Der einfächerige Fruchtknoten, der zu einer Schließfrucht (Nuß) auswächst, umschließt meist nur eine Samenanlage. Zur Gattung Gänsefuß *(Chenopodium)* gehört eine Reihe von Arten, die bei uns als Unkräuter verbreitet sind. Unkräuter sind ebenfalls die Vertreter der Gat-

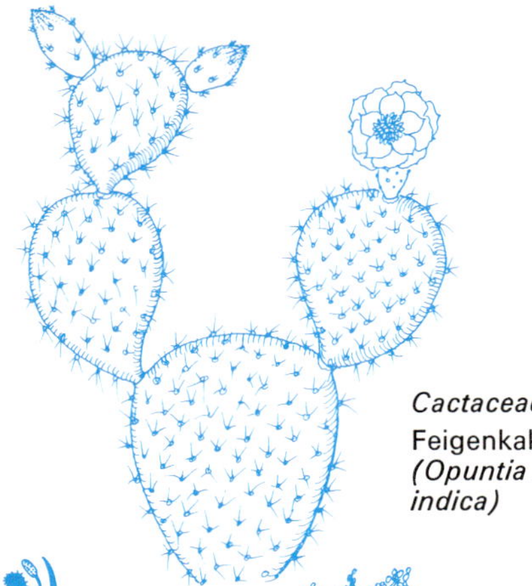

Cactaceae
Feigenkaktus
(Opuntia ficus-indica)

Polygonaceae
Rhabarber
(Rheum)

Santalaceae
Leinblatt
Alpenleinblatt
(Thesium alpinum)

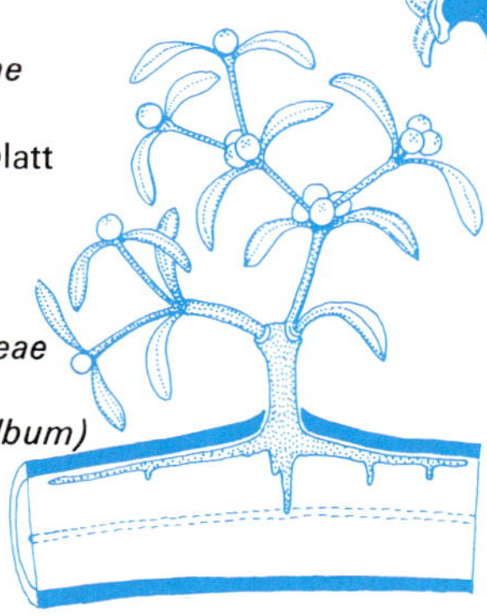

Loranthaceae
Mistel
(Viscum album)

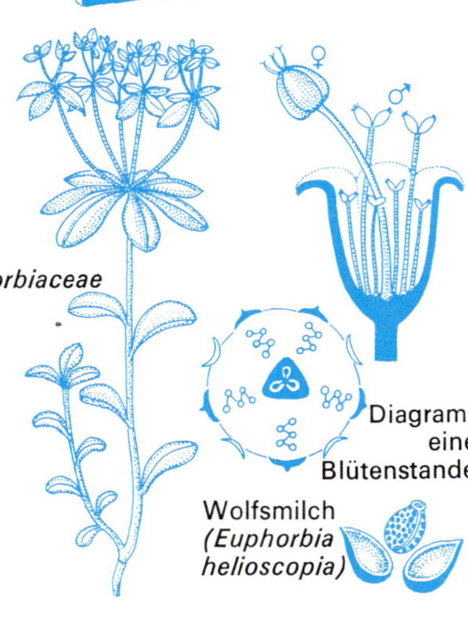

Euphorbiaceae

Diagramm eines Blütenstandes

Wolfsmilch
(Euphorbia helioscopia)

tung Melde *(Atriplex)*. Die Gartenmelde *(A. hortensis)* wird zuweilen als Blattgemüse angepflanzt. Den Melden verwandt ist der Spinat *(Spinacia oleracea)*. Zu dieser großen Familie gehören vor allem die Rüben *(Beta)*, von denen die Zuckerrübe *(Beta vulgaris var. altissima)* eine hohe wirtschaftliche Bedeutung hat. Die frischen Rüben enthalten 16–18 % Saccharose.
Die dicken Rüben der Futter- oder Runkelrübe, auch Dickrübe oder Dickwurz *(Beta vulgaris var. rapa forma alba)* genannt, dienen als Viehfutter; die Rote Rübe *(B. v. var. conditiva)* ist eine weitverbreitete Gartenpflanze; ihre roten runden Rüben haben einen süßlichen Geschmack. Die breiten, dicken Blätter des Mangold *(B. v. var. flavescens)* weisen eine weiße oder rote, abgeflachte Mittelrippe auf. Sie ergeben ein ausgezeichnetes Gemüse.
Die Rüben sind zweijährige Pflanzen, deren Blütenstengel bis zu 1,5 m hoch werden können. Sie bilden im ersten Jahr den Rübenkörper und eine Blattrosette und entwickeln den Blütenstand erst im zweiten Jahr. Im schlickreichen Wattenmeer besiedelt oft der salzliebende Queller *(Salicornia herbacea)* weite Flächen.
Weitere *Familien* sind die *Phytolaccaceae* mit der aus Nordamerika stammenden Kermesbeere *(Phytolacca decandra)* – der Saft der roten Beeren wird (meist mißbräuchlich) zum Färben von Weinen verwendet – und die *Cactaceae – Kakteen*. Die Kaktusgewächse sind absonderliche Pflanzen und fast ausschließlich Stammsukkulenten, deren Blätter verkümmert sind oder sich zu Dornen, Borsten oder Haaren umgebildet haben. Sie wachsen wild in den steinigen Wüsten der tropischen und subtropischen Zonen, vor allem Mittel- und Nordamerikas, und wurden erst im 16. Jh. in Europa bekannt, wo sie seither einen großen Kreis von Liebhabern zu ihren Bewunderern zählen. Dies gilt besonders für die »Königin der Nacht« *(Selenicereus grandiflorus)* und den Feigenkaktus *(Opuntia ficus-indica)*.

Ordnung Polygonales

Es sind meist ausdauernde Kräuter (Stauden) mit knotig gegliederten Stengeln und wechselständigen Blättern. Die Blüten sind in der Regel klein und unscheinbar, grünlich, nur selten weiß oder rosa gefärbt. Der einfächerige Fruchtknoten besteht aus 2–3 Fruchtblättern. Die Frucht ist eine kleine Nuß mit meist flügelartigen Auswüchsen.

Familie Polygonaceae – Knöterichgewächse

Zu den Knöterichgewächsen gehört neben Buchweizen und Sauerampfer der bekannte Rhabarber *(Rheum)*; er ist eine der meistgenutzten Pflanzen, da er lange, fleischige Blattstiele besitzt, aus denen man wohlschmeckende Speisen bereiten kann. Bestimmte Arten haben eine aromatische heilkräftige Wurzel.
Der Buchweizen oder das Heidekorn *(Fagopyrum esculentum)* stammt aus der Mandschurei, wo es auch heute noch angebaut wird. Die einjährige Pflanze wird 50–80 cm hoch und gedeiht selbst noch auf kärglichstem Heideland (Name!). Buchweizen wurde auch in Deutschland viele Jahrhunderte lang kultiviert.
Der Vogelknöterich *(Polygonum aviculare)* ist eines unserer häufigsten Ackerunkräuter. Der Wiesenknöterich *(P. bistorta)* trägt an der Spitze seines unverzweigten Stengels einen dichtstehenden, ährigen Blütenstand. Von den vielen Ampferarten *(Rumex)* seien nur der Sauerampfer *(R. acetosa)* erwähnt, dessen säuerlich schmeckende Blätter als Gemüse- oder Salatgewürz dienen, und der Gartenampfer *(R. patientia)*, eine hohe, ausdauernde Pflanze, die aus Südeuropa stammt.

Ordnung Santalales

Es sind parasitische und halbparasitische Kräuter und Holzgewächse, die vorwiegend in den Tropen verbreitet sind. Sie besitzen meist grüne Blätter, anstelle von Wurzeln aber entwickeln sie Saugorgane, die in die wasserleitenden Gefäße ihrer Wirtspflanzen eindringen.

Familie Santalaceae – Sandelholzgewächse

Hier handelt es sich vorwiegend um grüne Halbschmarotzer, die im Boden wurzeln und über Haustorien den Wirtspflanzen Wasser und Nährsalze entziehen, so die heimischen Bergflachsarten *(Thesium)*. – Genannt sei auch der Sandelholzbaum *(Santalum album)*, ein stattlicher Baum des indomalaiischen Archipels, dessen Kernholz als »weißes Sandelholz« im Handel bekannt ist.

Familie Loranthaceae – Mistelgewächse

Zu den Mistelgewächsen gehört z. B. die Mistel *(Viscum album)*, ein immergrüner Halbschmarotzer, der sich besonders auf Birn-, Apfel- und Kirschbäumen, Weiden, Linden und Pappeln ansiedelt. Mit Hilfe von wurzelartigen Senkern (Haustorien), die die Mistel bis in die inneren Schichten des Holzes ihres Wirtes vortreibt, entzieht sie diesem Wasser und Nährsalze. Da sie Blattgrün besitzt, ist sie aber auch in der Lage, zusätzlich aus dem Kohlendioxid in der Luft zu ihrem Leben notwendige Stoffe selbst herzustellen (deshalb Halbschmarotzer, s. dort).
In der zweihäusigen Pflanze entstehen im Frühling in den Zweigwinkeln die unscheinbaren Staub- oder Stempelblüten, die Honigdrüsen enthalten und von Insekten bestäubt werden. Die erbsengroßen weißen, durchscheinenden Beeren, die erst im Dezember reifen, besitzen ein stark klebriges Fruchtfleisch, das den Samen enthält. Sie werden gern von Amseln und Misteldrosseln verzehrt, die dadurch zu ihrer Verbreitung beitragen, indem sie den Samen beim Säubern des Schnabels an einem Ast abstreifen und gleichsam dort anleimen oder mit dem Kot wieder ausscheiden, so daß er auf diese Weise auf die Bäume gelangt und sich dort zu einer neuen Mistel entwickeln kann.

Ordnung Tricoccae

Die große Pflanzengruppe hat ihren Namen von dem 3blättrigen und 3fächerigen Fruchtknoten, der in jedem Fach einen Samen enthält. Die Blütenhülle der radiären, vorwiegend eingeschlechtigen Blüten ist meist einfach oder fehlt auch völlig.

Familie Euphorbiaceae – Wolfsmilchgewächse

Sie bilden die weitaus größte und wichtigste Familie in dieser Ordnung. Die Wuchsformen der Wolfsmilchgewächse sind außerordentlich mannigfaltig. Neben mächtigen Bäumen gibt es Kräuter und Stauden sowie sukkulente, kakteenähnliche Formen. Die meisten Arten besitzen Milchröhren. Die bei uns als Unkraut allgemein verbreitete Sonnenwolfsmilch *(Euphorbia helioscopia)*, die in allen ihren Teilen einen weißen klebrigen Latex enthält, besitzt unscheinbare Einzelblüten, die zu eigenartigen Blütenständen vereinigt sind. Jeder Blütenstand (Cyathium) hat eine becherförmige gelbgrüne Hülle, von deren Boden sich ein Stempel und mehrere Staubblätter erheben, die jedes eine ganze, stark reduzierte Blüte darstellen.
Von den vielen in- und ausländischen Gattungen und Arten dieser Familie seien besonders der Kautschukbaum *(Hevea)* und der Rizinusbaum *(Ricinus)* erwähnt, ferner der Purgierbaum *(Croton tiglium)* aus Ostindien, dessen Samen (Öl) eine abführende Wirkung haben, das Bingelkraut *(Mercurialis annua)*, ein Unkraut, und der Maniok *(Manihot utilissima)*, der vor allem in Afrika wegen der mächtigen, stärkereichen Wurzelknollen angepflanzt wird.
Verwandt ist die *Familie Buxaceae – Buchsbaumgewächse* mit dem Buchsbaum *(Buxus sempervirens)*, einem immergrünen Strauch.

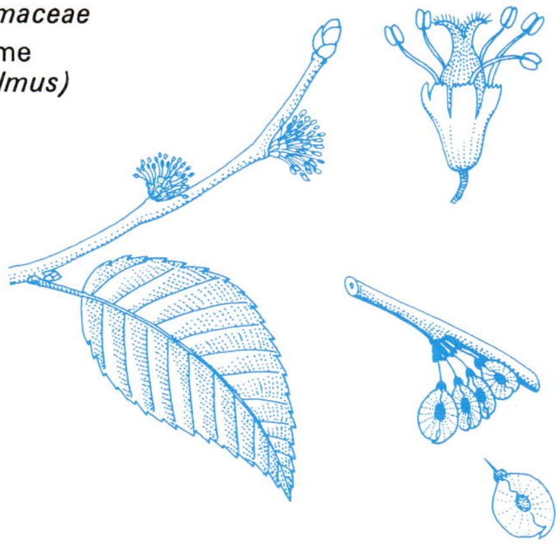

Ulmaceae
Ulme
(Ulmus)

Moraceae
Maulbeerbaum
(Morus)

Cannabiaceae
Hanf
(Cannabis sativa)

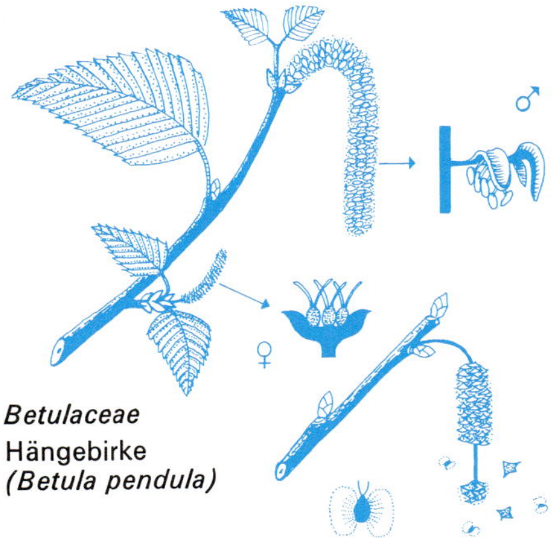

Betulaceae
Hängebirke
(Betula pendula)

Ordnung Urticales

Es sind Kräuter und Holzgewächse mit vorwiegend unscheinbaren Blüten, die meist zu dichten Blütenständen vereinigt sind oder eine 5zählige Blütenhülle und gleichviele Staubblätter aufweisen. Aus dem Fruchtknoten entsteht eine einsamige Nuß; die Blätter sind mit oft hinfälligen Nebenblättern versehen.

Familie Ulmaceae – Ulmengewächse

Der bekannteste Vertreter ist die Feldulme oder Rüster *(Ulmus campestris)*. Ihre spitzovalen Blätter sind oft asymmetrisch und am Rande gesägt. Die kleinen rötlichbraunen Zwitterblüten, die auf kurzen oder längeren Stielchen in Büscheln auf den Zweigen stehen, haben purpurrote Antheren; der einzige Fruchtknoten enthält nur eine Samenanlage.
Die Ulmen zählen zu den wenigen Bäumen, die vor der Belaubung nicht nur blühen, sondern auch fruchten. Die Frucht ist eine kleine Nuß, die von einem membranartigen, sehr breiten Flügelsaum umschlossen ist; er zeigt eine blaßgrüne Farbe und ist elliptisch oder spitz-oval. Mit seiner Hilfe wird das Nüßchen vom Winde weit fortgetragen. Die Bergulme *(Ulmus montana)* wird bis 35 m hoch. Ihre asymmetrischen Blätter sind sehr rauh.

Familie Moraceae – Maulbeergewächse

Hierzu gehören Milchsaft führende Holzpflanzen mit wechselständigen, meist gelappten Blättern. Die kleinen eingeschlechtigen Blüten sind häufig zu eigenartigen Blütenständen vereinigt.
Außer dem nordamerikanischen Roten Maulbeerbaum *(Morus rubra)* sind vor allem der Schwarze *(M. nigra)* und der Weiße Maulbeerbaum *(M. alba)* bei uns in Europa zu finden. Der Schwarze Maulbeerbaum ist in Kleinasien, Armenien, im Kaukasus und in Transkaukasien heimisch und wurde im Altertum in Europa eingeführt.
In Deutschland werden die Maulbeerbäume vor allem ihrer Früchte wegen angebaut oder dienen als Heckenpflanze sowie zur Befestigung von Dämmen und Böschungen.
Auch die Feige *(Ficus)* gehört zu dieser Familie; sie ist typisch für den Mittelmeerraum. Ihre Blütenstandsachse ist krugförmig ausgebildet und trägt auf der Innenseite die zahllosen Einzelblüten. Die »Feige« ist also ein Fruchtstand.
Eine kolbenförmige, fleischig verdickte Infloreszenzachse, die mit einer Fülle kleiner, dicht aneinandergereihter Blüten bedeckt ist, besitzt der indomalaiische Brotfruchtbaum *(Artocarpus incisa)*. Als Zierart außerordentlich beliebt ist der Gummibaum *(Ficus elastica)*. Er stammt aus Indien.

Familie Cannabiaceae – Hanfgewächse

Es sind zweihäusige Kräuter ohne Milchsaft. Der Hanf *(Cannabis sativa)* gehört zu den ältesten Pflanzen, die zur Fasergewinnung angebaut wurden, allerdings weniger bei uns. Seine Heimat ist Mittelasien. Er ist eine einjährige, zweihäusige Pflanze, die 1,5 m, aber auch höher werden kann. Aus ihren Stengeln werden Bastfasern gewonnen, die ähnlich wie die des Flachses aufbereitet werden. Man stellt aus ihnen grobe Gewebe, Seile, Taue, Werg u. a. her. Die fettreichen Hanfsamen liefern ein Öl, das z. B. für Schmierseife verwendet wird. Hanfsamen sind außerdem ein beliebtes Vogelfutter. Aus dem Indischen Hanf *(C. sativa var. indica)* gewinnt man in asiatischen Ländern Haschisch, aus Sorten, die in Mexiko und den Südstaaten Nordamerikas angebaut werden, aber auch wild wachsen, Marihuana.
Der Hopfen *(Humulus lupulus)* ist in Westasien, Mittel- und Südeuropa verbreitet. Er wächst in feuchten Gebüschen, Hecken und Gestrüpp und treibt aus seinem unterirdischen, weitverzweigten Sproß immer neue, einjährige Stengel, mit denen er sich um alle erreichbaren Stützen windet.
Die Früchte sind Nüsse, die in den Achseln der Deckblätter stehen und wie diese von Drüsen bedeckt sind, die als glänzende, goldene Punkte erscheinen. Diese erzeugen das Hopfenbitter oder Lupulin, das ein ätherisches Öl enthält und dem Bier als Würze zugesetzt wird.

Familie Urticaceae – Brennesselgewächse

Hier finden wir krautige Pflanzen ohne Milchsaft, die vielfach Brennhaare besitzen. Die unscheinbaren eingeschlechtigen Blüten finden sich in kätzchenförmigen Blütenständen. Bei uns sind die Große Brennessel *(Urtica dioica)* und die Kleine einhäusige Brennessel *(U. urens)* weit verbreitet, die zweite Art besonders auf Schuttplätzen und in Gärten. Ihre Stengel sowie die gegenständigen, am Rande gesägten Blätter sind mit Brennhaaren besetzt, die bei Berührung mit der menschlichen Haut Rötungen, Jukken sowie ein schmerzhaftes Brennen hervorrufen.
Die zweihäusige Große Brennessel *(Urtica dioica)* hat wie alle Windblütler unscheinbare Blüten. Die männlichen enthalten reichliche Mengen trockenen Blütenstaubes und bilden hängende Rispen; die weiblichen stehen frei und verfügen über pinselförmige Narben.
Der Stengel der Nesseln besitzt ähnlich wie der des Leins lange, feste Bastfasern, aus denen das »Nesseltuch« hergestellt wird. Als Ziernessel ist die Kanonierblume *(Pilea)* bekannt, die in den Hochgebirgen des tropischen Amerika heimisch ist. – *Boehmeria nivea* aus China und Ostindien liefert die wertvolle Ramie-Faser (s. Ramiepflanzen).

Ordnung Fagales

Es sind ausschließlich einhäusige, windblütige Holzpflanzen, deren unscheinbare Blüten in der Regel zu ährenförmigen, zusammengesetzten Blütenständen, den sog. Kätzchen, vereinigt sind. Durch Kätzchen zeichnen sich in der Regel auch die Ordnungen *Juglandales, Salicales* und *Myricales* aus. Man nennt diese Gruppen deshalb auch allgemein Kätzchenblütler oder *Amentiflorae*. Die Früchte sind einsamige Nüsse.

Familie Betulaceae – Birkengewächse

Der Haselnußstrauch *(Corylus avellana)* erreicht nur selten die Größe eines Baumes; meist ist er ein Strauch, der sich bereits am Boden verästelt. Seine rundlich-herzförmigen Blätter sind weich, behaart und am Rande doppelt gesägt. Im Frühjahr rieselt aus den 8 Staubblättern eines jeden Blütchens, die um eine gemeinsame Achse angeordnet sind und die hängenden gelben Kätzchen (einen Blütenstand) bilden, der Blütenstaub aus.
Die kleinen weiblichen Blütenstände bleiben von Knospenschuppen umschlossen, nur die roten Narben, von denen je 2 zu einer Blüte gehören, fallen einem Betrachter auf. Der Haselnußstrauch ist also ein einhäusiger Windblütler (s. dort). Der Bestäubung folgt nicht unmittelbar die Befruchtung. Der Pollenschlauch erreicht erst im April oder Mai die Samenanlage, die sich danach entwickelt. Der Haselnußstrauch findet sich, ohne besondere Forderungen an den Boden zu stellen, in ganz Europa. Darüber hinaus wird er in großem Umfang angepflanzt.
Ein Verwandter des Haselnußstrauches ist u. a. die Weiß- oder Hainbuche *(Carpinus betulus)*, ein bis 25 m hoher Waldbaum mit glatter Rinde. Sie wächst meist in Mischwäldern auf kieselsauren Böden in trockenen Gegenden mit gemäßigtem Klima. Die Hainbuche ist einhäusig und blüht gleichzeitig mit der Blattentwicklung; die Blätter sind länglich-oval, spitz und doppelt gesägt. Die Hänge- oder Warzenbirke *(Betula pendula)* hat einen schlanken, unregelmäßig zylindrischen Stamm. Ihre Zweige sind biegsam und hängen nach unten. Der junge Stamm hat eine bräunliche Farbe, im Alter wird er kalkweiß, hier und da unterbrochen von waagerechten schwärzlichen Strichen. Die Birke ist ein Baum der kalten, nördlichen Klimazonen und überaus lichtbedürftig. An den Boden stellt sie dagegen nur geringe Ansprüche. Die Blätter messen 4–7 cm, sind rautenförmig, im oberen Teil gezähnt, spitz und auf der Oberseite klebrig. Ihre Staub-

kätzchen bilden sich schon im Sommer an der Spitze der Vorjahrszweige in Zweier- oder Dreiergruppen und überwintern, während sich die kleinen Stempelkätzchen erst bei der Blattentwicklung zeigen.
Andere Arten sind die Haar- oder Moorbirke *(Betula pubescens)* mit sehr stark behaarten und nichtklebrigen Blättern sowie aufrechten weiblichen Blütenständen, und die Schwarzerle *(Alnus glutinosa)*, ein Baum oder Strauch an Flußläufen, in feuchten Niederungen und an sumpfigen Stellen der Auwälder.

Fagaceae
Rotbuche
(Fagus silvatica)

Familie Fagaceae – Buchengewächse

Die Angehörigen dieser Familie sind einhäusig. Ihr typisches Kennzeichen ist der Fruchtbecher (Cupula), der ihnen auch den Namen Becherfrüchtler *(Cupuliferae)* eingetragen hat. Unter ihnen sind die Buche und Eiche zwei der wichtigsten Waldbäume der gemäßigten Zone.
Die Wald- oder Rotbuche *(Fagus silvatica)* wurde wegen ihres rötlichen Holzes so genannt. Sie kann bis 30 m hoch werden. Fast in allen Teilen Deutschlands bildet sie ausgedehnte Wälder, bevorzugt nährstoffreiche Böden und meidet die Kälte des Hochgebirges. Die ovalen Buchenblätter sind ganzrandig und in der Jugend am Rand bewimpert. Die Staubblüten bestehen jeweils aus einem bräunlichen, glockenförmigen Perigon und bilden langgestielte, hängende, büschelförmige Blütenstände. Die weiblichen Blüten stehen aufrecht, haben einen unterständigen, aus 3 Fruchtblättern bestehenden Fruchtknoten und finden sich gewöhnlich zu je 2 in einer viergeteilten Cupula zusammen. Aus dieser entwickelt sich später der stachelige Fruchtbecher, der sich bei der Reife mit 4 Klappen öffnet, so daß die beiden dreikantigen Früchte, die Bucheckern oder Bucheln, herausfallen.
Die Eichen *(Quercus)* sind zumeist Bäume mit einjährigen Blättern, die oft sehr lange an den Zweigen hängenbleiben, auch wenn sie schon trocken sind. Sie haben einen glatten Rand und eine tief eingebuchtete Form.
Die Staubblüten befinden sich weit auseinandergezogen auf hängenden Kätzchen. Sie besitzen jeweils ein einfaches Perigon. Die Stempelblüten sitzen auf mehr oder weniger langen Stielchen und bestehen aus einem Stempel mit einer 3lappigen Narbe und einem unterständigen Fruchtknoten, der von vielen kleinen Schuppen umgeben ist. Aus ihnen entwickelt sich später der Fruchtbecher, in dem nur der untere Teil der Eichel steckt.
Die Edelkastanie *(Castanea sativa)* ist im Mittelmeerraum beheimatet. Sie findet sich in Deutschland nur angepflanzt. Wahrscheinlich wurde sie von den Römern eingeführt. Ihre Blätter sind lanzettförmig und am Rande mit stacheligen Zähnen versehen. Die Stempelblüten werden im Gegensatz zu Buche und Eiche, die Windblütler sind, von Insekten bestäubt. In dem bestachelten Fruchtbecher finden sich bei der Reife 1–3 glänzendbraune Früchte, die Eßkastanien oder Maronen.

Ordnung Juglandales

Es sind windblütige, einhäusige Holzpflanzen mit wechselständigen, unpaarig gefiederten Blättern. Der Fruchtknoten besteht aus 2 Fruchtblättern; er entwickelt sich zu einer Steinfrucht.

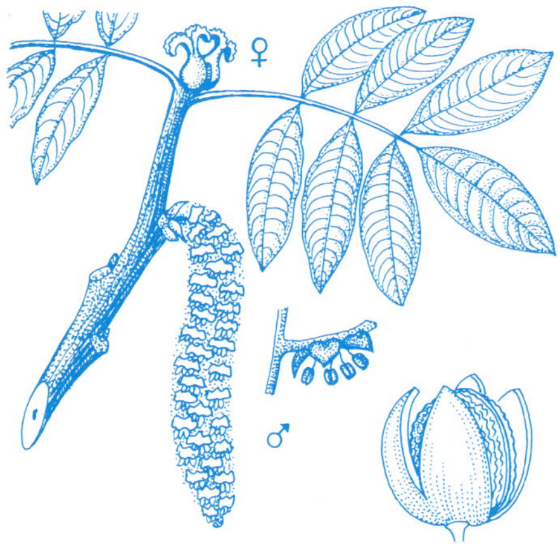

Juglandaceae
Walnuß
(Juglans regia)

Familie Juglandaceae – Walnußgewächse

Der Walnußbaum *(Juglans regia)* hat seine Heimat auf der Balkanhalbinsel und in Westasien, wo er auch heute noch wild wächst; er wurde von den Römern in Deutschland eingeführt. Der Name »Walnuß« bedeutet welsche, d.h. aus Welschland (Italien) stammende Nuß. Bei uns wird der Baum auch wegen seines schön gemaserten Holzes angepflanzt.
Die Blätter des einhäusigen Baumes sind unpaarig gefiedert. Die Blüten werden vom Wind bestäubt, die Staubblüten bilden hängende Kätzchen, die Stempelblüten befinden sich in kleinen Gruppen an den Spitzen der Zweige. Allen grünen Teilen entströmt ein starker, würziger Duft. Die Frucht ist eine Steinfrucht mit grünem Fruchtfleisch, das Gerbsäure enthält und zum Braunfärben sowie zur Herstellung von Beize verwendet wird. Unter ihm befindet sich die zweiklappige »Nußschale«, die den eigentlichen Samen umschließt. Zu den Walnußgewächsen gehört auch die Hickory- oder Pecannuß *(Carya)*, deren Samen ebenfalls eßbar sind. Das Holz wird zum Bau von Skiern verwendet.

Ordnung Salicales

Es sind meist zweihäusige Holzgewächse, deren stark reduzierte unscheinbare Einzelblüten stets zu kätzchenartigen Infloreszenzen vereinigt sind. Sie haben einfache, wechselständige Blätter mit Nebenblättern.

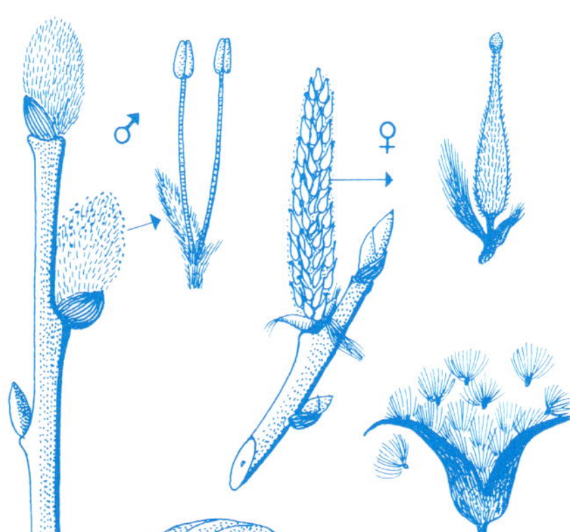

Salicaceae
Salweide
(Salix caprea)

Familie Salicaceae – Weidengewächse

Die Weiden der Gattung *Salix* sind Bäume oder Sträucher mit einjährigen, wechselständigen, gesägten, länglichen Blättern. An der Basis des Blattstieles befinden sich zwei Nebenblätter. Die unscheinbaren Blüten sind zu Kätzchen vereinigt. In der Achsel der Tragblätter sitzen bei den männlichen Blüten nur einige Staubblätter (bei *Salix* häufig 2, bei *Populus* mehr); die weiblichen Blüten enthalten außer einer Nektardrüse den Stempel mit einem zweiblättrigen, einfächerigen Fruchtknoten und eine gelbe Narbe. Da die Weide zweihäusig ist, lassen sich zur Blütezeit die Sträucher mit den goldgelben männlichen Kätzchen schon von weitem von den Sträuchern mit den grünen weiblichen Kätzchen unterscheiden. Die Frucht ist eine Kapsel, in der sich zahlreiche Samen befinden. Sie sind seidig behaart. Bei der Reife spreizen sich die Härchen auseinander, und der Wind kann die Samen leicht davontragen. Allgemein bekannt ist die Salweide *(Salix caprea)*, die sich vornehmlich an Flußläufen, Gräben und anderen feuchten Stellen findet. Sie ist ein niedriger Baum oder Strauch, der zumeist krummgewachsen ist und sparrig aussieht.
Besonders geschmeidige Zweige hat die Korbweide *(S. viminalis)*, die sich zudem durch unterseits weiß behaarte Blätter auszeichnet. Um möglichst lange, glatte Ruten zu bekommen, »köpft« man sie, d.h. man nimmt ihr alle Zweige, die dann in Gestalt langer Ruten nachwachsen und eine neue Krone bilden. Wird das Köpfen Jahre hindurch wiederholt, vernarbt das obere Ende des Stammes schließlich und der Baum wird zur »Kopfweide«. Verbreitet ist auch die Silberweide *(S. alba)* mit langen, biegsamen Zweigen von grünlicher, hellroter oder dottergelber Farbe. Die Trauerweide *(S. babylonica)* ist ein beliebter Zierbaum in Gärten, Anlagen und auf Friedhöfen. Sie stammt aus China und verdankt ihren deutschen Namen den langen, biegsamen, schwingenden Zweigen, die allesamt »trauernd« nach unten geneigt sind. Die Zwergweiden der Alpen, so die Netzweide *(S. reticulata)*, die Krautweide *(S. herbacea)* und die Stumpfblättrige Weide *(S. serpyllifolia)* erheben sich nur wenige Zentimeter über den Boden.
Die Pappeln der Gattung *Populus* zählen ebenfalls zu den Weidengewächsen; sie sind Windblütler. Ihre unscheinbaren langen, hängenden Kätzchen besitzen weder Duft noch Nektar, lokken also auch keine Insekten an. Ihre Samen werden mit Hilfe eines Haarschopfes durch den Wind verbreitet.
Die Schwarzpappel *(Populus nigra)* wächst wild in ganz Europa. Sie ist ein sehr großer Baum, erreicht eine Höhe von 25 m und besitzt eine schwärzliche Rinde, die von starken Längsrissen durchzogen ist. Ihre jungen, glatten Knospen überziehen sich mit einer würzig riechenden, harzigen Ausscheidung, aus der man früher Salbe zur Heilbehandlung herstellte.
Die Zitterpappel oder Espe *(P. tremula)* hat fast runde Blätter mit langen Stielen, die bei jedem Windhauch »wie Espenlaub« zittern. Die mit der Schwarzpappel nahe verwandte Pyramidenpappel *(Populus nigra pyramidalis)* stammt aus Italien, wo sie als Zierbaum fast ausschließlich in männlichen Exemplaren angepflanzt wird. Die Silberpappel *(P. alba)* zeigt auf der Unterseite ihrer Blätter eine weißliche Behaarung.

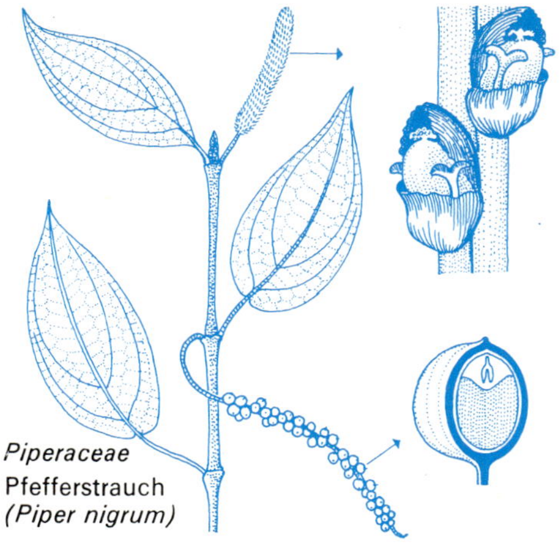

Piperaceae
Pfefferstrauch
(Piper nigrum)

Ordnung Piperales

Es sind ausschließlich tropische Kräuter und strauchartige Pflanzen mit einfachen ganzrandigen Blättern. Die sehr kleinen perianthlosen Blüten sind zu ähren- oder kolbenförmigen Infloreszenzen geordnet.

Familie Piperaceae – Pfeffergewächse

Der Pfefferstrauch *(Piper nigrum)*, der vor allem in Ostindien und auf den Sundainseln kultiviert wird, klettert mit Hilfe adventiver Haftwurzeln an Bäumen oder künstlichen Stützen in die Höhe. Seine immergrünen wechselständigen Blätter sind oval, seine Blütenstände ährenförmig. Aus ihnen entwickeln sich kleine rote Steinfrüchte, die, in unreifem Zustand gepflückt und getrocknet, den schwarzen Pfeffer liefern, nach völliger Reife und Entfernung des Fruchtfleisches den weißen. Der rote Pfeffer stammt von der Frucht der Paprikapflanze (»Spanischer Pfeffer«) aus Südamerika.

Sympetalae – Verwachsenkronblättrige

Ihre Vertreter sind dadurch charakterisiert, daß sie Kelch und Krone besitzen. Ihre Kronblätter sind nicht voneinander getrennt, sondern zu einer Röhre oder einem Trichter verwachsen.

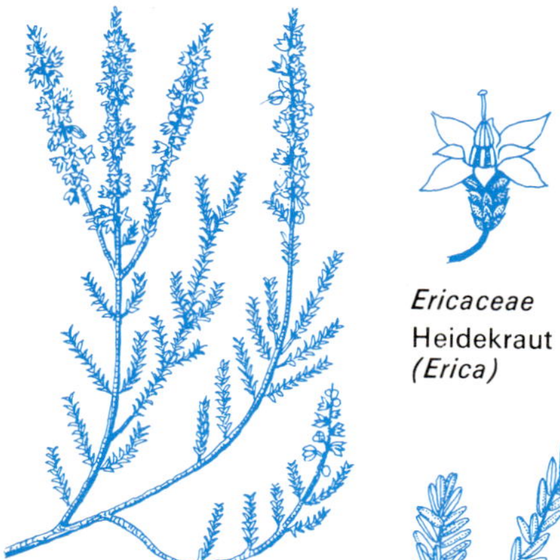

Ericaceae
Heidekraut
(Erica)

Ordnung Ericales (Bicornes)

Diese Pflanzen sind immergrüne Sträucher oder Zwergsträucher mit einfachen Blättern, die auf Heiden und Mooren gemäßigter Zonen und in tropischen Bergwäldern verbreitet sind. Die Staubbeutel in den 5zähligen Blüten haben 2 hornartige Fortsätze (deshalb die Bezeichnung *Bicornes*).

Familie Ericaceae – Heidekrautgewächse

Alle Heidekrautgewächse sind Sträucher und Halbsträucher, ihre Blätter sind lederartig hart, manchmal sogar nadelförmig und an den Rändern eingerollt.
Die Glockenheide *(Erica tetralix)*, ein Zwergstrauch, wächst besonders auf atlantischen Heiden und Dünentälern. Weitere Arten sind die Schneeheide *(E. carnea)*, die vor allem an den Waldgrenzen der Alpen vorkommt und dort schon zur Zeit der Schneeschmelze blüht; die Besenheide *(Calluna vulgaris)*, die besonders auf sauren und sandigen Böden wächst, z.B. in der Lüneburger Heide, und der Sumpfporst *(Ledum palustre)*, eine verbreitete Moorpflanze. Zu den Moorbewohnern gehört auch die Rosmarinheide *(Andromeda polifolia)*. In den Alpen wachsen die Alpenrosen *Rhododendron ferrugineum* auf saurem und *Rhododendron hirsutum* auf kalkhaltigem Boden. Auf saurem Boden wächst auch die Heidelbeere *(Vaccinium myrtillus)*, auf torfigen die Preiselbeeren *(V. vitis-idaea)*.
Weitere *Familien* sind *Empetraceae – Krähenbeerengewächse* mit der Krähenbeere *(Empetrum nigrum)*, einem Zwergstrauch mit niederliegenden Trieben und nadelartig eingerollten Blättern sowie mit schwarzen Beerenfrüchten. Die Pflanze wächst auf nördlichen Hochmooren sowie auf sandigen Böden in Küstennähe.
Erwähnt sei auch die *Familie Pyrolaceae – Wintergrüngewächse* mit den Wintergrün-Arten *(Pyrola)* und dem Fichtenspargel *(Monotropa hypopitys)*, einem Saprophyten.

Empetraceae
Krähenbeeren
(Empetrum nigrum)

Ordnung Primulales

Es sind Kräuter bzw. Stauden. Ihre Blüten besitzen nur einen fruchtbaren Staubblattkreis, während der äußere mehr oder minder ausgefallen ist. Der Fruchtknoten ist oberständig, einfächrig und bildet Kapselfrüchte.

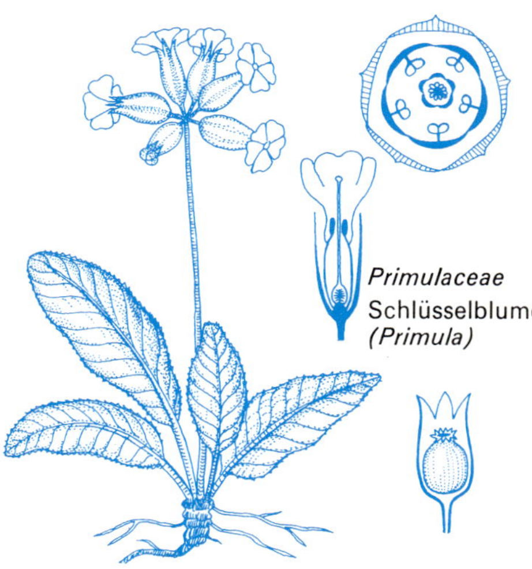

Primulaceae
Schlüsselblume
(Primula)

Familie Primulaceae – Primelgewächse

Von dieser Familie sind sowohl die Schlüsselblume *(Primula)* mit den Himmelsschlüsseln (Wildform) und den Gartenprimeln (Zuchtform) wohlbekannt. Sie sind in den gemäßigten Zonen der nördlichen Halbkugel beheimatet und finden sich verbreitet auf sonnigen Wiesen, in Gebüschen, Laub- und Nadelwäldern. Ihre doldig angeordneten gelben Blüten sind röhrenförmig verwachsen und werden in ihrem unteren Teil von einem weißlichgrünen Kelch umschlossen. Der Nektar, der am Grunde der langen, engen Blütenröhre abgeschieden wird, kann nur von langrüsseligen Hummeln und Faltern erreicht werden. Die Frucht ist eine Kapsel, die sich an der Spitze mit 10 Zähnen öffnet.
Die bekanntesten Arten sind die Duftende Schlüsselblume (Sammelart *Primula veris*), die Hohe Schlüsselblume *(P. elatior)*, am Schlund mit einem dottergelben Ring, die geschützte Mehlprimel *(P. farinosa)* auf sumpfigen Wiesen und Flachmooren des Alpenvorlandes und die ebenfalls geschützte Behaarte Schlüsselblume *(P. hirsuta)* in den Schweizer und Tiroler Urgebirgsalpen. Weitere Verwandte sind der Mannsschild *(Androsace)*, das Heilglöckchen *(Cortusa)*, die Troddelblume *(Soldanella)*, der Gilbweiderich *(Lysimachia vulgaris)*, das Alpenveilchen *(Cyclamen)* und schließlich der Ackergauchheil *(Anagallis arvensis)*.

Ordnung Diospyrales

Es sind tropische und subtropische Holzgewächse, darunter wichtige Nutzpflanzen. Hierzu gehören folgende *Familien*:
die *Ebenaceae – Ebenholzgewächse* mit verschiedenen *Diospyros*-Arten (vor allem in Indien und auf Madagaskar), die durch hohes spezifisches Gewicht und dunkle Färbung ausgezeichnete Ebenhölzer liefern; die *Styracaceae – Styraxgewächse*; von mehreren *Styrax*-Arten stammen wertvolle Harze (Benzoe), so u.a. von *St. tonkinense*, einem in Hinterindien vorkommenden Baum. Schließlich seien noch die *Sapotaceae – Sapotengewächse* genannt mit einigen *Palaquium*-Arten, die in den Stämmen und Blättern Milchröhren haben, aus deren Milchsaft Guttapercha gewonnen wird, und dem Sapotillbaum *(Achras sapota)*, dessen Milchsaft für Kaugummi (Chiclegummi) verwendet wird.

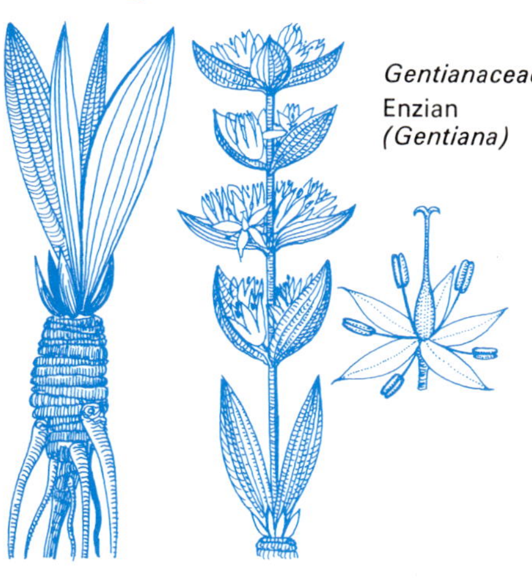

Gentianaceae
Enzian
(Gentiana)

Ordnung Contortae

Die Vertreter dieser Ordnung haben eine gedrehte (contorte) Knospenanlage der Blütenkronblätter. Die Blüte ist meist radiär. Die gegenständigen Blätter sind, von wenigen Ausnahmen abgesehen, einfach, ungeteilt und ohne Nebenblätter.

Familie Gentianaceae – Enziangewächse

Die Enziangewächse sind Kräuter oder Stauden mit meist gegenständigen, einfachen Blättern. Kelch und Blütenkrone sind trichter- oder glokkenförmig und haben ebenso viele Staubblätter, wie Blütenkronzipfel vorhanden sind. Der Fruchtknoten ist oberständig und 2blättrig, die Frucht eine Kapselfrucht.
In den Alpen gehören die Enziane mit dem verschieden violettgetönten Blau ihrer Blüten zu den schönsten Blumen. Viele von ihnen sind streng geschützt, so der Gefranste Enzian

Asclepiadaceae
Schwalbenwurz
(Cynanchum)

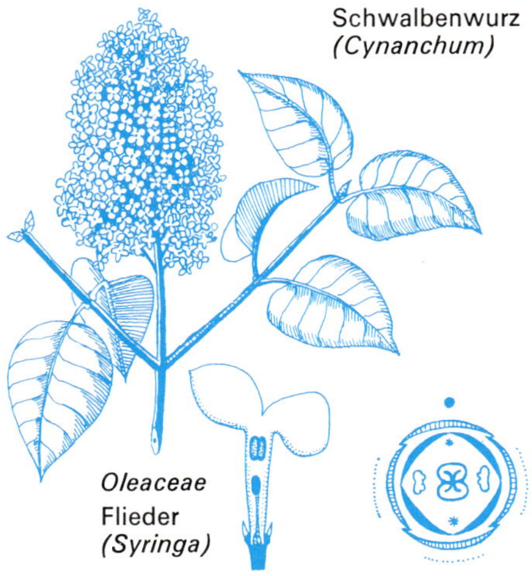

Oleaceae
Flieder
(Syringa)

(Gentiana ciliata), der Purpurrote Enzian *(G. purpurea)*, der Gelbe Enzian *(G. lutea)*, der bis 1,40 m hoch werden kann, der Großblütige Enzian *(G. clusii)* mit spitzen Kelchbuchten und der Schwalbenwurz-Enzian *(G. asclepiadea)*.
Auf den Alpenmatten finden sich weit verbreitet der Schnee-Enzian *(G. nivalis)*, azurblau mit weißlicher Röhre, in den Voralpen der Bayerische Enzian *(G. bavarica)* mit tiefblauer Blütenkrone. Die bitteren Wurzeln der größeren Arten finden in der Heilkunde Verwendung und bei der Herstellung des bekannten »Enzian«. Hierher gehört auch das Tausendgüldenkraut *(Centaurium umbellatum)*.

Familie Apocynaceae – Hundsgiftgewächse

Es sind vorwiegend Milchsaft führende Holzpflanzen, die meist in den Tropen verbreitet sind. Die Blüten sind radiär. Einheimisch bei uns ist nur das krautige Immergrün *(Vinca minor)* mit niederliegenden Trieben und blauen Blüten. Es kommt in lichten Wäldern wild vor und wird häufig in Gärten kultiviert.
Viele Arten sind giftig, so verschiedene afrikanische *Strophantus*-Arten, die in ihren Samen das auf das Herz einwirkende Glykosid Strophanthin enthalten, und der im Mittelmeerraum wild vorkommende Oleander-Strauch *(Nerium oleander)* mit roten oder weißen Blüten.
Weitere *Familien* sind die *Asclepiadaceae – Seidenpflanzengewächse*, mit Milchröhren ausgestattete Holzgewächse und Kräuter, deren zahlreiche Samen von seidig glänzenden Haaren bedeckt sind. Einheimisch ist nur die krautige giftige Schwalbenwurz *(Cynanchum vincetoxicum = Vincetoxicum officinale)*, die in trockeneren Eichenmischwäldern wächst; ferner die *Loganiaceae – Loganiengewächse* mit vorwiegend tropischen und subtropischen Kräutern und Holzgewächsen ohne Milchsaft. Einer ihrer wichtigsten Vertreter ist der Brechnußbaum *(Strychnos nux-vomica)*, der im indischen Raum beheimatet ist. Aus der Rinde zahlreicher *Strychnos*-Arten wird von den Indios das Pfeilgift Curare gewonnen.

Familie Oleaceae – Ölbaumgewächse

Zu den Ölbaumgewächsen, von denen nur wenige Vertreter bei uns beheimatet sind, gehören sehr beliebte Ziersträucher in unseren Gärten und Anlagen, so der Flieder *(Syringa)*, Goldflieder *(Forsythia)*, Jasmin *(Jasminum)* und Liguster *(Ligustrum)*. Die Esche *(Fraxinus excelsior)* wächst in unseren Wäldern und Parks, der immergrüne Olivenbaum *(Olea)* dagegen ist im Mittelmeerraum beheimatet, wo er wild wächst oder auch kultiviert wird. Seine im reifen Zustand violettblauen Früchte (Oliven) sind Steinfrüchte. Die Esche wird bis 30 m hoch, hat unpaarig gefiederte Blätter, unscheinbare Blüten, die sich vor der Blattentwicklung öffnen, und flache, geflügelte Früchte.

Ordnung Tubiflorae

Der Ordnungsname bezieht sich darauf, daß die Kronblätter der Blüten am Grunde häufig zu einer mehr oder minder langen Röhre (Tubus) verwachsen sind. Die Blüten sind in den meisten Fällen zygomorph. Das Gynaeceum besteht in der Regel aus 2 Fruchtblättern, von denen jedes 2 Samenanlagen trägt.

Convolvulaceae
Ackerwinde
(Convolvulus arvensis)

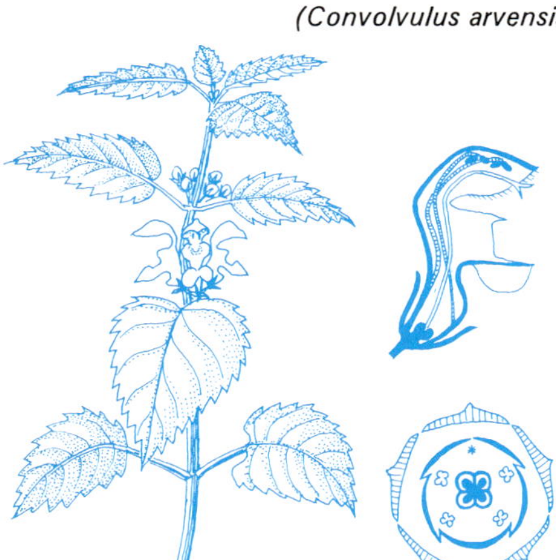

Labiatae
Weiße Taubnessel
(Lamium album)

Familie Convolvulaceae – Windengewächse

Die Windengewächse sind Kräuter oder Stauden mit windenden Sprossen. Ihre Blätter sind einfach und wechselständig, die Blüten mit einer trichterförmigen bis fast radförmigen, in der Knospenanlage gedrehten Blütenkrone versehen; sie können jedoch auch klein und unscheinbar sein. Es sind 5 Staubblätter vorhanden, ein oberständiger Fruchtknoten mit 1–2 Griffeln und in der Regel eine Kapselfrucht. Der bekannteste Vertreter dieser Familie ist die Ackerwinde *(Convolvulus arvensis)*, ein lästiges Unkraut, das sich überall breitmacht. Große, schneeweiße Blüten hat die Zaunwinde *(Calystegia sepium)*. Ein gefährlicher Schmarotzer, der seine Wirtspflanze nicht selten zum Absterben bringt, ist die Hopfenseide *(Cuscuta europaea)*. Sie vernichtet oft ganze Hanf- oder Hopfenkulturen und wird auch Seide oder Teufelszwirn genannt. Gleichen Schaden richtet die Kleeseide *(C. epilinum)* auf Flachsfeldern an.
Ebenfalls zu dieser Familie rechnet die Süßkartoffel oder Batate *(Ipomoea batatas)*, die wegen ihres Nährwertes heute in allen warmen Ländern angebaut wird.

Familie Boraginaceae – Rauhblattgewächse

Es sind zum größten Teil Kräuter mit wechselständigen, in der Regel stark behaarten Blättern. Die meist radiären Blüten sind zu wickeligen Blütenständen geordnet.
Die Rauhblattgewächse lassen sich gut an dem bekannten Vergißmeinnicht *(Myosotis)* beschreiben. Es ist ein ausdauerndes Kraut mit behaarten, lanzettförmigen, wechselständigen Blättern. Der Kelch jeder Einzelblüte ist 5lappig, die schlauchförmige Krone breitet sich radartig aus. Im Schlund hat sie 5 gelbe Schuppen, die ein Auge bilden. Es sind 5 Staubblätter vorhanden. Der Fruchtknoten besteht aus 4 Teilen, aus denen 4 einsamige Teilfrüchtchen (»Nüßchen«) hervorgehen. Neben dem Vergißmeinnicht finden sich in dieser großen Familie noch das Lungenkraut *(Pulmonaria)*, ein Frühlingsblüher mit anfangs rosafarbenen, später blau werdenden Blüten, der blaublühende, mit Stachelhaaren versehene Natternkopf *(Echium)*, die honigreiche Hundszunge *(Cynoglossum)*, das Wolfsauge *(Lycopsis)* mit sehr rauhen Blättern, blauen Blüten und weißen, bärtigen Schlundschuppen und die Ochsenzunge *(Anchusa)* mit prächtig blauen, weißgestirnten Blüten. Hierher gehört auch das Gurkenkraut oder Boretsch *(Borago)*, ein beliebtes Salatgewürz.

Familie Labiatae – Lippenblütler

Die Lippenblütler sind Kräuter, Stauden oder Halbsträucher mit 4kantigen Stengeln und Blüten, die in 1–20blütigen, achselständigen Scheinquirlen stehen, die wiederum zu Ähren und Trauben vereinigt sind.
Ihre zweigeschlechtigen Blüten sind in der Regel zygomorph, der Kelch meist röhrenförmig und 5zipfelig. Von den 5 Kronblättern sind 2 zur Ober-, die übrigen 3 zur Unterlippe verschmolzen. Die 4 Staubblätter – 2 lange und 2 kurze – sind mit der Blütenröhre verwachsen. Zwischen ihnen steht der an der Spitze oftmals zweigeteilte Griffel. Der oberständige Fruchtknoten zerfällt bei der Reife in 4 einsamige Nüßchen, die vielfach fleischige Anhänge besitzen und von Ameisen verschleppt werden. Viele Pflanzen dieser Familie sind reich an ätherischen Ölen und spielen daher als Gewürze oder als Heilmittel eine große Rolle, so Echter Salbei *(Salvia officinalis)*, Minze *(Mentha)*, vor allem Pfefferminze *(M. piperita)*, Thymian oder Quendel *(Thymus)*, Majoran *(Majorana)*, Bohnen- oder Pfefferkraut *(Satureja hortensis)*, Melisse *(Melissa)* u. a. Die ätherischen Öle von Lavendel *(Lavandula)* und Rosmarin *(Rosmarinus)* finden bei der Parfümherstellung Verwendung.
Weit verbreitet sind Günsel *(Ajuga)*, Gamander *(Teucrium)*, Weiße, Rote und Gelbe Taubnessel *(Lamium)* und die Betonie *(Stachys)*.

Familie Verbenaceae – Eisenkrautgewächse

Es sind vorwiegend tropische Kräuter und Holzgewächse, die den Lippenblütlern sehr nahestehen. Bei uns ist nur das Eisenkraut *(Verbena officinalis)* verbreitet, das an Schuttplätzen und Wegrändern vorkommt. Ein tropischer Vertreter ist der indomalaiische Teakholzbaum *(Tectona grandis)*, dessen hartes Holz für die Möbelherstellung verwendet wird. Eine weitere Familie bilden die Hydrophyllaceae.

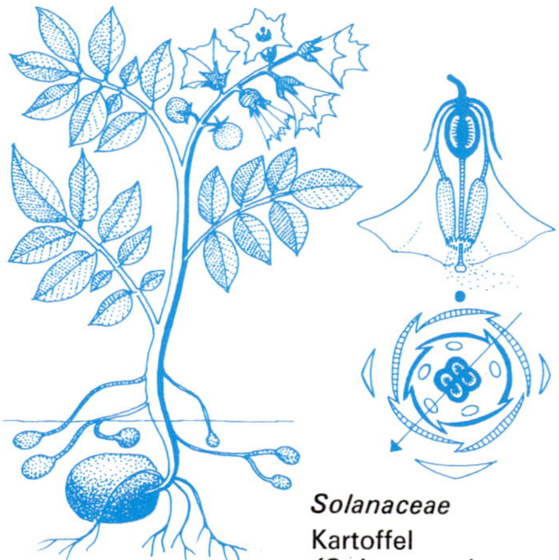

Solanaceae
Kartoffel
(Solanum tuberosum)

Scrophulariaceae
Leinkraut
(Linaria vulgaris)

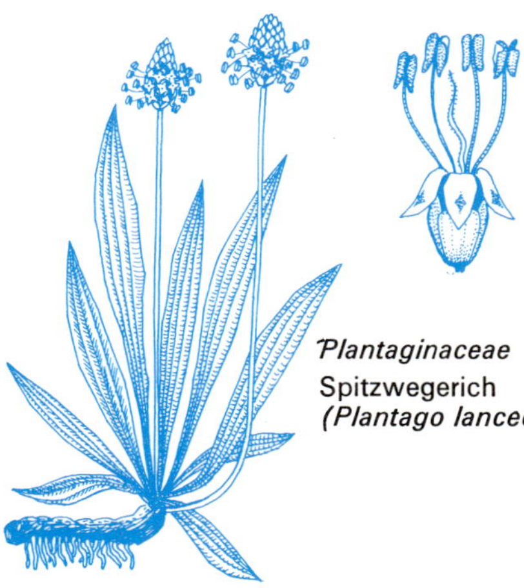

Plantaginaceae
Spitzwegerich
(Plantago lanceolata)

Rubiaceae
Kaffeestrauch
(Coffea)

Ordnung Personatae

Der Ordnungsname *Personatae – Maskenblütler* (lat.: persona = Maske) bezieht sich auf das vor allem bei *Scrophulariaceen* verbreitete maskenartige Aussehen der Blüten, z.B. beim Löwenmaul. Der oberständige zweifächerige Fruchtknoten bildet vielsamige Kapseln oder Beeren. Neben Vertretern mit radiären Blüten gibt es auch solche, deren Blüten dorsiventral gebaut sind.

Familie Solanaceae – Nachtschattengewächse

Die Nachtschattengewächse sind Kräuter oder Stauden, zuweilen auch Holzgewächse. Ihre Blätter sind wechselständig angeordnet, ungeteilt oder gefiedert, ihre Blüten stehen meist in Wickeln, selten einzeln, sind radiär und zweigeschlechtig. Kelch, Kron- und Staubblätter sind 5zählig, der Fruchtknoten oberständig, meist 2fächerig und von einer Scheidewand geteilt. Die Frucht ist eine Beere oder Kapsel. Viele Nachtschattengewächse sind giftig, und alle verströmen einen mehr oder weniger starken, oft sogar unangenehmen Geruch.

Ihr bekanntester Vertreter ist die Kartoffel *(Solanum tuberosum)*. Ihre »Knollen« entstehen durch Verdickung der unterirdischen Ausläuferspitzen; sie sind also keine Wurzeln. Hochgeschätzt und vitaminreich ist auch die Tomate *(Lycopersicon)*. Als Gewürz dienen die roten Früchte der Paprikapflanze *(Capsicum annuum)*; ihre grünen unreifen »Schoten« ergeben ein beliebtes Gemüse.
Zu den Genußgiften zählt der Tabak *(Nicotiana)*, zu den gefährlichsten Giftpflanzen die Tollkirsche *(Atropa belladonna)*, die vorwiegend in Mittel- und Süddeutschland zu finden ist. Der Genuß ihrer schwarzen kirschenähnlichen Beeren kann tödlich sein. Von ihren Alkaloiden wird Atropin in der Heilkunde verwendet. Sehr giftig sind auch das Bilsenkraut *(Hyoscyamus niger)*, dessen grüne klebrige Teile einen widerlichen Geruch ausströmen, und der Stechapfel *(Datura stramonium)*.
Zu den Zierpflanzen zählt die Petunie *(Petunia)*, eine beliebte Balkonpflanze, sowie die Blasen- oder Judenkirsche, auch Lampionblume *(Physalis)* genannt, deren rote Beeren von dem roten Kelch umhüllt werden.

Familie Scrophulariaceae – Rachenblütler

Die Rachenblütler, fast ausschließlich Kräuter, werden durch ihre zygomorphen Blüten charakterisiert, ihre 4–5 Kelchblätter, die frei oder verwachsen sein können, und ihre verwachsene zumeist 5teilige, 5lappige Blütenkrone, die häufig 2lippig und zuweilen gespornt ist. Der Schlund wird oft durch eine Ausstülpung der Unterlippe verschlossen. Es sind 2–5 Staubblätter vorhanden und ein oberständiger, zweifächeriger Fruchtknoten. Die Frucht ist eine Kapsel. Viele der Rachenblütler können nur von Hummeln bestäubt werden, da kleinere Insekten den Verschluß zwischen Unter- und Oberlippe nicht öffnen können, um zum Nektar zu gelangen. Typisch für die angeführten Merkmale ist das gelbblühende Leinkraut oder Frauenflachs *(Linaria vulgaris)*, dessen kurzgestielte Blüten in einer Traube angeordnet sind. Einen kerzenartigen Blütenstand hat die Kleinblütige Königskerze *(Verbascum thapsus)* mit radartig geöffneten Blüten. Ihre dichte Behaarung schützt sie vor Tierfraß, Hitze und Kälte. Radartige Blüten haben auch die zahlreichen Arten der Gattung Ehrenpreis *(Veronica)*.
Eine zweijährige Staude ist der Rote Fingerhut *(Digitalis purpurea)*, dessen große purpurrote, in auffallenden Trauben angeordnete Blüten Waldblößen und kalkarmen Böden einen prächtigen Schmuck verleihen. Das starke Gift, das in allen Teilen der Pflanze vorhanden ist, hat in der Heilkunde eine große Bedeutung.
Zierpflanzen sind das Garten-Löwenmäulchen *(Antirrhinum maius)* mit seinen prunkenden Farben, das aus dem Mittelmeerraum stammt, und die Pantoffelblume *(Calceolaria)*.
Halbschmarotzer sind u.a. der Große Klappertopf *(Rhinanthus major)*, der Augentrost *(Euphrasia)* und der Wachtelweizen *(Melampyrum)*, die, obwohl sie über Blattgrün verfügen, den Wurzeln anderer Pflanzen einen Teil ihrer Nährstoffe entziehen (Wurzelschmarotzer), während die Schuppenwurz *(Lathraea squamaria)* kein Chlorophyll besitzt und daher als echter Parasit zu gelten hat. Sie lebt auf den Wurzeln z.B. der Erle, Buche und Haselnuß. Ihr blaßroter Stengel ist mit dichten Schuppen bedeckt.

Zu dieser Ordnung zählen die Familien: *Orobanchaceae – Sommerwurzgewächse*, eine kleine Gruppe rein parasitischer Gewächse mit bräunlichen chlorophyllfreien Trieben und schuppenförmigen Blättern. Die Arten der Gattung *Orobanche* sind vielfach auf ganz bestimmte Wirtspflanzen angewiesen und befallen deren Wurzeln; *Lentibulariaceae – Wasserhelmgewächse* sind Wasser- und Sumpfpflanzen, die Tiere als Zusatznahrung fangen können, so die Gattungen Wasserschlauch *(Utricularia)* und Fettkraut *(Pinguicula)*.
Zur Familie *Gesneriaceae* zählen meist tropische Kräuter mit auffallenden Blüten, z.B. das bei uns als Topfpflanze gezogene Usambara-Veilchen *(Saintpaulia ionantha)* und die Gloxinie *(Sinningia speciosa)*.
Die *Pedaliaceae* bilden eine kleine Gruppe meist xerophytischer Pflanzen; zu ihr gehört z.B. *Sesamum indicum*, das das Sesamöl liefert. Die *Plantaginaceae – Wegerichgewächse* – sind meist Kräuter mit unscheinbaren 4zähligen Blüten, die zu kopfigen oder ährigen Blütenständen vereinigt sind. Bei uns sind der Große Wegerich *(Plantago major)*, Spitzwegerich *(P. lanceolata)* und der Mittlere Wegerich *(P. media)* weit verbreitet.

Ordnung Rubiales

Diese Pflanzen sind Kräuter und Holzgewächse mit einfachen, gegenständigen Blättern und 4- oder 5zähligen Blüten und unterständigem Fruchtknoten.

Familie Rubiaceae – Krappgewächse

Von dieser Familie sind bei uns nur krautige Vertreter heimisch, so der Waldmeister *(Asperula odorata)*, eine Pflanze unserer Laub- und Mischwälder, und die Labkräuter, wie das gelbblühende Echte Labkraut *(Galium verum)*. Als Farbstofflieferant wurde früher oft die Färberröte *(Rubia tinctorum)* angebaut (»Krapprot«).
Die Rubiaceae sind sehr häufig in tropischen Gebieten vertreten, z.B. die Fieberrindenbäume aus der Gattung *Cinchona*, die das Chinin liefern, ein bewährtes Malariamittel, die *Coffea*-Arten, wie *Coffea arabica* und *C. liberica*, kleine immergrüne Bäume oder Sträucher mit weißen wohlriechenden Blüten. Die im reifen Zustand rot aussehenden Steinfrüchte (»Kaffeekirschen«) enthalten 2 Steinkerne mit je einem Samen (»Kaffeebohne«). Heute wird der Kaffeestrauch in vielen tropischen Ländern kultiviert.

Familie Caprifoliaceae – Geißblattgewächse

Es sind zumeist Holzpflanzen mit gegenständigen, in der Regel nebenblattlosen Blättern. Die Blüten sind radiär oder auch zygomorph. In diese Familie gehören der Schwarze Holunder *(Sambucus nigra)*, ein Strauch mit weißen Blüten und kleinen schwarzen Steinfrüchten, der an Wegrändern und in Hecken wächst, der Gemeine Schneeball *(Viburnum opulus)*, ein Strauch mit gelappten Blättern, in Wäldern und Gebüschen zu finden, und der Wollige Schneeball *(V. lantana)* mit einfachen, unterseits stark behaarten Blättern, ein wärmebliebender Strauch. Das Geißblatt oder die Heckenkirsche *(Lonicera)* ist mit zahlreichen Arten vertreten, u.a. auch das echte Geißblatt »Jelängerjelieber« *(L. caprifolium)*, eine aus Südeuropa stammende Schlingpflanze, die bei uns gelegentlich sogar in Gärten angepflanzt wird.

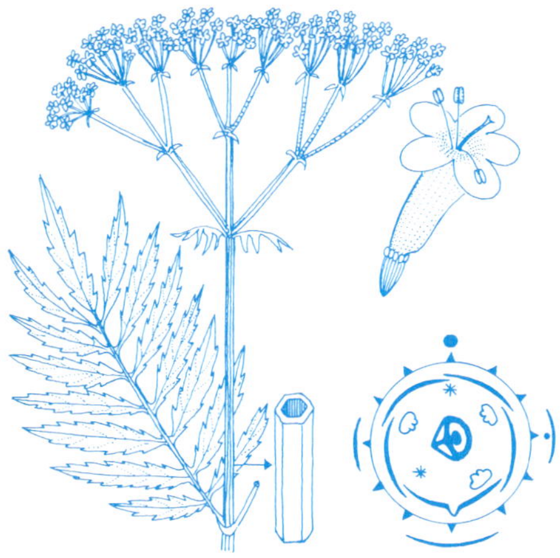

Valerianaceae
Baldrian
(Valeriana officinalis)

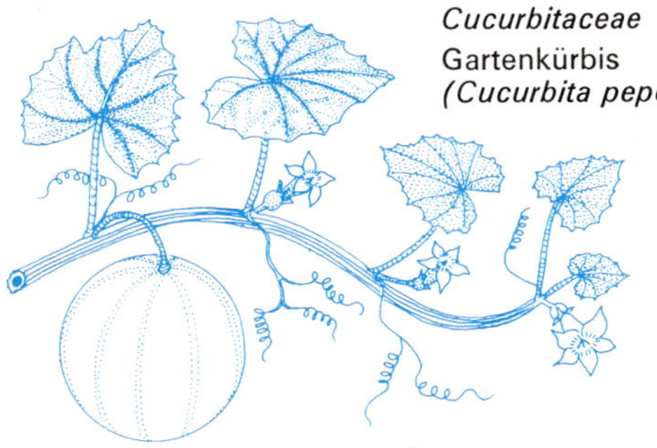

Cucurbitaceae
Gartenkürbis
(Cucurbita pepo)

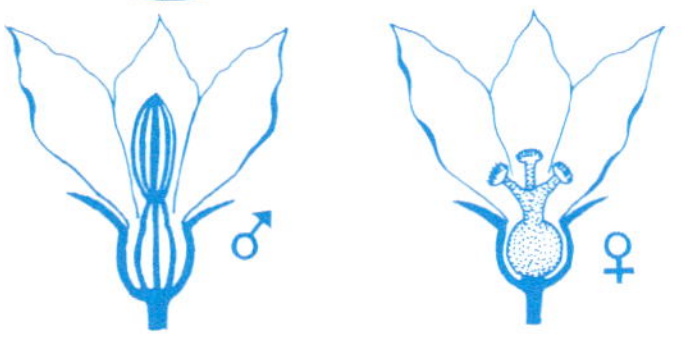

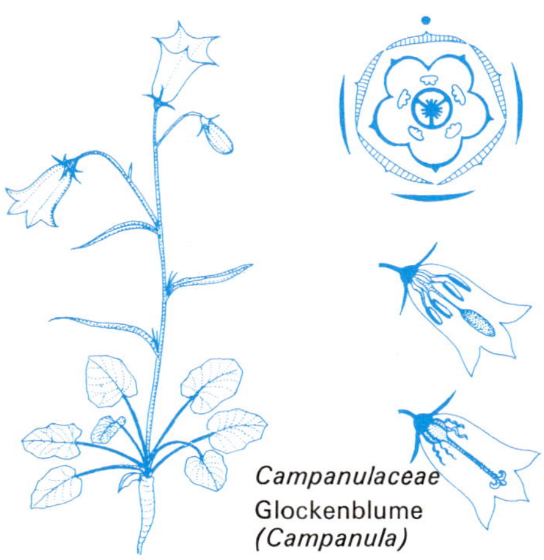

Campanulaceae
Glockenblume
(Campanula)

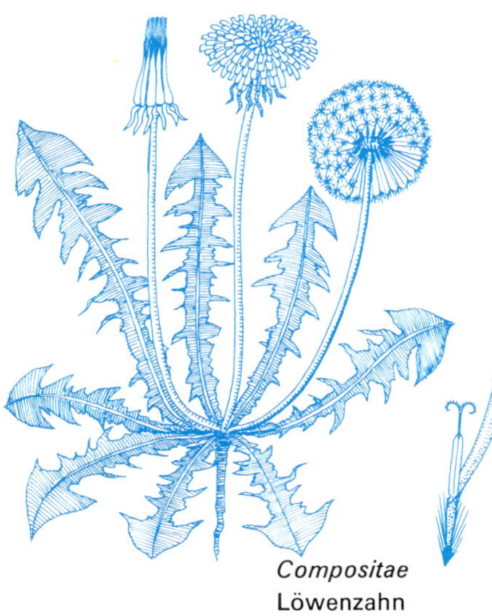

Compositae
Löwenzahn
(Taraxacum)

Familie Valerianaceae – Baldriangewächse

Zu diesen krautigen Pflanzen mit schwach asymmetrischen Blüten gehören der echte Baldrian *(Valeriana officinalis)*, eine bis 1 m hohe Staude, der kleine Baldrian *(V. dioica)*, eine 10–30 cm hohe zweihäusige Pflanze auf feuchten Wiesen, und das Rapünzchen oder der Feldsalat *(Valerianella locusta)*, ein kleines Ackerunkraut, das vielfach als Frühjahrsgemüse angepflanzt wird.

Familie Dipsacaceae – Kardengewächse

Diese krautigen Pflanzen ähneln Korbblütlern. Wie bei diesen sind die Blüten zu köpfchenartigen Blütenständen vereinigt. Hierher gehören Wiesenpflanzen wie *Knautia* und *Scabiosa*, der Teufelsabbiß *(Succisa pratensis)* und die Weberkarde *(Dipsacus sativus)*. Wegen der steifen, rauhen Hüll- und Spreublätter, die das Köpfchen überragen, wurden ihre Fruchtstände zum Aufrauhen von Wollgeweben verwendet.

Ordnung Cucurbitales

Die Ordnung Cucurbitales umfaßt krautige Pflanzen mit wechselständigen Blättern, die häufig zu Ranken umgewandelt sind. Die trichterförmigen Blüten sind eingeschlechtig. Aus dem 3fächerigen unterständigen Fruchtknoten entsteht eine vielsamige, häufig sehr große Beere mit harter Außenschicht.

Familie Cucurbitaceae – Kürbisgewächse

Die Kürbisgewächse zeichnen sich durch große Mannigfaltigkeit und Formenreichtum aus. Neben den zahlreichen Sorten unseres Gartenkürbisses *(Cucurbita pepo)* gehören zu ihnen auch die Gurke und die Melone *(Cucumis)*, die Wassermelone *(Citrullus lanatus var. citroides)* und die Zaunrübe *(Bryonia)*.

Die Kürbispflanze ist ein einjähriges Kraut und stammt wahrscheinlich aus Mexiko. Sie ist ein Rankengewächs. Ihr 5kantiger, hohler, oft mehrere Meter langer Stengel ist wie alle anderen grünen Teile mit kurzen Stacheln bedeckt und zu schwach, um sich aufzurichten; er kriecht also oder klettert mit Hilfe von Blattranken. Die riesige, meist gelbe, mit einer derben Schale versehene Frucht (15–40 cm Durchmesser) ist eine Beere.

Ordnung Synandrae

Kräuter oder Holzgewächse mit 5zähligen, radiären oder zygomorphen Blüten. Die Staubbeutel sind entweder dauernd oder in der Jugend miteinander vereinigt oder einander stark genähert. Der Fruchtknoten ist unterständig. Zahlreiche Vertreter führen Milchsaft.

Familie Campanulaceae – Glockenblumengewächse

Die Glockenblumengewächse sind Kräuter oder Stauden, die zumeist Milchsaft enthalten. Ihre Blätter sind wechselständig, ungeteilt oder gelappt, ihre Blüten stehen einzeln oder sind in Trauben, Rispen, Ähren oder Köpfchen angeordnet. Die röhrigen Blüten sind trichterförmig, die Staubblätter miteinander verwachsen, sie öffnen sich nach innen und streuen ihren Staub auf den behaarten Griffel. Der meist 3blättrige Fruchtknoten ist unterständig, die Frucht eine Kapsel.
Die Glockenblume *(Campanula)* tritt in zahlreichen Arten und Varietäten auf. Sie wächst wild oder ist angepflanzt, bevorzugt bestimmte Gebiete oder ist allgemein verbreitet. Die Blüte weist alle Tönungen von Blau bis Violett auf, ist zart, rispig oder traubig, weich oder steifborstig behaart und oft noch in Höhen bis 2300 m (Alpenglockenblume: *C. alpina*) oder 2600 m (Strauß-Glockenblume: *C. thyrsoidea*) anzutreffen. Verwandt mit der Glockenblume sind die Teufelskralle *(Phyteuma)*, die schon im Altertum bekannt war, und das Bergsandglöckchen *(Jasione montana)*.

Familie Compositae – Korbblütler

Die Korbblütler bilden eine der artenreichsten Pflanzenfamilien, und ihre Vertreter zeigen die mannigfachsten Wuchsformen. Sie sind Kräuter oder Stauden mit wechsel-, seltener gegenständigen Blättern. Ihre Blüten sind zu Körbchen vereinigt, d.h. es sind Blütenstände, in denen sich viele kleine Blütchen zu einem Köpfchen zusammenschließen. Sie sitzen auf einem scheibenförmig verbreiterten, kugeligen oder auch schüsselförmig vertieften Boden, sind in der Regel zweigeschlechtig und besitzen entweder keinen Kelch oder einen solchen aus Schüppchen oder fedrigen Haaren (Pappus).
Dieser breitet sich bei der Reife strahlen- oder schirmförmig aus und dient als Fallschirm, mit dessen Hilfe die Früchte davonschweben. Sie können aber auch mit gezähnten Borsten besetzt sein und sich am Fell vorbeistreifender Tiere oder an Kleidern festhaken, um auf diese Weise verbreitet zu werden.
Die Blütenkrone ist entweder radiär mit trichterförmiger, 5zipfeliger Röhre (Röhrenblüten) oder stark zygomorph mit einem zungenförmig verlängerten Fortsatz (Zungenblüten). Bei der Sonnenblume z.B. bedeutet dies, daß sich die braungelben Röhrenblüten in der Mitte, d.h. auf der Scheibe, befinden (deshalb auch Scheibenblüten genannt), die leuchtendgelben Zungenblüten am Rande (Randblüten).
Wo es sich wie bei vielen Zuchtformen unserer Gartenpflanzen (z.B. Astern, Dahlien) um sog. »gefüllte Blüten« handelt, sind an die Stelle der Röhren- ebenfalls Zungenblüten getreten. Die 5 Staubblätter sind zu einer den Griffel umgebenden Röhre verwachsen. Der 2blättrige Fruchtknoten ist unterständig, die Frucht einsamig und eine oft von mehreren Haarreihen gekrönte Schließfrucht (Achäne).
Die Korbblütler werden eingeteilt in
1. Röhrenblütler *(Tubuliflorae)*
2. Zungenblütler *(Liguliflorae)*.
Die Blütenköpfchen der Röhrenblütler bestehen entweder nur aus Röhrenblüten (z.B. Kornblume) oder aus Röhrenblüten auf der Köpfchenscheibe und Zungenblüten am Rande (z.B. Sonnenblume).
Die Zungenblütler bestehen ausschließlich aus Zungenblüten (z.B. Löwenzahn). Unter ihnen gibt es viele, die Milchsaft enthalten. Zu den Röhrenblütlern (Strahlenblütigen) gehören alle Asternarten *(Aster)*, die Georginen oder Dahlien *(Dahlia)*, die Goldrute *(Solidago canadensis)*, die Rudbeckie *(Rudbeckia)*, die Ringelblume *(Calendula)* und Kokardenblume *(Gaillardia)*.
Auf Wiesen und Feldern finden sich das Gänseblümchen oder Maßliebchen *(Bellis perennis)*, die Wucherblume oder Margerite *(Chrysanthemum leucanthemum)*, die geschützte Arnika *(Arnica)*, eine Heilpflanze, die Schafgarbe *(Achillea)*, die Echte Kamille *(Matricaria chamomilla)*, die Hundskamillie *(M. inodora)*, der Huflattich *(Tussilago)* u.v.a.
Bevorzugt auf Ödland wachsen die zahlreichen Beifußarten *(Artemisia)*, Estragon *(A. dracunculus)*, Wermut *(A. absinthium)*. Das Edelweiß *(Leontopodium alpinum)* liebt trockene, kalkhaltige, steinige Alpenweiden und Felsspalten.
Reine Röhrenblütige, d.h. solche, deren Köpfchen nur aus Röhrenblüten bestehen, sind die schon erwähnte Kornblume *(Centaurea cyanus)*, die Wiesen-Flockenblume *(C. iacea)*, ferner die Echten Disteln *(Carduus)*, die eine Haarkrone aus borstenförmigen, und die Kratzdisteln *(Cirsium)*, die eine solche aus gefiederten Haaren besitzen. Geschützt ist die Eberwurz *(Carlina acaulis)*, auch Silberdistel genannt.
Zu den Zungenblütlern rechnen neben dem Löwenzahn *(Taraxacum)* der Wiesenbocksbart *(Tragopogon)*, die Wegwarte oder Wilde Zichorie *(Cichorium)*, das Habichtskraut *(Hieracium)*, als Salatpflanze die Endivie *(Cichorium endivia)*, der Lattich *(Lactuca)*, z.B. unser Gartensalat *(Lactuca sativa)*, die Schwarzwurzel *(Scorzonera hispanica)* und der Pippau *(Crepis)*.

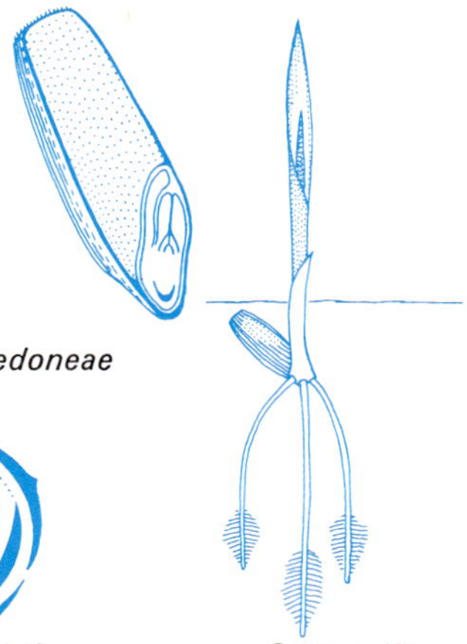

Monocotyledoneae

Samen (Roggen) keimend

Blütengrundriß einer typischen Monocotyledonen-Blüte

Klasse *Monocotyledoneae* – Einkeimblättrige Pflanzen

Die Keimpflanzen der Einkeimblättrigen verfügen, wie ihr Name schon sagt, stets nur über ein Keimblatt (Kotyledo), das in vielen Fällen nicht einmal ergrünt, sondern als Saugorgan im Samen verharrt und der Nährstoffaufnahme aus dem Nährgewebe dient. Die Primärwurzel hat nur eine kurze Lebensdauer und wird frühzeitig durch zahlreiche sproßbürtige Wurzeln ersetzt. Von wenigen Ausnahmen abgesehen (einige Liliengewächse), verfügt die Sproßachse nicht über ein sekundäres Dickenwachstum, da kein Kambium vorhanden ist. Die Leitbündel sind regellos im Achsenkörper verteilt. Die Blattorgane zeigen im allgemeinen parallel angeordnete Nerven. Im Blütenbau herrscht die 3Zahl vor.

Ordnung Helobiae

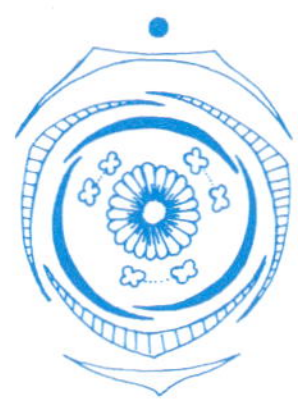

Helobiae
Froschlöffel
(Alisma plantago)

Die Angehörigen dieser Ordnung wachsen an oder im Wasser. Ihre Merkmale erinnern an die Ordnung *Polycarpicae* unter den Zweikeimblättrigen: Die Fruchtblätter sind z. T. noch in unbestimmter Zahl und in schraubiger Stellung vorhanden und nicht verwachsen. Die Früchte sind einsamige Balgfrüchte oder einsamige Nüsse.

Folgende Familien werden dazu gezählt: Familie *Alismataceae – Froschlöffelgewächse* mit dem Froschlöffel *(Alisma plantago)* mit langgestielten Blättern, die eine ovale (löffelförmige) Spreite besitzen, und dem Pfeilkraut *(Sagittaria sagittifolia)* mit bandförmigen Unterwasser- und pfeilförmigen Oberwasserblättern; die *Butomaceae* mit der Schwanenblume *(Butomus umbellatus)*, einer Sumpfpflanze mit doldenähnlichen Blütenständen; die *Hydrocharitaceae – Froschbißgewächse* mit der Wasserpest *(Elodea canadensis)*, die 1836 aus Nordamerika nach Europa eingeschleppt und seitdem weit verbreitet wurde, hier jedoch nur in weiblichen Exemplaren vorkommt; der Krebsschere *(Stratiotes aloides)*, einer Rosettenpflanze, die an der Wasseroberfläche schwimmt und auf manchen Seen massenhaft vorkommt, und dem Froschbiß *(Hydrocharis morsus-ranae)*, einer Schwimmblattpflanze; schließlich seien noch erwähnt die *Potamogetonaceae – Laichkrautgewächse* in zahlreichen Arten, die meist untergetaucht leben, mit dem Laichkraut *(Potamogeton)* und *Zostera marina* (Seegras).

Ordnung Liliiflorae

Liliaceae
Spargel
(Asparagus)

Bei diesen handelt es sich vorwiegend um Stauden mit Rhizomen, Zwiebeln oder Knollen. Die radiären Blüten sind in fünf 3zähligen Wirteln angeordnet, die Blütenhülle ist meist lebhaft gefärbt, der Fruchtknoten stets 3fächerig und verwachsen.

Familie Liliaceae – Liliengewächse

Die Liliengewächse sind Stauden, die mit Hilfe ihrer Knollen, Zwiebeln oder Rhizome überwintern. Ihre großen Blüten sind auffällig gefärbt, meist radiär und besitzen eine Blütenhülle, deren 6 Blätter in 2 gleichgestalteten Kreisen angeordnet sind (Perigon). Wir finden in ihnen 6 Staubblätter und einen 3blättrigen, oberständigen Fruchtknoten. Die Früchte sind Kapselfrüchte oder Beeren. Zu den Liliengewächsen im engeren Sinne rechnen alle Lilienarten der Gattung *Lilium*, der Goldstern *(Gagea)*, die Kaiserkrone *(Fritillaria)*, die Tulpe *(Tulipa)*, der Blaustern *(Scilla)*, die Hyazinthe *(Hyacinthus)*, die Träubelhyazinthe *(Muscari)*, der Bogenhanf *(Sansevieria)* und andere Zierpflanzen, aber auch die Küchen- oder Sommerzwiebel *(Allium cepa)*, die Winterzwiebel *(A. fistulosum)*, der Knoblauch *(A. sativum)* und der Porree oder Lauch *(A. porrum)*. Ausländische Gattungen sind die Drachenbäume *(Dracaena)*, die Palmenlilien *(Yucca)* und die Aloe *(Aloe)*.
Andere Arten sind die Herbstzeitlose *(Colchicum autumnale)*, der Germer *(Veratrum)* und die Simsenlilie *(Tofieldia)*. Die Herbstzeitlose, die im Herbst ihre blaßvioletten Blüten entfaltet, treibt erst im Frühjahr ihre Laubblätter, in deren Schutz der Fruchtknoten ausreift. Die Frucht ist eine 3fächerige Kapsel. Die Pflanze enthält in allen ihren Teilen ein starkes Gift.
Weiter gehören hierher Spargel *(Asparagus officinalis)*, von dem wir die jungen, noch bleichen Sprosse essen, das Maiglöckchen *(Convallaria majalis)*, eine giftige Pflanze, deren Blüten und Früchte (Beeren) in Trauben angeordnet sind, die Weißwurz oder Salomonssiegel *(Polygonatum officinale)*, an deren weißem Wurzelstock die absterbenden oberirdischen Teile siegelartige Narben hinterlassen, die vierblätterige Einbeere *(Paris quadrifolia)* mit ihrer 8–10zähligen Blütenhülle und schwarzen Frucht und die Schattenblume *(Maianthemum)*.

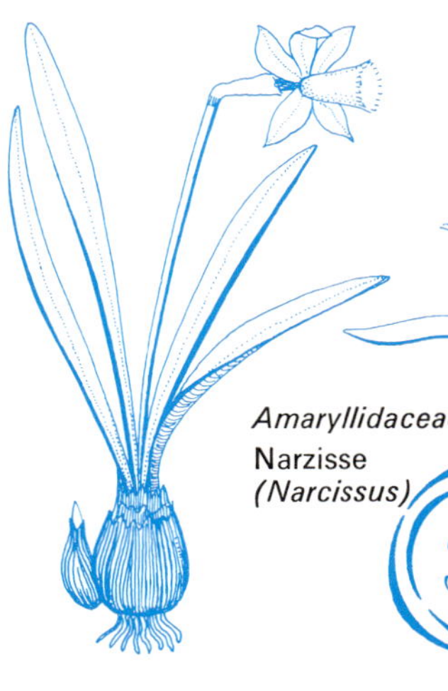

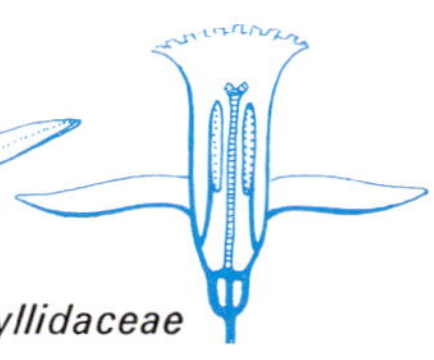

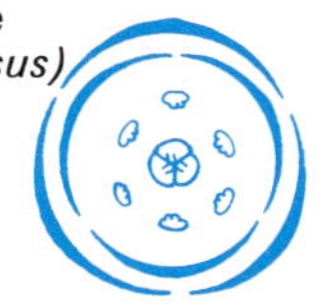

Amaryllidaceae
Narzisse
(Narcissus)

Familie Amaryllidaceae – Narzissengewächse

Die Narzissengewächse sind Stauden mit Zwiebeln, deren Blütenbau dem der Liliengewächse sehr ähnlich ist. Der Fruchtknoten ist jedoch unterständig. Ihre Vertreter sind allgemein bekannt, z. B. die Narzissen *(Narcissus)* mit ihren verschiedenen Arten, das Schneeglöckchen *(Galanthus)*, die Frühlingsknotenblume *(Leucojum)* und die beliebten Zimmerpflanzen Clivie *(Clivia)*, Amaryllis *(Amaryllis)* und Agaven *(Agave)*.

Familie Iridaceae – Schwertliliengewächse

Die Schwertliliengewächse sind Knollen- oder Rhizomstauden mit linear-grasartigen (Krokus) oder schwertförmigen Blättern (Schwertlilie, Gladiole). Die Blüten sind radiär oder zygomorph (Gladiole). Neben 3 Staubblättern ist ein Griffel mit 3 oft blumenblattartigen Ästen vorhanden. Der Fruchtknoten ist unterständig, die Frucht eine Kapsel.
Neben den schon erwähnten Arten gehört der Safran *(Crocus)* hierher, die Freesie *(Freesia)*, Montbretie *(Crocosmia)*, Tigerblume *(Tigridia)* u. a.

Familie Juncaceae – Binsenfamilie

Es sind grasähnliche windblütige Pflanzen mit unscheinbaren Blüten, wie bei den Liliaceen in allen Wirteln 3zählig. Vertreter sind Binsen *(Juncus)* in zahlreichen Arten mit kahlen, meist stielrunden, von Luftkammern durchzogenen Blättern und Hainsimsen *(Luzula)* mit grasartigen, am Rande bewimperten Blättern.

Familie Dioscoreaceae – Yamsgewächse

Es sind ausdauernde tropische Kräuter mit großen z. T. oberirdischen Knollenbildungen oder mit Wurzelknollen sowie mit windenden Sprossen und netznervigen Blättern. Es gibt zahlreiche Arten, u. a. die Yamswurzel oder Chinesische Kartoffel *(Dioscorea batatas)*, die wegen der stärkereichen Wurzelknollen vor allem in Ostasien vielfach angebaut wird. In Europa wächst nur die Schmerwurz *(Tamus communis)*, eine kleine windende Staude.

Familie Bromeliaceae – Ananasgewächse

Man kennt zahlreiche Arten, vor allem epiphytische Rosettenpflanzen im tropischen Amerika. Nur wenige Vertreter leben auf dem Boden, so die Ananas-Pflanze *(Ananas sativus)*. Sie stammt aus Mittelamerika und wird heute in allen tropischen und subtropischen Ländern kultiviert. Die Ananas des Obsthandels ist eine Scheinfrucht.

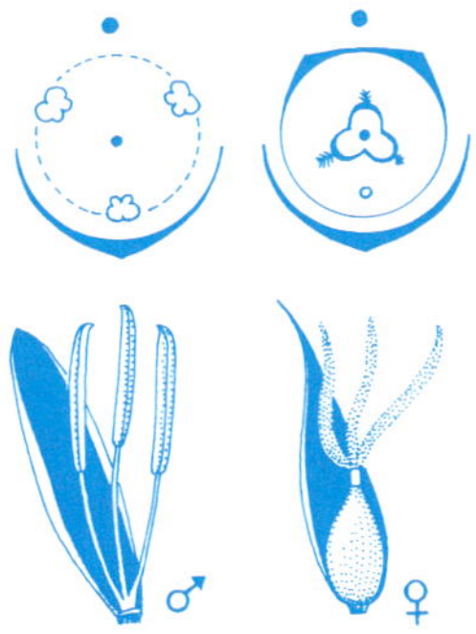

Cyperaceae
Segge
(Carex)

Ordnung Cyperales

Es handelt sich um grasartige windblütige Pflanzen mit meist 3kantigen markerfüllten Stengeln. Die Blüten, entweder zwittrig oder eingeschlechtig, sind unscheinbar und in der Regel zu Köpfchen oder Ähren zusammengefaßt. Staubblätter sind meist nur in 3Zahl vorhanden, der Fruchtknoten ist einfächrig, oberständig und wird zu einer Nuß.

Familie Cyperaceae – Ried- oder Sauergräser

Es sind vorwiegend Pflanzen nasser Standorte. Beispiel für die Riedgräser ist die Gattung *Cyperus* in verschiedenen Arten, u.a. die in Ägypten heimische Papyrus-Staude *(C. papyrus)*. Aus dem Mark der mehrere Meter hohen Stengel wurde im Altertum »Papier« hergestellt. Eine andere Gruppe bilden die Wollgräser *(Eriophorum)*, verbreitete Moor- und Sumpfpflanzen, und die Simsen *(Scirpus)*, sehr häufige Sumpfgewächse. Auch die Segge *(Carex)* ist eine sehr artenreiche Gattung. Sie zeichnet sich durch eingeschlechtige ährenförmige Blütenstände aus.

Gramineae
Schema eines Grasährchens

Ordnung Glumiflorae

Der Ordnungsname *Glumiflorae – Spelzenblütler* bezieht sich auf die trockenhäutigen Hüllorgane der unscheinbaren Blüten, die als Spelzen bezeichnet werden.

Familie Gramineae – Süßgräser

Diese Familie umfaßt etwa 4000 Arten, und ihre Vertreter sind auf der Erde weit verbreitet. Die krautigen Pflanzen besitzen meist hohle, deutlich durch Knoten (nicht hohle Verdickungen) gegliederte Stengel (Halme) mit zweizeiliger Blattstellung. Mit Markgewebe gefüllt sind dagegen die Stengel von Mais und Zuckerrohr. Jedes Blatt besteht aus einer seitlich meist offenen Blattscheide, die den Stengel umfaßt, und einer langen, schmalen Spreite. An der Grenze zwischen beiden Blattabschnitten befindet sich oft ein weißes Häutchen, die Ligula.
Die Blütenstände sind rispen- oder ährenförmig und setzen sich aus Teilblütenständen zusammen, die »Ährchen« genannt werden. An der Achse eines jeden Ährchens stehen an der Basis die Hüllspelzen (meist 2), dann die Deckspelzen, die oft an der Spitze eine steife Borste (»Granne«) tragen. In den Achseln der Deckspelzen sitzen die meist zwittrigen Blüten. Sie besitzen an der Blütenachse zunächst eine sog. Vorspelze, dann folgen 2 kleine Schüppchen (Lodiculae), die als Schwellkörper die Öffnung der Blüte bewirken, 3 Staubblätter und ein Fruchtknoten mit 2 federförmigen Narbenästen. Bei der Reife bildet sich eine Schließfrucht, Karyopse genannt, mit seitlich angesetztem Keimling.
Außer der ganzen Fülle der Wald- und Wiesengräser gehören zu dieser Familie:
Weizen *(Triticum)*, Gerste *(Hordeum)*, Roggen *(Secale)*, Hafer *(Avena)*, Bambus *(Bambusa)*, Reis *(Oryza)*, ein Sumpfgras mit rispigem Blütenstand, das in vielen tropischen Überschwemmungsgebieten angebaut wird, Zukkerrohr *(Saccharum)*, Mais *(Zea mays)*, dessen männliche Blüten an der Spitze des Sprosses in Rispen angeordnet sind; darunter stehen die weiblichen Blüten in kolbenförmigen Blütenständen. Schließlich sind noch Hirse *(Panicum)* und Quecke *(Agropyron repens)* zu nennen.

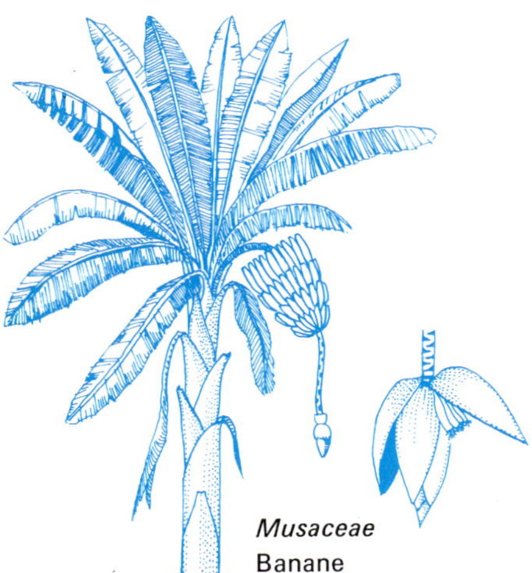

Musaceae
Banane
(Musa paradisiaca)

Ordnung Scitamineae

Es sind zumeist ansehnliche tropische Stauden mit großen, breiten, ganzrandigen Blättern mit oft mächtigen Scheiden. Die Blüten sind dorsiventral oder asymmetrisch und in der Regel auffallend gefärbt. Der 3fächerige Fruchtknoten ist unterständig.

Familie Musaceae – Bananengewächse

Die dorsiventralen Blüten weisen in der Regel 5 Staubblätter auf, das 6. ist reduziert; die Pflanzen werden vielfach von Vögeln oder Fledermäusen bestäubt. Hierzu gehört die Banane *(Musa paradisiaca)*; sie stammt wahrscheinlich aus Ostasien und ist heute eine wichtige Kulturpflanze von großer wirtschaftlicher Bedeutung. Die Blütenstände tragen in der Achsel von Deckblättern jeweils eine ganze Serie von Blüten, aus denen sich die handförmig angeordneten Bananen entwickeln, die bei den Kulturformen samenlos sind. *Musa textilis* liefert den Manilahanf.

Familie Zingiberaceae – Ingwergewächse

Die Blüten sind dorsiventral, von den Staubblättern ist nur ein einziges fruchtbar; die beiden seitlichen sind blumenblattartig ausgebildet und zum sog. Labellum verwachsen. Es handelt sich um ausdauernde tropische, vorwiegend ostasiatische Kräuter, die sämtlich ätherisches Öl in besonderen Ölzellen führen, z.B. der Ingwer *(Zingiber officinale)*, eine alte Kulturpflanze, deren Rhizom als aromatisch duftendes Gewürz verwendet wird. Andere Familien sind die *Cannaceae* mit dem Ind. Blumenrohr *(Canna indica)* und die *Marantaceae* mit der südamerikan. Pfeilwurz *(Maranta arundinacea)*.

Zingiberaceae
Ingwer
(Zingiber officinale)

Ordnung Gynandrae

Diese Ordnung zeichnet sich durch dorsiventrale Blüten aus, in denen die Staubblätter mit dem Griffel und den Narben in eigenartiger Weise verwachsen sind.

Familie Orchidaceae – Orchideen

Die Orchideen bilden mit über 20000 Arten eine der größten Pflanzenfamilien. Die meisten von ihnen wachsen in tropischen Gebieten; viele sind Epiphyten.
Die Blüten des Knabenkrautes *(Orchis)* sollen stellvertretend für Orchideen dienen. Die Blüten bilden eine Ähre; jede Einzelblüte ist zygomorph und zweigeschlechtig. Die Blütenhülle besteht aus zwei 3zähligen Kreisen, von denen 3 Blätter nach oben gerichtet sind und ein Dach bilden, 2 seitlich stehen und das 6. eine große, 3geteilte Lippe darstellt (Labellum) und in einen Sporn ausgezogen ist. Da der unterständige Fruchtknoten sich während der Entwicklung dreht, zeigt die Lippe in der entfalteten Blüte nach unten. Der griffelartige Fortsatz ist mit dem einzigen Staubblatt zu einem Säulchen verwachsen (Gynostemium), an dessen oberem Ende sich die glänzende Narbe befindet. Die Pollenmasse des Staubbeutels ist durch eine Klebsubstanz zu dem sog. Pollinium vereinigt. Fliegt nun z.B. eine Hummel die Blüte an, läßt sich auf der Lippe nieder und senkt ihren Rüssel in den Sporn, so löst sich das Pollinium und bleibt am Kopf des Insekts kleben. Mit einem oder mehreren solcher »Hörner« versehen, besucht das Tier die nächste Blüte und streift dort den Pollen auf der Narbe ab.
Nach der Keimung des Samens entwickelt sich der Keimling nur weiter, wenn ein bestimmter Pilz zur Verfügung steht, mit dem eine Symbiose eingegangen werden kann. Dadurch ist es außerordentlich schwierig, Orchideen in der Kultur durch Samen zu vermehren. Viele unserer heimischen Orchideen besitzen Wurzelknollen, d.h. entweder eiförmige oder handförmig geteilte Speicherorgane, die alljährlich in Einzahl neu gebildet werden. Sie stellen sproßbürtige Wurzeln dar, die sich im Laufe des Sommers mit Kohlenhydraten (Schleimstoffen und Stärke) anfüllen, um in der folgenden Vegeta-

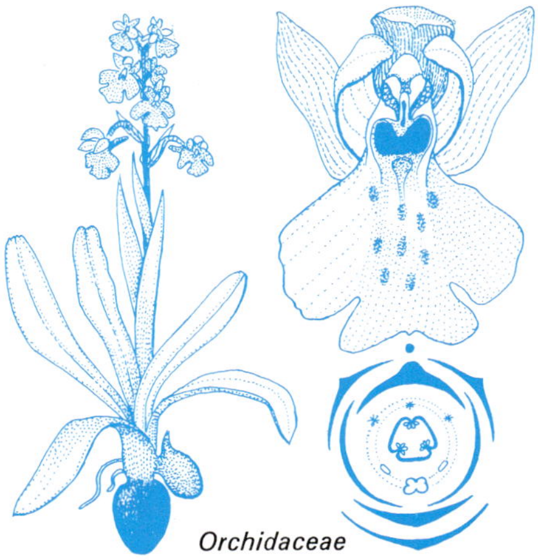

Orchidaceae
Kleines Knabenkraut
(Orchis morio)

tionsperiode diese Reservestoffe dem neuen Trieb zur Verfügung zu stellen. Beispiele für Knollenbildung liefern u. a. Arten der Gattungen Knabenkraut *(Orchis)* und Kerfstendel, Ragwurz *(Ophrys)*. Neben derartigen Formen gibt es Arten, die Rhizome besitzen, wie etwa das Waldvögelein *(Cephalanthera)* und die Sumpfwurz *(Epipactis)*, die heterotroph oder saprophytisch leben, so z. B. die Vogelnestwurz *(Neottia nidus-avis)* oder die Korallenwurz *(Coralliorrhiza trifida)*. Der Frauenschuh *(Cypripedium calceolus)*, der nur noch selten in unseren Wäldern zu finden ist, zeichnet sich durch die große gelbe pantoffelförmige Lippe seiner auffallenden Blüte aus. Alle einheimischen Orchideen stehen seit langem unter Naturschutz, um den Bestand dieser beliebten Pflanzen zu erhalten.
Von großblütigen tropischen Vertretern seien die Cattleyen, Dendrobien, Oncidien und Vandeen genannt. Eine tropische Kulturpflanze ist die in Mittelamerika beheimatete Vanille *(Vanilla planifolia)*.

Ordnung Spadiciflorae

Es sind vielfach mächtige krautige oder baumartige Gewächse, deren Blätter eine breite, ungeteilte oder erst nachträglich zerteilte Spreite besitzen, z. B. bei Palmen. Die vorwiegend eingeschlechtigen Blüten sind unscheinbar, aber stets zu Blütenständen vereinigt, die von einem oder mehreren, meist auffälligen Hochblättern begleitet sind. Der oberständige Fruchtknoten bildet Beeren, Nüsse und Steinfrüchte aus.

Palmae
Kokospalme
(Cocos nucifera)

Familie Palmae – Palmen

Es sind meist baumartige Pflanzen der Tropen und Subtropen mit säulenförmigen, unverzweigten Stämmen, seltener Rhizompflanzen. Die oft 5–6 m langen Blätter besitzen im jugendlichen Zustand eine geschlossene Spreite; erst im Verlauf der weiteren Entwicklung kommt es durch Absterben bzw. Auflösung ganzer Zellbereiche zu einer fieder- oder fächerförmigen Aufteilung (Fiederpalmen und Fächerpalmen). Die Blütenstände sind entweder gipfel- oder seitenständig, von einer festen Spatha umhüllt und tragen die (meist) eingeschlechtigen Blüten. Die Pflanzen sind ein- oder zweihäusig; die Bestäubung erfolgt teils durch den Wind, teils durch Insekten.
Mannigfaltig und sowohl für die Gliederung als auch für die wirtschaftliche Bedeutung der Familie entscheidend sind die Früchte. So trägt z. B. die wahrscheinlich in Asien beheimatete Kokospalme *(Cocos nucifera)*, die heute als wichtige Nutzpflanze an allen tropischen Küsten verbreitet ist, mächtige, aus einem einfächrigen Fruchtknoten hervorgehende, einsamige Steinfrüchte. Der Same enthält ein ölhaltiges Nährgewebe, das in einer dicken Schicht der Wand anliegt (die »Kopra« des Handels) und einen Hohlraum umschließt, der von der trinkbaren, der Ernährung des Keimlings dienenden Kokosmilch erfüllt ist.
Die zweihäusige Dattelpalme *(Phoenix dactylifera)*, die von den Kanaren über die Oasen der Sahara bis nach Indien verbreitet ist, trägt Beeren. Der Same, der innerhalb des zuckerhaltigen Fruchtfleisches liegt, speichert Reservezellulose und bekommt dadurch seine Härte. Ein solches Endosperm besitzen die im tropischen Amerika beheimatete Elfenbeinpalme *(Phytelephas macrocarpa)* und die indomalaiische Betelnußpalme *(Areca catechu)*. Wichtig sind auch die Steinfrüchte der Ölpalmen *(Elaeis guineensis)* u. a., da sie das Palmöl und das Palmkernöl liefern. Und schließlich wird aus den Stämmen vieler Palmen, besonders der malaiischen *Metroxylon*-Arten, Stärke gewonnen, die als »echter Sago« in den Handel kommt.

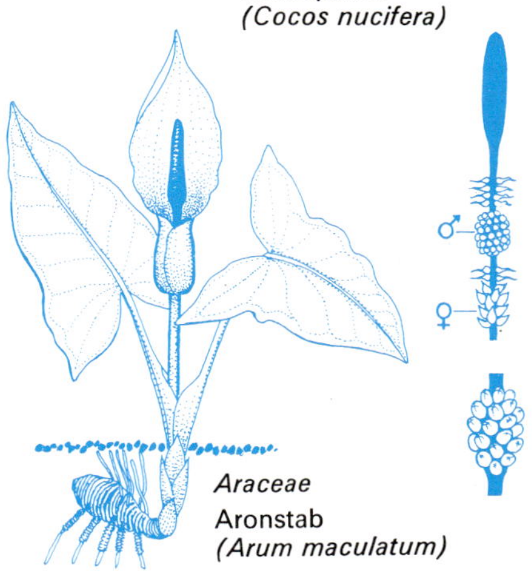

Araceae
Aronstab
(Arum maculatum)

Familie Araceae – Aronstabgewächse

Sie bilden eine sehr artenreiche, vorwiegend tropische Familie, deren immer krautige Vertreter in den mannigfachsten Wuchsformen vorkommen, hauptsächlich als Knollen- und Rhizompflanzen, aber auch als Epiphyten, als Kletterpflanzen und in tropischen Wäldern als großblättrige Rosettenpflanzen. Die Blätter sind meist breit, ungeteilt, herz- oder pfeilförmig. Einige Arten besitzen allerdings auch gelappte oder sogar durchlöcherte Blätter. Diese entstehen durch Absterben bestimmter Bezirke der Blattflächen. Die unscheinbaren, fast stets stark vereinfachten Blüten sitzen an einer kolbenförmigen Achse (Spadix), die durch ein auffälliges grünes oder weißes Hochblatt (Spatha) umschlossen wird. Die Früchte sind in der Regel Beeren.
Der Aronstab *(Arum maculatum)*, eine einhäusige Pflanze, die vereinzelt in feuchten Laubwäldern wächst, ist stark giftig. Seine Blüten bestehen aus wenigen Staubblättern bzw. aus einem einblättrigen Fruchtknoten. Sie sitzen in einem Blütenstand, der von einer hellen Spatha umschlossen wird. Diese erweitert sich an der Basis zu einem geschlossenen Kessel, verengt sich dann und öffnet sich oben weit. In den Kessel stürzen die von einem aasähnlichen Geruch angelockten Fliegen und Käfer und bestäuben die weiblichen Blüten, wenn sie mit Pollen aus anderen Aronstab-Blüten beladen sind. Aus den Stempelblüten entwickeln sich auffallend rote Beeren.
Verwandte sind u. a. die Zimmercalla *(Zantedeschia aethiopica)*, die Flamingoblume *(Anthurium)*, das Fensterblatt *(Monstera deliciosa)*, auch fälschlich von den Gärtnern »Philodendron« genannt, ferner der aus Ostasien stammende Kalmus *(Acorus calamus)* und die moorbewohnende Drachenwurz *(Dracunculus)*.

Familie Lemnaceae – Wasserlinsen

Die Wasserlinsen *(Lemna)* sind die kleinsten bekannten Blütenpflanzen. Die freischwimmenden, z. T. untergetauchten Wasserpflanzen bestehen aus sehr kleinen, grünen, blattartigen Gliedern, an deren Unterseite zarte, fadenförmige Würzelchen hängen. Trotz seiner Kleinheit kann der Vegetationskörper einen, wenn auch extrem vereinfachten, Blütenstand hervorbringen. Es ist ein winziger Kolben mit einer weiblichen Blüte in Form eines nackten Fruchtknotens und zwei männlichen Blüten in Gestalt je eines Staubblattes, umschlossen von einer unscheinbaren Spatha. Die Wasserlinsen vermehren sich hauptsächlich rein vegetativ durch Bildung sog. Tochterglieder, die aus dem Mutterglied durch Sprossung hervorgehen. Dieser Prozeß kann sich oftmals wiederholen, so daß eine Wasserfläche binnen kurzer Zeit von einer Lemna-Decke überzogen sein kann. Wurzellos ist als kleinste Blütenpflanze die kaum 1 mm große *Wolffia arrhiza*.

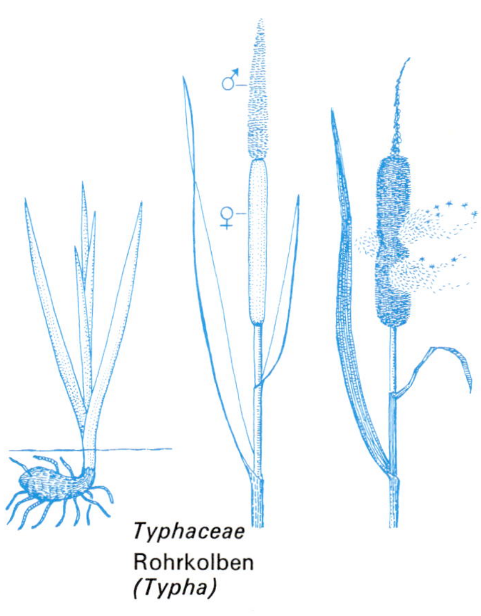

Typhaceae
Rohrkolben
(Typha)

Ordnung Pandanales

Die Pandanales stehen den *Spadiciflorae* nahe; sie besitzen aber einfache, lineale Blätter. Die stets eingeschlechtigen, äußerst unscheinbaren Blüten sind in kolbenförmigen Blütenständen zusammengeschlossen und werden meist vom Wind bestäubt.

Familien sind die *Pandanaceae – Schraubenpalmen*, strauch- oder baumförmige Gewächse, vorwiegend in den Tropen der Alten Welt beheimatet, die vielfach auf Stelzwurzeln stehen, und die *Sparganiaceae – Igelkolbengewächse*, außertropische Sumpfgewächse von grasartigem Aussehen. Die Fruchtstände entwickeln sich zu kleinen, morgensternähnlichen Gebilden. Bei uns einheimisch an Gräben und Ufern sind der einfache Igelkolben *(Sparganium simplex)* und der Ästige Igelkolben *(Sp. ramosum)*.
Als weitere Familien seien die *Tyaceae – Rohrkolbengewächse* genannt; es sind ausschließlich am oder im Wasser wachsende Pflanzen mit walzenförmigen Blütenständen, die im dunkelbraun gefärbten Abschnitt in riesiger Zahl die weiblichen, im oberen verjüngten gelben Teil die männlichen Blüten tragen. Bei uns sind der Breitblättrige Rohrkolben *(Typha latifolia)* und der Schmalblättrige Rohrkolben *(T. angustifolia)* zu finden. Getrocknet dienen sie als Zimmerschmuck.

Register

Halbfett gesetzte Ziffern sollen bei umfangreicheren Themen die Auffindung ausführlicherer Darstellung erleichtern. *Kursive* Ziffern verweisen auf Abbildungen.

A

B

F

G

H

I

N

O

P

Abbildungsnachweis

Toni Angermayer 47 (2.v.o.), 88/89 – Köster 37, 183 – Pfletschinger 60 – Reinhard 34, 47(u.), 162(r.), 163(r.), 283(r.) – Ziesler 149; Archiv für Kunst und Geschichte 279(u.); Peter Arnold 32 – Hodge 44(l.) – Jangoux 142/143 – Krasemann 31(o., u.) – Schiffman 153; BASF Limburgerhof 241, 330/331, 331(l., r.) 332, 333(l.); Bavaria-Verlag – Göllner 41(u.) – Harstrick 316(l.), Silvester 86(o.l.); Helmut Bechtel 158, 159(l.), 160(o.r.), 166(o.r.), 167(l.), 171(o.r.), 195, 197, 198, 199, 200, 228(u.), 246, 251, 270(o., r.), 271(l., r.), 273, 274(r.), 275, 277, 282(r.), 284(r.), 286(u.), 287(u.); Prof. Dr. Julius Büdel 323; Burrichter 257(3); Arthur Christiansen 322; dpa 40, 86(M.), 128/129; dva 249, »Seltene, geschützte Pflanzen« Fritz-Martin Engel 337(o.l., M.l., u.l., M.o., M., M.u., o.r.) – Bild der Wissenschaft der ETH Zürich 51, 118(4); Hermann Eisenbeiss 219; Dr. H. Falk 65; Prof. Dr. G. Follmann 180(u.l.); Archiv Gerstenberg 279(r.); Dr. Georg Gerster 74; Dr. K.E. Graebner 22/23(o.), 56, 64, 68, 69, 90(o.), 101, 114(l., M., r.), 117, 120/121, 123, 143, 180(o.l.), 180/181, 185(u.), 205, 208/209, 248(o.), 259, 326(o.); Ray Halin 78(u.), 79(o.), 228(o.); Harry Hamm 280/281(o.); Hans Hartz 324/325, 338/339; H.-H. Herrmann 86(u.l.), 302(o.), 303, 312/313; Historia-Photo 278; Hans Huber 311; Institut für Photoanalyse – Fritz Brill 57; Internationales Bildarchiv Horst v. Irmer 78(o.), 78/79, 79(M., u.), 86(o.r., u.), 93(o.r., M.r., u.l., u.r.), 106, 127(l.u., r.), 177; Manfred Kage 46; Herbert Kaufmann 107(o.), 299, 302(u.); Keystone Pressedienst GmbH 22/23(u.), 132(o.); Kodak AG 252/253; Dr. Rudolf König 36(o., u.), 39(o., M., u.), 43(o.), 167(r.), 168, 210/211, 284(l.), 285(l., r.), 288(o.); Koninklijk Instituut voor de Tropen Amsterdam 191(r.); Dr. Hans Kramarz 75, 85(o.), 280; LEXIKOTHEK Verlag GmbH 76(o.), 83(u.l.), 287(o.), 357(r.); Klaus D. Link 82, 82(M., u.r.), 100/101; Karl Löfflath 208; Aldo Margiocco 107(u.), 326(u.); Prof. Dr. W. Matzat 76(u.); Bildagentur Mauritius 156(o.l.) – Schrempp 185(M.), 329; Dr. Giuseppe Mazza 45, 193; Mondadoripress–Bonatti 133; Klaus Natorp 280/281(u.); Naturkundliches Bildarchiv Cuveland 38, 163(l.), 282(o.), 289, 290(o.); Johannes Nautsch 163(M.); R. H. Noailles 256(3), 258(3); Hans Pfletschinger 191(M.), 319; Pontis-Photo – Pfältzer 103(r.); Paul Popper Ltd. 334; Dr. D. Pramer 191(l.); Georg Quedens 309; Prof. Dr. W. Rauh 49, 298/299, 333(o.r., u.r.), 342/343, 343, 349, 352, 355(l., r.), 356, 357(l., u.); roebild 47(2.v.u.), 268 – Apel 60/61, 290(u.) – Boisverd 43(u.) – Fischer 44(M.), 161, 162(l.) – Morell 245, 274(l.), 291(o.) – Müller 194, 203, 234, 235, 269, 305, 340, 341 – Reupert 166(o.l.), 171(u.) – Schacht 159(r.), 160(u.), 272, 286, 288(u.), 291(u.), 308 – Siebert 170 – Steinicke 47(o.); Rudolf Rossmann 92/93, 103(l.); Bildarchiv Sammer 282(l.); Wilhelm Schacht 115(l.), 215(u.), 337(r.); Toni Schneiders 82/83, 116/117, 124/125; Friedel Schöx, 96, 97, 157, 181, 182(l., r.), 190, 215(o.l., o.r.), 224/225, 231, 253, 262(3), 263, 316(r.), 317; Heinz Schrempp 115(r.), 184, 185(o.), 214(o., u.), 232/233; Siemens AG 116(o.l., M.l., u.l.); V-Dia-Verlag 174(o., u.), 175, 186, 248(u.), 307; Douglas P. Wilson 90(u.); Prof. Dr. H. C. de Wit 83(o.), 103(o.); ZEFA 10/11, 19, 23, 77, 127(l.), 160(o.l.), 176, 223, 304, 306(u.), 315, 338 – Dr. Biedermann 41(o.) – Brettmann 243 – Carle 306(o.) – Enrico 292/293 – Grathwohl 85(u.) – Grossauer 156(r.) – Hamilton 137 – Helmlinger 132(u.) – Kratz 166(u.), 173 – Layer 156(u.l.) – Mohn 154 – Orion Press 28/29 – Röhrich 44(r.) – Dr. Sauer 171(o.l.) – Schliemann 42 – Schmidt 71 – Scholz 131 – Teuffen 17; Carl Zeiss 218; Werner Zepf 35, 336.

DIE GROSSE BERTELSMANN-LEXIKOTHEK®

Ein neuer Weg zu mehr Wissen und Bildung
– Drei Dimensionen der Informationsvermittlung –

DIE GROSSE BERTELSMANN-LEXIKOTHEK ist heute das umfangreichste, auch hohe Ansprüche erfüllende Nachschlagewerk in deutscher Sprache und gehört zu den international anerkannten großen Enzyklopädien der Welt.

Dieses völlig neu entwickelte Informations- und Bildungssystem umfaßt ein aktuelles *Lexikon von A–Z*, eine Reihe von *Themabänden* zu allen wesentlichen Wissensgebieten und mit den *Phonobänden* eine auch hörbare Darstellung der Zeitgeschichte in Tondokumenten. Ein umfangreicher *Weltatlas* in modernster kartographischer Darstellung rundet das System ab.
Diese Kombination ermöglicht es, sowohl lexikalisches Detailwissen als auch weiterführendes thematisches Zusammenhangwissen im Rahmen eines einzigen Werkes darzustellen.

DIE GROSSE BERTELSMANN-LEXIKOTHEK bietet somit lexikalisch wie auch enzyklopädisch in reicher Auswahl sowie in graphisch modern gestalteter Form das Wissen unserer Zeit und ist eine Informations- und Arbeitsbibliothek mit hohem Nutzeffekt für jedermann, wobei die Visualisierung von besonderem didaktisch-pädagogischem Wert ist.

DIE GROSSE BERTELSMANN-LEXIKOTHEK bietet – zusammen mit dem *Auskunftsdienst* als weiterer Komponente – in optimaler Form das vergleichsweise modernste Angebot für lexikalisches und zugleich enzyklopädisches Wissen.
Damit ist nach 300 Jahren europäischer Lexikon-Geschichte erstmals eine in dieser Art grundlegend neue Idee in der Aufbereitung enzyklopädischen Wissens verwirklicht worden.

Das Informationssystem der LEXIKOTHEK

Das »Bertelsmann Lexikon« in 15 Bänden

bietet mit seinen rund 200.000 Stichwörtern objektiv und aktuell das gesicherte Wissen unserer Zeit von A–Z in verständlicher und anschaulicher Weise und kann darüber hinaus über den *Auskunftsdienst* laufend auf den neuesten Stand gebracht werden. Rund 12.000 ein- und mehrfarbige Abbildungen in Form von Fotos, Karten, Zeichnungen u. a. graphischen Darstellungen sowie Transparentdrucken bereichern die textlichen Informationen und veranschaulichen auch komplizierte Themenbereiche und Sachverhalte.

Die »Themabände« der LEXIKOTHEK

bieten in Form modern gestalteter Sachbücher in enzyklopädisch angelegtem Aufbau das Wissen unserer Zeit auch im thematischen Zusammenhang und damit einen Überblick über alle wichtigen Wissensbereiche von der Geschichte, über die Geographie, Tier- und Pflanzenkunde, Medizin, Kunst und Literatur bis zur Technik, den Naturwissenschaften und unserem Bildungswesen.
Die von zahlreichen qualifizierten Wissenschaftlern und Fachautoren nach modernsten didaktischen Methoden neu erarbeitete Anlage dieser Bände ermöglicht es jedem Leser, sich auf der Basis der allgemeinverständlich geschriebenen Texte auch unbekannte Themen- und Sachgebiete zu erschließen, wozu nicht zuletzt die reiche Ausstattung mit überwiegend mehrfarbigen Fotos, Zeichnungen und Transparentdrucken beiträgt.
Ein Themaband besonderer Art und Qualität ist der *»Bertelsmann Atlas International«*. In großformatigen Karten wird die Erde in physischer und politischer Form vollständig abgebildet, wobei der Schwerpunkt auf der Wiedergabe der Oberflächenformen liegt. Ergänzt werden beide Komplexe durch zahlreiche thematische Karten und Umgebungskarten wichtiger Weltstädte. In der überzeugenden und konsequenten Verknüpfung dieser kartographischen Darstellungsmöglichkeiten liegt die besondere Aussagekraft des Atlas, dessen Erscheinungsbild sich durch eine neue, an den natürlichen Gegebenheiten orientierte Farbgebung auszeichnet.

Die »Phonobände« der LEXIKOTHEK

unter dem Titel *»Unser Jahrhundert in Wort, Bild und Ton«* bieten von der Konzeption her – nicht zuletzt mit dem Medium der Tonfolien – eine besonders lebendige und nicht nur anschau- und lesbare, sondern über die Phonobox als Abspielgerät auch hörbare Darstellung der wichtigsten Ereignisse und Entwicklungen unserer jüngsten Zeitgeschichte aus allen Bereichen von der Politik über die Wirtschaft, Wissenschaft, Technik und Kultur bis hin zu Sport und Unterhaltung und damit *eine völlig neuartige Dimension der Informationsvermittlung.*